MW00416714

HISTORIA
DEL
PENSAMIENTO
CRISTIANO

HASTA EL SIGLO XXI

Edición actualizada y ampliada

Justo L. González

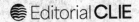 Editorial **CLIE**

EDITORIAL CLIE
C/ Ferrocarril, 8
08232 VILADECAVALLS
(Barcelona) ESPAÑA
E-mail: clie@clie.es
http://www.clie.es

CLIE

Historia del pensamiento cristiano hasta el siglo XXI
ISBN: 978-84-19055-99-6
Depósito legal: B 10476-2024
Teología cristiana
Historia
REL067080

Acerca del autor

Justo L. González es autor de docenas de libros sobre historia de la iglesia y teología cristiana. Su *Historia del cristianismo* es un libro de texto estándar en lasAméricas y en todo el mundo. Justo L. González, profesor jubilado de teología histórica y autor de los muy elogiados tres volúmenes de *Historia del pensamiento cristiano*, asistió al Seminario Unido en Cuba y fue la persona más joven en obtener un doctorado en teología histórica en la Universidad de Yale. Ha enseñado, entre otras instituciones, en el Seminario Evangélico de Puerto Rico y en la Universidad de Emory, en Atlanta, Georgia. Durante los últimos treinta años se ha enfocado en desarrollar programas para la educación teológica de los hispanos y ha recibido cuatro doctorados honoris causa. Es fundador de la AETH (Asociación para la Educación Teológica Hispana) que busca potenciar el trabajo teológico en español desarrollado por la comunidad académica latina.

Índice

Lista de abreviaturas

ACW	Ancient Christian Writers
AHDLMA	Archives d'Histoire doctrinale et litéraire du Moyen Age
AlAnd	Al-Andalus
ANF	Ante-Nicene Fathers (American Edition)
AnnThAug	L'Année Théologique Augustinienne
Ant	Antonianum
ArchFrHist	Archivum Franciscanum Historicum
ArchPh	Archives de Philosophie
ARG	Archiv für Reformationsgeschichte
BAC	Biblioteca de Autores Cristianos
BibOr	Bibliotheca Orientalis
BRAH	Biblioteca de la Real Academia de la Historia
BThAM	Bulletin de Théologie Ancienne et Médiévale
BullPhMed	Bulletin de Philosophie Médiévale
CD	La Ciudad de Dios
CH	Church History
ChQR	Church Quarterly Review
CienFe	Ciencia y Fe
CienTom	Ciencia Tomista
CollFranNeer	Collectanea Franciscana Neerlandica
CR	Corpus Reformatorum
CSCO	Corpus Scriptorum Christianorum Orientalium
CSEL	Corpus Scriptorum Ecclesiaticorum Latinorum
CuadSalFil	Cuadernos Salmantinos de Filosofía

CTJ	*Calvin Theological Journal*
CTM	*Concordia Theological Monthly*
DCS	*Dictionnary of Christian Spirituality*
Denzinger	*Enchiridion Symbolorum Definitionum et Daclarationum (ed. Denzinger and Rahner), 31st edition, 1957*
DicLit	*Diccionario Literario*
DissAbs	*Dissertation Abstracts*
DKvCh	*Das Konzil von Chalkedon: Geschichte und Gegenwart (Grillmeier und Bacht)*
DOP	*Dumbarton Oaks Papers*
DTC	*Dictionnaire de Théologie Catholique*
EngHisRev	*English Historical Review*
FrancSt	*Franciscan Studies*
FrFran	*La France Franciscaine*
GAF	*Grandes autories de la fe*
GCFilIt	*Giornale Critico di Filosofia Italiana*
GCS	*Griechischen christlichen Schrifteller*
Greg	*Gregorianum*
GuL	*Geist und Leben*
HD	*A. von Harnack, History of Dogma (NewYork, 1958)*
HE	*Historia Eclesiástica (Eusebio)*
HistZschr	*Historische Zeitschrift*
HTR	*Harvard Theological Review*
Hum	*Humanitas*
HumChr	*Humanitas Christianitas*
JEH	*Journal of Ecclesiastical History*

JKGSlav	*Jahrbücher für Kultur und Geschichte der Slaven*
JMedRenSt	*Journal of Medieval and Renaissance Studies*
JRel	*The Journal of Religion*
LCC	*Library of Christian Classics*
LCL	*Loeb Classical Library*
LuthOut	*Lutheran Outlook*
LW	*Luther's Works (St. Louis y Philadelphia)*
LWWA	*Luthers Werke (Weimarer Ausgabe)*
Mansi	*Sacrorum Conciliorum Nova et Amplissima Collectio (ed. Mansi)*
McCQ	*McCormick Quarterly*
MedSt	*Mediaeval Studies*
MiscFranc	*Miscellanea Francescana*
MisMed	*Miscelánea Mediaevalia*
ModSch	*Modern Schoolman*
NCatEnc	*New Catholic Encyclopedia*
NPNF	*Nicene and Post-Nicene Fathers (American Edition)*
NSch	*The New Scholasticism*
OrChr	*Orientalia Christiana*
PatMed	*Patristica et Mediaevalia*
PG	*Patrologiae cursus completus... series Graeca (ed.Migne)*
PL	*Patrologiae cursus completus... series Latina (ed.Migne)*
PO	*Patrologia orientalis*
QFRgesch	*Quellen für Reformationsgeschichte*

RAC	Reallexikon Für Antike und Christentum
RET	Revista Española de Teología
RevAscMyst	Revue d' Ascetique et de Mystique
RevBened	Revue Bénédictine
RevThLouv	Revue Théologique de Louvain
RFilNSc	Revista di Filosofia Neoscolastica
RFTK	Reallexikon für Theologie und Kirke
RGG	Die Religion in Geschichte und Gegenwart. Dritte Auflage
RHE	Revue d'histoire Ecclésiastique
RHPhRel	Revue d'Histoire et de Philosophie Religieuse
RivStIt	Rivista Storica Italiana
RnsPh	Revue néoscolastique de Philosophie
RScPhTh	Revue des Sciences Philosophiques et Théologiques
RThAM	Recherches de Théologie Ancienne et Médiévale
RThLouv	Revue théologique de Louvain
Sap	Sapientia
SC	Sources Chrétiennes
SP	Studia Patristica
StCath	Studia Catholica
StFran	Studi Francescani
StMed	Studi Medievali
StPB	Studia patristica et byantina
SVNC	Scriptorum Veterum Nova Collectio
TDTh	Textus ed Documenta: series theologica
ThLZ	Theologische Literaturzeitung
VoxEv	Vox Evangelii
VyV	Verdad y Vida
WuW	Wissenschaft und Weisheit

WZMLU	*Wissenschaftliche Zeitschrift der Martin-Luther Universität*
ZntW	*Zeitschrift für die neutestamenttliche Wissenschaft und die Kunde der älteren Kirche*
ZschrKgesch	*Zeitschrift für Kirchengeschichte*
ZschrPhForsch	*Zeitschrift für Philosophische Forschung*
ZSTh	*Zeitschrift für systematische Theologie*
ZThG	*Zeitschrift der Vereins für Thüringsche Geschichte*

Nota: Tras una de estas abreviaturas, un número romano seguido de dos puntos se refiere al volumen; y el número tras los dos puntos, a la página o columna, según sea el caso.

Ejemplos: *PG,* 15:154 quiere decir la columna 154 del volumen quince de la *Patrología Graeca* de Migne.

BAC, 32:57 quiere decir la página 57 del volumen 32 de la *Biblioteca de Autores Cristianos.*

Prefacio a esta nueva edición

Como decía el prefacio a la edición revisada del 2010, que ahora presentamos en una nueva revisión, la publicación de esta obra en nuestra lengua tiene una extraña y complicada historia. Por una serie de razones, aunque originalmente escrito en español, cuando este texto por fin se publicó completo en español por primera vez, ya existía en inglés, chino y coreano. Entonces, aproximadamente cuando se publicaba en español, aparecía también en portugués. Algo después se publicaban los primeros dos de tres tomos en japonés. Además, cuando por fin se publicó la obra entera, ya existía una segunda edición revisada en inglés, de modo que también en ese sentido, por condiciones fuera de mi alcance, el público hispanoparlante no tuvo al menos el mismo acceso a él que tenían otros lectores en otras lenguas. Hoy me alegro de que esta nueva revisión aparecerá en español antes que en ninguna otra lengua. ¡Gracias a la Editorial CLIE y a su equipo!

Para quien se interese en el carácter general de las revisiones que he hecho entre la edición del 2010 y esta, puedo al menos señalar algunos lineamientos generales. Las correcciones y añadiduras en esta nueva revisión son muchas. Entre ellas, las más importantes son:

- Se han añadido capítulos y secciones con nuevos énfasis. Por ejemplo: se ha añadido un capítulo acerca de lo que aconteció alrededor del año 100, cuando el cristianismo dejó de ser mayormente un movimiento entre judíos y "temerosos de Dios" y la composición de la iglesia vino a ser casi mayormente de origen gentil.
- Se le ha prestado mayor atención a la contribución de las mujeres al pensamiento cristiano, ampliando lo que ya se decía sobre algunas, añadiendo muchas que no aparecían en la edición anterior, y añadiendo un capítulo sobre las mujeres en la Reforma del siglo XVI.

- Se ha tomado más en cuenta el contexto social y político en el que se forjaron diversas posturas teológicas. Dos ejemplos de ello son: 1) una nueva lectura de la teología de San Agustín que toma en cuenta su mestizaje afrorromano y el modo en que su condición de mestizo matizó su pensamiento y afectó su fe; y 2) una lectura de Calvino en la que se toma en cuenta el impacto de su condición de exiliado en dos de los aspectos más característicos de su teología: su interpretación de la presencia de Jesucristo en la Comunión y su énfasis en la importancia de la Ley de Dios en el ámbito de la política (énfasis que más tarde llevaría a la deposición —y hasta ejecución de soberanos— y al nacimiento de nuevas naciones).
- Se ha subrayado la íntima relación entre el culto, la teología y la doctrina, mostrando ocasiones en las que el culto le ha dado forma a la doctrina y a la teología, y viceversa.
- Se han tomado en cuenta nuevas condiciones y contextos surgidos en tiempos más recientes, desde que se publicó la primera edición. Esto incluye, entre otros temas, los retos ecológicos a que hoy nos enfrentamos y las nuevas teologías "contextuales" y del llamado "tercer mundo", y el impacto que han tenido en la teología y en el pensamiento global de la iglesia.
- También, las comunicaciones cibernéticas y las "redes sociales" que forman parte de ella han dejado su sello sobre esta nueva edición. Cuando se publicó esta obra por primera vez, era necesario ofrecer notas bibliográficas relativamente extensas y detalladas que pudieran servir al lector o lectora como guía para investigaciones ulteriores. Hoy cualquier bibliografía impresa caduca entes de su publicación, pues en unos pocos instantes se pueden encontrar los materiales más recientes sobre cualquier tema. Por esa razón, las notas bibliográficas se han reducido drásticamente, limitándolas a referencias sobre citas directas, a obras y estudios clásicos que todavía marcan pauta respecto a cualquier cuestión y a algunas obras y artículos que por alguna razón no son fáciles de encontrar mediante búsquedas cibernéticas. El espacio que se ha ahorrado con esto se ha empleado para dar más detalles y explicaciones más extensas en el texto mismo de la obra.

Prólogo

N i el libro ni el autor necesitan presentación alguna. *Historia del pensamiento cristiano* ha sido —y sigue siendo— un texto académico de referencia para generaciones de estudiantes en escuelas bíblicas, seminarios y facultades de teología que se enfrentan por primera vez a la titánica tarea de familiarizarse con el desarrollo de la teología cristiana a lo lago de veintiún siglos. La publicación en un solo volumen nos permite iniciar la lectura en la época apostólica y finalizar en las últimas corrientes teológicas del cristianismo contemporáneo, lo que facilita a cualquier principiante adquirir la necesaria visión de conjunto para disponer de manera ordenada futuros conocimientos especializados.

Historia del pensamiento cristiano hasta el S. XXI es, también, una de esas obras enciclopédicas que por su rigor merece formar parte de cualquier biblioteca de humanista que se precie, ya que se sitúa a mitad de camino entre la historia de la Iglesia y la historia de la teología, despertando el interés de personas creyentes y de las que no lo son, a partes iguales. De la calidad de su erudición no solo dan muestra las múltiples traducciones de la obra —inglés y chino, entre otras— o su actualidad y vigencia tras casi sesenta años transcurridos desde su primera edición en español, sino también el gran número de citaciones halladas en monografías y artículos especializados, sin ir más lejos, del teólogo católico Xabier Pikaza, escritor de reconocido prestigio.

En su obra ¿Qué es filosofía?, el filósofo español José Ortega y Gasset afirmaba en 1929 lo siguiente: "Siempre he creído que la claridad es la cortesía del filósofo y, además, esta disciplina nuestra pone su honor hoy más que nunca en estar abierta y porosa a todas las mentes". Haciendo gala de esta sentencia, el discurso del profesor González —quizás el historiador evangélico más prolífico en nuestra lengua— se caracteriza precisamente por su sencillez y claridad, y con ello hace accesible esta voluminosa obra a todo tipo de lectores. Gracias a su gran capacidad de síntesis, se desenvuelve con soltura atravesando la maraña de personajes, lugares y fechas a lo largo de más de dos mil años de historia para dirigir nuestra atención hacia lo esencial. Deja a un lado las discusiones excesivamente técnicas y sitúa a los lectores en el contexto histórico de las grandes cuestiones que fueron configurando el pensamiento teológico del cristianismo oriental, católico-romano y protestante hasta nuestros días.

Por todo ello, damos la bienvenida y nos congratulamos de esta versión actualizada, revisada y ampliada por el propio autor, cuya edición ha prestado una especial atención en introducir nuevas sensibilidades teológicas contemporáneas, por ejemplo, trayendo a la memoria a las mujeres cristianas que fueron protagonistas de la historia en diferentes momentos de cambio epocal —el capítulo cuarenta y tres, de nueva redacción, está dedicado a las mujeres de la Reforma protestante—, o presentando las nuevas intuiciones de las teologías emergentes o "teologías desde los márgenes" —como podemos leer en el capítulo cincuenta y uno—.

Hacia el final de su introducción, el profesor González nos advierte que "lo sepamos o no, somos herederos de toda esta historia: de lo bueno que hay en ella y de lo malo que también hay". Deseamos que la lectura de este clásico entre los clásicos evangélicos cumpla, al menos, uno de los deseos de su autor, que no es otro que comprendamos la tradición cristiana, la propia y la ajena, para no repetir los errores del pasado. Empleando las palabras atribuidas al filósofo español Jorge Agustín Nicolás Ruiz de Santayana: "quien no conoce su historia está condenado a repetirla". En lenguaje del apóstol Pablo: "Examinadlo todo; retened lo bueno" (1 Tesalonicenses 5:21).

Lidia Rodríguez Fernández
Licenciada en Literatura Española y doctora en Teología Bíblica
Profesora de Antiguo Testamento en la Facultad de Teología Deusto
Pastora de la Iglesia Evangélica Española

1

Introducción

Debido a la naturaleza de la materia de que trata, toda historia del pensamiento cristiano —así como toda historia de las doctrinas— ha de ser necesariamente también una obra de teología. La tarea del historiador no consiste en la mera repetición de lo sucedido o, en este caso, de lo que se ha pensado. Por el contrario, el historiador debe partir de una selección del material que ha de emplear, y las reglas que han de guiarle en esa selección dependen de una decisión que tiene mucho de subjetivo.

Quien se propone escribir una historia del pensamiento cristiano no puede incluir todo cuanto hay en los trescientos ochenta y dos gruesos volúmenes de las Patrologías de Migne —y aun estos no van más allá del siglo XII—, sino que debe hacer una selección, tanto de lo que su obra ha de incluir, como de las fuentes que ha de estudiar en la preparación para su tarea. Esta selección depende en buena medida del autor, y por ello toda historia del pensamiento cristiano ha de ser también una obra en que se reflejen las presuposiciones teológicas del autor. Tal cosa es inevitable, y solo puede calificarse de error cuando el historiador del pensamiento cristiano pretende que su trabajo se halle libre de presuposiciones teológicas.

Todo esto puede verse ser más claramente mediante un ejemplo: en la *Patrología* de Migne, las obras de Agustín incluyen 16 gruesos volúmenes en latín, y cada uno de ellos escrito con letra pequeña. Leer detenidamente cada uno de ellos sería empresa imposible. Mucho más difícil sería leer todo lo que a través de los siglos se ha escrito acerca de Agustín. Y a todo esto hay que añadir que Agustín es solamente uno de tantos autores que es necesario consultar en una historia como esta. Esto quiere decir que, a fin de cuentas, todo historiador descansa sobre los hombros de generaciones pasadas de historiadores. A través de los siglos, unas veces cuidadosamente y otras no tanto, esos historiadores han ido seleccionando, de entre los muchos autores antiguos, a Agustín como personaje de suma importancia. Y, de entre las obras de Agustín, han seleccionado unas pocas docenas que son las que más claramente señalan sus posturas teológicas. Además, también a través de los siglos, algunos historiadores han mostrado que las interpretaciones de algún predecesor suyo no eran correctas. Al hacerlo, han decidido por mí que no es necesario leer las obras de aquellos otros historiadores que, de algún modo, malinterpretaron a Agustín.

En varias ocasiones he dicho que la historia no se escribe solamente desde el pasado, sino también desde el presente en que el historiador vive y del futuro que espera o que teme.

Esto puede ilustrarse pensando en términos de un gran edificio que se va a alzando a través de las edades. Sin el primer piso es imposible construir el resto. Ese primer piso es absolutamente fundamental y determina la forma que el edificio tendrá —si su planta será cuadrada, rectangular o redonda— así como los límites de cualquier otro piso que pretenda construirse encima del primero. Si pensamos en términos de cada siglo como un piso, bien podemos decir que vivimos en el vigésimo primero. Quien vive en este piso, puede tomar un ascensor en la planta baja y llegar hasta su propio piso, sin ocuparse de los otros pisos intermedios. Pero se equivoca si piensa que en realidad no tiene nada que ver con todos esos otros pisos que pasa tan rápidamente y prestándoles tan poca atención. En realidad, esos pisos determinan el modo en que nos llegan la electricidad y el agua, la forma de las paredes principales en nuestro piso, por qué están ahí y no en otro sitio, etc. En otras palabras: sin entender esos otros pisos que pasamos tan rápida e inadvertidamente en nuestro ascensor, no podemos entender el piso en que vivimos. Y a veces algo que se hizo hace tiempo en uno de esos otros pisos —por ejemplo, algo en el sistema de plomería— nos afecta en nuestro piso sin que ni siquiera nos percatemos de que es así. En tal caso, tenemos que ir a ese piso anterior para entender lo que acontece en el nuestro.

A cada generación le toca construir el piso en que vive. El primer piso bien puede ser determinante en cuanto a la forma que tendrá nuestro piso. Pero, aunque nos neguemos a reconocerlo, nuestra construcción depende mucho de quienes construyeron otros pisos antes que nosotros.

Buena parte de todo esto se aplica también a cuestiones relacionadas con nuestra teología y entendimiento de la fe. Esto se ve no solamente en cuestiones profundamente teológicas, sino también en la vida cotidiana de los creyentes. Si un cristiano acongojado o en dificultades acude al Salmo 23, o si al enfrentarse a su pecado acude al 51, no lo hace porque en algún lugar la Biblia misma le diga en qué casos esos dos salmos son de valor particular. Quizá lo haga porque en su ejemplar de la Biblia hay una lista de pasajes a los cuales acudir en diversas circunstancias; pero esa lista no es parte de la Biblia misma, sino que es reflejo de la experiencia de muchos creyentes que vivieron antes que nosotros —algunos de ellos, varios siglos antes que nosotros—. De igual manera, sabemos que Juan 3.16 tiene cierta importancia en parte porque así lo hemos experimentado; pero también porque a través de los siglos los creyentes han descubierto una relevancia en Juan 3.16 que no en encontrado en Números 3.16 o en Romanos 3.16 —lo cual no quiere decir que Dios no nos hable en esos otros pasajes, sino sencillamente que hasta cuando leemos la Biblia lo hacemos con una herencia valiosa—.

Volviendo al ejemplo de Juan 3.16, tenemos que recordar que cuando el evangelista estaba dictando o escribiendo su libro, no dijo primero «capítulo tres», y luego «versículo 16». Originalmente, ningún libro de la Biblia se dividía en capítulos y versículos. Esa división vino más de un milenio más tarde; y la división de cada capítulo en versículos fue bastante posterior a la división de los libros en capítulos. En el entretanto —y también después— la Biblia continuó existiendo y pasando de generación en generación gracias a la labor de escribas, mayormente monjes y monjas, que se ocuparon de copiarla y recopilarla para que pasara de generación en generación. Muchos de esos copistas tendrían ideas erradas; pero sin ellos no tendríamos la Biblia hoy.

Al leer hoy esa Biblia, ciertamente debemos tratar de deshacernos de cualquier interpretación errada que el pasado haya producido. Pero lo que no podemos hacer es desconocer ese largo proceso a través del cual la Biblia nos ha llegado. Si lo desconocemos, corremos el riesgo de confundir lo que la Biblia dice con lo que alguien nos dijo que dice. Y corremos también el riesgo de caer en errores en los que nuestros antepasados en la fe cayeron y que todavía constituyen riesgos para nosotros hoy.

Es en parte debido a esos riesgos, y a las veces que algunos de nuestros antepasados en la fe cayeron en ellos, que en muchos círculos se contrapone la Biblia a la tradición, como si esta última siempre fuese mala o peligrosa. Ciertamente, a través de los siglos los cristianos hemos errado de muchas maneras. Pero el mejor modo de evitar tales errores no es desconocerlos, sino todo lo contrario. La mejor ayuda para evitar un peligro es conocerlo. Si nos preocupan los errores de la tradición, conozcámoslos, y entonces sigamos la consigna bíblica de examinarlo todo y retener lo bueno.

A todo esto hay que añadir otra razón que le da enorme importancia a la historia: el evangelio mismo es una noticia. Es la buena nueva de Jesucristo. ¿Por qué cada noche paso al menos media hora mirando las noticias por televisión? Sencillamente, porque si alguien no me dice lo que ha acontecido no tengo otro modo de saberlo. Puedo enterarme de un acontecimiento cualquiera porque alguien que lo vio me lo cuenta; o porque alguien que lo vio se lo contó a otro, y ese otro me lo cuenta; o porque la noticia me llega a través de una larga cadena de tales «otros»; o porque tras una cadena tal alguien me lo cuenta en el diario o en la televisión. Lo que no puedo hacer si no estuve allí es enterarme sin que alguien me lo cuente de algún modo.

En tales cadenas de testigos, los testigos mismos tienen su impacto. Cada cual cuenta los acontecimientos desde su propia perspectiva. Volviendo al ejemplo de las noticias por televisión, sabemos que cada cadena tiene sus propias inclinaciones. Unas se inclinan hacia la izquierda y otras hacia la derecha. Unas se interesan en los deportes y otras en la economía. La mayoría de ellas venden anuncios y ese interés económico se refleja en lo que dicen. Otras son agencias de algún gobierno. En algunos casos, sus posturas son tan extremas, que lo que nos cuentan como noticia nos hace dudar. En todo caso, si realmente queremos conocer la verdad, nos vemos obligados a comparar narrativas e interpretaciones; tenemos que aprender a discernir. Tenemos que conocer esas diversas narrativas y perspectivas, no para decir sencillamente que ninguna nos sirve, o para escoger una como si fuera la palabra final, sino más bien porque lo acontecido nos interesa a tal punto que estamos dispuestos a invertir el esfuerzo necesario para discernir lo que hemos de aceptar y lo que debemos rechazar.

Algo semejante sucede con esa noticia que es el evangelio. Es imposible anunciarlo sin que las perspectivas de quienes lo anuncian —y las de quienes lo escuchan— lo maticen. Aunque no nos guste, y hasta parezca confundirnos, eso no es necesariamente malo, sino que incluso puede ser bueno y hasta necesario. Ya en el Nuevo Testamento encontramos la misma noticia contada e interpretada de varios modos por Mateo, por Marcos, por Lucas, por Juan, por Pablo. Esto no quiere decir que uno u otro estén equivocados, sino, sencillamente, que sus perspectivas son diferentes y todas son valiosas.

Después, a través de los siglos, el evangelio ha sido interpretado desde diversas perspectivas. Con razón, no les damos a tales interpretaciones la misma autoridad que a Mateo, a Juan o a Pablo. La noticia del evangelio ha ido pasando de generación a generación, de pueblo a pueblo, de cultura a cultura, de una lengua a otra. En cada uno de esos pasos, se ha ido encarnando en nuevas realidades. Sin tal encarnación no hay autenticidad en la fe. Ciertamente, todo intento de encarnación en una nueva realidad conlleva peligros de error. Pero no encarnarse es ya de por sí un error.

Es aquí que la historia del pensamiento cristiano acude en nuestra ayuda. Al estudiar esa historia, vemos que el evangelio se ha encarnado en personas y comunidades judías, en personas y comunidades griegas, en personas y comunidades latinas, en personas y comunidades germánicas, y etíopes, indias, chinas, africanas, taínas, aztecas, quechuas, aimaras...

hasta llegar a nuestros días, cuando tenemos que participar en nuestras propias encarnaciones. Esa larga historia nos ofrece numerosos ejemplos tanto de la necesidad y valor de tales encarnaciones como de los peligros que siempre acarrean. Es sobre eso que tratan los capítulos que siguen.

Por no extendernos, ni demorar la inmersión del lector o lectora en esa historia, cierro esta breve introducción con un recordatorio y una exhortación.

El recordatorio: no olvides que, lo sepamos o no, somos herederos de toda esta historia; de lo bueno que hay en ella y de lo malo que también hay.

La exhortación: lee como quien lee la historia de sus antepasados, con un espíritu a la vez crítico y agradecido; lee dándole gracias a Dios por esta rica —y frecuentemente confusa— herencia.

¡Y a Dios sea la gloria!

2

La cuna del cristianismo

El cristianismo nació en un pesebre que a veces gustamos de pintar en tonos de apacible quietud. Pero aquel pesebre era indicio no de tranquilidad y de separación de las vicisitudes del mundo, sino, por el contrario, de participación en ellas. Fueron órdenes llegadas desde muy lejos y condiciones económicas que posiblemente ellos mismos no alcanzaban a comprender las que, según el tercer Evangelio, llevaron a José y María a la ciudad de David cuando «salió edicto por parte de Augusto César de que toda la tierra fuese empadronada». Alrededor del pesebre, no todo era paz y sosiego, sino que las gentes venidas de muchas partes comentaban, a menudo amargamente, acerca de las razones y las consecuencias que tendría aquel censo.

Es decir, que desde sus comienzos, el cristianismo existió como el mensaje del Dios que «de tal manera amó al mundo» que vino a formar parte de él. El cristianismo no es una doctrina eterna y etérea acerca de la naturaleza de Dios, sino que es la presencia de Dios en el mundo en la persona de Jesucristo. El cristianismo es *encarnación*, y existe por tanto en lo concreto e histórico.

Sin el mundo, el cristianismo resulta inconcebible. Por tanto, en un estudio como este debemos comenzar describiendo, siquiera brevemente, el mundo en el que la fe cristiana nació y dio sus primeros pasos.

El mundo judío

Fue en Judea, entre judíos, que el cristianismo nació. Entre judíos y como judío Jesús vivió y murió. Sus enseñanzas se relacionaban con la situación y el pensamiento judíos, y sus discípulos las recibieron como judíos. Más tarde, cuando Pablo andaba por el mundo predicando el evangelio a los gentiles, siempre comenzaba su tarea entre los judíos de la sinagoga. Por tanto, debemos comenzar nuestra historia del pensamiento cristiano con un esfuerzo por comprender la situación y el pensamiento de los judíos entre quienes nuestra fe nació.

La envidiable situación geográfica de la tierra de Canaán fue causa de muchas desgracias para el pueblo que la tenía por Tierra Prometida. Esta región, por donde pasaban los caminos que llevaban de Egipto a Asiria y de Arabia al Asia Menor, fue siempre objeto de la codicia imperialista de los grandes estados que surgían en el Cercano Oriente. Durante siglos, Egipto y Asiria se disputaron aquella estrecha faja de terreno. En el siglo VII a. C. cuando Babilonia venció a Asiria, la sucedió en su dominio sobre el territorio de los Reinos de Israel y de Judá, dominio que completó destruyendo Jerusalén y llevando consigo al exilio a una buena parte del pueblo. En el siguiente siglo (VI a. C. tras conquistar a Babilonia, Ciro permitió el regreso de los exiliados e hizo de Israel y Judá parte de su imperio. Al derrotar a los persas en Iso, Alejandro se hizo dueño de su imperio y con él de ambas regiones, que quedaron bajo la dirección de gobernadores macedonios a partir del año 332 a. C En el 323, Alejandro murió y comenzó un período de desórdenes que duró más de veinte años. Tras ese período, los sucesores de Alejandro habían consolidado su poder, aunque la lucha entre los Tolomeos y los Seleucos por el dominio de Judá y de las regiones circundantes se prolongó por más de cien años. Finalmente, los Seleucos lograron hacerse dueños de la región; pero poco después (168 a. C. los judíos se rebelaron cuando Antíoco Epífanes trató de obligar a los judíos a adorar a otros dioses junto a Yahveh, y lograron conquistar la libertad religiosa y más tarde la independencia política. Sin embargo, tal independencia era posible solo por las divisiones internas de Siria, y desapareció tan pronto como entró en escena otro estado poderoso y pujante: Roma. En el año 63 a. C. Pompeyo tomó la ciudad de Jerusalén y profanó el Templo penetrando al lugar santísimo. Desde entonces, todo el territorio —dividido en las regiones de Galilea, Samaria y Judea— quedó supeditado al poder romano, y esa era su condición política cuando tuvo lugar en ella el advenimiento de nuestro Señor.

Bajo los romanos, los judíos cobraron fama de pueblo poco dócil y difícil de gobernar. Esto se debía al carácter exclusivista de su religión, que no admitía «dioses ajenos» ante el Señor de los ejércitos. Siguiendo su política de tener en cuenta las características nacionales de cada pueblo conquistado, Roma respetó la religión de los judíos. En ocasiones, algunos gobernantes romanos abandonaron esta práctica; pero el desorden y la violencia les obligaban a retornar a la antigua política. Ningún gobernante romano tuvo la fortuna de resultar popular entre los judíos, aunque aquellos que comprendían y aceptaban el carácter religioso de sus gobernados no encontraban gran oposición. Así, se cuidaban los más astutos procuradores de acuñar monedas de escaso valor —las únicas que el pueblo veía— con la imagen del emperador, y también de lucir en la Ciudad Santa las ostentosas e idolátricas insignias romanas.

Todo esto se debía a que los judíos eran el pueblo de la Ley. La Ley o Torá constituía el centro de su religión y de su nacionalidad, y la Ley decía: «Escucha, Israel, el Señor tu Dios, el Señor uno es».

La Ley había surgido durante el período de la dominación persa, en un intento por parte de los dirigentes religiosos del judaísmo de fijar y estructurar la tradición religiosa de su pueblo. Desde antes, habían existido las colecciones de relatos y mandamientos que conocemos por los nombres de J (Jehovista o Yahvista), E (Elohista) y D (Deuteronómico). Pero ahora la obra de los sacerdotes, que conocemos como P (*Priestly* o sacerdotal), servirá de marco a nuestro Pentateuco, que surge principalmente de estas cuatro fuentes.

Con el correr de los años y las luchas patrióticas, la Ley se hizo sostén y símbolo de la nacionalidad judía, y —sobre todo con la decadencia del profetismo y, en el año 70 d. C., la destrucción del Templo— llegó a ocupar el centro de la escena religiosa.

El resultado de esto fue que la Ley, que había sido confeccionada por los sacerdotes a fin de dirigir el culto del Templo y la vida del pueblo, vino a contribuir ella misma al surgimiento de una nueva casta religiosa distinta de la sacerdotal, así como de una nueva religiosidad cuyo centro no era ya el Templo, sino la Ley. Aunque esta Ley tendía a fijar su atención, no ya en la historia misma, sino en su sentido eterno, esto no quiere decir que fuese de carácter doctrinal, sino que su interés era más bien ceremonial y práctico. Lo que interesaba a los compiladores de la Ley no era tanto el carácter de Dios como el culto y servicio que debían rendírsele. Este mismo interés en el orden práctico hacía necesario el estudio y la interpretación de la Ley, pues era imposible que esta tratase explícitamente de todos los casos que podían presentarse. Debido a tal necesidad, surgió una nueva ocupación, la de los escribas o doctores de la Ley.

Los escribas se dedicaban tanto a la preservación como a la interpretación de la Ley y, aunque les separaban diferencias de escuela y temperamento, produjeron todo un cuerpo de jurisprudencia acerca de cómo debía aplicarse la Ley en diversas circunstancias. Para dar una idea aproximada de lo detallado de tales aplicaciones, podemos citar a Guignebert:

El hombre que conocía las sutilezas de la Ley sabía si era o no lícito comerse un huevo puesto el día de *sabbat*; o si tenía derecho a
cambiar una escalera en el día consagrado, para echar una ojeada a
su palomar revuelto por algún accidente; o también, si el agua que
caía de una cántara pura a un recipiente impuro, dejaba, al tocarla,
que la mancha se remontara hasta su fuente.

Conocimientos particularmente inapreciables y provechosos. La
observancia del sábado, sobre todo, planteaba cuestiones y engen-
draba escrúpulos de los que solo podía substraerse uno gracias a un
discernimiento muy madurado.[1]

Esto se debía a que, en tiempos de Jesús, la religión hebrea iba tornándose
cada vez más personal, al tiempo que apartaba su interés del ceremonial
del Templo. En su larga lucha, los fariseos comenzaban a triunfar sobre los
saduceos; la religión de conducta personal sobre la religión del sacrificio y
el ritual. Esto no era, como a menudo se dice, un proceso de fosilización de
la religión de Israel, puesto que había gran actividad comentando las Escrituras —los *midrashim*— tanto en sus elementos legales —*midrash halakah*
como en sus porciones narrativas e inspiracionales— *midrash haggada*.
 Es necesario que nos detengamos por unos instantes en hacer justicia a los fariseos, tan mal interpretados en siglos posteriores. De hecho,
el Nuevo Testamento no les ataca porque fuesen los peores de entre los
judíos, sino porque eran los mejores, la máxima expresión de las posibilidades humanas frente a Dios. Viéndolos atacados por el Nuevo Testamento, tendemos a considerarles un simple grupo de hipócritas de la
peor especie, y con ello erramos en nuestra interpretación, no solo del
fariseísmo, sino del Nuevo Testamento mismo.
 Los fariseos, contrariamente a lo que a menudo se supone, subrayaban
la necesidad de una religión personal. En una época en que el culto del
Templo parecía cada vez menos pertinente, los fariseos se esforzaban por
interpretar la Ley de tal modo que sirviese de guía diaria para la religión
del pueblo. Naturalmente, esto les llevó a las tendencias legalistas que les
han hecho objeto de tantas críticas, y fue motivo fundamental de su oposición a los saduceos.
 Los saduceos eran los conservadores entre los judíos del siglo primero.
Como autoridad religiosa, solo aceptaban la Ley escrita, y no la Ley oral
que había resultado de la tradición judía. Por ello, negaban la resurrección
y la vida futura, la complicada angelología y demonología del judaísmo
tardío, y la doctrina de la predestinación (aunque aquí también hemos de

[1] C. Guignebert, *El mundo judío hacia los tiempos de Jesús* (México, 1959), p.63.

cuidar de no ser injustos con los saduceos, pues buena parte de las fuentes que tenemos reflejan y defienden actitudes hostiles contra ellos). En esto se oponían a los fariseos, que aceptaban todas estas cosas, y por ello el Talmud les llama, aunque con poca exactitud, «epicúreos». Su religión giraba alrededor del Templo y de su culto más que de la sinagoga y sus enseñanzas, y no debe sorprendernos, por tanto, que desaparecieran pocos años después de la destrucción del Templo, mientras que los fariseos fueron poco afectados por ese acontecimiento.

Frente a los saduceos, los fariseos representaban el intento de hacer de la religión algo personal y cotidiano. Al igual que los saduceos, su religión giraba alrededor de la Ley; pero no solo de la Ley escrita, sino también de la Ley oral. Esta Ley oral, formulada a través de siglos de tradición y exégesis, servía para aplicar la Ley escrita a las situaciones concretas de la vida cotidiana; pero servía también para introducir innovaciones en la religión de Israel. De aquí que los saduceos, conservadores por naturaleza, rechazaran todo posible uso de la Ley oral, mientras que los fariseos — uniéndose a los escribas— se apresuraban en defenderla.

Los saduceos y fariseos no constituían la totalidad del judaísmo del siglo primero, sino que había una multiplicidad de sectas y posiciones de las que poco o nada sabemos. Entre estas, no podemos dejar de mencionar la de los esenios, a quienes la mayoría de los autores atribuyen los famosos «rollos del Mar Muerto» y de quienes, por tanto, sabemos algo más que de los demás grupos.[2]

Los esenios —que parecen haber sido unos miles— eran un grupo de tendencias escatológicas y puristas. Se veían a sí mismos como el pueblo de la nueva alianza, que no difería esencialmente de la antigua, aunque sí era su culminación, y solo cobraría todo su sentido en el «día del Señor». Las profecías estaban siendo cumplidas en su época y su comunidad, y la expectación escatológica era muy marcada entre ellos. Es por esto que el estudio de los profetas era característica fundamental de la comunidad de Qumrán, pues era mediante tal estudio que podían discernirse las «señales de los tiempos». Esta expectación consistía en la restauración de Israel alrededor de una Nueva Jerusalén. Tres personajes principales contribuirían a la restauración de Israel: el Maestro de Justicia, el Mesías de Israel y el Mesías de Aarón. El Maestro de Justicia ya había venido y realizado su tarea, que continuaba ahora a través de la comunidad escogida de los esenios hasta el día en que el Mesías de Israel, mediante la guerra, destruyese la maldad. Entonces el Mesías de Aarón reinaría en la Nueva Jerusalén.

---

[2] Además, antes del descubrimiento de los rollos del Mar Muerto, sabíamos algo acerca de los esenios por lo que de ellos nos decían Josefo (*Guerra*, 2.8.2-13; *Ant.* 18.1.5), Filón (*Apol.*, citado en Eusebio, *Praep. Ev.* 8.1; *Todo buen homb.* 12.75-88), Plinio el Mayor (*Hist. nat.* 5.15) e Hipólito (*Rcfut.* 9.27).

En cuanto al cumplimiento de la Ley, los esenios eran sumamente rígidos, y subrayaban sobre todo las leyes que se referían a la pureza ceremonial. De ahí que tendiesen a apartarse de las grandes ciudades y de los centros de la vida política y económica de Judea: en esos sitios había gran número de gentiles y de objetos y costumbres «inmundas», y todo buen esenio debía evitar el contacto con tales personas y cosas. Esto les llevó a establecer comunidades como la de Qumrán, donde fueron descubiertos los rollos del Mar Muerto y que parece haber sido uno de sus principales centros. Aunque no todos vivían en comunidades, su interés excesivo en la pureza ceremonial les empujaba hacia ellas, pues solo allí era posible evitar el contacto con lo inmundo. Algo semejante sucedía con el matrimonio, que no estaba prohibido, pero que tampoco era visto con simpatía. Su disciplina era muy rígida; quien la violaba era juzgado por un tribunal de no menos de cien personas, y se le podía aplicar la pena de muerte. Su culto incluía baños de purificación, oraciones que entonaban a la salida del sol, y sacrificios —aunque estos últimos no eran ofrecidos en el Templo de Jerusalén, que según ellos había caído en manos de sacerdotes indignos—.

Aunque es necesario corregir los informes exagerados que circularon a raíz de los descubrimientos del Mar Muerto, sí es cierto que han añadido mucho a nuestros conocimientos del judaísmo del siglo primero. Gracias a ellos es posible ahora describir con cierta exactitud todo un aspecto de la vida religiosa de la época. También gracias a ellos ha aumentado significativamente lo que se sabe sobre la historia del texto hebreo del Antiguo Testamento.

Además, estos descubrimientos han aclarado el sentido de algunos pasajes del Nuevo Testamento que parecen surgir de un trasfondo semejante (por ejemplo, Mat. 18:15ss).

Los esenios eran parte de un círculo más amplio en que predominaba el apocalipticismo. Por «apocalipticismo» se entiende una perspectiva religiosa y cósmica que probablemente se originó en el zoroastrianismo y que penetró en el mundo judío durante y después del exilio. Del judaísmo se extendió a otros círculos, primero cristianos y luego musulmanes. La característica central del apocalipticismo es un dualismo cósmico que ve en el momento presente los comienzos del conflicto final entre las fuerzas del bien y las del mal. El mundo —o edad— presente está gobernado por el poder del mal; pero el tiempo se acerca cuando, tras una gran batalla y acontecimientos catastróficos, Dios vencerá al mal y establecerá una nueva edad en la que gobernará sobre los elegidos —quienes normalmente se limitan a un número predeterminado—. Entretanto, los fieles oprimidos encuentran fuerza y consuelo en la certidumbre de que se acerca el fin de sus sufrimientos. Entre los libros apocalípticos judíos se cuentan Daniel, I Enoc y el Apocalipsis de Baruc. Su impacto sobre la más temprana comunidad cristiana puede verse en el Apocalipsis de Juan, así como en el título de «Hijo del Hombre», que era popular en círculos apocalípticos y que Jesús se da en los Evangelios (frase que tiene sus raíces en Daniel 7 y que luego los comentaristas hebreos convirtieron en un título, como se ve en los Evangelios.)

Todo esto sirve para darnos una idea, siquiera somera, de la variedad de sectas y opiniones que existían en Judea en tiempos de Jesús. Pero esta variedad no ha de ocultar la unidad esencial de la religión judía, que giraba alrededor del Templo y de la Ley. Si los fariseos diferían de los saduceos en cuanto al lugar del Templo en la vida religiosa del pueblo, o en cuanto a la extensión de la Ley, esto no ha de ocultarnos el hecho de que, para la masa del pueblo judío, tanto el Templo como la Ley eran aspectos fundamentales del judaísmo. No existía entre ambos contradicción directa alguna, aunque sí existía la importantísima diferencia práctica de que el culto del Templo solo podía celebrarse en Jerusalén, mientras que la obediencia a la Ley podía cumplirse en todo sitio. De aquí que este último aspecto de la religiosidad judía fuese suplantando paulatinamente al primero, hasta tal punto que la destrucción del Templo en el año 70 d. C. no significó en modo alguno la destrucción de la religión judía.

Por otra parte, cuanto hemos dicho acerca de las distintas sectas que existían en el judaísmo de aquella región en el siglo primero no ha de hacernos pensar que se trataba de una vida religiosa petrificada. Al contrario, la diversidad de sectas e interpretaciones se debe a la profunda vitalidad del judaísmo de la época. Además, todas estas sectas compartían los dos rasgos principales del judaísmo, es decir, su monoteísmo ético y su esperanza mesiánica y escatológica. Desde tiempos remotos, el Dios de Israel había sido un Dios de justicia y misericordia, que por su propia justicia exigía de sus hijos una conducta justa y limpia, no solo en el sentido ceremonial, sino también en lo que a las relaciones sociales se refería. Este monoteísmo ético continuaba siendo el centro de la religión judía, aun a pesar de la diversidad de sectas. Además, a través de los rudos golpes que la historia les había proporcionado, y confiando siempre en la misericordia y justicia divinas, los judíos habían llegado a una religión en la que la esperanza jugaba un papel central. De uno u otro modo, todos esperaban que Dios salvara a Israel de sus males políticos y morales. Esta esperanza de salvación tomaba diversos matices y giraba unas veces alrededor del Mesías y otras alrededor del Hijo del Hombre. La expectación mesiánica se unía por lo general a la esperanza de que el Reino de David fuese restaurado dentro de este mundo, y la tarea del Mesías consistiría precisamente en restaurar el trono de David y sentarse sobre él. Por otra parte, la figura del Hijo del Hombre aparecía más entre los círculos apocalípticos, era de carácter más universal que el Mesías, y vendría a establecer, no un reino davídico sobre esta tierra, sino una nueva era, un cielo nuevo y una tierra nueva. A diferencia del Mesías, el Hijo del Hombre era un ser celestial, y sus funciones incluían la resurrección de los muertos y el juicio final. Estas dos tendencias fueron acercándose a través de los años, y en el siglo primero habían aparecido posiciones intermedias según las cuales el reino del Mesías sería la última etapa de la era presente, y luego le seguiría la nueva era que habría de establecer el Hijo del Hombre. En todo caso, el pueblo judío era aún el pueblo de la esperanza, y haríamos mal al interpretar su religión en términos simplemente legalistas.

Otro aspecto de la religión judía —que más tarde resultaría ser uno de los pilares de la doctrina trinitaria del cristianismo— era su concepto de la Sabiduría. Aunque no parece que el judaísmo rabínico haya llegado al punto de hacer de la Sabiduría una realidad con su propia subsistencia, su especulación al respecto fue la base sobre la cual más tarde los cristianos pudieron decir que Cristo, —o el Espíritu Santo— es llamado «Sabiduría» en el Antiguo Testamento.

Sin embargo, no todos los judíos vivían en Judea, sino que eran muchos los que vivían en otras regiones del mundo antiguo. Ya hemos señalado que aquella región fue campo de numerosas batallas, y que por ella pasaban algunas de las rutas comerciales más importantes del imperio. Estas dos razones —la guerra y el comercio— produjeron desde muy temprano una corriente de migración que extendió el judaísmo por todo el mundo conocido. Cuando, en el siglo VI a.C, se produjo el regreso de la cautividad babilónica, no todos los judíos regresaron a Judá, y dándose así una situación de dispersión que continuaría a través de muchos siglos. Pronto los judíos formaron comunidades importantes en Babilonia, Egipto, Siria, Asia Menor y Roma, hasta tal punto que algunos escritores afirman que constituían la mitad de la población de estas regiones —exageración sin duda, pero no totalmente carente de fundamento—. Estos judíos, junto con los prosélitos que habían logrado hacer de entre los gentiles, constituían la Diáspora o Dispersión, fenómeno de gran importancia para comprender el carácter del judaísmo del siglo I, así como la expansión del cristianismo en sus primeros años.

Los judíos de la Diáspora no se disolvían en la población de su nueva patria, sino que formaban un grupo aparte que gozaba de cierta autonomía dentro del orden civil. Sobre todo en los grandes centros de la Diáspora —como en Egipto— los judíos vivían en una zona determinada de la ciudad, no tanto porque se les obligase a ello como porque así lo deseaban. Allí elegían a sus propios gobernantes locales, y establecían, además, sinagogas donde dedicarse al estudio de la Ley. El Imperio romano les concedía cierto reconocimiento legal, y proveía leyes que les hiciesen de respetar, como la que prohibía obligar a un judío a trabajar en el día de reposo. De este modo la comunidad judía venía a ser como una ciudad dentro de la ciudad, con sus propias leyes y administración. Esto no ha de extrañarnos, pues era práctica corriente en el Imperio romano. Por otra parte, los judíos de la Diáspora, esparcidos por todo el mundo, se sentían unidos por la Ley y por el Templo. Aunque muchos de ellos morían sin haber estado jamás en Judea, todo judío mayor de veinte años enviaba una cantidad de dinero anualmente al Templo. Además, al menos en teoría, los dirigentes de aquella región eran también dirigentes de todos los judíos de la Diáspora, aunque este estado de cosas estaba llamado a desaparecer cuando en el año 70 d. C. los romanos destruirían el Templo. Desde entonces, el centro de la unidad judía vendría a ser la Ley. En todo caso, desde muy temprano comenzaron a existir diferencias entre el judaísmo de Judea y el judaísmo de la Diáspora. La más importante de estas diferencias era la que se refería al lenguaje. Tanto en la Diáspora como en Judea comenzaba a perderse el uso del hebreo, y se hacía cada vez más difícil entender las Escrituras en su lengua original. Como era de esperar, este proceso de pérdida del hebreo era mucho más rápido entre los judíos de la Diáspora que entre los que todavía vivían en Judea. Pero, aun así, entre los judíos de Palestina pronto comenzó a traducirse el Antiguo Testamento al arameo, primero oralmente y luego por escrito. Tales traducciones, de las cuales varias todavía existen, reciben el nombre de «targums». El proyecto de traducción fue mucho más rápido y completo en la Diáspora, donde las sucesivas generaciones de judíos iban perdiendo el uso del hebreo, y comenzaban a utilizar los idiomas locales, sobre todo el griego, que era el lenguaje del estado y del comercio. Fue en Alejandría que esta helenización lingüística del judaísmo alcanzó su máxima expresión. Además, Alejandría era un centro de cultura helenista y, como veremos más adelante, los judíos de aquella ciudad querían presentar su religión de tal modo que fuese accesible a las personas cultas de la región. De esta necesidad surgió la traducción griega del Antiguo Testamento que recibe el nombre de Versión de los Setenta o Septuaginta.

Según una antigua leyenda, que aparece por primera vez en una obra de finales del siglo II a. C.—el escrito de Aristeas, *A Filócrates*—, esta versión griega fue producida en Egipto, en tiempos de Tolomeo II Filadelfo (285-247 a. C. quien hizo venir de Palestina a setenta y dos ancianos —seis por cada tribu— a fin de que tradujesen la Ley judía. Más tarde, para dar mayor autoridad a esta versión, la leyenda se hizo más compleja, y se afirmó que los ancianos trabajaron independientemente, y que luego, al comparar el resultado de su trabajo, descubrieron que todas sus traducciones eran idénticas. De aquí surge el nombre de Versión de los Setenta que se da a menudo a esta traducción. El nombre de Septuaginta es una abreviación del antiguo título: *Interpretatio secundum septuaginta seniores*. También se emplea para referirse a ella el símbolo numérico LXX.

Separando la historia de la leyenda, podemos afirmar que la versión griega del Antiguo Testamento que conocemos por LXX no es el producto de un grupo de setenta traductores, ni tampoco de un esfuerzo único en un período determinado. Al contrario, la LXX parece haber tardado más de un siglo en ser escrita, y no parece haber acuerdo alguno entre sus diversos traductores en lo que a métodos y propósitos se refiere: mientras que algunos son tan literalistas que su texto resulta apenas inteligible, otros se toman libertades excesivas con el texto hebreo. Al parecer, la traducción del Pentateuco es la más antigua, y muy bien puede haber sido hecha bajo el reinado de Tolomeo II Filadelfo como afirma la leyenda, aunque no es en modo alguno el resultado de un grupo homogéneo de traductores. Más tarde, se fueron añadiendo a la traducción del Pentateuco otras traducciones, que llegaron a incluir todo el canon hebreo del Antiguo Testamento y algunos de los libros que luego fueron declarados apócrifos.[3]

La importancia de la LXX es múltiple. Los eruditos que se dedican a la crítica textual del Antiguo Testamento la emplean a veces para redescubrir el antiguo texto hebreo. Quienes se dedican al estudio de la exégesis rabínica se interesan en el cómo esta se refleja en los diversos métodos que empleaban los traductores de la LXX. En nuestro caso, nos interesa debido a la enorme importancia que tuvo en la formación del trasfondo en que apareció el cristianismo, así como en la expansión y el pensamiento de la nueva fe.

La LXX jugó un papel de importancia en la formación del pensamiento judaico-helenista. Para traducir los antiguos conceptos hebreos era necesario utilizar términos griegos cargados de connotaciones totalmente ajenas al pensamiento bíblico. Más tarde, a fin de interpretar el texto griego, se estudiaba el sentido que sus palabras tenían en la literatura helénica y helenista. Por otra parte, los gentiles instruidos podían ahora leer el Antiguo Testamento y discutir con los judíos acerca de su validez y significado. Para no salir maltrechos en tales discusiones, los judíos se veían obligados a conocer mejor la literatura filosófica de la época, y a interpretar la Biblia de tal modo que su superioridad quedase manifiesta. Así llegaron incluso a afirmar que los grandes filósofos griegos habían copiado de la Biblia lo mejor de su sabiduría.

En cuanto a la historia del cristianismo, la LXX jugó un papel de importancia incalculable. La LXX fue la Biblia de los primeros autores

---

[3] La LXX incluye varios escritos que no forman parte del canon hebreo del Antiguo Testamento. Tradicionalmente, se ha pensado que esto se debe a que los judíos alejandrinos eran más liberales que los de Palestina, y que por ello aceptaban como inspirados varios libros que no tenían tal categoría entre los judíos de Palestina. Pero quizá sea más exacto decir que, tanto en Palestina como en la Diáspora, estos libros gozaban de gran autoridad, y que fueron excluidos del canon hebreo, no porque nunca se les hubiese tenido por inspirados, sino porque se prestaban a interpretaciones heterodoxas desde el punto de vista judío. En todo caso, conviene no olvidar que el canon hebreo no fue fijado hasta el año 90 d.C, cuando el uso que los cristianos hacían de la literatura apocalíptica del judaísmo llevaba a los judíos a ver tales escritos con suspicacia. A cerca de todo esto, véase más en el capítulo 4.

cristianos que conocemos, la Biblia que usaban casi todos los escritores del Nuevo Testamento.[4] A tal punto se adueñaron de ella los cristianos, que ya en el año 128 d. C. el prosélito judío Aquila, procedente del Ponto —del que algunos dicen que anteriormente había sido cristiano— se sintió en la necesidad de producir una nueva versión para el uso exclusivo de los judíos. Además, la LXX fue el molde en que se forjó el lenguaje del Nuevo Testamento y uno de los mejores instrumentos que poseemos para comprender ese lenguaje, que no parece ser el griego cotidiano del mundo helenista, sino más bien una combinación de ese griego con el de la LXX.

Por otra parte, la LXX era también síntoma del estado de ánimo de los judíos de la Diáspora, y sobre todo de los de Alejandría. La tendencia helenizante les había alcanzado, y se sentían obligados a mostrar que el judaísmo no era tan bárbaro como podría pensarse, sino que guardaba relaciones estrechas con lo netamente griego. Ejemplo de este estado de ánimo es la obra de Alejandro Polihistor —autor judío del siglo primero antes de Cristo— y de los autores que este cita: Demetrio (siglo III a. C. recuenta la historia de los reyes de Judá haciendo uso de los métodos de la erudición alejandrina; Eupolemo (siglo II a. C. hace de Moisés el inventor del alfabeto, que los fenicios tomaron de los judíos y luego llevaron a Grecia; Artafano (siglo III a. C. llega a afirmar que Abraham enseñó los principios de la astrología al faraón y que Moisés estableció los cultos egipcios de Apis e Isis. A mediados del siglo II a. C. un tal Aristóbulo escribe una *Exégesis de la Ley de Moisés* cuyo propósito es mostrar que cuanto de valor hay en la filosofía griega ha sido tomado de las Escrituras judías. Ya hemos citado la obra que —bajo el nombre de Aristeas— trata de dar autoridad divina a la LXX. Y todo esto no es más que una serie de ejemplos que han llegado hasta nosotros de lo que debe haber sido común entre los pensadores judíos de la Diáspora durante el período helenista.

La expresión máxima de este intento por parte de los judíos de armonizar su tradición con la cultura helenista se halla en Filón de Alejandría, contemporáneo de Jesús, quien se esforzó en interpretar las Escrituras judías de tal modo que resultasen compatibles con las doctrinas de la Academia. Según Filón, las Escrituras enseñan lo mismo que Platón, aunque para ello hacen uso de la alegoría. Luego, la tarea del exégeta iluminado consistirá en mostrar el sentido eterno que se halla tras las alegorías escriturarias. Por otra parte, señala Filón que, después de todo, Platón y los

---

[4] El Apocalipsis parece citar de una versión muy parecida a la que conocemos bajo el nombre de Teodoto. Es poco lo que sabemos acerca de este Teodoto, de quien se dice que vivió en el siglo II. Si esto es así, su obra debe haber consistido, no en una versión original, sino en la revisión de una traducción ya existente. Otra posibilidad es que al escribir Apocalipsis Juan estuviera recordando textos hebreos que conocía, y traduciéndolos directamente —como hoy hacemos quienes sabemos de memoria pasajes en castellano, y al hablar en otro idioma los vamos traduciendo en nuestro fuero interno.

académicos son muy posteriores a Moisés, y es de suponer que su vasta cultura les haya hecho conocer las Escrituras, de donde derivaron lo mejor de su doctrina. En todo caso, Filón gozaba de la ventaja de moverse en círculos donde se acostumbraba a interpretar alegóricamente los pasajes más difíciles de las Escrituras. La supuesta epístola de Aristeas, que hemos mencionado con relación al origen de la LXX, hace ya uso de este método de interpretación escrituraria, y más adelante veremos que también el cristianismo alejandrino se caracterizó por su interpretación alegórica de las Escrituras. Mediante tal interpretación, Filón podía afirmar el carácter revelado e infalible de las Escrituras y deshacerse al mismo tiempo de sus aspectos más difíciles de conciliar con el platonismo. (También los griegos hacían uso de la interpretación alegórica a fin de dar sentido a los viejos mitos que habían perdido su vigencia. Así, por ejemplo, Aftonio interpretaba el mito de Dafne y Apolo como una alegoría referente a la virtud de la temperancia). Como ejemplo de tales interpretaciones, podemos citar el pasaje que sigue, en que Filón discute el texto de Deuteronomio 23:1 en que se excluye a los eunucos de la congregación de Jerusalén:

> Hay otros que compiten por el primer premio en la arena de la impiedad, y que llegan al extremo de cubrir la existencia de Dios, así como de las formas [las ideas platónicas]. Los tales afirman que Dios no existe, sino que se dice que existe para el bien de quienes se abstendrán del mal por temor a quien creen ser omnipresente y omnisciente. Con gran acierto, la Ley llama a estos «mutilados», puesto que han perdido el poder de concebir el origen de todas las cosas. Son impotentes para engendrar la sabiduría y practican el peor de los vicios: el ateísmo.[5]

Como vemos, esta doctrina, que si se quiere puede ser muy provechosa, no es en modo alguno una interpretación del texto bíblico, sino que es más bien un esfuerzo de torcer su sentido de tal modo que resulte aceptable a la mentalidad helenista. Sin embargo, es necesario señalar que Filón no negaba el sentido histórico y literal de la Ley —tal negación sería una apostasía del judaísmo— sino que afirmaba que tenía, además del sentido literal, otro sentido alegórico.

El Dios de Filón es una combinación de la "Idea de lo bello" de Platón con el Dios de los patriarcas y profetas. Su trascendencia es absoluta, de tal modo que no existe relación directa alguna entre él y el mundo. Aun más, como Creador, Dios se halla allende las ideas del bien y de lo bello.

---

[5] *De specialibus legibus*, 1.330.

Dios es el ser en sí, y no se halla en el tiempo y el espacio, sino que estos se hallan en él.[6]

Puesto que Dios es absolutamente trascendente y puesto que —en sus momentos más platónicos— Filón le concibe como un ser impasible, la relación entre Dios y el mundo requiere otros seres intermedios. El principal de estos seres es el logos o verbo, que fue creado por Dios antes de la creación del mundo. Este logos es la imagen de Dios y su instrumento en la creación. En él están las ideas de todas las cosas —en el sentido platónico del término «idea»— de modo que viene a ocupar el lugar del demiurgo de Platón. Además, Filón incorpora a su doctrina del logos ciertos elementos estoicos, de modo que identifica también al logos con la razón que constituye la estructura de todas las cosas. A fin de explicar estas dos funciones del logos, Filón introduce la distinción entre el verbo interior y el verbo pronunciado (*Lógos endiáthetos y lógos proforikós*). La distinción es como la que existe entre la palabra pensada y la palabra proferida. El verbo interior corresponde al mundo de las ideas, mientras que el verbo exterior corresponde a la razón que sirve de estructura a este mundo material.[7]

En cuanto al carácter de este logos, conviene señalar que es distinto del logos del cuarto Evangelio. El logos de Filón es un ser distinto e inferior a Dios, y se halla dentro de un marco de referencia que afirma la trascendencia absoluta de Dios y que niega, por tanto, su relación directa con el mundo. Todo esto se halla lejos del pensamiento del cuarto Evangelio.

En cuanto al fin de la criatura humana, Filón sostiene —en forma típicamente platónica— que ese fin es la visión de Dios. El humano no puede comprender a Dios, puesto que la comprensión implica cierto modo de posesión, y el humano no puede poseer lo infinito. Pero el ser humano sí puede ver a Dios de manera directa e intuitiva. Esta visión es tal que el ser humano se trasciende a sí mismo, y se produce entonces el éxtasis.

El éxtasis es la meta y culminación de todo un proceso ascendente a través del cual el alma se va purificando. En nosotros, el cuerpo sirve de lastre al alma, y lo racional se opone a lo sensorial. La purificación consiste, entonces, en librarse de las pasiones de los sentidos que hacen al alma esclava del cuerpo. Y aquí introduce Filón toda la doctrina estoica, según la cual, la apatía o falta de pasiones ha de ser el objeto de todo ser humano. Pero en Filón la apatía no es —como en los estoicos— el fin de la moral, sino el medio que lleva al éxtasis.

Mucho de esto resulta ajeno al pensamiento bíblico, aunque se presenta como una simple interpretación de ese pensamiento. Aquí radica el peligro de esta clase de exégesis, que tiende a eclipsar el carácter único del

---

[6] *De somniis*, 1.117.
[7] *De vita Mosis*, 2.127.

mensaje bíblico. Como veremos más adelante, este fue también el punto débil del pensamiento de los teólogos alejandrinos de los siglos segundo y tercero.

Por último, es necesario completar este cuadro del judaísmo del siglo primero con una palabra sobre las corrientes protognósticas que circulaban en medio de él, y que pueden verse en algunos de los *midrashim* de la época. Tales tendencias probablemente evolucionaron del dualismo apocalíptico, cuyos seguidores, viendo que sus esperanzas apocalípticas no se cumplían, encontraron refugio en una negación del valor de lo histórico. Su especulación se centraba en el tema del trono de Dios, y por ello se le ha llamado «misticismo del trono». Empero es imposible seguir con exactitud el desarrollo de tales tendencias gnósticas dentro del judaísmo, o determinar hasta qué punto surgen del apocalipticismo —y, por tanto, en cierta medida, de influencias persas— o de otras fuentes —inclusive cristianas—. El mejor conocido de los gnósticos judaizantes, Elxai o Elkesai, vivió en el siglo segundo, e indudablemente sufrió el influjo del cristianismo.

A todo esto, hay que añadir que, como veremos más detalladamente en el capítulo 3, el judaísmo era entonces una religión proselitista, y que, por tanto, buena parte de la población judía no lo era por descendencia de sangre, sino más bien por conversión. Fue en medio de ese judaísmo parcialmente helenizado, centrado en la Ley y en la sinagoga más que en el Templo, que el cristianismo dio sus primeros pasos.

El mundo grecorromano

Si bien, por razones didácticas, hemos separado el mundo judío del resto del mundo en que se desarrolló la iglesia cristiana, lo cierto es que en el siglo primero de nuestra era la cuenca del Mediterráneo gozaba de una unidad política y cultural que nunca desde entonces ha tenido. Esta unidad se debía a la combinación del pensamiento griego con el impulso de Alejandro y con la organización política de Roma. De todo ello había surgido una cultura general que —aunque no carecía de variaciones regionales— unía a todos los pueblos del Mediterráneo y bastante más allá. Las conquistas de Alejandro (años 334 al 323 a. C. fueron, a la vez, causa y consecuencia de grandes cambios en el pensamiento griego. Antes de Alejandro, y en todo el período que va de Homero a Aristóteles, el pensamiento griego había seguido una evolución sin la cual no hubieran sido posibles las grandes conquistas de Alejandro en el siglo IV.

El antiguo pensamiento griego había sido típicamente aristócrata y racista. Todos los pueblos no helénicos eran «bárbaros» por definición y eran, por tanto, inferiores. Pero, debido al incremento en el comercio y las relaciones con otros pueblos, el pensamiento griego se hizo cada vez menos exclusivista. En Platón, encontramos la afirmación de que todos los seres humanos son por naturaleza libres, pero encontramos también la antigua idea de una diferencia esencial entre griegos y bárbaros. Las conquistas de Alejandro, impulsadas por el deseo de unir en un solo imperio y bajo una sola cultura a toda la humanidad, pusieron término a este exclusivismo griego, y desde entonces se pensó que, si bien el griego era superior al bárbaro, estas dos palabras designaban la cultura de la persona y no su raza. La filosofía no se ocupaba ya de la participación del ciudadano en la vida de la ciudad, como en época de Platón, sino que se ocupaba del individuo dentro del nuevo ambiente cosmopolita en que tiene que moverse. Y este carácter cosmopolita a la vez que individualista es precisamente uno de los rasgos que distinguen el pensamiento helenista del helénico.

Pero las conquistas de Alejandro no tuvieron lugar en un vacío cultural, sino que incluyeron a países de culturas antiquísimas, tales como Egipto, Siria, Persia y Mesopotamia. En cada uno de estos países, la cultura local quedó eclipsada durante los primeros siglos de dominación helenista, para luego surgir transformada y pujante, de tal modo que se extendió más allá de sus antiguas fronteras.

Este resurgimiento de las antiguas culturas orientales tuvo lugar precisamente durante el siglo primero de nuestra era. Es por esto que, al estudiar el marco helenista en que el cristianismo dio sus primeros pasos, debemos tener en cuenta, además de la filosofía helenista —que había heredado y desarrollado las antiguas tradiciones de la filosofía griega— las muchas religiones que desde el Oriente trataban de invadir Occidente. El primer impulso helenizante puede interpretarse como el flujo del helenismo, mientras que lo que siguió bien puede verse como su reflujo. Seguidamente, debemos añadir a estos factores culturales y religiosos el factor político y administrativo, que en este caso es el Imperio romano.

La filosofía griega había sufrido un gran cambio tras las conquistas de Alejandro. Aristóteles, quien había sido maestro del propio Alejandro, pronto cayó en desuso. Esto no quiere decir que se le haya olvidado completamente, pues la escuela peripatética continuó existiendo a través de Teofrasto y Estratón. Pero sí es cierto que el carácter metafísico del Peripatos quedó relegado a un plano secundario, al tiempo que los estudios de botánica, música y otras disciplinas ocupaban a la mayoría de los peripatéticos.

Por su parte, la Academia platónica siguió existiendo —hasta el año 529 d. C., en que Justiniano la clausuró— y a través de ella Platón ejerció una influencia notable en el período helenista. La influencia de Platón alcanzaba mucho más allá de los límites de la Academia, y es de notar que, aunque el Museo de Alejandría fue fundado a instancias del aristotélico

Demetrio de Falero, pronto fue capturado por el espíritu platónico y vino a ser uno de sus principales baluartes.

Luego, si bien el helenismo no desconocerá la contribución de Aristóteles, será Platón —y a través de él, Sócrates— quien ejercerá mayor influencia en la formación de la filosofía de la época.

Sin embargo, había ciertos aspectos en los que el platonismo no se conformaba más que el aristotelismo al espíritu de la época. De estos aspectos el más importante, aunque no el único, es el que se refiere al marco político de la época. Tanto el pensamiento de Aristóteles como el de Platón fueron forjados dentro del marco de referencia de la antigua ciudad griega. Su objeto no es tanto el bien del individuo como el bien común —aunque no debemos olvidar que, sobre todo para Platón, el propósito del bien común es el bien individual—. El ser humano en quien piensan Platón y Aristóteles es el varón ciudadano ateniense, cuyo sitio en el mundo y la sociedad está más o menos asegurado, y cuyos deberes religiosos y morales son reglamentados por una tradición de siglos. Dentro de tal situación bien podían los atenienses dedicarse a la especulación, y considerar la ética como un simple aspecto de ella. Pero cuando, con Alejandro, surge la sociedad cosmopolita, el individuo se encuentra perdido en la inmensidad del mundo, los dioses entran en competencia con otros dioses, y las reglas de conducta con otras reglas. Se requiere, entonces, una filosofía que, al tiempo que se dirija al individuo, le dé pautas que seguir en la dirección de su vida. Se requiere una filosofía que no se ciña al marco estrecho de la antigua ciudad, ni tampoco al de la distinción entre griegos y bárbaros. Esta es la función del estoicismo y el epicureísmo dentro de la historia de la filosofía griega. Más tarde, al hacerse aguda la decadencia de los antiguos dioses, la filosofía tratará de ocupar su lugar —como ha querido hacerlo tantas veces en la historia de la humanidad— y surgirán entonces escuelas filosóficas de marcado carácter religioso, tales como el neoplatonismo.

No podemos repasar aquí toda la historia de la filosofía griega y helenista, pero sí debemos señalar algunas de las doctrinas que hicieron posible la influencia de las diversas escuelas en la historia del pensamiento cristiano.

Sin duda, es Platón, de entre todos los filósofos de la Antigüedad, quien más ha influido en el desarrollo del pensamiento cristiano. De entre sus doctrinas, las que más nos interesan aquí son la de los dos mundos, la de la inmortalidad y preexistencia del alma, la del conocimiento como reminiscencia y la que se refiere a la "Idea del bien". La doctrina platónica de los dos mundos fue utilizada por algunos pensadores cristianos como medio para interpretar la doctrina cristiana acerca de la naturaleza y valor del mundo, así como del cielo y de la tierra. Mediante la doctrina platónica, podía mostrarse cómo estas cosas materiales que tenemos a nuestro alrededor no son las realidades últimas, sino que hay otras realidades de un orden diverso y de mayor valor. Como se comprenderá fácilmente, en una iglesia perseguida como la de los primeros siglos esta doctrina tenía gran atractivo, aunque muy pronto llevó a algunos cristianos a posiciones con respecto al mundo material que constituían una negación implícita de la doctrina de la creación. Esta tendencia se hizo más aguda por cuanto el platonismo tendía a imprimir un sello ético en la distinción entre los dos mundos, haciendo del mundo presente la patria del mal, y del mundo de las ideas el objeto de la vida y la moral humanas.

La doctrina de la inmortalidad del alma atrajo desde muy temprano a los cristianos, que buscaban en la filosofía griega un apoyo para la doctrina cristiana de la vida futura. Si Platón había afirmado que el alma era inmortal, ¿por qué los paganos se burlaban ahora de los cristianos, que también afirmaban la vida tras la muerte? Los cristianos que así discurrían no siempre se percataban de que la doctrina platónica de la inmortalidad del alma era muy distinta de la esperanza cristiana de la resurrección. La doctrina platónica hacía de la vida futura, no un don de Dios, sino algo que correspondía naturalmente al ser humano debido a lo divino que en él hay. La doctrina platónica afirmaba, no solo la inmortalidad, sino también la preexistencia y la transmigración de las almas. Todo esto era muy distinto del cristianismo, pero no faltaron pensadores cristianos quienes, en su afán de interpretar su nueva fe a la luz de la filosofía platónica, llegaron a incluir todo esto en el cuerpo de la doctrina cristiana. La doctrina platónica del conocimiento se basa en una desconfianza absoluta en los sentidos como medio para llegar a la verdadera ciencia. Esto se debe a que los sentidos solo pueden proporcionarnos conocimientos acerca de las cosas de este mundo, y no de las ideas eternas. Puesto que el verdadero conocimiento solo puede ser conocimiento de tales ideas, se deduce necesariamente que los sentidos no son el medio adecuado para llegar al verdadero conocimiento. Platón recurrirá a la anamnesis o reminiscencia, que a su vez requiere la doctrina de la preexistencia de las almas. Naturalmente, la corriente central del pensamiento cristiano, que nunca aceptó la preexistencia de las almas, tampoco podía aceptar la doctrina del conocimiento como reminiscencia. Pero la desconfianza hacia los sentidos sí encontró terreno fértil entre cristianos y, a través de la epistemología de San Agustín, dominó el pensamiento cristiano occidental durante siglos. En el Oriente, los escritos del falso Dionisio el Areopagita tuvieron un efecto semejante.

Por último, la doctrina platónica acerca de la "Idea del bien" influyó grandemente en la formulación del pensamiento cristiano acerca de Dios. En el *Timeo*, Platón afirma que el origen del mundo se debió a la obra de un artífice divino o demiurgo, que tomó la materia informe y le dio forma imitando la belleza de la "Idea del bien". Si Platón ofrecía esto a modo de mito o no, no nos interesa aquí. Lo que nos interesa es que su influencia fue grande en el pensamiento cristiano de los primeros siglos. Debido a su tema común, no era difícil encontrar paralelismos entre el *Timeo* y el *Génesis*. La distinción entre la "Idea del bien" y el demiurgo o artífice del universo establecía una dicotomía entre el Ser Supremo y el Creador que es totalmente ajena al pensamiento bíblico, pero que pronto logró arraigo en las mentes de algunos pensadores que querían afirmar la impasibilidad divina simultáneamente con la acción de Dios en el mundo. De aquí —y del monoteísmo que el diálogo de Platón parecía indicar— surgió la costumbre, tan arraigada en ciertos círculos teológicos, de hablar acerca de Dios en los mismos términos en que Platón hablaba acerca de la "Idea del bien": Dios es impasible, infinito, incomprensible, indescriptible, etc., etc.

Juntamente con el platonismo, fue el estoicismo la tendencia filosófica que más influyó en el desarrollo del pensamiento cristiano. Su doctrina del logos, su elevado espíritu moral y su doctrina de la ley natural, dejaron una huella profunda en el pensamiento cristiano.

Según la doctrina estoica, el universo está sujeto a una razón o logos universal. Este logos no es una simple fuerza externa, sino que es más bien la razón que se halla impresa en la estructura misma de las cosas. Nuestra razón es parte de este logos universal, y es por ello que podemos conocer y comprender. Toda razón y toda energía se hallan en esta razón, y por ello se le da el título de «razón seminal». Este concepto del logos, originalmente independiente de todo interés especulativo, se unirá más tarde —y se unía ya en Filón— al pensamiento platónico para servir de contexto dentro del cual se forjará la doctrina cristiana del logos.

Para los estoicos, la doctrina del logos era solo parte de su profundo interés ético, y fue este interés la verdadera causa de su marcada influencia en algunos pensadores cristianos. A la existencia de esta razón universal, que todo lo penetra, le sigue la existencia de un orden natural de las cosas, y sobre todo de un orden natural de la vida humana. Este orden es lo que los estoicos llaman «ley natural», y se halla impreso en el ser íntimo de todos los humanos, de tal modo que solo tenemos que obedecerlo para ser virtuosos. En sus comienzos, el estoicismo tendía a ser una doctrina para las minorías, y establecía la distinción absoluta, predeterminada e inalterable entre los «sabios» y los «necios». Con el correr del tiempo esta doctrina fue haciéndose más flexible y, cuando se produjo su encuentro con el cristianismo, el estoicismo era ya una de las posiciones filosóficas más populares en la cuenca del Mediterráneo —particularmente en las regiones occidentales del Imperio romano—. En ella los cristianos vieron un aliado contra quienes se burlaban de la austeridad de sus costumbres —a pesar de que uno de los perseguidores de la iglesia fue el emperador Marco Aurelio, quien era a la vez uno de los máximos exponentes del estoicismo— y bien pronto algunos llegaron a la conclusión de que la ley natural de la que hablaban los estoicos era también el fundamento de la ética cristiana. De este modo se logró tender un puente entre la más elevada moral de la época y la doctrina cristiana, aunque esto se logró al precio de poner en duda el carácter único y radicalmente nuevo del mensaje cristiano. En este campo, la influencia del estoicismo ha sido tal que hasta el día de hoy son muchos los teólogos que construyen sus doctrinas éticas sobre el fundamento estoico de la ley natural.

Aparte del neoplatonismo —que no discutiremos todavía porque su origen no se remonta más allá del siglo segundo de nuestra era— las otras corrientes filosóficas del período helenista ejercieron poca influencia sobre el cristianismo. El epicureísmo había perdido su ímpetu antes de que el cristianismo apareciese en escena y, en todo caso, la divergencia práctica entre ambas doctrinas era tal que hubiese sido difícil para una de ellas influir en la otra. El escepticismo, aunque no había caído en desuso, no pasaba de ser la filosofía de una exigua minoría, y su carencia de doctrinas positivas le impedía influir en otros sistemas de pensamiento. Aristóteles continuaba haciéndose sentir a través de su lógica y de su doctrina del «primer motor inmóvil», pero estas habían sido asimiladas por el platonismo de la época —el llamado «platonismo medio»— de modo que la influencia aristotélica llegó a la iglesia de los primeros siglos envuelta en sistemas esencialmente platónicos —el de Filón, por ejemplo—.

En todo caso, es necesario tener en cuenta que los primeros siglos de nuestra era se caracterizaban por un espíritu ecléctico que estaba dispuesto a aceptar la parte de la verdad que pudiera encontrarse en cada una de las escuelas filosóficas. Por esta razón, unas escuelas influyen sobre otras de tal modo que es imposible distinguir claramente entre ellas. Aun en el caso de las dos tendencias filosóficas más claramente definidas, que son el platonismo y el estoicismo, es imposible encontrar en los primeros siglos de nuestra era un pensador perteneciente a una de ellas que no haya incluido en su pensamiento uno u otro elemento de la otra. Este espíritu se manifiesta en la fundación de la «escuela ecléctica» de Alejandría durante el reinado de Augusto; pero desde mucho antes el espíritu ecléctico se había adueñado de las diversas escuelas filosóficas —del estoicismo con Boeto de Sidón (siglo II a. C. del platonismo con Filón de Larisa y Antíoco de Escalona (siglo II d. C.) —. La misma tendencia a unir doctrinas procedentes de diversas fuentes puede verse en el sincretismo religioso de la época, que hemos de discutir más adelante. Este sincretismo unía, no solo diversas religiones, sino también diversas doctrinas filosóficas a las que podía darse un giro religioso.

Por otra parte, los estudios estrictamente filosóficos constituían un privilegio reservado para una minoría exigua. La mayor parte de la población culta no pasaba de los estudios de gramática y retórica, y su conocimiento de las distintas escuelas filosóficas se derivaba solo del uso de las obras de los filósofos en los ejercicios de retórica, y quizá de la lectura de alguna doxografía en la que se resumían las diversas opiniones de los filósofos. En realidad, varios de los primeros escritores cristianos que reciben o se dan el nombre de «filósofos» no parecen conocer de la filosofía clásica más que algún resumen doxográfico. Como es de suponer, esta carencia de estudio profundo del pensamiento de cada filósofo contribuía al espíritu ecléctico de la época.

Ya hemos dicho que para comprender el marco dentro del que se desarrolló el cristianismo es necesario tener en cuenta, no solo las doctrinas filosóficas del período helenista, sino también las religiones que en esa época se disputaban los corazones. Demasiado a menudo caemos en el error de suponer que la religión olímpica que encontramos en los poemas homéricos era la misma religión a que se tuvieron que enfrentar los primeros cristianos. Los siglos que separan a Homero del Nuevo Testamento no habían corrido en vano, y su huella había quedado impresa en la religiosidad del mundo mediterráneo. Desde mucho antes de las conquistas de Alejandro, hubo pensadores griegos que criticaban, despreciaban y hasta se burlaban de los antiguos dioses y sus mitos. Además, también desde tiempos antiquísimos existían en Grecia, junto al culto a los dioses olímpicos, otros cultos de carácter muy distinto que formaban ese conjunto que hoy los eruditos colocan bajo el nombre de «religiones de misterio». Estas religiones, cuyo ejemplo clásico son los misterios eleusinos, no eran un fenómeno típicamente griego, sino que eran más bien el tipo de religiosidad que tendía a suplantar a las decadentes religiones nacionales.

Una religión nacional, que se distingue por su carácter colectivo y por la unión estrecha entre los dioses y la nación, no puede subsistir como tal cuando la nación pierde su existencia propia, o cuando, dentro de una sociedad cualquiera, el individuo logra cierto grado de autonomía frente a la colectividad. El judaísmo logró sobrevivir gracias a una transformación en la que, carente no solo de tierra nacional, sino también de Templo, vino a centrarse sobre el estudio, obediencia e interpretación de la Ley. La antigua religión egipcia no podía subsistir incólume tras las conquistas de Alejandro, cuando Egipto perdió su carácter de nación independiente. De igual modo, tampoco la antigua religión griega podía continuar siendo la misma ante los avances del individualismo. De aquí el gran auge que tomaron durante el período helenista las religiones de misterio, que son muy distintas de las religiones nacionales.

Al parecer, las religiones de misterio tienen su origen en los antiguos cultos de fertilidad que ocupaban el centro de la religiosidad de muchos pueblos primitivos. El milagro de la fertilidad, tanto en los seres humanos como en los animales y las plantas, ocupa un lugar de importancia en el origen de buena parte de los misterios, y es de notar que, aun después que sus orígenes habían quedado olvidados, las fiestas que se conocían por el nombre de «Dionisíacas rústicas» incluían símbolos que apuntaban al origen del culto a Dionisio como dios de la fertilidad. A esto se unía el milagro de la muerte y la resurrección que se suceden todos los años, con el correr de las estaciones en el Norte y con las inundaciones del Nilo en Egipto. En invierno, el dios moría o se ausentaba, para luego volver en la primavera con el don inapreciable de la fertilidad. De aquí se seguía, por una parte, el mito que explicaba la muerte y resurrección anual y, por otra, la participación de toda la naturaleza en la vida y muerte del dios, que a su vez constituía la base para la participación del individuo en la muerte y la vida de ese dios. Como ejemplo de esto, podemos ofrecer los mitos de Dionisio y de Isis y Osiris.

Según el mito que servía de base a su culto, Dionisio fue muerto por los titanes, pero Zeus ingirió el corazón de Dionisio, que ahora recibe el nombre de Dionisio Baco. (El nombre de «Baco» no aparece sino después del siglo VI a. C. mientras que el de «Dionisio» es mucho más antiguo y parece haber surgido en Tracia). En cuanto a los titanes, Zeus los fulminó con su rayo, y de sus cenizas hizo a los humanos. El resultado de esto es que en los seres humanos se encuentra, envuelta en la maldad que se deriva de los restos de los titanes, una porción divina y pura, que nos viene del cuerpo de Dionisio que los titanes habían ingerido antes de ser destruidos.

Al igual que Dionisio, Osiris fue en sus orígenes un dios de la vegetación y, aunque su culto cobró luego un sentido de inmortalidad, no perdió nunca su carácter de religión de fertilidad. El mito de Isis y Osiris es antiquísimo —del tercer milenio antes de Cristo— y a través de los siglos sufrió grandes cambios, pero lo esencial puede resumirse como sigue. Set despedazó a Osiris y distribuyó su cuerpo por todo Egipto con la esperanza de que así no lograría resucitar. Isis, la fiel esposa de Osiris, recorrió el país reuniendo las diversas partes de su cuerpo, que luego resucitó. Pero Isis no logró recuperar los órganos de reproducción de Osiris, que habían caído al Nilo. Esta es la causa de la gran fertilidad de ese río, que da vida a todo Egipto.

Tanto el culto de Dionisio como el de Isis y Osiris sufrieron grandes transformaciones a través de los siglos, pero siempre persistió en sus mitos el elemento de muerte y resurrección que constituye el vínculo entre los antiguos cultos de fertilidad y la importancia que los misterios del período helenista dan a la inmortalidad. El dios que moría y resucitaba era también el dios en unión al cual el creyente gozaría de la vida futura.

Además de estos aspectos mitológicos, que constituyen el centro de los misterios, conviene señalar que todas estas religiones, en contraste con las religiones nacionales, eran individualistas. No se pertenecía a ellas por el mero nacimiento físico, sino que era necesario ser iniciado en los misterios. No sabemos exactamente en qué consistían estas iniciaciones, pues los misterios por su mismo nombre indican el carácter secreto de su culto. Pero sí sabemos que la iniciación era un rito mediante el cual el neófito quedaba unido al dios, y se hacía así partícipe de su fuerza e inmortalidad. Como ejemplo de este tipo de rito podemos citar las taurobolias, que se celebraban en el culto de Atis y Cibeles, y en las que se sacrificaba un toro de modo que su sangre bañase a uno de los fieles.

El carácter individualista y secreto de estos cultos les hacía aptos para extenderse más allá de sus fronteras nacionales, y así vemos cómo el culto de Osiris llegó hasta España y el de Cibeles, proveniente de Siria, hasta Roma. Los iniciados hablaban a otras personas acerca de las experiencias que los misterios les proporcionaban, aunque sin divulgar los secretos, y de ese modo estos cultos se iban extendiendo y entremezclándose.

Por último, conviene señalar que estos cultos incluían a menudo una comida ritual en que los fieles ingerían al dios y se hacían partícipes de su divinidad. En Tracia, los fieles de cierta divinidad —que muy bien puede haber sido el origen del Dionisio griego, pues muy probablemente este fue importado de Tracia— se lanzaban a una caza cuyo resultado era una comida orgiástica en que despedazaban y comían, aún palpitante, la carne del animal cazado. De este modo creían hacerse dueños de la vida que había en aquel animal. Por otra parte, en las antiguas bacanales el propósito de ingerir vino era ser poseído por Baco y participar así de su inmortalidad.

El hecho de que estos cultos —cuyas características íntimas y ritos secretos desconocemos— nos parezcan extraños e incomprensibles no ha de ocultarnos la gran atracción que ejercieron sobre los corazones del período helenístico. De hecho, su popularidad fue tal que algunos de ellos —especialmente el culto de Mitras— fueron importantes rivales del cristianismo en su interés misionero. (Mitras, que procedía de Persia, era el dios de la luz. A diferencia de los demás dioses de las religiones de misterio, su mito no incluía una deidad femenina, sino que consistía en una serie de combates, sobre todo contra el Sol y el Toro. Por esta razón, su culto logró gran arraigo entre los soldados romanos de los primeros siglos de nuestra era. Como todas las religiones de misterio, el mitraísmo era de carácter sincretista, y pronto se apropió de algunos elementos de otros cultos, tales como las taurobolias). En términos generales, esta popularidad de los misterios puede explicarse por su carácter como religiones de iniciación. En una época individualista y cosmopolita, las gentes no podían satisfacerse con meras religiones colectivas y nacionales. Los misterios, que apelaban al individuo, y a individuos de todas las nacionalidades, respondían efectivamente al espíritu de la época, y de ahí su crecimiento inusitado. Por otra parte, no olvidemos que el carácter mismo de los misterios hace imposible su verdadera comprensión a los no iniciados. Si hoy nos resulta difícil sentir la emoción que los misterios despertaban en quienes los seguían, podemos reconocer, al menos, que fueron muchas las personas del período helenista que encontraron en ellos un hogar espiritual.

En cuanto a la relación entre las religiones de misterio y el cristianismo, las opiniones de los eruditos han variado con el correr del tiempo. Durante las dos o tres primeras décadas del siglo XX, se pensaba que las religiones de misterio constituían una unidad que se basaba en una «teología mistérica» común, y que el cristianismo era simplemente una religión de misterio, o al menos una religión distinta en la que la influencia de los misterios fue grande. Según aquellos eruditos, el cristianismo habría tomado de los misterios su concepto de la pasión, muerte y resurrección del dios, sus ritos de iniciación —el bautismo—, sus cenas sacramentales —la comunión—, sus sucesivas iniciaciones escalonadas —las órdenes— y una multitud de detalles que no hay por qué enumerar. Pero desde entonces se ha hecho un estudio cuidadoso de los misterios, y la conclusión a que llegan casi todos los eruditos es que no había —al menos en el siglo primero de nuestra era— tal cosa como una «teología mistérica» común. Por el contrario, los misterios diferían entre sí hasta tal punto que se hace difícil explicar lo que se entiende por el término de «religión de misterio». Por otra parte, los misterios no parecen haber llegado a su desarrollo total antes de los siglos segundo y tercero, que es cuando aparecen en ellos la mayor parte de sus características comunes con el cristianismo. De aquí se deduce que tales características pueden explicarse más fácilmente como influencia del cristianismo en los misterios que en el sentido inverso, máxime cuando sabemos que ya en esta época los cultos paganos trataban de imitar algunas de las características de esa fe pujante que recibía el nombre de «cristianismo». Pero esto no ha de llevarnos al extremo de negar toda influencia de los misterios en el cristianismo, como lo muestra el hecho de que el veinticinco de diciembre, que tanto significado encierra para los cristianos, era la fecha del nacimiento de Mitras, y que no fue hasta finales del siglo tercero o a principios del cuarto que comenzó a celebrarse en esa fecha el nacimiento de Jesucristo.[8] Sin embargo, la fecha tardía de tal innovación corrobora el hecho de que los misterios lograron su madurez después de que el cristianismo fijara su carácter central, y que por ello su influencia en el cristianismo fue solo periférica.

Hay, sin embargo, otros dos aspectos de la religión del período helenista que nos interesan aquí: el culto al emperador y la tendencia sincretista de la época. El culto al emperador no es de origen romano, sino oriental, y por ello constituye una instancia más de la invasión del mundo romano por parte de las religiones orientales. Egipto adoraba a sus faraones; los persas

---

[8] He discutido esto más ampliamente en el libro *La Navidad: Origen, significado y textos* (El Paso: Mundo Hispano, 2019).

se postraban ante sus soberanos; los griegos rendían culto a los héroes. Estas son las fuentes del culto al emperador en el Imperio romano. Al tiempo que —debido primero a las conquistas de Alejandro y luego a las de Roma— el mundo mediterráneo se fundía en una cultura más o menos homogénea, las costumbres de una región se hacían sentir en otra. Cuando Alejandro conquistó el Cercano y Medio Oriente, adoptó las costumbres que allí se seguían respecto a los gobernantes, y no tuvo dificultad alguna en ser tenido por Dios. Julio César, y luego Marco Antonio y Octavio, fueron tenidos por dioses entre los egipcios. Roma, sin embargo, se mostraba reacia a tales extravagancias. El propio Octavio permitía que se le rindiese culto en Oriente, mientras que en Roma y para los romanos no pretendía ser más que Emperador y «Augusto» —lo cual quería decir que era sagrado, pero no divino—. En Roma, los grandes hombres eran divinizados solo después de muertos —por ello decía Vespasiano, poco antes de morir: «¡ay de mí, siento que me convierto en dios!».[9] Y aun esta práctica no era aceptada sin críticas.[10] En términos generales, tales críticas venían de la aristocracia romana, que se oponía al influjo excesivo de las religiones y costumbres orientales. Además, el culto al emperador tropezaba con la apatía de las masas, que no sentían que ese culto satisficiera sus necesidades. Por estas razones, el culto al emperador tardó años en lograr algún arraigo, y siempre hubo emperadores que lo tomaron con más seriedad que la que le daban sus súbditos.[11] En todo caso, este culto no era una fuerza vital en la vida religiosa del mundo grecorromano. Si fue uno de los principales puntos de conflicto entre el estado y el cristianismo naciente, esto se debió solo a que se le usaba como criterio de lealtad política.

Por otra parte, el período helenista se caracterizó por su sincretismo religioso. El establecimiento de relaciones culturales, mercantiles y políticas entre diversas regiones del mundo mediterráneo tenía que llevar inevitablemente al establecimiento de relaciones y ecuaciones entre las diversas divinidades regionales. Isis se identifica con Afrodita y Deméter, al tiempo que Zeus se confunde con Serapis. Debido al politeísmo, que es parte de su estructura fundamental, cada religión de misterio se siente autorizada a aceptar y adaptar cuanto de valor pueda hallar en otras religiones, y así se dio el caso de que los seguidores de Mitras adoptaran las viejas taurobolias de Atis y Cibeles. Si hay una religión del período helenista, esta es el sincretismo. Cada culto compite con los demás, no en ser más estricto, sino en ser más abarcador, en incluir más doctrinas diversas. Para nuestra historia, este espíritu de la época —que es paralelo al eclecticismo filosófico,

---

[9] Suetonio, *Vidas de los césares*, 8.23.
[10] Véase Cicerón, *Filípicas*, 1.6.31.
[11] Tal fue el caso de Calígula: Suetonio, *Vida de los césares*, 4.22.

y hasta llega a confundirse con él— es de suma importancia, pues solo dentro de tal contexto puede comprenderse la importancia y dificultad de la decisión que tuvieron que tomar los primeros cristianos ante la tentación de hacer del cristianismo un culto sincretista como los que entonces estaban en boga.

Por último, al tratar de la cuna del cristianismo, no debemos olvidar un factor de tanta importancia como el Imperio romano. Con la unidad de su estructura y la facilidad de sus medios de comunicación, el Imperio romano, a la vez que persiguió al cristianismo, le proveyó los medios necesarios para su expansión. La sabia organización administrativa del Imperio dejó su huella en la organización de la iglesia, y las leyes romanas no solo sirvieron al derecho canónico, sino que, con Tertuliano y otros, fueron una de las principales canteras de donde se extrajo el vocabulario teológico latino. Pero la gran contribución de Roma al cristianismo naciente fue su interés práctico, moral y sicológico, que dio al cristianismo occidental su carácter práctico y su profundo sentido ético, y que echó los cimientos de obras de tan profunda percepción sicológica como las *Confesiones* de San Agustín.

De todo esto se sigue lo que ya hemos señalado más arriba, es decir, que el cristianismo no nace solo, en el vacío, sino que —como encarnación que es— nace en medio de un mundo en el que ha de tomar cuerpo, y apartado del cual resulta imposible comprenderle, como también resulta imposible comprender a Jesucristo apartado del cuerpo físico en el que vivió.

3

Los «Padres apostólicos»

Los primeros escritos cristianos que poseemos fuera de los que hoy forman el canon del Nuevo Testamento —y a parte de unos pocos epitafios y breves inscripciones lapidarias— son los de los llamados «Padres apostólicos». Se llaman así porque en una época se supuso que habían conocido a los apóstoles. En algunos casos, esta suposición puede no haber sido del todo desacertada. En otros casos era un simple producto de la imaginación. El nombre de «Padres apostólicos» surgió en el siglo XVII, cuando se aplicaba a cinco obras o grupos de obras. Pero con el correr de los años se han añadido otros tres miembros a este grupo, de modo que hoy son ocho los escritos o grupos de escritos que se agrupan bajo el título común de «Padres apostólicos». La *Epístola a Diogneto*, que se cuenta normalmente entre los padres apostólicos, es en realidad una apología, y se discutirá en el próximo capítulo al estudiar los apologistas del siglo segundo.

Con la sola excepción de la *Epístola a Diogneto*, todos estos escritos son obras dirigidas a otros cristianos. Son obras de la iglesia en su intimidad. Por ello son extremadamente útiles para darnos a conocer la vida y el sentir de la iglesia en su juventud. A través de ellos podemos conocer algunos de los problemas que afligían y preocupaban a los cristianos de los primeros siglos. Las divisiones internas, las persecuciones externas, el conflicto con el judaísmo de una parte y con el paganismo de otra, todo esto se pone de manifiesto en las obras de los padres apostólicos.

El carácter de estas obras es muy variado. Hay entre ellas varias cartas, una especie de manual de disciplina, un tratado exegético-teológico, una defensa del cristianismo y una colección de visiones y profecías. Esta misma variedad de los padres apostólicos aumenta su valor, pues nos hace ver toda una serie de aspectos diversos en la vida de la Iglesia primitiva.

Clemente romano

La obra más antigua de este grupo que podemos fechar con cierto grado de exactitud es la *Primera Epístola a los Corintios* de Clemente de Roma. Esta obra ha llegado a nosotros a través de dos manuscritos en el original griego, además de dos traducciones coptas, una siríaca y otra latina.

Clemente de Roma es un personaje que pertenece en parte a la historia y en parte a la leyenda, pues su fama hizo que muchos cristianos en siglos posteriores le adjudicaran hechos que él nunca realizó. Orígenes,[1] Eusebio,[2] Epifanio[3] y Jerónimo[4] dicen que Clemente acompañó a Pablo mientras este fundaba la iglesia de Filipos. El origen de esta tradición está en Filipenses 4.3. Sin embargo, no hay razón alguna para identificar al Clemente que allí se menciona con el Clemente romano. Otros tratan de identificar a Clemente de Roma con Flavio Clemente, el cónsul romano que en el año 95 fue condenado a muerte por su pariente el emperador Domiciano, posiblemente a causa de su fe cristiana.[5] Otros, en fin, construyeron alrededor de su persona toda una serie de leyendas noveladas que son lo que hoy llamamos literatura seudoclementina.

Separando los hechos de la fábula, podemos decir que Clemente fue obispo de Roma a fines del siglo primero, y que por esa época —posiblemente en el año 96— escribió a los corintios una epístola que se ha conservado hasta nuestros días.

En cuanto al orden de sucesión a través del cual Clemente llegó a ser obispo de Roma, los autores no están de acuerdo. Ireneo[6] afirma que Clemente fue el tercer obispo de Roma después de Pedro, y lo mismo escriben Eusebio[7] y Jerónimo.[8]

---

[1] *Comm. in Joh.* 6.36.

[2] *HE*, 3.4 y 15.

[3] *Haer.* 27.6.

[4] *De viris illus.* 15. Sin embargo, este pasaje depende íntegramente de Eusebio (véase la nota 2).

[5] Las causas de la muerte de Flavio Clemente se encuentran narradas en Dion Casio, *Historia Romana*, 67.14, y en Suetonio, *Domitianus*, 15, y es posible que su verdadero crimen haya sido el ser cristiano. Pero son muchas las razones que se oponen a la identificación entre Flavio Clemente y Clemente el obispo de Roma.

[6] *Adv. haer.* 3.3.3.

[7] Véase la nota 2.

[8] Véase la nota 4.

San Agustín,[9] las *Constituciones Apostólicas*[10] y otras fuentes[11] le presentan como el segundo después de Pedro. Finalmente, Tertuliano[12] y la seudoclementina,[13] seguidos también por una extensa tradición,[14] afirman que Clemente fue el sucesor inmediato de Pedro. Además, es necesario señalar que el título de «obispo» de Roma no se le da a Pedro en texto alguno anterior al Catálogo Liberiano, escrito bajo el Papa Dámaso alrededor del año 350.

Muchos han tratado de resolver este conflicto mediante hábiles explicaciones —entre ellos Epifanio, quien pretende que Clemente fue dos veces obispo de Roma—.[15] Pero lo más probable parece ser que durante el siglo primero no hubiera en Roma un episcopado monárquico —un solo obispo— sino más bien un episcopado colegiado. Cuando, pasado el tiempo, los escritores cristianos se acostumbraron a pensar en términos del episcopado monárquico, lo que fue simultáneo les pareció ser una cadena de sucesión cronológica como la que ellos conocían, y así se produjo la confusión que tanto ha intrigado a los historiadores.

Aunque no hay razón para dudar de que fue Clemente quien la escribió, la *Epístola a los Corintios* se presenta como una carta de la iglesia a su contraparte en Corinto. No es el obispo el que se dirige a la iglesia hermana, sino que es una carta de iglesia a iglesia.[16]

El motivo de la carta se manifiesta desde las primeras líneas, y nos recuerda la iglesia de Corinto que ya conocemos por las epístolas de Pablo. De nuevo la discordia ha surgido entre los cristianos de aquella ciudad, y se ha apoderado de ellos un espíritu de rebeldía que preocupa a los cristianos de Roma, pues luchan «los sin honor contra los honrados, los sin gloria contra los gloriosos, los insensatos contra los sensatos, los jóvenes contra los ancianos».[17]

De ahí que el interés de esta epístola sea sobre todo práctico, y que al exponer su doctrina debamos comenzar por su enseñanza moral. Clemente parece derivar sus argumentos de dos fuentes: el Antiguo Testamento y

---

[9] Epístola 53. 2.

[10] *Const. Apost.* 7.46.

[11] Entre ellas, el *Catálogo Liberiano* y Optato de Milevi (*De schismate donat.* 2.3).

[12] *De preas. haer.* 32.

[13] Véase la supuesta *Epístola de Clemente a Santiago* que sirve de introducción a las *Veinte Homilías*.

[14] *Adv. Iovinianum*, 1.12; *In Isaiam*, 52.13.

[15] Véase la nota 7.

[16] La dedicatoria dice: «La Iglesia de Dios que habita como forastera en Roma, a la Iglesia de Dios que habita como forastera en Corinto» (traducción de Daniel Ruíz Bueno, *BAC*, 55:177).

[17] 3.3 (*BAC*, 165:80).

la doctrina estoica de la armonía en el universo. El modo en que emplea el Antiguo Testamento es bien sencillo: va refiriéndose por orden a los principales personajes del Antiguo Testamento y mostrando que fueron obedientes, hospitalarios y humildes. Al principio de todo este argumento se encuentra un pasaje que nos recuerda el bien conocido pasaje de Hebreos 11:

> Tomemos por ejemplo a Enoc, quien, hallado justo en la obediencia, fue trasladado, sin que se hallara resto de su muerte. Noé, hallado, otrosí, justo, predicó por su servicio al mundo la regeneración y por su medio salvó el Señor a los animales que entraron en concordia en el arca. Abraham, que fue dicho amigo de Dios, fue encontrado fiel por haber sido obediente a las palabras de Dios. Abraham, por obediencia, salió de su tierra y de su parentela y de la casa de su padre...[18]

Como base adicional de su enseñanza moral, Clemente toma el tema estoico de la armonía o concordia. La consiguiente necesidad de la obediencia y los malos frutos de la envidia constituyen el centro de la epístola. La armonía se manifiesta en toda la creación, y se deriva del carácter mismo de Dios que la ha establecido en todas las cosas, Dios es el artífice (demiurgo) del universo. Pero su obra no se limita a la creación original, sino que Dios es también soberano (*despótes*) de todas las cosas. Es posible que al dar a Dios el título de «demiurgo» Clemente esté concibiendo su relación con el mundo en términos platónicos, como el artífice que da a una materia preexistente una forma que imita de una idea que se encuentra por encima de él. Pero Clemente no habla lo suficiente acerca de la creación para permitirnos saber si este título tiene o no para él la misma connotación que para Platón. Por otra parte, el título de «soberano [*despótes*] de todas las cosas», unido al uso del tema estoico de la armonía, señala sin lugar a duda la influencia sobre Clemente del concepto estoico de la Providencia —lo cual no ha de extrañarnos, si recordamos el auge que el estoicismo cobraba en Roma en esos tiempos—. Pero conviene señalar también que la doctrina de Clemente es trinitaria, y que en varias ocasiones aparecen en su epístola fórmulas trinitarias breves pero perfectamente desarrolladas.[19]

---

[18] 9.3-10.2 (*BAC*, 65:185-86). Es por razón del paralelismo de estos argumentan con Hebreos que una tradición se remonta por lo menos hasta el tiempo de Orígenes (citada por Eusebio, *Espíritu Santo*, 6.25.11-14) le atribuye Hebreos a Clemente (véase también *Espíritu Santo*, 3.38.1-4 y Jerónimo, *De viris illus*.15).

[19] 42.3; 46.6; 58.2.

En la cristología de Clemente no cabe duda alguna acerca de la pre-existencia del Salvador. Prueba de ello es el hecho de que puede citar los salmos como palabra de Cristo a través del Espíritu Santo. Jesús es descendiente de Jacob, pero solo según la carne. Además, es posible que cierto pasaje cuyo texto no es del todo seguro se refiera a los padecimientos de Cristo como «los sufrimientos de Dios».[20]

En esta epístola de Clemente a los corintios aparece por primera vez la doctrina de la sucesión apostólica. Por inspiración del Señor Jesucristo, los apóstoles sabían que llegaría el día cuando habría necesidad de autoridad en la iglesia. Por ello, los apóstoles nombraron a ciertos santos varones para que les sucedieran, y estos, a su vez, han ido nombrando a sus sucesores según ha sido necesario. Estas personas no reciben su autoridad de la congregación, y por tanto esta no puede deponerlos de sus cargos. En cuanto a los títulos que llevan estas personas encargadas de dirigir la Iglesia, Clemente habla de obispos y diáconos, aunque en otras ocasiones usa el término de «presbíteros» para referirse a los obispos. Por esta época todavía no había quedado fijada la distinción entre obispos y presbíteros.

La popularidad de Clemente de Roma hizo que desde muy temprano se le atribuyesen obras que no eran suyas, con el propósito de hacerlas circular bajo el manto de su autoridad. De estas obras, la más antigua —y la única que discutiremos aquí— es la *Segunda Carta de San Clemente a los Corintios*. Esta obra es un sermón, posiblemente de mediados del siglo segundo, atribuido erróneamente a Clemente de Roma. El lugar de su origen se discute aún, pero la mayoría de los eruditos se inclina a creer que fue Corinto o Roma. El propósito de este sermón es exhortar a los creyentes a la penitencia. De hecho, aparece en él la doctrina de la «segunda penitencia» que encontraremos también, y por la misma época, en el *Pastor* de Hermas —que discutiremos más adelante—.

Aparte de la doctrina de la penitencia, cuya semejanza con Hermas es tal que no merece discusión aparte, es interesante esta homilía por su doctrina de la iglesia y por su cristología. Ambas las desarrolla el autor contra quienes pretenden que la carne nada tiene que ver con las cuestiones espirituales. Frente a tales opiniones, la epístola declara:

Y nadie de vosotros diga que esta carne no es juzgada ni resucita. Entended: ¿en qué fuisteis salvados, en qué recobrasteis la vista, sino estando en esta carne? Luego es preciso que guardemos nuestra carne como un templo de Dios. Porque a la manera que en la carne fuisteis llamados, en la carne vendréis. Si Cristo, el Señor que nos ha salvado, siendo primero espíritu, se hizo carne, y así

---

[20] 2.1. La variante «de Dios» se encuentra en el códice Alejandrino.

nos salvó, así también nosotros en esta carne recibiremos nuestro galardón.[21]

Es dentro de este contexto de la importancia espiritual de la carne que la homilía desarrolla su eclesiología, cuya característica más notable es la preexistencia de la iglesia:

> Así, pues, hermanos, si cumpliéramos la voluntad del Padre, nuestro Dios, perteneceremos a la Iglesia primera, la espiritual, la que fue fundada antes del Sol y la Luna... Era, en efecto, la Iglesia espiritual, como también nuestro Jesús, pero se manifestó en los últimos días para salvarnos. Pero la Iglesia, siendo espiritual, se manifestó en la carne de Cristo... Ahora bien, si decimos que la Iglesia es la carne de Cristo el Espíritu, entonces el que deshonra la carne, deshonra a la Iglesia.[22]

De los textos citados, se desprende que la cristología de esta obra es bastante confusa. Por una parte, no cabe duda de que el autor afirma tanto la divinidad como la humanidad de Cristo. Pero, por otra parte, confunde a Cristo con el Espíritu. Es decir, que, aunque hay en esta obra una doctrina clara de la encarnación, su doctrina de la Trinidad es confusa —como se desprende de una lectura rápida del capítulo 14—.

Además, se han atribuido a Clemente dos *Epístolas a las Vírgenes*,[23] la literatura seudoclementina,[24] las *Constituciones Apostólicas*, varias

---

[21] 1.1-5 (*BAC*, 55:362).

[22] 4.1-4 (*BAC*, 55:366-67).

[23] Son estas en realidad una sola obra del siglo cuarto, que de algún modo ha sido después dividida en dos. Como el título indica, van dirigidas a las vírgenes, o más bien a los célibes de ambos sexos. Su propósito es exhortar a la continencia y además hacer ver a quienes ya la siguen los peligros que ella misma encierra y contra los cuales es necesario prevenirse. Sobre todo, el autor de esta obra se opone a la costumbre de las *virgines subintroductae*, es decir, el habitar bajo el mismo techo personas de ambos sexos que han hecho voto de continencia.

[24] Este es el nombre bajo el cual se conoce toda una serie de escritos con características novelescas que hacen de Clemente su héroe. Narran sobre todo los viajes de Pedro, la conversión de Clemente al cristianismo y las luchas de Pedro y de Clemente contra Simón Mago. Se destacan en la literatura las *Veinte Homilías*, que pretenden ser de Pedro, y los diez libros de *Recognitiones*. Las *Veinte Homilías* son en realidad una obra del gnosticismo judaico, y ya tendremos ocasión de encontrarnos de nuevo con su doctrina. Las *Recognitiones* narran cómo la familia de Clemente, dispersada por las circunstancias, fue reunida por Pedro. Aunque su carácter es algo más ortodoxo que el de las *Homilías*, es posible que esto se deba a la mano del traductor Rufino, ya que solo poseemos de estas *Recognitiones* la traducción latina. Tanto las *Homilías* como las *Recognitiones* parecen ser del siglo IV, aunque es muy posible que sus fuentes hayan sido bastante anteriores.

Epístolas Decretales, una *Liturgia*, un *Apocalipsis*, y un sinnúmero de obras más que no es necesario mencionar.

La *Didajé*

La *Didajé* o *Doctrina de los Doce Apóstoles* —el término griego *Didajé* significa «doctrina»— constituye, sin lugar a duda, uno de los descubrimientos literarios más importantes de los tiempos modernos. Olvidada durante siglos en antiguas bibliotecas, esta obra fue descubierta en Constantinopla en el año 1873 por el arzobispo Filoteo Briennios. Además de este texto griego descubierto por Briennios, se conservan fragmentos de traducciones al latín, árabe, copto, georgiano y siríaco.

Desde su publicación diez años más tarde, esta obra ha sido objeto de numerosos estudios y motivo de largas controversias. Su fecha de composición no es del todo segura, y algunos piensan que fue escrita aun antes de la destrucción de Jerusalén en el año 70, mientras que otros opinan que pertenece al siglo tercero. De hecho, parece haber sido escrita a finales del siglo primero o principios del segundo, aunque utilizando algunos materiales anteriores. Su lugar de composición sería entonces alguna pequeña comunidad de Siria o Palestina, apartada de las corrientes centrales del pensamiento cristiano. Así quedaría resuelta la más grande dificultad que hallan los eruditos al tratar de determinar el origen y la fecha de composición de esta obra, ya que dicha dificultad radica precisamente en el contraste entre la proximidad de esta obra con los tiempos apostólicos en ciertos aspectos, y la distancia que en otros aspectos la separa de los apóstoles.

La *Didajé* consta de dieciséis capítulos, que podemos dividir según tres partes principales.

La primera de estas partes (capítulos 1-6) es lo que generalmente se llama «el documento de los dos caminos». Como veremos más adelante, este documento se encuentra también en la llamada *Epístola de Bernabé*. Al parecer, este documento existía independientemente tanto de la *Didajé* como de la *Epístola de Bernabé*, y fue luego utilizado por ambos. Parece indudable que el trasfondo del «documento de los dos caminos» se encuentra en el judaísmo, posiblemente de tipo esenio. Según este documento, hay dos caminos, uno de la vida y otro de la muerte. El camino de la vida es el que siguen aquellos que aman a Dios y a su prójimo, y que además evitan el mal en todas sus formas y cumplen con sus deberes cristianos. El camino de la muerte está lleno de maldición, y es el que siguen aquellos que se entregan a la mentira, el vicio, la hipocresía y la avaricia.

La segunda parte (capítulos 7-10) contiene una serie de instrucciones litúrgicas. El capítulo siete trata del bautismo, que ha de ser en el nombre del Padre, y del Hijo, y del Espíritu Santo. Para este bautismo debe utilizarse agua viva —es decir, agua que corra— pero de no haber esta puede también usarse otra agua cualquiera, y en caso de extrema escasez de agua, el bautismo puede ser administrado por infusión, derramando agua sobre la cabeza tres veces en el nombre del Padre, y del Hijo, y del Espíritu Santo. Este es el más antiguo de los textos en que se menciona el bautismo por infusión. Antes del bautismo, es necesario dedicarse al ayuno.

El capítulo ocho distingue a los cristianos de los hipócritas —es decir, los judíos— en dos cosas: en su modo de ayuno y en su oración. Los hipócritas ayunan el segundo y el quinto día de la semana, mientras que los cristianos deben ayunar en otras dos ocasiones. En cuanto a la oración, los cristianos se distinguen de los hipócritas orando tres veces al día la oración del Señor —y aquí transcribe la *Didajé* el Padrenuestro con palabras semejantes a las del Evangelio según San Mateo—.

Los capítulos nueve y diez han sido objeto de amplias controversias, pues es difícil determinar si se refieren al ágape —especie de comida fraternal que celebraban los cristianos primitivos— o a la eucaristía. De hecho, este texto parece ser anterior a la distinción entre el ágape y la eucaristía, cuando todavía se hallaban unidos en una sola celebración. Así, aunque en el texto se habla solo del vino y el pan, también se nos dice que los participantes han de saciarse. Mientras que lo primero es una característica de la eucaristía, lo segundo se refiere indudablemente al ágape.

La tercera parte de la *Didajé* (capítulos 11-15) es una especie de manual de disciplina. Los capítulos once al trece se ocupan del problema que crean los falsos profetas. ¿Cómo pueden distinguirse los falsos profetas de los verdaderos? A esto, la *Didajé* responde que al profeta se le conoce por su actuación. Si un profeta pide dinero, si manda que sea puesta una mesa para de ella comer, o si no practica lo que enseña, es un falso profeta y un «traficante de Cristo». Por otra parte, los profetas verdaderos son merecedores de su sustento, y la comunidad debe proveérselo. En el capítulo catorce tenemos otra referencia al día del Señor, en el hecho de que de nuevo vemos una celebración eucarística con algunas posibles características del ágape. Este capítulo es de especial interés porque en él se habla de esta celebración como «sacrificio»; pero esto no parece referirse al sacrificio de Cristo, sino a la comunión como sacrificio que los cristianos presentan ante Dios. El capítulo quince habla de obispos y diáconos que han de ser elegidos por los cristianos, aunque no se explica la relación que estos guardan con los profetas. La conclusión (capítulo 16) trata del fin de los tiempos y de cómo es necesario estar apercibidos.

Desde el punto de vista de la historia del pensamiento cristiano, la *Didajé* es importante como expresión del moralismo que muy temprano se posesionó de algunas corrientes teológicas. En ocasiones, este moralismo cae en el más agudo legalismo. Así, por ejemplo, la distinción entre los hipócritas y los cristianos se basa principalmente en que sus días de ayuno son distintos, o en que los cristianos repiten el Padrenuestro tres veces al día. En este sentido, la *Didajé*, más que un monumento a la fe de los primeros cristianos, puede verse como advertencia que señala cuán difícil es percatarse del sentido íntimo de la fe cristiana.

Pero la *Didajé* es también importante desde el punto de vista de la historia de la liturgia, por sus instrucciones referentes al bautismo y a la eucaristía. En cuanto al bautismo, aunque la *Didajé* da por sentado que este ha de ser por inmersión, permite sin embargo que se haga por infusión. Como hemos dicho anteriormente, este es el texto más antiguo en que se menciona esa forma de bautismo. En cuanto a la historia de la eucaristía, la *Didajé* nos da a conocer un período en que la distinción entre el ágape y la eucaristía propiamente dicha no era aún del todo clara. Además, la oración de acción de gracias que se incluye en el capítulo nueve parece haber sido adaptada del ritual que los judíos seguían para la celebración del Kedosh, y esto es índice del modo en que las antiguas celebraciones judías sirvieron de pauta a la liturgia cristiana.

En cuanto a la historia de la organización eclesiástica, la *Didajé* nos revela un período de transición entre el primitivo sistema de autoridad carismática y la organización jerárquica que poco a poco va apareciendo dentro de la iglesia. En la *Didajé*, son todavía los profetas quienes gozan de más estima, pero ya se ha agravado el problema de la dificultad en reconocer la autenticidad de los dones carismáticos, y junto a los profetas aparecen los obispos y diáconos. Más tarde, los profetas terminarán por desaparecer, y será la incipiente jerarquía que aquí vemos la que regirá los destinos de la Iglesia.

Por todo esto, la *Didajé* es particularmente valiosa, porque nos ofrece un atisbo de lo que acontecía en medio de la gran transición que tuvo lugar según aumentó el número de gentiles que se unían a la iglesia, y la época del judeocristianismo, cuando la inmensa mayoría de los creyentes eran gentiles, fue decayendo. Todo esto se discutirá más en el capítulo 4.

Ignacio de Antioquía

A través de las siete epístolas de Ignacio de Antioquía logramos un atisbo, siquiera momentáneo, de lo que era la situación de la iglesia a principios del siglo segundo. De repente, en medio de la oscuridad que circunda al cristianismo de esta época, surgen estas siete epístolas, que nos muestran una o dos semanas de la vida de la iglesia en Asia Menor.

Corrían las primeras décadas del siglo segundo e Ignacio, obispo de Antioquía,[25] había sido condenado a morir devorado por las fieras en la capital imperial. Hacia ella le llevaban los soldados de Roma cuando Ignacio escribió estas siete epístolas que han llegado hasta nosotros. Sobre su espíritu se cernían varias preocupaciones. En Antioquía quedaba la iglesia que él había dirigido por tantos años. Quedaba posiblemente acéfala, amenazada desde fuera por la persecución de la cual el mismo Ignacio era víctima, y desde dentro por falsos maestros que tergiversaban la verdad del cristianismo. Por delante estaba Roma, la ciudad de la prueba suprema, el lugar donde él había de ganar su galardón como mártir o de sucumbir ante la fatiga y el sufrimiento. Y allí, en aquella Asia Menor que Ignacio atravesaba, había también una iglesia que él debía confortar y aconsejar. Le preocupaba lo que pudiese suceder en la iglesia de Antioquía, de la que al principio no tenía noticias. Le preocupaba lo que pudiese suceder en Roma, donde era posible que sus hermanos en Cristo le arrebatasen de las garras del martirio que ya él sufría en su imaginación, o también que él mismo sucumbiera al último instante. Y le preocupaba Asia Menor, donde ya veía apuntar los problemas que él tan bien había llegado a conocer en Antioquía. Todo esto se manifiesta en las siete cartas de Ignacio que han llegado hasta nosotros, cuatro escritas desde Esmirna y tres desde Troas.

Desde Esmirna, Ignacio escribió a las iglesias de Magnesia, Trales, Éfeso y Roma. Las tres primeras habían enviado a algunos de sus miembros a conocerle y consolarle, y a ellas envía Ignacio una palabra de gratitud y de dirección y confirmación en la fe. De Magnesia, había venido a visitarle el obispo Damas, juntamente con dos presbíteros y un diácono. De Trales, ciudad algo más distante, solo el obispo Polibio había venido. Éfeso, sin embargo, había enviado una delegación mayor dirigida por el obispo Onésimo —quizá el Onésimo del Nuevo Testamento, aunque no hay de ello otro indicio que su nombre— y de la cual formaba parte también el diácono Burro, que sirvió a Ignacio como amanuense. El caso de Roma era algo distinto. Al parecer, Ignacio había tenido noticias de que

---

[25] Los testimonios más antiguos que se conservan acerca de la vida de Ignacio, aparte de sus siete cartas, son: Policarpo, *Ep. a los Filipenses*, 9.1 y 13.2; Ireneo, *Adv. haer.* 5.28; Orígenes *Prol. In Cant.* (y *Hom. vi in Luc.*; Eusebio, *HE*, 3.36. Más tárde, en el siglo X, surgió la leyenda de que Ignacio era el niño que Jesús había tomado en sus brazos (Mateo 18). Esta leyenda carece de fundamento histórico y parece haberse originado del título «Theoforos» —portador de Dios— que Ignacio se da en sus cartas y que puede ser interpretado en sentido pasivo —el portado por Dios—. En cuanto al orden de sucesión que une a los apóstoles con el episcopado de Ignacio, hay una confusión semejante a la que existe con respecto a Clemente de Roma. Una comparación de los testimonios de Orígenes, Eusebio y las *Constituciones Apostólicas*, 7,46 parece mostrar que también en Antioquía el episcopado monárquico surgió de un episcopado colegiado. Sin embargo, a diferencia del caso de Clemente de Roma, en tiempos de Ignacio de Antioquía había ya en esa ciudad un episcopado monárquico.

algunos hermanos de esa iglesia intentaban librarle del martirio. Por esta razón, decidió escribir a los cristianos de Roma y pedirles que no se interpusieran en el camino que Dios le había señalado, sino que, por el contrario, le permitiesen ser imitador de la pasión de su Dios.

Lo único que para mí habéis de pedir es fuerza, tanto interior como exterior, a fin de que no solo hable, sino que me muestre como tal. Porque si me muestro cristiano, tendré también derecho a llamármelo y entonces seré de verdad fiel a Cristo, cuando no apareciere ya al mundo. Nada que aparezca es bueno. Por lo menos, Jesucristo nuestro Dios, ahora que está con su Padre, es cuando más se manifiesta. Cuando el cristianismo es odiado por el mundo, la hazaña que le cumple realizar no es mostrar elocuencia de palabra, sino grandeza de alma. Por lo que a mí toca, escribo a todas las Iglesias, y a todas les encarezco que yo estoy pronto a morir de buena gana por Dios, con tal que vosotros no me lo impidáis. Yo os lo suplico: no mostréis para conmigo una benevolencia inoportuna. Permitidme ser pasto de las fieras, por las que me es dado alcanzar a Dios. Trigo soy de Dios, y por los dientes de las fieras he de ser molido, a fin de ser presentado como limpio pan de Cristo.[26]

Perdonadme, hermanos: no me pidáis vivir; no os empeñéis en que yo no muera; no entreguéis al mundo a quien no anhela sino ser de Dios; no me tratéis de engañar con lo terreno. Dejadme contemplar la luz pura. Llegado allí seré de verdad hombre.

Permitidme ser imitador de la pasión de mi Dios. Si alguno le tiene dentro de sí, que comprenda lo que yo quiero y, si sabe lo que a mí me apremia, que haya lástima de mí.[27]

Desde Troas, Ignacio escribió a la iglesia de Esmirna, a su obispo Policarpo, y a la iglesia de Filadelfia. El tono de estas tres cartas es algo más optimista que el de las otras cuatro, ya que Ignacio había recibido noticias de su iglesia en Antioquía y de cómo esta había logrado superar las dificultades que le preocupaban. A Esmirna, Ignacio envió una epístola de gratitud en la que también intentaba confirmar en la fe a los cristianos de esa ciudad. A Policarpo, obispo de Esmirna, le escribió una carta personal en la que le ofrece algunos consejos sobre su función episcopal, además de pedirle que mande un correo a Siria para congratular a la iglesia de

---

[26] *Rom.*, 3.2– 4.1 (*BAC*, 65:476-477).
[27] *Rom.* 6.2-3 (*BAC* 65:478).

Antioquía porque sus dificultades habían sido resueltas. A Filadelfia escribió para felicitar a aquella iglesia por el carácter de su obispo y para prevenirle contra los falsos maestros.[28]

Sería injusto esperar que siete cartas de Ignacio, escritas en tan breve tiempo y bajo tan grandes presiones, fuesen una exposición detallada, equilibrada y sistemática de su pensamiento. Al escribir Ignacio estas epístolas, ciertos problemas constituían su preocupación fundamental. Estos son los problemas que trata de resolver. Posiblemente en otras circunstancias Ignacio habría tratado otros temas. En todo caso, al escribir estas siete cartas el problema que preocupaba al obispo antioqueño era el de las falsas enseñanzas y las divisiones que estas ocasionaban en la Iglesia. Por ello, se dedica sobre todo a atacar esas enseñanzas y a subrayar la autoridad del obispo, que es para él la base de la unidad de la Iglesia.

Al parecer, las falsas enseñanzas a que Ignacio se oponía eran de dos órdenes. Si se trataba de un solo grupo que sostenía todas las doctrinas que Ignacio rechaza, o de diversos grupos, es una cuestión en la que los estudiosos no concuerdan. En primer lugar, había quienes negaban la vida física de Jesucristo[29] y se abstenían de participar en la comunión.[30] Para estas personas, Jesús parece haber sido una especie de ser celestial, sin contacto real alguno con las situaciones concretas de la vida humana, y al que hacían objeto de especulaciones de carácter sincretista.[31] En segundo lugar, había ciertas tendencias judaizantes que hacían de Jesucristo un simple maestro dentro del marco del judaísmo.[32] No se trataba, sin

---

[28] El prestigio de Ignacio de Antioquía hizo que en distintas épocas se atribuyesen a él varias obras, además de que sus epístolas genuinas fuesen interpoladas según los intereses de los diversos editores. Así, la Edad Media vio aparecer cuatro epístolas en las cuales se intentaba adjudicar a Ignacio un interés por la Virgen María que este no manifiesta en sus epístolas genuinas. Dos de estas cartas pretenden ser de Ignacio a San Juan, otra de Ignacio a María y finalmente una de María a Ignacio. Además, existen tres textos diferentes de las epístolas ignacianas: un texto largo (*recensio longior*), un texto breve (*recensio brevior*) y un texto brevísimo (*recensio brevissima*). La *recensio longior* contiene las siete epístolas genuinas, aunque con extensas interpolaciones, y seis epístolas espúreas (de María de Casobolo a Ignacio, de Ignacio a María de Casobolo, a los tarsenses, a los filipenses, a los antioqueños y a Herón). La *recensio brevior* contiene las siete epístolas y el texto que hoy se considera genuino. Finalmente, la *recensio brevissima* es un resumen de tres epístolas ignacianas.

[29] *Tral.* 10.1; *Esmir.* 2;4.

[30] *Esmir.* 7.1.

[31] *Tral.* 6 (*BAC*, 56:470): «A lo que sí os exhorto —pero no yo, sino la caridad de Jesucristo— es a que uséis solo del alimento cristiano y os abstengáis de toda hierba ajena, que es la herejía. Los herejes entretejen a Jesucristo con sus propias especulaciones, presentándose como dignos de todo crédito, cuando son en realidad como quienes brindan un veneno mortífero diluido en vino con miel. El incauto que gustosamente se lo toma, bebe en funesto placer su propia muerte».

[32] *Mag.* 9-10; *Filad.* 6.1:1 (*BAC*, 65:464-465, 484).

embargo, de un judaísmo del tipo farisaico, sino más bien de un judaísmo esenio muy semejante al de los rollos del Mar Muerto, aunque con la diferencia de que los judaizantes de Antioquía, además de que hacían uso del nombre de Jesucristo, no practicaban la circuncisión. En todo caso, Ignacio creía que la posición de estos judaizantes, al igual que la de los que sostenían que Jesús era un ser puramente celestial (los «docetas»), hacía peligrar el centro mismo del cristianismo, pues negaba la encarnación de Dios en Jesucristo. De ahí su violenta oposición tanto a los docetas como a los judaizantes.

La cristología es el punto en el que Ignacio ve más amenazada la doctrina cristiana. A la doctrina de los docetas, Ignacio se opone terminantemente. Jesucristo es verdaderamente del linaje de David; nació verdaderamente; verdaderamente comió y bebió; verdaderamente fue bautizado por Juan el Bautista; verdaderamente fue clavado en una cruz; y verdaderamente resucitó de entre los muertos.[33]

> Porque todo eso lo sufrió el Señor por nosotros a fin de que nos salvemos; y lo sufrió verdaderamente, así como verdaderamente se resucitó a sí mismo, no según dicen algunos infieles, que solo sufrió en apariencia. ¡Ellos sí que son la pura apariencia! Y, según como piensan, así les sucederá, que se queden en entes incorpóreos y fantasmales.[34]

Además, aun después de su resurrección y ascensión Jesucristo sigue existiendo en carne, y sigue manifestándose aún más claramente que antes.[35]

Esta afirmación de la realidad de la humanidad de Cristo no hace que Ignacio afirme menos su divinidad. Al contrario: Ignacio afirma que Jesucristo es «nuestro Dios».[36] Jesucristo es Dios hecho hombre.

> Hay un médico carnal, a la vez que espiritual; engendrado y no engendrado; Dios nacido de la carne; en la muerte, vida verdadera; de María y de Dios; primero pasible y luego impasible, Jesucristo nuestro Señor.[37]

---

[33] *Esmir.* 1.

[34] *Esmir.* 2 (*BAC*, 65: 849).

[35] *Esmir.*3.1 (*BAC*, 65:490).

[36] *Efes.* insc. 15.3; 18.2; *Rom.* 3.3; *Pol.* 8.3. En *Rom.* 6.3, Ignacio llama a Jesús «mi Dios». Además, el título de «Dios» se aplica a Jesús, sin el artículo definido, en *Efes.* 1.1; 7.2; 19.3; *Tral.* 7.1; *Esmir.* 10.l; y con el artículo, en *Esmir.* 1.1.

[37] *Efes.* 7.2. La traducción es nuestra, del texto griego que aparece en *BAC* 65:451-452.

Jesucristo es «el intemporal, el invisible, que por nosotros se hizo visible; el impalpable, el impasible, que por nosotros se hizo pasible».[38]

Cómo es posible esta unión de humanidad y divinidad en Jesucristo, es un problema que Ignacio no se plantea. Y lo mismo puede decirse acerca de cómo la divinidad de Jesucristo se relaciona con la del Padre.[39] Después de todo, su interés no consiste en los problemas especulativos que plantea la fe cristiana, sino solo en afirmar que en el hombre histórico —Jesús de Nazaret— está también Dios.

En cuanto a su interpretación de la obra de Jesucristo, Ignacio se acerca más a Juan que a Pablo. Para él, el centro del cristianismo es la revelación. Dios no puede ser conocido aparte de su revelación en Cristo. Dios es silencio, y Jesucristo es la palabra que parte del silencio, aunque la unidad entre el silencio y la palabra es tal que la palabra expresa la esencia del silencio.[40] De aquí se sigue que la obra de Jesucristo será antes que nada una obra de revelación. Jesucristo ha venido para darnos a conocer a Dios más que para salvarnos de las ataduras del pecado. En esto Ignacio difiere de San Pablo, para quien el gran enemigo del ser humano es el pecado que le esclaviza, y para quien la salvación es antes que nada liberación. De hecho, en las epístolas de Ignacio la palabra «pecado» aparece solo una vez.[41]

Pero no debemos exagerar este contraste entre Ignacio y San Pablo. Después de todo, la revelación a que se refiere Ignacio no es simplemente un conocimiento intelectual de Dios, sino que consiste en una acción divina mediante la cual el humano se une a Dios y se libera así de sus grandes enemigos —que, según Ignacio, son la muerte y las divisiones—. El problema humano no consiste en una simple ignorancia que pueda ser vencida por una iluminación intelectual. Al contrario, el Diablo juega un importante papel en el pensamiento de Ignacio, y la obra de Jesucristo consiste, en parte al menos, en vencer al Diablo y hacer al creyente partícipe de esa victoria. «Derribada quedó la ignorancia, deshecho el antiguo imperio, desde el momento en que se mostró Dios hecho hombre».[42] En Cristo y en su victoria sobre el Maligno, Dios nos ofrece la victoria sobre la muerte y las divisiones, que son los instrumentos del poderío del Diablo

---

[38] *Pol.* 2.:2 (BAC, 65:498-499).

[39] Las afirmaciones categóricas que Ignacio hace acerca de la divinidad de Jesucristo han llevado a algunos a acusarle de patripasianismo, es decir, la doctrina en que el Padre y el Hijo son uno de tal modo que el Padre sufrió en Jesucristo. Quizá lo más exacto sea decir que las epístolas de Ignacio no son explícitas en lo que a esto se refiere y que, por tanto, no podemos emitir juicio alguno.

[40] *Mag.* 8.1. Compárese con *Efes.* 19.1.

[41] *Esmir.* 7.1. El verbo «pecar» aparece en *Efes.* 14.2.

[42] *Efes.* 4.3 (*BAC* 65:458).

sobre los humanos. Es por eso por lo que Ignacio da tanta importancia a la
inmortalidad y la unión como resultado de la obra de Cristo.

Esta obra de Cristo llega a nosotros a través de la iglesia y los sacramentos. Para Ignacio la iglesia es una, y es él quien primero emplea la
frase «iglesia católica».[43] Esta unidad de la iglesia se debe, no a la armonía
o al buen espíritu que los cristianos tienen entre sí, sino a la presencia en
ella de Jesucristo mismo. Esto no quiere decir, sin embargo, que la unidad
de la iglesia sea puramente espiritual. Al contrario, la unidad de la iglesia se basa en una jerarquía que representa a Dios el Padre, a Cristo y a
los Apóstoles.

Ahora, por vuestra parte, todos habéis también de respetar a los
diáconos como a Jesucristo. Lo mismo digo del obispo, que es
figura del Padre, y de los ancianos, que representan el senado de
Dios y la alianza o colegio de los Apóstoles. Quitados estos, no
hay nombre de Iglesia.[44]

Ignacio subraya la importancia del obispo en la iglesia local y, de hecho,
él es el primer testigo de la existencia del episcopado monárquico.[45] Nada
debe hacerse en la iglesia sin contar con el obispo,[46] y quien no se somete a
él no está sometido a Dios.[47] Sin el consentimiento del obispo, no es lícito
celebrar el bautismo o la eucaristía,[48] e Ignacio aconseja, además, que las
uniones matrimoniales tengan lugar «con conocimiento del obispo».[49]

En la unidad de esta iglesia sometida a Dios el Padre, a Cristo y a los
apóstoles a través del obispo, los presbíteros y los diáconos, se da la unión
con Cristo, y esto especialmente mediante los sacramentos.

La iglesia es más que una institución humana. La iglesia de los efesios, por ejemplo, fue predestinada antes del comienzo de los siglos y es,

---

[43] *Esmir.* 8.22. Además, Ignacio es también el primero en emplear el término «cristianismo». *Mag.* 10.1, 3; *Rom.* 3.3; *Filad.* 6.1. Es interesante notar que el primer escritor en
utilizar el término «cristianismo» es un obispo de la misma ciudad donde los seguidores de
Jesús recibieron por primera vez el nombre de «cristianos» (Hechos 11.26).

[44] *Tral.* 3.1 (*BAC* 65:468-469). Véase también: *Mag.* 6.1. *Tral.* 13; *Esmir.* 8.1.

[45] Es interesante notar que la única epístola en que Ignacio no hace referencia alguna al
episcopado monárquico y la jerarquía tripartita es la que dirigió a los romanos. ¿Se debe
esto al carácter particular de esta carta, cuyo propósito no es exhortar ni enseñar, sino rogar
que se le permita sufrir el martirio? ¿O se debe más bien a que aún no existía en Roma el
episcopado monárquico, e Ignacio lo sabía? Dado el escaso material con que contamos,
es imposible responder a estas preguntas en las que van envueltas todas las pretensiones
posteriores de los obispos de Roma.

[46] *Mag.* 7.1; *Tral.* 2.2; *Pol.* 4.1.

[47] *Efes.* 5.3; *Tral.* 2.2; *Filad.* 3.2; *Esmir.* 9.1.

[48] *Esmir.* 8.1.

[49] *Pol.* 5.2 (*BAC* 65:500).

además, digna de toda bienaventuranza.[50] Sin embargo, esto no quiere decir que Ignacio pretenda ocultar las flaquezas de los cristianos. Demasiado bien conoce él las divisiones y contiendas de que son capaces los creyentes. Lo que sucede es que es en la iglesia donde se da la presencia de Cristo, aun en medio de la miseria humana. En la unidad de la iglesia —y muy particularmente a través de la eucaristía— los creyentes son unidos a Cristo.

Ignacio no nos ofrece una exposición sistemática de los sacramentos, pero no cabe duda que para él la eucaristía es de extrema importancia. Para Ignacio, la eucaristía es «la carne de Jesucristo»,[51] y también «medicina de inmortalidad, antídoto contra la muerte, y alimento para vivir por siempre en Jesucristo».[52] Esto no ha de entenderse, sin embargo, como una afirmación de que el pan se transforme físicamente en carne de Cristo, ya que en otros pasajes Ignacio habla del evangelio y de la fe como la carne de Cristo, y de la caridad como su sangre.[53] Cuando Ignacio dice que el Evangelio o la eucaristía son la carne de Cristo, está simplemente subrayando la unidad que existe entre Cristo y el Evangelio o entre Cristo y la eucaristía. Por otra parte, esto tampoco quiere decir que para Ignacio la eucaristía sea un mero símbolo de la unidad cristiana. Al contrario, la eucaristía es necesaria para la vida cristiana, y solo los herejes se apartan de ella.[54] En ella se realiza la unión con Cristo, y sobre todo con su pasión.[55] Aún más: en la eucaristía «se derriban las fortalezas de Satanás».[56]

Preguntarse si Ignacio ve la eucaristía en términos simbólicos o realistas, es caer en el anacronismo. La realidad parece ser que Ignacio —influido tal vez por los misterios— ve en la eucaristía un acto mediante el cual, representando la pasión de Cristo, el cristiano resulta unido a esa pasión.

Esto concordaría con lo que nos dice Ignacio acerca del bautismo, en el cual, al repetir el cristiano el rito del cual Cristo participó, participa también del poder purificador de Cristo. Para esto es que Cristo fue bautizado, pues en su bautismo purificó él las aguas con que nosotros somos purificados.[57]

---

[50] *Efes.* insc. (*BAC* 65:447).

[51] *Esmir.* 7.1 (*BAC* 65:492).

[52] *Efes.* 22.2 (*BAC* 65:459).

[53] *Tral.* 8.1. Compárese con: *Rom.* 8.3 y *Filad.* 5.1.

[54] *Esmir.* 7.1.

[55] *Filad.* 4 (*BAC*, 65:483).

[56] *Efes.* 13.1 (*BAC*, 65:455).

[57] *Efes.* 18.2 (*BAC*, 65:457). Además, Cristo fue ungido por una razón semejante: *Efes.* 17.1.

Por último, la escatología de Ignacio mantiene la misma tensión que se ve en los escritores del Nuevo Testamento. La primera venida de Cristo constituye «el fin de los tiempos»,[58] pero esto no contradice el hecho de que «las cosas están tocando a su término, y se nos proponen juntamente estas dos cosas: la muerte y la vida, y cada uno irá a su propio lugar».[59]

¿Cuáles son las fuentes de que se nutre el pensamiento de Ignacio? He aquí una cuestión que los eruditos han discutido y discuten aún, y que resulta en extremo compleja debido al grado en que su respuesta depende del modo en que se conteste toda una serie de preguntas referentes al cristianismo primitivo. Es seguro que Ignacio había leído el Evangelio según San Mateo y la Primera Epístola de San Pablo a los Corintios, aunque resulta más difícil determinar si conocía los demás Evangelios sinópticos, o qué otras epístolas paulinas había leído.

No cabe duda de que el obispo antioqueño conoce las obras del Apóstol a los gentiles; pero en varios e estos puntos su pensamiento se acerca más al del Cuarto Evangelio que al de Pablo.

El problema de la relación entre Ignacio y el autor —o los autores— de la literatura joanina resulta en extremo complejo. Aunque Jerónimo afirma que Ignacio, juntamente con Policarpo y Papías, fue discípulo de San Juan en Éfeso,[60] este dato no ofrece garantía alguna, ya que otros escritores antiguos nada nos dicen al respecto, además de que el mismo Ignacio, en su epístola a Policarpo de Esmirna, nos da a entender que no había conocido al obispo esmirniota antes de su paso por esa ciudad.[61] Por otra parte, no cabe duda de que existe cierta afinidad entre Ignacio y la literatura joanina. Las palabras que se encuentran al centro de la doctrina del Cuarto Evangelio reaparecen con harta frecuencia en las epístolas del obispo antioqueño. Así, términos tales como «verbo», «carne», «vida», «gozo», «luz» y «verdad» juegan un papel importante en ambos cuerpos de literatura. El interés que hemos visto en la literatura ignaciana por la realidad de la encarnación aparece también en la literatura joanina, y sobre todo en la Primera Epístola de Juan, donde se afirma categóricamente que «todo espíritu que confiesa que Jesucristo es venido en carne, es de Dios» (1 Jn 4.2-3). Y lo mismo puede decirse respecto al interés sacramental de ambos cuerpos de literatura. Luego, no cabe duda de que existe una relación entre Ignacio y el pensamiento joanino. Pero cuál sea esa relación es el problema que aún discuten los eruditos. Es posible que Ignacio haya conocido el Cuarto Evangelio y las epístolas de Juan; pero también es posible que

---

[58] *Mag.* 6.1 (*BAC*, 65:462).

[59] *Mag.* 5.1

[60] *Chron. ad. an. abr.* 2122.

[61] *Pol.* 1.1.

su semejanza se deba a que los escritores de ambos cuerpos de literatura pertenecieron a una misma escuela teológica.

Finalmente, existe la cuestión de la relación de Ignacio con el gnosticismo de una parte y con los misterios de otra. En cuanto a la relación entre Ignacio y el gnosticismo, no es demasiado aventurado decir que es puramente negativa excepto, quizá, en algunos detalles de vocabulario — como, por ejemplo, el «silencio» de Dios—. Aunque tal es nuestra opinión, hay numerosos eruditos que le dan al gnosticismo mayor peso, pero solo en el modo en que Ignacio entiende su fe. El problema de la relación entre los misterios y el pensamiento de Ignacio es más difícil de resolver, pues buena parte de los documentos mediante los cuales conocemos los misterios son posteriores a este período, lo cual dificulta la tarea de distinguir entre los elementos comunes que proceden de los misterios y han influido en el cristianismo y los que, por el contrario, reflejan la influencia del cristianismo sobre los misterios. En todo caso, hay un punto de contacto indudable entre Ignacio y los misterios en el modo en que aquel subraya la realidad de la participación eucarística en la unidad y la victoria de Cristo.

A manera de conclusión, podemos decir que Ignacio es un pensador de pocas inclinaciones sistemáticas o especulativas, pero con un sentido profundo de la importancia de algunas de las doctrinas fundamentales del cristianismo, así como una amplia visión de las consecuencias de esas doctrinas. Esto, unido a su interés eclesiástico y pastoral, y a su actitud de entrega total en el umbral del martirio, hace de sus epístolas uno de los más ricos tesoros que nos ha legado la antigüedad cristiana.

Policarpo de Esmirna

Existe también una *Epístola de San Policarpo a los Filipenses*, escrita en conexión con el martirio de Ignacio. Conocemos a Policarpo, además de por su epístola y por aquella otra que Ignacio le dirigiera y que ya hemos mencionado, por el testimonio de su discípulo Ireneo, quien algunos años más tarde llegó a ser obispo de Lyon en las Galias.[62] Además, el historiador Eusebio ha hecho llegar hasta nosotros una carta de Ireneo al obispo de Roma, Víctor, en la que nos narra la entrevista que por el año 155 sostuvo Policarpo con Aniceto (predecesor de Víctor) en ocasión de la controversia pascual.[63] Finalmente, se conserva una carta de la Iglesia de Esmirna que relata el martirio de Policarpo.[64]

---

[62] *Adv. haer.* 3.3, 4.

[63] *HE*, 5.24.

[64] Además de estas fuentes y de varias otras referencias en la *HE* de Eusebio, merece citarse

De todas estas fuentes, pueden extraerse algunos datos biográficos. Policarpo fue discípulo de San Juan, al igual que Papías y —según algunos testimonios de dudosa autoridad— que Ignacio. A principios del siglo primero, cuando Ignacio pasó por Esmirna camino al martirio, Policarpo era obispo de la iglesia en aquella ciudad. En el año 155, Policarpo fue a Roma a entrevistarse con el obispo Aniceto con motivo de la controversia pascual. Poco después de su regreso a Esmirna, posiblemente en febrero del año 156, Policarpo sufrió el martirio en la ciudad donde por tantos años había dirigido la grey cristiana.

Algunos eruditos sugieren que en la *Epístola de San Policarpo* no tenemos una epístola, sino más bien dos. Según esta hipótesis, el capítulo trece y posiblemente el catorce son parte de la primera carta, en la que Policarpo responde al pedido de los filipenses de enviarles las cartas de Ignacio que él conservaba y además les pide noticias acerca de Ignacio y sus compañeros. Los otros doce capítulos serían entonces otra carta que escribió Policarpo años más tarde, también a la Iglesia de Filipos.

Sea que tengamos aquí una o dos epístolas, lo importante es el hecho de que en esta obra se pone de manifiesto una teología semejante a la de Ignacio y a la de la literatura joanina, aunque con un giro más práctico. Policarpo no llega a las profundidades de Juan o de Ignacio, pero sí subraya como ellos la realidad de la humanidad de Cristo, a quien coloca en el centro de su doctrina de la salvación.[65]

En todo caso, la importancia de esta epístola de Policarpo está, no tanto en su doctrina —que nada tiene de original o profundo— como en el ser ella testigo de la autenticidad de las epístolas de Ignacio.

El *Martyrium Polycarpi* es la más antigua obra de su género que se conserva, y esto solo en una traducción latina, pues del original griego solo algunos fragmentos han llegado hasta nosotros. Es en realidad una carta escrita por la iglesia de Esmirna a la iglesia de Filomelio y a toda la iglesia universal. Es interesante ante todo por lo dramático de su narración y por la sinceridad de su estilo. Además, en esta obra se halla la más antigua alusión a la costumbre de conservar las reliquias de los mártires.[66]

Por último, encontramos aquí varios datos de importancia respecto a las persecuciones que nos serán útiles en otro capítulo.

Tertuliano, *De praes. haer.* 32 (*PL*, II, 45; *ANF*, III, 258). Jerónimo (*De viris illustribus*, 17) depende por completo de Eusebio y Tertuliano. Lo mismo puede decirse de todas las fuentes posteriores.
[65] *Filip.* 8.1; 9.2.
[66] *Mart. Pol.* 18.2-3.

Papías de Hierápolis

Papías también fue discípulo de Juan, y más tarde llegó a ser obispo de Hierápolis.[67] En aquella ciudad, se dedicó a coleccionar cuanto dicho o enseñanza del Señor oía narrar a los que por allí pasaban. De este modo, compiló y compuso su obra *Explicaciones de las Sentencias del Señor*, en cinco libros, de la cual no se conservan más que algunos fragmentos, y estos de escasa importancia en cuanto a la historia del pensamiento cristiano se refiere.

En la antigüedad, Papías fue un escritor bastante discutido debido a su milenarismo. Para atacar esa doctrina le cita casi siempre el historiador Eusebio, que no siente por él simpatía alguna, mientras que Ireneo apela a él en defensa de la misma doctrina. En algunos casos, este milenarismo llega al límite que separa lo poético de lo ridículo, como en el fragmento que dice que:

> Vendrán días en que nacerán viñas que tendrán cada una diez mil cepas, y en cada cepa diez mil sarmientos, y en cada sarmiento diez mil ramas, y en cada rama diez mil racimos, y en cada racimo diez mil granos, y cada grano prensado dará veinticinco metretas (36 litros) de vino.[68]

En épocas más recientes, Papías ha sido discutido por los eruditos debido a que ofrece importantes testimonios acerca de la paternidad de los dos primeros evangelios,[69] así como de la existencia de dos Juanes, Juan el apóstol y Juan el anciano.[70] Pero, por una serie de razones, los eruditos modernos no se inclinan a aceptar lo que Papías dice al respecto.

La *Epístola de Bernabé*

Bajo este título existe una obra que en la antigüedad algunos consideraron como parte del Nuevo Testamento, y que fue probablemente escrita en Alejandría alrededor del año 135.[71] Aunque algunos de los antiguos escri-

---

[67] Las noticias más antiguas —y las únicas dignas de crédito— acerca de Papías se encuentran en Ireneo, *Adv. haer.* 5.33,4 y Eusebio, *HE*, 3.39. Aunque los eruditos le adjudican diferentes fechas, probablemente escribió temprano en el siglo segundo.

[68] Fragmento conservado en Ireneo, *Adv. haer.* 5.33, 3.

[69] Eusebio, *HE*, 3.39.

[70] Fragmento 11, en *BAC*, 65:882.

[71] Es imposible fijar con exactitud la fecha de este escrito, pues las evidencias internas parecen contradecirse. El capítulo 4 nos llevaría a colocarlo a finales del siglo primero,

tores cristianos se la atribuyen a Bernabé,[72] no fue el compañero de Pablo quien escribió esta obra.

Esta llamada *Epístola de Bernabé* comprende dos partes claramente distinguibles. La primera parte (capítulos 1-17) es de carácter doctrinal, mientras que la segunda parte (capítulos 18-21) es de orden práctico.

La parte doctrinal se caracteriza por su interpretación alegórica del Antiguo Testamento. La interpretación que debía darse al AT había sido ya un problema entre los judíos helenistas, y así el judío alejandrino Filón había ofrecido una interpretación alegórica del Antiguo Testamento que resultaba compatible con su propia doctrina platónica. De igual modo, los cristianos se enfrentaban ahora a la aparente incompatibilidad entre algunos de los preceptos del Antiguo Testamento y las enseñanzas del Nuevo. Además, el surgimiento de la iglesia cristiana había dado lugar a la controversia entre cristianos y judíos, y esta controversia giraba principalmente alrededor de quiénes interpretaban correctamente el Antiguo Testamento.[73] Por tanto, era necesario descubrir métodos de interpretación que aproximasen ambos Testamentos. Uno de estos métodos era la alegoría, procedimiento mediante el cual se despojaba a los preceptos del AT de ese carácter algo primitivo que chocaba a los cristianos. Esta alegorización fue característica de los teólogos alejandrinos, primero judíos como Filón, y luego cristianos como Clemente y Orígenes (véase el capítulo 9), quienes sentían gran simpatía por esta llamada *Epístola de Bernabé*, y hasta llegaban a considerarla parte del Nuevo Testamento. Y por esta razón también los eruditos modernos piensan que fue Alejandría el lugar de composición de esta obra.

Como ejemplo del alegorismo de la *Epístola de Bernabé*, podemos ofrecer su interpretación de la prohibición de comer cerdo en el Antiguo Testamento. Según este autor, este mandamiento, en realidad, nos indica que no debemos juntarnos con quienes son como los cerdos, que unas veces se acuerdan de su señor y otras se olvidan según su conveniencia.[74] De igual modo interpreta Seudo-Bernabé toda una serie de enseñanzas y sucesos del Antiguo Testamento.[75] El mandamiento respecto a la circuncisión, por ejemplo, no tenía sino este sentido alegórico, y fue un ángel

---

mientras que el 16 parece indicar que fue escrito alrededor del año 135.

[72] El primero en atribuir esta obra a Bernabé es Clemente de Alejandría, a quien conviene el alegorismo de este escrito, y quien lo cita con frecuencia: *Paid.* 2.10; *Strom.* 2.6, 7, 15, 18, 20; V:8, 10. Orígenes, el discípulo de Clemente, la cita como Escritura: *Comm. in Rom.* 1.24.

[73] Hay un indicio de esta controversia en el siguiente pasaje: «...y no os asemejéis a ciertas gentes... que andan diciendo que la Alianza es de aquéllos (los judíos) y no nuestra. Nuestra, ciertamente; pero aquéllos la perdieron en absoluto...», 6.6 (*BAC*, 65:777).

[74] 10.3.

[75] Véase: 4.3; 6.8-17; 10.4-12; 11.4-8; 15.3-9.

malo quien hizo que los judíos entendiesen literalmente lo que se refería en realidad a la circuncisión de los oídos y del corazón.[76]

Sin embargo, esto no quiere decir que la llamada *Epístola de Bernabé* niegue el carácter histórico de todo el Antiguo Testamento. Al contrario, las narraciones del Antiguo Testamento son históricamente ciertas, y el Seudo-Bernabé normalmente no las pone en duda, aunque sí afirma que tales narraciones señalan a Jesucristo. El sacrificio de Isaac,[77] el macho cabrío que es echado al desierto,[78] Moisés con los brazos extendidos en cruz[79] y la serpiente de bronce que fue alzada en el desierto[80] son figuras o «tipos» (palabra que aparece en todos estos pasajes) de Jesucristo y de su obra de salvación. Todas estas cosas sucedieron en realidad, pero su verdadera significación estaba en el modo en que anunciaban a Jesucristo.[81]

La segunda parte de la *Epístola de Bernabé* repite la enseñanza de los dos caminos que encontramos ya al principio de la *Didajé*. La mayoría de los eruditos piensan que tanto este autor como la *Didajé* utilizaron un documento que no ha llegado hasta el día de hoy y que los críticos han llamado «Documento de los Dos Caminos», aunque también es posible que Bernabé haya utilizado la *Didajé* directamente.

Aunque el interés doctrinal del Seudo-Bernabé gira alrededor de la cuestión de la relación entre el Antiguo Testamento y el cristianismo, a través de su discusión de este tema puede descubrirse su modo de entender otras doctrinas fundamentales. En cuanto a la persona de Cristo, el Seudo-Bernabé afirma su preexistencia y su participación en la creación.[82] Jesucristo «vino en carne a fin de que llegara a su colmo la consumación de los pecados de quienes persiguieron de muerte a los profetas»,[83] es decir, a fin de condenar a los judíos, pero también para darse a conocer a los humanos,

---

[76] 9.4.

[77] 7.3.

[78] 7.6-11.

[79] 12.2-3.

[80] 12.5-7.

[81] En su interpretación de la circuncisión, el autor de la *Epístola de Bernabé* parece contradecirse, pues primero dice que Dios no pretendía que la circuncisión se practicase literalmente y luego afirma que Abraham circuncidó a los 318 varones de su casa «mirando anticipadamente en espíritu hacia Jesús» (9.7-8). Esta contradicción se debe a su indecisión entre la interpretación alegórica de la circuncisión y su interpretación como «tipo» histórico de Jesús. Al inclinarse hacia la primera interpretación, el Seudo-Bernabé hace de la circuncisión una alegoría que se refiere a la pureza del corazón y los oídos. Al inclinarse hacia la segunda, la circuncisión de los 318 varones resulta ser un hecho histórico en el que Dios quiso mostrar la cruz de Jesús (el número 318 se escribe en griego TIH, lo cual, según el Seudo-Bernabé, muestra la cruz: T, y las dos primeras letras del nombre Jesús: IH).

[82] 5.5.

[83] 5.11. Véase también: 14.5.

que no podían contemplarle en su gloria preexistente, de igual modo que no pueden mirar directamente al Sol.[84]

Además, Cristo sufrió para «cumplir la promesa a los padres», para «destruir la muerte» y para «mostrar la resurrección», es decir, para mostrar que «después de hacer Él mismo la resurrección, juzgará».[85] Este juicio tendrá lugar próximamente,[86] y nuestro autor afirma que el Señor consumará todas las cosas cuando el mundo cumpla seis mil años, pues Dios hizo el mundo en seis días, y mil años son como un día ante los ojos de Dios.[87]

El *Pastor* de Hermas

Entre los padres apostólicos, se incluye también una obra de carácter apocalíptico que se conoce como el *Pastor* de Hermas, y que es la más extensa de este cuerpo de literatura. Al parecer, Hermas vivió a fines del siglo I y durante la primera mitad del siglo II,[88] y su obra consiste en una recopilación de materiales procedentes de distintos períodos en su labor como profeta o predicador en la iglesia de Roma.

La principal preocupación de Hermas parece haber sido la falta de celo y dedicación de algunos hermanos, pero sobre todo el problema de los pecados posbautismales, es decir, de aquellos pecados cometidos después de la conversión y bautismo. Eran muchos los que habían caído en apostasía a causa de las persecuciones y luego se habían arrepentido sinceramente de su flaqueza. El mismo Hermas se sentía culpable de haber mirado con codicia a quien había sido su ama. ¿Qué esperanza quedaba entonces para tales personas? ¿Debían considerarse irremisiblemente perdidas? Si se les perdonaba, ¿qué garantía había de que no volverían a caer?

---

[84] 5.10.

[85] 6.6-7.

[86] 4.3; 21.3.

[87] ¿Implica esto una escatología milenarista por parte del Seudo-Bernabé? 5.5,7 parecería indicarlo, aunque la tendencia del Seudo-Bernabé a rechazar todo lo que parezca materialista nos llevaría a esperar lo contrario.

[88] Según el Fragmento Muratori, Hermas era hermano del obispo romano Pío, quien ocupó la cátedra episcopal en la quinta década del siglo II. Algunos autores han puesto esto en duda y sugerido una fecha más temprana para la composición del *Pastor*. Otros han propuesto una teoría según la cual Hermas escribió las visiones, otro más tarde añadió la novena parábola y, por último, una tercera mano contribuyó con el resto de las parábolas y todos los mandamientos. Aunque tal teoría no ha sido generalmente aceptada, la diversidad de circunstancias que aparecen en el *Pastor* inclina a muchos eruditos a pensar en una diversidad de autores, o al menos de varias partes escritas en tiempos distintos por un solo autor y luego reunidas por otra persona, quien también añadió algo.

El *Pastor* de Hermas se enfrenta a estas preguntas en cinco visiones, doce mandamientos y diez parábolas.

Las cinco visiones son una exhortación a la penitencia y a la firmeza ante las persecuciones. Comienza Hermas en la primera visión confesando su propia culpa por haber codiciado a Roda, la señora cristiana que antes había sido su ama. Pero el centro de esta sección es la tercera visión, o «Visión de la Torre», que guarda estrecha relación con la novena parábola. En esta tercera visión, la iglesia se presenta en forma de dama y le muestra a Hermas una gran torre en construcción. Seis jóvenes construyen la torre con las piedras que una multitud trae, unas del fondo del mar y otras esparcidas por la tierra. Las piedras que vienen del fondo del mar están ya listas para ser colocadas en la torre. Pero solo algunas de las piedras traídas de la tierra sirven para la construcción, mientras que otras son arrojadas a un lado. Entonces la dama explica a Hermas que la torre es ella misma, la iglesia, y que las piedras son las personas con las cuales la iglesia se construye. Las buenas piedras son aquellos que viven en santidad, y las piedras sacadas de lo hondo del mar son los mártires que sufrieron por el Señor. Las piedras rechazadas son quienes han pecado pero quieren hacer penitencia, y por esto no se les echa demasiado lejos de la torre, puesto que más tarde serán útiles para la construcción. Pero hay otras piedras que al arrojarlas se hacen pedazos; y estos son los hipócritas, los que no se apartaron de la maldad y que, por tanto, no tienen esperanza de salvación ni de pertenecer a la iglesia.

Los doce mandamientos son un resumen de las obligaciones del cristiano, y afirma Hermas que cumpliéndolos se alcanza la vida eterna. Para recalcarlo, Hermas concluye cada uno de estos mandamientos afirmando que quien los guarde «vivirá para Dios». Es en el mandamiento cuarto que más claramente aparece la enseñanza de Hermas: que es posible una sola penitencia después del bautismo, pero que el que pecare después de esta segunda penitencia difícilmente logrará el perdón.

> Si después de aquel llamamiento grande y santo, alguno, tentado por el diablo, pecare, solo tiene una penitencia; mas si a la continua pecare y quisiere hacer penitencia, sin provecho es para hombre semejante, pues difícilmente vivirá.[89]

Las diez parábolas unen las enseñanzas de las visiones con las de los mandamientos, y tratan sobre todo de asuntos prácticos y morales. En la novena parábola se encuentra de nuevo la visión de la torre, aunque se afirma aquí que la construcción ha sido detenida por algún tiempo para dar

---

[89] *Mand.* 4.3, 6.

lugar al arrepentimiento. Algunos eruditos piensan que esta parábola fue escrita bastante después de la visión y que, por tanto, esta diferencia entre ambas acusa la lenta desaparición —en la iglesia del siglo segundo— de la expectación escatológica inminente.

Para Hermas, el cristianismo parece ser antes que nada una serie de preceptos que debemos seguir. Así, toda su obra, inclusive sus visiones y sus parábolas, tiene el carácter de mandamiento práctico. Nada hay aquí del sentido místico de Ignacio ni tampoco de la investigación teológica que encontramos en la llamada *Epístola de Bernabé*. Aún más, aparece en Hermas por primera vez en la historia del pensamiento cristiano la doctrina de que es posible hacer más de lo que requiere el mandamiento de Dios, y así lograr una mayor gloria. Aunque nada se dice aquí de la doctrina del tesoro de los méritos o de la transferencia de estos, ya vemos apuntar en esta obra las bases de lo que será más tarde el sistema penitencial de la Iglesia Católica Romana.

El carácter práctico y el interés ético de la obra de Hermas se manifiestan en su preocupación por la penitencia. Con respecto a ella, enseña Hermas que después de la penitencia que se hace en el bautismo es posible una segunda penitencia, mediante la cual se logra el perdón de los pecados posbautismales. No hay pecado alguno que no pueda ser perdonado si el pecador se acoge a esta segunda penitencia.[90] En cuanto a otras penitencias después de esta, Hermas se inclina a no aceptarlas, aunque en el mandamiento cuarto afirma que el que pecare después de la segunda penitencia «difícilmente se salvará», lo cual implica que aun para tal persona es posible la salvación. También aquí vemos que empieza a perfilarse los intereses e inclinaciones de la iglesia romana, en la que más se elaboraría todo un sistema penitencial.

Hermas se refiere al Salvador como «Hijo de Dios», y lo identifica con el Espíritu Santo.[91] El Espíritu Santo preexistente habitó en el Salvador, y este obedeció de tal modo la voluntad divina que fue hecho partícipe de la divinidad.

Al Espíritu Santo, que es preexistente, que creó toda la creación, Dios le hizo morar en el cuerpo de carne que Él quiso. Ahora bien, esta carne, en que habitó el Espíritu Santo, sirvió bien al Espíritu, caminando en santidad y pureza, sin mancillar absolutamente en nada al mismo Espíritu. Como hubiera, pues, ella llevado una conducta excelente y pura y tenido parte en todo trabajo del Espíritu y cooperado con él en todo negocio, portándose siempre fuerte y

---

[90] *Vis.* 2.2, 4.
[91] *Parab.* 9.1.1.

valerosamente, Dios la tomó por partícipe juntamente con el Espíritu Santo. En efecto, la conducta de esta carne agradó a Dios, por no haberse mancillado sobre la tierra mientras tuvo consigo al Espíritu Santo. Así pues, tomó por consejero a su Hijo, y a los ángeles gloriosos, para que esta carne, que había servido sin reproche al Espíritu, alcanzara también algún lugar de habitación y no pareciera que se perdía el galardón de este servicio. Porque toda carne en que moró el Espíritu Santo, si fuere hallada pura y sin mancha, recibirá su recompensa.[92]

Es difícil coordinar en un todo sistemático la doctrina de la iglesia que se encuentra en el *Pastor.* No cabe duda de que para Hermas la iglesia es de gran importancia, ya que es ella la que le dirige e interpreta sus visiones. La iglesia es preexistente,[93] y el mundo fue creado para ella.[94] Pero Hermas no intenta aclarar qué relaciones hay entre la iglesia preexistente y esta iglesia local de Roma, llena de dificultades, a la que él se dirige. En cuanto al gobierno de la iglesia, Hermas se refiere a «apóstoles, obispos y diáconos»,[95] aunque en otro pasaje habla de «los presbíteros que presiden la Iglesia».[96] Al parecer, todavía no se había fijado en Roma la jerarquía tripartita. Además, es interesante notar que Hermas no dice una palabra acerca del episcopado monárquico.

Otra literatura cristiana del mismo período

Además de las obras que se cuentan entre los padres apostólicos, hay otros escritos cristianos de la misma época que conviene discutir aquí. Algunos de estos escritos pretenden ser antiguas obras judías en las que se preveía la obra de Cristo, y por ello se las incluye en la literatura seudoepigráfica del Antiguo Testamento. Otros escritos son el resultado de interpolaciones de antiguos textos judíos, y no pueden tomarse como fuentes fidedignas para conocer el cristianismo en sus primeras décadas sin antes establecer la diferencia entre el texto original y las interpolaciones cristianas. Otros, en fin, pretenden ser obras de origen apostólico, y por ello se los cuenta entre las obras apócrifas relacionadas con el Nuevo Testamento.

---

[92] *Parab.* 5.6.5-7 (BAC 65:1022).
[93] *Vis.* 2.4.1.
[94] *Vis.* 1.1.6.
[95] *Vis.* 3.5.1.
[96] *Vis.* 2.4.3.

Entre la literatura seudoepigráfica del Antiguo Testamento, merecen mencionarse la *Ascensión de Isaías*, los *Testamentos de los doce patriarcas*, el *Segundo libro de Enoc* y la *Oración de José*.

La *Ascensión de Isaías* es un documento cristiano compuesto posiblemente en Antioquía a finales del siglo primero, y conviene señalar que su teología no carece de puntos de contacto con la que se nos da a conocer en las epístolas de Ignacio. En la porción más interesante de este documento el profeta es llevado en varias etapas de ascenso, hasta llegar al séptimo cielo. Allí ve a Dios, al Señor «Cristo quien se llamará Jesús»,[97] y al «ángel del Espíritu».[98] Luego, no cabe duda de que en este documento hay cierta teología trinitaria, aunque todavía expresada en términos de angelología. Desde este séptimo cielo, el Señor desciende hasta la tierra pasando de incógnito a través de cada cielo, pues tal es la voluntad de Dios, «para que destruyas a los principados y los ángeles y los dioses de este mundo, y al mundo que ellos gobiernan».[99] Tras una natividad con tonos marcadamente docetistas,[100] Jesús es crucificado, resucita y asciende en forma humana a través de cada uno de los cielos, donde hay gran tristeza porque el Señor pasó anteriormente y no se le reconoció ni adoró. Por último, llega al séptimo cielo, donde se sienta a la diestra de la «Gran Gloria», mientras el «ángel del Espíritu Santo» se sienta a la izquierda.[101]

Los *Testamentos de los Doce Patriarcas* parecen ser el resultado de la obra de compilación, corrección e interpolación de algún cristiano de origen esenio, también en Siria y a finales del siglo primero. La obra tal como ha llegado a nosotros es de origen cristiano; pero parece que el autor hizo uso de algunos supuestos «testamentos» de patriarcas que circulaban entre los esenios. El *Segundo Libro de Enoc* y la *Oración de José* son semejantes a los dos anteriores, y su fecha y lugar de composición parecen ser los mismos.

Entre los escritos judíos interpolados, el más importante es el de los *Oráculos Sibilinos*, cuyo quinto libro contiene interpolaciones cristianas de este período, mientras que los libros sexto y séptimo son netamente cristianos y fueron compuestos en esa misma época, posiblemente en Egipto.

Por último, la literatura apócrifa del Nuevo Testamento es extensísima y resulta imposible discutirla aquí. Pero, al menos, debemos mencionar ciertos escritos que sin lugar a duda pertenecen al período que estudiamos, tales como el *Evangelio de Pedro*, el *Apocalipsis de Pedro*, el *Evangelio*

---

[97] 10.7.
[98] 10.4.
[99] 10.11-12.
[100] 11.7-14.
[101] 11.32-33.

según los Hebreos y la *Epístola de los Doce Apóstoles.* Los dos primeros escritos son originarios de Siria, de finales del siglo primero o principios del segundo. El *Evangelio según los Hebreos* es de origen dudoso, pero al parecer su fecha puede fijarse a principios del siglo segundo. En cuanto a la *Epístola de los Doce Apóstoles*, pertenece a la misma época, y parece haber sido compuesta en Asia Menor.

Aunque es difícil determinar su fecha exacta, y aunque su lenguaje críptico hace que a menudo sea difícil interpretar su pensamiento, estas obras sirven para arrojar luz sobre las ideas que circulaban entre los creyentes en el período que estudiamos. Aunque nunca alcanzaron el impacto de los más importantes entre los padres apostólicos, sí nos ofrecen un atisbo de la imaginación creadora de algunos de aquellos antiguos cristianos. En algunos casos, nos proveen contextos que nos ayudan a entender el pensamiento de muchos de los padres apostólicos. En efecto, estas obras no provienen de una escuela teológica distinta a la que dio origen a los escritos de los padres apostólicos, sino que reflejan —según el lugar y la fecha de su composición— el tipo de pensamiento que allí predominaba, y que aparece también en los padres apostólicos que escribieron en la misma región y la misma época.

Consideraciones generales

Al estudiar los padres apostólicos descubrimos los comienzos de ciertas escuelas o tendencias teológicas cuyo desarrollo posterior tendremos ocasión de considerar más adelante. Pero también encontramos, tras esta diversidad de escuelas, ciertos puntos de contacto.

Entre las escuelas, encontramos en primer lugar la que abarca Asia Menor y Siria. Más adelante, se desarrollará también una distinción entre el pensamiento de Asia Menor y el de Siria. Por ahora estas dos regiones se unen en un agudo contraste con Roma de una parte y Alejandría de la otra. Este cristianismo de Asia Menor y de Siria se nos da a conocer, además de en la literatura joanina, en las obras de Ignacio, Policarpo y Papías, así como en buena parte de las obras seudoepigráficas que acabamos de mencionar —por ejemplo, en la *Ascensión de Isaías*. En estos escritos el cristianismo no es ante todo una enseñanza moral, sino la unión con el Salvador, mediante la cual se alcanza la inmortalidad. Lo fundamental no es entonces seguir cierto código de ética, sino unirse estrechamente con el Señor Jesucristo. De ahí el profundísimo interés de Ignacio por la eucaristía. Y de ahí también su clamor por la unidad de la iglesia, ya que es en la unión de los cristianos entre sí que se da la unión con Cristo. Por otra parte, la realidad histórica de este Cristo es para los cristianos de esta escuela fundamento imprescindible de su fe.

Si alguna influencia exterior se descubre en este cristianismo de Siria
y Asia Menor, esta es la de los misterios, gnosticismo y judaísmo esenio.
La influencia de los misterios puede encontrarse sobre todo en el concepto de la eucaristía como un acto de unión con Cristo. Aunque el gnosticismo tiene ciertos puntos de contacto con el cristianismo de esta región
—y sobre todo con su doctrina de la revelación— su influencia sobre
este último es mayormente negativa, obligándole a subrayar la realidad
histórica de la encarnación, frente al docetismo gnóstico. En cuanto a la
influencia del judaísmo, esta proviene del judaísmo esenio más que del
farisaico, y es posible que de aquí surjan muchos de los elementos de este
tipo de cristianismo que algunos eruditos han querido interpretar en términos de influencias puramente mistéricas.

En Roma vemos desarrollarse lentamente otro tipo de cristianismo muy
distinto. Allí, según se ve claramente en la *Primera Epístola a los Corintios* de Clemente Romano y en el *Pastor* de Hermas, el cristianismo toma
un giro práctico y ético que puede llevar al moralismo y al legalismo. El
interés de Clemente y Hermas no es especulativo ni místico, sino práctico. Lo de mayor importancia no es la unión con Cristo —que no deja de
ser importante—, ni tampoco el conocimiento de verdades ocultas —que
tiene también su valor—, sino más bien el comportamiento. El pecado no
es tanto una esclavitud —como para Pablo—, ni tampoco un error en el
entendimiento, sino que es más bien una deuda moral.

Es dentro de ese contexto que vemos que en Hermas se manifiesta
el comienzo del largo proceso de sistematización y expansión del orden
penitencial que más tarde caracterizará a la Iglesia Romana; y es también él quien primero nos habla de obras de supererogación. La salvación
entonces no resulta ser tanto un don de Dios a través de la unión con
Jesucristo, como una recompensa que Dios otorga a quienes cumplen sus
mandamientos. Y Jesucristo, más que el iniciador de una nueva era, es el
maestro de una nueva ley.

Esta escuela teológica se desarrolla bajo el signo del estoicismo y
del espíritu práctico del pueblo romano. La influencia del estoicismo se
manifiesta ya en la manera en que Clemente subraya la concordia como
elemento fundamental de la vida cristiana, mientras que la influencia del
espíritu romano penetra toda la obra de Clemente y Hermas —particularmente en sus tendencias legalistas—.

En la llamada *Epístola de Bernabé* tenemos el primer escrito de la
naciente escuela teológica alejandrina. Esta escuela, que se caracteriza
por la influencia platónica y por su interpretación alegórica del Antiguo
Testamento, tiene sus antecedentes en el filósofo judío y alejandrino Filón
—y posiblemente desde antes, en algunos de los traductores de la Septuaginta—. Esta escuela combina el interés ético que hemos encontrado ya en
Roma con un interés especulativo y con una carencia de sentido histórico.

Así, la realidad histórica del Antiguo Testamento desaparece tras alegorizaciones que hacen de la escritura judía una simple enseñanza moral o una serie de alusiones alegóricas a misterios profundos. Por otra parte, y de acuerdo con su falta de sentido histórico, este tipo de cristianismo tiene poco que decir acerca del Cristo histórico.

La influencia más notable en esta escuela alejandrina es la del helenismo judaico, sobre todo a través de Filón, que ya había adelantado el trabajo de alegorización del Antiguo Testamento que los cristianos alejandrinos ahora emprendían. Debemos señalar, sin embargo, que los libros VI y VII de los *Oráculos Sibilinos* —que parecen ser de origen alejandrino y que muestran varios puntos de contacto con la *Epístola de Bernabé*— manifiestan un carácter apocalíptico que difícilmente puede atribuirse a la influencia de Filón.

Pero esta diversidad de escuelas no ha de hacernos pensar que no había en la Iglesia de esa época cierta unidad de enseñanzas y de pensamiento. Al contrario, en medio de tal diversidad encontramos una uniformidad sorprendente en cuanto a algunos puntos.

Así, respecto a la persona de Cristo, los padres apostólicos concuerdan en afirmar su preexistencia, así como su divinidad y su humanidad. Y en lo que a las relaciones entre Cristo y el Padre se refiere, aparte de la falta de claridad que hemos encontrado en Hermas, todos los padres apostólicos concuerdan en hacer uso de diversas fórmulas trinitarias, siquiera primitivas.

Para todos los padres apostólicos, el bautismo ejerce un verdadero poder de purificación. (Recuérdense las afirmaciones de Ignacio, que Cristo fue bautizado para purificar las aguas del bautismo, y ungido para proteger de corrupción a la iglesia ungida).

En cuanto a la eucaristía, para todos ellos es el centro de la adoración cristiana. Aunque todavía no encontramos discusiones sistemáticas del modo o modos en que Cristo está presente en ella, ni se les concede virtud alguna a las palabras de la institución en sí mismas, parece haber un consenso en el poder de la eucaristía para sostener a quienes participan de ella como miembros del cuerpo de Cristo que son. Esto se ve particularmente en las epístolas de Ignacio.

Finalmente, aunque todavía continúa viva la expectación escatológica, esta va perdiendo cada vez más su carácter central.

4

La gran transición

Cuando se estudia la historia toda de la iglesia, hay ciertos momentos o tiempos de importantes transiciones cuyo impacto es tal que se emplean como hitos divisorios entre diversos períodos. Los dos ejemplos más comunes son el siglo cuarto y el dieciséis. Hay sobradas razones para destacar los cambios que tuvieron lugar en esas dos fechas —particularmente en lo que se refiere a la iglesia de habla latina, pues en las iglesias orientales hay otras fechas igualmente importantes—. Por esas razones las emplearemos en este estudio para dividir la historia del pensamiento cristiano en tres épocas: la primera, desde los inicios hasta la conversión de Constantino; la segunda, desde Constantino hasta el siglo XVI; y la cuarta desde entonces hasta nuestros días.

Por muy útil que sea, esa periodización tradicional —y todavía válida— deja a un lado la que bien puede haber sido la más significativa de todas las transiciones en la historia de la iglesia: la transformación que tuvo lugar hacia finales del siglo primero y principios del segundo. La casi totalidad de los autores cristianos que hemos estudiado hasta este punto eran judíos, o al menos tenían un amplio trasfondo y experiencia dentro del judaísmo. Pero de ahí en adelante los cristianos de origen judío serán una minoría frecuentemente marginada dentro de la iglesia misma, de la cual quedan rastros cada vez más infrecuentes, hasta que desaparecen en las penumbras de la historia. Luego, bien podemos decir que el final del siglo primero marca también el paso del cristianismo como un movimiento dentro del judaísmo al cristianismo como religión que se expandiría alrededor del mundo, encarnándose en muy diversas culturas.

Para entender todo esto, es preciso ante todo tomar en consideración el proceso mismo, y luego señalar algunos aspectos de su impacto en la vida y pensamiento de la iglesia. Vayamos entonces al proceso.

Los primeros judíos en la iglesia

Como es bien sabido, tanto Jesús como sus primeros discípulos eran judíos. Pero al leer los Evangelios vemos que, aun siendo judíos, no eran naturales de Judea, sino de la región de Galilea. Desde el punto de vista de los habitantes de Judea, los Galileos no eran tan buenos judíos como lo eran ellos mismos. Esto se ve, por ejemplo, en el Evangelio de Juan, donde Natanael le pregunta a Felipe: "«¿De Nazaret [que estaba en Galilea] puede salir algo bueno?»" (Jn 1.46). Y más adelante, las autoridades judías le dicen a Nicodemo: «Escudriña y ve que de Galilea no se levanta ningún profeta» (Jn 7.52). El no entender tal situación ha llevado a muchos a pensar que en los Evangelios se ataca constantemente a los judíos y al judaísmo, cuando tal no es siempre el caso. En los Evangelios, la mayoría de los personajes —Jesús, sus discípulos, María, José, los fariseos, los doctores de la ley y muchos más— son judíos. Es más, buena parte del conflicto que se produce cuando Jesús y sus discípulos entran en Jerusalén es la reacción de las autoridades de Judea, que se consideran los líderes naturales del judaísmo, contra estos galileos que vienen a criticarles. (Posiblemente todo esto se aclararía si pudiéramos inventar una palabra, «judeos», para referirnos a los habitantes de Judea, y reservar el título de «judíos» para referirnos a los seguidores del judaísmo. Entonces diríamos, por ejemplo, que los judeos se resistían a lo que decían estos otros judíos de Galilea).

Pero en la misma Judea había otras diferencias entre los judíos, más allá de las «sectas» que hemos discutido en otro capítulo. Esto se ve claramente en Hechos 6.1, donde se nos dice que «hubo murmuración de los griegos contra los hebreos, que las viudas de aquellos eran desatendidas en la distribución diaria» (RVR95). Esta es usa traducción bastante literal; pero al decir que el conflicto era entre los «griegos» y los «hebreos» oculta la realidad de la situación. Para nosotros hoy, un «hebreo» es sencillamente un judío. Pero lo que estaba teniendo lugar en ese episodio no era un conflicto entre judíos y griegos como hoy entendemos tales términos, sino más bien un conflicto entre dos grupos de judíos. Unos —los que aquí se llaman «hebreos»— eran judíos naturales de la región, quienes por tanto hablaban lo que ellos llamaban «hebreo» —que no era en realidad el hebreo del Antiguo Testamento, sino más bien el arameo—. Los otros —los que aquí se llaman «griegos»— no eran en realidad griegos, sino que eran también judíos, con la diferencia de que, habiéndose formado lejos de Judea, reflejaban algunas de las costumbres del mundo helenista y, posiblemente, en lugar del arameo preferían el griego, que era la lengua franca del mundo helenista. Muchos de ellos serían originarios de la Diáspora judía, pero ahora habían regresado a la tierra de sus antepasados.

Puesto que tanto los aquí llamados «hebreos» como los «griegos» eran en realidad judíos en cuanto a su religión, tanto los unos como los otros, al escuchar que Jesús era el «Ungido» de Dios, entenderían que era el cumplimiento de las promesas hechas a sus antepasados. Unos —los «hebreos»— le llamarían el «Mesías», mientras que los llamados «griegos» le llamarían el «Cristo», que no es sino la traducción griega del término hebreo para «Mesías» o «Ungido».

Todo esto es de enorme importancia para entender lo que sucede según el testimonio de Hechos, donde, al escuchar el mensaje de los discípulos, quienes lo aceptan son millares, e inmediatamente se les bautiza. Tales personas, formadas en el judaísmo y conocedoras de las Escrituras, no necesitarían explicación alguna acerca de temas tan fundamentales como la creación, el monoteísmo y la insistencia de Dios en que su pueblo debía seguir sus principios de moral y de justicia.

Lo mismo acontecía con aquellos gentiles que habían abrazado el judaísmo y que, por tanto, sin ser judíos de descendencia, lo eran por profesión religiosa. Parte de su proceso de conversión incluía el «bautismo de prosélitos», en el que la persona tomaba un baño ritual en presencia de testigos, con lo cual se le hacía miembro del pueblo de Dios. (Si era necesario que los varones prosélitos fueran circuncidados o no, era tema de discusión entre las escuelas rabínicas). Estos conversos eran los llamados «prosélitos». Aunque posiblemente algunos los verían con suspicacia, se les consideraba judíos e hijos de Abraham por fe, aunque no lo fueran por nacimiento. Algo semejante parece haber sucedido entre cristianos, pues en el mismo capítulo 6 de Hechos a que a nos hemos referido, entre los siete elegidos para ocuparse del socorro a las viudas se cuenta «Nicolás, prosélito de Antioquía». En otras palabras: Nicolás era un hombre de origen gentil quien, aparentemente en Antioquía, se había hecho judío, y después (¿también en Antioquía, o en Jerusalén?) había confesado a Jesús como el Mesías o el Cristo de Dios y se había unido a la iglesia. Ahora se le nombraba para un cargo de importancia dentro de la comunidad de la iglesia.

Al repasar todo este proceso, no debemos olvidar la predicación del evangelio entre samaritanos. Esto se menciona en Hechos 8.4-24, donde como resultado de la predicación de Felipe en Samaria, un hombre de importancia en la ciudad, Simón el mago, se convierte. La religión de los samaritanos era muy parecida a la de los judíos, pues ambos pueblos tenían una descendencia común de Abraham. Por eso aparentemente Felipe no pensó que era necesario darle mucha instrucción especial a Simón —con la consecuencia de que Simón no entendía correctamente de qué trataba el mensaje del evangelio, y por ello tuvo un serio conflicto con Pedro. Aunque el texto bíblico no nos dice más al respecto, bien podemos ver en ese episodio un anticipo de lo que ocurriría unas décadas más tarde, cuando los gentiles paganos comenzaran a unirse a la iglesia y tuvieran necesidad de una instrucción más prolongada y cuidadosa, para asegurarse de que al convertirse y ser bautizados dejaran atrás cualquier lastre de paganismo o de prácticas que la sociedad en general consideraba aceptables, pero no los cristianos ni los judíos (por ejemplo, los sacrificios a los dioses, el abandonar a los recién nacidos no deseados, el adulterio, la magia, la astrología, etc).

Los «temerosos de Dios» y su conversión

En el mismo capítulo de Hechos en que aparece la historia de Felipe y de Simón el Mago, encontramos también la conversión del eunuco etíope. Al reflexionar sobre esa historia, de inmediato nos vienen a la mente algunas preguntas: ¿cómo puede ser que un pagano venga desde tan lejos a adorar a Dios?, ¿cómo es que va leyendo a uno de los profetas de Israel?, ¿se habría hecho prosélito judío, o lo era ya?, ¿no sabe que la Ley de Dios lo prohíbe? La Ley lo dice de manera tajante: «No entrará en la congregación de Jehová el que tenga magullados los testículos o amputado su miembro viril» (Dt 23.1).

Lo que tenemos aquí es un ejemplo de algo muy común en el judaísmo de entonces: los llamados «temerosos de Dios». Tal era el título que se les daba a los gentiles que creían en la fe de Israel y que —en la medida de lo posible— seguían los mandamientos de Dios, pero por alguna razón no se hacían prosélitos judíos. En el caso de este etíope, esa razón aparece en el texto mismo: era eunuco, y la Ley prohibía que se le añadiera a la congregación de Dios. Pero eso no le impedía creer en el Dios de Israel, asistir a la sinagoga y tratar de seguir los principios morales de la Ley.

Otro ejemplo aparece en Hechos 10. Se trata del centurión Cornelio, un oficial del ejército romano que era «piadoso y temeroso de Dios con toda su casa, y que hacía muchas limosnas y oraba siempre a Dios» (Hch 10.1). Nótese que Cornelio adoraba al Dios de Israel y seguía su Ley ocupándose de los necesitados, y que todo esto se relaciona con su condición de «temeroso de Dios». El ser temeroso de Dios no quería decir tenerle miedo a Dios. Era más bien el título que se les daba a quienes, como el etíope y como Cornelio y su casa, eran judíos en cuanto a su fe, pero por alguna razón no se hacían prosélitos judíos. La razón del etíope era la prohibición de la Ley. La de Cornelio bien podría ser su condición de centurión, que le obligaría a participar de ceremonias repugnantes a la fe de Israel, y

—particularmente en tales ceremonias— se le impediría cumplir las leyes dietéticas y rituales del pueblo de Israel.

Los cristianos más tradicionales en Jerusalén no siempre verían con buenos ojos la conversión y bautismo de tales personas. Cuando se enteran de que Pedro ha bautizado a Cornelio y los suyos, le piden cuentas, y no es hasta que Pedro les narra lo sucedido que se convencen de que el evangelio es también para tales temerosos de Dios: «¡De manera que también a los gentiles les ha dado Dios arrepentimiento para vida!» (Hch 11.18). (¿Habrá una referencia velada a tales posturas en la pregunta del etíope a Felipe: «¿Qué impide que yo sea bautizado»? (Hch 8.36).

Si había tales temerosos de Dios en Cesarea y en Etiopía, los había también —y en gran cantidad— en otras regiones donde la Diáspora había llevado a los judíos, quienes, a su vez, habían comunicado su fe a la población gentil. Tal presencia, y su enorme número, se refleja en lo que ya hemos dicho acerca de los judíos en Alejandría, de su participación en el diálogo filosófico de ese centro intelectual y en la traducción de la Septuaginta. Y se ve de manera dramática en lo que nos cuenta Hechos 13 acerca de la predicación de Pablo en Antioquía de Pisidia.

Lo que tenemos en esa narración de Hechos es el primer discurso de Pablo en su primer viaje misionero. Puesto que Lucas no nos da resúmenes generales de sus otros discursos en otras sinagogas, bien podemos suponer que lo que aquí se nos da es un resumen o ejemplo de la predicación de Pablo en cada sinagoga que visitaba.

Cundo tenemos en cuenta lo que acabamos de decir acerca de los «temerosos de Dios», lo primero que nos llama la atención es el modo en que Pablo se dirige a su audiencia en la sinagoga: «Israelitas *y los que teméis a Dios*». La referencia al temor a Dios nos es solamente una frase de exhortación, sino que es más bien el título de una parte de la audiencia en la sinagoga —como cuando hoy decimos «Damas y caballeros». Esa audiencia incluye dos grupos distintos: los «israelitas» y los «temerosos de Dios». Esto se confirma más adelante, cuando Pablo vuelve a dirigirse a ellos como «Hermanos, hijos del linaje de Abraham *y los que entre vosotros teméis a Dios*» (Hch 13.26). Pablo está en la sinagoga y, por tanto, todos los presentes son devotos del Dios de Israel; pero mientras unos son judíos, otros todavía no son sino temerosos de Dios.

Lo que Pablo les dice es sorprendente: «a vosotros [es decir, a ambos grupos] es enviada la palabra de salvación». Por tanto, no ha de sorprendernos el que esto despierte el interés de todos y cause gran revuelo. Terminado el servicio en la sinagoga, «los gentiles» —es decir, los que no eran judíos, los temerosos de Dios— les pedían a Pablo y Bernabé que el sábado siguiente continuara hablándoles. Más todavía, aun después de terminado el servicio «muchos de los judíos y de los prosélitos piadosos» seguían a Pablo y Bernabé discutiendo con ellos. (Aparentemente los «prosélitos piadosos» son tanto los gentiles que se han hecho judíos como otros que todavía son temerosos de Dios).

Más todavía nos sorprende lo que aconteció una semana más tarde, cuando se juntó «casi toda la ciudad». Por muy exagerada que pueda haber sido la expresión de Lucas, no cabe duda de que los temerosos de Dios en Antioquía eran numerosísimos. Cuando ven tal muchedumbre que parece amenazar con arrebatarles su herencia ancestral, «los judíos» —es decir, quienes lo eran por razones de herencia— «se llenaron de celos y rebatían lo que Pablo decía, contradiciendo y blasfemando». Y en respuesta a ellos Pablo y Bernabé les dicen «A vosotros, a la verdad, era necesario que se os hablara primero la palabra de Dios; pero puesto que la desecháis … nos volvemos a los gentiles».

Esto no quiere decir, como frecuentemente se piensa, que Pablo y Bernabé se iban a dedicar a predicarles a los paganos. La continuación de la historia lo muestra, pues al ser expulsados de Antioquía de Pisidia los misioneros se van a Iconio, donde también se dirigen a la sinagoga, con resultados muy parecidos a los de Antioquía. Más tarde, al llegar a Filipos, en Macedonia, donde no hay sinagoga, van al lugar en que las mujeres judías se reúnen para adorar. Todo esto muestra que, aunque llamemos a Pablo «el Apóstol a los gentiles», en su mayoría tales gentiles no son paganos, sino temerosos de Dios.

Lo que vemos en toda esta historia son al menos dos elementos importantes: uno de ellos es que durante todo el siglo primero la casi totalidad de los cristianos eran, o bien judíos, o bien temerosos de Dios, y por tanto no paganos. Durante todas esas décadas, el cristianismo continuó siendo —y en buena medida trató de seguir siendo— un movimiento dentro del judaísmo cuyo mensaje esencial era que Jesús, el Mesías, el Ungido, el Cristo, es el cumplimiento de las promesas hechas a Abraham y al pueblo de Israel y que, en virtud de la obra y poder de ese Cristo, los gentiles también tienen acceso a las promesas de Abraham. Naturalmente, esto causaría profundas divisiones en las sinagogas, en las que algunos creían lo que los cristianos decían y otros lo rechazaban, mientras todos asistían a las mismas sinagogas. Esos conflictos dentro de las sinagogas entre quienes aceptaban a Jesús como el Mesías y quienes se oponían a tales ideas llevó a la ruptura definitiva entre la iglesia y la sinagoga, precisamente alrededor del año 100.

El segundo elemento importante es que durante todo ese tiempo no era necesario tener largos procesos de preparación para el bautismo. Si quien aceptaba el mensaje cristiano era ya judío o al menos temeroso de Dios, no necesitaba todo un período de preparación y enseñanza. Lo que aceptaba al hacerse cristiano era prácticamente lo que le habían enseñado en la sinagoga, con ciertos elementos típicamente cristianos —particularmente el de Jesús como el Cristo o Mesías—.

En todo caso, es importante que no simplifiquemos el cuadro, como si todo el conflicto se resumiera a dos bandos: los judíos y los cristianos. En realidad, ni dentro del judaísmo ni tampoco entre cristianos existía un consenso. Entre los judíos, además de las «sectas» que ya hemos discutido, había otras diferencias de escuelas. Y entre los cristianos también había diferencias notables. Basta con una lectura somera del Nuevo Testamento —particularmente de Hechos y de las epístolas paulinas— para comprobar que no todos los cristianos concordaban con la apertura hacia los gentiles que Pablo y otros propugnaban; que hubo serias discusiones en cuanto a la necesidad de circuncidar a los varones gentiles convertidos al cristianismo; y que repetidamente se tomaron decisiones sobre las que hubo que insistir y debatir repetidamente (por ejemplo, las decisiones en torno a los gentiles que se tomaron en el llamado «concilio de Jerusalén» en Hechos 15). Es más, aunque pueda sorprendernos, no todos los judíos concordaban en la necesidad de circuncidar a los prosélitos varones. Mientras los seguidores del rabino Eliezer ben Hircano y otros de tendencias más conservadoras insistían en que la conversión de un varón gentil requería su circuncisión, otros seguían la opinión más liberal del rabino Josué, para quien con el bautismo se completaba la conversión de un prosélito.

La rebelión de los judíos y sus consecuencias

En tiempos del adviento de Jesús y del surgimiento de la iglesia cristiana, la Tierra Santa era parte del Imperio romano. Como en muchos otros territorios bajo ese régimen, las relaciones entre los conquistadores y los conquistados eran frágiles y complejas. Con cierta medida de razón, los romanos se jactaban de haber traído el orden y la paz a toda la cuenca del Mediterráneo. Habían construido caminos y carreteras; habían fomentado el comercio; habían construido y embellecido ciudades. Al mismo tiempo que buscaban organizar sus vastos territorios y darles cierta medida de uniformidad, trataban de respetar las costumbres, tradiciones y religiones de los conquistados. Pero, también con mucha razón, los conquistados se dolían del precio que tenían que pagar por tales supuestas ventajas. Habían perdido su autonomía política; su identidad propia se veía constantemente amenazada; los impuestos iban en constante alza; las riquezas fluían hacia Roma e Italia; y sus antiguas religiones se entremezclaban con dioses ajenos que se equiparaban con los de cada región. En consecuencia, en diversas regiones de aquel vasto imperio —en Egipto, en el norte de África, en las Galias, en Gran Bretaña— había un constante recelo y una profunda inquietud que en ocasiones estallaba en motines y en rebeliones que las legiones romanas aplastaban sin misericordia. Y mientras más seria y tenaz era la rebelión, peores eran las consecuencias y represalias.

La historia de Judea en aquel siglo primero siguió un camino seme-jante; pero con el agravante de que el pueblo conquistado insistía en que no había otro dios que el de ellos, y consideraba todo intento de introducir dioses ajenos como una afrenta, no solamente contra el pueblo, sino contra Dios mismo. Conocedores de tal situación, los más cautelosos entre los representantes del poderío romano se cuidaban de no ofender a los con-quistados mediante innecesarias desplegaduras de sus dioses y símbolos idolátricos. Pero el pueblo de Israel jamás olvidaría el fatídico día en el año 63 a.C. en que Pompeyo, tras haber tomado la ciudad de Jerusalén, se atrevió a profanar el Templo entrando con varios de sus seguidores al lugar santísimo, donde no era lícito que entrara persona alguna sino el Sumo Sacerdote —y esto, solamente una vez al año—. Tales memorias, la presencia de las idolátricas águilas romanas, y los constantes impues-tos alimentaban las llamas de rebeldía que siempre subsistían, sobre todo entre los celotes.

Tal era la situación en tiempos de Jesús y de sus primeros discípulos: los celotes fomentaban la resistencia, mientras que, por lo general, los saduceos les hacían el juego a las autoridades romanas y los fariseos trata-ban de mantenerse al margen de tales tensiones. En ocasiones, la inquietud hacía erupción en motines y rebeliones (véase Hechos 5.36-37) que las autoridades romanas aplastaban.

Todo esto bullía en el año 64 – el mismo año de la muerte de Pablo en Roma – cuando Nerón nombró procurador de Judea a Gesio Floro, quien por diversas razones se ganó la enemistad de buena parte del pueblo judío. Aunque todavía se debate acerca de los detalles de lo sucedido, la causa inmediata del conflicto fue que Floro ordenó que los gastos de la ocupación romana fueran cubiertos por el tesoro del Templo. Esto dio en un motín, que Floro trató de suprimir, y que entonces pasó a la rebelión y de ahí a una guerra abierta que duró hasta que en el año 70 las legio-nes romanas tomaron a Jerusalén, saqueándola y destruyendo el Templo, con serias consecuencias no solamente para los judíos como pueblo, sino también para el judaísmo como religión. Y aquel desastre o fue el último. Poco más tres cuartos de siglos más tarde, los judíos se rebelaron de nuevo —esta vez en solidaridad con sus correligionarios de la Diáspora, que se rebelaron en varias regiones cuando el emperador Adriano, aparentemente sin querer atacar particularmente al judaísmo, prohibió ciertas mutilacio-nes por razones religiosas, y entre ellas se contaba la circuncisión. Aque-lla nueva rebelión llevó a represalias y consecuencias más severas que la anterior. La ciudad de Jerusalén fue destruida, y luego vuelta a construir, pero ahora como una ciudad pagana, con el nombre de Aelia Capitolina. Todos los judíos fueron expulsados de la ciudad y sus alrededores, y se les prohibió regresar a la ciudad bajo pena de muerte.

Tales acontecimientos le dieron nuevos giros al judaísmo. La antigua fe, que unía a todos los judíos en su devoción al Templo y a la Ley, no tenía ya templo que visitar, hacia el cual dirigirse en sus oraciones, o en el cual hacer sacrificios a su Dios. El partido de los celotes, que entusiásticamente había alentado y dirigido las rebeliones, pronto desapareció. Los saduceos, que habían abogado por las relaciones cordiales con el poderío romano, y muchos de cuyos líderes eran aristócratas que se beneficiaban con la ocupación romana, fueron generalmente repudiados. Esto hizo caer sobre los hombros de los fariseos la responsabilidad y la oportunidad de darle forma y cohesión a un nuevo judaísmo basado, no ya en el Templo, sino más bien en la Ley y su estudio. Desaparecido el Templo, las sinagogas, que habían existido desde mucho antes, vinieron a ser uno de los dos principales ámbitos del culto judío —siendo el otro la familia y las prácticas y ceremonias dentro de ella.

La tarea no era fácil, pues una vez destruido el Templo se había perdido el centro simbólico de la identidad judía. El reconstruir esa unidad te tocó a un nuevo Sanedrín que Vespasiano permitió que se constituyera un nuevo sanedrín, aunque no ya en Jerusalén, sino ahora en Jabnia o Jabneel (véase Jos 19.33 y 2 Crón 26.6), al extremo norte de Judea. Ese sanedrín se dedicó particularmente a darle cierta unidad e identidad al judaísmo, ahora que no era posible dirigirse al Templo.

Parte de esa labor consistió en determinar los libros que debían ser parte de la Biblia —es decir, en establecer el canon de la Biblia. Desde mucho antes se había determinado que la Ley y los Profetas eran documentos sagrados, y ello se señalaba lavándose las manos al manejarlos. Pero había muchos libros que circulaban también entre el pueblo judío, y a los cuales se les daba respeto particular. Tal era el caso sin lugar a dudas de los Salmos, Proverbios y otros libros. Y había también muchos que algunas sinagogas, particularmente en la Diáspora, tenían también por sagrados. Generalmente, estos últimos libros —algunos de ellos escritos originalmente en hebreo, y otros en griego— eran parte de la Septuaginta, pero no se les daba la misma autoridad en Judea y los judíos de esa región. Puesto que los cristianos habían comenzado a adentrarse primero entre los temerosos de Dios de las sinagogas, y luego entre los gentiles, y la lengua franca entre tales personas no era el hebreo, sino el griego, pronto —desde tiempos del Nuevo Testamento— los cristianos usaban la Septuaginta como su texto preferido, como se ve en el hecho de que, excepto el Apocalipsis, los demás libros del Nuevo Testamento normalmente citan de la Septuaginta, y no del original hebreo. Ahora, en parte por la necesidad interna de determinar un canon bíblico en el que todos los judíos concordaran, y en parte porque los cristianos se habían apoderado de la Septuaginta, y la usaban en sus debates con los judíos, el sanedrín de Jabnia dictaminó los límites del canon bíblico. (De todo esto se deriva la diferencia hasta el día de hoy entre católicos y protestantes en cuanto al canon del Antiguo Testamento. Mientras los católicos y los ortodoxos orientales siguen el canon de la Septuaginta, los Protestantes siguen el que el que el sanedrín de Jabnia dictaminó a fines del siglo primero —aproximadamente en el año 90. (Aunque frecuentemente se habla de un «Concilio de Jabnia», lo más probable parece ser que no haya existido tal concilio, sino que haya sido más bien decisión del sanedrín mismo.)

Poco después —probablemente alrededor del año 100— el mismo sanedrín de Jabnia, bajo la dirección de Gamaliel II, decretó la expulsión de las sinagogas, tanto de los cristianos como de otros grupos disidentes. (Se le llama «Gamaliel II» porque se le considera sucesor del Gamaliel que se menciona en Hch 5.34.) Aunque frecuentemente se habla del «decreto» de Gamaliel II, aparentemente lo que Gamaliel hizo fue sistematizar una antiquísima serie de oraciones, la «Amida». En esas oraciones se incluyó una cuyo texto parece haber sido: "Que los apóstatas que no regresen a la Ley pierdan toda esperanza, y que los nazarenos [cristianos] y los *minim* [los de opiniones diferentes, los herejes] desaparezcan instantáneamente. Que se les borre del libro de la vida, y que su nombre no aparezca entre los justos." (Decimos que «parece haber sido» porque los textos más antiguos que se han conservado son del siglo noveno.)

Naturalmente, los cristianos no podrían participar de tal oración, y por tanto se puede decir que su inclusión en la Amida marca la ruptura definitiva entre la iglesia y la sinagoga.

Señales y consecuencias de la ruptura

Aunque señalamos el año 100 como fecha aproximada de la ruptura, hay que recalcar que esto es solamente una ayuda para entender lo que estaba sucediendo y sus consecuencias, ya que la ruptura venía gestándose desde mucho antes. Como es bien sabido, en cuanto a doctrina la ruptura giraba en torno a Jesús como el Mesías o Ungido de Dios. En cuanto a casi todo lo demás, los unos concordaban con los otros. Tanto quienes aceptaban a Jesús como el Cristo como quienes no lo aceptaban creían en el Dios de Abraham y de toda la Biblia hebrea o Antiguo Testamento; ambos se declaraban herederos de Abraham y sus promesas; y ambos creían en la autoridad de la misma Ley —aunque no siempre la interpretaran del mismo modo.

Pero esa diferencia afectaba buena parte de la vida y del culto. Al estudiar la *Didajé*, vimos allí un extraño modo de distinguir entre los creyentes y los «hipócritas» —es decir, los judíos que no aceptaban a Jesús como el Mesías. Citemos aquí el texto mismo: «Vuestros ayunos no sean al tiempo que lo hacen los hipócritas, pues éstos ayunan el segundo y quinto día de la semana; vosotros, empero, ayunad el día cuarto y el de la preparación.»[1]

Esto puede parecernos un simple indicio de enemistades superficiales; pero cobra más interés si recordamos que el calendario hebreo se basaba en una semana de siete días —lo cual no era el caso entre otros pueblos del Mediterráneo. El punto culminante de esa semana de siete días era el sábado, día consagrado por Dios para el descanso. El día anterior, el sexto —que hoy llamamos «viernes»— era el «día de la preparación» — es decir, de preparación para el sábado, cuyo descanso era tal que no se podría cocinar, ni hacer otras labores semejantes. Los primeros cristianos —personas de origen judío a anteriormente temerosas de Dios— siguieron guardando el sábado como cualquier otro judío. Pero al mismo tiempo celebraban el primer día de la semana como el «día del Señor», porque ese fue el día de la resurrección de Jesús.

Si el primer día de la semana era tiempo de celebrar la resurrección de Jesús, el sexto —el viernes— ara día de recordar su pasión, y por tanto día de arrepentimiento y de ayuno. Es por esto que la *Didajé* declara que, mientras los otros —los «hipócritas»— ayunan el quinto día, los creyentes han de ayunar el sexto. (En cuanto a por que ayunar el cuarto día — el miércoles— los historiadores no concuerdan. Lo más probable es que haya sido en memoria de la traición de Judas, como señal de nuestra propia fragilidad.)

Para entender los aspectos prácticos de todo esto, hay que recordar que para los judíos un nuevo día no empezaba a medianoche, como para nosotros hoy, sino que empezaba más bien al ponerse el sol del día anterior. En otras palabras, lo que hoy sería el anochecer del séptimo día era para ellos el comienzo del primero. Luego, un judío cristiano bien podría continuar asistiendo al culto de la sinagoga el sábado, y entonces, tras la puesta del sol de ese día, podría reunirse con otros cristianos para celebrar la victoria del Señor el primer día de la semana.

Mientras todos o casi todos los cristianos fueran judíos o temerosos de Dios, esto no representaría un gran problema. A través de las generaciones, los judíos habían ido buscando ocupaciones u oficios a los que pudieran dedicarse al tiempo que guardaban el sábado. A los temerosos de Dios, mientras no se hicieran judíos, no se les exigía tal cosa. Luego, no sería difícil para los judíos o para los temerosos de Dios convertido al cristianismo reunirse el primer día de la semana —al anochecer del séptimo— para celebrar la resurrección del Señor. Por eso prácticamente a lo largo del siglo primero, mientras se les permitiera seguir asistiendo a

[1] *Didajé* 8.1 (*BAC*, 65:85).

la sinagoga, los creyentes podrían hacerlo, y después, antes de ir a dormir, reunirse para celebrar la resurrección de Jesús el primer día de la semana.

Todo esto empezó a cambiar según fue aumentando el número de paganos —verdaderos paganos, no gentiles temerosos de Dios. Para tales personas —y para sus supervisores, amos y familia— el séptimo día sería día de trabajo como cualquier otro. Un esclavo no podía decirle a su amo que ese anochecer no trabajaría, pues estaría celebrando algo en que el amo no creía. Una esposa no podía decirle a su esposo que ese anochecer se ausentaría de la casa para reunirse con gente extraña cuyas costumbres el esposo desconocería. Tal cosa sería mucho más fácil al amanecer del próximo día, cuando el esclavo o la esposa de un pagano podrían ausentarse sin desatender sus responsabilidades. Luego, según la iglesia se fue apartando de la sinagoga se fue implantando también la costumbre de reunirse para partir el pan y así celebrar la resurrección de Jesús, no ya después del atardecer del séptimo día, sino antes del amanecer del primero —del «domingo», que quiere decir «día del *Dominus* o Señor».

En cuanto al sábado, los cristianos —tanto los procedentes del judaísmo como los anteriormente paganos— continuaron considerándolo día de reposo siempre que fuera posible; pero no como día de reposo obligatorio u oneroso. Sería más tarde, con el correr de los siglos, que paulatinamente se empezaría a legislar acerca del descanso el primer día de la semana aplicándole las leyes y principios que antes se había referido al séptimo. Y el mismo proceso llevó también a la opinión de que no se debía guardar el sábado, lo cual sería «judaizar». Pero en los primeros tiempos la opinión prevaleciente era que no era necesario guardar el sábado, pero que quien quisiera hacerlo podría seguir esa práctica sin que se le criticara; y que lo que sí se prohibía era que quien guardara el sábado como día de descanso exigiera que otros hicieran lo mismo.

Como vemos, los cristianos tomaron de los judíos la semana de siete días. Pero ahora el centro de esa semana, en lugar de ser el día de reposo, séptimo día de la semana, vino a ser el primer día de la semana, día de la resurrección de Jesús. En resumen, los cristianos tomaron el calendario semanal judío, y lo adaptaron y transformaron a la luz de la resurrección del Señor.

Algo semejante sucedió con el calendario anual. El punto culminante del calendario anual judío era la Pascua, día en que se celebraba y conmemoraba la liberación del pueblo de Israel de su esclavitud en Egipto. Puesto que fue la sangre de un cordero lo que marcó las casas de los hijos de Israel para preservarles contra el ángel destructor, ahora Israel celebra y se hace parte de esa gran liberación mediante una cena en la que se sirve un cordero.

Para los cristianos, en cierto sentido esto era lo que hacían cada domingo al reunirse para partir el pan en la cena del Cordero. No lo hacían en contraposición al judaísmo, sino más bien como continuación de la tradición judía, ahora llevada a su punto culminante en la persona del Mesías o Cristo, Jesús. Para ellos cada primer día de la semana era un Domingo de Resurrección.

Pero, naturalmente, había un domingo especial, el domingo de domingos, el aniversario de aquel gran domingo. Puesto que cada año era el sanedrín de Jabnia quien decidía y les anunciaba a todos los judíos cuándo sería la Pascua, los primeros cristianos sencillamente aceptaban esa fecha para determinar cuándo celebrar el Gran Domingo, el gran día del Señor, la Pascua de Resurrección.

Tal fue la situación antes de la gran transición que ahora nos ocupa, cuando prácticamente todos los cristianos eran o bien judíos o bien antiguos temerosos de Dios. Pero pronto, en los capítulos que siguen, veremos que según la iglesia se fue volviendo cada vez más gentil se le fue haciendo cada vez más difícil dejar en manos de las autoridades judías una cuestión tan importante como esta de la fecha en que los cristianos debían celebrar su gran fiesta, la Pascua de Resurrección. La transición que tuvo lugar a fines del siglo primero fue tal, que antes de ella los cristianos se contentaban con celebrar su Pascua de Resurrección en torno a fechas determinadas por las autoridades judías, y después de ella los cristianos empezaron a tratar de determinar ellos mismos cuándo sería el Pascua de Resurrección.

El sistema catequético

Un punto en el que inmediatamente notamos el impacto de la gran transición que tuvo lugar a fines del siglo primero fue lo que se requería en preparación para el bautismo. Como hemos visto —y se ve en el libro de Hechos y a lo largo de todo el Nuevo Testamento— originalmente quien declaraba que aceptaba a Jesús como el Mesías o el Cristo era bautizado casi inmediatamente. Tal cosa era factible cuando quienes aceptaban el mensaje de los apóstoles y de otros discípulos, que en Jesús se cumplían las promesas hechas a Abraham y su descendencia eran o bien judíos o bien temerosos de Dios. Pero se hacía mucho más difícil cuando se trataba de personas inmediatamente procedentes del paganismo. Para tales personas la idea misma de que hay un solo Dios sería extraña. Se habían criado y formado en un mundo politeísta, en el que si llovía o no, o si la cosecha era buena o mala, dependía de los dioses. Muchos pensaban que el mundo físico era malo, y que era la sede de todo el mal humano estaba en el cuerpo, y no en el alma ni en la voluntad. Muchas prácticas que la sociedad en general consideraba aceptables no lo eran ni para los judíos ni para los cristianos. En conclusión, antes de aceptar a un converso para que recibiera el bautismo, era necesario asegurarse de que entendiera tanto las principales doctrinas del cristianismo como sus principios morales y éticos. Había que enseñarles tanto lo que los libros sagrados de Israel dicen como lo que la fe cristiana involucra en cuanto a doctrinas y en cuanto a conducta.

En lo que se refiere a la enseñanza bíblica, esta se impartía ante todo en el culto mismo. Bien temprano —es imposible saber desde cuándo— el culto cristiano vino a tener dos partes distintas: lo que hoy llamamos el «servicio de la Palabra» y el «servicio de la Mesa». El servicio de la Palabra era un período dedicado principalmente al estudio de las Escrituras —que entonces eran lo que hoy llamamos el Antiguo Testamento— y sus implicaciones para la vida de la iglesia. El énfasis en el servicio de la Palabra fue una de las consecuencias de la gran transición que tuvo lugar a fines del siglo primero y principios del segundo. Antes de esa transición, los creyentes eran en su mayoría judíos o antiguos temerosos de Dios, y continuaban asistiendo a la sinagoga hasta que se les expulsara. Era allí, en la sinagoga —y en el seno de la familia en el caso de quienes eran judíos de nacimiento— que esos creyentes aprendían acerca de la historia de Israel, de los mandamientos de Dios, de la doctrina de la creación, y mucho más. Más tarde, al ponerse el sol, se reunirían una vez más para partir el pan —el servicio de la Mesa.

Para entender la importancia del servicio de la Palabra, es necesario reconocer que eran muy pocos los cristianos que podían estudiar la Biblia en sus hogares. Hasta la invención de la imprenta bastante más de mil años más tarde, todo lo que había era copias manuscritas. Excepto en las capas más altas de la sociedad, los libros eran escasos. Por razón de esa misma escasez, el índice de analfabetismo era altísimo. Además, los manuscritos mismos eran difíciles de leer, pues no había separación entre una palabra y la otra, ni signos de puntuación. Dadas tales circunstancias, cuando se les expulsó de las sinagogas —o cuando ellos mismos las abandonaron, pues lo que allí se decía no concordaba con su fe— los creyentes acudían al servicio de la Palabra en parte porque prácticamente era solo allí que podían aprender acerca de la Biblia. De ese servicio de la Palabra participaban todos, tanto quienes habían recibido el bautismo como quienes se preparaban para él, y hasta quienes ni siquiera habían decidido si deseaban recibir el bautismo. Ese era el principal método que la iglesia empleaba para que todos fueran profundizando en su entendimiento y práctica de la fe.

El servicio de la Mesa era lo que hoy llamamos la Santa Cena, Comunión o Eucaristía. A él se admitía solamente a quienes habían recibido el bautismo. Cuando, especialmente tras su expulsión de la sinagoga, lo cristianos establecieron la costumbre de pasar casi directamente del servicio de la Palabra al de la Mesa, al terminar el primero se despedía a quienes —principalmente por no haber sido bautizados— no participarían del servicio de la Mesa.

Esto nos lleva al segundo método que la iglesia empleaba para asegurarse de que sus fieles entendieran los principios doctrinales y morales de su fe, y los practicaran. Ese era un proceso de aprendizaje tanto doctrinal como práctico mediante el cual los conversos se preparaban para recibir el bautismo. Tal enseñanza recibe el nombre de «catequesis», de una palabra griega que quiere decir «enseñanza». Quienes están en medio del proceso son «catecúmenos»; y el proceso mismo se llama «catecumenado».

El catecumenado surgió casi espontáneamente como parte de la gran transición que hizo de la iglesia no ya un movimiento dentro del judaísmo, sino un cuerpo claramente diferente del judaísmo —aunque siempre con profundas raíces en la fe de Israel. Como resultado de la gran transición que esto implicaba, ya no era posible bautizar inmediatamente e incorporar a la iglesia a toda persona que sencillamente lo pidiera. Había que asegurarse de que tal persona verdaderamente había dejado atrás sus creencias y costumbres paganas, y que había hecho los difíciles ajustes necesarios para ser fiel creyente en la fe cristiana.

Este no es el lugar para estudiar detenidamente el proceso catequético, sus métodos, duración, etc. Baste decir que, puesto que los ajustes necesarios eran serios, pronto se estableció la costumbre de que el catecumenado durara al menos dos años —costumbre que duró por siglos, hasta después de esa otra gran transición que tuvo lugar en tiempos de Constantino. El contraste entre esto y lo que vemos en Hechos —que quienes aceptaban a Jesús como el Mesías se bautizaban inmediatamente— es índice de la importancia de la gran transición que tuvo lugar a fines del siglo primero y principios del segundo.

Una mirada al futuro

El próximo capítulo y los que siguen nos llevarán a un tiempo muy diferente del que hemos visto hasta aquí. Ciertamente, de esto se percataban los creyentes del siglo segundo, quienes sabían que vivían en circunstancias diferentes. De ello da pruebas Ireneo, quien hacia fines del siglo segundo hacía la siguiente comparación: ante todo

El que recibió el apostolado para con los gentiles hubo de trabajar más que los que predicaban al Hijo de Dios entre los circuncisos. Porque para los demás fue fácil la enseñanza, ya que tenían las pruebas sacadas de las Escrituras. .... Pero a los gentiles debía el apóstol de enseñar ante todo ... a romper con el culto a los ídolos y a no adorar más que a un solo Dios, autor del cielo y de la tierra y creador de todo el universo. ... Porque, aun cuando los circuncisos no ponían en práctica las palabras de Dios, habían sido instruidos previamente … Pero a los gentiles les era necesario aprender que tales acciones son malvadas, rechazables, inútiles y perjudiciales para quienes las cometen.[2]

Por tanto, pasamos ahora a nuevas circunstancias. Los escritos de los «Padres apostólicos» iban dirigidos mayormente a otros creyentes, o eran cartas de una iglesia a otra. Ahora surgirá un nuevo tipo de literatura, y un cuerpo de autores que generalmente se conocen como los «apologistas griegos del siglo segundo». La labor apologética de tales autores no tenía el fin principal de convertir a sus lectores. Eran más bien obras dirigidas a las autoridades y a la opinión pública, a fin de mostrar la insensatez y la injusticia de lo que se hacía con los cristianos, y la falsedad de lo que se pensaba y decía acerca de sus creencias y prácticas. A la obra de estos apologistas griego dedicaremos el capítulo que sigue —el capítulo 5. Otra consecuencia de la transición que aquí nos ocupa fue la proliferación de diversas interpretaciones de la fe cristiana. Tal diversidad había existido desde el principio, como bien se ve en el Nuevo Testamento; pero ahora se agravó, al añadirse a la iglesia personas de trasfondos muy diferentes. Algunas de entre ellas proponían interpretaciones de la fe que el resto de la iglesia no podía aceptar, pues parecían amenazar el corazón mismo de la fe. Tales interpretaciones recibieron el nombre de «herejías», y a ellas respondió el resto de la iglesia tomando varias medidas. Es a esas herejías y a las medidas de la iglesia en respuesta a ellas que dedicaremos el capítulo 6. Entre esas respuestas de la iglesia, la que más nos interesa dado el propósito de esta *Historia del Pensamiento Cristiano* es el surgimiento, en la segunda mitad del siglo segundo y principios del tercero, de autores dedicados a refutar las herejías, pero que en el mismo proceso de refutarlas se dedicaron a estudiar, defender e interpretar la fe cristiana en su totalidad. A ellos dedicaremos los capítulos 7 (Ireneo), 8 (Tertuliano) y 9 (Clemente y Orígenes).

---

[2] *Adv. Haer.* 4.23.1-2. (*GAF*, 5:478).

5

Los apologistas griegos

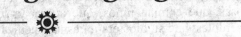

Junto a los últimos «Padres apostólicos», aparecen en la historia de la literatura cristiana los llamados «apologistas griegos». Estos son escritores cuyo propósito es defender la fe cristiana ante las falsas acusaciones que constituyen el fundamento de las persecuciones. A diferencia de los «Padres apostólicos» del siglo anterior, los apologistas del siglo segundo se dirigen ante todo a los de fuera de la iglesia —a quienes la persiguen y a quienes tienen prejuicios contra los creyentes—. Aunque casi todas estas obras iban dirigidas a los emperadores, en realidad los autores esperaban que fuesen leídas por un amplio círculo de personas cultas. En todo caso, el que estos autores se dirijan ahora a presuntos lectores fuera de la iglesia es también señal de la gran transición de las décadas inmediatamente anteriores, cuando los padres apostólicos se dirigían al resto de la iglesia. Mientras los padres apostólicos son escritos de la iglesia en su intimidad, en el siglo segundo los apologistas escribieron más bien hacia fuera de la iglesia. Esto era en extremo importante, ya que la suerte de las comunidades cristianas en las diversas localidades dependía de la opinión pública local.

En efecto, durante todo el siglo segundo el Imperio siguió frente al cristianismo la política que Trajano había señalado en su carta a Plinio el Joven, y según la cual los cristianos no debían ser buscados por las autoridades, pero sí era necesario castigarles si alguien les delataba.[1] Así

---

[1] Plinio, *Ep.* 10.97.

se explica el hecho de que Ignacio yendo camino del martirio a través de Asia Menor, pudiera recibir visitas de otros cristianos sin que la vida de estos peligrase. En el *Martirio de Policarpo*, es el populacho el que prácticamente condena e impone sentencia al obispo.[2] Y en la epístola en la que las iglesias de Lyon y Viena relatan el martirio de algunos de sus miembros, que tuvo lugar en el año 177, es el populacho el que dirige la supuesta acción judicial.[3]

En su defensa del cristianismo, los apologistas se veían en la necesidad de atacar al paganismo por una parte y de refutar las acusaciones que se hacían contra los cristianos por otra. Aunque los apologistas no hacían tal distinción de manera explícita, podemos decir que estas acusaciones eran de dos órdenes: populares y cultas.

Las acusaciones populares se basaban en los rumores que corrían de boca en boca acerca de las costumbres y creencias de los cristianos. Así, algunos pretendían que los cristianos llevaban a cabo relaciones incestuosas, que comían niños, que adoraban los órganos sexuales de sus sacerdotes, que su dios era un asno crucificado y un sinnúmero de cosas semejantes. Al parecer, estos rumores surgían de tergiversaciones de las costumbres de los cristianos. El ágape o fiesta del amor, por ejemplo, en los que los «hermanos» y «hermanas» participaban, parece haber dado ocasión a la leyenda de que los cristianos se reunían para una orgía en la cual, apagando las luces después de comer y beber, se llevaban a cabo uniones sexuales desordenadas e incestuosas. De igual modo, de la afirmación de la presencia de Cristo en el banquete eucarístico, surgió el rumor de que los cristianos envolvían un niño en harina y entonces, diciendo a un neófito que aquello era un pan, le ordenaban que lo cortase. Cuando comenzaba a correr la sangre del niño, los cristianos todos se abalanzaban sobre él y se lo comían. El neófito, partícipe involuntario de aquel crimen, quedaba de tal modo envuelto en él que se veía obligado a guardar el más absoluto silencio.[4]

Las acusaciones cultas —que conocemos sobre todo por el *Octavio* de Minucio Félix y el *Contra Celso* de Orígenes— consistían principalmente en hacer ver la ignorancia y la incapacidad de los maestros cristianos. Se hacía resaltar el hecho de que los llamados «maestros» cristianos eran en realidad unos ignorantes pertenecientes a los más bajos estratos de la

---

[2] *Mart. Pol.*, 3.2; 12.2-13.1.

[3] Eusebio, *HE*, 6.1.7-8.

[4] Aunque estas acusaciones circulaban en el siglo II, y constituyen el trasfondo que puede descubrirse tras los apologistas griegos de ese siglo, hemos tomado esta lista del *Octavio* de Minucio Félix, apología cristiana escrita en latín a principios del siglo III, y en la que el pagano Cecilio enumera todas estas acusaciones contra los cristianos. *Octav.* 9. Véase también: Tertuliano, *Apol.* 7.

sociedad. Por esto es que los cristianos se acercan solo a las personas ignorantes, a las mujeres, a los niños y a los esclavos, ya que saben que su
supuesta ciencia no resistiría el embate de una refutación sólida.[5] Estos
cristianos, si no son ateos, por lo menos adoran a un dios indigno de serlo,
ya que está constantemente inmiscuyéndose en los asuntos humanos.[6] Sus
mismos evangelios están llenos de contradicciones, y lo poco que hay de
bueno en sus doctrinas lo han tomado de Platón y los filósofos griegos,
aunque esto también lo han corrompido.[7]

Este es el caso de la absurda doctrina de la resurrección, que no es
más que una tergiversación burda de la doctrina platónica de la inmortalidad y trasmigración de las almas.[8] Además, los cristianos son en realidad
gentes subversivas, opuestas al Estado, ya que no aceptan la divinidad del
César ni responden tampoco a sus responsabilidades civiles y militares.[9]

A todas estas acusaciones tienen que enfrentarse los apologistas griegos del siglo segundo. A las acusaciones populares, completamente carentes de fundamento, los apologistas responden con una negación rotunda.[10]
Pero los ataques cultos no pueden ser echados a un lado con tanta facilidad, sino que es necesario responder a ellos.

Fue la necesidad de responder a tales acusaciones lo que movió a los
apologistas a escribir las obras que ahora estudiamos. En ellas, los cristianos se planteaban por primera vez varias preguntas que serían de gran
importancia en el curso posterior del pensamiento cristiano. La respuesta
de los primeros apologistas a la acusación según la cual el cristianismo
era subversivo fue sencillamente negar esos cargos, señalando que los
cristianos oraban por el emperador. Esta era, sin embargo, la más importante acusación, y la verdadera causa de la persecución. Era también la
más difícil de refutar, pues, aunque los cristianos no conspiraban contra
las autoridades establecidas, sí se negaban a obedecerlas cuando ello iba
contra su conciencia. Hay que recordar que casi todo lo que sabemos sobre
aquellas antiguas persecuciones ha sido matizado por lo que nos cuenta
el historiador Eusebio de Cesarea, quien vivió tanto antes como después
que el Imperio empezó a apoyar a la iglesia, y quien, por tanto, tenía interés en dar la impresión de que el Imperio y la iglesia eran perfectamente
compatibles. Es por ello que la opinión común es que las persecuciones se
debieron principalmente a un malentendido por parte del Imperio, que no

---

[5] Minucio Félix, *Oct.* 5; Orígenes, *Contra Celsum*, 3.50, 55.

[6] Minucio Félix, *Oct.* 9.

[7] Orígenes, *Contra Celsum*, 7.

[8] Orígenes, *Contra Celsum*, 7.28.

[9] Orígenes, *Contra Celsum* 8.68-69.

[10] La negación más detallada de estas acusaciones se encuentra en: Atenágoras, *Legación*
31-36.

entendía qué era el cristianismo. Empero la verdad parece ser mucho más compleja, y no cabe duda de que había en el cristianismo antiguo varios elementos que subvertían el orden de la sociedad de la época.

Arístides

Puesto que la apología de Cuadrato de la que nos habla el historiador Eusebio parece haberse perdido (véase más adelante lo que se dice sobre el *Discurso a Diogneto*), la más antigua apología que poseemos es la de Arístides. Según Eusebio, Arístides dirigió su apología al emperador Adriano,[11] y por tanto debe haberla escrito antes del año 138.

Perdida durante muchos siglos, esta apología fue descubierta de nuevo en versión siríaca a fines del siglo XIX. Mediante este hallazgo, fue posible reconocer en dos capítulos de una conocidísima obra griega —la *Leyenda de Barlaam y Joasaf*— el texto griego de la perdida apología.[12] Sin embargo, el texto siríaco parece ser más digno de confianza que el griego.[13] Por ello, para este estudio, seguiremos el texto que se halla en la versión siríaca.

Esta *Apología* de Arístides comienza con un breve discurso acerca de la naturaleza de Dios y del mundo.[14]

Dios es el primer motor del mundo, e hizo todas las cosas por razón del ser humano. Luego quien tema a Dios debe también respetar a los demás. Dios no tiene nombre, y Arístides le define en términos negativos: sin principio, sin fin, sin orden, sin composición, sin género, etc.

Después de esta breve introducción, Arístides procede a dividir la humanidad en cuatro grupos: los bárbaros, los griegos, los judíos y los cristianos.[15] Cada uno a su turno, va mostrando el apologista cómo tanto los bárbaros como los griegos y los judíos se han apartado en su religión

---

[11] Eusebio, *HE*, 4.3.3. *Chronica, Ol.* 226, *Chris*, 125. Adr. 8. Los textos sirio y armenio incluyen a Adriano en la dedicatoria. El texto griego no incluye su nombre. Sin embargo tal era de esperarse como resultado del proceso mismo de adaptar la obra para incluirla en la *Leyenda de Barlaam y Joasaf*, que es la que nos ha preservado el texto griego.

[12] Fue J. Armitage Robinson quien se percató de que la *Leyenda de Barlaam y Joasaf* incluía el texto griego de la misma apología que Rendel Harris había descubierto en siríaco. Su edición del texto griego se halla en el mismo volumen de *Texts and Studies* que el texto siríaco. El texto griego, con traducción española, aparece en: *BAC* 116:117-132.

[13] Por una parte, hay razones de orden interno que militan contra la integridad del texto griego. Por otra, el fragmento armenio parece apoyar la versión siríaca más que el texto griego.

[14] *Apol.* 1.

[15] *Apol.* 2.1. En el texto griego, son tres los grupos que componen la humanidad. El fragmento armenio concuerda con la versión siríaca.

de la recta razón. Los bárbaros han hecho dioses que necesitan ser guardados para que no los roben, y siendo esto así, ¿cómo esperan que estos dioses les guarden a ellos?[16] Los griegos se hicieron dioses semejantes a los humanos, y aun peores, que cometen adulterio y toda otra clase de iniquidad.[17] Finalmente, los judíos, aunque aventajan a griegos y bárbaros al afirmar que Dios es solo uno, han caído también en la idolatría, puesto que, de hecho, adoran a los ángeles y a sus leyes y no a Dios.[18]

Frente a estos pueblos, Arístides coloca a los cristianos, que son los únicos que han hallado la verdad. Los cristianos son un pueblo nuevo en el cual hay una mezcla divina,[19] y este nuevo pueblo se distingue por sus prácticas superiores y por el amor que une a sus miembros.[20]

Posiblemente lo más interesante en la teología de esta obra —y lo que muchas veces pasa desapercibido— sea al modo en que Arístides entiende la iglesia como un pueblo, una raza o una cultura. La iglesia no es sencillamente el conjunto de los creyentes, sino que es más bien una realidad distinta, una raza diferente, a la que se unen personas procedentes de toda otra raza o nación, y ahora unidas en vínculo de amor.

Debido a este modo de presentar el cristianismo, Arístides dice poco acerca de las doctrinas cristianas.[21] Además de lo que ya hemos señalado acerca del carácter de Dios y del modo en que los cristianos constituyen una nación nueva, conviene destacar la importancia que la expectación escatológica tiene en esta apología. El mundo ha de ser objeto de un «terrible juicio que vendrá por medio de Jesús sobre todo el género humano»,[22] y mientras tanto se sostiene solo por las oraciones de los cristianos.[23] Por último, hay un pasaje en el que Arístides parece decir que los niños no tienen pecado: «Y cuando a uno de ellos les nace un niño, alaban a Dios; y también si sucede que muera en su infancia, alaban a Dios grandemente, como por quien ha atravesado el mundo sin pecados».[24]

---

[16] *Apol.* 3.2.

[17] *Apol.* 8.1–13.88. En medio de este pasaje dedicado a los griegos, y sin relación alguna con el bosquejo que el autor se ha trazado, aparece el capítulo 12, dedicado a refutar la religión de los egipcios.

[18] *Apol.* 14.

[19] *Apol.* 14.4.

[20] *Apol.* 15.2-10.

[21] En la versión griega hay un intento de corregir esto relatando algo de la vida e importancia de Jesús, e incluyendo algunas fórmulas trinitarias (15.1-3). Pero esto es una adición posterior y no nos interesa aquí.

[22] *Apol.* 17.7 (*BAC*, 116:147).

[23] *Apol.* 16.6.

[24] *Apol.* 15.9 (*BAC*, 116:145). Este pasaje no aparece en el texto griego, que por ser posterior parece querer corregir a Arístides en este punto.

Justino Mártir

El más importante de los apologistas griegos del siglo II es sin duda Justino Mártir, no solo por la extensión de sus obras, sino también —y sobre todo— por la profundidad y originalidad de su pensamiento. Era Justino natural de la región de Samaria, de la antigua ciudad de Sichêm, que llevaba por entonces el nombre de Flavia Neápolis.[25] Filósofo por vocación, llegó al cristianismo tras una peregrinación intelectual que él mismo narra en su *Diálogo con Trifón*.[26] No por esto dejó el manto de filósofo, sino que consideró que en el cristianismo había encontrado la verdadera filosofía. Esta es la tesis de sus dos *Apologías* —que más bien parecen ser dos partes de una sola—.[27] Por otra parte, en su *Diálogo con Trifón* discute Justino las relaciones entre el Antiguo y el Nuevo Testamento. Según Eusebio, Justino escribió otras obras, pero ninguna de ellas ha llegado hasta nosotros.[28]

Las *Apologías* de Justino carecen del carácter sistemático que podría esperarse en obras de esta índole. En la primera de ellas, después de una brevísima introducción, apunta Justino que es cosa razonable abandonar aquellas tradiciones que no sean buenas y amar solo la verdad. Esto es precisamente lo que deben hacer los emperadores destinatarios de esta obra, ya que se les conoce por sabios y filósofos, y manda la justicia que no se condene a los cristianos por su solo nombre, sino que se atienda a lo que ese nombre significa antes de juzgarle. De aquí se sigue la necesidad de toda una exposición de lo que el nombre de «cristiano» significa en realidad, y de cuál sea la relación de los cristianos con el Imperio, con las buenas costumbres y con el paganismo. En cuanto a esto último, Justino encuentra varios puntos de contacto entre el paganismo y la fe cristiana. Este es, en pocas palabras, el argumento de la Primera *Apología*, que se repite una y otra vez con algunas variantes. Además, Justino incluye en esta obra algunos datos de gran interés para la historia de la liturgia y de las herejías.

---

[25] *I Apol.* 1.

[26] *Dial.* 2.3–8.2.

[27] La *II Apol.* carece de dedicatoria y no es más que un apéndice a la *I Apol.*, aunque resulta imposible determinar cuánto tiempo transcurrió entre la composición de la una y la de la otra.

[28] Las obras que Eusebio menciona son: *Contra los griegos, Refutación, De la monarquía divina, Salterio, Acerca del alma y Contra Marción*, además de las obras que aún se conservan, y que han sido mencionadas arriba. Además, el propio Justino menciona una obra suya *Contra todas las herejías* (*I Apol.* 16) y los apuntes de su *Disputa con Crescente*, que circulaban entonces por Roma (*II Apol.* 18.5). Aunque existen algunos escritos con estos títulos y atribuidos a Justino (*Cohortatio ad Graecos, Oratio ad Graecos, De monarchia*) estos son espurios.

La llamada *Segunda Apología* parece no ser más que la continuación de la primera. En ella se desarrolla el argumento que ya hemos expuesto, aunque ahora con atención más específica a las relaciones entre el cristianismo y la filosofía pagana.

El *Diálogo con Trifón* es algo posterior a las *Apologías*, y nos presenta una conversación acerca de la correcta interpretación del Antiguo Testamento. El interlocutor de Justino es el judío Trifón —tal vez el rabino Tarfón de quien nos habla la Mishná—.[29] Al principio de este diálogo, Justino nos da los pocos datos que poseemos acerca de su conversión al cristianismo. El resto es una apología frente al judaísmo acerca de la interpretación del Antiguo Testamento, la divinidad de Jesús y el Nuevo Israel.

En su tarea de defender el cristianismo, Justino se enfrenta a dos problemas básicos: por una parte, el de la relación entre la fe cristiana y la cultura clásica, y por otra, el de la relación entre el Antiguo Testamento y esa fe. Justino basa su respuesta a la primera de estas cuestiones en su doctrina del *logos* o Verbo. Aunque la doctrina del *logos* tiene sus orígenes en la filosofía griega, Justino no es el primero en unirla a la tradición judeocristiana, pues Filón de Alejandría y el Cuarto Evangelio le sirven de precedentes. De hecho, la doctrina de Justino acerca del *logos* se relaciona estrechamente con la de Filón, de la que se deriva. La divergencia principal entre Justino y Filón en lo que a la doctrina del *logos* se refiere —aparte, claro está, de la doctrina de la encarnación— está en que Justino afirma el carácter personal del *logos*, mientras que Filón lo niega.

Siguiendo un pensamiento harto difundido entre los filósofos griegos, Justino afirma que todo conocimiento es producto del *logos*. Este *logos*, al tiempo que el principio racional del universo, es el Cristo preexistente del prólogo del Cuarto Evangelio. Luego, combinando estas dos tradiciones con respecto al *logos*, Justino llega a la conclusión de que todo conocimiento es don de Cristo, y que por tanto...

...quienes vivieron conforme al Verbo, son cristianos, aun cuando fueron tenidos por ateos, como sucedió entre los griegos con Sócrates y Heráclito y otros semejantes, y entre los bárbaros con Abraham, Ananías, Azarías y Misael, y otros muchos cuyos hechos y nombres, que sería largo enumerar, omitimos por ahora. De suerte que también los que anteriormente vivieron sin razón, se hicieron inútiles y enemigos de Cristo y asesinos de quienes viven con razón; mas los que conforme a esta han vivido y siguen viviendo son cristianos y no saben de miedo ni turbación.[30]

---

[29] Eusebio (*HE*, 4.18.6) afirma que Trifón era el judío más famoso de la época.
[30] *I Apol.* 46.3-4 (*BAC*,116:232-233).

Estos no conocían al Verbo sino parcialmente. Solo conocían aquellas verdades que el Verbo les revelaba, pero no podían contemplar al Verbo mismo. (Según Justino, los griegos poseían otra fuente de conocimientos ciertos, además de su conocimiento parcial del Verbo: las Escrituras hebreas, de las que Platón tomó buena parte de sus conocimientos, aunque sin entenderlas adecuadamente).[31] Este Verbo, sin embargo, se ha hecho carne, y así los cristianos conocen al Verbo «entero» o plenamente. Los cristianos contemplan verdaderamente lo que los antiguos vieron solo en parte. Dicho de otra manera: Justino distingue entre el *logos seminal* y las *semillas del logos*.[32] Este vocabulario es tomado prestado de los estoicos, pero se halla sin embargo revestido de un sentido muy distinto. Para los estoicos, las semillas del *logos* son datos universales que todos conocen con relación a la moral y la religión. El *logos seminal* es la razón universal, de la cual participa la razón individual, y que actúa sobre las *semillas del logos* para desarrollarlas. Para Justino, por el contrario, las *semillas del logos* no son universales ni naturales, sino que resultan de la acción directa e individual del *logos seminal*. Estas semillas, además, no son datos básicos que la mente humana ha de perfeccionar, sino que son más bien iluminaciones que solo el *logos* mismo puede llevar a la perfección. Por esto Justino usa ese término tan poco filosófico de «parte del *logos*»: porque la parte solo puede ser completada por el todo; porque la parte del *logos* que tuvo Platón no pudo ser completada por la mente de Platón, sino solo por el *logos* mismo. La filosofía contiene parte de la verdad, pero ella de por sí sola no puede ni siquiera distinguir esa parte de la verdad de la mucha falsedad que la envuelve. Los errores de los paganos se deben, no solo al carácter parcial de su conocimiento del Verbo, sino también a la obra de los demonios. Los demonios se esfuerzan por llevarnos a la maldad y al error, y uno de sus recursos favoritos consiste en introducir mitos y ritos que no son más que tergiversaciones o parodias de las doctrinas y prácticas cristianas.[33] Solo el Verbo, que es la verdad y la medida de la verdad, puede ser la base de esa distinción. El Verbo, que fue conocido en parte por los filósofos, es ahora conocido en su totalidad por los cristianos. Por ello los cristianos pueden decir que tal o cual afirmación de los filósofos es cierta, y que tal o cual otra es falsa: porque ellos conocen a la Verdad encarnada.

En resumen: Justino toma elementos del estoicismo y los funde con el platonismo de su época —el «platonismo medio»— aunque afirmando siempre que la verdad total solo puede ser conocida en el Verbo encarnado.

---

[31] *I Apol.* 44.8-10, 60.

[32] *II Apol.* 7.3.

[33] *I Apol.* 54; 56; 58; 62.1-2; 64:4; *II Apol.* 4.3-4.

De ahí ese carácter extraño del pensamiento de Justino, tan claramente platónico, pero al mismo tiempo tan profundamente cristocéntrico.

Justino discute el problema de las relaciones entre el Antiguo Testamento y la fe cristiana en su *Diálogo con Trifón*. A diferencia de la mayoría de los autores que hemos estudiado hasta aquí, Justino parece haberse formado en un ambiente helenista y haber llegado a conocer el Antiguo Testamento siendo ya cristiano. Para él, el Antiguo Testamento se refiere al Nuevo de dos maneras: mediante acontecimientos que señalan a otros acontecimientos del Nuevo Testamento y mediante profecías que hablan de lo que en el Nuevo Testamento es una realidad. Los primeros son «tipos» o «figuras», y los segundos son «dichos»:

> Porque hay veces que el Espíritu Santo hacía cumplir acciones que eran figuras [tipos] de lo porvenir; otras, por cierto, hablando como si estuvieran sucediendo los hechos o hubieran ya sucedido. Si los lectores no caen en la cuenta de este procedimiento, no podrán seguir debidamente los discursos de los profetas.[34]

Los «dichos» en que Justino encuentra un testimonio del mensaje cristiano no merecen detener nuestra atención, ya que, salvo algunas excepciones, son los textos proféticos tan conocidos que parecen haber circulado en libros de *Testimonia*.[35]

Los «tipos» son de más interés, puesto que aquí vemos desarrollarse la hermenéutica tipológica que será característica de ciertas escuelas cristianas —hermenéutica que no es invención de Justino, sino que aparece ya en el modo en que los libros más recientes de la Biblia hacen uso de los libros anteriores y en la más antigua hermenéutica tanto rabínica como cristiana. Según esta interpretación tipológica, hay en el Antiguo Testamento hechos que son figuras de las cosas por venir. Así, afirma Justino que el cordero pascual con cuya sangre fueron untadas las casas de los israelitas era un «tipo» de Cristo, puesto que por la sangre del Salvador se libran los que creen en él. De igual modo, el cordero que debía ser sacrificado y asado señalaba a la pasión de Cristo, puesto que el cordero se asa en forma de cruz. Y la prueba de que todo esto era temporal la ha dado el mismo Dios con la destrucción de Jerusalén, pues con ella resulta imposible aun a los judíos cumplir estos preceptos del Antiguo Testamento.[36]

---

[34] *Dial.* 114.1 (*BAC*, 116:500).

[35] Basando sus argumentos principalmente en el modo en que diversos autores cristianos parecen citar los mismos textos proféticos, y frecuentemente en el mismo orden, muchos eruditos entienden que debieron existir colecciones de tales dichos, y a esas posibles colecciones las llaman libros de *Testimonia*.

[36] *Dial.* 40.1-3.

Esta interpretación tipológica no debe confundirse con el alegorismo alejandrino —que discutiremos en el capítulo 9—. En este último, la importancia de la realidad histórica de los hechos del Antiguo Testamento desaparece tras su nuevo significado místico —y el Seudo-Bernabé llega al extremo de decir que el sentido literal del Antiguo Testamento se debe a un ángel malo—[37] mientras que en la tipología de Justino el significado está en el hecho histórico mismo, aunque lo trasciende.[38]

Por lo demás, Justino concibe a la manera neoplatónica este *logos* que habló en los filósofos y los profetas. Según él, Dios es del todo trascendente, sin nombre alguno excepto el de Padre. Para comunicarse con este mundo Dios ha engendrado el *logos*, que ejerce la función de mediador entre el Padre y su creación. Las múltiples manifestaciones de Dios en el Antiguo Testamento no son apariciones del Padre, sino del *logos* que le sirve de mediador y revelador, «pues nadie absolutamente, por poca inteligencia que tenga, se atreverá a decir que fue el Hacedor y Padre del universo quien, dejando sus moradas supracelestes, apareció en una mínima posición de la tierra».[39] De aquí surge cierta tendencia a establecer la distinción entre el Padre y el Verbo en términos de la trascendencia e inmutabilidad del uno y la inmanencia y mutabilidad del otro, y también la tendencia a hablar del Padre y el Verbo como si se tratase de dos dioses, el uno absoluto y el otro secundario o subordinado a aquél. De hecho, Justino llega a llamar al Verbo «otro dios».[40] Sin embargo, esto no ha de interpretarse de tal modo que constituya una negación del monoteísmo cristiano, sino que la unidad que existe entre Dios y el Verbo es semejante a la que existe entre el Sol y su luz.[41] Se trata más bien de que Justino oscila entre una interpretación de la relación entre el Padre y el Hijo en términos de la angelología hebrea y una interpretación en términos del platonismo medio. Lo primero le lleva a subrayar la unicidad de Dios, y a

[37] Aunque el propio Seudo-Bernabé se contradice al recurrir a la exégesis tipológica, que requiere una interpretación literal de la historia del Antiguo Testamento.

[38] Conviene señalar aquí que Justino parece incluir en su tipología, no solo la historia del Antiguo Testamento, sino también la estructura toda del universo, pues en todo él aparece la «figura» de la cruz. «Considerad, en efecto, si cuanto hay en el mundo puede ser administrado o tener entre sí comunicación sin esta figura. Porque el mar no se surca si este trofeo de victoria, que aquí se llama la vela, no se mantiene íntegro en la nave; sin ella no se ara la tierra; ni cavadores ni artesanos llevan a cabo su obra si no es por instrumentos que tienen esta figura. La misma figura humana no se distingue en otra ninguna cosa de los animales irracionales, sino por ser recta, poder extender los brazos y llevar, partiendo de la frente, prominente, la llamada nariz, por la que se verifica la respiración del animal, y que no otra cosa muestra sino la figura de la cruz». (*I Apol.* 40.2-4; *BAC*, 116:244).

[39] *Dial.* 60.2 (*BAC*, 116:408).

[40] *Dial.* 56.11 (*BAC*, 116:397).

[41] *Dial.* 128.3 (*BAC*, 116:526-527): «...como la luz del sol que ilumina la tierra es inseparable e indivisible del sol que está en el cielo...».

hacer del *logos* un atributo o «potencia» de ese Dios único. Lo segundo le lleva a subrayar la trascendencia de Dios, y el *logos* viene a ser entonces una especie de dios subalterno que sirve de puente entre el mundo y aquel Dios supremo que existe solo en trascendencia absoluta. Esta vacilación entre una y otra posición no aparece solo en el pensamiento de Justino, sino que es característica de la teología de los primeros siglos. Como veremos más adelante, solo a través de una controversia larga y amarga se llegó a clarificar la doctrina cristiana que a esto se refiere.[42]

Las obras de Justino son de importancia para el historiador, no solo por lo que dicen acerca de las relaciones entre la fe cristiana, la filosofía pagana y el Antiguo Testamento, sino también por la información que nos brindan acerca de la vida de la iglesia. Por el hecho mismo de no dirigirse a creyentes quienes ya conocerían estas cosas, Justino se las explica o describe a sus lectores y, por tanto, también a nosotros. Esto es cierto en lo que se refiere tanto al bautismo como a la eucaristía. Respecto al bautismo y a la preparación para el mismo, dice:

> Cuantos se convencen y tienen fe de que son verdaderas estas cosas que nosotros enseñamos y decimos, y prometen poder vivir conforme a ellas, se les instruye ante todo para que oren y pidan, con ayunos, perdón a Dios de sus pecados, anteriormente cometidos, y nosotros oramos y ayunamos juntamente con ellos. Luego los conducimos a sitio donde hay agua, y por el mismo modo de regeneración con que nosotros fuimos también regenerados, son regenerados ellos, pues toman en el agua el baño en el nombre de Dios Padre, y de nuestro Salvador Jesucristo, y del Espíritu Santo.[43]

Además, respecto a la eucaristía, afirma Justino que:

> … nosotros, después de así lavado el que ha creído y se ha adherido a nosotros, los llevamos a los que se llaman hermanos, allí donde están reunidos, con el fin de elevar fervorosamente oraciones en común por nosotros mismos, por el que acaba de ser iluminado y por todos los otros esparcidos por el mundo… Luego, al que preside a los hermanos se le ofrece pan y un vaso de agua y vino, y tomándolos él también hace alabanzas y gloria al Padre del uni-

---

[42] Conviene señalar aquí que, aunque Justino no desarrolla su pensamiento en lo que al Espíritu Santo se refiere, para él no cabe duda acerca de la existencia del Espíritu Santo como «tercer principio» junto al Padre y el Verbo. Véase, por ejemplo: *I Apol.* 60.6 (*BAC*, 116:249).

[43] *I Apol.* 61.2-3 (*BAC*, 116:250).

verso por el nombre de su Hijo y por el Espíritu Santo, y pronuncia una larga oración de gracias por habernos concedido estos dones que de Él nos vienen. Y cuando el presidente ha terminado las oraciones y la acción de gracias, todo el pueblo presente aclama diciendo: amén. "Amén", en hebreo, quiere decir "así sea". Y una vez que el presidente ha dado gracias y aclamado todo el pueblo, los que entre nosotros se llaman "ministros" o "diáconos" dan a cada uno de los asistentes parte del pan, del vino y del agua sobre los que se dijo la acción de gracias y lo llevan a los ausentes.

Y este alimento se llama entre nosotros "Eucaristía", de la que a nadie es lícito participar sino al que cree ser verdaderas nuestras enseñanzas y ha sido lavado en el baño que da la remisión de los pecados y la regeneración, y vive conforme a lo que Cristo nos enseñó.[44]

Respecto a la Comunión, Justino también afirma que:

...se nos ha enseñado que por virtud de la oración al Verbo que de Dios procede, el alimento sobre el que fue dicha la acción de gracias —alimento del que, por transformación, se nutren nuestra sangre y nuestras carnes— es la carne y la sangre de Aquel mismo Jesús encarnado.[45]

Si bien las apologías de Justino intentan utilizar la filosofía helenista a fin de presentar la doctrina cristiana, esto no quiere decir que no haya en ellas sentido alguno de la distancia que separa ambos modos de pensar. Este sentido del carácter propio del cristianismo se pone de manifiesto sobre todo en el modo en que Justino subraya la doctrina de la encarnación y la doctrina de la resurrección de los muertos. Más tarde, otros presuntos defensores de la fe cristiana intentarán despojarla de esa unión con lo histórico y particular que constituye la doctrina de la encarnación y que tan difícil de aceptar resulta a los filósofos. Justino no pretende negar ni oscurecer la doctrina de la encarnación, sino que hace de ella el centro de sus apologías. La doctrina de la vida tras la muerte también era objeto de burlas por parte de los paganos, y ante tales burlas algunos cristianos buscaban apoyo en la doctrina platónica de la inmortalidad. Esto daba al cristianismo cierto aspecto intelectual, pero tendía a confundir la doctrina

---

[44] *I Apol.* 65.1–66.1 (*BAC*, 116:256-57).

[45] *I Apol.* 56.2 (*BAC*, 116:257). También hay un pasaje en que Justino habla de la eucaristía como sacrificio (*Dial.* 41.33); pero véase, por el contrario: *I Apol.* 13). Luego, no se debe concluir que Justino se refiera a la Comunión como una repetición del sacrificio de Cristo.

griega de la inmortalidad del alma con la doctrina cristiana de la resurrección de los muertos —y a esta confusión podía seguir toda una serie de
valoraciones de carácter más platónico que cristiano—. Tampoco aquí se
deja llevar Justino por la semejanza aparente entre la doctrina platónica y
la cristiana, sino que afirma que el alma es por naturaleza mortal y que la
esperanza cristiana está, no en una inmortalidad universal, sino en la resurrección de los muertos.[46]

En resumen: podemos decir que el pensamiento de Justino, tal como
lo conocemos por las obras que han llegado hasta nosotros, constituye un
intento de lograr una interpretación cristiana del helenismo y del judaísmo.
Ambos tienen un sitio dentro del plan de Dios —plan que Justino llama la
«dispensación» u *oikonomía* de Dios, tomando el término de San Pablo, y
que luego reaparecerá Taciano y particularmente en Ireneo—.

Todo esto no lleva a Justino a abandonar el carácter único del cristianismo en pos de una equiparación de todas las doctrinas. Al contrario,
el cristianismo es el único punto de vista desde el que pueden juzgarse
correctamente tanto el judaísmo como el helenismo. Esto implica toda una
doctrina de la historia de la que logramos atisbos en las obras de Justino, pero que veremos desarrollarse más adelante en otros pensadores que
construyen sobre sus fundamentos, y especialmente en Ireneo. Quizá si
tuviéramos algunas de las obras de Justino que los siglos nos han arreba-
tado —*Contra todas las herejías*, *Contra Marción*, *Discurso contra los
griegos*, etc.— descubriríamos en su pensamiento una amplitud que sus
obras existentes solo nos permiten sospechar.

Taciano

Taciano es uno de esos personajes de la antigüedad cristiana que se hallan
rodeados de una muralla de oscuridad contra la que se estrellan los más
decididos esfuerzos de los historiadores. Él mismo afirma que nació en
Asiria.[47] Pero en los primeros siglos del cristianismo se acostumbraba a
llamar «Asiria» no solo a la región que se extendía hacia el este del Éufrates, sino también a las regiones circundantes, incluyendo el este de Siria.
Taciano parece haberse convertido al cristianismo en Roma mediante los
esfuerzos de Justino, quien por aquella época enseñaba en la ciudad imperial. Tras el martirio de Justino, alrededor del año 165, Taciano fundó su
propio centro de enseñanza. Algunos años después marchó a Siria, donde

---

[46] *Dial.* 5.1-3; 80. Es en el segundo de estos textos que Justino afirma su escatología milenarista: «No solo admitimos la futura resurrección de la carne, sino también los mil años
en Jerusalén, reconstruida, hermoseada y dilatada...» (*BAC*, 116:447).

[47] *Discurso*, 48.

se dice que fundó una escuela herética. Los antiguos concuerdan en hacerle fundador de la secta de los encratitas, pero bien poco sabemos acerca de esta herejía.[48] Después de esto, posiblemente por el año 180, Taciano desaparece definitivamente de la historia.

Además de su *Discurso a los Griegos*, Taciano compuso el *Diatessaron*, que es el primer intento de armonizar los cuatro evangelios, y que desafortunadamente se ha perdido. El resto de sus obras se ha perdido: *De los animales*, *De los demonios*, *De los problemas* y *De la perfección según el Salvador*. Por otra parte, sabemos que se había propuesto escribir una obra *Contra los que han tratado de cosas divinas*, pero no sabemos si llegó a hacerlo.

En el *Discurso a los Griegos*, Taciano se esfuerza en demostrar la superioridad de la que él llama «religión bárbara» sobre la cultura y religión helénicas. Comienza Taciano recordando a los griegos el origen bárbaro de todas las invenciones de las que ellos ahora se glorían. Además, los mismos filósofos griegos fueron gentes despreciables, según se ve claramente en las muchas anécdotas que de ellos corren. La religión griega, por último, no tiene derecho alguno a considerarse superior a la bárbara, ya que los griegos adoran en sus diosas a las mujerzuelas que sirvieron de modelo a los escultores, además de que las historias que se cuentan de los dioses mismos no son muy dignas de encomio. Y si todo esto resulta poco recuerden los griegos que Moisés fue anterior a Homero, y que cualquier cosa buena que se encuentre en la religión griega ha sido simplemente copiada del Antiguo Testamento.[49]

En medio de esta serie de ataques a la civilización griega, Taciano expone la doctrina cristiana. Naturalmente, no debemos esperar aquí una exposición sistemática del pensamiento de Taciano, ya que ese no es el propósito de su obra. Pero sí resulta claro que para Taciano el centro de la doctrina cristiana es Dios y el Verbo o *logos*. Este surge de Dios de igual modo que de una luz se encienden otras, sin pérdida alguna para la primera.

> Dios era en el principio; mas el Principio nosotros hemos recibido de la tradición que es la potencia del Verbo. Porque el Dueño del universo, que es por sí mismo soporte de todo, en cuanto la creación no había sido aún hecha, estaba solo; mas en cuanto con Él

---

[48] Véase el capítulo 6.

[49] La prioridad cronológica de Moisés sobre Homero es una de las tesis fundamentales de la obra de Taciano, quien se esfuerza en probarla mediante diversas cronologías. La conclusión de todo esto es que «Moisés es más antiguo que los antiguos héroes, guerras y divinidades, y más vale creer al que se aventaja en edad que no a los griegos, que fueron a sacar de esa fuente sus enseñanzas sin entenderlas» *Discurso*, 11 (*BAC*, 116:625).

estaba toda potencia de lo visible e invisible, todo lo sustentó Él mismo consigo mismo por medio de la potencia del Verbo. Y por la voluntad de su simplicidad, sale el Verbo; y el Verbo, que no salta en el vacío, resulta ser la obra primogénita del Padre.

Sabemos que Él es el principio del mundo; pero se produjo no por división, sino por participación. Porque lo que se divide queda separado de lo primero; mas lo que se da por participación, tomando carácter de una dispensación, no deja falto a aquello de donde se toma. Porque de la manera que de una sola tea se encienden muchos fuegos, mas no por encenderse muchas teas se disminuye la luz de la primera, así también el Verbo, procediendo de la potencia del Padre, no dejó sin razón al que lo había engendrado.[50]

A través de él, todas las cosas fueron hechas, primero la materia y luego el mundo.[51] De esta creación forman parte los ángeles y los humanos, ambos creados libres, que por el mal uso de su libertad han dado origen al mal.

La libertad nos perdió; esclavos quedamos los que éramos libres; por el pecado fuimos vendidos. Nada malo fue por Dios hecho; fuimos nosotros los que produjimos la maldad; pero los que la produjimos, somos también capaces de rechazarla.[52]

El alma no es inmortal, sino que de por sí muere con el cuerpo y luego resucita con él para sufrir una muerte inmortal. Pero esto no sucede al alma que conoce la verdad, sino que tal alma sigue viviendo aun después de la destrucción del cuerpo.[53]

Atenágoras

Atenágoras, el «filósofo», fue contemporáneo de Taciano, aunque por su espíritu y estilo distaba mucho de él. Poco o nada sabemos de Atenágoras, aunque sus obras dejan entrever un espíritu refinado y ardiente. Su estilo, aunque no clásico, es el más terso, claro y correcto de cuantos escritores cristianos de la época han llegado hasta nosotros. Son dos las obras de

---

[50] *Discurso*, 5 (*BAC*, 116:378). Algunos sugieren que este modo de entender el *logos* se deriva de la gramática y la retórica más bien que de la filosofía.

[51] *Discurso*, 11.

[52] *Ibíd.* (*BAC*, 116:579).

[53] *Discurso*, 13 (*BAC*, 116:590-591).

Atenágoras que han perdurado hasta nuestros días: la *Súplica a favor de los cristianos* y *Sobre la resurrección de los muertos*.

En la *Súplica a favor de los cristianos*, tras una breve dedicatoria e introducción que nos permite colocar la obra alrededor del año 177, Atenágoras pasa a refutar las tres acusaciones principales de que son objeto los cristianos: el ateísmo, los banquetes tiesteos y el incesto. A la acusación de ateísmo responde Atenágoras citando toda una serie de poetas y filósofos que han dicho acerca de Dios cosas semejantes a las que los cristianos ahora dicen y a quienes sin embargo nadie llamó ateos.

> Así, pues, suficientemente queda demostrado que no somos ateos, pues admitimos a un solo Dios, increado y eterno e invisible, impasible, incomprensible e inmenso, solo por la inteligencia a la razón comprensible, rodeado de luz y belleza y espíritu y potencia inenarrable, por quien todo ha sido hecho por medio del Verbo que de Él viene, y todo ha sido ordenado y se conserva. Porque reconocemos también un Hijo de Dios. Y que nadie tenga por ridículo que para mí tenga Dios un Hijo. Porque nosotros no pensamos sobre Dios y también Padre, y sobre su Hijo, a la manera como fantasean vuestros poetas, mostrándonos dioses que en nada son mejores que los hombres; sino que el Hijo de Dios es el Verbo del Padre en idea y operación, pues conforme a él y por su medio fue todo hecho, siendo solo el Padre y el Hijo. Y estando el Hijo en el Padre y el Padre en el Hijo por la unidad y potencia de espíritu, el Hijo de Dios es inteligencia y Verbo del Padre. Y si por la eminencia de vuestra inteligencia se os ocurre preguntar qué quiere decir «hijo», lo diré brevemente: el Hijo es el primer brote del Padre, no como hecho, puesto que, desde el principio, Dios, que es inteligencia eterna, tenía en sí mismo el Verbo, siendo eternamente racional, sino como procediendo de Dios, cuando todas las cosas materiales eran naturaleza informe y tierra inerte y estaban mezcladas las más gruesas con las más ligeras, para ser sobre ellas idea y operación. Y concuerda con nuestro razonamiento el Espíritu profético: *El Señor* —dice— *me crio principio de sus caminos para sus obras.* Y a la verdad, el mismo Espíritu Santo, que obra en los que hablan proféticamente, decimos que es una emanación de Dios, emanando y volviendo, como un rayo del sol. ¿Quién, pues, no se sorprenderá de oír llamar ateos a quienes admiten a un Dios Padre y a un Hijo y un Espíritu Santo, que muestran su potencia en la unidad y su distinción en el orden?[54]

---

[54] *Súplica*, 11 (*BAC*, 116:659-661).

Como puede verse en este texto, la doctrina del *logos* de Atenágoras es semejante a la de Justino, aunque Atenágoras se esfuerza en mostrar la unidad del *logos* con el Padre, y así evita la tendencia subordinacionista de Justino.[55] Además, Atenágoras parece distinguir entre el *logos* tal como existía desde el principio en Dios y el *logos* «como procediendo de Dios, cuando todas las cosas materiales eran naturaleza informe y tierra inerte». Es posible que aquí Atenágoras se refiera a la distinción de Filón entre el «verbo interior» y el «verbo pronunciado»[56] que se hallará explícita en los *Tres libros a Autólico* de Teófilo de Antioquía, que estudiaremos en la próxima sección.

En cuanto a las acusaciones de celebrar banquetes tiesteos y uniones incestuosas, Atenágoras las rechaza categóricamente. ¿Cómo pensar que los cristianos sean capaces de semejantes actos que a todos son repulsivos, cuando profesan una doctrina moral superior a la de los demás? Los cristianos son incapaces de comer niños, puesto que el homicidio y hasta el aborto les están prohibidos. Y los cristianos son también incapaces de uniones incestuosas, puesto que condenan el más leve pensamiento contra la castidad, y alaban la virginidad por sobre toda otra forma de vida.

En la obra *Sobre la resurrección de los muertos*, Atenágoras se esfuerza en probar la posibilidad de la resurrección del cuerpo, mostrando por una parte que dicha resurrección resulta del todo adecuada al carácter de Dios, y por otra que la naturaleza humana misma la requiere. Sin embargo, Atenágoras no ve contradicción alguna entre la resurrección de los muertos y la inmortalidad del alma, sino que afirma que esta última requiere aquella, ya que el ser humano no es verdaderamente tal sino en la unión del alma y del cuerpo.[57]

En lo que a la relación entre la filosofía y la teología se refiere, la actitud de Atenágoras es semejante a la de Justino. Ambos aceptan el valor de las verdades que se esconden en la filosofía de los paganos, y hay pasajes de la *Súplica* en que se afirma que Platón conoció lo esencial de la doctrina cristiana de Dios.[58] Pero Atenágoras afirma que la gran diferencia entre los filósofos y los cristianos está en que aquellos siguieron los impulsos de sus propias almas, mientras que estos siguen la revelación de Dios mismo.[59] Por esto es que los filósofos se contradicen mutuamente —aunque Atenágoras nunca hace resaltar tales contradicciones como lo hará Hermias—.

---

[55] Véase: *Súplica*, 24.
[56] Véase más arriba, el capítulo 2, nota 40.
[57] *Sobre la res.*15.
[58] *Súplica*, 12.
[59] *Súplica*, 7.

Teófilo

Allá por el año 180 o poco después escribía Teófilo, obispo de Antioquía, sus *Tres libros a Autólico*.[60] En estos, intenta el obispo antioqueño mostrar a su amigo Autólico la verdad del cristianismo. Su obra, sin embargo, carece de la profundidad de los escritos de Justino, y también de la elegancia de los de Atenágoras. Su conocimiento de la cultura clásica parece haber sido en extremo superficial, y de esa superficialidad adolece también su defensa del cristianismo.

El primero de los *Tres libros a Autólico* trata de Dios; el segundo, de la interpretación del Antiguo Testamento y de los errores de los poetas; y el tercero, de la excelencia moral del cristianismo. No parece necesario resumir aquí el contenido de cada uno de estos tres libros, sino solo señalar la doctrina de Teófilo respecto al conocimiento y a la naturaleza de Dios.

Según Teófilo, solo el alma pura puede conocer a Dios. A Autólico, quien le había pedido que le mostrase su Dios, Teófilo responde que le muestre su hombre, es decir, que le muestre la pureza que es necesaria para ver a Dios. El alma es como un espejo que solo cuando está limpio refleja la imagen de quien se coloca frente a él.[61]

En cuanto a la naturaleza de este Dios que solo los de alma pura pueden conocer, es decididamente trinitaria. De hecho, es Teófilo el primer autor cristiano que utiliza la palabra «trinidad» —*triás*—. Al igual que Justino y Taciano, Teófilo llama *logos* a la Segunda Persona de la Trinidad, aunque introduce en la teología cristiana la distinción de Filón entre el *logos* inmanente, que existía siempre en la mente o corazón de Dios y el *logos* expresado. Como *logos* inmanente, este *logos* existe en Dios eternamente; como *logos* expresado, fue engendrado antes de todas las cosas, y es en este sentido que se dice de él que es «el primogénito de toda creación».[62] La introducción de esta distinción en el campo de la teología cristiana es de suma importancia, pues pronto fue aceptada y empleada por algunos de los teólogos más influyentes, y llegó a ocupar un sitio de importancia en las controversias de los siglos subsiguientes.

---

[60] Eusebio, *HE*, 4.24. Por este testimonio, y por el de Jerónimo (*De vir. ill.* 25), sabemos que Teófilo escribió, además de los *Tres libros a Autólico*, una obra *Contra la herejía de Hermógenes*, otra *Contra Marción*, algunas obras catequéticas, y comentarios sobre el Evangelio y los Proverbios de Salomón. Todas estas obras se han perdido. Algunos han creído poder descubrir en Ireneo elementos tomados del *Contra Marción* de Teófilo; pero esta tesis es dudosa.

[61] *Ad Autol.* 1.2.

[62] *Ad Autol.* 3.22 (*BAC*, 116:813).

Hermias

Bajo el título de *Burla de los Filósofos Paganos*, se incluye entre los apologistas griegos del siglo segundo la obra de Hermias, a quien alguien se atrevió a llamar «el filósofo». Sin embargo, la fecha de composición de esta breve obra apologética es del todo insegura, a tal punto que algunos críticos la sitúan a finales del siglo II, mientras que otros piensan que pertenece al VI. Es una obra carente tanto de elegancia literaria como de interés teológico, y en ella se pone de manifiesto un desprecio total hacia la filosofía pagana. De un modo irónico y punzante, Hermias muestra las contradicciones de los sabios de la antigüedad, con el propósito de probar que ninguno de ellos es digno de atención. Si hay algún valor positivo en esta obra, está en el modo en que manifiesta el sentido del humor de un cristiano de los primeros siglos. Por lo demás, este autor deja entrever bien poco de su pensamiento cristiano.

El *Discurso a Diogneto*

Con este título se incluye entre los «Padres apostólicos» una breve obra de carácter claramente apologético. En cuanto a su fecha, los críticos no están de acuerdo, ya que algunos piensan que esta es la apología perdida de Cuadrato y que, por tanto, es la más antigua de las apologías cristianas, mientras que otros piensan que pertenece al siglo III —o hasta bastante más tarde—. Esta falta de certeza respecto a la fecha de composición resta algo del interés que esta obra tiene para la historia del pensamiento cristiano, pero en nada disminuye su carácter de obra maestra de la literatura cristiana de los primeros siglos.

En doce breves capítulos —si los dos últimos son auténticos—[63] se encuentra resumida una de las más bellas y nobles apologías cristianas de esta época. Sin caer en la violencia excesiva de un Taciano o un Hermias, el *Discurso a Diogneto* señala la sinrazón de los dioses paganos, así como de las prácticas judías, y expone de manera positiva y sencilla el carácter de la fe cristiana, que no viene de los hombres, sino del Dios creador del Universo, y que se manifiesta en la moral superior de sus seguidores:

> Los cristianos, en efecto, no se distinguen de los demás hombres
> ni por su tierra ni por su habla ni por sus costumbres. Porque ni

---

[63] Ciertas cuestiones de estilo, vocabulario y contenido han llevado a algunos críticos a negar la autenticidad de estos dos capítulos. Sin embargo, sus argumentos no parecen ser del todo sólidos.

habitan ciudades exclusivas suyas, ni hablan una lengua extraña, ni llevan un género de vida aparte de los demás ... sino que, habitando ciudades griegas o bárbaras, según la suerte que a cada uno le cupo, y adaptándose en vestido y comida y demás género de vida a los usos y costumbres de cada país, dan muestra de un tenor de peculiar conducta, y, por confesión de todos, sorprendente. Habitan sus propias patrias, pero como forasteros; toman parte en todo como ciudadanos y todo lo soportan como extranjeros; toda tierra extraña es para ellos patria, y toda patria, tierra extraña. [...] Están en la carne, pero no viven según la carne. Pasan el tiempo en la tierra, pero su ciudadanía está en el cielo. Obedecen las leyes establecidas, pero con su vida sobrepasan las leyes. A todos aman y por todos son perseguidos. Se los desconoce y se los condena. Se les mata y con ello se les da vida.[64]

Las apologías perdidas

Además de las apologías que hemos estudiado, se han perdido otras de cuya existencia sabemos por los antiguos escritores eclesiásticos. En primer lugar, debemos mencionar la *Apología* de Cuadrato, que fue, según Eusebio, la primera obra de su género.[65] Aristón de Pella escribió la primera apología cristiana contra los judíos,[66] Milcíades y Apolinario de Hierápolis escribieron, además de otras obras, apologías contra los gentiles y los judíos.[67] Finalmente, Melitón de Sardis fue un prolífico autor del siglo II que escribió, entre sus muchas obras, una *Apología* dirigida al emperador Antonino.[68]

De este último se conserva, sin embargo, una homilía sobre la pasión. En ella, Melitón resume toda la historia de Israel y especialmente del

---

[64] *Ad Diog.* 5.

[65] Eusebio, *HE*, 4.3 (trad. Luis M. de Cádiz, pp. 159-160).

[66] *HE*, 4.6. Máximo el Confesor (en sus escolios a la *Teología Mística* de Seudo-Dionisio) afirma que Aristón fue el autor de un *Diálogo entre Jasón y Papisco acerca de Cristo*. Esta obra circuló ampliamente en la antigüedad, y tanto el pagano Celso como el cristiano Orígenes juzgaban que era de escaso valor (Orígenes, *Contra Celsum*, 4.52).

[67] Según Eusebio, (*HE*, 5.17) Milcíades escribió, además de una *Apología*, una obra *Contra Marción* y varios libros *Contra los gentiles* y *Contra los judíos*. En cuanto a Apolinario, afirma Eusebio (*HE*, 4.27) que escribió una *Oratio* dirigida al Emperador, cinco libros *Contra los gentiles*, dos *Contra los judíos*, dos *Acerca de la verdad*, y otros *Contra la herejía de los frigios* —es decir, contra el montanismo—.

[68] Los títulos de sus obras perdidas son demasiado numerosos para mencionarlos aquí. Véase la *HE* de Eusebio, 4.26.

éxodo y la institución de la pascua, refiriéndolo todo a Jesucristo mediante
una interpretación tipológica.

> Él es la pascua de nuestra salvación;
> Él es el que en muchos sufrió muchas cosas;
> Él es el que en Abel fue muerto;
> en Isaac, atado;
> en Jacob, extranjero;
> en José, vendido;
> en Moisés, echado;
> en el cordero, sacrificado;
> en David, perseguido;
> en los profetas, deshonrado.[69]

Al igual que Justino, Melitón cree que el Antiguo Testamento señala a
Cristo de dos modos. En primer lugar, hay dichos proféticos en los que se
describe algún aspecto de la vida de Jesucristo. En segundo lugar —y es
a esto que Melitón presta mayor atención— hay acontecimientos que son
«tipos» o figuras de lo que habría de acontecer en Jesús. Sin embargo, hay
un contraste agudo entre Justino y Melitón en cuanto los conceptos filosóficos no juegan papel alguno en esta homilía.

Como el resto de los escritos de los apologistas, la *Homilía Pascual*
de Melitón subraya la preexistencia y divinidad de Cristo, al que tiende
a identificar con el Padre. También aquí encontramos un agudo contraste
con Justino, quien ya hemos visto que tiende al subordinacionismo, aunque
Melitón se asemeja a Justino en su confusa doctrina del Espíritu Santo. Por
otra parte, Melitón afirma claramente que Cristo es a un tiempo Dios y
hombre, y es en esta homilía suya que primero encontramos la afirmación
de que hay en Él «dos naturalezas».

Consideraciones generales

Al pasar de los padres apostólicos a los apologistas griegos del siglo
segundo, nos encontramos en una atmósfera completamente distinta —
muestra clara de la transición que tuvo lugar al pasar del siglo primero al
segundo—. Estamos ahora siendo testigos de los primeros encuentros del
cristianismo con la cultura clásica, y de la manera en que los cristianos
se esfuerzan por interpretar las relaciones entre ambos. Así, algunos se

---

[69] Bernard Lohse, ed., *Die Passa-Homilie des Bischofs Meliton von Sardes* (Leiden, 1958),
pp. 416-426.

muestran decididos defensores de las semillas de verdad que creen hallar en la filosofía pagana, mientras que otros no ven entre el cristianismo y el helenismo sino una inevitable guerra a muerte. Por otra parte, en su esfuerzo de presentar su fe de tal modo que pueda ser comprendida por los paganos, los cristianos se ven obligados a sistematizar su pensamiento, y así se puede decir que los apologistas son los primeros pensadores sistemáticos del cristianismo. En esta tarea de sistematización y en su doctrina del *logos*, que abre el camino al diálogo entre la fe cristiana y la cultura clásica, estriba el valor de la obra de los apologistas.

Esta obra, sin embargo, encierra sus peligros, puesto que al mismo tiempo que tiende a definir la fe de la iglesia, va haciendo surgir otros problemas que los primeros cristianos no habían siquiera soñado. Así, el desarrollo de la doctrina del *logos*, con todas sus implicaciones filosóficas, dio lugar algunos años más tarde a graves controversias teológicas. Ya en los apologistas, vemos apuntar la diversidad de puntos de vista entre un Justino, que afirma que el Verbo es «otro dios», y un Melitón, que tiende a identificar al Hijo con el Padre. Y entre ambos encontramos a Teófilo, que distingue entre un Verbo interior, en la mente del Padre, y un Verbo proferido o hablado, que es el agente creador que más tarde se encarnará en Jesucristo.

En cuanto a su concepción general del cristianismo, podemos decir que los apologistas parecen ver en él sobre todo una doctrina, ya sea esta moral o filosófica. Cristo es, antes que nada, el Maestro de una nueva moral o de una verdadera filosofía. Pero no debemos olvidar que en la homilía de Melitón Cristo se presenta como el vencedor de la muerte y de los poderes del mal, y el cristianismo como la participación en la victoria de Cristo. Es decir, que es posible que estos apologistas, que al dirigirse a los paganos hablan de Cristo como maestro e iluminador, tengan de su obra salvadora una visión mucho más amplia y profunda de lo que las obras que han llegado hasta nosotros nos dejan entrever.

En todo caso, no es del todo cierto que los apologistas constituyan un nuevo punto de partida en el camino de la «helenización progresiva» del cristianismo, como pretendían Harnack y otros historiadores de finales del siglo XIX y principios del XX. Su posición ante la filosofía no es uniforme, como lo muestra claramente el contraste entre Justino, Atenágoras y Teófilo, de una parte, y Hermias y Taciano de otra. Incluso entre los que más utilizan los instrumentos filosóficos, como Justino y Atenágoras, doctrinas tales como la de la encarnación y la resurrección de los muertos, que resultan repugnantes al espíritu helénico, no pierden su carácter central. Esto no quiere decir, sin embargo, que los apologistas no hayan sido uno de los instrumentos para la penetración del helenismo en la teología cristiana. Lo que quiere decir es sencillamente que tal penetración no ha pasado todavía de lo formal, e influye poco en el contenido doctrinal.

Lentamente, lo formal se hará sentir en lo material, y entonces la iglesia se verá envuelta en grandes luchas doctrinales.

Por lo pronto, mientras los apologistas se dirigían principalmente al público fuera de la iglesia, eran otros los problemas teológicos que agitaban la vida interna de la iglesia, y haríamos mal en interpretarlos exclusivamente en términos de la oposición entre el espíritu hebreo y la mente griega. Nos referimos a las primeras herejías, que estudiaremos en el próximo capítulo.

6

Las primeras herejías: reto y respuesta

Desde muy temprano, la iglesia cristiana tuvo que luchar contra las tergiversaciones del cristianismo que introducían algunas personas. En aquellos primeros siglos —particularmente a partir del siglo segundo, cuando la nueva fe se abría camino entre los paganos— llegaban a la fe cristiana conversos de todo tipo de trasfondo religioso y cultural. Era de esperar que estos conversos interpretasen el cristianismo según ese trasfondo; pero algunos llevaban esto a tal extremo que despojaban a su nueva fe de su carácter único. Así, desde muy temprano, el apóstol Pablo tuvo que luchar contra aquellos que pensaban que el cristianismo no debía ser más que una nueva secta dentro del judaísmo. Otros se dedicaban a «vanas genealogías y fábulas de viejas», como las llama en la Epístola a Timoteo. Otros, pretendían tomar del cristianismo solo aquello que más les convenía y adaptarlo a sus antiguas creencias, al estilo de Simón el Mago, de quien nos hablan los Hechos de los Apóstoles. De todo esto surgió una sorprendente variedad de doctrinas que pretendían ser cristianas, pero que, sin embargo, atacaban u olvidaban algunos de los aspectos fundamentales de la fe cristiana.

La existencia de esta diversidad de doctrinas se manifiesta ya en el Nuevo Testamento, cuyos escritores se esfuerzan en detenerlas. La Epístola a los Gálatas, la Epístola a los Colosenses, toda la literatura joanina y la Primera Epístola de Pedro nos hacen ver el vigor con que los primitivos cristianos se opusieron a tales tergiversaciones de su fe. En Ignacio de Antioquía hemos encontrado ya una oposición firme a quienes afirman que Jesucristo vivió en la carne solo en apariencia. Poco más tarde, Justino vuelve a atacar a estos falsos maestros del cristianismo. Además, casi todos los apologistas escribieron contra los herejes obras que no han llegado hasta nosotros.

Fue en el siglo segundo —y sobre todo en su segunda mitad— que estas doctrinas lograron una pujanza tal que provocaron en la iglesia una reacción de gran importancia para la historia del pensamiento cristiano. A fin de comprender el origen y fuerza de estas doctrinas, es necesario resumir su historia desde sus primeras manifestaciones.

Los cristianos judaizantes

El primer problema doctrinal que confrontó la primitiva iglesia cristiana fue el de sus relaciones con el judaísmo. La lenta solución de este problema se ve ya en el libro de Hechos de los Apóstoles, así como en las epístolas paulinas. Hubo, sin embargo, personas que nunca aceptaron la solución que Pablo ofrecía y que a la larga siguió toda la iglesia. Estos son los llamados cristianos judaizantes.

Es difícil exponer las doctrinas de estos grupos, así como también distinguir entre ellos. Esta dificultad, que se debe en parte a la escasez del material que poseemos, la encontraron ya los antiguos escritores cristianos, y así vemos que existe en sus escritos cierta confusión referente a los distintos grupos de cristianos judaizantes y sus doctrinas. Es probable que esto se deba a que estos cristianos no se organizaron al principio en grupos claramente definidos y que, por tanto, se hacía difícil distinguir entre ellos.

En todo caso, y sin forzar demasiado el material que ha llegado hasta nosotros, parece posible dividir estos cristianos judaizantes en tres grupos principales.

En primer lugar, Justino nos habla de ciertos cristianos que seguían la ley judía pero no pretendían que los demás la siguieran.[1] Estos pueden ser llamados judaizantes moderados, y, al parecer, nunca presentaron problema alguno para la iglesia, que tampoco condenó su posición.

Pero existía también otro grupo de cristianos judaizantes —más bien de judíos cristianizados— que afirmaba que para ser cristiano era necesario cumplir la Ley del Antiguo Testamento, que Pablo era un apóstata de la verdadera fe y que Cristo no había sido hijo de Dios desde el principio,

---

[1] *Diálogo*, 47.

sino que había sido adoptado como tal debido a su carácter. Esta es la secta de los llamados «ebionitas», que parece haber perdurado por algunos siglos.[2]

Las fuentes de nuestro conocimiento del ebionismo son, además del testimonio de los antiguos escritores antiheréticos,[3] la traducción que del Antiguo Testamento hiciera el ebionita Simaco y ciertas porciones de la literatura seudo-Clementina en las que se encuentran enseñanzas ebionitas. Entre las fuentes que han dado origen a esta literatura seudo-Clementina, los eruditos creen poder distinguir la que llaman «La predicación de Pedro», cuyo pensamiento concuerda con lo que los antiguos escritores antiheréticos nos dicen acerca del ebionismo. De ahí que se diga que «La predicación de Pedro» es de origen ebionita, y que por ello nos ofrece un testimonio directo de la doctrina ebionita.[4]

A partir de estas fuentes, es posible reconstruir —al menos parcialmente— el pensamiento ebionita. Al parecer, este se relaciona en sus orígenes con el judaísmo esenio, ya que algunos de sus principios parecen haber sido tomados de ese tipo de judaísmo: la condenación de los sacrificios de animales, que sustituían por la alabanza; la doctrina de la existencia de dos principios, el uno bueno y el otro malo, pero ambos originados en Dios; etc., etc.

Según los ebionitas, hay un principio del bien y un principio del mal. El principio del mal es el señor de este siglo, pero el principio del bien triunfará en el siglo por venir. Mientras tanto, el principio del bien se da a conocer en este mundo a través de su profeta que se ha presentado en diversas encarnaciones. Adán, Abel, Isaac y Jesús son encarnaciones del profeta del bien. Pero, después de Adán, cada encarnación del profeta del bien se halla acompañada de su contraparte que sirve los propósitos del principio del mal. Caín, Ismael y Juan el Bautista son manifestaciones del principio del mal —que también se llama principio femenino—.[5]

Dentro de este sistema de pensamiento, Jesús es antes que nada un profeta del principio masculino o principio del bien. Por lo demás, Jesús es solo un hombre a quien Dios ha elegido para proclamar su voluntad. Jesús no nació de una virgen, y fue en el momento de su bautismo que recibió de lo alto el poder que le capacitó para su misión. Esta misión no consistía

---

[2] El término «ebionita» aparece por primera vez en el *Adv. haer.* de Ireneo (1.26.2). Su origen etimológico parece encontrarse en raíces hebreas y arameas que significan «pobre».

[3] Justino, *Diálogo*, 47; Ireneo, *Adv. haer.* 1.26; Orígenes, *Contra Cel.* 2.1,3; V:61, 65; Epifanio, *Panarion*, 29-30; Eusebio, *HE*, 3.27; Hipólito, *Philosophumena*, 7.34.

[4] La fuente a que aquí nos referimos, llamada *Kerygmata Petrou*, no ha de confundirse con el *Kerygma Petrou* a que tanto Clemente de Alejandría como Orígenes se refieren. Al parecer esta última obra era de carácter apologético, y algunos eruditos piensan que los apologistas del siglo II tomaron de ella parte de sus materiales.

[5] *Clem. Hom.* 2.15-17.

en salvar a la humanidad —ningún hombre puede hacer tal cosa— sino
en llamar a los humanos a la obediencia de la Ley, que ha sido dada por
el principio masculino. La Ley era en efecto el centro de la religiosidad
ebionita y, aunque no ofrecían sacrificios sangrientos, los ebionitas hacían
mucho hincapié en la circuncisión y la observancia del sábado. Las leyes
que en el Antiguo Testamento se refieren a la celebración de sacrificios no
fueron dadas por Dios, sino que han sido añadidas al texto sagrado debido
a la influencia del principio femenino.[6] Es por esto por lo que, a pesar de
su estricta observancia de la Ley, Epifanio nos dice que los ebionitas no
aceptaban el Pentateuco en su totalidad.[7]

Además, afirman los ebionitas que Jesús tampoco quiso abrogar la Ley,
ni siquiera cumplirla en el sentido de completarla. Fue Pablo quien introdujo esta doctrina en el cristianismo. Y esto era de esperar, pues Pablo era
precisamente una manifestación del principio femenino.[8]

En conclusión: este tipo de cristianismo judaizante era una adaptación
del movimiento esenio, del que se diferenciaba por el lugar que Jesús ocupaba en su pensamiento. Pero este lugar no era central, sino periférico,
y quizá sea más exacto hablar de un «esenismo cristianizado» que de un
«cristianismo judaizante».

El ebionismo nunca tuvo muchos seguidores y desapareció paulatinamente según la iglesia fue haciéndose cada vez más gentil y menos judía.
Esto no quiere decir que no presentase un reto a la iglesia de los primeros
siglos. Al contrario, lo que estaba en juego en el caso del ebionismo —
como también en el caso del gnosticismo— era la posibilidad de tomar a
Jesús y adaptarlo de tal modo que fuese posible yuxtaponerlo a los antiguos sistemas de pensamiento. Al hacer esto, la persona de Jesús perdía
su carácter único y central. Ya no se trataba del Hijo Unigénito de Dios,
sino de un profeta dentro de una secuencia de profetas. Ya no se trataba
del Salvador, sino de un elemento —a veces secundario— dentro de la
acción de Dios en este siglo. A esto se oponía la iglesia, no por un simple
conservadurismo, sino porque veía amenazado en ello el centro mismo de
su mensaje.

Hay sin embargo otra tendencia dentro del cristianismo judaizante que,
sin negar su relación estrecha con el ebionismo, se caracteriza por ciertas
influencias gnósticas.

El principal exponente de este tipo de cristianismo judaizante parece
haber sido Elxai —también llamado Elkesai, Elcesai o Elchasai—. Elxai

---

[6] *Clem. Hom.* 2.38.

[7] *Panarion*, 30.18.

[8] En la literatura Seudo-Clementina no se ataca directa y abiertamente a Pablo, pero se
habla repetidamente de un «hombre hostil» o «enemigo» que, sin lugar a duda, ha de identificarse con el Apóstol a los Gentiles.

vivió en la primera mitad del siglo II, pero es poco lo que sabemos acerca de su vida.[9] Su doctrina es francamente ebionita, aunque con tendencias gnósticas,[10] y se basa en una supuesta revelación que Elxai recibió de un ángel que medía kilómetros de estatura. Este ángel es el Hijo de Dios. Junto a él estaba otro ángel de iguales proporciones, aunque femenino, que es el Espíritu Santo.

Solo conocemos el contenido de esta revelación de Elxai a través de las citas y comentarios en que los antiguos escritores eclesiásticos la atacan. De su testimonio se desprende que la doctrina elxaíta era solo un ebionismo —era necesario guardar la Ley y circuncidarse; Jesús era solamente un profeta— con ciertas influencias gnósticas —especulaciones astrológicas, numerología y tendencias dualistas—. Su fuerza parece haberse encontrado en Oriente, sobre todo más allá del Éufrates, de donde el mismo Elxai puede haber sido originario. En todo caso, la importancia de esta secta es mayor de lo que se podría pensar a partir de los escasos datos que poseemos, pues al parecer el profeta Mohamed, fundador del islam, recibió su influencia.

El gnosticismo

Bajo el título general de «gnosticismo» se conoce a un grupo variadísimo de doctrinas religiosas que florecieron por el siglo II de nuestra era y que tenían un marcado carácter sincretista. Los gnósticos tomaban cualquier doctrina que les interesase, sin importarles su origen, ni tampoco el contexto del que la arrancaban. Cuando estos gnósticos se enfrentaron al cristianismo naciente, hicieron todo lo posible por adaptar a sus sistemas aquellas enseñanzas del cristianismo que les parecieron más valiosas. Esta manera de proceder presentaba un reto urgente a los cristianos que no la aceptaban, puesto que se veían en la obligación de mostrar cómo el gnosticismo desvirtuaba la doctrina cristiana, y por qué razones era imposible hacer de Jesucristo un simple elemento de un sistema gnóstico cualquiera.

La cuestión de los orígenes del gnosticismo se ha discutido ampliamente a partir del siglo XVIII. La conclusión de toda esta discusión parece

---

[9] Hipólito, *Philosophumena,* 9.8-12 (*ANF,* 5:131-134); Eusebio, *HE,* 6.38; Epifanio, *Panarion* 19; Teodoreto, *Haereticarum Fabularum Compendium* 2.7.

[10] Aquí nos apartamos de la interpretación de muchos eruditos, quienes pretenden hacer del elxaísmo un ebionismo modificado por el cristianismo ortodoxo. Nos paree más bien, siguiendo la interpretación de otros eruditos, que la modificación que lleva del ebionismo al elxaísmo se debe más bien a influencias gnósticas. Puesto que esta segunda tesis parece ajustarse mejor al testimonio de los antiguos, la hemos adoptado en nuestro bosquejo, aunque conviene señalar que la escasez de datos hace muy difícil la decisión entre ambas teorías.

ser que el gnosticismo bebió de diversas fuentes, y que combinó las distintas doctrinas de tal modo que resulta casi imposible distinguir el origen de cada una de ellas. Esto quiere decir que en sus muy diversas formas, este gnosticismo es, en realidad, un sincretismo de dualismo persa, misterios orientales, astrología babilónica, apocalipticismo hebreo y cuanta doctrina circulaba por el mundo del siglo II. Por tanto, es inexacto el juicio de Harnack cuando afirma que el gnosticismo es una «helenización aguda del cristianismo». Si bien es cierto que hay en el gnosticismo fuertes influencias griegas, no es menos cierto que esta fue solo una de tantas fuentes de las que bebieron los maestros gnósticos.

Aunque hay importantísimos elementos especulativos en el gnosticismo, el presentarle simplemente como una serie de sistemas de especulaciones numerológicas ha sido causa de que no se comprenda cómo pudo haber sido una verdadera amenaza para la iglesia. Si el gnosticismo llegó a ser uno de los grandes enemigos de los cristianos, esto se debió antes que nada a su carácter de doctrina soteriológica. Para comprender la gran atracción que el gnosticismo ejercía sobre laspersonas de los primeros siglos de nuestra era, es necesario verle antes que nada como una religión de salvación. Tras las conquistas de Alejandro, juntamente con el cosmopolitanismo, surge una fuerte corriente individualista que hace que las antiguas religiones comunales no satisfagan las necesidades de la época. Debido a esto, los primeros siglos de nuestra era se caracterizan precisamente por esa búsqueda profunda de la salvación personal que hace florecer aquellas religiones que pretenden ofrecerla —además del cristianismo, los misterios y el gnosticismo—.

El gnosticismo es, entonces y antes que nada, una doctrina de la salvación. Pero ¿en qué consiste esa salvación? Según el gnosticismo, consiste en la liberación del espíritu, que se halla esclavizado debido a su unión con las cosas materiales. En el ser humano hay cuerpo, alma y espíritu. Tanto el cuerpo como el alma pertenecen al mundo material, ya que el alma es solo lo que da al cuerpo vida, deseos y pasiones —aunque es necesario señalar que la naturaleza del alma varía de uno a otro sistema gnóstico y que no siempre resulta fácil determinar las enseñanzas gnósticas respecto a esto—. El espíritu no pertenece en realidad a este mundo, sino que es parte de la sustancia divina que por alguna razón ha caído y ha quedado aprisionada en lo material. Es necesario entonces liberar al espíritu de su prisión, y esto se logra mediante el conocimiento o *gnosis*, de donde deriva su nombre el gnosticismo.

Este conocimiento no consiste en una mera información, sino que es más bien una iluminación mística producto de la revelación de lo eterno. El conocimiento es entonces conocimiento de la situación humana, de lo que éramos y de lo que debemos llegar a ser, y mediante este conocimiento podemos librarnos de nuestras ataduras al mundo material. Por otra parte, puesto que estamos esclavizados por nuestra unión con la materia de tal modo que no podemos conocer las realidades eternas por nuestros propios medios, es necesario que el Dios trascendente envíe un mensajero que traiga al mundo su revelación libertadora. La presencia de este mensajero es característica en todos los sistemas gnósticos, y en el gnosticismo cristiano será Cristo quien ejerza esta función.

Ahora bien, de la doctrina soteriológica es necesario pasar a sus fundamentos, y aquí es donde entra en juego la especulación gnóstica. Si el espíritu del ser humano se encuentra aprisionado en la materia, esto requiere una razón, y tal razón la encuentran los gnósticos en sus especulaciones. Dos son las características principales de estas especulaciones: su dualismo y su numerología. El dualismo de los gnósticos, que algunos eruditos han considerado que es su principal característica, no es en realidad un dualismo inicial, sino que resulta más bien de un monismo primigenio.

La especulación gnóstica parte de un solo principio eterno, a partir del cual se produce toda una larga serie de otros principios o eones mediante un proceso de decadencia, hasta que —normalmente por razón de un error de uno de los eones inferiores— se produce el mundo material. Es así que surge un dualismo de segundo orden entre la materia y el espíritu, o entre lo celestial y lo terreno. Dentro de este proceso de producción de los diversos niveles de eones, la numerología —una característica bastante común de la especulación en el mundo helenista— ocupa un papel importante, puesto que los eones se producen siguiendo ciertos patrones numéricos. De esta combinación de dualismo y especulación numerológica, surge la cosmología gnóstica, que se caracteriza por las series cada vez más complicadas de seres que se interponen entre lo eterno y el mundo material. A menudo, estos son considerados como esferas o escalones por los que el espíritu tiene que pasar en su retorno a la eternidad.

Por último, la doctrina moral de las sectas gnósticas se basa en su antropología y cosmología. Si todo el bien que existe en el ser humano se encuentra en su espíritu, y el cuerpo es por naturaleza malo, pueden proponerse dos consecuencias diametralmente opuestas: o bien es necesario castigar el cuerpo y llevar por tanto una vida ascética, o bien lo que el cuerpo haga es indiferente, ya que en nada influye en la pureza del espíritu y, por tanto, se puede llevar una vida de libertinaje. Por esto algunas sectas gnósticas predicaban un ascetismo extremo, mientras que otras —entre las que los autores antiguos mencionan a los carpocracianos y los nicolaítas— se caracterizaban por su libertinaje.

Cuando los gnósticos se apropian de ciertos aspectos de la enseñanza cristiana, esto amenaza con desvirtuar la fe cristiana sobre todo en tres puntos básicos: la doctrina de la creación y dirección del mundo por parte de Dios, la doctrina de la salvación y la cristología.

El gnosticismo se opone a la doctrina cristiana de la creación porque ve en el mundo material, no la obra del Dios eterno, sino la obra de algún ser inferior y, en cierto sentido, malo o ignorante. Según los gnósticos, las cosas de este mundo son, no solo de escaso valor, sino hasta malas y condenables. En esto se oponen a la doctrina cristiana que —siguiendo a las antiguas enseñanzas judías— afirma que todas las cosas han sido hechas por Dios. El Dios del Antiguo Testamento, como el del Nuevo, es el Dios que se revela a su pueblo en las cosas físicas que él mismo ha creado. Como consecuencia de esta doctrina de la creación, el cristianismo afirma que Dios actúa e interviene en la historia, y en ello se opone radicalmente al gnosticismo, que no ve sentido alguno en la historia de este mundo.

De este primer desacuerdo entre el cristianismo y el gnosticismo se deriva el que se refiere a la doctrina de la salvación. Según el gnosticismo, la salvación consiste en la liberación del espíritu divino e inmortal que se halla aprisionado en el cuerpo humano. Este último no juega papel alguno en el plan de salvación, sino solo un papel negativo. Frente a esto, el cristianismo afirma que la salvación incluye el cuerpo, y que la consumación del plan de Dios para la salvación no vendrá sino después de la resurrección del cuerpo.[11]

Por último, el dualismo gnóstico tiene consecuencias devastadoras en lo que a la cristología se refiere. Si la materia —y sobre todo esta materia que constituye nuestro cuerpo— no surge de la voluntad de Dios, sino de algún principio que se opone a esa voluntad, se deduce que esa materia y este cuerpo no pueden ser vehículo de la revelación del Dios supremo. Luego Cristo, que vino para darnos a conocer ese Dios, no puede haber venido en carne. Su cuerpo no puede haber sido verdadero cuerpo físico, sino solo una apariencia corporal. Sus sufrimientos y su muerte no pueden haber sido reales, pues es imposible que el Dios supremo se nos dé a conocer entregándose de ese modo al poder maléfico y destructor de la materia. Y así llegan los gnósticos a la doctrina cristológica que recibe el nombre de «docetismo» —del griego *dokéo*, «parezco»— y que ya hemos tenido ocasión de discutir al referirnos a las epístolas de Ignacio. (Sin embargo, es necesario aclarar que el carácter exacto del docetismo variaba de escuela en escuela). Frente a todo docetismo, el cristianismo afirma que en el Jesús de Nazaret físico y corpóreo —en su vida, en sus sufrimientos, en su muerte y resurrección— tenemos la revelación salvadora de Dios. Tal oposición referente a una doctrina de tanta importancia hacía que los cristianos —con toda razón— viesen en el gnosticismo, no una versión de su propia fe, sino un intento de desvirtuar esa fe hasta el punto de privarla del

---

[11] Esto se ve claramente en el tratado gnóstico *De la resurrección*, descubierto en la biblioteca de Nag Hammadi.

centro de su mensaje. Esta fue la causa por la que los cristianos de los primeros siglos se opusieron tan tenazmente a todo tipo de doctrina gnóstica.

Nuestro conocimiento de los gnósticos se deriva de sus escritos y de las obras en que algunos de los antiguos escritores eclesiásticos les atacan. Hasta hace algunas décadas, poseíamos solo una pequeñísima cantidad de escritos gnósticos, y nos veíamos, por tanto, en la necesidad de sujetarnos al testimonio de los escritores cristianos que les atacaban. Naturalmente, se planteaba siempre la cuestión de hasta qué punto estos escritos dedicados precisamente a atacar las doctrinas gnósticas eran fidedignos. Recientemente, sin embargo, se ha descubierto una buena cantidad de escritos gnósticos, y estos han venido a ampliar y definir en mucho nuestros conocimientos sobre el gnosticismo.

Según los antiguos escritores eclesiásticos, de Justino en adelante, Simón Mago fue el fundador del gnosticismo.[12] La realidad histórica parece ser, no que Simón Mago haya fundado este tipo de religión, sino que fue en el episodio que nos narra el capítulo 8 del libro de Hechos que por primera vez el cristianismo se enfrentó al gnosticismo. En Samaria, donde residía Simón Mago, se encontraban personas oriundas de distintas partes del mundo antiguo, y se producía así un ambiente adecuado para una doctrina sincretista como el gnosticismo. Allí floreció Simón Mago y, según dice Justino, arrastró tras su doctrina a una buena parte de la población. Por lo demás, lo que nos cuenta la literatura seudo-Clementina acerca de los encuentros entre Pedro y Simón Mago es una simple leyenda a la que no debe darse crédito alguno.

Según los antiguos heresiólogos cristianos, Simón Mago llegó a pretender ser el mismo Dios, o al menos la potencia de Dios, y decía que Elena, su acompañante, era el Espíritu Santo. Además, según narra el capítulo 8 de Hechos, Simón Mago fue bautizado como cristiano. Aunque no hay pruebas de que Simón Mago se haya apropiado de otras doctrinas cristianas, este episodio parece dar testimonio del espíritu sincretista del gnosticismo.

Menandro, discípulo de Simón Mago, es un personaje oscuro que parece haber sido gnóstico judío más que cristiano. Según testimonio de los heresiólogos,[13] Menandro se especializó en la magia por la que ya era conocido su maestro. Además, pretendía que él mismo era el Salvador,

---

[12] Justino, *I Apol.* 26; *Seudo-Clementina, passim*; Ireneo, *Adv. haer.* 1.23; Tertuliano, *De anima, 34* y 57; Seudo-Tertuliano, *Adv. omn. haer.* 1; Hipólito, *Philosophumena*, 6.2-15; Epifanio, *Panarion*, 21.2, 4. Es interesante señalar que Justino, viendo en Roma una estatua en honor al dios sabino *Semo Sancus*, creyó que los romanos habían erigido una estatua a Simón Mago. El error de Justino quedó al descubierto con el hallazgo, en 1574, de la inscripción en cuestión.

[13] En realidad, el único de los antiguos escritores cristianos que parece tener información de primera mano acerca de Menandro es Justino, debido quizá a su común origen sirio. *I Apol.* 26 y 56.

enviado de los eones como iluminador, para enseñar la magia mediante la cual se podía vencer a los ángeles que crearon este mundo y que todavía mantenían a los humanos en su esclavitud.

Cerinto parece haber sido el primero de los gnósticos en intentar una reinterpretación del Evangelio. Vivió a finales del siglo primero en la ciudad de Éfeso, y su enseñanza gira alrededor del dualismo característico de todos los sistemas gnósticos.[14] Además, Cerinto distinguía entre Jesús y Cristo. Jesús era el hombre, hijo de María y José. Cristo era el ser divino que descendió sobre Jesús en el bautismo. Cerinto no era, por tanto, doceta en el sentido estricto, aunque resolvía el problema de la unión de la humanidad y la divinidad en Cristo haciendo una distinción absoluta entre ambas. Según él, cuando Cristo hubo terminado su misión de mensajero a la humanidad, abandonó a Jesús, y fue este el que sufrió, murió y resucitó, ya que Cristo es impasible. Según la tradición, Juan fue el gran opositor que Cerinto encontró en la ciudad de Éfeso. Es más, al parecer, la Primera Epístola de Juan ataca sus enseñanzas en varios lugares. Así, por ejemplo, en 1 Juan 2:22 se encuentran las siguientes palabras: «¿Quién es mentiroso, sino el que niega que Jesús es el Cristo?». Y en el capítulo 4, versículos 2 y 3, encontramos que «todo espíritu que confiesa que Jesucristo es venido en carne es de Dios; y todo espíritu que no confiesa que Jesucristo es venido en carne, no es de Dios».

Satornilo o Saturnino fue discípulo de Menandro.[15] Según él, el mundo fue hecho por siete ángeles, uno de los cuales era Jehová. Estos ángeles pretendieron crear al ser humano a la imagen del Dios Supremo, pero —como era de esperar— fracasaron. Entonces, el Dios Supremo, movido por su misericordia, concedió a los seres humanos que los ángeles habían hecho una porción de su substancia eterna, y luego envió a Jesucristo para hacer llegar a esos humanos los medios para librarse de la esclavitud de la materia. De estos medios, el más importante es la continencia.

La secta de los carpocracianos surgió en Alejandría, donde se dice que vivió su maestro Carpócrates alrededor del año 130.[16] La escuela filosó-

---

[14] Ireneo, *Adv. haer.* 1.26.1; Eusebio, *HE*, 3.28 y 7.25. Según el testimonio de este último pasaje, algunos opositores de la doctrina del Apocalipsis de Juan atribuían esta obra a Cerinto.

[15] Justino, *Diálogo*, 35; Ireneo, *Adv. haer.* 1.24.1-3; Hipólito, *Philosophumena*, 7.16.

[16] Todas las fuentes que nos dan a conocer la vida de Carpócrates y de su hijo Epifanio son tan marcadamente legendarias que resulta necesario poner en duda la existencia misma de tales personajes. Además, Orígenes (*Contra Celsum*, 5.62), menciona la secta de los «Harpocracianos», lo cual hace sospechar a los eruditos que el nombre de «carpocracianos» se deriva, no de un personaje histórico, sino del dios egipcio Horus-Carpócrates, adorado bajo el nombre de Harpócrates. Las principales fuentes son: Ireneo, *Adv. haer.* 1.25; Clemente Alejandrino, *Strom.* 3.2-18; Tertuliano, *De anima*, 35; Hipólito, *Philosophumena*, 7.20; y Eusebio, *HE*, 4.7.

fica que dominaba el pensamiento alejandrino en los primeros siglos era el platonismo, y ya hemos visto cómo tanto el judaísmo como el cristianismo alejandrinos reciben una fuerte influencia de esa escuela filosófica. Lo mismo sucede con los carpocracianos, que llevan a su gnosticismo, además de ciertos elementos cristianos, otros platónicos. Según ellos, el mundo fue creado por espíritus distintos e inferiores al Padre. Las almas de los humanos existían antes de su nacimiento, y la salvación se logra recordando aquella preexistencia. Los que no logran esto tienen que pasar por una serie de reencarnaciones a través de las cuales reciben el castigo de su pecado. Jesús era un hombre, hijo de José y María, pero hombre perfecto, que recordó con toda claridad su existencia anterior y nos señaló las realidades que habíamos olvidado.

También en Alejandría, y entre los años 120 y 140, floreció Basilides,[17] quien decía haber sido discípulo del apóstol Matías, electo por los once tras la traición de Judas. Según Basilides, el principio de todas las realidades celestes es el Padre, de quien emanan diversos órdenes de seres hasta llegar al número de trescientos sesenta y cinco. En el último de estos cielos habitan los ángeles que crearon este mundo, uno de los cuales es Jehová. Jehová quiso dar a su pueblo escogido la hegemonía del mundo, pero los otros ángeles se lo prohibieron. Puesto que todos estos ángeles desconocían la naturaleza del Padre, de quien les apartaban trescientos sesenta y cuatro cielos, su creación fue en extremo imperfecta. Mas aun dentro de la imperfección de esta materia se encuentra cierta porción del espíritu divino, aprisionada en los cuerpos. A fin de liberar ese elemento divino, el Padre envió a su Hijo Unigénito. Este no se hizo hombre, sino que pareció ser hombre. Su misión era la de despertar en los espíritus adormecidos el recuerdo de las realidades celestes. Para ello no era necesario sufrir, y de hecho Jesús no fue crucificado, sino que fue Simón Cireneo quien sufrió la pasión y muerte en su lugar.

Por último, fue en Alejandría que Valentín recibió su educación. No sabemos cómo Valentín llegó a sus posiciones teológicas, pero el hecho es que lo encontramos en Roma a mediados del siglo segundo, donde fue expulsado de la iglesia alrededor del año 155. En este capítulo, Valentín nos resulta especialmente interesante, no solo por sus doctrinas, sino también porque en su caso podemos comparar el testimonio de los heresiólogos con los propios escritos del hereje. Además, Valentín completa la historia de la expansión del gnosticismo desde Siria hasta Roma. Con la llegada a Roma de Valentín, el ala occidental de la iglesia cristiana cobra una conciencia más profunda de la amenaza de tales doctrinas.

---

[17] *Frag. Murat.* (*PL*, 3:200-202); Ireneo, *Adv. haer.* 1.24; 2.35; Clemente Alejandrino, *Strom.* 2.8; 3.1; 4.12, 24, 26; 5.l; Seudo-Tertuliano, *Adv. omn. haer.* 1; Hipólito, *Philosophumena*, 7.1-15; 10.10; Eusebio, *HE*, 4.7.

De las obras de los heresiólogos,[18] podemos deducir el siguiente bosquejo de las doctrinas de Valentín: el principio eterno de todos los seres es el Abismo. Este es incomprensible e insondable, y en él se encuentra el Silencio. En el Silencio, el Abismo engendró a otros dos seres: la Mente y la Verdad. De este modo surge la primera «tétrada»: Abismo, Silencio, Mente y Verdad. Pero la Mente (masculino), en unión con la Verdad (femenino), dio origen al Verbo y la Vida. De estos surgen, a su vez, el Hombre y la Iglesia, y de este modo se completa la «ogdoada». Sin embargo, este no es el fin de las emanaciones divinas, sino que cada una de las dos últimas parejas de seres o eones quiso honrar al Abismo multiplicándose, y así surgieron otros veintidós eones, diez del Verbo y la Vida y doce del Hombre y la iglesia. De este modo quedó completo el Pleroma o Plenitud, que comprende los treinta eones dispuestos en quince parejas. De todos estos eones, el último es la Sabiduría, y es precisamente este eón quien da origen a nuestro mundo material. Esto sucede cuando la Sabiduría sobrepasa los límites de sus posibilidades al pretender conocer al Abismo —cosa de la que solo la Mente es capaz—. Esto lleva a la Sabiduría a una pasión violenta, de tal modo que produce un nuevo ser, aunque sin la participación de su compañero. Debido a su origen, este nuevo ser es un «aborto», y por ello crea un profundo desorden en el Pleroma. Ante las súplicas de los eones, el Abismo consiente en dar origen a dos nuevos eones, Cristo y el Espíritu Santo, a fin de restablecer el orden en el Pleroma. Esto se logra, pero siempre subsiste el producto de la pasión de la Sabiduría, que recibe el nombre de Acamot. Acamot es separada del Pleroma mediante la Cruz o límite, pero esto no impide que continúe su existencia fuera del Pleroma. Los eones, deseando ayudar a este aborto de la Sabiduría, producen un nuevo eón, Jesús, en quien se encuentra la plenitud de todos ellos. Jesús libra a Acamot de sus pasiones, que se constituyen en materia; luego la lleva a arrepentirse, y de este arrepentimiento surge el alma; por último, Jesús concede a Acamot la *gnosis* de lo alto, y esta iluminación es el origen del espíritu. Estos tres elementos —materia, alma y espíritu— se encuentran en este mundo, pero su creador desconoce la existencia del tercero. El creador de este mundo es un Demiurgo formado por la Sabiduría para que dé forma a la materia y el alma. Luego, dentro de los humanos modelados por el Demiurgo, la Sabiduría colocó las semillas del espíritu. Estas semillas se desarrollaron hasta que, una vez listas, Cristo ha venido a rescatarlas presentándose en el hombre Jesús —a quien no debemos confundir con el eón del mismo nombre—. Cristo descendió sobre Jesús en el bautismo y luego le abandonó antes de la pasión. Su misión era la de traernos la *gnosis*

---

[18] Ireneo, *Adv. haer.* 1.1-9, 11; 2.14; Clemente Alejandrino, *Strom.* 2.8; 4.13; 5.l; Tertuliano, *Adv. Valent. passim*; *Adv. Prax.* 8; Hipólito, *Philosophumena*, 6.16, 24-32; 10.9; Eusebio, *HE*, 4.11.

mediante la cual esos elementos del Pleroma que son nuestros espíritus podrán regresar a su lugar de origen.

Lo que antecede es un resumen de lo que los heresiólogos nos dicen acerca del sistema de Valentín —aunque es importante señalar que estos heresiólogos no siempre concuerdan entre sí. Pero el pensamiento de este gnóstico —o al menos de sus discípulos— se nos presenta también en la obra recientemente descubierta en Egipto y conocida como el *Evangelio de la Verdad*.[19] Según Ireneo, la secta de los valentinianos poseía un *Evangelio de la Verdad*,[20] y todo parece indicar que la obra recién descubierta es la misma a que se refería el antiguo escritor cristiano.[21] Sin embargo, entre este *Evangelio de la Verdad* y lo que nos dicen el propio Ireneo y los demás heresiólogos acerca del pensamiento de Valentín hay, además de muchos puntos de semejanza, otras muchas divergencias. Al descubrirse estos contrastes, se ofrecían tres teorías básicas para explicarlos: primera, que el testimonio de los heresiólogos carece de toda exactitud; segunda, que el *Evangelio de la Verdad* fue escrito por Valentín antes de su ruptura definitiva con la iglesia y, por ende, antes de que su sistema hubiera alcanzado la plenitud de su desarrollo; tercera, que tanto el *Evangelio de la Verdad* como el testimonio de los heresiólogos son fidedignos, y que la diversidad de sus propósitos explica la diversidad de sus exposiciones. De todas estas teorías, la tercera parece ser la más acertada, aunque no por ello debemos olvidar el carácter apologético del testimonio de los heresiólogos. Según esta tercera teoría, las diferencias entre el *Evangelio de la Verdad* y el testimonio de los heresiólogos se deben a que estos últimos tienden a subrayar el aspecto menos plausible de la especulación gnóstica, mientras que el primero presenta más bien su aspecto soteriológico, que constituye la base de su atractivo. Esta teoría se halla sostenida, entre otros, por el hecho de que el *Evangelio de la Verdad* —a pesar de su simplicidad aparente— contiene alusiones cosmogónicas que nos serían incomprensibles si no tuviésemos el testimonio de los heresiólogos.

Todo esto viene a confirmar lo que antes habíamos dicho: la gran atracción que el gnosticismo ejerció sobre los primeros siglos de nuestra era no puede comprenderse a partir de su especulación cosmogónica, sino solo a partir de su doctrina y promesa de la salvación. Por ello los heresiólogos cristianos, al tiempo que prestaron un servicio indudable, obraron en

---

[19] M. Malinine, H. C. Puech, y G. Quispel, *Evangelium Veritatis* (Zúrich, 1956) incluye, además del texto copto, traducciones inglesa, francesa y alemana. Hay también una traducción inglesa de Kendrick Grobel, *The Gospel of Truth* (New York, 1960).

[20] *Adv. haer.* 3.11.

[21] H. Jonas, «*Evangelium Veritatis* and the Valentinian Speculation», *SP*, 6 (1962), 96-111, defiende tal identificación, así como la opinión de que tanto el *Evangelio de la verdad* como los heresiólogos son testigos fidedignos de la doctrina de Valentín.

perjuicio de la exactitud histórica al dificultar nuestra comprensión de la gran atracción espiritual del gnosticismo como religión de salvación.

Por otra parte, el gnosticismo se ajustaba admirablemente al espíritu sincretista de la época. Cada maestro tomaba de los demás cuanta doctrina le parecía conveniente, y las sectas y escuelas se entremezclaban de tal modo que el historiador se ve obligado a confesarse incapaz de distinguir y clasificar con precisión las distintas tendencias gnósticas.[22] Este sincretismo, que plantea un problema de carácter académico para el historiador, planteaba un problema urgente para los cristianos de los siglos segundo y tercero, que veían su fe amenazada, no ya por ataques externos y violentos, sino por doctrinas que pretendían tomar en cuenta los mayores valores del cristianismo, pero que, en realidad, lo hacían desaparecer disuelto en un mar de doctrinas que le eran totalmente ajenas.

Los encratitas

En el capítulo 5, al tratar acerca del apologista Taciano, dijimos que se le consideró fundador de la secta de los «encratitas», que prohibía toda relación sexual. En esto concuerdan varios autores antiguos.[23] Hoy los historiadores no concuerdan en cuanto a si el encratismo debe considerarse como una secta, o más bien como en ascetismo exagerado que alcanzó gran popularidad en ciertos círculos, pero que nunca se organizó como cuerpo independiente del resto de la iglesia. En todo caso, todas las fuentes concuerdan en que los encratitas prohibían casarse. También parece cierto que se abstenían del vino. Además, algunas de estas fuentes les atribuyen una cristología docética y doctrinas acerca de la divinidad semejantes a las de Valentín y las de Marción —a quien discutiremos en la próxima sección de este capítulo—. Muy posiblemente, al menos algunos encratitas se apartaban de las relaciones sexuales influidos por ideas gnósticas que les llevaban a despreciar todo lo que fuera material o corporal.

Afortunadamente, algunos encratitas nos han dejado testimonio de sus creencias y actitudes en varios libros apócrifos, entre los cuales se destaca toda una serie de hechos apócrifos de los apóstoles: *Hechos de Andrés*, *Hechos de Juan*, *Hechos de Pedro*, *Hechos de Tomás*, *Hechos de Felipe*,

---

[22] Como ejemplo de este sincretismo, podemos mencionar el hecho de que la biblioteca gnóstica descubierta en Quenobiskion en el siglo XX, que parece haber pertenecido al grupo de gnósticos que se llamaban a sí mismos discípulos de Seth, incluye documentos procedentes de otras sectas, entre ellos el *Evangelio de la Verdad* de los valentinianos.

[23] Ireneo, *Adv. haer.* 1.28; Tertuliano, *Del ayuno*, 15; Hipólito, *Philos.* 10.10,18; Clemente Alej., *Strom.* 3.12-13; Orígenes, *De orat.* 24; Eusebio, *HE*, 4.18-19, 5.13, 8; Epifanio, *Panarion*, 46-47.

Hechos de Pablo, etc. Estos son narraciones novelescas en que se cuentan los milagros de las apóstoles y numerosas historietas pías, muchas de ellas referentes a la abstención sexual. Son de carácter popular más bien que doctrinal o teológico; pero precisamente por eso nos ofrecen un atisbo de la atracción que el encratismo tendría en algunos círculos.

Posiblemente el mejor modo de entender esta religiosidad encratita sea resumir algo de lo que se narra en uno de los ya mencionados Hechos apócrifos, el de Andrés. Según allí se cuenta, Andrés había logrado un buen número de seguidores en la ciudad de Patrás, gobernada por un tal Egeates. La esposa de Egeates, Maximila, se contaba entre los conversos de Andrés. Estando Egeates ausente, llegó su hermano Estratocles, con un criado gravemente enfermo, y Maximila le sugirió a Estratocles que acudiera a Andrés, quien podía sanar al enfermo. Así sucedió y Estratocles se convirtió. Pero entonces Egeates regresó a la ciudad. Los cristianos que estaban reunidos en casa de Egeates pudieron huir gracias a la oración de Andrés, quien hizo que Egeates tuviera que detenerse para hacer sus necesidades. Pero entonces Egeates entró a la habitación de su esposa, quien oraba: «Líbrame en adelante de la inmunda relación carnal con Egeates, y guárdame pura y casta de modo que te sirva solo a ti, Dios mío».

Andrés concuerda con este entendimiento, pues al imponerle las manos a Maximila ora:

A ti te ruego, Dios mío, Señor Jesucristo, que sabes lo que va a ocurrir: te recomiendo a mi noble hija Maximila. Que tu palabra y tu poder se hagan firmes en ella, que el espíritu que hay en ella venza al insolente Egeates y a la serpiente enemiga; que su alma, Señor, quede limpia en adelante, purificada por tu nombre. Guárdala, dueño mío, sobre todo, de esta mancha inmunda. Adormece a nuestro enemigo, salvaje y siempre incorregible, y apártala de su presunto esposo.[24]

Sabiendo que su esposo exigiría su presencia en el lecho conyugal, Maximila acudió a una criada de costumbres ligeras y le dio instrucciones para que entrara a la recámara y se acostara con Egeates, quien no descubrió el engaño por espacio de varios meses. Al cabo de ese tiempo la criada empezó a chantajear a Maximila, y al final hizo público el engaño. Enterados, otros sirvientes se unieron al chantaje a Maximila. Enterado por fin del engaño, Egeates hizo cortar la lengua, pies y manos de la criada, a quien echó fuera para que los perros la mataran. La historia continúa. Pero

---

[24] *Hechos de Andrés*, 16.

con esto basta para mostrar el carácter de la religiosidad encratita, y lo que según esa religiosidad era un heroísmo digno de admiración.

El encratismo pretendía ser una religiosidad superior a la del resto de los creyentes. El resto de la iglesia lo rechazó porque era una negación práctica de la dignidad del cuerpo humano y, por tanto, de la doctrina de la creación. Pero siempre existieron tendencias semejantes —aunque menos exageradas— entre quienes consideraban que había cierto valor especial en el celibato, como un modo superior de religiosidad.

Marción

Entre la inmensa cantidad de tergiversaciones de su mensaje a que tuvo que enfrentarse la naciente iglesia cristiana, ninguna era tan peligrosa como la de Marción.[25] Marción era natural de la ciudad de Sinope, en el Ponto, donde su padre era obispo. De allí partió e hizo un recorrido por Asia Menor, donde se entrevistó con Policarpo de Esmirna, cuyo reconocimiento pidió y quien le respondió: «Te reconozco, primogénito de Satanás». De Asia Menor, Marción pasó a Roma, y allí continuó forjando su pensamiento hasta que, probablemente en el año 144,[26] fue expulsado de la iglesia en esa ciudad. Entonces fundó una iglesia marcionita, y esto fue lo que le hizo uno de los más temibles rivales del cristianismo ortodoxo. Los distintos maestros gnósticos eran solo eso: maestros que nunca fundaron más que escuelas. Marción fundó una iglesia frente a la que ya existía y esta iglesia llegó a tener tantos adeptos que durante algún tiempo pudo pensarse que resultaría victoriosa en el conflicto. Aunque después del siglo tercero el marcionismo comenzó a decaer, y pronto desapareció en el Imperio occidental, antes de esa fecha fue una verdadera amenaza para la iglesia, que se debatía en medio de las persecuciones.

Marción ha sido clasificado entre los gnósticos por algunos de los más distinguidos historiadores del cristianismo. Contra esto protestó Harnack, quien —no sin razón— veía en Marción un pensador original completamente distinto de los maestros gnósticos. En realidad, cómo debamos clasificar a Marción depende de qué entendamos por el término «gnóstico»,

---

[25] La fuente principal de nuestros conocimientos acerca de Marción y su doctrina son los cinco libros *Contra Marción* de Tertuliano. Además, merecen citarse: Justino, *1 Apol.* 58; Ireneo, *Adv. haer.* 1.27; Clemente Alejandrino, *Strom.* 3.3; Orígenes, *Contra Celsum* 5.54; 6.53; 6.74; *Comm. in Joh. v*, frag. 4; 10.4; Hipólito, *Philosophumena,* 7.17-19; X:15; Eusebio, *HE*, 4. 9; 5.13.

[26] Aquí preferimos la cronología de Harnack (*Marcion: Das Evangelium vom fremden Gott*, Berlin, 1920) a la de Barnikel (*Die Entstehung der Kirche im zweiten Jahrhundert und die Zeit Marcions*, Berlin, 1933). Pero es necesario añadir que todavía se debaten los detalles cronológicos de la vida de Marción.

pues hay en su pensamiento ciertos elementos que le acercan a los maestros gnósticos, mientras que hay otros muchos que nos llevan a considerarle separadamente, como hemos decidido hacerlo aquí.

El pensamiento de Marción es francamente dualista. Puede decirse que el dualismo de Marción, como el de los gnósticos, no es un dualismo absoluto, sino que se deriva de un monismo inicial. Sin embargo, no se ha preservado texto alguno que aclare la relación entre el Creador y el Dios Supremo según Marción la entiende, y por tanto toda conclusión al respecto ha de basarse en inferencias que bien pueden errar. Para él, todo cuanto hay en este mundo material es necesariamente malo. Esto no se debe a una consideración de orden filosófico o metafísico, sino que se debe más bien a consideraciones de orden religioso. No se trata de que, porque cierta escuela así lo afirme, Marción piense que la materia es mala. Se trata más bien de que Marción, mirando con detenimiento este mundo en que vivimos, no ve en él más imperio que el de la ley y la justicia. Frente a esto, el evangelio cristiano es el evangelio de la gracia, el evangelio del Dios cuyo amor es tal que perdona a los pecadores más abyectos. Por tanto, el evangelio cristiano es el mensaje de un Dios «otro», «extranjero», que no es el dios que gobierna este mundo.

El dios que gobierna este mundo es el que los judíos llaman Jehová. Este es el dios que hizo todas las cosas «y vio que eran buenas». Este es el dios que requiere sacrificios sangrientos; el dios que dirige a su pueblo en batalla; el dios que ordena que poblaciones enteras sean pasadas a cuchillo; el dios «que visita la maldad de los padres sobre los hijos, sobre los terceros y los cuartos».

Por encima de este Jehová, justiciero y vengativo, hay otro Dios, el «Dios no conocido», que es el Dios de amor. Este no se relaciona con este mundo, sino que es «el Extranjero». Si Jehová es justo, fiero y belicoso, este Dios supremo es amable, plácido y bueno hasta lo infinito.[27] Al parecer, Marción comenzó afirmando que el dios Jehová era un dios malo; pero luego —quizá debido a la influencia del gnóstico Cerdo— afirmó que era un dios justo. De este modo, el contraste no era tanto el que existe entre la bondad y la maldad, sino el que existe entre el amor y la justicia.

Este dualismo de Marción le relaciona estrechamente con los gnósticos. El problema del mal que existe en este mundo parece haber sido una preocupación de primer orden tanto para Marción como para los principales maestros gnósticos. Al igual que ellos, Marción rechazaba todo lo que se relacionase con la materia, el cuerpo y el sexo. También, al igual que muchos de ellos, Marción estaba dispuesto a conceder al Antiguo Testamento cierta veracidad, pero solo como la revelación de un dios o

---

[27] Tertuliano, *Adv. Marc.* 1.6.

principio inferior. Por otra parte, la idea de un «dios desconocido» que se halla por encima del dios creador no es original de Marción, sino que forma parte de la doctrina de Cerdo, Cerinto y Basílides.

La consecuencia de estos puntos de contacto con el gnosticismo es que la doctrina de Marción sufre del mismo defecto fundamental de que sufre el gnosticismo: al excluir este mundo de la esfera en que el Dios supremo ejerce su dominio, despoja de todo sentido a la vida que en él debemos vivir. Es por esto que Tertuliano, con su agudeza característica para descubrir los puntos débiles de una doctrina cualquiera, se burlaba del Dios supremo de Marción, que había «esperado tanto para darse a conocer»,[28] y que, entretanto, no había sido capaz de producir siquiera un pobre vegetal.[29]

Pero hay también otros aspectos de su doctrina que separan a Marción del gnosticismo.

En primer lugar, Marción no pretende poseer un conocimiento secreto mediante el cual se ha de lograr la salvación. Según él, su doctrina se sigue de un estudio cuidadoso del mensaje cristiano tal como Pablo lo predicaba. Este mensaje se encuentra, según Marción, en las epístolas de Pablo y en el Evangelio de Lucas, aunque es necesario revisar esas epístolas y ese evangelio a fin de eliminar las muchas interpolaciones judaizantes de que han sido objeto. Pablo era el heraldo de un mensaje radicalmente nuevo, el mensaje de la revelación del Dios hasta entonces desconocido. Por ello, el Antiguo Testamento no puede tomarse como la Palabra del Dios que se reveló en Jesucristo. Por ello, las referencias al Antiguo Testamento que se encuentran en las epístolas paulinas no son más que adiciones posteriores. Y lo mismo puede decirse del Evangelio de Lucas, el acompañante de Pablo. De este modo, llegaba Marción a formular un canon del Nuevo Testamento —y es importante señalar que este es el primer canon neotestamentario del que tenemos noticia—s.[30] La doctrina de Marción se basa

---

[28] Tertuliano, *Adv. Marc.* 1.15 (*PL*, 2.263).

[29] Tertuliano, *Adv. Marc.* 1.11 (*PL*, 2.258).

[30] Posiblemente se haya exagerado la importancia de Marción en la formación del canon del Nuevo Testamento. La idea de un canon escriturario era cosa común entre los cristianos ortodoxos, que utilizaban a diario el canon del Antiguo Testamento. Tampoco era nueva la idea del carácter canónico de ciertos escritos apostólicos. La novedad de Marción está en ofrecer un canon o lista fija de libros inspirados. Marción se vio obligado a hacer tal lista debido a su rechazo del Antiguo Testamento, que debía ser sustituido de algún modo, y debido también al hecho de que los libros que circulaban entre los cristianos hacían uso del Antiguo Testamento, lo cual contradecía las doctrinas de Marción. Los cristianos ortodoxos no se veían en la misma obligación, y es por ello por lo que, incluso después del reto de Marción, la iglesia tardó siglos en determinar la extensión exacta del canon neotestamentario. Frente a Marción, los cristianos ortodoxos se limitaron a decir que el canon que Marción proponía era errado e insuficiente, pero no pretendieron colocar un canon cerrado frente al que Marción proponía.

en el estudio de estas Escrituras, pues él no pretende ser profeta ni poseer conocimiento secreto alguno, sino solo exponer lo que las Escrituras — claro está, *sus* Escrituras— afirman.

En segundo lugar, Marción no manifiesta ese interés especulativo que es característico de los sistemas gnósticos. La numerología y la astrología no tienen importancia alguna en su pensamiento. Su dualismo, más que un dualismo cosmológico, es un dualismo soteriológico, que no lleva a construir esas interminables series de eones que tanto interesan a los gnósticos.

Por último, Marción se distingue de los gnósticos por su marcado interés en la organización. Los maestros gnósticos fundaron escuelas o tendencias. Marción fundó una iglesia. Esto se debe, sin duda, a su convicción de que su doctrina no era una simple revelación que él había recibido, sino la interpretación correcta del mensaje que la iglesia había tergiversado. A partir de tal convicción, lo que se imponía era fundar una nueva iglesia que restaurase el mensaje que había sido corrompido. Marción fundó esa iglesia, y con ello hizo más serio el reto que su movimiento presentó a la iglesia ortodoxa.

Sin embargo, que Marción no sea un verdadero gnóstico no le libra de algunos de los errores que los gnósticos derivaban de su dualismo. De estos errores, el más serio desde el punto de vista de la iglesia es el docetismo. Al igual que los gnósticos, Marción negaba que Cristo fuese verdaderamente hombre. Este docetismo difiere del de los gnósticos. Para estos últimos, la principal piedra de tropiezo era la pasión y muerte de Cristo; para Marción, lo verdaderamente inaceptable era el nacimiento de Cristo. El nacer como niño colocaría al Salvador dentro de la esfera de acción del dios creador, y negaría el carácter radicalmente nuevo del Evangelio. Es por esto que Marción afirma que Cristo apareció «en el año quince del reino de Tiberio» como un hombre ya formado. En cuanto a la substancia de que estaba hecho su cuerpo —si era una simple apariencia o si se trataba más bien de una substancia etérea— los datos que poseemos no nos permiten determinar cuál fue la doctrina de Marción.

En resumen: podemos decir que la doctrina de Marción es un paulinismo exagerado y descarriado. El mismo Marción, al confeccionar su canon del Nuevo Testamento e incluir en él solo las epístolas de Pablo y el Evangelio de su compañero de viajes, da testimonio de su interés en exponer el mensaje del Apóstol a los Gentiles. El contraste entre la Ley y el Evangelio, la doctrina de la gracia de Dios y el carácter cristocéntrico de su mensaje colocan a Marción junto a Pablo y frente a buena parte del cristianismo que iba surgiendo. Como hemos visto anteriormente, ya desde los tiempos de los padres apostólicos se notaba la tendencia a hacer del cristianismo una nueva doctrina moral, y a privarle así del sentido del don gratuito de Dios que tanto había subrayado el apóstol Pablo. Era necesario que se alzase una voz de advertencia, y Marción quiso darla; pero al

subrayar en demasía el contraste entre el mensaje paulino y la proclamación de la iglesia llegó a tergiversar la doctrina del mismo Pablo a quien
se proponía reivindicar. Así, la doctrina de Marción acerca de dos dioses,
su interpretación negativa del Antiguo Testamento y su cristología doceta
se oponen tan radicalmente al pensamiento paulino como a la doctrina de
la iglesia en general.

Marción fue un profeta sincero pero errado. Su llamamiento a un
retorno hacia el mensaje de la gracia inmerecida de Dios era necesario y
pertinente en medio del legalismo que amenazaba con envolver a la iglesia. No obstante, su negación de la acción de Dios en la historia de Israel y
su interpretación dualista del mundo y de la salvación hicieron que la iglesia se dedicase a atacar sus errores con tal ahínco que los valores positivos
de su mensaje no recibieron la atención que merecían.

En todo caso, la doctrina de Marción —al igual que la de los otros herejes que hemos estudiado en este capítulo— ponía en peligro, no alguna
doctrina periférica del cristianismo, sino la esencia misma del mensaje
cristiano: la acción de Dios en la historia y su encarnación en Jesucristo.
Por ello, la iglesia se dedicó a combatir todas estas doctrinas y, al comba-
tirlas, se vio forzada a desarrollar su pensamiento y su organización.

El montanismo

A mediados del siglo segundo, surgió en Frigia el movimiento «montanista», cuyo nombre se deriva de su fundador: Montano.[31]

Montano era un sacerdote pagano convertido al cristianismo y bautizado alrededor del año 155. Poco después de su bautismo, Montano
comenzó a declararse poseído del Espíritu Santo, y a profetizar a título de
esa posesión. Sus palabras, en las que parece pretender que él mismo era
el Paracleto, no han de tomarse literalmente, sino más bien como oráculos
dados en nombre de Dios. En todo caso, sí es cierto que el montanismo
posterior identificó a Montano con el Espíritu Santo, y que, por tanto, la
principal contribución de Montano y de sus seguidores al desarrollo de la
doctrina trinitaria estuvo en llamar la atención hacia la doctrina del Espíritu Santo. Pronto se le unieron dos mujeres, Prisca y Maximila, discípulas
suyas, que como él profetizaban. Esto no era extraño en modo alguno,
pues en diversas regiones continuaba la costumbre de permitir las profecías por parte de personas inspiradas. Lo que resultaba novedoso era el
contenido de las profecías de Montano y sus dos compañeras, según las

---

[31] Nuestro conocimiento del montanismo se deriva principalmente de las obras montanistas de Tertuliano (véase el capítulo 8), de Epifanio, *Panarion*, 48-59, y de Eusebio, *HE*,
5.14-19.

cuales había comenzado ahora una nueva dispensación, establecida con la nueva revelación dada por el Espíritu a Montano, Prisca y Maximila. Esta nueva revelación no contradecía a la que había sido dada en Jesucristo —al menos, eso decían los montanistas— sino que la superaba en el rigor de su ética y en ciertos detalles escatológicos.

La ética montanista era decididamente rigurosa, y constituía una protesta contra la prontitud con que el resto de la iglesia perdonaba los pecados, así como contra el modo en que parecía adaptarse a las exigencias de la sociedad secular. Respecto al martirio, los montanistas creían que no debía evitarse, y hasta que era aconsejable buscarlo —práctica a la que se había opuesto siempre la mayoría de los cristianos—. El matrimonio, si bien no era del todo malo, tampoco era del todo bueno, y los viudos no podían contraer segundas nupcias. Algunos historiadores sugieren que los primeros montanistas repudiaban radicalmente el matrimonio, y fue más tarde que se permitió el matrimonio entre ellos. A partir de esta opinión, el testimonio de Tertuliano, según el cual los montanistas solo prohibían las segundas nupcias, comienza una etapa posterior en el desarrollo del montanismo.

Esta ética se basaba en una aguda expectación escatológica. Según Montano y sus dos profetisas, en ellos terminaría la era de la revelación, e inmediatamente después vendría el fin del mundo. La Nueva Jerusalén sería establecida en la aldea de Papuza en Frigia, y hacia ella se dirigieron muchos montanistas, con el propósito de presenciar los acontecimientos del día final.

Montano y los suyos eran buenos organizadores, y no veían oposición alguna entre la nueva revelación del Espíritu y la buena organización eclesiástica, de modo que pronto adoptaron la estructura jerárquica de la iglesia. Por esta razón, el montanismo se extendió rápidamente por toda Asia Menor, y luego llegó hasta Roma y el norte de África, donde logró conquistar el espíritu del más grande de los escritores cristianos de habla latina de la época, Tertuliano. Luego es inexacto interpretar el origen del montanismo como una protesta contra la organización excesiva de la iglesia en pro de la vieja estructura puramente carismática. Es más, en sus orígenes, el montanismo no abogaba por un retorno a la práctica de las profecías, sino que pretendía que Montano y sus dos profetisas habían recibido una revelación especial y final, de modo que no era de esperar que el espíritu profético se extendiese al resto de los cristianos. Fue solo con el correr del tiempo que los montanistas, queriendo imitar a sus fundadores, proclamaron que tenían el don de profecía.

La oposición del resto de los cristianos al montanismo se debía en parte a razones teológicas, y en parte a razones prácticas. En el campo de la teología, las pretensiones montanistas de haber recibido una nueva revelación hacían peligrar el carácter final de la revelación dada en Jesucristo. En el orden práctico, el montanismo debilitaba la organización de la iglesia —y hasta llegó a constituirse en iglesia rival de la «gran iglesia»—. Además, en ese conflicto se interpuso la cuestión del papel de las mujeres en el liderazgo de la iglesia. Como pronto veremos, en respuesta a las diversas herejías, el resto de la iglesia fue estableciendo sistemas y jerarquías cada vez más rígidos; y parte de ese proceso fue la tendencia a silenciar a las mujeres. Por eso encontramos en los escritos ortodoxos contra los montanistas frecuentes críticas del papel de Prisca y Maximila dentro del movimiento mismo.

Los monarquianos

El período que vio el auge del gnosticismo vio también los comienzos de la especulación acerca de las relaciones entre el Padre, el Hijo y el Espíritu Santo, y de la definición de esas relaciones. Las más antiguas noticias que tenemos acerca de los llamados «monarquianos» nos los presentan como defensores de la «monarquía» o unidad de Dios frente a la multiplicidad de eones que postulaban los gnósticos. Por esta razón los más antiguos monarquianos —los llamados «alogoi» por su oposición a la doctrina del *logos*— rechazaban el Cuarto Evangelio, que decían había sido escrito por el gnóstico Cerinto, y cuya doctrina del *logos* les parecía que servía de base a las especulaciones gnósticas acerca de la multiplicidad dentro de la divinidad. Según los alogoi, la divinidad de Cristo no puede ni debe distinguirse en modo alguno de la del Padre, pues tal distinción destruiría la «monarquía» de Dios.[32]

Tras los primeros esbozos de los *alogoi* aparecen entre los monarquianos dos tendencias claramente definidas que se conocen como «monarquianismo dinámico» y «monarquianismo modalista».

El monarquianismo dinámico conserva la unidad de Dios haciendo de la divinidad de Jesucristo una fuerza impersonal procedente de Dios, pero que no es Dios mismo. Se le llama «dinámico» por razón del término griego *dynamis*, que quiere decir «fuerza» o «poder», y que es el término que estos monarquianos empleaban para referirse al divino poder impersonal que habitaba en Jesucristo.

El primer monarquiano de esta clase de quien tenemos noticias es Teodoto, quien se negaba a dar a Jesús el título de Dios, y de quien los monarquianos dinamistas reciben a veces el nombre de «teodotianos».[33] Esta

---

[32] Ireneo, *Adv. haer.* 3.11; Epifanio, *Panarion*, 2.

[33] En realidad, parecen haber sido dos los maestros del monarquianismo dinámico de nombre Teodoto. El uno era originario de Bizancio y se estableció en Roma a fines del siglo segundo. El otro era romano, y quizá discípulo del primer Teodoto.

secta o escuela —condenada en Roma desde el año 195— continuó con Artemón, quien pretendió probar su veracidad a partir de las Escrituras. Pero no fue sino con Pablo de Samósata, cuyas doctrinas estudiaremos más adelante,[34] que el monarquianismo dinámico alcanzó la plenitud de su desarrollo.

En todo caso, el monarquianismo dinámico, aunque siempre encontró seguidores durante los siglos tercero y cuarto, nunca fue una verdadera amenaza para la iglesia. Su cristología se acercaba demasiado a la doctrina ebionita, haciendo de Cristo poco más que un mero hombre, y esto le restaba poder de atracción entre los cristianos. Había, sin embargo, otro tipo de monarquianismo que no limitaba en modo alguno la divinidad de Jesucristo y que, por tanto, gozaba de mayores posibilidades de ganar para sí un buen número de seguidores. Este es el llamado «monarquianismo modalista», o simplemente «modalismo».

El monarquianismo modalista no negaba la divinidad plena de Jesucristo, sino que sencillamente la identificaba con el Padre. Debido a esta identificación, que daba a entender que el Padre había sufrido en Cristo, se le llama en ocasiones «patripasianismo» —es decir, que el Padre sufrió la pasión—. Sus más antiguos maestros de que tenemos noticias son Noeto de Esmirna[35] y Práxeas,[36] personaje oscuro que algunos han identificado con el Papa Calixto. Aunque desde muy temprano los escritores eclesiásticos atacaron y refutaron este tipo de monarquianismo, no lograron destruirlo, sino que continuó desarrollándose hasta llegar a su culminación a principios del siglo III en la persona de Sabelio. Sabelio difundió y perfeccionó las doctrinas modalistas a tal punto que desde entonces el modalismo recibe el nombre de «sabelianismo». Según él, Dios es uno solo, sin distinción alguna. Dios es «hijo-padre», de tal modo que las llamadas «personas» no son más que fases de la revelación de Dios.[37]

Probablemente Sabelio no utilizó el término «persona» (*prosopon*) en el sentido de «máscara» para referirse al Padre, Hijo y Espíritu Santo, sino que más bien se refería a los tres como una sola persona o *prosopon*. Fue más tarde, cuando se vio claramente que el término *prosopon* podía

---

[34] Véase el capítulo 11.

[35] Hipólito, *Contra Noeto*.

[36] Tertuliano, *Contra Práxeas*.

[37] Desafortunadamente, los textos que se conservan nos ofrecen muy poca información fidedigna sobre su verdadera doctrina. Sabemos con bastante claridad lo que afirmaban sus discípulos, y los autores eclesiásticos del siglo IV le dan el nombre de «sabelianismo» a una doctrina bastante compleja que se asemeja a la de Marcelo de Anquira —a quien volveremos a encontrar al discutir las controversias trinitarias del siglo IV—. Las principales fuentes sobre el modalismo son Hipólito, *Philos.* 9.11-13; Epifanio, *Pan.* 62, 69.7 (donde se citan las palabras de Arrio sobre el tema); Atanasio, *Orat. contra Ar.* 3.4.36; y Ps. Atanasio, *Orat. contra Ar.* 4, en varias referencias esparcidas.

emplearse como apariencia externa, que los teólogos ortodoxos empezaron a acusar de sabelianismo a quienes hablaban de tres *prosopa*.

Como es de suponer, todas estas doctrinas diversas crearon un fermento intelectual que sirvió de punto de partida al gran desarrollo teológico de los siglos segundo y tercero. A este desarrollo dedicaremos ahora nuestra atención.

La respuesta

Ante el impacto de las herejías que florecieron en el siglo segundo de nuestra era, los cristianos que veían en esas doctrinas una amenaza para su fe se vieron obligados a tomar medidas para evitar su propagación. Aunque la organización de la iglesia en esta época no era tal que le permitiese tomar decisiones rápidas y finales, es sorprendente el modo en que los cristianos de todo el mundo mediterráneo reaccionaron de manera semejante ante el reto de las herejías. No es que no hubiese diferencia de escuelas —y en los próximos tres capítulos estudiaremos a los representantes ortodoxos de tres tendencias teológicas distintas— sino que, a pesar de esas diferencias, los cristianos ortodoxos de todo el mundo mediterráneo apelaron a los mismos instrumentos a fin de combatir las herejías. En realidad, estos instrumentos eran instancias prácticas y particulares del argumento fundamental que podía esgrimirse contra las herejías: la autoridad apostólica. Estos instrumentos a que nos referimos —el énfasis en la sucesión apostólica, el canon bíblico y la regla de fe, frecuentemente resumida en los credos bautismales— se hallan unidos por el común denominador de la autoridad apostólica. La importancia de la sucesión apostólica está precisamente en que las iglesias que la poseen pueden pronunciarse con certidumbre acerca de la doctrina apostólica. El canon del Nuevo Testamento no es más que el conjunto de los libros apostólicos, cuya doctrina es apostólica porque fueron escritos por los acompañantes y discípulos de los apóstoles. La regla de fe es un intento de bosquejar y resumir la fe de los apóstoles. Los que hoy llamamos «credos» son, en realidad, la expresión de esa misma regla de fe, que el creyente acepta y afirma en el bautismo. Puesto que estamos tratando sobre la autoridad que se les dio a los apóstoles, conviene recordar que pronto se creó la leyenda de que el más común de esos credos —el credo romano— había sido compuesto por los apóstoles. Por último, la lucha teológica contra las herejías —a la que dedicaremos los capítulos que siguen— usó siempre como un argumento principal el origen apostólico de la doctrina que defendía.

Si bien la metodología que hemos adoptado en este estudio —y que gira alrededor de unidades cronológicas más que de unidades temáticas— nos impide hacer aquí un estudio detallado del desarrollo y culminación de cada uno de estos instrumentos antiheréticos, sí debemos detenernos a señalar el origen de estos instrumentos en la época que estamos estudiando. Discutir, por ejemplo, la doctrina de la sucesión apostólica hasta sus últimas consecuencias en el dogma de la infalibilidad papal —promulgado diecisiete siglos después— rompería la secuencia de nuestro estudio. Pero discutir los teólogos de la segunda mitad del siglo II sin señalar la dirección general del desarrollo teológico de la época sería tergiversar la propia interpretación de estos teólogos. En efecto, esa segunda mitad del siglo II marca los comienzos de lo que algunos han llamado la «iglesia católica antigua», y los teólogos que hemos de estudiar en los próximos capítulos solo pueden ser comprendidos y valorados justamente a partir de ese contexto histórico.

Lo que señala el comienzo de esta «iglesia católica antigua» —cuya diferencia con la iglesia apostólica y subapostólica algunos han exagerado— es precisamente el surgimiento de esos instrumentos antiheréticos que ya hemos mencionado, y cuya consecuencia es la tendencia hacia la uniformidad. Luego debemos detenernos a considerar al menos las primeras etapas en el desarrollo de esos instrumentos y su relación con la lucha por mantener la pureza de la fe.

Entre estos instrumentos que la iglesia católica antigua utilizó para detener el ímpetu de los herejes, quizá debemos comenzar por el énfasis en la sucesión apostólica. Como era de esperar, los apóstoles, y luego sus discípulos, gozaron de gran autoridad en las primeras generaciones cristianas. Ya desde finales del siglo primero, Clemente de Roma utiliza el argumento de la sucesión apostólica, no contra los herejes, pero sí contra los cismáticos.[38] Pocos años más tarde, Ignacio de Antioquía, esta vez contra los herejes, subraya la autoridad del obispo y los presbíteros como representantes de Cristo y sus apóstoles. Clemente subraya la sucesión sin mencionar siquiera el episcopado monárquico —quizá no lo había todavía en Roma— mientras que Ignacio subraya la autoridad del obispo sin prestar gran atención a la sucesión. Pronto el impacto de las herejías hizo a los cristianos unir la idea de la sucesión apostólica con el episcopado monárquico, y de este modo surgió el énfasis en una cadena ininterrumpida de obispos que supuestamente unía a la iglesia del presente con los tiempos apostólicos. Según este argumento —que pronto se hizo doctrina— los apóstoles eran los depositarios de la verdadera fe, y se la comunicaron a sus mejores discípulos, a quienes también hicieron sus sucesores en el episcopado de las iglesias que ellos fundaron. Estos discípulos de los apóstoles hicieron lo mismo con sus discípulos, y así

---

[38] De la misma época son los testimonios de la autoridad creciente de los apóstoles que encontramos en Ef. 2.20, y Ap. 21.14.

sucesivamente, de modo que aún hoy —en el siglo II— es posible señalar iglesias que pueden probar que sus obispos son sucesores de los apóstoles. Si bien estas iglesias son pocas —después de todo, los apóstoles fundaron pocas de las iglesias que existen en el siglo II— ellas son las depositarias de la fe; ellas son las verdaderas iglesias apostólicas, y las demás lo son solo por derivación, en cuanto su doctrina concuerda con la de las iglesias estrictamente apostólicas.

Esto que acabamos de resumir es lo que se encuentra en los escritos de los primeros autores antiheréticos de la segunda mitad del siglo II —sobre todo, en Ireneo y Tertuliano—. Pero es necesario señalar que todavía en esta época el énfasis en la sucesión apostólica no es tal que sea esta la que confiera validez al oficio episcopal. Al contrario, aunque hay algunas iglesias cuyos obispos tienen esta sucesión y otras cuyos obispos no la tienen, todas son iglesias apostólicas porque su fe concuerda con la fe de los apóstoles tal como se ha conservado en las iglesias cuyos obispos guardan esa sucesión. Más tarde, y a través de varios siglos, esta doctrina de la sucesión apostólica tomará vuelos jamás sospechados por los teólogos que la plantearon en el siglo segundo.

El canon del Nuevo Testamento fue otro instrumento que la iglesia del siglo II utilizó en su lucha contra las herejías. Este instrumento tiene la peculiaridad de haber sido tomado de los herejes mismos, pues el primer canon del Nuevo Testamento —por lo menos, el primero de que tenemos noticias— fue el de Marción, que solamente incluía el Evangelio de Lucas y diez epístolas paulinas; y estas, purgadas de toda «interpolación judaizante». Sin embargo, debemos señalar que, si bien la iglesia tomó de Marción la idea de un canon o lista fija de libros inspirados, no tomó de él la idea de la existencia misma de tales libros. Al contrario, desde sus mismos comienzos la iglesia cristiana adoptó el Antiguo Testamento como Escritura inspirada por Dios, y muy pronto aparecen los primeros usos de escritos cristianos junto al Antiguo Testamento. Como era de esperar, los evangelios, que contenían las palabras mismas de Jesús, pronto se equipararon a los profetas del Antiguo Testamento, y Justino da testimonio de esto cuando dice que en los servicios se leen porciones de los escritos de los profetas o de «las memorias de los apóstoles» como él llama a los evangelios.[39] Por tanto, lo que la iglesia adoptó de Marción no fue el concepto de literatura canónica, sino el impulso que llevó a establecer cuáles de los muchos libros cristianos debían considerarse parte de las Escrituras. Además, aun este mismo proceso no debe atribuirse exclusivamente a Marción, pues los otros herejes, con su producción constante de libros

---

[39] *I Apol.* 57.3 (*BAC*, 116:258).

supuestamente inspirados, hacían obvia la necesidad de determinar cuáles libros formaban parte de las Escrituras y cuáles no.

El canon del Nuevo Testamento tardó siglos en alcanzar su forma final, pero sus rasgos esenciales quedaron fijados desde la segunda mitad del siglo II. En efecto, a partir de entonces quedó generalmente aceptada la estructura global del Nuevo Testamento, compuesto de «Evangelio» y «Apóstoles», según el ejemplo de Marción. Si bien a mediados del siglo II se discutía todavía la inclusión del Cuarto Evangelio en el canon —según lo muestra su cálida defensa por parte de Ireneo—[40] a partir de entonces se aceptó el cuádruple testimonio del Evangelio.[41] Es posible que esta variedad de evangelios haya sido incluida a fin de mostrar que la fe de la iglesia no se basaba en el testimonio de un apóstol aislado, como pretendían Marción y algunos gnósticos.

En cuanto a los «Apóstoles», el libro de Hechos de los Apóstoles y las epístolas paulinas gozaron de gran autoridad desde su primera publicación. El primer canon neotestamentario que conocemos —el de Marción— no incluye el libro de Hechos, pero sí incluye las epístolas paulinas. A partir de entonces, todas las listas de libros sagrados que conocemos incluyen tanto el libro de Hechos como las epístolas paulinas. A estas últimas se añadieron pronto las epístolas pastorales, compuestas posiblemente en la primera mitad del siglo II a fin de combatir las herejías. La Epístola a los Hebreos fue incluida en el canon por vez primera en Alejandría, donde su doctrina y punto de vista general encontraron más simpatía que en otros círculos. En cuanto a las epístolas generales de Santiago, Pedro, Juan y Judas, su aceptación universal no fue unánime ni uniforme. La primera en ser aceptada universalmente parece haber sido la Primera Epístola de Juan. Las demás aparecen en algunas de las listas, pero se hallan ausentes de otras. Por último, lo mismo puede decirse del Apocalipsis, que demoró algún tiempo en ser aceptado universalmente debido a la sospecha con que algunos sectores de la iglesia veían el pensamiento apocalíptico.

Hubo también otros escritos que, aunque quedaron fuera del canon del Nuevo Testamento, fueron tenidos por inspirados en ciertos círculos y tiempos. La *Primera Epístola de Clemente a los Corintios*, la *Segunda Epístola de Clemente*, la *Epístola de Bernabé*, la *Didajé*, el *Pastor* de Hermas, los *Hechos de Pablo* y otros escritos de la misma época se encuentran en esta categoría.

---

[40] *Adv. haer.* 3.11:8.

[41] El *Diatessaron* de Taciano, que pretendía eliminar esta multiplicidad de evangelios, utilizó los cuatro evangelios canónicos, y solo esos cuatro.

En todo caso, lo que aquí nos interesa no es la historia misma del canon,[42] sino el modo en que esa historia refleja la reacción de los cristianos frente a las herejías. El canon tardó siglos en llegar a su forma definitiva, y antes del año 367 no existe lista alguna que concuerde exactamente con el canon actual. Pero la idea misma de un canon surge y queda establecida en el siglo II ante la necesidad de erigir normas para distinguir la «doctrina apostólica» de las múltiples herejías que pretendían fundamentarse en la autoridad de algún apóstol.[43]

Aunque desde nuestra perspectiva la sucesión apostólica y la determinación del canon parecen ser un acto de clausura, de hecho, en su época lo que hicieron no fue cerrar sino abrir la tradición. Mientras muchos de los herejes pretendían tener la autoridad de un apóstol particular de quien decían haber recibido una tradición secreta, o la de un solo evangelio que llevaba el nombre de alguno de los apóstoles, la iglesia en general insistió en una tradición abierta que había venido de *todos* los apóstoles, conocida de *todos* sus sucesores, y documentada por una variedad de testigos escritos —los evangelios— que, aunque no concordaban siempre en todos los detalles, sí estaban de acuerdo en las cuestiones principales que se debatían. Por otra parte, sí es cierto que el proceso de definir y limitar la autoridad llevó a la exclusión creciente de algunas personas —en particular, de las mujeres—.

Sin embargo, el énfasis en la sucesión apostólica y la formación de un canon del Nuevo Testamento no bastaban como normas para determinar el carácter de una doctrina. La sucesión apostólica podía garantizar cierta continuidad, y era norma valiosísima, pero no constituía en sí misma una exposición de la doctrina correcta. El Nuevo Testamento, por su parte, sí exponía esta doctrina, pero lo hacía de un modo demasiado extenso y poco sistemático para poder detener o refutar las herejías por sí solo. Era necesario ese resumen sistemático de la fe de la iglesia —un resumen confeccionado de tal modo que pudiese servir para distinguir claramente entre esa fe y las diversas doctrinas que pretendían modificarla y suplantarla—. Fue esta necesidad la que dio origen a la idea de una *regla de fe* y la que, al mismo tiempo, acrecentó la importancia del *Credo* como prueba de ortodoxia.

---

[42] No hemos discutido aquí las diversas fuentes de donde pueden sacarse nuestras conclusiones, pero podemos señalar, como fuentes para el conocimiento del estado del canon en el siglo II, el fragmento de Muratori y las obras de Ireneo, Tertuliano y Clemente de Alejandría. Lo que aquí hemos hecho ha sido simplemente resumir lo que puede deducirse de estas fuentes.

[43] El término mismo de «Nuevo Testamento» para referirse a un cuerpo de literatura inspirada aparece por vez primera en Tertuliano, escritor cristiano del África del Norte, alrededor del año 200 a quien dedicaremos el capítulo 8.

Al mismo tiempo que comenzaba a forjarse el canon del Nuevo Testamento, iba formándose en Roma una fórmula que luego habría de ser el núcleo de nuestro «Credo Apostólico», y que conocemos bajo el nombre de «Antiguo símbolo romano» —título que a su vez se abrevia mediante el símbolo «R»—. La leyenda según la cual fueron los doce apóstoles quienes compusieron el Credo, señalando cada uno una cláusula que debía incluirse en él, aparece por primera vez en la literatura cristiana en el siglo IV,[44] y carece de fundamento histórico. A partir de los estudios de Lorenzo Valla en el siglo XV, se ha abierto de nuevo la discusión acerca del origen del Credo, y ya hoy podemos señalar —aunque no sin algunos puntos oscuros— el modo en que R fue desarrollándose hasta llegar a tomar la forma que hoy tiene nuestro Credo.

Al parecer, R surgió, no como una fórmula afirmativa, sino como una serie de preguntas que se hacían al catecúmeno en el acto de ser bautizado. Es así que aparece en la Tradición apostólica de Hipólito, sobre quien volveremos en el capítulo 10. Estas preguntas eran tres, siguiendo la antiquísima fórmula tripartita del bautismo, y al principio se limitaban a preguntar a quien recibía el bautismo si creía en el Padre, en el Hijo y en el Espíritu Santo.

Pronto se vio en Roma la necesidad, cada vez mayor, de que estas preguntas sirviesen para determinar la fe ortodoxa de quien recibía el bautismo. Puesto que el punto que se debatía era sobre todo la cuestión cristológica, se añadieron varias cláusulas a la segunda pregunta. De este modo surgió una fórmula bautismal de carácter interrogatorio, que debe haber sido muy parecida a la que presenta Hipólito en su *Tradición Apostólica* (principios del siglo III):

¿Crees en Dios Padre Todopoderoso?

¿Crees en Cristo Jesús, el Hijo de Dios, que nació por el Espíritu Santo de la Virgen María, que fue crucificado bajo Poncio Pilato, y murió, y al tercer día se levantó vivo de entre los muertos, y ascendió a los cielos, y se sentó a la diestra del Padre, y vendrá a juzgar a los vivos y a los muertos?

¿Crees en el Espíritu Santo, en la santa iglesia, y en la resurrección de la carne?[45]

---

[44] *Explanatio symboli ad initiandos* (*PL* 17:1193-96); *Constituciones apostólicas,* 4.14.

[45] Traducido del texto griego en Kelly, *Early Christian Creeds* (London:1950), p. 91.

Esta fórmula bautismal fue adaptada más tarde a fin de servir como afirmación de fe y como base y culminación del proceso catequético. De este modo quedó establecida la práctica de la *traditio et redditio symboli*, en la que el obispo enseñaba el símbolo o Credo al catecúmeno, y este lo repetía como afirmación de su fe.[46]

Aunque ya en tiempos de Tertuliano, a finales del siglo segundo, tenemos un texto que parece reflejar cierto conocimiento de una fórmula muy parecida a la de Hipólito,[47] exposición de la regla de fe que no incluye la cláusula referente al Espíritu Santo. Es en el siglo IV, con Marcelo de Ancira[48] y Rufino de Aquileya,[49] que encontramos el primer uso de R como una fórmula claramente afirmativa. A partir de los testimonios de Marcelo y Rufino, McGiffert ha reconstruido el texto de R en el siglo IV como sigue:

> Creo en Dios Padre todopoderoso; y en Cristo Jesús, su único hijo, nuestro Señor, que nació del Espíritu Santo y de María la virgen, que bajo Poncio Pilato fue crucificado y murió, al tercer día resucitó de entre los muertos, subió a los cielos, y está sentado a la diestra del Padre, de donde vendrá a juzgar a los vivos y los muertos; y en el Espíritu Santo, la santa iglesia, el perdón de los pecados y la resurrección de la carne.[50]

Como vemos, la transformación que sufrió R desde tiempos de Hipólito hasta la época de Rufino y Marcelo es prácticamente nula en lo que a su contenido se refiere —la adición principal es la de la cláusula sobre el perdón de los pecados— mientras que, en cuanto a la forma, se ha pasado de un credo interrogatorio a un credo afirmativo. La ausencia de grandes cambios en cuanto al contenido señala que ya a principios del siglo III el núcleo de R se había formado. Es más, dado el carácter conservador de Hipólito, no nos aventuramos demasiado si decimos que el texto que él cita es probablemente mucho más antiguo, y que ya por el año 170 ó 180 los rasgos esenciales de R habían quedado fijados. Por otra parte, de este

---

[46] La razón que dio origen a la costumbre de llamar «símbolos» a los credos no es del todo clara. Quizá Rufino no haya estado del todo equivocado al interpretar *symbolum* como *signum*, y al usar el ejemplo del santo y seña que sirve para reconocer a los miembros de un mismo ejército, y que recibía el nombre de *symbolum*. Si esto es así, se confirma nuestra afirmación de que la oposición a las herejías fue desde muy temprano uno de los usos principales de R.

[47] *De virg. vel.* 1.

[48] Citado por Epifanio, *Panarion* 72.3.

[49] *Comm. in symbolum* (*PL* 21.335-386).

[50] Traducido del texto griego en McGiffert, *The Apostles' Creed* (New York, 1925), pp. 42-43.

modo se explica el que, en una ocasión al menos, Tertuliano haya resumido la regla de fe en términos muy semejantes a R: teniendo a mano el texto de R —aunque, naturalmente, en su forma interrogativa— decidió utilizarlo como un resumen de la regla de fe.

En cuanto a su estructura, R es simplemente una ampliación de la antigua serie tripartita de preguntas bautismales. Naturalmente, la ampliación afecta sobre todo a la segunda pregunta, pues lo que era necesario afirmar antes que nada en el siglo II era la cristología de la iglesia.[51]A fin de ampliar esta segunda cláusula, se hizo uso de la regla de fe que hemos de discutir más adelante, y que bosquejaba con cierto detenimiento la vida y obra de Jesús. Así se explican los paralelismos en cuanto a contenido y las divergencias en cuanto a forma y propósito que existen entre R y la regla de fe de Roma. Y esto implica también que, si bien R fue producido en el siglo II a fin de responder a una situación dada, su doctrina no constituye en modo alguno una innovación de la doctrina cristiana.

Para comprender el sentido antiherético —y sobre todo antimarcionita— de R, es necesario analizar algunas de sus afirmaciones básicas, y ver cómo constituyen otras tantas negaciones de las doctrinas de los gnósticos y de Marción. El hecho de que los términos que utiliza R para combatir las herejías son anteriores al impacto de esas herejías sobre la iglesia no ha de hacernos dudar del carácter antiherético de R. La importancia de R como respuesta a las herejías no está en sus doctrinas individuales, sino en el modo en que todas ellas han sido seleccionadas y combinadas para responder al reto de la época.

En la primera cláusula, lo primero que debemos señalar es la unión de los términos «padre» y «todopoderoso». El término griego que aquí se emplea, *Pantokrator* —y podemos dar por sentado que el griego era el idioma original de R— para señalar el carácter de Dios no quiere decir simplemente «todopoderoso» en el sentido de que tiene poder para hacer cualquier cosa que sea su voluntad, sino que significa más bien «que todo lo gobierna». Esto quiere decir que —contrariamente a lo que afirmaban, por ejemplo, Marción y Valentín, ambos en Roma— el Dios que gobierna este mundo físico en que vivimos es también el Dios Padre, y que no es posible distinguir entre un mundo espiritual en el que Dios reina y un mundo material que existe fuera o aparte de la voluntad de Dios.

De la segunda cláusula, puede decirse que toda ella acusa el interés antiherético. En primer lugar, el adjetivo posesivo «su»[52] que se destaca más en el texto griego que en el castellano, establece todavía más

---

[51] Quizá valga la pena recordar aquí que medio siglo antes, cuando Ignacio de Antioquía se vio en la necesidad de refutar el docetismo, lo hizo, al igual que luego R, mediante una afirmación categórica de los hechos sobresalientes de la vida de Cristo.

[52] *Ton huion autou.*

claramente la identidad entre el Padre de Jesucristo y el Dios que gobierna al mundo, cosa que Marción negaba rotundamente. Después, la referencia a María «la virgen», que indudablemente excluía a los ebionitas, servía también para señalar el hecho de que Jesús había nacido de una mujer, y de una mujer particular —doctrina esta que la mayoría de los docetas no podían aceptar—. La referencia a Poncio Pilato es un modo de establecer una fecha, y subraya el carácter histórico, y no simplemente ideal o espiritual, de la crucifixión y sepultura de Cristo. Por último, la referencia al juicio final contradice la doctrina de Marción de la distinción absoluta entre el Dios justo del Antiguo Testamento y el Dios amoroso y perdonador del Nuevo.

La mención del Espíritu Santo en la tercera cláusula es anterior a la formación de R, pues proviene de la antiquísima fórmula bautismal, «en el nombre del Padre, del Hijo, y del Espíritu Santo». Pero la referencia a la resurrección de la carne sí tiene cierto matiz antiherético. Tanto los gnósticos como Marción rechazaban la doctrina de la resurrección y hablaban, en cambio, de una inmortalidad natural del espíritu humano. A esto se opone la referencia de R a la resurrección final.

Desde finales del siglo II, y cada vez con más frecuencia durante el siglo siguiente, aparecen en los escritores eclesiásticos referencias a la «regla de fe». El primero en utilizar este término es Ireneo, en las Galias.[53] Pero el hecho de que poco después aparece también en Clemente de Alejandría, prácticamente al otro extremo del mundo mediterráneo,[54] es señal de que desde algún tiempo antes había aparecido en los círculos eclesiásticos este concepto de una «regla de fe». En los tiempos modernos, algunos eruditos han identificado esta «regla de fe» con alguna forma primitiva del Credo —o de diversos credos—. Esta identificación no parece acertada, pues las variaciones que se encuentran en esta «regla de fe» de un escritor a otro, y aun en las obras de un mismo autor, son demasiado grandes para que pueda pensarse que tras tales formulaciones diversas haya existido una fórmula más o menos fija. Quizá convenga ilustrar esto con el caso de Tertuliano, en cuyas obras aparecen tres exposiciones de la «regla de fe», todas diferentes.[55] Una de ellas, es cierto, se parece mucho al credo romano, pero que las otras dos no sigan el mismo orden indica que, si bien Tertuliano veía en el credo romano —o algún otro credo de la misma familia— un resumen adecuado de la «regla de fe», esta no era lo mismo que ese credo. Por tanto, podemos decir que la «regla de fe» no era un texto

---

[53] *Demostración de la predicación apostólica,* 3.
[54] Clemente utiliza repetidamente la frase «regla de fe» así como otras frases con el mismo sentido. Véase *Strom.* 4.15.
[55] *Adv. Prax.* 2; *De praes.* 12; *De virg. vel.* 1.

fijo, que era necesario repetir palabra por palabra, sino que era más bien un resumen del contenido fundamental del mensaje cristiano, subrayando quizá los aspectos de ese mensaje que los herejes tendían a negar.

Este carácter de la «regla de fe», fluctuante y a la vez basado en ciertos hechos fundamentales de la historia de la salvación, es lo que explica el hecho de que en las diversas regiones del Imperio la «regla de fe» haya sido esencialmente la misma, pero al mismo tiempo haya reflejado los intereses y las tendencias particulares de cada escuela y hasta de cada teólogo. Así, Ireneo incluye en la «regla de fe» su doctrina de la recapitulación; Tertuliano incluye la suya de la nueva ley; y Orígenes, su distinción entre el sentido literal y el sentido alegórico de las Escrituras.

De todo esto se deduce que, cuando los escritores de finales del siglo II y principios del III mencionan la «regla de fe», no se refieren a una fórmula más o menos fija, como la fórmula bautismal que dio origen a los diversos credos, sino que se refieren más bien a la regla que es esa fe que la iglesia ha predicado siempre. Debido a la tendencia a atribuir a los apóstoles todas las doctrinas y costumbres cuyo origen se perdía en el pasado, los cristianos de diversas regiones tendían a incluir en la «regla de fe» alguna de las características particulares del cristianismo en cada región. Pero el centro de la «regla de fe» era lo que siempre, desde los primeros discursos apostólicos que se conservan en el libro de Hechos, había sido el centro del mensaje cristiano: la historia de la salvación.

En algunas de las exposiciones de la «regla de fe» que se han conservado, se sigue el mismo bosquejo básico que en el credo romano «R», que dio origen a nuestro «Credo de los apóstoles». En otras se sigue un bosquejo distinto, y hasta en ocasiones se excluye por completo la cláusula que se refiere al Padre, así como la que se refiere al Espíritu Santo, y la «regla de fe» se torna entonces un resumen de la vida y obra de Cristo.

Como vemos, la amenaza de las herejías provocó toda una serie de reacciones que tendrían grandes consecuencias para la vida futura de la iglesia. El Credo, el canon del Nuevo Testamento y la doctrina de la sucesión apostólica son tres de estas reacciones. Naturalmente, todos estos elementos de la vida de la iglesia podrían muy bien haberse producido sin el reto de las herejías —es más, quizá debamos decir que se habrían producido de todos modos—.

Pero las herejías fueron sin lugar a duda el agente catalítico que precipitó su desarrollo. Y la importancia de todos ellos —particularmente en tiempos en que las Biblias eran escasas y pocas sus traducciones a otras lenguas— se ve en los siguientes pasajes de Ireneo (a quien discutiremos en el próximo capítulo), que bien merecen citarse extensamente, pues en ellas se conjugan las Escrituras, la tradición apostólica, la regla de fe y ecos de «R»:

En el supuesto de que los apóstoles no nos hubieran dejado las Escrituras, ¿acaso no habría que seguir el orden de la tradición, que ellos entregaron a quienes confiaron las iglesias?

A esta disposición dan su asentimiento muchos pueblos bárbaros que creen en Cristo. Ellos poseen la salvación, escrita por el Espíritu Santo sin tinta ni papel en sus propios corazones y conservan cuidadosamente la tradición antigua, creyendo en un solo Dios creador del cielo y de la tierra y de todo lo que en ellos hay, y en Cristo Jesús, Hijo de Dios, quien, a causa de su grande amor por la obra modelada por Él, ha consentido en ser engendrado de la Virgen, para unir por sí mismo al hombre con Dios, y ha padecido bajo el poder de Poncio Pilato, ha resucitado y ha sido elevado a la gloria y vendrá en gloria como Salvador de los que se van a salvar y juez de los que serán juzgados y enviará al fuego eterno a los que desfiguran la verdad y menosprecian a su Padre y a su propia venida.

Los que aceptaron esta fe sin letras, pueden ser bárbaros en cuanto al idioma, pero en lo que se refiere a sus ideas, sus costumbres y su modo de vida, por medio de la fe se han hecho extraordinariamente sabios. […] Si alguno, hablando con ellos en su propia lengua, les anuncia las invenciones de los herejes, al punto, cerrando sus oídos, se escaparán lo más lejos que puedan, incapaces ni siquiera de oír estas conversaciones blasfemas. Así, gracias a aquella antigua tradición de los apóstoles, ni siquiera pueden admitir en su mente la idea de cualquiera de esas cosas de tan extraños discursos.[56]

Y, señalando el buen éxito de todas estas medidas unificadoras, en otro sitio dice el propio Ireneo:

Por tanto, habiendo recibido este mensaje y esta fe, como acabamos de decir, la iglesia, aunque esparcida por el mundo entero, lo guarda cuidadosamente como habitando en una mansión, y cree de manera idéntica…

Porque, aunque las lenguas del mundo difieren entre sí, el contenido de la tradición es único e idéntico. Y ni las iglesias establecidas en Germania, ni las que están entre íberos, ni las que están entre los

---

[56] *Adv. Haer.* 3.4.1-2. (GAF 5:298-99).

celtas, ni las del Oriente, es decir, Egipto y Libia, ni las que están fundadas en el centro del mundo, tienen otra fe u otra tradición.[57]

Naturalmente, al leer estas palabras en el contexto de nuestro estudio, vemos que Ireneo exagera la unidad y uniformidad de la iglesia, pues repetidamente veremos diversidades tanto en la práctica como en la teología. Empero, las palabras de Ireneo sí nos recuerdan la importancia que aquellos antiguos cristianos le daban a la unidad, y el ahínco con que la buscaban y anunciaban.

Por otra parte, el reto de las herejías provocó el surgimiento de otra arma antiherética menos rígida y más difícil de clasificar, pero también de gran alcance: la actividad teológica. El pensamiento y la pluma fueron estimulados por las herejías, y produjeron obras cuya influencia va mucho más allá de la simple refutación de los herejes. De hecho, los más grandes pensadores de finales del siglo II y principios del III son los escritores antiheréticos.

Estos escritores antiheréticos pueden agruparse en tres escuelas: una que tiene sus orígenes en la teología de Asia Menor, que ya hemos discutido, y cuyo principal exponente en este período es Ireneo; otra que se centra en Cartago y cuyo principal y primer autor es Tertuliano; y otra que tiene su sede en Alejandría, y que está representada por Clemente y Orígenes. Cada una de estas escuelas es continuación de alguna de las tendencias que hemos mencionado ya al discutir los padres apostólicos y los apologistas, y cada una de ellas tiene también su continuación más allá del siglo II.[58] De momento, sin embargo, nos limitaremos a estudiar sus exponentes principales, y dedicaremos el próximo capítulo a Ireneo, el que le sigue a Tertuliano, y el que sigue a este último: a Clemente y Orígenes.

Sin embargo, antes de pasar adelante, debemos señalar que los diversos instrumentos antiheréticos que aquí hemos discutido no se aplicaban independientemente los unos de los otros, sino que se corregían y complementaban entre sí. Así, por ejemplo, la regla de fe se utilizó en algunas ocasiones para determinar el carácter espurio de un libro que pretendía ser de origen apostólico —si la doctrina del libro no se conformaba a la «regla de fe», su autor no podía ser un apóstol— y la autoridad que los obispos derivaban de su carácter de sucesores de los apóstoles se utilizó también a menudo para refutar las interpretaciones escriturarias de los herejes.

---

[57] *Adv. Haer.* 1.10.2. (GAF 5:84-85).

[58] En el libro *Retorno a la historia del pensamiento cristiano: Tres tipos de teología* (Buenos Aires, 2004), he discutido estas tres escuelas teológicas y el modo en que puede verse su impacto en los siglos posteriores hasta nuestro día.

7

Ireneo de Lyon

Durante el siglo II, fueron muchos los cristianos que se dedicaron a refutar las diversas doctrinas que amenazaban con oscurecer el carácter único del mensaje cristiano. Ya hemos visto que Justino compuso una obra *Contra todas las herejías* y otra *Contra Marción*, y que Teófilo de Antioquía escribió también *Contra Marción* y *Contra Hermógenes*. Todas estas obras se han perdido, y lo mismo ha sucedido con las obras de otros autores cuyos nombres el historiador Eusebio nos ha transmitido: Agripa Castor, Felipe de Gortina, Modesto, Musano, Cándido, Heráclito, etc. Por tanto, el primer autor antiherético cuyas obras han llegado hasta nosotros es Ireneo de Lyon.[1]

Es poco lo que sabemos acerca de la vida de Ireneo. Al parecer, nació en Asia Menor —probablemente en Esmirna— alrededor del año 135. Allí escuchó a Policarpo de Esmirna, aunque debe haber sido aún bastante joven cuando el anciano obispo coronó su vida con el martirio. Más tarde —probablemente alrededor del año 170— pasó a las Galias y se estableció en la ciudad de Lyon, donde existía una comunidad cristiana compuesta, en parte al menos, por inmigrantes del Asia Menor. Allí era presbítero en el año 177 cuando fue enviado a Roma a llevar una carta al obispo de esa ciudad. Al regresar de su misión, descubrió que el obispo de Lyon, Potino, había sufrido el martirio, y que él debía ser su sucesor. Como obispo de

---

[1] Aunque Hegesipo es algo anterior a Ireneo, los fragmentos de sus cinco libras de *Memorias* que Eusebio ha conservado tratan más bien de la historia de la iglesia primitiva en Palestina, y no nos permiten descubrir el carácter de su pensamiento teológico.

Lyon, Ireneo se dedicó, no solo a dirigir la vida de la iglesia en esa ciudad, sino también a evangelizar a los celtas que habitaban la comarca, a defender el rebaño cristiano contra los embates de las herejías y a mantener la paz de la iglesia.[2] Este último interés le llevó a intervenir en la controversia pascual, cuando el obispo de Roma, Víctor, se inclinaba a romper con las iglesias del Asia Menor debido a su discrepancia en cuanto a la fecha en que debía celebrarse la Pascua —la controversia cuartodecimana, sobre la que volveremos en el capítulo 13—. Pero fue su interés en combatir las herejías de su tiempo y en fortalecer la fe de los cristianos lo que le llevó a escribir las dos obras que le han valido un sitial entre los más grandes teólogos de todos los tiempos. En cuanto a su muerte, se afirma que murió como mártir, aunque nada sabemos respecto a los detalles de su martirio. Lo más probable es que muriera en el año 202, cuando hubo una matanza de cristianos en Lyon.

Hemos dicho que son dos las obras que colocan a Ireneo entre los teólogos más destacados de la iglesia cristiana. La primera es su *Denuncia y refutación de la supuesta gnosis* y la otra es su *Demostración de la predicación apostólica*. Esto no quiere decir que estas sean las únicas obras que Ireneo escribió, sino que son las únicas que han llegado hasta nosotros —aparte de algunos fragmentos y de su carta al obispo de Roma en torno a la controversia cuartodecimana—.[3]

La *Denuncia y refutación de la supuesta gnosis*, que se conoce corrientemente por *Adversus haereses*, se compone de cinco libros que han llegado hasta nosotros en una traducción latina bastante fidedigna.[4] Además, existe una versión armenia de los últimos dos libros.[5] Desafortunadamente, el original griego se ha perdido, y no quedan de él más que algunos fragmentos.

En el primer libro de su *Adversus haereses*, Ireneo prácticamente se limita a exponer las doctrinas de los gnósticos, y «especialmente de los discípulos de Ptolomeo» —discípulo que fue de Valentín, a quien hemos estudiado en el capítulo anterior—. Esto se debe a que Ireneo da por sentado que el gnosticismo es una doctrina tan carente de toda lógica y cuyo atractivo se basa de tal modo en sus supuestos secretos, que la sola

---

[2] Algunos han argumentado que Ireneo no fue obispo en Galia, sino en Galacia. Pero tal propuesta no ha encontrado apoyo entre los estudiosos de Ireneo.

[3] La carta a Víctor de Roma se ha conservado porque Eusebio la cita: *HE* 5.24.11-17. Casi todos los fragmentos son citas de Ireneo en la misma obra de Eusebio.

[4] Esta traducción latina es tan literal que llega a violar los principios de la gramática latina, y por tanto a través de los siglos los copistas trataron de corregirla.

[5] El uso de esta traducción armenia es la característica más valiosa de la nueva edición publicada por *Sources Chrétiennes*.

exposición de las doctrinas gnósticas ya constituye una victoria sobre ellas.[6] En esta exposición, Ireneo presta más atención a Valentín y sus discípulos que a todo el resto de los gnósticos, aunque no por ello deja de hacer una lista de los principales maestros gnósticos y las relaciones que hay entre ellos.[7] Esto se debe a que era precisamente el gnosticismo de Valentín y de su discípulo Ptolomeo el que había arrastrado a Fotino, el antiguo amigo de Ireneo cuya caída en la herejía llevó al obispo de Lyon a escribir esta obra. Además, para refutar todo el gnosticismo basta con refutar el sistema de los seguidores de Valentín, pues, como el propio Ireneo dice en su segundo libro: «para saber que el agua de mar es salada no es necesario beberla toda».[8]

El segundo libro de *Adversus haereses* es de especial interés, pues en él Ireneo se propone refutar las doctrinas gnósticas a partir del sentido común. Aquí Ireneo ataca las doctrinas del pleroma y de los eones con una lógica implacable, aunque sin caer en sutilezas especulativas. Al igual que en el primer libro, la mayor parte del espacio se halla consagrado a la refutación de Valentín y sus discípulos, y solo al final del libro aparece un intento de hacer extensiva esta refutación a los demás sistemas gnósticos. En términos generales, todo este libro se caracteriza por la habilidad con que Ireneo se introduce en el pensamiento de sus adversarios y pone de manifiesto sus contradicciones internas.

Por último, los libros tercero al quinto están dedicados a la refutación del gnosticismo a partir de las Escrituras. Al principio, Ireneo pensaba incluir esto en el segundo libro, pero luego vio la necesidad de exponer los argumentos escriturarios en otro libro aparte. Aun así, tales argumentos resultaban demasiado extensos para ser incluidos en un solo libro, y por ello Ireneo se vio forzado a extender su plan original y escribir, en lugar de solo dos libros, una obra en cinco libros. En términos generales, podemos decir que en los tres libros dedicados a argumentos escriturarios Ireneo interpreta el Antiguo Testamento de un modo que recuerda la doctrina de Justino acerca de las profecías y los tipos. Las doctrinas que Ireneo se proponía refutar eran precisamente doctrinas antihistóricas que tendían a la interpretación alegórica de las Escrituras, y por ello el obispo de Lyon subraya el cumplimiento de las profecías en Jesucristo, así como el sentido tipológico de las narraciones del Antiguo Testamento.[9]

Mucho se ha discutido acerca de la originalidad del *Adversus haereses* de Ireneo. Algunos han llegado al extremo de creer poder separar las

---

[6] Véase el prefacio y los dos últimos párrafos del libro 1.

[7] *Adv. haer.* 1.23.1–31.2.

[8] *Adv. haer.* 2.19.8 (*PG*, 7:692).

[9] Véase especialmente: *Adv. haer.* 4.20.7–4.25.33 y *Epid.* 43-51.

diversas fuentes de que Ireneo se sirvió, y descubrir así la verdadera contribución del propio Ireneo. Hasta la fecha, y debido a la carencia casi total de puntos de referencia fuera de las obras de Ireneo, todos estos intentos han fracasado. Lo que parece indudable es que Ireneo no pretende escribir una refutación totalmente original, sino que, por el contrario, se halla siempre dispuesto a utilizar argumentos tomados de otras obras. A menudo, se ve claramente que los argumentos que aparecen en *Adversus haereses* han sido tomados de un contexto distinto del que ahora les sirve de marco.[10] Pero esto no quiere decir que el pensamiento de Ireneo carezca de unidad, pues, como veremos más adelante, hay ciertos temas que dan coherencia a la totalidad de su obra.

La *Demostración de la predicación apostólica* (llamada también *Epideixis*) es la otra obra de Ireneo que ha llegado hasta nuestros días.[11] Es una obra de carácter catequético, aunque con cierta tendencia apologética. No se trata de un catecismo en el sentido estricto —es decir, de una obra para preparar a los catecúmenos para el bautismo— sino que se trata de una obra dirigida a quienes ya son cristianos y cuyo propósito es fortalecerles en la fe.

Puesto que la polémica antignóstica no ocupa aquí el primer plano, esta obra de Ireneo es algo más sistemática que el *Adversus hiereses*, aunque también aquí buscaremos en vano una teología original y osada. Ireneo es un expositor de la doctrina que ha recibido de la Iglesia, y no un pensador de altos vuelos especulativos. En contraste con *Adversus haereses*, la *Epideixis* está escrita en un estilo sencillo y narrativo. Casi al principio aparece una confesión de fe (cap. 3), que Ireneo expone primero sistemática (cap. 3–7) y luego históricamente (cap. 8–42 a). Los capítulos restantes (42b–97) se dedican a la demostración de esa fe que ha sido expuesta, a partir de las Escrituras. Por último, la conclusión (cap. 98–100) repite el propósito de la obra y cuál ha de ser el propósito de sus lectores: huir de los incrédulos y defender la doctrina frente a los herejes para, al fin, llegar a la salvación.

Al exponer el pensamiento de Ireneo debemos tener en cuenta, ante todo, que no estamos tratando con un pensador sistemático, que derive todas sus conclusiones de una serie de principios especulativos. Por tanto,

---

[10] Como ejemplo de este uso de sus fuentes por parte de Ireneo, podemos citar el caso que señala Houssiau en su *La Christologie de Saint Irénée* (Lovaina, 1955), p.13, y que se encuentra en *Adv. haer.* 3.22.1. En este texto, Ireneo, a fin de mostrar el origen humano (*ex Maria*) del cuerpo de Cristo, y de refutar así a Ptolomeo, apela a un argumento antiebionita cuyo propósito es probar, no solo el origen humano del cuerpo de Cristo, sino su nacimiento virginal (*ex Maria virgine*).

[11] Esta obra nos es conocida solo en una traducción armenia, de la que se derivan todas las traducciones modernas. La citamos aquí según la versión latina de S. Weber, (Friburgi, Brisgoviae, 1917). Hay también una traducción inglesa por Joseph P. Smith en *ACW*, 16.

el orden lógico que se impone en esta exposición es el que nos sugiere la *Epideixis* del propio Ireneo: partir del Dios creador y seguir luego toda la historia de la salvación hasta llegar a la consumación final.

El Dios de Ireneo existe desde el principio, y creó todas las cosas de la nada.[12] El interés de Ireneo en la creación no gira alrededor de cuestiones especulativas, sino más bien alrededor de lo que esto implica para el mundo y para el ser humano. Tanto los gnósticos valentinianos como Marción buscaban medios de desligar al Dios supremo de este mundo y de este cuerpo con su materia y sus imperfecciones. Por ello los gnósticos creaban series interminables de eones que servían para separar la divinidad suprema del error que dio origen al mundo. Por ello también Marción establecía una distinción marcada entre el Dios y Padre de Jesucristo y el Creador Jehová del Antiguo Testamento. Frente a esto, Ireneo afirma y reitera que el Dios de nuestra salvación es el mismo Dios de nuestra creación.[13]

Todas las cosas han sido creadas por Dios, y ninguna goza de la existencia sino por su voluntad. Hasta el Diablo ha sido creado por Dios, y el poder de que ahora goza es un poder, no solo temporal, sino limitado. Aun aquí y ahora, no es el Diablo quien gobierna el mundo, sino Dios. El Diablo se rebela y perturba el orden de la creación divina, pero siempre es Dios quien gobierna todas las cosas.[14]

Al tratar acerca de la naturaleza de Dios, Ireneo sabe que todo lenguaje humano es insuficiente y, por tanto, en ocasiones usa lenguaje filosófico; pero esto no le impide emplear lenguaje antropomórfico —si bien en sentido figurado— cuando le parece más adecuado. Esto se ve en las siguientes palabras:

> El que conoce las Escrituras y ha sido enseñado por la verdad sabe que Dios no es como los hombres, y que sus pensamientos no son como los de los hombres. Porque el Padre de todo está muy por encima de las emociones y pasiones de los hombres. Él es simple, sin composición ni diversidad de partes, todo uniforme y semejante a sí mismo, porque es todo entendimiento y todo espíritu y todo percepción, y todo pensamiento, y todo razón, y todo oído, y todo ojos, y todo fuente de todos los bienes.[15]

---

[12] *Adv. haer.* 2.10.
[13] *Adv. haer.* 4.6.2 y 20.2.
[14] *Adv. haer.* 5.24.
[15] *Adv. Haer.* 2.13.3 (*GAF*, 4:195-96).

Por esto Ireneo está dispuesto a declarar que Dios ha creado y gobierna el mundo mediante sus «manos»: el Hijo y el Espíritu Santo. La mayor parte de los pasajes en que Ireneo se refiere a la doctrina de la Trinidad son demasiado breves para poder descubrir su pensamiento al respecto. Ireneo se interesa muy poco en los aspectos especulativos de la doctrina de la Trinidad y se limita a afirmar —tal y como había oído de sus antecesores— que Dios es Padre, Hijo y Espíritu, sin entrar a discutir las relaciones entre ellos (aunque sí afirma «que el Verbo, esto es que el Hijo estaba siempre con el Padre», y «que la Sabiduría, que no es otro que el Espíritu, estaba junto a Él antes de toda la creación»).[16] Aquí, Ireneo utiliza, además de la doctrina del Verbo, la doctrina típicamente suya de las dos manos de Dios. Estas dos manos son el Hijo y el Espíritu Santo, que no son seres intermedios entre Dios y el mundo, sino que son Dios mismo en su relación con el mundo. Al emplear esta imagen, Ireneo no busa distancíar a Dios del mundo, sino al contrario: subrayar la acción directa de Dios en el mundo mediate sus «manos». Por tanto, cuando Ireneo se refiere al Hijo como «Verbo de Dios», no utiliza este término en el sentido de un ser intermedio entre Dios y el mundo, como lo usara antes Justino, sino que con él subraya más bien la unidad que existe entre Dios y el Verbo, a la usanza del Cuarto Evangelio. Este es el sentido de la imagen sobre las «manos de Dios». Los gnósticos y muchos otros tratan de mantener a Dios separado de la creación interponiendo seres intermedios —entre ellos el Verbo—. Ireneo, por el contrario, trata de subrayar que las manos mismas de Dios se involucran en la obra de la creación y en la dirección de la historia.

Este Dios trino creó al ser humano según su imagen. No podemos detenernos aquí a discutir si Ireneo distingue o no entre «imagen» y «semejanza», ni tampoco qué importancia atribuye a tal distinción —temas sobre los que los eruditos todavía discuten—. Pero el humano mismo no es la imagen de Dios, sino que esa imagen es el Hijo, en quien y por quien el ser humano ha sido creado. «El hombre ha sido creado a la imagen de Dios, y la imagen de Dios es el Hijo, en cuya imagen el hombre fue creado».[17] Luego, la imagen de Dios no es algo que se halla en el ser humano, sino que es más bien la dirección en que hemos de crecer hasta llegar a «la medida de la plenitud de la estatura de Cristo». Este concepto de crecimiento juega un papel importante en el pensamiento de Ireneo, pues, según él, Adán no fue creado perfecto —en el sentido de ser desde su propia creación lo que Dios le llamaba a ser— sino que fue creado para desarrollarse y crecer en esa imagen de Dios que es el Hijo. No hay en Ireneo discusión alguna de ese «estado original» en que el ser humano, dotado de virtudes que ahora

---

[16] *Adv. Haer.* 4.20.3 (*GAF*, 4:462).
[17] *Epid.* 22.

no posee, se paseaba por el Paraíso —de hecho, tal idea de un «estado original», que asoma en Tertuliano, no surge en la forma en que hoy la conocemos sino mucho después, con San Agustín—. Al contrario, para Ireneo Adán no era más que el comienzo del propósito de Dios en la creación. En ese sentido, Adán era «como un niño», y su propósito estaba en el crecimiento, que le llevaría a una relación con Dios cada vez más íntima.[18] Además, este crecimiento no era algo que Adán debía hacer en sí y de por sí, sino que habría de ser también parte de la obra creadora de Dios.[19]

Como criatura de Dios con un propósito de crecimiento, el ser humano es libre. Esta libertad no se define en términos humanistas o idealistas, sino en términos de la posibilidad de cumplir el propósito de Dios. La libertad de Adán no era en modo alguno incompatible con la omnipotencia divina, sino que era más bien el resultado y la expresión de esta última.[20] Pero a la creación sucedió la caída, tanto de Satán como de la criatura humana. Al igual que el humano, los ángeles fueron creados por Dios, aunque no fueron creados con el propósito de que creciesen, sino que fueron creados en su madurez. Esto provocó la envidia de Satán, que tentó al hombre, no a que hiciese algo diametralmente opuesto al propósito de su creación, sino que le tentó más bien a que acelerase el proceso que Dios había ordenado y a que quebrantase así el orden establecido por Dios. Cuando Satán dijo: «Seréis como dioses», no estaba haciendo más que afirmar el propósito de Dios en la creación del ser humano. Mas cuando este cedió a la tentación, quebrantó el plan divino y se hizo así esclavo del pecado y de la muerte. De este modo, la caída de Satanás y la de Adán son prácticamente simultáneas. Y esto nos lleva a considerar, por una parte, la oposición entre Dios y el Diablo y, por otra, las consecuencias de la caída para el ser humano.

Aunque ya hemos mencionado la relación que existe entre el poder de Dios y el poder del Diablo, es necesario que insistamos en este tema, pues sin comprenderlo es imposible comprender la teología de Ireneo.

En primer lugar, debemos subrayar que la oposición entre Dios y el Diablo no es ficticia. El Diablo se opone realmente a los planes de Dios y logra hasta perturbarlos. Es más, el Diablo logra ciertas victorias parciales y pasajeras. Pero, a fin de cuentas, Dios ha de triunfar. Y desde ahora, Dios es quien gobierna el mundo, y no el Diablo, como algunos suponen.

---

[18] *Epid.* 16 (*ACW* 16:57). Esta idea de que los humanos fueron creados originalmente como niños aparece ya en las obras de Teófilo de Antioquía, de quien Ireneo puede haberla tomado (*Ad Autol.* 2. 25). O puede haber sido una idea relativamente común en la teología cristiana primitiva de la que solamente han sobrevivido algunos indicios. En todo caso, Ireneo no trata esta doctrina como si estuviera sugiriendo algo nuevo distinto de lo que ha aprendido de sus maestros.

[19] *Epid.* 12 (*ACW*, 16:55).

[20] *Epid.* 11 (*ACW*, 16:54).

En el mundo, el Diablo hace todo lo posible por impedir el progreso de los planes de Dios, pero siempre Dios es el Señor. En su lucha contra el Diablo, Dios es el Señor de los mismos instrumentos que el Diablo usa. Por último, en la consumación final, todas las cosas quedarán sujetas a Dios y el Diablo será destruido. Entretanto, la lucha continúa, y la victoria prometida no hace menos real la batalla presente.

En cuanto al humano, su caída le hizo siervo del Diablo. La lucha entre Dios y el Diablo es tal que el ser humano tiene que estar sujeto a uno de ambos, y en el huerto Adán se entregó al Diablo. Luego el humano es esclavo de Satán, y esto quiere decir: primero, que su crecimiento se ha interrumpido; y, segundo, que ha quedado sujeto a los poderes del Diablo: el pecado y la muerte.

La doctrina de la caída como una interrupción en el desarrollo es muy distinta de la que después se impuso en el pensamiento occidental. Según Ireneo, la caída no es tanto la pérdida de ciertas perfecciones que el humano tenía, como la interrupción del crecimiento que debió haber sido suyo. No es que el humano haya perdido un conocimiento o facultades que de hecho poseía, sino que es más bien que ya no puede continuar en un desarrollo ininterrumpido según la imagen en que fue creado.

El pecado y la muerte son los poderes en cuyas manos el humano se ha entregado al hacerse siervo de Satanás. Empero el poder de Dios es tal que hasta estos mismos poderes diabólicos son empleados para llevar a cabo el plan divino. Así, la muerte sirve de freno a nuestras posibilidades pecaminosas, y la servidumbre del pecado nos capacita para reconocer la bondad de Dios, y para alabarle por su gracia.[21]

Por su parte, Dios no nos abandona, sino que desde el primer momento nos sigue amando. En esto, Dios no hace más que llevar a cabo su plan concebido desde el principio. Este plan o dispensación —*oikonomía*— de Dios es uno solo, pero se manifiesta en una serie de dispensaciones o alianzas particulares que llevan a su propia culminación en Cristo. Estas alianzas son cuatro, y se suceden en orden cronológico. La primera es la dispensación de Adán, y llega hasta el diluvio; la segunda la de Noé, y llega hasta el Éxodo; la tercera es la de Moisés, y concluye con el advenimiento de Cristo; la cuarta es la de Cristo, y no concluirá hasta la consumación de los tiempos.[22] De todas estas alianzas, Ireneo solo presta atención detallada a las dos últimas: la de la Ley y la de Cristo.

La Ley fue dada por Dios como parte de su plan de amor, a fin de refrenar el pecado. La obediencia a la Ley no es el propósito último del

---

[21] *Adv. haer.* 3.23.6.

[22] *Adv. haer.* 2.11.8. De este texto se conserva, además de la antigua traducción latina, un texto griego que difiere de ella. Sin embargo, la traducción latina parece ser más fidedigna que el fragmento griego que ha llegado hasta nosotros.

humano. La Ley misma impone una servidumbre, distinta y opuesta a la servidumbre del pecado, pero que tampoco puede compararse a la libertad que necesitamos para cumplir el propósito de nuestra creación. Es por esto que la misma Ley promete el establecimiento de un nuevo pacto o alianza que ha de superarla. La Ley no es solo regla, sino que es también promesa, y por ello ella misma implica que el tiempo de su vigencia llegará a su término. Sin embargo, porque la Ley ha sido dada por Dios como medio para guiarnos en el cumplimiento de su voluntad, y porque esa voluntad no cambia, la Ley no queda totalmente abrogada, sino que su corazón —la ley moral y sobre todo el Decálogo— sigue exigiendo nuestra obediencia, aunque esta obediencia es de un carácter distinto de la que se nos exigía cuando la Ley misma estaba vigente. Por otra parte, los viejos ritos de la Ley ceremonial han quedado abolidos con el advenimiento de Cristo, pues su propósito era anunciar la venida del Salvador. De este modo Ireneo subraya la unidad —tanto de continuidad como de consumación— entre el Antiguo Testamento y el Nuevo, y con ello refuta a los herejes que pretendían establecer una oposición radical entre ambos testamentos.

Cristo es el centro del pensamiento de Ireneo. En él se da esa continuidad entre la obra de la creación y la obra de la redención que resultaba tan difícil de aceptar para los gnósticos. El humano fue hecho por el mismo Dios que ahora en Cristo le ofrece la salvación. En Cristo, la imagen según la cual y para la cual el humano fue hecho ha venido a habitar entre nosotros. Esta es la obra de Cristo, que Ireneo llama «recapitulación» —*recapitulatio, anakefalaiosis*—.

La recapitulación es una de las doctrinas fundamentales de Ireneo, y es necesario que la comprendamos si hemos de comprender su pensamiento.[23] El término «recapitulación» tiene diversos sentidos en los escritores antiguos, y el mismo Ireneo lo emplea en más de un sentido. Pero el significado principal y característico del término «recapitulación» en Ireneo es el que hace de él la expresión misma de la obra de Cristo como cabeza de una nueva humanidad. Literalmente, la recapitulación quiere decir colocar algo bajo una nueva cabeza —en latín, *caput*, y en griego, *kefalé*—. Esto es precisamente lo que Cristo ha hecho. Él ha venido a ser la cabeza de una nueva humanidad, de igual manera que el viejo Adán es la cabeza de la antigua.

Aunque el plan de Dios para la redención de la humanidad se hallaba en operación desde el principio, este plan alcanza su expresión máxima y final en la recapitulación de todas las cosas por parte de Cristo, que comenzó en la encarnación. Antes de esto, si bien es necesario afirmar

---

[23] El primer caso en que la literatura cristiana se refiere a la obra de Cristo como «recapitulación» es Efesios 1.10. Hay también una cita de Justino en Ireneo (*Adv. haer.* 14) en que aparece este término, pero es probable que el texto de Justino no lo haya incluido.

que el Hijo estaba activo en la acción de Dios para con la humanidad, no es posible hablar de una «recapitulación» en el sentido estricto de la palabra. De hecho —como su propia etimología lo dice— la recapitulación es un resumen y culminación de lo que ha sucedido antes, y solo así puede entenderse.

En cierto sentido, la recapitulación de Cristo es un nuevo punto de partida, pero también guarda una estrecha relación con lo que le antecede. Aun cuando la encarnación es un nuevo punto de partida en la historia del mundo, esto no hace de ella algo opuesto a la creación, sino su continuación y culminación. Cristo es el nuevo Adán, y como tal, se repite en él la historia del viejo Adán, aunque en sentido inverso. En Adán, el hombre había sido creado para ser como el Hijo; y en Cristo, el Hijo toma sobre sí la humanidad. Jesucristo, como hombre, es todo lo que Adán debió haber llegado a ser si no hubiera sucumbido a la tentación. Jesucristo es el nuevo punto de partida en que el hombre —que en Adán se había entregado al Diablo— queda de nuevo libre para crecer en la imagen que es el Hijo. Es por esto que Ireneo subraya el paralelismo entre Adán y Cristo: Adán fue formado de la tierra virgen, y Cristo vino al mundo a través de María, virgen; por la desobediencia de una mujer se produjo la caída del hombre, y la obediencia de otra fue ocasión de su restauración; Adán fue tentado en el paraíso, y Jesús en el desierto; por un árbol entró la muerte en el mundo, y por el árbol de la cruz nos ha sido dada la vida.[24]

Sin embargo, solo se comprende el sentido de esta recapitulación en el pensamiento de Ireneo si se le ve dentro del marco de la victoria sobre el Diablo. Para Ireneo, toda la historia de la salvación es la historia de la lucha entre el Diablo y Dios, y la victoria final de este último. En Adán, el ser humano se había hecho súbdito del Diablo, y por ello la recapitulación en Cristo consiste sobre todo en la victoria sobre el Diablo, por la cual somos hechos libres. En Adán, el Diablo logró separar al hombre de la imagen de Dios para la que había sido creado. En Cristo, esa imagen se une al hombre, y con ello se destruyen los propósitos del Diablo. Por ello el punto inicial de la victoria de Cristo no es su resurrección, sino la encarnación misma. Cuando Dios se une al hombre el Diablo sufre la primera de las grandes derrotas que han de llevar a su destrucción final.

Ireneo no discute la unión de la divinidad y la humanidad en Cristo como si estas fuesen dos naturalezas opuestas. Al contrario, el ser humano fue creado para gozar de la unión con Dios, y en Cristo esa unión logra su máxima expresión. Es más, Dios y el hombre en Cristo no son dos «substancias» o «naturalezas», sino que en Cristo la divinidad se une a

---

[24] Este tema tiene tanta importancia para el pensamiento de Ireneo, que una lista de referencias resultaría interminable. A modo de ejemplo, ofrecemos *Epid.* 31-34 (*ACW*, 16:67-70).

la humanidad porque él es la Palabra que Dios dirige al ser humano, y es también el ser humano que responde a esa Palabra. Al hacer así uso de conceptos dinámicos más que substanciales y al negarse a definir la naturaleza de Dios a priori de su encarnación en Cristo, Ireneo evita las dificultades que más tarde darían origen a enconadas controversias cristológicas.

Si bien la encarnación de Dios en Cristo es el comienzo de la victoria final sobre el Diablo —una victoria que se anunció y reveló repetidamente en las acciones de Dios entre Israel— no es más que eso: el comienzo. Toda la vida de Cristo, y aun el tiempo que transcurre hasta la consumación final, son parte de la obra de la recapitulación. Tras unirse al humano, el Hijo de Dios tiene que vivir una vida humana y morir una muerte humana. Su tentación en el desierto constituye otra de esas victorias decisivas sobre el Diablo, cuyas artimañas son incapaces de producir la caída de este nuevo Adán.[25] A través de toda su vida y su ministerio, viviendo la totalidad de una vida humana,[26] Cristo salva esa vida de su antigua sujeción al poder del Diablo. En su muerte y resurrección, Cristo utiliza la más temible arma del mal, la muerte misma, para conquistar el Imperio del diablo. La consumación que esperamos —cuando todas las cosas estén sujetas a sus pies— constituye la victoria final de Cristo sobre el Diablo. De momento, nosotros, quienes vivimos entre la resurrección y la consumación final, no vivimos en un período de tregua en esta lucha de los siglos, sino que vivimos precisamente en el período en que Cristo está haciendo efectiva su victoria en la cruz, para llevarnos así al día final.

Dentro de esta obra de recapitulación, la iglesia juega un papel importantísimo. Al igual que en Adán todos pecaron porque Adán era cabeza de la humanidad, en Cristo toda la iglesia vence a Satanás porque Cristo es la cabeza de la iglesia. Si bien Cristo ha vencido al Diablo, y con ello ha devuelto al ser humano la posibilidad de crecer hasta alcanzar la plenitud de la semejanza con el Hijo de Dios, esta posibilidad se da solo en ese cuerpo que tiene a Cristo por cabeza. La iglesia es el cuerpo de Cristo, y es en ella que él hace avanzar sus propósitos de recapitulación mediante el bautismo y la eucaristía, que nos unen a Cristo mismo.

Aunque Ireneo no dedica al bautismo tanta atención como a la eucaristía, no cabe duda de que para él el bautismo en el nombre del Padre, del Hijo y del Espíritu Santo constituye el punto de partida de la vida cristiana. El bautismo es el «sello de la vida eterna», y es también la «regeneración en Dios, de modo que ya no seamos hijos de hombres mortales, sino del

---

[25] *Adv. haer.* 5.21.2.
[26] Es por esto que Ireneo prefiere la tradición según la cual Jesús vivió unos cincuenta años. *Adv. haer.* 2.22.

Dios eterno».[27] Mediante el bautismo, se viene a formar parte de esa nueva humanidad que es el cuerpo de Cristo, y uno se hace así partícipe de la resurrección de la cabeza de ese cuerpo, que es Cristo el Señor.

Puesto que el *Adversus haereses* no pretende ser una exposición sistemática de toda la doctrina cristiana, Ireneo discute la eucaristía con el propósito de refutar a los herejes y, sobre todo, de condenar su desprecio por la carne y la materia. Por esa razón no tenemos una exposición detallada del pensamiento eucarístico del obispo de Lyon. Sin embargo, de los pasajes polémicos del *Adversus haereses* pueden sacarse algunas conclusiones positivas en cuanto a la doctrina eucarística de su autor.[28] Según él, la eucaristía es el alimento mediante el cual los miembros del cuerpo de Cristo se nutren de él, uniéndose a su Señor, no solo por un acto de meditación, sino haciéndose partícipes de su cuerpo y de su sangre. Al beber del cáliz y comer del pan, el creyente se alimenta del cuerpo y de la sangre de Jesucristo, y esto de un modo tan real debido a la inmortalidad de ese cuerpo y esa sangre que el creyente espera en la resurrección futura.[29] En la eucaristía, además, Jesucristo nos da pruebas de que la creación no ha de ser despreciada, pues él mismo utiliza el vino y el pan, que son parte de la creación, como alimento espiritual de los creyentes.

Por otra parte, la iglesia solo puede llevar a cabo esta obra de unirnos a Cristo si es verdaderamente el cuerpo de Cristo, y por ello es necesario que se mantenga en la doctrina verdadera. De ahí el celo con que Ireneo ataca a los herejes: estos no nos sencillamente enemigos de esa institución que se llama «iglesia», sino que con sus especulaciones pretenden invalidar la obra de Cristo. Frente a ellos, los cristianos han de estar firmes en la doctrina que han recibido. Y aquí introduce Ireneo ese argumento antiherético que tan útil fue en los primeros siglos y que tantas controversias habría de causar en los siglos venideros: la sucesión apostólica. La medida para distinguir el error de la verdad es la doctrina recibida de los apóstoles. Ahora bien, si estos tuvieron algún conocimiento secreto, no se lo transmitieron a algún extraño, sino a aquellos a quienes confiaron la dirección de las iglesias, es decir, los obispos. Estos a su vez harían lo mismo, confiando la verdadera doctrina a quienes habrían de ser sus sucesores. Luego los gnósticos mienten cuando pretenden poseer una doctrina secreta que sus maestros recibieron de alguno de los apóstoles.[30]

---

[27] *Epid.* 3 (*ACW*, 16:49).

[28] *Adv. haer.* 4.18.4-5; 5.2.2-3.

[29] *Adv. haer.* 5; 2.3.

[30] *Adv. haer.* 3.3. El segundo párrafo de este capítulo, que trata acerca de la iglesia de Roma, ha sido tema de serias controversias. ¿Afirma Ireneo la primacía de la iglesia romana como tal, o solo su gran importancia debido a que Roma es el centro del mundo mediterráneo? Es imposible saberlo con certeza, pues el texto griego de este pasaje se ha perdido, y la

La importancia de la labor teológica de Ireneo es mucho mayor de lo que la brevedad de estas páginas podría indicar. Su teología, fundada en la Biblia y en la doctrina de la iglesia —más que en sus opiniones personales o en alguna escuela filosófica— ha sido fuente de renovación teológica en más de una ocasión. La amplia visión cósmica que su doctrina del plan de Dios y la recapitulación de Cristo da a su pensamiento le vale el honor de haber sido el primer pensador cristiano en buscar el sentido teológico de la historia.[31] Su posición cronológica, entre la iglesia de los apóstoles y de sus sucesores inmediatos y la iglesia católica antigua de los siglos III y IV, lo convierte en una encrucijada en los caminos de la historia del pensamiento cristiano. Pero es sobre todo su rica y profunda comprensión del carácter único y cósmico del cristianismo lo que le ha valido un sitial entre los más grandes teólogos de todos los tiempos.

---

traducción latina que ha llegado hasta nosotros puede entenderse de diversos modos. En todo caso, lo más probable es que Ireneo se refiera a la autoridad de que la iglesia romana debe gozar debido a que en ella se encuentran representadas las comunidades cristianas de todo el mundo. En Roma hay fieles que provienen de diversas iglesias, y por ello la iglesia en esa ciudad es un reflejo de la iglesia universal.

[31] Mi amigo y antiguo discípulo, Luis N. Rivera Pagán, en una tesis doctoral presentada en Yale en 1970, ha mostrado que la tendencia divisiva de la teología gnóstica en cuanto a Dios, la antropología, Jesucristo y la iglesia llevó a Ireneo a una comprensión profunda de la unidad de esos mismos elementos —Dios, los humanos, Jesucristo y la iglesia— y que, en una relación dialéctica con la verdad, esa unidad se encuentra en la base misma de la teología de Ireneo. El modo en que Ireneo entiende la historia se relaciona estrechamente con su interpretación de las Escrituras, que hace uso abundante de la tipología. De hecho, la tipología misma se basa en un modo de ver la historia.

8

Tertuliano

Es interesante notar que los orígenes de la literatura cristiana en latín no se hallan en Roma, sino en el África septentrional. Si bien la primera Epístola de Clemente a los Corintios —que procede de Roma— es uno de los más antiguos escritos cristianos, esta obra se halla en griego y no en latín. Durante varios siglos África fue no solo el lugar de origen, sino el centro del pensamiento cristiano en lengua latina. En ella se forjó el vocabulario teológico que luego pasaría a ser patrimonio de toda la iglesia occidental. Y en ella florecieron los más altos ingenios del cristianismo latino de los primeros siglos: Tertuliano, Cipriano, Agustín y otros.[1]

Tertuliano fue abogado, posiblemente en Roma, antes de convertirse al cristianismo. Además, hay quienes pretenden identificarle con cierto Tertuliano que aparece en el *Corpus Iuris Civilis*, aunque no es posible pronunciarse definitivamente en pro ni en contra de tal identificación. En todo caso, Tertuliano vivió en Roma hasta la edad aproximada de cuarenta años, cuando se convirtió al cristianismo (a finales del siglo II, quizá en el año 193). Tras su conversión, regresó a la ciudad de Cartago, donde había nacido alrededor del año 150, y allí se dedicó a una extensa labor literaria en pro de su nueva fe, a la que defendió contra los embates de los

---

[1] Aunque tradicionalmente se ha pensado que la iglesia africana es hija de la de Roma, hay razones para dudar de la veracidad de esta tradición. Quizá sea más exacto decir que la iglesia africana, tras un origen oscuro, que ha de encontrarse quizá en sus relaciones con Frigia y Capadocia, se vio impulsada por diversas razones históricas a establecer con Roma lazos cada vez más estrechos.

persecutores y de los herejes. Sin embargo, a principios del siglo III —probablemente en el año 207— abandonó la comunión de la iglesia africana para hacerse montanista.

Las razones por las que Tertuliano se hizo montanista no están claras, pero parece que Tertuliano veía el montanismo como un espíritu de protesta contra el poder creciente de la jerarquía, y contra su supuesta falta de rigor al tratar con los pecadores arrepentidos. Fue este aspecto del montanismo el que llevó a Tertuliano, que siempre había manifestado un excesivo rigor moral, a sumarse a sus filas.[2]

Las obras de Tertuliano son demasiadas para que podamos discutirlas aquí, y tendremos que limitarnos a una sistematización de su pensamiento que, sin duda, dejará de hacer justicia a algunos de sus aspectos principales. Pero, antes de ello, conviene señalar a grandes rasgos algunas de las principales obras de Tertuliano.

Tras su conversión, Tertuliano escribió varias obras dirigidas a los paganos en defensa de los cristianos. De estas, la más extensa y de más valor es su *Apología* —*Apologeticus adversus gentes pro christianis*— escrita en el año 197. En esta obra, Tertuliano hace una defensa del cristianismo en términos que dejan ver la mano del abogado. Así, por ejemplo, refiriéndose a la famosa carta en que Trajano ordenaba a Plinio que condenase a los cristianos que fuesen acusados de tales, pero que no buscase a los que no fuesen acusados, Tertuliano escribe: «¡Sentencia por necesidad ilógica! Niega que se busquen, como inocentes; y manda que se castiguen, como delincuentes».[3] En términos generales, se trata de una defensa mesurada, aunque no del todo carente de esos arranques impetuosos y ese sarcasmo hiriente característicos de Tertuliano.

Además de esa *Apología*, Tertuliano escribió otras obras que arrojan luz sobre las persecuciones y la actitud de los cristianos ante ellas. Entre estas obras merecen citarse sus dos libros: *A los gentiles* y su obra acerca de *El testimonio del alma*, ambos de carácter apologético, además de su *Libro a los mártires*, que es una de las más exaltadas expresiones del espíritu heroico de los cristianos de los primeros siglos. Todas estas obras fueron escritas antes de que Tertuliano se hiciese montanista.

Por otra parte, y reflejando en ello su espíritu dado a la controversia, Tertuliano escribió toda una serie de obras polémicas dirigidas contra herejes de toda suerte. Su *Prescripción contra los herejes* —*Liber de Praescriptionibus adversus haereticos*— es de tal importancia que requiere que lo discutamos más adelante, en la exposición del pensamiento de Tertuliano.

---

[2] Quizá el clero romano contribuyó también, con su laxitud y su envidia, a la conversión de Tertuliano al montanismo. Véase: Jerónimo, *De vir. illus.* 53.

[3] *Apol.* 2.8 (*GAF*, 4:49).

Lo mismo puede decirse de su obra *Contra Práxeas —Adversus Praxeam—*. Fue frecuentemente en medio de sus polémicas que escribió obras que nos hacen ver más de su teología, como *De la carne de Cristo* y *De la resurrección de la carne*, y algunas que nos ofrecen importantes datos sobre las prácticas de la iglesia en su tiempo, como: *Del bautismo, De los espectáculos* y *De la vestimenta femenina*. Su obra en cinco libros *Contra Marción* es la principal fuente de donde derivamos nuestro conocimiento de las doctrinas del heresiarca del Ponto. Además, Tertuliano escribió contra Hermógenes, contra los valentinianos, contra los gnósticos y contra el docetismo en general. Todas estas obras tienen una importancia capital para la historia del pensamiento cristiano, no solo porque en ellas se nos da a conocer el pensamiento de Tertuliano, sino también porque a través de ellas podemos ver algunas de las controversias que ocupaban a los cristianos de finales del siglo II y principios del III.

Por último, Tertuliano escribió varias obras de carácter moral y práctico. Algunas de estas obras fueron escritas antes de su paso al montanismo, tales como: *Acerca de la penitencia, Acerca de la paciencia* y *A su mujer*. Otras fueron escritas desde el punto de vista montanista, como: *Acerca de la monogamia, Acerca del ayuno, Acerca de la modestia* y la *Exhortación a la castidad*.

Todas estas obras reflejan el carácter rigorista y legalista de Tertuliano —aunque, como era de esperarse, este se manifiesta más claramente en las obras montanistas—. En todo caso, todas estas obras tienen gran importancia porque nos dan a conocer acerca de la vida práctica y de la adoración de los cristianos en tiempos de Tertuliano. Al intentar reconstruir la historia de la liturgia cristiana o la historia de las costumbres cristianas, Tertuliano viene a ser forzosamente una de nuestras principales fuentes.

Sin embargo, lo que aquí nos interesa es el pensamiento de Tertuliano, sobre todo en cuanto es heredero de otros pensadores anteriores y heraldo de quienes habrían de seguirle.

El pensamiento de Tertuliano se deriva de su herencia cristiana, de sus estudios jurídicos y de su formación filosófica. En cuanto a su herencia cristiana, no cabe duda de que Tertuliano ha recibido la influencia de los apologistas griegos, de Ireneo —y a través de él de toda la escuela del Asia Menor— y de la Roma donde se convirtió —al menos, de Hermas—. En cuanto a su experiencia y estudios, Tertuliano nunca abandonó las prácticas y actitudes forenses: sus argumentos no buscan tanto convencer como aplastar; cuando sus opositores parecen cercarle, su retórica acude en su auxilio; para él, el evangelio es una nueva ley; su argumento en defensa del cristianismo es un argumento legal; su argumento contra los herejes es también de carácter legal; su exposición de la doctrina trinitaria se halla sembrada de términos legales. Por último, aunque Tertuliano repudia explícita y vehementemente toda intervención de la filosofía en los asuntos de la fe, lo cierto es que —quizá inconscientemente— él mismo adopta con frecuencia posturas estoicas, y hasta llega a expresarse con respecto a Séneca en términos tan favorables que casi contradicen su repudio total de la filosofía pagana.[4]

Tertuliano es, ante todo, un pensador práctico y concreto. Ninguna de sus obras fue escrita por el mero placer de escribir o de especular, sino que todas llevan un propósito definido y práctico —y casi siempre polémico—. Entre ellas, quizá la mejor introducción a su pensamiento sea su *Liber de praescriptionibus adversus haereticos*, al que a partir de aquí daremos el título de *Prescripción*.

La *Prescripción* deriva su título del término latino *praescriptio*, que en círculos forenses se aplicaba a la apelación que un acusado u otra parte de un juicio hacía refiriéndose, no al asunto mismo del juicio, sino al juicio en sí, y al modo en que la otra parte había planteado su demanda o acusación. La *praescriptio* es, entonces, una objeción que afirma que la parte opuesta está fuera de orden y que, por tanto, el juicio ha de ser suspendido. Luego cuando Tertuliano dio a su libro el título de *Prescripción contra los herejes* estaba dando a entender que no se trataba aquí de una discusión de las doctrinas de los herejes, sino de un intento de negarles el derecho mismo a discutir con los ortodoxos. Además, en el derecho de la época existía lo que se llamaba la «prescripción de largo tiempo», en la que se estipulaba que, si alguien había reclamado y disfrutado posesión de algo por cierto tiempo, sin que otra parte se la disputara, esto le daba derecho de posesión. En su escrito, Tertuliano parece emplear la «prescripción» en ambos sentidos.

Los primeros siete capítulos de la *Prescripción* tratan acerca de las herejías en general, y afirman que estas no han de maravillarnos, pues ya el Nuevo Testamento afirma que habrían de venir, y sirven para fortalecer la fe de los creyentes, que ven cómo se cumplen las palabras de la Escritura. En todo caso, las herejías no son producto de la fe, sino que surgen de la filosofía —con lo cual Tertuliano en realidad quiere decir el platonismo, pues él mismo muestra cierta inclinación hacia el estoicismo—. Las herejías no son más que los antiguos errores de los filósofos llevados al plano de la fe, y tanto los filósofos como los herejes se hacen las mismas preguntas acerca del origen del mal y del ser humano. Esta unión de la filosofía con la revelación no puede resultar sino en la más absurda tergiversación de esta última, pues «¿Qué tiene que ver Atenas con Jerusalén? ¿Qué la academia con la iglesia? ¿Qué los herejes con los cristianos?».[5]

---

[4] *De anima*, 20.
[5] *De praes. haer.* 7 (*PL*, 2:20).

Este texto, y el que sigue, que ha sido tomado del tratado *De la carne de Cristo*, han sido las principales razones por las cuales se ha acusado a Tertuliano de ser antiintelectual:

> El Hijo de Dios fue crucificado; no me avergüenzo... de ello. Y el hijo de Dios murió; esto ha de ser ciertamente creído, porque es absurdo. Y fue enterrado, y resucitó; el hecho es cierto, porque es imposible.[6]

Pero lo cierto es que Tertuliano no aboga por un irracionalismo ciego. Ciertamente está convencido de que hay cosas que son sencillamente demasiado maravillosas como para ser comprendidas, tales como la crucifixión o el poder del bautismo. Pero esto no constituye una aseveración general de que la fe ha de basarse en la imposibilidad racional. Lo que sucede es, más bien, que Tertuliano cree que la especulación desenfrenada puede llevar al error, y que lo que es verdaderamente importante para el cristiano es lo que, de hecho, Dios ha revelado. Esto puede verse en el siguiente texto, en el que Tertuliano refuta el argumento de Práxeas en el sentido de que, puesto que el Padre es omnipotente, el mismo Padre puede volverse hijo:

> Sin embargo, no hemos de suponer que, porque él puede hacer todas las cosas, haya hecho lo que no ha hecho. Lo que hemos de investigar es si de veras lo ha hecho. Si Dios lo hubiera querido, pudo haberle dado al ser humano alas para volar, así como se las dio a los buitres. Sin embargo, no hemos de apresurarnos a llegar a la conclusión de que lo hizo por el solo hecho de que pudo haberlo hecho. También pudo haber destruido a Práxeas y a todos los otros herejes de un solo golpe; sin embargo, no se sigue que lo haya hecho sencillamente porque pudo haberlo hecho. Porque era necesario también que el Padre fuera crucificado.[7]

Siguen en la *Prescripción* otros siete capítulos en que se discute, no ya el carácter del error, sino el carácter de la verdad. El carácter de la verdad cristiana es tal que, una vez hallada, no hay por qué buscar más allá. Esta verdad ha sido dada a la iglesia, de una vez por todas, en Jesucristo, y no

---

[6] *De carne Christi*, 5 (*PL*, 2:761). Véase también *De bapt.* 2.
[7] *Adv. Prax.* 10 (*PL*, 2:165). La referencia a la crucifixión del Padre es una frase irónica, pues Práxeas sostenía que fue el Padre, vuelto Hijo, quien sufrió en la cruz. Lo que Tertuliano quiere decir es que era necesario que algún hereje surgiera con semejantes ideas, por necias que fueran.

toca al creyente más que creerla, sin vanas curiosidades que solo pueden llevar al error.

El centro del argumento de la *Prescripción* se plantea en el capítulo 15, en el que Tertuliano afirma que la discusión con los herejes a partir de las Escrituras se halla fuera de orden, pues los herejes no tienen derecho alguno a utilizar esas Escrituras. De ahí en adelante, se desarrolla el verdadero argumento del libro, que afirma que las Escrituras pertenecen a la iglesia y que solo ella puede usarlas. Las Escrituras, así como la verdadera doctrina —resumida en la «regla de fe»— fueron entregadas por los apóstoles a sus sucesores, por estos a sus sucesores, y así sucesivamente hasta llegar al día de hoy. Los herejes no pueden probar que son sucesores de los apóstoles, como puede hacerlo la iglesia ortodoxa. En Corinto, en Filipos, en Tesalónica, en Éfeso, en Esmirna y en Roma hay iglesias que fueron fundadas por los apóstoles y que pueden señalar la sucesión que lleva desde los apóstoles hasta los obispos actuales. Todas estas iglesias enseñan la misma doctrina; y aun las iglesias que no fueron fundadas por los apóstoles son apostólicas, pues su doctrina es también la misma.[8] La iglesia ortodoxa puede mostrar esta sucesión y esta unidad de doctrina y por ello tiene derecho a utilizar las Escrituras, que son parte de la herencia cristiana. Mas no así los herejes, que son advenedizos y maestros de doctrinas nuevas, y que por ello no tienen derecho alguno de apelar a las Escrituras. Aquí apela Tertuliano a la *Praescriptio longi temporis*, según la cual el uso indiscutido de una propiedad durante largo tiempo llegaba a convertirse en derecho. Luego, según este tipo de *praescriptio*, la iglesia que siempre ha utilizado las Escrituras es la única que tiene el derecho de utilizarlas e interpretarlas.

El argumento de Tertuliano es poderosísimo y contundente. Si los herejes no tienen derecho alguno a utilizar las Escrituras, se les hace prácticamente imposible discutir con los ortodoxos para arrancarles de la verdadera fe. La *praescriptio* es total: los herejes quedan excluidos de toda discusión, y solo la iglesia ortodoxa y apostólica tiene el derecho de determinar lo que es doctrina cristiana y lo que no lo es.

Sin embargo, pocos años después de escribir esta defensa de la autoridad de las iglesias apostólicas, y de su derecho exclusivo a interpretar las Escrituras, el propio Tertuliano rompía con esas iglesias y se pasaba al bando montanista. Esta ruptura con las iglesias que guardaban la sucesión apostólica —que no era en modo alguno una ruptura con la ortodoxia— obligó a Tertuliano a emprender precisamente el tipo de refutación de los herejes que había excluido en la *Prescripción*. Una vez negada la autoridad final de las iglesias apostólicas, el argumento de la *Prescripción* caía

---

[8] *De praes. haer.* 32.

por tierra y era necesario refutar a los herejes de otro modo.[9] Esto sirvió para que Tertuliano produjese algunas de sus obras de mayor importancia, sobre todo su *Adversus Praxeam*.

Es poco lo que sabemos acerca de Práxeas. Al parecer, era oriundo de Asia Menor, donde había conocido tanto el monarquianismo como el montanismo, y había rechazado este y aceptado aquel. Al llegar a Roma, se le recibió con gran honra, y Práxeas contribuyó a combatir el montanismo y a propagar el monarquianismo en esa ciudad. Es por ello por lo que Tertuliano afirma que Práxeas «sirvió al Diablo en Roma de dos modos: echando la profecía e introduciendo la herejía; echando al Paracleto y crucificando al Padre».[10]

Práxeas —como todos los monarquianos modalistas— pretendía defender la unidad divina subrayando la identidad entre el Padre y el Hijo, y de este modo ponía en peligro la distinción entre ambos. De ahí que los de su partido recibiesen el nombre de «patripasianos», pues su posición parecía implicar que el Padre fue crucificado.[11] Es contra esta posición de Práxeas que Tertuliano escribió la obra que estamos discutiendo, y cuyas expresiones son tan felices que en más de una ocasión parecen adelantarse a su época en más de dos siglos. En efecto, en esta obra se encuentran fórmulas que se anticipan a las soluciones que más tarde se daría a las controversias trinitarias y cristológicas.

En primer lugar, debemos discutir la doctrina trinitaria de Tertuliano. A fin de exponer esta doctrina de tal modo que su discurso responda a los ataques de Práxeas, Tertuliano apela a la terminología jurídica de la época.[12] Según él, Práxeas afirma que la distinción entre el Padre y el Hijo destruye la «monarquía» de Dios, pero no se percata de que la unidad de la monarquía no requiere que sea una sola persona quien la ejerza. La «monarquía», ese término que tanto emplean Práxeas y los suyos, no tiene

---

[9] Ya en *Prescripción* 44, Tertuliano había prometido una refutación de algunas de las distintas herejías. Pero la *Prescripción* misma daba a entender que tal refutación no tomaría la forma de una discusión en cuanto a la interpretación correcta de las Escrituras. Luego de hacerse montanista, Tertuliano prestó menos importancia al argumento de la *Prescripción*, y más a la correcta interpretación escrituraria. Esto da a sus obras antiheréticas del período montanista una extensión mucho mayor que la que se podría requerir a partir de la *Prescripción*.

[10] *Adv. Prax.* 1 (*PL*, 2:156). Algunos se han preguntado si Práxeas existió en realidad o si era más bien un modo de referirse a otro personaje histórico (Noeto de Esmirna o Calixto de Roma). En todo caso, lo que aquí nos interesa no es tanto la personalidad de Práxeas, sea quien fuere, como el pensamiento de Tertuliano frente a él.

[11] Naturalmente, esta no pretende ser una exposición exacta del modalismo. Véase el capítulo 6, donde se discuten las diversas formas de monarquianismo.

[12] No todos los estudiosos concuerdan en cuanto a la importancia de la terminología legal para una interpretación correcta de Tertuliano. Otros interpretan su uso de términos tales como «persona» y «substancia» en términos filosóficos más que legales.

otro sentido que el de un gobierno único e individual, y no impide en modo alguno que el monarca tenga un hijo, o que administre su monarquía como a él le plazca. Es más, si el padre lo desea, el hijo puede participar en la monarquía, y no por ello se divide esta. Por tanto, la monarquía de Dios no es razón para negar la distinción entre el Padre y el Hijo, como pretenden «los simples, por no decir imprudentes e idiotas», que niegan esa distinción.[13]

Mas esto no basta para refutar a Práxeas, sino que es necesario ofrecer una explicación del modo en que es posible que el Padre, el Hijo y el Espíritu Santo sean un solo Dios y que exista sin embargo una distinción entre los tres. Aquí Tertuliano apela de nuevo a la jurisprudencia e introduce dos términos que la iglesia continuaría empleando hasta nuestros días: «substancia» y «persona». «Substancia» ha de entenderse aquí, no en su sentido metafísico, sino en el sentido que le daba la jurisprudencia de la época. Dentro de este contexto, la «substancia» corresponde a la propiedad y al derecho que una persona tiene a ella (como hoy decimos que alguien es «una persona de substancia» porque tiene muchas propiedades). Volviendo al ejemplo de la monarquía, la substancia del emperador es el imperio, y por ello es posible que el emperador comparta su substancia con su hijo —como de hecho lo hizo Vespasiano—. La «persona», por otra parte, ha de entenderse en el sentido de «persona jurídica» más que en su sentido usual. La «persona» es un ser que tiene cierta «substancia». Es posible que varias personas tengan una misma substancia, o que una sola persona tenga más de una substancia —y aquí se halla el centro de la doctrina de Tertuliano, no solo respecto a la Trinidad, sino también respecto a la persona de Cristo—.

A partir de este concepto de substancia y de persona, Tertuliano afirma la unidad del Padre, del Hijo y del Espíritu Santo sin negar su distinción: los tres participan de una misma e indivisa substancia, pero no por ello dejan de ser tres personas diversas, «tres, no en condición (*status*), sino en grado; no en substancia, sino en forma; no en potestad, sino en su aspecto (*species*); pero de una substancia y de una condición, y de una potestad; porque es un Dios en el que, bajo el nombre de Padre, Hijo y Espíritu Santo, se distinguen estos grados, y formas, y aspectos».[14]

Sin embargo, cuando buscamos el sentido exacto de los términos con que Tertuliano señala la unidad de Dios (*substantia, status, potestas*), así como de los que señalan su diversidad (*gradus, forma, species*), descubrimos que esta fórmula, que parece ser tan explícita, es sumamente ambigua. *Substantia* puede tomar diversos sentidos, en una gradación que lleva

---

[13] *Adv. Prax.* 3 (*PL*, 2:157-59).
[14] *Adv. Prax.* 2 (*PL*, 2:157).

desde el ser mismo o su realidad hasta la comida de un nombre, incluyendo el sentido legal que hemos señalado más arriba. El sentido de *status* varía también, y puede referirse tanto a una simple posición como a la condición social de una persona, que en la práctica legal es lo mismo que su ser o su substancia. Por último, *potestas* puede referirse solo a la capacidad externa de hacer algo, pero también puede aplicarse a la naturaleza íntima de la cosa. Por tanto, la unidad divina, que Tertuliano parecía haber definido con tanta precisión, no se libra aún de la ambigüedad. Lo mismo sucede con los términos que Tertuliano emplea para definir la distinción entre las personas de la Trinidad. Por ello es posible interpretar este pasaje de tal modo que la Trinidad aparezca como una unidad esencial en la que se establecen distinciones secundarias, y es también posible interpretarlo de tal modo que se trate de tres seres cuya unidad consiste en el hecho de que los tres son divinos.

Al continuar leyendo a Tertuliano, resulta cada vez más claro que nuestro escritor tiende a subrayar la distinción entre las personas de la Trinidad, y esto en perjuicio de su unidad esencial. En efecto, en el capítulo nueve de *Contra Práxeas* encontramos que «el Padre es toda la substancia, y el Hijo es una derivación y porción del todo».[15] Y en *Contra Hermógenes* se afirma que hubo un tiempo cuando el Hijo no existió.[16] Ambas aserciones establecen entre el Padre y el Hijo una distinción que más tarde sería declarada heterodoxa. Esto es lo que se ha dado en llamar el «subordinacionismo» de Tertuliano. Y es cierto que hay en Tertuliano cierta tendencia subordinacionista. Pero es necesario recordar que el propósito mismo de la obra *Contra Práxeas* lleva a Tertuliano a subrayar la distinción entre el Padre y el Hijo más que su unidad. Además, sería injusto esperar de Tertuliano una precisión que no aparece en la historia del pensamiento cristiano sino tras largas controversias. Por estas razones, sus innegables tendencias subordinacionistas no han de eclipsar el genio de Tertuliano, quien creó y aplicó el vocabulario y la fórmula básica que Occidente habría de emplear por muchos siglos para expresar el carácter trino de Dios.

Otro aspecto importante de la doctrina trinitaria de Tertuliano es su insistencia en la divina «economía» (*oiconomia*), palabra esta que

---

[15] *Adv. Prax.* 9 (*PL*, 2:164): «*Pater enim tota substantia est: Filius vero derivatio totius et portio*». Véase también *Adv. Prax.* 14.

[16] *Adv. Hermogenem* 3. Este pasaje, sin embargo, ha de entenderse a la luz de *Adv. Prax.* 5 y 6, donde Tertuliano toma la antigua distinción entre el *logos* interior y el *logos* proferido y la traduce al latín empleando los términos *ratio* y *sermo* (razón y palabra). La *ratio* existía en Dios desde el principio, mientras que el *sermo*, que Tertuliano llama también «Hijo» y «Sabiduría», fue pronunciado antes de la creación, a fin de que todas las cosas fuesen hechas por él. Por tanto, dentro de la terminología de Tertuliano, afirmar que hubo un tiempo cuando el «Hijo» no existió no equivale a afirmar —como lo harían más tarde los arrianos— que hubo un tiempo en que el *Logos* o Verbo no existió.

Tertuliano translitera del griego al latín más que traducirla. Según él, Dios es uno, «pero bajo esta dispensación, que llamamos economía»:[17] que el Dios único también tiene un Hijo. Esta divina economía es necesaria para comprender adecuadamente la monarquía, pues es bajo ella que Dios es uno. Por esta razón, la doctrina de Tertuliano ha sido llamada un «monoteísmo orgánico»,[18] es decir, un monoteísmo que se entiende en términos de una relación orgánica. Quizá, si se le investiga más profundamente, este aspecto de la teología trinitaria de Tertuliano sea, en realidad, más importante que su uso de los términos «substancia» y «persona».[19]

La cristología de Tertuliano, que logra su más feliz expresión en *Contra Práxeas*, es antes que nada una cristología antidoceta. En todas sus obras se manifiesta su interés en afirmar la realidad del cuerpo de Cristo. Para Tertuliano, la realidad del cuerpo de Cristo no es una simple doctrina, sino que de ella depende toda la soteriología cristiana, y por ello la defiende con gran ardor. Por otra parte, su rechazo del monarquianismo modalista de Práxeas obliga a nuestro teólogo a pensar, no solo en la necesidad de afirmar la realidad de la humanidad de Cristo, sino también en el modo en que esa humanidad se relaciona con la divinidad del Salvador. A esta tarea se enfrenta en el capítulo 27 de *Contra Práxeas*, y para ello hace uso de los mismos conceptos con los que ya ha expresado las relaciones entre el Padre, el Hijo y el Espíritu Santo. Estos términos son «substancia» y «persona».

Práxeas y los suyos afirman que es posible establecer una distinción entre el Padre y el Hijo, pero que esta distinción se refiere a Jesucristo: el Padre es el espíritu, y se le llama Cristo; el Hijo es la carne, y se le llama Jesús. Tertuliano responde afirmando la unidad de Jesucristo, y negando la posibilidad de distinguir entre Jesús y Cristo —error que según él viene de la escuela de Valentín—.[20]

En este caso, al igual que en el de la doctrina trinitaria, no basta con negar el error de Práxeas, sino que es necesario ahondar en la doctrina correcta. «Lo que se investiga entonces es: ¿cómo se hizo carne el Verbo? ¿Fue algo así como transformándose en carne? ¿O se revistió de la carne?».[21] La respuesta de Tertuliano opta por la segunda alternativa, ya que Dios es

---

[17] *Adv. Prax.* 2 (*PL*, 2:156).

[18] G. L. Prestige, *God in Patristic Thought* (London, 1936), pp. 97-106.

[19] Esto es lo que sugiere Prestige, *God*, p. 111: «Por tanto ha de concluirse que Tertuliano e Hipólito expresan un modo de entender las relaciones eternas de la tríada divina que al parecer es único en la teología patrística».

[20] En el primer capítulo de *De carne Christi*, Tertuliano afirma que la razón que lleva a los herejes a negar la realidad de la carne de Cristo es que no quieren aceptar la doctrina de la resurrección de la carne.

[21] *Adv. Prax.* 27 (*PL*, 2:190).

inmutable. Si se dijese que en Cristo el Verbo se ha transformado para unirse con la carne, se llegaría a una especie de mezcla entre lo divino y lo humano, y a una mezcla que no sería ni verdaderamente divina ni verdaderamente humana, sino que pertenecería a otro orden; sería, con el decir de Tertuliano, un *tertium quid* —una tercera realidad—. Luego, al igual que en Dios hay tres personas y una sola substancia, en Jesucristo hay dos substancias —la divinidad y la humanidad— poseídas ambas por una sola persona.[22] Esta unión es tal que en ella se conservan íntegramente las propiedades de ambas substancias o naturalezas —Tertuliano emplea ambos términos— y que las propiedades de ambas se manifiestan por igual. De este modo, en las acciones de Jesucristo pueden descubrirse tanto el poder de Dios —como diría Tertuliano, del espíritu[23]— como las afecciones del hombre —como diría Tertuliano, de la carne—.

Con estos breves rasgos que nunca llegó a completar, Tertuliano se adelantaba a su época todavía más que con su doctrina trinitaria, pues su fórmula cristológica de las dos naturalezas en una persona era prácticamente la misma que la iglesia adoptaría más de dos siglos después, tras largas controversias, en el Concilio de Calcedonia. Un detalle que vale la pena mencionar es el hecho de que Tertuliano afirma que la matriz de María fue abierta en el nacimiento de Jesús, cosa que los teólogos posteriores negaron.[24]

Otro punto en el que Tertuliano influyó en los siglos posteriores tiene que ver con las consecuencias de sus tendencias estoicas para el desarrollo posterior de la doctrina del pecado original en Occidente. El estoicismo de Tertuliano le llevaba a concebir tanto el alma como a Dios mismo como seres corporales,[25] y esto a su vez le llevaba a afirmar que el alma surgía de las almas de los padres, al igual que el cuerpo surge de los cuerpos de los padres.[26] Esta doctrina recibe el nombre de «traducionismo», y en la Edad Media fue abandonada por la inmensa mayoría de los teólogos, a quienes disgustaba su materialismo excesivo. Sin embargo, la doctrina

---

[22] Doctrina esta que según algunos historiadores puede derivarse de Melitón.

[23] Cantalamessa, «Tertullien et la formule christologique de Chalcédoine», SP, 9 (1966), 145-48, argumenta que Tertuliano no utiliza el término «persona» en su sentido cristológico, sino que sencillamente estaba refutando la doctrina de Práxeas según la cual la única persona divina estaba en Cristo, unida a la carne de Cristo. La conclusión de tal interpretación es que Tertuliano no contribuyó al uso posterior del término «persona» en las discusiones cristológicas. Esto bien puede ser cierto, puesto que su obra en esa dirección no ha dejado huella alguna en otros teólogos latinos, y es posible que Agustín y el resto de Occidente hayan llegado a este uso del término de manera completamente independiente de Tertuliano.

[24] *De carne Chr.* 23. Tertuliano también afirma que Cristo tenía hermanos, *De carne Chr.* 7.

[25] La principal fuente que Tertuliano empleó para su tratado *Sobre el Alma* fue el médico Sorano de Efeso.

[26] *De anima* 27.

traducionista fue la base para un modo de entender el pecado original que perduró a través de toda la Edad Media y hasta nuestros días. A partir del traducionismo, se llega a entender el pecado original como una herencia que se traspasa de padres a hijos, juntamente con el cuerpo.[27] Este no es el único modo de entender el pecado original, pero —debido en gran medida a la influencia de Tertuliano a través de San Agustín— se ha arraigado de tal modo en la mente occidental que esto es lo que viene a nuestra mente cuando se nos habla de «pecado original».

Lo que Tertuliano dice respecto al bautismo es importante para la historia del culto cristiano, ya que en su tratado *Sobre el bautismo* ofrece indicaciones de cómo se administraba ese sacramento en el norte de África en su tiempo. Su propia opinión es que el bautismo tiene una eficacia real y, por tanto, comienza su tratado exclamando: «¡Feliz nuestro sacramento del agua, puesto que, lavando los pecados de nuestra antigua ceguedad, nos liberta y nos introduce a la vida eterna!».[28]

Sobre la eucaristía, Tertuliano no ofrece detalles claros, y es posible debatir sobre si la interpretaba en términos realistas o simbólicos, aunque probablemente el hecho mismo de plantear tal pregunta sea un anacronismo.

La importancia de Tertuliano para la historia del pensamiento cristiano es inmensa. Si bien existía ya alguna literatura cristiana en latín cuando Tertuliano emprendió su labor literaria,[29] esta no había alcanzado aún un desarrollo tal que ofreciese la terminología necesaria para realizar la tarea teológica, y fue Tertuliano quien produjo buena parte de esa terminología —o, en algunos casos, tomó palabras ya existentes y les dio nuevo significado—. Al hacer esto, Tertuliano no se limitó a traducir conceptos tomados de los escritores griegos, sino que imprimió su propia personalidad a su terminología. Por ello, Tertuliano no solo señaló el camino que habría de seguir el latín teológico, sino que señaló también el camino que habría de seguir la teología latina. Su legalismo, que era en parte producto de ciertas antiguas tendencias en la iglesia occidental, vino a ser también causa de la tendencia legalista que ha caracterizado al cristianismo latino. En Tertuliano, vemos los albores de un entendimiento de la fe que ve en Dios, ante todo, el legislador y juez, en el pecado una deuda contraída para con Dios, y en Jesucristo el pago por esa deuda.

Algunos de sus dichos —«la sangre de los cristianos es semilla», «¿qué tiene que ver Atenas con Jerusalén?», etc.— han venido a formar parte de la herencia común de todas las personas cultas de Occidente. Sus doctrinas

---

[27] Así lo entiende Tertuliano en *De test. Animae,* 3, y en *De anima,* 40.

[28] *De baptismo,* 1 (*PL,* 1:1305).

[29] Minucio Félix, a quien no estudiaremos aquí, bien puede haber sido anterior a Tertuliano, como lo sostienen numerosos eruditos. Su *Octavio* es una apología cuyo interés está principalmente en lo que nos dice acerca del ambiente y las prácticas de la época.

de la sucesión apostólica, del origen del alma y del pecado original han dejado una huella profunda en el desarrollo de la iglesia cristiana. Sus fórmulas trinitarias y cristológicas se anticiparon en mucho al desarrollo posterior de estas doctrinas. ¿Cuál es el saldo de esta obra inmensa, con sus rigideces legalistas y sus momentos de increíble inspiración, con su firme defensa de la ortodoxia y su inexplicable carácter cismático? No lo sabremos hasta que la obra de cada cual sea probada.

9

La escuela de Alejandría: Clemente y Orígenes

———————— ❖ ————————

En los dos capítulos anteriores hemos estudiado dos tendencias teológicas distintas entre sí, pero con muchos puntos de contacto. Ahora debemos dedicar nuestra atención a otra tendencia contemporánea de aquellas dos, pero muy distinta de ambas: la teología alejandrina.

A finales del siglo segundo y principios del tercero, Alejandría era una de las principales ciudades del Imperio romano. En importancia política y económica, solo Roma y Antioquía podían hacerle sombra, pero su actividad cultural era superior a la de cualquier otra ciudad. Unos veinticinco años después de su fundación —Alejandría fue fundada por Alejandro el Grande en el 332 o 331— Tolomeo Soter fundó en ella la Biblioteca y el Museo que habrían de hacerla famosa. La Biblioteca, cuyos directores se contaban siempre entre los eruditos más notables del mundo, llegó a contar con 700 000 volúmenes —lo que hacía de ella un arsenal de conocimientos sorprendentes para su época—. El Museo, como su nombre indica, fue dedicado a las musas, y en él se congregaban y trabajaban los más distinguidos literatos, científicos y filósofos. Debido en parte a estas dos instituciones —que no dejaron de tener sus alzas y sus bajas— Alejandría pronto fue tenida por un emporio de conocimientos.

Por otra parte, la posición geográfica de Alejandría contribuyó a darle un sabor especial al pensamiento que en ella se forjaba, y esto es tanto más importante por cuanto el pensamiento que se producía en Alejandría era de ese mismo tipo del que el mundo estaba ávido. Egipto había sido admirado por los antiguos griegos y tenido por ellos por tierra misteriosa y palpitante de conocimientos ocultos. Además, en Alejandría se daban cita las influencias orientales, a fin de amalgamarse allí en un todo ecléctico. Ya hemos visto que desde principios de nuestra era había en Alejandría un buen número de judíos y cómo estos tradujeron las escrituras e interpretaron su religión de un modo que acusaba las influencias que dominaban el ambiente alejandrino. Y no eran solo los judíos con sus Escrituras quienes venían a Alejandría, sino también los babilonios con su astrología, los persas con su dualismo, y un sinnúmero de orientales con sus diversas y confusas religiones mistéricas.

Todas estas influencias —unidas a la tolerancia de una ciudad con pocos siglos de tradición— contribuyeron a hacer de Alejandría el centro de un tipo de pensamiento que respondía a las necesidades de esa época. Ya hemos señalado antes que el período helenista se caracteriza por su individualismo y cosmopolitanismo —en contraste con el pensamiento de la antigua Grecia, que giraba alrededor de la ciudad—. El individualismo de la época hacía entonces que las gentes prestaran atención a aquellas doctrinas que les prometían un medio de gobernar sus vidas y de alcanzar la salvación —fuera esta lo que fuere—. El cosmopolitanismo, por otra parte, servía de apoyo a las tendencias sincretistas de la época, y hacía que el pensamiento de carácter ecléctico fuese muy bien recibido en ciertos círculos. Debido precisamente a las muchas influencias que en ella se hacían sentir —y que subrayaban la salvación individual— Alejandría estaba especialmente dotada para producir este tipo de pensamiento. De ahí que Alejandría, a finales del siglo segundo, haya sido un hervidero de doctrinas diversas, todas ellas de carácter ecléctico: el gnosticismo de Basilides, el neoplatonismo de Amonio Saccas y Plotino, el judaísmo helenista que ya hemos encontrado en Filón y —lo que aquí nos interesa— el cristianismo esotérico y platónico de Clemente y Orígenes.

Puesto que ya hemos tratado sobre el judaísmo helenista, así como del gnosticismo de Basilides y otros, debemos aquí ofrecer una breve descripción del neoplatonismo plotiniano, a fin de tener una idea general del trasfondo intelectual de la escuela cristiana de Alejandría.

Al igual que los demás filósofos de su tiempo, Plotino era un ecléctico que tomaba sus ideas de Platón, de Aristóteles y del estoicismo. El punto de partida de su sistema es el Uno inefable, que se encuentra más allá de toda esencia y de todo nombre que pudiera dársele. Todo cuanto existe se deriva de ese Uno absolutamente trascendente, aunque no por un acto de creación, sino más bien por lo que ha de entenderse en términos de la metáfora de la emanación.

Para una divinidad concebida de esta manera no puede concebirse evidentemente la creación como un acto de voluntad, que impli-

caría un cambio en la esencia divina. La creación acontece de tal
manera que Dios permanece inmóvil en el centro de la misma, sin
quererla ni consintiéndola. Es un proceso de *emanación*, semejante a la manera en que la luz se difunde en torno al cuerpo luminoso
o el calor del cuerpo caliente, o, mejor, como el perfume que ema-
na del cuerpo oloroso.[1]

Esa emanación parte del Uno perfecto y se extiende hacia la imperfección
y la multiplicidad. El primer nivel de emanación es el Intelecto, en el que
se combinan características del demiurgo de Platón y del *logos* de Filón.
Luego viene el Alma del mundo, de la que toda alma humana es parte. Así
se va desenvolviendo toda una jerarquía del ser, de tal modo que, en su
último nivel, no hay sino materia pura, que es lo mismo que la multiplicidad absoluta.

Dentro de este marco, cada uno de nosotros es un alma aprisionada
dentro del cuerpo. Luego nuestra tarea es sobreponernos a las ataduras de
nuestros cuerpos y ascender hasta llegar a esa unión mística con el Uno
que recibe el nombre de «éxtasis».

Clemente y Orígenes, cuyos pensamientos estudiaremos en este capítulo, ilustran un modo de enfrentarse a las herejías muy distinto del de
Ireneo o Tertuliano.[2] Quizá por esa misma razón su obra tiene un alcance
mucho más amplio que el de la simple apología o la refutación de las
herejías. Por tanto, este capítulo —cuya extensión puede a primera vista
parecer desproporcionada— es un punto de viraje entre dos períodos fundamentales de nuestra historia. Por una parte, tanto Clemente como Orígenes viven todavía en el período de las persecuciones y del gnosticismo —y
esto da a su obra un punto de contacto con la de los pensadores que hemos
discutido hasta aquí—. Por otra parte, el pensamiento de Clemente y de
Orígenes no se limita a la apología ni tampoco a la refutación de herejías,
sino que se alza en altos vuelos de especulación y originalidad —y esto es
lo que hace que su obra marque el comienzo de un nuevo tipo de actividad
teológica, con sus valores y sus peligros—.

La historia externa de la Escuela de Alejandría —que solo nos interesa
aquí como marco dentro del cual se produjo el pensamiento que hemos de
estudiar— es difícil de reconstruir. Tradicionalmente se pensó que había
existido una institución formal a la que se daba el nombre de Escuela
Catequética de Alejandría y en la que se impartía, no solo la enseñanza
que servía de preparación para el bautismo, sino también una enseñanza

---

[1] N. Abbagnano, *Historia de la filosofía* (Barcelona, 1955), 1:178.

[2] He explorado esto con más detenimiento en *Retorno a la historia del pensamiento cristiano: Tres tipos de teología* (Buenos Aires, 2004).

192 Historia del pensamiento cristiano hasta el siglo XXI

superior de índole filosófica y teológica. Lo cierto parece ser que Panteno —de quien poco o nada sabemos— fundó en Alejandría una escuela privada al estilo de las que tenían los filósofos y de la que Justino había tenido en Roma. A su muerte, Clemente le sucedió como cabeza de esa escuela. Orígenes, por su parte, recibió a los dieciocho años, no la dirección de una institución de estudios superiores, sino simplemente la responsabilidad de preparar a los catecúmenos para el bautismo. Más tarde, al ver que su fama crecía y que eran muchos los que estaban interesados en los conocimientos superiores que él podía ofrecerles, dejó la catequesis a cargo de Heraclas y fundó una escuela de investigaciones superiores, siguiendo el ejemplo de Panteno y Clemente. Por tanto, cuando aquí usamos el término «escuela de Alejandría», no nos estamos refiriendo a una institución determinada, tal como una escuela catequética o un centro de estudios superiores, sino que usamos el término «escuela» en el sentido de «tendencia teológica», aunque reconocemos que la gran labor de la escuela de Alejandría se llevó a través de la obra catequética y de los centros de estudios superiores que dirigieron Clemente y Orígenes.

Clemente de Alejandría

Puesto que la obra de Panteno —si es que escribió algo— no ha llegado a nuestras manos, el primer pensador que aquí nos interesa es Clemente.

En lo que a la vida de Clemente se refiere, nuestros conocimientos son harto escasos. Suponemos que sus padres eran paganos porque Clemente lo fue cuando era joven. Al parecer nació en Atenas, y allí se educó y vivió hasta su conversión. Luego viajó en busca de la sabiduría por Italia, Siria y Palestina, y por fin dio con Panteno en Alejandría y encontró en él la dirección que su espíritu necesitaba. Tras estudiar y colaborar por algún tiempo con Panteno, y a la muerte de este, Clemente le sucedió en la función docente, posiblemente por el año 200. Pero pronto la persecución de Séptimo Severo (año 202) le obligó a abandonar Alejandría, y desde entonces la historia de su vida se torna todavía más nebulosa. Solo sabemos que estuvo en Capadocia y en Antioquía, y que murió entre el año 211 y el 215.

Además de algunos fragmentos, los escritos de Clemente que han llegado hasta nosotros son cinco: *Exhortación a los griegos, Pedagogo, Tapices, ¿Quién es el rico salvo?* y los *Fragmentos de Teodoto*. Esta última es en realidad una serie de apuntes de Clemente para algún proyecto futuro, y es de escaso valor para nuestro estudio, entre otras razones, porque se hace difícil y hasta imposible distinguir entre los fragmentos de Teodoto y los comentarios de Clemente.

¿Quién es el rico salvo? es una homilía que ha recibido poca atención por parte de los historiadores del pensamiento cristiano, principalmente

porque tales historiadores no se han interesado por las enseñanzas cristianas acerca de temas económicos. Este tratado, sin embargo, es un importante testigo de los ajustes que la iglesia tuvo que hacer según se iban uniendo a ella cada vez más personas pudientes. En esta obra, al mismo tiempo que pronuncia algunas palabras muy fuertes sobre quienes acumulan riquezas, Clemente argumenta que aun así es posible que los ricos se salven, siempre que recuerden que los bienes han sido creados por Dios, no para acapararlos, sino para compartirlos.

El *Protreptikos* —así llamaremos desde ahora la *Exhortación a los griegos*— es la primera obra de una serie de tres que Clemente pensaba escribir, relacionando cada una con una de las tres funciones del Verbo, que exhorta, conduce y enseña —de ahí que la primera obra llevaría el título de *Protreptikos*, la segunda el de *Paidagogos* y la tercera el de *Didaskalos*—.[3] Como exhortador, el Verbo invita a abandonar las costumbres paganas y a tomar el camino de la salvación. Este es precisamente el tema del *Protreptikos*, cuyos doce capítulos están dedicados a atacar los errores paganos e invitar al lector a abrazar la fe cristiana. Sin embargo, aun en esta obra de carácter apologético, Clemente sabe apreciar los valores de la cultura helenista, y afirma que la verdad se encuentra también en los filósofos y poetas de la antigüedad.

El *Pedagogo* es la segunda obra de esta trilogía, y su propósito es guiar al creyente en la vida cristiana, enseñándole ciertas reglas de conducta y librándole de pasiones.

Por último, *Stromateis* —que bien podrían llamarse los *Tapices* de Clemente— no cumple la promesa que su autor había hecho de completar su trilogía con una obra acerca de la función del Verbo como Maestro. No sabemos a ciencia cierta a qué se debe esto, y las dos explicaciones más generalizadas son, por una parte, que Clemente se sintió incapaz de escribir una obra sistemática como la que había prometido y, por otra, que *Stromateis* no es más que una serie de apuntes que Clemente preparaba para escribir su tercera obra cuando la muerte lo reclamó. En todo caso, el título de esta obra expresa con fidelidad su carácter: como en una serie de tapices, los hilos del pensamiento aparecen para luego perderse sin que el lector sepa qué ha sido de ellos. De este modo, y con una falta casi total de orden y sistema, Clemente expone lo más elevado de su doctrina.

Para estudiar la doctrina de Clemente, debemos partir de su modo de concebir la relación entre la teología y la filosofía o entre la verdad cristiana y la verdad de la filosofía griega. Aquí Clemente se coloca resueltamente en la tradición de Justino y Atenágoras, y frente a la actitud de Taciano, Ireneo y Tertuliano.

---

[3] *Paid.* 1.1.

En cuanto al origen de la verdad que hay en la filosofía —y Clemente no duda ni por un instante que haya en ella tal verdad— nuestro autor adopta dos posiciones, tomadas ambas de sus antecesores, que son difíciles de compaginar. Por una parte, los filósofos tomaron sus ideas de los hebreos.[4] Por otra parte, Clemente afirma que los filósofos conocieron la verdad por obra de Dios, de manera semejante al modo en que los judíos recibieron la Ley. «Así como muchos hombres tirando de una nave no son otras tantas causas, sino una causa que consiste de varias... así también, aunque la verdad es una, muchas cosas cooperan en su búsqueda, pero su descubrimiento tiene lugar mediante el Hijo».[5]

Por esta razón, «el mismo Dios que proveyó ambos pactos (el de la Ley y el de la filosofía) fue el dador de la filosofía griega a los griegos, mediante la cual el Todopoderoso es glorificado entre ellos».[6]

De estas dos explicaciones de la concordancia entre las ideas de los griegos y las de los hebreos, la segunda es la que constituye la verdadera posición de Clemente. La otra es un simple argumento tradicional, útil para la polémica y quizá parcialmente cierto, pero que no hace justicia a la grandeza de los filósofos griegos. Puesto que la verdad es solo una, ha de ser reconocida como la misma doquiera se encuentre, y su origen también ha de ser reconocido como el mismo: Dios.

Aquí Clemente va un paso más allá de Justino. Este había concedido cierto grado de verdad a la filosofía pagana, había tratado de mostrar que sus más elevadas doctrinas coincidían con las doctrinas escriturarias, y hasta había afirmado el origen divino de la verdad que los filósofos poseyeron. Pero Clemente afirma que la filosofía fue dada a los griegos con el mismo propósito con que la Ley fue dada a los judíos: para servir de ayo que les condujese a Cristo.[7] Más todavía: la filosofía es el pacto que Dios ha establecido con los griegos,[8] y —como los judíos cuentan con sus profetas— bajo este pacto ha habido también hombres inspirados como Homero, Pitágoras y Platón.[9] La verdad es una y proviene de Dios, de modo que los cristianos pueden y deben ver en la filosofía el reflejo de esa misma verdad que les ha sido revelada. Y si esto hace a algunos temer que caigamos en el error, es porque no tienen fe en el poder de la verdad, que se impone a sí misma. En realidad, la diferencia entre Clemente y Justino en lo que se refiere a las relaciones entre la filosofía y el Antiguo

---

[4] *Strom.* 1.25; 5.14.
[5] *Strom.* 1.20 (*GCS*, 62:15).
[6] *Strom.* 6.5 (*GCS*, 15:452).
[7] *Strom.* 1.20.
[8] *Strom.* 6.8.
[9] *Strom.*5.5,14.

Testamento resulta de las circunstancias y propósitos diferentes de ambos pensadores. Justino escribe para los no creyentes, y su propósito es mostrarles el carácter racional de la fe cristiana. Clemente escribe para los creyentes y su propósito es mostrarles el valor de la filosofía para la fe.

Sin embargo, esto no quiere decir que la fe sea innecesaria para conocer la verdad, sino todo lo contrario. La filosofía trabaja a base de demostraciones racionales, sí; pero hasta los filósofos concuerdan en la imposibilidad de demostrar los primeros principios sobre los que se fundamenta toda otra demostración. Estos primeros principios solo pueden ser aceptados por un acto de la voluntad, es decir, por fe. Luego todo conocimiento verdadero presupone un acto de fe. Pero hay más: ya que la fe no es solo el punto de partida del conocimiento, el conocimiento es también necesario para la fe. La fe no consiste simplemente en adivinar o decidir arbitrariamente qué principios son ciertos, sino que la fe toma esa decisión basándose en el conocimiento. «Luego la fe ha de ser conocida y el conocimiento ha de ser creído, por algo así como una reciprocidad divina».[10]

Si el hecho de que «el conocimiento ha de ser creído» es la base de la respuesta de Clemente a quienes pretenden formular una filosofía autónoma, el hecho de que «la fe ha de ser conocida» es la base de su oposición a los herejes. Los herejes son como quienes no saben distinguir la moneda falsa de la buena, pues no tienen los conocimientos necesarios para hacer esa distinción.[11] Si la fe no es una decisión arbitraria, sino que toma en cuenta la contribución del conocimiento, los herejes no tienen la verdadera fe, pues su «fe» se basa en sus propios gustos, y no en el conocimiento de las Escrituras.

Para Clemente no cabe duda de que las Escrituras son inspiradas por Dios. Su certeza acerca de esta inspiración es tal que ni siquiera se detiene a formular una teoría de ella. Dios habla en las Escrituras, y el modo en que esto se relaciona con los que las escribieron no es un problema de primera magnitud.

Lo que sí es importante determinar es el modo en que Dios habla en sus Escrituras, pues si pensamos que en ellas encontramos la expresión literal de la Palabra de Dios nuestra interpretación será muy distinta de lo que será si pensamos que en ella Dios nos habla mediante alegorías o símbolos.

Como fiel miembro de la tradición exegética que hemos encontrado en el judaísmo alejandrino de Filón y en la *Epístola de Bernabé*, Clemente ve en la interpretación alegórica uno de los instrumentos principales de la

---

[10] *Strom.* I2.4 (*GCS*, 15:121).

[11] *Strom.* 2.4. Compárese con *Strom.* 7.17, donde se dice que los herejes tienen una llave falsa que no les permite abrir la puerta de la verdad.

hermenéutica bíblica. Sin embargo, debemos cuidarnos de no exagerar su tendencia al alegorismo, pues Clemente no tiende a abandonar el sentido histórico de las Escrituras, como lo harían algunos de sus precursores en la propia Alejandría. Mientras que el autor de la llamada *Epístola de Bernabé*, por ejemplo, atribuiría a un ángel malo la interpretación literal que los judíos habían dado a la Ley, Clemente subraya una y otra vez la realidad del sentido literal e histórico de las Escrituras. Por ello, refiriéndose a Clemente, Claude Mondésert puede decir que «... la Biblia no es para él sino... la narración de una revelación vivida históricamente; es la historia, en hechos concretos y en gestos personales, de las relaciones de Dios con los humanos, y de las intervenciones divinas en la historia universal». [12]

A fin de mantener a la vez este sentido histórico de las Escrituras y la profundidad y libertad que nacen de la interpretación alegórica, Clemente formula la doctrina de los dos sentidos de las Escrituras. Esta doctrina se basa en toda una concepción cosmológica de sabor marcadamente platónico, y según la cual las realidades de este mundo son símbolo de las realidades eternas. De igual modo que las cosas de este mundo son ciertas, pero al mismo tiempo tienen su valor máximo como señales que apuntan al mundo de las realidades últimas, los textos escriturarios son literalmente ciertos, pero tienen su valor máximo como señales o alegorías que dan a entender las verdades más profundas del universo. Todo texto tiene dos sentidos: uno literal y otro espiritual, y esta es la regla fundamental de la exégesis de Clemente.

El sentido literal es el que se descubre en el texto mismo, sin pretender descubrir sentido oculto alguno. Esto no quiere decir que el sentido literal sea siempre el sentido que se desprende de una interpretación literalista e ingenua del texto, y por esta razón, quizá, sea más acertado llamar a este sentido «primer sentido», en contraste con los sentidos ulteriores que pueden descubrirse mediante la interpretación alegórica. Hay casos en que este «primer sentido» coincide con el sentido recto de las palabras de las Escrituras, como sucede en las narraciones históricas del Antiguo Testamento. Pero hay casos en que el «primer sentido» es el sentido figurado, pues una interpretación en sentido recto sería falsa. Tal es el caso de las múltiples parábolas, metáforas y alegorías que aparecen en las Escrituras, y cuyo «primer sentido» no ha de buscarse en su interpretación recta, sino en su sentido figurado.

Este «primer sentido» del texto bíblico no es ciertamente el más elevado, y el cristiano que pretenda llegar a un conocimiento profundo de su fe no ha de quedar satisfecho con él; pero esto no quiere decir que tal

---

[12] C. Mondésert, *Clément d'Alexandrie: Introduction à l'étude de sa pensée religieuse à partir de l'Ecriture* (París, 1944), p. 87.

«primer sentido» carezca de importancia, o que pueda abandonársele sin abandonar la verdad bíblica. Por el contrario, el «primer sentido» es el fundamento de todo otro sentido. Particularmente en el caso de los textos históricos y proféticos, negar este sentido del texto bíblico sería una negación de la acción y las promesas de Dios. Solo una razón puede justificar la negación del primer sentido de un texto: que diga algo que sea indigno de Dios. Así, por ejemplo, los textos en que se habla de Dios en términos antropomórficos han de ser interpretados de tal modo que se vea claramente que su antropomorfismo no es más que una alegoría que sirve para descubrir realidades más profundas.[13]

Siempre hay, por encima del sentido primero o inmediato de un texto bíblico, uno o más «sentidos ulteriores» que se descubren mediante la interpretación alegórica. Según Clemente, las riquezas del conocimiento de Dios son tales que se equivocaría completamente quien creyese que solo puede haber una enseñanza en un texto bíblico. La misericordia y el amor de Dios son tales que en el mismo texto Dios da a conocer sus misterios a los más ignorantes y a los más sabios, hablando en diversos niveles que se ajustan a la capacidad de percepción de cada clase de creyentes. Por tanto, el cristiano que aspira a llegar a los más altos escalones de esta filosofía que es el cristianismo ha de buscar siempre, tras el sentido primero o literal de un texto bíblico, su sentido ulterior, alegórico o espiritual, que a su vez puede desdoblarse en varios sentidos diversos.

Este es el fundamento de la interpretación alegórica de Clemente, que a su vez constituye una de las características de todo su pensamiento teológico. Conviene repetir que no se trata aquí de un alegorismo sin freno, o que haga caso omiso de la realidad histórica, sino que se trata de un alegorismo que —salvo algunas excepciones desafortunadas— se ciñe a ciertos límites o principios exegéticos.

El primero de estos principios exegéticos ha sido señalado ya más arriba: la interpretación alegórica no debe descartar el sentido primero del texto, salvo cuando este sea tal que contradiga lo que sabemos del carácter y la dignidad de Dios. De este modo, la realidad histórica a que se refieren los textos escriturarios no desaparece. Aunque algunas veces el desdoblamiento entre el primer sentido de un texto y su sentido espiritual lleve a Clemente a prestar tanta atención al último que el primero queda eclipsado, hay otros casos en que se conjugan de tal modo el sentido primero o histórico y el sentido espiritual que la exégesis resultante es más tipológica que alegórica. Así, por ejemplo, el sacrificio de Isaac, sin dejar de ser un acontecimiento histórico, es también una señal o tipo que anuncia el sacrificio de Jesucristo; y la relación entre ambos no se encuentra solo

---

[13] *Strom.* 2.16.

198 HISTORIA DEL PENSAMIENTO CRISTIANO HASTA EL SIGLO XXI

en alguna alusión alegórica, sino en la estructura y hasta en los detalles del acontecimiento histórico en sí.

> El mismo Isaac es ... es el sello del Señor: niño en cuanto hijo — porque era hijo de Abraham, como Cristo lo es de Dios—; víctima como el Señor. Mas él no fue sacrificado como el Señor; Isaac solo llevó la madera para el sacrificio, como el madero de la cruz.

> Su risa, con significado misterioso, profetizaba que el Señor nos colmaría de alegría, porque hemos sido redimidos de la perdición por la sangre del Señor.[14]

El segundo principio exegético de Clemente es que cada texto ha de ser interpretado a la luz del resto de las Escrituras. En primera instancia, esto quiere decir simplemente que todo texto ha de ser interpretado según su contexto inmediato.[15] Pero para Clemente este principio hermenéutico tiene un alcance mucho más amplio, y sirve de inspiración a sus más complicadas interpretaciones alegóricas. En efecto, Clemente aplica este principio de tal modo que, para interpretar un texto bíblico, es necesario acudir a otros textos donde aparecen las mismas ideas, las mismas cosas, los mismos nombres y hasta los mismos números. Así se descubre el significado alegórico de cada uno de los elementos que componen el texto en cuestión y se logra la interpretación alegórica, no a base de la imaginación del exégeta, sino a base del simbolismo bíblico. Naturalmente, careciendo como carecía de los conocimientos críticos e históricos de nuestros días, Clemente caería en las más desatinadas interpretaciones en virtud de este principio exegético. Pero esto no ha de hacernos olvidar que en este principio hay un intento de dirigir la interpretación alegórica de tal modo que esta quede siempre dentro del marco del pensamiento bíblico. Como ejemplo del modo en que Clemente aplica este principio podemos citar el texto en que, a fin de aclarar el sentido del capítulo sexto del Evangelio según San Juan —en que Jesús insta a sus discípulos a comer su cuerpo y beber su sangre— Clemente apela a Génesis 4:10, en que Dios dice a Caín: «La voz de la sangre de tu hermano clama a mí desde la tierra». De aquí parte Clemente para mostrar que en el lenguaje bíblico la sangre es símbolo de la Palabra, y que por ello la sangre a que se refiere el Señor no es otra cosa que él mismo.[16]

---

[14] *Paid.* 1.5 (*GAF*, 3:61).
[15] *Strom.* 3.11.
[16] *Paid.* 16.

De este método exegético, que parte de la existencia de diversos niveles de sentido en el texto bíblico, así como de su inclinación hacia la investigación filosófica, surge otra de las características fundamentales del pensamiento de Clemente: su distinción entre los simples cristianos y los «verdaderos gnósticos». En efecto, Clemente cree que, además de la simple fe que poseen todos los cristianos, es posible poseer una comprensión más profunda de las verdades eternas, una «gnosis» superior reservada para los espíritus que se dedican a la búsqueda intensa de la verdad. Esta «gnosis», que Clemente contrapone a la «falsa gnosis» de los herejes, es de un carácter tanto ético como intelectual. «En contraste con el principiante no cultivado, que se limita a creer y que se inclina hacia las cosas externas, está el cristiano que contempla los misterios de Dios y que, con el corazón y el entendimiento, lo recibe en comunión constante».[17] No se trata solo de descubrir verdades más elevadas en el orden intelectual, sino que se trata también de un género de vida superior.[18] A esta «gnosis» se llega por diversos medios a los que Clemente se refiere con frecuencia, pero cuya relación interna no siempre resulta clara: la inspiración personal, la exégesis alegórica de las Escrituras, el empleo de la dialéctica platónica, y una tradición secreta a la que Clemente apela repetidas veces, pero cuyo carácter, contenido y medios de transmisión son difíciles de determinar.[19] En todo caso, lo que aquí nos interesa es que el pensamiento de Clemente tiene un marcado carácter aristocrático —y hasta esotérico— que hace de él poco más que la simple expresión de lo que podemos suponer haya sido el pensamiento de un reducidísimo grupo de cristianos de esa ciudad.

La doctrina de Dios de Clemente ha de expresarse sobre todo en términos negativos: Dios no tiene atributos; Dios se halla allende la categoría de substancia; nada puede decirse directamente de él, pues Dios no puede ser definido. Pero a estas aserciones de carácter marcadamente platónico debemos añadir otra de un matiz netamente cristiano: Dios es trino. Junto al Padre, y desde toda la eternidad, está el Verbo.[20] Como ya hemos visto, el Verbo es el principio de todo conocimiento, sobre todo del conocimiento de Dios. El Verbo es también el principio de toda creación, pues «sin él nada de lo que es hecho fue hecho». Aunque al afirmar la coeternidad del Verbo y del Padre, Clemente se coloca en la tradición del Cuarto

---

[17] R. Seeberg, *Textbook of the History of Doctrines* (Grand Rapids, Mich., 1956), 1:142.

[18] *Strom.* 4.21, 23; 6.9, 10; 7.3, 7-15.

[19] *Strom.* 6.7.

[20] Aunque Clemente nunca utiliza el término «*homousios*» dentro de este contexto, el modo como subraya la igualdad y coeternidad del Padre y el Verbo es tal que Harnack llega a afirmar que es probable que Clemente conociera ese término como un modo de expresar la igualdad de naturalezas entre el Verbo y Dios, por una parte, y el Verbo y los hombres, por otra. (Harnack, *History of Dogma*, 2:352-3).

Evangelio, no por ello deja su doctrina de tener cierto sabor platónico, sobre todo cuando habla del Verbo como a la vez uno y múltiple, es decir, como un ser intermedio entre la unidad inefable de Dios y la multiplicidad del universo.

Este Verbo de Dios, principio de todo conocimiento y de toda creación, se ha encarnado en Jesucristo.[21] La encarnación es el punto culminante hacia el que el Verbo mismo ha dirigido toda su obra anterior, tanto entre los gentiles como entre los judíos. En efecto, el propósito para el que el Verbo ha inspirado la filosofía a los griegos y la Ley a los judíos es para que tanto la una como la otra sirvan de ayo que conduzca a Cristo, el Verbo encarnado. De aquí surge toda una doctrina de la historia, una historia que, como dice Mondésert:

> ... se desenvuelve, avanza, llega a un acto supremo, pero solo termina allí para de nuevo ponerse en marcha, sin sustraerse empero desde entonces de la influencia de ese punto central y culminante a que ha llegado; a partir de allí no se trata ya más de un movimiento lineal, horizontal, sino de una vasta espiral que asciende sin separarse ya más del eje que ha descubierto.[22]

Sin embargo, a pesar de la importancia que Clemente concede a la encarnación, es necesario confesar que su modo de comprender esa encarnación deja mucho que desear. El Verbo asumió una naturaleza humana completa, sí, y Cristo era humano tanto en cuerpo como en alma.[23] Pero esta unión de lo divino y lo humano es tal que se pierden algunas de las características fundamentales de lo humano. En efecto, en el texto que citamos a continuación —y que pretende condenar las opiniones de los docetas— Clemente se deja llevar por consideraciones semejantes a las que llevaron a los docetas a sus convicciones:

> ...en el caso del Salvador, sería ridículo pensar que el cuerpo como tal requería los auxilios necesarios para la subsistencia. Pues él comía, no por razón del cuerpo, que era sostenido por un poder divino, sino para que quienes estaban con él no fuesen llevados a opiniones erróneas acerca de él, como más tarde algunos llegaron

---

[21] Aunque un fragmento de Focio (*Bib.* 9; PG, 103:384) da a entender que Clemente mantenía la existencia de dos «verbos», este fragmento es demasiado oscuro, y su testimonio demasiado carente de apoyo en las obras de Clemente que se han conservado como para que su autoridad haga variar nuestra interpretación general del pensamiento de Clemente. *Exhort.* 2; *Paid.* 1.74; *Strom.* 5.16.

[22] *Op. cit.* p. 188.

[23] *Paid.* 1.2.

a pensar que él se presentó solo en apariencia. Pero él era completamente impasible, y ningún sentimiento, tanto de placer como de
dolor, podía influir sobre él.[24]

Clemente no desarrolla detenidamente la doctrina del Espíritu Santo.
Quizá al subrayar la función del Verbo como iluminador e inspirador de
los creyentes se le hace difícil asignar al Espíritu una función paralela.
Esto no quiere decir que Clemente no distinga la persona del Espíritu de
las otras dos personas de la Trinidad —aunque sin emplear el término
«persona», desconocido para Clemente en este contexto—. Para él, el
Espíritu es sobre todo el principio de cohesión que atrae a los humanos
hacia Dios. En todo caso, repetimos, hay en Clemente una doctrina clara
del carácter trino de Dios, y se encuentran frecuentemente en sus obras
textos que, como el que sigue, muestran su fe en las tres divinas personas,
pero también su falta de claridad respecto al tema:

> Oh Señor, concede a quienes te seguimos … que seamos llevados
> junto al Espíritu Santo, la inefable Sabiduría, que noche y día, has-
> ta el día final, demos gracias y ensalcemos al único Padre e Hijo,
> Hijo y Padre, Pedagogo y Maestro, junto con el Espíritu Santo.[25]

Este Dios trino es el Creador. El mundo es el resultado de la acción de
Dios, y no de una emanación de la divinidad ni de la ordenación de una
materia preexistente. La creación —doctrina que, según Clemente, enseñan tanto las Escrituras como los filósofos— tuvo lugar fuera del tiempo,[26]
pero esto no hace que la creación se disuelva en una simple preservación,
y Clemente llega a afirmar que Dios, que creó todas las cosas en el principio, ya no crea, sino que ha dejado la preservación y multiplicación de las
cosas al orden natural.[27]
    La creación incluye, no solo los humanos y el mundo en que vivimos,
sino también los ángeles y demás seres celestiales. Como un reflejo de la
obra de Dios en siete días, toda la creación encuentra su estructura fundamental en el número siete: siete son los miembros del primer orden angélico; siete los planetas; siete los astros de las Pléyades; etc.[28] Y aquí vemos
en Clemente los comienzos de uno de los intereses que han de caracterizar
a buena parte de la teología de cariz platónico en los siglos por venir: la

---

[24] *Strom.* 6.9 (*GCS*, 15:467).

[25] *Paid.* 3.101.1 (*GAF*, 3:296)

[26] *Strom.* 6.16.

[27] En un fragmento preservado por Anastasio Sinaíta (q. 96). Traducción inglesa en *ANF*,
2:584.

[28] *Strom.* 6.17.

investigación de la estructura jerárquica del universo, y sobre todo, de las huestes celestiales.

La doctrina de Clemente acerca del ser humano guarda —con la de Ireneo— relaciones que sorprenden en dos pensadores de tendencias tan diversas. Para Clemente, como para Ireneo, Adán fue creado con una inocencia infantil, y debía lograr el propósito de su creación en un crecimiento ulterior hacia la perfección. Pero Clemente añade que con la caída de Adán —cuya causa es el ejercicio de las funciones sexuales antes de lo que Dios había ordenado— este quedó sujeto al pecado y la muerte. Adán, más que la cabeza del género humano —como lo era para Ireneo— es para Clemente el símbolo de lo que nos sucede a todos individualmente. Cuando un niño nace, no está bajo «la maldición de Adán». Pero a fin de cuentas todos pecamos, y todos venimos a ser como Adán. Entonces quedamos sujetos al Diablo, y somos esclavos del pecado y de la muerte. Esto no quiere decir que la libertad humana quede completamente destruida. Al contrario, cuando Dios, a través del Verbo, ofrece la fe, es el humano quien por su propia libertad ha de decidir aceptarla. Esta fe no es más que el comienzo de la nueva vida, que Clemente describe a veces como el nuevo comienzo del desarrollo que quedó interrumpido con el pecado, y a veces como un proceso de divinización. Tras la fe —y aquí se manifiesta de nuevo el carácter esotérico del pensamiento de Clemente— han de venir el temor y la esperanza, pero todo ha de culminar en el amor y, por último, la «gnosis». Si todo esto ha de tener lugar en esta vida, o si es posible continuar el proceso de divinización después de la muerte, es una cuestión que no queda claramente resuelta en las obras de Clemente.

Debemos cuidarnos, sin embargo, de no interpretar la doctrina de Clemente acerca de la salvación en términos excesivamente individualistas, pues la iglesia juega un papel de primera importancia en el proceso de la salvación. La iglesia es la madre de los creyentes[29] y esposa del Verbo, y es en su seno que tiene lugar el proceso de iluminación y divinización que ha de constituir la meta de la vida del «verdadero gnóstico».

A esta iglesia se penetra mediante el bautismo, y en ella el creyente es alimentado mediante la eucaristía. El bautismo es el lavacro de los pecados, y en él tiene lugar la iluminación que constituye la raíz de la vida cristiana.[30] Sin embargo, Clemente no hace del bautismo el punto en el que se nos da esa vida en toda su plenitud, sino solo el punto de partida de un crecimiento que ha de llevar a la perfección. En cuanto a la eucaristía, Clemente afirma su eficacia real para alimentar la fe y para hacer al comulgante partícipe de la inmortalidad, pero esto no quiere decir que el pan sea

---

[29] Véase *Paid.* 1.5.
[30] *Paid.* 1.6.

literalmente el cuerpo de Cristo, y la carne literalmente su sangre. Al contrario, «la carne es una alegoría del Espíritu Santo, ya que la carne ha sido creada por él. La sangre alude alegóricamente al *Logos*, puesto que, como sangre preciosa, el *Logos* se derrama sobre nuestra vida».[31]

El valor del pensamiento de Clemente se encuentra principalmente en el modo en que hace girar toda su teología alrededor de un principio fundamental: el Verbo. La doctrina del Verbo le sirve de fundamento en su intento de relacionar la filosofía pagana con las Escrituras. El Verbo es el principio de unión de toda la historia humana, y sobre todo de ambos Testamentos. La iluminación y participación del Verbo es la base de la vida superior del «gnóstico verdadero». Al mismo tiempo, es en la doctrina del Verbo que se ven más claramente los conflictos no resueltos entre la tradición helenista y la cristiana: en la doctrina del Verbo de Clemente aparecen lado a lado elementos platónicos y elementos del Cuarto Evangelio que han de influir en toda su interpretación de la verdad cristiana. Es precisamente en esta dualidad, a veces no resuelta, del pensamiento de Clemente que estriba su interés para la historia del pensamiento cristiano. «Platónico y bíblico, es testigo original de ese encuentro extraordinario entre el genio griego y el genio oriental, entre la especulación humana y la revelación divina».[32] Que en este encuentro sus intentos de conciliación no hayan resultado siempre igualmente claros y felices, no ha de sorprendernos. No podía ser de otro modo, dado que Clemente era como un explorador de nuevos e ignotos caminos.

Por otra parte, es necesario recordar que el propósito apologético del *Protrepticos*, así como el propósito educativo o catequético del *Paidagogos*, han sido realizados con una maestría tal que hace doblemente doloroso el hecho de que, en lugar del prometido *Didaskalos*, tengamos solo la extraña colección de «tapices» de los *Stromateis*.

Aunque el espacio no nos permita hacerlo más detalladamente, debemos al menos darle una rápida mirada a otra obra de Clemente que es también señal de otra transición que estaba teniendo lugar en el seno de la iglesia: el tratado u homilía, *¿Quién es el rico salvo?* Clemente abre este breve escrito con una crítica a quienes se dedican a alabar a los ricos, quienes no son solamente aduladores, sino también viles, ya que, aunque «las riquezas bastan para hinchar y corromper las almas de quienes las posees», los aduladores empeoran la situación, haciendo a los ricos reposar en el disfrute y acumulación de sus riquezas.[33] De ahí Clemente pasa al tema

---

[31] *Paid.* 1.6 (*GAF*, 3:77.). En cuanto a la eucaristía como sacrificio, Clemente no parece conocer tal doctrina, a pesar de los argumentos de algunos en sentido contrario (Véase Quasten, *Patrología*, 1: 331-333).

[32] Mondésert, *Clément...*, p. 267.

[33] *¿Quién es el rico salvo?* 1.

de la injusticia del lujo y del abuso de las riquezas, cuando hay tantas personas necesitadas. Según él, las cosas y posesiones no son malas en sí; pero su propósito es compartirlas. Y en ese compartir la medida de lo justo es la necesidad. Lo que no es necesario para quien lo tiene, pero sí lo es para quien no lo tiene, ha de ser compartido —postura en que concuerdan prácticamente todos los antiguos escritores cristianos—. El hecho mismo de que Clemente tenga que plantearse la pregunta acerca de la salvación de los ricos es indicio de que había ahora en la iglesia —al menos en la de Alejandría— personas más pudientes, que existía el peligro de que se les adulara o apreciara más por sus riquezas, y que no se les diera enseñanza y dirección sólida en cuanto al uso correcto de las riquezas. A partir de Clemente, nos encontraremos repetidamente con otros que se preocupan por el incremento de las riquezas entre los fieles y las posibles consecuencias de un mal uso de las riquezas.

Finalmente, conviene señalar que la importancia de Clemente para la historia del pensamiento cristiano está en el modo en que comunicó algunas de sus ideas fundamentales a su discípulo Orígenes, quien luego las sistematizó e hizo de ellas un imponente edificio teológico. De una comparación entre el maestro y su discípulo saldrá mucha luz en cuanto al carácter del pensamiento de ambos. Pero tal comparación ha de ser pospuesta hasta que hayamos expuesto el pensamiento de Orígenes.

Orígenes

A diferencia de Clemente, Orígenes era hijo de padres cristianos.[34] Su padre, Leónidas, entregó la vida como mártir en el año 202, durante la persecución de Séptimo Severo. En esa ocasión, Orígenes exhortó a su padre a ser fiel hasta la muerte, y su celo era tal que su madre se vio obligada a esconder sus ropas para que no pudiera salir a la calle y hacerse arrestar.

Poco después de la muerte de su padre, Orígenes, todavía en plena adolescencia, comenzó a enseñar literatura y filosofía como medio de ganarse el sustento. Pronto la comunidad cristiana de Alejandría tuvo que enfrentarse al grave problema de que, debido a que muchos se habían ausentado a causa de la persecución, no había quien instruyese a los catecúmenos en la doctrina cristiana. Ya algunos paganos conversos —un tal Plutarco y su hermano Heraclas, que más tarde llegó a ser obispo de Alejandría— se habían acercado a Orígenes para pedirle que les instruyese acerca de la doctrina cristiana. Luego, ante la necesidad de continuar la labor catequética

---

[34] Las principales fuentes para la vida de Orígenes son Eusebio (*HE*, 6), Pánfilo de Cesarea (en lo que queda de su *Apología*), Gregorio el Taumaturgo (*Oratio*) y Jerónimo (*De viris illus*. 54.62).

de la iglesia, el obispo Demetrio encomendó esa tarea a Orígenes, que a la sazón contaba dieciocho años y había sido discípulo de Clemente. Debido a su temperamento, Orígenes tomó esta responsabilidad con gran celo y se dedicó, no solo al estudio intenso, sino a la práctica de una vida austera, que para él fue siempre parte integrante de la «vida filosófica». Entonces, nos cuenta Eusebio que:

> Luego, pensando prudentemente, para no tener necesidad de ayuda ajena, vendió los volúmenes de la antigua doctrina, que hermosamente había compuesto, contentándose con cuatro óbolos diarios que le abonaba el comprador. Desde entonces, perseveró muchos años en esa disciplina y verdaderamente filosófica manera de vivir, apartando de sí todos los lazos de las concupiscencias juveniles de donde quiera que procediesen. Durante el día soportaba trabajos pesadísimos de toda clase de ejercicios; dedicaba gran parte de la noche al estudio de las divinas Escrituras, ciñéndose cuanto le era posible a las leyes y hábitos de la filosofía. Pues durante el día sufría en la práctica del ayuno; de noche, medía el tiempo del sueño, al que procuraba entregarse no en una cama, sino en el desnudo suelo.[35]

Esta inclinación al ascetismo llevó a Orígenes a tomar literalmente la referencia del Evangelio a «quienes se hacen eunucos por causa del reino de los cielos», y a privarse de sus órganos viriles. Esta acción, que muestra el carácter decidido hasta la exageración del joven Orígenes, más tarde le produjo dificultades con las autoridades eclesiásticas, y sobre todo con el obispo Demetrio, que pensaba que el haberse emasculado excluía a Orígenes de la posibilidad de recibir órdenes sacerdotales.

Sin embargo, la fama de Orígenes crecía, y pronto sus discípulos eran tantos que se le hacía imposible instruirlos a todos. Fue entonces que entregó la labor catequética propiamente dicha —la preparación de los catecúmenos para el bautismo— a su discípulo Heraclas, y se reservó la instrucción de quienes venían en busca de conocimientos más profundos. De este modo, Orígenes fundaba una nueva escuela de estudios avanzados al estilo de los antiguos filósofos o de Justino o Panteno. Fue en esta escuela de estudios avanzados que Orígenes comenzó a exponer sus más profundos pensamientos, y fue a través de ella que alcanzó renombre mundial, hasta tal punto que numerosos paganos —entre ellos el gobernador de Arabia y la madre del Emperador— hacían grandes esfuerzos por poder escuchar al famoso filósofo.

---

[35] *HE*, 6.3 (trad. L. M. de Cádiz, p. 285).

Puesto que su labor magisterial no requería la ordenación, Orígenes continuó siendo laico durante buena parte de su vida. Cuando por fin fue ordenado, el rito tuvo lugar en circunstancias tales que habrían de traerle nuevas dificultades. En un viaje a Palestina, alrededor del año 216, un grupo de obispos de esa región le pidió que les expusiera la Palabra. Orígenes accedió, creyendo que su deber era aceptar esta oportunidad de explicar el mensaje de las Escrituras. Cuando su obispo, Demetrio de Alejandría, supo lo ocurrido, ordenó a Orígenes que regresara inmediatamente a Alejandría, pues un laico como él no podía predicar ante obispos. A esto Orígenes accedió, y el episodio quedó olvidado hasta que, años después, camino de Antioquía, Orígenes regresó a Palestina. De nuevo los obispos de la región quisieron que les predicase, y esta vez —a fin de evitar la irregularidad que Demetrio había planteado— ordenaron a Orígenes como presbítero. Aunque el propósito sincero de esta medida parece haber sido satisfacer los escrúpulos de Demetrio, no cabe duda de que era una medida imprudente. Tan pronto como Demetrio supo que Orígenes había sido ordenado por los obispos de Palestina, vio en ello un intento de evadir su autoridad. Llevado quizá también por la envidia —como sugiere Eusebio— Demetrio declaró que Orígenes no podía ser ordenado por razón de haberse emasculado. Tras una larga controversia durante la cual Orígenes fue excomulgado y luego privado de sus órdenes por dos sínodos convocados por Demetrio, Orígenes decidió permanecer en Cesarea de Palestina. Cuando, tras la muerte de Demetrio, su sucesor Heraclas, que había sido discípulo de Orígenes, mantuvo la postura de Demetrio, el gran maestro alejandrino abandonó todo intento de regresar a su ciudad natal y se estableció en Cesarea, donde transcurrió el resto de su vida.

En Cesarea, Orígenes fundó una escuela teológica semejante a la que había organizado en Alejandría. En ella se dedicó a la enseñanza teológica por espacio de casi veinte años, aunque su fama era tal que varias veces tuvo que interrumpir sus labores docentes a fin de acudir a alguna parte del Imperio donde se reclamaba su presencia. De sus actividades en esos viajes sabíamos poco hasta que (en el 1941) fueron descubiertos en Egipto varios papiros que contienen, entre otras cosas, los apuntes tomados en una conversación pública que Orígenes sostuvo en Arabia con el obispo Heráclides, sospechoso de monarquianismo modalista.[36] En este documento, redactado con tal frescura que no cabe duda de que se basa en notas taquigráficas, vemos la gran habilidad con que Orígenes podía, no solo refutar, sino convencer a los herejes.

---

[36] J. Schérer, *Entretien d'Origène avec Heraclide et les évêques ses collegues sur le Père, le Fils, et l'âme* (Cairo, 1949).

Por último, tras largos años de labor docente, teológica y literaria, Orígenes tuvo ocasión de probar en su propia vida lo que de niño había esperado y admirado en su padre, y lo que había enseñado en su *Exhortación al Martirio*. Bajo el gobierno de Decio se desató en todo el Imperio la más cruenta persecución que los cristianos habían conocido. No se trataba ya de las persecuciones esporádicas y locales que seguían las indicaciones dadas por Trajano a Plinio: castigar a los cristianos si eran denunciados, pero no buscarlos si no se les denunciaba. Se trataba de una persecución sistemática y organizada. Todo ciudadano tenía que ofrecer sacrificio a los dioses y obtener un certificado al efecto. Quien no tuviera tal certificado sería condenado a muerte. El propósito de Decio no era tanto matar a los cristianos como hacerles abjurar de su fe, de modo que la suerte de los mártires, más que en la muerte, consistía en largos períodos de torturas. A tales torturas fue sujeto Orígenes por espacio de varios días y, a juzgar por el testimonio de Eusebio, su conducta fue admirable.[37] No sabemos cómo Orígenes logró salir de los calabozos del Imperio, pero sí sabemos que murió, posiblemente a causa de las torturas, en la ciudad de Tiro, en el año 253, cuando tenía casi setenta años de edad.

La obra literaria de Orígenes fue inmensa, tanto, que no podemos dar aquí ni siquiera una lista de los títulos de sus obras. Debido a las vicisitudes de la historia, la inmensa mayoría de las obras de Orígenes se han perdido, pero la pequeña fracción que ha llegado hasta nosotros es ya un conjunto impresionante. Aunque Epifanio afirma que las obras de Orígenes llegaban al número de seis mil,[38] solo unos ochocientos títulos han llegado hasta nosotros. De estas obras, sin embargo, la mayoría se ha perdido; de unas pocas —poquísimas, en realidad— se conserva el texto original griego, mientras que la mayoría de las obras que han llegado hasta nosotros no existen sino en versiones latinas cuya exactitud es más que dudosa, pues al menos algunos de sus traductores se esforzaron por corregir ideas y posturas que les parecían erróneas. Esto hace en extremo difícil la reconstrucción del pensamiento de Orígenes, y nos veríamos imposibilitados de hacer tal reconstrucción de no ser porque, a pesar de ser una fracción de su producción total, las obras de Orígenes que han llegado hasta nosotros son lo suficientemente extensas como para permitirnos realizar un amplio trabajo de comparación interna.

Al intentar dar una idea de la producción literaria de Orígenes, debemos comenzar por su labor como estudioso de la Biblia. Orígenes siempre se tuvo por exégeta del texto sagrado, y a esta labor dedicó sus mayores esfuerzos. Entre las obras relacionadas con este aspecto de la labor literaria

---

[37] *HE*, 6.39.

[38] *Pan.* 63. Citado por Harnack, *Geschichte der altchristlichen Literatur*, 1/1:333.

de Orígenes, debemos mencionar la *Hexapla*, los escolios, las homilías y los comentarios.

La *Hexapla* es el primer intento en la historia de la iglesia cristiana de proveer los instrumentos necesarios para establecer el texto original de las Escrituras. Consistía esta obra —la mayor parte de la cual se ha perdido— en una presentación paralela, en seis columnas, del texto hebreo de la Biblia, de una transliteración del texto hebreo en caracteres griegos, y de las cuatro versiones griegas que circulaban entonces: la versión de Aquila, la de Símaco, la de los Setenta y la de Teodoto. A estas, Orígenes añadía cualquier otra versión existente, y así había secciones —las correspondientes a los Salmos— en que la obra llegaba a tener hasta nueve columnas. Mas Orígenes no se contentó con esta labor de compilación, sino que se dedicó a comparar el texto de la Septuaginta o Versión de los Setenta con el texto hebreo, y creó todo un sistema de signos para señalar las alteraciones, las omisiones y las adiciones. En esto se adelantó en muchos siglos a la crítica moderna.

Los escolios eran explicaciones de algunos pasajes individuales de difícil interpretación. Todos se han perdido, excepto algunos fragmentos.

Las homilías o sermones de Orígenes pertenecen, naturalmente, al período posterior a la ruptura con Demetrio. La mayoría se ha perdido, pero se conserva un número suficiente para darnos una idea de la predicación de Orígenes. Se trata sobre todo de una predicación de carácter moral, donde las especulaciones que encontramos en los comentarios juegan un papel secundario.

Por último, los comentarios son las principales obras exegéticas de Orígenes. Aunque ninguno de ellos ha llegado hasta nosotros en su totalidad, se conservan porciones bastante extensas del *Comentario sobre el Evangelio de San Mateo*, del *Comentario sobre el Evangelio de San Juan*, del *Comentario sobre la Epístola a los Romanos*, y del *Comentario sobre el Cantar de los Cantares*. Estas obras constituyen la fuente principal de nuestro conocimiento del método exegético de Orígenes, que es de importancia primordial para comprender su pensamiento.

Además de estas obras de carácter exegético, se conservan de Orígenes una obra apologética, una obra sistemática y algunas obras de carácter práctico —*Sobre la oración* y *Exhortación al martirio*— que son de menos interés para nosotros.

La obra apologética a que nos referimos es la llamada *Contra Celso*. Celso era un filósofo pagano que algunos años antes había escrito una obra contra los cristianos, *La palabra verdadera* —que algunos eruditos, pero no otros, sostienen que originalmente iba dirigida contra Justino—. Era un ataque mordaz y bien documentado, no solo a las costumbres cristianas, sino también y sobre todo a las doctrinas y Escrituras cristianas. La obra no parece haber repercutido grandemente, pues el mismo Orígenes no la conocía antes de que su amigo y protector Ambrosio le pidió que la refutase. Aunque al principio Orígenes creyó más prudente hacer caso omiso de los ataques de Celso, por fin se decidió a complacer a Ambrosio y escribió el *Contra Celso*. Debido a que Orígenes se dedicó a refutar los argumentos de Celso uno por uno, y por tanto siguió el orden que Celso había seguido, esta obra carece de un principio de unidad interna. A pesar de ello es de vital importancia para la historia del encuentro entre el paganismo y el cristianismo en los primeros siglos de nuestra era.

Por último, la gran obra sistemática de Orígenes es la que se conoce como *De los primeros principios* —*De principiis*—. Puesto que sobre esta obra ha de basarse buena parte de nuestra exposición del pensamiento de Orígenes, baste decir por ahora que se trata de una obra en cuatro libros y que la mayor parte de ella se conserva solo en una traducción latina de Rufino, quien se tomó el trabajo —y con ello complicó el nuestro— de corregir las opiniones de Orígenes que le parecían demasiado audaces.[39] Por tanto, al hacer uso de esta obra debemos recordar siempre este hecho, y buscar en el resto de las obras de Orígenes la clave que nos ayude a descubrir el sentido del texto original.

Al exponer el pensamiento de Orígenes, debemos partir de su modo de interpretar las Escrituras, pues la exégesis fue siempre el principal interés teológico del maestro alejandrino. La inmensa mayoría de sus obras son de carácter exegético, y la interpretación escrituraria ocupa el lugar central incluso en su obra sistemática *De principiis*. Además, un hombre que dedicó prácticamente toda su vida a una obra como la *Hexapla* debe haber sentido profundo interés y respeto por el texto bíblico.

Aunque Orígenes se halla lejos de ser literalista en su interpretación del texto sagrado, sí cree firmemente en la inspiración literal de cada palabra de las Escrituras.[40] En ellas no hay «una iota ni una tilde» que no contenga un misterio[41] y de ahí la gran importancia que Orígenes concede a la labor de restaurar el texto bíblico original.

Esto no quiere decir que el sentido verdadero de la Biblia sea siempre el que se desprende de una interpretación literal. Al contrario, el hecho de que aun los pasajes al parecer más absurdos hayan sido inspirados por Dios ha de servirnos de prueba de la necesidad de interpretar la Biblia «espiritualmente». De ahí surge la doctrina de que un texto bíblico tiene

---

[39] Rufino dice que al hacer esto no está corrigiendo el texto de Orígenes, sino más bien eliminando corrupciones que han sido incluidas en el texto por «herejes y personas de mala voluntad». *Prol. ad De princ.*

[40] A pesar de haber sido escrito hace décadas, todavía resulta valioso el estudio de R. P. C. Hanson, *Allegory and Event: A Study of the Sources and Significance of Origen's Interpretation of Scripture* (Londres, 1959), p. 187.

[41] *Hom. in Ex.*, 1.4 (*PG*, 12:300).

—o puede tener— tres sentidos diversos pero complementarios: un sentido literal o corporal, un sentido moral o psíquico, y un sentido intelectual o espiritual.[42] Esta es la tan conocida doctrina de los tres sentidos bíblicos en Orígenes. Sin embargo, no debemos tomar esta doctrina demasiado literalmente, pues no se trata de un principio exegético que Orígenes utilice cada vez que se enfrenta a un texto. Al contrario, son contados los casos en que aparece claramente la distinción entre el sentido literal, el sentido moral y el sentido espiritual de un texto cualquiera. Orígenes mantiene siempre la doctrina de la diversidad de sentidos dentro de un mismo texto, y sobre todo la doctrina de la necesidad de buscar, tras el sentido literal, el sentido oculto y espiritual. Pero raras veces construye su exégesis de manera sistemática sobre la base de la tricotomía entre los sentidos literal, moral y espiritual. Incluso hay ocasiones en que aparece toda una multitud de sentidos espirituales, formando una escala de interpretaciones alegóricas.

Lo que antecede no ha de hacernos pensar que Orígenes desprecie siempre el sentido literal de las Escrituras. Al contrario, fue una interpretación literal y legalista de un texto del Evangelio lo que le llevó a privarse de sus facultades varoniles. Y a menudo, tanto en el caso de los milagros del Nuevo Testamento como en el de algunas de las narraciones del Antiguo, Orígenes se detiene a subrayar la realidad histórica de los acontecimientos antes de pasar adelante a su interpretación espiritual.

Por otra parte, Orígenes afirma que hay casos en los cuales es necesario desechar el sentido literal de un texto. Todo texto bíblico tiene un sentido espiritual, pero no todo texto tiene un sentido literal. Así, por ejemplo, comentando acerca de ciertas leyes de Levítico, Orígenes afirma que se sonrojaría si tuviera que interpretarlas como los judíos y confesar que fueron dadas por Dios. Según una interpretación literal, no podría negarse que las leyes humanas —como las de los romanos, atenienses y lacedemonios— son superiores a estas leyes. Pero si se interpretan espiritualmente, «según enseña la iglesia», se verá que las leyes levíticas son verdaderamente de origen divino. Este es el error de los judíos y marcionitas, que todo lo interpretan literalmente. [43]

---

[42] *De principiis* 4.11-13 (*PG*, 11:363-372). Al hacer esta clasificación de los sentidos de las Escrituras, Orígenes sigue el ejemplo de Filón y establece un paralelismo entre las artes constitutivas del ser humano y los diversos sentidos escriturarios. Pero Filón distinguía solo entre un sentido corporal y otro invisible que correspondía al alma. Al introducir una tricotomía antropológica en este contexto, y al multiplicar así los sentidos de las Escrituras, Orígenes justifica el juicio de Hanson en el sentido de que el teólogo alejandrino «out-Philos Philo». Acerca de toda esta cuestión, véase Hanson, *Allegory and Event* (Londres, 1959), pp. 235-237. Véase también H. de Lubac, *Historie et Espirit: L'intelligence de l'Ecriture d'après Origène* (París, 1950), pp. 150-66.

[43] *In Lev. hom.* 7.5 (*PG*, 12:488-489).

En cuanto a la exégesis «moral», Orígenes parece haberla tomado de Filón, y se encuentra sobre todo en sus homilías, aunque —como hemos señalado anteriormente— no siempre es posible distinguirla de la exégesis espiritual.[44] Se trata sobre todo de un tipo de exégesis alegórica cuyo propósito no es lograr altos vuelos especulativos, sino dirigir al creyente en su vida moral y devocional. Como ejemplo de esta exégesis moral, el propio Orígenes ofrece la interpretación que hace el apóstol Pablo del antiguo mandamiento: «No pondrás bozal al buey que trilla». Al referir esto a la vida práctica de las iglesias, y afirmar que este texto indica que el apóstol tiene derecho a recibir el sustento de la iglesia, Pablo está mostrando el sentido moral o «psíquico» —que es la palabra que Orígenes usa— del texto en cuestión.[45]

Pero es el sentido espiritual de las Escrituras el que verdaderamente cautiva el interés de Orígenes. Aquí tiene él plena libertad de alzarse en esos vuelos especulativos que son tan de su agrado y tan característicos del pensamiento alejandrino —tanto cristiano como judío y pagano—. Por otra parte, la exégesis espiritual le permite descubrir puntos de contacto entre la filosofía platónica y el mensaje bíblico, sin sentirse obligado a abandonar ninguno de estos dos polos de su pensamiento.

Conviene señalar, sin embargo, que esta exégesis espiritual no es siempre alegórica en el sentido estricto de ese término. Al contrario, Orígenes se hallaba demasiado sumergido en la vida y fe de la iglesia como para no hacer uso de la larga tradición de interpretación tipológica que habían establecido pensadores como San Pablo y Justino. Por esta razón, la tipología ocupa un lugar de importancia en la exégesis «espiritual» de Orígenes, de modo que en sus obras aparecen temas tradicionales como el del sacrificio de Isaac como «tipo» o «figura» de la pasión de Cristo,[46] o el de la circuncisión como tipo del bautismo.[47] Además, según señala Daniélou, la tipología de Orígenes va un poco más allá de la que hemos conocido hasta entonces en cuanto incluye el Nuevo Testamento y hasta la iglesia dentro del ámbito de estas figuras tipológicas. Así, Orígenes llega a una interpretación «del Antiguo Testamento como figura del Nuevo, del Nuevo como figura de la iglesia, y de la iglesia como figura de la escatología, es decir,

---

[44] Hanson, *op. cit.*, p. 243: «...en términos generales, el sentido "moral" no juega un papel importante en la exégesis de Orígenes, no porque no tuviese ocasión de extraer del texto bíblico lecciones de edificación y devoción, sino porque en la tarea práctica de la exposición bíblica se le hacía difícil mantener la distinción entre el sentido "moral" y el "espiritual", y el primero quedaba absorbido en el segundo».

[45] *De princ.* 4.12 (*PG*, 11:367-368).

[46] *In Gen. hom.* 8.8-9.

[47] *Com. in Rom.* 2.13.

la analogía de los mismos propósitos en las diversas etapas de la historia de la salvación».[48]

Por otra parte, esta tradición tipológica no es óbice para que Orígenes dé vuelos a la interpretación alegórica. La alegoría es el método exegético característico del gran maestro alejandrino, y de ella hace uso a cada paso. Esta alegoría —tomada en parte de Filón y en parte de Clemente— alcanza vuelos nunca antes igualados en la exégesis cristiana, y en ella Orígenes encuentra el medio de justificar y apoyar mediante textos bíblicos más de una doctrina totalmente extraña a las Escrituras, hasta tal punto que ha sido posible interpretar su pensamiento como un sistema filosófico que poco tiene que ver con el cristianismo. Aunque tal interpretación resulta exagerada, conviene tenerla en mente como un indicio de los peligros que la interpretación alegórica hace correr al pensamiento de Orígenes.

Es difícil —si no imposible— hacer una lista de los principios exegéticos que guían a Orígenes en la interpretación alegórica. Lo más que podemos decir en este sentido es, primero, que todo texto esconde misterios profundísimos que han de ser descubiertos mediante la alegoría; segundo, que nada ha de predicarse de Dios que sea indigno de él; tercero, que cada texto ha de ser interpretado a la luz del resto de las Escrituras; cuarto, que nada ha de afirmarse que sea contrario a la regla de fe.

Orígenes lleva hasta la exageración el principio de que cada texto ha de ser interpretado a la luz del resto de las Escrituras. Ya Clemente había buscado en un texto el sentido oculto de una palabra o número que se hallaba en otro texto. Pero ahora Orígenes hace de este tipo de investigación una práctica habitual, descubriendo sentidos ocultos en los términos más claros y sencillos. Como ejemplos de esta práctica, Hanson ha compilado algunos de esos sentidos místicos que Orígenes descubre en el lenguaje bíblico:

> «Caballo» significa «voz»; «hoy» significa «el siglo presente»; «levadura» significa «enseñanza»; «plata» y «trompeta» significan «palabra»; «nubes» significa «santos»; «pies» significa «el consejo mediante el que marchamos por la jornada de la vida»; «pozo» significa «la enseñanza de la Biblia»; «hilo» significa «castidad»; «muslo» significa «comienzo»; «vino puro» significa «infortunio»; «botella» significa «cuerpo»; «secreto» y «tesoro» significan «la razón».[49]

---

[48] J. Daniélou, *Message évangélique et culture hellénistique* (París, 1961), p. 254.
[49] Hanson, *Allegory...*, pp. 247-248. Hemos omitido las referencias a las obras de Orígenes que da este autor.

Aunque hay casos en que el uso de uno u otro de estos términos da cierta clave de la razón que llevó a Orígenes a darles tal o cual sentido, lo cierto es que en la mayoría de los casos no parece tratarse más que de una decisión arbitraria por parte del exégeta. Y así podemos aceptar —aunque descontándole cuanto tiene de exageración— el juicio del propio Hanson, quien afirma que Orígenes «transforma la Biblia en un crucigrama divino cuya solución se halla encerrada en el seno del propio Orígenes».[50]

Decimos, sin embargo, que hay en esta frase algo de exageración porque existe en el pensamiento de Orígenes otra clave que ha de dirigirle en cuanto a lo que ha de encontrar en las Escrituras: la regla de fe de la iglesia. Como hemos señalado en un capítulo anterior, esta «regla de fe» no era una fórmula escrita o fija, sino que era más bien un resumen de la predicación tradicional de la iglesia, y su contenido variaba ligeramente de localidad en localidad. Así, por ejemplo, Orígenes parece haber incluido en la regla de fe la doctrina de los diversos sentidos escriturarios,[51] cosa que no aparece en la regla de fe de Ireneo o la de Tertuliano.

Pero, en todo caso, había ciertas doctrinas fundamentales que la regla de fe afirmaba y que Orígenes no creía poder contradecir.[52] Luego la regla de fe le servía de freno que mantenía su pensamiento —en parte al menos— dentro de los ámbitos de la doctrina tradicional de la iglesia.

El primer artículo de esta regla de fe se refiere a Dios. Según Orígenes, Dios es tal que su naturaleza no puede ser comprendida por entendimiento humano alguno. Dios es invisible, no solo en el sentido físico que impide que nuestros ojos le vean, sino también en el sentido intelectual, pues no hay mente alguna capaz de contemplar su esencia. Por muy perfecto que sea el conocimiento de Dios que logremos, debemos recordar siempre que él es mucho mejor de lo que nuestro entendimiento puede concebir.[53] Dios es una naturaleza simple e intelectual, y se halla allende toda definición de esencia.[54] Todo el lenguaje antropomórfico con que la Biblia se refiere a Dios ha de ser entendido alegóricamente, como dándonos a entender algún aspecto del modo en que Dios se relaciona con la creación y con los humanos. Por otra parte, si hay algún modo en que Orígenes se atreve a hablar de Dios en sentido recto, este es refiriéndose a Dios como el Uno.[55] La unidad absoluta —la unidad frente a la multiplicidad del mundo, como

---

[50] *Ibid.*, p. 248.

[51] *De principiis, praef.* 8 (*PG*, 11.119).

[52] Aunque en el *Comentario sobre Job* 12.16 sigue un camino distinto, por lo general Orígenes da por sentado que la interpretación que concuerda con la regla de la fe es también la que cuenta con la autoridad de la iglesia.

[53] *De princ.* 1.1.5.

[54] *Contra Cels.* 7.38.

[55] *De princ.* 1.1.6.

la entendía el platonismo medio— es el atributo por excelencia del ser de Dios.

Mas este Dios inefable es también el Dios trino de la regla de fe de la Iglesia. De hecho, Orígenes no solo conoce y emplea frecuentemente el término «Trinidad», sino que también contribuyó grandemente al desarrollo de la doctrina trinitaria, pues en su pensamiento se encuentra al menos una de las fuentes de los debates trinitarios que habían de sacudir a la iglesia casi un siglo más tarde.

Siguiendo la regla de fe por entonces establecida, Orígenes afirma que Dios es Padre, Hijo y Espíritu Santo. Pero en cuanto a las relaciones exactas entre estos tres, la regla de fe le permitía cierta libertad de movimientos. Y aquí es donde Orígenes pone en juego su originalidad y capacidad especulativa.

En lo que respecta a las relaciones entre el Padre y el Hijo, hay en Orígenes dos tendencias opuestas que él, haciendo uso de sus grandes dotes intelectuales, logró mantener en equilibrio, pero que luego dividirían a sus discípulos en dos grupos violentamente antagónicos.

La primera de estas tendencias es la de subrayar la divinidad y eternidad del Hijo, y su identidad con la divinidad. Porque, «¿quién... puede sentir o creer que Dios el Padre pudo haber existido, siquiera por un instante, sin engendrar esta Sabiduría?».[56]

Suponer que hubo un tiempo en que el Hijo no existió llevaría a suponer que hubo un tiempo en el que el Padre no existió como Padre, lo cual sería un grave error. Por el contrario, el Hijo «nació de él (es decir, del Padre) y deriva de él su ser, pero sin principio alguno, no solo en lo que se refiere al tiempo y el espacio, sino incluso en lo que solo la mente puede intuir dentro de sí misma y ver, por así decir, con el intelecto».[57] Además, este Hijo de Dios no es solo coeterno con el Padre, sino que su divinidad es «según la esencia» y no «por participación».[58]

---

[56] *De princ.* 1.2.2 (*PG*, 11:131).

[57] *Ibid.* Aunque este texto podría interpretarse como un intento por parte del traductor Rufino de hacer el pensamiento de Orígenes más aceptable a sus lectores postnicenos, hay otros textos en los escritos del gran maestro alejandrino que vienen a confirmar lo que aquí se dice. Compárese, por ejemplo, *Comment. in Ep. ad Rom.* 1.4 (*PG*, 14:848), donde aparece la frase «non erat quando non erat», que luego habría de ser el centro de la polémica antiarriana, y *Com. in Joh.* 1.32, donde se afirma la generación eterna del Hijo.

[58] *In Psal. cxxv*, vers. 2 (*PG*, 12:1656). Es difícil determinar si Orígenes usó o no el término *homoousios* (consubstancial) para referirse a la relación entre el Padre y el Hijo. El término aparece en cuatro fragmentos de Orígenes acerca del Evangelio según San Mateo y una vez en lo que se conserva de la *Apología* de Pánfilo de Cesarea. Sin embargo, el testimonio de los primeros resulta dudoso, pues parece probable que se trate de intentos posteriores de apuntalar el prestigio de Orígenes. En cuanto al texto de Pánfilo, que murió en el año 310 y que, por tanto, no pudo conocer la controversia arriana, afirma que, según Orígenes, «el Hijo de Dios es nacido de la sustancia misma de Dios, es decir, *homoousios*, esto es,

Esta misma tendencia a subrayar la unidad entre el Padre y el Hijo se ve en la forma en que Orígenes, al discutir el modo de la generación del Hijo, rechaza la idea de que esta consistiera en una simple emanación. Tal doctrina —para la cual Orígenes podría encontrar apoyo en Clemente— tendía a hacer consistir la individualidad del Hijo en una limitación de la sustancia divina. Orígenes la rechaza porque tiende a hacer de la divinidad una naturaleza corpórea. Al contrario,

> ... es necesario cuidar a fin de que nadie crea en las absurdas fábulas de quienes se imaginan ciertas emanaciones (*prolationes*), dividiendo en partes la naturaleza divina y dividiendo al Dios Padre, puesto que tener una noción semejante, siquiera remota, de la naturaleza incorpórea, no solo constituye el colmo de la impiedad, sino también de la máxima necedad, ya que nada puede hallarse tan lejos de la inteligencia que esto de que la naturaleza incorpórea sea capaz de división de sustancia. Luego, más bien como la voluntad procede de la mente, y no separa parte alguna de la mente, ni es tampoco separada ni dividida de ella, de igual modo ha de pensarse que el Padre engendró al Hijo.[59]

Sin embargo, juntamente con esta tendencia a subrayar la igualdad y coeternidad entre el Padre y el Hijo, aparece en Orígenes la tendencia opuesta a subrayar la distinción entre ambos. Dentro del mismo contexto que hemos estado discutiendo, si bien Orígenes se niega a hacer consistir la diferencia entre el Padre y el Hijo en una limitación de este último, como si su substancia fuera parte de la substancia del Padre, sí está dispuesto a hablar en términos de una limitación que distingue al Hijo del Padre. Se trata de la limitación que se requiere a fin de hacer que el Dios que trasciende a toda esencia y toda definición sea capaz de ser conocido y penetre dentro del campo de la esencia.[60] El Hijo es la imagen de Dios; su nombre; su rostro. El Padre se halla más allá de la naturaleza personal; el Hijo es el don personal, capaz de relacionarse con el mundo y con los humanos.[61] Aquí tenemos que suscribirnos al juicio de Daniélou, quien afirma que la principal dificultad de la doctrina de Orígenes dentro de este contexto —como

---

de la misma substancia del Padre; y que no es una criatura, ni tampoco es verdadero Hijo por adopción, sino por naturaleza, engendrado del Padre mismo». (*Apologia pro Origene*, 5; *PG*, 17:581).

[59] *De princ.* I:2, 6 (*PG*, 11:134-135).

[60] Orígenes usa la ilustración de una estatua cuyas dimensiones inmensas hacen imposible comprenderla, y otra estatua, exactamente igual que la primera, pero menor, de tal modo que quien la observa puede comprenderla. *De princ.* 1.3.7.

[61] *Comm. in Job*, 1.20.

también la gran dificultad de toda la teología trinitaria antes de Nicea— se halla en este modo de fundamentar la distinción entre el Padre y el Hijo en la oposición entre un Dios absolutamente trascendente y un Dios personal cuya trascendencia es limitada y que, por tanto, puede entrar en diálogo. La consecuencia natural de esto es la de subrayar en exceso la distinción entre el Padre y el Hijo, de modo que la divinidad de este último queda en peligro. Dentro de este marco de pensamiento —que es característico de la teología que ha recibido la influencia del platonismo medio— el Verbo viene a ser, no tanto una hipóstasis divina, coeterna con el Padre, como un ser intermedio entre el Uno inefable y la multiplicidad del mundo. El Verbo de esta tendencia teológica —que por fortuna no es la única dentro del pensamiento de Orígenes— se acerca más al demiurgo de Platón o al Verbo de Filón que al Verbo del prólogo del Cuarto Evangelio.

Esta tendencia a subrayar la distinción entre el Padre y el Hijo se manifiesta en todo el pensamiento de Orígenes, y resulta fácilmente comprensible si recordamos que una de las grandes herejías de la época era el monarquianismo modalista, que tendía a hacer del Padre, el Hijo y el Espíritu Santo tres manifestaciones sucesivas del mismo Dios. Esta es precisamente la doctrina que parece haber sostenido el obispo Heráclides, con quien Orígenes sostuvo un diálogo que fue descubierto a mediados del siglo XX. En ese diálogo, y a fin de subrayar la distinción entre el Padre y el Hijo, Orígenes llega al extremo de afirmar que hay «dos dioses», aunque el «poder» de ambos es el mismo.[62]

Sin embargo, la tensión no resuelta que Orígenes supo mantener fue demasiado grande para la mayoría de sus discípulos, y pronto los veremos dividirse de tal modo que, mientras un grupo subrayará la coeternidad del Hijo con el Padre, el otro subrayará la subordinación del Hijo al Padre y la distinción entre ambos.

En cuanto a la Tercera Persona de la Trinidad, Orígenes afirma que el Espíritu Santo recibe su origen a través del Hijo. Esto no quiere decir que sea una criatura, pues no se trata de un origen temporal, sino que el Espíritu es coeterno con el Padre y el Hijo.[63]

Hay en el pensamiento de Orígenes la misma tensión en lo que se refiere al Espíritu Santo que ya hemos notado en lo que se refiere al Hijo. Pero también aquí debemos subrayar que ni por un momento Orígenes pone en tela de juicio la divinidad del Espíritu Santo como tampoco la del Hijo.[64]

---

[62] *Dial.* 124 (*LCC*, 2.438).

[63] *De princ.* 1.3, 4.

[64] Quizá convenga señalar aquí que una de las más grandes dificultades en el estudio de la doctrina trinitaria de Orígenes reside —como era de esperar en un fundador— en la imprecisión de su vocabulario. Así, algunos términos que luego recibieron un sentido claramente definido son empleados por Orígenes en diversos sentidos, y no siempre es posible saber

Por último, conviene señalar que Orígenes se muestra dispuesto a distinguir entre las diversas operaciones o radios de acción de las tres personas de la Trinidad en lo que a sus relaciones con las criaturas se refiere. Por consiguiente, todas las criaturas derivan su ser del Padre; de entre estas, las racionales derivan su carácter de tales del Hijo; y, por último, las criaturas racionales que son santificadas lo son por obra del Espíritu Santo.[65]

La doctrina de Orígenes acerca de la creación pone de manifiesto el alcance de la influencia del idealismo platónico sobre su pensamiento. El mismo argumento que le servía para probar la generación eterna del Hijo —y que partía de un concepto estático de la divinidad según el cual el Padre ha de ser siempre Padre— le lleva a afirmar la eternidad de la creación, pues el Creador ha de ser siempre Creador.[66] Por otra parte, el carácter de esta creación eterna se halla determinado también por principios idealistas, pues no es posible que la materia sea eterna.

Por tanto, Orígenes postula una creación eterna, pero no una materia eterna. El mundo que Dios crea en primer término no es este mundo visible, sino el mundo de los intelectos.[67] Estos son los recipientes primarios de la actividad creadora de Dios, como también serán más tarde los beneficiarios de su acción salvadora. Estos intelectos fueron creados de tal modo que su propósito se encontraba en la contemplación de la Imagen de Dios, que es el Verbo. Pero estaban también dotados de libertad, la cual les permitía apartarse de la contemplación de esa Imagen y dirigir su mirada hacia la multiplicidad.[68] Ningún ser creado es bueno o malo por razón de su esencia, sino por razón del uso que hace o ha hecho de su propia libertad.[69]

Haciendo uso de su libertad, cierto número de estos intelectos que Dios había creado se apartaron de la contemplación de la Imagen, y con ello «se enfriaron» y se convirtieron en almas.[70] Mas no todos se apartaron en igual medida, y esta es la razón de la diversidad y jerarquía de los seres racionales. Esta jerarquía es múltiple, e incluye tronos, principados, potestades y todos los seres celestiales de que hablan las Escrituras. Pero, básicamente, esta jerarquía se compone de tres niveles: los seres celestiales,

---

en qué sentido han de ser interpretados en un texto dado. Esto sucede, entre otros, con términos tan importantes como *ousía* e *hipóstasis*.

[65] *De princ.* 1.3.7.

[66] *De princ.* 1.3.10.

[67] *De princ.* 1.3.1.

[68] *De princ.* 1.8.3.

[69] *De princ.* 1.5.3-5.

[70] Mediante una etimología algo caprichosa, Orígenes hace derivar el término «alma» de «enfriarse» y llega a la conclusión de que las almas son intelectos que se han enfriado. *De princ.* 2.8.3.

cuyos cuerpos son etéreos; los que hemos caído hasta este mundo, con nuestros cuerpos carnales; y los demonios, cuyos cuerpos son más bastos que los nuestros.[71]

De toda esta especulación acerca del origen de los seres racionales surge la doctrina de la doble creación, que Orígenes toma de Filón. Según esta doctrina, las dos narraciones paralelas de la creación que aparecen en el Génesis corresponden a dos acciones diversas por parte de Dios. La primera es la creación de los intelectos, y es de ellos que se dice que Dios los creó «varón y hembra», es decir, sin distinciones sexuales. La segunda es la creación de este mundo visible, que Dios plasmó a fin de que sirviese de campo de prueba a los espíritus caídos, y en el cual Dios hizo primero el cuerpo del hombre y luego el de la mujer.[72]

En este mundo, cada uno de nosotros se halla a prueba, a fin de que, mediante el ejercicio de nuestra libertad, podamos regresar a la unidad y armonía de todos los seres racionales, que es el propósito de Dios. Entretanto, y mientras nos acercamos a ese fin, parece probable —y aquí Orígenes no se atreve más que a sugerir— que tengamos que pasar por toda una serie de encarnaciones que nos lleven de escalón en escalón de la jerarquía de los seres.[73]

Este propósito divino de restaurar la unidad original incluye a todos los seres racionales. Los demonios —y hasta el Diablo, que es el principio del mal y cuya caída fue la causa de la caída del resto de los intelectos— forman también parte de este propósito, y al fin volverán a su estado original de intelectos dedicados a la contemplación del Verbo.[74] Esto quiere decir, naturalmente, que el infierno y la condenación no son eternos, y Orígenes los interpreta como una purificación por la que algunos seres tienen que pasar —una especie de fiebre cuyo propósito es destruir la enfermedad—.[75]

Pero esto no quiere decir que no tengamos que luchar contra el Diablo y sus demonios. Aunque el Diablo haya de ser salvo en la consumación, por lo pronto sigue siendo el Adversario, y está decidido a arrastrar consigo a cuantos seres racionales —y sobre todo, almas humanas— le sea posible. Además, puesto que todos hemos pecado —de no haber pecado no estaríamos en este mundo— todos nos hemos hecho sus servidores, y él ejerce sobre nosotros un poder maligno y subyugante.[76]

---

[71] *De princ.* 1.6.2-3.

[72] *Com. in Rom.*, 2.13; *Com. in Cant.*, prol.

[73] *De princ.* 2.11.6.

[74] *De princ.* 1.6.1. Esta es la llamada doctrina de la «apokatastasis».

[75] *De princ.* I2.10.6.

[76] *De princ.* 1.6.3.

Por otra parte, tenemos el impedimento de que nuestra caída ha sido tal que hemos quedado imposibilitados de contemplar las cosas de Dios por nuestros propios medios. Y, puesto que en tal contemplación está la salvación, nos hallamos imposibilitados de ejercer nuestra libertad de tal modo que podamos librarnos de la condición en que estamos, y así regresar a nuestro anterior estado como seres puramente intelectuales.

A fin de librarnos de estos dos impedimentos, el Verbo se hizo carne. El propósito de la encarnación es, por una parte, destruir el poder del Diablo y, por otra, dar a los humanos la iluminación que necesitan a fin de ser salvos. Cristo es el vencedor del Diablo y el iluminador de los humanos.

En la encarnación, el Verbo de Dios se unió a un intelecto que no había caído, y mediante él a un cuerpo que, aunque distinto en su origen, en nada difería del resto de los cuerpos humanos.[77] En él se unen la divinidad y la humanidad de tal modo que es posible predicar de la primera atributos y acciones que corresponden propiamente a la segunda, y viceversa. No es posible definir a Cristo solo en términos de su humanidad, ni tampoco de su divinidad. «Si se piensa de un Dios, aparece un mortal; si piensa de un hombre, lo contempla volviendo de la tumba, después del derrocamiento del imperio de la muerte».[78] Ambas naturalezas —la divina y la humana— existen en un solo ser, aunque cómo tal cosa pueda ser, constituye el más grande misterio de la fe.

> De todos los actos maravillosos y poderosos relacionados con él, sus hechos milagrosos y grandes, sobrepasa totalmente la admiración humana, y está fuera del poder de la mortal, entender o sentir cómo aquel poder de divina majestad, la misma Palabra del Padre, y la misma sabiduría de Dios, en quien han sido creadas todas las cosas, visibles e invisibles, cómo puede creerse que haya existido dentro de los límites [*intra circumscriptionem*] de aquel hombre que apareció en Judea; que ¡la sabiduría de Dios entrara en la matriz de una mujer, y naciera infante llorando como lloran los pequeños![79]

Como ya hemos señalado, el propósito de esta encarnación del Hijo de Dios es librar al humano del poder del Diablo y mostrarle el camino de la salvación. Cristo logra su victoria sobre el Diablo a través de toda su vida, y sobre todo en su encarnación y muerte. En la encarnación, Cristo penetró los dominios del Diablo, y con ello comenzó su obra victoriosa. Pero fue

---

[77] *De princ.* 2.6.3-4.
[78] *De princ.* 2.6.2 (GAF, 6 :169).
[79] *De princ.* 2.6.3 (*GAF*, 6 :168).

en la muerte de Cristo que el Diablo mismo, dejándose engañar por la aparente debilidad del Salvador, le introdujo en el ámbito más recóndito de su imperio, donde Cristo le venció al retornar victorioso de entre los muertos. Desde entonces, todos los muertos que así lo deseen pueden seguirle, escapando así de las garras de la muerte y de su amo, el Diablo.[80]

El otro aspecto fundamental de la obra de Cristo es mostrar el camino de la salvación. El Verbo se encarnó porque el humano era incapaz, por sus propios medios, de la contemplación de las realidades divinas que era necesaria para regresar a su estado original de intelecto en comunión con Dios. Luego Cristo es, además del Salvador victorioso, el ejemplo e iluminador. En él el humano ve a Dios, y ve también cómo ha de dirigir su vida a fin de ser salvo.[81]

La escatología de Orígenes, como contraparte que es de su doctrina de la creación, acusa la misma influencia platónica que ya hemos señalado respecto a la creación. Se trata de una escatología puramente espiritualista, en la que todos los intelectos regresarán a su estado original de armonía y comunión con Dios. Pero aun esta restauración universal —*apokatástasis*— no es final en el sentido estricto del término, pues después de este mundo habrá otros que se sucederán en una secuencia interminable. Puesto que los intelectos son libres, y seguirán siéndolo aun después de la consumación de este mundo, cabe esperar que lo que ha sucedido en este «siglo» o eón sucederá de nuevo, y entonces surgirá un nuevo mundo y un nuevo proceso de restauración.[82] Aquí Orígenes se deja llevar por su curiosidad especulativa y —aunque afirma que no se le debe seguir en todo esto como si fuera una expresión de la regla de fe— se dedica a investigar el carácter de esos otros mundos.[83] Estos no han de ser, como creían los estoicos, simples repeticiones del mundo que ahora conocemos.[84] Al contrario, han de ser distintos, y no hay modo de saber si han de ser mejores o peores. En todo caso, Orígenes está seguro al menos de una cosa: que Cristo sufrió de una vez por todas en este mundo y no ha de sufrir en los venideros.[85]

Todo lo que antecede no ha de hacernos pensar acerca de Orígenes como un individualista que, apartado de la fe y la vida de la iglesia, lleva a cabo sus especulaciones por cuenta propia. Al contrario, cada vez que Orígenes se prepara a proponer una de sus teorías más audaces cuida de aclarar que lo que ha de decir no es más que una opinión, y que no ha de

---

[80] *De princ. 2.*
[81] *Com. in Rom.* 4.7.
[82] *De princ.* 2.3.1.
[83] *De princ.* 2.3.7.
[84] *De princ.* 2.3.4.
[85] Apoyándose en la autoridad de Hebreos 9:26. *De principiis*, 2.3.4-5.

ser creído como si se tratase de una exposición de la regla de fe. Sobre todo, en el *De principiis*, Orígenes establece claramente esta distinción, y no pretende que sus especulaciones sean más que un intento de comprender mejor la fe de la iglesia. Además, Orígenes presta gran importancia al papel de la iglesia misma y de sus sacramentos en el plan de salvación. Fuera de la iglesia nadie es salvo,[86] aunque Orígenes interpreta esta iglesia, no tanto en términos de unidad jerárquica, como en términos de unidad de fe. Los sacramentos, por su parte, obran para la santificación de quien participa de ellos, y en la Eucaristía se da la presencia real y física de Cristo,[87] aunque, por otra parte, el creyente que tiene ciertas dotes intelectuales debe elevarse por encima de esta interpretación común y ver el sentido simbólico del sacramento.[88]

Orígenes fue sin lugar a duda el más grande pensador de la escuela de Alejandría. Su pensamiento, en extremo audaz, le valió tanto una multitud de discípulos agradecidos como otro grupo no menos numeroso de enemigos y una larga historia de anatemas por parte de sínodos y concilios. Entre sus discípulos se cuentan Gregorio Taumaturgo, el evangelizador del Ponto, Eusebio de Cesarea —primer historiador de la iglesia— y Dionisio el Grande, quien sucedió a Heraclas como obispo de Alejandría. Pero su influencia se extiende también a los más grandes teólogos de la iglesia oriental (Atanasio, Basilio el Grande, Gregorio Nacianceno y Gregorio de Niza, entre otros) y hasta a algunos de los teólogos occidentales (Hilario de Poitiers y Ambrosio de Milán). Sin embargo, ninguno de estos grandes doctores de la iglesia aceptó la doctrina de Orígenes en su totalidad, y ninguno de ellos se sintió llamado a defender sus más audaces especulaciones cuando fueron condenadas, primero por teólogos individuales como Metodio de Olimpo o Rufino, y luego por sínodos y concilios como el que convocó Justiniano en la ciudad de Constantinopla en el año 553.

Dentro de la misma escuela de Alejandría, el pensamiento de Orígenes es teocéntrico, a diferencia del de Clemente, que gira alrededor del *Logos*. En Clemente, el *Logos* era el punto de contacto entre la filosofía pagana y la revelación cristiana, y esto determinaba el carácter de su teología. En Orígenes, al contrario, todo gira alrededor del Dios Trino y, en última instancia, del Padre. La consecuencia de esto es que Clemente tiende a interpretar toda la verdad cristiana a partir de la doctrina del *Logos* como iluminador, y llega así a la más peligrosa de sus doctrinas: la de un cristianismo «gnóstico», que solo está al alcance de quienes reciben del *Logos* una iluminación especial. Esta es la consecuencia inmediata del punto de

---

[86] *In lib. Jesu hom.* 2.5.
[87] *In Ex. hom.* 3.3.
[88] *Com. in Matth.* 11.14.

partida de Clemente, que tiende a hacer del cristianismo una simple verdad
superior que ha de ser recibida por la iluminación del *Logos*. Orígenes
parte, no del *Logos*, sino de un Dios cuyas características están prácticamente determinadas por el platonismo. El resultado de esto es el conjunto
de doctrinas que más tarde le valieron la censura de buen número de cristianos: la eternidad del mundo, la preexistencia de las almas y la existencia
de otros mundos en el futuro. Pero esta diferencia entre Clemente y Orígenes es más cuestión de diversos énfasis que de una verdadera oposición.
En sus doctrinas de Dios y del Verbo, Clemente y Orígenes no difieren
grandemente. Donde difieren es en el énfasis que el primero coloca sobre
el Verbo en contraste con el énfasis que Orígenes pone sobre el Dios Trino,
y especialmente sobre el Padre.

Por otra parte, Orígenes sobrepasa a Clemente al menos en dos aspectos: en la amplitud y coherencia total de su sistema teológico y en lo audaz
de sus doctrinas. Lo primero le valió ser una de las principales fuentes de
la teología oriental. Lo segundo le valió ser condenado repetidas veces por
esa misma teología.

La historia de las vicisitudes del pensamiento de Orígenes a través de
la vida de la iglesia sería demasiado compleja para intentar presentarla
aquí. Hay, sin embargo, un aspecto en el que la influencia de Orígenes será
de consecuencias tales que deberán ocupar nuestra atención en más de un
capítulo: el desarrollo de la doctrina de la Trinidad.

Pero antes de pretender continuar el desarrollo de nuestra historia en
Oriente —donde la influencia de Orígenes se hizo sentir con más fuerza—
debemos hacer un breve paréntesis para subrayar lo que se ha empezado a
notar en capítulos anteriores y veremos repetidamente de aquí en adelante:
la diferencia entre una teología occidental preocupada principalmente por
la obediencia a los mandatos divinos y por el pago de una deuda contraída
por el pecado, y una teología oriental más interesada en el conocimiento
de Dios, en el pecado como olvido o abandono de la verdadera naturaleza
humana, y en la obra de Cristo como quien nos ilumina para que volvamos
a nuestra naturaleza espiritual. Entre ambas, la teología que se refleja en
la obra de Ireneo, una teología de la historia, que ve a Dios como el Pastor
que dirige esa historia, y quien en Jesucristo vence los poderes del mal,
quedaría relegada a ecos de ella en el culto —que frecuentemente es bastante más conservador que los teólogos.

10

La teología occidental en el siglo tercero

Entre la teología alejandrina, que acabamos de estudiar, y la teología occidental del siglo tercero, existen diferencias marcadas. En términos generales, estas diferencias son las mismas que hemos visto comenzar a perfilarse desde los tiempos de los padres apostólicos: el carácter práctico del cristianismo occidental frente a los intereses especulativos de los alejandrinos; la influencia estoica en el mundo latino frente a la influencia platónica en el mundo de habla griega; la tendencia a la alegoría en Alejandría frente a la inclinación legalista de Roma. Estos contrastes —que aparecen claramente comparando la *Epístola de Bernabé* con la *Epístola de Clemente* o el *Pastor* de Hermas, y a Clemente de Alejandría con Tertuliano— siguen siendo marcados en el siglo tercero, y por ello buscaremos en vano en Occidente un sistema de teología especulativa comparable al de Orígenes.

Esto no quiere decir que la teología occidental carezca de valor o de interés. Al contrario, durante el siglo tercero se discutieron en Occidente ciertos temas, y se dieron ciertos pasos, que serían de enorme importancia para el futuro de la iglesia occidental. La inmensa mayoría de estos temas eran de carácter práctico más que especulativo, pero aun estos asuntos prácticos eran tratados desde un punto de vista teológico. Así, por ejemplo, aparte del tema de la doctrina trinitaria, la iglesia occidental de este período prestó gran atención a la cuestión del perdón de los pecados y a la

HISTORIA DEL PENSAMIENTO CRISTIANO HASTA EL SIGLO XXI

naturaleza de la iglesia —temas que combinan un interés eminentemente práctico con una gran importancia teológica.

En cuanto a los centros de actividad teológica y literaria, estos fueron sobre todo Roma y el norte África —particularmente la región en torno a Cartago—. En la iglesia de Roma aparecen por este tiempo sus dos primeros grandes teólogos, Hipólito y Novaciano —ambos cismáticos y hoy tenidos por antipapas por la Iglesia Católica Romana—. En África del Norte, por otra parte, continúa la tradición iniciada por Tertuliano, y esta región produce escritores y pensadores tales como Minucio Félix, Arnobio, Cipriano, el gran obispo de Cartago y —ya a principios del siglo cuarto, pero perteneciente por su temática y situación al tercero— Lactancio, quizá el mejor estilista latino de la iglesia antigua. De estos, solo podremos estudiar a aquellos cuyo pensamiento resulta más significativo para la historia del pensamiento cristiano: Hipólito, Novaciano y Cipriano.

Hipólito de Roma

Es poco lo que sabemos acerca de la vida de Hipólito, y esto es doblemente desafortunado por cuanto un conocimiento más exacto de su vida nos ayudaría a comprender las controversias teológicas en que estuvo involucrado. En todo caso, sabemos que Hipólito logró gran prestigio entre los cristianos de Roma a principios del siglo tercero, a tal punto que el propio Orígenes fue a escucharle cuando visitó la capital en el año 212. Pronto hubo fricciones entre Hipólito, por una parte, y el Obispo Ceferino y su ayudante Calixto, por otra. Al parecer, esto se debía tanto a razones de orden personal como a discrepancias teológicas y prácticas respecto a la doctrina de la Trinidad y el perdón de los caídos. El hecho es que cuando Calixto sucedió a Ceferino en el año 217, Hipólito se negó a reconocerle como obispo, y esto dio lugar al primer cisma no herético en la iglesia de Roma, con dos obispos rivales: Calixto e Hipólito. Este último continuó oponiéndose a Calixto y sus sucesores hasta que, durante la persecución de Maximino en el año 235, tanto él como su rival Ponciano fueron deportados a Cerdeña. Allí murieron ambos, y la tradición afirma que se reconciliaron antes de su muerte. El hecho es que, pocos meses después, los restos de ambos rivales fueron traídos a Roma, donde se había producido la reconciliación de la comunidad cristiana, y desde entonces ambos fueron honrados como santos y mártires.

La mayor parte de las obras de Hipólito se ha perdido. Se conserva, sin embargo, suficiente material como para que mediante él podamos formarnos una idea de su pensamiento. Entre estas obras, merecen citarse *Acerca del Anticristo*, *Philosophumena* —cuyo verdadero título es *Refutación de todas las herejías*—, el *Comentario sobre Daniel*, el *Comentario sobre el*

Cantar de los Cantares, la *Crónica* —que es una historia del mundo desde la creación hasta el año 234— y la *Tradición apostólica*, que es una de las principales fuentes de nuestro conocimiento de la liturgia cristiana antes de Constantino.

La *Tradición apostólica* tiene una larga y complicada historia. No fue sino durante las primeras décadas del siglo XX que varios eruditos llegaron a la conclusión de que un antiguo documento por largo tiempo conocido como el *Orden egipcio*, y existente en traducciones a varias lenguas antiguas, era en realidad la perdida *Tradición apostólica* de Hipólito. Esto les llevó a la conclusión de que este documento era una de las más antiguas fuentes existentes para el estudio del culto y orden eclesiástico. Gracias a esos estudios, podemos ahora emplear la *Tradición apostólica* de Hipólito como base fundamental para entender el culto cristiano y la organización de la iglesia a finales del siglo segundo y principios del tercero —como lo haremos en el capítulo 12—.

También es necesario anotar que en el año 1551 fue descubierta en Roma —en el cementerio conocido como «de Hipólito»—una interesante estatua de Hipólito, procedente del siglo tercero, y por tanto esculpida casi en tiempos de Hipólito mismo. Al pie de la estatua se incluyó una extensa lista de sus obras, y un resumen de las conclusiones de Hipólito acerca de la fecha en que debía celebrarse la Pascua desde el año 223 hasta el 334. Sobre todo esto volveremos en el capítulo 12, al tratar sobre el culto y la vida de la iglesia.

El pensamiento de Hipólito recibió una profunda influencia de Ireneo. Del obispo de Lyon toma Hipólito, no solo la mayor —y mejor— parte de su información acerca de las doctrinas de los herejes, sino también la idea de que las herejías son producto de la filosofía. Como Ireneo, Hipólito tiende a interpretar el Antiguo Testamento en términos tipológicos. La doctrina de la recapitulación desempeña en el pensamiento de Hipólito un papel por lo menos tan importante como en el de Ireneo. Por último, la escatología de Hipólito tiene los mismos rasgos materialistas y milenaristas que hemos encontrado en el obispo de Lyon. Luego podemos colocar a Hipólito dentro de la misma tradición teológica que une a los «Padres apostólicos» del Asia Menor con Ireneo.

Aquí nos interesan sobre todo dos aspectos del pensamiento de Hipólito: su rigorismo moral y su doctrina trinitaria.

El rigorismo moral de Hipólito nos interesa porque le llevó a una polémica con Calixto de Roma que constituye uno de los puntos focales de todo intento de reconstruir la historia del sistema penitencial de la iglesia. Desde los primeros años de la fundación de la iglesia —según se ve ya en el *Pastor* de Hermas— existía cierto consenso general que afirmaba que, tras el arrepentimiento del bautismo, solo era posible un nuevo arrepentimiento o penitencia. Esta tenía lugar mediante la confesión pública del pecado cometido, seguida de un período de penitencia y excomunión, para por fin ser admitido de nuevo en el seno de la comunidad mediante un acto formal de restauración. Sin embargo, esto no se aplicaba en el caso de los pecados menos graves que los cristianos cometían a diario, para cuya remisión no existía sistema penitencial alguno, sino solo la oración y el arrepentimiento privados. Por otra parte, a finales del siglo segundo y principios del tercero —sin que podamos saber a ciencia cierta a partir de qué fecha— la opinión común era que la iglesia no podía o no debía perdonar a quienes fuesen culpables de homicidio, fornicación o idolatría —lo que incluía la apostasía—. Esta era la opinión, no solo de Hipólito, sino también de Tertuliano y de Orígenes.

Naturalmente, esta negación del perdón de ciertos pecados, al tiempo que tendía a mantener la fuerza moral de la iglesia, constituía una negación del espíritu de caridad y perdón que caracteriza al evangelio. Por tanto, era necesario que tarde o temprano se produjera el conflicto entre quienes deseaban preservar la pureza moral de la iglesia a toda costa y quienes creían que el amor evangélico debía practicarse aun a expensas del rigor moral. Esta fue una de las bases del conflicto entre Calixto e Hipólito.

Al parecer, Calixto se atrevió a conceder la gracia del arrepentimiento y la restauración a quienes fuesen culpables del pecado de la fornicación. No sabemos exactamente cuáles fueron los motivos personales del propio Calixto, pues la presentación que de su personalidad hace Hipólito es tal que se hace difícil creerla. Según Hipólito, Calixto

> … les permite a las mujeres que, no siendo casadas, arden en deseos que no convienen a su edad, o que no quieren comprometer su dignidad social casándose con un hombre de nivel inferior, que tomen por compañero a quien deseen, ya sea esclavo o libre, y que, sin estar legalmente casadas, tengan a tal hombre por esposo.[1]

No está claro si Hipólito se opone solamente a la inmoralidad que ve en esto, sino también a la ilegalidad de tales matrimonios refrendados por la iglesia, pero no por las leyes del Imperio. En todo caso, esta práctica de Calixto, a la par que constituía cierta innovación, estaba más acorde con el espíritu del evangelio que el rigorismo absoluto que hasta entonces se había seguido. Aquí apelaba Calixto a la parábola del trigo y la cizaña y al ejemplo del arca de Noé, donde había tanto animales limpios como animales inmundos. Hipólito, que tenía otras razones teológicas y hasta personales para desconfiar de Calixto, veía en esto un intento de introducir en la iglesia una laxitud inaceptable.

---

[1] *Philos.* 9.7.

Sin embargo, el rigorismo de Hipólito no le llevó a oponerse al sistema penitencial que se había desarrollado paulatinamente en la iglesia cristiana. Hipólito no se rebela contra el sistema tradicional, sino contra la innovación de Calixto. El sistema penitencial en sí es parte integrante del cristianismo de Hipólito, incluyendo en ese sistema la facultad del obispo de perdonar pecados, pues en la Tradición apostólica, al tratar acerca de la ordenación de un obispo, se pide que Dios le dé «la autoridad para desatar lazos que les diste a los apóstoles».[2] Por tanto, a principios del siglo tercero, si bien continúa la práctica de la confesión pública, están ya echadas las bases del sistema penitencial que luego ocupará un sitio tan importante en la iglesia medieval. Hasta ese momento, las controversias del siglo tercero no giran alrededor de la facultad que tiene la iglesia de perdonar pecados, sino del alcance y la aplicación de esa facultad.

La doctrina de la Trinidad constituye el otro foco de la controversia entre Calixto e Hipólito. Ya hemos visto cómo Tertuliano desarrolló su doctrina de la Trinidad en oposición a un tal Práxeas, que se había establecido en Roma, y cuya doctrina consistía en un monarquianismo modalista. Hipólito también desarrolló su doctrina de la Trinidad frente al modalismo, aunque representado ahora por Noeto de Esmirna quien —según el propio Hipólito— afirmaba que «Cristo era el mismo Padre, y que el propio Padre nació, y sufrió, y murió»,[3] y por Sabelio, quien se distinguió tanto en la defensa y exposición del modalismo que este llegó a ser conocido por el nombre de «sabelianismo».[4]

Sabelio desarrolló el modalismo de Práxeas y Noeto, incluyendo en su doctrina al Espíritu Santo. Según él, Dios es uno, y en él no hay distinción alguna. Sin embargo, Dios se manifiesta sucesivamente como Padre en la creación, como Hijo en la redención y como Espíritu en la santificación. Estos tres no son sino tres nombres diferentes, o tres rostros de la misma persona, que aparecen a fin de cumplir su misión para luego desaparecer en el seno de la unidad divina.

Frente a esta doctrina, la posición del obispo Calixto no parece haber sido del todo clara. Al principio de su elección, excomulgó a Sabelio; pero Hipólito afirma que lo hizo solo debido a su propia presencia y con el propósito de probar su ortodoxia ante los demás obispos. Por otra parte, si la exposición que Hipólito hace del pensamiento de Calixto respecto a

---

[2] B.S. Easton, trans., *The Apostolic Tradition of Hippolytus* (Ann Arbor, 1962), p. 34.

[3] *Contra Noetum*, 1.

[4] *Const. apost.* 3. La doctrina precisa de Sabelio no se conoce. Es muy posible que su única contribución importante al modalismo fuera incluir al Espíritu Santo en un sistema que antes había tratado solamente del Padre y el Hijo. Otros textos parecerían indicar que también le añadió un entendimiento más preciso y sofisticado de la deidad; pero tales textos son relativamente tardíos, y no es posible determinar cuánto crédito merecen.

la divinidad no es un simple invento del propio Hipólito, la doctrina de Calixto no parece haber distado mucho del monarquianismo. En efecto, según Hipólito, Calixto

.... pretende que el Verbo es tanto Hijo como Padre, y que —aunque se le dan nombres diversos— él es en realidad un espíritu indivisible; que el Padre no es una persona y el Hijo otra, sino que son uno y el mismo; ... que el Espíritu que se encarnó en la Virgen no es distinto del Padre, sino que son uno y el mismo. Porque a lo que se ve, que es el hombre, él llama Hijo; mientras que el Espíritu que estaba en el Hijo llama Padre.[5]

Si tal era la doctrina de Calixto, Hipólito no estaba del todo equivocado al compararla con la de Sabelio, aunque Calixto tomaba la precaución de hablar, no del Padre sufriendo *en* el Hijo, sino del Padre sufriendo *juntamente* con el Hijo. De este modo pretendía evitar la acusación específica de patripasianismo; pero esto no le impedía subrayar de tal modo la unidad de Dios que no exista distinción alguna en él, ni tampoco hacer del término «Hijo» un mero nombre para referirse a la humanidad de Cristo.

Frente a la doctrina francamente modalista de Noeto y de Sabelio, y a la doctrina menos clara de Calixto, Hipólito desarrolla su propia doctrina de la Trinidad. Para ello, hace uso del antecedente que encuentra en el *Contra Práxeas* de Tertuliano. Al igual que a su antecesor, el hecho de que se opone al monarquianismo modalista lleva a Hipólito a subrayar la distinción entre las personas divinas a tal punto que se le hace difícil expresar su unidad. Así, Hipólito —como antes Tertuliano— parece caer en un subordinacionismo que hace del Hijo un ser inferior al Padre, y presta a Calixto la ocasión de acusarle de «diteísmo» —tanto más cuanto su discusión es más bien binitaria que trinitaria—.

El subordinacionismo de Hipólito se manifiesta antes que nada en el modo en que hace depender la generación del Verbo de la voluntad del Padre, y aun de su propósito de crear el mundo.[6] Hipólito acepta el concepto del Verbo de los apologistas, con sus tendencias subordinacionistas, y se hace eco de la distinción de Teófilo de Antioquía entre el Verbo interior y el Verbo proferido.[7]

---

[5] *Philos.* 9.7 (*ANF*, 5:130). En la cita de Calixto que sigue, aparece por primera vez en la discusión trinitaria el término «*prosopon*» (rostro, máscara, persona). Sin embargo, aquí no parece tener todavía el sentido técnico que tendrá más tarde, cuando en el siglo IV Basilio de Cesarea acusará a los sabelianos de hablar del Padre, Hijo y Espíritu Santo como tres «*prosopa*», es decir, tres máscaras o papeles dramáticos.

[6] *Contra Noeto* 10.

[7] *Philos.* 10.29.

Sin embargo, las tendencias subordinacionistas de Hipólito son limitadas, y él mismo niega categóricamente que se trate de «dos dioses», como dirían Justino y Orígenes.[8] Su doctrina no niega en modo alguno la divinidad del Verbo, sino que la afirma explícitamente, si bien niega la existencia eterna del Verbo como una «hipóstasis» distinta de la del Padre.

Todo esto ha de entenderse, como en el caso de Tertuliano, en términos de una «economía» divina especial según la cual «no podemos pensar de un solo Dios de otro modo que creyendo verdaderamente en el Padre, el Hijo y el Espíritu Santo».[9]

También en su doctrina cristológica sigue Hipólito las pautas trazadas por Tertuliano. Para él, al igual que para aquel teólogo africano, la unión de la divinidad y la humanidad en Jesucristo es una unión de «dos naturalezas» y, en esa unión, cada una de esas naturalezas conserva sus propiedades.

> Mediante la carne él [Jesucristo] operó divinamente aquellas cosas que son propias de la divinidad, mostrándose así posesor de las dos naturalezas —es decir, la divina y la humana, según su subsistencia verdadera, real y natural— con que actuaba... y mostrándose como a la vez Dios infinito y hombre finito, poseyendo perfectamente la naturaleza de cada uno; ... y su distinción siempre permanece según la naturaleza de cada cual.[10]

Por tanto, la doctrina de Hipólito, si bien no logra definir con precisión la relación entre el Padre y el Hijo, muestra cómo Occidente se iba plegando lentamente a la influencia de Tertuliano respecto a las doctrinas trinitaria y cristológica.

Novaciano

Lo poco que sabemos de la vida de Novaciano ha de servirnos de recordatorio de la importancia que cobró el problema de la restauración de los caídos en la iglesia occidental en el siglo tercero. Ya hemos visto cómo esta cuestión fue uno de los factores que provocaron la disputa entre Calixto e Hipólito. Ahora, en el caso de Novaciano, será la misma cuestión la que le llevará a romper con el episcopado establecido y provocar así un nuevo cisma en la iglesia romana. En este caso, al igual que en el de Hipólito,

---

[8] *Contra Noeto* 8.14.
[9] *Contra Noeto* 8.14.
[10] *Contra Berón y Hélix*, 1 (*PG*, 10:833).

resulta difícil determinar la importancia relativa de los factores personales y teológicos en el cisma. En todo caso, el hecho es que —si bien parece que Novaciano adoptaba otra postura antes del cisma—[11] una vez que este tuvo lugar, la discusión giró alrededor del problema de la restauración de los caídos.

Se trataba ahora, sin embargo, no de los caídos en fornicación —ya el bando de Calixto había ganado esa batalla— sino de los caídos en apostasía durante la persecución. Al igual que su antecesor Calixto, el obispo Cornelio se mostraba dispuesto a perdonar a los pecadores. A esto se oponía Novaciano, cuya actitud rigorista era paralela a la que Hipólito había adoptado tres décadas antes. Al igual que en el caso anterior, no se trata tanto de un debate doctrinal acerca del carácter del arrepentimiento, la penitencia y la absolución como de una discusión acerca de su alcance. De hecho, es escasa la influencia del cisma mismo en la teología de Novaciano, salvo, quizá, en el énfasis que coloca sobre la pureza moral de la iglesia.[12]

Desde el punto de vista doctrinal, la importancia de Novaciano está en su obra *De Trinitate* —«Acerca de la Trinidad»—. En esta obra, Novaciano se esfuerza en probar, por una parte, la divinidad del Hijo de Dios, y por otra, que el Hijo es distinto del Padre.

Jesucristo es tanto humano como divino. Como hombre, se le llama Hijo del Hombre, y como Dios se le llama Hijo de Dios. La divinidad de Cristo es necesaria ante todo por razones soteriológicas: puesto que la inmortalidad es el «fruto de la divinidad», y el propósito de Cristo es dar la inmortalidad, es necesario que Cristo sea divino. «Luego, quien da la salvación eterna es Dios, pues el humano, que no puede conservarse a sí mismo, no puede dar a otro lo que no tiene».[13] Este Dios Salvador es el Hijo, que existía desde el principio en Dios, y a quien el Padre engendró según su beneplácito antes del comienzo del tiempo, de tal modo que entre el Padre y el Hijo existe una «comunión de substancia».[14] En Cristo, el Hijo de Dios se une al Hijo del Hombre, y esta unión de ambas «naturalezas» es tal que el Hijo de Dios viene a ser el Hijo del Hombre al asumir la carne, y el Hijo del Hombre viene a ser el Hijo de Dios al recibir el Verbo.[15]

Sin embargo, el propósito fundamental de Novaciano no es tanto probar que el Hijo es Dios —y que esta es la divinidad de Cristo— sino probar,

---

[11] Hay en el epistolario de Cipriano una carta escrita por el clero romano antes del cisma, en la que este adopta una actitud más moderada que la que Novaciano adoptó luego. Algunos sugieren que Novaciano fue uno de los signatarios de aquella carta.

[12] Véase, por ejemplo, *De Trinitate*, 28.

[13] *De Trinitate*, 15 (*PL*, 3:941).

[14] *De Trinitate*, 31 (*PL*, 3:981).

[15] *De Trinitate*, 23 (*PL*, 3:960).

frente al sabelianismo, que el Hijo es distinto del Padre. Este propósito
le lleva a subrayar en demasía la subordinación del Hijo, hasta tal punto
que algunos, erróneamente, han querido ver en Novaciano un precursor
del arrianismo. Esta tendencia subordinacionista de Novaciano parte de la
distinción entre el Padre como Dios inmutable, impasible y hasta estático,
y el Hijo como Dios capaz de entrar en contacto y relación con los humanos, el mundo y sus vicisitudes. Así, cuando el Génesis afirma que Dios
descendió a ver la torre de Babel y a confundir las lenguas, esto no puede
referirse al Padre, que no está en lugar alguno, sino que se refiere al Hijo.
Cuando Abraham vio a Dios, no vio al Padre, que es invisible, sino al Hijo.
Cuando Dios apareció ante Jacob como un ángel, no fue el Padre, sino el
Hijo, quien le habló.[16]

Este Hijo proviene del Padre por generación. Aunque esta generación
es cualitativamente distinta del modo en que las criaturas provienen de
Dios, hay «cierto sentido» —¿un sentido puramente lógico, o algo más?—
en el que el Padre es anterior al Hijo. De este modo, el principio del Hijo
está en el Padre, y se evita el diteísmo en que se caería si se afirmase que el
Hijo tiene su principio independientemente del Padre. Si hubiera dos seres
«no engendrados», habría dos dioses.[17] Pero Novaciano no parece afirmar
la generación eterna del Hijo, ni tampoco su existencia eterna como una
Segunda Persona junto a Dios. Al contrario, el Hijo o Verbo estaba eternamente *en* el Padre, pero por una decisión voluntaria de este vino a estar
junto al Padre. Al parecer, tenemos aquí de nuevo la antigua distinción de
Teófilo entre el Verbo interior y el Verbo proferido.[18]

En su intento de refutar el sabelianismo —al igual que antes Tertuliano
al tratar de refutar la doctrina de Práxeas— Novaciano subraya tanto la
distinción entre el Padre y el Hijo que hace de este último un ser «inferior
al Padre», o «menor que el Padre».[19] Esto, sin embargo, no quiere decir
que Novaciano ponga en duda la divinidad absoluta del Hijo, como ya
hemos señalado.

Respecto al Espíritu Santo, la posición de Novaciano es la misma: el
Espíritu Santo es Dios, pero el único modo en que Novaciano puede expresar su existencia como Persona distinta del Padre y del Hijo es haciendo
de él algo inferior, no solo al Padre, sino también al Hijo. Si el Espíritu
Santo recibe de Cristo las cosas que ha de declarar, se deduce que «Cristo

---

[16] Novaciano dedica un capítulo del *De Trinitate* a cada uno de estos episodios del Antiguo
Testamento (caps. 17, 18 y 19; *PL*, 3:944-953). Son estos pasajes —junto al capítulo 20—
los que han llevado a una interpretación de Novaciano según la cual Novaciano sostiene
que el Hijo es un ser angélico, pero no divino.

[17] *De Trinitate*, 31 (*PL*, 3:979): «*Duos faceret innatos, et ideo duos faceret Deos*».

[18] *Ibid*.

[19] *De Trinitate*, 28 (*PL*, 3:967-968).

es mayor que el Paracleto, porque este no recibiría de Cristo si no fuese menor que él».[20]

En resumen: Novaciano es importante para la historia del pensamiento cristiano como exponente de dos aspectos del desarrollo doctrinal y eclesiástico en Occidente durante el siglo tercero. Por una parte, Novaciano se vio envuelto en las controversias que necesariamente acompañaban al desarrollo del sistema penitencial, y que ocuparon la atención de la iglesia durante todo el siglo tercero. Por otra parte, Novaciano da testimonio del modo en que se iba imponiendo en Occidente la doctrina trinitaria de Tertuliano.

En cuanto al cisma de Novaciano, continuó aun después de su muerte, y la iglesia que él fundó se extendió hacia Oriente, donde se fundió con algunos grupos de tendencias montanistas y continuó existiendo durante varios siglos.

Cipriano de Cartago

En el período que lleva de Tertuliano a San Agustín, la personalidad más notable de la iglesia en el norte de África es Cipriano de Cartago. Nacido a principios del siglo tercero en el seno de una familia pagana de posición económica desahogada, Cipriano se convirtió al cristianismo cuando contaba aproximadamente cuarenta años de edad. Tras su bautismo, Cipriano decidió llevar una vida austera, abandonando la retórica —en la que antes se había distinguido— vendiendo sus propiedades para distribuir su riqueza entre los pobres, y consagrándose a la castidad.

En el año 248 —quizá el 249— Cipriano fue electo obispo de Cartago por aclamación popular. Aunque al principio se sintió inclinado a huir para no verse obligado a aceptar tal responsabilidad, luego aceptó la elección como la voluntad de Dios, y así comenzó una nueva etapa en su vida.

El episcopado de Cipriano duró apenas nueve años, pero durante ese período realizó una gran labor pastoral y de organización. Sus escritos son de carácter práctico, motivados por algún problema que requería su acción como obispo, y su teología acusa la influencia profunda de Tertuliano, a quien llamaba «el maestro». Al igual que Tertuliano, se ocupa sobre todo de cuestiones morales, prácticas y de disciplina. De hecho, algunas de sus obras no son más que revisiones y anotaciones de las obras de Tertuliano: *Que los ídolos no son dioses*, *Del hábito de las vírgenes*, *De la oración* y *Del bien de la paciencia*.

---

[20] *De Trinitate*, 16 (*PL*, 3:942-943).

A principios del año 250, cuando la persecución de Decio puso término a casi medio siglo de relativa paz para las iglesias, Cipriano huyó de Cartago y se escondió. Puesto que la política de Decio consistía, no solo en obligar a todos a obtener certificados de haber ofrecido sacrificio a los dioses, sino también en atacar principalmente a los dirigentes de la iglesia, Cipriano pensó que su deber estaba en esconderse a fin de evitar que la iglesia de Cartago quedara acéfala. Desde su exilio, podía continuar dirigiendo la iglesia, y así lo hizo, sobre todo mediante una correspondencia abundantísima. Por esto le criticaron muchos, entre ellos el clero de Roma, que había perdido a su obispo en la persecución y que escribió a Cipriano pidiendo una explicación de su actitud. Cipriano contestó explicando que su presencia en Cartago solo hubiera traído más sufrimiento sobre la iglesia y que, por otra parte, él no había abandonado sus funciones pastorales.[21]

Por fin pasó la tormenta, y a principios del año 251 Cipriano se hallaba de nuevo entre su grey. Entonces surgió el problema de la restauración de los caídos. La persecución de Decio, además de ser la más sistemática y severa que la iglesia había conocido, había surgido inesperadamente tras un período de relativa paz. Cuando salió el edicto que obligaba a todos los habitantes del Imperio a ofrecer sacrificios ante los dioses, y a obtener de las autoridades un certificado dando testimonio de que lo habían ofrecido, muchos fueron los que, llevados por el pánico, corrieron a los templos paganos. Otros cedieron más tarde a la presión de amigos y familiares. Otros, en fin, evitaron el martirio obteniendo fraudulentamente los certificados requeridos. Pronto, y sobre todo una vez terminada la persecución, muchas de estas personas comenzaron a manifestar su deseo de volver al seno de la iglesia. Cipriano creía que debía concedérseles la oportunidad de retornar, pero que esto debía hacerse con la debida disciplina y orden, y que la decisión debía quedar en mano de los obispos. A esto se oponía un grupo de confesores que exigía que los caídos que así lo deseasen fuesen admitidos inmediatamente en la iglesia. Un grupo de cinco presbíteros que se había opuesto siempre a la elección de Cipriano hizo causa común con los confesores. En consecuencia, el problema de la restauración de los caídos llevó al cisma —como hemos visto que estaba sucediendo al mismo tiempo en Roma, con Novaciano—.

Todo esto llevó a Cipriano a convocar un sínodo al que concurrieron unos sesenta obispos. A fin de dar a conocer su posición al sínodo y al resto de la iglesia, Cipriano compuso dos tratados: *De los caídos* y *De la unidad de la iglesia*. Estos dos tratados son fundamentales para comprender la eclesiología de Cipriano, y más adelante tendremos que referirnos a ellos

---

[21] *Ep.* 14.

234 HISTORIA DEL PENSAMIENTO CRISTIANO HASTA EL SIGLO XXI

repetidamente. Baste decir aquí que la posición de Cipriano respecto a los caídos era la siguiente: quienes se negasen a hacer penitencia no recibirían el perdón, ni siquiera en el lecho de muerte; los que compraron certificados serían admitidos inmediatamente; los caídos debían hacer penitencia por toda la vida, y quedarían restaurados a la comunión de la iglesia en el lecho de muerte o cuando se desatase de nuevo la persecución; por último, los miembros del clero que habían caído debían ser depuestos. Por otra parte, respecto al cisma, Cipriano abogaba por la excomunión de los cismáticos. Tanto en una cuestión como la otra, el concilio se pronunció de acuerdo con el obispo de Cartago y —aunque el cisma se prolongó por algún tiempo, y se complicó al aliarse los cismáticos africanos con los novacianos de Roma— esto puso término a estas controversias.

Otros dos problemas son dignos de mención como ocasión de la obra teológica de Cipriano: la plaga que se desató por el año 250, y la controversia acerca del bautismo de los herejes —y de los cismáticos, pues la visión que Cipriano tiene de la iglesia le lleva a considerar herejes a todos los cismáticos. (En el uso más común, un «hereje» es quien sostiene doctrinas falsas, mientras que un «cismático» es quien, sin sostener doctrina falsa, rompe comunión con la iglesia).

Al desatarse la plaga en el norte de África, cierto pagano, de nombre Demetriano, acusó a los cristianos de ser culpables de tal calamidad, que constituía un castigo por parte de los dioses. A esto respondió Cipriano en su tratado *A Demetriano*, breve pero punzante. Además, era necesario exhortar a los fieles a enfrentarse debidamente a la muerte y a practicar las obras de caridad que la situación requería. Lo primero constituye el propósito de la obra de Cipriano *De la mortalidad*, y lo segundo, de su *De las obras y la limosna*. Estas dos obras —y la correspondencia de Cipriano en torno a la plaga y la debida respuesta a ella— daban tal multitud de datos acerca de aquella epidemia, que los historiadores la llamaron «la plaga de Cipriano», no porque fuera él quien la creó, sino porque sus escritos eran una fuente excepcional para el conocimiento de la plaga misma. Siglos más tarde, la cruel pandemia que causó millones de muertes y profundos descalabros económicos y sociales a partir del año 2019 [por el covid-19] produjo también un nuevo interés en estos dos escritos de Cipriano.

La controversia acerca del bautismo de los herejes —y de los cismáticos— giraba alrededor de la cuestión de si este era válido o no, y de la cuestión consecuente de si se debía volver a bautizar a los herejes convertidos —o a quienes habían sido bautizados por cismáticos—. Acerca de esta cuestión, la costumbre variaba según las distintas regiones del Imperio, de modo que en África septentrional y en Asia Menor se acostumbraba a bautizar de nuevo a quienes habían recibido el bautismo de manos heréticas, mientras que en Roma se aceptaba como válido el bautismo de los cismáticos y no se les volvía a bautizar después de su conversión. Sin embargo, ya en época de Cipriano, algunos se preocupaban por esta diversidad de costumbres. En el año 254 el obispo de Cartago, al consultársele acerca de esta cuestión, se pronunció en favor de la costumbre africana de bautizar de nuevo a los herejes convertidos; y pocos meses más tarde logró para su decisión el apoyo de dos concilios sucesivos de obispos africanos.[22] Cuando recibió noticias de esta decisión de los obispos africanos, Esteban, el obispo de Roma, que ya había tenido ciertas fricciones con Cipriano por otros asuntos de carácter administrativo,[23] decidió intervenir en la cuestión y envió a Cartago una epístola que se ha perdido, en la que instaba a los obispos de África a seguir la costumbre romana y aceptar como válido el bautismo recibido de un hereje. La controversia continuó por algún tiempo, y Esteban llegó a amenazar a Cipriano con romper los lazos de comunión con la iglesia norafricana. Pero la muerte le sorprendió en el año 257, antes de que pudiese llevar la controversia más lejos. Un año más tarde, Cipriano murió como mártir, y esto dio término a la controversia con Roma. Sin embargo, la iglesia de la capital siguió ejerciendo su influencia, y ya a principios del siglo cuarto —sin que sepamos cómo ocurrió el cambio— era costumbre en África aceptar el bautismo de los herejes.

Si hemos dedicado todo este espacio a resumir las controversias de Cipriano con los cismáticos de una parte, y con Roma de otra, es porque estas controversias constituyen el contexto dentro del que Cipriano forjó su doctrina de la iglesia, y esta doctrina es su principal contribución a la historia del pensamiento cristiano. Si bien hemos visto que Ireneo y Tertuliano se oponían a los herejes subrayando la importancia de la iglesia y de la sucesión apostólica, y que tanto Clemente como Orígenes concedían gran importancia a la iglesia en el plan de salvación, ninguno de ellos se detuvo a desarrollar una doctrina de la iglesia. Cipriano tampoco se detuvo a hacerlo de manera sistemática; pero a través de sus controversias y de sus escritos forjó una doctrina de la iglesia que tendría grandes consecuencias en los siglos futuros.

Para Cipriano, la iglesia es el arca indispensable de salvación. De igual modo que en tiempos de Noé nadie que no estuviese dentro del arca pudo salvarse, así también ahora, quien esté fuera de la iglesia no puede alcanzar la salvación. «Fuera de la iglesia no hay salvación»[24] y «no puede tener

---

[22] Esta historia puede seguirse en las Epístolas de Cipriano. Véase, sobre todo, la número 72, en la que se anuncia a Esteban de Roma la decisión del concilio; la número 74, donde se ve la reacción de Cipriano ante la actitud de Esteban; y la número 75, en la que el obispo Firmiliano de Cesarea en Capadocia acude en apoyo de Cipriano.

[23] Véanse las epístolas 67 y 68.

[24] *Ep.* 73.21 (*PL*, 3:1169).

a Dios por padre quien no tiene a la iglesia por madre».[25] Esta es la base teológica de la posición de Cipriano frente al bautismo recibido de manos heréticas o cismáticas. Si ellos no son la iglesia, ni participan de ella en modo alguno, dentro de su comunidad no puede haber salvación, ni remisión de pecados, ni dirección del Espíritu Santo, ni verdadera eucaristía, ni verdadero bautismo. Dar por válido su bautismo sería reconocer la validez eclesiástica del cuerpo cismático. Luego es necesario afirmar que todas las acciones de los herejes y cismáticos, incluyendo el bautismo, no son obra de Cristo, sino de los anticristos.[26] Pero ¿qué entonces de las personas buenas entre los cismáticos? No los hay, y

> ... nadie piense que los buenos puedan apartarse de la iglesia. El viento no se lleva el trigo, ni el huracán arranca los árboles cuyas raíces son sólidas. La tempestad arroja las pajas vanas. Los árboles débiles son abatidos por el torbellino.[27]

Ahora bien, ¿cómo se define y reconoce esta iglesia fuera de la cual no hay salvación? Según Cipriano, esta es la iglesia de la verdad y la unidad. Aunque Cipriano afirma la verdad como una de las características esenciales de la iglesia, su oposición a los cismáticos le lleva a subrayar la unidad. Aun más, para Cipriano no hay verdad sin unidad, pues el fundamento de toda verdad es el amor, y donde no hay unidad no hay amor. Por tanto, no hay gran diferencia entre un cismático y un hereje —y hay pasajes en que Cipriano utiliza ambos términos como sinónimos—.

La unidad de la iglesia está en el episcopado, sobre el cual ha sido constituida. Los obispos son los sucesores de los apóstoles, y su autoridad —que se deriva de esa sucesión— es la misma autoridad que Cristo concedió a los apóstoles.[28] Luego el obispo está en la iglesia y la iglesia en el obispo, y donde no está el obispo no está la iglesia. El episcopado es uno, pero esto no se debe a que haya una jerarquía tal que todos los obispos estén sujetos a un solo «obispo de obispos», sino que se debe a que en cada obispo está representada la totalidad del episcopado. «El episcopado es uno, del cual cada uno tiene una parte por la totalidad».[29]

---

[25] *De unitate eccl.* 6 (*PL*, 4:519).

[26] *Ep.* 70 (*PL*, 3:1073-1082).

[27] *De unitate eccl.* 9 (*PL*, 4:523).

[28] *Ep.* 33.

[29] *De unitate eccl.* 5. El texto latino dice: «Episcopatus unus est, cujus a singulis in solidum pars tenetur» (*PL*, 4:516). Esto puede entenderse en el sentido de que cada obispo tiene parte del episcopado. Pero también puede ser entendido como queriendo decir que la autoridad episcopal es indivisa y, sin embargo, cada obispo participa de ella.

De ello se deduce que cada obispo ha de gobernar su diócesis independientemente de una jerárquica monolítica, y Cipriano muestra un alto grado de tolerancia y flexibilidad en cuanto a la diversidad de prácticas y costumbres se refiere. Ningún obispo tiene derecho a dictar sus decisiones a los demás, aunque la unidad del episcopado es tal que los obispos deben consultarse unos a otros en todo asunto de importancia.

A partir de este concepto federado del episcopado se comprende la posición de Cipriano ante la sede romana.

Por una parte, Cipriano exalta tanto la primacía de Pedro entre los apóstoles como la importancia de la sede romana para la iglesia universal. El episodio de Cesarea de Filipos, y el mandato repetido del Señor a Pedro, «apacienta mis ovejas», hacen de Pedro la fuente de la unidad apostólica. Los demás apóstoles gozaban del mismo honor y la misma autoridad que Pedro, pero él fue el primero a quien se concedió esta autoridad a fin de que fuese principio de unidad. Por esta razón —y también por su sola magnitud— la iglesia y el obispo de Roma gozan de cierta preeminencia entre las Iglesias cristianas. Además, la iglesia de Roma es «madre y raíz de la iglesia católica», e «iglesia principal, de donde surge la unidad sacerdotal».[30]

Por otra parte, Cipriano se niega a conceder al obispo de Roma jurisdicción alguna sobre los asuntos internos de su propia diócesis. De igual manera que la autoridad de Pedro —aunque anterior a la de los demás apóstoles— no era superior, así tampoco la prioridad de Roma le concede autoridad sobre las demás iglesias.[31] Cuando el obispo romano Esteban pretendió intervenir en las decisiones de la iglesia africana, la respuesta de Cipriano fue tajante:

> Porque tampoco Pedro, a quien el Señor eligió primero, y sobre quien edificó su iglesia, cuando más tarde Pablo discutió con él acerca de la circuncisión, reclamó algo para sí insolente o arrogantemente, diciendo tener el primado y que debía ser obedecido por los novicios y quienes habían llegado posteriormente.[32]

Por tanto, Cipriano piensa en términos de un episcopado federado, en el que cada obispo goza de cierta autonomía, aunque al mismo tiempo ha de prestar oídos a las recomendaciones fraternales de otros obispos y

---

[30] *Ep.* 54.14 (*PL*, 3:844-846).

[31] *De unitate ecclesiae* IV. En este capítulo hay un problema textual, pues existen dos textos distintos. El más breve claramente afirma la primacía romana, mientras el más largo no. Todavía los eruditos debaten si los dos textos son o no de Cipriano, y aun en ese caso cuál es el más antiguo.

[32] *Ep.* 71.3 (*PL*, 4:423).

obediencia a las decisiones de un concilio. Su propio método de gobierno entre las iglesias del norte de África revela esta idea de la autonomía episcopal, pues cuando surgía la necesidad de tomar una decisión que afectaba a sus colegas, Cipriano les convocaba a un concilio. En las actas de uno de estos, aparecen las siguientes palabras claramente dirigidas al obispo de Roma, que pretendía imponer en África las costumbres romanas:

> Pues ninguno de nosotros pretende ser obispo de obispos, ni llevar a sus colegas a la necesidad de la obediencia mediante un terror tiránico, cuando todo obispo tiene su propio albedrío, según la licencia de su libertad y potestad, y no puede ser juzgado por otro ni tampoco juzgar a otro. Esperemos más bien el juicio universal de nuestro Señor Jesucristo, quien es el único que tiene autoridad para colocarnos en prioridad en el gobierno de la iglesia, y para juzgar nuestros actos.[33]

Esto no quiere decir que el obispo tenga una autoridad indestructible y permanente. Al contrario, un obispo indigno de tal cargo por su conducta o su doctrina deja de ser obispo. Es decir, que la ordenación no confiere un carácter indeleble.

En resumen: la unidad de la iglesia está en su episcopado federado, en el cual cada obispo participa como de una propiedad común. Esta unidad no es algo completamente ajeno a la verdad, sino que es parte esencial de la verdad cristiana, de tal modo que quien no está en la unidad tampoco está en la verdad. Fuera de esta unidad no hay salvación. Fuera de ella no hay bautismo, ni eucaristía, ni verdadero martirio. Pero esta unidad no consiste en la sujeción a un «obispo de obispos» sino en la común fe y amor de todos los obispos entre sí.

Terminamos así nuestra rápida ojeada a la teología occidental del siglo tercero. No hemos estudiado el pensamiento de todos los escritores occidentales de la época, ni hemos discutido tampoco todo el pensamiento de los teólogos que hemos estudiado. Mas lo que hemos dicho basta para mostrar que la teología occidental se inclina cada vez más hacia intereses prácticos. El tema más abstracto que se discute en Occidente en esta época es el de la Trinidad —y respecto a él se dice poco que no sea simple repetición de lo que ya ha dicho Tertuliano—. Junto a este tema aparecen otros tales como el de la restauración de los caídos y la validez del bautismo de los herejes. Estos temas, de carácter eminentemente práctico, son la ocasión del desarrollo de una doctrina de la iglesia —la de Cipriano— que dominará Occidente al menos hasta tiempos de Agustín.

---

[33] *Conc. Carth. sub Cypriano septimum* (*PL*, 3:1092).

Por otra parte, debemos señalar que las dos corrientes teológicas que notamos en Occidente a finales del siglo segundo —la de Ireneo y la de Tertuliano— continúan haciéndose sentir en el siglo tercero. Así, Hipólito ha recibido la influencia indudable de Ireneo, y Cipriano —además de Minucio Félix, Arnobio, Lactancio y otros— ha forjado su teología leyendo las obras de Tertuliano. Ya la primera de estas dos tendencias va teniendo menos influencia que la segunda, y pronto solo subsistirá en cuanto, durante los primeros años de su carrera, logró injertarse en la última. Con el correr de los años, la influencia de Tertuliano y Cipriano hará sentir su legalismo en toda la iglesia occidental, mientras que los temas cósmicos del pensamiento de Ireneo, su sentido de victoria y su visión cristocéntrica de la historia quedarán relegados a un segundo plano.

11

La teología oriental después de Orígenes

El impacto del pensamiento de Orígenes en el ala oriental de la iglesia cristiana fue tal que su huella nunca llegó a desaparecer de la teología oriental. En uno u otro grado, todos los grandes padres griegos reflejan su influencia, y los repetidos anatemas de que fue objeto no pudieron evitar que sus obras se leyesen y que algunos aspectos de su pensamiento se divulgasen.

El siglo tercero —que es el período que por ahora nos interesa— se caracteriza en Oriente por ese dominio de la escena teológica por parte del origenismo. Los más destacados teólogos de la época son seguidores de Orígenes. Quienes no son discípulos de Orígenes y logran sin embargo algún renombre, lo logran por su oposición al famoso maestro. Las grandes escuelas teológicas son en realidad otras tantas facciones del origenismo. Y cuando aparece una teología independiente del origenismo, pero francamente herética —como es el caso de la teología de Pablo de Samósata— son los origenistas quienes se ocupan de oponérsele y condenarla.

Tras la muerte de Orígenes, la tradición teológica a que él dio impulso continuó, no solo en Alejandría, sino también en Cesarea y en otras regiones del Oriente de habla griega donde se establecieron sus discípulos. En Alejandría, la tradición de Panteno, Clemente y Orígenes halló su continuación en pensadores como Heraclas, Dionisio el Grande, Teognosto y Pierio. Por tanto, aunque solo se conservan fragmentos de las obras de estos sucesores de Orígenes, no hemos de sorprendernos cuando, a principios del siglo cuarto, veamos surgir en Alejandría un grupo destacado de teólogos cuyo pensamiento acusa la influencia de Orígenes. En Cesarea vivió Pánfilo, que había sido discípulo de Orígenes en Alejandría y que luego llegó a ser obispo de Cesarea. En esa ciudad, se ocupó de conservar y mejorar la biblioteca que había dejado Orígenes, y fue debido a esto y a la sabia dirección de Pánfilo que su discípulo Eusebio de Cesarea —quien era también un origenista convencido— pudo escribir una famosa y valiosísima *Historia eclesiástica*. En otras regiones del Imperio, se destacaron los origenistas Gregorio de Neocesarea —el Taumaturgo— y Luciano de Antioquía. Su obra tendría inmensas consecuencias, y antes de terminar este capítulo tendremos ocasión de referirnos a ella.

Antes de exponer las distintas tendencias que surgieron dentro del origenismo en el siglo tercero, debemos detenernos a presentar, primero, al único teólogo de importancia que en este período parece pensar independientemente del origenismo —Pablo de Samósata— y luego, la oposición al origenismo —representada por Metodio de Olimpo.

Pablo de Samósata

Pablo de Samósata fue electo obispo de Antioquía aproximadamente en el año 260. Era la época del gran auge del reino de Palmira, y Antioquía formaba parte de ese reino que, al proclamarse independiente del Imperio romano, había hecho despertar en muchos las antiguas visiones de un gran imperio oriental. La reina Zenobia, como hábil política, favorecía a los diversos grupos que en su reino constituían minorías apreciables —entre ellos, los judíos y los cristianos—. Fue, quizá, por esta razón que Zenobia dio a Pablo de Samósata el cargo de *ducenarius*, del cual este se mostraba tan orgulloso que prefería que le llamasen por ese título más que por el de obispo.[1]

Como obispo y funcionario público, la conducta de Pablo no fue del todo recomendable, y pronto hubo quejas acerca de los abusos que cometía, de la pompa de que se rodeaba y de las innovaciones que introducía en la vida de la iglesia.[2]

---

[1] Es difícil saber a ciencia cierta en qué consistía el oficio de *ducenarius*. Al parecer, se trataba de un cargo administrativo que daba a Pablo la ocasión de manejar fuertes sumas de dinero. Sin embargo, es posible que este modo de entender la situación política en la que se desenvolvió Pablo de Samósata deba revisarse.

[2] Entre estas innovaciones, la principal y la de más trascendencia fue la prohibición de cantar himnos de alabanza a Jesucristo. Además, Pablo hizo cantar a las mujeres en la iglesia,

A todas estas acusaciones se unió la de herejía. Al parecer, Pablo combinaba ciertas tendencias monarquianas con otras tendencias adopcionistas, defendiendo así la doctrina que se ha llamado —con cierta falta de precisión— «monarquianismo dinámico».

El interés principal de la teología de Pablo estaba en salvaguardar el monoteísmo cristiano. Antioquía era una ciudad donde los judíos constituían una fuerte minoría. Los cultos de Palmira, por otra parte, mostraban una evolución marcada hacia el monoteísmo. Por último, la existencia de un solo Dios era doctrina fundamental del cristianismo. Todo esto llevó a Pablo de Samósata a subrayar la unidad de Dios, aun en perjuicio de la distinción entre el Padre, el Hijo y el Espíritu Santo.

Sin embargo, Pablo no sigue el camino de los patripasianos o modalistas, que afirmaban que el Padre, el Hijo y el Espíritu Santo eran tres modos en que el Dios único se presentaba. Al contrario, Pablo trata de defender el monoteísmo estableciendo una diferencia marcada entre el Hijo y el Padre, de tal modo que solo el Padre es Dios —en cuanto al Espíritu Santo, los fragmentos que han llegado hasta nosotros no nos permiten reconstruir el pensamiento de Pablo—.

El Hijo no es Dios, ni es tampoco el Verbo o Sabiduría de Dios. Es más, el Hijo no existe sino a partir de la encarnación, a partir del momento en que Cristo es engendrado en el seno de María por el Espíritu Santo.[3] El Verbo, por otra parte, sí existe «desde el principio en Dios», pero solo como su razón inmanente, como su Sabiduría, y no como una «persona» o «hipóstasis» junto al Padre.

Como vemos, la cristología de Pablo de Samósata no puede ser llamada «adopcionista» en el sentido estricto, pues la concepción por el Espíritu Santo y el nacimiento virginal —que él afirma— implican que Jesús, desde su nacimiento, era Hijo de Dios.[4] Pero sí hay cierta tendencia adopcionista en esta doctrina por cuanto la filiación de Jesucristo al Padre no es en modo alguno substancial —no se trata del Hijo eterno hecho carne— sino que consiste simplemente en un «propósito» o «predestinación» de Dios.

En Jesús habitó la Sabiduría o Verbo de Dios. Pero, puesto que este Verbo no es más que la razón o propósito de Dios, y puesto que habitó también en Moisés y los profetas, la presencia de Dios en Jesús es solo cuantitativamente diferente de lo que es o puede ser en otros humanos. Jesús no es en modo alguno divino, sino que es «de aquí abajo».[5] La unión

cosa que parecía haber prohibido el apóstol del mismo nombre. Finalmente, la pompa de que Pablo se rodeaba, y el tono orgulloso de sus sermones, contribuyeron a la pérdida de su popularidad.

[3] María no dio a luz al Verbo, sino al Hijo, *fragm.* 26.

[4] *Fragm.* 37.

[5] Eusebio, *HE*, 7:30.

entre Jesús y el Verbo no es más que una unión moral, de tal modo que el Verbo habita en Jesús «como en un templo».[6]

Puesto que este Verbo no es una persona subsistente junto al Padre, sino su potencia o *dynamis*, esta doctrina recibe el nombre de «monarquianismo dinámico» para distinguirla del monarquianismo modalista. En este último, el Verbo se identifica con el Padre, de modo que la divinidad que existió en Jesucristo era la del Padre y, por esa razón, esa doctrina recibe el nombre de «patripasianismo». Pablo de Samósata, por el contrario, afirma que Dios estaba en Cristo solo en el sentido de que en él habitaba el poder o sabiduría de Dios. Para los modalistas o patripasianos, Jesucristo es Dios; para Pablo, es un «puro hombre».[7]

Por otra parte, la doctrina de Pablo de Samósata ha de distinguirse de las tendencias subordinacionistas que hemos visto en Tertuliano, Hipólito y el propio Orígenes. En su expresión extrema, el subordinacionismo salvaguarda la unidad de Dios haciendo del Hijo —y del Espíritu Santo, cuando se le discute explícitamente— un ser subordinado al Padre, pero distinto de él y con una subsistencia relativamente propia.

Como vemos, la doctrina de Pablo de Samósata tenía que chocar con la de los origenistas y la de la mayoría de los teólogos orientales por lo menos en dos puntos: en su doctrina de la divinidad y en su cristología. Su negación de la existencia del Verbo como una hipóstasis o persona junto a la del Padre, y sobre todo su negación de la unión real de ese Verbo con la humanidad de Jesucristo, no podían sino escandalizar a la mayoría de los dirigentes eclesiásticos, así como a buena parte de los laicos de Antioquía.

Pronto los obispos de los alrededores comenzaron a recibir quejas, no solo acerca de la conducta, sino también acerca de la ortodoxia del obispo de Antioquía. Los cristianos de esa ciudad se mostraban preocupados por la actitud y las enseñanzas de su obispo, y no tardó en surgir un cisma entre ellos. Ante tales circunstancias, el obispo Heleno de Tarso convocó un concilio que se reunió en la propia Antioquía en el año 264. A este concilio acudió un grupo de destacados origenistas y, como era de esperar, su teología chocó con la de Pablo de Samósata. Este se defendió hábilmente y, aunque los miembros del concilio no lograron determinar con claridad en qué consistía su error, prometió que modificaría su posición y que enseñaría la doctrina tradicional de la iglesia. Con esto, y tras discutir otros asuntos, los obispos se separaron.

Esto no solucionó el problema, pues fue necesario convocar otro concilio cuando Pablo continuó enseñando la misma doctrina que había

---

[6] *Fragm.* 25 y 27. Este modo de hablar de la humanidad de Cristo como un «templo» vendría a ser característico de la cristología antioqueña por largo tiempo.

[7] Pánfilo, *Apol.* 5; Eusebio, *HE*, 5.28.1-2.

244 HISTORIA DEL PENSAMIENTO CRISTIANO HASTA EL SIGLO XXI

prometido abandonar. Este concilio le declaró depuesto tras un largo debate en el que el origenista Malquión mostró los puntos débiles del pensamiento del obispo antioqueño. Aun entonces, contando con el apoyo de Zenobia, Pablo se negó a aceptar su deposición y continuó ejerciendo sus cargos hasta que en el año 272, tras derrotar a los ejércitos de Zenobia, y previa consulta con los obispos de Italia, el emperador Aureliano hizo valer la decisión del concilio —no porque se interesara en la fe de la iglesia, sino porque Pablo era partidario decidido de la derrotada Zenobia—.

Este segundo concilio de Antioquía tiene cierta importancia para la historia del pensamiento cristiano porque en él se condenó la doctrina de que el Verbo es «consubstancial» (*homousios*) con el Padre. Al parecer, Pablo de Samósata empleaba este término para negar la subsistencia propia del Verbo. Pero cuando en el año 325 el Concilio de Nicea empleó ese mismo término —aunque con otro sentido— no faltaron quienes sospecharon que se pretendía volver a la vieja doctrina de Pablo de Samósata.

Metodio de Olimpia

La condenación y deposición de Pablo de Samósata, a pesar de tener sus aspectos políticos, marca la desaparición en Oriente del último sistema teológico de importancia independiente de la influencia de Orígenes. De ahora en adelante —y durante los siglos tercero y cuarto— las grandes controversias teológicas en Oriente serán sobre todo desacuerdos entre diversas escuelas dentro del origenismo y, si bien oiremos algunas voces de protesta contra Orígenes y sus seguidores, estas voces no dejan de manifestar también la influencia del gran maestro alejandrino. Como ejemplo de esto último podemos tomar a Metodio de Olimpia.

Poco o nada sabemos acerca de la vida de Metodio, y si le llamamos «de Olimpia» es porque una tradición menos dudosa que las demás hace de él obispo de la ciudad de Olimpia. También se afirma con cierta verosimilitud que murió como mártir en el año 311, aunque tampoco debemos aceptar este dato como un hecho comprobado. Lo que sí es cierto es que sentía gran inclinación hacia la vida ascética, y sobre todo gran admiración por el celibato, como se ve en su diálogo *Simposio*, que es su única obra cuyo texto griego ha llegado hasta nosotros en su totalidad.

Aunque durante algún tiempo Metodio admiró y siguió a Orígenes, es como opositor del maestro alejandrino que sus obras nos lo dan a conocer. Probablemente a esta oposición se debe el que sepamos tan poco acerca de su vida, pues el historiador Eusebio de Cesarea, ferviente admirador de Orígenes como era, hizo caso omiso de él en su *Historia eclesiástica*. En todo caso, Metodio se opone a Orígenes, pero esta oposición no es tal que su pensamiento deje de manifestar la influencia del alejandrino. Como él,

Metodio hace uso de la filosofía de Platón, cuyos diálogos pretende imitar. Y, también como Orígenes, Metodio concibe a Dios a la manera platónica, y a la Trinidad en términos subordinacionistas, aunque sin negar la eternidad del Hijo.

La oposición de Metodio a Orígenes gira sobre todo alrededor de cuatro aspectos del pensamiento del alejandrino: la eternidad del mundo, la preexistencia del alma, la escatología espiritualista y la exégesis alegórica. A todas estas doctrinas, Metodio se opone desde un punto de vista que es característico de esa tendencia teológica que ya hemos visto representada en Melitón de Sardes, Papías e Ireneo. Como ellos, Metodio se inclina hacia la interpretación tipológica del Antiguo Testamento, hacia una escatología milenarista y hacia una interpretación de la historia de la salvación en términos de la «recapitulación» o del paralelismo entre la obra de Adán y la obra de Cristo. Sin embargo, la influencia de Orígenes se manifiesta claramente, por ejemplo, en el modo en que Metodio, al tiempo que ataca las exageraciones de la interpretación alegórica de Orígenes, se deja llevar por otras interpretaciones no menos alegóricas; y también en el modo en que Metodio hace uso de la razón para mostrar los errores de Orígenes.

A fin de mostrar el modo en que Metodio refuta las doctrinas de Orígenes, bastará con presentar la refutación de la doctrina de la eternidad del mundo, tal como se encuentra en uno de los fragmentos que Focio ha conservado. Como hemos señalado más arriba, Orígenes afirmaba que, puesto que Dios es eternamente Creador, la creación ha de ser eterna. Metodio señala que la dependencia constituye una imperfección, de modo que el ser perfecto ha de ser totalmente independiente. Luego el carácter de Dios como Creador no puede depender de la creación, sino de Dios mismo, pues lo contrario sería negar la independencia de Dios y, por tanto, su perfección. En conclusión: «no podemos aceptar el pecado pestilente de quienes afirman lo que hace que Dios sea todopoderoso y creador son las cosas que gobierna y que crea»[8] y, puesto que este es el fundamento de la doctrina de Orígenes, tampoco podemos aceptar sus opiniones acerca de la eternidad del mundo.

Sin embargo, en cuanto a la cuestión que ha de ocupar el centro de la discusión teológica en el siglo cuarto, es decir, la doctrina trinitaria, la posición de Metodio es semejante a la de Orígenes: existe una distinción real entre el Padre, el Hijo y el Espíritu Santo, y esta distinción se expresa en términos de subordinación, aunque sin negar la eternidad de las tres personas. «Y así, después de ese Principio sin principio que es el Padre,

---

[8] Citado por Focio, *Bib.*, cod. 235 (*PG*, 103:1144).

él (el Verbo) es el Principio de las otras cosas, por el cual todas las cosas fueron hechas».[9]

Los seguidores de Orígenes

Es poco lo que sabemos acerca del desarrollo del origenismo inmediatamente después de la muerte de su fundador. Aunque Eusebio de Cesarea —que pertenecía a esta escuela— nos ha legado en su *Historia eclesiástica* abundantes datos acerca de algunos de los principales origenistas del siglo tercero y principios del cuarto, estos datos son de carácter biográfico, y poco o nada nos dicen acerca de las corrientes de pensamiento de la época. Por otra parte, algunos de los escritores del siglo cuarto hacen referencia a uno u otro de los origenistas del siglo anterior, y a veces hasta citan sus obras. Estas referencias tienen gran valor para la historia del pensamiento cristiano, pues nos ayudan a reconstruir el desarrollo doctrinal que lleva de Orígenes a la crisis arriana. Mas no debemos olvidar que, precisamente porque se trata de referencias postarrianas, es decir, de un período en que la cuestión trinitaria ocupaba el centro de la discusión teológica, el testimonio de los escritores del siglo cuarto no ha de tomarse como una expresión equilibrada de la posición de los maestros del tercero (no que los fragmentos y demás datos que han llegado hasta nosotros hayan sido torcidos, sino que las controversias del siglo cuarto han servido para seleccionar los materiales del tercero que debían citarse, dándonos así solo una visión parcial del pensamiento teológico del período que va de Orígenes a la primera década del siglo cuarto). Es por esto por lo que nos veremos en la necesidad de discutir solo las cuestiones referentes a la doctrina trinitaria, y sobre todo a las relaciones entre el Padre y el Hijo, aunque esto no ha de hacernos olvidar que, tras los datos escasos que poseemos, debió haber una gran actividad teológica, no solo en lo referente a la Trinidad, sino también en lo que se refiere a la exégesis bíblica, la doctrina antropológica, los sacramentos, etc.

A fin de ilustrar el curso de la teología después de la muerte de Orígenes, podemos discutir brevemente el pensamiento de tres de los más destacados origenistas de la época: Gregorio de Neocesarea, Dionisio de Alejandría y Luciano de Antioquía.

Gregorio era natural de Neocesarea en el Ponto, donde nació en el seno de una distinguida familia pagana. Su nombre era Teodoro, pero después de su conversión y bautismo adoptó el de Gregorio. Su conversión al cristianismo tuvo lugar en Cesarea de Palestina, mediante la enseñanza de

---

[9] *Ibid.* (*PG*, 103:1148).

Orígenes. Tras pasar algún tiempo en esa ciudad aprendiendo del alejandrino los misterios de la fe, regresó a su ciudad natal, de la cual llegó a ser obispo. Acerca de él se cuentan historias de milagros, hasta tal punto que se le conoce como Gregorio Taumaturgo —es decir, «el hacedor de maravillas»—. Se cuenta, además, que cuando fue hecho obispo de Neocesarea había en esa ciudad diecisiete cristianos, y que su labor evangelística fue tal que a su muerte quedaba igual número de paganos.

De entre las obras de Gregorio que han llegado hasta nosotros, la más extensa es su *Discurso panegírico a Orígenes*, que es de gran interés para el estudio de los métodos didácticos de Orígenes. Mucho más nos interesa aquí un credo que se ha conservado en la biografía de Gregorio que escribió su homónimo Gregorio de Nisa, y que dice como sigue:

> Un Dios, Padre del Verbo viviente, que es sabiduría subsistente, y su potencia, y su figura eterna; el perfecto que engendra al perfecto; Padre del Hijo Unigénito. Un Señor, único del único, Dios de Dios, imagen y figura de la divinidad, Verbo activo, sabiduría que envuelve la constitución de todas las cosas, y poder hacedor de toda la creación, Hijo verdadero del Padre verdadero, invisible del invisible e incorruptible del incorruptible, e inmortal del inmortal y eterno del eterno.
>
> Un Espíritu Santo, que tiene de Dios su subsistencia, y que se manifiesta mediante el Hijo —es decir, a los humanos—, imagen del Hijo, perfecta del perfecto, vida que es causa de los seres vivos, fuente santa, santidad que es guía de la santificación, en el cual se manifiesta Dios el Padre, que es sobre todos y en todo, y Dios el Hijo, que es a través de todos.
>
> Perfecta Trinidad, indivisa e inseparable en gloria, eternidad y soberanía. Por lo cual nada hay creado ni sujeto a servidumbre en la Trinidad; ni algo introducido, como si antes no hubiera subsistido, y luego hubiese sido introducido. Y así nunca falta al Padre el Hijo, ni al Hijo el Espíritu, sino que la misma Trinidad es siempre inmutable e inconvertible.[10]

Como vemos, este credo de Gregorio tiende a subrayar la divinidad eterna del Hijo, y dice poco acerca de lo que lo distingue del Padre. No sabemos a ciencia cierta cuáles fueron los motivos que llevaron a la formulación de este credo, pero no cabe duda de que refleja la continuación de uno de los

---

[10] Hahn, *Bibliothek der Symbole und Glaubensregeln der Alten Kirche*, pp. 253-255.

dos aspectos de la doctrina de Orígenes. Si Orígenes afirmaba la eternidad del Hijo al mismo tiempo que su subordinación al Padre, Gregorio toma el primer aspecto de esta doctrina y deja a un lado el segundo. Esta tendencia entre los seguidores de Orígenes ha recibido el nombre —útil aunque poco exacto— de «origenismo de derecha».

Frente a esta tendencia, algunos de los seguidores de Orígenes tendían a subrayar los aspectos subordinacionistas de la doctrina del maestro. Estos reciben el nombre, también útil, pero no más exacto que el anterior, de «origenistas de izquierda». Se trataba sobre todo de personas que temían la amenaza del sabelianismo, que borraba la distinción entre las tres personas divinas. Estas personas veían en el subordinacionismo un medio fácil de distinguir claramente entre el Padre y el Hijo, y de destruir así todo tipo de patripasianismo. Como ejemplos de esta tendencia, tomaremos a Dionisio de Alejandría y —aunque algo más extremista— a Luciano de Antioquía.

Dionisio de Alejandría —conocido como «el Grande»— fue uno de los más destacados discípulos de Orígenes. Sucedió a Heraclas como obispo de Alejandría y director de la escuela catequética de esa ciudad. Durante las persecuciones de Decio y Valeriano se vio obligado a ir al exilio, pero en ambas ocasiones fue restaurado a su cargo episcopal, que ocupó hasta su muerte en el año 264. Sus obras, que parecen haber sido numerosas, se han perdido, y solo se conservan de ellas algunos fragmentos que escritores posteriores tuvieron la afortunada inspiración de citar. De estos fragmentos, los que más nos interesan son los que se refieren a su correspondencia con Dionisio de Roma, pues muestran el modo en que un teólogo origenista, ante la amenaza del sabelianismo, se inclina hacia el «origenismo de izquierda», y subraya la distinción entre el Padre y el Hijo a tal punto que escandaliza a los más moderados entre su grey.

Según el testimonio de algunos escritores posteriores,[11] Dionisio de Alejandría, temiendo los extremos del sabelianismo, utilizaba en su predicación ciertas frases e imágenes con las que buscaba subrayar la distinción entre el Padre y el Hijo. Algunas de estas frases e imágenes parecían hacer del Hijo una criatura. Por ejemplo: afirmaba Dionisio que hubo un tiempo en el que el Hijo no existió, y que el Hijo era diferente en substancia del Padre. Por otra parte, Dionisio utilizaba las palabras del Señor: «Yo soy la vid y mi Padre es el labrador» para establecer la diferencia entre el Padre y el Hijo, diciendo que la relación que existe entre ambos es semejante a la que existe entre el labrador y la vid o entre una barca y quien la hace.

Ante estas afirmaciones de su obispo, algunos cristianos de Alejandría decidieron escribir al obispo de Roma, que también se llamaba Dionisio, y

---

[11] Especialmente Atanasio en su *De sententia Dionysii*. Véase también, acerca de la vida y obra de Dionisio: Eusebio, *HE*, 7.

pedirle su opinión —lo cual no quiere decir que aceparan su primacía, sino más bien que respetaban su opinión e influencia, y buscaban su apoyo—. Dionisio de Roma convocó a un sínodo que condenó las opiniones que parecían ser las de Dionisio de Alejandría y, además, escribió a este último pidiéndole que aclarara su posición.

A esto respondió Dionisio de Alejandría con una *Refutación y apología* en cuatro libros. Esta obra se ha perdido, pero se conservan de ella algunos fragmentos por los cuales es posible conocer la respuesta de Dionisio. En primer lugar, el obispo alejandrino se quejaba de que sus acusadores habían separado sus palabras de su contexto, ya que él había utilizado también otras frases e imágenes que debieron haber servido para mostrar que él no pretendía hacer del Hijo una simple criatura. Así, por ejemplo, una de esas imágenes era la de una luz encendida por otra luz, que son sin embargo una sola en cuanto a su naturaleza se refiere. En cuanto al término «consubstancial» —*homousios*—, Dionisio estaba dispuesto a aceptarlo tal como lo explicaba su homónimo de Roma, aunque señalando siempre que el término mismo no se hallaba en las Escrituras. En todo caso, esto no quiere decir que no haya tres subsistencias o hipóstasis, pues siempre es necesario conservar la distinción dentro de la Trinidad. A fin de cuentas, concluía Dionisio, «extendemos la mónada, sin división alguna, a la tríada, y reunimos la tríada, sin pérdida alguna, en la mónada».[12]

Esta correspondencia entre los dos Dionisios nos muestra, además de la reacción hacia el «origenismo de izquierda» que se producía en un obispo ante la amenaza del sabelianismo, las dificultades que la diferencia de idiomas planteaba en la comunicación entre Oriente y Occidente respecto a la doctrina de la Trinidad. En Occidente, y a partir de Tertuliano, existía una terminología relativamente fija, según la cual se empleaba el término «*substantia*» para referirse a la divinidad común del Padre, el Hijo y el Espíritu Santo, y «persona» para referirse a cada uno de estos tres. Al llevar estos términos al griego, lo natural era traducir «persona» por «*prosopon*», que quería decir, además de persona, «rostro» o «máscara». Luego, los orientales tendían a ver en la doctrina occidental ciertas tendencias sabelianistas que no eran de su agrado. En Oriente, por otra parte, la terminología era aún fluctuante, y los términos de «*usía*» e «hipóstasis» eran ambiguos. «*Usía*» quiere decir tanto la subsistencia particular de una cosa como la substancia común de que participan varios seres individuales. La misma ambigüedad existe en cuanto al término «hipóstasis». Por tanto, cuando un oriental hablaba —como Dionisio de Alejandría— de tres «hipóstasis», podía no estar estableciendo entre las tres personas una

---

[12] Citado por J. F. Bethune-Baker, *An Introduction to the Early History of Christian Doctrine* (Londres, 1958), p. 115. Esta obra resume admirablemente la correspondencia entre Dionisio de Roma y Dionisio de Alejandría: pp. 113-118.

distinción tan marcada como su terminología podría sugerir. Esta confusión se hacía aún mayor porque tanto «*usía*» como «hipóstasis» pueden traducirse al latín por «*substantia*». Por eso, cuando un occidental —como Dionisio de Roma— oía a un oriental hablar de tres «hipóstasis» no podía sino interpretar sus palabras en términos triteístas o excesivamente subordinacionistas. Estas dificultades, que pueden verse ya en la correspondencia entre Dionisio de Alejandría y su homónimo de Roma, continuarán obstaculizando la comunicación entre Oriente y Occidente hasta que, en el siglo cuarto, y tras largas controversias, se aclaren las ambigüedades.

El tercer origenista que hemos de discutir aquí es Luciano de Antioquía. Su vida se halla sumida en la penumbra, pues los datos que hasta nosotros han llegado no concuerdan entre sí. Sabemos que cierto Luciano fue seguidor de Pablo de Samósata, y que por esta causa estuvo fuera de la comunión de la iglesia durante tres episcopados sucesivos.[13] Sabemos también que cierto Luciano, que luego murió como mártir, fundó en Antioquía una escuela en la que tuvo por discípulos a quienes después fueron los dirigentes del arrianismo y que se daban a sí mismos el nombre de «colucianistas».[14] Resulta difícil coordinar este último dato con los anteriores, pues el arrianismo se opone fundamentalmente al monarquianismo de Pablo de Samósata. ¿Hubo entonces en Antioquía, y por la misma época, dos Lucianos? La tesis de los historiadores que sostenían que el arrianismo se derivaba, no de Pablo de Samósata, sino más bien de Orígenes, y que era en realidad una forma extrema del «origenismo de izquierda», fue una de las razones que le dieron ímpetu a la teoría de los dos Lucianos y que todavía se discute entre los eruditos, quienes señalan que no es necesario sostener la existencia de dos Lucianos para entender a Arrio. Sobre esto volveremos en otro capítulo.

Luciano de Antioquía, el maestro de los arrianos, fundó en esa ciudad una escuela que pronto rivalizaría con la de Alejandría. Aunque era origenista en todo otro sentido, Luciano se oponía a la interpretación alegórica de los alejandrinos, e implantó en Antioquía el estudio de las Escrituras según el método histórico-gramatical. La mayor desventaja de este método era que no se prestaba a la manipulación del texto sagrado que era posible mediante la interpretación alegórica. Mas esta era también su gran ventaja, y cuando los grandes maestros antioqueños del siglo cuarto tuvieron que enfrentarse a las grandes herejías de la época se vieron en la necesidad de abandonar la exégesis alegórica en pro de una interpretación más estricta y científica. Esta tendencia literalista, que más tarde habría de caracterizar a la escuela de Antioquía, parece haber estado tras el texto griego de la

---

[13] Alejandro de Alejandría, citado por Teodoreto, *HE*, 1.4.36.
[14] Epifanio, *Pan.* 69.6.

Biblia que Luciano editó, y cuyo principal interés parece haber sido la claridad de expresión.

La importancia de Luciano, sin embargo, está en un aspecto de su teología acerca del cual no tenemos noticias fidedignas: su doctrina trinitaria.[15]

Cuando, algunos años después de su muerte, surgió la controversia arriana, todos los dirigentes del arrianismo eran discípulos de Luciano, y se llamaban unos a otros «colucionistas». Arrio, Eusebio de Nicodemia, Teognis de Nicea, Maris de Calcedonia, Leoncio de Antioquía, y Asterio el Sofista, todos fueron sus discípulos.

---

[15] El credo que se le atribuye, y que aparece en Sócrates, *HE,* 11.10, y Atanasio, *Ep. de synodis* 23, ciertamente no es suyo, y en todo caso ha sido interpolado (Filostorgio, *HE,* 2.14). Pero, aunque tal credo sea un testimonio auténtico de la teología de Luciano, esto no cambia nuestra interpretación general de esa teología.

12

Una mirada en conjunto

Por su misma naturaleza, el tema que estudiamos en todo este volumen, la «Historia del pensamiento cristiano», involucra siempre el peligro de que olvidemos que ningún pensamiento tiene lugar en el vacío. Por esa razón, ahora que nuestra narración se acerca al umbral de una nueva era, debemos detenernos a considerar el contexto cultural, social, económico y político que dio forma a los pensamientos y doctrinas que hemos estudiado en los capítulos anteriores. Y, puesto que se trata del pensamiento *cristiano*, todo esto debe también tomar en consideración el culto que dio forma y expresión a los pensamientos que hemos estudiado.

Lo que antecede

Cuando desde tal punto de vista repasamos lo dicho hasta aquí, debemos, ante todo, recalcar lo que se dijo en el capítulo 4 acerca de la gran transición que tuvo lugar a finales del siglo segundo y principios del tercero. Antes de esa transición, la principal preocupación de los pensadores cristianos era cómo mostrar a los judíos y a los «temerosos de Dios» que en Jesucristo se cumplían las promesas hechas siglos antes a Abraham y su descendencia. Después de la transición, la principal preocupación vino a ser la relación entre el mensaje cristiano y la cultura y civilización circundantes. Esa preocupación se manifestó principalmente en dos direcciones: una de ellas fue la repuesta a las persecuciones y a la maledicencia que se cernían sobre la iglesia y sus seguidores; la otra fue la cuestión de la relación entre la revelación bíblica y el evangelio, por una parte, y la filosofía y conocimientos de los paganos, por otra. En otras palabras: mientras antes el principal interlocutor en diálogo con el cristianismo fue el judaísmo, ahora el interlocutor vino a ser la cultura y civilización pagana, tanto en sus dimensiones políticas como en sus tradiciones filosóficas. En cuanto a la discusión del judaísmo, paulatinamente hubo un cambio semejante, pues no era ya tanto cuestión de convertir a los judíos, sino más bien de competir con un judaísmo que era todavía tan proselitista como el cristianismo, y que competía con este buscando la conversión de los paganos.

Pero la transición de finales del siglo primero y principios del segundo tuvo también otras consecuencias prácticas para la vida y pensamiento cristianos. Ya hemos visto que las tensiones y diferencias que llevaron a los cristianos a abandonar las sinagogas —o a ser expulsados de ellas— resultaron también en cambios en cuanto al calendario semanal de los cristianos. Originalmente, los cristianos asistían a la sinagoga el sábado y, entonces, tras la puesta del sol, cuando según el cómputo judío era ya el primer día de la semana y por tanto el día de la resurrección del Señor, se reunían para partir el pan, como él les había enseñado. Ahora, completamente separados de las sinagogas en que antes estudiaban las Escrituras, su culto tuvo que incluir más estudio de la Biblia —en lo que vino a ser el servicio de la Palabra, celebrado antes del servicio de la Mesa—.

En cuanto a su calendario y observancias particulares, la iglesia guardó parte de su herencia judía, pero también la transformó. La semana de siete días, que era el fundamento de buena parte del calendario judío, se conservó, y con el correr de los siglos se hizo casi universal. Pero los cristianos la transformaron, de modo que ahora el centro de la semana cristiana no era el séptimo día, dedicado al descanso, sino más bien en primero, en el que se celebraba la resurrección del Señor, y después también el primer día de la creación, que por ser el día de resurrección era también el primer día de la nueva creación, así como el tiempo final, pues el primer día de la semana era también el octavo, y por tanto anuncio de la eternidad.

El sentido del calendario también cambió radicalmente, pues la resurrección de Cristo era la verdadera Pascua —la gran liberación que la primera Pascua y la salida del yugo de Egipto habían anunciado—. Por tanto, mientras los judíos seguían celebrando su Pascua una vez al año, en cierta medida los cristianos la celebraban cada domingo.

Pero, aunque cada domingo se celebrara la resurrección de Jesús y el inicio de la nueva creación, todavía era necesario celebrar también el aniversario de esa gran victoria. Luego, aun después de dejar la sinagoga, los cristianos seguían celebrando el aniversario de la pasión y resurrección de Jesús. Pronto las raíces judías de la Pascua se fueron perdiendo, al punto que ya a finales del siglo segundo la opinión común era que el nombre de «Pascua» venía de una palabra griega que quería decir «sufrir», y pocos conocían su verdadera etimología, derivada de un término hebreo que señalaba que en aquella primera Pascua el ángel destructor «pasó por alto» las casas de los hebreos, marcadas con la sangre de un cordero.

Todo esto es el trasfondo de una seria controversia que se desató entre cristianos en el siglo segundo. En Asia Menor, la iglesia seguía la costumbre judía de celebrar la Pascua anualmente, el día 14 del mes de Nisán, sin importar el día de la semana en que el 14 cayera. En el resto de la iglesia la costumbre era celebrar la gran Pascua de Resurrección siempre en domingo. Todo esto se complicaba porque los Evangelios mismos no concuerdan en cuanto a la relación exacta entre la pasión y resurrección de Jesús y la pascua judía. Las iglesias de Asia Menor insistían en que su tradición era antiquísima, y se basaban para ello en el Evangelio de Juan. Las otras iglesias —siguiendo también una antiquísima tradición— basaban su cronología en los Evangelios sinópticos, y daban a quienes insistían en el 14 de Nisán el título de «cuartodecimanos» —«catorcistas»—.

La cuestión no era puramente teórica, sino que se trataba también de un problema pastoral. Era costumbre ayunar los días antes de la Resurrección y romper el ayuno con una gran celebración. Pero los cristianos viajaban de una región a otra, con el resultado de que, en algunas ciudades —particularmente en Roma, donde el flujo de personas de otros lugares era mayor—, unos estaban de fiesta mientras otros todavía ayunaban. A esto se unía el creciente sentimiento antijudío. El calendario judío tenía base lunar, y era once días más breve que el calendario solar. Por tanto, era necesario hacer ajustes frecuentes, para que el mes de Nisán —y por tanto también la Pascua— siempre comenzara aproximadamente en el mismo tiempo del año. Luego eran las autoridades judías la que determinaban cuándo empezaba el mes de Nisán y, por tanto, cuándo sería el día 14 de ese mes. ¿Debían entonces los cristianos permitir que fueran los judíos quienes determinaran la fecha de la principal de todas sus celebraciones? A lo largo de los años, la postura cuartodecimana fue desapareciendo y los cristianos insistieron en determinar ellos mismos la fecha de la Pascua de Resurrección. Pero eso no resolvía el problema, pues los cálculos necesarios para tal determinación eran complicados. Ya nos hemos referido al intento de Hipólito, y hemos visto que su cálculo pronto resultó ser fallido.

No es este el lugar para seguir todo ese proceso. Lo importante es recordar lo que muchos historiadores afirman: que entre el culto y la doctrina hay una relación recíproca, de modo que no solamente sucede que la doctrina se refleja en el culto, sino también que el culto le da forma a la doctrina. En capítulos anteriores vimos que la iglesia estaba bautizando en el nombre del Padre, del Hijo y del Espíritu Santo largo tiempo antes de discutir formalmente la doctrina de la Trinidad. La iglesia estaba adorando a Jesús como Dios, e insistiendo en su humanidad, siglos antes de que surgieran las disquisiciones y debates teológicos en cuanto a cómo es que Jesús es a la vez completamente humano y absolutamente divino.

Lo mismo es cierto de muchas otras doctrinas cristianas que se manifestaban tanto en la práctica y en el culto como en los tratados teológicos —y a veces hasta más—. Los ejemplos son muchos, pero unos pocos bastan para mostrarlo. Para muchos hoy, el tema de la unidad de la iglesia tiene que ver principalmente con su organización, con estar de acuerdo en cuanto a doctrinas y cosas semejantes. Esto también era cierto en la antigüedad. Pero para el creyente común la unidad de la iglesia se manifestaba principalmente cuando en el servicio de la Mesa se oraba por obispos en otras ciudades y por sus iglesias, y cuando, en ciertas horas determinadas, todos se detenían a orar, aunque estuviesen solos, sabiendo que su oración se elevaba al cielo como una sola voz. Si olvidamos esto, el tratado de Cipriano sobre la unidad de la iglesia pierde mucha de su vitalidad existencial, y se vuelve una mera disquisición y un ataque contra quienes no concuerdan con él.

Otros dos ejemplos nos ayudan a entender el modo en que los fieles y la iglesia toda se veían a sí mismos. Uno de ellos es la unción que tenía lugar inmediatamente después del bautismo —unción que después en las iglesias occidentales se separó del bautismo mismo, y dio origen a los que algunos hoy llaman la «confirmación»—. Esa unción era muy significativa, pues en el antiguo Israel se ungía a los reyes y a los sacerdotes; y ahora, en virtud de su bautismo, los neófitos venían a ser «reyes y sacerdotes» (Ap 1.6) y a formar parte de un pueblo que era un «real sacerdocio» (1 P 2.9). Esto les daba una nueva dignidad e importancia aun por encima de cualquier amo, rey o emperador. Y les daba también una nueva tarea: la de elevar plegarias a Dios en pro de todos —incluso sus enemigos—. Por eso, la oración de intercesión, no solamente por la iglesia y sus miembros, sino también por todos y por todo, era un elemento importante en el culto cristiano.

El otro ejemplo es semejante. Al presentar sus peticiones a Dios, los cristianos normalmente lo hacían de rodillas, de manera semejante a como un peticionario se acerca a un juez o a un rey. Pero en muchas iglesias —no sabemos en cuántas, ni desde qué fecha— se seguía una costumbre diferente: el domingo no se arrodillaban para orar, sino que lo hacían de pie, como el príncipe heredero se acerca al rey, que es también su padre. El domingo, el día de la resurrección del Señor, es también el día de nuestra adopción, y por tanto ese día no nos acercamos a Dios como humildes peticionarios, sino como hijos amados. Hacia finales del siglo segundo o principios del tercero, Tertuliano declaraba que no era lícito ayunar ni arrodillarse en el Día del Señor, ni en el período entre la Pascua de Resurrección y Pentecostés.[1] En el año 325, el Concilio de Nicea —del que trataremos en el próximo capítulo— además de las decisiones que tomó

---

[1] *De corona*, 3 (*PL*, 2:79-80).

en cuanto a la cuestión arriana, también declaró que «ya que algunos se arrodillan en el Día del Señor y en Pentecostés, y para hacer que esta práctica sea uniforme, este santo sínodo dictamina que tales oraciones han de ser de pie».[2]

Todo esto nos recuerda que el culto no es solamente una acción de alabanza, sino que es también un importante medio por el cual los creyentes aprenden más de su fe y, sobre todo, un medio que les da forma como parte del pueblo sacerdotal que es la iglesia.

Por último, al prepararnos a dejar atrás aquellos primeros siglos de vida de la iglesia, antes que tuviera el apoyo del estado y de la sociedad, es importante señalar que durante aquellos primeros siglos hubo un fuerte movimiento hacia la uniformidad. Frecuentemente imaginamos que al principio había uniformidad y total acuerdo entre las iglesias —que todas pensaban lo mismo, tenían la misma estructura, y adoraban del mismo modo—. Pero la realidad es otra. Ya en el Nuevo Testamento vemos diferencias entre los evangelistas, y entre ellos y Pablo. Desde el principio, unas iglesias le daban mayor importancia a un Evangelio, y otras a otro. Tampoco había total acuerdo en cuanto a cuáles libros debían ser parte del Nuevo Testamento, y cuáles no. (Aunque sí hubo desde muy temprano cierto acuerdo en cuanto a la mayoría de los libros, siempre hubo diferencias en cuanto a los libros más breves. No es sino hasta el año 367 que tenemos una lista que corresponde exactamente a la de hoy.) En el culto había diferencias semejantes. Acabamos de ver que en domingo algunas iglesias se arrodillaban para orar, y otras no.

El período que ahora cerramos fue entonces un tiempo en el que la iglesia fue buscando y desarrollando cierta uniformidad, algo de lo que dan testimonio el epistolario de Cipriano, sus conflictos con las autoridades en Roma y toda la historia de la controversia cuartodecimana.

Dos fueron las principales consecuencias de esa búsqueda de uniformidad. Una de ellas fue el fortalecimiento de la jerarquía. La otra fue la exclusión de las mujeres de posiciones de liderazgo en la iglesia. En cuanto al fortalecimiento de la jerarquía, basta con recordar la desaparición del episcopado colegiado —en el que varias personas en conjunto formaban el episcopado de la iglesia en una ciudad— de modo que el episcopado vino a ser monárquico —en el que hay solo un obispo en cada iglesia.

En cuanto a la exclusión de las mujeres, hay indicios —muchos de ellos suprimidos a través de los siglos— de que en los primeros tiempos las mujeres tuvieron participación importante en el liderazgo de la iglesia. Las mujeres andaban de un lugar a otro junto a Jesús y sus discípulos varones, y cubrían al menos parte de sus gastos (Lc 8.1-3). En Cencrea,

---

[2] Canon 20 (*Mansi*, 2:677).

Febe ocupaba el diaconado (Ro 16.1). Y en el siglo segundo el gobernador Plinio el Joven le informa al emperador Trajano que torturó a dos
«ministras» cristianas. Todo esto fue desapareciendo según la iglesia —en
busca de uniformidad y por temor a las opiniones diversas y a las críticas
de la sociedad circundante— fue estableciendo sistemas más rígidos de
gobierno y de autoridad.

Por otra parte, la uniformidad en el culto parece haber sido mucho
mayor y haber tenido más impacto que lo que frecuentemente imaginamos. En el capítulo 10 tratamos muy brevemente acerca de la *Tradición
apostólica* de Hipólito, sin decir mucho acerca de su contenido. Allí aparecen palabras al principio del servicio de Comunión que hasta el día de
hoy muchas iglesias usan. Son un diálogo que ha de abrir quien preside en
la Comunión:[3]

> *El Señor sea con ustedes.*
> Y ellos dicen:
>   *—Y con tu espíritu.*
> *—Eleven sus corazones.*
>   *—Los elevamos al Señor.*
> *—Demos gracias al Señor.*
>   *—Dárselas es digno y justo.*

Por largo tiempo se conocían estas palabras. Se sabía que eran al menos
tan antiguas como las del *Orden egipcio* (véase el capítulo 10). Pero ahora
que se ha confirmado que lo que leíamos en ese orden era ya parte del
culto que Hipólito describía en el siglo tercero —y sabiendo que Hipólito, conservador como era, está describiendo el culto que conoció en su
juventud— podemos decir que este diálogo, que por largo tiempo se consideró reliquia del Medioevo, es en realidad mucho más antiguo —en realidad, ¡más antiguo que el canon del Nuevo Testamento!—. Buena parte
de la uniformidad que se alcanzó en aquellos primeros siglos se manifiesta
desde entonces hasta el día de hoy, tanto para bien como para mal.

Nuevas condiciones

Todo esto cambió repentina e inesperadamente. A finales del siglo tercero
y principios del cuarto se desató la persecución más cruel y sistemática
que la iglesia hubiera conocido hasta entonces. Era un tiempo turbulento
y peligroso para el Imperio romano. Desde el exterior, en sus mismas

---

[3] B. S. Easton, trans., *The Apostolic Tradition of Hippolytus* (Ann Arbor, 1962), p. 34.

fronteras y repetidamente cruzándolas —unas veces para llevar botín y otras para asentarse en territorios romanos— varios pueblos germánicos amenazaban la integridad del Imperio. En el interior, el desasosiego social y la inflación económica, marchando paralelamente, producían repetidos motines y rebeliones. Por fin, el emperador Diocleciano logró imponer cierto orden basándose en nuevas políticas militares y administrativas, así como religiosas. En lo militar, Diocleciano reforzó las defensas fronteri- zas con una serie de puestos miliares interconectados, y haciendo asentar cerca de ellos buen número de legionarios retirados, pero todavía capaces de defender sus territorios. En lo administrativo, Diocleciano reorganizó tanto la fiscalía como el gobierno, que ahora quedó en manos de cuatro emperadores —dos «augustos», y bajo ellos dos «césares»—. La polí- tica religiosa de Diocleciano fue funesta para la iglesia. Lo que Diocle- ciano proyectaba era toda una reconstrucción de los mejores tiempos del Imperio, y esto requería un retorno a la antigua religión. Los cristianos, considerados fanáticos inflexibles, se volvieron entonces objeto de una persecución implacable. Pero era también una persecución sistemática, que no buscaba crear mártires, sino apóstatas. Su peso cayó principal- mente sobre los líderes de la iglesia: obispos, lectores, catequistas. Los libros sagrados de los cristianos debían ser entregados a las autoridades —orden que afectó particularmente a los obispos y lectores—. Además, se ordenó que todos los habitantes del Imperio debían sacrificar ante los dioses paganos. Tras un largo período sin mayores persecuciones, fueron muchos los cristianos que se doblegaron ante tales requisitos. Quienes se negaban, eran torturados cruelmente y no se les ejecutaba sino tras crue- les tormentos.

A todo esto se añadió la crisis gubernamental cuando, en el año 304, Diocleciano enfermó y quedó debilitado. Al año siguiente Diocleciano abdicó. Llegado ahora el momento de poner a prueba el plan de sucesión que Diocleciano había organizado, las contiendas entre los sucesores de Diocleciano lo hicieron fracasar, y todo acabó en guerra entre los diversos contendientes. Paso a paso, Constantino —cuyo padre había sido «césar» en Gran Bretaña— se fue haciendo dueño del poder. Cuando se preparaba a presentar batalla contra uno de sus contrincantes, Constantino hizo que sus soldados fueran a la batalla bajo el símbolo del *labarum* —una com- binación de dos letras griegas, X y P, que son las dos primeras letras de «Cristo»—. Lactancio dice que esto se debió a un sueño que Constantino tuvo, y Eusebio dice que fue una visión en las nubes. En todo caso, Cons- tantino venció a su rival, quien murió ahogado, y los cristianos empezaron a ver en el *labarum* un símbolo cristiano. En todo caso, en el año 313, Constantino se reunió en Milán con el último de sus colegas —quien era su cuñado y su rival, y a quien derrocaría— y ambos promulgaron lo que se ha dado en llamar el «Edicto de Milán», que puso fin a las persecuciones.

Los cambios fueron inmensos. Sin declararse cristiano y sin hacerse bautizar, Constantino le fue prestando cada vez más apoyo a la iglesia. En el 325, los obispos que viajaron a Nicea para participar del gran concilio convocado por Constantino lo hicieron empleando las postas imperiales, y a costa del fisco imperial. Por fin Constantino fue bautizado en su lecho de muerte por el arriano Eusebio de Nicomedia. Casi todos sus sucesores se declararon cristianos y continuaron la política de apoyar a la iglesia —la principal excepción fue Julián, comúnmente llamado «el apóstata»—. En el 382, el emperador Graciano suspendió todo subsidio gubernamental para el culto de los antiguos dioses. Diez años más tarde, en el 392, Teodosio prohibió todo culto a tales dioses. Rápidamente, las antiguas religiones desaparecieron en las ciudades, a tal punto que se dio en llamarlas «paganas» —término que originalmente quería decir «rudo» o «inculto»—.

Como resultado de todo esto y del nuevo poder de la iglesia, el culto se volvió cada vez más suntuoso. Para ese culto se construyeron grandes basílicas. Se alzaron monumentos en memoria de los mártires. El episcopado vino a ser un título de honor cívico y político. El contacto de iglesia a iglesia se aceleró con una creciente correspondencia y esto, a su vez, llevó a mayor uniformidad —y a más frecuentes controversias—. Dado el poder de la iglesia y de sus líderes, la teología se politizó, de modo que ahora a la controversia teológica se unió la maniobra política para alcanzar el apoyo de los poderosos. En medio de todo aquello, la actividad teológica y literaria se acrecentó a tal punto que los siglos cuarto y quinto se volvieron la gran era de los más famosos «padres» de la iglesia.

Sobre toda esa vitalidad teológica volveremos repetidamente en los capítulos que siguen. Pero antes de hacerlo conviene acudir al testimonio de una mujer devota que nos cuenta de sus experiencias en peregrinación a las tierras bíblicas.

Egeria

Sería alrededor del año 380, a punto de tener lugar el Concilio de Constantinopla (381), y cuando —en parte gracias al favor imperial— las multitudes empezaban a acudir a la iglesia, que una peregrina compuso un informe acerca de sus viajes y experiencias con el propósito de enviárselo a sus «hermanas» —si se trata de sus hermanas en un convento, o de hermanas carnales, es imposible saberlo—. Buena parte de este documento se ha preservado, y cuando fue descubierto hace casi siglo y medio se pensó que su autora era francesa y que se trataba de cierta «Silvia» conocida por otras fuentes. Pero estudios posteriores parecen comprobar definitivamente que la autora, de nombre «Egeria», era gallega. No se sabe quiénes ni cuántos la acompañaban, pues ella usa el plural —llegamos, vimos, etc.—. Tampoco es seguro que Egeria haya sido la principal entre el grupo. Pero, gracias a su diario de viaje, sabemos a dónde fue, lo que vio, lo que le dijeron, etc. Fue desde Constantinopla, tras haber viajado por el Sinaí, Egipto, Palestina, Siria hasta las riberas del Éufrates y Edesa, y varios sitios que aparecen en las narraciones bíblicas, que Egeria escribió el informe que tenemos. Al escribir, proyectaba seguir viaje a Éfeso. Las primeras páginas del relato se han perdido, y por ello nos encontramos con ella por primera vez al llegar a Sinaí.

En su totalidad, el documento es importante para nuestra historia por varias razones. Una de ellas es que nos ofrece el relato de una mujer devota y estudiosa que da muestras constantes de sus conocimientos bíblicos, y por tanto nos sirve para conocer algo de la participación de las mujeres —al menos de algunas— en el estudio de las narraciones bíblicas. Además, Egeria nos habla repetidamente, no solo de su propia devoción, sino también de la del pueblo —lo cual nos indica por qué las controversias teológicas de la época tuvieron tal urgencia e hicieron tal impacto en la vida de la iglesia en su totalidad. En varios lugares, Egeria nos ofrece descripciones detalladas de edificios religiosos —particularmente de basílicas y de los edificios en honor de algún mártir—. Pero, sobre todo, Egeria nos provee un claro testimonio del culto en ese tiempo y de la uniformidad que había alcanzado.

Algo de sus conocimientos bíblicos se ve ya en las primeras líneas de su *Diario* que han llegado hasta nuestros días:

> … Íbamos caminando entre las montañas cuando estas se abrieron para dar lugar a un amplísimo valle, a una llanura preciosa. Al otro lado podíamos ver el santo monte de Dios, el Sinaí… Desde allí vimos —y se nos dijo— que el valle tenía unas dieciséis millas de largo y cuatro de ancho, y que tendríamos que cruzarlo para llegar al Monte. Fue en esa gran planicie que los hijos de Israel aguardaban mientras el santo Moisés subió al monte de Dios y permaneció allí por cuarenta días y cuarenta noches. Fue allí que se hicieron el becerro de oro, y ahora hay allí una gran piedra que marca el lugar. También fue allí, a la entrada de ese valle, que el santo Moisés pastoreó el ganado de su suegro y donde Dios le habló dos veces en la zarza ardiente.[4]

En cuanto al culto y las prácticas en él, Egeria se muestra asombrada e inspirada por la devoción de los creyentes. Su *Diario* describe detalladamente todas las observancias de Semana Santa en Jerusalén —tras

---

[4] *Diario*, 1.1–2.2.

informarnos que los griegos la llaman la «Gran Semana»—. Día a día, desde el Domingo de Ramos hasta el Domingo de Resurrección, nos va contando cómo todos se reúnen en uno u otro de los lugares santos, donde hay cantos, oraciones, predicación, lecturas bíblicas y mucho llanto y emoción, y cómo la muchedumbre camina en peregrinaje de un lugar a otro. Sobre todo esto, Egeria comenta:

> Es impresionante ver cómo se conmueven las gentes con estas lecturas, y cuántos se duelen. Parecería imposible verlos a todos llorando durante todas las tres horas, tanto los jóvenes como los ancianos, por razón de lo que el señor sufrió por nosotros.[5]

Egeria también nos sorprende por su testimonio de la aparente uniformidad que existía desde las lejanas tierras de Galicia hasta el Oriente griego —y aparentemente en todas las tierras desde un extremo al otro de la cuenca del Mediterráneo—. Repetidamente, al describir alguna práctica, la compara con las de Galicia, unas veces diciendo que son las mismas, y otras que son diferentes. Esto último es el caso del período que antecede al Domingo de Resurrección: la cuaresma. Dice Egeria que:

> En nuestra parte del mundo observamos cuarenta días antes de la Resurrección, pero aquí [en Jerusalén] observan ocho semanas. Son ocho semanas porque no se ayuna los sábados ni los domingos, excepto el sábado de la vigilia pascual. Luego, si de las ocho semanas se excluyen esos días, el resultado son cuarenta y un días.[6]

Pero, aun en medio de tales diferencias, en el *Diario* hay repetidas ocasiones en las que Egeria les dice a sus hermanas que las prácticas, costumbres y ceremonias que observa en Oriente son las mismas que ellas conocen también en Galicia. No obstante, observa diferencias —particularmente en Jerusalén y sus alrededores— donde el lugar mismo evoca prácticas y costumbres específicas.

Egeria también nos da indicios de otras prácticas y costumbres tales como lo que se hacía durante el catecumenado y qué prácticas y ritos precedían y seguían al bautismo. En unos casos dice que lo mismo se hacía en Galicia; en otros casos señala las diferencias; y en algunos, aunque no señala las diferencias, da tantos detalles que cabe suponer que sus lectoras en Galicia necesitarían que se les explicara o describiera algo que no era exactamente lo que se acostumbraba en Galicia.

---

[5] *Diario*, 37.7.
[6] *Diario*, 27.1.

13

La controversia arriana y el Concilio de Nicea

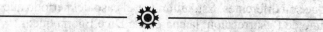

El siglo cuarto marca el comienzo de una nueva época en la historia de la iglesia y, por ende, en la historia del pensamiento cristiano. La conversión de Constantino hizo de la iglesia perseguida la iglesia tolerada, y con el correr de los años —sobre todo tras la fundación de Constantinopla— el emperador Constantino y casi todos sus sucesores favorecieron al cristianismo cada vez más.[1] Esto hizo del siglo cuarto la época de los grandes «padres» de la iglesia —entre quienes, como veremos, hubo también varias madres— pues la energía que antes se dedicaba a la preparación para el martirio y a la refutación de las acusaciones de los paganos pudo ser canalizada hacia otras actividades. Por esto el siglo cuarto produjo, junto a los más grandes padres de la iglesia —Atanasio, los capadocios, Jerónimo, Ambrosio y Agustín entre otros— al primer historiador del cristianismo: Eusebio de Cesarea. Otros, ante la pérdida de la posibilidad del martirio en manos del estado, se lanzaron al martirio del monacato, y por ello el siglo cuarto vio el desierto egipcio y sirio poblarse de chozas de ermitaños. El arte cristiano, hasta entonces escondido en expresiones fúnebres y limitadas, brota como arte triunfal, cuyo tema será cada vez más el Cristo Señor de los cielos y de la tierra. La liturgia, hasta entonces relativamente

---

[1] ¿Hasta qué punto fue sincera la conversión de Constantino? Si fue sincera, ¿qué creía Constantino que era ese cristianismo al que se había convertido? Estas son cuestiones que se han discutido y discuten aún entre los historiadores.

sencilla —aunque no tanto como muchos piensan hoy— adopta los usos de la corte, pues se establece un paralelismo entre Cristo y el Emperador, y comienzan a construirse basílicas dignas de tal liturgia, y liturgias dignas de las nuevas basílicas —aunque esto no quiere decir que antes no hubiera edificios o recintos consagrados al culto, o que la basílica sea una creación de la época de Constantino—.

Las nuevas condiciones también tenían aspectos o consecuencias negativas. Por una parte, pronto comenzó un movimiento de conversión en masa que inevitablemente tenía que obrar en perjuicio de la devoción y la vida moral de la iglesia —y que pronto llevaría a la casi total desaparición del catecumenado como preparación para el bautismo—. Por otra parte, la protección imperial, que daba a los cristianos el ocio necesario para proseguir sus especulaciones por caminos hasta entonces casi inexplorados, llevaba implícita la posibilidad de la condenación imperial, lo cual daba a las controversias teológicas un matiz político que no habían tenido hasta entonces. (El caso del emperador Aureliano y la deposición de Pablo de Samósata había sido diferente, pues Aureliano no intervino en el debate teológico, sino que sencillamente confirmó lo decidido por el sínodo que declaró depuesto a Pablo y lo hizo sencillamente porque Pablo había sido aliado de Zenobia).

Esto fue lo que sucedió en la controversia arriana.

Arrio era un presbítero que gozaba de cierta popularidad en la iglesia de Alejandría y que chocó con su obispo, Alejandro, sobre el modo en que debía interpretarse la divinidad de Jesús. Alejandro era un «origenista de derecha» quien pensaba que la divinidad del Verbo encarnado en Jesús debía salvaguardarse a toda costa. Arrio, por otra parte, ha sido interpretado de diversos modos.

Según algunos intérpretes, Arrio pertenecía a la misma línea de sucesión de los origenistas, que habían jugado un papel importante en la condenación de Pablo de Samósata. Según esta interpretación, el punto de partida del arrianismo es un monoteísmo absoluto, de tal modo que el Hijo no puede ser una emanación del Padre, ni parte de su substancia, ni otro ser semejante al Padre, puesto que cualquiera de esas posibilidades negaría o bien la unidad o bien la naturaleza inmaterial de Dios. El Hijo no puede carecer de principio, puesto que entonces sería un «hermano» del Padre y no un Hijo. Por lo tanto, el Hijo sí tiene un principio, y fue creado o hecho por el Padre de la nada.[2] Antes de esa creación, el Hijo no existía, y por tanto es incorrecto afirmar que Dios es eternamente Padre.[3] Esto no quiere decir, sin embargo, que no haya habido siempre un Verbo en Dios,

---

[2] Epifanio, *Pan.* 69.6.
[3] Atanasio, *Contra Arr. orat.* 1.2.5.

es decir, una razón inmanente; pero este Verbo o Razón de Dios es distinto del Hijo, que fue creado después.[4] Por ello, cuando se afirma que el Hijo es la Sabiduría o Verbo de Dios, esto es cierto solo a base de la distinción entre el Verbo que existe siempre, como razón inmanente de Dios, y ese otro Verbo que es «el primogénito de toda criatura». Aunque todas las cosas fueron hechas por él, él mismo fue hecho por el Padre, y es por tanto una criatura, y no Dios en el sentido estricto del término.[5]

Otra interpretación ve en Arrio y sus seguidores los defensores de un modo de entender la salvación que les parecía amenazado por Alejandro y los suyos. Según esta interpretación, Arrio y sus «colucianistas»[6] se interesaban sobre todo en afirmar la verdadera humanidad de Jesús. Por tanto, deseaban que esa divinidad se expresara, no en términos de substancia, sino en términos de voluntad —es decir, en términos tales que los creyentes puedan imitarle y repetir sus acciones—. Desde tal perspectiva, la preocupación fundamental de Arrio era que el Salvador pudiera imitarse. Para Arrio, era importante que el Hijo lo fuera por adopción, de tal modo que los creyentes pudiéramos seguirle y ser también hijos adoptivos. Por ello, «el modelo arriano fundamental era el de una criatura perfeccionada cuya naturaleza seguía siendo siempre creada, y cuya posición era siempre subordinada y dependiente de la voluntad del Padre».[7] Aunque resulta más difícil aplicarle esta interpretación al arrianismo posterior, sí parece cierto que en el centro mismo del arrianismo primitivo había el mismo interés en salvaguardar la humanidad del Salvador que fue manifestado anteriormente por Pablo de Samósata. Esto también sirve para explicar por qué es que desde fecha muy temprana se pensó que el arrianismo era una continuación de las enseñanzas y preocupaciones de Pablo de Samósata.[8]

---

[4] *Ibid.*

[5] *Ibid.*

[6] Se denomina colucianistas a los seguidores de las ideas religiosas de Luciano de Antioquía (director de la escuela de Antioqía), entre los que se encuentra Arrio.

[7] R. C. Gregg y D. E. Groh, *Early Arianism: A View of Salvation* (Philadelphia, 1981), p. 24. Estos autores se cuentan entre los principales proponentes de esta interpretación del arrianismo.

[8] Al parecer, el primero en afirmar que había una relación entre Arrio y Pablo de Samósata fue Alejandro de Alejandría en una carta dirigida a Alejandro de Constantinopla y que se conserva en la obra de Teodoreto, *HE*, 1.3. La principal dificultad con tal interpretación es que Pablo no parece haberse referido a un *Logos* o Verbo de Dios, creado antes que todas las demás criaturas y ahora encarnado en Jesús. Por lo tanto, los eruditos frecuentemente han dejado a un lado la interpretación de Alejandro como un mero ejemplo del fenómeno corriente de relacionar las doctrinas de un opositor con las de otra persona antiguamente condenada como hereje, a fin de desacreditar tales doctrinas. Es posible, sin embargo, que Alejandro tuviera razón, no en el sentido de que Arrio entendía la divinidad de igual modo que Pablo, sino más bien en el sentido de que sus preocupaciones soteriológicas eran esencialmente las mismas, y que trataba de salvaguardarlas mediante su propio modo de entender la naturaleza del Hijo.

Además, si se interpreta el arrianismo original, no como una especulación sobre la divinidad, sino más bien como surgido de un modo particular de entender la obra de Cristo, es posible empezar a entender el atractivo que el arrianismo tuvo para las masas en Alejandría —atractivo que de otro modo habría que explicar únicamente en base a la popularidad personal de Arrio—.

En todo caso,[9] al plantearse la cuestión de si el que se encarnó en Jesús es divino por naturaleza o es una criatura que ha sido hecha divina por adopción, Arrio y sus seguidores escogían esta última opción. Fue precisamente en este punto que Alejandro y los que le apoyaban consideraban que el arrianismo era inaceptable y, por lo tanto, tendían a subrayar, no lo que Arrio decía sobre la salvación y la obra salvadora del Hijo, sino su teoría de que el Hijo no era completa y eternamente divino. La siguiente cita, que se conserva en los escritos de uno de los opositores más recios del arrianismo, resume los elementos de las enseñanzas de Arrio que pronto vinieron a ser el centro de la controversia:

> Luego Dios mismo, en su propia naturaleza, es inefable para todos los humanos. Solamente él no tiene otro que sea igual o semejante a él, o que sea uno con él en gloria. Decimos que no es engendrado a causa del que es por naturaleza engendrado. Le adoramos como carente de todo principio a causa del que tiene principio. Y le adoramos como eterno, a causa del que ha venido a existir en el tiempo. El que no tiene principio hizo del Hijo el principio de las cosas que tienen origen, y le elevó al grado de Hijo suyo mediante la adopción. En su propia subsistencia, no tiene nada que sea propio de Dios. Porque no es igual, no, ni tampoco esencialmente uno con Dios. Dios es sabio, por ser maestro de Sabiduría. Hay pruebas amplias de que Dios es invisible a todos los seres, tanto a los que son creados mediante el Hijo como al Hijo mismo... Hay así una tríada, pero no de igual gloria. Sus subsistencias no se mezclan entre sí. Uno de ellos es inmensamente de mayor gloria que el otro. El Padre es distinto del Hijo en su esencia, porque no tiene principio... Porque, siendo Hijo, su existencia tiene lugar por voluntad del Padre.[10]

---

[9] Hay otra manera de entender los orígenes del arrianismo en A. Grillmeier, *Christ in Christian Tradition* (Nueva York, 1965) 1:189-92. Según Grillmeier, la doctrina de la encarnación, entendida dentro del marco cristológico del «*Logos-sarx*» (véase más abajo, el capítulo 18), es el punto de partida del arrianismo. Tal argumento no parece ser del todo convincente.

[10] Atanasio, *De syn.* 15 (*PG*, 26:705-8).

266   HISTORIA DEL PENSAMIENTO CRISTIANO HASTA EL SIGLO XXI

Aunque esta cita hace aparecer al arrianismo como especulación abstracta, el hecho es que tal doctrina logró amplio apoyo entre el pueblo alejandrino, que iba por la calle cantando: «Hubo cuando no lo hubo». Lo que esto quería decir es que el Verbo de Dios era creado, y no eterno. Alejandro, por otra parte, atacó la doctrina de Arrio con todos los medios a su disposición y, tras una serie de acontecimientos que no es necesario narrar aquí, convocó a un sínodo en el cual casi un centenar de obispos egipcios estuvo presente, y que condenó y depuso a Arrio. Sin embargo, este último no se dio por vencido, sino que les escribió a sus compañeros «colucianistas» y logró su apoyo, especialmente el de Eusebio de Nicomedia, quien era el más influyente entre ellos —en parte por ser pariente del Emperador—. Eusebio recibió a Arrio en su diócesis y le concedió su protección a pesar de todas las protestas del obispo de Alejandría. De este modo, la disputa se volvió un cisma que amenazaba con afectar a toda la iglesia.

Las noticias que llegaban de Oriente alarmaron a Constantino, quien había esperado que el cristianismo viniera a ser «el cemento del Imperio», y que había sufrido ya la decepción de verse obligado a intervenir en el cisma donatista en el norte de África. Esta nueva amenaza de cisma, por razones que él no alcanzaba a comprender, le parecía exasperante. Por ello decidió enviar a Oriente a su consejero en asuntos religiosos, Osio de Córdoba, armado de una carta en que el Emperador pedía a las partes contendientes que resolviesen su disputa pacíficamente. Cuando Osio le informó que las razones de la disputa eran profundas y que esta no podía ser resuelta por meros esfuerzos de reconciliación, Constantino decidió convocar un gran concilio de obispos que trataría, además de la cuestión arriana, toda una serie de problemas que requerían solución.[11]

El concilio se reunió en el año 325 en la ciudad de Nicea de Bitinia, cerca de Constantinopla, que todavía estaba en proceso de construcción. A él asistieron más de trescientos obispos. Para estos obispos —la mayoría de los cuales había conocido la persecución— esta gran asamblea, bajo los auspicios del Imperio y a la que todos habían concurrido haciendo uso de las postas del Emperador, era un verdadero milagro.

En efecto, los más distinguidos de entre los ministros de Dios de todas las iglesias que abundaban en Europa, África y Asia estaban allí reunidos. Y una sola casa de oración, como si hubiese sido ampliada por Dios, bastaba para incluir a una vez a sirios y cilicios, a fenicios y árabes, a delegados de Palestina y a otros de Egipto, a tebanos y libios, juntamente con quienes venían de la región de

---

[11] El breve sumario de los acontecimientos que aquí narramos no pretende más que servir de introducción al Concilio de Nicea. Hay narraciones más detalladas en diversas historias de la iglesia.

Mesopotamia. También había en la conferencia un obispo persa, y ni siquiera faltaba entre ellos un escita. El Ponto, Galacia y Panfilia, Capadocia, Asia y Frigia, cada región envió a sus prelados más distinguidos. Y tampoco dejaron de asistir quienes vivían en los distritos más remotos de Tracia y Macedonia, de Acaya y del Epiro. Hasta de la misma España, uno de fama universal ocupó su puesto como un individuo en la gran asamblea.[12]

De los obispos que asistieron al concilio, solo unos pocos tenían opiniones firmes acerca de lo que había de discutirse. Por una parte, el pequeño grupo de «colucianistas», encabezado por Eusebio de Nicomedia —puesto que Arrio no era obispo y no podía participar como miembro del concilio— parece haber creído que no sería difícil lograr el apoyo de la mayoría. Por otra parte, otra minoría, encabezada por Alejandro de Alejandría y en la que no faltaban algunos obispos de tendencias sabelianas, iba dispuesta a lograr la condenación de Arrio. Pero la inmensa mayoría no parece haberse percatado de la gravedad del asunto, y su temor al sabelianismo le hacía reacia a toda condenación excesivamente fuerte de las tendencias subordinacionistas. Además, el Emperador, cuyo interés estaba en la unidad del Imperio más que en la unidad de Dios, se inclinaba a buscar una fórmula que fuese aceptable para el mayor número posible de obispos.

Sin embargo, los arrianos —que después sabrían actuar con más tacto— interpretaron mal el sentir de la mayoría, y esto ocasionó su caída. Al parecer, Eusebio de Nicomedia, creyendo que esa era la mejor política, leyó ante la asamblea una exposición de la fe arriana en su forma más extrema. Ante tal exposición, la indignación de los obispos fue grande, y desde ese momento la causa arriana estuvo perdida.[13] Durante algún tiempo, se trató de producir un documento que, haciendo uso de términos escriturarios, declarase claramente que el Hijo no es una criatura. Pero los arrianos tenían sus propias interpretaciones de todos los textos a que se les enfrentaba.[14] Fue entonces que el Emperador intervino y sugirió que se añadiese el término «consubstancial» —homousios— a fin de aclarar el carácter divino del Hijo.[15] Con esta indicación, que es posible que haya sido sugerida al Emperador por Osio de Córdoba, el credo que Eusebio había propuesto fue revisado y transformado por un grupo de obispos que estaban decididos a condenar el arrianismo. El resultado fue el siguiente credo, que el concilio hizo suyo:

---

[12] Eusebio, *Vita Const.* 3.7 (*PG*, 20:1060-61).
[13] Teodoreto, *HE*, 8.1.5.
[14] Atanasio, *De decret.* 5.19-20.
[15] Eusebio, *Ep. ad Caesar.* 4.

Creemos en un Dios Padre Todopoderoso, hacedor de todas las cosas visibles e invisibles;

Y en un Señor Jesucristo, el Hijo de Dios; engendrado como el Unigénito del Padre, es decir, de la substancia del Padre, Dios de Dios; luz de luz; Dios verdadero de Dios verdadero; engendrado, no hecho; consubstancial al Padre; mediante el cual todas las cosas fueron hechas, tanto las que están en los cielos como las que están en la tierra; quien para nosotros y para nuestra salvación descendió y se hizo carne, y se hizo hombre, y sufrió, y resucitó al tercer día, y vendrá a juzgar a los vivos y los muertos;

Y en el Espíritu Santo.

A quienes digan, pues, que hubo [un tiempo] cuando el Hijo de Dios no existió, y que antes de ser engendrado no existía, y que fue hecho de las cosas que no son, o que fue formado de otra substancia [hipóstasis] o esencia [*usía*], o que es una criatura, o que es mutable o variable, a estos anatematiza la iglesia católica.[16]

¿Cómo interpretaban los obispos reunidos en Nicea este credo que acababan de formular y que desde entonces debía ser el credo que todas las iglesias aceptarían como suyo? Es difícil saberlo, y hasta podemos imaginar que quienes firmaron la fórmula de Nicea la interpretaban de diversos modos, según su propia tradición teológica.

Para los pocos teólogos que representaban a Occidente en el Concilio, pero cuya influencia era grande a través de Osio de Córdoba, el término «*homousios*» debe haber sido una traducción aproximada de la unidad de substancia que había venido a ser doctrina tradicional en Occidente desde tiempos de Tertuliano. Esta es precisamente la manera tradicional en que Occidente ha interpretado la fórmula de Nicea. Pero esta interpretación —por muy ortodoxa que sea— no corresponde a la realidad histórica del problema que se debatía, que no era tanto la unidad entre el Padre y el Hijo como la divinidad de este último.

Había, sin embargo, otros obispos que interpretaban el término «*homousios*» de manera semejante, y veían en él una afirmación, no solo de la divinidad del Hijo, sino también de la unidad absoluta y sin distinciones esenciales entre el Padre y el Hijo. Entre estos conviene mencionar

---

[16] J. N. D. Kelly, *Early Christian Creeds* (Londres, 1950), pp. 215-16. Sobre las fuentes y los diversos textos del credo de Nicea, véase I. Ortiz de Urbina, *El símbolo niceno* (Madrid, 1947), pp. 8-22.

a Eustatio de Antioquía y Marcelo de Anquira, pues ambos jugaron un papel importante en la condenación del arrianismo en Nicea. Tanto Eustatio como Marcelo se contaban entre los opositores de las especulaciones de Orígenes y, sobre todo, de las de sus discípulos. En esto concordaban con el antiguo obispo de Antioquía, Pablo de Samósata, aunque cuidaban de no caer en los errores cristológicos en que este había caído al negar la divinidad esencial del Salvador. Sin embargo, su doctrina de Dios se acercaba al monarquianismo, aunque no al monarquianismo desarrollado de Sabelio y sus seguidores, sino que se trataba más bien de una teología arcaica en la que no existía la precisión y claridad que era de esperar tras los trabajos de Orígenes. Aunque es poco lo que sabemos acerca de la doctrina trinitaria de Eustatio, podemos afirmar sin temor a equivocarnos que para él el término «*homousios*» implica una unidad tal que las tres personas de la Trinidad no pueden subsistir como tales. En cuanto a Marcelo, su doctrina nos es más conocida. Según el obispo de Anquira, Dios es uno, y se nos da a conocer como Padre, Hijo y Espíritu Santo, no como tres etapas sucesivas de la revelación, sino como tres modos de la acción de Dios. Pero Marcelo no va más allá de la economía de la Trinidad, y no se atreve a hablar de la subsistencia hipostática de las diversas personas. Como era de esperar, esta insistencia en la unidad de Dios, carente de un contrapeso que afirmase la Trinidad, hacía a Eustatio, y sobre todo a Marcelo, sospechosos de sabelianismo.

En tercer lugar, la pequeña minoría de seguidores de Alejandro, que había venido al Concilio con el firme propósito de lograr la condenación de Arrio, tendía a interpretar la fórmula «*homousios*» como una afirmación de la eternidad y divinidad del Hijo, que era el punto de conflicto entre Arrio y los «origenistas de derecha». Para ellos, esta fórmula no era tan explícita como lo hubieran deseado, pues su ambigüedad resaltaba a simple vista, y siempre dejaba el camino abierto a las especulaciones del «origenismo de izquierda». Sin embargo, esto era todo cuanto podía esperarse de una asamblea en la que ellos eran la minoría, y por ello Alejandro y los suyos se dieron por satisfechos.

La inmensa mayoría de los obispos, por otra parte, había recibido la influencia de Orígenes y temía más al sabelianismo que al arrianismo, y si se dispuso a firmar el símbolo de Nicea esto se debió, primero, al impacto que había producido el extremismo de la afirmación de fe de Eusebio de Nicomedia; segundo, a la presencia imperial, que sobrecogía a los más valientes; tercero, a la posibilidad de interpretar el «*homousios*», no como una afirmación de la unidad absoluta y sustancial de Dios, sino más bien como una afirmación de la divinidad del Hijo.

Por último, los arrianos interpretaron el credo de diversos modos, y tomaron ante él actitudes diversas. Algunos —la mayoría— firmaron tanto el credo como los anatemas, buscando para ello alguna interpretación que les permitiese hacerlo sin violar sus conciencias. Otros firmaron el credo, pero no los anatemas. Otros no firmaron ni lo uno ni lo otro.[17]

En cuanto al Emperador, no sabemos cuál era su propósito al sugerir que se incluyese el término «homousios». Al parecer, pensó que este término bastaría para detener las especulaciones acerca de la substancia del Padre y del Hijo, y para poner fin a las discusiones que él no alcanzaba a comprender y que, sin embargo, amenazaban con dividir su Imperio.

En conclusión: podemos afirmar que había una gran ambigüedad en la fórmula de Nicea. La fórmula que se había escogido para expresar el carácter divino del Hijo podía interpretarse también como una afirmación de la unidad de Dios. Esto, junto al hecho de que la fórmula de Nicea nada decía acerca de la distinción entre el Padre, el Hijo y el Espíritu Santo, pronto hizo que se sospechase de una fórmula que dejaba la puerta abierta al sabelianismo.

Es por esto por lo que, a pesar de que el arrianismo fue condenado en Nicea, tal condenación no logró erradicarlo de la iglesia. Durante más de cincuenta años se continuó luchando antes de que por fin se llegase a su rechazo supuestamente final y definitivo. Esos años vieron una de las más arduas y complejas controversias en la historia de la iglesia, y en ella participaron algunos de los más grandes teólogos que el cristianismo ha producido, como veremos en los próximos capítulos. Pero, aunque el amargo debate terminó hacia finales del siglo cuarto, durante el intervalo en que los arrianos dominaban en el Oriente, estos lograron la conversión de pueblos germánicos que pronto invadirían el Occidente —con el resultado de que el arrianismo, que hasta entonces había progresado poco en el Occidente, cobró nuevas fuerzas en esa región—.

---

[17] La historia de que Eusebio de Nicomedia y otros dirigentes arrianos firmaron una versión del credo en la que la palabra «homousios» había sido sustituida por «homoiusios» no es más que una leyenda cuyo propósito es salvar el honor de los «colucianistas» que firmaron el símbolo niceno.

14

La controversia arriana después del Concilio de Nicea

Si bien el Concilio de Nicea condenó el arrianismo, tal condenación no puso término a la controversia, que se prolongó por más de cincuenta años. Esto se debió, por una parte, a las dudas sinceras que algunos obispos tenían acerca de la fórmula nicena y, por otra parte, a las vicisitudes de la política, que a partir de la conversión de Constantino vino a ocupar un sitio de importancia en toda controversia teológica.

El descontento de los obispos con la decisión de Nicea era de esperar. Mientras el Concilio estaba en sesión, maravillados ante la presencia del Emperador y alarmados por el arrianismo extremo tal como Eusebio de Nicomedia lo había expuesto, los obispos se sintieron inclinados a aceptar y firmar una fórmula que condenaba el arrianismo sin decir una palabra del sabelianismo. Pero, al regresar a sus diócesis, donde el arrianismo no constituía aún una amenaza y donde tenían que enfrentarse a menudo a tendencias sabelianas, los mismos obispos que habían constituido la mayoría en Nicea comenzaron a dudar de la sabiduría de su decisión.

Además, la oposición al arrianismo en Nicea había unido en su seno a elementos muy dispares: el origenismo de derecha de Alejandría, el antiorigenismo de Antioquía y Asia Menor, y el sentido práctico y antiespeculativo de Occidente. Tal alianza, que resulta comprensible ante la amenaza de las especulaciones del arrianismo, no podía presentar un frente unido cuando los dirigentes arrianos se dedicaran a atacar separadamente a uno u otro de sus componentes.

Por otra parte, la orden de destierro contra Arrio y los suyos con que Constantino quiso mostrar y hacer valer su apoyo a las decisiones del Concilio sentó un triste precedente: desde entonces, cuando fracasaran los argumentos teológicos —y aun antes de acudir a ellos— se podía siempre apelar a los recursos de la política, y hacer enviar al enemigo al destierro. Debido a la política vacilante de Constantino, que unas veces apoyaba a los nicenos y otras arremetía contra ellos, y debido sobre todo a las vicisitudes de la política después de la muerte de Constantino, el siglo cuarto —especialmente en Oriente— se caracterizó por la extrema complejidad y fluidez de las diversas posiciones y alianzas. Aunque en algunas ocasiones los defensores de Nicea hicieron uso de la política y la adulación para asegurar su posición teológica, no cabe duda de que fueron los arrianos —y sobre todo Eusebio de Nicomedia— quienes se distinguieron por tales prácticas.

La política eclesiástica de Constantino consistía en hacer de la iglesia «el cemento del Imperio». Por ello, y porque no alcanzaba a ver qué importancia podían tener las sutilezas que debatían los teólogos, se exasperaba con facilidad contra quienes adoptaban una actitud firme con respecto a su posición teológica. Esta fue la razón que le impulsó, tras el Concilio de Nicea, a enviar al exilio a Arrio y a todos cuantos se negaron a firmar el credo niceno. Por la misma razón Eusebio de Nicomedia fue enviado al exilio pocos meses después. Deshaciéndose de estos elementos extremistas, Constantino esperaba solidificar la paz que el Concilio de Nicea parecía haber establecido.

Durante algún tiempo —unos cinco años— los defensores de Nicea dominaron la situación. Las tres sedes principales —Roma, Alejandría y Antioquía— estaban ocupadas por obispos cuya posición era de franco apoyo a la fórmula y las decisiones de Nicea, y Osio de Córdoba era uno de los principales consejeros imperiales. Pero esta situación no podía durar mucho, pues los arrianos no dejaban de moverse, tratando de persuadir al Emperador de que los antiarrianos eran unos rebeldes intransigentes, y de convencer a los obispos más conservadores de que la fórmula de Nicea servía a los fines del sabelianismo.

El exilio de Eusebio de Nicomedia no duró mucho, pues pronto se percató de su error de táctica al proclamar abiertamente los aspectos más extremistas del arrianismo. Tras reconciliarse con Constantino, regresó a ocupar su sede en Nicomedia, donde estaba la residencia de verano del Emperador, y desde allí supo ganarse el favor de la corte y hasta la del propio monarca. Por su parte, Arrio escribió al Emperador una carta en que se mostraba dispuesto a llegar a un entendimiento con el resto de la iglesia, y Constantino le permitió volver del exilio. Algún tiempo después, el Emperador ordenó al obispo de Constantinopla, Alejandro, que admitiese a Arrio a la comunión. Alejandro creía que ello constituía un sacrilegio, y no sabía aún qué decisión tomar cuando la muerte de Arrio le libró de su perplejidad.

Durante los primeros años que siguieron a Nicea, los arrianos, que poco a poco establecían alianza con la inmensa mayoría de los obispos —quienes eran más antisabelianos que otra cosa— no se atrevieron a atacar abiertamente las decisiones del gran Concilio de Constantino. Tal política les habría procurado la inmediata enemistad del Emperador. Por tanto, se dedicaron a atacar individualmente y bajo diversos pretextos a los principales defensores de Nicea.

Alejandro de Alejandría murió en el año 328, y le sucedió su hombre de confianza, Atanasio, que había estado en Nicea y que habría de dedicar su vida a defender las decisiones que allí se habían tomado. Así pues, los principales opositores que en Oriente tenían los arrianos eran Eustatio de Antioquía, Marcelo de Anquira y Atanasio de Alejandría.

Haciendo uso de la buena fe de la gran masa de obispos antisabelianistas, y también de sus buenas relaciones en la corte, Eusebio de Nicomedia comenzó una serie de ataques personales contra los principales dirigentes del partido niceno. Aunque en el fondo había una cuestión doctrinal, a menudo fueron acusaciones de orden moral o disciplinario las que más daño hicieron a los obispos nicenos.

El primero en caer fue Eustatio de Antioquía. En el año 330 —es decir, cinco años después del Concilio de Nicea— Eusebio de Nicomedia logró que fuese condenado como adúltero, tirano y hereje. Para dar base a la primera acusación, una mujer con un niño en los brazos se presentó ante un sínodo que se había reunido en Antioquía al efecto, y allí juró que Eustatio era el padre de la criatura. No había testigo alguno que pudiese corroborar las relaciones ilícitas de Eustatio con la mujer en cuestión, pero el sínodo —que de antemano se había hecho el propósito de condenar al obispo— aceptó las declaraciones de la mujer sin hacer más indagaciones acerca de su veracidad. A la acusación de adulterio se unió la de tiranía —acusación siempre fácil de probar contra un obispo en una iglesia como la de Antioquía, donde a menudo se producían divisiones con las que era necesario tratar con mano dura—. Por último, la acusación principal —la de herejía— se basaba en la tendencia de Eustatio a subrayar la unidad esencial de Dios, lo cual le hacía sospechoso de sabelianismo. Puesto que Eustatio afirmaba que el Padre y el Hijo eran de la misma substancia, pero no lograba expresar claramente la distinción entre ambos, los obispos congregados veían en él un exponente del sabelianismo. Esta acusación se hacía tanto más verosímil por cuanto Eustatio había entablado controversias teológicas, no solo con los arrianos, sino aun con los origenistas de izquierda moderada como Eusebio de Cesarea. En estas controversias

Eustatio había atacado el subordinacionismo de sus opositores. En consecuencia, Eustatio fue condenado y depuesto. De nada le sirvió apelar al Emperador, pues Eusebio de Nicomedia y los suyos añadieron a las acusaciones anteriores la de haberse expresado en forma irrespetuosa acerca de la madre de Constantino. El resultado fue que Eustatio fue desterrado a Tracia, donde murió algún tiempo después, tras haber escrito algunas obras contra los arrianos. Pero su historia no terminó con esto, pues sus seguidores antioqueños nunca aceptaron su condenación, y mucho menos el nombramiento de su sucesor. Se creó así un cisma que duró largos años y que hizo más profunda la intranquilidad de la iglesia oriental. En cuanto a la supuesta madre del hijo de Eustatio, en su lecho de muerte confesó que su testimonio había sido comprado por los enemigos del obispo antioqueño.

Mucho más temible que Eustatio era Atanasio, el sucesor de Alejandro en la sede de Alejandría. La importancia de esta sede, su fama tradicional como centro de la actividad teológica en Oriente, y sus relaciones estrechas con Occidente, hubiesen bastado para hacer de su obispo un enemigo temible. A esto debía sumarse el hecho de que ocupaba esa sede uno de los más grandes que jamás la hayan ocupado: Atanasio de Alejandría. Como opositor del arrianismo, Atanasio no solo era intransigente, sino que además sabía tomar la ofensiva. Por estas razones, Atanasio fue durante años el gran campeón de la fe nicena, y también el objetivo fundamental de los ataques de Eusebio de Nicomedia.

Ya en el año 331, Atanasio se vio obligado a defenderse ante el Emperador de las acusaciones de sus enemigos. Las acusaciones eran falsas y no lograron convencer a Constantino; pero este, fiel a su política de mantener la paz en la iglesia, veía en el obispo alejandrino un fanático extremista que no podía sino causar dificultades. Por ello, cuando algunos años más tarde un sínodo reunido en Tiro bajo la dirección de Eusebio de Nicomedia condenó y depuso a Atanasio a base de las mismas acusaciones, el Emperador no se sentía inclinado a contradecir al sínodo, sino que buscaba un pretexto para desterrar a Atanasio sin afirmar que las acusaciones que él mismo había declarado ser falsas ahora resultaban ciertas. Este pretexto fue provisto por Eusebio y sus compañeros, quienes acusaron a Atanasio de proyectar suspender los envíos de trigo de Alejandría a la capital. En consecuencia, Atanasio partió en el primero de una larga serie de exilios. Mas el obispo alejandrino no cejaba en su empeño de sostener la fe nicena, y aprovechó su exilio para visitar Occidente y establecer allí vínculos que luego habrían de serle de gran utilidad.

En cuanto a Marcelo de Anquira —el otro obispo oriental que se había opuesto resueltamente al arrianismo en Nicea— su condenación no resultó difícil, pues su pensamiento se inclinaba claramente al monarquianismo. En el año 336 —el mismo año de la muerte de Arrio— un sínodo en Constantinopla le condenó y depuso, «por sostener la doctrina de Pablo de Samósata», y el Emperador le condenó al destierro. Marcelo también marchó hacia Occidente, donde más tarde establecería contacto con el obispo de Roma, Julio, y con Atanasio, en el segundo exilio de este. Sin embargo, el propio Atanasio no se sentía cómodo con el apoyo de quien tanto se acercaba al monarquianismo, y en una de sus obras atacó sus doctrinas, aunque sin mencionar su nombre.[1]

En resumen: podemos decir que durante el período que va del Concilio de Nicea a la muerte de Constantino en el año 337, los defensores del «Gran Concilio» sufrieron derrota tras derrota. El interés del Emperador, que era de carácter político más que teológico, unido a la habilidad política de Eusebio de Nicomedia y los suyos, fue la causa principal de tales derrotas. A esto ha de sumarse la incapacidad de algunos de los principales defensores de Nicea de mostrar en qué modo su doctrina difería del sabelianismo. Además, Eusebio de Nicomedia y los suyos, haciendo con ello gala de gran astucia, se abstuvieron de atacar abiertamente la fórmula nicena. La última derrota para los nicenos, aunque más simbólica que real, fue el hecho de que Constantino fue bautizado en su lecho de muerte por Eusebio de Nicomedia.

A la muerte de Constantino, le sucedieron sus tres hijos, Constantino II, Constante y Constancio. Oriente quedó en manos de Constancio, mientras que sus hermanos se dividían Occidente, tocándole a Constante la región de Italia y el Ilirio, y a Constantino II las Galias y el norte de África.

Al principio, la nueva situación política tendió a favorecer a los nicenos, y una de las primeras acciones de Constantino II tras recibir noticias de la muerte de su padre fue ordenar la restauración de Atanasio a su sede en Alejandría. Seguidamente, otros exiliados fueron restituidos a sus cargos, entre ellos Marcelo de Anquira.

Pero pronto resultó claro que Constancio, a quien le había tocado gobernar Oriente, estaba decidido a apoyar a los seguidores de Eusebio de Nicomedia, quien ocupaba ahora la sede de Constantinopla. Las razones de Constancio no son del todo claras, pero parece que además o aparte de las cuestiones teológicas, le interesaba lograr la hegemonía del obispo de su capital sobre todas las demás sedes apostólicas, y sobre todo las dos principales de Oriente: Antioquía y Alejandría. Puesto que, desde la deposición de Eustatio, Antioquía había estado bajo el dominio de Eusebio de Nicomedia y los suyos, solo restaba someter la sede alejandrina a ese mismo dominio. Por otra parte, Constancio no podía estar seguro de la continuación de las buenas relaciones entre él y sus hermanos, y deseaba que la iglesia en su sección del Imperio estuviese dirigida por quienes le fuesen leales. Estas condiciones dieron origen a una especie de alianza

---

[1] *Oratio contra Arianos*, 4 (*PG*, 26:469-526).

entre Eusebio de Nicomedia y Constancio que hizo a la causa nicena sufrir rudos golpes.

En Occidente, el arrianismo nunca había logrado echar raíces, pues allí el temor al sabelianismo no era tan marcado, y se había llegado mucho antes a la fórmula «una substancia y tres personas», que —al menos en su primera parte— concordaba con la fórmula de Nicea. Pero las relaciones entre los emperadores de Occidente, Constante y Constantino II, no eran del todo amistosas, y desembocaron en una guerra que, a su vez, terminó con la muerte de Constantino II en el año 340. Estas rivalidades en Occidente disminuían su influencia sobre Oriente, de modo que Constancio pronto se sintió libre para proseguir una política de obstaculización de la causa nicena. En el año 339, Atanasio se vio obligado a partir de nuevo hacia el exilio, esta vez en Roma.

Tras la muerte de Constantino II en el año 340, al quedar unido Occidente bajo Constante, Constancio se vio obligado a moderar su política, y los defensores de Nicea lograron un respiro que permitió a Atanasio regresar a Alejandría en el 346. Sin embargo, Constancio no se apartó de su política de apoyo a los opositores de Nicea, sino que solo la hizo más moderada debido a la influencia de Constante y del Occidente.

Todo este período que va del Concilio de Nicea al de Constantinopla en el año 381 se caracterizó por los numerosos sínodos que se reunieron para tomar acción en favor de uno u otro bando. Durante los primeros años estos sínodos se limitaron a atacar a los defensores de Nicea a base de cuestiones de moral y administración, y el aspecto doctrinal quedó reducido a algunas acusaciones de sabelianismo. A partir de la muerte de Constantino II, sintiéndose apoyados por Constancio, los antinicenos adoptaron una nueva política, que consistía en producir nuevos credos cuyo propósito era suplantar al de Nicea. Estos credos no eran arrianos, y algunos de ellos hasta pretendían condenar el arrianismo. Pero el tipo de arrianismo que condenaban era tan extremo que cualquier arriano moderado podía firmarlo sin dificultades de conciencia. Así, un solo sínodo, el llamado «Concilio de la Dedicación», que se reunió en Antioquía en el año 341, produjo cuatro credos diversos.

La fuerza de los antinicenos parecía cada vez mayor. Ursacio, Valente y Germinio, cuya posición no era la de simples antinicenos conservadores, sino la de arrianos convencidos, llegaron a ser los consejeros favoritos del emperador Constancio, y este quedó como dueño absoluto del Imperio tras la muerte de Constante en el año 350. En el 355, los consejeros arrianos del Emperador le sugirieron una fórmula según la cual había un Dios y el Hijo era claramente inferior al Padre. Esta fórmula, conocida como la «blasfemia de Sirmio», decía:

Pero puesto que muchas personas se han perturbado sobre las cuestiones sobre la substancia, que en griego se llama *ousía*, es decir, con más precisión, sobre el *homooúsion* [de la misma substancia] o *homoioúsion* [de substancia semejante], tales cosas no han de mencionarse. Tampoco se ha de hacer exposición alguna de ellas por razón y consideración de que no se encuentran en las Sagradas Escrituras, que están por encima de la comprensión humana, y que nadie puede declarar el nacimiento del Hijo, de quien se ha escrito: su generación, ¿quién la contará? Porque resulta claro que solamente el Padre sabe cómo engendró al Hijo, y solamente el Hijo cómo fue engendrado por el Padre. No hay duda alguna de que el Padre es superior. Nadie puede dudar de que el Padre es mayor que el Hijo en honor, dignidad, esplendor, majestad y en el nombre mismo de «Padre», según lo testifica el mismo Hijo: Quien me envió es mayor que yo. Y nadie ignora que es doctrina católica [es decir, universal y ortodoxa] que hay dos personas que son el Padre y el Hijo; y que el Padre es mayor, y que el Hijo está subordinado al Padre, juntamente con todas las cosas que el Padre le subordinó, y que el Padre no tiene principio y es invisible, inmortal e impasible, mientras que el Hijo fue engendrado por el Padre, Dios de Dios, Luz de Luz, y que la generación de este Hijo, como se ha dicho, nadie la conoce sino su Padre.[2]

Naturalmente, esta prohibición de toda discusión o enseñanza acerca de la «substancia» o «*usía*» de Dios equivalía a una condenación del Concilio de Nicea, pero los arrianos se consideraban ya suficientemente fuertes para llevar a cabo un ataque frontal. El Emperador prestó su apoyo decidido a esta fórmula, y pretendió imponerla, no solo en Oriente, donde el *homousios* nunca había logrado gran popularidad, sino aun en Occidente, donde la unidad de substancia era doctrina tradicional de la Iglesia. Sus métodos fueron violentos, y aparentemente —pues algunos lo dudan— hasta el anciano Osio de Córdoba y el Papa Liberio se doblegaron ante el Emperador y repudiaron la decisión del Concilio de Nicea.

A partir de este momento, los arrianos creyeron haber ganado la batalla, y este fue su error. Si bien el credo niceno nunca había logrado gran popularidad, tampoco la había logrado el arrianismo, y la facilidad con que Eusebio de Nicomedia primero y Ursacio y Valente después lograron producir una reacción contra Nicea se debió al temor al sabelianismo que sentía la inmensa mayoría de los obispos orientales, y no a una verdadera simpatía hacia el arrianismo. Entre quienes Atanasio llamaba «arrianos», muchos no lo eran en realidad, y reaccionarían contra el arrianismo tan pronto como este osase mostrar su verdadera naturaleza. Luego, con el

---

[2] Hilario, *De syn.* 11 (PL, 10:488-89). Véase también Atanasio, *De syn.* 28.

avance del arrianismo a partir de la muerte de Constante, viene también la clarificación de posiciones entre los opositores de Nicea. A partir de mediados del siglo cuarto, aparecen entre los opositores del *homousios* niceno por lo menos tres partidos, que se conocen por los nombres de *anomoeano*, *homoeano* y *homoiusiano* (nótese la diferencia entre *homousiano* y *homoiusiano*).

Los *anomoeanos* —del griego *anomoios*, desigual— o arrianos extremos afirmaban que el Hijo era «distinto del Padre en todo». El Hijo no es de la misma substancia —*homousios*— que el Padre, ni tampoco de una substancia semejante —*homoiusios*— sino que es «de una substancia distinta». Es Hijo de Dios, no por su substancia, sino porque participa del poder o actividad del Padre. En el sentido estricto del término, solo el Padre es Dios, puesto que Dios por naturaleza carece de origen, y el Hijo se origina del Padre. El Hijo es una «generación del ingénito», una «criatura del no creado», y una «obra del que no fue hecho».[3] Los principales portavoces de esta posición —que era en extremo racionalista—[4] eran Aetio[5] y Eunomio.[6]

Los *homoeanos* —del griego *homoios*, semejante— son conocidos también como «arrianos políticos». En efecto, para ellos la relación entre el Padre y el Hijo es una relación de semejanza, pero nunca llegan a definir en qué consiste esa semejanza. Puesto que siempre que dos cosas son semejantes son también diferentes, esta posición se presta a diversas interpretaciones según la conveniencia del momento. Sin embargo, los dirigentes de este partido —hombres como Ursacio y Valente— eran arrianos convencidos, y no vacilaban en prestar su apoyo a los *anomoeanos* siempre que las circunstancias lo permitieran.[7] En cuanto a la cuestión del *homousios*, los *homoeanos* se inclinaban a evitar su discusión, pues este término los forzaba a definir el carácter de la «semejanza» entre el Padre y el Hijo. Es por esto por lo que, como hemos visto más arriba, Ursacio y Valente aconsejaron a Constancio que prohibiese toda discusión de la consubstanciabilidad y de la semejanza entre el Padre y el Hijo.[8]

---

[3] Eunomio, *Apol.* 28 (*PG*, 30:868).

[4] Gregorio de Nisa les acusaba de entender a Dios según las categorías aristotélicas. *Contra Eunom.* 1.12.

[5] Véanse los 47 argumentos de Aetio citados por Epifanio, *Pan.* 76.

[6] Su *Apología* puede verse en *PG*, 30:835-68. Debido a la importancia de Eunomio, a los *anomoeanos* a veces se les llama *eunomianos*.

[7] Aunque a veces los *homoeanos* estuvieron dispuestos a condenar el arrianismo más extremo. Véase Atanasio, *Apol. contra Arian.* 58.

[8] Como puede verse en la «Confesión Macróstica» —o «Confesión de líneas largas»— citada por Atanasio, *De syn.* 26, y en los credos del 359 y 360. Véase Teodoreto, *HE*, 2.21 y Atanasio, *De Syn.* 30.

Los *homoiusianos* —del griego *homoiousios*, de semejante substancia—, a quienes se da erróneamente el nombre de «semi arrianos»,[9] son los continuadores de la antigua oposición a la fórmula de Nicea, que se basaba, no en su condenación del arrianismo, sino en su falta de precisión frente al sabelianismo. Este partido apareció como tal cuando tras la llamada «blasfemia de Sirmio», los elementos más moderados se percataron de la necesidad de oponerse, no solo al sabelianismo, sino también al arrianismo. La «blasfemia de Sirmio» se produjo en el año 357, cuando los *homoeanos*, convencidos de la victoria del arrianismo se unieron a los *anomoeanos* y redactaron un credo en el que se afirmaba que el Hijo era substancialmente distinto del Padre, y que la relación entre ambos no podía ser expresada por el término «*homousios*», ni tampoco «*homoiusios*». Esta es la primera vez que el término «*homoiusios*» aparece en los documentos que se conservan, pero el hecho de que se le ataque parece implicar que ya algunos comenzaban a hacer uso de él como un medio de evitar caer tanto en el sabelianismo como en el arrianismo. En todo caso, tras la «blasfemia de Sirmio» aparece en la historia del pensamiento cristiano el partido de los *homoiusianos*, dirigido por Basilio de Anquira, que había sucedido a Marcelo en esa sede. Al principio, los *homoiusianos* —además de Basilio, debemos mencionar a Cirilo de Jerusalén y Melecio de Antioquía— se oponían tanto a los arrianos como a los nicenos, pero lentamente se fueron percatando de que, por lo menos en su intención, su posición coincide con la de quienes proclamaban el *homousios*.

El nacimiento del partido *homoiusiano* como grupo definido data del año 358, cuando un sínodo reunido en Anquira bajo la presidencia de Basilio produjo la primera fórmula *homoiusiana*.[10] En esta fórmula puede verse la reacción de la mayoría conservadora frente a la «blasfemia de Sirmio». En ella se afirma categóricamente la semejanza substancial entre el Hijo y el Padre. Esta semejanza es tal que, en lo que se refiere a la distinción entre el Creador y las criaturas, el Hijo se halla claramente junto al Padre, y no es en modo alguno una criatura. Esto no quiere decir, sin embargo, que haya una identidad total entre el Padre y el Hijo, pues sus substancias —*usiai*— no son una, sino dos. Aquí se emplea el término «*usía*» en el sentido que después se reserva para el término «hipóstasis», y por ello parece haber aún una enorme distancia entre la unidad substancial proclamada por Nicea y la posición de los *homoiusianos*. Pero esta distancia, que en muchos sentidos es solo verbal, se hará cada vez más pequeña, hasta llegar a un acuerdo total. Este partido logró una victoria importante cuando Constancio, probablemente tratando de encontrar una vía media

---

[9] Epifanio, *Pan.* 73.
[10] Citada por Epifanio, *Pan.* 73.3.11.

que le trajera cierta unidad a un imperio que se dividía cada vez más por razones religiosas, se declaró a favor suyo.[11]

La falta de precisión en los términos empleados fue causa de muchas de las dificultades con que tropezó la iglesia del siglo cuarto en su intento de definir la relación entre el Padre y el Hijo. En Occidente, se había llegado a una terminología fija, y el término «substancia» se empleaba para designar la divinidad común, mientras que las subsistencias individuales del Padre, del Hijo o del Espíritu Santo recibían el nombre de «personas». En Oriente, por el contrario, no existía la misma exactitud y rigidez en la terminología. Para los orientales, «usía» e «hipóstasis» eran sinónimos —y como tales los emplea el credo de Nicea— y no existía término alguno que tradujese adecuadamente el término latino «persona». Así pues, cuando los nicenos hablaban de una sola usía, la inmensa mayoría de los obispos veía en ello un intento de regresar al sabelianismo. Y cuando los obispos conservadores —en este caso los homoiusianos— hablaban de una dualidad de usía, los nicenos creían que se trataba de una forma velada de arrianismo.

Así estaban las cosas cuando a la muerte de Constancio llegó al trono imperial Juliano «el Apóstata» —como le llamaron los cristianos porque habiendo sido bautizado Juliano rechazó luego el cristianismo—. Como pagano que era, Juliano no se interesaba demasiado en los debates teológicos, privó de apoyo político a todos los partidos religiosos y fue necesario que cada uno de ellos buscase la victoria por medios teológicos y doctrinales.

En tal situación, Atanasio dio un paso decisivo,[12] que en última instancia habría de llevar al triunfo de la causa nicena: en un sínodo reunido en Alejandría en el año 362, declaró que las diferencias verbales no eran importantes, siempre que el sentido fuese el mismo. Así, tanto la frase «tres hipóstasis» como la frase opuesta, «una hipóstasis» son aceptables siempre que no se interprete la primera de tal modo que se dé en el triteísmo, ni la segunda de manera sabeliana.[13] Con esto, los nicenos abrían el camino a una alianza con la mayoría conservadora. Solo faltaba un largo proceso de clarificación de términos y sentidos para llegar a una fórmula generalmente aceptada y, con ello, al rechazo definitivo del arrianismo.

La importancia del sínodo alejandrino del 362 no se limita a su espíritu conciliador, sino que se debe también a su posición respecto al Espíritu Santo. Puesto que los arrianos negaban la divinidad absoluta del Verbo, no podían sino llegar a la misma conclusión respecto al Espíritu Santo.

---

[11] Sozómeno, *HE*, 4.13.

[12] Paso, sin embargo, para el cual Atanasio había estado preparando el camino desde el 359. Véase *De syn.* 41:67,76.

[13] *Tom. ad Ant.*, 5.6.

Sin embargo, los obispos reunidos en Nicea, al dedicar todo su interés a la cuestión de la divinidad del Verbo, que había venido a ser el centro de la controversia, no prestaron gran atención a la cuestión del Espíritu, sino que se limitaron a retener la frase «y en el Espíritu Santo». En Nicea, pues, no se planteó la cuestión trinitaria en toda su amplitud. Pero en el período que va del Concilio de Nicea al sínodo alejandrino del 362, al tratar de precisar las cuestiones que se debatían, algunos teólogos prestaron mayor atención a la cuestión del Espíritu. De este modo, la controversia que al principio pareció limitarse a la divinidad del Hijo se extendió a la del Espíritu Santo. Aún más: la larga controversia respecto a la divinidad del Hijo había hecho ver a muchos que era necesario afirmarla; pero no sucedía lo mismo con la cuestión del Espíritu Santo, que aún no se había discutido ni dilucidado. Luego, algunos teólogos —Eustatio de Sebaste y Maratón de Nicomedia[14]— manifestaron que estaban dispuestos a afirmar la consubstancialidad del Hijo con el Padre, pero no la del Espíritu Santo.[15] Por su parte, el sínodo alejandrino del 362, que se mostraba inclinado a la flexibilidad en todas las cuestiones que fuesen puramente verbales, vio en la posición de estos teólogos —a los que se llamaba *pneumatomacos*, es decir, enemigos del Espíritu, y también «macedonios»— un error inaceptable. Por tanto, el sínodo rechazó no solo el arrianismo, sino también la opinión de que el Espíritu Santo es una criatura.[16]

De este modo, el sínodo alejandrino del 362 abrió el camino para la afirmación final de la doctrina trinitaria, pues al mismo tiempo que sirvió para atraer a los conservadores *homoiusianos* a la causa nicena, amplió la discusión de modo que incluyese también al Espíritu Santo.

Desde este momento la causa arriana estaba perdida. Aunque el emperador Juliano —como parte de su intento de restaurar el paganismo— pronto envió a Atanasio a un nuevo exilio que duró poco más de un año, y luego Valente hizo otro tanto, estos dos breves exilios no pudieron detener el avance de la causa nicena. En el 363 se reunió en Antioquía un sínodo que se declaró en favor del credo niceno, explicando que el término *homousios* quiere decir que el Hijo es semejante al Padre en *usía*, y que el único

---

[14] Aunque a este grupo después se le dio el nombre de «macedonios», porque se decía que tal era la doctrina de Macedonio de Constantinopla, no hay pruebas de que tal fuera de hecho su doctrina.

[15] En Egipto, Atanasio se refiere a un grupo al que llama «tropicistas», quien, según él, sostenía que el Espíritu Santo era «de una substancia distinta» de la del Padre. Atanasio, *Ep. ad Serap.* 1.2.

[16] *Tom. ad Ant.* 3 (*PG*, 26:797-800): «Anatematizar la herejía arriana y confesar la fe que confesaron los santos Padres en Nicea, y anatematizar también a todos los que dicen que el Espíritu Santo es una criatura y distinto en esencia de Cristo. Puesto que esto es en verdad una renuncia completa de la herejía abominable de los arrianos: negarse a dividir la Santa Trinidad, o a decir que cualquier parte de ella es una criatura».

propósito de este término es condenar la herejía arriana, que hace del Hijo una criatura.[17] Así pues, también en Antioquía en el 363 se manifiestó el espíritu de reconciliación entre *homousianos* y *homoiusianos* que se vio un año antes en Alejandría. Y lo mismo puede decirse de toda una serie de sínodos y decisiones episcopales que llenan el período que va del 362 al 381, cuando se produjo la victoria definitiva de la fe nicena.

Además, el reinado de Juliano marca un punto de viraje en cuanto a la posición teológica de los emperadores. Antes de Juliano, los emperadores que apoyaban a los arrianos resultaban ser los más poderosos —Constantino el Grande y Constancio— mientras que los que apoyaban la causa nicena, además de gobernar solo en Occidente, lejos del centro de la controversia, eran por lo general los menos poderosos —Constante y Constantino II—. Tras la reacción pagana de Juliano, le sucede toda una serie de emperadores pro nicenos, o al menos no arrianos. La principal excepción a esta regla es el emperador Valentiniano II, quien —siguiendo los consejos de su madre Justina— se aferró al arrianismo aún después de que su causa estuviera perdida. Mas esta excepción es compensada con creces por el caso de Teodosio, quien fue sin lugar a duda el más grande emperador de la segunda mitad del siglo cuarto, y bajo cuyo reinado se produjo la victoria definitiva de la fe nicena —en el Concilio de Constantinopla, del 381—.

En el campo de la teología, el acercamiento entre *homousianos* y *homoiusianos* —es decir, entre los defensores de Nicea y los teólogos conservadores— se hizo cada vez mayor. Atanasio no se contentó con la simple declaración del sínodo del 362, sino que estableció correspondencia con Basilio de Anquira, quien era el jefe de los *homoiusianos*. De este modo, los últimos años de Atanasio vieron los comienzos del triunfo niceno.

Sin embargo, correspondió a una nueva generación de teólogos lograr las fórmulas que llevarían a la solución definitiva de la cuestión arriana. Las figuras principales de esta generación, que también reciben el nombre de neonicenos, son los llamados «Tres grandes capadocios» (que en realidad son cuatro, pues, como veremos, es necesario recordar a Macrina, además de los más conocidos —Basilio de Cesarea, Gregorio de Nisa y Gregorio de Nacianzo—). La importancia de estos teólogos es tal que hemos de dedicarles un capítulo por separado —véase el capítulo 16—, pero aquí debemos exponer, al menos en breves rasgos, su contribución a la victoria definitiva de la fe nicena.

El sínodo alejandrino del 362 había señalado la confusión existente en la terminología que se empleaba para referirse a las relaciones entre el

---

[17] La carta que los obispos reunidos en Antioquía le enviaron al emperador Joviano informándole sobre su decisión puede verse en Sócrates, *HE*, 3.25. Compárese Sozómeno, *HE*, 6.4.

Padre, el Hijo y el Espíritu Santo, pero no había ofrecido solución positiva alguna a la cuestión de la terminología. Según ese sínodo, el término «hipóstasis» era ambiguo, y resultaba tan correcto decir «una hipóstasis» como decir «tres hipóstasis», ya que el mismo término se empleaba en un sentido distinto en cada uno de estos casos. Mas ese sínodo no veía otra solución que la de afirmar que en cierto sentido hay tres hipóstasis en Dios, y que en otro sentido hay solo una.

Los capadocios se lanzaron a la tarea de definir tanto la unidad como la diversidad en Dios, y buscar una terminología capaz de expresar tanto esta como aquella. Aunque en el capítulo que dedicaremos específicamente al pensamiento de los capadocios discutiremos esto con más amplitud, debemos señalar aquí la esencia de su solución al problema planteado. Esta consistía en la distinción entre los términos *usía* e *hipóstasis*. En la literatura filosófica, y aun en las decisiones del Concilio de Nicea, ambos términos eran sinónimos, y era costumbre traducir ambos al latín por *substantia*. Pero ambos términos eran ambiguos, pues significaban tanto la subsistencia individual de una cosa como la naturaleza común de que participan todos los miembros del mismo género. Los capadocios definieron ambos términos, reservando el de «hipóstasis» para referirse a la naturaleza de que participan los miembros de un mismo género.[18] De aquí pasaban a afirmar que hay en Dios tres hipóstasis y solo una *usía* o, lo que es lo mismo, tres subsistencias individuales que participan de una misma divinidad.[19]

Esta fórmula resultaba algo confusa para Occidente, que se había acostumbrado a pensar en términos de la fórmula de Tertuliano: una substancia y tres personas. Para los occidentales, la afirmación de tres hipóstasis divinas parecía ser la afirmación de tres substancias divinas o, lo que es lo mismo, de tres dioses. Pero la labor de clarificación de los capadocios, al señalar que su fórmula incluía también la unidad de *usía*, logró satisfacer a los occidentales.

Harnack y otros historiadores del dogma cristiano, sobre todo en el siglo 19, acusaban a los capadocios de haber tergiversado la doctrina nicena. Según ellos, los capadocios no afirmaban la doctrina de Nicea, que consistía en la unidad de Dios, sino que afirmaban más bien la existencia de tres substancias divinas con una naturaleza común. Esta crítica se equivoca por lo menos en dos puntos. En primer lugar, parte de la presuposición de que los obispos reunidos en Nicea pretendían afirmar la unidad de Dios. Pero ya hemos visto que esta interpretación de la acción de Nicea

---

[18] Véase, por ejemplo, Basilio, *Ep.* 236.6.

[19] Algunos ejemplos concretos de su explicación de esta fórmula se verán en el capítulo 14, que trata específicamente de los capadocios.

es incorrecta. Si bien algunos de los presentes en Nicea —sobre todo los occidentales y Marcelo de Anquira— veían en el *homousios* una afirmación de la unidad divina, la mayoría de los obispos presentes lo aceptó como un modo de afirmar, frente al arrianismo, la naturaleza divina del Hijo. En segundo lugar, se equivocan los que critican a los capadocios porque se olvidan de que, dadas las presuposiciones platónicas con que los capadocios trabajaban, la naturaleza común de que participan diversos individuos resulta ser más real que la subsistencia particular de cada uno. Por tanto, la fórmula «tres hipóstasis y una *usía*» no ha de interpretarse como un triteísmo velado, ni tampoco como una traición a la fe de Nicea.

Por fin, el emperador Teodosio convocó a un gran concilio que se reunió en Constantinopla en el año 381 —y que luego recibió el título de Segundo Concilio Ecuménico pues, aunque no hubo en él representación alguna de las iglesias de Occidente, a la postre las iglesias de Occidente también aceptaron sus decisiones.

El Concilio de Constantinopla no redactó un nuevo credo, sino que se limitó a reafirmar el de Nicea.[20] Además, el Concilio condenó al arrianismo, no solo en su forma primitiva, sino también en sus nuevas modalidades: *anomoeanos*, *homoeanos* y *pneumatomacos*.

Con la acción del Concilio de Constantinopla, el arrianismo dejó de ser un factor de importancia en las discusiones teológicas. Sin embargo, los arrianos —y sobre todo el famoso obispo Ulfilas— habían llevado a cabo un trabajo misionero exitoso entre los bárbaros de allende el Danubio. En los siglos subsiguientes, cuándo estos llamados «bárbaros» conquistaron el Occidente, llevaron consigo su fe arriana. Los vándalos en el norte de África, los visigodos en España y los lombardos en Italia establecieron reinos arrianos. Solo los francos de entre los principales pueblos invasores se convirtieron al cristianismo ortodoxo en lugar de al arriano. Esto hizo que Occidente, que hasta entonces se había visto libre del arrianismo, tuviera que enfrentarse ahora a esta doctrina. Sin embargo, esta confrontación tuvo poco de carácter teológico. Al principio los «bárbaros» arrianos persiguieron a los ortodoxos de los países conquistados. Pero pronto, junto a la civilización superior de los conquistados, se impuso su fe ortodoxa y uno a uno de los grandes reinos arrianos fueron convirtiéndose a la ortodoxia. A esto contribuyó también el crecimiento del poderío franco, pues los vecinos arrianos tendían a acogerse a la fe de este imperio creciente.

La derrota del arrianismo se debió, por una parte, a la superioridad intelectual de sus adversarios; por otra parte a que, durante la larga controversia, el peso de Occidente casi siempre estuvo a favor de los nicenos; y por

---

[20] El Credo que por lo general se atribuye a este Concilio existía desde antes, y parece haber sido incluido en las actas del Concilio, no con el propósito de sustituir al de Nicea, sino por otras razones que no resultan del todo claras.

otra parte a que los arrianos se dividieron a causa de discusiones sutiles, mientras que sus opositores se unieron cada vez más. Pero quizá sea posible ver en la esencia íntima del arrianismo una de las causas principales de su derrota. En efecto, el arrianismo puede interpretarse como un intento de introducir en el cristianismo la costumbre pagana de adorar a seres que, si bien no eran el mismo Dios absoluto, sí eran divinos en un sentido relativo. Frente a esta disminución de la divinidad del Salvador, la conciencia cristiana reacciona violentamente, como se vio claramente cada vez que los arrianos expresaron su doctrina en toda su crudeza.

Todo esto se complicaba porque, habiendo definido a Dios en términos tomados principalmente de la filosofía griega —especialmente la platónica— se hacía imposible compaginarlo con la visión bíblica de un Dios que interviene en la historia y que en la encarnación se hace parte de ella. La idea platónica de un ser absolutamente inmutable difícilmente podría reconciliarse con el testimonio bíblico de un Dios encarnado y caminando por los campos de Galilea. La fe nicena, aun cuando resultaba menos estrictamente racional que el arrianismo, y aun cuando requirió más de medio siglo para definir su verdadero sentido, fue el mejor modo que la iglesia encontró de afirmar la doctrina cristiana fundamental que «Dios estaba en Cristo reconciliando el mundo a sí».

15

La teología de Atanasio

Quien haya leído con detenimiento el capítulo anterior, habrá notado cuánta razón tienen quienes afirman que la vida y obra de Atanasio parecen llenar el siglo cuarto —a pesar de haber sido ese el siglo de varios de los más grandes luminares de la teología—. En efecto, la vida y obra de Atanasio llenan todo un siglo, y lo llenan de tal modo que es imposible relatar el desarrollo doctrinal de ese siglo sin narrar la vida de Atanasio. Por ello, en el capítulo anterior nos hemos visto obligados a presentar algo de la biografía de Atanasio, y no hemos de repetirla aquí ahora. Baste con decir que Atanasio fue sin lugar a duda el más destacado obispo de la antiquísima sede eclesial alejandrina, y el más grande teólogo de su época; y que todo esto contrastaba con sus orígenes y estatus social.

Atanasio nació hacia finales del siglo tercero —probablemente alrededor del año 295— y en Alejandría, donde transcurrió la mayor parte de su vida. Sabemos que hablaba el copto (la lengua tradicional de los antiguos egipcios, conquistados primero por los griegos, después por los romanos, y constantemente explotados y oprimidos). Puesto que sus adversarios le echaban en cara su tez oscura, es muy probable que él mismo fuera copto. Y, puesto que se burlaban también de su baja estatura, no debe haber sido físicamente imponente. Pero aquel hombre de baja estatura fue un gigante entre gigantes. Temprano en su juventud tuvo constantes relaciones con los monjes de la región de Tebaida, en su mayoría coptos; y más tarde, cuando se vio perseguido por las autoridades, fue entre esos monjes donde encontró refugio.

Atanasio fue un hombre de iglesia y director de almas más que pensador especulativo o sistemático. En otro lugar hemos dicho que «De entre todos los opositores del arrianismo, Atanasio era el más temible. Y esto, no porque su lógica fuese sutil —que no lo era— ni porque su estilo fuese el más pulido —que no lo era— ni porque Atanasio estuviese dotado de gran habilidad política —que no lo estaba—, sino porque Atanasio se hallaba cerca del pueblo, y vivía su fe y su religión sin las sutilezas de los arrianos ni las pompas de los obispos de grandes sedes».[1] No es que no haya sistema u orden en su pensamiento, sino que su obra se desarrolló, no a base de las exigencias de un sistema, sino como respuesta a las necesidades de cada momento. Así pues, buscaríamos en vano entre la amplísima producción literaria de Atanasio una obra en que presente la totalidad de su pensamiento teológico. Sus obras son pastorales, polémicas, exegéticas, y hasta se encuentra entre ellas una biografía; pero ninguna de ellas se dedica a la especulación por el simple gusto de especular.

La más antigua de sus obras que se conserva es su escrito en dos partes: *Discurso contra los griegos* y *Discurso acerca de la encarnación*. Esta obra fue escrita antes del comienzo de la controversia arriana,[2] pero ya en ella —y sobre todo en su segunda parte— pueden descubrirse los principios teológicos que luego Atanasio utilizaría como punto de partida en su controversia con los arrianos. Además, merecen citarse por su interés teológico sus obras: *Discursos contra los arrianos*, *De la encarnación contra los arrianos*, *Apología contra los arrianos*, *Historia de los arrianos* y las *Cuatro Epístolas a Serapión*. Por otra parte, la *Vida de San Antonio* que compuso, al dar a conocer al mundo las hazañas de este gran asceta, contribuyó grandemente al desarrollo y popularidad del movimiento monástico.[3]

La teología de Atanasio es de un carácter eminentemente religioso y no especulativo. A diferencia de sus antecesores en la sede de Alejandría, Atanasio no pertenece a la escuela origenista, pues su falta de interés en los aspectos especulativos de la teología le separa de aquella. Sin embargo, en su doctrina de la Trinidad, y aun sin él saberlo, mostraba la influencia del origenismo de derecha que dominó el pensamiento alejandrino por

---

[1] *Historia del cristianismo* (Miami, 2009), p. 186.

[2] De los dos textos existentes de esta obra de Atanasio, el más largo parece ser el original. El más breve también puede ser de Atanasio, pero parece ser una revisión del otro.

[3] Gregg y Groh, *Early Arianism*, pp. 131-59, sostienen que la *Vida de San Antonio* de Atanasio fue escrita a fin de reclutar el apoyo de esta figura cimera para la causa nicena. Aunque la reinterpretación que hacen estos dos autores del arrianismo primitivo resulta convincente, no puedo decir lo mismo sobre sus argumentos en cuanto al propósito de la *Vida de San Antonio*.

muchos años. El contenido de su teología se acerca en muchos puntos al de la teología de Orígenes, pero su método teológico es radicalmente distinto del antiguo teólogo alejandrino. El interés de Atanasio es práctico y religioso más que especulativo o académico. Mas esto no quiere decir que se limite a discutir temas de carácter práctico en perjuicio de los temas doctrinales, sino que, por el contrario, Atanasio busca el sentido religioso de toda doctrina.

Este sentido religioso se encuentra en lo que cada doctrina significa para ciertos principios básicos que constituyen la médula de la religión cristiana. La verdad o falsedad de una doctrina no ha de juzgarse simplemente a partir de su coherencia lógica, sino también —y sobre todo— a partir del modo en que expresa los principios básicos de la religión cristiana. Estos principios son el monoteísmo y la doctrina de la salvación.

Aun antes de estallar la controversia arriana, Atanasio había meditado acerca de la naturaleza de Dios y los modos en que podemos conocerle, como muestran sus dos obras —que son en realidad dos partes de una sola—: *Discurso contra los griegos* y *Discurso acerca de la encarnación*.

En el *Discurso contra los griegos*, tras un ataque al politeísmo pagano semejante a los de los antiguos apologistas, Atanasio discute los modos de conocer a Dios. Estos son principalmente dos: el alma y la naturaleza. «El camino que conduce a Dios no se halla lejos o fuera de nosotros, sino dentro de nosotros».[4] De hecho, todos hemos estado en ese camino, aunque algunos se hayan negado a seguirlo. Este camino es el alma humana, pues observándola podemos inferir algo del carácter de Dios. El alma es invisible e inmortal, lo cual la hace superior a todas las cosas visibles y mortales.[5] Por tanto, los ídolos de los paganos, que son visibles y pueden ser destruidos, no son dioses, sino que son inferiores a quienes los hacen.[6]

El alma es por naturaleza capaz de ver a Dios, aunque el pecado la incapacita para lograr esta visión. El alma fue hecha según la imagen y semejanza divina, para que fuese como un espejo en el cual reluciera esa imagen, que es el Verbo.[7] Pero el pecado empaña ese reflejo de tal modo que no es posible ver en él al Verbo sino tras un proceso de purificación.[8]

---

[4] *Contra gentes,* 30 (*PG,* 25:60).

[5] *Contra gentes,* 33.

[6] *Contra gentes,* 34.

[7] La distinción entre la imagen de Dios y el ser hecho según esa imagen es antiquísima en la tradición alejandrina, y data por lo menos de tiempos de Filón. La imagen de Dios es el Verbo, y no algo que haya en el humano mismo. Este, por su parte, no es la imagen de Dios, sino que es hecho *según* esa imagen, es decir, del Verbo.

[8] *Contra gentes,* 34.3.

Este es un tema de origen platónico que desde tiempos de Orígenes vino a formar parte de la tradición teológica alejandrina.

En segundo lugar, es posible conocer a Dios a través de la creación, que «como una escritura, proclama en alta voz, por su orden y armonía, a su Señor y Creador».[9] Dios hizo el mundo a fin de darse a conocer a los humanos. Puesto que él es por naturaleza invisible e incomprensible, ha colocado a nuestro derredor este universo para que podamos conocerle, ya que no en sí mismo, al menos por sus obras.[10] De este universo se deduce la existencia de Dios.

> Porque, ¿quién, viendo la esfera del cielo y el camino del sol y la luna, y las posiciones y movimientos de los otros astros ocupando su lugar en direcciones opuestas y distintas, y siguiendo sin embargo todos un mismo y fijo orden, puede evitar llegar a la conclusión de que tales astros no se ordenan a sí mismos, sino que tienen un Hacedor distinto de ellos y que establece su orden? ¿Quién, viendo el sol salir de día y la luna relucir de noche, y creciendo y menguando de manera exacta y sin variación, siguiendo siempre el mismo número de días y algunas de las estrellas siguiendo órbitas distintas y variadas, mientras que otras se mueven sin variación alguna, puede dejar de percatarse de que tienen ciertamente un Creador que las guíe? ¿Quién, viendo combinadas cosas opuestas por naturaleza en una armonía concordante, como el fuego mezclado con el frío, y lo seco con lo húmedo, y todo ello sin conflicto mutuo, sino constituyendo un solo cuerpo al parecer homogéneo, puede negarse a concluir que hay Uno que existe fuera de estas cosas y que las ha unido?[11]

Además, también se deduce del orden del universo la unicidad de Dios. Si hubiera más de un Dios, sería imposible la unidad de propósito que encontramos en el universo. «El gobierno de varios es el gobierno de ninguno».[12] El orden del universo, en que los elementos opuestos se encuentran equilibrados y distribuidos de manera admirable, requiere un solo ordenador.[13] Este es el Dios cristiano, mientras los dioses paganos parecen ser débiles, pues se requieren muchos de ellos para crear y gobernar un solo mundo.[14]

---

[9] *Contra gentes,* 34.4 (*PG,* 25:69).
[10] *Contra gentes,* 35.1.
[11] *Contra gentes,* 35.4—36.1 (*PG,* 25:72).
[12] *Contra gentes,* 38.3 (*PG,* 25:76).
[13] *Contra gentes,* 38.4.
[14] *Contra gentes,* 39.2.

Por último, el orden y razón de la naturaleza muestran que Dios la ha creado y gobierna mediante su Razón, Sabiduría o Verbo. Este Verbo no ha de entenderse como el *Logos* de los estoicos, es decir, como un principio impersonal que consiste en el orden mismo de la naturaleza. No, sino que el Verbo de Dios que gobierna el mundo es la Palabra —o Verbo— viviente del buen Dios, el Verbo que es Dios mismo. Este Verbo o Palabra no es un simple sonido, como las palabras humanas, sino que es la imagen inmutable del Padre. Es el Dios Uno y Unigénito. Este Verbo se ha unido a las cosas creadas porque estas son hechas de la nada y tienden por tanto a desaparecer si el Verbo no las sostiene en la existencia. Luego el Verbo es el gran sostenedor y ordenador del universo, y administra y gobierna los principios opuestos de que este está hecho —frío y calor, aire y agua, etc.— de tal modo que todos existen en armonía y sin destruirse mutuamente.[15]

Debemos hacer notar aquí que, aun antes de la controversia arriana, Atanasio había llegado a una doctrina del Verbo que le distinguiría, no solo del arrianismo, sino también de buena parte de los teólogos anteriores. Antes de Atanasio, existía entre los teólogos cierta tendencia a establecer la distinción entre el Padre y el Verbo a base de una distinción entre el Dios absoluto y una deidad subordinada. Así, por ejemplo, Clemente afirmaba que el Padre era inmutable e inaccesible, mientras que el Verbo era mutable y por tanto accesible al mundo. O se afirmaba que el resplandor del Padre era tal que los ojos humanos no podían contemplarle, mientras que el resplandor del Hijo sí permitía que se le mirase. Como Atanasio mostraría más tarde en ocasión de la controversia arriana, todo esto hacía del Verbo una especie de divinidad subordinada, lo cual era incompatible con el monoteísmo cristiano. Por otra parte —como veremos más adelante—, Atanasio estaba convencido de que el Salvador debía ser Dios. Por tanto, no quedaba otra alternativa que afirmar que el Verbo era Dios en el sentido más estricto y absoluto. Todo esto, que se hará explícito durante la controversia arriana, aparece ya en la primera obra de Atanasio que se conserva.

Si en el *Discurso contra los griegos* vemos cómo el monoteísmo cristiano constituye una de las columnas del pensamiento de Atanasio, la segunda parte de esa misma obra —*Discurso acerca de la encarnación*— nos muestra otra columna sobre la que descansa ese pensamiento: la doctrina de la salvación.

Según Atanasio, la salvación que los humanos necesitamos guarda continuidad con la creación, pues se trata de la recreación del ser humano caído.[16] Al crear al humano, Dios, en su gran misericordia, no quiso que

---

[15] *Contra gentes,* 40-41.
[16] *De Incarnatione,* 7.5.

esta criatura, que provenía de la nada, se viese envuelta en la necesidad de
volver a la nada. Por ello, la creó según su imagen o Verbo, de modo que
el humano, participando del Verbo, participase del ser y la razón. Así pues,
el humano, que era por naturaleza mortal, recibió en su creación el don de
la inmortalidad, que había de conservar siempre que reflejase debidamente
la Imagen según la cual había sido hecho.[17] Pero pecó y se apartó de esa
Imagen, y desde entonces se halla prisionero de las garras de la muerte. En
esa condición, su esclavitud es tal que corrompe la naturaleza racional de
que el humano había sido dotado en su creación.[18] No se trata simplemente
de que haya incurrido en un error que sea necesario corregir; ni se trata de
que haya contraído una deuda que sea necesario pagar; ni se trata tampoco
de que haya olvidado el camino que lleva a Dios y sea necesario recordár-
selo. Se trata de que, con el pecado, se ha introducido en la creación un
elemento de desintegración que lleva hacia la destrucción, y que solo es
posible expulsar mediante una nueva obra de creación.

De aquí se desprende el centro de la doctrina de Atanasio acerca de
la salvación: solo Dios mismo puede salvar a la humanidad. Si la salvación que necesitamos es en realidad una nueva creación, solo el Creador
puede hacerla llegar hasta nosotros. Además, puesto que la inmortalidad
que hemos perdido consistía en la existencia según la imagen de Dios, y
por tanto en una existencia semejante a la de Dios, la salvación que ahora
necesitamos consiste en una especie de divinización (*theopoiesis*). Esto
también requiere que el Salvador sea Dios, pues solo Dios puede conferir
una existencia semejante a la suya.[19]

Si bien lo que antecede ha sido tomado de una obra de Atanasio que fue
escrita antes del comienzo de la controversia arriana, la lectura —siquiera
superficial— de sus obras posteriores muestra claramente que los mismos
principios que hemos expuesto le guiaron en la formulación de sus argumentos contra los arrianos. De hecho, es sorprendente la diferencia entre
los argumentos de Atanasio y los de los arrianos: mientras que estos, por lo
general, se basan en recursos lógicos y distinciones sutiles, los argumentos
de Atanasio siempre se refieren en última instancia a los dos grandes polos
de su religión: el monoteísmo cristiano y la doctrina cristiana de la salvación —que eran también los dos grandes polos de la fe de los creyentes—.

Veamos algunos de estos argumentos.

La doctrina arriana —que el Verbo es de una substancia distinta de la del
Padre y que no es Dios en el sentido absoluto— destruye el monoteísmo

---

[17] *De Incarnatione*, 3.3-4.

[18] *De Incarnatione*, 6.1.

[19] *De Incarnatione*, 7. Véase también *De Incarnatione*, 54 (*PG*, 25:192): «Porque él se hizo
humano para que nosotros pudiéramos ser hechos divinos».

cristiano y nos lleva de regreso al politeísmo pagano.[20] Si el Hijo no participa de la naturaleza del Padre de tal modo que podamos hablar de ambos como de un solo Dios, y si al mismo tiempo rendimos culto al Hijo —como la iglesia siempre ha hecho— no queda justificación alguna para el repudio de los cristianos hacia el politeísmo.

Por otra parte, la doctrina que hace del Verbo un ser intermedio entre el mundo y un Dios trascendente no resuelve el problema que se plantea, pues se harán necesarios entonces otros seres intermedios entre Dios y el Verbo, y entre el Verbo y el mundo, y así sucesivamente hasta el infinito.[21] De hecho, la doctrina que parte exclusivamente de la trascendencia absoluta de Dios, sin tomar en cuenta su inmanencia, hace de la relación entre Dios y el mundo un problema insoluble. La introducción del Verbo en tal marco de referencia no resuelve la dificultad, sino que solo la pospone.

Además, si el Hijo es mutable, y resulta de un acto de la voluntad del Padre y no de la propia naturaleza divina, ¿cómo hemos de ver en él al Padre inmutable? Si el Hijo nos revela al Padre, esto no ha de ser porque es menos que el Padre, sino porque es igual al Padre.[22]

Además, la doctrina arriana del Verbo destruye el sentido de la salvación porque un ser que no es Dios no puede en modo alguno restaurar la creación de Dios.[23] Si Dios es el Creador, Dios ha de ser el Salvador.

Finalmente, la deificación es parte de la obra del Salvador, y solo Dios es capaz de deificar. Luego el Salvador ha de ser Dios.[24]

En resumen: los puntos fundamentales que hacen la doctrina arriana repugnante para Atanasio son dos: primero, que el arrianismo se acerca en demasía al politeísmo y, segundo, que el arrianismo afirma que la salvación viene de una criatura. Como vemos, Atanasio se opone al arrianismo, no porque ataque algún aspecto periférico de su teología, sino porque no hace justicia a las dos doctrinas que constituían, aun desde antes de la controversia, el centro de su fe.[25]

---

[20] *Ad. episc. Aegypti*, 14; *Or. contra Ar.*, 1.8; 2.23; 3.8; 3.15-16; *De syn.*, 50; *Ep. Ix ad Adel.*, 3.

[21] *Or. contra. Ar.*, 2.26.

[22] *Or. contra. Ar.*, 1.35.

[23] *Or. contra. Ar.* 2.14.

[24] *Or. contra. Ar.* 2.70.

[25] A estos argumentos podemos añadir otros que aparecen en las obras de Atanasio, pero que ofrecen el aspecto de argumentos polémicos más que de puntos en los que la conciencia religiosa de Atanasio se rebela contra el arrianismo. Entre estos, podemos mencionar el viejo argumento de Orígenes para demostrar la eternidad del Hijo: si el Hijo no es eterno, el Padre no es eternamente Padre, lo cual es absurdo (*Or. contra Ar.* 1.28-29). Además, Atanasio afirma que si Dios no es eternamente trino nada nos garantiza que no ha de aparecer un cuarto o quinto miembro de la Trinidad.

Dejando ahora a un lado la controversia arriana, pasemos a exponer algunos de los aspectos fundamentales del pensamiento de Atanasio.

En su doctrina de Dios, Atanasio muestra una vez más ese equilibrio y fina percepción que le hacen uno de los más grandes teólogos de todos los tiempos. Para él, Dios es trascendente, pero no de tal modo que se imposibilite su contacto con las criaturas. Dios se relaciona directamente con el mundo en la creación, y continúa relacionándose con él ahora a fin de sostenerlo en la existencia.[26] Este concepto de la relación de Dios con el mundo —que refleja más bien las narraciones bíblicas que las teorías filosóficas— es importante, pues no hace necesario que se postule el Verbo como un ser intermedio entre Dios y el mundo. Quienes afirmaban la trascendencia absoluta de Dios hacían del Verbo un Dios subordinado que servía de intermediario entre el Dios absoluto y el mundo. Atanasio, debido a su modo de entender las relaciones entre Dios y el mundo, puede afirmar que el Verbo o Hijo es verdadero y eterno Dios, y esto sin menoscabo de sus relaciones con las criaturas.

Este Dios es trino, pues existe como Padre, Hijo y Espíritu Santo. Atanasio no contribuyó positivamente al desarrollo de la doctrina trinitaria, aunque su insistencia en la divinidad del Hijo contribuyó a la derrota de uno de los más grandes enemigos de esa doctrina, el arrianismo. La propia lucha contra el arrianismo hizo que Atanasio dedicase su atención de tal modo a las relaciones entre el Padre y el Hijo que la discusión acerca del Espíritu Santo quedó relegada a un segundo plano. Sin embargo, la aparición de la doctrina de los *pneumatomacos* —que aceptaban la divinidad del Hijo, pero que negaban la del Espíritu Santo— llevó a Atanasio a desarrollar algo más su pensamiento acerca del Espíritu Santo y a afirmar que este, al igual que el Hijo, es consubstancial al Padre.[27]

El otro punto débil de la doctrina trinitaria de Atanasio es la falta de una terminología fija que sirviese para expresar tanto la multiplicidad como la unidad dentro de la Trinidad. Atanasio se percató de la necesidad de tal terminología, como lo muestra la decisión del sínodo alejandrino del año 362; pero tocó a los capadocios llevar a feliz término la tarea de establecer esa terminología —como se verá en el próximo capítulo—. Aquí, como en el resto de su labor teológica, Atanasio mostró poseer una aguda percepción religiosa, pero no un gran interés o talento en la sistematización formal del pensamiento. Sin él, la obra de los capadocios hubiera sido imposible. Sin los capadocios, su obra se hubiera perdido en el transcurso de los siglos.

---

[26] *De decretis*, 8.
[27] Véanse las *Epístolas a Serapión*.

294 HISTORIA DEL PENSAMIENTO CRISTIANO HASTA EL SIGLO XXI

La cristología de Atanasio, en lo que se refiere a la relación entre el Verbo y la naturaleza humana de Jesús, es semejante a la de Arrio —de hecho, ambos teólogos pueden servir de ejemplo de la cristología común entre los pensadores alejandrinos del siglo cuarto—.[28] Atanasio difiere de Arrio en cuanto a la divinidad del Verbo; pero su modo de interpretar la unión de ese Verbo con la humanidad parece ser semejante al de Arrio. Según Atanasio, el Verbo se unió a la carne en Jesús; pero nunca se explica en sus obras si el término «carne», dentro de ese contexto, se refiere tanto al cuerpo como al alma, o si se refiere solo al cuerpo. Al parecer, Atanasio da por sentado que no hay en Jesús un alma racional humana, y que el Verbo ocupa el sitio del alma. Esta doctrina, que recibe el nombre de «apolinarismo» y que hemos de discutir en otro capítulo, fue condenada en el Concilio de Constantinopla en el año 381. Aunque Atanasio no parece haberse percatado de ello, tal interpretación de la persona de Jesucristo se opone a sus propios principios soteriológicos, pues —como los capadocios señalarían más adelante— el Verbo asumió la naturaleza humana para librarla de su pecado, y no puede haber dejado de asumir el alma humana, que es sede de nuestro pecado.[29]

Por otra parte, Atanasio subraya la unidad entre lo divino y lo humano en Cristo de un modo que resulta característico de la cristología alejandrina. En esta unión, la divinidad viene a ser el sujeto de todas las acciones de Jesucristo. Es una unión indisoluble y distinta de todos los casos que narra el Antiguo Testamento de personas en quienes habitó el Verbo de Dios. En Cristo, la carne viene a ser instrumento del Verbo, y la unión entre ambos es tal que los predicados de uno de los términos de esa unión pueden transferirse al otro término.[30] Así, por ejemplo, Atanasio afirma que es lícito adorar al hombre Jesús, aunque la adoración se debe propiamente solo a Dios:

> No adoramos a una criatura. Lejos esté de nosotros tal idea, puesto que tal es el error de los paganos y los arrianos. Nosotros, empero,

---

[28] Todavía se debate sobre si Arrio sostuvo o no de manera consciente que Jesús carecía de alma humana. Esto se discutirá en el capítulo 18.

[29] Los intentos de librar a Atanasio de la responsabilidad de tal doctrina han sido repetidos. Poco después de su muerte, alguien le adjudicó dos tratados contra Apolinario; pero no cabe duda de que estos son espurios. Además, algunos eruditos han querido ver una prueba de una supuesta retractación en el sínodo alejandrino del año 362, que afirmó, bajo la dirección del propio Atanasio, que el «Salvador no tenía un cuerpo sin alma, sensibilidad e inteligencia». Pero, al parecer, esto no quiere decir otra cosa que lo que ya hemos expuesto antes: que el Verbo ocupaba el lugar del alma, la sensibilidad y la inteligencia de Jesús. En todo caso, la cuestión todavía se discute. En el capítulo 18 se hallará una exposición más detallada de la doctrina cristológica de Apolinario y los alejandrinos, así como de sus opositores.

[30] Esto es lo que los teólogos llaman *communicatio idiomatum* —el intercmabio de propiedades o predicados. Véase: *Oratio contra Arianos*, 3.31-32.

adoramos al Señor de la creación encarnado, al Verbo de Dios. Puesto que, si bien la carne es también de por sí parte del mundo creado, sin embargo, ha venido a ser el cuerpo de Dios. Y no separamos el cuerpo como tal del Verbo, y lo adoramos separadamente; ni tampoco, con el propósito de adorar al Verbo, lo separamos de la carne. Sino que, sabiendo, como hemos dicho anteriormente, que «el Verbo se hizo carne», le reconocemos también como Dios tras haber venido en la carne.[31]

De igual modo, Atanasio afirma que María es madre o portadora de Dios (*theotókos*).[32] Esta doctrina es también típicamente alejandrina, y en el siglo quinto dará lugar a agudas controversias. Para Atanasio, se trata simplemente de una consecuencia más de la unión indivisible entre la divinidad y la humanidad de Jesucristo. Negar que María es la madre de Dios sería lo mismo que negar que Dios nació de María, y esto, a su vez, constituiría una negación de la encarnación del Verbo.

En conclusión: podemos decir que Atanasio es un pensador típicamente alejandrino, aunque exento de ese excesivo gusto por la especulación que constituye el mayor defecto de la teología alejandrina. En lugar del método especulativo, Atanasio establece firmemente ciertos principios básicos de la fe cristiana, y a partir de ellos juzga toda otra doctrina. Estos principios son el monoteísmo y la doctrina cristiana de la salvación, y sobre ellos basa Atanasio toda su oposición al arrianismo.

Por otra parte, el carácter peculiar de la mente de Atanasio, si bien le permitió mostrar con mayor claridad que los demás las razones que hacían el arrianismo inaceptable, no le permitió establecer una fórmula que fuera centro de unión entre los ortodoxos. Esta sería la tarea de los «Grandes capadocios», cuya labor debemos exponer ahora.

---

[31] *Ep. lx ad Adelph.* 3 (*PG*, 26:1073-76).
[32] *Or. contra Ar.* 3.14.

16

Los "Grandes capadocios"

Por el nombre de los «Tres grandes capadocios» se conoce a tres obispos
y teólogos que dominan el escenario del pensamiento teológico durante la segunda mitad del siglo cuarto. Son ellos Basilio, quien más tarde fue
obispo de Cesarea de Capadocia y a quien se conoce como «el Grande»; su
hermano menor, Gregorio, quien llegó a ser obispo de la pequeña ciudad
de Nisa; y el amigo de ambos, Gregorio de Nacianzo, quien fue patriarca
de Constantinopla durante un breve período. Estos tres amigos trabajaron
en estrecha unión para lograr la victoria de la fe nicena, y por ello su doctrina trinitaria es prácticamente la misma. Mas esto no quiere decir que
estuviesen de acuerdo en todo sentido, y por ello haremos bien en estu-
diarlos separadamente, aunque mostrando su estrecha unión al incluirlos
en un mismo capítulo.

Basilio de Cesarea (¿330?-379) es el mayor y más distinguido de los
«grandes capadocios». Hijo de padres de cómoda posición económica,
Basilio conoció desde muy temprano la intensa vida religiosa de un hogar
cuyo centro era la fe cristiana. La vida ascética de su hermana mayor,
Macrina, dejó huella en el espíritu del joven Basilio. Dos de sus hermanos,
Gregorio y Pedro, llegaron a ser obispos —el primero de Nisa y el segundo
de Sebaste—. El propio Basilio recibió una educación esmerada, primero
en la vecina Cesarea y luego en Constantinopla y Atenas. En Cesarea,
Basilio conoció al joven Gregorio de Nacianzo, quien sería su amigo y
colaborador durante toda su vida. Más tarde, en Atenas, ambos amigos se
reunieron de nuevo, y fue allí donde surgió el cálido afecto que siempre
les uniría.

Gregorio de Nacianzo (¿329-389?) era de un carácter muy distinto al de su amigo Basilio. Este último era un hombre decidido, firme y hasta inflexible. Gregorio, por el contrario, era de una naturaleza en extremo sensible y, al parecer, algo débil en ocasiones. Por esta razón, toda la vida de Gregorio es una sucesión de períodos de retiro monástico separados por incursiones en la vida eclesiástica activa. Basilio amaba la vida retirada tanto como su amigo Gregorio —y quizá más— pero una vez que se dedicó a las tareas episcopales nunca las abandonó por razones de sensibilidad. Además, Gregorio difería de su amigo Basilio en cuanto a los talentos de que estaba dotado: mientras Gregorio era sobre todo un gran orador, Basilio era el administrador y estadista.

El tercero de los grandes capadocios, Gregorio de Nisa (¿335–394?), era hermano menor de Basilio. Aunque estudió retórica y fue obispo, sus principales talentos no eran los de orador —como su homónimo de Nacianzo— ni tampoco los de administrador —como su hermano Basilio—. Gregorio de Nisa era el teólogo entre los grandes capadocios. Como veremos más adelante, sus dotes de teólogo, y sobre todo su labor sistemática, sobrepasan en mucho las de sus dos colegas y amigos.

Pero, aunque por lo general se habla de los «Tres grandes capadocios» hay una cuarta persona de quien se ha escrito poco y a quien poco se estudia, pero cuya influencia sobre por lo menos dos de los miembros del famoso trío merece atención. Se trata de Macrina, hermana de Basilio y de Gregorio de Nisa.

Macrina

Fue Macrina quien conminó a Basilio por su preocupación con su propia sabiduría y prestigio, y le llamó a la vida que después siguió. Aún más, Gregorio de Nisa habla de ella como «la maestra», y parece dar por sentado que sus lectores sabrán de quién se trata. Desafortunadamente, quedan pocos materiales que nos ayuden a descubrir sus enseñanzas. Pero es importante incluirla aquí como recordatorio de que también hubo Madres entre los llamados «padres» de la iglesia.

Aparte de la *Vida de Macrina* de Gregorio de Nisa, hay un diálogo sobre *El alma y la resurrección*, también de Gregorio. En este diálogo, Gregorio juega el papel de interlocutor y Macrina es la maestra. Naturalmente, resulta difícil determinar cuánto es de la cosecha del propio Gregorio. Pero hay por lo menos un caso en el que Gregorio se propuso la tarea de escribir en nombre de otra persona (su difunto hermano Basilio) y respetó las opiniones de esa otra persona aun cuando diferían de las suyas.[1] Así pues, la

---

[1] Véase más abajo, la nota número 25.

tarea de comparar *Del Alma y la resurrección* con el resto de la producción de Gregorio, y de ver si hay algo que difiera del resto —y que por tanto podría adjudicársele a Macrina— parece prometedora. Quasten afirma sin otra prueba que «las opiniones sobre el alma, la muerte, la resurrección y la restauración final de todas las cosas [*apokatástasis*] que Gregorio pone en boca de su hermana, son, naturalmente, sus propias ideas»[2] —afirmación que parece comprobar que el prejuicio antifemenino no es solamente cuestión del siglo cuarto—.

Macrina nació en el 319 en medio de una familia relativamente pudiente y profundamente devota que el año anterior acababa de regresar tras un largo exilio por razón de la gran persecución bajo el emperador Diocleciano. Sus muchos hermanos, además de los que hoy conocemos como Basilio de Cesarea y Gregorio de Nisa, incluían otras tres mujeres, dos hermanos que murieron jóvenes —uno en su niñez y el otro, Naucracio, que se dedicó a la vida ascética y al servicio de los necesitados hasta que falleció en un accidente de caza— y Pedro, quien llegó a ser obispo de Sabaste.

Como era costumbre entonces, Macrina era una joven adolescente cuando sus padres hicieron arreglos para su matrimonio y la desposaron con un joven que era del agrado de Macrina. Pero antes de la boda el joven murió. Cuando sus padres empezaron a buscarle otro novio, Macrina declaró que el difunto joven era su verdadero esposo, quien todavía vivía junto a Dios, y ella no quería ninguún otro, sino que permanecería virgen y se dedicaría a la devoción y al cuidado de su madre. Permaneciendo en casa, se dedicó al estudio de las Escrituras, y se dice que podía recitar de memoria tanto la Salmos como la Sabiduría de Salomón. Bastantes años más tarde nació el primero de sus hermanos varones —aparte del que murió en la infancia—: Basilio. Y mucho después que nació Gregorio, a quien hoy conocemos como Gregorio de Nisa. Cuando Basilio, tras recibir una educación excelente, la utilizaba para enriquecerse y pavonearse, fue Macrina quien le llamó a capítulo, y así Basilio se dedicó a la vida ascética, los estudios teológicos y las tareas pastorales. Cuando, años más tarde, en el 380, Basilio murió, Gregorio quiso compartir su duelo con Macrina, y el resultado de esa visita es su diálogo *Del alma y la resurrección*, que —aparte de algunos pasajes en la *Vida de Macrina*— es la única fuente que nos dice algo acerca del pensamiento de Macrina. En él, las pocas palabras que Gregorio se atribuye a sí mismo son principalmente preguntas que él plantea, u objeciones a las que Macrina responde. Y en todo el documento, en lugar de llamar a su hermana «Macrina», la llama «la maestra».

El Diálogo comienza con unas breves palabras en las que Gregorio describe sus sentimientos y la respuesta de la maestra:

---

[2] *BAC*, 217:290.

Cuando el santo varón Basilio había dejado esta vida para ir a morar con Dios, y todas las iglesias le lloraban, su hermana la maestra todavía vivía. Fui a verla para compartir nuestro duelo por la partida de su hermano. Mi alma estaba quebrantada por ese golpe tan fuerte, y fui a verla en busca de quien lo compartiera, para juntar mis lágrimas a las de ella. Pero cuando pude llegar a ella lo que vi me causó mayor duelo, puesto que ella estaba en su lecho de muerte. Ella, como buen conductor, me permitió desahogar mi dolor incontenible, y entonces me habló, buscando razonar conmigo para calmar el desorden de mi alma.[3]

Gregorio se muestra reacio:

¿No se me permite entonces mi duelo, al ver que quien hasta hace poco vivía ahora yace inmóvil y sin vida, y todos sus órganos han perdido el sentido, y no ve ni oye ni percibe?[4]

Ante el dolor y la desesperación de Gregorio, la Maestra le encomienda la tarea, no de aceptar sencillamente lo que ella le diga, sino más bien de plantear preguntas y objeciones. Gregorio acepta la propuesta, aunque también aclara que las dudas y objeciones que planteará no son verdaderamente suyas, sino las que algún incrédulo podría presentar.

Así se entabla el diálogo, que según vamos leyendo descubrimos que tiene lugar, no en privado, entre Macrina y Gregorio, sino en presencia de varios otros —entre los que se cuenta el médico de cabecera de Macrina—. Todos ellos guardan silencio y, excepto una especie de resumen y conclusión al final del diálogo, el propio Gregorio no interviene sino para plantear dificultades y dejarse llevar por el pensamiento y los argumentos de Macrina.

No es posible seguir aquí todo el diálogo, pero a lo largo del mismose ve claramente que Macrina quiere, ante todo, refutar falsas doctrinas sobre el alma, no solamente por razones de ortodoxia, sino porque está convencida de que una falsa concepción del alma también subvierte la virtud, pues se desentiende de la eternidad y lleva a buscar solamente los pasajeros deleites del presente.

Gregorio objeta que el cuerpo es un compuesto de átomos, y que cuando el cuerpo se deshace esos átomos regresan a sus congéneres. ¿Dónde, pues, está el alma entonces, ya que el alma mora en el cuerpo? Macrina le responde que tales son las teorías de Epicuro, pero en realidad todo lo que

---

[3] *De anima et resurrectione* (*PG*, 46:12).
[4] *De anima et resurrectione* (*PG*, 46:16).

se ve es como un muro de tierra que circunda a los más débiles y no les permite ver lo que se encuentra más allá del muro. Por el lado de lo positivo, el principal argumento de Macrina a favor del alma y su vida futura se fundamenta en la existencia de Dios, que a su vez se prueba observando todas las maravillas del mundo creado. Tales maravillas requieren un Creador; y se insulta al Creador de tales maravillas si se le acusa de haber hecho cuerpos sin otra realidad que la composición de muchos átomos. Si nos limitamos a afirmar la existencia de lo que los sentidos prueban, negamos también la existencia de quien gobierna todo el mundo sensible. Y si estamos dispuestos a afirmar la existencia de ese Creador que no vemos, ¿por qué negar la existencia del alma por la sola razón de que no la vemos?

Por otra parte, el alma no es eterna, sino que es creada, viva y puramente racional, y se une a un cuerpo para darle vida y sentidos, siempre que los elementos que forman el cuerpo no se desintegren. Pero esa unión no es pasajera, pues cuando el cuerpo se desintegra el alma sigue unida a cada uno de sus átomos. Macrina aclara sus argumentos con ejemplos de la vida cotidiana. En este caso, sugiere que un pintor que mezcla varios colores para producir cierto matiz no se olvida de los componentes cuando los colores originales se separan. De igual modo, el alma recuerda la composición de los átomos, y sin dificultad alguna podrá reconstituir el cuerpo en el día de la resurrección final.

Por esta y varias otras razones, Macrina rechaza toda idea de la transmigración de las almas. Las almas no pasan de un cuerpo a otro, sino que continúan existiendo en espera del momento en que han de reunir de nuevo todos los anteriores componentes del cuerpo que por un tiempo se deshizo. Cuando ocurre lo que ahora llamamos muerte, el alma pasa de este mundo visible al mundo de lo invisible hasta el día de la resurrección.

Por último, el diálogo gira en torno al origen del alma —si el alma está esperando a que se cree un cuerpo para ella, o es más bien creada simultáneamente con el cuerpo— y al origen y destino de males del alma tales como la ira, la codicia y otros.

Dicho todo esto, y al tiempo que quienes la han escuchado se maravillan, Macrina nos recuerda que todo esto son misterios a cuya solución no podemos sino asomarnos como a la distancia:

> La verdadera respuesta a todo esto está todavía escondida en los profundos arcanos de la sabiduría, y no se manifestará sino cuando se nos enseñe el misterio de la resurrección haciéndonos partícipes de ella.[5]

---

[5] *De anima et resurrectione* (*PG*, 46:145).

Basilio de Cesarea

A diferencia de su hermano Gregorio de Nisa, Basilio el Grande no se dedicó a la investigación teológica por el solo gusto de tal investigación. Por esta razón, no escribió obra alguna en la que intentara exponer la totalidad de la doctrina cristiana de manera sistemática. Al contrario: todas sus obras de carácter dogmático tienen el propósito definido de refutar a los arrianos y sus compañeros los *pneumatomacos*.

Las dos grandes obras de Basilio contra los arrianos y los *pneumatomacos* son *Contra Eunomio* y *Acerca del Espíritu Santo*. La primera de estas obras es una refutación de los argumentos del arriano *anomoeano* Eunomio, mientras que la segunda es una defensa de la doxología «Gloria sea al Padre, con el Hijo, juntamente con el Espíritu Santo».

El argumento de Eunomio se basaba —como era característico entre los arrianos— en la distinción entre el carácter absoluto de Dios y el carácter relativo del Hijo. En este caso, se trataba sobre todo de Dios como «no engendrado». El no ser engendrado constituye la naturaleza misma de Dios. Ahora bien, el Hijo es engendrado, por tanto, el Hijo no es Dios en el sentido estricto del término.

A esto se opone Basilio diciendo que la esencia de Dios *no* es el no ser engendrado. El no ser engendrado (*agenesia*) es una simple negación, como el ser invisible o inmortal. Pero la esencia (*usía*, en griego: *ousía*) no es algo negativo, sino que es el ser mismo de Dios, y sería el colmo de la demencia contarla entre todos estos predicados negativos.[6] Esto es lo que hace Eunomio al afirmar que la esencia de Dios consiste en no ser engendrado.

Por otra parte, Eunomio basa su argumento en una transferencia errónea de lo corporal a lo divino, afirmando así que, puesto que la generación es propiedad solo de lo material, y no tiene relación alguna con el ser de Dios, el Hijo, que es engendrado, no es Dios. A esto responde Basilio que la generación de los seres vivos y mortales tiene lugar mediante la acción de los sentidos, pero que esto no es así en el caso de Dios. En el caso de Dios, es necesario pensar en una generación digna de Él, «impasible, sin partes, ni división, ni tiempo».[7]

De la distinción entre el Padre no engendrado y el Hijo engendrado, Eunomio saca otro argumento cuyo propósito es mostrar la tesis arriana de que hubo un tiempo en el cual el Hijo no existía. El argumento en cuestión es bien sencillo: el Hijo no puede haber existido cuando el Padre lo engendró, pues lo que ya existe no necesita ser engendrado.

[6] *Adv. Eunom.* 1.10.
[7] *Adv. Eunom.* 2.16 (*PG*, 29:604).

Frente a este argumento, Basilio señala que Eunomio confunde la eternidad con el ser no engendrado. Esto último se predica de aquello que es su propia causa, mientras que la primera corresponde a lo que existe allende las limitaciones del tiempo. Luego no hay contradicción alguna en la afirmación de que el Hijo es engendrado y eterno, o de que es engendrado eternamente.

Y si alguien pide más precisión, más claridad lógica, Basilio responde que, a fin de cuentas, la doctrina de la eterna generación no puede ser penetrada por la razón, pero que esto no ha de parecernos extraño.

Y no me digas: ¿qué es esta generación, y de qué clase, y cómo puede tener lugar? El modo de esta generación es inefable e incomprensible, pero no por ello hemos de deshacernos del fundamento de nuestra fe en el Padre y el Hijo. Porque, si pretendemos juzgarlo todo según nuestra inteligencia, y decidimos que lo que nuestra mente no puede comprender no puede existir en modo alguno, despidámonos de la merced de la fe y la esperanza.[8]

En todo esto Basilio no ha ido más allá de la posición de Atanasio y los primeros defensores de Nicea. Quizá haya hasta cierto retroceso, pues se ha perdido el interés soteriológico que constituía el fundamento de la teología de Atanasio, y se defiende la fe de Nicea a base de argumentos puramente lógicos y a base también de cierta tendencia fideísta.

Pero, por otra parte, el propio interés lógico de Basilio, que no es sin embargo tan intenso como el de su hermano Gregorio de Nisa, le llevó a afirmar y sostener por vez primera la fórmula que habría de dar solución definitiva a la discusión trinitaria: una *usía* y tres hipóstasis. Basilio sostiene que estos dos términos no son sinónimos y que, por tanto, no han de ser utilizados indistintamente al referirse a la divinidad.[9] Lo que esto quiere decir puede verse claramente en el párrafo que sigue:

La distinción entre *ousía* e hipóstasis es la misma que existe entre lo común y lo particular, como la que hay entre el ser animal y el hombre individual. Por esa razón confesamos que hay en la Divinidad una *ousía*, a fin de que no haya una diferencia en lo que se dice en cuanto al ser. Pero afirmamos una hipóstasis distinta, a fin de que resulte clara la idea del Padre, el Hijo y el Espíritu Santo. Si

---

[8] *Adv. Eunom.* 2.24 (*PG*, 29:625-628).

[9] La exposición más detallada de la distinción entre *usía* e *hipóstasis* se encuentra en la epístola 38, dirigida a Gregorio de Nisa (*PG*, 32:325-340). Sin embargo, puesto que existe cierta duda acerca de la autenticidad de esta epístola, utilizaremos para nuestra exposición otros textos, citándolos cuando su importancia parezca merecerlo.

nuestra idea de las características particulares de la paternidad, la filiación y la santificación no es clara, sino que confesamos a Dios solo a partir de la idea común del ser, no podremos en modo alguno expresar rectamente la fe. Por consiguiente, debemos confesar la fe uniendo lo particular a lo común. Lo común es la divinidad; y lo particular la paternidad. Luego, uniendo ambas, debemos decir: «Creo en Dios Padre». Y luego debemos hacer lo mismo al confesar al Hijo, uniendo lo particular a lo común y diciendo: «Creo en Dios Hijo». E igualmente con respecto al Espíritu Santo, hemos de hablar de acuerdo con el nombre, diciendo: «Creo también en Dios el Espíritu Santo». De este modo se salva la unidad mediante la confesión de la divinidad única, y se confiesan también las propiedades particulares de las personas. Por otra parte, los que dicen que la *ousía* y la hipóstasis son idénticas se ven obligados a confesar solo tres personas y, puesto que no pueden afirmar las tres hipóstasis, resultan incapaces de evitar el error de Sabelio.[10]

Esta contribución de Basilio de Cesarea al desarrollo del dogma trinitario fue luego tomada por Gregorio de Nacianzo y Gregorio de Nisa, quienes contribuyeron a su triunfo final. Por esto hemos de posponer nuestro juicio crítico acerca de esta doctrina hasta después de exponer el pensamiento de ambos colaboradores de Basilio.

Por otra parte, Basilio contribuyó al desarrollo del dogma trinitario al prestar a la persona del Espíritu Santo mayor atención que los teólogos anteriores. Ya hemos señalado que el Concilio de Nicea se contentó con una breve frase acerca del Espíritu Santo. Atanasio, por su parte, no prestó gran atención a esta cuestión hasta que los *pneumatomacos* la trajeron a primer plano. En tiempos de Basilio, cuando los *pneumatomacos* resultaban ser un grupo de casi tanta importancia como el de los arrianos, y cuando había algunos que estaban dispuestos a abandonar la doctrina arriana en lo que se refería al Hijo, pero no en lo que se refería al Espíritu Santo, resultaba imposible atacar al arrianismo sin intentar definir de algún modo el carácter del Espíritu Santo. Por esta razón, Basilio se dedicó a mostrar la consubstancialidad del Espíritu Santo con el Padre y el Hijo en el tercero y último de sus libros, *Contra Eunomoio* —los libros cuarto y quinto no son de Basilio—, y en su tratado *Acerca del Espíritu Santo*. Que esto se debe a las circunstancias de la época, queda suficientemente probado por el hecho de que, además de los otros capadocios, Gregorio de Nisa y su homónimo de Nacianzo, la mayoría de los principales eclesiásticos de la época

---

[10] *Ep.* 236, 6 (*PG*, 32:884). Véase también la *Ep.* 214, 4 (*PG*, 32:789), donde aparece la misma distinción entre *ousia* e *hipóstasis*. En la *Ep.* 210, 5 (*PG*, 32:776) Basilio muestra con mayor claridad en qué difiere su doctrina de la de Sabelio.

escribió tratados acerca del Espíritu Santo. Entre ellos merecen citarse el de Anfiloquio de Iconio —a quien va dirigido el tratado de Basilio— el de Dídimo el ciego y el de Ambrosio de Milán.

Debido a las dificultades de la época, y al deseo de convencer más que de vencer, Basilio se abstuvo de hablar repetidamente y con toda claridad acerca de la divinidad del Espíritu Santo. Por esta misma razón, las afirmaciones más claras de tal divinidad se encuentran en sus epístolas más que en las obras cuyo propósito era la publicación.[11] Esto no quiere decir que Basilio vacilara acerca de la divinidad del Espíritu Santo, ni tampoco que no proclamase tal divinidad ante quienes la negaban. Al contrario, tanto en el tercer libro *Contra Eunomio* como en el tratado *Acerca del Espíritu Santo* se encuentran afirmaciones y pruebas de la divinidad del Espíritu Santo. Pero tales afirmaciones y pruebas son siempre comedidas, como si Basilio temiese escandalizar a quienes, a pesar de su buena voluntad, no han llegado aún a la convicción de la divinidad del Espíritu Santo. Este mismo interés pastoral puede verse en el modo en que Basilio alteró la doxología que se empleaba en la liturgia de Cesarea, con el propósito de llevar a su congregación, mediante la adoración, la convicción de la divinidad del Espíritu. La antigua doxología decía: «Gloria sea al Padre, mediante el Hijo y en el Espíritu Santo»; la doxología de Basilio decía: «Gloria sea al Padre, con el Hijo, juntamente con el Espíritu Santo». Cuando se le criticó sobre este cambio, Basilio escribió su tratado *Acerca del Espíritu Santo* en el que, al mostrar que su versión de la doxología es aceptable, muestra también la divinidad del Espíritu Santo, aunque sin llegar a llamarle «Dios». Esta reserva se comprende si se tiene en cuenta la presencia de ciertos arrianos que solo esperaban que el obispo de Cesarea hiciese una afirmación algo dudosa para acusarle de hereje e intentar apoderarse así de su importante sede.

Por esta razón, Basilio prefiere refutar la doctrina que hace del Espíritu Santo una criatura más que afirmar categóricamente su divinidad, aunque quien lee el tratado *Acerca del Espíritu Santo* no puede sino llegar a la conclusión de que Basilio contaba a la Tercera Persona de la Trinidad como Dios. Esta conclusión recibe el apoyo de las epístolas de Basilio, en las que se afirma categóricamente la divinidad del Espíritu Santo. En todo caso, la posición de los *pneumatomacos* queda excluida cuando Basilio afirma que el Espíritu no es en modo alguno una criatura y que es digno de adoración como persona que es de la Trinidad.

Uno es el Espíritu Santo, y como tal es proclamado, unido como está al único Padre mediante el único Hijo, completando así la

---

[11] Al menos, así lo entendían Atanasio (*Ep.* 62-63) y Gregorio Nazianzeno (*Pan. Basil.* 68-69).

bendita y adorable Trinidad; y cuya unión íntima con el Padre y el Hijo se muestra claramente al no contársele entre la multitud de las criaturas, sino que se habla de Él solitariamente. Puesto que Él no es uno de los muchos, sino Uno. Porque como hay un Padre y un Hijo, así también hay un Espíritu Santo. Así se halla tan lejos de la naturaleza creada cuanto es necesario que lo singular diste de lo compuesto y múltiple. Y se halla tan unido al Padre y al Hijo cuanto están unidas la unidad con la unidad.[12]

De este modo, con su insistencia en la persona del Espíritu Santo —que es también la reacción de todos los principales teólogos de la época contra la posición de los *pneumatomacos*— Basilio contribuyó a hacer del debate acerca del arrianismo un debate trinitario. Hasta entonces, se discutía sobre todo la relación entre el Padre y el Hijo. Ahora se discute también el lugar del Espíritu Santo en la Trinidad. Esto no es en modo alguno una innovación de Basilio. Mucho antes el Concilio de Nicea había afirmado su fe en el Espíritu Santo, y Atanasio, al conocer la posición de los *pneumatomacos*, no vaciló en condenarla. Pero el tratado de Basilio puede servirnos de hito que señala la introducción definitiva del Espíritu Santo en la controversia arriana.

Por último, debemos señalar la importancia de Basilio como liturgista y como organizador de la vida monástica. Como testimonio de sus actividades en torno a la liturgia, se conserva hasta el día de hoy una *Liturgia de San Basilio*, que la Iglesia Ortodoxa Griega emplea durante la cuaresma, y cuyos rasgos esenciales parecen ser el resultado de la obra del obispo de Cesarea. Por otra parte, y en lo que se refiere a la labor de Basilio como organizador de la vida ascética, se conservan varias obras atribuidas al obispo de Cesarea y dedicadas al establecimiento de cierto orden dentro de la vida monástica. Algunas de estas obras son de Basilio; otras son de él con extensas interpolaciones y adiciones; otras, en fin, son producto de siglos posteriores.

Gregorio de Nacianzo

Si Basilio es el organizador y diplomático entre los grandes capadocios, Gregocio Nacianceno es el orador y poeta. Su carácter apacible y retraído, así como su fina sensibilidad estética, le hacían sentirse inclinado a llevar una vida de retiro monástico, y de hecho lo intentó en más de una ocasión. Pero su sentido de responsabilidad en una época en que la iglesia

---

[12] *De Sp. Sancto*, 45 (*PG*, 32:149-152).

se debatía en medio de grandes luchas le impulsó a sacrificar su propia tranquilidad y dedicarse a las tareas pastorales.[13] Como obispo, nunca dio muestras del vigor con que actuaba su amigo Basilio, pero sí supo poner sus dotes literarias al servicio de la causa ortodoxa. Es por todo esto que su labor teológica ha de encontrarse, no en extensos tratados, sino en sus sermones, poemas y epístolas.

Los sermones de Gregorio dan fe de su habilidad retórica, aunque no se limitan a la mera eufonía, sino que tratan de los más arduos problemas teológicos y morales. Sus poemas, si bien no son joyas excepcionales de la literatura griega, muestran al menos un fino gusto artístico, y buen número de ellos son de carácter teológico. Su epistolario es ejemplar —Gregorio mismo lo publicó a instancias de un pariente que admiraba sus cartas— y en algunas de sus epístolas discute cuestiones teológicas, y sobre todo cristológicas, con tal acierto que su exposición fue luego adoptada por los concilios de Éfeso (431) y Calcedonia (451).

Como teólogo, Gregorio supera a Basilio, aunque no alcanza la precisión y profundidad del más joven de entre ellos, Gregorio de Nisa.

Puesto que lo que más nos interesa aquí es la contribución de Gregorio Nacianceno al triunfo final de la fe nicena, comenzaremos exponiendo su doctrina trinitaria.[14] Como en el caso de Basilio, los grandes contrincantes teológicos de Gregorio son los arrianos —sobre todo Eunomio y su partido *anomoeano*— y los *pneumatomacos*. Contra ellos va dirigida buena parte de los discursos, epístolas y poemas del obispo nacianceno, y sobre todo los discursos vigesimoséptimo al trigésimoprimero, que reciben el título global de «Discursos teológicos».

El primero de los discursos teológicos trata acerca de los principios de toda investigación y discusión teológicas. En él, Gregorio ataca la costumbre de los arrianos de sostener discusiones teológicas en todo momento

---

[13] El primero de estos casos en que Gregorio abandonó su propia tranquilidad con el propósito de servir en la Iglesia fue cuando su padre requirió su colaboración en la dirección de la Iglesia de Nacianzo. Gregorio huyó para más tarde regresar arrepentido. Entonces pronunció el discurso que lleva el número dos entre sus sermones, y que se conoce generalmente como *Defensa de la Fuga*. «He sido vencido y confieso mi derrota», afirmó Gregorio, y luego pasó a explicar cómo su amor a la vida apacible y su temor hacia la responsabilidad sacerdotal le habían hecho huir. Este discurso es un medio de valor incalculable para llegar a comprender la tensión en que siempre vivió Gregorio —tensión entre su amor a la tranquilidad y su propio sentido de responsabilidad—. Pocos documentos de la época patrística nos revelan como este la personalidad de su autor.

[14] La cristología de Gregorio es de suma importancia, pues en este aspecto de su pensamiento se adelantó a las controversias que tuvieron lugar en el siglo IV y que pronto ocuparán el centro de nuestra atención. Sin embargo, por razones de orden lógico, debemos posponer la discusión de este aspecto del pensamiento de Gregorio hasta que, en el capítulo 18, hayamos introducido adecuadamente la cuestión cristológica.

y ante toda clase de audiencia. [15] La discusión teológica solo ha de versar sobre temas que se hallen dentro del alcance de nuestra mente, y solo ha de llevarse hasta el punto en que la mente sea incapaz de proseguir su camino.[16] Por otra parte, los temas teológicos no pueden ser discutidos por todas las personas, y esto se debe, no solo a que algunos carecen de la inteligencia para comprender lo que se discute, sino también y sobre todo a que son pocas las personas que tienen la virtud necesaria para recibirlo debidamente. No basta con la inteligencia para llegar a ser un verdadero teólogo, sino que es necesario «pulir nuestro ser teológico como una estatua, dándole así belleza».[17] Quienes no pueden llegar a tal virtud harían mejor dedicándose a otros temas no tan elevados como el de la naturaleza de Dios, tales como el mundo, la materia y el alma.

En el segundo discurso teológico, Gregorio se propone estimular aún más la humildad en la discusión teológica mostrando la distancia que separa al teólogo del objeto de su pensamiento, y la imposibilidad de concebir a Dios debidamente. Por muy lejos que una cosa esté por encima de nosotros, la distancia que nos separa de ella es siempre muchísimo menor que la que existe entre ella y Dios. Platón afirma que es difícil concebir a Dios, pero que expresarlo en palabras es imposible. A esto Gregorio responde que es imposible expresar a Dios y que concebirlo es más imposible, si cabe la expresión. Un Dios capaz de ser aprehendido por el pensamiento sería un Dios limitado, pues todo lo que puede ser aprehendido en cierto modo tiene límites. Además, la imposibilidad de conocer a Dios se agrava por el hecho de que nosotros, en nuestro estado actual, somos incapaces de concebir adecuadamente una naturaleza no material. La materia es como una neblina que se interpone entre nuestra mente y lo inmaterial. Pero debemos aclarar aquí que esto no quiere decir que Gregorio desprecie la materia a la manera de los gnósticos, sino simplemente que se percata de la imposibilidad de nuestra mente, al menos por lo presente, de concebir la naturaleza puramente espiritual.

El tercero y cuarto discursos teológicos tratan acerca del Hijo, y aquí nuestro teólogo se dedica a refutar directamente los argumentos de Eunomio que ya hemos tenido ocasión de exponer en el epígrafe que hemos dedicado a Basilio de Cesarea. Buena parte de los argumentos de Eunomio consiste en dilemas cuyo propósito es mostrar la imposibilidad lógica de la doctrina nicena. Gregorio toma ordenadamente estos dilemas y va

---

[15] *Oratio* 27.3 (*PG*, 36:13): «Mis amigos, no todos pueden filosofar acerca de Dios; no todos. El tema no es tan bajo y fácil. Y añado que no ha de discutirse ante toda audiencia, ni en todo tiempo, ni acerca de todos los puntos, sino solo en ciertas ocasiones, ante ciertas personas y dentro de ciertos límites».

[16] *Oratio* 27.4.

[17] *Oratio* 27.7. (*PG*, 36:20).

mostrando la falacia envuelta en cada uno de ellos. Por ejemplo: los *anomoeanos* proponían el siguiente dilema: si el Padre engendró al Hijo, o bien lo engendró voluntariamente o lo engendró involuntariamente. Si lo hizo involuntariamente, alguien le impulsó a hacerlo, y entonces tendremos que afirmar que hay alguien cuyo poder sobrepasa al de Dios. Si, por el contrario, lo hizo voluntariamente, el Hijo lo es de la Voluntad; y si es hijo de la Voluntad, no puede ser hijo del Padre. A esto responde Gregorio diciendo que los *anomoeanos* quieren atarle, pero que las cuerdas que usan son harto débiles. Los propios *anomoeanos*, que se atreven a hablar con tal osadía acerca de la generación de Dios, deberían plantearse el mismo dilema con respecto a su propia generación. ¿Fue voluntaria o involuntariamente que sus padres les engendraron? No fue involuntariamente, pues nada les obligó a engendrarles. Pero si fue voluntariamente que sus padres les engendraron, los *anomoeanos* son hijos de la Voluntad, ¡y no de sus propios padres! De este modo, Gregorio muestra cómo el dilema de Eunomio no consiste más que en «unas pocas sílabas», es decir, palabras carentes de contenido. En todo caso, la generación del Hijo de Dios sería poca cosa si nosotros los humanos, que no alcanzamos a comprender nuestra propia generación, pudiéramos comprenderla. Toda discusión que trate de determinar cómo el Hijo es engendrado peca de necia, y muy especialmente la cuestión de «si quien fue engendrado en el principio existía o no antes de su propia generación».[18]

Sin embargo, el corazón de la defensa de Gregorio está en su insistencia en el carácter de los términos «Padre», «Hijo» y «Espíritu Santo» como términos de relación. Sus contrincantes le planteaban el siguiente dilema: el término «Padre» ha de indicar o bien una esencia o una acción; si indica una esencia, el Hijo no puede ser «de la misma esencia» que el Padre —*homousios*—; si, por el contrario, indica una acción, resulta que el Hijo es el resultado de esa acción, que no puede ser otra que la del Padre como creador, de donde resulta que el Hijo es creado. A esto responde Gregorio diciendo que «Padre» no indica esencia ni acción, sino relación: la relación de comunión de esencia que existe entre el Padre y el Hijo. Esto llevó a Gregorio a dedicar más atención a la cuestión de las relaciones entre las tres personas divinas, en lo cual consistió su contribución al desarrollo del dogma trinitario, sobre todo en Occidente.

En el quinto discurso teológico, Gregorio discute la persona del Espíritu Santo. A diferencia de su amigo Basilio, Gregorio afirma categóricamente y sin rodeos que el Espíritu es Dios y que a Él han de atribuirse todos los predicados de la divinidad.

> Si hubo un tiempo cuando el Padre no existió, entonces hubo un
> tiempo en que el Hijo no existió; si hubo un tiempo en que el Hijo

---

[18] *Oratio* 29.9 (*PG*, 36:85).

no existió, entonces hubo un tiempo en que el Espíritu no existió; si el uno existió desde el principio, entonces los tres existieron desde el principio.[19]

Empero, el punto en el que la doctrina de Gregorio va más allá de la de Basilio no es el de la divinidad del Espíritu Santo —que Basilio aceptaba pero no creía oportuno declarar abiertamente— sino el de las relaciones entre las tres personas de la Trinidad. El intento de distinguir entre el Padre, el Hijo y el Espíritu Santo a base de sus propiedades, distinguiendo entre el Padre absolutamente trascendente y el Hijo o Verbo que se relaciona con el mundo, no podía sino llevar al subordinacionismo y, en última instancia, al arrianismo. Atanasio se había percatado de ello y por esta razón negaba categórica y repetidamente que la trascendencia del Padre fuese tal que le colocase a mayor distancia de la creación que el Hijo. Este énfasis en la identidad entre la trascendencia del Padre y la del Hijo, si bien destruía uno de los fundamentos del arrianismo, no lograba mostrar en qué la doctrina nicena difería del sabelianismo. Como hemos dicho anteriormente, esta fue la gran tarea de los capadocios. A ella se dedicó Gregorio, atacando el problema a partir de las relaciones internas de las diversas personas de la Trinidad.

Según Gregorio, no pueden establecerse entre las tres personas de la Trinidad otras distinciones que las que se refieren al origen de cada una de ellas. Estas distinciones no se refieren en modo alguno a la substancia o a la naturaleza, sino solo al origen de cada una de las personas.

> Y cuando me refiero a Dios debéis ser iluminados simultáneamente por un rayo de luz y por tres. Tres en cuanto a sus hipóstasis o individualidades o, si se prefiere, personas, puesto que no nos detendremos a discutir acerca de los nombres siempre que las sílabas conlleven el mismo significado; pero uno en cuanto a la substancia, es decir, la divinidad. Pues los tres se hallan divididos sin división, por así decir, y están unidos en división. Porque la división es uno en tres, y tres en uno, en quienes está la divinidad o, más exactamente, quienes son la divinidad. Debemos entonces excluir los excesos y defectos, de modo de no hacer de la unidad una confusión, ni de la división una separación. Así debemos mantenernos igualmente separados de la confusión de Sabelio y de la división de Arrio, que son males diametralmente opuestos, pero iguales en su maldad.

> ... Porque para nosotros hay un Dios Padre, de quien son todas las cosas, y un Señor Jesucristo, por quien son todas las cosas, y un

---

[19] *Oratio* 31.4 (*PG*, 36:137).

Espíritu Santo en quien son todas las cosas. Pero estas palabras *de*, *por*, *en*, no señalan una distinción de naturaleza... sino que caracterizan las personas de una naturaleza que es una y sin confusión.

... El Padre es Padre, y carece de origen, porque no es de algún otro. El Hijo es Hijo, y tiene origen, porque es del Padre. Pero si se utiliza la palabra origen en un sentido temporal, el Hijo también carece de origen, puesto que Él es el creador del tiempo y no se halla sujeto a él. El Espíritu Santo es verdaderamente tal, puesto que procede del Padre, pero no del mismo modo que el Hijo, puesto que no se trata de generación, sino de procesión.

... Puesto que ni el Padre dejó de carecer de origen al engendrar al Hijo, ni el Hijo dejó de ser engendrado por serlo por quien no lo es, ni el Espíritu viene a ser Padre o Hijo porque procede, o porque es Dios.[20]

Las tres características de origen que Gregorio establece en este pasaje pronto fueron aceptadas, tanto por Oriente como por Occidente, como medio de expresar la distinción que existe en el seno de la Trinidad: la característica del Padre en no ser engendrado (*agennesia*); la del Hijo en ser engendrado (*gennesia*); y la del Espíritu en su procesión.[21] Con estos términos, Gregorio añadía sentido a la fórmula característica de los *Tres grandes capadocios*: «una *usía* y tres *hipóstasis*».

Además de su doctrina trinitaria, la cristología de Gregorio da grandes muestras de su genio teológico. Oponiéndose sobre todo a la doctrina de Apolinario —que ya hemos mencionado en el capítulo anterior y que hemos de discutir más detenidamente más adelante— Gregorio llega a ofrecer fórmulas que más tarde se utilizarían como medios de resolver las controversias cristológicas. Sin embargo, puesto que lo que ahora nos interesa es ante todo el desarrollo de la doctrina trinitaria, hemos de posponer la discusión de la cristología de Gregorio para una ocasión futura —el capítulo 18—.[22]

---

[20] *Oratio* 39.11-12 (*PG*, 36:345-348).

[21] *Oratio*, 29.2.

[22] Quizá debamos señalar aquí, para quien desee estudiarla con detenimiento, que las principales fuentes de la cristología de Gregorio son sus epístolas 101, 102 y 202.

Gregorio de Nisa

Al llegar al más joven de los grandes capadocios, no puede caber duda de que su pensamiento, basado en el de sus dos compañeros, va sin embargo mucho más lejos que el de ellos. Como administrador, Gregorio de Nisa nunca supo realizar una gran labor, para tristeza de su hermano y obispo metropolitano Basilio de Cesarea. Como orador y literato, Gregorio queda también muy por debajo de su homónimo de Nacianzo. Pero como teólogo y expositor de la experiencia mística sobrepasa en mucho a todos sus contemporáneos orientales. Sin embargo, no debemos olvidar que la labor de los grandes capadocios fue llevada a cabo en estrecha ayuda e inspiración mutua, y que Gregorio solo pudo alcanzar sus logros teológicos debido a la obra de Basilio de Cesarea y Gregorio de Nacianzo.

De entre los grandes capadocios, es Gregorio de Nisa el que más y mejor uso hace de la filosofía pagana.[23] Ávido lector de las obras de Orígenes, Gregorio concuerda con él en la utilidad de la filosofía en la investigación teológica. Pero, sin dejar de hacer uso de la filosofía, Gregorio se percata mucho mejor que Orígenes de los peligros que esta encierra.

Al igual que Orígenes, Gregorio ofrece una interpretación alegórica de la Biblia,[24] y este rasgo se acentúa en las obras de carácter místico, en que los personajes y acontecimientos históricos vienen a ser símbolos de las distintas etapas del ascenso místico. Sin embargo, aun en tales obras, Gregorio nunca olvida el carácter histórico de la revelación bíblica.[25]

Ahora bien, la influencia de Orígenes sobre Gregorio va mucho más allá de los principios exegéticos. El temperamento y los intereses de Gregorio son semejantes a los de Orígenes, y por ello usa de él como de una fuente constante de principios teológicos. Al igual que Orígenes, Gregorio construye todo su sistema teológico sobre la doctrina de la libertad de los intelectos, y subraya esta libertad hasta tal punto que la doctrina de

---

[23] Puesto que la mejor edición de las obras de Gregorio de Nisa —y también la más accesible— es la de W. Jaeger (Leiden, 1960 y sig.), todas nuestras citas se refieren a esta edición, excepto en aquellos casos en que la obra en cuestión no ha sido publicada aún.

[24] En todas las obras de Gregorio predomina la exégesis alegórica, excepto en su *Comentario sobre el Hexámeron* y su obra *Acerca de la creación del hombre*. Esto se debe al propósito de estas dos obras, que pretenden servir de complemento a la obra de Basilio —que ya había muerto— acerca de la creación. Puesto que Basilio había repudiado explícitamente (*Hom. ix in Hex.* 1; *PG*, 39:188) la interpretación alegórica de las Escrituras, Gregorio se veía obligado a ceñirse en estas obras a la exégesis literal.

[25] Por ejemplo: en el tratado *Acerca de la vida de Moisés*, tras exponer la historia de Moisés, Gregorio pasa a una interpretación alegórica que ve en cada detalle del Éxodo una alegoría que se refiere a la vida mística. La mejor exposición y defensa por parte de Gregorio de la exégesis alegórica se encuentra en la introducción a sus *Homilías sobre el Cantar de los Cantares* (Jaeger, 6:3-13).

la gracia parece peligrar.[26] Esta libertad, y no algún principio negativo autónomo, es el origen del mal.[27] El mal existe solo como una ausencia, un cierto carácter negativo, y no como una esencia subsistente. Así pues, el mal no es eterno, y cuando llegue el día en que Dios sea «todo en todos» el mal no existirá ya más, y aun los malos se salvarán. Aunque en todo lo que antecede Gregorio repite los principios y doctrina de Orígenes, esto no ha de hacernos pensar que no hay diferencia alguna entre Gregorio y el maestro alejandrino. Al contrario, el obispo de Nisa tomó los principios de Orígenes y los aplicó dentro del contexto de su época, cuando el desarrollo teológico había llegado a tal punto que se hacía necesario corregir algunas de las conclusiones de Orígenes.

Como ejemplo de esto podemos tomar la doctrina de la preexistencia de las almas. Orígenes afirmaba que las almas, aunque eran criaturas, habían existido desde el principio, de tal modo que no hubo un tiempo en el que no había almas. Al hacer tales declaraciones, Orígenes mostraba no haberse percatado claramente de la distancia que separa la doctrina cristiana de la creación de la doctrina neoplatónica de las emanaciones. Más tarde, el correr de los años, y sobre todo la controversia arriana, hicieron que los teólogos dedicaran mayor atención a lo que significa el término «criatura», de modo que se llegó a la conclusión de que una criatura no puede ser eterna. Luego Gregorio afirma que las almas son preexistentes solo en la mente de Dios, y no en realidad.[28] Sin embargo —y en esto se muestra más idealista que el propio Orígenes— Gregorio afirma que solo los seres intelectuales y Dios son realidades en el sentido estricto; la materia no es más que una concomitancia de cualidades e ideas: peso, color, forma, extensión, etcétera.

La creación corpórea, por otra parte, ciertamente ha de clasificarse entre las cosas especiales que nada tienen en común con la divinidad. Y esto ofrece una alta dificultad para la razón, es decir, que la razón no puede comprender cómo lo visible surge de lo invisible, cómo lo concreto surge de lo intangible, cómo lo finito surge de lo infinito, cómo lo que se encuentra circunscrito por ciertas proporciones, donde entra en juego la idea de la cantidad, puede surgir de lo que no tiene tamaño, ni proporciones, y lo mismo con respecto a cada una de las propiedades del cuerpo. Pero aun sobre esto podemos decir lo siguiente: que ninguna de estas cosas que le atribuimos a lo corpóreo es en sí misma corpórea. Ni la forma, ni

---

[26] *De virgin.* 46; *De hom. op.* 44; *In Cant. hom.* 244.

[27] *Or. cat.* 6; *De beat.* 544.

[28] *De hom. op.* 28.

LOS "GRANDES CAPADOCIOS"   313

el color, ni el peso, ni la extensión, ni la cantidad, ni cualquier otro calificativo, es corpóreo, sino que cada uno de ellos es una categoría. Es la combinación de todos ellos en una unidad lo que constituye un cuerpo. Luego, puesto que estos diversos calificativos que completan el cuerpo particular son comprendidos únicamente por el pensamiento, y no por el sentido, y puesto que la divinidad es un ser pensante, ¿qué dificultad puede haber en que semejante agente pensante produzca los objetos de pensamiento cuya combinación mutua genera para nosotros la substancia del cuerpo?[29]

Todo esto hace de Gregorio de Nisa, al igual que Orígenes, un teólogo difícil de justipreciar, pues es grande la tentación de hacerle aparecer como un pensador excesivamente atado a las categorías de la filosofía neoplatónica, y no hacer justicia a sus hondas preocupaciones dogmáticas y a su contribución a la clarificación del dogma trinitario.

Aunque es difícil determinar cuánto de la doctrina trinitaria de Gregorio le pertenece originalmente, y cuánto se deriva de su hermano y maestro Basilio —dificultad esta que se acrecienta por la imposibilidad de determinar con toda certidumbre cuál de ellos fue el autor de ciertos tratados de gran importancia— podemos exponer aquí la doctrina trinitaria de Gregorio, y mostrar al menos cómo su convicción e interés neoplatónicos le ayudaron a resolver algunas de las dificultades que sus contemporáneos planteaban y a lograr más claridad que ellos.

Para exponer la doctrina trinitaria de Gregorio podemos depender de su tratado *Acerca de la Santa Trinidad*, de su otro opúsculo *Que no hay tres dioses*, aunque sin olvidar su libro *Contra Eunomio*, con el que pretendía continuar la obra de su difunto hermano Basilio.

En el tratado *Que no hay tres dioses*, Gregorio responde a Ablabio, quien le planteaba la cuestión de cómo, si nos referimos a Pedro, Santiago y Juan, cuya naturaleza es la misma, como tres hombres, no hemos de hacer lo propio respecto a las tres personas de la Trinidad, y referirnos a ellas como a tres dioses. A esto responde Gregorio que cuando hablamos de Pedro, Santiago y Juan como «tres hombres» estamos hablando con poca exactitud, y dejándonos llevar por un hábito del lenguaje. En realidad, la naturaleza humana es una sola, y el hombre que hay en Pedro es el mismo hombre que hay en Juan. Naturalmente, tal explicación se deriva directamente del realismo de las ideas que forma parte de la tradición platónica de Gregorio, y no ha de sorprendernos por extraña que nos parezca a quienes no estamos acostumbrados a pensar en tales términos.

---

[29] *De anima et resurrectione* (*PG*, 46:124-25).

Ahora bien, continúa Gregorio, si el uso impropio del lenguaje es acep-table en lo que se refiere a la humanidad de Pedro, Santiago y Juan, la misma inexactitud puede ser trágica si se aplica a la naturaleza divina. Negar la unidad esencial de Pedro y Santiago es un error filosófico, mien-tras que negar la unidad de Dios es una impiedad. Y es precisamente en impiedad que caen los arrianos al negar que Jesucristo es Dios, pues tienen que adorarle o no adorarle; si le adoran, sus propias premisas les hacen impíos, pues adoran a quien no es el Dios verdadero; si no le adoran no son más que judíos que se niegan a adorar a Cristo.[30]

Además, hay otra razón por la cual es lícito hablar de una multiplicidad de hombres y no de una multiplicidad de dioses: las operaciones de los hombres son múltiples e individuales, mientras que las operaciones de las tres personas divinas son siempre comunes a las tres.

> Así, puesto que entre los hombres la acción de cada uno, aun en el mismo campo, es distinta, puede llamárseles con toda corrección, «muchos», ya que cada uno de ellos se halla separado de los de-más por el carácter especial de su acción u operación. Pero en el caso de la naturaleza divina no podemos decir que el Padre haga algo separadamente, sin que el Hijo obre juntamente con Él, ni tampoco que el Hijo tenga alguna operación especial aparte del Espíritu Santo, sino que toda operación de Dios para con la crea-ción, aunque se nombre según nuestras ideas de ella, que son va-riables, tiene su origen en el Padre, se efectúa mediante el Hijo, y se perfecciona en el Espíritu Santo. Por esta razón el nombre que se deriva de la operación no se divide o multiplica según el número de quienes la llevan a cabo, porque la operación de cada uno no es distinta o particular, sino que todo lo que tiene lugar, ya sea en las acciones de su providencia para con nosotros, o en la dirección y constitución del mundo, tiene lugar por la acción de los tres, pero esto que tiene lugar no consiste en tres.[31]

A esto alguien podría objetar que la divinidad no es una operación sino una esencia. Gregorio rechaza tal objeción señalando que «divinidad» es un nombre, y que, puesto que la esencia de Dios se halla por encima de todo nombre, el término «divinidad» no puede describirle.

En el párrafo citado vemos que la distinción entre las tres personas divinas no puede establecerse a partir de sus relaciones externas. A esto Gregorio añade que tal distinción no puede establecerse tampoco a partir

---

[30] *Ad Simplicium de fide* (Jaeger, 3/1:61-67).
[31] *Ad Ablabium quod non sint tres dei* (Jaeger, 3/1:47-48).

de un subordinacionismo que establezca una diferencia de poder o de gloria entre las tres personas. Por tanto, solo queda la distinción a partir de las relaciones internas de la Trinidad.

> Aunque confesamos el carácter invariable de la naturaleza, no negamos la diferencia entre la causa y lo que es causado, que es el único medio de distinguir entre las personas. Es decir, que nuestra fe distingue entre Uno que es la causa y Otro quien es de la causa, y que distinguimos también, en lo que es de la causa entre Uno que viene directamente de la primera causa, y Otro que es mediante aquel que viene directamente de esa primera causa. De este modo, el atributo de ser unigénito pertenece sin duda alguna al Hijo, y la presencia intermedia del Hijo, al mismo tiempo que le hace ser unigénito, no separa al Espíritu de su relación con el Padre mediante la naturaleza común.[32]

En todo esto, Gregorio no va más allá de sus contemporáneos. Pero al tratar de la procesión del Espíritu Santo, e intentar distinguirla de la generación del Hijo, afirma más claramente que cualquiera de sus contemporáneos orientales la doctrina de que el Espíritu Santo procede del Padre y del Hijo —es decir, la doctrina del *filioque* que dará lugar a tan amargas controversias en la Edad Media, como veremos al estudiar el período carolingio—.

La cristología de Gregorio no es tan profunda como la de su homónimo de Nacianzo. Esto no impide que, frente a las doctrinas de Apolinario, defienda la integridad de la naturaleza humana de Jesucristo. Por otra parte, aunque la distinción entre la naturaleza humana y la divina no desaparece con la encarnación, la unión de ambas es tal que se da la *communicatio idiomatum*, es decir, la comunicación de las propiedades de una naturaleza a la otra. Es por esta razón que Gregorio afirma, como era ya costumbre en su época, que María es «madre de Dios», y no simplemente «madre del hombre Jesús».[33] Hay, sin embargo, cierta tendencia idealista y docetista en la afirmación —que más tarde sería general— de que María continuó siendo virgen aun después del nacimiento de Jesús, «puesto que tal nacimiento no destruyó la virginidad».[34]

Por último, y aunque este no sea nuestro interés primordial, debemos decir algunas palabras acerca de la teología mística de Gregorio. El misticismo de Gregorio es de sabor neoplatónico, y se caracteriza por la doctrina de los pasos sucesivos de purificación y ascenso, en un progreso

---

[32] *Ad Ablabium quod non sint tres dei* (Jaeger, 3/1:55-56).
[33] *Ep.* 3.24 (Jaeger, 3/2:26). En otras ediciones, la *Ep.* 17.
[34] *De virginitate*, 19 (Jaeger, 3/1:323-324).

constante y perpetuo. Este aspecto del pensamiento de Gregorio influyó profundamente en el autor seudónimo de ciertas obras que circularon en la Edad Media bajo el nombre de Dionisio el Areopagita y, a través de él, en toda la mística medieval.

Conclusión

Aparte de sus grandes logros en otros campos de la vida eclesiástica —la liturgia y la administración en el caso de Basilio, la retórica y la poesía en el de Gregorio Nacianceno y la mística en el de Gregorio de Nisa, todo ello apoyado en la devoción y la sabiduría de Macrina— la obra de los grandes capadocios consistió en clarificar, definir y defender de tal modo la doctrina trinitaria que esta por fin se impuso sobre todas las formas del arrianismo. Entre todos ellos, y cada uno mediante sus dones particulares, contribuyeron grandemente a la derrota del arrianismo y de los *pneumatomacos*. Basilio sentó las bases de la obra de sus dos compañeros y, además, divulgó la doctrina trinitaria mediante sus innovaciones litúrgicas y su habilidad como administrador. Gregorio de Nacianzo se aseguró de que los mejores recursos de la retórica fuesen puestos al servicio de la fe nicena y, al mismo tiempo, compuso himnos con los que contribuía a popularizar su doctrina, como antes lo habían hecho los arrianos. Gregorio de Nisa, construyendo sobre los cimientos de Basilio y de Gregorio de Nacianzo, logró dar a su doctrina mayor precisión y coherencia lógica.

Cabe preguntarse si en todo esto los grandes capadocios fueron en realidad fieles a la fe nicena, o si, por el contrario, su exposición de la doctrina trinitaria, al tiempo que pretende defender y exponer la doctrina de Nicea, abandona en realidad la intención de los obispos reunidos en aquel gran concilio.

Esta última alternativa ha sido expuesta y defendida por un buen número de historiadores del pensamiento cristiano, quienes establecen una distinción marcada entre los «antiguos nicenos» y los «nuevos nicenos». Entre estos historiadores podemos citar a Harnack, quien piensa que la fórmula de los capadocios no es más que un modo, al parecer niceno, de expresar la vieja doctrina del *homoiusios* —es decir, que el Padre y el Hijo no son de la misma substancia, sino de substancias semejantes—. Así, Harnack afirma categóricamente que el «triunfo final no perteneció al *"Homousios"*, sino, por el contrario, a la doctrina *homoiusiana*, que subrayó sus puntos de contacto con el *"Homousios"*».[35]

---

[35] *HD*, 4:82.

No cabe duda de que existen razones que justifican la distinción entre los «antiguos nicenos» y los «nuevos». Entre los presentes en Nicea había muchos que no comprendían lo que se discutía, y algunos de quienes allí condenaron a Arrio y los suyos eran en realidad monarquianos cuya doctrina luego fue condenada —Marcelo de Anquira entre ellos—. Por otra parte, si se entiende por «antiguos nicenos» el grupo formado por Atanasio y los suyos, no cabe duda de que existen diferencias entre Atanasio y los capadocios. Pero estas diferencias no han de ser exageradas hasta tal punto que se vea en ellas una contradicción que en realidad no existe. Algunas de las diferencias entre Atanasio y los capadocios se deben a sus diversos contextos históricos y, otras, a la diferencia que existe en su metodología teológica.

Atanasio y los capadocios tienen que enfrentarse a contrincantes que, aunque son todos arrianos, son diferentes. Atanasio se enfrentó a un arrianismo joven, cuyas consecuencias últimas no se habían manifestado aún, y que, por tanto, debía ser refutado y condenado mostrando sus tristes consecuencias para la fe cristiana. Los capadocios, por el contrario, se enfrentan a un arrianismo maduro cuyos frutos ya son conocidos. Por esta razón, la tarea de los capadocios será, no ya la de tratar de descubrir las consecuencias del arrianismo, sino la de refutar esas consecuencias. Por tanto, buena parte de la distancia que separa a los «antiguos nicenos» de los «nuevos» puede y debe explicarse a partir de la distancia que separa a los «antiguos arrianos» de los «nuevos».

Por otra parte, y debido quizá a la diferente tarea que se les impone, los capadocios difieren de Atanasio en cuanto a su metodología teológica. El gran obispo alejandrino refería toda cuestión tocante a la divinidad del Hijo a sus consecuencias soteriológicas. Los capadocios, por su parte, se limitan a refutaciones lógicas y escriturarias, sin hacer un esfuerzo consciente por relacionar la doctrina trinitaria con la soteriología.[36] Para ellos se trata simplemente de una doctrina fundamental del cristianismo más que de un punto de partida necesario para la soteriología cristiana. La batalla toca ya a su fin, y la tarea de los capadocios —y sobre todo de Gregorio de Nisa— consiste en sistematizar la fe de la iglesia y exponerla con la mayor claridad lógica que sea posible. De aquí que, con Gregorio, volvamos al origenismo que Atanasio parecía haber dejado atrás.

Pero lo que Harnack quiere decir con su distinción entre «antiguos» y «nuevos» nicenos es mucho más que esto: según él, la fórmula de los capadocios constituye una traición a la fe de Nicea.

---

[36] Sin embargo, resulta interesante señalar que, en el campo de la cristología —en el que, como ya hemos dicho, Atanasio no aplica su principio de juzgar toda doctrina a partir de la soteriología— Gregorio Nacianceno sí aplica ese principio, y, de ese modo, logra evitar las tendencias apolinaristas de las que Atanasio no supo deshacerse (véase el capítulo 18).

En Nicea se afirmó la unidad de substancia entre el Padre y el Hijo. Los capadocios, al afirmar que hay en Dios una *usía* y tres hipóstasis, y que la unidad de Dios es semejante a la que existe entre Pedro, Santiago y Juan, interpretaron la unidad de Dios como una semejanza de naturaleza, y por ello introdujeron, bajo la fórmula del *homousios*, la doctrina *homoiusiana*.

Esta evaluación de la obra de los capadocios es errónea a lo menos por dos razones: interpreta erróneamente el credo de Nicea e interpreta erróneamente la doctrina de los capadocios. En cuanto al credo de Nicea, ya hemos señalado que su intención no fue proclamar la unidad de la substancia divina, sino más bien afirmar la divinidad del Hijo. En cuanto a los capadocios, su doctrina de que la unidad de Dios es análoga a la que existe entre tres hombres no resulta tan cercana al politeísmo si recordamos que para ellos la naturaleza humana, el hombre que es común a Pedro, Santiago y Juan, es más real que los hombres individuales. Su doctrina está forjada a partir de su realismo platónico, y les hacemos una injusticia si la interpretamos dentro del contexto de nuestro nominalismo moderno.

17

La doctrina trinitaria en Occidente

En Occidente, el arrianismo nunca alcanzó el arraigo que tuvo en Oriente. Esto parece deberse a dos razones principales: la tradición trinitaria del cristianismo latino y su preocupación por otros asuntos que parecían más urgentes. Lo primero se comprenderá fácilmente si se recuerda que, ya desde tiempos de Tertuliano, Occidente había llegado a la fórmula trinitaria que habría de prevalecer a través de toda su historia: «una substancia y tres personas». Mas esto no basta para explicar la acogida poco entusiasta que el arrianismo tuvo en Occidente, sino que es necesario tener también en cuenta el interés práctico de los latinos y el hecho de que, en su territorio, el estoicismo jugaba el papel que en Oriente desempeñaba el neoplatonismo. En los capítulos anteriores hemos visto cómo las discusiones occidentales sobre la Trinidad, en su interés por refutar el sabelianismo, se inclinaban al subordinacionismo. Pero este subordinacionismo no llegó al extremo del arrianismo, y esto quizá se debe a que en Occidente no se hacía sentir tanto como en Oriente la influencia del neoplatonismo y de la teología alejandrina, con su énfasis en la trascendencia de Dios. Cuando se concibe a Dios como un ser absolutamente trascendente, se corre el peligro de hacer del Verbo un ser intermedio entre Dios y el mundo, como sucede en el arrianismo. La influencia estoica, con su énfasis en la inmanencia de Dios, salvó al Occidente de tal doctrina.

Esto no quiere decir, sin embargo, que el arrianismo y la controversia trinitaria no hayan penetrado en Occidente. Hubo, por el contrario, lugares y períodos en que el arrianismo se hizo sentir. Durante el gobierno de Constancio, todo Occidente sintió la presión imperial en favor del arrianismo, y hasta el propio papa Liberio —como también el ya anciano Osio de Córdoba— sucumbieron a los embates de la política imperial y se doblegaron ante los arrianos firmando credos que contradecían la fe de Nicea. Sin embargo, cabe notar que, aun en este período, el arrianismo no hizo verdaderos progresos sino en las zonas fronterizas, donde el temor a los «bárbaros» y sus repetidas invasiones acostumbraban a las gentes a acomodarse a la política imperial. Algunos años más tarde, cuando la emperatriz Justina quiso imponer el arrianismo en la parte del Imperio que correspondía a su hijo Valentiniano II, la reacción popular —bajo la habilidísima dirección de Ambrosio de Milán— mostró claramente que el arrianismo era ya un credo carente de fuerza vital.

Esto no evitó que Occidente produjese obras con las que pretendía intervenir en la controversia que rugía en Oriente. Al principio tales obras eran calcadas de sus congéneres orientales y hasta —en ocasiones— eran poco más que versiones revisadas de alguna obra griega. Pero poco a poco, hasta culminar en el *De Trinitate* de Agustín, Occidente forjó sus propias formas de discutir y expresar la doctrina trinitaria.

El primer pensador que ha de ocupar nuestra atención aquí es Hilario de Poitiers, quien en sus doce libros *De Trinitate,* refleja claramente las influencias sufridas durante su exilio en Oriente. Su discusión de la cuestión trinitaria no tiene gran originalidad, y su importancia estriba en haber ofrecido al mundo de habla latina un tratado en el que se hallan resumidos la controversia arriana y los argumentos en pro de la fe nicena.

Por su parte, el gran campeón de la fe nicena en el norte de Italia, Ambrosio de Milán, tampoco tiene ideas nuevas que aportar a la cuestión trinitaria. Su obra en defensa de la fe nicena fue sobre todo la del administrador y predicador. Cuando el emperador Graciano le pidió una obra acerca del Espíritu Santo, Ambrosio se limitó a tomar el tratado de Basilio de Cesarea, *Acerca del Espíritu Santo,* y producir una obra que no es más que una versión libre de la de Basilio.

Algo más original fue Lucifer de Cagliari, natural de Cerdeña, aunque su originalidad no fue tanto de pensamiento como de acción. En sus obras, escritas en latín vulgar, no vacila en atacar al emperador Constancio, y algunos de sus comentarios llegan incluso a ser ofensivos. Por otra parte, Lucifer rompió con el resto de sus colegas al consagrar en Antioquía a un nuevo obispo de entre los eustatianos, continuando así el cisma que había comenzado cuando Eustatio de Antioquía fue condenado y depuesto (capítulo 14). Tras su muerte, sus seguidores continuaron separados del resto de la iglesia, y surgió así la secta de los «luciferianos». Carente de contenido doctrinal, esta secta desapareció antes de medio siglo, aunque no sin antes producir algunos hábiles maestros y escritores —entre ellos, Gregorio de Elvira, quien compuso un tratado *Acerca de la fe ortodoxa contra los arrianos*—.

Fue a principios del siglo quinto, con San Agustín, cuando Occidente mostró su profundidad y originalidad de pensamiento respecto a la doctrina trinitaria. En sus quince libros *De Trinitate* (399-419), Agustín señala el camino que desde entonces ha de seguir el pensamiento trinitario occidental, y las diferencias entre el modo en que los teólogos latinos posteriores tratan el dogma trinitario y el modo en que lo hacen los griegos solo pueden comprenderse a partir de las características particulares del pensamiento de Agustín al respecto. Tales circunstancias nos obligan a adelantarnos en algo a nuestro bosquejo y discutir aquí la doctrina trinitaria de San Agustín, aunque la exposición global del pensamiento del gran obispo de Hipona no ha de aparecer sino en próximos capítulos de esta obra.

Agustín parte del dogma trinitario como cuestión de fe. Para él no cabe duda acerca del carácter trino de Dios. Por ello, su *De Trinitate* no se dedica, como la mayor parte de las obras acerca de este tema que hemos estudiado, a ofrecer pruebas de la divinidad del Hijo o del Espíritu Santo, ni tampoco a probar su unidad de esencia con el Padre. En lo esencial, la obra de San Agustín se construye sobre los cimientos de los grandes capadocios —cuya teología no conocía directamente, sino solo a través del *De Trinitate* de Hilario—.

Al igual que los capadocios, Agustín hace notar que la distinción entre las personas de la Trinidad no se deriva de su acción externa, sino de sus relaciones internas. Esto no quiere decir que sea imposible o totalmente incorrecto referir a una de las personas divinas alguna de las acciones de la Trinidad —como cuando afirmamos que «el Verbo se hizo carne»—. Lo que sucede es que las limitaciones de nuestro vocabulario y nuestra mente nos impiden expresar o ver simultáneamente cómo toda la Trinidad actúa en cada una de las obras de Dios y, por ello, referimos esas obras a una u otra de las personas divinas. Esto es lo que los teólogos medievales llamarán «apropiación» y su justificación se encuentra en las siguientes palabras de San Agustín:

> Mas en su substancia, por la que son, los tres son uno, Padre, Hijo y Espíritu Santo, sin movimiento temporal, sobre toda criatura, sin intervalos de tiempo o de espacio; uno e idéntico desde la eternidad hasta la eternidad, eternidad que no existe sin verdad y sin amor; pero en mis palabras el Padre, el Hijo y el Espíritu Santo se encuentran separados, pues no se pueden pronunciar a un tiempo, y en la escritura ocupan también un lugar distanciado. Y lo mismo ocurre cuando nombro mi memoria, mi entendimiento o mi volun-

tad, pues cada nombre lo relaciono con una facultad; sin embargo, cada nombre es obra de las tres potencias, porque no existe nombre de estos sin que se fijen en él conjuntamente la memoria, el entendimiento y la voluntad. Actúa la Trinidad en la voz del Padre, en la carne del Hijo y en la paloma del Espíritu Santo, pero nosotros apropiamos a cada una de las divinas personas dichas acciones. Este símil nos muestra de algún modo cómo la Trinidad, inseparable en su esencia, puede manifestarse separadamente en la criatura sensible, y cómo la acción indivisa de la Trinidad se encuentra en las cosas que sirven para representar con toda propiedad al Padre, al Hijo y al Espíritu Santo.[1]

Hay una diferencia notable entre San Agustín y los teólogos griegos en lo que a la doctrina trinitaria se refiere. Los griegos —y entre ellos los Capadocios— parten de la diversidad de las personas o hipóstasis, y de ella pasan a la unidad de esencia o *usía*. Agustín, por el contrario, parte de la unidad esencial de Dios, y de ella pasa a la distinción de las personas. Agustín nunca llegó a comprender lo que los Capadocios querían significar con el término «hipóstasis» —que él traducía como *substantia*—[2] pero entre él y ellos existe una diferencia que no es puramente verbal. No se trata simplemente de que Agustín rechazara el término «hipóstasis» para luego hacer de «persona» su equivalente, sino que se trata de que Agustín se muestra renuente a subrayar la diversidad de las personas del modo en que lo hacían los capadocios. Su modo de entender la unidad y simplicidad de Dios le hace rechazar todo intento de hablar de Dios como un ser «triple» —como lo había hecho antes Mario Victorino, famoso rétor convertido al cristianismo y a quien Agustín admiraba—.

Y no porque sea Trinidad debemos imaginarle triple, pues en esta hipótesis el Padre solo o el Hijo solo serían menores que el Padre y el Hijo juntos. Aunque, a decir verdad, ni siquiera se concibe cómo pueda decirse el Padre solo o el Hijo solo, porque el Padre siempre —e inseparablemente— está con su Hijo, y este con su Padre, y no porque los dos sean el Padre o ambos el Hijo, sino porque siempre están unidos y nunca distanciados.[3]

---

[1] *De Trinitate*, 4.21.30 (*BAC*, 39.389).

[2] *De Trinitate*, 5.8.10 (*BAC*, 39:413): «Estos dicen también *hipóstasis*, pero ignoro qué diferencia pueda existir entre *usía* e *hipóstasis*. Ciertos escritores de los nuestros que tratan de estas cuestiones, en idioma heleno, acostumbran a decir *mian ousian, treis upostaseis;* en latín, *unam essentiam, tres substantias.*»

[3] *De Trinitate*, 6.79 9 (*BAC*, 39:447).

Es más, el propio término «persona», que gozaba ya en Occidente del prestigio de una larga tradición, no es sino un modo convencional de expresar lo que sabemos que es inexpresable. «¿Qué nos resta, pues, sino confesar que estas expresiones son partos de la indigencia, al hablar, en numerosas disputas, contra las insidias y los errores de la herejía?».[4] En todo caso, sería mucho más exacto hablar de «relaciones», pues esto es lo que se quiere expresar con el término «persona».

> En Dios, empero, nada se afirma según el accidente, porque nada mudable hay en Él; no obstante, no todo cuanto de Él se enuncia se dice según la substancia. Se habla a veces de Dios según la relación. El Padre dice relación al Hijo, y el Hijo dice relación al Padre, y esta relación no es accidente, porque uno siempre es Padre y el otro siempre es Hijo; y no como si dijéramos que desde que existe el Hijo no puede dejar de ser Hijo, y el Padre no puede dejar de ser Padre, sino *a parte antea*, es decir, que el Hijo siempre es Hijo y nunca principió a ser Hijo. Porque si conociese principio o alguna vez dejase de ser Hijo, sería esta denominación accidental. Y si el Padre fuera Padre con relación a sí mismo y no con relación al Hijo, y el Hijo dijese *habitud* a sí mismo y no al Padre, la palabra «Padre» y el término «Hijo» serían substanciales.

> Mas, como el Padre es Padre por tener un Hijo, y el Hijo es Hijo porque tiene un Padre, estas relaciones no son según la substancia, porque cada una de estas personas divinas no dice habitud a sí misma, sino a otra persona o también entre sí; mas tampoco se ha de afirmar que las relaciones sean en la Trinidad accidentes, porque el ser Padre y el ser Hijo es en ellos eterno e inconmutable. En consecuencia, aunque sean cosas diversas ser Padre y ser Hijo, no es esencia distinta; porque estos nombres se dicen no según la substancia, sino según lo relativo; y lo relativo no es accidente, pues no es mudable.[5]

Esta teoría de las relaciones divinas sirve a Agustín de punto de partida para sus dos grandes contribuciones al pensamiento trinitario: su teoría de la procesión del Espíritu Santo y su doctrina de los vestigios de la Trinidad en las criaturas.

Los teólogos anteriores a Agustín habían tenido dificultades al tratar de expresar la diferencia que existe entre la generación del Hijo y la procesión

---

[4] *De Trinitate*, 7.4.9 (*BAC*, 39:447).
[5] *De Trinitate*, 5.5.6 (*BAC*, 39:401-3).

del Espíritu Santo. De tales dificultades sacaban provecho los arrianos, planteando la cuestión de cómo es posible que, si ambos derivan su ser del Padre, el uno sea Hijo y el otro no. Agustín comienza confesando su ignorancia acerca del modo en que pueda distinguirse entre la generación del Hijo y la procesión del Espíritu Santo. Pero luego propone la teoría —que más tarde se propagaría por todo Occidente— de que el Espíritu Santo es el lazo de amor que existe entre el Padre y el Hijo.

> El Espíritu Santo es algo común al Padre y al Hijo, sea ello lo que sea. Mas esta comunión es consubstancial y eterna. Si alguien prefiere denominarla amistad, perfectamente; pero juzgo más apropiado el nombre de caridad. Y esta caridad ha de ser substancia, porque Dios es substancia y Dios es caridad, en sentir de la Escritura.[6]

La otra contribución de Agustín al desarrollo del pensamiento trinitario es su teoría de los *vestigia Trinitatis* —los vestigios o marcas de la Trinidad en sus criaturas—. En todas las cosas creadas, pero sobre todo en el alma humana, podemos ver las huellas del Creador y de su carácter trino. No se trata simplemente de que podamos utilizar ciertas cosas como medios de explicar la doctrina trinitaria —cosa que hacían desde tiempos de Tertuliano, cuantos trataban acerca de tal doctrina— sino que se trata de que *todas* las cosas, por haber sido creadas por el Dios trino, llevan en sí vestigios de la Trinidad. Más tarde esta doctrina sería desarrollada sistemáticamente por los teólogos medievales, que llegarían a distinguir entre la sombra, el vestigio, la imagen y la semejanza de la Trinidad en sus criaturas.[7] Por lo pronto, Agustín centra su atención en el ser humano, del cual dice la Escritura que fue hecho a imagen y semejanza de la Trinidad. Esta es la razón por la que, en Génesis 1:26, el verbo aparece en plural: «Hagamos al hombre».[8]

Aunque San Agustín usa de diversas trilogías para mostrar la huella de la Trinidad en el alma humana, la más conocida y la que luego tuvo una

---

[6] *De Trinitate*, 6.5.7 (*BAC*, 39:443). Esta es una de las bases de la doctrina del *filioque*, que en la Edad Media contribuiría a separar Oriente de Occidente. Véase también *De Trinitate*, 6.5.7 Quizá Agustín toma esta doctrina de Mario Victorino, quien también se refiere al Espíritu Santo como un lazo de unión entre el Padre y el Hijo. Véase *PL*, 8:1146.

[7] Véase, por ejemplo, el *Itinerarium mentis in Deum*, de San Buenaventura (*BAC*, 6:556-633).Sobre esto volveremos en el capítulo 33.

[8] Tal interpretación del texto de Génesis no es original de Agustín, sino que ya era lugar común en la literatura patrística anterior. Véase Ireneo, *Adv. haer. 4 proem.*; Tertuliano, *De res. car.* 6; Novaciano, *De Trin.* 17, 26. Entre los antiguos gnósticos era también común utilizar este texto como prueba de que en la creación participaron varios ángeles.

carrera más destacada a través de la historia del pensamiento cristiano, es la que se compone de la memoria, la inteligencia y la voluntad.

Y estas tres facultades, memoria, inteligencia y voluntad, así como no son tres vidas, sino una vida, ni tres mentes, sino una sola mente, tampoco son tres substancias, sino una sola substancia. La memoria, como vida, razón y substancia, es en sí algo absoluto; pero en cuanto memoria tiene sentido relativo. Lo mismo es dable afirmar por lo que a la inteligencia y a la voluntad se refiere, pues se denominan inteligencia y voluntad en cuanto dicen relación a algo. En sí mismas, cada una es vida, mente y esencia. Y estas tres cosas, por el hecho de ser una vida, una mente, una substancia, son una sola realidad. Y así, cuanto se refiere a cada una de estas cosas le doy un nombre singular, no plural, incluso cuando las considero en conjunto.

Son tres según sus relaciones recíprocas; y si no fueran iguales, no solo cuando una dice habitud a otra, sino incluso cuando una de ellas se refiere a todas, no se comprenderían mutuamente. Se conocen una a una y una conoce a todas ellas. Recuerdo que tengo memoria, inteligencia y voluntad; comprendo que entiendo, quiero y recuerdo; quiero querer, recordar y entender, y al mismo tiempo recuerdo toda mi memoria, inteligencia y voluntad. Lo que de mi memoria no recuerdo, no está en mi memoria. Nada en mi memoria existe tan presente como la memoria. Luego en su totalidad la recuerdo.[9]

De este modo, Agustín utiliza las relaciones internas de las facultades del alma —y no cabe duda de que el obispo de Hipona es hombre de profunda sensibilidad sicológica— para, mediante ellas, tratar de comprender, en la medida de lo posible, las relaciones internas de la Trinidad.

En resumen: podemos decir que Agustín señaló el camino que habría de seguir el pensamiento trinitario por lo menos en tres puntos fundamentales: su insistencia en la unidad divina por encima de la diversidad de personas; su doctrina de la procesión del Espíritu; y su teoría de los *vestigia Trinitatis*, sobre todo en el campo de la psicología humana.

El primero de estos puntos, aunque evitaba el peligro de triteísmo que existía siempre en la doctrina de los capadocios, llevaba a Agustín muy

---

[9] *De Trinitate.* 10.11.18 (*BAC*, 39:605-7).

cerca del sabelianismo que tanto habían temido siempre los obispos conservadores en el Oriente, como posible resultado del *homousios* niceno.

El segundo punto contribuyó grandemente a clarificar la doctrina occidental del Espíritu Santo, y una de sus consecuencias sería la controversia acerca del *filioque*, que tendría lugar en la Edad Media entre griegos y latinos —sobre lo que volveremos en el capítulo 25—.

El tercer punto dominó todo el pensamiento trinitario de la Edad Media, y vino a ser la base de toda una escuela mística que pretendía llegar a Dios mediante la contemplación de sus huellas en las criaturas.

Mientras Agustín discurría acerca de los problemas trinitarios, Oriente comenzaba a verse sacudido por un nuevo tema de controversia: la persona del Salvador. Hasta ahora, se había discutido principalmente acerca de la divinidad del Hijo. Ahora, los pensadores eclesiásticos se plantean la cuestión de cómo esa divinidad se relaciona con la humanidad en Jesucristo. Este es el tema central de las controversias cristológicas a las que debemos dedicar ahora nuestra atención.

18

Comienzan las controversias cristológicas

Las controversias que acabamos de estudiar giraban alrededor de la cuestión de la divinidad del Hijo y del modo en que esa divinidad le relaciona con el Padre y con el Espíritu Santo. Hay otra pregunta que necesariamente tendrían que plantearse los teólogos una vez que considerasen decidida la divinidad del Hijo: ¿cómo se relacionan la divinidad y la humanidad en Jesucristo?

Desde los comienzos de la historia del pensamiento cristiano, hemos visto algunas de las respuestas que es posible dar a esta pregunta. Por una parte, es posible afirmar la divinidad de Jesucristo y negar su humanidad. Esta solución, llamada «docetismo», fue rechazada por la inmensa mayoría de los cristianos, pues despojaba de todo sentido a la doctrina fundamental de la encarnación. Por otra parte, es posible afirmar la humanidad de Jesucristo y hacer de la revelación de Dios en él el resultado de su excelencia moral. Esta posición, que era la de los llamados «ebionitas», tampoco satisfacía la sensibilidad religiosa de la mayoría de los cristianos, que afirmaban categóricamente que «Dios estaba en Cristo».

La mayoría de los cristianos se situaba entre estas dos posiciones, aunque inclinándose a veces en una u otra dirección. En ciertas ocasiones —como en el caso de Pablo de Samósata— se acercaban demasiado a uno de los extremos, y entonces recibían el repudio general. Pero aun los teólogos cuya cristología era más ortodoxa —Ignacio, Ireneo, Orígenes y hasta el propio Tertuliano— no habían hecho un gran esfuerzo por lograr definiciones precisas acerca de la unión de lo divino con lo humano en Jesucristo.

Durante el siglo cuarto, y sobre todo en las etapas iniciales de la controversia arriana, era demasiado el interés despertado por la cuestión trinitaria como para que los teólogos se dedicaran a pensar con detenimiento acerca de la cuestión propiamente cristológica. Así, por ejemplo, aunque la cristología de Arrio era muy distinta de la que Occidente había tenido por ortodoxa desde tiempos de Tertuliano, así como de la de algunos de los obispos orientales reunidos en Nicea —Eustatio de Antioquía, entre otros— el credo niceno no dice una sola palabra en contra de tal cristología. El propio Atanasio, campeón de la oposición al arrianismo, parece haberse acercado mucho a Arrio en su cristología.[1] Cuando se debatía la cuestión de la divinidad del Salvador, ¿quién podía sentirse inclinado a reflexionar acerca de la relación entre esa divinidad y su humanidad?

Pero la controversia trinitaria tenía que llevar necesariamente a la controversia cristológica. El propio arrianismo, en su intento de hacer del Verbo un ser mutable, elaboró una doctrina cristológica que servía de apoyo a esa tesis.[2] Luego, tan pronto como los teólogos nicenos pudiesen detenerse a reflexionar acerca de la persona de Jesucristo, se percatarían de la necesidad de refutar, no solo la doctrina del Verbo de los arrianos, sino también su cristología.

Por otra parte, este problema se complicaba debido al modo en que, a través de los años y de manera casi totalmente inconsciente, cada uno de los principales centros intelectuales y doctrinales del cristianismo se había acostumbrado a plantearse y resolver la cuestión cristológica de una manera que le era característica. Estos centros son Occidente, Antioquía y Alejandría.

En Occidente, los rasgos fundamentales del dogma cristológico habían quedado establecidos desde tiempos de Tertuliano. Más de un siglo antes del Concilio de Nicea, Tertuliano se había planteado el problema de la dualidad de naturalezas en Cristo, y del modo en que esas dos naturalezas —«substancias» como él las llamaría— se unen en una sola persona. Su respuesta, aunque naturalmente carece de la claridad y precisión que solo podrían lograrse tras largas controversias, aventaja notablemente a

---

[1] Esto no quiere decir que Arrio o Atanasio tuvieran una cristología completamente desarrollada en el sentido de que negaran explícitamente que Jesús haya tenido un alma humana, sino que quiere decir sencillamente que daban por sentada tal negación.

[2] A. Grillmeier, *Christ in Christian Tradition* (New York, 1964–), 1:190-92, sostiene que la relación entre el pensamiento trinitario y cristológico en el arrianismo era exactamente lo contrario de lo que aquí sugiero. Esa interpretación no me parece hacerle justicia a los textos que existen, especialmente por cuanto Atanasio, Apolinario y otros cuya cristología era semejante se oponían resueltamente al arrianismo.

muchas de las propuestas en los siglos cuarto y quinto, pues Tertuliano se percata tanto de la necesidad de afirmar la inmutabilidad del Verbo como de la necesidad de afirmar la humanidad integral de Jesucristo, que ha de incluir un alma racional.[3]

La fórmula de Tertuliano —según la cual hay en Cristo dos substancias unidas en una sola persona— no fue inmediatamente aceptada por los teólogos occidentales, la mayoría de los cuales sí le siguió en cuanto a las «dos naturalezas», pero no tomó de él el uso de la frase «una persona». Su cristología, sin embargo, sí era esencialmente la de Tertuliano, con su insistencia en la realidad de ambas naturalezas y en su unión de tal modo que hubiese entre ellas una verdadera *communicatio idiomatum*. Más tarde, Agustín, quien pronto logró prominencia como el gran maestro de Occidente, recuperó el término «persona» en su contexto cristológico y así llevó a Occidente de nuevo a la olvidada fórmula de Tertuliano sobre las dos naturalezas y una persona. De ese modo, Occidente llegó a una posición intermedia entre la confusión de la humanidad y la divinidad en Cristo por una parte, y su distinción extrema por otra. Así pues, mientras rugían las controversias cristológicas en Oriente, Occidente las observaba con interés, pero sin involucrarse profundamente en ellas, porque la disputa nunca se volvió tema candente en Occidente. Cuando por fin se llegó a un acuerdo y pasó la controversia, la antigua fórmula de Tertuliano resultó ser el eslabón que sirvió para unir a quienes se inclinaban en direcciones divergentes.

En Oriente, la situación era muy distinta de lo que era en Occidente, pues allí el campo se hallaba dividido entre dos tendencias cristológicas divergentes, que no podían sino chocar: la antioqueña y la alejandrina.[4] Esto no quiere decir, sin embargo, que estas dos tendencias deban identificarse completamente con las dos grandes ciudades orientales, sino que se trata más bien del conflicto entre una teología de sabor helenista, cuyo centro estaba en Alejandría, pero que tenía seguidores hasta en la misma Antioquía, y otra cuyo centro estaba en Antioquía, donde el elemento sirio era poderoso. Por tanto, si los teólogos de la ciudad de Alejandría constituían un grupo prácticamente monolítico, los de Antioquía se hallaban divididos en dos tendencias: una que seguía las directrices de Alejandría y otra típicamente antioqueña. Por esta razón, una y otra vez la ciudad de Antioquía resultó ser el campo de batalla entre ambas tendencias, mientras que Alejandría nunca se vio seriamente invadida por tendencias antioqueñas.

---

[3] *De carne Christi*, 13. (*PL*, 2 :777).

[4] Un estudio clásico, y todavía valioso, es el de R. V. Sellers, *A Study of the Christological Thought of the Schools of Alexandria and Antioch in the Early History of Christian Doctrine* (Londres, 1954).

A mediados del siglo tercero existía ya en Antioquía esta diversidad de tendencias. De hecho, la lucha entre Pablo de Samósata y sus opositores fue uno de los primeros episodios en la gran controversia que siglo y medio más tarde dividiría a los cristianos orientales.

Si bien Pablo de Samósata prestó un flaco servicio al partido sirio al exagerar su posición y dar así ocasión a Malquión y al resto de los helenistas para condenarle, esto no puso fin a la tradición siria dentro de la iglesia antioqueña. Luego no ha de sorprendernos que, a principios del siglo cuarto, con Eustatio de Antioquía, los partidarios de la tradición siria hayan logrado apoderarse de nuevo del episcopado. En Eustatio se repite la historia de Pablo y otra vez más, aunque ahora con menos razón, los origenistas de Siria —que en este caso son los lucianistas y por tanto defensores de la posición arriana—, con la ayuda de Eusebio de Nicomedia, condenan y deponen al obispo de tendencias sirias y antiorigenistas.[5] Ahora bien, si nos detenemos a examinar la cristología de Eustatio, vemos en ella todas las características fundamentales que más tarde separarían a la escuela antioqueña de su congénere de Alejandría. Al igual que Pablo de Samósata, Eustatio cree que la divinidad que se halla presente en Jesucristo no es personal —doctrina que pronto abandonarán sus sucesores en la escuela de Antioquía—. Su interés está en salvaguardar la realidad de la humanidad de Cristo, y se propone lograr tal propósito distinguiendo claramente entre lo divino y lo humano en él, en perjuicio de la verdadera unión de ambas naturalezas. Así, la unión de lo divino y lo humano en Cristo se debe a la conjunción de la voluntad humana con la divina, de tal modo que aquella siempre quiere lo mismo que esta. Además, Jesús es un verdadero hombre, con cuerpo y alma humana, y que verdaderamente creció y se desarrolló, al igual que los demás hombres. En Cristo, la «Sabiduría» impersonal de Dios moraba como en un templo, pero la personalidad era humana.

Esta tendencia a subrayar la distinción entre las dos naturalezas de Cristo, así como el carácter real de su humanidad, subsiste y se acentúa en los sucesores de Eustatio. Entre ellos, bástenos por el momento discutir brevemente a Diodoro de Tarso y Teodoro de Mopsuestia.

Diodoro de Tarso fue uno de los más destacados teólogos de su tiempo, y entre sus discípulos se cuentan personajes tan señalados como Teodoro de Mopsuestia y Juan Crisóstomo. Sin embargo, sus tratados, perseguidos por quienes —con razón— veían en ellos los orígenes del nestorianismo, han desaparecido, y solo quedan de ellos algunos fragmentos citados en obras más afortunadas.[6] En todo caso, sabemos que la inmensa mayoría

---

[5] Acerca de la historia de la condenación de Eustatio, véase el capítulo 14.

[6] La mejor edición que conozco es la de Abramowski, «Der theologische Nachlass des Diodor von Tarsus», *ZntW*, 42 (1949), pp. 19-69.

de su producción literaria consistía en comentarios bíblicos, y que en ellos Diodoro seguía, frente al alegorismo alejandrino, la exégesis histórica y gramatical que Luciano de Antioquía había implantado en esa ciudad. Naturalmente, su énfasis en el sentido literal de las Escrituras llevó a Diodoro —al igual que al resto de los teólogos antioqueños— a prestar mayor atención al Jesús histórico, tal y como los Evangelios le presentan. Ahora bien, en tiempos de Diodoro —quien murió en el año 378— el carácter personal de la divinidad de Jesucristo era cosa establecida, y en esto Diodoro se aparta de Pablo de Samósata y de Eustatio de Antioquía. Esto, a su vez, le plantea el problema de la relación entre la humanidad y la divinidad en Jesucristo, que Diodoro tiende a resolver —de modo típicamente antioqueño— estableciendo y subrayando la distinción entre ambas.[7] El Verbo habitó en Jesús «como en un templo» o «como moró en los profetas del Antiguo Testamento», aunque en el caso de Jesús esta unión es permanente. Aún más: no se trata solo de la distinción entre la habitación —o templo— y quien lo habita, sino que se trata también de la distinción entre el Hijo de Dios y el Hijo de David, y fue precisamente esta doctrina de los «dos hijos» la que hizo que sus obras fuesen destruidas por su posteridad.

Al parecer, Diodoro llegó a este énfasis en la distinción entre la humanidad y la divinidad en Cristo debido a su oposición a la cristología alejandrina, que ya hemos visto representada en la persona de Atanasio y que más adelante —en este mismo capítulo— aparecerá de nuevo en Apolinario. Esta cristología alejandrina tenía toda la razón al insistir en la necesidad de que la unión entre la divinidad y la humanidad en Cristo fuese tal que se diese en él la *communicatio idiomatum* —es decir, que los atributos de la humanidad pudiesen predicarse también del Verbo—. Sin embargo, al tratar de aplicar este principio, lo hacían de tal modo que la naturaleza humana de Jesucristo quedaba mutilada, es decir, Jesucristo carecía de alma racional humana. Diodoro, por su parte, veía el error de los alejandrinos, pero no parece haberse percatado de la necesidad de afirmar la *communicatio idiomatum*. Esto le llevó a proponer una cristología en la que se afirmaba que el Verbo se había unido a un hombre, y no solamente a una carne humana, pero le llevó también a establecer una distinción excesiva entre el Verbo y el «hombre asumido», de tal modo que no se daba entre ellos la *communicatio idiomatum*.[8]

---

[7] Naturalmente, toda la exposición que sigue depende de la autenticidad y exactitud de los fragmentos de las obras de Diodoro que se han conservado. Puesto que estos fragmentos han llegado hasta nosotros a través de escritores posteriores interesados en probar la heterodoxia de Diodoro, siempre existe la posibilidad de que hayan sido mutilados o tergiversados con ese fin.

[8] F. A. Sullivan, *The Christology of Theodore of Mopsuestia* (Rome, 1956) pp. 188-189: «...de hecho, Diodoro ha rechazado no solo los errores de los apolinaristas, sino también la unidad de persona que ellos trataban de defender, aunque de manera equivocada. Creemos

La doctrina de Teodoro de Mopsuestia es muy semejante a la de Diodoro, aunque ajustándose al desarrollo que la teología había alcanzado en su época —Teodoro murió cincuenta años más tarde que Diodoro—. De hecho, como dice Sellers, «el sistema de Teodoro no es más que la aceptación de los principios de Eustatio, expuestos ahora de acuerdo con el pensamiento doctrinal de la época».[9] Esto no quiere decir que el pensamiento de Teodoro carezca de valor y originalidad, sino que, por el contrario, en él culminan los esfuerzos teológicos de la escuela de Antioquía.

Debido a descubrimientos en los cuales han surgido a la luz ciertas obras de Teodoro hasta entonces desconocidas, la doctrina del obispo de Mopsuestia ha sido objeto de estudios y controversias.[10] ,No obstante, podemos afirmar que Teodoro, siguiendo la vieja tradición antioqueña, subraya la distinción de las dos naturalezas en Cristo mucho más que la unidad de su persona. Sin embargo, Teodoro no lleva esto al extremo de afirmar —como antes lo había hecho Diodoro— que en Cristo hay dos hijos o señores.[11] Sí hay la distinción indestructible entre el que asume y el que es asumido; pero hay también la unión de ambos, también indestructible y permanente. Esta distinción y unión entre la humanidad y la divinidad son tales que Teodoro puede hablar, como lo haría más tarde toda la ortodoxia cristiana, y como lo había hecho antes Tertuliano, de una unión de «dos naturalezas» en «una persona».[12] Sin embargo, él entiende esta persona como la que resulta de la unión de ambas naturalezas, y no

---

que Diodoro no ha visto la diferencia que existe entre la predicación legítima de los atributos humanos acerca del Verbo encarnado como su sujeto final, y su predicación acerca del Verbo en virtud de una especie de composición entre el Verbo y la carne humana, a la manera de los apolinaristas. El no hacer tal distinción, junto a una idea elevada de la divinidad del Verbo, excluye la posibilidad de predicar acerca del Verbo los atributos humanos. Pero la consecuencia inevitable de todo esto es nada menos que la negación de la realidad de la encarnación. Pues, si no es posible hacer del Verbo el sujeto de los atributos humanos, no puede decirse que el Verbo nació de la Virgen María según la carne, o que el Verbo se hizo carne.»

[9] R. V. SELLERS, *Eustathius of Antioch and His Place in the Early History of Christian Doctrine* (Cambridge, 1928), p. 117.

[10] El centro de todas estas controversias está en la relación entre el pensamiento de Teodoro y el de Nestorio. Hasta hace poco, se había aceptado sin grandes vacilaciones el juicio del Quinto Concilio Ecuménico —reunido en Constantinopla en el año 553— que hacía de Teodoro un nestoriano anterior a Nestorio. Los textos recién descubiertos parecen probar que el Concilio de Constantinopla solo hizo uso de textos que habían sido interpolados y tergiversados por los enemigos de Teodoro.

[11] Aunque hay pasajes en los que Teodoro establece cierta polaridad entre el Señor y el Hijo de David (*Cat. hom.* 8.1), hay otros pasajes en que explica que con esto no significa que haya en realidad «dos hijos» o «dos señores» (*Cat. hom.* 6.3).

[12] Debemos señalar, sin embargo, que Teodoro prefiere referirse a la unión en un *«prosopon»* más bien que una «hipóstasis».

como la Segunda Persona de la Trinidad, a la que se une la naturaleza impersonal del «hombre asumido».[13]

Al igual que sus antecesores Eustatio y Diodoro, Teodoro interpreta la presencia de Dios en Jesucristo en términos de la habitación del Hijo en Él. Esta presencia es distinta de la omnipresencia de Dios en el mundo. Dios está presente en el mundo «por su naturaleza y poder», pero está presente en Jesucristo «por su beneplácito». Es también de este modo que Dios habita en los santos y profetas. Por ello, en el caso particular de Jesucristo, es necesario añadir que Dios habita en él «como en un hijo». Este Dios que habita en Jesucristo no es una fuerza impersonal, sino que es la Segunda Persona de la Trinidad, que ha asumido la naturaleza humana de tal modo que existe entre ambas naturalezas una armonía absoluta. Sin embargo, esta «conjunción» no priva a la humanidad de Jesucristo de característica humana alguna, de modo que puede haber un verdadero desarrollo que hace del Niño de Belén el Maestro de Galilea —y aquí encontramos otro tema típicamente antioqueño—.

Para Teodoro, el «hombre asumido» por el Verbo sigue siendo el sujeto propio de los atributos humanos, y estos no han de transferirse al Verbo sino con la salvedad de que esto es posible solo «por relación», y no directamente.[14] La verdadera *communicatio idiomatum* se da solo en una dirección: los atributos del Verbo se hacen extensivos al hombre; pero no viceversa. Por tanto, todas las afirmaciones de Teodoro acerca de la «unidad de persona» en Jesucristo nunca logran borrar la impresión de que, según él, en Cristo hay en realidad dos personas que actúan con una armonía tal que parecen ser una sola (y conviene recordar aquí que el término «*prosopon*», que Teodoro aplica a la «persona» de Jesucristo, tiene también, aunque no necesariamente, la connotación de una apariencia externa). Con todo esto, parece peligrar la doctrina de la encarnación, aunque no más que cuando —como en el caso de los alejandrinos— se subrayaba la unidad de Cristo a expensas de su humanidad.[15]

---

[13] Como veremos más adelante, esta última fue la interpretación que se impuso más tarde a través de la influencia de Cirilo de Alejandría.

[14] Así ha de entenderse la posición de Teodoro con respecto al título de «Madre de Dios» aplicado a María: no lo rechaza, pero insiste en que este título solo se le puede aplicar si se tiene en mente que María es verdaderamente «Madre del hombre», y «Madre de Dios» solo «por relación».

[15] Antes de dejar a Teodoro, debemos recalcar su importancia como exégeta. Si aquí hemos dedicado toda nuestra atención a su cristología, esto se debe a nuestro interés particular en este capítulo, y a que la posteridad se ocupó más de la cristología de Teodoro que de su labor hermenéutica. Sin embargo, sus contemporáneos y discípulos le conocían como «el Intérprete», título que indica su devoción a la hermenéutica bíblica. En este aspecto de su obra, como en su cristología, Teodoro se muestra típicamente antioqueño.

Si hemos de caracterizar en pocas palabras la cristología antioqueña, podemos decir que se trata de una cristología del tipo «*Logos*-hombre», en contraposición a la cristología del tipo «*Logos*-carne» de los alejandrinos. Es decir que, mientras los alejandrinos —y sobre todo los del siglo cuarto— se contentan con afirmar la unión del Verbo con la carne humana, los antioqueños ven la necesidad de afirmar la unión del Verbo con una naturaleza humana completa. Por otra parte, mientras los antioqueños se muestran más dispuestos a ceder en lo que a la unidad de la persona de Jesucristo se refiere, los alejandrinos insisten en conservar y subrayar esa unidad, aun a expensas de la naturaleza humana del Salvador.

Por su parte, la cristología alejandrina era muy deferente de la antioqueña. Debido a sus tendencias helenistas, los teólogos alejandrinos, desde Clemente en adelante, creían que debían mantener la inmutabilidad del Verbo aun en perjuicio de la integridad humana de Jesucristo. Así, por ejemplo, ya hemos señalado la tendencia docética que encierra la afirmación de Clemente, que Cristo estaba desprovisto de todas las pasiones humanas. El propio Orígenes, aun cuando está convencido de la necesidad de condenar el docetismo, afirma que la constitución del cuerpo de Jesús no era igual a la de los demás cuerpos humanos.

Sin embargo, esta tendencia se acentúa en los siglos tercero y cuarto, cuando la necesidad de afirmar la presencia personal del Hijo en Jesucristo, y de afirmar al mismo tiempo su unión con la humanidad, da origen a la cristología del tipo «*Logos*-carne». Según este tipo de cristología, lo que el Verbo asumió no fue un hombre, sino la carne humana. Aunque el primer gran representante de esta posición fue Apolinario de Laodicea, conviene que nos detengamos a señalar algunos de los precedentes en que este pudo hallar justificación para su posición. Así, por ejemplo, lo poco que sabemos acerca de Malquión y de los demás origenistas que condenaron a Pablo de Samósata en el 268 nos hace pensar que su cristología era del tipo «*Logos*-carne». Según ellos, «el Verbo divino es en él lo mismo que en nosotros es el hombre interior».[16] Además, Jesucristo es un ser compuesto del mismo modo en que los demás hombres son compuestos: así como en el hombre hay carne y alma, así también hay en el Salvador la carne humana y el Verbo divino.[17]

A principios del siglo cuarto, cuando Eusebio y Pánfilo de Cesarea escribieron su *Apología pro Origine*, había quienes criticaban al gran maestro alejandrino por haber afirmado que Jesús tenía un alma humana, y por ello Eusebio y Pánfilo se ven obligados a señalar que las Escrituras

---

[16] *Frag.* 30, cuyo texto griego se encuentra en: Bardy, *Paul de Samosate* (Lovaina, 1929), p. 59. Bardy, sin embargo, no ve en este texto una doctrina cristológica del tipo «*Logos*-carne» (véase: pp. 481-488).

[17] *Frag.* 36, en Bardy, *op. cit.*, pp. 61-53.

hablan del alma de Jesús.[18] Pero el mismo Eusebio, al exponer su propia
doctrina cristológica, abandona la posición de Orígenes y afirma que el
Verbo movía el cuerpo del Salvador de igual manera que el alma mueve el
cuerpo de los demás humanos.[19]

Como era de esperar, este tipo de cristología tenía que chocar con la
doctrina antioqueña. El primer encuentro de que tenemos noticias fue el
debate entre Pablo de Samósata y Malquión —véase el capítulo 12—.
Algún tiempo más tarde, a principios de la controversia arriana, ambas
escuelas vuelven a enfrentarse cuando Eustatio de Antioquía fue condenado por Eusebio de Nicomedia y los suyos —cuya cristología era del
tipo alejandrino—. Poco después, esta vez en la ciudad de Corinto, ambas
tendencias vuelven a encontrarse, aunque no sabemos las razones ni el
resultado final de tal encuentro.[20]

En todo caso, a principios del siglo cuarto, la cristología alejandrina,
con su estructura característica, dominaba el escenario teológico. Tanto
Arrio como Atanasio, que en ninguna otra cosa parecían concordar, eran
partícipes de esta cristología del tipo «*Logos*-carne».

Esta cristología era empleada por los arrianos como un argumento en
pro de la mutabilidad del Verbo. En efecto, si el Verbo puede establecer con
la carne humana una unión tan estrecha, y si es capaz de recibir las impresiones sensibles que esa carne le transmite, ¿cómo puede ser inmutable?

De todo esto se desprende que la cuestión trinitaria tenía que desembocar necesariamente en la cuestión cristológica, pues era necesario despojar
a los arrianos de un argumento que parecía probar que el Verbo era inferior a Dios. Además, y aun haciendo caso omiso del argumento arriano,
la afirmación definitiva de la divinidad de Jesucristo tenía que llevar por
necesidad lógica a la cuestión del modo en que esa divinidad se relaciona
con la naturaleza humana. Sin embargo, los primeros defensores de Nicea
no parecen haberse percatado de tal necesidad, sino que tocan a Apolinario de Laodicea el mérito y la desgracia de haberse percatado de esta
situación. Mérito, porque su obra da testimonio de una mente despierta, de
aguda percepción teológica, que le permitió ver la necesidad de incluir en
la discusión la cuestión cristológica; desgracia, porque su solución no fue
tan afortunada como su planteamiento, y pronto se vio rechazado por sus

---

[18] *Apol. pro Origine*, 5 (*PG*, 17:590).

[19] *De eccl. theol.* 1.20.90.

[20] Véase la *Epístola lix* de Atanasio, *Ad Epictetum*, que constituye el fundamento de esta
aserción. Es necesario señalar, sin embargo, que la epístola de Atanasio es demasiado
breve para permitirnos determinar con exactitud el carácter de las tendencias que se enfrentaban en Corinto. Algunos creen que se trata de tendencias docéticas y ebionitas, mientras
otros sostienen que se trata de un encuentro entre las escuelas alejandrina y antioqueña. La
segunda interpretación parece predominar en el debate que aún continúa.

antiguos compañeros en la defensa de la doctrina nicena, que ahora veían en sus enseñanzas un peligro tan serio como el arriano.[21]

Apolinario de Laodicea nació en esa ciudad a principios del siglo cuarto. Recibió una educación esmerada que le hizo un orador hábil y un verdadero erudito al que no faltaba cierto sentido del humor. Algún tiempo después del Concilio de Nicea, Apolinario estableció amistad con Atanasio y Basilio,[22] y más tarde llegó a ser obispo de su ciudad nativa, donde se había distinguido por su oposición al obispo arriano Jorge.

En sus esfuerzos por refutar el arrianismo, Apolinario se percató de que uno de los principales argumentos de los arrianos era de carácter cristológico: si el Verbo se unió a un cuerpo humano, y tal cuerpo es por naturaleza mutable, el Verbo mismo ha de ser mutable. Frente a este argumento, era necesario colocar una cristología capaz de mostrar en qué modo el Verbo inmutable pudo unirse a la humanidad mutable. A la tarea de construir tal cristología, Apolinario dedicó sus mejores talentos especulativos, pero el resultado fue la doctrina que se conoce como *apolinarismo*, y que los cristianos de mayor percepción teológica se vieron obligados a rechazar.

Por otra parte, en la ciudad de Laodicea, Apolinario era el gran defensor, no solo de la fe nicena, sino también de la teología helenista y alejandrina que se oponía a la vieja tradición antioqueña. Por tanto, al mismo tiempo que se dedicaba a atacar a Arrio, debía cuidar que sus argumentos no diesen pie a la cristología antioqueña, con su tendencia a distinguir entre lo divino y lo humano en Jesucristo de un modo que Apolinario creía erróneo. Por esto, la cristología de Apolinario, aunque se opone a la de Arrio al afirmar la inmutabilidad del Verbo, concuerda con ella en su estructura fundamental, que es del tipo «*Logos*-carne».[23]

Dos son los intereses principales que Apolinario tiene en cuenta al formular su cristología: la integridad de la persona de Jesucristo, frente a los

---

[21] No se conserva obra alguna bajo el nombre de Apolinario. Se conservan, sin embargo, fragmentos de sus escritos en las obras que sus opositores dedicaron a refutarle —sobre todo en el *Antihereticus* de Gregorio de Nisa. Además —lo que es más importante— unas pocas obras suyas se conservan íntegras, con los nombres de Atanasio —sobre todo la obra *De la encarnación del Verbo de Dios*, que no ha de confundirse con la obra de título semejante que mencionamos al discutir a Atanasio—, de Gregorio Taumaturgo —la *Confesión de fe según sus partes*— y del papa Julio I.

[22] La relación entre Apolinario y Basilio es objeto de una controversia que gira alrededor de la paternidad de las cuatro epístolas que llevan sus nombres, y aparecen en el epistolario de Basilio con los números 341 al 344 (*PG*, 32:1100-1108).

[23] Los antiguos historiadores eclesiásticos subrayan el carácter antiarriano de la cristología de Apolinario, mientras que la mayoría de los historiadores modernos tiende a subrayar sus aspectos antiantioqueños. Al parecer, lo más acertado es interpretar a Apolinario como oponiéndose tanto a los arrianos como a los antioqueños, aunque subrayando este último aspecto en lo que a su cristología se refiere. De hecho, en sus escritos cristológicos que se conservan, no hay mención alguna de Eunomio y los demás dirigentes arrianos, mientras que sí hay alusiones repetidas a los maestros antioqueños.

antioqueños; y la inmutabilidad del Verbo de Dios frente a los arrianos. El primero de estos intereses se pone de manifiesto cuando Apolinario dice que:

> Dios el Verbo no es una persona, y el hombre Jesús otra, sino que el mismo que antes existió como Hijo se unió a la carne por medio de María, constituyéndose así en un hombre santo, perfecto y sin pecado, y utilizando esa condición para restaurar a la humanidad y salvar al mundo entero.[24]

Por otra parte, el interés por salvaguardar la inmutabilidad del Verbo puede verse en la siguiente cita:

> Dios, habiéndose encarnado en la carne humana, mantiene la fuerza de su propia energía, poseyendo una razón que se halla libre de las inclinaciones naturales y del cuerpo, y sujetando tales inclinaciones de una manera divina y sin pecado, no ya sin dejarse conquistar por el poder de la muerte, sino hasta conquistándola a ella.[25]

La cristología de Apolinario, concebida para refutar al arrianismo, parte de la misma presuposición tricotomista que la cristología de Arrio: el hombre se compone —según 1 Ts 5.23— de cuerpo, alma y espíritu. Esta constitución tripartita de la naturaleza humana se interpretaba entonces —tanto por Arrio como por Apolinario— a la luz de la distinción, también tripartita, que Platón establecía entre los diversos constituyentes del ser racional. De este modo, llegaban a un modo de ver la naturaleza humana según la cual esta se componía de cuerpo, alma y espíritu o razón. En esta distinción, el alma no es más que el principio vital que da vida al cuerpo. Por tanto, el alma es impersonal e inconsciente, mientras que todas las facultades racionales quedan atribuidas al espíritu, que es por ende la sede de la personalidad.

A partir de esta tricotomía, Apolinario cree poder explicar el modo en que el Verbo se unió a la humanidad en Cristo, sin por ello perder su inmutabilidad: en Cristo, el Verbo ocupaba el lugar del espíritu, de modo que en él un cuerpo y alma humanos se unieron a la razón divina. De este modo, Apolinario salva la inmutabilidad del Verbo, pues este es siempre el agente activo, y nunca el agente pasivo, en la vida de Cristo. También así se resuelve el problema de cómo dos naturalezas —la divinidad y la

---

[24] Seudo-Gregorio Taumaturgo, *Conf. de fe en partes*, 19 (*PG*, 10:1120).
[25] Seudo-Gregorio Taumaturgo, *Conf. de fe en partes*, 16 (*PG*, 10:1117).

humanidad— pueden unirse sin formar una nueva naturaleza. Cristo es humano porque su cuerpo y su alma o principio vital son humanos; pero es divino porque su razón es el Verbo mismo de Dios. Si en Cristo se uniese un hombre completo, con su propia personalidad y su propia razón, al Hijo de Dios, resultarían dos personas, y esto destruiría la realidad de la encarnación, que afirma que, en Cristo, Dios se unió al humano. Así pues, Apolinario no encuentra otra solución que la de mutilar la naturaleza humana de Cristo, despojándola de sus facultades racionales, y colocando al Verbo en el sitio que estas deberían ocupar.

En esta doctrina tenemos la conclusión natural de la cristología del tipo «*Logos*-carne», y Apolinario no ha añadido más que el rigor lógico de su poderosa mente. Esto, y el prestigio de que gozaba Apolinario como defensor de la fe nicena, hizo que muchos se abstuvieran de atacarle. Pero llegó el momento en que sus doctrinas comenzaron a propagarse y dieron origen a un grupo cismático, y entonces algunos de los más destacados obispos, convencidos como estaban del carácter erróneo de su cristología, se vieron obligados a atacar al ya anciano Apolinario.

En términos generales, podemos decir que la gran oposición a Apolinario y los suyos se debió, tanto en Occidente como en Oriente, a consideraciones de orden soteriológico. En Occidente, se le condenó repetidamente durante el pontificado del papa Dámaso I (366-384), y siempre las consideraciones soteriológicas jugaron un papel importante en tales condenaciones.[26] Pero fue en Oriente donde los «Grandes capadocios» se dedicaron a refutar detenidamente las doctrinas de Apolinario, ha[27]

Al igual que en el caso de Occidente, los Capadocios se sintieron obligados a refutar las doctrinas de Apolinario debido a sus implicaciones soteriológicas. Como hemos visto, fueron consideraciones referentes a la doctrina de la salvación las que llevaron a Atanasio a su oposición decidida al arrianismo. Pero el propio Atanasio, que supo percatarse de las consecuencias soteriológicas de la negación de la divinidad real del Hijo, no se percató del modo en que la cristología que negaba la integridad humana de Jesucristo también hacía peligrar la doctrina cristiana de la salvación.[28] Fueron los capadocios quienes primero se percataron del peligro que entrañaba esta cristología que para todos los fines prácticos negaba

---

[26] Véase, por ejemplo, el decreto del sínodo reunido en Roma en el 382: *Denzinger*, p. 36.

[27] Si aquí nos limitamos a discutir la oposición de los capadocios al apolinarismo, esto no se debe a que hayan sido ellos los únicos que se opusieron a las doctrinas de Apolinario, sino solo a que su posición basta para ilustrar las razones por las que el Concilio de Constantinopla en el 381 condenó las doctrinas de Apolinario. Si fuésemos a hacer un estudio detallado de la oposición a Apolinario, deberíamos detenernos a analizar las decisiones de los diversos sínodos romanos que le condenaron, así como el pensamiento de Epifanio.

[28] Ya hemos dicho que la fórmula del sínodo alejandrino del 362 no ha de interpretarse como una condenación del apolinarismo. Por otra parte, los dos tratados *Contra Apolinario*, que

la realidad de la naturaleza humana de Jesucristo, y del modo en que tal cristología destruía los principios de lo que ellos veían como la doctrina cristiana de la salvación.

Para los capadocios, como para la mayoría de los «padres» griegos, la doctrina de la deificación constituye un aspecto fundamental de la soteriología cristiana. Como había dicho Atanasio, haciéndose eco de Ireneo, «él se hizo hombre para que nosotros fuésemos hechos dioses».[29] Cuando Dios asumió la humanidad, no lo hizo solo con el propósito de participar de la vida de la humanidad, sino también —y sobre todo— con el propósito de que la humanidad pudiese participar de la vida divina.

Según los capadocios, todo esto es echado por tierra por Apolinario, y por ello es necesario condenarlo del modo más enfático que sea posible.

> Si alguien cree en él como hombre sin razón humana, el tal sí carece de razón, y no es digno de la salvación. Porque lo que él no ha asumido no lo ha sanado, sino que ha salvado lo que también unió a su divinidad. Si solo la mitad de Adán cayó, entonces es posible que lo que Cristo asume y salva sea solo la mitad. Pero si toda su naturaleza cayó, es necesario que toda ella sea unida a la totalidad del Engendrado a fin de ser salvado como un todo.[30]

Tal es la esencia del argumento de los capadocios, que se encuentra también en los tratados contra Apolinario falsamente atribuidos a Atanasio.

Pero esto, si bien hace que se incluyan en el debate cristológico las implicaciones soteriológicas de cada doctrina, no ofrece pauta alguna hacia la solución del problema planteado por Apolinario. La solución que este daba a su propio problema era inaceptable. ¿Sería posible encontrar otra solución capaz de satisfacer los requisitos que Apolinario había planteado, además del requisito soteriológico que los capadocios traían ahora a colación?

De hecho, la inmensa mayoría de los teólogos griegos, aunque no se había dedicado a formular su cristología con toda precisión, se acercaba mucho a la posición de Apolinario; y lo mismo puede decirse de los capadocios. Por esto, en sus primeros ataques contra Apolinario, Basilio le acusaba de cismático más que de hereje.[31]

---

llevan el nombre de Atanasio, son espurios. El texto *Ad. Antioch.* 7, aunque algo más claro que el del sínodo del 362, tampoco es decisivo.

[29] *Oratio de inc.* 54.

[30] Gregorio Nacianceno, *Ep. ci* (*PG*, 37:181-184).

[31] *Ep.* 263 (*PG*, 27:976-981). En esta epístola hay ciertas acusaciones de herejía, pero se refieren a la cuestión trinitaria y la escatología, y no específicamente a la cristología de Apolinario. En cuanto a esta última, Basilio solo le acusa de dedicarse a especulaciones

El propio Gregorio Nacianceno, cuyas dos epístolas a Cledonio constituyen una de las más sólidas refutaciones de la cristología de Apolinario, no logra construir una cristología mucho más satisfactoria que la de
su contrincante.[32] Puesto que la cristología del tipo «*Logos*-carne» había
mostrado sus consecuencias en la doctrina de Apolinario, Gregorio la
abandona y hace uso de la terminología de tipo «*Logos*-hombre».[33] Mas
esto no quiere decir en modo alguno que Gregorio se incline hacia la
cristología antioqueña, con su preocupación por la integridad humana de
Jesucristo. Al contrario: tras haber negado la cristología de Apolinario,
Gregorio cree necesario afirmar que el centro de la personalidad del Salvador se encuentra en su divinidad, de tal modo que su humanidad se pierde
como absorbida por la naturaleza divina. La divinidad y la humanidad son
como el Sol y las estrellas: aunque las estrellas tienen su propia luz, al
aparecer el Sol esa otra luz queda absorbida en la del astro mayor, de modo
que resulta una sola luz.[34]

La cristología de Gregorio de Nisa tampoco logra deshacerse de la tendencia alejandrina de partir de la divinidad de Jesucristo, y luego asignarle
solo el máximo grado de humanidad que resulte compatible con ese punto
de partida. Al igual que su homónimo de Nacianzo, Gregorio descarta la
cristología del tipo «*Logos*-carne», y habla en términos de la unión del
Verbo a una humanidad completa. Pero, también al igual que Gregorio
de Nacianzo, Gregorio de Nisa afirma que la divinidad y la humanidad
se «mezclan» de tal modo en Cristo que la última queda absorbida en la
primera. Su ejemplo más conocido es el de una gota de vinagre disuelta
en el mar: de igual modo que el vinagre no pierde su carácter de tal, así
también la humanidad sigue existiendo como tal cuando es absorbida por
la divinidad, aunque para todos los fines prácticos no parece haber más
que esta última.[35]

Mucho se ha criticado a los capadocios por haber condenado a Apolinario cuando su cristología no parecía diferir grandemente de la del obispo
de Laodicea. Sin embargo, si nos colocamos en la perspectiva de los capadocios, veremos por qué veían ellos un abismo entre su cristología y la de
Apolinario. Para los capadocios —como para la mayoría de los «padres»

---

vagas y confusas. Algunos sugieren que Basilio no conocía de la teología de Apolinario
más que lo que había leído en los ataques de Epifanio. Quizá esto sea algo exagerado,
pero no cabe duda de que Basilio encontraba difícil la tarea de refutar una cristología tan
semejante a la suya.

[32] *Ep.*101, 103 (*PG*, 37:176-201). Véanse también Ep. 125 (*PG*, 37:217-220) y 202 (*PG*,
37:329-333).

[33] *Ep.* 102 (*PG*, 37:200).

[34] *Ep.* 101 (*PG*, 37:185).

[35] *Contra Eunomio*, 5.5.

griegos— la salvación consiste esencialmente en la deificación. El Verbo se hizo hombre, no para dar un ejemplo a la humanidad o para pagar una deuda que los humanos habían contraído con Dios, sino para derrotar las fuerzas del mal que nos tenían prisioneros, y para al mismo tiempo abrir el camino a la deificación. Porque Dios asumió la humanidad, esta es capaz de alcanzar la deificación. Así pues, lo que importa a los capadocios es que en Cristo Dios haya verdaderamente asumido la humanidad, y no que esta continúe siendo idéntica a la nuestra, o tan libre como la nuestra. Por esto, la doctrina de Apolinario resultaba inaceptable para los capadocios. Y también por esto podían ellos describir la unión de lo divino y lo humano en Cristo en términos tales que lo humano parecía perderse en lo divino.

19

La controversia nestoriana y el Concilio de Éfeso

La condenación de las teorías de Apolinario no constituyó en modo alguno la solución del problema cristológico. Los propios capadocios, aunque estaban convencidos de la necesidad de rechazar lo que proponía el anciano teólogo de Laodicea, no tenían una cristología mucho más satisfactoria que la de su contrincante. La vieja tensión entre alejandrinos y antioqueños no había sido resuelta y, aunque la escuela de Alejandría sufrió un duro revés con la condenación de Apolinario, el conflicto era inevitable. Además, el siglo quinto marca una etapa más en el proceso mediante el cual la iglesia de los llamados a ser «mansos y humildes» se vio envuelta cada vez más en intrigas y luchas por el poder que nada tenían que envidiar a las de la corte bizantina. Roma, Alejandría, Antioquía y Constantinopla, todas luchaban por lograr la hegemonía en la estructura eclesiástica; y todas permitieron que sus intereses políticos se hicieran sentir en sus decisiones teológicas.

En un intento de simplificar una historia harto compleja, podemos decir que la controversia cristológica del siglo quinto comienza a principios del año 428, con la elevación al patriarcado de Constantinopla del antioqueño Nestorio. Aun cuando Nestorio hubiese sido un hombre prudente, la vieja tensión entre alejandrinos y antioqueños, y el deseo de la sede alejandrina de no ser suplantada por Constantinopla, hubiesen bastado para crearle serias dificultades.[1] Pero Nestorio no era un hombre prudente, y lo que pudo haberse limitado a algunas dificultades culminó en tragedia. El motivo del conflicto fue que Nestorio se pronunció en contra del término «Madre de Dios» (*theotokos*), que se aplicaba a María.[2] Tal término había venido a ser de uso común entre la mayoría de los cristianos, y para los alejandrinos era consecuencia de la *communicatio idiomatum* (en Alejandría, se había empleado desde tiempo del obispo Alejandro). El propio maestro de Nestorio, Teodoro de Mopsuestia, estaba dispuesto a aceptarlo siempre que se le interpretase adecuadamente. Pero Nestorio veía en la aplicación del título «Madre de Dios» a María una confusión de lo divino y lo humano en Jesucristo. Según él, resulta aceptable llamar a María «Madre de Cristo», pero no «Madre de Dios».

La reacción no se hizo esperar. El obispo de Alejandría, Cirilo, era un hombre celoso de la autoridad de su sede, además de un partidario convencido de la cristología alejandrina. Para él la posición de Nestorio, además de una negación del principio alejandrino de la unidad del Salvador, era una ocasión para reafirmar la autoridad de la sede alejandrina sobre la constantinopolitana. Luego, toda interpretación que vea en Cirilo un simple político eclesiástico, así como toda interpretación que haga caso omiso de sus intereses políticos, resulta inexacta.

Tan pronto como tuvo noticias de la predicación de Nestorio contra el título de «Madre de Dios», Cirilo apeló a todas las fuerzas que podían ayudarle a lograr la condenación y deposición del patriarca de Constantinopla.

Como patriarca de Alejandría, Cirilo tenía a su disposición un fuerte recurso para lograr el apoyo de la corte constantinopolitana: oro. A través de los siglos, la sede alejandrina había logrado acumular grandes fuentes de riqueza, que ahora podían emplearse en la lucha contra Nestorio. Con estos recursos, Cirilo logró el apoyo de altos personajes a quienes interesaba más el oro que la teología.

Además, Cirilo contaba con el apoyo de la sede romana. Desde que el Concilio de Constantinopla elevó la sede de esa ciudad a un nivel semejante al de Roma, Alejandría había encontrado en la vieja capital su más

---

[1] En el Concilio de Constantinopla del 381 (canon 3), se concedió a Constantinopla —«la Nueva Roma»— una autoridad comparable a la de la Vieja Roma. Esto provocó el recelo y la envidia de los obispos de Alejandría, cuya sede había sido considerada hasta entonces como la primera de Oriente. Además de los episodios que narramos en este capítulo y el siguiente, la oposición de Alejandría a la sede constantinopolitana —sobre todo cuando esta era ocupada por obispos de tendencias antioqueñas— puede verse en las intrigas y manejos mediante los cuales Teófilo de Alejandría logró que Juan Crisóstomo fuese depuesto y enviado al exilio (año 404).

[2] Al parecer, el conflicto comenzó cuando Anastasio, capellán de Nestorio, condenó la aplicación de este título a María, y Nestorio se negó a excomulgarle. Poco después, el propio Nestorio pronunció sus famosos sermones contra el título «Madre de Dios».

fuerte aliado contra las pretensiones de la nueva sede. Esta inclinación de Roma a apoyar a Alejandría frente a Constantinopla se hizo más decidida cuando Nestorio prestó asilo a un grupo de pelagianos que habían sido condenados en Occidente.[3] Todo esto —además del tono autoritario y poco conciliatorio de Nestorio— hizo que el patriarca de Constantinopla fuese condenado por un sínodo reunido en Roma en agosto del año 430 bajo la dirección del obispo Celestino.

Por último, Cirilo tenía el apoyo de los monjes egipcios, que estaban convencidos de que la causa alejandrina era la causa de la ortodoxia, y que desde tiempos de Atanasio se habían convertido en recios defensores de la fe verdadera.

Por su parte, Nestorio contaba con el apoyo del patriarca de Antioquía, Juan, que debía sostenerle por razón de pertenecer a la misma escuela teológica. Aunque el patriarca de Antioquía no era tan poderoso como el de Alejandría, era sin embargo un poder que debía ser tenido en cuenta, como quedó ampliamente probado en el transcurso de la controversia.

Cuando en el año 430 el Papa Celestino y su sínodo romano condenaron a Nestorio, hicieron de Cirilo su representante en Oriente, que debía lograr la retractación de Nestorio. Cirilo le pidió a Nestorio que se retractara; pero lo hizo en términos tales que este, aun cuando hubiese sido más dócil de carácter, no podría aceptar. Tras escribir dos veces al Patriarca de Constantinopla, Cirilo le envió una tercera epístola que llevaba como apéndice doce anatemas que Nestorio debía aceptar. Estos anatemas, además de condenar la posición del propio Nestorio, constituían una exposición de la doctrina alejandrina, como si esta fuese la única ortodoxa.[4] De este modo, Cirilo pretendía hacer de la derrota de Nestorio la victoria definitiva de la teología alejandrina sobre la antioqueña. Por su parte, Nestorio respondió con otros doce anatemas contra Cirilo.

Todo esto creó tal desasosiego en la iglesia oriental que los emperadores —Valentiniano III y Teodosio II— convocaron a un concilio general que debía reunirse en Éfeso el día 7 de junio del año 431. Al llegar la fecha señalada para la gran reunión, solo unos pocos de los partidarios de Nestorio y Juan de Antioquía habían llegado a Éfeso. Por su parte, Cirilo llegó acompañado de una multitud de obispos y monjes, decididos todos a lograr la condenación y deposición de Nestorio. Memnón, el obispo de la localidad, era también partidario de Cirilo, y se ocupó de organizar una propaganda cuyo propósito era incitar al pueblo contra Nestorio. El 22 de junio, cuando aún no habían llegado Juan de Antioquía y los suyos, y

---

[3] La controversia pelagiana se trata en el capítulo 22, bajo el acápite de «El pelagianismo».

[4] Estos «doce anatemas» de Cirilo pueden verse en *PG*, 77:119. Además de estos anatemas, merece estudiarse la segunda epístola de Cirilo a Nestorio, o «Epístola dogmática», de carácter más moderado y positivo que los doce anatemas.

enfrentándose a la protesta de sesenta y ocho obispos y del legado imperial, Cirilo comenzó las sesiones del concilio. Ese mismo día, en el curso de unas pocas horas, Nestorio fue condenado y depuesto, sin que se le diese siquiera la ocasión de exponer sus doctrinas.

El patriarca Juan llegó cuatro días más tarde con su séquito de orientales. Al conocer las decisiones del concilio de Cirilo, se reunió con un pequeño número de obispos, y declaró que estos constituían el verdadero concilio. Acto seguido, este grupo de obispos condenó y declaró depuestos a Cirilo y Memnón.

Mientras tanto, habían llegado a Éfeso los legados papales. Estos se reunieron con el concilio de Cirilo, y entre ambos ratificaron la condenación de Nestorio, y añadieron a ella a todos los obispos que formaban parte del concilio presidido por Juan de Antioquía. A cambio del apoyo de Roma, el concilio de Cirilo condenó el pelagianismo, que era la herejía que más preocupaba al Papa.

Ante tal confusión, y temiendo que todo diese en un cisma irreparable, el emperador Teodosio II ordenó que tanto Cirilo como Nestorio y Juan fuesen encarcelados. Pero pronto Cirilo logró hacer valer su habilidad política, y el Emperador citó a un grupo de delegados de cada una de las dos facciones a reunirse con él en Calcedonia, para allí tratar de zanjar sus diferencias. Allí, Cirilo y los suyos se mostraron más capaces de ganar el favor imperial que los antioqueños. El resultado fue que Nestorio se vio obligado a regresar a Antioquía, y un nuevo patriarca de Constantinopla fue consagrado. En cuanto a Cirilo, tan pronto como le fue posible, abandonó la capital y regresó a Alejandría, donde le sería difícil al Emperador hacer valer cualquier decreto en contra suya.

Sin embargo, todo esto no hizo más que aumentar la gravedad de la situación, pues la controversia que antes había girado alrededor de la persona de Nestorio ahora comenzó a girar también alrededor de los «doce anatemas» de Cirilo. Algunos antioqueños de ortodoxia irreprochable afirmaban que el documento en cuestión era herético. Roma buscaba el modo de hacer caso omiso de un documento que mostraba claramente la distancia que la separaba de su aliado alejandrino. Hasta en el propio Egipto, algunos de sus antiguos defensores comenzaron a criticar la actuación de Cirilo. Por su parte, Juan de Antioquía y el resto de los obispos orientales habían roto los lazos de comunión con el resto de la iglesia, de modo que el cisma era ya un hecho.

Vista la imposibilidad de que los obispos se pusieran de acuerdo por sí solos, el Emperador decidió intervenir en la disputa. Su legado Aristolao viajó a Antioquía y Alejandría y, tras largas y complicadas negociaciones, se llegó a un acuerdo entre ambas sedes. Cirilo no accedió a retractarse de sus anatemas, pero compuso una explicación en que los interpretaba de tal modo que muchos llegaron a pensar que, de hecho, se había retractado.

Además, Cirilo accedió a firmar un credo de origen antioqueño que había sido empleado en el Concilio de Éfeso por Juan y los suyos.[5] Por su parte, el patriarca de Antioquía cedió también en algo al confirmar la condenación y deposición de Nestorio. Algunos de los amigos y defensores del patriarca depuesto se opusieron a esta decisión de Juan, y este se vio obligado a deponerlos también a ellos. En cuanto a Nestorio, pasó cuatro años en un monasterio de Antioquía, pero su presencia en esa ciudad resultaba demasiado molesta para Juan y amenazaba con romper la paz tan difícilmente lograda, de modo que fue enviado a lugares más remotos: primero a la ciudad de Petra y luego a un oasis en el desierto de Libia. Allí quedó olvidado, y pocos años más tarde su suerte era desconocida en Constantinopla. Sin embargo, Nestorio vivió hasta después del Concilio de Calcedonia (451), en el cual creyó ver la reivindicación de su propia doctrina. Sus últimos años transcurrieron en el esfuerzo de hacerse oír desde el exilio, y mostrar al mundo que él había tenido razón, y que su doctrina coincidía con la de los «padres» reunidos en Calcedonia. Con ese propósito, escribió el *Libro de Heraclides*, en el reclamaba que el Concilio de Calcedonia le había reivindicado. Todo fue en vano; Nestorio, aún en vida, pertenecía al pasado, y en la corte constantinopolitana y los demás centros de la vida eclesiástica nadie tenía tiempo para prestar oídos a su clamor.

¿Fue Nestorio verdaderamente hereje? ¿Era su doctrina tal que constituía una negación de alguno de los principios fundamentales del cristianismo? ¿O fue condenado solo por razón de su falta de tacto y de la ambición y habilidad política de Cirilo? ¿Entendían su doctrina correctamente quienes le condenaron? ¿O lo que condenaron fue más bien una caricatura del pensamiento de Nestorio? Todas estas son preguntas que aún se hacen los eruditos, y a las cuales no todos contestan de la misma manera. Además, la cuestión se complica debido al modo en que algunos tienden a interpretar la controversia nestoriana a la luz de controversias posteriores. Así, por ejemplo, son muchos los protestantes que ven en la

---

[5] Esta es la llamada «Fórmula de unión» del año 433: «Confesamos, pues, a nuestro Señor Jesucristo, el Hijo Unigénito de Dios, Dios perfecto y hombre perfecto, de alma racional y cuerpo, engendrado antes de los siglos del Padre, según la divinidad, y el mismo que en estos postreros días, por nosotros y nuestra salvación (fue engendrado) de María según la humanidad; el mismo consubstancial al Padre según la divinidad, y consubstancial a nosotros según la humanidad; quien es una unión de dos naturalezas; por lo cual confesamos un Cristo, un Hijo, un Señor. Siguiendo esta doctrina de la unión sin confusión, confesamos que la santa virgen es Madre de Dios (*theotokos*), puesto que el Verbo de Dios se encarnó y se hizo hombre, y desde la concepción unió a sí mismo el templo que tomó de ella. En cuanto a los dichos evangélicos y apostólicos acerca del Señor, sabemos que los teólogos dan a algunos un sentido común, como refiriéndose a la persona (*prosopon*), que es una, y en otros establecen distinción como refiriéndose a las dos naturalezas; y aplican los que convienen a la divinidad a la naturaleza divina de Cristo, y los más bajos (o humildes) a la humanidad». (Traducido del texto griego que aparece Hahn, *Bibliothek der Symbole und Glaubensregeln der alten Kirche* (Breaslau, 1897), pp. 215-216).

protesta de Nestorio contra el título «Madre de Dios» un antecedente del protestantismo.[6]

La heterodoxia de Nestorio comenzó a ser discutida sobre nuevas bases a principios de este siglo, debido a la obra de Loofs, Bethune-Baker y Bedjan. El primero publicó en el año 1905 una nueva edición de los fragmentos de Nestorio, e incluyó en ella muchísimos fragmentos hasta entonces desconocidos.[7] Bethune-Baker, valiéndose de una copia del texto en que trabajaba Bedjan, publicó en el año 1908 un estudio en el que pretendía reivindicar la ortodoxia de Nestorio.[8] Por último, en el año 1910, Bedjan publicó una versión siríaca —descubierta en el año 1889— del *Libro de Heráclides* de Nestorio,[9] que se había perdido. Desde entonces, los eruditos han discutido y vuelto a discutir el pensamiento de Nestorio, sin llegar aún a un veredicto unánime acerca del carácter de su doctrina.

En términos generales, podemos decir que el centro de la controversia está en la dificultad de hacer concordar lo que Nestorio enseña en su *Libro de Heraclides* con la doctrina que se desprende de los fragmentos de otras obras de Nestorio que se han conservado en los escritos de sus adversarios. Quienes pretenden reivindicar al infortunado patriarca constantinopolitano afirman que su verdadero pensamiento se encuentra en el *Libro de Heraclides*, y que los fragmentos han sido torcidos y arrancados de su contexto con la intención de justificar su condenación. Pero otros explican la divergencia entre los fragmentos y el *Libro de Heraclides* señalando la distancia que los separa en lo que se refiere al tiempo y la situación; los fragmentos pertenecen al período en que Nestorio se consideraba poderoso, y arremetía violentamente contra toda doctrina que le pareciese herética, mientras que el *Libro de Heraclides* es la apología del hombre derrotado que pretende mostrar lo injusto de su suerte; entre los fragmentos y el *Libro de Heraclides* transcurrieron veinte años de intensa actividad teológica —veinte años que hicieron ver a Nestorio la necedad de su actitud intransigente— y en ellos está la explicación de la diferencia entre ambos textos.

---

[6] Esta es la posición, por ejemplo, de la obra que un calvinista del siglo XVII dedicó a la defensa de Nestorio bajo el título de *Disputatio de suppositat, in qua plurima hactenus inaudita de Nestorio tanquam orthodoxo et de Cyrillo Alexandrino alliisque episcopis in synodum coactis tanquam haereticis demonstrantur.*

[7] *Nestoriana: die Fragmente des Nestorius gesammelt, untersucht und herausgegeben* (Halle, 1905).

[8] *Nestorius and His Teaching: A Fresh Examination of His Teaching, with Special Reference to the Newly Recovered Apology of Nestorius* (Cambridge, 1908).

[9] *Nestorius: Le Livre d'Héraclide de Damas* (Paris, 1910). Se trata con toda probabilidad de una traducción siríaca del siglo VI. Este mismo texto fue traducido al francés por F. Nau en el año 1910. La traducción inglesa apareció en el año 1925.

Hay algo de verdad en cada una de estas dos interpretaciones de Nestorio. Por una parte, es cierto que lo que Cirilo y los suyos condenaron en Éfeso no fue el pensamiento de Nestorio, sino una caricatura de ese pensamiento. Por otra parte, es también cierto que Nestorio exageró sus posiciones en el calor de la disputa, que algunos de sus discípulos se enorgullecían del modo en que podían sacar de las doctrinas del patriarca las consecuencias más extremas, y que el propio Nestorio ni siquiera intentó evitar que se hiciese de su pensamiento la caricatura que su posteridad conoce por «nestorianismo». Cuando en el exilio se percató de su error, era ya demasiado tarde.

Esto no quiere decir que no hubiese una oposición real y profunda entre la cristología de Nestorio y la de quienes le condenaron en Éfeso. Al contrario: en la controversia entre Nestorio y Cirilo tenemos un nuevo episodio en la historia del choque entre la cristología del tipo «*Logos*-carne» y la cristología del tipo «*Logos*-hombre». La cristología de Nestorio es de carácter marcadamente antioqueño, y parte del principio que en Jesucristo ha de darse la unión del Verbo con un hombre real e íntegro. Esta es la razón por la que Nestorio niega el término «unión hipostática», que los alejandrinos consideraban como la esencia misma de la ortodoxia.

Para poder comprender la cristología de Nestorio debemos partir de una comprensión de su terminología, pues la interpretación que hagamos del propio Nestorio depende en mucho de lo que él haya entendido por términos tales como «naturaleza», «hipóstasis», «*prosopon*», «unión», etc.[10]

El término «naturaleza» va unido casi siempre en el *Libro de Heraclides* al adjetivo «completa». Para Nestorio, una naturaleza puede ser tanto incompleta como completa. Son incompletas las naturalezas que al unirse a otras forman una nueva naturaleza —es decir, que dan origen a un «compuesto natural». Así, por ejemplo, el cuerpo y el alma son naturalezas incompletas, pues su unión da origen a la naturaleza humana. Por el contrario, esta última sí es una naturaleza completa, pues su unión con otra naturaleza completa —la divina, en el caso de Cristo— no da lugar a una nueva naturaleza. Además, lo que hace que una naturaleza sea completa es el conjunto de sus «distinciones», «diferencias», o «características»; es decir, lo que Nestorio llama su «separación» (aunque este término no ha de entenderse en el sentido de distanciamiento, sino solo como esa distinción, ese carácter particular, que hace que una naturaleza sea definible y cognoscible).

Para Nestorio, el término «hipóstasis» quiere decir «naturaleza completa». Cuando Nestorio se refiere a una naturaleza completa, utiliza a

---

[10] Seguimos aquí la exposición del sentido de estos términos que se encuentra en Scipioni, *Ricerche sullacristologia del «Libro di Eraclide» di Nestorio* (Fridurgo, 1956), pp. 45-97.

menudo el término «hipóstasis». La hipóstasis no es algo distinto de la naturaleza; no es algo que se le añade a la naturaleza; sino que es la naturaleza misma en cuanto es «completa».[11]

El término «*prosopon*» es utilizado por Nestorio —además de en los sentidos corrientes de «función» e «individuo humano»— en el sentido que se le da en el contexto trinitario. El Padre, el Hijo y el Espíritu Santo son tres *prosopa*. Sin embargo, Nestorio utiliza también este término en su exposición cristológica, y lo utiliza de manera ambigua, pues unas veces afirma que hay en Cristo dos *prosopa* y otras dice que hay solo uno. Por tanto, antes de pasar adelante, debemos detenernos a determinar los diversos sentidos en que Nestorio emplea el término «*prosopon*».

Cuando Nestorio habla de dos *prosopa* en Jesucristo, está empleando el término «*prosopon*» en el sentido de «*prosopon* natural». Para él, el «*prosopon* natural» es la forma de una naturaleza, el conjunto de las propiedades y distinciones que hacen que una naturaleza sea completa, que pueda dársele el título de hipóstasis. Cada naturaleza completa se conoce y distingue por su *prosopon*. Así pues, en el caso de Cristo, si la humanidad y la divinidad han de subsistir como naturalezas completas, sin disolverse en una tercera, cada una de ellas deberá tener su *prosopon*. De aquí la afirmación de que hay dos *prosopa* en Jesucristo.

Pero hay otro sentido en el que resulta necesario afirmar que hay en Jesucristo un solo *prosopon*. Este «*prosopon*» es el que Nestorio llama «*prosopon* de unión», «*prosopon* de la dispensación», «*prosopon* común» o «*prosopon* voluntario». Este «*prosopon*» es el del Hijo; es idéntico a la Segunda Persona de la Trinidad.[12] En Jesucristo, Dios ha unido su *prosopon* divino a la naturaleza humana, mas esto no destruye en modo alguno los dos «*prosopa* naturales» que corresponden a cada una de las «naturalezas completas» o «hipóstasis» que se unen en Jesucristo.

Sobre todo, sin embargo, Nestorio emplea el término «*prosopon*» en un sentido dinámico que no está sujeto a la descripción estática u ontológica. El que Cristo tenga un *prosopon* divino quiere decir que Cristo desea lo que Dios desea, actúa como Dios actúa, y es la verdadera revelación de Dios. Luego, para Nestorio, no se trata de dos «naturalezas», como si fueran dos cosas distintas que se unen en Jesús. La encarnación es más

---

[11] Nestorio utiliza también el término «hipóstasis» dentro del contexto trinitario, dándole su sentido tradicional. Pero en tal contexto prefiere el término «*prosopon*».

[12] Si Nestorio niega que este «*prosopon*» sea el del Verbo, esto no se debe a que piense que el «Hijo» comenzó a existir en la unión, sino solo a que prefiere reservar el término «Verbo» para la Segunda Persona de la Trinidad en lo que se refiere a su naturaleza divina, y el término «Hijo», para la «persona» como hipóstasis distinta de la del Padre. Esta distinción no es real, sino solo conceptual. El no percatarse de esto ha dado origen a muchas interpretaciones erróneas del pensamiento de Nestorio.

bien el hecho de que el ser humano Jesús actúa como el *prosopon* de Dios de un modo dinámico.

¿Qué decir entonces de la unión de la divinidad y la humanidad en Jesucristo? En primer lugar, Nestorio cree que es necesario rechazar toda interpretación que haga de esta unión una «unión natural» o «hipostática». Según él, entiende este término, unión «natural» o «hipostática» es aquella en que dos naturalezas se unen para formar una tercera. Tal supuesta unión no lo sería en realidad, sino que sería solo el *resultado* de una unión. Al desaparecer las distinciones de las dos naturalezas unidas, desaparecen los *prosopa* naturales y todo cuanto se predique de la naturaleza resultante se dirá solo de ella, y no de sus componentes. Además, solo dos naturalezas incompletas pueden dar lugar a una unión de este tipo, y Nestorio ve en la integridad de las naturalezas que se unen en el Salvador un principio inviolable. Luego en Jesucristo no puede haber una unión «en las naturalezas», de tal modo que ambas vengan a ser una sola. La doctrina de una «unión hipostática» —que para él es lo mismo que «unión natural»— es anatema para Nestorio.

> Para Nestorio, la unión natural es unión *de* las naturalezas que tiene lugar *en* las naturalezas y se termina *en* las naturalezas, mientras que la unión en el *prosopon*... es unión *de* las naturalezas —y no de los *prosopa*— que tiene lugar *en* el *prosopon* —y no *en* la naturaleza— y se termina en el *prosopon* —y no *en* la naturaleza.[13]

La diferencia fundamental entre estas dos clases de unión consiste en que en la unión «*en el prosopon*» no se da corrupción ni variación de las naturalezas que la constituyen, mientras que Nestorio concibe la unión natural o hipostática como una mezcla en que se confunden y pierden las distinciones propias de cada naturaleza.

Esta unión es «voluntaria», y es este uno de los aspectos de la doctrina de Nestorio que más duramente fue atacado. Esto no quiere decir que se trate de una unión puramente sicológica. Para Nestorio el término «unión voluntaria» no se refiere en primera instancia a la unión que surge de una decisión, sino a la que no hace violencia a las naturalezas que se unen. La unión natural —es decir, la unión de dos naturalezas incompletas para formar una tercera naturaleza— es involuntaria, pues las naturalezas que se unen pierden sus propiedades. La unión de la divinidad y la humanidad en Cristo es «voluntaria», no porque haya habido un acto de adopción —doctrina que Nestorio condena expresamente— sino porque en ella no se hace violencia a las propiedades y distinciones de las naturalezas. Además,

[13] Scipioni, *Ricerche...*, p. 76.

la unión que hay en Jesucristo es «voluntaria» en el sentido de que resulta de la voluntad libre de Dios, como también en el sentido de que la voluntad de la naturaleza humana concuerda con la voluntad divina. Pero esto no significa en modo alguno que Nestorio pretenda que tal unión se deba al simple acuerdo de dos voluntades.

Sin embargo, esto no quiere decir que no hubiera razón alguna en las acusaciones contra Nestorio. Al subrayar la integridad de cada una de las dos naturalezas de Cristo, y atribuirle a cada una de ellas su propio *prosopon*, Nestorio se colocaba en una posición en la que se hacía difícil dar un sentido real a la unión de ambas naturalezas. Para él, esta unión consiste más bien en una «conjunción», de tal modo que cada una de las dos naturalezas conserva sus propios predicados, sin que estos se confundan entre sí. Por ello, Nestorio no puede aceptar la doctrina alejandrina de la *communicatio idiomatum*, y esta es la base de su oposición al término «*theotokos*».[14]

María no es la «Madre de Dios» porque Dios no puede tener madre. La distinción entre la criatura y el Creador es tal que aquella no puede engendrar a este. María es la madre del hombre que sirve de «instrumento» o de «templo» a la divinidad, y no de la divinidad misma: María es «Madre del Hombre» o «Madre de Cristo», pero no «Madre de Dios». Lo contrario sería «confundir las naturalezas», y llegar así a una tercera naturaleza que no sería humana ni divina, sino un ser intermedio.

¿Dónde está el error de Nestorio, si es que lo hay? El punto débil de la cristología de Nestorio está precisamente en las consecuencias de una distinción excesiva entre la naturaleza humana y la divina en Jesucristo. En efecto, si la relación entre estas dos naturalezas es tal que a cada paso podemos y debemos establecer una distinción entre ellas, ¿en qué sentido podemos decir que Dios «habitó entre nosotros»? ¿Qué significación pueden tener el sufrimiento y la muerte de un hombre si ese hombre no está unido realmente a la naturaleza divina? Así pues, la controversia nestoriana no gira simplemente alrededor de la maternidad divina de María —como han pensado algunos intérpretes protestantes— sino alrededor de la persona y obra de Jesucristo. Y las consideraciones que llevaban a Cirilo a atacarle no eran simplemente de orden político —y mucho menos mariológico— sino que eran ante todo de carácter cristológico y soteriológico.[15]

Fue frente a la cristología de Nestorio que Cirilo desarrolló su propio pensamiento cristológico. Antes de los comienzos de la controversia

---

[14] Véase el *Libro de Heráclides*, 129, 136 y 244.

[15] Tras la controversia, el propio Nestorio se percató de la necesidad de admitir la *communicatio idiomatum*, al menos en lo que se refiere a los hechos centrales de la salvación, y afirma en el *Libro de Heráclides* (118) que en la encarnación Dios ha querido atribuir la muerte a su *prosopon*, a fin de que la victoria fuese atribuida al hombre.

nestoriana, Cirilo había sostenido una cristología que le acercaba a Apolinario.[16] Para él —como para toda la tradición alejandrina— era necesario pensar acerca de la encarnación en términos de la unión de la divinidad a un cuerpo humano.[17] Sin embargo, la predicación de Nestorio, y luego las negociaciones con Juan de Antioquía, le obligaron a elaborar y definir su doctrina cristológica.

Según Cirilo, la unión de la divinidad y la humanidad en Cristo es una «unión hipostática» —y él es el primero en emplear esta expresión, que luego vino a ser marca de la ortodoxia cristológica. En Cristo, la naturaleza divina se une a la humanidad en una sola hipóstasis, es decir, en la hipóstasis del Verbo. La naturaleza humana de Cristo carece de hipóstasis propia; es «anhipostática», como diría el propio Cirilo.

Sin embargo, es necesario cuidarnos de interpretar erróneamente la «anhipóstasis» de Cirilo. Según algunos historiadores, Cirilo —dejándose llevar por influencias platónicas— afirmaba que, en Cristo, el Verbo se había unido a la humanidad en general y no a un hombre individual. Hay ciertos textos que se prestan a tal interpretación. Pero Cirilo no pretende en modo alguno negar la individualidad de la naturaleza humana del Salvador. Al decir que esta naturaleza es «anhipostática», Cirilo solo desea señalar el hecho de que no subsiste por sí misma, sino que el principio de su subsistencia está en el Verbo. Cirilo emplea el término «hipóstasis» en diversos sentidos, de tal modo que llega a afirmar que lo que no tiene hipóstasis carece de realidad,[18] mientras que, por otra parte, afirma también que la naturaleza humana de Cristo —que para él es real— carece de hipóstasis propia. Lo que esta última aserción quiere decir es, no que

---

[16] Puesto que Atanasio no había sido del todo explícito en lo que a la humanidad integral de Cristo se refiere, los apolinaristas le adjudicaron varias obras en las que le hacían defensor de sus doctrinas. Fue de una de estas obras que Cirilo tomó la fórmula «una naturaleza encarnada del Verbo de Dios», cuyo origen es en realidad apolinarista, pero que Cirilo creía gozaba del apoyo de Atanasio.

[17] Esto no quiere decir que Cirilo haya sido apolinarista —contra tal suposición militan las repetidas condenaciones del apolinarismo en casi todas las obras de Cirilo—. Lo que sucede es, más bie,n que Cirilo acepta la doctrina ya establecida, según la cual hay en Cristo un alma racional humana, pero no integra este principio en la totalidad de su pensamiento cristológico. «El Obispo de Alejandría permanece fiel a la antropología corriente de su época. En el trasfondo de su cristología está la idea de que el hombre es un espíritu encarnado y que, en consecuencia, un espíritu viene a ser hombre uniéndose, no a un alma, sino a una carne. Dentro de esta perspectiva, el alma no interviene de manera fundamental en el proceso de la encarnación, tampoco ocupa un papel en el sistema cristológico erigido sobre esta base. Cirilo puede reconocer el hecho de que un alma espiritual animaba la carne asumida por el Verbo; pero este hecho no forma parte de su definición de la encarnación, y he aquí la razón por que el alma del Salvador aparece tan poco en la cristología de Cirilo antes del año 428». Jacques Liébaert, *La doctrine christologique de Saint Cyrille d'Alexandrie avant la querelle Nestorienne* (Lille, 1951), p. 158.

[18] *De recta fide*, 13 (*PG*, 76:396).

Jesús no haya sido un hombre individual, sino que no era un hombre que subsistiese o pudiese subsistir separada o independientemente del Verbo.[19] Esta doctrina de la «anhipóstasis» —o carencia de hipóstasis— de la naturaleza humana de Cristo es para Cirilo el fundamento de la *communicatio idiomatum*. Puesto que el Verbo es la hipóstasis o principio de subsistencia de la humanidad del Salvador, a él ha de referirse todo cuanto se diga de esa humanidad. María es Madre de Dios, no porque en ella haya comenzado a existir la divinidad de Jesucristo, sino porque ella es la Madre de una humanidad que solo subsiste en virtud de su unión al Verbo, y de la cual puede y debe decirse, por tanto, que es Dios.[20] Por tanto, es necesario afirmar, no solo que Dios nació de una virgen, sino que Dios caminó por los campos de Galilea, y que sufrió y murió.

En cuanto a Nestorio, Cirilo nunca hizo un esfuerzo por comprender su pensamiento. Al contrario, Cirilo se hizo una caricatura del pensamiento de su adversario y se dedicó a atacar esa caricatura. Según él, Nestorio no distingue entre el modo en que el Verbo habitó en Jesucristo y el modo en que el Espíritu habitó en los profetas del Antiguo Testamento. Según él, Nestorio afirma que Cristo fue solo un hombre «portador de Dios». Según él, Nestorio enseña que la unión de la divinidad y la humanidad no comenzó sino después del nacimiento de Jesús. Según él, Nestorio no es más que un adopcionista a la usanza de Teodoto o Pablo de Samósata.

En todo caso, la doctrina de Cirilo resultaba casi tan peligrosa como la de Nestorio. Si a Nestorio se le hacía difícil mostrar en qué consistía la unión de lo divino y lo humano en Jesucristo, Cirilo —al menos en sus primeros años— tendía a subrayar la unidad de la persona del Salvador de tal modo que se le hacía difícil atribuirle una humanidad íntegra, que no quedase absorbida por el Verbo que se había unido a ella. Sin embargo, Cirilo es conocido por la posteridad como uno de los principales defensores de la ortodoxia cristológica, mientras que Nestorio es tenido por uno de los grandes heresiarcas de la historia del cristianismo. Esta buena fortuna de Cirilo se debe en gran medida a la moderación que le fue necesario mostrar en sus negociaciones con Juan de Antioquía y los demás teólogos

---

[19] La principal objeción que puede hacerse a esta interpretación del pensamiento de Cirilo está en las muchas veces en que el patriarca alejandrino afirma que el Verbo se unió a todos los hombres, o que en Él toda la humanidad recibe la vida. Tal objeción pierde toda su fuerza si no se pretende ver en estos textos más de lo que son, es decir, afirmaciones de la vieja doctrina de la «recapitulación» en Cristo. Esto puede confirmarse por los múltiples casos en que tales textos van acompañados de referencias paralelas al hecho de que «en Adán todos pecamos» —y no cabe duda de que Cirilo concebía a Adán como un hombre individual—. Por otra parte, si fuese cierta la interpretación que hace de la «anhipóstasis» de Cirilo una negación de la humanidad individual del Salvador, los adversarios antioqueños del obispo alejandrino se hubiesen apresurado a atacarle en este punto, cosa que no hicieron.

[20] *Ep.* 1.4.17; *Quod sancta Virgo deipara sit et non Christipara; Quod beata Maria sit deipara.*

de la misma escuela, en el curso de las cuales llegó a sostener la dualidad de naturalezas del Salvador.[21] Pero aun a pesar de esto, y del modo en que defendió la doctrina de las dos naturalezas frente a sus antiguos aliados —que se volvieron contra él tras su reconciliación con los antioqueños— Cirilo subrayó siempre la unidad del Salvador por encima de toda distinción de las naturalezas. Para él, la frase apolinarista «una naturaleza encarnada del Verbo de Dios» era estrictamente ortodoxa, y la distinción de las dos naturalezas solo podía hacerse de un modo ideal, puesto que, a partir de la encarnación, hubo en el Salvador «una sola naturaleza». Es por esto que, en el próximo episodio de las controversias cristológicas, los monofisistas pudieron reclamar el apoyo del difunto Cirilo.

---

[21] Tras firmar la fórmula de unión del año 433, de carácter marcadamente antioqueño, Cirilo se vio obligado a defender, frente a los extremistas antinestonianos que la negaban, la dualidad de naturalezas de Cristo. La fórmula en cuestión afirmaba esa dualidad y limitaba también el alcance de la *communicatio idiomatum*.

20

El monofisismo y
el Concilio de Calcedonia

L a fórmula de unión del año 433 no podía ser más que una breve tregua en la larga pugna entre la cristología alejandrina y la antioqueña. Aunque en la condenación de Nestorio Cirilo logró una victoria importante, pronto se percató de que era mejor no ir demasiado lejos en la afirmación de los principios alejandrinos por encima de los antioqueños. Esto fue lo que le llevó a aceptar la unión del 433, y cabe decir que a los acuerdos de esa unión, fue fiel todo el resto de su vida.

Pero el propio Cirilo, en su lucha contra Nestorio, había desatado fuerzas que luego resultaban difíciles de detener. Convencidos de que la verdadera fe exigía la confesión de la naturaleza única del Salvador, y que toda aceptación de la doctrina antioqueña de las dos naturalezas equivalía a una apostasía, muchos de los viejos aliados de Cirilo se negaron a aceptar la paz del 433 como algo definitivo.[1]

Por otra parte, algo semejante sucedía entre los antioqueños. Si bien Juan de Antioquía no había abjurado de lo que ellos consideraban la verdadera fe —pues la fórmula de reunión del 433 afirmaba la dualidad de

---

[1] Esta reacción tuvo lugar sobre todo entre los monjes, a quienes el propio Cirilo, en su lucha contra Nestorio, había convencido de que eran baluartes de la verdadera fe. Por esto no ha de extrañarnos que Eutiques haya sido un monje. Además, algunos obispos —Acacio de Melitene y Succenso de Diocesarea, entre otros— se negaban a aceptar la fórmula del año 433, e insistían en la naturaleza única del Salvador.

naturalezas del Señor— sí había traicionado a su viejo aliado, Nestorio, que según ellos no había cometido más crimen que el de atacar los errores de quienes confundían la divinidad con la humanidad.[2]

Debido a esta situación, el equilibrio establecido en el año 433 no podía durar. Tan pronto como las circunstancias lo permitiesen, el conflicto volvería a surgir. Esto fue precisamente lo que sucedió cuando, en el año 344, Dióscoro sucedió a Cirilo como patriarca de Constantinopla.

Tanto en celo por la causa que él creía ortodoxa como en falta de escrúpulos en cuanto a los medios que empleaba para lograr el triunfo de esa causa, Dióscoro aventajaba en mucho a su predecesor. Para él, la fórmula de reunión del año 433 constituía un triunfo de la herejía sobre la verdadera fe, además de una humillación para la vieja sede alejandrina, que tenía —o debía tener— el derecho de supremacía en todo Oriente.

Al ocupar Dióscoro el trono episcopal, las circunstancias parecían ser ideales para llevar a feliz término la destrucción final de la escuela y las pretensiones antioqueñas. En la vieja ciudad de Siria, ocupaba el trono episcopal el débil Domno, que había sucedido a Juan en el año 441. Domno se sentía más inclinado a la vida monástica que a la participación activa en los asuntos eclesiásticos, y por ello prácticamente confiaba el gobierno de su diócesis a Teodoreto de Ciro. Aunque respetado por su extensa erudición, Teodoreto resultaba sospechoso para muchos debido a su estrecha amistad con el depuesto Nestorio. Así, el obispo de Antioquía y su colega resultaban fácilmente vulnerables. Por otra parte, la situación política del Imperio se prestaba a los designios de Dióscoro, pues el emperador Teodosio II, demasiado anciano y débil para gobernar, confiaba la dirección de los asuntos de estado al Gran Chamberlán Crisapio, y este era hombre que se dejaba tentar por el oro alejandrino. Por último, Dióscoro contaba con el apoyo de toda una hueste de monjes esparcidos por todo Oriente —y presente hasta en la misma Antioquía— y que solo pedía que se le diese ocasión de defender la verdadera fe frente a los herejes.

Las gestiones que Teodoreto llevaba a cabo en Antioquía en pro de la doctrina de las dos naturalezas proveyeron la ocasión para el ataque de Dióscoro. En Antioquía, Teodoreto había prohibido que el monje Pelagio —que no ha de confundirse con el otro monje del mismo nombre que dio

---

[2] Algunos antioqueños, como Teodoreto de Ciro, Juan de Germánica y Andrés de Samosata, aceptaban la ortodoxia de Cirilo, pero no estaban dispuestos a condenar a Nestorio. Otros, como Alejandro de Hierápolis, adoptaban posiciones más extremas, y declaraban que Cirilo era hereje y Juan había traicionado la verdadera fe. Otros, en fin, continuaban exigiendo que Cirilo retirase sus anatemas de manera explícita —tales como Eleuterio de Tiana y Heladio de Tarso—. Ante tal situación, Juan de Antioquía se vio obligado a pedir acciones gubernamentales contra los principales descontentos. Esto resolvió las dificultades inmediatas, pero contribuyó también a aumentar la tensión que existía en toda la Iglesia Oriental.

origen al «pelagianismo»— enseñase teología, pues la doctrina que enseñaba se oponía a la que los antioqueños tenían por ortodoxa. Poco después,
Teodoreto escribió sus tres diálogos generalmente conocidos bajo el título
de *Eranistes*, en los que defendía la doctrina de las dos naturalezas frente
a todo intento de confundirlas. Se trata de una obra de tono moderado y
respetuoso, pero que no deja lugar a dudas acerca de la oposición del autor
a la doctrina que «confunde» las naturalezas en Cristo.

Inmediatamente Dióscoro se lanzó al ataque. Crisapio —convencido
por el monje Eutiques y por el oro alejandrino— hizo que el Emperador
promulgase un edicto «antinestoriano» que iba dirigido en realidad contra
los antioqueños ortodoxos. Como era de esperar, este edicto causó tal
revuelo en Antioquía que a partir de ese momento Dióscoro no tuvo dificultad alguna en hacer aparecer a Teodoreto y los suyos como un puñado
de revoltosos. Como resultado de todo esto, el Emperador ordenó que Teodoreto permaneciera en su sede en Ciro, y que no continuara perturbando
el orden con sus sínodos y demás actividades. Teodoreto intentó continuar
su obra desde Ciro, y con este propósito se dedicó a escribir en defensa de
los principios antioqueños, pero pronto resultó claro que Dióscoro había
logrado restringir grandemente el campo de acción del más distinguido
teólogo antioqueño.

La cuestión pudo no haber ido más lejos, pero Dióscoro estaba decidido a lograr el triunfo final de Alejandría sobre Antioquía, y decidió utilizar el caso de Eutiques para lograr ese propósito. Eutiques era un monje
de Constantinopla, venerado por muchos y respetado por todos, pues era
padrino del Gran Chamberlán Crisapio. En cuanto a su doctrina, Eutiques
era enemigo acérrimo del nestorianismo y de todo cuanto pudiera pare-
cérsele, pero no se sentía inclinado a formular su propia cristología en
términos precisos.

El caso de Eutiques surgió cuando, en su sínodo local reunido en Constantinopla en el año 448, Eusebio de Dorilea le acusó de herejía. Eusebio se había destacado siempre por su excesivo celo antiherético, y hasta
sus propios compañeros se quejaban de su actitud belicosa. En este caso,
sin embargo, Eusebio se basaba en el hecho de que Eutiques se negaba a
aceptar la validez de la Fórmula de Reunión del 433, que los obispos del
sínodo constantinopolitano estaban dispuestos a considerar como medida
de la verdadera fe. Eutiques, por su parte, no hacía más que lo que estaban
haciendo por todo Oriente docenas de opositores de la doctrina de las dos
naturalezas, solo que, confiado en el apoyo de Crisapio y de Dióscoro, lo
hacía más abiertamente.

Tras una larga serie de excusas y de idas y venidas, Eutiques se presentó ante el sínodo constantinopolitano, aunque, para que los obispos allí
reunidos se percataran de que tenían que vérselas con un personaje de
importancia, se presentó rodeado de soldados y de oficiales de la corte. Al

parecer, el propio Eutiques no se percataba de que él no era más que un instrumento que Dióscoro estaba empleando para lograr la victoria de la causa alejandrina. En todo caso, el legado imperial Florencio, aunque parecía favorecer a Eutiques, tenía instrucciones de Dióscoro de asegurarse de que Eutiques se negara a confesar la dualidad de naturalezas en Jesucristo; y que fuera condenado por ello. Naturalmente, el propósito del patriarca alejandrino era hacerse más tarde el campeón de la causa de Eutiques, lograr su reivindicación y, de ese modo, lograr la condenación de quienes antes le habían condenado. Para ello, era necesario que el sínodo constantinopolitano condenase a Eutiques. El resultado fue el que Dióscoro había esperado: Eutiques se defendió astutamente, pero su suerte estaba decidida, pues hasta sus propios aliados deseaban que se le condenase.

En cuanto a la doctrina de Eutiques, es difícil saber en qué consistía. Los dos puntos doctrinales que Eutiques se negó a afirmar fueron las fórmulas de «dos naturalezas después de la encarnación» —Eutiques estaba dispuesto a afirmar que Jesucristo era «de dos naturalezas antes de la unión»— y «consubstancial a nosotros», tomadas ambas de la Fórmula de Reunión del 433. Más tarde, se llegó a afirmar que él había dicho que el cuerpo humano de Cristo descendió del cielo. Pero esto parece ser una exageración, y probablemente lo que Eutiques decía era que, por razón de la encarnación, el cuerpo de Jesucristo había sido deificado de tal modo que no era «consubstancial a nosotros». En todo caso, no cabe duda de que Eutiques era —como decía León— un pensador «imprudente y carente de pericia»— y que su interpretación de Cirilo —sobre quien él pretendía fundamentar su pensamiento— era harto simplista y superficial. Lo mismo puede decirse acerca de su interpretación de Nestorio, que le hacía descubrir tendencias «nestorianas» en toda afirmación de las «dos naturalezas» de Cristo. Quizá no sea del todo impropio el hecho de que quien daba los nombres de Cirilo y Nestorio a doctrinas que no eran las de ellos haya prestado su propio nombre a una doctrina —el «eutiquianismo»— que él nunca sostuvo.

No satisfecho con la decisión del sínodo constantinopolitano, Eutiques apeló a los obispos de las principales sedes, entre ellos el obispo de Roma, León. Por su parte, Flaviano, el patriarca de Constantinopla que había presidido en el juicio de Eutiques, escribió también a Roma. Esto era lo que esperaba Dióscoro, pues así el conflicto local se había hecho universal, y sería necesario convocar un concilio general que él se ocuparía de dirigir. Si tal concilio reivindicaba a Eutiques y condenaba a quienes le habían juzgado, ello constituiría un gran triunfo para Dióscoro y las pretensiones alejandrinas. Mientras tanto, y a fin de subrayar la necesidad de un concilio general, Dióscoro se negó a aceptar las decisiones del sínodo constantinopolitano y ofreció la comunión a Eutiques.

Finalmente, Dióscoro logró que el Emperador convocase un concilio general que debía reunirse en Éfeso en el 449. A este concilio asistieron unos ciento treinta obispos, y desde el principio resultó claro que Dióscoro —a quien el Emperador había hecho presidente de la asamblea— no estaba dispuesto a tolerar oposición alguna a su política. Contrariamente a lo que Dióscoro había esperado, Roma se declaró en contra suya, pues el Papa León escribió a Flaviano de Constantinopla una carta —conocida como la *Epístola dogmática*— en la que apoyaba la condenación de Eutiques. Mas el obispo alejandrino no era hombre que se dejase amedrentar por tan poca cosa y continuó firme en su decisión de hacer del concilio efesino del 449 la ocasión del triunfo final de Alejandría sobre Antioquía.

Aunque la *Epístola dogmática* es de carácter conciliatorio, no cabe duda acerca de su apoyo a la condenación de Eutiques, ni tampoco acerca de la posición cristológica del propio León. Para el Papa, Eutiques ha de ser contado entre quienes son «maestros del error porque nunca fueron discípulos de la verdad»,[3] y su principal error consiste en negar la consubstancialidad del Salvador con la humanidad, pues la gloria y novedad de la encarnación no destruyen el carácter de la naturaleza humana. «De igual modo que Dios no cambia al mostrar su misericordia, el hombre no es absorbido por la dignidad».[4] Al contrario, la distinción de las naturalezas es necesaria aun después de la unión.

> Por lo tanto, sin perjuicio alguno de las naturalezas y substancias que allí se unieron en una persona, la humildad fue tomada por la majestad, la debilidad por la fuerza, la mortalidad por la eternidad y, a fin de saldar la deuda de nuestra condición, la naturaleza impasible fue unida a la pasible... Luego, Dios nació en la naturaleza íntegra y perfecta de un verdadero hombre, completo en lo suyo, completo en lo nuestro.[5]

> ... el Verbo hace lo que es propio del Verbo, y la carne lo que es propio de la carne. Uno de ellos reluce en milagros y la otra padece injurias. Y de igual modo que el Verbo no deja de ser igual a la gloria del Padre, así también la carne guarda la naturaleza de nuestra raza.[6]

---

[3] *Ep*. 28.1 (*PL*, 54:758).

[4] *Ep*. 28.4 (*PL*, 54:768). Por esto León no puede aceptar la fórmula de Eutiques: «De dos naturalezas antes de la encarnación y en una naturaleza después de la encarnación». Para él, esta afirmación equivale a decir que la humanidad ha sido absorbida y disuelta por la divinidad. Véase también *Ep*. 28.46.

[5] *Ep*. 28.3 (*PL*, 54:764). Nótese el uso de «naturaleza» y «substancia» como sinónimos, que es característico de la cristología occidental desde tiempos de Tertuliano.

[6] *Ep*. 28.4 (*PL*, 54:768).

Sin embargo, esto no quiere decir que León «divida» las naturalezas al modo de Nestorio, pues él afirma categóricamente que en Cristo hay una persona, y que esta unidad ha de ser reiterada a cada paso. «Porque ha de repetirse una y otra vez que es uno y el mismo quien es verdaderamente Hijo de Dios y verdaderamente hijo del hombre».[7]

En toda esta exposición de la doctrina cristológica, León no está haciendo innovación alguna. Al contrario, su fórmula es exactamente la misma expuesta por Tertuliano dos siglos y medio antes, y que había llegado a ser la fórmula tradicional de Occidente: dos naturalezas o substancias en una sola persona.[8]

Luego, en la controversia que gira alrededor de Eutiques se encuentran las tres principales corrientes cristológicas de la iglesia antigua: la occidental, la alejandrina y la antioqueña. Todas estas concuerdan en que es necesario afirmar la unidad de la divinidad y la humanidad en Jesucristo, pero no en el modo en que esto ha de hacerse.

Los alejandrinos —abandonando en ello a Orígenes— tenían una larga tradición de maestros que habían pretendido encontrar una fórmula de unión desposeyendo a la humanidad de su carácter integral, es decir, mediante una doctrina cristológica del tipo «*Logos*-carne» —en la que el Verbo no se une a un ser humano completo, sino más bien a la carne o el cuerpo humano. En Apolinario esta doctrina había llegado a su conclusión natural, y desde entonces ningún pensador ortodoxo la sostenía conscientemente. Pero había ciertas obras de origen apolinarista que circulaban bajo el nombre de Atanasio, y esto llevaba a los alejandrinos a continuar buscando soluciones semejantes a la de Apolinario. De estas, la más acertada era la doctrina de Cirilo sobre la unión hipostática y la anhipóstasis de la humanidad de Cristo. Sin embargo, sus propios sucesores vieron en esta doctrina un acercamiento demasiado peligroso a la «división de las naturalezas», y volvieron a la vieja afirmación de la naturaleza única del Salvador.

Naturalmente, puesto que el venerado Cirilo había afirmado que Cristo era «de dos naturalezas», era necesario resolver esta dificultad, y los alejandrinos la resolvían mediante la fórmula «de dos naturalezas antes de la encarnación; en una naturaleza después de la unión». Es decir, que Cristo era en efecto hombre y Dios, pero que esta distinción solo podía hacerse

---

[7] *Ep.* 28.4 (*PL*, 54:768).

[8] Naturalmente, entre Tertuliano y León hay personajes tan importantes como Ambrosio, Jerónimo y Agustín, pero estos tienen poco que añadir a la fórmula de Tertuliano. Quizá la mayor contribución de estos tres grandes escritores latinos al desarrollo de la cristología occidental esté en la reintroducción de la fórmula «una persona» para referirse a la unidad del Salvador. Aunque Tertuliano la había utilizado, tal fórmula no logró imponerse en la cristología occidental sino a través de la autoridad de Ambrosio (que la emplea una sola vez), de Jerónimo y de Agustín

en un plano intelectual —«antes de la encarnación»— porque «después de la unión» la humanidad había sido absorbida de tal modo por la divinidad que ya no era posible hablar de ella como tal.[9]

Los antioqueños, por su parte, partían de la realidad humana del Salvador, aunque tras los casos de Pablo de Samósata y Eustatio de Antioquía se habían convencido de que era necesario afirmar también su divinidad personal. Además, tras la condenación de Nestorio, los antioqueños se percataron del modo en que toda negación de la *communicatio idiomatum* constituía una negación de la encarnación misma y, por ende, de la obra salvadora de Jesucristo. Por esta razón estaban dispuestos a aceptar la unión de la humanidad y la divinidad en una sola persona, y esto de tal modo que se diese la *communicatio idiomatum.* Mas no estaban dispuestos a aceptar doctrina alguna que «confundiese» la divinidad y la humanidad de tal modo que esta última perdiese su carácter propio.

Por último, los occidentales partían de la vieja fórmula de Tertuliano y de sus tendencias legalistas y prácticas. Puesto que Occidente comenzaba ya a concebir la obra salvadora de Jesucristo del modo que luego le sería característico —es decir, como la paga de una deuda contraída por el humano para con Dios— le bastaba con que se afirmase que el Salvador era tal que podía llevar a cabo esa obra. Esto implicaba la afirmación de la unión de la divinidad y la humanidad en Jesucristo, mas no requería especulación alguna acerca del modo en que se realizaba esa unión. Así pues, bastaba con repetir la vieja fórmula de Tertuliano, aunque mostrando al mismo tiempo que esto no quería decir que la humanidad del Salvador quedara absorbida por su divinidad. Esto fue lo que hizo León en su *Epístola dogmática.*

Estas tres corrientes cristológicas se encontraron en el concilio reunido en Éfeso en el 449. Aun antes de comenzar las sesiones de este concilio, podía verse cuál sería su resultado. Dióscoro contaba con el apoyo de Crisapio y, a través de él, del propio Emperador. Además, el patriarca alejandrino llegó a Asia Menor acompañado de una multitud de obispos y monjes fanáticos, dispuestos a lograr a toda costa el triunfo de la «verdadera fe». Teodoreto de Ciro, el más hábil entre los defensores de la causa antioqueña, recibió órdenes del Emperador prohibiéndole participar en las sesiones del concilio. Por último, en un decreto promulgado dos días antes de la apertura del concilio, el Emperador nombró a Dióscoro presidente de la asamblea y le dio autoridad para hacer callar a todo aquel que osase

---

[9] Uno de los ejemplos favoritos de estos opositores del «nestorianismo» —ejemplo que antes habían usado los capadocios— era el de la gota de vinagre disuelta en el mar. Al disolverse en el mar, el vinagre pierde su naturaleza para todos los fines prácticos.

añadir algo, o restar algo, a la fe establecida por los obispos reunidos en Nicea (325) y en Éfeso (431).[10]

Bajo tales condiciones el concilio efesino del año 449 no podía ser sino lo que luego León llamó: un «latrocinio».[11] A pesar de las protestas de Flaviano y de los legados papales, la *Epístola dogmática* de León nunca fue leída. El propio Flaviano fue tratado con tal violencia que murió a los pocos días. Eusebio de Dorilea, que había sido el primero en acusar a Eutiques, fue condenado y depuesto por enseñar la doctrina de las «dos naturalezas después de la unión», que según Dióscoro y los suyos era la doctrina de Nestorio. Eutiques fue declarado perfectamente ortodoxo, y varios de los obispos que le habían condenado antes cambiaron ahora su posición, y se prestaron a anatematizar a cuantos condenaron a Eutiques —entre ellos Seleuco de Amasea y Basilio de Seleucia—. Acto seguido, el concilio se dedicó a la tarea de condenar y deponer a los principales exponentes de la cristología antioqueña, entre ellos a Domno de Antioquía, Teodoreto de Ciro e Ibas de Edesa.[12] Por último, el concilio decretó que, en lo sucesivo, solo serían ordenados hombres que no sostuviesen la doctrina de Nestorio, Flaviano y los suyos. Con esto, parecía haberse logrado el triunfo definitivo de la sede y la cristología alejandrinas sobre sus rivales de Antioquía.

El papa León no se sentía inclinado a aceptar los decretos y decisiones del concilio de obispos que para él era más bien un conciliábulo de ladrones. Pronto llegaron a Roma cartas de Flaviano, Teodoreto y Eusebio de Dorilea. Además, el diácono Hilario, que había formado parte de la delegación enviada por León, trajo a Roma noticias directas del modo en que el concilio había tenido lugar. Inmediatamente, León comenzó su campaña en contra del «latrocinio» de Éfeso escribiendo a cuantos en Oriente podían tener razones para oponerse a lo que allí se había hecho (obispos, monjes, políticos y hasta miembros de la familia imperial). Todos estos esfuerzos resultaban vanos. El emperador Teodosio II —y sobre todo su Gran Chamberlán Crisapio, que gobernaba por él— no estaba dispuesto a que se iniciase de nuevo la discusión que había llevado al reciente concilio de Éfeso.

---

[10] El concilio de Éfeso del 431, en su séptimo canon, había establecido que era ilícito «proponer, escribir o componer una fe distinta, frente a la establecida por los santos Padres reunidos con el Espíritu Santo en Nicea». Esto es lo que se conoce como el «decreto de Éfeso», en el cual hallan su fundamento tanto este decreto imperial como la oposición posterior al Concilio de Calcedonia.

[11] *Ep.* 95.2: «*In illo Ephesino non iudicio sed latrocinio*». (*PL*, 54:943).

[12] Mencionamos aquí a Ibas porque sus relaciones con Barsumas de Nisibis en Persia hacen de él uno de los eslabones que explican el «nestorianismo» de la escuela de Nisibis y de buena parte del cristianismo persa. Debemos señalar, sin embargo, que Ibas anatematizó a Nestorio, y que se le condenó, no por nestoriano, sino por antioqueño.

Esta situación cambió cuando, antes de cumplirse el año del «latrocinio» de Éfeso, el Emperador cayó de su caballo y murió. Le sucedieron su hermana Pulqueria y el militar Marciano, que contrajo matrimonio con ella. Pulqueria había constituido siempre una de las mayores esperanzas del Papa León; de hecho, es probable que una de las razones que hicieron que se le expulsara de la corte durante el reino de su hermano haya sido su oposición a Dióscoro y Crisapio. Ahora bien, entre ella y Marciano se dedicaron a deshacer lo hecho por el «latrocinio» efesino. Pronto los obispos antioqueños que habían sido depuestos por Dióscoro fueron devueltos a sus diócesis; los restos de Flaviano fueron llevados con gran pompa a la Basílica de los Apóstoles; el nuevo obispo de Constantinopla, que antes había seguido a Dióscoro, se declaró ahora a favor de la *Epístola dogmática* de León; en las provincias, muchos seguían el ejemplo del obispo de la capital; y por último, los emperadores convocaron un nuevo concilio, que había de reunirse en Nicea en mayo del año 451.

Por razones prácticas, este concilio se reunió en Calcedonia y recibe el título de Cuarto Concilio Ecuménico, aunque las iglesias nestorianas y monofisistas no lo reconocen como tal. Quinientos veinte obispos —el mayor número que hasta entonces había acudido a concilio alguno— se reunieron en la Basílica de Santa Eufemia, además de una delegación imperial compuesta por dieciocho oficiales.

Accediendo a las peticiones de los delegados de León, el Concilio comenzó sus negocios discutiendo el caso de Dióscoro y los demás dirigentes del sínodo celebrado dos años antes en Éfeso. A través de la lectura y discusión de las actas de ese sínodo, quedó ampliamente probado que Dióscoro se había valido de métodos ilícitos para lograr la condenación de los antioqueños y la reposición de Eutiques. Varios de los obispos que habían participado de aquel «latrocinio» confesaron que se habían dejado arrastrar por las amenazas y el temor; otros dijeron que estaban confundidos. Dióscoro continuó firme en su posición, afirmando que Cristo era «de dos naturalezas», pero no «en dos naturalezas», y que esta era la razón por la que Flaviano, Domno, Ibas y los demás antioqueños habían sido depuestos. El resultado de todo esto fue que Dióscoro fue condenado, depuesto y enviado al exilio, donde murió algún tiempo después, venerado por los monofisitas, que veían en él al gran defensor de la verdadera fe, y casi olvidado de los ortodoxos, para quienes Dióscoro no era más que un fanático que se había valido de su sede para imponer sus doctrinas. Sin embargo, sus compañeros de «latrocinio» fueron perdonados una vez que confesaron su error. Por último, los obispos que habían sido depuestos en el 449 por Dióscoro y los suyos fueron devueltos a sus sedes (excepto Domno de Antioquía, cuyas inclinaciones monásticas le hacían preferir la vida retirada a la cátedra episcopal).

Las dificultades fueron mayores al intentar redactar una confesión de fe. Por una parte, parecía oponerse a ello el famoso canon efesino del 431 (canon VII), que prohibía componer o exponer una fe distinta de la que había sido afirmada en Nicea. Muchos interpretaban esto como una prohibición de establecer nuevos credos, y por ello se oponían a que el Concilio de Calcedonia compusiese una fórmula doctrinal. Esta oposición tuvo que rendirse ante la imposibilidad de utilizar el símbolo de Nicea para poner término a las controversias cristológicas, pues tanto los de un bando como los de otro, al tiempo que afirmaban la fe nicena, declaraban que los otros eran herejes.

Por otra parte, existía cierta dificultad en las diferencias entre la terminología de Cirilo y la de León. Cirilo había preferido hablar siempre de «una naturaleza encarnada del Verbo de Dios», y se había mostrado suspicaz hacia quienes tendían a distinguir demasiado claramente entre lo que corresponde a la divinidad de Cristo y lo que corresponde a su humanidad. En cuanto a las dos naturalezas, Cirilo había hablado de ellas «antes de la encarnación», y había dicho que Cristo era «de dos naturalezas», pero nunca había dicho que fuese «en dos naturalezas». Frente a esto, la *Epístola dogmática* de León afirmaba que había en Cristo dos naturalezas después de la unión, y que era posible distinguir entre la humanidad y la divinidad de Jesucristo, de tal modo que se atribuyesen ciertas cosas a la una y ciertas a la otra, aunque sin olvidar la *communicatio idiomatum*, sin la cual la encarnación carecía de sentido.[13] En realidad, ambas fórmulas eran perfectamente compatibles, siempre y cuando no se interpretase la frase «de dos naturalezas», es decir, procedente de dos naturalezas, de tal modo que se implicase que la dualidad de naturalezas existió solo en un momento ideal, «antes de la encarnación», y que en la persona concreta de Jesucristo, «después de la encarnación», solo hay en él «una naturaleza». Esto último fue lo que declaró Eutiques en el sínodo constantinopolitano que le condenó, y fue también la declaración del «latrocinio» de Éfeso. Por esta razón, los delegados occidentales y algunos antioqueños, aunque aceptaban la autoridad y ortodoxia de Cirilo, pensaban que su fórmula «de dos naturalezas» resultaba insuficiente, y preferían la fórmula de León, «en dos naturalezas».[14]

Tras largos debates que no es necesario resumir aquí, se llegó a la siguiente fórmula, conocida por la posteridad como la *Definición de Fe de Calcedonia*:

---

[13] Acerca de este contraste entre Cirilo y León, véase: Paul Galtier, «Saint Cyrille d'Alexandrie et Saint Léon le Grand à Chalcédoine», *DKvK*, I, 345-387.

[14] Basilio de Seleucia, por ejemplo, se oponía a la fórmula «de dos naturalezas» por considerarla igual a la fórmula apolinarista «una naturaleza encarnada del Verbo de Dios» (*Acta Conciliorum Oecumenicorum*, II, Vol. I, Pars 93).

Siguiendo pues a los santos Padres, enseñamos todos a una voz que ha de confesarse uno y el mismo Hijo, nuestro Señor Jesucristo, el cual es perfecto en divinidad y perfecto en humanidad; verdadero Dios y verdadero hombre, de alma racional y cuerpo; consubstancial al Padre según la divinidad, y Él mismo consubstancial a nosotros según la humanidad; semejante a nosotros en todo, pero sin pecado; engendrado del Padre antes de los siglos según la divinidad, y en los últimos días y por nosotros y nuestra salvación, de la Virgen María, la Madre de Dios, según la humanidad; uno y el mismo Cristo Hijo y Señor Unigénito, en dos naturalezas,[15] sin confusión, sin mutación, sin división, sin separación, y sin que desaparezca la diferencia de las naturalezas por razón de la unión, sino salvando las propiedades de cada naturaleza, y uniéndolas en una persona e hipóstasis; no dividido o partido en dos personas, sino uno y el mismo Hijo Unigénito, Dios Verbo y Señor Jesucristo, según fue dicho acerca de Él por los profetas de antaño, y nos enseñó el propio Jesucristo, y nos lo ha transmitido el Credo de los Padres.[16]

Al componer y aceptar esta fórmula, de igual modo que al sancionar la *Epístola dogmática* de León y las epístolas sinodales de Cirilo, los obispos reunidos en Calcedonia no creían estar violando el canon efesino del 431, que prohibía enseñar una fe distinta de la de Nicea. Al contrario, la *Definición de Fe* de Calcedonia era para ellos un simple comentario o explicación de la fe de Nicea, aunque con miras a las herejías que habían aparecido después del Gran Concilio. El Credo de la iglesia continuaría siendo el de Nicea, aunque debería interpretársele según lo proponía la *Definición* de Calcedonia, que condenaba, no solo a quienes, como Eutiques, «confundían» las naturalezas del Salvador, sino también a los que, como Nestorio, las «separaban». La frase «de dos naturalezas», usada tanto por Cirilo como por Eutiques, no es condenada, aunque sí se condena el uso que de ella hacía Eutiques. De igual modo, aunque se aceptaba la frase «en dos naturalezas», que Nestorio había empleado frecuentemente, se rechazaba la interpretación que este le daba.[17]

---

[15] Existen algunos manuscritos griegos que dicen «de dos naturalezas» en lugar de «en dos naturalezas». Sin embargo, la mayoría de los manuscritos griegos y todos los latinos, siríacos y armenios dicen «en dos naturalezas». Schwartz ha probado ampliamente que el texto original decía «en dos naturalezas».

[16] El texto griego que sirve de base a esta traducción, que es el que ofrece *Denzinger*, 70-71.

[17] O, por lo menos, que se pensaba que Nestorio le daba. El propio Nestorio murió en el exilio pensando que el Concilio de Calcedonia había confirmado sus doctrinas.

El propósito de los emperadores Marciano y Pulqueria al convocar el Concilio de Calcedonia parecía haberse logrado. Tras condenar las posiciones extremas, y las herejías anteriores, el Concilio había logrado producir una *Definición de Fe* en la que concordaba la casi totalidad de los obispos. Pero la unidad así lograda era más aparente que real. Pronto resultó evidente que había fuertes minorías que no estaban dispuestas a aceptar la *Definición de Fe*, y surgieron grupos disidentes que perdurarían por lo menos hasta el siglo XXI. Además, aun entre quienes aceptaban lo hecho en Calcedonia, había divergencias en cuanto al modo en que debía interpretarse la *Definición* —divergencias que a veces dieron en luchas violentas.[18] Todo esto hizo que las controversias cristológicas, resueltas en principio en Calcedonia, se prolongasen de hecho a través de varios siglos. Pero el recuento de tales controversias corresponde a un próximo capítulo de esta *Historia*.

---

[18] La propia Roma contribuyó también a quebrantar la autoridad del Concilio de Calcedonia al oponerse al canon 28 de ese concilio, que daba a la sede constantinopolitana «iguales privilegios» que a la romana, y la hacía primera después de Roma. Al oponerse a este canon, y no aceptar así la autoridad del Concilio en este aspecto, la sede romana prestaba apoyo involuntario a quienes negaban la autoridad doctrinal del Concilio.

21

¿Apostólica o apóstata?

❖

Todo parece indicar que cuando los obispos salieron de la gran iglesia de santa Eufemia estaban convencidos de que habían sido fieles a la fe de los apóstoles. Pero ¿estarían en lo cierto? ¿No cabe ver el desarrollo del pensamiento cristiano desde el día de Pentecostés hasta los días de Calcedonia como una vasta —aunque inconsciente— apostasía en la que se abandonó el evangelio original en pos de vanas filosofías y de minucias dogmáticas? ¿No se helenizó el mensaje originalmente judío hasta tal punto que prácticamente dejó de ser judío? Probablemente. Pero hay ciertos factores que han de tomarse en cuenta y que muestran que la situación es mucho más compleja que lo que podría parecer a primera vista.

En primer lugar, si es cierto que el cristianismo es el mensaje de la encarnación, es decir, el mensaje del Dios que ha venido a este mundo haciéndose uno de nosotros, ¿cómo entonces ha de culpársele por entrar en el mundo helenista helenizándose? La alternativa hubiera sido un cristianismo rígido y no encarnado que quizá hubiera podido preservar su formulación original, pero que nunca hubiera penetrado el mundo que le rodeaba.

Sin embargo, si hemos de apreciar los peligros envueltos en el camino que la teología cristiana siguió en su desarrollo, hemos de hacer una segunda consideración. El helenismo no era solamente una actitud cultural en general. Tenía también un contenido que podría hacer peligrar la fidelidad del cristianismo a su mensaje original. La filosofía griega clásica fue un factor principal en la formación de la mente helenista, y esa filosofía entendía el ser en términos esencialmente estáticos. El cambio se consideraba señal de imperfección. Por eso en la filosofía platónica la idea suprema del bien o de lo bello no podía cambiar ni actuar fuera de sí misma, y era necesario un demiurgo que, contemplándola, produjera la creación. Por la misma razón, Aristóteles hablaba del ser supremo como el «primer motor inmóvil». Debía ser «motor» para poder mover y dirigir el universo; pero tenía que ser inmóvil para ser perfecto. Pronto los cristianos —o la mayoría de ellos— se convencieron de que tal modo de hablar acerca del ser supremo era superior o más exacto que lo que decían las Escrituras hebreas. En aquellas Escrituras, se veía a Dios principalmente como un ser activo, creador, que interviene en la historia. Cuando los cristianos empezaron a hablar de Dios, aquel primer motor inmóvil, uniendo esto con la fe en un solo Dios supremo que está por encima de todo cuanto hay, esto afectó su comprensión de la relación de Dios con la historia y de un Dios que en Jesucristo se hizo parte de la historia. Pronto, siguiendo las directrices de la filosofía predominante, empezaron a preguntarse cómo tal Dios podía relacionarse con el mundo. En buena medida era esto lo que se encontraba tras toda la controversia arriana: si el Dios inmutable no puede relacionarse directamente con un mundo mutable, se requiere un ser intermedio entre él y el mundo, y este es el *Logos* o Verbo de Dios. Pero para cumplir tal función no puede ser inmutable como el Dios soberano, sino que se trataría más bien de un ser secundario. De ahí la postura de los arrianos y toda la controversia subsiguiente.

Esas mismas influencias filosóficas llevaron a aquellos antiguos cristianos a definir a Dios en términos de negación de toda característica humana: Dios es infinito, y el humano es finito; Dios es inmutable, y el humano cambia; dios es omnipotente, y el humano está sujeto a las leyes de la naturaleza; Dios es omnisciente, y el humano no tiene sino conocimientos limitados; Dios es impasible, y el humano se deja llevar por las pasiones. ¿Cómo entender entonces que un Dios definido en tales términos se había hecho humano? Lo que indudablemente era un milagro o misterio inexplicable se volvió entonces un enigma que había que resolver. Fue esto lo que dio origen a las controversias que acabamos de estudiar en los últimos capítulos.

En resumen: muchas de las dificultades a que se enfrentó el pensamiento cristiano en su desarrollo eran el resultado de un intento de conciliar lo que se decía de Dios en la tradición original judeocristiana con lo que parecía saberse de Dios a través de lo que la tradición griega llamaba «razón» —que ciertamente no es el único modo de entender la razón—. No es este el lugar para proseguir el tema; pero cabe preguntarse lo que hubiera podido suceder si, en lugar de pensar que el mejor modo para conocer y entender a Dios era la especulación filosófica, los cristianos hubieran tomado en serio el principio de que Dios nos es conocido en Jesucristo mejor que por cualquier otro medio, y que por tanto nuestra definición de quién es Dios no ha de comenzar por nuestra idea de Dios, sino más bien por lo que vemos de él en Jesucristo. Y lo mismo puede decirse, entonces, respecto a lo que es el ser humano: el humano perfecto e ideal es el que vemos en Jesús. Así pues, no se trata de buscar el modo de compaginar las supuestas perfecciones que nuestra mente imagina han de ser las de Dios con las imperfecciones que vemos en nuestras propias personas. Se trata de reconocer que —más que ser todo lo contrario a Dios— somos hechos a imagen de Dios, y que esa imagen no es otra que la que vemos en Jesús. Son cuestiones que bien vale la pena considerar.

Todo esto se refiere principalmente al pensamiento teológico y a las doctrinas. Pero el pensamiento y tales doctrinas no se desarrollan en el vacío, sino más bien en contextos sociales, políticos, económicos y culturales. Esto quiere decir que también tenemos que preguntarnos hasta qué punto el proceso de «constantinización», que comenzó temprano en el siglo cuarto, afectó el curso del pensamiento cristiano. Hay ciertamente una gran diferencia entre la iglesia de las generaciones anteriores, frecuentemente perseguida, siempre despreciada y nunca poderosa en el sentido político, y la iglesia apoyada por el poder imperial y frecuentemente sometida a él. Que esta nueva situación afectó el curso del pensamiento cristiano resulta obvio con solo mirar a los acontecimientos que tuvieron lugar entre el «latrocinio» del 449 y el Concilio de Calcedonia dos años después. Pero aun dejando a un lado los casos obvios en que el poder político se inmiscuyó en asuntos de teología, hay también el influjo mucho más sutil de la cambiante perspectiva social de quienes realizan la labor teológica. El modo en que la posición social, política y económica de los teólogos —y de la iglesia en general— ha afectado la interpretación del evangelio a través de los siglos no ha sido suficientemente estudiado, y, por tanto, todo lo que podemos hacer aquí es llamar la atención del lector a la importancia de tales temas.

Mientras tanto, una evaluación general del desarrollo del pensamiento cristiano hasta el Concilio de Calcedonia deberá afirmar que ese desarrollo envuelve, sin duda, una profunda helenización del cristianismo. Esa helenización tiene que ver no solamente con cuestiones de forma o de vocabulario, sino también con el modo mismo de entender la naturaleza del cristianismo y, por tanto, resultó en problemas que —al menos en teoría— pudieron haberse evitado siguiendo otras avenidas de interpretación filosófica.

Sin embargo, al mismo tiempo es difícil ver una alternativa viable que el pensamiento cristiano pudo de hecho haber seguido, dada la atmósfera intelectual de los tiempos. Lo más sorprendente es que el curso general de la doctrina cristiana, al mismo tiempo que hacía uso del helenismo para comprender el cristianismo, de modo casi instintivo excluyó aquellas formas extremas de helenización, así como otras influencias que muy bien pudieron llevarle a negar la aserción fundamental de la fe cristiana: que Dios estaba en Cristo reconciliando al mundo consigo.

22

San Agustín

Al terminar el capítulo anterior, habíamos llevado nuestra historia hasta el año 451, fecha en que tuvo lugar el Concilio de Calcedonia. Sin embargo, nuestros últimos capítulos trataban exclusivamente acerca de las controversias cristológicas en Oriente, y nada habíamos dicho acerca de la actividad teológica occidental después de las controversias trinitarias.

Nos toca ahora regresar a Occidente y a los últimos años del siglo IV y los primeros del V para estudiar la figura cimera de Agustín. Agustín es tanto el fin de una era como el comienzo de otra. Es el último de los «Padres» de la Antigüedad y el fundamento de toda la teología latina de la Edad Media. En él convergen las principales corrientes del pensamiento antiguo y de él fluyen, no solo la escolástica medieval, sino también buena parte de la teología protestante del siglo XVI.

Porque su teología no fue forjada en la meditación abstracta sino en el fragor de la vida, el único modo de comprenderla es penetrar en ella a través de la biografía del propio Agustín.

Su juventud

Nació Agustín en el año 354, en la ciudad de Tagaste, en la provincia romana de Numidia, en el norte de África. Su padre, Patricio, servía al gobierno romano en labores de administración. No había aceptado la fe cristiana de su esposa Mónica, quien lo soportaba con ejemplar paciencia y se dedicaba con ahínco a rogar por la conversión de su esposo y la de su hijo Agustín —peticiones estas que vio contestadas antes de su muerte—. A pesar de ser funcionario del gobierno romano, Patricio no parece haber sido un gran personaje en Tagaste, y sus ingresos no bastaban para cubrir los costos de los estudios del joven Agustín —que este pudo costear gracias al apoyo de Romaniano, un amigo de la familia con más recursos económicos—.

Tenemos conocimiento de la juventud de Agustín y de su conversión principalmente por su obra *Confesiones*. Las *Confesiones* de Agustín —que toda persona culta debería leer— son una autobiografía espiritual en la que el autor se esfuerza por mostrar y confesar cómo Dios dirigió sus pasos desde sus primeros años, aun en medio de su rebelión e incredulidad. Se trata, por lo tanto, de un documento sin paralelo en la literatura antigua y —aun cuando algunos eruditos hayan dudado de su fidelidad histórica— de una oportunidad inigualable para estudiar el modo en que su propia vida influyó en el pensamiento de Agustín.

Había, además, tensiones en la familia de Agustín que apenas si asoman en las Confesiones. Patricio era romano y Mónica era africana, posiblemente de estirpe berber, es decir, de la población que habitaba en la región antes que los fenicios la invadieran y fundaran en ella la ciudad de Cartago, que por un tiempo fue rival de Roma. El nombre mismo de Mónica parece derivarse del nombre de una deidad berber. Fue contra la voluntad de su madre —aparentemente interesada en que su hijo tomara una esposa romana— que Patricio se casó con Mónica. En cuanto a religión, Patricio siguió las tradiciones romanas hasta bastante tarde en su vida, cuando las oraciones y la insistencia de Mónica le llevaron al cristianismo. Mónica era cristiana convencida y devota; pero su cristianismo llevaba la marca del legalismo y de la rigidez que ya notamos desde bastante antes en la misma región, en la persona de Tertuliano. Aparentemente, una de las razones de la rápida expansión del cristianismo entre las masas norafricanas fue que muchos veían en él un modo de resistencia al dominio imperial. Por tanto, cuando el Imperio se declaró a favor de la iglesia, muchos cristianos norafricanos rechazaron aquella iglesia que, según su parecer, se había vuelto aliada de los poderosos invasores. Esto resultó en el cisma donatista —sobre el que volveremos más adelante en el presente capítulo—. Varios de los parientes de Agustín por parte de madre eran donatistas. Aun sin participar del donatismo, Mónica —y muchos otros cristianos norafricanos— veían con simpatía su legalismo y su rigorismo. Así pues, el cristianismo que Agustín conoció de niño era rígido y literalista. Frente a esto, Patricio y su herencia representaban la amplitud mental, la elegancia, y las costumbres sofisticadas. Aquella tensión, que afectaría a Agustín por largo tiempo, no se limitaba a cuestiones religiosas, pues —como todavía hoy sucede en situaciones parecidas— su propia madre, al mismo tiempo que insistía en hacerle cristiano como ella, soñaba con los avances y glorias que su hijo, obviamente dotado de gran capacidad intelectual, podría alcanzar dentro de la sociedad romana. En lo religioso, Mónica quería que Agustín siguiera sus pasos; pero en lo social y cultural quería que, como romano que era, avanzara en la escala social.

En Tagaste pasó Agustín los primeros años de su vida, y de allí fue a continuar sus estudios, primero en la vecina Madaura y luego, a la edad de diecisiete años, en Cartago. Allí se dedicó, no solo al estudio de la retórica, sino también a una vida desordenada que culminó en su unión a una concubina de la que, un año después, nació su único hijo, Adeodato (un nombre que, aunque latino, era la traducción del nombre de un dios africano, Iatan-Baal). Esto no fue obstáculo para que Agustín continuara destacándose en los ejercicios de retórica, y pronto fue tenido por uno de los más elocuentes hombres de la ciudad.

Fue en Cartago, y con el propósito de mejorar su estilo, que Agustín leyó el *Hortensio* de Cicerón, obra esta que le hizo apartarse de la retórica pura y superficial y lanzarse a la búsqueda de la verdad. Él mismo nos cuenta:

> Mas siguiendo el orden usado en la enseñanza de tales estudios, llegué a un libro de cierto Cicerón, cuyo lenguaje casi todos admiran, aunque no así el fondo. Este libro contiene una exhortación suya a la filosofía, y se llama el *Hortensio*. Semejante libro cambió mis afectos y mudó hacia ti, Señor, mis súplicas e hizo que mis votos y deseos fueran otros. De repente apareció a mis ojos vil toda esperanza vana, y con increíble ardor de mi corazón suspiraba por la inmortalidad de la sabiduría, y comencé a levantarme para volver a ti. Porque no era para pulir el estilo —que es lo que parecía debía comprar yo con los dineros maternos en aquella edad de mis diecinueve años, haciendo dos que había muerto mi padre—; no era, repito, para pulir el estilo para lo que yo empleaba la lectura de aquel libro, ni era la elocución lo que a ella me incitaba, sino lo que decía.[1]

Así empezó Agustín una larga y difícil busca de la verdad. Sin embargo, esta búsqueda de la verdad no llevó al joven Agustín a la fe cristiana de su madre, sino más bien al maniqueísmo.

Este tiempo que pasó en Cartago fue harto difícil, pues Mónica no estaba dispuesta a aceptar ni sus coqueteos con el maniqueísmo, ni la presencia de la concubina de Agustín. Más tarde, la insistencia de Mónica por fin obligaría a Agustín a deshacerse de su concubina, lo cual, según

---

[1] *Conf.* 3.4 (*BAC*, 11:159-161).

374 HISTORIA DEL PENSAMIENTO CRISTIANO HASTA EL SIGLO XXI

él mismo escribió años más tarde, le causó tal dolor que «mi corazón, sajado por aquella parte que le estaba pegada, me había quedado llagado y manaba sangre».[2] (Más tarde, Mónica hizo arreglos para que Agustín se casara con una niña que le parecía más aceptable). Cuando Agustín se declaró incapaz de practicar la continencia hasta que la joven fuera de edad casadera, Mónica no parece haberse opuesto a que tomara una nueva concubina, lo cual parece indicar que la preocupación de Mónica por la concubina no era solamente cuestión moral, sino también preocupación por el status social de Agustín.

El maniqueísmo

Los orígenes del maniqueísmo, así como sus doctrinas, son mucho mejor conocidos hoy que hace cien años, pues en el siglo pasado se descubrieron y reconocieron importantes documentos de origen maniqueo que sirven para corregir la visión parcial y fragmentaria que antes obteníamos a través de los escritores ortodoxos, que eran la única fuente de nuestro conocimiento del maniqueísmo.[3]

Mani, el fundador del maniqueísmo, nació en Babilonia en el año 216. Al parecer, su padre era miembro de una secta de tendencias gnósticas ascéticas, y fue en el seno de esa comunidad donde Mani nació y se crio. A los doce años recibió una revelación que le ordenó apartarse de la secta en que había nacido, y a los veinticuatro recibió otra que le convirtió en el profeta y apóstol de la nueva «religión de la luz». Tras predicar no solo en Persia y Mesopotamia sino también en la India, perdió el apoyo del gobierno persa de que antes había gozado y fue hecho prisionero y encadenado de tal suerte que sucumbió antes de cumplirse el mes de su encarcelamiento (c. 276).[4] A su muerte, sus discípulos se dividieron, pero ya en el año 282 uno de ellos, Sisinio, había logrado reunirles bajo su obediencia. A partir de entonces, el maniqueísmo emprendió una amplia campaña de difusión y propaganda, tanto hacia la India y China en Oriente como hacia Palestina y Egipto en Occidente. Poco después, sus representantes se encontraban en toda la cuenca del Mediterráneo, donde ganaban adeptos

---

[2] *Conf.* 6.14 (*BAC*, 11:159-161).

[3] Hay en español un magnífico estudio que hace amplio uso de tales documentos y que, por tanto, puede servir de introducción al estudio del maniqueísmo: H. Ch. Puech, *Maniqueísmo* (Madrid, 1957). En el párrafo que sigue adoptamos la cronología de este estudio.

[4] La tradición, harto difundida en los manuales de historia eclesiástica, según la cual Mani fue desollado vivo, no parece tener otro fundamento que la imaginación de algunos autores antiguos.

poniendo en ridículo las doctrinas del cristianismo ortodoxo.[5] La doctrina maniquea sigue el antiguo camino gnóstico de intentar ofrecer respuesta a la miseria de la condición humana mediante una revelación que le da a conocer al ser humano su origen divino y le libra de sus ataduras a la materia. Según esta doctrina, el espíritu humano es parte de la sustancia divina, y a ella debe volver. Mientras tanto, se encuentra sujeto a terribles angustias que son sencillamente el resultado de su unión, aquí en la tierra, con el principio del mal. Por otra parte, el principio del bien se ha revelado anteriormente mediante numerosos profetas, de los cuales los principales fueron Buda, Zoroastro y Jesús. El propio Mani es la continuación de esta ilustre estirpe de profetas, con la salvedad, de enorme importancia, de que él es el último de ellos: los que antes que él vinieron, solo nos dejaron revelaciones incompletas y parciales; pero ahora Mani nos ha revelado la verdad última, la verdad de que dieron testimonio hombres tales como Buda, Zoroastro y Jesús. Aún más: Mani es la encarnación del Paracleto, y en él hay revelación, no solo de la verdad religiosa, sino también de una ciencia perfecta. Esta «ciencia», naturalmente, consistía de manera casi exclusiva en una serie de mitos acerca del origen y el funcionamiento del mundo, y del modo en que la Luz y las Tinieblas —los dos principios eternos y antagónicos de todo dualismo de tendencias gnósticas— luchan en él. Y, sin embargo, a pesar de su carácter mitológico, la tal «ciencia» fue capaz de captar la imaginación y la adhesión de un hombre como Agustín.

Agustín nunca pasó de ser «oyente» del maniqueísmo, y no llegó —ni, al parecer, pretendió realmente llegar— al rango de los «perfectos». Debido a su punto de partida dualista, el maniqueísmo propugnaba una ética de renunciación de tal suerte que sería imposible cumplirla sin llegar al extremo de negarse a ingerir alimentos. Para salvar este obstáculo, se distinguía entre los «oyentes» y los «perfectos». Los «oyentes» no se dedicaban a una vida de absoluta renunciación, sino que continuaban llevando la vida del común de los humanos, aunque, como cabe suponer, participando del culto y las doctrinas maniqueas y contribuyendo con sus bienes a la obra de la «iglesia de la luz». La esperanza de tales «oyentes» no era ir directamente al cielo tras su muerte, sino reencarnar en algún «perfecto». Por su parte, los «perfectos» debían llevar una vida de absoluta renunciación a todo, excepto a ciertos alimentos de los que era lícito comer con el fin de salvar, digiriéndolas, las partículas de luz que en ellos había.[6]

---

[5] Puesto que en esta expansión aparecieron diferencias regionales dentro del maniqueísmo, quien desee estudiar con detenimiento la influencia de esta doctrina en Agustín debe, ante todo, conocer el carácter del maniqueísmo en el norte de África.

[6] Puech, *op. cit.*, p. 67, señala que esta es la doctrina de la «salvación por el vientre» de que tanto se burlaba Agustín después de haber abandonado el maniqueísmo.

Fue, pues, al rango de los «oyentes» que Agustín perteneció durante nueve años.[7] Al parecer, lo que le inclinó hacia el maniqueísmo fue la promesa que este hacía de ofrecer una explicación «racional» del universo, sin necesidad de recurrir a autoridad externa alguna. Puesto que los maniqueos rechazaban buena parte del Antiguo Testamento, y este siempre le había resultado difícil de entender, Agustín tuvo entonces otra razón para sumarse a estos predicadores de la religión «espiritual». Por último, el problema del mal y su relación con el Dios bueno, problema que siempre le había atormentado, parecía quedar resuelto con la afirmación de que había, no un solo principio eterno, sino dos, y que ambos pugnaban en esta vida y este universo nuestros.

De igual modo que la fuerza del maniqueísmo estaba en su pretensión de ser estrictamente «racional» y «científico», su gran debilidad estaba en su incapacidad de cumplir esa promesa. Desde los comienzos mismos de su período maniqueo, Agustín tenía dudas que sus maestros no pudieron resolver. Al principio creyó que, con solo llevar esas dudas ante alguno de los principales maestros del maniqueísmo, recibiría la respuesta necesaria. Mientras tanto, combinó sus labores docentes y sus estudios maniqueos con investigaciones astrológicas en las que puso su confianza hasta que se le probó irrefutablemente la falsedad de la astrología.[8] Cuando por fin llegó el ansiado momento en que pudo conocer a uno de los más famosos obispos maniqueos —Fausto de Mileva— la ocasión resultó en una decepción tan grande que Agustín perdió su fe en el maniqueísmo:

> En estos nueve años escasos en que les oí con ánimo vagabundo, esperé con muy prolongado deseo la llegada de aquel anunciado Fausto. Porque los demás maniqueos con quienes por casualidad topaba, no sabiendo responder a las cuestiones que les proponía, me remitían a él, quien a su llegada y en una sencilla entrevista resolvería facilísimamente todas aquellas mis dificultades y aun otras mayores que se me ocurrieran de modo clarísimo.

> Tan pronto como llegó pude experimentar que se trataba de un hombre simpático, de grata conversación y que gorjeaba más dulcemente que los otros las mismas cosas que estos decían. Pero ¿qué prestaba a mi ser este elegantísimo servidor de copas preciosas? Ya tenía yo los oídos hartos de tales cosas, y ni me parecían mejores por estar mejor dichas, ni más verdaderas por estar mejor expuestas, ni su alma más sabia por ser más agraciado su rostro y pulido su lenguaje.[9]

---

[7] *Conf.* 3.11 (*BAC*, 11.177).
[8] *Conf.* 4.3.
[9] *Conf.* 5.6 (*BAC*, 11:239).

Decepcionado con el maniqueísmo y con la mala conducta de sus propios discípulos en Cartago, Agustín decidió marchar a Roma. Allí continuó sus relaciones con los maniqueos, pero sin creer ya en sus doctrinas, e inclinándose más bien al escepticismo de la Academia. Si la lectura del *Hortensio* de Cicerón le había llevado a la búsqueda de la verdad más allá de la elegancia de la retórica, ahora el fracaso del maniqueísmo —que no resolvía las dificultades que Agustín veía en la fe de Mónica— le llevó a una nueva etapa de escepticismo en la que se dedicó de nuevo a practicar y enseñar la belleza y la fuerza argumentativa de la retórica:

> Por este tiempo se me vino también a la mente la idea de que los filósofos que llaman académicos habían sido los más prudentes, por tener como principio que se debe dudar de todas las cosas y que ninguna verdad puede ser comprendida por el hombre.[10]

Pero Roma tampoco resultaba un lugar conveniente para su carrera de retórica, pues los alumnos, aunque menos revoltosos que los de Cartago, se las arreglaban para no pagarle. Esta dificultad le llevó a probar fortuna en Milán, donde había una posición vacante para un maestro de retórica. Fue en Milán donde Agustín conoció, primero, el neoplatonicismo, y luego, a través del obispo Ambrosio y su compañero Simpliciano, al Señor a quien serviría por el resto de su vida.

Las obras de los que él llama «platónicos» —probablemente Plotino, Porfirio y otros neoplatónicos— no solo sacaron a Agustín del escepticismo en que había caído, sino que le ayudaron a resolver dos de las grandes dificultades que le impedían aceptar la fe cristiana: el carácter incorpóreo de Dios y la existencia del mal. El maniqueísmo, con su concepto de la divinidad corpórea y su dualismo, había ofrecido respuestas fáciles a estas cuestiones; pero tales respuestas habían resultado ser insuficientes. Ahora, el neoplatonicismo ofrecía un modo de entender la naturaleza incorpórea y ofrecía, además, un modo de interpretar el mal que no requería un punto de partida dualista. Puesto que más adelante, al estudiar el pensamiento de Agustín, veremos su modo de entender la naturaleza incorpórea y su solución al problema del mal, no debemos detenernos ahora a exponer estas cuestiones. Baste decir que la posición que Agustín toma frente a ellas se debe en buena medida a la influencia que sobre él ejercieron los neoplatónicos.

Ambrosio

La conversión de Agustín al cristianismo, que tuvo lugar poco después de su descubrimiento del neoplatonicismo, combina elementos puramente

---

[10] *Conf.* 5.10 (*BAC*, 11:251).

racionales con otros factores emocionales y, hasta podría decirse, milagrosos. Cuando Agustín llegó a Milán, en el año 384, era obispo de esa ciudad el famoso Ambrosio, hombre de grandes dotes intelectuales y de inflexible rectitud cuyo impacto sobre Agustín sería enorme.

Ambrosio, unos quince años mayor que Agustín, había sido hecho obispo de Milán —muy en contra de su propia voluntad— unos nueve años antes de la llegada de Agustín a Milán. Cuando el pueblo le eligió como obispo de Milán, llevaba unos tres años como alto funcionario del Imperio, a cargo de toda la provincia de Aemilia-Liguria, con su capital en Milán. Ambrosio era un hombre culto, quien había recibido una esperada educación con el propósito de dedicarse a la administración civil. Ahora, viéndose inesperadamente en la función de obispo de aquella gran ciudad —y en medio de serios debates y conflictos teológicos— se dedicó arduamente a los estudios teológicos, e invitó a su antiguo tutor, Simliciano, a servirle como tutor en cuestiones de teología. Para tales nuevos estudios, Ambrosio tenía la ventaja de conocer bien el griego, y por tanto poder leer las obras de los grandes teólogos del Oriente —particularmente de Basilio de Cesarea—. Además, dada su experiencia en la alta administración civil, sabía cómo enfrentarse a las autoridades cuando se le hiciera necesario —como se le hizo cuando la emperatriz Justina intentó imponer el arrianismo, y cuando el emperador Teodosio ordenó una terrible matanza.

Ambrosio produjo numerosas obras, dedicadas en buena medida a dar a conocer la teología griega y oriental al mundo latino y occidental. Entre esas obras merecen mención especial su comentario *Del Hexámeron* —los seis días de la creación— y *De las tareas de los ministros* —*De officiis ministrorum*— y sus tratados *Sobre los sacramentos* y *Sobre la penitencia* —*De mysteriis* y *De paenitentia*—.

Agustín fue a escuchar a Ambrosio, no con el propósito de oír lo que decía, sino de descubrir cómo lo decía. Fue a escucharle, pues, no como un alma angustiada en busca de la verdad, sino como un profesional que visita a otro para juzgarle y quizá aprender algo de su técnica. Sin embargo, pronto descubrió que estaba escuchando, no solo el modo en que Ambrosio hablaba, sino también lo que decía, sobre todo por cuanto este ofrecía interpretaciones alegóricas del Antiguo Testamento que resolvían muchas de las dificultades que antes le habían impedido llegar a creer.

> Y aun cuando no me cuidaba de aprender lo que decía, sino únicamente de oír cómo lo decía —era este vano cuidado lo único que había quedado en mí, desesperado ya de que hubiese para el hombre algún camino que le condujera a ti—, veníanse a mi mente, justamente con las palabras que me agradaban, las cosas que despreciaba, por no poder separar unas de otras, y así, al abrir mi corazón para recibir lo que decía elocuentemente, entraba en él al mismo tiempo lo que decía de verdadero, mas esto por grados.

Porque primeramente empezaron a parecerme defendibles aquellas cosas y que la fe católica —en pro de la cual creía yo que no
podía decirse nada ante los ataques de los maniqueos— podía afirmarse y sin temeridad alguna, máxime habiendo sido explicados
y resueltos una, dos y más veces los enigmas de las Escrituras del
Viejo Testamento, que, interpretados por mí a la letra, me daban
muerte. Así, pues, declarados en sentido espiritual muchos de los
lugares de aquellos libros, comencé a reprender aquella mi dese-
peración, que me había hecho creer que no se podía resistir a los
que detestaban y se reían de la ley y los profetas.[11]

Resulta interesante comparar dos momentos en esta historia de Agustín:
en el primero, leyó el *Hortensio* de Cicerón para mejorar su retórica, pero
Cicerón le llevó a buscar la verdad más que la elegancia; el segundo fue
semejante: fue a escuchar a Ambrosio para aprender de su retórica, pero
Ambrosio le llevó a una nueva búsqueda de la verdad. La búsqueda que
empezó con Cicerón le llevó al maniqueísmo, la desilusión y el escepticismo. La que comenzó yendo a escuchar a un famoso orador le llevó a la
fe cristiana y, a la postre, hizo de él uno de los más influentes teólogos en
toda la historia de la iglesia.

No sabemos exactamente lo que Ambrosio estaría predicando cuando
Agustín le escuchó. Aproximadamente en la misma fecha, Ambrosio predicó una serie de homilías acerca de los seis días de la creación —publicadas después como *Del Hexámeron*—. Allí decía cosas que respondían
a varias de las principales dudas de Agustín: «[Dios] hizo a sus criaturas débiles, para que no imagináramos que no tenemos principio, que no
somos criaturas, que no participamos de la substancia divina. Resulta
obvio que lo que tiene principio también tendrá fin, y que lo que tiene fin
también tuvo principio».[12] «Con razón dice Moisés que "Dios creó el cielo
y la tierra". No dice que hizo que subsistieran ni que proveyó la razón
para que el mundo exista. Lo hizo como quien hace algo útil, como el
filósofo que expresa sus mejores sentimientos».[13] Bien podemos imaginar
que en tal predicación Agustín empezaría a ver que era posible entender
las Escrituras de tal modo que dieran respuesta a sus dudas acerca de la
incorporeidad de Dios y del origen del mal. Ahora se convencía de que la
fe cristiana que Mónica profesaba era compatible con la filosofía en la que
él había encontrado cierto grado de verdad —la filosofía neoplatónica—.

---

[11] *Conf.* 5.14 (*BAC*, 11:259).
[12] *De Hexaem.* 1.3 (*PL*, 14:126).
[13] *De Hexaem.* 1.5 (*PL*, 14:131).

La conversión

Sin embargo, la nueva visión de la fe cristiana que Ambrosio le dio a conocer no fue suficiente para llevar a Agustín a aceptarla. Su temperamento ardiente y las tendencias ascéticas del cristianismo que había visto —tanto en su hogar como en la filosofía neoplatónica que ahora le intrigaba— le llevaban a pensar que, de aceptar la fe cristiana, debía hacerlo con la total negación de sí mismo de un asceta. Puesto que en ello iban involucrados, no solo su carrera profesional, sino también los placeres sensuales que entonces creía tan necesarios, no se atrevía a dar el paso definitivo. Intelectualmente, la decisión estaba hecha, pero su voluntad se resistía aún. Su oración era: «Dame castidad y continencia, pero no ahora».[14]

Fueron dos noticias de conversiones semejantes a la que se requería de él las que llevaron a Agustín a la vergüenza, la desesperación y, por último, la conversión. El primer caso fue el de Mario Victorino, a quien Agustín admiraba por haber traducido al latín las obras de los neoplatónicos, y quien recientemente —y tras largas vacilaciones— había hecho en Roma confesión pública de su fe cristiana. El otro caso le fue contado a Agustín por un oficial de la corte imperial, y se trataba de la conversión de dos compañeros suyos quienes, leyendo la *Vida de San Antonio* escrita por Atanasio, decidieron abandonar el mundo y dedicar sus vidas al servicio de Dios. Esta historia tocó el corazón de Agustín de tal modo que, angustiado por su incapacidad de tomar la decisión definitiva, huyó al huerto y se tiró a llorar bajo una higuera dando voces lastimeras:

«¿Hasta cuándo, hasta cuándo ¡mañana! ¡mañana!? ¿Por qué no hoy? ¿Por qué no poner fin a mis torpezas en esta hora?». Decía estas cosas y lloraba con amarguísima contrición de mi corazón. Mas he aquí que oigo de la casa vecina una voz, como de niño o niña, que decía cantando, y repetía muchas veces: «Toma y lee, toma y lee».

De repente, cambiando de semblante, me puse con toda la atención a considerar si por ventura había alguna especie de juego en que los niños soliesen cantar algo parecido, pero no recordaba haber oído jamás cosa semejante; y así, reprimiendo el ímpetu de las lágrimas, me levanté, interpretando esto como una orden divina de que abriese el códice y leyese el primer capítulo que hallase.

Porque había oído decir de Antonio que, convertido por una lectura del Evangelio, a la cual había llegado por casualidad, y tomando

---

[14] *Conf.* 8.7 (*BAC*, 11:393).

como dicho para sí lo que se leía: *Vete, vende todo lo que tienes, dalo a los pobres y tendrás un tesoro en los cielos y después ven y sígueme*, se había al punto convertido a ti con tal oráculo.

Así que, apresurado, volví al lugar donde estaba sentado Alipio y yo había dejado el códice del Apóstol al levantarme de allí. Toméle, pues; abríle, y leí en silencio el primer capítulo que se me vino a los ojos, y decía: *No en comilonas y embriagueces, no en lechos y en liviandades, no en contiendas y emulaciones, sino revestíos de nuestro Señor Jesucristo y no cuidéis de la carne con demasiados deseos.*

No quise leer más, ni era necesario tampoco, pues al punto que di fin a la sentencia, como si se hubiera infiltrado en mi corazón una luz de seguridad, se disiparon todas las tinieblas de mis dudas.

Entonces, puesto el dedo o no sé qué cosa de registro, cerré el códice, y con rostro ya tranquilo se lo indiqué a Alipio, quien a su vez me indicó lo que pasaba por él, y que yo ignoraba. Pidió ver lo que había leído; se lo mostré, y puso atención en lo que seguía a aquello que yo había leído y yo no conocía. Seguía así: *Recibid al débil en la fe*, lo cual se aplicó él a sí mismo y lo comunicó. Y fortificado con tal admonición y sin ninguna turbulenta vacilación, se abrazó con aquella determinación y santo propósito, tan conforme con sus costumbres, en las que ya de antiguo distaba ventajosamente tanto de mí.

Después entramos a ver a la madre; indicámoselo y llenose de gozo; contámosle el modo como había sucedido, y saltaba de alegría y cantaba victoria, por lo cual te bendecía a ti, *que eres poderoso para darnos más de lo que pedimos o entendemos*, porque veía que le habías concedido, respecto de mí, mucho más de lo que constantemente te pedía con gemidos lastimeros y llorosos.[15]

¿Cuál fue el carácter exacto de esta conversión de Agustín? He aquí la pregunta que desde finales del siglo XIX debaten los eruditos. Se trata de saber si la conversión del huerto de Milán llevó en realidad a Agustín a la fe de la iglesia y de Mónica, o si le llevó más bien a la vida y a la fe que propugnaban los filósofos neoplatónicos. Este es el principal punto en que se ha puesto en duda la veracidad histórica de las *Confesiones*. Hay buenas razones para tales dudas, pues al tiempo que las *Confesiones* nos dan la

---

[15] *Conf.* 18.12 (*BAC*, 11:407-409).

HISTORIA DEL PENSAMIENTO CRISTIANO HASTA EL SIGLO XXI

impresión de que Agustín se convirtió a la fe cristiana en el huerto de Milán, las obras que el propio Agustín escribió inmediatamente después de aquella experiencia tienen un sabor más marcadamente neoplatónico que cristiano.

A Casicíaco, en las afueras de Milán, se retiró Agustín con un reducido número de quienes, como él, estaban dispuestos a llevar una vida de renuncia y meditación. Allí sostuvo con sus compañeros de retiro una serie de conversaciones que dieron origen a los «Diálogos de Casicíaco»: *Contra los académicos*, *De la vida feliz*, *Del orden*, *Soliloquios* y *De la inmortalidad del alma*. En estas obras, el interés de Agustín parece estar más en la contemplación filosófica que en el estudio de las doctrinas de la iglesia. Aún más: es en los escritos de Agustín donde se manifiesta más claramente la influencia que sobre su pensamiento ejerció el neoplatonismo. Cabe, entonces, preguntarse: ¿no será que la conversión del huerto de Milán fue en realidad de carácter filosófico, y que Agustín solo llegó a seguir las doctrinas cristianas años más tarde? Tal ha sido, efectivamente, la conclusión de algunos eruditos. A estos se han opuesto otros, no menos eruditos, que han defendido la interpretación tradicional de la conversión de Agustín. Nuestra propia opinión es que Agustín conocía desde su infancia las principales doctrinas cristianas, y que una vez que la lectura de los neoplatónicos, los sermones de Ambrosio y las conversaciones con Simpliciano echaron abajo los obstáculos que se oponían a la fe, aceptó en su mente la verdad del cristianismo. Sin embargo, esta verdad se le hacía difícil de llevar a la práctica, no solo por razón de la dificultad que siempre hay en toda conversión, sino también porque su contexto y sus lecturas neoplatónicas crearon en él un ideal de vida de carácter ascético en el que se combinaba la renunciación neotestamentaria con la «vida filosófica» de los neoplatónicos. La conversión del huerto de Milán no fue, entonces, una decisión de aceptar tal o cual doctrina cristiana, sino la revelación y la recepción de un poder capaz de vencer todos los obstáculos que se oponían a la vida contemplativa. Esto era todo lo que Mónica pedía. Esto era todo lo que Agustín necesitaba. Intelectualmente, en lo esencial, era ya cristiano antes del episodio del huerto; en lo demás, lo sería cada vez más, según sus estudios y sus deberes pastorales y episcopales se lo fuesen exigiendo. Tras su conversión y el breve período de recogimiento y meditación en Casicíaco, Agustín, su hijo Adeodato y su amigo Alipio regresaron a Milán, donde recibieron el bautismo de manos de Ambrosio.[16] De allí decidieron regresar a Tagaste, y para ello se dirigieron al puerto de Ostia,

---

[16] La leyenda según la cual el bautismo de Agustín produjo gran regocijo a Ambrosio, y ambos fueron inspirados a cantar el *Te Deum*, carece de todo fundamento. Al parecer, Ambrosio no se había percatado de las grandes dotes intelectuales y personales del joven catecúmeno a quien bautizó.

donde Mónica enfermó y murió, no sin antes haber tenido placenteros ratos de conversación y comunión religiosa con su hijo.[17]

Años más tarde, recordando la muerte de su madre, Agustín escribió algunas de sus más emotivas líneas:

> Cerraba yo sus ojos, mas una tristeza inmensa afluía a mi corazón, y ya iba a resolverse en lágrimas, cuando al punto mis ojos, al violento imperio de mi alma, resorbían su fuente hasta secarla, padeciendo con tal lucha de modo imponderable. Entonces fue cuando, al dar el último suspiro, el niño Adeodato rompió a llorar a gritos; mas reprimido por todos nosotros, calló. De ese modo era también reprimido aquello que había en mí de pueril, y me provocaba al llanto, con la voz juvenil, la voz del corazón, y callaba. Porque juzgábamos que no era conveniente celebrar aquel entierro con quejas lastimeras y gemidos, con los cuales se suele frecuentemente deplorar la miseria de los que mueren o su total extinción; y ella ni había muerto miserablemente ni había muerto del todo; de lo cual estábamos nosotros seguros por el testimonio de sus costumbres, *por su fe no fingida* y otros argumentos ciertos.

> ¿Y qué era lo que interiormente tanto me dolía sino la herida reciente que me había causado el romperse repentinamente aquella costumbre dulcísima y carísima de vivir juntos?

> Cierto es que me llenaba de satisfacción el testimonio que había dado de mí, cuando en esta última enfermedad, como acariciándome por mis atenciones con ella, me llamaba *piadoso* y recordaba con gran afecto de cariño no haber oído jamás salir de mi boca la menor palabra dura o contumeliosa contra ella. Pero ¿qué era, Dios mío, Hacedor nuestro, este honor que yo le había dado en comparación de lo que ella me había servido? Por eso, porque me veía abandonado de aquel tan gran consuelo suyo, sentía el alma herida y despedazada mi vida, que había llegado a formar una sola con la suya.[18]

---

[17] Es acerca de uno de estos episodios —el comúnmente llamado «la visión de Ostia»— que se han suscitado largas controversias. «La visión de Ostia», que se encuentra en *Conf.* 9.10, ha sido interpretada por algunos como una experiencia mística, mientras que otros creen que se trata solo de una entusiasta y arrobadora conversación. Esta discusión es tanto más importante por cuanto «la visión de Ostia» es el único texto en que Agustín parece decir haber tenido una experiencia mística. Luego, si se le interpreta de otro modo, cabe poner en duda todo el llamado «misticismo» de San Agustín.

[18] *Conf.* 9.12 (*BAC*, 11:451-453).

Por alguna razón —quizá la muerte de su madre, o quizá la incertidumbre política debida al usurpador Máximo— Agustín y los suyos, en lugar de continuar rumbo a África, regresaron a Roma, donde permanecieron hasta bien avanzado el siguiente año. Fue en Roma donde Agustín compuso sus dos libros *De las costumbres de la iglesia católica* y *De las costumbres de los maniqueos* y su obra *De la cuantidad del alma*. También allí comenzó a escribir *Del libre albedrío*, aunque no terminó esta obra sino después de regresar a Tagaste. De este modo comenzaba Agustín toda una serie de obras contra los maniqueos.

De regreso a Tagaste, Agustín vendió las propiedades que había heredado de sus padres, dio a los pobres el dinero recibido y se dedicó a llevar, junto a Alipio y Adeodato, una vida serena y retirada que combinaba algo de los rigores del monasterio con un ambiente de estudio, meditación y discusión. Fue durante este período cuando compuso *Del Maestro*, basado en un diálogo con Adeodato y cuyo resultado es mostrar que Cristo es el único maestro de todos. Esta obra es tanto más valiosa por cuanto fue escrita poco después de la muerte prematura de Adeodato, y por tanto vibran en ella los sentimientos del padre dolorido. También de esta época son *Del Génesis, contra los maniqueos* y *De la verdadera religión*.

El pastor

En el año 391, Agustín visitó la cercana ciudad de Hipona con el propósito de tratar de convencer a un amigo para que se sumara a la comunidad de Tagaste. En el curso de esa visita, el obispo de Hipona, Valerio, le obligó a recibir la orden de presbítero y dedicarse a la tarea pastoral. Aparentemente, un factor en esa decisión era que Valeriano, pastor de una grey mayormente africana y totalmente desconocedor de la lengua púnica de la región, pensó que el ya famoso africano Agustín podría complementar sus propias labores. Esto no era del agrado de Agustín, quien hizo todo lo posible por evadir una responsabilidad para la cual no se consideraba capacitado y que, además, interrumpiría su vida de estudio y meditación. Empero, una vez ordenado presbítero, Agustín se dedicó a cumplir sus nuevas obligaciones con ahínco y devoción. A fin de permitirle continuar su vida monástica, Valerio le regaló un huerto cerca de la catedral, y en él pronto se alzó un monasterio cuya alma era el nuevo presbítero de la ciudad. Además, en vista de la elocuencia de su recluta —y en vista también del hecho de que él mismo era griego y tenía dificultades para predicar en latín— Valerio hizo una excepción en el caso de Agustín y le permitió predicar aun en su propia presencia, cosa desusada en ese entonces. Además, Agustín continuó sus labores literarias, sobre todo en oposición al maniqueísmo. Durante este período produjo varias obras,

entre las que se destacan: *De la utilidad de creer* —dirigida a un amigo a
quien él mismo había llevado al maniqueísmo— y *Debate con Fortunato*,
que relata un encuentro de dos días con un pensador maniqueo. También
hemos dicho anteriormente que fue en esta época cuando Agustín terminó
la obra *Del libre albedrío*, que había comenzado en Roma.

Cuatro años después de ser ordenado presbítero, Agustín fue consagrado
obispo a instancias de Valerio. A esto Agustín se opuso por algún tiempo,
pues no le parecía correcto que hubiera dos obispos en una sola iglesia —
práctica que había sido prohibida por el Concilio de Nicea, aunque él mismo
lo ignoraba—. Pero cuando se le citaron varios precedentes, tanto en África
como en otras regiones, accedió a su consagración. Como obispo, Agustín
tenía sobre sus hombros —primero junto a Valerio y luego, al morir este,
solo— todas las responsabilidades inherentes al cargo episcopal: la predicación y administración de los sacramentos, la función de juez entre diversas
partes en litigio, la práctica y organización de la caridad, la administración
de los fondos y propiedades de la iglesia, el consejo y cuidado pastoral, etc.
Pero estas actividades no le impidieron continuar su labor literaria, y todo
el resto de su vida continuó produciendo obras —la mayor parte de ellas de
carácter polémico— a un ritmo verdaderamente sorprendente.

A partir de su conversión, la carrera de Agustín como escritor cristiano
puede dividirse en tres períodos. En el primero, se ocupó principalmente
de atacar y refutar a los maniqueos. Durante el segundo, su preocupación eran los cismáticos donatistas. En el tercero, su interés estaba en
los pelagianos.

El primero de estos períodos se extiende aproximadamente hasta el año
405, cuando Agustín comienza a dedicar mayor atención al cisma donatista. Casi todas las obras de Agustín que hemos mencionado, compuestas
antes de su elevación al episcopado, tienen el propósito de refutar el maniqueísmo. Este interés siguió dominando la pluma del obispo de Hipona
durante los primeros años de su episcopado, y la más notable de sus obras
producto de esa preocupación es *De la naturaleza del bien*, compuesta
en el año 405. Además, fue durante este período, aunque sin gran interés
polémico, que escribió sus famosas *Confesiones*.

Puesto que ya hemos discutido el maniqueísmo, debemos ocuparnos
ahora del donatismo y del pelagianismo, los otros dos grandes contrincantes a quienes Agustín se enfrentó como obispo y como teólogo.

El donatismo

Aunque Agustín compuso su primera obra contra el donatismo en el año
394, puede decirse que su intensa campaña contra ese movimiento cismático comenzó en el 405.

Sin embargo, antes de pasar a señalar algunas de las principales obras de Agustín contra el donatismo, y el modo en que esta polémica influyó en su pensamiento, debemos detenernos unos instantes para exponer a breves rasgos el origen y carácter de ese movimiento norafricano.

Los orígenes del donatismo se remontan a la persecución de Diocleciano, en los años 303 al 305. Los edictos imperiales que ordenaban a los cristianos entregar a los magistrados los ejemplares de las Escrituras que tuvieran en su poder colocaron a los creyentes en una posición harto difícil. Desde tiempos antiguos, los principales adres» de la iglesia habían condenado toda acción que pudiese aumentar el furor de las autoridades y, por ello, casi todos ellos aconsejaban la fuga en tiempo de persecución, aunque también insistían en que, llegado el caso, todos debían estar dispuestos a perder la vida antes de renunciar a su fe. ¿Qué debían hacer entonces los obispos, lectores y demás cristianos a quienes se pedía que entregaran las Escrituras? ¿Debían negarse a ello aun a riesgo de provocar la ira de las autoridades? ¿Era la entrega de las Escrituras un acto de apostasía? ¿O era sencillamente un acto de prudencia, que se justificaba en vista de los sufrimientos que amenazaban a toda la iglesia? Sobre estas cuestiones no había acuerdo; no podía haberlo por razón del modo súbito en que se plantearon. Algunos obispos y dirigentes eclesiásticos entregaron, no solo las Escrituras, sino también los cálices y otros artefactos y propiedades de la iglesia; otros se negaron a entregar cosa alguna y pagaron su firmeza con prisiones, torturas y hasta la muerte; otros, en fin, buscaron soluciones intermedias como huir, esconderse, entregar solo parte de los manuscritos que tenían, y hasta el subterfugio de entregar a los magistrados, no las Escrituras cristianas, sino algún libro herético.

Al cesar la persecución se planteó la cuestión de la autoridad de los obispos que habían entregado las Escrituras —los llamados *traditores*, es decir, «entregadores» — y de los obispos consagrados por ellos. Un grupo fanático afirmaba que al entregar las Escrituras los obispos habían perdido toda autoridad y que, por tanto, debían ser sustituidos, no solo ellos, sino también todos aquellos a quienes ellos habían consagrado después de su caída. Otro bando —la mayoría— afirmaba que aun cuando un obispo hubiera cometido el pecado de entregar las Escrituras, esto no invalidaba sus funciones episcopales, que no dependían de la pureza personal de quien las ejecutaba, sino de su carácter de obispo. En realidad, la controversia surgía de cuestiones más profundas, de carácter racial y social; y así se entiende la anomalía de que varios de los jefes del partido rigorista —que después se llamó «donatista» por razón de su obispo Donato— hayan sido *traditores*. A esto se añadían diferencias culturales, pues en la tradición romana la autoridad de una persona no se debía a ella misma o a su eficiencia y fidelidad, sino al cargo o título que tenía. Si no cumplía debidamente con sus funciones, otras autoridades podían deponerle; pero mientras eso no aconteciera, su autoridad permanecía. En contraste, en las tradiciones culturales norafricanas la autoridad dependía de la efectividad de la persona, quien perdía esa autoridad si no cumplía debidamente con sus obligaciones. Por ello, particularmente entre la población norafricana, muchos pensaban que un obispo que flaqueara ante la persecución inmediatamente perdía su autoridad. Y tales obispos —ahora «falsos obispos»— no tenían ya autoridad para ordenar a otros.

Aunque sus raíces africanas hubieron podido inclinarle a favor de los donatistas, en este caso Agustín acudió al modo en que la tradición romana entendía la autoridad: al igual que la autoridad de un funcionario civil o un oficial militar no depende de su eficacia, sino más bien de su nombramiento, así también la autoridad de un obispo no se pierde porque haya cometido algún pecado —incluso el pecado de haber entregado las Escrituras durante la persecución, o de ser *traditor*—. Tras tal postura hay una profunda razón pastoral, pues si el valor de la acción de un obispo bautizando, ordenando, etc. depende de su pureza moral, esto quiere decir que los creyentes jamás podrán confiar en que tal acción es válida. Si una ordenación conferida por obispos *traditores* no es válida, los creyentes tendrán razón para preguntarse: «¿Será válido mi bautismo, pues no sé si quien me lo confirió era puro?». Y más todavía, podrá preguntarse: «Aunque quien me bautiza sea fiel y puro, ¿habrá sido ordenado por obispos infieles o pecadores, y será entonces que mi bautismo es falso?». Tales razones pastorales se encuentran tras la postura de Agustín en cuanto a la validez de ordenaciones y bautismos conferidos por obispos *traditores*.

En todo caso, el cisma llegó a adquirir proporciones alarmantes. Constantino, seguido de toda una larga serie de emperadores, tomó medidas contra él, algunas conciliadoras y otras violentas; pero todas fracasaron. Un grupo de donatistas extremistas, el de los *circumcelliones*, se dedicó al robo y la rapiña. Agustín y otros obispos ilustres hicieron todo cuanto estuvo a su alcance para resolver la cuestión. El donatismo, arraigado como estaba en viejos odios y un fanatismo siempre renovado, continuó existiendo por lo menos hasta finales del siglo VI, y probablemente hasta la conquista islámica; aún más: muchos sostienen que el cisma donatista fue uno de los principales factores que facilitaron esa conquista.

Sin embargo, lo que aquí nos interesa no es tanto la historia del donatismo como sus doctrinas y el modo en que el intento de refutarlas contribuyó a forjar el pensamiento de Agustín y, a través de él, de toda la Edad Media. Desde este punto de vista, debemos tomar en cuenta tres cuestiones fundamentales: la naturaleza de la iglesia, la relación entre la iglesia y el estado, y los sacramentos.

La eclesiología de los donatistas insistía en la santidad empírica de la iglesia. Todo miembro de la iglesia debe ser santo aquí y ahora. Y esa santidad se medía, no en términos de la práctica del amor, sino en términos de la actitud que se hubiera asumido ante la persecución. Quien no sea santo, ha de ser expulsado de la iglesia. Y, puesto que según había dicho Cipriano —y en este dato histórico los donatistas tenían razón— fuera de la iglesia los sacramentos no son válidos, toda la labor religiosa de los *traditores* y sus sucesores carece absolutamente de valor.

Fue también frente a los donatistas que Agustín desarrolló su doctrina de la iglesia visible e invisible, que estudiaremos más adelante.

La cuestión de las relaciones entre la iglesia y el estado le fue planteada a Agustín por la violencia de los *circumcelliones*. Al principio, Agustín creía que no era lícito emplear la fuerza para tratar de persuadir a las personas acerca de cuestiones espirituales —como las tropas imperiales estaban haciendo—. Esto quería decir que, aun en el caso de los donatistas, lo que los obispos católicos podían hacer era solo refutar sus doctrinas y de ese modo tratar de persuadirles a regresar a la verdadera iglesia. Pero el hecho era que los donatistas empleaban la fuerza para evitar ese regreso, y la empleaban de tal modo que, a la postre, Agustín se vio llevado a sancionar el uso de la fuerza por parte del estado para contrarrestar y destruir la presión y la fuerza que empleaba el donatismo. Las medidas violentas del Imperio contra los donatistas, que siempre encontraron apoyo en la mayoría de los obispos norafricanos, llegaron a tener también el apoyo del obispo de Hipona, que llegó a escribir palabras tan duras como:

¿Podía yo oponerme y contradecir a mis colegas, impidiendo tamañas ganancias del Señor? ¿Por qué no iban a ser recogidas en una sola grey las ovejas de Cristo que erraban en vuestros montes y colinas, es decir, en los tumores de vuestro orgullo? ¿Por qué no habíamos de llevarlas allí donde hay un solo rebaño y un solo pastor? ¿Debía yo contradecir esas providencias, para que vosotros no perdieseis los bienes que llamáis vuestros y desechaseis con seguridad a Cristo, para que legalizaseis los testamentos conforme al derecho romano y rasgaseis con vuestras calumniosas imputaciones el Testamento legalizado con los padres conforme al derecho divino, en el cual está escrito: *En tu linaje serán bendecidas todas las gentes*? ¿Había yo de trabajar para que vosotros pudieseis hacer libremente contratos de compra y venta y os repartieseis lo que Cristo compró al dejarse vender? ¿O para que tuviesen valor las donaciones de cada uno de vosotros y no valiese para los llamados hijos lo que les donó el Dios de los dioses desde la salida del sol hasta el ocaso? ¿O para que no fueseis arrancados de la tierra de vuestro cuerpo, al ser enviados al destierro, y os esforzaseis en desterrar a Cristo del reino de su sangre, desde el mar hasta el mar, desde el río hasta los términos del orbe de la tierra? Por el contrario, sirvan a Cristo los reyes de la tierra, pues también se le sirve haciendo leyes en favor de Cristo. Vuestros mayores imputaron a Ceciliano y a sus compañeros falsos crímenes para que los castigasen los reyes de la tierra. Vuélvanse los leones y quebranten los huesos de los calumniadores; no interceda Daniel, una vez demostrada su inocencia y libertado de la leonera en que ellos perecieron; porque quien prepara a su prójimo la hoya, caerá muy justamente en ella.[19]

Esta situación, y las invasiones de los bárbaros, llevaron a Agustín a desarrollar la teoría de la guerra justa, tomada en parte de Cicerón y en parte de Ambrosio y otros autores. Según Agustín, la guerra es justa si su propósito es también justo —es decir, si se propone establecer la paz—, si es conducida por las autoridades apropiadas y si, aun en medio de la guerra, siempre subsiste el motivo del amor.

En cuanto a los sacramentos, los donatistas se apoyaban en la autoridad de Cipriano para afirmar que eran válidos solo dentro de la iglesia. E iban más lejos al afirmar que solo aquellos que llevaban una vida de santidad podían administrar los sacramentos. Naturalmente, también en este caso la santidad se medía en términos de la actitud adoptada ante la persecución, y la caridad cristiana quedaba casi completamente olvidada. En todo caso, lo que aquí estaba en juego era la validez del sacramento administrado por una persona indigna y, como consecuencia de ello, la seguridad que el creyente podía tener de la validez del sacramento recibido. Fue para resolver esta cuestión que Agustín introdujo la distinción entre sacramentos válidos y regulares. Solo son regulares los sacramentos administrados dentro de la iglesia y según sus ordenanzas. Pero la validez del sacramento, como veremos más adelante, no depende totalmente de su regularidad.

Las principales obras de San Agustín contra los donatistas, aparte de numerosos sermones y epístolas, son *De la unidad de la Iglesia*, *Del bautismo contra los donatistas* y *Contra Gaudencio*.

El pelagianismo

Finalmente, la última gran controversia que contribuyó a forjar el pensamiento de San Agustín fue la que sostuvo con el pelagianismo. Esta controversia, si bien es la última, es quizá la más importante, pues fue la que proveyó la ocasión para que Agustín formulara sus doctrinas de la gracia y la predestinación, que tan grandes consecuencias han tenido posteriormente.

---

[19] *Ep.* 93.5 (*BAC*, 69:615-617).

Pelagio —quien dio su nombre al pelagianismo— era oriundo de las Islas Británicas. Aunque a menudo se le llama «monje», el hecho es que no sabemos que lo haya sido. Tampoco sabemos cuál fue la fecha de su nacimiento. Lo que sí sabemos es que, en el año 405, y en la ciudad de Roma, tuvo su primer encuentro con la teología de San Agustín y reaccionó violentamente contra el modo en que este lo hacía depender todo de la gracia de Dios y no parecía dejar sitio al esfuerzo y la participación del humano. «Da lo que mandas y manda lo que quieras», le decía Agustín a Dios en las *Confesiones*[20] y la respuesta de Pelagio fue una indignación violenta y furibunda.[21] Después de ese episodio, Pelagio desaparece de los anales de la historia hasta que volvemos a encontrarlo cuatro años más tarde, en vísperas de la caída de Roma en manos godas, camino de África por vía de Sicilia y en compañía de su discípulo, amigo y apóstol, el abogado Celestio. De África, y sin haber tenido oportunidad de entablar diálogo con Agustín, Pelagio continuó viaje hacia el oriente, y dejó tras de sí a Celestio, menos moderado que su maestro. Luego fue contra Celestio y sus discípulos que Agustín libró la mayor parte de la controversia que recibe el nombre de «pelagiana».

En Palestina, Pelagio encontró apoyo por parte de algunos obispos; pero también tropezó con la oposición formidable del indómito Jerónimo —a quien no tendremos ocasión de estudiar en esta *Historia*, pero quien es, sin duda, una de las más notables personalidades de los siglos IV y V. Aunque nacido y criado en Occidente, Jerónimo había huido de las tentaciones de Roma para ir a refugiarse en Belén, donde completó su trabajo de traducción de la Biblia que ahora se conoce momo la *Vulgata*. Jerónimo tornó de su retiro en Belén y con su pluma inflamada hizo llover fuego y azufre sobre la cabeza de Pelagio. A Jerónimo se sumó Orosio —a quien volveremos en el capítulo 23— y la situación de Pelagio se hizo insostenible. Por fin, tras una serie de sínodos africanos en los que se condenaron las doctrinas de Pelagio —y otra serie de sínodos orientales en que este logró evitar ser condenado— el asunto llegó a Roma, donde el obispo Inocencio apoyó la condenación de las doctrinas pelagianas por parte de los obispos de Cartago. Meses después, Zósimo, sucesor de Inocencio, reivindicó a Pelagio y a Celestio, para luego retractarse y volver a condenarles. A partir de entonces, el pelagianismo fue perdiendo terreno tanto en Occidente como en Oriente, hasta que fue condenado por el Concilio de Éfeso del 431, según hemos mencionado anteriormente.

Conocemos la doctrina de Pelagio por algunas obras suyas que se conservan, unas bajo su propio nombre, otras bajo el nombre de algún autor

---

[20] *Conf.* 20.29 (*BAC*, 11.513).
[21] Agustín, *Del don de la perseverancia*, 20 (*BAC*, 50:651).

ortodoxo, y otras, en fragmentos citados por sus opositores. Las principales de estas obras son su *Exposición de las Epístolas Paulinas*[22] y su
Libro de la fe, dirigido al papa Inocencio en un esfuerzo por conquistar su
simpatía.[23]

Según algunos historiadores, la teología de Pelagio es una reacción
contra el determinismo moral del maniqueísmo. Los maniqueos hacían
descansar el bien y el mal en la naturaleza misma de dos principios antagónicos, y esto, a su vez, llevaba a la conclusión de que la naturaleza mala
no podía realizar el bien, ni la buena el mal. Contra esta posición había
escrito Agustín su obra *Del libre albedrío*. También contra ella emprendió
Pelagio su campaña teológica. La diferencia entre ambos estriba en que
Agustín no estaba dispuesto a abandonar la necesidad de la gracia, aun en
defensa de la libertad, mientras que Pelagio veía en la doctrina de la gracia
de su contrincante una amenaza a la libertad y la responsabilidad humanas.

Desde el punto de vista práctico, Pelagio no quiere dar lugar a las excusas de quienes imputan su propio pecado a la debilidad de la naturaleza
humana. Frente a tales personas, afirma que Dios ha hecho al ser humano
libre, y que esa libertad es tal que, en virtud de ella, el humano es capaz de
hacer el bien. El poder de no pecar —*posse non peccare*— está en la naturaleza humana misma desde su creación, y nada ni nadie puede destruirlo,
se trate del pecado de Adán o del demonio mismo. El pecado de Adán
no es en modo alguno el pecado de la humanidad —pues sería absurdo e
injusto que por el pecado de uno todos fueran hechos culpables— y tampoco destruye la libertad de no pecar que tienen todos los descendientes
de Adán. El demonio es poderoso, sí; pero no tanto que no podamos resis-
tirlo. La carne es poderosa y lucha contra el espíritu, sí; pero Dios nos ha
dado la capacidad de vencerla. Prueba de ello son los hombres y mujeres
que en tiempos del Antiguo Testamento llevaron vidas de perfecta santidad; y los niños que mueren antes de ser bautizados no se pierden, pues no
pesa sobre ellos la culpa de Adán.

¿Quiere esto decir que no es necesaria la gracia para la salvación? En
ningún modo, pues según Pelagio hay una «gracia original» o «gracia de
la creación» que es dada por igual a todos los humanos. Sin embargo, esta
«gracia» no es una acción especial de Dios, y tiene razón De Plinval al
afirmar que «se confunde de cierto modo con la gracia a que debemos la

---

[22] Esta obra se conserva bajo el nombre de diversos autores antiguos. Erasmo la publicó
atribuyéndosela a Jerónimo, y esa edición aparece en *PL*, 30:645-902. No cabe duda de que
se trata de un escrito de Pelagio.

[23] Atribuido a veces, de manera totalmente errónea, a Jerónimo o a Agustín, *PL*, 48:488-
491. La lista de todas las obras que probablemente sean de la pluma de Pelagio puede verse
en: De Plinval, *Pélage: Ses éctrits, sa vie et sa réforme* (Lausanne, 1943), pp. 44-45

existencia y la inteligencia».[24] Es decir, que se trata, paradójicamente, de una «gracia natural».

Además de esta gracia de la creación, Pelagio afirma la existencia de la «gracia de la revelación» o «gracia de la enseñanza» que, como su nombre indica, consiste en la revelación por la que Dios nos muestra el camino que debemos seguir, y cuya máxima expresión son las enseñanzas y el ejemplo de Jesús. No se trata aquí en modo alguno de que la revelación nos confiera un poder especial para obedecer a Dios. Afirmar tal cosa sería lo mismo que decir que, aparte de la revelación, el humano es incapaz de hacer el bien.

Existe, por último, la «gracia del perdón» o «gracia de la remisión de pecados». Esta es la que Dios confiere al humano cuando este, por su propia voluntad, se arrepiente y se esfuerza por obrar bien y reparar el daño cometido. Tampoco esta gracia influye en modo alguno en la voluntad humana, sino que se limita al perdón de los pecados cometidos.

En lo que se refiere al bautismo, afirma Pelagio que los niños pequeños son inocentes y no lo necesitan. Además, el bautismo no crea una voluntad libre donde antes había una voluntad esclava del pecado, sino que solo rompe o quebranta la costumbre de pecar y llama al creyente a una nueva vida que ha de construir mediante su propia libertad.

Por último, la predestinación de que habla Pablo no es, según Pelagio, un decreto soberano de Dios en virtud del cual los humanos se salvan o se pierden, sino que es la presciencia divina actuando en vista de lo que sabe han de ser las decisiones humanas. «Predestinar es lo mismo que saber de antemano».[25]

En cuanto a Celestio, el principal de los discípulos de Pelagio, sus doctrinas no son sino clarificación y exageración de las de su maestro. Agustín resume esas doctrinas en los siguientes nueve puntos:[26]

Que Adán fue creado mortal, puesto que, pecare o no, había de morir.
Que el pecado de Adán a este solo dañó, y no al género humano.
Que la Ley conduce al reino del mismo modo que el Evangelio.
Que antes de la venida de Jesucristo hubo hombres que vivieron sin pecado.
Que los niños acabados de nacer se encuentran en el mismo estado en que se encontró Adán antes de la prevaricación,
Que, así como por la muerte o la prevaricación de Adán no muere todo el género humano, así tampoco resucita por la resurrección de Jesucristo.

---

[24] De Plinval, *Pélage...*, p. 237.
[25] «Praedestinare est idem quod praescire», *Comm. in Rom.* 8.29.
[26] *Del pecado original*, 11 (*BAC*, 50:403).

Que el hombre, si quiere, puede vivir sin pecado.

Que los niños, aunque no sean bautizados, alcanzan la vida eterna.

Que los ricos bautizados, si no renuncian a todos sus bienes, aunque parezca que obran algún bien, no les será imputado ni podrán poseer el reino de Dios.

Contra Pelagio y Celestio escribió Agustín algunas de sus obras más importantes, entre las que se cuentan: *Del Espíritu y la letra*, *De la naturaleza y la gracia*, y *De la gracia de Jesucristo y del pecado original*. Además, escribió contra Julián de Eclana, pelagiano de segunda generación, obras tales como *Contra Julián* y su *Obra incompleta contra la segunda respuesta de Julián*. En estas obras desarrolló sus doctrinas del pecado original, la gracia y la predestinación, que discutiremos más adelante.

Estas doctrinas de Agustín pronto encontraron oposición, lo que dio lugar a la llamada «controversia semi pelagiana». Puesto que no sería posible comprender esa controversia sin antes conocer las doctrinas de Agustín que se discutían, no podemos exponer aquí la posición de los «semi pelagianos». Baste decir que la oposición a las doctrinas de Agustín respecto a la gracia y la predestinación tenía su centro en el sur de Francia, y su principal exponente en Juan Casiano. Muchos monjes en esa región se preguntaban si Agustín quería decir que su vida ascética y disciplinada no valía nada. En respuesta a las objeciones de estas personas, Agustín compuso *De la predestinación de los santos* y *Del don de la perseverancia*. Como veremos en nuestro próximo capítulo, la controversia continuó aun después de la muerte de Agustín.

Otras obras

Además de los escritos que hemos mencionado, y de sus sermones, epístolas y comentarios bíblicos, Agustín compuso cuatro obras que merecen mención especial: el *Enchiridión*, el *Tratado sobre la Santísima Trinidad*, *La Ciudad de Dios* y las *Retractaciones*.

El *Enchiridión*, escrito a petición de un amigo que deseaba tener un manual de la fe cristiana, es un comentario del Credo, el Padrenuestro y el Decálogo en el que se discuten las principales doctrinas cristianas. Es la mejor introducción al pensamiento de Agustín.

El *Tratado sobre la Santísima Trinidad*, cuya composición tomó unos dieciséis años, es la más extensa obra dogmática de Agustín, y una de las más discutidas.

La Ciudad de Dios fue inspirada por la caída de Roma ante el embate de los godos y por los comentarios de algunos paganos, en el sentido de que esa catástrofe se había debido a que Roma había abandonado a sus antiguos dioses para servir al Dios cristiano. Frente a tales acusaciones, Agustín desarrolla toda una filosofía de la historia que más adelante tendremos ocasión de discutir.

Por último, las *Retractaciones* son dos libros que Agustín escribió cuando, hacia el final de su vida, revisó uno a uno sus escritos anteriores, señalando lo que ahora le parecía falso, inexacto o no suficientemente claro. Es un documento valiosísimo para establecer la cronología de las obras de Agustín, así como para comprender su espíritu de humildad ante la labor teológica.

Murió Agustín a los setenta y seis años, en la ciudad de Hipona, cuando ya los invasores vándalos la cercaban. Su muerte y la presencia de los ejércitos bárbaros eran señal de que una era tocaba a su fin.

Acerca de la partida del santo, uno de sus más íntimos amigos escribió lo siguiente:

> En conversación familiar solía decirme que, después del bautismo, aun los más calificados cristianos y sacerdotes deben hacer conveniente penitencia antes de partir de este mundo. Así lo hizo él en su última enfermedad, porque mandó copiar para sí los salmos de David que llaman de la penitencia, y poniendo los cuadernos en la pared ante los ojos, día y noche, el santo enfermo los miraba y leía, llorando copiosamente; y para que nadie le distrajera de su ocupación, unos diez días antes de morir nos pidió en nuestra presencia que nadie entrase a verle fuera de las horas en que le visitaban los médicos o se le llevaba la refacción. Se cumplió su deseo, y todo aquel tiempo lo dedicaba a la plegaria. Hasta su postrera enfermedad predicó ininterrumpidamente la palabra de Dios en la iglesia con fortaleza y alegría, con mente lúcida y sano consejo. Y al fin, conservando íntegros los miembros corporales, sin perder ni la vista y el oído, asistido de nosotros, que le veíamos y orábamos con él, durmióse con sus padres, disfrutando aún de buena vejez.[27]

Teoría del conocimiento

Una vez narrada brevemente la vida de Agustín, debemos intentar ofrecer una exposición sistemática de su pensamiento. Para ello, lo más indicado parece ser comenzar por su teoría del conocimiento.

---

[27] Posidio, *Vida de San Agustín*, 31 (*BAC*, 10:427).

En lo que respecta a dicha teoría, dos fueron los problemas que más preocuparon a Agustín: si el conocimiento es posible y, dada su posibilidad, cómo se obtiene.

La cuestión de la posibilidad del conocimiento se planteaba por razón del escepticismo de los «académicos», cuyo escepticismo en una ocasión había tentado a Agustín. Por ello, casi inmediatamente después de su conversión, durante su retiro en Casicíaco, Agustín compuso su obra *Contra los académicos*.[28] En ella refuta los argumentos de los escépticos mostrando que, aun cuando sea mera apariencia todo cuanto percibimos por los sentidos, al menos sabemos que percibimos. Además, las verdades matemáticas y puramente racionales son ciertas aun a pesar de las apariencias mismas.[29] Por último, —argumento que aparece más claramente en otra obra de Agustín— la misma duda de los escépticos es su propia refutación, pues quien duda sabe que duda.[30] Luego, la duda como principio general y absoluto es inaceptable, y el conocimiento es posible.

Una vez refutada la opinión de quienes niegan toda posibilidad de un conocimiento cierto, es necesario plantear la cuestión de cómo se obtiene ese conocimiento. Y esa cuestión se hace tanto más difícil por cuanto lo que interesa a Agustín no es la mera «ciencia» o conocimiento de las cosas sensibles y perecederas, sino la «sabiduría», el conocimiento de las realidades eternas e inmutables. Llevado por sus lecturas de los «platónicos», Agustín acepta la doctrina del mundo inteligible en el cual están las realidades eternas, solo que esas realidades no están —como en Platón— por encima del Creador, sino que son las ideas que existen eternamente en la mente divina.

¿Cómo, entonces, se comunican esas ideas a la mente humana? La clásica solución platónica era la de explicar el conocimiento como una reminiscencia que el alma tiene de una existencia anterior. Esta solución, empero, no es aceptable para Agustín, quien no está dispuesto a adoptar la teoría de la preexistencia de las almas.[31] Otra posibilidad sería explicar el conocimiento como un don innato que Dios concede a las almas en su creación. Es posible que Agustín se haya inclinado al principio hacia

---

[28] *Contra académicos*, 3.11 (*BAC*, 31:193): «Pues no hallo cómo un académico puede refutar al que dice: "Sé que esto me parece blanco; sé que esto deleita mis oídos; sé que este olor me agrada; sé que esto me sabe dulce; sé que esto es frío para mí"».

[29] *Ibid.*: «...pero que tres por tres son nueve y cuadrado de números inteligibles, es necesariamente verdadero, aun cuando ronque todo el género humano».

[30] *De la verdadera religión*, 39 (*BAC*, 30:159-161): «Y si no entiendes lo que digo y dudas de su verdad, mira si estás cierto de tu duda de estas cosas».

[31] En *Del libre albedrío*, 1.12 (*BAC*, 21:287), Agustín deja abierta la cuestión de la preexistencia de las almas. Más tarde, en *Del alma y su origen* (*BAC*, 21:821), condena el error de quienes creen que el alma ha pecado en alguna existencia anterior.

esa posición.[32] Pero la doctrina característica y final de Agustín es la de la iluminación.

> Platón, noble filósofo, se esforzó en convencernos que las almas humanas habían vivido en el mundo antes de vestir estos cuerpos; de ahí que aquellas cosas que se aprenden sean, no nuevos conocimientos, sino simples reminiscencias. Según él refiere, ignoro qué esclavo, preguntado sobre un problema geométrico, respondió como consumado maestro en dicha disciplina. Escalonadas las preguntas con estudiado artificio, veía lo que debía ver y respondía según su visión.

> Mas, si todo esto fuera mero recuerdo de cosas con antelación conocidas, ni todos ni la mayor parte estarían en grado de responder al ser interrogados de idéntica manera; porque en su vida anterior no todos han sido geómetras, y son tan contados en todo el género humano, que a duras penas se podrá encontrar uno. Es preferible creer que, disponiéndolo así el Hacedor, la esencia del alma intelectiva descubre en las realidades inteligibles del orden natural dichos recuerdos, contemplándolos en una luz incorpórea especial, lo mismo que el ojo carnal al resplandor de esta luz material ve los objetos que están a su alrededor, pues ha sido creado para esta luz y a ella se adapta por creación.[33]

Es decir que, puesto que la mente humana es incapaz de conocer las verdades eternas por sí mismas o mediante los sentidos, recibe ese conocimiento por una iluminación directa de Dios. Esto no quiere decir en modo alguno que la mente contemple las verdades eternas en la esencia de Dios,[34] ni quiere decir tampoco que Dios sencillamente ilumine esas verdades para que la mente pueda conocerlas.[35] No, sino que Dios —el Verbo de Dios— inspira en la mente el conocimiento de las ideas que existen eternamente en Dios mismo.

---

[32] *Soliloquios*, 2.19 (*BAC*, 10:595); *De la cuantidad del alma*, 20 (*BAC*, 21:588): «Aprender es recordar».

[33] *De la Trinidad*, 12:15 (*BAC*, 39:691).

[34] Tal interpretación de San Agustín fue utilizada por filósofos que, como Malebranche, creían que el obispo de Hipona podía ser aducido en favor de la teoría ontologista. Aun cuando hay algunos textos de Agustín que podrían interpretarse en este sentido, ello contradiría todo el pensamiento del santo, quien niega categóricamente la posibilidad de contemplar la esencia de Dios.

[35] Como sugiere F. Copleston, *A History of Philosophy*, Vol. II (Westminster, Md. 1957), pp. 62-67.

Esta teoría de la iluminación fue característica de la teología agustiniana de siglos posteriores y, por ello, es necesario que nos detengamos a señalar una de las dificultades que plantea. Esta dificultad radica en el origen neoplatónico de la teoría misma, y en la tensión que surge cuando, en lugar de la doctrina neoplatónica de las emanaciones, se sostiene la doctrina de la creación de la nada. En Plotino, el alma, surgida por emanación de la esencia divina, es también divina. Luego no hay dificultad alguna en suponer que participa de las ideas eternas. Para Agustín, por el contrario, el alma es una criatura. ¿Cómo puede entonces poseer una verdad que es divina?

Dios

Su concepto de la verdad lleva a Agustín a desembocar directamente en la existencia de Dios. Aunque no deja de recurrir a otros argumentos cuando la ocasión se le presenta, el santo de Hipona recalca especialmente la prueba de la existencia de Dios a partir de la existencia de la verdad. Según este argumento, la mente percibe verdades inmutables, verdades que ella misma no puede cambiar ni dudar. Todas estas verdades nos dan a conocer de manera absolutamente indubitable la existencia de una Verdad perfecta, que no puede ser creación de nuestra mente ni de todas las mentes del universo. Esta verdad absoluta o fundamento de toda verdad es Dios.

> Existe, pues, Dios, realidad verdadera y suma, verdad que ya no solamente tenemos como indubitable por la fe, sino que, a mi juicio, también la vemos ya por la razón como verdad cierta, aunque esta visión es muy débil.[36]

Naturalmente, esta prueba de la existencia de Dios solo tiene valor para quien acepte los postulados platónicos en que se basa. Para que el argumento sea válido, es necesario dar un paso del orden de lo ideal al de lo real, y este paso no puede darse sino dentro de un marco filosófico que, como el platónico, postule la realidad objetiva del mundo ideal. Pero cabe decir a favor de Agustín que su verdadero intento no es «probar» la existencia de Dios en el sentido estricto del término «probar», sino solo mostrar que el humano, ser limitado y contingente, cae en el absurdo si no postula la existencia, por encima de sí mismo, de una realidad infinita y necesaria. La existencia de Dios es una realidad manifiesta e ineludible.

---

[36] *Del libre albedrío*, 2.15 (*BAC*, 21:377).

Este Dios es eterno, trascendente, infinito y perfecto. Como luz suprema, es la razón de todo conocimiento. Como bien supremo, es la meta hacia la que debe dirigirse la voluntad humana. De todos los atributos de Dios, el que más atrae a Agustín, y al que dedica una de sus más notables obras, es su carácter trino, que no hemos de discutir aquí porque, llevados por la necesidad lógica, lo hemos hecho con anterioridad en esta *Historia*.

La creación

Este Dios trino es el creador de todo cuanto existe. Dios ha hecho el universo *de la nada*, y no de su propia sustancia ni de una materia eterna. Si Dios hubiese hecho el universo de su propia sustancia, su obra sería divina, y no una verdadera creación. Pero, por otra parte, Dios tampoco hizo el mundo de una supuesta «materia amorfa» que, según algunos, existía eternamente. La materia amorfa misma es creación de Dios, y creación *de la nada*. Es a ella que se refiere el Génesis cuando dice que «la tierra estaba desordenada y vacía». Dios no hizo primero la materia y luego la forma, sino que hizo la materia al mismo tiempo que la forma.

Al crear el mundo, Dios conocía de antemano todo lo que había de hacer; pero no porque lo preveía, sino porque todas las cosas existían eternamente en la mente divina. Este es el «ejemplarismo» de Agustín, que encuentra sus raíces en Plotino, pero que acusa una marcada diferencia con la doctrina del filósofo neoplatónico, diferencia que se muestra en que Agustín era consciente de la distancia que separa al cristianismo de la filosofía pagana. Para Plotino, las ideas ejemplares eran la causa del origen del mundo por emanación. Para el obispo cristiano, esas ideas se encuentran en el Verbo —Segunda Persona de la Trinidad— y vienen a ser causa del origen de las criaturas solo por una decisión libre de Dios.

En cuanto al modo u orden de la creación, Agustín se plantea la cuestión de si todas las cosas fueron hechas de una vez (Ec 18.1) o si, por el contrario, fueron creadas en etapas sucesivas (Gn 1). Para resolver este problema, introduce la noción de las «razones seminales [o causales]», tomada, aunque con grandes variaciones, de la tradición estoica y neoplatónica. Estas razones seminales son principios de desarrollo que Dios creó desde el primer día de la creación, pero que no llegarían a su madurez sino más tarde, cuando produjesen cada una el primer miembro —o miembros— de una especie, que luego se reproduciría por los medios naturales. Así pues, Dios hizo todas las cosas desde el primer día, pero estas no se manifestaron en sus diversas especies de seres vivientes sino paulatinamente, según narra el Génesis.[37] En todo caso, los seis días de la

---

[37] Naturalmente, esta idea de la creación por medio de las razones seminales dista mucho de la teoría de la evolución, a pesar de los esfuerzos de varios autores modernos por relacionar

creación no han de tomarse literalmente, ya que al principio no había Sol ni astros que sirvieran para determinar los días y las noches. Acerca del sentido exacto de tales días, San Agustín ofrece diversas interpretaciones simbólicas que no viene al caso repetir aquí.

El tiempo

La doctrina de la creación plantea inmediatamente la cuestión de la naturaleza del tiempo, como el propio Agustín señala en las *Confesiones*.[38] Pero para él no se trata tanto de una cuestión puramente metafísica como de una cuestión existencial, pues en el tiempo transcurre toda nuestra existencia y, sin embargo, de algún modo en esa existencia temporal el Eterno se llega a nosotros.

El problema que se plantea es, en primer término, el del tiempo mismo tal como se nos presenta, y después el de la relación entre el tiempo y la creación. En cuanto a lo primero, afirma Agustín que el tiempo es una «distensión» del alma según sus diversas facultades. El pasado como mero pasado no existe ya, sino que se nos da ahora en ese modo «presente de lo pasado» que es la *memoria*. El futuro no existe todavía, sino que se nos da en ese «presente de lo futuro» que es la *expectación*. Solo el presente se nos ofrece directamente a la *visión*. Los demás tiempos están *presentes* en nuestra alma, como memoria el uno y como expectación el otro.

En cuanto al tiempo y la creación, el problema que se plantea es si Dios creó el tiempo o no. Para Agustín, solo la primera de estas alternativas es factible, pues de lo contrario sería necesario postular la eternidad del tiempo junto a la de Dios.

> Porque ¿cómo habían de pasar innumerables siglos, cuando aún no los habías hecho tú, autor y creador de los siglos? ¿O qué tiempos podían existir que no fuesen creados por ti? ¿Y cómo habían de pasar, si nunca habían sido? Luego, siendo tú el obrador de todos los tiempos, si existió algún tiempo antes de que hicieses el cielo y la tierra, ¿por qué se dice que cesabas de obrar? Porque tú habías

---

ambas teorías. La doctrina de Agustín no es que unas especies evolucionan de otras, sino que Dios creó cada especie tal como es, aunque lo hizo mediante las razones seminales.

[38] *Conf.* 11.12 (*BAC*, 11:573): «He aquí que yo respondo al que preguntaba: "¿Qué hacía Dios antes que hiciese el cielo y la tierra?". Y respondo, no lo que se dice haber respondido un individuo bromeándose, eludiendo la fuerza de la cuestión: "Preparaba —contestó— los castigos para los que escudriñan las cosas altas". Una cosa es ver, otra reír. Yo no responderé tal cosa. De mejor gana respondería: "No lo sé", lo que realmente no sé, que no aquello por lo que fue mofado quien preguntó cosas altas y fue alabado quien respondió cosas falsas».

hecho el tiempo mismo; ni pudieron pasar los tiempos antes de que hicieses los tiempos.[39]

El mal

Otra cuestión planteada por la doctrina de la creación es el problema del mal. Este era tanto más importante para Agustín por cuanto la doctrina del mal que proponían los maniqueos le era del todo inaceptable. Los maniqueos afirmaban un dualismo absoluto en el que dos principios igualmente eternos — el de la Luz y el de las Tinieblas— luchaban entre sí. Agustín rechaza esta teoría porque contradice el monoteísmo cristiano, además de que es irracional. En efecto, el dualismo maniqueo atribuye males al principio del bien —como el de estar sujeto a los embates del mal— y bienes al principio del mal —como el de existir y el de ser poderoso—. Todo dualismo absoluto, es decir, todo dualismo que parta de la existencia de dos principios eternos y antagónicos, caerá irremisiblemente en el absurdo. Luego es necesario afirmar que todo cuanto existe procede de Dios.

> Toda vida, sea grande o pequeña; todo poder, sea grande o pequeño; toda salud, sea grande o pequeña; toda memoria, sea grande o pequeña; toda fuerza, sea grande o pequeña; toda tranquilidad, sea grande o pequeña; toda riqueza, sea grande o pequeña; todo sentimiento, sea grande o pequeño; toda luz, sea grande o pequeña; toda suavidad, sea grande o pequeña; toda medida, sea grande o pequeña; toda belleza, sea grande o pequeña; toda paz, sea grande o pequeña; y si hay algún otro bien semejante a estos, y principalmente los que se encuentran en todas las cosas, lo mismo en las espirituales que en las corporales; todo modo, toda belleza, todo orden, sea grande o pequeño; todo ello solamente puede provenir de Dios.[40]

¿Qué decir, entonces, del mal? El mal no es una naturaleza; no es «algo»; no es una criatura. El mal es una privación del bien. Todo cuanto existe es bueno, pues tiene «modo, belleza y orden», *modus, species et ordo*.[41]

---

[39] *Conf.* 11.13 (*BAC*, XI, 575).

[40] *De la naturaleza del bien*, 13 (*BAC*, 21:991).

[41] «El modo, la belleza y el orden, son como bienes generales, que se encuentran en todos los seres creados por Dios, lo mismo en los espirituales que en los corporales». *De la naturaleza del bien*, 3 (*BAC*, 21:981).

Las cosas «mejores» lo son solo porque gozan de mayor modo, belleza y orden. Las cosas «peores» lo son porque no gozan del mismo grado de bondad. Pero las unas y las otras son en realidad buenas, pues todas han sido creadas por Dios y todas gozan al menos del bien de la existencia. Una mona, por ejemplo, no es «bella» según nuestro uso corriente, pues comparamos su belleza a la de otros seres que la tienen en mayor grado. Pero en el uso exacto y correcto, la mona sí es «bella», aunque solo con la belleza propia de su género de criaturas.[42] Toda naturaleza, como naturaleza, es buena.

A pesar de esto, el mal no es una ficción del intelecto, sino que es una realidad incontrovertible. El mal no es una naturaleza, sino que es la corrupción de la naturaleza. Como «cosa», como sustancia, el mal no existe; pero sí existe como pérdida de la bondad. En este punto, Agustín sigue el camino del neoplatonismo, para el cual el mal no consiste en una realidad aparte del Uno, sino en apartarse de ese Uno.

El libre albedrío

¿De dónde surge el mal? Surge del libre albedrío de algunas de las criaturas a las que Dios ha dotado de una naturaleza racional. Entre esas criaturas se encuentran los ángeles, algunos de los cuales han caído y se llaman ahora demonios. Y entre ellas se encuentra también el ser humano, que ha sido dotado del libre albedrío y lo ha utilizado para mal.

También en esta cuestión del libre albedrío Agustín siente la necesidad de refutar el predeterminismo de los maniqueos. Según los maniqueos, el principio del bien que hay en nosotros siempre obrará el bien, y el principio del mal siempre se le opondrá. Según Agustín, puesto que el mal no es un principio eterno, ni tampoco una criatura de Dios, sino una corrupción del bien, es necesario atribuir su origen a una criatura en sí buena, pero capaz de hacer el mal. El problema está entonces en cómo evitar que Dios resulte ser el autor del mal.

> Turba, sin embargo, nuestro ánimo esta consideración: si el pecado procede de las almas que Dios creó, y las almas vienen de Dios, ¿cómo no referir a Dios el pecado, siendo tan estrecha la relación entre Dios y el alma pecadora?[43]

---

[42] *De la naturaleza del bien*, 15.
[43] *Del libre albedrío*, 1.2 (*BAC*, 21:253).

La solución a este problema se encuentra en la doctrina del libre albedrío, que Agustín desarrolló y subrayó durante su controversia con los maniqueos. Según esta doctrina, Dios dotó a los primeros humanos —y a los ángeles— del libre albedrío, que en sí es un bien, pues es criatura de Dios y es, además, una de las perfecciones de los seres racionales. Pero es un bien «intermedio»,[44] ya que es capaz, no solo de sostenerse en el bien, sino también de apartarse de Dios; es decir, de inclinarse hacia el mal. Es este libre albedrío lo que hace que el humano sea verdaderamente tal, y por lo tanto no se ha de pensar que el poseerlo sea en modo alguno un mal, sino un bien que puede volverse hacia el mal.

> Si el hombre en sí es un bien y no puede obrar rectamente sino cuando quiere, síguese que por necesidad ha de gozar del libre albedrío, sin el cual no se concibe que pueda obrar rectamente. Y no porque el libre albedrío sea el origen del pecado por eso se ha de creer que nos lo ha dado Dios para pecar. Hay, pues, una razón suficiente de habérnoslo dado, y es que sin él no podía el hombre vivir rectamente.[45]

Ahora bien, ¿qué es lo que hace que la voluntad se aparte del bien? Solo una respuesta cabe, por muy irracional que parezca: la voluntad misma. En efecto, el carácter propio de la voluntad es tal que hay que decir que es ella misma, y no algún agente o factor foráneo, la que origina sus propias decisiones.

> Pero ¿cuál puede ser la causa de la voluntad anterior a la misma voluntad? O esta causa es la misma voluntad, y entonces en ella tenemos la raíz que buscamos, o no es la voluntad, y en este caso la voluntad no peca. Así, pues, o la voluntad es la primera causa del pecado o la causa primera del pecado está sin pecado; porque no se puede imputar con razón el pecado sino al que peca, y no sé yo a quién se le va a imputar con razón sino al que voluntariamente peca, y por eso no me explico por qué tú te empeñas en buscar esta causa fuera de la voluntad.[46]

---

[44] *Del libre albedrío*, 2.2 (*BAC*, 21:393-97).
[45] *Del libre albedrío*, 2.1 (*BAC*, 21:311).
[46] *Del libre albedrío*, 3.17 (*BAC*, 21:481).

El pecado original y el ser humano natural

Sin embargo, es necesario señalar que todo esto en su sentido estricto se refiere solo al humano antes de la caída, que de tal modo afectó a toda la descendencia de Adán que ya no es posible hablar de una libertad total de la voluntad. Esto es tanto más importante por cuanto muchos —ya en el siglo IV y hasta nuestros días— han creído ver una crasa contradicción entre la posición de Agustín ante los maniqueos y su doctrina contra los pelagianos.

Agustín aceptó y desarrolló la interpretación del pecado original como una herencia que Adán ha traspasado a sus descendientes. Tal interpretación del texto según el cual «en Adán todos mueren» (1 Co 15.22) no es ciertamente la única que ha aparecido en la historia del pensamiento cristiano; pero sí es la que, a partir de Tertuliano, fue logrando cada vez más preponderancia en la teología latina. Esta preponderancia se debió en buena medida al impulso y a la autoridad que Agustín le prestó.

Antes de la caída, Adán gozaba de una serie de dones entre los que se contaba el libre albedrío que hemos descrito, y que le daba tanto el poder no pecar (*posse non peccare*) como el poder pecar (*posse peccare*). Adán no tenía el don absoluto de la perseverancia, es decir, el no poder pecar (*non posse peccare*), pero sí tenía el don de perseverar en el bien, es decir, el poder no pecar.[47]

Pero la caída cambió este estado de cosas. El pecado de Adán consistió en su soberbia e incredulidad, que le llevaron a hacer mal uso del buen árbol que Dios había plantado en el centro del huerto.[48] El resultado de ese pecado fue que Adán perdió la posibilidad de vivir para siempre, además de su ciencia y, sobre todo, perdió su libertad para no pecar. Tras la caída, Adán continuó siendo libre; pero, puesto que había perdido el don de la gracia que le permitía no pecar, solo era libre para pecar.

En virtud de la transmisión del pecado de Adán, el humano natural se encuentra en la misma situación. Siguiendo la tradición que comienza con Tertuliano, Agustín afirma que este pecado original —tanto en su culpa o reato como en sus consecuencias— pasa a todos los descendientes de Adán como una herencia.[49] Pero esto, a su vez, plantea nuevas dificultades, pues el obispo de Hipona no estaba dispuesto a aceptar el materialismo

---

[47] *De la corrección y de la gracia*, 12 (*BAC*, 50:182-183).
[48] *Del Génesis a la letra*, 11.5 (*BAC*, 148:1117-1119); *De la naturaleza del bien*, 35 (*BAC*, 21:1017).
[49] *Enquiridión*, 35 (*BAC*, 30:501).

estoico que se hallaba tras la doctrina de Tertuliano,[50] y que le había permitido al antiguo teólogo cartaginés hablar de la transmisión del alma —y, por ende, del pecado— de manera semejante a la transmisión de las características corporales de padres a hijos. Esto le inclinaba a rechazar el «traducionismo» —la doctrina según la cual el alma se transmite de padres a hijos— y a sostener el «creacionismo», la doctrina según la cual Dios crea directamente un alma para cada individuo. Por otra parte, las dificultades que el creacionismo involucraba para la doctrina del pecado original llevaban a Agustín de vuelta al traducionismo. En este punto, el teólogo de Hipona permaneció indeciso durante toda su vida.

El resultado de este pecado original, que nos envuelve a todos de tal modo que somos una «masa de perdición», es que estamos sujetos a la muerte, la ignorancia y la concupiscencia.[51] Esta última no ha de identificarse con los apetitos sexuales, aunque estos, en su forma actual, constituyen el ejemplo más claro del señorío de la concupiscencia sobre el hombre caído. La concupiscencia es el poder que nos aparta de la contemplación del bien supremo y nos lleva a la contemplación de realidades inferiores y transitorias. Esto ocurre cuando la recta razón se deja llevar por las pasiones. El acto sexual lleva el sello de la concupiscencia porque el hombre caído es incapaz de realizarlo sin apartar su mirada del Creador para contemplar a la criatura.[52] En el sentido estricto, la concupiscencia no es pecado, aunque puede llamársele tal porque procede del pecado original y es el origen de todo pecado actual.[53]

Como consecuencia de todo esto, el ser humano natural es libre solo en cuanto tiene libertad para pecar. «Siempre, por tanto, gozamos de libre voluntad; pero no siempre esta es buena».[54] Esto no quiere decir en modo alguno que la libertad se vuelva un concepto vacío y sin sentido. El humano natural, por el contrario, tiene verdadera libertad para escoger entre varias alternativas. Solo que, dada su condición de pecador, miembro de esta «masa de perdición» y sujeto a concupiscencia, todas las alternativas que realmente se le presentan son pecado. La alternativa de no pecar no se le presenta. Por tanto, es justo decir que tiene libertad para pecar (*posse peccare*), pero que no tiene libertad para no pecar.

---

[50] *Del Génesis a la letra*, 10.25 (*BAC*, 168:1003-1109).

[51] *Enquiridión*, 24-25 (*BAC*, 30:449-501). La ignorancia y la concupiscencia son comunes al ser humano caído y a los demonios, mientras que la muerte no ha sido impuesta a estos últimos.

[52] *De la gracia de Jesucristo y del pecado original*, 2.34 (*BAC*, 50:443-445). El hecho de que en este pasaje Agustín no toma en cuenta las diferencias fisiológicas entre el varón y la mujer en el acto sexual es indicación de la medida en que da por sentado que el varón es la norma.

[53] *Sobre diversas cuestiones a Simpliciano*, 1.1.10 (*BAC*, 79:69-71).

[54] *De la gracia y del libre albedrío*, 15 (*BAC*, 50:271).

La gracia y la predestinación

Ahora bien, si todo lo que el ser humano natural puede hacer es pecado, ¿cómo ha de dar el paso que le llevará de su estado natural al del humano redimido, sobre todo si se tiene en cuenta que tal paso no puede en modo alguno llamarse pecado? La respuesta es ineludible: el humano natural no puede por sí solo dar semejante paso. Es aquí donde entran en juego las doctrinas agustinianas de la gracia y la predestinación. Y es también aquí que se encuentra el punto focal de la polémica de Agustín contra los pelagianos.

El fundamento de la doctrina agustiniana de la gracia es que el humano caído no puede hacer bien alguno sin el auxilio de la gracia. Adán podía hacer el bien porque contaba con ese auxilio; pero lo perdió a causa de su pecado, y a partir de entonces quedó sujeto a la maldad. Nosotros, todos sus descendientes, venimos al mundo bajo la esclavitud del pecado, y por ello somos incapaces, por nuestras propias fuerzas, de hacer el bien. Nuestra voluntad está torcida de tal modo que, aun cuando goza de libertad, esta solo nos permite pecar. Así pues, para que podamos dar el paso que nos lleva de este estado al de la salvación es necesario que la gracia actúe en nosotros. Solo con esa gracia es posible la conversión. Sin ella, el humano no puede ni quiere acercarse a Dios. Aún más: ella es también la que, después de la conversión, continúa capacitando al cristiano para hacer buenas obras.

> Por consiguiente, para que nosotros queramos, sin nosotros a obrar comienza, y cuando queremos y de grado obramos, con nosotros coopera. Con todo, si Él no obra para que queramos o no coopera cuando ya queremos, nada en orden a las buenas obras de piedad podemos.[55]

La gracia es irresistible. No se puede concebir que la voluntad se oponga a recibir la gracia que le ha sido dada, porque la gracia actúa en la voluntad, llevándola a querer el bien. Esto no quiere decir en modo alguno que Agustín haya olvidado o abandonado su defensa del libre albedrío. La gracia no se opone a la voluntad. No se trata de que la gracia obligue al humano a tomar una decisión aun en contra de su propia voluntad. Se trata más bien de que Dios, mediante su gracia, mueve a la voluntad, la fortalece y la estimula, para que ella misma, sin coerción alguna, opte por el bien. El pecador no se salva a sí mismo; pero tampoco es salvado contra su

---

[55] *De la gracia y del libre albedrío*, 15 (*BAC*, 50:271). *De la gracia y del libre albedrío*, 17 (*BAC*, L, 275).

voluntad. «Ni la gracia de Dios sola, ni él solo, sino la gracia de Dios con él».[56] La gracia mueve a la voluntad, pero solo mediante una «suave violencia» que actúa de tal modo que la propia voluntad concuerda con ella.[57]

Por otra parte, el hecho de haber recibido la primera gracia —que, como veremos más adelante, se halla unida al bautismo— no quiere decir que ya se ha logrado la corona final. Es necesario permanecer fiel hasta la muerte, y esto solo es posible mediante el don de la perseverancia, que es también el resultado de la gracia, y por tanto no depende tampoco de los méritos humanos.[58]

La salvación, desde el principio hasta el fin, es obra de la gracia; aunque sin que esto implique en modo alguno que se destruya o se viole la voluntad humana, que es movida por la gracia para desear el bien.

Esto plantea de inmediato la cuestión de la predestinación.[59] Si solo mediante la gracia es posible la salvación, y si esa gracia, por definición, no depende de mérito alguno por parte de quien la recibe, se sigue que es el mismo Dios, por su acción y libertad soberanas, quien decide quién ha de recibir ese don inmerecido. La doctrina agustiniana de la predestinación no surge de consideraciones de orden especulativo sobre la omnisciencia de Dios, o sobre su omnipotencia, sino que surge de consideraciones de orden soteriológico y existencial, al tratar de afirmar la primacía de Dios en la salvación humana, y el carácter gratuito de esa salvación.

Según Agustín, la predestinación de algunos para la gloria es una verdad indudable, aunque sea al mismo tiempo un misterio inexplicable. Esta predestinación es tal que el número de los elegidos es fijo, de tal modo que, por mucho que la Iglesia crezca, el número de los que han de entrar al Reino será siempre el mismo.[60] Por otra parte, no existe una predestinación divina al pecado o a la perdición. Los elegidos son arrancados de la «masa de perdición» que es la humanidad por un acto del Dios soberano, que les predestinó para ello. Los que se condenan, simplemente continúan sumidos en esa «masa», pero no porque Dios lo ordenare así, sino por sus propios pecados. La doctrina de Agustín sobre la predestinación no es, repetimos, un intento de conciliar la omnisciencia divina con la

---

[56] *De la gracia* y *del libre albedrío*, 5 (*BAC*, 50:243-245).

[57] *Sermón* 131 (*BAC*, 95:747).

[58] *Del don de la perseverancia*, 1 (*BAC*, 50:573).

[59] En realidad, la doctrina de la predestinación de Agustín surge, no solo de la necesidad lógica de su doctrina de la gracia, sino también de la experiencia de su conversión y de la exégesis bíblica. Si aquí la hacemos secuencia lógica de la doctrina de la gracia, esto no ha de entenderse como si Agustín fuera un pensador abstracto, para quien el rigor lógico es más importante que la verdad existencial.

[60] *Sermón* 251 (*BAC*, 53:461-463); véase también: *Sermón* 111 (*BAC*, 53:99-103) y *De la corrección y de la gracia*, 13 (*BAC*, 50:191).

libertad humana, sino un intento de dar testimonio de la primacía de Dios en la salvación.

Este sistema agustiniano de la gracia y la predestinación ha dado lugar a largas controversias, la primera de las cuales comenzó en tiempos del propio Agustín, según veremos en el próximo capítulo. No podemos discutir aquí cada una de estas controversias, que irán apareciendo según nuestra historia se vaya desdoblando. Debemos señalar, sin embargo, que los reformadores protestantes del siglo XVI creyeron ver en el santo de Hipona un defensor de sus doctrinas. En esto tenían alguna razón, pero también se equivocaban en parte. No cabe duda de que el énfasis de Agustín sobre la prioridad de la acción divina en la salvación, así como buena parte de su doctrina de la predestinación, concuerdan con el pensamiento de los reformadores. También es cierto que Agustín señala la prioridad de la fe con relación a las obras.[61] Por otra parte, Agustín difería radicalmente de los reformadores por cuanto para él los méritos tenían un lugar importante y necesario en la salvación. La gracia no nos es dada por nuestros méritos, pero sí opera en nosotros de tal modo que hagamos buenas obras que sean meritorias para la salvación final.[62] Además, la doctrina de la predestinación que Agustín propone es infralapsaria, y es, además, la de una predestinación «sencilla», es decir, solo para salvación, a diferencia de la predestinación según Calvino, que es supralapsaria y «doble».[63]

Por último, antes de pasar a otros aspectos del pensamiento de Agustín, debemos indicar que su doctrina de la gracia difiere de la del Nuevo Testamento por cuanto el teólogo hiponense hace de la gracia un poder o efluvio divino que actúa dentro del ser humano. Esto es lo que comúnmente se llama la «gracia infusa» y la «reificación» o la «cosificación» de la gracia. En el Nuevo Testamento la gracia es una actitud por parte de Dios, su amor y su perdón. Esta transformación del sentido del término «gracia» tendrá dos consecuencias importantes en el desarrollo de la teología medieval. En primer lugar, se plantea la cuestión de la relación entre la gracia y el Espíritu Santo, pues esta gracia concebida a modo de efluvio o poder parece usurpar algunas de las funciones tradicionalmente atribuidas a la Tercera Persona de la Trinidad. En segundo lugar, y en parte como un intento de resolver algunos de los problemas planteados por la doctrina agustiniana de la gracia y su relación con la predestinación, se desarrolla toda una doctrina de la gracia, en la que se distinguen y clasifican varias clases de

---

[61] *De la gracia y del libre albedrío*, 7 (*BAC*, 50:251): «...las obras proceden de la fe, y no la fe de las obras...».

[62] *De la gracia y del libre albedrío*, 2 (*BAC*, 50:233).

[63] Remitimos al lector al propio Calvino: *Inst.* 3.21-24.

gracia. De más está decir que tales distinciones y clasificaciones adolecen de una rigidez muy distinta del espíritu de Agustín.

La iglesia

La gracia de Dios nos llega por Jesucristo, en la comunión de la iglesia, mediante los sacramentos. La cristología de Agustín tiene poco de original, y por ello no la discutiremos aquí, donde nos interesan más aquellos aspectos del pensamiento agustiniano que ejercieron una influencia notable sobre las generaciones posteriores.[64] Por tanto, pasaremos a discutir, tan brevemente como nos sea posible, la eclesiología de Agustín, y luego su doctrina acerca de los sacramentos.

Ya hemos señalado que la eclesiología agustiniana toma forma frente al cisma donatista. Poco antes que Agustín, el obispo Optato de Milevi había escrito *Siete libros sobre el cisma donatista*,[65] y allí, además de atacar la historia y las prácticas de los donatistas, dedica buena parte de un libro, el segundo, a mostrar en qué consiste la verdadera iglesia católica. Con este propósito, Optato desarrolla principalmente dos argumentos que muestran que la verdadera iglesia es la que los donatistas rechazan: el argumento de la difusión de la iglesia por toda la Tierra,[66] y el de la sucesión apostólica que el obispo de Roma ha recibido de San Pedro, «cabeza de todos los apóstoles».[67]

En lo esencial, Agustín no se aparta de la posición de Optato y, en cierta medida, de Cipriano. Para él, la catolicidad de la iglesia consiste fundamentalmente en el hecho de que se halla presente en toda la Tierra.[68] La unidad consiste en el lazo de amor que une a quienes pertenecen a este cuerpo único de Cristo; donde no hay caridad, no hay unidad; pero también es cierto que donde no hay unidad no hay caridad ni hay, por tanto, iglesia.[69] La apostolicidad de la iglesia se basa en la sucesión apostólica de sus obispos, cuyo epítome se encuentra en Roma, pues allí puede señalarse una sucesión ininterrumpida a partir de Pedro, «figura de toda la iglesia».[70]

---

[64] Acerca del lugar de Agustín en el desarrollo de la Cristología occidental, véase el capítulo 18.

[65] *PL*, 11:883-1103.

[66] *Sobre el cisma donatista*, 2.1 (*PL*, 11:941-946).

[67] *Sobre el cisma donatista*, 2.2-4 (*PL*, 11:946-956).

[68] *De la unidad de la Iglesia*, 3 (*BAC*, 30:659). Se trata de una obra de autor dudoso, aunque no cabe duda de que su teología es agustiniana.

[69] *De la unidad de la iglesia*, 4 (*BAC*, 30:661).

[70] *Epístola* 53.1 (*BAC*, 69:301).

En cuanto a la santidad, Agustín concuerda con Cipriano en que, en esta vida, es imposible separar el trigo de la cizaña. La iglesia es santa, no porque todos sus miembros lleven una vida exenta de pecado, sino porque será perfeccionada en santidad en la consumación de los tiempos. Mientras tanto, es un «cuerpo mixto», en el que la cizaña crece entre el trigo, de modo que aun los predestinados no están totalmente libres de pecado.[71]

Esto nos lleva a la cuestión de la iglesia visible y la invisible. Algunos intérpretes han subrayado esta distinción hasta tal punto que se pierde de vista la importancia que Agustín concedía a la iglesia institucional, jerárquica y visible. Cuando Agustín habla de la iglesia se refiere, por lo general, a esta institución terrena, a este «cuerpo mixto». A ella Dios allega a los que han de ser salvos. Mediante sus sacramentos, los elegidos se nutren en la fe. Pero, a pesar de todo ello, aun es cierto que esta iglesia terrena no concuerda exactamente con el cuerpo de los predestinados, con la Iglesia celeste de la consumación final. Aún hay cizaña dentro de ella. Aún hay elegidos que no han sido atraídos a su seno. De aquí el concepto de «iglesia invisible», que nos ayuda a comprender la eclesiología agustiniana, pero que no debemos exagerar so pena de tergiversar toda esa eclesiología.

Los sacramentos

La teoría sacramental de Agustín muestra la misma fluidez que caracterizó a los teólogos de siglos anteriores, y que no desaparecerá sino tras las clasificaciones y distinciones de los escolásticos. Agustín no vacila en llamar «sacramento» a una multitud de ritos y costumbres, aunque tiende a utilizar ese mismo término, en un sentido más estricto, para referirse especialmente al bautismo y la comunión. A estos dos sacramentos dedicaremos nuestra atención aquí, aunque advirtiéndole al lector que bajo este epígrafe podrían considerarse muchas prácticas de la iglesia, tanto algunas que más tarde recibieron el título oficial de «sacramentos» como otras que nunca lo tuvieron.

Agustín se planteó la cuestión del bautismo dentro del doble contexto del donatismo y del pelagianismo. Los pelagianos no creían que los niños recién nacidos tenían necesidad del bautismo, pues no tenían pecado. Sin embargo, se les podía bautizar como una «ayuda» para vencer las obras de la carne. En cuanto a los donatistas, sostenían que solo dentro de la iglesia, es decir, la de ellos, era válido el bautismo, y para ello se apoyaban en la autoridad de Cipriano.

---

[71] *Sermón 88* (*BAC*, 53:283).

También en este punto Agustín cuenta con el antecedente de Optato, quien en sus *Siete libros sobre el cisma donatista* se había planteado la cuestión del bautismo y su validez fuera de la comunión de la iglesia, así como la cuestión paralela de la validez del sacramento administrado por una persona indigna. En cuanto a esto último, Optato afirma que el sacramento tiene valor por sí mismo, a pesar de la posible indignidad de quien lo ofrece. En el bautismo intervienen la divina Trinidad, el que lo recibe y el que lo administra, en ese orden. Solo los dos primeros no pueden cambiar. El tercero, es decir, el ministro, no puede pretender que la validez del rito dependa de su propia persona, «pues es Dios quien lava, y no el humano».[72] Pero, por otra parte, la validez del sacramento sí depende de la comunión en que se realice, pues cuando tiene lugar entre los cismáticos no obra para salvación, sino para condenación.[73] Además, el rebautismo es una negación de la unicidad de la fe, de Cristo y de Dios.[74]

Agustín concuerda con Optato en cuanto a la gracia del sacramento aun a pesar de los defectos morales de quien lo administra.[75] Tal afirmación era necesaria para refutar el argumento de los donatistas, según el cual, en vista de que solo ellos habían permanecido firmes en la persecución, solo entre ellos se daban los verdaderos sacramentos. Puesto que esto incluía la ordenación, el ministerio y los sacramentos de quien hubiera sido ordenado por un obispo caído durante la persecución eran igualmente inválidos. Pero, debido a su espíritu conciliador y su interés pastoral de atraer a los donatistas más que aplastarles, Agustín está dispuesto, a diferencia de Optato, a conceder cierta validez a los sacramentos celebrados entre los cismáticos. Los cismáticos tienen el sacramento, pero no su beneficio, que es la justicia, y especialmente, la caridad.[76] Por ello es por lo que no ha de rebautizarse a los herejes y cismáticos que regresen al seno de la iglesia, sino imponerles las manos para que reciban el vínculo de la unidad de que no gozaban debido al carácter irregular de su bautismo. La doctrina eucarística de Agustín ha sido objeto de diversas interpretaciones, con las consiguientes controversias. Tales interpretaciones surgen del intento de leer a Agustín a través de las lentes de definiciones y controversias posteriores, pero se deben también a que Agustín puede referirse a la presencia del cuerpo de Cristo en la eucaristía en términos muy realistas, y poco más tarde utilizar un lenguaje de carácter espiritualista o simbólico.[77]

---

[72] *Sobre el cisma donatista*, 5.4 (*PL*, 11:1053).

[73] *Sobre el cisma donatista*, 5.3 (*PL*, 11:1049-1050).

[74] *Sobre el cisma donatista*, 5.3 (*PL*, 11:1050): «Si das otro bautismo, das otra fe; si das otra fe, das otro Cristo; si das otro Cristo, das otro Dios».

[75] *Sermón* 99.13 (*BAC*, 95:423).

[76] *De la unidad de la iglesia*, 22 (*BAC*, 4:767-769).

[77] Me parece excelente ilustración de este punto el modo dramático en que J. N. D. Kelly,

Que existe cierta ambigüedad en el pensamiento del obispo hiponense no puede dudarse. Pero esto no ha de llevarnos a soluciones fáciles, pretendiendo entender todos los textos a la luz de una posición preconcebida. Se trata quizás de que en Agustín luchan dos tendencias antagónicas: el realismo eucarístico que se hacía cada vez más general, y que gozaba de la autoridad de su maestro Ambrosio, y el espiritualismo neoplatónico que perduraba aún en él, y que mucho antes había llevado a Orígenes y algunos de sus discípulos a asumir una posición espiritualista ante la eucaristía. O se trata, con más probabilidad, de que, según Agustín, quien participa de la comunión recibe verdaderamente el cuerpo y la sangre de Cristo, pero no en el sentido de que los ingiere físicamente, sino en el sentido de que, ingiriendo los elementos, se hace partícipe de ese cuerpo y esa sangre. Esto se ilustra bellamente en un sermón que predicó en sus últimos años a un grupo de neófitos recién bautizados:

> Por medio de estas cosas quiso el Señor dejarnos su cuerpo y sangre, que derramó para la remisión de nuestros pecados. Si lo habéis recibido dignamente, vosotros sois eso mismo que habéis recibido. Dice, en efecto, el apóstol: "Nosotros somos muchos, pero un solo pan, un solo cuerpo". He aquí cómo expuso el sacramento de la mesa del Señor: "Nosotros somos muchos, pero un solo pan, un solo cuerpo". En este pan se os indica cómo debéis amar la unidad. ¿Acaso este pan se ha hecho de un solo grano? ¿No eran, acaso, muchos los granos de trigo? Pero antes de convertirse en pan estaban separados; se unieron mediante el agua después de haber sido triturados. Si no es molido el trigo y amasado con agua, nunca podrá convertirse en esto que llamamos pan. Lo mismo os ha pasado a vosotros: mediante la humillación del ayuno y el rito del exorcismo habéis sido como molidos. Llegó el bautismo, y habéis sido como amasados con el agua para convertiros en pan. Pero todavía falta el fuego, sin el cual no hay pan. ¿Qué significa el fuego, es decir, la unción con aceite? Puesto que el aceite alimenta el fuego, es el símbolo del Espíritu Santo. Poned atención a lo que se lee en los Hechos de los Apóstoles; ahora comienza a leerse este libro; hoy comienza el libro denominado Hechos de los Apóstoles. Quien quiera progresar tiene cómo hacerlo. Cuando os

---

Early Christian Doctrines (Londres, 1960), pp. 447-449 contrapone dos textos tomados de los sermones de Agustín: *Sermón* 217: «Ese pan que veis sobre el altar, santificado por la Palabra de Dios, es el cuerpo de Cristo. Ese cáliz, o más bien, el contenido de ese cáliz, santificado por la Palabra de Dios es la sangre de Cristo». *Sermón* 131 (*BAC*, 95:747) «... el cuerpo y la sangre de Cristo serán vida para cada uno, cuando lo que en este sacramento se toma visiblemente, el pan y el vino, que son signos, se coma espiritualmente, y espiritualmente se beba lo que significan».

reunís en la Iglesia, evitad las habladurías necias y prestad atención a la Escritura. Nosotros somos vuestros libros. Estad atentos, pues, y pensad que en Pentecostés ha de venir el Espíritu Santo. Y ved cómo vendrá: mostrándose en lenguas de fuego. Él nos inspira la caridad, que nos hará arder para Dios y despreciar el mundo, quemará nuestro heno y purificará nuestro corazón como si fuera oro. Después del agua llega el Espíritu Santo, que es el fuego, y os convertís en el pan, que es el cuerpo de Cristo. Y así se simboliza, en cierto modo, la unidad.[78]

El sentido de la historia

La Iglesia que administra los sacramentos no está todavía en la gloria, sino que milita y peregrina dentro del acontecer histórico. La caída de Roma en el año 410, que sacudió a todo el mundo mediterráneo, hizo sentir a Agustín la urgencia de meditar y escribir sobre el sentido de la historia. Este es el propósito de su obra *La ciudad de Dios*, que lleva por subtítulo «Contra los paganos». En ella, Agustín distingue entre dos «ciudades» o sociedades, llevada cada una por un impulso distinto.

Dos amores fundaron, pues, dos ciudades, a saber: el amor propio hasta el desprecio de Dios, la terrena, y el amor de Dios hasta el desprecio de sí propio, la celestial. La primera se gloría en sí misma, y la segunda en Dios, porque aquella busca la gloria de los hombres, y esta tiene por máxima gloria a Dios, testigo de su conciencia. Aquella se engríe en su gloria y esta dice a su Dios: "Vos sois mi gloria y el que me hace ir con la cabeza en alto". En aquella, sus príncipes y las naciones avasalladas se ven bajo el yugo de la concupiscencia de dominio, y en esta sirven en mutua caridad, los gobernantes aconsejando y los súbditos obedeciendo.

Aquella ama su propia fuerza en sus potentados, y esta dice a su Dios: "A ti he de amarte, Señor, que eres mi fortaleza". Por eso, en aquella, sus sabios, que viven según el hombre, no han buscado más que o los bienes del cuerpo, o los del alma, o los de ambos, y los que llegaron a conocer a Dios no le honraron ni dieron gracias como a Dios, sino que se desvanecieron en sus pensamientos, y su necio corazón se oscureció. Creyéndose sabios, es decir, engañados en su propia sabiduría a exigencias de su soberbia, se hicieron

---

[78] *Sermón* 227 (*BAC*, 447:284-285).

necios y cambiaron la gloria del Dios incorruptible en semejanza
de imagen de hombre corruptible, y de aves, y de cuadrúpedos,
y de serpientes. Porque o llevaron a los pueblos a adorar tales si-
mulacros, yendo ellos al frente, o los siguieron, y rindieron culto
y sirvieron a la criatura antes que al Creador, que es bendito por
siempre. En esta, en cambio, no hay sabiduría humana, sino piedad, que funda el culto legítimo al Dios verdadero, en espera de un
premio en la sociedad de los santos, de hombres y de ángeles, con
el fin de que Dios sea todo en todas las cosas.[79]

Naturalmente, estos dos amores, y las dos ciudades que de ellos nacen, son
incompatibles. Sin embargo, en el período que va desde la caída hasta la
consumación final la ciudad celestial existe también sobre la tierra, de tal
modo que «andan confusas y mezcladas entre sí en este mundo estas dos
ciudades, hasta que el juicio final las dirima».[80] Mientras tanto, la ciudad
rebelde a Dios, así como la que le obedece y le ama, continúan su curso
histórico, cuyo resultado final será la condenación de la una y la salvación
de la otra.

   ¿Qué entonces del curso de la historia de las naciones? ¿Qué de la
caída de Roma, que algunos paganos achacaban al abandono de los viejos
cultos? La respuesta se impone por las premisas de Agustín: Roma y
todos los demás imperios, como expresión de la ciudad terrena, tenían que
sucumbir. Si llegaron a ser grandes y poderosos fue porque así le plugo a
Dios. En el caso de Roma, Dios le dio su señorío para que hubiese la paz
necesaria para la propagación del evangelio, pero, una vez que esa misión
histórica se realizó, Roma cayó víctima de su propio pecado e idolatría.
Tal ha sido y será siempre el destino de los imperios humanos, hasta que
se cumplan los tiempos.

Escatología

La escatología de Agustín es bastante tradicional, aunque presenta problemas de interpretación que muestran que el obispo de Hipona no estaba
tan seguro acerca de muchas cuestiones como lo estuvieron después otros
cristianos. Su pensamiento escatológico no pierde nunca el sentido del
misterio, de modo que sus opiniones rara vez pretenden ser más que meras
opiniones. Así, por ejemplo, Agustín habla de un fuego en el que expían
sus pecados quienes mueren estando en la gracia de Dios. No cabe duda

---

[79] *La ciudad de Dios*, 14:28 (*BAC*, 171/172:985-986).
[80] *La ciudad de Dios*, 1.25 (*BAC*, 171/172:126).

de que aquí se refiere a lo que comúnmente se llama «purgatorio». Pero sus afirmaciones al respecto son siempre vagas y vacilantes, de tal modo que sus intérpretes posteriores han encontrado textos que parecen dar base a diversas concepciones de ese purgatorio. Lo mismo puede decirse sobre la visión de Dios que tienen los redimidos, sobre el lugar en que están las almas de los muertos antes de la resurrección final, y sobre varios otros aspectos de la escatología agustiniana. Al decir esto debemos recalcar, empero, que no ha de tomarse como un intento de censurar a Agustín en este punto, sino más bien de alabar su sentido del límite de la investigación teológica, que es el sello de todo verdadero teólogo.

Llegamos así al fin de nuestra breve incursión en el pensamiento de Agustín de Hipona. Ese pensamiento es a la vez culminación de la era patrística y punto de partida de la teología medieval en el Occidente latino. En el Oriente griego, siempre existió cierta suspicacia o resistencia a la teología de Agustín, sobre todo según se manifestaba en sus escritos contra los pelagianos. Pero en el Occidente, aparte del apóstol Pablo, ningún otro autor cristiano puede igualarse a Agustín en lo que se refiere a su influencia sobre el pensamiento de los siglos subsiguientes. Por tanto, no ha de extrañarnos que una y otra vez en el curso de esta *Historia*, y en los más diversos contextos tanto católicos como protestantes, aparezca el nombre del insigne obispo de Hipona.

23

Los sucesores de Agustín

Al morir Agustín, los vándalos rodeaban la ciudad de Hipona. Dos decenios antes, el mundo se había estremecido con la noticia de la caída de Roma. Estos eran solo dos síntomas de un cambio rotundo en la configuración política, social, económica y religiosa del Mediterráneo occidental. El antiguo Imperio romano pasaba a la historia, y en su lugar —aun cuando continuaban llamándose súbditos del Imperio— surgía una multitud de reinos «bárbaros». En el norte de África se establecieron los vándalos; en la Península Ibérica, los visigodos y los suevos; en las Galias, los francos y los borgoñones; en Gran Bretaña, los anglos y los sajones; en la ribera del Rhin, los sajones; en Italia, los ostrogodos y los lombardos...

Las nuevas circunstancias no podían sino afectar profundamente la vida de la iglesia. Fue necesario emprender la tarea de la conversión de los invasores paganos. Aquellos que no eran paganos —los godos, los vándalos y otros— eran arrianos, y frente a ellos fue necesario abordar, de nuevo, una cuestión que hasta poco antes había parecido decidida.

Muchas ciudades fueron saqueadas. Se interrumpió el comercio. En medio de la inestabilidad y el oscurantismo de los tiempos, el pensamiento original se vio cohibido. Los centros de labor teológica tuvieron que dedicarse principalmente a conservar y transmitir a las nuevas generaciones una herencia cultural amenazada por el desorden imperante. Particularmente en el Occidente, la teología se volvió recopilación y comentario más que reflexión y aventura. Y, sin embargo, aun sin saberlo, aquellos sucesores de Agustín, sin siquiera acercarse a las profundidades del difunto obispo de Hipona, estaban dando los primeros pasos hacia lo que sería el gran florecimiento de la teología medieval.

Ya en tiempos de Agustín buena parte de la actividad teológica había quedado en manos de pensadores dedicados a una vida ascética y monástica. Ciertamente, esa vida monástica no había llegado todavía al nivel de organización ni al alcance geográfico que tuvo lugar poco más de un siglo después de la muerte de Agustín. Pero ya hemos visto que el propio Agustín insistía en una vida en comunidad con tonalidades monásticas. En Belén, Jerónimo, huyendo de las delicias de Roma, llevaba una vida ascética que pronto vendría a ser modelo para muchos monjes. Muy cerca de Jerónimo, Paula y su hija Eustoquia llevaban una vida semejante, al tiempo que colaboraban con Jerónimo en sus estudios. En lo que hoy es Turquía, Basilio el Grande introdujo una vida monástica a imitación de los monjes de Egipto y de Siria. Probablemente en el 529, unos cien años después de la muerte de Agustín, Benito de Nurcia —comúnmente conocido como San Benito— produjo una *Regla* para la vida monástica que rápidamente vendría a ser la regla más común entre los nuevos monasterios que iban surgiendo por doquier. A partir de entonces y cada vez más —particularmente en el Occidente latino— la vida monástica sería el contexto en que se desarrollaría la teología.

Por otra parte, aunque los «bárbaros» fueran dueños del poder, para manejar la complicada administración de las tierras conquistadas los conquistadores tenían que contar con ayudantes, embajadores, secretarios y tutores provenientes de los pueblos conquistados. Por eso, al estudiar este período, nos toparemos repetidamente con nombre latinos o griegos: Paulo Orosio, Próspero, Hilario, Vicente, Boecio, etc. Cuando, en el capítulo 25, volvamos a considerar la teología occidental, encontraremos más nombres germánicos: Hincmaro, Gotestalco, Radberto. Esto sería indicio del surgimiento de una iglesia y una teología que, sin abandonar su herencia griega y latina, abrazaba ahora importantes elementos de las culturas y tradiciones germánicas.

Las controversias en torno a la doctrina de Agustín: la gracia y la predestinación

Como era de esperar, el pensamiento agustiniano no se impuso fácil ni rápidamente, sino que fue objeto de largas controversias antes de que su autoridad fuese generalmente reconocida. Los aspectos más importantes de estas controversias pueden resumirse bajo dos temas: el de la gracia y la predestinación, y el del carácter del alma humana.

La controversia en torno a la primera de estas cuestiones surgió según se iba cristalizando la oposición a la doctrina de Agustín. Esta oposición recibe comúnmente el nombre de «semipelagianismo», aunque lo cierto es que ese epíteto no es del todo justificado. En su mayoría, estos «semipelagianos» eran también «semiagustinianos» quienes, al tiempo que rechazaban las doctrinas de Pelagio y admiraban y respetaban a Agustín, no estaban dispuestos a seguir al obispo de Hipona hasta las últimas consecuencias de su pensamiento.

La cuestión de la gracia y la predestinación se planteó primero en el círculo de los discípulos y seguidores de Agustín. Entre estos, se contaban algunos monjes de Hadrumento y cierto personaje llamado Vital.

Este último le propuso a Agustín una doctrina según la cual todo el bien que uno hace lo debe a la gracia de Dios, pero el primer paso hacia la salvación, el de aceptar la gracia —*initium fidei*— es únicamente nuestro, y Dios no interviene en él. A esto respondió Agustín[1] siguiendo la línea de pensamiento que hemos señalado en el capítulo anterior: la gracia, si ha de serlo en realidad, debe ser enteramente inmerecida. En cuanto a los monjes de Hadrumento, sus objeciones eran parecidas a las de Vital, y a ellas respondió Agustín con sus obras *De la gracia y del libre albedrío* y *De la corrección y de la gracia*, que ya hemos empleado en nuestra exposición del capítulo anterior y que no discutiremos aquí.

Fue en el sur de las Galias, y sobre todo en Marsella, donde cobró más fuerza el espíritu de oposición a Agustín sobre la gracia y la predestinación.[2] Como era de esperar, buena parte de esa oposición reflejaba la preocupación de monjes que temían que lo que Agustín decía pudiera minar los ideales mismos de la vida monástica. Tenemos noticias directas sobre esta oposición gracias a dos cartas enviadas a Agustín por dos de sus defensores: Próspero de Aquitania e Hilario de Arlés.[3] Además, se conservan las obras de los principales de estos «semipelagianos», tales como Juan Casiano, Vicente de Lerins y Fausto de Riez.

Juan Casiano era un monje que se había establecido en Marsella tras haber viajado por la porción oriental del Imperio, donde se dice que fue discípulo de Juan Crisóstomo y que pasó algún tiempo entre los monjes de Egipto. En Marsella, Casiano fundó dos monasterios, y allí escribió sus tres obras principales: *De la institución del monacato*,[4] *Conferencias espirituales*,[5] y *De la encarnación del Señor, contra Nestorio*.[6] En estas

---

[1] *Epístola* 217 (*BAC*, 99:1017-1045).

[2] J. Chéné, «Les origines de la controverse semi-pélagienne», *AnnThAug*, 13 (1953), 56-109.

[3] *Epístolas* 225 y 226.

[4] *PL*, 49:53-477.

[5] *PL*, 49:477-1328.

[6] *PL*, 50:9-272.

obras, Casiano no vacila en condenar a Pelagio,[7] pero al mismo tiempo trata de evitar la posición agustiniana, como lo muestra el siguiente texto:

> Tan pronto como él [Dios] descubre en nosotros el comienzo de una buena voluntad, la ilumina y alienta e incita hacia la salvación, haciendo crecer lo que él mismo plantó, o lo que ha visto surgir *por nuestro propio esfuerzo.*[8]

Textos como este, sutilmente antiagustinianos, sirvieron de valladar a la doctrina de Agustín, no solo cuando fueron escritos, y mientras duró el fragor de la polémica antiagustiniana, sino también mucho después, cuando la autoridad de Agustín era incontrovertible, pero se le interpretaba a la luz de Casiano. A diferencia de Vicente de Lerins —a quien estudiaremos a continuación— Casiano fue leído y respetado durante toda la Edad Media, sobre todo en círculos monásticos, donde era costumbre leer y estudiar sus *Collationes.*

El ataque de Vicente de Lerins es más agudo. En su obra *Conmonitorio,*[9] no ataca directamente a Agustín, pero sí defiende con toda firmeza las doctrinas tradicionales, y se opone a «innovadores» anónimos que a todas luces no son sino Agustín y sus discípulos. Aunque su obra casi no fue leída ni citada en la Edad Media,[10] en ella se expone con una claridad hasta entonces inigualada el argumento en pro de la autoridad normativa de la tradición eclesiástica.

Según el propio Vicente, su propósito es «describir las cosas que nos han sido legadas por nuestros padres y depositadas en nosotros, más con la fidelidad de un narrador que con la presunción de un autor».[11] La regla para el conocimiento de estas cosas son las Escrituras. Pero, puesto que el sentido de estas es difícil de entender y se presta a varias interpretaciones, el Señor nos ha dado la tradición.

---

[7] *De la encarnación,* 5.2-3. La relación que aquí Casiano establece entre Pelagio y Nestorio (*PL,* 50:98-103) no tiene más fundamento que el hecho de que el Concilio de Éfeso condenó el pelagianismo.

[8] *Collatio* 13.8 (*PL,* 49:912-913).

[9] PL, 50:637-686.

[10] ¿Se debió esto a meras circunstancias históricas? ¿O se debió más bien a que los teólogos medievales comprendían la doctrina agustiniana mejor de lo que tantos historiadores han supuesto, y que por tanto se percataban del tono anti agustiniano del *Commonitorio?* El único testimonio antiguo es el de Gennadio, también semi pelagiano.

[11] *Commonitorium,* 1 (*PL,* 50:6393).

Aún más: en esta iglesia católica es necesario asegurarnos de que sostengamos lo que ha sido creído en todo lugar, siempre, y por todos (*quod ubique, quod semper, quod ab omnibus*).[12]

A partir de este punto, el argumento de Vicente se repite una y otra vez utilizando ejemplos concretos tomados de la historia de las herejías. Aun sin mencionar a Agustín, resulta claro que, si su doctrina de la predestinación no ha sido enseñada siempre, por todos y en todo lugar, ha de ser rechazada como una innovación que no tiene lugar en la iglesia católica.

Fausto de Riez (o Reji) es el más audaz defensor de las tesis antiagustinianas. En su obra *De la gracia de Dios y del libre albedrío*,[13] defiende la doctrina según la cual «el inicio de la fe» depende de la libertad humana. Esta libertad nos da la capacidad natural de inclinarnos hacia Dios, de buscarle hasta que responda. «Corresponde a Dios la libertad en la remuneración, y al humano la devoción en la búsqueda».[14] Quienes afirman que el libre albedrío tiene poder solo para pecar y no para hacer el bien, están en el error.[15] Cristo murió por todos,[16] y esto nos obliga a rechazar la predestinación en el sentido agustiniano, y a afirmar que la llamada «predestinación» no es más que el juicio de Dios sobre lo que él ve mediante su presciencia.[17] En resumen, como bien dijo un erudito en el siglo XIX:

> ¡He aquí un «cristianismo sin misterio»! Tal es la impresión final que deja el libro de Fausto. Colocándose deliberadamente de parte del hombre, quiere que todo en última instancia dependa del hombre. De aquí esa verdadera fobia de todo lo que podría ser acción interna de Dios en lo más profundo del alma. La gracia se confiesa, no cabe duda; pero no opera en el seno mismo de la voluntad, sino que permanece en la periferia.[18]

Los tres autores que hemos discutido son solo otros tantos ejemplos —aunque los más importantes— de toda una serie de escritores que se opusieron al pensamiento agustiniano. Frente a todas estas doctrinas, Agustín

---

[12] *Ibid.*, 2 (*PL*, L, 640). Esto es lo que tradicionalmente se llama el «canon vicentino». Algunos han discutido si el orden en que Vicente coloca sus tres principios («en todo lugar, siempre y por todos») debe entenderse también como un orden en la importancia relativa entre ellos.

[13] *PL*, 58:783-836.

[14] 1.7 (*PL*, 58:793).

[15] 1.11 (*PL*, 58:799-901).

[16] 1.16 (*PL*, 58:808-810).

[17] 2.2-3 (*PL*, 58 :815-816).

[18] Amann, «Semi-Pélagiens», *DTC*, 14:1836.

y sus discípulos defendieron la posición según la cual el inicio de la fe está en la gracia de Dios, y esta gracia es conferida según la predestinación eterna. Como hemos dicho anteriormente, fue contra las objeciones de Casiano que Agustín compuso *De la predestinación de los santos* y *Del don de la perseverancia.*

Tales controversias continuaron por largo tiempo después de la muerte de Agustín. En ellas, quien más fielmente representó las posturas de Agustín fue Fulgencio de Ruspe. Agustín murió en el 430, cuando los vándalos invadían el norte de África, y Fulgencio murió en el 533, cuando —bajo la dirección del general Belisario y del emperador Justiniano— los bizantinos conquistaron la región. En consecuencia, toda la vida de Fulgencio transcurrió bajo el régimen de los vándalos —quienes eran arrianos— y buena parte de la labor teológica y pastoral de Fulgencio consistió en la refutación del arrianismo y la defensa de la fe nicena. Pero fue por su defensa de las enseñanzas de Agustín que Fulgencio se distinguió. Su obra más importante refutando el semipelagianismo fue *Contra Fausto,* que se ha perdido. Entre sus escritos que todavía existen, se destaca *Ad Monimum,*[19] en tres libros, de los cuales el primero trata sobre la predestinación y la gracia.

Lo que allí encontramos es una sólida y decidida defensa de buena parte de lo que Agustín había dicho casi cien años antes acerca del tema: "El ser humano, hecho a la imagen de Dios, ha violado esa imagen a tal punto que le es imposible hacer bien alguno. Todavía tiene libre albedrío; pero solamente para escoger el mal. Lo que es más, por razón de esa caída, su posibilidad de arrepentimiento no es mayor que la del diablo mismo".[20] Por ello, el primer paso hacia la fe —el *initium fidei*— no puede venir de él, sino de una acción de la gracia de Dios, que es irresistible. Quienes la reciben han sido predestinados por Dios —no por presciencia, sino por una soberana decisión divina— a ser rescatados de la masa de perdición que es la raza humana

Otro de los defensores del agustinismo frente al semipelagianismo fue Próspero de Aquitania, cuya posición puede verse en su *Epístola a Rufino sobre la gracia y el libre albedrío,*[21] en su *Himno sobre los ingratos*[22] —es decir, los «sin gracia»— y en el tratado *De la vocación de todas las gentes,*[23] que la mayoría de los eruditos le atribuye.

---

[19] *PL*, 65:151-205.
[20] *Ad Monimum*, 1.8-9 (*PL*, 65:157-158).
[21] *PL*, 51:77-90.
[22] *PL*, 51:91-148.
[23] *PL*, 50:647-722.

Sin embargo, la propia defensa de Próspero muestra cierta tendencia a suavizar las doctrinas más extremas de Agustín, tendencia que según algunos eruditos se fue haciendo más fuerte con el correr de los años, y según los oponentes del agustinianismo extremo iban haciendo más objeciones. Por esa razón, un historiador declara que:

Fiel al principio (aproximadamente hasta el año 432), Próspero, bajo los golpes de los ataques semipelagianos, abandona la voluntad salvífica restringida y la predestinación al infierno antes de la previsión de la culpa (años 432-435). Después, bajo la influencia de Roma... separa la predestinación incondicional y llega hasta a componer una obra, el tratado *De la vocación de todas las gentes*, a favor del universalismo.[24]

Lo mismo puede decirse de otro de los defensores de Agustín, Cesáreo de Arlés. Uno o dos años más joven que Fulgencio, Cesáreo no vivió en el norte de África —donde Agustín había pasado casi toda su vida— sino en el sur de Francia, centro de la oposición a Agustín que recibió el nombre de «semipelagianismo». Se dedicó particularmente a las labores pastorales, como obispo de Arlés, y a la predicación. De él se conservan unos ciento cincuenta sermones, varios de ellos incluidos por error entre los de Agustín y otros predicadores.

Cesáreo estuvo presente —y fue la voz dominante— en un sínodo reunido en Orange en el año 529, y que se toma generalmente como el fin de la controversia semipelagiana, aunque no faltan pruebas de que el semipelagianismo continuó teniendo adherentes aun después de esa fecha. En todo caso, no cabe duda de que el sínodo de Orange, al mismo tiempo que condenó el pelagianismo y algunas de las proposiciones de los semipelagianos, adoptó una versión moderada del agustinianismo. Los cánones de Orange, tomados en su mayoría de las obras de Agustín y Próspero, fueron el filtro a través del cual la Edad Media bebió de las aguas agustinianas.

En Orange se declaró que la caída de Adán corrompió a todo el género humano,[25] el cual no recibe la gracia de Dios porque la pide, sino viceversa.[26] El punto de partida de la fe —*initium fidei*— no corresponde a la naturaleza humana, sino a la gracia de Dios.[27] El libre albedrío por sí solo es incapaz de llevar a persona alguna a la gracia del bautismo,[28] ya que ese

---

[24] M. Cappuyns, en *BThAM* (1929-1932), n° 216.
[25] Canon 2 (*Denzinger*, 86).
[26] Canon 3 (*Ibid.*).
[27] Canon 5 (*Ibid.*, 86-87).
[28] Canon 8 (*Ibid.*, 87-88).

mismo libre albedrío, que ha sido corrompido por el pecado, solo puede ser parcialmente restaurado por la gracia del bautismo.[29] Adán abandonó su estado original por su propia iniquidad; los fieles dejan su estado de iniquidad por la gracia de Dios.[30] La fortaleza cristiana no se basa en la voluntad de nuestro albedrío, sino en el Espíritu Santo, que nos es dado.[31] La gracia no se basa en mérito alguno,[32] y solo por ella el humano es capaz de hacer el bien,[33] pues todo lo que tiene aparte de ella es miseria y pecado.[34] En todo esto, la gracia —más que el amor o la buena voluntad de Dios— se ha vuelto un efluvio, un «algo» que Dios les imparte a los humanos, es decir, es una «gracia infusa».

Por otra parte, esto no quiere decir que persona alguna haya sido predestinada para el mal, doctrina esta que el sínodo anatematiza. Por el contrario, todos los bautizados, con la ayuda de Cristo, pueden llegar a la salvación.[35]

No sería justo decir ni dar la impresión de que el sínodo de Orange constituyó un triunfo para el semipelagianismo, ya que doctrinas tales como la del carácter humano del *initium fidei* fueron categóricamente rechazadas.

Sí se puede decir, sin embargo, que el sínodo no es completa y radicalmente agustiniano. Nada se afirma aquí —aunque en cierto modo sí se implica— de la predestinación, no en virtud de una presciencia que conoce cuáles han de ser las actitudes y acciones de los humanos, sino en virtud de una decisión soberana de Dios. Nada se dice tampoco de la gracia irresistible, sino que ahora el énfasis cae sobre la gracia del bautismo. La experiencia sobrecogedora y dinámica de las *Confesiones* va transformándose en todo un sistema de la gracia (proceso quizá inevitable, pero no por ello menos triste).

Las controversias en torno a la doctrina de Agustín: la naturaleza del alma

Debido en parte a la influencia del neoplatonismo, Agustín había afirmado que el alma es incorpórea. En esto se apartaba de la tradición norafricana establecida por Tertuliano, e introducía un elemento nuevo en la discusión

---

[29] Canon 13 (*Ibid.*, 88).
[30] Canon 15 (*Ibid.*, 89).
[31] Canon 17 (*Ibid.*).
[32] Canon 18 *(Ibid.).*
[33] Canon 20 (*Ibid.*, 89-90).
[34] Canon 22 (*Ibid.*, 90).
[35] *Pars* III, *De praedestinatione* (*Ibid.*, 92).

antropológica. Era de esperar que surgiera oposición a esta doctrina, sobre todo en círculos menos inclinados a la filosofía neoplatónica. Puesto que los semipelagianos se movían en tales círculos, no ha de extrañarnos encontrar de nuevo a algunos de ellos otra vez como opositores de Agustín, pero no ya en lo que a la gracia y la predestinación se refiere, sino en cuanto a la naturaleza del alma.

El mejor ejemplo de esta oposición al pensamiento de Agustín es Fausto de Riez, a quien ya hemos discutido dentro del contexto de la controversia semipelagiana. Apelando a la autoridad de los «Padres», Fausto afirma que el alma es invisible, pero niega que sea incorpórea.[36] Solo Dios es incorpóreo, y tanto las almas como los ángeles tienen cuerpos, aunque estos son mucho más tenues que nuestros propios cuerpos visibles.[37] Afirmar lo contrario sería opacar o destruir la distinción entre la criatura y el Creador, entre el Dios que está en todas partes y todo lo llena, y el alma, que está sujeta a un lugar determinado.[38]

El principal defensor del carácter incorpóreo del alma es Claudiano Mamerto, en su *De la condición del alma*,[39] escrito en respuesta a la *Epístola* de Fausto que hemos citado. Sin gran originalidad, Claudiano apela a la autoridad de toda una serie de filósofos, desde los pitagóricos hasta algunos romanos, sin olvidar, naturalmente, a Platón.[40] Tampoco falta el argumento de la imagen de Dios en el ser humano: si Dios es incorpóreo, sería una «injuria» pretender que algo corpóreo llevara su imagen. Luego el alma, donde reside la *imago Dei*, ha de ser incorpórea.[41] Además, todos los cuerpos están formados por cuatro elementos y ninguno de ellos se halla presente en el alma.[42] ¿Cómo puede el ánima *tener* un cuerpo sin que ella misma *sea ese* cuerpo?[43] En resumen: a pesar de todas las objeciones de Fausto,[44] el alma es incorpórea.

Poco después, Gennadio de Marsella, un semipelagiano a quien no hemos tenido ocasión de estudiar, revive el argumento de Fausto en el sentido de que solo Dios es incorpóreo.

---

[36] *Epístola* 3 (*PL*, 58:841).

[37] *Epístola* 3 (*PL*, 58:841).

[38] *Epístola* 3 (*PL*, 58:844).

[39] *PL*, 53:697-780.

[40] Los textos se encuentran en *De la condición del alma*, 2.7-8 (*PL*, 53:745-750).

[41] *De la condición del alma*, 1.4 (*PL*, 53:707).45-750).

[42] *De la condición del alma*, 1.7-92.7-8 (*PL*, 53:710-712).

[43] *De la condición del alma*, 1.16 (*PL*, 53:718).

[44] Claudiano afirma que la obra que refuta le llegó en forma anónima. Por tanto, si hemos de creerle —y no hay razón para dudar de su palabra— él mismo no sabía que era a Fausto a quien refutaba.

Nada ha de tenerse por incorpóreo e invisible, sino solo Dios (es decir, el Padre, el Hijo y el Espíritu Santo) quien ha de tenerse por verdaderamente incorpóreo porque está en todos lugares, y todo lo llena y resume; y es invisible a todas las criaturas precisamente porque es incorpóreo.[45]

A partir de entonces, debido al influjo creciente del neoplatonismo a través de Agustín, Mario Victorino, Gregorio de Nisa y otros, la controversia quedará relegada a segundo plano.[46] En el período carolingio surgirá de nuevo, solo para quedar definitivamente aplastada con la traducción al latín del Seudo-Dionisio, que vino a reforzar la influencia agustiniana y platónica en lo referente al alma.

Como nota final de esta sección, resulta interesante comprobar que quienes más interesados estaban en defender los valores humanos ante Dios en lo que a la salvación se refiere —es decir, los semipelagianos— eran al mismo tiempo quienes más se oponían al uso de la filosofía en el campo propio de la teología. Por otra parte, quienes más uso hacían de los filósofos eran los agustinianos, que tendían a subrayar la impotencia humana para hacer el bien. En todo esto hay una contradicción implícita, pues la doctrina de la corrupción por el pecado original debió llevar a la desconfianza ante todo esfuerzo humano, no solo en el campo de la salvación, sino también en el del conocimiento. Cuando, siglos más tarde, especialmente en el XVI y el XX, algunos teólogos se negaron a dar demasiada importancia a la filosofía, transfiriendo al campo del intelecto la doctrina agustiniana de la sola gracia.

El priscilianismo y Orosio

A finales del siglo IV, aun en vida de Agustín y de Ambrosio, surgió en España el movimiento llamado «Priscilianismo» en honor de su presunto fundador, Prisciliano, obispo de Ávila. Si Prisciliano enseñó o no las doctrinas que se le atribuyen, es una cuestión que todavía se debate. De hecho, se le condenó a muerte por inmoralidad y hechicería. Además, diversos autores antiguos, como Orosio, Sulpicio Severo, Jerónimo, Dámaso, Ambrosio y otros, le acusan de sostener una doctrina trinitaria semejante

---

[45] *De ecclesiasticis dogmatibus*, 11 (*PL*, 58:984).

[46] El último eco de la controversia en el período antiguo aparece quizá en Liciniano de Cartagena, quien en su *Epístola a Epifanio* trató de refutar a Gennadio. Pero Liciniano hace poco más que repetir los argumentos de Claudiano.

al sabelianismo, un dualismo de tipo maniqueo, y hasta de tendencias docetistas.[47]

La muerte de Prisciliano no puso fin a la secta de sus seguidores, sino que estos se propagaron por toda España y el sur de las Galias. En el año 561, todavía un sínodo reunido en Braga se sentía obligado a condenarles, aunque ya para esa fecha se atribuían a Prisciliano las más absurdas doctrinas.[48]

Entre los opositores del priscilianismo, el más destacado es sin duda Pablo Orosio, quien en el año 414 visitó a Agustín y le hizo entrega de su *Conmonitorio de los errores de los priscilianistas y origenistas*.[49] También participó en los debates acerca de la gracia y el libre albedrío en su *Del libre albedrío*.[50] Sin embargo, la principal contribución de Orosio a la historia del pensamiento cristiano no está en su oposición al priscilianismo, sino en la interpretación de la historia que aparece en sus siete libros *De la historia, contra los paganos*,[51] escritos a petición de San Agustín como complemento a su *Ciudad de Dios*. En esta obra, Orosio recorre toda la historia de la humanidad, mostrando cómo los tiempos paganos no fueron mejores que los cristianos, sino peores. Su idea general de la historia es semejante a la de Agustín, pero se destaca el modo en que Orosio se atreve a interpretar las invasiones de los bárbaros (que le habían causado sufrimientos personales) como un modo en que Dios proveía para la conversión de los invasores:

> Si solo para esto los bárbaros fueron enviados dentro de las fronteras romanas, para que por todo el Oriente y el Occidente la Iglesia de Cristo se llenase de hunos y suevos, de vándalos y borgoñones, de diversos e innumerables pueblos de creyentes, loada y exaltada ha de ser la misericordia de Dios porque han llegado al conocimiento de la verdad tantas naciones que no hubieran podido hacerlo sin esta ocasión, aunque esto sea mediante nuestra propia destrucción.[52]

---

[47] *CSEL*, XVIII, *Priscilliani quae supersunt* recoge lo principal de sus escritos que ha perdurado. Sobre la autoría de estas obras se discute bastante todavía. Acerca de las diversas doctrinas heréticas que se le atribuyen a Prisciliano, parece que, de hecho, su doctrina trinitaria se acercaba al sabelianismo. Sin embargo, hay más dudas sobre la cristología heterodoxa que se le atribuye. En cuanto a su supuesto dualismo maniqueo, todo parece indicar que tal no fue su doctrina.

[48] Véase el texto latino, con traducción española, en José Vives, ed., *Concilios visigóticos e hispano-romanos* (Barcelona, 1963), pp. 65-69.

[49] *PL*, 31:1211-1216; *CSEL*, 5; traducción inglesa de I. W. Raymond (Nueva York, 1936).

[50] *PL*, 31:1173-1212.

[51] *PL*, 31: 663-1174.

[52] *Historia*, 7.41 (*PL*, 31:1168).

Boecio y la cuestión de los universales

A finales del siglo V y principios del VI, bajo el régimen ostrogodo, vivió y murió en Italia Manlio Torcuato Severino Boecio. Hombre de extensa cultura adquirida tanto en Roma como en Atenas, Boecio se propuso legar al mundo latino la herencia de la filosofía helénica, especialmente de Platón y Aristóteles. Para ello se dedicó a traducir a los clásicos griegos, así como a escribir comentarios sobre ellos. Además, se le conoce principalmente por *La consolación de la filosofía*,[53] escrita durante su encarcelamiento por orden de Teodorico, rey de los ostrogodos en Italia, ante quien había sido acusado de conspirar a favor de la corte bizantina. Por último, se conserva de Boecio una serie de tratados de carácter teológico y especulativo, tales como: *De la unidad de la Trinidad*,[54] *De la persona y las dos naturalezas de Cristo*,[55] y *Breve exposición de la fe cristiana*.[56]

Boecio no nos interesa aquí como pensador original, ni siquiera como compilador y organizador del legado de los antiguos, sino que nos interesa principalmente por tres razones que hacen de él un factor determinante en la teología medieval.

En primer lugar, Boecio ejerció su influjo sobre la teología posterior a través de su discusión y uso de los términos «persona», «sustancia», «ente» y otros de gran importancia para la doctrina trinitaria. De todo este aspecto de su obra, lo que más influyó en los teólogos posteriores fue su definición de «persona» como la sustancia individual de la naturaleza racional: *persona est rationabilis naturae individua substantia*. Algunos de los más distinguidos teólogos medievales dedicaron largas páginas a aclarar lo que esto quiere decir y lo que implica para las doctrinas cristológica y trinitaria.

En segundo lugar, Boecio fue el canal a través del cual los primeros siglos de la Edad Media conocieron la filosofía clásica, especialmente en lo que a lógica se refiere. Bien dice el historiador E. Gilson:

> Boecio vino a ser el profesor de Lógica de la Edad Media hasta el momento en que, en el siglo XIII, fue traducido al latín y comentado directamente el *Organon* de Aristóteles (o sea, el conjunto de sus obras de Lógica).[57]

---

[53] *PL*, 63:547-862. Versión castellana de Pablo Masa, Madrid, 1955.

[54] *PL*, 64:1247-1256.

[55] *PL*, 64:1337-1354.

[56] *PL*, 64:1333-1338. Aunque se ha puesto en duda la autenticidad de este opúsculo, el consenso de los eruditos parece inclinarse a aceptarla.

[57] E. Gilson, *La filosofía en la Edad Media* (Madrid, 1958), Vol. I, p. 173.

Por último, es de suma importancia el hecho de que fue a través de su lectura de Boecio que la Edad Media se planteó el problema de los universales. En su comentario a la *Isagoge* de Porfirio, que servía de introducción a las *Categorías* de Aristóteles, Boecio señala que Porfirio plantea un problema y luego se abstiene de discutirlo.[58] Se trata de la cuestión de si los géneros y especies subsisten en sí mismos o son más bien obra de nuestra mente. Además, en el caso de que subsistan en sí mismos, es decir, que sean reales, habría que determinar si son corpóreos o no y si existen en las cosas individuales o aparte de ellas. Este, en breves términos, es el «problema de los universales», que se debatiría a través de toda la Edad Media.

La cuestión que se plantea es si las ideas genéricas son reales o no; y, en caso de que lo sean, cómo se relacionan con los individuos que quedan incluidos en ellas. Por ejemplo: la idea de «ser humano» que une a toda la humanidad, ¿es real o no? Si no lo es, es decir, si es solo un nombre, ¿qué es lo que hace que todos los humanos sean tales? Si, por el contrario, es real, ¿cómo se relacionan los humanos individuales con la idea genérica «humano»? ¿En qué consiste la realidad de los individuos?

He aquí uno de los principales problemas filosóficos que se plantea la Edad Media. Quienes afirman que los universales, es decir, las ideas genéricas, son reales, reciben el nombre de «realistas». Quienes, por el contrario, afirman que los universales son meros nombres y que la realidad es la de los individuos, reciben el nombre de «nominalistas». Pero entre los realistas extremos y los nominalistas radicales hay toda una gama de posiciones intermedias, como veremos según vaya desdoblándose esta *Historia*.[59]

Por otra parte, se trata de una cuestión de grandes consecuencias para la teología. El realismo extremo, por ejemplo, puede rayar en el panteísmo; pero también puede simplificar el problema de la transmisión del pecado original; o puede prestar apoyo a la idea de la iglesia como una realidad celeste que no depende de los humanos para su autoridad. Por otra parte, al nominalismo extremo se le hace difícil explicar los fundamentos del conocimiento o la transmisión de la culpa del pecado original, al mismo tiempo que para él la iglesia viene a ser el conjunto de los creyentes, de quienes recibe su autoridad la jerarquía. Todo esto resultará claro según vayamos exponiendo el desarrollo del pensamiento cristiano en la Edad Media.

---

[58] Libro 1 (*PL*, 64:82-86).

[59] A fin de no quebrantar demasiado el orden cronológico de esta *Historia*, y de no dar la impresión de que el problema de los universales se presenta aisladamente de todo el resto de la temática filosófica y teológica, nos hemos abstenido aquí de ofrecer un capítulo en el que se siga la cuestión de los universales a través de toda la Edad Media. Confiamos en que, a través del estudio de los principales teólogos de la Edad Media, el lector pueda obtener una visión de la continuidad de este problema.

La posición del propio Boecio ante esta cuestión es típicamente platónica. Para él, los universales corresponden a las ideas de Platón. Sin
embargo, puesto que, en su comentario a la *Isagoge*, tratándose de una
introducción a Aristóteles, Boecio expuso la solución aristotélica, muchos
filósofos medievales creyeron ver en él cierta vacilación. Esto contribuyó
a exacerbar la controversia sobre los universales.

Casiodoro

Contemporáneo de Boecio, aunque algo más joven que él, fue Magno Aurelio Casiodoro Senator. Como sucedía frecuentemente en casos semejantes,
Casiodoro, heredero y conocedor de las costumbres y prácticas romanas,
llegó a ocupar altos cargos en la corte del rey godo Teodorico, donde sirvió
de mediador entre los godos arrianos y los católicos conquistados (aunque
esto no quiere decir en modo alguno que vacilase en su convicción ortodoxa). Más tarde, sin otra razón aparente que el deseo de dedicarse al
estudio y la meditación, renunció a sus cargos y se recluyó en Vivarium,
donde pronto llegó a ser abad de un monasterio floreciente. Pero luego
renunció también a ese cargo, y vivió el resto de sus días como simple
monje, respetado y venerado tanto por su santidad como por su erudición.
    Casiodoro era un espíritu enciclopédico más que un pensador original.
Además de varias obras de carácter secular, en las que trató de recoger
lo mejor de la cultura clásica —cuya supervivencia veía amenazada—
Casiodoro escribió obras religiosas. Entre estas últimas se destaca su tratado *Del alma*,[60] en el que Casiodoro se muestra discípulo de Agustín y
Claudiano Mamerto, aunque es interesante notar que el tono conciliador
y tranquilo de esta obra sugiere que ya la posición agustiniana había sido
generalmente aceptada. Los comentarios bíblicos de Casiodoro sobre los
Salmos[61] y sobre algunos libros del Nuevo Testamento[62] le revelan como
heredero de la tradición exegética alegórica. En su *Historia tripartita*,[63]
se contenta con compilar y organizar datos tomados de las obras históricas de Sócrates, Sozómeno y Teodoreto, traducidas del griego al latín
por un amigo suyo. Pero el escrito de Casiodoro que más influyó en la
Edad Media fue su obra en dos libros *Instituciones de las letras divinas y
seculares*.[64] Esta obra, que es un resumen de las ciencias de la Antigüedad

---

[60] *PL*, 70:1279-1308.
[61] *PL*, 70:9-1056.
[62] *PL*, 70:1321-1418.
[63] *PL*, 69:879-1214.
[64] *PL*, 70:1105-1250.

—tanto religiosas como seculares— fue el modelo en el que se forjó la enseñanza medieval, y fue también uno de los principales canales por los que el Medioevo tuvo conocimiento de la Antigüedad.

Gregorio el Grande

El más notable de los autores que sirven de puente entre la Antigüedad y la Edad Media es, sin lugar a duda, el papa Gregorio,[65] obispo de Roma del año 590 al 604, a quien la posteridad conoce como «el Grande»,[66] y quien se cuenta tradicionalmente entre los cuatro grandes doctores de la iglesia occidental.[67] Como señal de la nueva importancia que iba cobrado el monaquismo benedictino, Gregorio fue el primer monje que llegó a ser papa. La importancia de Gregorio es inmensa y se extiende a diversos campos: para la historia de la liturgia, por su intervención en el canto gregoriano, así como en el sacramentario y el antifonario; para la historia del derecho canónico, por el modo en que sus *Epístolas* son índice del estado de ese derecho a fines del siglo VI y principios del VII; para la historia de las misiones, por su intervención en la misión de Agustín a Inglaterra; para la historia del monaquismo, por su influencia en la práctica ascética medieval; para la historia de la predicación, porque sus *Homilías sobre Ezequiel*[68] y sus *Homilías sobre los Evangelios*[69] fueron de las más leídas e imitadas en siglos posteriores.

La importancia de Gregorio para la historia del pensamiento cristiano no está en su originalidad, sino en su influencia en la teología medieval. Gregorio no fue un pensador original, pero, a pesar de ello, fue a través de él que los siglos que le siguieron heredaron e interpretaron la herencia de la antigüedad cristiana. Su pensamiento es agustiniano, al menos en sus fórmulas. Pero quien lee sus obras tras las de Agustín sentirá que hay un abismo entre ambos. Lo que en Agustín fue exploración, en Gregorio se vuelve certeza. Un buen ejemplo de ello es la idea del purgatorio, que Agustín había sugerido como una posible solución a la cuestión del estado de las almas que mueren en pecado, y que Gregorio afirma como doctrina

---

[65] Véase la bibliografía que aparece en las *Obras de San Gregorio Magno* (*BAC*, 170), pp. xi-xiv.

[66] El primero en darle este título parece haber sido su biógrafo Juan el Diácono, *Vita Sancti Gregorii*. 4.61 (*PL*, 75:213).

[67] Por primera vez aparece el nombre de Gregorio junto a Ambrosio, Jerónimo y Agustín en los escritos de Beda, en el siglo VIII (PL, 102:304); referencia tomada de la «Introducción» a las *Obras de San Gregorio Magno*, (BAC, 170:50).

[68] *BAC*, 120:239-252; *PL*, 76:781-1072.

[69] *BAC*, 120:535-780; *PL*, 76:1075-1312.

que ha de ser creída por todos. Además, lo que en Agustín fue un énfasis en la paz interna, en Gregorio se vuelve temor al castigo divino.

Esto no quiere decir en modo alguno que Gregorio se haya propuesto transformar o mitigar el espíritu agustiniano. Al contrario, él mismo se consideraba fiel intérprete del obispo de Hipona, y por tal le tuvo toda la Edad Media. Se trata más bien de que, entre Agustín y Gregorio, los tiempos habían cambiado. Los nuevos tiempos son oscuros, tanto que el obispo de Roma cree estar viviendo en los últimos días.[70] En medio de la peste, la barbarie la violencia y la ignorancia, Gregorio se esfuerza por mantener el orden, la paz y la cultura; pero no lo logra sino al precio de hacerse en cierta medida partícipe de las circunstancias que le rodean. Por tanto, no es cuestión de condenar al hombre, sino de entenderle dentro de su propio contexto, y de señalar las consecuencias que su obra tuvo para la teología posterior.

En sus doctrinas de Dios, de la Trinidad y de la persona de Jesucristo, Gregorio es perfectamente ortodoxo. Para él, los cuatro primeros concilios ecuménicos tienen una autoridad semejante a la de los cuatro Evangelios.[71] Lo mismo puede decirse de su doctrina del alma, en la que Gregorio sigue a Agustín, declarándola incorpórea y negándose a decidirse entre el creacionismo y el traducionismo.

En cuanto a la doctrina de la gracia y la predestinación, Gregorio se aparta de Agustín al afirmar que Dios ha predestinado a la salvación a aquellos que «llama escogidos porque sabe que perseverarán en la fe y en las buenas obras».[72] Además, la gracia no es irresistible, como defendía el obispo de Hipona.[73]

Que el agustinismo de Gregorio es muy moderado y ha sufrido la influencia de autores tales como Juan Casiano, se ve claramente en el énfasis que el obispo de Roma pone sobre la penitencia y sobre la satisfacción por el pecado. No debemos entrar aquí en la controversia acerca del modo en que se practicaba la penitencia en época de Gregorio.[74] Baste decir que para él la contrición, la confesión y la pena son las partes fundamentales de la penitencia.[75] La absolución confirma el perdón que ya Dios ha otorgado,

---

[70] Homilías sobre los Evangelios, 1.1.1 (BAC, 170:537-538).

[71] Epístolas, 1.25 (PL, 76:478): «... confieso aceptar y venerar los cuatro concilios, así como los cuatro libros del santo Evangelio».

[72] Homilías sobre Ezequiel, 1.9.8 (BAC, 170:329).

[73] Moralia, 30.1.5 (PL, 76:525).

[74] La controversia gira alrededor de la cuestión de si se practicaba o no una «confesión privada», aparte de la «pública» o «canónica», que se ocupaba de los pecados mayores y no podía repetirse.

[75] «Convertio mentis, confessio oris, et vindicta peccati» (1 Reyes, 6.2, 33; PL, 79:439). Nótese, sin embargo, que algunos eruditos dudan de la autenticidad de este escrito.

aunque esto no quiere decir que los fieles deban o puedan despreciar la autoridad de absolución que tienen sus pastores.

Deben, pues, examinarse las causas y luego ejercer la potestad de atar y de desatar. Hay que conocer qué culpa ha precedido o qué penitencia ha seguido a la culpa, a fin de que la sentencia del pastor absuelva a los que Dios omnipotente visita por la gracia de la compunción porque la absolución del confesor es verdadera cuando se conforma con el fallo del Juez eterno.

He dicho brevemente esto por lo que respecta al ministerio de absolver, para que los pastores de la Iglesia procuren atar o desatar con gran cautela. Pero, no obstante, la grey debe temer el fallo del pastor, ya falle justa o injustamente, no sea que el súbdito, aun cuando tal vez quede atado injustamente, merezca ese mismo fallo por otra culpa.

El pastor, por consiguiente, tema atar o absolver indiscretamente; mas el que está bajo la obediencia del pastor tema quedar atado, aunque sea indebidamente, y no reproche, temerario, el juicio del pastor, no sea que, si quedó ligado injustamente, por ensoberbecerse de la desatinada represión, incurra en una culpa que antes no tenía.[76]

La satisfacción por el pecado no tiene lugar solo en esta vida, sino que quienes mueren llevando aún consigo la carga de pecados menores serán purificados «como por fuego» en el purgatorio,[77] doctrina esta que Agustín había sugerido, y Gregorio afirma.

La misa como sacrificio, que también podría deducirse de algunos textos de Agustín, aunque quizá forzándolos en cierta medida, es otra de las doctrinas favoritas de Gregorio.[78] Este sacrificio, en el que Cristo es inmolado de nuevo, puede actuar en beneficio, no solo de los vivos, sino también de las almas que están en el purgatorio. Gregorio cuenta del caso del monje Justo, quien pecó guardando tres piezas de oro —contra lo requerido por su voto de pobreza— y murió excomulgado. Pero Gregorio ordenó que por treinta días consecutivos se celebraran treinta misas en

---

[76] *Homilías sobre los Evangelios*, 2.26.6 (*BAC*, 170:664-665).
[77] *Dial.* 4.39 (*PL*, 77:396).
[78] *Dial.*, 4.58 (*PL*, 77:425-428).

nombre de Justo, y en una visión recibió confirmación de que este había salido del purgatorio para ir al cielo.[79]

De todas las obras de Gregorio, la que más impacto hizo en la iglesia en general fue su *Regla pastoral*, que bien puede llamarse precursora de lo que hoy se llama «teología pastoral». Allí, tras discutir las condiciones que un pastor debe tener y sus relaciones con las personas a su cargo, Gregorio hace una lista de 36 distinciones o condiciones que es necesario tener en cuenta en la labor pastoral, para luego discutirlas por orden. Para entender algo de su proceder basta con citar las primeras líneas en que introduce estas distinciones:

> Por consiguiente, todo maestro, para formar a todos en una sola virtud, la de la caridad, debe llegar al corazón de los creyentes con una sola doctrina, es verdad, pero no con una misma exhortación.
>
> 1) Porque de un modo se debe exhortar a los hombres y de otro a las mujeres.
> 2) De un modo a los pobres y de otro a los ricos. De un modo a los alegres y de otro a los tristes.
> 3) De un modo los súbditos y de otro a los prelados.
> 4) De un modo a los criados y de otro a los amos.
> 5) De un modo a los sabios y de otro a los rudos.
> 6) De un modo a los descarados y de otro a los ruborosos.[80]

Por último, debemos señalar que Gregorio es el doctor de los milagros y de los ángeles y demonios. Sus *Diálogos* son, de hecho, una compilación y narración —crédula en extremo— de prodigios realizados por diversos santos. Su posición fundamental ante tales narraciones de prodigios se encuentra en otra de sus obras: «Las cosas maravillosas han de ser creídas por la fe, y no investigadas por la razón; porque si la razón las mostrara a nuestros ojos no serían maravillosas».[81] En cuanto a los ángeles y demonios, lo que Gregorio pretende saber sobre ellos es tan sorprendente que más tarde llegó a tenérsele por inspirado. Los ángeles se dividen en nueve órdenes jerárquicos, cada cual con funciones específicas. Los demonios, ángeles caídos, se dedican a destruir la paz y a obstaculizar la obra de los ángeles y de los cristianos.

En resumen: Gregorio muestra una vez más cómo, en medio de un período de oscuridad política e intelectual, el pensamiento de Agustín fue

---

[79] *Dial.*, 4.55 (*PL*, 77:420-421).
[80] *Regla pastoral*, 3.1 (BAC, 170:148). La lista continúa, hasta el número 36.
[81] *Moralia in Iob*, 6.15 (*PL*, 75:739).

acomodándose a la fe popular, y esto de dos modos: suavizando los aspectos más extremos de la doctrina de la gracia y la predestinación, y uniéndolo a las prácticas y creencias cada vez más supersticiosas de un pueblo al que las circunstancias políticas habían sumido en la oscuridad.

Otros escritores del mismo período

Durante el período que estudiamos floreció Benito de Nursia —a quien ya hemos mencionado— y quien fue contemporáneo de Boecio y Casiodoro. Su importancia para la historia posterior de la iglesia fue inmensa, pues su *Regla* influyó en todo el monacato occidental del Medioevo. Puesto que fue en los monasterios donde se forjó buena parte del pensamiento teológico medieval, el impacto de Benito siempre se hizo sentir, aunque mucho más en las cuestiones de orden práctico y ascético que en la teología misma. Aunque no haya en este libro una sección sobre la «teología monástica», es necesario recordar que la mayor parte de la teología medieval fue teología monástica. Por tanto, aunque Benito no fue uno de los escritores más prolíficos de la iglesia cristiana, su influencia sobre la vida y el pensamiento del cristianismo medieval fue notable.

Lo mismo puede decirse acerca de Martín de Braga, famoso por su obra misionera entre los suevos, aunque su importancia para el monaquismo posterior no puede compararse a la de Benito.

Por último, Isidoro de Sevilla, contemporáneo de Gregorio el Grande, ejerció una gran influencia sobre la Edad Media a través de sus *Etimologías*.[82] Estas son una verdadera enciclopedia en la que Isidoro resume todos los conocimientos de su época, desde la gramática y la retórica hasta la teología, sin olvidar la geografía, la historia y hasta los animales y los monstruos. Como Casiodoro, Isidoro se propuso preservar para las generaciones posteriores todos los conocimientos adquiridos de una civilización ahora en decadencia. Este manual de conocimientos universales fue muy popular durante la Edad Media, y casi no hay autor de importancia que no lo cite. Naturalmente, dado el carácter de los tiempos, puede decirse acerca de la falta de originalidad de Isidoro lo mismo que hemos dicho de Gregorio.

Alguien ha dicho que la obra de los autores que estudiamos en este capítulo es eco de la tradición. Como todo eco, lo que nos dicen carece del timbre de la viva voz; su tono es hueco y grave. Pero no olvidemos que fue a través de ellos que la Edad Media escuchó el canto vibrante de la Antigüedad.

---

[82] *BAC*, 67.

24

La teología en Oriente hasta el avance del islam

Anteriormente hemos discutido la controversia cristológica y su culminación en el Concilio de Calcedonia. A fin de dar continuidad a esa narración, nos vimos obligados a dejar a un lado el curso de la teología occidental mientras tenían lugar en Oriente las controversias cristológicas. Esto, a su vez, nos obligó a comenzar con la teología de Agustín, cronológicamente anterior al Concilio de Calcedonia, y seguirla en sus derivaciones hacia los primeros siglos de la Edad Media. Ahora debemos regresar a Oriente, que hemos dejado capítulos atrás, y continuar la historia que quedó interrumpida. Al hacerlo, no debemos olvidar la gran diferencia entre el Oriente y el Occidente. Mientras en el Occidente el Imperio romano sucumbió ante el embate de las invasiones germánicas, en el Oriente continuó existiendo por otros mil años (ahora conocido, no solo como el «Imperio romano de Oriente», sino también como el «Imperio bizantino»). Puesto que la lengua de ese Imperio bizantino era el griego, la iglesia en sus territorios vino a llamarse «Iglesia Griega» (aunque durante el período que ahora nos ocupa el Imperio bizantino no incluía solamente a Grecia y sus alrededores, sino también a Siria y Egipto). Y fue precisamente durante este período que los repetidos desacuerdos y divisiones entre los cristianos orientales resultaron en iglesias independientes que existen todavía hoy.

La continuación de las controversias cristológicas

La *Definición de la fe* de Calcedonia no puso término a las controversias cristológicas. Es cierto que Occidente quedó satisfecho al ver promulgada una fórmula muy semejante a la que Tertuliano había propuesto siglos antes, y en la que la *Epístola dogmática* del papa León había influido grandemente. También es cierto que los dirigentes principales del «latrocinio de Éfeso», Dióscoro y Eutiques, fueron exiliados. Pero siempre había un contingente de cristianos orientales para quienes la fórmula de las dos naturalezas en Cristo se oponía demasiado claramente a la fórmula de Cirilo —que él había tomado, sin saberlo, de una fuente apolinarista—: «una naturaleza encarnada de Dios el Verbo». Fue entre estas personas que surgió la oposición al concilio de Calcedonia.

La mayoría de los opositores de Calcedonia no se oponía en realidad a la doctrina allí proclamada, sino a la fórmula de las dos naturalezas. Se trataba de lo que Jugie ha llamado «monofisismo verbal», pues sus defensores eran en realidad ortodoxos y rechazaban la doctrina atribuida a Eutiques, confesando que Jesucristo, al tiempo que es consustancial a Dios, es consustancial a nosotros. El principal de estos «monofisitas verbales» era Severo de Antioquía y, por ello, a menudo se les da a quienes siguen esta doctrina el título de «severianos».[1]

La más importante de las obras de Severo, desde el punto de vista cristológico, es *El amante de la verdad*, cuyo propósito es refutar un florilegio (una colección de citas) de Cirilo de Alejandría que trataba de apoyar la doctrina de las dos naturalezas de Cristo —el llamado «duofisismo»— en los dichos del difunto patriarca.[2] Como es de suponer, no le resulta difícil a Severo mostrar que la doctrina de Cirilo, en oposición a la de Nestorio, era la de la «una naturaleza encarnada de Dios el Verbo».

Su propia doctrina consiste en afirmar categóricamente la verdadera y total humanidad de Cristo y su verdadera y total divinidad, pero insistiendo en que ambas se unen en una sola naturaleza. «Cristo participó con nosotros de la carne y de la sangre, y nació de la Virgen Madre de Dios».[3] Además:

---

[1] De Severo se conservan, entre otras obras, varias epístolas (editadas en siríaco y traducidas al inglés por E. W. Brooks, Londres, 1902 y sig.), una extensa obra *Contra el gramático impío* (editada en siríaco y traducida al latín por J. Lebon, Louvain, 1952, *CSCO*, 91-94; 101-102), y *El amante de la verdad o Filalete* (editado en siríaco y traducido al francés por R. Hespel, Louvain, 1952, *CSCO*, 133-134.

[2] *CSCO*, 133:283.

[3] *CSCO*, 133:231.

Aquel que era eternamente consustancial al que le engendra es quien descendió voluntariamente y se hizo consustancial a su madre. Así, se hizo hombre, siendo Dios; se hizo lo que no era, al tiempo que seguía siendo lo que era, sin cambio alguno. Porque no perdió su divinidad, en su encarnación, y el cuerpo no perdió el carácter tangible de su naturaleza.[4]

La oposición de estos «monofisitas verbales» a la fórmula de Calcedonia, partía del sentido que se le daba al término «naturaleza» (*fysis*). En efecto, Severo y sus seguidores tomaban el término «naturaleza» por sinónimo de «hipóstasis».[5] Por tanto, para ellos la fórmula que distinguía entre dos naturalezas que sin embargo subsistían en una sola hipóstasis era una pura contradicción, un modo de dejar la puerta abierta al nestorianismo. Además, muchos de estos monofisitas verbales eran conservadores que querían guardar la fórmula de la «una naturaleza» que Cirilo había propuesto, aun sin percatarse de que el propio Cirilo estuvo dispuesto a utilizar la fórmula «de dos naturalezas», siempre que se entendiese de tal modo que no se le diese cabida al nestorianismo. A este mismo partido pertenecían Timoteo Aeluro y Pedro Fullo, quienes llegaron a ocupar las sedes patriarcales de Alejandría y Antioquía, respectivamente.

En todo caso, la oposición a la fórmula de Calcedonia creció hasta tal punto que llegó a debilitar la unidad del Imperio, razón por la cual varios emperadores tomaron cartas en el asunto y trataron de resolver la cuestión mediante fórmulas conciliatorias o proponiendo otras alternativas a la fórmula de Calcedonia. El resultado neto de estos intentos de resolver el conflicto teológico mediante el poder del estado fue que los espíritus se exacerbaron y lo que comenzó siendo una cuestión mayormente verbal pasó a ser un cisma irreparable, a la vez que dio lugar a las más absurdas discusiones.

El primer emperador que trató de desautorizar el Concilio de Calcedonia a fin de atraerse a quienes se oponían a la fórmula de las dos naturalezas fue el usurpador Basilisco, quien en el año 476, mediante la publicación de su *Encyclion*,[6] declaró nulas las decisiones de Calcedonia y convocó a un nuevo concilio. Pero la restauración al trono de Zenón, a quien él había depuesto, frustró sus proyectos.

---

[4] J. Lebon, *Le Monophysisme Sévèrien* (Louvain, 1909), 206-207. Citado en Jugie, «Monophysisme», *DTC*, 10:2221.

[5] Puesto que de casi todas estas obras se ha perdido el original griego, debemos señalar que esta afirmación se basa en intentos de traducir los textos siríacos que han llegado hasta nosotros, revirtiéndolos al griego. Sin embargo, esta aseveración parece tener fundamento suficiente en textos tales como el que aparece en *CSCO*, 133:230-231.

[6] *PG*, 86:2600-2604.

Poco después, el propio Zenón trató de sanar las divisiones teológicas que debilitaban su imperio. Para ello no siguió el camino de Basilisco —de rechazar sin ambages el Concilio de Calcedonia— sino que promulgó un «edicto de unión», el *Henoticón* (año 482),[7] con la colaboración e inspiración del patriarca Acacio de Constantinopla, quien había sido el gran opositor del *Encyclion* anticalcedonense de Basilisco, y además había dado pruebas de su ortodoxia cristológica al presidir un concilio en el que se depuso al «monofisita» Pedro Fullo.[8]

Pero la solución de Zenón no resultó más feliz que la de Basilisco. Su *Henoticón* era en realidad un reflejo bastante fiel del monofisismo verbal, pero no trataba de salvar los obstáculos semánticos entre la definición de Calcedonia y sus opositores, sino que más bien intentaba regresar al período anterior a Calcedonia. Así, por ejemplo, el Emperador afirmaba que no debía aceptarse otra fe que la que, por inspiración divina, fue expuesta en Nicea (325) y confirmada en Constantinopla (381). Además, se reiteraban los doce famosos anatemas de Cirilo contra los nestorianos. Por último, se anatematizaba a todo aquel que pensara de otro modo «ya haya sido en Calcedonia, ya en cualquier otro sínodo».[9]

Probablemente Zenón y Acacio no pretendían condenar las decisiones del concilio de Calcedonia, sino solo acercar a los cristianos de diversas persuasiones llevándoles más atrás del concilio cuyas decisiones se discutían, a un entendimiento semejante a la «fórmula de unión» del año 433.[10]

El resultado neto de la nueva «fórmula de unión» fue crear divisiones aún más profundas, no ya solo en torno al Concilio de Calcedonia, sino también en torno al propio *Henoticón*.

En primer lugar, este edicto del emperador Zenón dio origen a una ruptura entre la sede romana y la iglesia oriental. Si bien el *Henoticón* no condenaba abiertamente al Concilio de Calcedonia, sí tendía a restarle autoridad y, junto al concilio, también a la *Epístola dogmática* de León. La fórmula de las dos naturalezas ni siquiera se mencionaba. El camino quedaba abierto al monofisismo, como lo mostraba el hecho de que gran

---

[7] *PG*, 86:2620-2625.

[8] Se acusaba a Pedro Fullo de haber «eutiquianizado» el himno litúrgico llamado *Trisagion* al añadirle las palabras «que fuiste crucificado por nosotros». Esta opinión recibió el nombre de «teopasquismo», pues sus opositores pensaron que la fórmula arriba indicada quería decir que la divinidad como tal había sufrido. Tal interpretación era inexacta, y por tal la tuvieron siempre las iglesias que utilizaron —y hasta el día de hoy utilizan— esa fórmula. La frase en cuestión es solo un modo de llevar a la liturgia la realidad de la encarnación de Dios el Verbo, en virtud de la cual, y por razón de la *communicatio idiomatum*, es posible afirmar que el Verbo fue crucificado. Así pues, el teopasquismo de Pedro Fullo, como su monofisismo, era solo verbal.

[9] *PG*, 136:2624.

[10] Véase el capítulo 19.

número de teólogos monofisitas se había apresurado a aprobar el edicto.[11] Además, el papa afirmaba que el Emperador carecía de autoridad para erigirse en árbitro de cuestiones dogmáticas. En consecuencia, Occidente, con el papa a la cabeza, no podía sino rechazar el *Henoticón*. Puesto que Acacio persistía en sostener este edicto del Emperador, y también por cuestiones relativas a la sucesión a la sede alejandrina, el papa Félix III excomulgó a Acacio y le declaró depuesto. El papa no tenía los medios necesarios para hacer valer la presunta deposición del patriarca de Constantinopla, y este continuó en el ejercicio de su cargo, de modo que se produjo lo que los historiadores occidentales conocen como el «cisma de Acacio» (484-519).

El cisma de Acacio se prolongó más allá de la muerte de todos sus principales protagonistas y aun de sus sucesores directos, hasta que, en el año 519, siendo emperador Justino, y mediante una serie de negociaciones con el papa Hormisdas, se restableció la comunión entre ambas iglesias. La nueva fórmula de unión fue un verdadero triunfo para Roma, pues todas sus estipulaciones fueron aceptadas por Constantinopla: la confirmación del Concilio de Calcedonia y de la *Epístola dogmática* de León, la condenación de Nestorio, Eutiques, Dióscoro, Acacio y sus seguidores, y el perdón para todos los prelados ortodoxos que habían sido depuestos por negarse a aceptar el *Henoticón*.

Mientras tanto, el *Henoticón* había ejercido su malhadada influencia divisiva entre los propios monofisitas.

En Egipto, el fanatismo de las multitudes que insistían en la condenación expresa del Concilio de Calcedonia les llevó a apartarse de los patriarcas, que se contentaron con el *Henoticón*, y a crear una secta a la que, por carecer de altos dirigentes, se la llamó «los acéfalos» y que subsistió hasta el siglo VII. Frente a ellos, los «henoticitas» gozaban del favor imperial y, por consiguiente, de la posesión de las más altas sedes.

Por otra parte, el *Henoticón* llevó a la separación entre los «monofisitas verbales» o severianos y los «monofisitas reales». Ya hemos dicho que, a pesar de rechazar la fórmula de Calcedonia, la cristología de Severo de Antioquía era ortodoxa, pues afirmaba la completa y real humanidad de Cristo. De esta doctrina de Severo se deducía que el cuerpo de Cristo, como tal, era capaz de sufrir corrupción. Fue en este punto que primero surgió la disputa entre Severo y los suyos, por una parte, y los verdaderos monofisitas, por otra. Los verdaderos monofisitas, capitaneados por Julián de Halicarnaso, afirmaban que el cuerpo de Cristo era por naturaleza incorruptible, y que pretender lo contrario era «aftartolatría»; es

---

[11] Se trataba en realidad de «monofisitas verbales». El principal de estos era Pedro Mongo, patriarca de Alejandría, a cuya elección se oponía el papa Félix III, mientras que Acacio le apoyaba.

decir, adoración de lo corruptible. Cristo había sufrido verdaderamente en la cruz, pero esto no se debió a una corruptibilidad natural de su cuerpo, sino a una concesión suya especial, en vista de la redención.[12] Frente a ellos, los severianos sostenían que la realidad de la encarnación obligaba a postular la corruptibilidad natural del cuerpo de Cristo, y que negar esa corruptibilidad era caer en el docetismo, por lo que tildaban a Julián y los suyos de «aftartodocetas», docetas de la incorruptibilidad. En reacción a esto, algunos de los discípulos de Juliano, con el propósito de subrayar la divinidad de Jesús y la comunicación de sus propiedades divinas a su humanidad, llegaron a decir que el cuerpo de Jesús no era creado —por lo que se les llamó «actististas»[13]— con lo cual cayeron en el eutiquianismo más crudo. Por su parte, los severianos también se dividieron con el correr del tiempo. Unos de entre ellos —los «agnoscistas»— aplicaron al alma humana de Jesús los principios que Severo había aplicado al cuerpo del Salvador, y así llegaron a la conclusión de que este, en cuanto hombre, era ignorante de ciertas cosas, especialmente del día del juicio. En reacción a tales «agnoscistas» otros severianos, bajo la dirección de Esteban de Niobe —por lo que se les llama «niobitas»— se inclinaron de nuevo a la posición de Juliano, y sus seguidores y terminaron por confundirse con ellos.[14]

Tal fue la suerte que corrió el monofisismo en medio de las luchas y discusiones suscitadas por el *Henoticón*. Esto, no obstante, a fin de no dar una idea errónea de la teología de las iglesias monofisitas que han subsistido hasta nuestros días, debemos señalar que todas las sectas del monofisismo extremo desaparecieron rápidamente, y que la cristología de las iglesias generalmente llamadas «monofisitas» responde más bien a lo que hemos denominado «monofisismo verbal», de modo que su supuesta heterodoxia no es verdaderamente tal. Más adelante en el curso de esta *Historia* tendremos ocasión de estudiar algo de la teología de estas iglesias.

No bien se había subsanado el cisma de Acacio, y se había abrogado el *Henoticón*, cuando surgió otra controversia de carácter cristológico. Se trataba de si era correcto afirmar que «uno de la Trinidad sufrió», por lo que se llama a este episodio «controversia teopasquita», es decir, de la pasión de Dios. Puesto que los principales defensores del teopasquismo eran monjes procedentes de Escitia, también se le llama «controversia de los monjes escitas». En realidad, esta controversia no es más que un nuevo

---

[12] Leoncio de Bizancio, *Contra nestorianos et eutychianos*, 2 (*PG*, 136:1333).

[13] Es decir, «no-creacionistas». También se les conoció como «gainitas» —por razón del Obispo Gaianos—, «fantasiastas» y «nagranitas».

[14] Además de esas, surgieron entre los monofisitas verbales otras divisiones cuyo origen estaba en el intento de aplicar la terminología cristológica al dogma trinitario, lo cual resultaba en diversas formas de «triteísmo», al menos verbal.

encuentro entre la cristología alejandrina y la antioqueña. Los monjes escitas, preocupados por la fuerza que parecía cobrar la cristología de tipo antioqueño en virtud de la abrogación del *Henoticón*, tomaron por lema y medidas de ortodoxia la frase «uno de la Trinidad sufrió». De este modo estaban subrayando la *communicatio idiomatum* o comunicación de las propiedades, que había sido siempre uno de los principales énfasis de la cristología alejandrina. De hecho, la diferencia entre la controversia teopasquita y la nestoriana está en que en esta última se discutía sobre la comunicación de las propiedades en la pasión del Salvador, si podía decirse o no que el Verbo sufrió, mientras en el caso del nestorianismo lo que se discutía era si nació de María. Pero en esencia, se trataba del mismo problema cristológico.

Los monjes escitas no carecían de precedentes, desde Ignacio de Antioquía, quien se había referido a «la pasión de mi Dios», hasta Pedro Fullo, quien añadió al *Trisagion* la frase «que fuiste crucificado por nosotros».

En todo caso, a principios del siglo VI, bajo el reinado de Justino, y en medio de la reacción calcedonense que siguió a la terminación del cisma de Acacio, este grupo de monjes escitas comenzó a luchar porque la fórmula «uno de la Trinidad sufrió» viniera a ser doctrina oficial de la iglesia. Con este fin se apoyaban en el general Vitalio, quien había llevado a Justino al trono y por ello gozaba de gran poder. Sin embargo, en la propia Constantinopla surgió alguna oposición a una fórmula que podría muy bien llevar a nuevas divisiones, además de que parecía dar nuevos vuelos al partido anticalcedonense. Luego, los monjes escitas fueron a Roma, buscando el apoyo del papa Hormisdas. Allí les siguieron abundantes gestiones por parte del poder civil en pro de la fórmula propuesta. Pero el papa, sin llegar a condenarles, se negó a dar su apoyo al partido de los escitas.

En esto quedó la cuestión hasta que, a la muerte de Justino, las riendas del Imperio quedaron en manos de Justiniano. El gran sueño de Justiniano era volver a crear la perdida unidad del antiguo Imperio. Para ello envió a sus generales en campañas de reconquista contra los bárbaros del norte de África. Para ello emprendió aventuras diplomáticas en Italia. Para ello hizo compilar y organizar el derecho romano. Y para ello también era necesaria la unidad de la iglesia.

Por esta razón, Justiniano estaba interesado en resolver las cuestiones cristológicas en que se debatía su Imperio, y para lograr ese fin creía que el mejor camino era hacer algunas concesiones a los opositores de Calcedonia, aunque sin llegar a tal punto que los calcedonenses no estuviesen dispuestos a aceptarlas. Como en tantos otros casos antes y después de él, las gestiones de Justiniano, por cuanto llevaban el sello del poder y la imposición imperial, solo lograron exacerbar los ánimos y dar más permanencia a disensiones que de otro modo, quizá, se hubieran resuelto con el correr del tiempo. Además, la emperatriz Teodora, partidaria decidida de los monofisitas severianos, llevó a su esposo a apartarse cada vez más de la ortodoxia calcedonense, lo cual acarreó grandes desavenencias entre el poder civil y algunas de las autoridades eclesiásticas.

Al principio, Justiniano trató con mano dura a los monofisitas, pero pronto se percató de que esta política resultaba inoperante y —probablemente aconsejado por Teodora— decidió convocar una reunión de calcedonenses y sus adversarios con el propósito de tratar de zanjar sus diferencias. Esta reunión, conocida como la «Conferencia Contradictoria», solo logró revivir la cuestión teopasquita y llevar a la controversia llamada «de los Tres Capítulos».

La cuestión teopasquita revivió en la Conferencia Contradictoria porque los adversarios del concilio de Calcedonia insistían en la fórmula «uno de la Trinidad sufrió». Justiniano creyó ver en quienes se oponían a dicha fórmula una rigidez infundada y, por ello, hizo uso de toda su autoridad para lograr que el papa —a la sazón Juan II— se declarara en favor de ella. Así lograba la cristología alejandrina dar un rudo golpe a la cristología de tipo antioqueño, que, vuelta minoría, luchaba por sostener la realidad del hombre asumido por el Verbo.

Otro golpe más rudo habría de seguirle. Se trata de la *Controversia de los Tres Capítulos* y su culminación en el Quinto Concilio Ecuménico. El título de «Tres Capítulos» surgió en el curso de la controversia como un modo de referirse en conjunto a la obra —y a veces a las personas— de Teodoro de Mopsuestia, Teodoreto de Ciro e Ibas de Edesa, quienes, como hemos visto, se contaban entre los más destacados maestros de la cristología antioqueña. En cierto modo, la cuestión de los Tres Capítulos surgió de la Conferencia Contradictoria, donde resultó claro que los llamados monofisitas —la mayor parte meros monofisitas verbales— no se oponía tanto al Concilio de Calcedonia como a la cristología de los maestros antioqueños que se encontraban detrás de él. De allí, y de la influencia de Teodora,[15] parece haber surgido la idea que tuvo Justiniano de lograr un apaciguamiento condenando, no al Concilio de Calcedonia, que retendría su autoridad, sino las obras de los tres grandes maestros antioqueños, englobados en los Tres Capítulos. En dos edictos, el primero alrededor del año 544 y el segundo en el 551, Justiniano condenó los Tres Capítulos. Para ello contaba con el apoyo del principal teólogo de su tiempo, Leoncio de Bizancio, a quien estudiaremos más adelante. Además, el brazo imperial era pesado, y uno tras otro los patriarcas de Constantinopla, Alejandría y Antioquía prestaron sus firmas al edicto imperial, aunque todos ellos bajo presión y no sin serias dudas en cuanto al paso que daban.

---

[15] Tampoco debemos olvidar la participación de Teodoro Askidas, obispo de Cesarea en Capadocia, quien fue el consejero principal de Justiniano en toda esta cuestión.

En Occidente no se hizo esperar la reacción contra la condenación los Tres Capítulos, que parecía ser un preludio a la abierta condenación del Concilio de Calcedonia. Pero el papa Vigilio, quien había sido colocado en la sede romana por obra del general bizantino Belisario y de la emperatriz Teodora, no tenía la fuerza ni la autoridad para resistir a Justiniano. Llevado a Constantinopla por orden del Emperador, y tras algunas vacilaciones, Vigilio acabó por condenar los Tres Capítulos en su *Iudicatum* del año 548. Esto enardeció de tal modo a los obispos occidentales —especialmente a los del norte de África— que varios de los patriarcas orientales que antes habían firmado el edicto de Justiniano se atrevieron ahora a retirarle su apoyo. El propio papa retiró su *Iudicatum*, aunque no en oposición al Emperador, sino haciéndole ver que su efecto era contraproducente y que sería mejor convocar un sínodo de obispos occidentales y allí lograr la condenación de los Tres Capítulos. Sin embargo, la resistencia de los occidentales era tal que Justiniano desistió del proyecto de reunirles en un sínodo, y en su lugar promulgó de nuevo la condenación de los Tres Capítulos (año 551). En este edicto, apoyándose en la teología de Leoncio de Bizancio, Justiniano condenaba tanto a los nestorianos como a los monofisitas. «Nestorianos» eran para el Emperador no solo quienes se negaban a afirmar que María era *theotokos*, sino también cualquiera que afirmase que el Verbo había asumido «un hombre», como si el hombre pudiese subsistir o preexistiera aparte del Verbo. Entre esos «nestorianos», Justiniano incluía no solo al propio Nestorio, sino también a Teodoro, Teodoreto e Ibas, es decir, los famosos Tres Capítulos. En cuanto a los «monofisitas» condenados en el edicto del año 551, se trataba de los verdaderos monofisitas, es decir, de aquellos que «confundían» o «mezclaban» la divinidad y la humanidad de Cristo, de tal modo que esta última quedaba eclipsada. En resumen: la cristología antioqueña era condenada bajo todas sus formas, mientras que la alejandrina lo era solo en su forma extrema.

El nuevo edicto de Justiniano creó tal oposición que por fin el propio emperador, con tal de lograr que la autoridad eclesiástica apoyase la condenación definitiva de los Tres Capítulos, decidió convocar a un concilio general. Este concilio se reunió en Constantinopla en mayo del año 553, y Justiniano se aseguró de que los obispos que asistiesen a él fuesen partidarios de la condenación de los Tres Capítulos, o al menos personas capaces de dejarse influir por el poder imperial.

Vigilio, por su parte, regresó a su firmeza inicial, negándose a aceptar sin más el juicio del poder civil en una cuestión puramente teológica. Tras estudiar los asuntos envueltos con más detenimiento, publicó su *Constitutum* el 14 de mayo del año 553,[16] mientras el concilio estaba sesionado en

---

[16] *Mansi*, 9:61-106; *PL*, 69:67-114.

Constantinopla, donde también se encontraba el papa desde que el Emperador le había hecho llevar a su capital. El *Constitutum* es un documento muy cuidadoso, en el que Vigilio estudia cada uno de los casos envueltos en la cuestión de los Tres Capítulos. Respecto a Teodosio de Mopsuestia, Vigilio se muestra dispuesto a condenar ciertas proposiciones que le han sido transmitidas como extraídas de sus obras; pero no condena y sí prohíbe que se condene a un obispo muerto en la comunión de la iglesia, pues, como dijo Cirilo —a quien los monofisitas tomaban por principal defensor de la ortodoxia— «es un grave delito insultar a los difuntos». Teodoreto de Ciro, el segundo de los autores envueltos en los Tres Capítulos, tampoco fue condenado, pues en Calcedonia el propio Teodoreto anatematizó a Nestorio, y los obispos allí reunidos le tuvieron por ortodoxo. Quien condene a Teodoreto condena al concilio que lo absolvió. A pesar de esto, hay ciertas proposiciones que son atribuidas al obispo de Ciro que han de ser condenadas, y Vigilio se apresura a declararlas anatema, aunque sin afirmar que son de Teodoreto. Por último, la carta de Ibas de Edesa que está incluida en los Tres Capítulos fue leída y aceptada por los «padres» reunidos en Calcedonia y, por tanto, no puede condenársele sin rechazar ese concilio. Así pues, concluye Vigilio, ha de cesar la discusión sobre la ortodoxia de los Tres Capítulos, y todos han de someterse a la autoridad de la sede romana como se expresa en este *Constitutum*, que anula todo cuanto se haya dicho antes en sentido contrario, incluyendo el *Indicatum* del propio papa, dado en el año 548.[17]

Mientras Vigilio preparaba y publicaba en *Constitutum*, se reunía en Constantinopla el concilio que Justiniano había convocado, y que se tiene generalmente por Quinto Concilio Ecuménico.[18] Desde un principio resultó claro que el concilio condenaría los Tres Capítulos y seguiría en líneas generales la política de Justiniano. Respecto a los Tres Capítulos, este concilio decidió lo siguiente: Teodoreto de Mopsuestia fue condenado, así como también su doctrina; Teodoreto no fue condenado como persona, pero sí su doctrina; la carta de Ibas fue declarada herética, aunque se utilizó un subterfugio para evitar contradecir directamente al concilio de Calcedonia.[19] Además, siguiendo también en ello la dirección de Justiniano, el concilio condenó a Orígenes, a quien se atribuía la génesis de multitud de herejías.

Durante más de medio año, Vigilio resistió valerosamente a todas las amenazas y medidas del Emperador. Pero por fin, a principios del año 554,

---

[17] *PL*, 69:177-178.

[18] *Mansi*, 9:157-658.

[19] El subterfugio consistió en hacer ver, mediante una argumentación histórica torcida, que en el Concilio de Calcedonia no se había leído la carta en cuestión, sino otra.

444   HISTORIA DEL PENSAMIENTO CRISTIANO HASTA EL SIGLO XXI

publicó un segundo *Iudicatum*[20] en el que, a pesar de que trataba de salvar su integridad, en realidad capitulaba ante el Emperador.[21] El resultado de esta actitud del papa fue una violenta reacción en Occidente, hasta tal punto que se produjeron varios cismas que tardaron años en desaparecer, aunque no hay razón para discutirlos en esta *Historia*.

El próximo y último episodio de las controversias cristológicas durante el período que estamos estudiando tuvo lugar en el siglo VII. Se trata de la controversia «monotelita» y de sus orígenes en el «monenerguismo». En esta nueva cuestión, como en las anteriores, las consideraciones de índole política jugaron un papel de suma importancia. El Imperio bizantino estaba en guerra con Persia, y durante esa guerra se había mostrado claramente hasta qué punto llegaba el descontento entre los súbditos del Imperio en Siria y Egipto. Puesto que era precisamente en estas dos regiones que el monofisismo severiano había logrado cierta fuerza, resultaba urgente hacer un nuevo esfuerzo por ganar a los monofisitas desafectos. Tal parece haber sido la motivación del patriarca Sergio de Constantinopla, propulsor, primero del monenerguismo, y luego, del monotelismo.[22]

Como medio de acercamiento entre los calcedonenses y los monofisitas severianos, Sergio propuso primero la fórmula «una energía», al tiempo que trató de asociarla a la otra fórmula «dos naturalezas». Es decir, que aceptaba la cristología calcedonense, pero buscaba un medio de afirmar la unidad de Cristo que fuese más allá de la frase «una hipóstasis», algo con lo que pensaba ganarse a los severianos. Esta «una energía» era interpretada en el sentido de que, puesto que había en Jesucristo una sola hipóstasis, a la cual debían referirse todas las operaciones del Salvador, había un solo principio de actividad, el del Verbo, que era a la vez principio de actividad de la divinidad y de la humanidad. De ahí la fórmula, algo más precisa, de «una sola energía hipostática».[23]

La fórmula de Sergio encontró acogida favorable por parte del emperador Heraclio, quien vio en ella posibilidades de reconciliación entre los ortodoxos y los severianos. De hecho, mediante ella el nuevo patriarca ortodoxo de Alejandría logró la reconciliación de los monofisitas de esa ciudad.

---

[20] *Mansi*, 9:457-488.

[21] Aquí también recurría Vigilio al subterfugio de que ya había hecho uso en el concilio del año anterior, pretendiendo que en Calcedonia no se había leído la carta de Ibas a Maris, sino otra. Teodoro quedó condenado sin más, mientras que las doctrinas de Teodoreto fueron condenadas y no su persona, pues el Obispo de Ciro se retractó ante el Concilio de Calcedonia.

[22] Junto a Sergio, debemos mencionar a Teodoro de Farán. La cuestión de la prioridad entre ambos no está resuelta aún.

[23] M. Jugie, «Monothélisme», *DTC*, 10:2317.

Sin embargo, el monenerguismo no carecía de opositores entre los ortodoxos. El principal de estos, Sofronio de Jerusalén,[24] atacó la fórmula de
Sergio con tal violencia y penetración que el patriarca de Constantinopla
decidió abandonarla, y en el año 634 prohibió el uso de la fórmula «una
energía» y su contraria «dos energías».

En lugar del monenerguismo, Sergio propuso entonces el monotelismo,
es decir, la doctrina de que hay en Cristo una sola voluntad. Acerca del
sentido preciso de esta fórmula mucho se ha discutido, y hasta se ha llegado a llamar al «monotelismo», la «herejía camaleón»,[25] debido a su
imprecisión y sus constantes variaciones. En todo caso, el hecho es que
Sergio logró que el papa Honorio prestara su apoyo a la nueva fórmula, y
que el emperador Heraclio promulgara en el año 638 la *Ectesis* de Sergio,
en la que prohibía de nuevo toda discusión sobre la unidad o dualidad de
«energías» en Jesucristo y afirmaba, al mismo tiempo, que había en el Salvador «una sola voluntad», un solo *thélema*, de donde se origina el título
de «monotelismo».

La oposición a esta nueva fórmula de Sergio no se hizo esperar. Máximo
de Crisópolis, conocido como «el Confesor», a quien estudiaremos más
adelante en este capítulo, afirmó que tanto la energía como la voluntad pertenecen a la naturaleza —*fysis*— y no a la persona o hipóstasis. Por tanto,
es necesario confesar que hay en el Salvador no «una energía hipostática»
o «una voluntad hipostática», sino «dos energías y dos voluntades naturales». A la oposición de Máximo se sumaron numerosos obispos y papas,
hasta que, en el año 648, mediante la publicación de su *Tipo*, el emperador
Constante II abrogó la *Ectesis*, prohibiendo toda discusión acerca de la
«energía» o la voluntad de Jesucristo, así como de las dos «energías» o
dos voluntades.[26]

Poco antes del edicto de Constante, la situación política cambió de tal
modo que los emperadores de Bizancio perdieron todo interés en atraerse
a los monofisitas. La causa directa de este cambio fueron los árabes musulmanes, quienes conquistaron Siria y Egipto y con ello arrancaron al Imperio bizantino sus principales focos de oposición al concilio de Calcedonia.
Aquello marcó para siempre la vida de la iglesia en los antiguos territorios
del Imperio bizantino. Como una primera consecuencia de la nueva situación política, los emperadores se mostraron más inclinados a afirmar la
vieja ortodoxia, que tenía su centro precisamente en los territorios que el
Imperio aún conservaba.

---

[24] *Epistola synodica ad Sergium* (*PG*, 87:3147-3200).
[25] Jugie «Monothélisme», *DTC*, 10:2307.
[26] *Mansi*, 10:777-778.

Finalmente, la cuestión se resolvió en el concilio reunido en Constantinopla en los años 680 y 681, que lleva el título de Sexto Concilio Ecuménico.[27] Allí se condenó al monotelismo y sus defensores, inclusive el patriarca Sergio y el papa Honorio, lo cual presentaría más tarde un escollo en el camino del dogma de la infalibilidad papal. Además, de manera positiva, el concilio se declaró a favor de la existencia en el Salvador de «dos voluntades naturales», es decir, dos voluntades que se refieren cada una a una de las dos naturalezas que Calcedonia había proclamado.

Así terminaba un largo proceso de desarrollo y clarificación dogmática que había comenzado por lo menos tres siglos antes. El resultado era que se descartaban las posiciones extremas tanto de origen antioqueño como alejandrino, y se sostenía de manera categórica que Jesucristo era total y verdaderamente humano y total y verdaderamente divino, y que, sin embargo, estas dos «naturalezas» estaban íntimamente unidas en una sola «hipóstasis». En este proceso se había dejado a un lado al Jesús histórico y se había hecho del Salvador un objeto de especulación y controversia; se le había descrito en términos completamente ajenos al vocabulario neotestamentario: «hipóstasis», «naturaleza», «energía», etc.; se había hecho de él un ente estático más que el Señor de los creyentes y de la historia. Pero cabe preguntarse si algún otro camino quedaba realmente abierto para la iglesia desde el momento en que los creyentes comenzaron a aplicar sus mejores facultades intelectuales al más grande misterio de la fe. El camino que se siguió a través de los seis concilios que hemos discutido al menos afirmó —frente a todo intento simplista de racionalizar la fe— el misterio inefable de la encarnación. Si en el debate y la contienda política ese misterio fue manoseado en exceso por las manos de la razón, al fin y a la postre resultó ileso, y el creyente del siglo VII, tras seis concilios ecuménicos y largos debates teológicos, todavía se vio confrontado con el misterio inescrutable de que Dios estaba en Cristo reconciliando el mundo a sí.

La cuestión de la filosofía y la teología

El Oriente cristiano, mucho más que el Occidente, fue el heredero de la filosofía griega. El solo hecho de que allí se hablaba la misma lengua —aunque, naturalmente, bastante evolucionada— de los antiguos filósofos atenienses basta para explicar el hecho de que, cuando ya en Occidente no se leían las obras de Platón y Aristóteles sino a través de intermediarios, en Oriente se continuara estudiándolas. Además, hasta la época de las invasiones árabes, hacia el final del período que estamos estudiando,

---

[27] *Mansi*, 11:190-922.

Oriente se vio relativamente libre de invasiones y grandes disturbios. La Academia de Atenas pudo continuar funcionando hasta que, en el año 529, fue clausurada por edicto imperial. Alejandría siguió cultivando las letras como en tiempos de Clemente y Orígenes. Antioquía y Gaza le disputaban la supremacía, al tiempo que la recién llegada Constantinopla se esforzaba crecientemente por darles alcance.

La cuestión de la relación entre la filosofía y la teología se planteó en Oriente, durante el período que estamos estudiando, al menos de tres modos.

Primero, se planteó el problema de la veracidad de ciertos dogmas cristianos y su compatibilidad o incompatibilidad con el pensar filosófico. Aquí se plantean especialmente, como antaño, las doctrinas de la creación y la resurrección del cuerpo. Entre los pensadores que más se destacan en este contexto se cuentan los «tres gacenses» (Eneas de Gaza, Zacarías de Mitilene y Procopio de Gaza) y el filósofo alejandrino Juan Filopón.

En segundo lugar, se planteó la cuestión del misticismo neoplatónico y su relación con la vida y la doctrina cristianas. En la próxima sección estudiaremos, dentro de este mismo contexto, el pensamiento del Seudo-Dionisio.

Por último, se planteó el modo en que la filosofía griega en general, y su terminología en particular, han de emplearse para resolver cuestiones teológicas, especialmente en el campo de la cristología. Aquí estudiaremos, en secciones separadas, a Leoncio de Bizancio y a Máximo el Confesor.

Las cuestiones de la creación y de la resurrección se plantean en las obras de Zacarías de Mitilene y su hermano Procopio de Gaza, así como en las del amigo de ambos, Eneas de Gaza, y las del alejandrino Juan Filopón.

En cuanto a la creación, todos estos pensadores la oponen a la doctrina clásica de la eternidad del mundo. En su diálogo *Teofrasto*, Eneas de Gaza afirma que todo el mundo sensible, inclusive los más bellos astros, es creado y mortal.[28] Procopio refuta la doctrina de la eternidad del mundo partiendo de su mutabilidad, puesto que la materia mutable no puede ser eterna.[29] Zacarías dedica todo su diálogo *Ammonio* a refutar la idea de la eternidad del mundo. Según él, aunque Dios es eternamente Creador, esto no implica que la creación sea eterna, de igual modo que un médico puede continuar siéndolo aun cuando no tenga pacientes que atender.[30] Al

---

[28] *Theophrastus* (*PG*, 85:961).
[29] *Comm. in Genesim, prologus* (*PG*, 87:29).
[30] *Disputatio de mundo opificio* (*PG*, 85:1068).

mismo tema dedica Juan Filopón sus obras *De la creación del mundo*[31] y *De la eternidad del mundo*.[32]

Por otra parte, el *Teofrasto* de Eneas tiene como tema principal la relación entre la inmortalidad del alma y la resurrección del cuerpo. Según este diálogo, el alma, aunque creada, es inmortal. El libre albedrío de que goza es la más clara señal de esa inmortalidad, y es capaz de llevar al ser humano hacia la divinización. El cuerpo, que actualmente es mortal, resucitará en el día final, se unirá permanentemente a su alma, y será entonces inmortal. De esto difería Juan Filopón, quien negaba la resurrección del cuerpo, y contra quien se produjeron varios tratados.[33]

El Seudo-Dionisio

El escritor oriental de este período que más hizo pesar su pensamiento sobre los siglos posteriores fue sin duda alguna el que publicó sus obras bajo el seudónimo de Dionisio el Areopagita, de quien se habla en Hechos 17.34. Por siglos se pensó que tales escritos eran obra del discípulo del apóstol Pablo, lo cual les prestó una autoridad que rayaba en la apostólica. Puesto que en estos escritos se presenta toda una cosmovisión impregnada del misticismo neoplatónico, a través de ellos el neoplatonismo penetró en el pensamiento teológico y en la devoción mística en mucho mayor grado que a través de Agustín y sus discípulos.

No sabemos quién fue este pretendido Dionisio, aunque todo parece indicar que vivió a finales del siglo V, posiblemente en la región de Siria. Sus obras son *La jerarquía celeste*,[34] *La jerarquía eclesiástica*,[35] *De los nombres divinos*,[36] *La teología mística*,[37] y diez *Epístolas*.[38]

De un modo típicamente neoplatónico, el Seudo-Dionisio concibe el mundo como una estructura jerárquica en la que todas las cosas vienen de Dios y llevan a él, aunque en diversos grados, según la posición de cada cual en el orden jerárquico. Dios es el Uno en el sentido absoluto; es totalmente trascendente a las categorías del pensamiento humano; se encuentra

---

[31] Editada por G. Reichardt, *Joannis Philoponi de opificio mundi libri vii* (Leipzig, 1897).

[32] Editada por H. Raber, *Joannes Philoponi de aeternitate mundi contra Proclum* (Leipzig, 1899).

[33] *De la resurrección*. Obra perdida, pero citada por Focio, *Biblioteca* 21-22 (*PG*, 103: 57-60).

[34] *PG*, 3:119-369.

[35] *PG*, 3:370-584.

[36] *PG*, 3:585-996.

[37] *PG*, 3:997-1948.

[38] *PG*, 3:1065-1120.

aun por encima de la esencia. Dios no «es», sino que de él se deriva todo cuanto es. En sí mismo, Dios es incognoscible, aunque todas sus criaturas le revelan y llevan a él.

A partir de este Dios Uno, todos los intelectos —y a este autor parece interesarle solo el mundo de los intelectos— se ordenan de modo jerárquico.

En el cielo, los intelectos angélicos forman tres jerarquías, cada una con tres grados, de modo que resultan nueve coros jerárquicos. En el primer nivel se encuentran, en ese orden, los serafines, los querubines y los tronos. Luego siguen los dominios, las virtudes y las potestades. Por último, en el rango inferior se cuentan los principados, los arcángeles y los ángeles. Es a través de esta jerarquía que Dios derrama su luz sobre la Tierra y gobierna los pueblos. Cada nación tiene un ángel por el que se ejerce sobre ella la providencia divina. Además, no ha de pensarse que esta jerarquía separa a los demás seres de Dios, sino que más bien sirve de canal por el que los seres inferiores, incluso los humanos, reciben los dones divinos. Aquí en la Tierra, antes de la venida de Jesucristo, regía la jerarquía legal, establecida por Moisés, y cuya función era —como la de toda jerarquía dentro de este sistema— llevar a los humanos a Dios. Pero el Seudo-Dionisio no elabora los detalles de esta jerarquía, que ha sido suplantada por la jerarquía eclesiástica.

La jerarquía eclesiástica se compone de dos órdenes fundamentales, dividido cada cual en tres rangos. En primer lugar, está el orden sacerdotal, con su jerarquía tripartita compuesta por obispos, sacerdotes y diáconos. El otro orden está compuesto de los fieles, y su jerarquía cuenta también con tres escalones: los monjes, el pueblo santo y, en tercer lugar, los que no participan del sacramento junto al pueblo santo, es decir, los catecúmenos, los energúmenos y los penitentes. Aquí el Seudo-Dionisio se aparta de sus principios especulativos para describir más adecuadamente la realidad de la iglesia. En efecto, según el principio jerárquico estricto, cada rango se comunica con Dios a través del orden inmediatamente superior a él. En la jerarquía eclesiástica esto no es así, sino que, por ejemplo, el obispo confirma a los fieles, no a través de los sacerdotes y los diáconos, sino directamente.

El propósito de toda esta estructura jerárquica es la deificación de los intelectos, que se allegan a Dios a través de los órdenes superiores. Aquí el Seudo-Dionisio introduce la doctrina de las tres vías, que tanta influencia ejercería sobre la mística y la ascética posteriores. Estas tres vías o etapas místicas son la *purgativa*, en la que el alma se libra de sus impurezas, la *iluminativa*, en la que el alma recibe la luz divina, y la *unitiva*, en la que el alma se une a Dios en la visión extática, visión que, dado el carácter absoluto de Dios, no es «comprensiva», sino «intuitiva». En estas tres vías, el alma recibe el auxilio de la actividad jerárquica, que actúa a su favor mediante los sacramentos, aunque la noción de sacramento del

Seudo-Dionisio es muy laxa, e incluye, no solo el bautismo, la eucaristía y la ordenación, sino de hecho toda la actividad jerárquica.

Si a esto se limitase el pensamiento del Seudo-Dionisio, sería difícil calificarlo de cristiano. Lo cierto es que Cristo juega un papel de primera importancia en toda la estructura y la actividad jerárquica. El Verbo, una de las hipóstasis de la Trinidad,[39] se ha hecho hombre, de modo que en esa sola hipóstasis convergen las dos «naturalezas» o «esencias» de la divinidad y la humanidad.[40] Sin embargo, no se encuentra en las obras del Seudo-Dionisio la afirmación de que en el Verbo encarnado subsisten estas dos naturalezas, sino más bien se da la impresión de que la humanidad ha sido absorbida por la divinidad hasta tal punto que después de la encarnación no se puede hablar de una naturaleza humana en el Salvador. De modo típicamente alejandrino, la comunicación de las propiedades es llevada al extremo. Además, se emplea literalmente la fórmula monenerguista: «una energía teándrica». Por estas razones, se ha acusado al Seudo-Dionisio de monofisismo. Tales acusaciones son inexactas si con ello se quiere decir que el Seudo-Dionisio niegue categóricamente la naturaleza humana de Cristo. Mas si con ello se quiere señalar su afinidad con el monofisismo severiano o verbal, o con un monofisismo real pero moderado, ciertamente hay razones para tales sospechas.

Este Cristo es la cabeza tanto de la jerarquía celeste como de la eclesiástica. Respecto a la jerarquía celeste, Cristo, por ser Dios, es la fuente de su ser y de toda su iluminación, así como el objeto de su conocimiento. Respecto a la eclesiástica, Cristo es también la cabeza, no solo como fuente de toda iluminación y objeto de toda contemplación, sino también como fundador directo de esa jerarquía, en virtud de su encarnación.

De este modo, el Verbo encarnado aparece una y otra vez en las páginas del Seudo-Dionisio. Pero cabe preguntarse si este Verbo, que solo se comunica con los humanos por medio de órdenes jerárquicos, no es en realidad un ser muy distinto del Jesús de los Evangelios.

Sea cual fuere la respuesta a esta pregunta, el hecho es que el Seudo-Dionisio gozó de un prestigio y una difusión inusitados. Escritas originalmente en griego, ya en el siglo VI sus obras se traducían al siríaco; en el VIII, al armenio; y en el IX, en las versiones de Hilduino y de Juan Escoto Erigena, al latín.[41] A partir de entonces, todo Occidente le citará como intérprete fiel del mensaje paulino, hasta que, en tiempos del Renacimiento y la Reforma, se comenzará a poner en duda su autenticidad.

---

[39] La doctrina trinitaria del Seudo-Dionisio es perfectamente tradicional, y no viene al caso discutirla aquí. Véase: *De div. nom.* 2 (*PG*, 3:636-652).

[40] Véase el resumen cristológico que aparece en *Eccles. hier.* 3 (*PG*, 3:440-444).

[41] *Dionysiaca: Recueil donnant l'ensemble des traductions latines des ouvrages attribués au Denys de l'Aréopage*, 2 vols. (París, 1937).

Leoncio de Bizancio

El principal teólogo de la época de Justiniano fue el monje Leoncio de Bizancio, quien participó de parte de los calcedonenses en la «Conferencia Contradictoria», y fue quizá uno de los monjes escitas que dieron lugar a la controversia teopasquita.[42] Dejando a un lado varios escritos de origen dudoso o claramente espurios, podemos decir que se conservan tres obras de Leoncio: sus tres libros *Contra los nestorianos y eutiquianos*,[43] sus *Treinta capítulos contra Severo*[44] y su *Solución de los argumentos de Severo*.[45]

Al principio de su primer libro, *Contra los nestorianos y eutiquianos*, Leoncio señala su propósito de establecer la distinción y la relación entre «hipóstasis» o «persona», por una parte, y «esencia» o «naturaleza», por otra.[46] Esto es de suma importancia porque, según él, las herejías trinitarias y cristológicas surgen de errores en cuanto a la comprensión de estos términos. Así, el nestorianismo parte de las dos naturalezas y de ellas concluye que hay en Cristo dos hipóstasis, mientras que los eutiquianos parten de la hipóstasis única del Verbo encarnado y niegan su dualidad de naturalezas. Comprendiendo el sentido de estos dos términos de la unión quedarán refutadas ambas herejías y la ortodoxia relucirá.

La diferencia fundamental entre la esencia o naturaleza y la hipóstasis está en que la esencia es lo que le da a la cosa su carácter como parte de un género, mientras que la hipóstasis es lo que la individualiza. Así pues, toda hipóstasis tiene una esencia, y toda esencia necesita de una hipóstasis para subsistir; pero hay una diferencia entre ambas, de tal modo que la hipóstasis siempre es naturaleza o esencia, mas esta no tiene que ser hipóstasis.

Dos realidades pueden unirse de tres modos diversos. En primer lugar, pueden unirse por simple yuxtaposición, de modo que persisten dos naturalezas y dos hipóstasis. Esta es la llamada «unión moral» de los nestorianos. En segundo lugar, dos cosas pueden unirse para formar una tercera, de tal modo que se pierda la distinción entre sus naturalezas. Esta es la doctrina de los eutiquianos. Por último, dos cosas pueden unirse de tal modo que las naturalezas de ambas se conserven, pero que solo haya una

---

[42] Decimos «quizá» porque el nombre de Leoncio es bastante común, y resulta difícil saber cuántos y cuáles de los varios personajes de la época que llevan el mismo nombre han de identificarse con nuestro teólogo. A pesar de su antigüedad, el mejor estudio sobre la cuestión sigue siendo el de F. Loofs, *Leontius von Byzanz und die gleichnamigen Schriftsteller der griechischen Kirche* (Leipzig, 1887).
[43] *PG*, 86:1267-1396.
[44] *PG*, 86:1901-1916.
[45] *PG*, 86:1915-1946.
[46] *PG*, 86:1273.

452 HISTORIA DEL PENSAMIENTO CRISTIANO HASTA EL SIGLO XXI

hipóstasis. Este es el caso de la llama y lo que arde: la llama tiene su propia naturaleza, y lo que arde tiene la suya; pero tanto la una como lo otro subsisten en una sola hipóstasis que se llama fuego. Este es también el caso del alma y del cuerpo: cada uno de estos dos términos de la unión tiene su propia naturaleza, pero, en tanto que dura su unión, tienen una sola subsistencia o hipóstasis que se llama «hombre», de modo que todas las operaciones del alma y del cuerpo se predican de ese hombre. En este tipo de unión, cada una de las naturalezas, de existir separadamente, subsistiría en sí misma; pero mientras dure la unión ambas subsisten en una sola hipóstasis. Esta es la unión que se da en Cristo. En ella, una de las naturalezas, la humana, subsiste en la hipóstasis de la obra, es decir, del Verbo. Esto se explica señalando que hay una diferencia entre hipóstasis y «enhipóstaton», es decir, entre la subsistencia y lo que en ella subsiste. Luego, en Cristo, la subsistencia es la del Verbo eterno, y en ella subsisten la divinidad y la humanidad. De aquí que se pueda hablar de una unión «enhipostática».

Esta unión, por otra parte, no altera las naturalezas o esencias que la constituyen. Esta es la base de la oposición de Leoncio a los aftartodocetas. Estos últimos pretendían que, en virtud de la unión, la carne de Cristo era incapaz de sufrir o de corromperse, excepto en los casos especiales en que él, por razón de su condescendencia, la hacía capaz de sufrir. Tal interpretación se opone al principio de la cristología de Leoncio que ve en la encarnación una unión de tal carácter que no altera las naturalezas que se unen. Afirmar que la carne de Cristo es incorruptible sería negar la verdadera unión de dos naturalezas y caer en una confusión o «mezcla» de las dos naturalezas, cuyo resultado es una naturaleza intermedia, lo que los antiguos llamaban un *tertium quid*.

Por otra parte, esto no niega en modo alguno la *communicatio idiomatum*, solo que en esa comunicación no se predican de una naturaleza los atributos de la otra, sino que los de ambas naturalezas se predican de la hipóstasis común. Por esta razón, es lícito decir que Dios nació de María o, lo que es lo mismo, que María es la Madre de Dios.[47]

En toda esta discusión, Leoncio utiliza tres fuentes principales: la lógica de Aristóteles, la antropología platónica —que ya había sido incorporada a la tradición de la Iglesia— y los trabajos de los capadocios en cuanto a la *usía* y la hipóstasis. No cabe duda de que su síntesis de estos elementos

---

[47] Aquí cabe señalar que Leoncio, en su afán de salvaguardar la pureza de María, afirma que Cristo nació de ella sin lastimar su virginidad. Poco después, este mismo punto se debatirá en Occidente. La Edad Media posterior lo tuvo por doctrina de la iglesia. Tal doctrina, que carece de toda importancia propia aparte de sus implicaciones mariológicas, raya sin embargo en el docetismo.

fue de gran utilidad, y que su obra contribuyó al triunfo de la cristología calcedonense en el Imperio bizantino.

Máximo el Confesor

El principal opositor, primero del monenerguismo, y luego del monotelismo, fue Máximo de Crisópolis, generalmente conocido como «el Confesor». Junto a Sofronio de Jerusalén y Anastasio el Sinaíta, Máximo defendió la fe calcedonense ante los embates del siglo VII. Además, se destacó por sus obras de carácter ascético, muy respetadas en círculos monásticos orientales.

Lo que aquí nos interesa es la cristología de Máximo, construida sobre el fundamento de Leoncio de Bizancio, y elaborada en oposición al monenerguismo y al monotelismo. Frente al monenerguismo, afirma Máximo que la «energía» o principio de actividad ha de referirse a la naturaleza y no a la hipóstasis. Esto es cierto de la Trinidad, en la que, por razón de haber una sola esencia o naturaleza, hay una sola actividad. La naturaleza determina el principio de actividad, aunque bien puede ser que la hipóstasis, como principio de individuación, preste forma y particularidad a esa actividad. Luego, si hay en Cristo dos naturalezas, hay en él dos principios de actividad, y el monenerguismo ha de ser rechazado.

Frente al monotelismo, el argumento de Máximo parte de la distinción entre la «voluntad natural», es decir, la voluntad de la naturaleza, y la «voluntad de la razón». La primera es la inclinación de la naturaleza a buscar su propio bien, a actuar según le es conveniente. La segunda es la voluntad formada por el conocimiento, la deliberación y la decisión. La primera se refiere a la naturaleza, y por ello hay que decir que hay en Cristo dos voluntades: la voluntad natural humana y la voluntad natural divina. Esto no quiere decir, sin embargo, que Cristo decidiera o pudiera decidir en dos sentidos diversos al mismo tiempo, puesto que la voluntad natural está sujeta a la voluntad de la razón. Por tanto, las dos voluntades naturales no podían oponerse en la decisión, sino solo en la tendencia, como en el Getsemaní. Cristo, aun teniendo una voluntad natural humana, era impecable. Su voluntad de la razón siempre se impondría. En él las pasiones, manifestación normal de la voluntad natural, no le movían, sino que eran movidas por la voluntad superior de la razón.

En resumen: los años que van del Concilio de Calcedonia (451) al Tercer Concilio de Constantinopla (680-681) vieron en Oriente una actividad teológica mucho más original que en Occidente, aunque de un carácter tan técnico y minucioso que cabría sospechar que también allí terminaba el período del pensamiento creador y se avecinaba la época de los epígonos. Esta sospecha se verá confirmada cuando, tras una nueva incursión en la teología occidental, regresemos a Oriente, donde encontraremos las principales sedes del pensamiento patrístico ocupadas por los musulmanes, las iglesias nestorianas y monofisitas luchando por sobrevivir, la iglesia ortodoxa sometida al poder imperial, y la teología en general reducida a mera repetición y discusión de antiguos textos y fórmulas.

Desarrollo posterior de la teología nestoriana

Durante el período que estamos estudiando, no todos los cristianos aceptaban las decisiones cristológicas de los concilios de Éfeso y Calcedonia. Ya hemos visto cómo la autoridad del Concilio de Calcedonia fue puesta en duda durante largo tiempo, aun dentro de los confines de la iglesia griega. Debemos ahora dedicar algunos breves párrafos, primero, a aquellos que se negaron a aceptar la autoridad del Concilio de Éfeso e insistieron en la fórmula cristológica «dos personas». Como veremos más adelante, estos cristianos se vieron obligados a salir del territorio del Imperio romano, pero, en cambio, lograron posesionarse de la iglesia en Persia. A esta iglesia se le da generalmente el título de «nestoriana», aunque ella no se lo da a sí misma. Después de dirigir nuestra atención a estos cristianos, dedicaremos una sección aparte al polo opuesto, es decir, a aquellos que se negaron a aceptar la fórmula «en dos naturalezas», y que fueron llevados a romper sus lazos de comunión con los cristianos que la aceptaban y la requerían.

La condenación de Nestorio en Éfeso y la fórmula de unión del 433 no dejaban lugar alguno para la cristología antioqueña en su forma extrema. El Concilio de Calcedonia reivindicó en cierta medida a los antioqueños moderados; pero su interpretación posterior, que culminó con la condenación de los «Tres Capítulos» en el 553, le devolvió la hegemonía a la cristología alejandrina. A consecuencia de todo esto, quienes defendían aún la cristología antioqueña se apartaron cada vez más del resto de la iglesia y llegaron a constituirse en una iglesia independiente con su sede principal en Persia, a la que los demás cristianos llamaron «nestoriana».

Desde antes de Nestorio, la frontera del Imperio persa había sido conquistada por el pensamiento antioqueño. Fue allí, en Edesa, que floreció Ibas, el amigo de Nestorio que, aunque no llegó al extremo de la cristología antioqueña, sí se acercó mucho a él. En Edesa se formaba buena parte del clero que luego servía dentro de Persia. Luego, cuando la oposición a la cristología antioqueña llegó a su clímax, y el emperador Zenón cerró la escuela de Edesa en el año 489, sus principales maestros sencillamente cruzaron la frontera y fueron a establecerse en Nisibis, donde el obispo Barsumas, antiguo discípulo de Ibas, fundó una escuela teológica. A partir de allí la cristología antioqueña, casi siempre en su forma más extrema, se expandió por todo el Imperio persa, y aun allende sus límites, hacia el este.

Por otra parte, las condiciones políticas llevaban a un distanciamiento cada vez mayor entre los cristianos persas y los que vivían dentro del Imperio romano. En efecto, la vieja enemistad entre ambos imperios hacía que los reyes persas sospecharan de la lealtad de gentes que en lo religioso parecían conformarse a su enemigo tradicional. Por tanto, muchos cristianos, y los propios reyes persas, vieron con agrado el distanciamiento creciente entre las Iglesias de ambos imperios. La ruptura definitiva vino a fines del siglo V, cuando el patriarca Babai convocó a dos sínodos (años 498 y 499) que se declararon en contra de la cristología del resto de la iglesia, e independientes de ella en cuestiones administrativas.

El primer gran teólogo de esta iglesia «nestoriana» fue Narsés o Narsai, quien floreció precisamente bajo el patriarcado de Babai. Tras trabajar bajo Barsumas en la escuela de Nisibis, Narsés ocupó la dirección de esa escuela hasta la fecha de su muerte, ocurrida en el 507. Sus obras —al menos las que se han conservado— consisten principalmente en homilías e himnos.[48] Estos himnos le valieron el título de «harpa del Espíritu Santo», que le da un cronista nestoriano, mientras que los monofisitas jacobitas —quienes reciben ese nombre por razón de su líder, Jacobo Baradeo— le llaman «Narsés el leproso».

La fórmula fundamental de la cristología de Narsés es «dos naturalezas (*kyane*), dos hipóstasis (*knume*) y una apariencia o presencia (*parsufa*)». En esta fórmula, la clave está en el sentido que deba dársele a los términos «hipóstasis» y «*parsufa*». En otros lugares de esta obra hemos discutido la ambigüedad del término «hipóstasis», y su equivalente siríaco participa de la misma ambivalencia. En cuanto a «*parsufa*», equivale al griego *prosopon*, y puede referirse tanto a la persona como a la apariencia de esa persona. El resto de las obras de Narsés no deja gran lugar a dudas: la «*parsufa*» que constituye el término de unión de las dos naturalezas e hipóstasis no equivale a nuestro término «persona», sino más bien a la presencia o apariencia. Narsés se cuida de confundir la humanidad de Cristo con la divinidad del Verbo. El que nació de María era el hombre Jesús, santificado, sí, por la virtud del Verbo, pero no unido a él de tal modo que pueda decirse que el Verbo nació de María, o que la Virgen es *theotokos*. En cuanto a sus autoridades, Narsés cita repetidamente, como era de esperar, a Diodoro de Tarso, Teodoro de Mopsuestia y Nestorio.

El otro teólogo de importancia de la iglesia nestoriana antes de la conquista árabe fue Babai el Grande, quien se distinguió a principios del siglo VII y, sin llegar a ser patriarca, dirigió los destinos de esa iglesia hasta su

---

[48] A. Mingana, *Narsai doctoris syri homiliae et carmina primo edita*, 2 vols. (Mossul, 1905). Dos cronistas antiguos afirman que Narsés escribió comentarios sobre varios libros del Antiguo Testamento, pero tales comentarios, si en verdad existieron, se han perdido sin dejar rastro alguno, ni siquiera en citas por autores posteriores.

muerte en el año 628. De las varias obras que de él se conservan, las más importantes son su *Libro sobre la unión*[49] y un breve *Opúsculo teológico*.[50] Buena parte de su labor teológica tuvo lugar con ocasión del cisma de Henana, que intentó acercar la cristología persa a la de Calcedonia. Además, Babai se opuso al monofisismo jacobita, que contaba con numerosos adeptos de lengua siríaca.

La cristología de Babai sigue las líneas generales de los grandes maestros antioqueños, a los que cita con frecuencia. Al igual que ellos, afirma que el Verbo habitó en el hombre «como en un templo».[51] Su fórmula cristológica, como la de Narsés, coloca la unión en la *parsufa*,[52] aunque en el caso de Babai esta no debe entenderse en el sentido de una apariencia o presencia, sino en el mismo sentido en que Nestorio se refiere al «*prosopon* de unión». Además, al tiempo que —junto a todos los nestorianos— rechaza el intento de comparar la unión hipostática del alma y el cuerpo con la unión de las dos naturalezas de Cristo,[53] Babai niega categóricamente que se deba hablar de «dos Hijos», como lo hacía Diodoro de Tarso.[54] Por otra parte, aunque no utiliza la frase «comunicación de las propiedades», Babai sí confiesa que, en ocasiones, debe haber un «cambio de nombres» entre las dos naturalezas del Verbo encarnado. Todo esto puede resumirse diciendo que, después que la iglesia persa se separó definitivamente de la griega, y sobre todo al comenzar la decadencia del Imperio bizantino, los «nestorianos», que no se sentían ya en la necesidad de mostrar a cada paso su oposición a los demás cristianos, se aproximaron a la posición ortodoxa, aunque sin abandonar las viejas fórmulas antioqueñas.

Poco después de la muerte de Babai, la invasión árabe puso fin al reino persa y dio comienzo a una nueva era en la historia de la iglesia nestoriana.

La expansión del monofisismo

Puesto que al comienzo de este capítulo hemos discutido ya las diversas formas que el monofisismo tomó durante este período, así como las posiciones de sus principales exponentes, solo nos resta aquí dar una breve idea de la expansión del monofisismo durante los años anteriores a las conquistas árabes, a fin de que, cuando regresemos a Oriente algunos

---

[49] *CSCO*, 79.
[50] Editado en siríaco y traducido al latín por A. Vaschalde (*CSCO*, 79-80).
[51] *Liber de unione* (*CSCO*, 79:236, 245).
[52] *Liber de unione* (*CSCO*, 79:124).
[53] *Opusc.* (*CSCO*, 79:291-307).
[54] *Liber de unione* (CSCO, 79:152-160).

capítulos más adelante, el lector no se sorprenda de encontrar varias iglesias monofisitas.

Como era de esperar, Egipto fue la región en que más acogida encontró la cristología alejandrina, cuya forma extrema se conoce como «monofisismo». Tras la condenación de Dióscoro, muchos le tuvieron por mártir, y ya hemos visto cómo la oposición a la definición de Calcedonia llevó a varios emperadores a tomar diversas medidas. Paulatinamente, el monofisismo vino a ser símbolo de la oposición al emperador y al gobierno de Constantinopla y, por esa razón, se extendió más entre la población nativa de lengua copta que entre las clases superiores, que hablaban el griego. Tras varios cismas y conflictos, la ruptura quedó sellada cuando la conquista árabe separó Egipto del Imperio bizantino. A partir de entonces, la mayoría de los cristianos egipcios adoptó el monofisismo y vino a formar la Iglesia Copta, al tiempo que una minoría se mantuvo fiel a la definición de Calcedonia y recibió el nombre de «Iglesia melquita», es decir, «del emperador».

Puesto que Etiopía había sido evangelizada desde Egipto y mantenía relaciones estrechas con el cristianismo en esa región, la iglesia etiópica también abrazó el monofisismo.

Como hemos señalado antes, aunque Antioquía era la capital de Siria, siempre hubo en esa región adherentes a la cristología alejandrina. Luego, hubo también oposición a las decisiones del Concilio de Calcedonia. Jacobo Baradeo, quien murió en el año 578, se dedicó a llevar la doctrina monofisita por toda Siria, de donde pasó —al igual que el nestorianismo— a Persia. Por esta razón la iglesia monofisita de lengua siríaca es conocida como la Iglesia jacobita.

Por último, el cristianismo en Armenia siguió también la línea monofisita. Esto se debió principalmente a que cuando se celebró el Concilio de Calcedonia, la mayor parte de Armenia estaba bajo el dominio persa, de modo que la iglesia de esa región no estuvo representada en el Concilio. A consecuencia de esto, y de otros motivos de fricción que no es necesario discutir aquí, los armenios se fueron separando cada vez más de los cristianos calcedonenses. Generalmente se señala el año 491 como el momento de la ruptura definitiva, pues en esa fecha el «catholicos» —jefe de la iglesia— de Armenia anatematizó la *Epístola dogmática* de León que, como hemos visto, expresaba la cristología tradicional de los latinos, y sirvió de base a la «definición» de Calcedonia.

El islam

El siglo VII vio surgir uno de los más notables fenómenos político-religiosos de toda la historia de la humanidad: el islam. Impulsado por un

458 HISTORIA DEL PENSAMIENTO CRISTIANO HASTA EL SIGLO XXI

fervor religioso inesperado, y llevando su contagio a los pueblos conquistados, en menos de un siglo un puñado de tribus seminómadas se organizó en un estado poderoso y pujante, destruyó y suplantó al Imperio persa, conquistó buena parte de los territorios asiáticos de Bizancio —incluyendo a ciudades como Antioquía y Jerusalén— y pasó a África, donde sus fuerzas se derramaron desde Egipto hasta Marruecos. Luego, no contentos con estas conquistas, los musulmanes pasaron a la península ibérica, destruyeron el reinado visigodo y cruzaron los Pirineos para atacar al reino franco. Allí, por fin, se detuvo su ímpetu, y el famoso Carlos Martel logró derrotarlos en la batalla que recibe tanto el nombre de Tours como el de Poitiers.

Este avance fue facilitado por las divisiones religiosas, políticas y sociales que se multiplicaron en varios de los territorios conquistados. Así, por ejemplo, el monofisismo y el nestorianismo en la región de Siria, el monofisismo en Egipto y los remanentes del donatismo en el norte de África facilitaron los triunfos del islam, que era visto por muchos como el brazo con que Dios castigaba al Imperio bizantino, y como una nueva esperanza de libertad.

Esta esperanza, sin embargo, solo fue satisfecha en parte, pues el islam, al tiempo que se mostraba casi siempre tolerante hacia los cristianos de todas las sectas, les cercó con todo un sistema de reglas y prohibiciones cuyo resultado fue hacer de las iglesias pequeños enclaves, frecuentemente estáticos, dentro del resto de la sociedad. Esta fue la influencia más notable que el islam ejerció sobre el pensamiento cristiano.

Por otra parte, los musulmanes produjeron una gran civilización, heredera en parte de las civilizaciones por ellos conquistadas, pero con un sello propio que es inconfundible. Durante los años oscuros del cristianismo europeo, la civilización islámica era, sin duda, más avanzada y refinada que la cristiana occidental. En medio de esa gran civilización surgieron pensadores notables y, algunos de ellos, como Averroes, hicieron sentir su influencia en la teología cristiana.

Desde cierto punto de vista, toda la trayectoria de la teología musulmana debería encontrar lugar en esta *Historia*, pues el islam tiene profundas raíces judaico-cristianas, y hasta podría decirse que es una transformación extrema del cristianismo, pero eso nos llevaría demasiado lejos de los límites que nos hemos fijado. Por tanto, nuestras referencias al islam en toda esta *Historia* se limitarán a aquello que pueda ser útil para entender el desarrollo de la teología cristiana.

25

El Renacimiento carolingio

Cuando, dos capítulos atrás, tratamos acerca de la iglesia en el Occidente tras la muerte de Agustín, vimos que el contexto en que vivieron los sucesores de Agustín era un nuevo régimen —o más bien nuevos regímenes— resultado de las invasiones de quienes los griegos y romanos antes habían llamado «bárbaros». De momento, estos pueblos, mayormente germánicos y con fuertes tradiciones bélicas, parecían amenazar todo lo que los conquistados tenían por cultura y civilización. Pero la necesidad misma de administrar y organizar los nuevos territorios en que se habían establecido obligaba a los gobernantes germánicos a asesorarse de consejeros, maestros y administradores que eran parte de la población conquistada. Tal fue, por ejemplo, el caso de Boecio.

Sin embargo, pronto ese mismo contacto con la población y cultura del viejo Imperio romano llevó a los conquistadores tanto a la religión como a muchos otros elementos de la cultura de los conquistados. Un elemento interesante en ese proceso fue el intento de escribir la historia de varios de los pueblos conquistados siguiendo los ejemplos tanto de los antiguos historiadores de Roma como de los historiadores de la iglesia. Ya en el siglo sexto, el godo Jordanes compuso una *Historia de los godos*, y Gregorio de Tours hizo lo propio para los francos. Bastante más tarde, el Venerable Beda —ese es el título que comúnmente se le da— escribió una *Historia eclesiástica de los pueblos anglos*. Y en el siglo octavo, poco después de la muerte de Veda, Pablo el Diácono escribió acerca de los orígenes de los lombardos. Buena parte de lo que estos historiadores contaban eran leyendas acerca de los orígenes de sus pueblos —de manera semejante a como los romanos contaban acerca de Rómulo y Remo—. Todo esto indicaba que, al mismo tiempo que se perdía o eclipsaba buena parte de la sabiduría y de las letras de la Antigüedad, estaba teniendo lugar un proceso mediante el cual los antiguamente llamados «bárbaros» iban apoderándose de la cultura y la religión de los conquistados, al tiempo que les daban su propio sabor. En cierto modo, ese sería uno de los saldos principales de la Edad Media, durante la cual se fue forjando lo que después recibió el nombre de «civilización occidental», una civilización heredera no solo de las de Grecia y de Roma, sino también de las de los pueblos germánicos.

Esto puede verse ya en los nombres mismos con que nos toparemos en este capítulo. Si antes casi todos los nombres eran de origen hebreo, griego o latino —Jacobo, Teodoro, Agustín— ahora encontraremos muchos más nombres de origen germánico —Hincmaro, Gotescalco, Radberto, Agobardo—.

En el campo de la literatura, el siglo noveno nos ha legado un interesante poema por un genial autor anónimo, el llamado *Evangelio sajón*. Esta obra es una paráfrasis o adaptación de partes de los cuatro Evangelios, todo adaptado al ambiente guerrero de los sajones. Los apóstoles son los grandes guerreros del Jefe Jesús; Dios es el Rey del Cielo; y el pueblo de Israel es el clan del Rey del Cielo. Un breve ejemplo nos ayudará a entender la tonalidad de esta paráfrasis. Se trata del cántico de Simeón en el Templo —cántico tradicionalmente conocido como el *Nunc dimitis* —«Despide ahora»:

> Ahora, Señor, con gozo te pido que tu siervo parta de aquí, y vaya bajo tu apacible protección donde mis antepasados, quienes fueron valientes guerreros, fueron al dejar el mundo. En este día único, mi deseo se cumple, pues he visto a mi Jefe, Señor amoroso, tal como se me prometió hace mucho tiempo. Tú eres una luz poderosa que alumbra a todos los pueblos extranjeros que todavía no conocen el poder del Soberano. Tu venida, mi Señor y Jefe, les imparte honor y gloria a los hijos de Israel, tu propio clan, tu pueblo amado.[1]

El proceso fue largo, con sus altas y bajas. Así, en medio de la oscuridad de los primeros siglos de la Edad Media, brilla la chispa fugaz del Imperio carolingio, establecido por los francos. En los siglos octavo y noveno las victorias de Carlos Martel y de Pipino, consolidadas y continuadas por Carlomagno, produjeron en Europa occidental un foco de prosperidad donde fue posible dedicarse al estudio, la meditación y la producción literaria. Carlomagno no fue solo un hábil guerrero y gobernante, sino que

---

[1] G. Ronald Murphy, *The Heiland: The Saxon Gospel* (Nueva York, 1992), p. 19.

también se preocupó por el desarrollo intelectual de sus súbditos, y, por razón de esa preocupación, trató de atraer al reino franco a los más distinguidos sabios de su época.

La principal fuente de tales sabios fueron las Islas Británicas. Allí, en los monasterios de Irlanda e Inglaterra, se había conservado la cultura clásica después que la muerte de Gregorio el Grande y sus contemporáneos privó al continente de los últimos grandes herederos de la cultura clásica. En esos monasterios se estudiaban los escritos de los «padres», no solo en latín, sino también en griego. Su más alto representante —un siglo antes de Carlomagno— fue Beda, a quien la posterioridad conoce como «el Venerable», quien compuso obras de gramática, comentarios bíblicos, homilías y poesías, además de su famosa y ya mencionada *Historia eclesiástica de los pueblos anglos*. La tradición de Beda y sus coterráneos fue entonces el vínculo de unión entre los sucesores de Agustín que hemos estudiado anteriormente y el despertar teológico bajo el Imperio carolingio.

El más destacado de los sabios que Carlomagno atrajo a su reino fue Alcuino de York, quien se ocupó del desarrollo de las escuelas en el imperio, y a quien encontraremos más adelante envuelto en las contiendas teológicas de la época. Además, otros eruditos, tales como Teodulfo de Orleans, Paulino de Aquilea y Agobardo de Lyon, contribuyeron a este despertar que se conoce como el «renacimiento carolingio».

Este renacimiento fue relativamente efímero, como lo fue también el imperio que le sirvió de marco. En tiempos de Carlomagno —finales del siglo VIII y principios del IX— apenas llegaron a fructificar las semillas sembradas por Carlos Martel y Pipino, y ya bajo Carlos el Calvo (quien murió en el año 877) vamos encontrando los últimos frutos de aquella siembra. A partir de entonces se caerá de nuevo en un período de oscuridad —aunque no total— hasta que en los siglos XI y XII comience a apuntar la aurora del XIII.

En el campo de la teología, el renacimiento carolingio no produjo pensadores comparables a los de la era patrística o los del siglo XIII. Solo un sistema de altos vuelos merece mención aparte: el de Juan Escoto Erígena; y este es más filósofo que teólogo. Por otra parte, sí hubo durante el período carolingio una notable actividad teológica, aunque esta no se expresó tanto en la elaboración de grandes sistemas como en controversias acerca de ciertos puntos específicos de la doctrina cristiana: la cristología, la predestinación, la virginidad de María y la eucaristía. Además, debido al florecimiento del Imperio carolingio, se establecieron nuevos contactos con Oriente, y fue así como surgieron dos cuestiones que envolvieron a ambas ramas de la Iglesia: la de las imágenes y la del *filioque*.

Del párrafo anterior deriva el bosquejo del presente capítulo. En primer término, discutiremos las controversias que tuvieron lugar en Occidente durante el período carolingio. Luego, pasaremos a la cuestión del *filioque*, y dejaremos la controversia sobre las imágenes para discutirla dentro del marco de la iglesia oriental, donde se la comprende mejor. Acto seguido, dedicaremos una sección aparte a Juan Escoto Erígena. Por último, nos ocuparemos de dos temas que no hemos tratado anteriormente y de los que debemos ocuparnos ahora: el desarrollo del sistema penitencial y la jerarquía.

La cuestión cristológica: el adopcionismo

En el orden cronológico, la primera de las controversias carolingias fue la del adopcionismo, que se centró en España, aunque de ella participaron varios teólogos del reino franco, así como el papado. En esta disputa, como en tantos otros debates eclesiásticos, las cuestiones políticas fueron un factor determinante. Eran los primeros años de la reconquista de España de manos musulmanas. En esa reconquista, el reino franco jugaba un papel importante, pues era el principal poder que se oponía a los moros en la zona de los Pirineos. Al mismo tiempo, había en España gran número de mozárabes —cristianos que vivían bajo el régimen musulmán— a los cuales les causaba dificultades el que se les identificara demasiado con las ambiciones y propósitos del reino franco. Por tal razón, estos cristianos tendían a aferrarse a su propia liturgia mozárabe y no se preocupaban demasiado si su teología les hacía sospechosos ante los ojos de sus hermanos cristianos del reino franco. En este sentido es interesante notar que el primer propulsor del adopcionismo, Elipando de Toledo, vivía en tierra de moros, apoyaba su posición en ciertas frases de la liturgia mozárabe, y nunca se retractó, al menos hasta donde sabemos. Pero no fue Elipando el eje de la controversia, sino Félix de Urgel, cuya sede estaba precisamente en la frontera que se discutían francos y moros. En más de una ocasión, Félix se retractó de su posición adopcionista, siempre bajo presión franca. Cuando decidió regresar a esa posición, se refugió entre los moros. Por último, cuando Carlomagno logró su retractación final, no le permitió regresar a Urgel, donde hubiera sentido más de cerca la presencia y la presión de sus hermanos mozárabes. Todos estos hechos indican el grado en que los factores políticos pesaron sobre esta controversia.

La cuestión del adopcionismo se planteó cuando el arzobispo Elipando de Toledo intentó refutar las tendencias sabelianas de un tal Migecio.[2] Sin entrar en demasiados detalles en cuanto al desarrollo histórico de la

---

[2] Si hemos de creer a Elipando, la doctrina de Migecio era verdaderamente descabellada. Según Elipando, Migecio pretendía que el Padre era David, el Hijo era Jesús, y el Espíritu Santo era Pablo (*Epistola I ad Migetium*, 3; *PL*, 96:860-861).

controversia,[3] cabe decir que Elipando, en su afán de refutar el sabelianismo —y sin que en realidad viniese al caso— propuso una cristología en la que se distinguía entre la filiación de Cristo al Padre según su divinidad —que es propia y natural— y su filiación al Padre según su humanidad, que es solo una filiación «adoptiva» y «por gracia».

A la posición de Elipando se sumó Félix, obispo de Urgel, persona mucho más ducha en cuestiones de teología que el arzobispo de Toledo y quien, desde entonces, vino a ser el portavoz del adopcionismo, hasta tal punto que pronto se conoció esta doctrina como la «herejía de Félix».

Frente a Elipando y Félix se colocaron Beato de Liébana, Alcuino, Paulino de Aquileya y los papas Adriano I y León III, además de varios sínodos (Frankfort, 794 y Roma, 798) y el propio Carlomagno. El resultado fue que Félix, tras varias retractaciones y al menos una contrarretractación, murió en Lyon, en el año 818, sin permitírsele regresar a su diócesis. En cuanto a Elipando, todo hace suponer que, fuera del alcance de Carlomagno, permaneció firme en su sede y su doctrina hasta el fin de sus días.

¿Por qué tantas y tan ilustres personas se inmiscuyeron en esta cuestión? ¿Qué principios e intereses estaban involucrados en ella? Ya hemos señalado los intereses políticos en juego, y no hemos de volver sobre ellos. Pero había, además, otras consideraciones de carácter teológico. En efecto, para los opositores del adopcionismo, esta doctrina parecía ser un nuevo brote de nestorianismo.

En su epístola a Elipando, Beato de Liébana muestra claramente que lo que le preocupa de la doctrina del arzobispo de Toledo es su tendencia a dividir la persona de Cristo. Comentando la confesión de Pedro y la respuesta del Señor, Beato afirma que la revelación que no viene de carne ni sangre, sino del Padre que está en los cielos, lleva al humano a afirmar: «Tú eres el Cristo, el Hijo del Dios vivo», mientras que la revelación que no viene del Padre, sino de la carne y la sangre, lleva a afirmar: «Tú eres hijo adoptivo según la humanidad, e Hijo del Dios vivo según la divinidad».[4] Hay un solo Hijo de Dios, al cual no se le puede dividir.

> ¿Quién es el hijo de Dios, sino Jesús, a quien parió la Virgen María?... Este nombre le anunció el ángel a la Virgen, diciéndole: «Le llamarás por nombre Jesús, y este será grande, e Hijo del Altísimo será llamado». Mas si lo que tú (Elipando) dices fuese cierto, hubiera dicho el ángel: «Jesús será llamado Hijo adoptivo del Altísimo según la humanidad, y en ningún modo adoptivo según la

---

[3] Nuestro propósito aquí no es relatar paso a paso el desarrollo de la controversia, sino solo mostrar lo que estaba involucrado, quiénes fueron los principales expositores de una y otra posición y cuál fue el resultado final.

[4] *Ad Elipandum epistola*, 1.3-4 (*PL*, 96:896-897).

divinidad». También pudiera decir el propio Hijo: «De tal manera amó Dios al mundo, que ha dado a su Hijo adoptivo, para que todo aquel que en él crea, no perezca». Y esto es tal que los incrédulos no pudieron ver en aquel a quien crucificaban otra cosa que un hombre. Y como hombre le crucificaron; crucificaron al Hijo de Dios; crucificaron a Dios. Por mí sufrió mi Dios. Por mí fue crucificado mi Dios.[5]

Como vemos, Beato se inclina a subrayar la unidad del Salvador y la comunicación de las propiedades entre sus dos naturalezas: la *communicatio idiomatum*. Por tanto, la distinción que establecen los adopcionistas entre las dos filiaciones del Salvador le resulta repugnante. En breve, tenemos aquí otra vez una situación paralela a la de los antiguos conflictos entre la cristología alejandrina y la antioqueña. Elipando y Félix se inclinan hacia la distinción entre la divinidad y la humanidad de Cristo, y hacia la preservación de esta última con sus características intactas. Beato y los demás opositores del adopcionismo temían que esta doctrina dividiera de tal modo la persona del Salvador que se perdiera la realidad de la encarnación. Por esta razón acusaban a los adopcionistas de nestorianismo.

¿Era cierta esa acusación? Los adopcionistas siempre la rechazaron, e insistentemente condenaron las doctrinas de Nestorio. Sus opositores repetidamente trataron de mostrar que el adopcionismo llevaba al nestorianismo. Posiblemente ambas partes decían verdad. Los adopcionistas aceptaban la comunicación de las propiedades, y confesaban que María era la Madre de Dios. Sin embargo, al establecer la distinción entre las dos filiaciones del Salvador, abrían el camino a la fractura de la persona.

La controversia adopcionista terminó sin mayores consecuencias. Muertos Elipando y Félix, pocos se ocuparon de seguir discutiendo sobre este asunto.[6]

La controversia sobre la predestinación

Una de las más encarnizadas contiendas teológicas del período carolingio fue la que giró alrededor de la doctrina de la predestinación.

---

[5] *Ad Elipandum epistola*, 8 (*PL*, 96:898).

[6] El último escritor de importancia que lo discutió en el período carolingio fue Agobardo de Lyon, quien encontró entre los papeles del difunto Félix de Urgel ciertas notas en las que el obispo español, quien murió en Lyon al parecer en la fe ortodoxa, reincidía secretamente en el adopcionismo. Esto llevó a Agobardo a escribir su libro *Contra el dogma de Félix de Urgel*, dirigido al emperador Ludovico Pío (*PL*, 94:29-70).

Aunque intervinieron en ella los más destacados teólogos de la época —Rabán Mauro, Ratramno de Corbie, Servato Lupo, Prudencio de Troyes, Floro de Lyon, Juan Escoto Erígena— el origen de la controversia fue una confrontación larga y penosa entre el monje Gotescalco de Orbais por una parte, y el abad Rabán Mauro y el arzobispo Hincmaro de Reims por otra.

De niño, Gotescalco había sido colocado en el monasterio de Fulda por su padre, el conde Bernón de Sajonia. Puesto que él no había consentido en ello, Gotescalco pidió ser excusado de sus votos monásticos, y logró que un sínodo le concediera su petición. Pero Rabán Mauro, abad de Fulda, se opuso a ello, e hizo que se le prohibiera abandonar la vida monástica. La única concesión que logró el desafortunado monje fue que se le permitiera trasladarse al monasterio de Corbie y luego al de Orbais. De este episodio nació una enemistad hacia él por parte de Rabán Mauro, y esa enemistad le acarrearía consecuencias funestas.

Cuando, años más tarde, Rabán recibió noticias de la doctrina acerca de la predestinación de aquel monje rebelde y descontento, escribió contra él el tratado *De la presciencia y la predestinación, de la gracia y el libre albedrío*,[7] e hizo seguir su tratado con una serie de acciones que culminaron con la detención de Gotescalco y su envío a Hincmaro de Reims, bajo cuya jurisdicción estaba el monasterio de Orbais.[8] Hincmaro le hizo azotar públicamente hasta que, con sus propias manos, Gotescalco echó sus obras al fuego. Luego le confinó en un monasterio donde el desafortunado monje pasó el resto de sus días escribiendo contra Hincmaro y recibiendo tratos tales que su mente llegó a desequilibrarse. En sus últimos años tuvo visiones extravagantes y andaba sucio y casi desnudo.

La doctrina de Gotescalco acerca de la predestinación se deriva de sus abundantes lecturas de San Agustín, Ambrosio, Gregorio, Próspero, Fulgencio y otros. Hay que decir a su favor que ciertamente comprendió a Agustín mejor que sus opositores. Pero también hay que decir en contra suya que su idea de la predestinación —sobre todo en su modo de exponerla— es mucho más inhumana que la de Agustín. No hay aquí el himno constante de gratitud que se descubre en cada página del obispo de Hipona, sino que hay más bien una obsesión que a veces parece llegar al goce morboso por la condenación de los réprobos. Dios ha predestinado a los ángeles y a los electos a la salvación, y a los demonios y a los réprobos

---

[7] *PL*, 92:1530-1553.

[8] En realidad, se acusaba a Gotescalco, no solo de hereje sino también de giróvago, es decir, de no asentarse en un monasterio, sino ir vagando y creando problemas de un monasterio a otro. Gotescalco había abandonado su monasterio en una peregrinación a Roma y después había continuado viaje hacia los Balcanes y posiblemente Bulgaria. En el siglo IX eran muchos estos monjes que llevaban vidas errabundas, pero las autoridades eclesiásticas comenzaban a tomar medidas contra ellos.

a la condenación.[9] En nuestra condición, nuestro libre albedrío ha sido corrompido de tal modo que resulta incapaz de hacer el bien.[10] Cristo murió, no por todos, sino solo por los electos.[11] Todo esto no es más que agustinismo estricto, que sin embargo pierde el tono de San Agustín en pasajes tales como aquel en que Gotescalco se goza en la certeza de que Hincmaro se cuenta entre los réprobos.[12]

Frente a esta doctrina, el tratado de Rabán Mauro solo muestra que no comprende o no quiere aceptar las doctrinas de Agustín, aun cuando pretende al mismo tiempo apoyarse en la autoridad del obispo de Hipona, con lo cual no hacía sino refrendar lo que largo tiempo antes había hecho el Sínodo de Orange. Rabán reduce la predestinación a la presciencia divina, que le permite a Dios saber quiénes han de salvarse y quiénes han de rechazar la salvación. De otro modo, afirma Rabán, se haría a Dios culpable del pecado, y se desmentiría la aseveración bíblica según la cual Dios juzgará con justicia y equidad, pues, ¿cómo puede Dios juzgar lo que él mismo ha deseado que suceda?[13] En resumen: Rabán, aun sin saberlo, se limita a exponer los mismos argumentos que siglos antes adujeron los opositores de San Agustín.

Fue Hincmaro quien, en definitiva, se constituyó en el gran contrincante de Gotescalco, y quien llevó hasta tal punto su oposición al desafortunado monje que él mismo se vio atacado por quienes no estaban dispuestos a llegar a tales extremos. De hecho, el celo de Hincmaro fue tal que pronto Gotescalco quedó relegado a segundo plano, e Hincmaro vino a ser el centro de la controversia.

El primer paso que Hincmaro dio en esta dirección fue la composición de un breve tratado sobre la predestinación, en el que no la confundía con la presciencia, como lo había hecho Rabán Mauro, pero sí insistía en la voluntad salvífica universal de Dios, y en la participación que el libre albedrío tiene en la salvación del creyente.[14] Al mismo tiempo, el arzobispo de Reims escribía a varios de los más prestigiosos teólogos de la época solicitando su apoyo.

El resultado de sus gestiones no fue lo que Hincmaro esperaba. Prudencio de Troyes y Servato Lupo —cuya ayuda Hincmaro solicitó— se declararon contra sus doctrinas y a favor de la doble predestinación,

---

[9] *Confessio brevior* (D. C. Lambot, *Oeuvres théologiques et grammaticales de Godescalc d'Orbais*, Louvain, 1945, p. 52).

[10] *De praedestinatione*, 18 (Lambot, p. 253).

[11] *De praedestinatione*, 18 (Lambot, p. 249).

[12] *De trina deitate*, 3 (Lambot, pp. 97-98).

[13] *De praedestinatione,* 20 (Lambot, p. 252).

[14] El texto ha sido publicado por Gundlach, «Ad reclusos et simplices», *ZschrKgesch*, X (1889), 258-309.

voluntad salvífica restringida y la muerte de Cristo, no por todos, sino por muchos.[15] Además, el sabio monje Ratramno de Corbie, asiduo estudiante de Agustín, publicó un gran tratado *De la predestinación* que dirigió al rey Carlos el Calvo en el que declaraba su oposición a Hincmaro.[16] Para colmo, Rabán Mauro, quien había sido el hostigador de la controversia al acusar a Gotescalco, se retiró de ella.

El tratado de Ratramno, compuesto en dos libros, sigue la doctrina de Agustín al pie de la letra, y la apoya con citas, no solo del propio Agustín, sino también de Gregorio el Grande, Próspero de Aquitania, Fulgencio de Ruspe y otros. Según este tratado, toda la humanidad no es sino una masa de perdición. Por el pecado, todos hemos quedado sujetos al mal y a la corrupción de tal modo que nuestros más grandes esfuerzos no alcanzan a sacarnos de esta condición. De en medio de esta masa de perdición, Dios, en su inmenso amor, ha escogido algunos para salvación, y a estos ha concedido la gracia sin la cual toda buena acción es imposible. A los demás, Dios ha predestinado a condenación. Esto no quiere decir, sin embargo, que Dios predestine al pecado. Dios predestina a la condenación que es consecuencia del pecado en el que todos estamos involucrados.

Ratramno gozaba de gran prestigio en la corte de Carlos el Calvo, así como también entre algunos poderosos prelados. Por esta razón, y por la inesperada actitud de Prudencio de Troyes y de Servato Lupo, Hincmaro decidió recurrir a otro ilustre pensador que también gozaba del aprecio del rey: Juan Escoto Erígena. Al estudiar más adelante su pensamiento, veremos que Erígena era más filósofo que teólogo, y que su mente, en extremo hábil y sutil, era más ducha en cuestiones lógicas o dialécticas que en asuntos doctrinales. Tales características de su pensamiento se reflejan en su tratado *De la predestinación*.[17] Aunque Erígena apela a menudo a las Escrituras y a algunos de los antiguos escritores cristianos, resulta claro que a fin de cuentas todo se juzga ante el tribunal de la razón. De hecho, Erígena prácticamente lo afirma en su primer capítulo, en el que trata de mostrar la pertinencia del razonamiento filosófico para la teología, llegando a la conclusión de que «la verdadera filosofía es la verdadera religión, y viceversa, la verdadera religión es la verdadera filosofía».[18] Esto determina el carácter de muchos de sus argumentos, que son ejercicios de lógica más que razonamientos teológicos. Así, por ejemplo, de la absoluta

---

[15] Prudencio de Troyes, *Epistola ad Hincmarum et Pardulum* (*PL*, 115:971-1010). Servato Lupo, *De tribus questionibus* (*PL*, 119:621-648).

[16] *PL*, 121:13-80. Antes de este tratado, Ratramno había compuesto y publicado una carta «A mi amigo» —es decir, a Gotescalco— pero esta carta se ha perdido.

[17] *PL*, 122:355-440.

[18] *PL*, 122:358.

simplicidad de Dios se colige la imposibilidad de la doble predestinación,[19] lo cual resulta en un argumento muy interesante, pero nada convincente. Con argumentos de este tipo, Erígena pretendía defender la posición de Hincmaro, pero no se percataba de que, en su propio tratado y como consecuencia de su racionalismo, aparecían doctrinas que Hincmaro, y la mayoría de los teólogos de la época las verían con tanto o más disgusto que las de Gotescalco. Tal era su doctrina respecto al infierno que, sin necesidad alguna, Erígena la introdujo en el último capítulo de su tratado, que expondremos más adelante.

Demasiado tarde Hincmaro se dio cuenta del error que había cometido al solicitar el apoyo de Erígena, cuyo resultado neto fue hacer surgir una oposición decidida. En vista de esta reacción, el arzobispo de Reims se desentendió de «los diecinueve capítulos», como llamaba él a la obra de Erígena. De hecho, el propio Erígena, consciente quizá del error que había cometido al inmiscuirse en la cuestión, se abstuvo de volver a intervenir en la controversia sobre la predestinación.

La intervención de Erígena cambió definitivamente el foco de la atención, que ahora se centró sobre su tratado *De la predestinación* y sobre la doctrina y la actuación de Hincmaro. Prudencio de Troyes escribió un largo libro *De la predestinación, contra Juan Escoto*,[20] en el que rechazaba categóricamente la aseveración según la cual los métodos de la filosofía sirven para resolver todos los problemas teológicos. Frente a esto afirma Prudencio que el punto de referencia de toda discusión teológica ha de ser la autoridad de las Escrituras, además de las definiciones de los concilios y los escritos de los antiguos doctores de la iglesia. Tomando entonces los diversos argumentos de Erígena, Prudencio los refuta con base en la autoridad de Agustín y otros. En cuanto a la cuestión de la predestinación, Prudencio afirma —con razón— que el punto focal es la doctrina agustiniana de la «masa de perdición», y que es a partir de esa doctrina que se ha de entender la predestinación, tanto de los electos como de los réprobos. En resumen: su posición es muy semejante a la de Gotescalco, aunque, posiblemente a fin de evitar fricciones con el poderoso arzobispo de Reims, Prudencio nunca se declara abiertamente a favor del malhadado monje.

Otra fuerte reacción ante el tratado de Erígena tuvo lugar en Lyon, donde el célebre diácono Floro compuso un *Libro de la iglesia de Lyon contra las definiciones erróneas de Juan Escoto*.[21] Este libro tomaba bási-

---

[19] *PL*, 122:360.

[20] *PL*, 115:1009-1376.

[21] *PL*, 119:101-250. Aunque escrita a nombre de la iglesia de Lyon, todo parece indicar que el verdadero autor de esta obra fue Floro. El propio arzobispo de Lyon, Amolón, no pudo haberla redactado, pues por la misma época dirigió a Hincmaro un breve tratado de carácter relativamente conciliador, a diferencia de la obra de Floro.

camente la misma posición teológica de Prudencio, afirmando —aunque quizás con más vehemencia— las doctrinas de la masa de perdición y de la doble predestinación. Pero aún más: sin hacerse definitivamente partícipe de las doctrinas de Gotescalco, Floro impugnó la justicia y corrección del procedimiento seguido por Hincmaro. Si en verdad las doctrinas de Gotescalco eran una amenaza para la paz de la Iglesia y las almas de los fieles, Hincmaro debió haber llevado la cuestión ante un sínodo nacional.

Este tratado de Floro, escrito a nombre de la antiquísima sede lionesa, obligó a Hincmaro a cambiar de frente de batalla. Derrotado en el campo de la disputa teológica, el arzobispo de Reims decidió hacer uso de su prestigio ante los ojos de Carlos el Calvo. Después de terminado un concilio en el que las opiniones de Hincmaro no se plantearon por temor a ser derrotadas, el rey convocó a un grupo de obispos con quienes sabía que podía contar, y estos obispos compusieron los «Cuatro capítulos de Quierzy»,[22] en los que se afirmaba categóricamente la posición de Hincmaro, incluyendo la voluntad salvífica universal de Dios y el valor de la pasión de Cristo para todos.

A partir de entonces, la controversia se volvió una confrontación entre las poderosas sedes de Reims y de Lyon. Los sínodos y los tratados, por una y otra parte, se sucedieron casi ininterrumpidamente hasta el año 860. En esa fecha un concilio reunido en Thuzey, presidido conjuntamente por los reyes Carlos el Calvo y Lotario II, llegó a una posición intermedia y ambigua que, si bien no resolvía la cuestión, mostraba que la disputa había llegado a cansar a quienes participaban en ella a tal punto que no se opusieron a fórmulas que en el sentido estricto eran inaceptables para ambas partes.

En cuanto a Gotescalco, a pesar de algunos esfuerzos por hacer que Roma interviniera a su favor —sobre todo cuando las relaciones entre Hincmaro y el papa Nicolás I fueron tensas— murió en su retiro pocos años después.

A fin de cuentas, la persona y aun la doctrina de Gotescalco no nos importan aquí. Lo que el historiador debe recordar de la lucha tan larga y obcecada a la que Gotescalco dio lugar es que, en el siglo IX, como antes en el V y después en el XVI y el XVII, se enfrentaron entre sí dos modos de concebir las relaciones entre la libertad humana y el gobierno divino. Uno de ellos es el del agustinismo integral, que todo lo sacrifica en aras de la superioridad divina, y ve ante todo la obra de la Providencia que logra los propósitos que ella misma ha señalado en sus designios eternos e inmutables. El otro, al parecer más humano, más justo a primera vista, restaura —no sin cierta impetuosidad— el derecho del humano de

---

[22] *Denzinger*, 316-319.

disponer de sí mismo y de contribuir a su salvación eterna. El siglo IX no encontró una solución adecuada, como tampoco la encontraron los siglos anteriores o posteriores, pero queda el hecho de que el modo en que ese siglo vio el problema y tomó conciencia de las autoridades que pueden llevar a una solución muestra un progreso singular, con respecto al siglo anterior, en lo que se refiere a las disciplinas teológicas, a la formación eclesiástica y —hay que añadir— a la cultura intelectual. Es al establecer contacto con esta literatura que uno se percata de lo que fue en realidad el renacimiento carolingio.

La controversia sobre la virginidad de María

Esta breve controversia surgió cuando el monje Ratramno de Corbie, a quien ya hemos encontrado en la controversia sobre la predestinación, recibió noticias de que corría en Alemania una doctrina según la cual Jesús no había nacido de María del modo natural, sino que había surgido del secreto vientre virginal de algún modo misterioso y milagroso. Ratramno ve en tales doctrinas un nuevo intento por parte de la serpiente de envenenar a los creyentes. Lo que tales gentes afirman «no es nacer, sino irrumpir», y conlleva indudables consecuencias docetistas.[23]

Frente a estas doctrinas de maestros cuyos nombres han quedado olvidados, Ratramno afirma que Jesús nació de María por la vía natural, y que esto no contaminó en modo alguno al Salvador, ni violó la virginidad de su madre. El nacimiento del Salvador «per vulvam» no le contamina en modo alguno, pues el libro de Génesis afirma categóricamente que todo lo que Dios creó es bueno y, por tanto, honesto. Es por esto por lo que Adán y Eva estaban desnudos y no se ruborizaban. En nuestro caso, como criaturas caídas que somos, no cabe duda de que hay en nuestros miembros una ley distinta a la de nuestras mentes, y por ello nos ruborizamos y confundimos. Pero en el caso del Salvador, el mismo Espíritu que santificó el útero de la Virgen para hacerla concebir purificó la vulva por la que había de nacer el Verbo encarnado.[24] Nótese, sin embargo, que esto no quiere decir que Ratramno niegue la perpetua virginidad de María. Al contrario, María fue virgen «antes del parto, en el parto y después del parto». Esto ha de creerse, porque «no tendría sentido pensar que el nacimiento mediante el cual fueron restauradas las cosas corruptas corrompiese las cosas íntegras».[25] Así pues, Jesús nació «por la puerta natural», aunque sin

---

[23] *De eo quod Christus de Virgine natus est*, 1 (*PL*, 121:83).

[24] *De eo quod Christus de Virgine natus est*, 3 (*PL*, 121:85).

[25] *De eo quod Christus de Virgine natus est*, 2 (*PL*, 121:84).

violar la integridad virginal de esa puerta; y si esto es difícil de creer, más increíble sería pensar que Jesús salió por el costado o por el vientre de la Virgen sin quebrantar la integridad de tales partes.[26]

La obra de Ratramno no podía sino escandalizar y preocupar a aquellos espíritus píos que quizá nunca antes se habían planteado con tanta claridad la cuestión del nacimiento de Jesús. Tales fueron ciertas monjas que le pidieron al exabad de Corbie, Pascasio Radberto, que les aclarase la cuestión. Este respondió con su obra en dos libros *Del parto de la Virgen*,[27] en la que atacaba la posición de Retramno. Radberto ve claramente que lo que se discute no es la virginidad perpetua de María, cosa que Ratramno afirma, sino el modo en que esa virginidad permanece intacta en el parto. Su refutación se dirige directamente al punto débil en el argumento de Ratramno: es cierto que toda cosa creada es buena, pero el mismo Génesis afirma claramente que el parto, tal cual lo conocemos, es resultado del pecado humano. Luego comparar el parto de María con el de las demás mujeres es un error craso.[28] De hecho, Jesús «vino a nosotros aun estando en el útero cerrado, como fue a los discípulos aun estando las puertas cerradas».[29] Es decir, que el nacimiento fue milagroso; aunque cómo y por dónde, no lo explica. Al parecer, la controversia no fue más lejos. Algún tiempo después, Hincmaro, el arzobispo de Reims, afirmó de pasada que María había parido a Jesús, «no con la vulva abierta, sino con el útero cerrado».[30] Pero la cuestión no suscitó más discusión por el momento.

La controversia eucarística

El origen de esta controversia[31] se encuentra en la consulta en que el rey Carlos el Calvo le planteó a Ratramno la doble cuestión de si la presencia del cuerpo y la sangre de Cristo en la eucaristía es tal que solo puede verse con los ojos de la fe —*in mysterio*— o si, por el contrario, esa presencia es verdadera —*in veritate*— de tal modo que lo que ven los ojos es el cuerpo y la sangre de Cristo; y, en segundo término, si el cuerpo de Cristo que está presente en la eucaristía es el mismo que «nació de María, sufrió, fue

---

[26] Al parecer, entre los maestros de Alemania se discutía si Jesús había salido de María por el costado, por el vientre, por un riñón o por algún miembro superior o inferior.

[27] *De partu virginis* (*PL*, 120:1367-1386).

[28] *De partu virginis*, 1 (*PL*, 120:1368-1369).

[29] *De partu virginis*, 1 (*PL*, 120 :1382).

[30] *De divortio Lotarii et Tetbergae*, 12 (*PL*, 125:694).

[31] Es decir, aparte del tratado anterior de Amalario, que no parece haber suscitado gran controversia. Véase S. Simonis, «Doctrina eucharistica Amalarii Metensis», *Ant*, 8 (1933), 3-48.

muerto y sepultado, y ascendió a los cielos a la diestra del Padre». Esto era lo que Radberto había afirmado en un libro que le había presentado al Rey alrededor del año 844.[32]

En este tratado, Radberto ofrece una interpretación en extremo realista de la presencia de Cristo en la eucaristía, y era precisamente esto lo que preocupaba a Carlos el Calvo. Según Radberto, tras la consagración, las especies del sacramento no son otra cosa que la carne y la sangre de Cristo, la misma carne que nació de la virgen María, que sufrió y se levantó del sepulcro.[33] Normalmente, este cuerpo y esta sangre son vistos solo por los ojos de la fe; pero a veces, como una concesión especial a quienes ardientemente aman al Señor, se muestran como carne y sangre (lo que Radberto trata de probar dedicándole todo el capítulo 14 de su obra a una serie de ocasiones milagrosas en las que alguien vio el cuerpo y la sangre del Señor en la eucaristía). Además, Radberto interpreta la comunión como una repetición del sacrificio de Cristo, y esto de tal modo que se repite la pasión y muerte del Salvador.[34]

Esta interpretación de la eucaristía, que sin lugar a duda expresaba el sentir de muchas almas pías, resultaba sin embargo repugnante a los mejores teólogos de la época, formados en la escuela espiritualista de San Agustín. Entre ellos se contaba el monje Ratramno.

El tratado de Ratramno lleva el mismo título que el de Radberto: *Del cuerpo y la sangre del Señor*.[35] En él, Ratramno responde a las dos preguntas de Carlos el Calvo, y lo hace de tal modo que su tratado ha sido objeto de muchas discusiones posteriores.[36]

A la primera pregunta, responde Ratramno que el cuerpo de Cristo no está presente «en verdad», sino «en figura».[37] Esto no quiere decir, sin embargo, que Ratramno niegue la presencia real del cuerpo de Cristo en la comunión. Para él, lo que existe «en verdad» se diferencia de lo que existe «en figura» por cuanto lo que existe «en verdad» puede ser percibido «exteriormente», mediante los sentidos corporales, mientras que lo

---

[32] *De corpore et sanguine Domini* (*PL*, 120 :1267-1350).

[33] *De corpore et sanguine Domini*, 1.2 (*PL*, 120:1269).

[34] *De corpore et sanguine Domini*, 9.1 (*PL*, 120:1293-1284).*Ibid.*, cap. ix, 1 (*PL*, CXX, 1293-1294)

[35] *PL*, 120:125-170. Preferimos y usamos aquí la edición de J. N. B. van den Brink (Amsterdam, 1954).

[36] En el siglo XI, el tratado de Ratramno —que entonces se le atribuía a Juan Escoto Erígena— jugó un papel importante en la controversia entre Berengario de Tours y Lanfranco. Siglos más tarde, los protestantes lo utilizaron como apoyo para algunas de sus doctrinas eucarísticas. Los católicos llegaron a ponerlo en el índice de los libros prohibidos. En el siglo XIX se comenzó a estudiarlo con más objetividad, y se lo pudo evaluar dentro de su propio contexto.

[37] *De corpore et sanguine Domini*, 49 (van den Brink, p. 46).

que existe «en figura» solo puede ser visto «interiormente», por los ojos de la fe. Lo que existe «en verdad» no es más real que lo que existe «en figura», aunque la «verdad» sí se relaciona más directamente con el objeto de conocimiento, ya que la «figura» es la manifestación velada de una realidad que se esconde tras ella. Por tanto, Cristo está verdaderamente presente en el sacramento, aunque no de manera visible a los ojos corporales. Esto, de hecho, es lo que preguntaba Carlos el Calvo, cuya cuestión se basaba probablemente en los milagros que narraba Pascasio Radberto en el capítulo catorce de su obra.

A la segunda pregunta del rey, Ratramno responde que el cuerpo de Cristo que está presente en la eucaristía no es idéntico al cuerpo de Cristo que nació de María y colgó de la cruz, por cuanto este último, que se encuentra actualmente a la diestra del Padre, es visible, y en la eucaristía no se ve el cuerpo de Cristo. La presencia de ese cuerpo en la comunión es solo espiritual, y el creyente participa de él espiritual-mente. Esto no quiere decir en modo alguno que Ratramno piense que la comunión se limita a un mero recuerdo. Al contrario: Cristo está realmente presente en los elementos, pero está allí de un modo espiritual, no accesible a los sentidos.

Por su parte, Pascasio Radberto insistió sobre su posición, al mismo tiempo que la aclaró a fin de evitar algunos de los más burdos extremos que se podrían seguir de su doctrina. En su *Exposición del Evangelio de Mateo*, al llegar a las palabras de institución del sacramento, ataca a quienes afirman que en el sacramento está «el poder de la carne y no la carne; el poder de la sangre, y no la sangre; la figura y no la verdad; la sombra y no el cuerpo».[38] Los tales quedan desmentidos por el Señor mismo, quien dijo: «Este es mi cuerpo». Y, para refutar a los que pretenden que el cuerpo eucarístico es distinto del que pendió de la cruz, completó la descripción de lo que ofrecía a sus discípulos: «Este es mi cuerpo, que por vosotros es entregado», es decir, el mismo cuerpo, y no otro.[39] Poco después, cuando el monje Frudegardo, quizá convencido en parte por la obra de Ratramno, pidió a Radberto más explicaciones al respecto, este se limitó a repetir básicamente los mismos argumentos y a ofrecer una lista de citas de los «padres».[40]

También Gotescalco, desde su retiro forzoso en el monasterio de Haut-villiers, intervino en la disputa.[41] En un breve tratado cargado de citas e

[38] *De corpore et sanguine Domini*, 9.26 (*PL*, 120:890).

[39] *De corpore et sanguine Domini*, 9.26 (*PL*, 120:891).

[40] *Epistola ad Frudegardum* (*PL*, 120:1351-1366).

[41] Esto es, si aceptamos los argumentos que llevan a G. Morin a atribuir a Gotescalco los *Dicta cuiusdam sapientis de corpore et sanguine Domini*, que aparecen en *PL*, 92:1510-1518. «Gottschalk retrouvé», *RevBened*, XLIII, 1931, pp. 303-312.

ideas de Agustín, se opuso violentamente a la identificación del cuerpo eucarístico con el cuerpo histórico de Cristo, y mucho más aún al modo en que Pascasio Radberto se refería a la comunión como un sacrificio en el que Cristo sufría de nuevo. Lo que hay en la comunión es una presencia misteriosa, indefinible al modo preciso en que pretende hacerlo Radberto, y que se traduce en un «poder del Verbo» que actúa en quien participa del sacramento.

Rabán Mauro —el mismo que acusó a Gotescalco ante Hincmaro— también participó en la controversia, aunque en este caso junto a Gotescalco y Ratramno y frente a Pascasio Radberto. La obra en que exponía sus posiciones se ha perdido.[42]

La posición de Juan Escoto Erígena es semejante a la de Ratramno, Gotescalco y, quizá, a la de Rabán Mauro.[43] Erígena, sin embargo, no participó activamente en la disputa, sino que se limitó a seguirla.[44]

A pesar de toda esta oposición, la interpretación realista de la Santa Cena se impondría a la larga. Ya entre las obras del obispo Aimón de Halberstadt,[45] todavía en el siglo IX, encontramos un brevísimo tratado en el que se habla de una transformación sustancial del pan y el vino en el cuerpo y la sangre de Cristo.

> Es una nefanda demencia que las mentes de los fieles duden que la sustancia del pan y el vino que se colocan sobre el altar se tornan cuerpo y sangre de Cristo por el misterio del sacerdote y la acción de gracias, y que Dios opera esto mediante su gracia divina y secreta potestad. Por tanto, creemos y fielmente confesamos y sostenemos que esta sustancia del pan y del vino se convierte sustancialmente en otra sustancia, es decir, en cuerpo y sangre, por operación del poder divino, como ya dijimos. No le es imposible

---

[42] Si la obra que en la nota 39 atribuimos a Gotescalco es en realidad suya. Algunos historiadores del siglo XVIII y XIX pretendían que esta era la obra perdida de Rabán, y como tal la publica Migne. Esta opinión ha caído en descrédito.

[43] *Expositiones super Ierarchiam caelestem*, 1 (*PL*, 122:140).

[44] También en este punto la opinión de los historiadores ha estado dividida. La razón de esto es que algunos autores medievales se refieren a un libro de Escoto sobre la eucaristía. Tal libro no parece haber existido, sino que se trata de una atribución errónea del tratado de Ratramno que ya hemos discutido.

[45] La cuestión de la paternidad de las obras de Aimón es muy compleja. Varias de las obras que tradicionalmente se le atribuían parecen ser de su contemporáneo Aimón de Auxerre. En todo caso, lo que aquí nos interesa no es tanto el autor del tratado que citamos como el hecho de que alguien en el siglo IX —ya sea Aimón de Halberstadt, ya su homónimo de Auxerre, u otro autor cualquiera— sostenía las doctrinas y utilizaba el vocabulario que aparecen aquí. Esto, naturalmente, si no nos dejamos llevar por el posible anacronismo de este tratado y lo atribuimos, por tanto, a algún autor del siglo XI, quizá Aimón de Hirschau o Aimón de Telleia.

a la omnipotencia de la divina razón transformar las naturalezas creadas en lo que ella quiera, como tampoco le fue imposible crearlas de la nada cuando no existían, según ella quiso. Pues si de la nada puede hacer algo, luego no le es imposible de algo hacer algo. Luego, el sacerdote invisible, por su secreta potestad, transforma sus criaturas visibles en la sustancia de su carne y sangre. Mas, aunque la naturaleza de las sustancias se ha convertido completamente en el cuerpo y la sangre de Cristo, en el milagro de la recepción permanecen en este cuerpo y esta sangre el sabor y la figura del pan y del vino.[46]

Aunque no expresada exactamente en los términos que más tarde se impondrían, tenemos aquí todos los elementos fundamentales de la doctrina de la transubstanciación.

Las controversias sobre el alma

Entre las muchas controversias que surgieron en el período carolingio, hubo dos relacionadas con la naturaleza del alma: una sobre su incorporeidad y otra sobre su individualidad.

La cuestión de la incorporeidad del alma se planteó varias veces durante el período carolingio,[47] pero es a mediados del siglo IX, durante el reinado de Carlos el Calvo, que se suscita una controversia fugaz sobre este punto. En este debate teológico participaron Ratramno de Corbie y un escritor anónimo de Reims que muy bien podría ser el arzobispo Hincmaro. El tratado de Ratramno, escrito a instancias de un oficial civil, declaraba que el alma era incorpórea y que, por tanto, no estaba circunscrita al cuerpo, sino que sobrepasaba los límites del cuerpo humano. Impulsado por este tratado, el rey dirigió una serie de preguntas sobre el alma a un sabio de Reims (¿Hincmaro?) y este le contestó con un opúsculo[48] en el que refutaba la aseveración de Ratramno según la cual el alma no está circunscrita al cuerpo. Por el contrario —afirma este autor— el alma está atada al cuerpo. Esto no quiere decir, sin embargo, que esté limitada a él, pues es cosa de todos sabida que en el conocimiento el alma excede los límites del cuerpo.[49] Aquí terminó —por el momento al menos— esta brevísima

---

[46] *De corpore el sanguine Domini* (*PL*, 118:815-816).

[47] En época de Carlomagno, Alcuino escribió un *Libro de la razón del alma* (*PL*, 101:39-647). Bajo Lotario I, Rabán Mauro escribió un opúsculo *Del alma* (*PL*, 110:1110-1120).

[48] *De diversa et multiplici animae ratione* (*PL*, 125:933-940).

[49] *De diversa et multiplici animae ratione* (*PL*, 125:940).

controversia, en la que no había en realidad una verdadera oposición, sino más bien una cuestión de diferentes usos semánticos.

La cuestión de la individualidad del alma era naturalmente mucho más importante, pues de ella dependía la posibilidad de una vida futura individual y consciente. Un tal Macario, de quien no sabemos más que el hecho de que era irlandés,[50] se hizo partidario de la doctrina según la cual hay un alma universal, de la cual participan las almas individuales. Un monje de Beauvais, seguidor suyo, compuso un tratado en el que exponía esta tesis. El obispo de Beauvais, Odón, le pidió a Ratramno que refutara al monje. El sabio de Corbie se limitó a una breve respuesta en la que trataba con desprecio las opiniones descabelladas del «joven hinchado» y aconsejaba que no se le prestara gran atención. El monje anónimo, en vista de la respuesta de Ratramno, insistió en su posición, y ofreció argumentos con los que pretendía refutar a su opositor. A esto Ratramno respondió con un «pequeño libro». Por último, en vista de una nueva respuesta y refutación del monje de Beauvais, Ratramno decidió escribir un *Tratado del alma, a Odón de Beauvais.* Todos estos escritos se han perdido, excepto el último, descubierto y publicado a mediados del siglo XX.[51] Es por este tratado que sabemos del curso de la controversia, de las opiniones del opositor de Ratramno y de la posición de este último.

La base histórica de la controversia se encontraba en un texto algo oscuro de San Agustín en su *De la cantidad del alma,* en el que el obispo de Hipona discute la cuestión del número de las almas sin llegar a una conclusión definitiva. Macario y su anónimo discípulo de Beauvais, a partir de este texto, pretendían probar que el alma es a la vez una y múltiple. Interpretando a Agustín en términos realistas y neoplatónicos, estos adversarios de Ratramno defendían la existencia de un alma universal, de la cual participan y en la cual tienen su ser nuestras almas particulares. Se trataba, entonces, de un realismo filosófico aplicado a la cuestión del número de las almas, y la controversia puede interpretarse por tanto como un episodio en el debate sobre los universales.

La refutación de Ratramno, aun cuando se basa formalmente en el texto de San Agustín, en realidad parte de sus presuposiciones respecto a la cuestión de los universales, y de su interés en preservar la individualidad de los humanos. Ratramno no concibe los universales como entidades reales en el mismo sentido en que las cosas particulares son reales. Los universales son conceptos, y tienen su realidad como tales. Pero esto no ha

---

[50] El origen irlandés de este Macario, así como algunas de sus posiciones filosóficas, ha llevado a algunos eruditos a sugerir la hipótesis de la identidad entre Macario y Juan Escoto Erígena. Quizá, sin ir tan lejos, podamos suponer que Macario era discípulo de Juan Escoto.

[51] Editado por D. C. Lambot, *Ratramne de Corbie, Liber de anima ad Odonem Bellovacensem* (Namur, 1952).

de interpretarse de tal modo que se pretenda que la realidad de los particulares está en los conceptos. A partir de estas presuposiciones, Ratramno interpreta a Agustín. Así pues, cuando Agustín habla del alma en singular, no se refiere a un alma universal que existe por encima de las almas particulares, sino al concepto del alma, concepto real pero no más real ni metafísicamente anterior a las almas individuales.

Otras controversias en el Occidente carolingio

En un período de intensa actividad teológica, como lo fue el renacimiento carolingio, no podían dejar de surgir discusiones acerca de la doctrina trinitaria. En cierto sentido, el adopcionismo, que ya hemos estudiado, es una de esas discusiones. También lo es la cuestión del *filioque*, que estudiaremos más adelante. Por tanto, aquí nos referiremos solo, entre las controversias trinitarias, a la querella que se suscitó entre Gotescalco e Hincmaro respecto a la fórmula «divinidad trina». Esta fórmula se encontraba en un viejo himno de la iglesia, e Hincmaro la hizo suprimir, alegando que era una fórmula de carácter arriano; la divinidad es una, y afirmar lo contrario sería establecer entre las personas la distinción exagerada que es típica del arrianismo. A esto respondieron Ratramno y Gotescalco con pruebas basadas en textos patrísticos y acusando a Hincmaro de tendencias sabelianas: negarse a confesar la «divinidad trina» es hacerse cómplice de la confusión entre las personas divinas que es característica del sabelianismo. Envuelto en una controversia de la que no podía salir victorioso recurriendo solo al debate teológico, Hincmaro se aseguró el triunfo mediante una doble estrategia: en un sínodo en Soissons (año 853) logró el apoyo de los obispos presentes, y por otra parte escribió un gran tratado *De la divinidad una y no trina*.[52] Hasta donde sabemos, esto puso fin a la controversia, aunque tiempo después algunos seguidores de Hincmaro aún se oponían a la fórmula «divinidad trina». Pero los esfuerzos de Hincmaro no lograron que el himno en cuestión quedara permanentemente excluido de la liturgia, sino que se siguió cantando «a ti, divinidad trina».

En tiempos de Ludovico Pío (814-34) se suscitó una breve controversia entre el canciller del rey, Fredegiso de Tours, y el erudito Agobardo de Lyon. Agobardo afirmó que los apóstoles y demás autores de las Sagradas Escrituras escribieron en un lenguaje sencillo y a veces gramaticalmente incorrecto, a fin de alcanzar a sus lectores. Tal idea le pareció intolerable a Fredegiso, quien compuso un tratado en defensa de los apóstoles.

---

[52] *PL*, 125:475-618.

Agobardo le respondió en su breve *Libro contra Fredegiso*,[53] en el que insistía en su posición y, sin negar la autoridad de las Escrituras, mostraba que los propios apóstoles, al igual que los patriarcas, jueces y reyes del Antiguo Testamento, por razón de su humildad, nunca hubieran reclamado para sí la infalibilidad gramatical que Fredegiso les otorgaba. Además, si la gramática de las Escrituras no es siempre la más correcta desde el punto de vista humano, esto se debe a que el uso de las Escrituras es descender con sus palabras hasta donde los humanos están, y no hablarles con un lenguaje excelso que no les alcance.[54]

Por último, los teólogos del período carolingio debatieron sobre la cuestión de si en la visión beatífica los redimidos verán a Dios con los ojos corporales. Durante la primera mitad del siglo IX, durante el reinado de Ludovico Pío, un tal Cándido, que había recibido de un amigo una consulta al efecto, respondió que solo los espíritus puros pueden ver a Dios, quien es invisible tanto a los cuerpos como a los espíritus impuros.[55] Algún tiempo después, Gotescalco hizo circular entre varios eruditos otra consulta sobre el misma tema, y antes de recibir respuesta dio a conocer su propia opinión, según la cual el cuerpo resucitado sería espiritualizado de tal modo que sus ojos podrían ver a Dios.[56] Servato Lupo le respondió aconsejándole prudencia ante los misterios que Dios no ha querido revelarnos en esta vida, e inclinándose en todo caso hacia la opinión según la cual la visión beatífica tendría lugar mediante los ojos de la mente. Hincmaro no perdió la ocasión de atacar a Gotescalco, discutiendo este punto en varias de sus obras. Carlos el Calvo, que reinaba a la sazón, se inmiscuyó en el asunto. Juan Escoto Erígena, siguiendo sus presuposiciones filosóficas, llevó la discusión a otro plano negando la posibilidad de que las criaturas vean a Dios en su sustancia, ya sea mediante los ojos corporales, ya mediante los de la mente. En cuanto a los cuerpos resucitados, afirma Escoto que serán puramente espirituales, y por tanto será solo espiritualmente que gozaremos de la visión beatífica; visión no de la gloria inaccesible de Dios, sino de su imagen.

La controversia no llegó a conclusión alguna, como era de esperar. Mas muestra el grado a que llegaron las especulaciones sobre detalles ociosos en la teología del renacimiento carolingio.

---

[53] *PL*, 104:60-174.
[54] *Liber adversus Fredegisum*, 7 (*PL*, 104:163).
[55] *Epistola num Christus corporis oculis Deum videre potverit* (*PL*, 106:103-108).
[56] Gotescalco, *Epistola ad Ratramnum* (*PL*, 121:370); Servato Lupo, *Epistola xxx, ad Gotteschalcum monachum* (*PL*, 119:491-495).

La cuestión del *filioque*

El símbolo Niceno-Constantinopolitano, al referirse al Espíritu Santo, dice «que procede del Padre». Esto no quiere decir en modo alguno que el Espíritu Santo proceda del Padre y no del Hijo, pues en el siglo IV esta cuestión no se debatía, y los obispos reunidos en Constantinopla no tenían interés alguno en definir la procedencia del Espíritu Santo en términos exactos. Tanto en Oriente como en Occidente se acostumbraba a dar un lugar al Hijo en esa procedencia, si bien en Occidente la mayoría de los teólogos decía que el Espíritu Santo procedía «del Padre y del Hijo», mientras que en Oriente se acostumbraba a decir que procedía «del Padre por el Hijo».

En Occidente, por razones que no son del todo claras, algunos comenzaron a interpolar en el símbolo Niceno-Constantinopolitano la fórmula «y del Hijo» —*filioque*— para significar la doble procedencia del Espíritu Santo, diciendo entonces «que procede del Padre *y del Hijo*». Si bien los orígenes de esta interpolación se pierden en la penumbra de la historia, todo parece indicar que surgió en España,[57] y que de allí pasó a las Galias y al resto de Occidente. En época de Carlomagno, cuando las relaciones entre el reino franco y el gobierno de Constantinopla eran tensas, la cuestión del *filioque* salió a la superficie como motivo —o quizá más bien como excusa— de largas controversias. En los *Libros carolinos*, del año 794, se llega a afirmar la heterodoxia de la antiquísima fórmula oriental según la cual el Espíritu Santo procede «del Padre por el Hijo». El propio Carlomagno se interesó personalmente en la cuestión, a pesar de no ser ni pretender ser teólogo. En la capilla palatina de Aquisgrán se cantaba el símbolo con el *filioque* interpolado y allí lo recibieron algunos monjes latinos de Jerusalén quienes al regresar a la Santa Ciudad fueron objeto de virulentos ataques por parte de los orientales, que los acusaban de innovadores y de herejes. En un concilio celebrado en Aquisgrán en el año 809, los obispos francos confirmaron la opinión según la cual la fórmula griega era herética, y la procedencia del Espíritu Santo «del Padre y del Hijo» (*filioque*) era parte necesaria de la ortodoxia. Para esto se basaban en los escritos de los antiguos padres latinos, y más tarde recibieron el apoyo de los teólogos carolingios Alcuino de York,[58] Teodulfo de Orleans,[59] Ratramno de

---

[57] Varios de los antiguos concilios españoles afirman la doble procedencia del Espíritu Santo. En el siglo VII, Ildefonso de Toledo afirma la misma doctrina: *De virginitate perpetua S. Mariae* (*PL*, 96:104).

[58] *De processione Spiritus Sancti* (*PL*, 101 :63-84).

[59] De *Spiritu Sancto* (*PL*, 105:239-276). Esta obra es en realidad solo una colección de textos patrísticos.

Corbie[60] y Eneas de París.[61] En ese momento la firmeza del papa León III evitó un cisma entre Oriente y Occidente, pues el papa se mostró inflexible ante toda interpolación en el símbolo Niceno-Constantinopolitano, y de este modo se evitó que la cuestión desembocara en una disputa entre las autoridades eclesiásticas de Roma y las de Constantinopla. Sin embargo, la oposición de León III no fue suficiente, y a la postre toda la rama latina de la iglesia llegó a repetir el símbolo con el *filioque*. A partir de entonces —y ya en el año 867, cuando el cisma de Focio— la cuestión del *filioque* ha sido uno de los factores que más han contribuido al distanciamiento entre el cristianismo occidental y el oriental.

¿Qué consideraciones estaban envueltas en la cuestión del *filioque*? Había consideraciones de dos órdenes, y desgraciadamente quienes intervinieron en la disputa rara vez supieron distinguir entre ambos. La excepción más notable en esto es el papa León III. Por una parte, se planteaba la ortodoxia de la interpolación misma. Por otra, estaba en juego el derecho de concilios posteriores, o de cualquier otra autoridad eclesiástica, de cambiar o interpolar el antiguo símbolo Niceno-Constantinopolitano. Estas dos cuestiones se confundieron en la disputa de tal modo que buena parte de la labor teológica se dedicó, por parte de los occidentales, a mostrar la ortodoxia y la necesidad del *filioque* y, por parte de los orientales, a mostrar la heterodoxia de quienes interpolaban el credo. Así se llegó a caricaturizar posiciones y a subrayar diferencias que eran en realidad insignificantes.

Había, empero, cierta justificación teológica, que prestó fuerza y contenido a los conflictos políticos y a la cuestión disciplinaria de la interpolación en el credo. Se trata de la vieja diferencia entre el modo en que los orientales, a partir de los capadocios, concebían las relaciones entre las personas de la Trinidad y el modo en que la concebían los occidentales, siguiendo a Agustín.

Para los orientales, era necesario afirmar el origen único de la Trinidad. Solo puede haber una fuente en el ser de Dios, y esa fuente es el Padre. ¿No procede entonces el Espíritu Santo también del Hijo? No en el mismo sentido en que procede del Padre, pues el Padre es la fuente de su ser, y el Hijo no lo es. De aquí la fórmula: «del Padre por el Hijo».

Para los occidentales, por otra parte, el Espíritu Santo es el amor que une al Padre y al Hijo. Puesto que este amor es mutuo, debe decirse que el Espíritu procede «del Padre y del Hijo». Esto no quiere decir que haya dos fuentes últimas, pues el Hijo no es su propia fuente, sino que es engendrado por el Padre.

---

[60] *Contra Graecorum opposita* (*PL* 121:225-346).
[61] *Liber adversus Graecos* (*PL* 121:685-762).

En todo caso, la disputa nunca se resolvió, y a través de los siglos continuó estorbando todo esfuerzo de acercamiento entre las dos antiguas alas de la iglesia cristiana.

Juan Escoto Erígena

El más notable de todos los pensadores del renacimiento carolingio fue, sin lugar a duda, Juan Escoto Erígena. Oriundo de Irlanda,[62] Erígena se dirigió al reino franco poco antes de la mitad del siglo IX.[63] Allí se estableció en la corte de Carlos el Calvo, donde llegó a gozar de gran prestigio. Como hemos visto anteriormente, Hincmaro le pidió que interviniera en la controversia sobre la predestinación. Su participación en esa controversia nos da la clave de su situación en su propio tiempo: respetado por todos por su erudición, su pensamiento era visto con suspicacia debido a la excesiva influencia que sobre él ejercía la filosofía griega, y debido también a sus posiciones no siempre totalmente ortodoxas. Por estas razones, Erígena no creó escuela, sino que se yergue solitario como una montaña en la llanura, de la cual muchos obtienen materiales para sus propias construcciones, pero a la que pocos pretenden ascender. Durante los siglos X, XI y XII se le cita con cierta frecuencia, aunque a veces esas citas van acompañadas de una gran cautela hacia la totalidad de su obra. Finalmente, a principios del siglo XIII, su principal obra, *De la división de la naturaleza*, fue condenada, por creérsele de algún modo relacionada a la herejía de Amaury de Bene. Sin embargo, la influencia de Erígena continuó haciéndose sentir a través de su traducción del Seudo-Dionisio, hasta que, en tiempos del Renacimiento, se probó el carácter seudónimo de las obras atribuidas a Dionisio el Areopagita.

La obra literaria de Erígena consiste en traducciones y escritos originales. Sus traducciones resultaron muy útiles y gozaron de gran difusión en una época en que el conocimiento del griego por parte de los occidentales era muy limitado. De todas ellas, la más importante por su influencia posterior fue la de las obras del Seudo-Dionisio. Además, Erígena tradujo a Máximo el Confesor, a Gregorio de Nisa y, quizá, a Epifanio. La principal

---

[62] De aquí los apelativos de «Escoto» y «Erígena», o «Eriugena». Se le daba a Irlanda, además del nombre Hibernia, los de Scotia y Erin. Luego, «Escoto Erígena» es en realidad un pleonasmo, pues ambos términos tienen el mismo sentido. La costumbre, sin embargo, se impone, y por ello damos a este pensador el nombre con que ha sido conocido a partir del siglo XVII, cuando sus obras fueron editadas.

[63] Las razones de su partida se debaten. Unos dicen que la invasión de su patria por parte de los daneses le llevó al exilio; otros afirman que Carlos el Calvo le llamó a su corte; otros, en fin, señalan que los irlandeses eran famosos por sus ansias de viajar, y que por tanto no es necesario buscar razones concretas para el viaje de Erígena.

de sus obras originales, y sin lugar a duda la que expresa su pensamiento más cabalmente, es *De la división de la naturaleza.*[64]

Se conservan de él, además, el tratado *De la predestinación*, que ya hemos discutido, un *Comentario sobre la Jerarquía Celeste* del Seudo-Dionisio,[65] algunos fragmentos de un *Comentario sobre San Juan*,[66] una *Homilía* sobre el mismo Evangelio,[67] algunas *Anotaciones sobre Marciano Capela*,[68] y un breve *Comentario sobre Boecio.*[69]

Erígena se coloca en la tradición de Clemente alejandrino, de Orígenes y del Seudo-Dionisio. Se trata de un pensamiento de altos vuelos especulativos en el que la dialéctica y la definición precisa juegan un papel de primer orden, y en el que todo queda comprendido en una vasta visión de Dios y del universo.

Según Erígena, la naturaleza comprende todo lo que es y todo lo que no es.[70] «No ser» puede entenderse de varios modos. En primer lugar, todo lo que sobrepasa la capacidad del intelecto y los sentidos no es. Así pues, todas las esencias no son, pues solo podemos comprender y percibir los accidentes, pero nunca la esencia que se encuentra tras ellos. En segundo lugar, para cada elemento en la naturaleza, todo cuanto está por encima de él no es, pues no le es dable conocerlo. Por tanto, algo puede ser para un miembro superior de la jerarquía universal, y no ser para otro miembro inferior. En tercer lugar, cuanto existe solo en potencia no es. En cuarto lugar, cuanto está sujeto al tiempo y al espacio —y es por tanto capaz de variación y movimiento— no es. Por último, el pecador, en cuanto se ha apartado de Dios, no es.[71]

Estos diversos modos de no ser son realmente distintos, de forma que algo puede ser en un sentido y no ser en otro.

Por otra parte, la naturaleza puede dividirse en cuatro: la naturaleza que crea y no es creada, la naturaleza creada que crea, la naturaleza creada que no crea, y la naturaleza que no crea ni es creada.[72] La primera y cuarta divisiones de la naturaleza corresponden a una sola realidad: Dios. La diferencia entre ellas está solo en nuestro intelecto, ya que la primera división

---

[64] *PL*, 122:441-1022.

[65] *PL*, 122:125-266.

[66] *PL*, 122:297-348.

[67] *PL*, 122:283-296.

[68] Editadas por C. E. Lutz, *Iohannis Scotti Annotationes in Marcianum* (Cambridge, Mass., 1939).

[69] H. Silvestre, «Le commentaire inédit de Jean Scot Erigène au metre ix du livre iii du *De consolatione philosophiae de Boèce*», *RHPhRel*, 47 (1952), pp. 44-122.

[70] *De divisione naturae*, 1.2 (*PL*, 122:442-443).

[71] *De divisione naturae*, 1.3-7 (*PL*, 122:443-446).

[72] *De divisione naturae*, 1.1 (*PL*, 122:441-442).

corresponde a Dios considerado como principio de todas las cosas y la cuarta corresponde a Dios considerado como fin de todas las cosas. La segunda división se refiere a las causas primordiales de todas las cosas. La tercera comprende todas las cosas sujetas a la existencia temporal. La obra de Erígena, *De la división de la naturaleza*, sigue este bosquejo, dedicando un libro a cada una de las tres primeras divisiones, y dos a la cuarta. A fin de ser fieles al orden de exposición de Erígena, seguiremos aquí el mismo bosquejo.

Dios, la naturaleza increada que crea, se encuentra muy por encima de todas las limitaciones de nuestra mente. En consecuencia, al hablar de Dios hay que hacerlo paradójicamente, afirmando y negando de él a un tiempo una y la misma cosa (doctrina esta que Escoto toma del Seudo-Dionisio). En este tipo de predicación, la afirmación ha de entenderse en sentido figurado, y la negación en sentido recto. Así, por ejemplo, Dios es esencia; pero el mismo Dios no es solo esencia, sino que es mucho más. La afirmación ha de entenderse como una verdadera negación. Esta polaridad puede resumirse diciendo que Dios es superesencia, afirmación esta que incluye en sí misma la negación.[73]

En el sentido estricto, es imposible conocer a Dios. Todo cuanto afirman las Escrituras en cuanto al amor, la misericordia, la ira, etc., de Dios no ha de entenderse literalmente, sino metafóricamente, a la luz del dicho de Pablo: «Os di leche, y no vianda». Las Escrituras han sido dadas para los simples, y por tanto emplean este lenguaje figurado. Estrictamente, Dios no puede ser conocido; no solo por sus criaturas, sino tampoco por él mismo. En efecto, el conocimiento implica definición, y la definición, límites. Puesto que Dios no tiene límites, no puede ser conocido, no solo por razón de la flaqueza de nuestro entendimiento, sino también por razón de su propia naturaleza. En consecuencia, Dios se ignora a sí mismo. Pero esta ignorancia divina no ha de entenderse como la nuestra, sino que es una superignorancia que se encuentra muy por encima del más alto conocimiento.[74]

A nosotros, Dios se nos da a conocer mediante sus criaturas, aunque, naturalmente, no se nos da a conocer su esencia, o superesencia, sino solo sus manifestaciones. Mas esto no le da a cada individuo el derecho de predicar acerca de Dios cuanto le plazca, sino que el filósofo que es también creyente debe acatar las afirmaciones de las Escrituras y de la iglesia.[75]

La primera de estas afirmaciones es el carácter trino de Dios. Aquí, Erígena sigue la doctrina ortodoxa, según esta había sido determinada por

[73] *De divisione naturae*, 1.14 (*PL*, 122:462).
[74] *De divisione naturae*, 1.28 (*PL*, 122:586-596).
[75] *De divisione naturae*, 1.13,64 (*PL*, 122:458,509).

el Concilio de Nicea y por los «padres» de la iglesia. En cuanto al *filioque*, Escoto no se opone abiertamente a su adición al símbolo,[76] pero sí se inclina a pensar que el Espíritu procede *del* Padre *por* el Hijo.[77]

Esta naturaleza no creada pero sí creadora que es Dios da origen a las *causas primordiales*, que constituyen la naturaleza creada y creadora. Estas causas primordiales, como toda la creación, son eternas. La creación es eterna porque de otro modo sería un accidente de Dios, y Dios no tiene accidentes. O, dicho en otras palabras: la eternidad e inmutabilidad de Dios requieren la eternidad de la creación.[78] Dios es anterior a la creación, no en el tiempo —pues Dios no está en el tiempo—, sino en el orden del ser. Dios es la fuente del ser de la creación. Y aquí se manifiesta el carácter de Dios, pues en todas las criaturas se muestra que Dios es, que es sabio, y que vive, un claro vestigio de la Trinidad en las criaturas.[79] Además, el Padre es la fuente de todas las cosas, el Hijo es la Sabiduría en quien todas las cosas fueron hechas, y el Espíritu es quien ordena el universo.[80]

Dios ha creado todas las cosas, incluso las causas primordiales, de la nada. Esta «nada» no es la privación absoluta del ser, el vacío total, sino que es Dios, de cuya superesencia se puede decir que no es, y que se llama por tanto «nada». Luego, la *creatio ex nihilo* es en realidad una *creatio ex Deo*.[81]

Volviendo a las causas primordiales que son el primer término de la creación y la segunda gran división de la naturaleza, Erígena afirma que se encuentran en el Verbo, donde el Padre las ha colocado desde la eternidad.[82] Siguiendo el camino trazado antes por otros cristianos de tendencias platónicas, Escoto hace de estas causas primordiales que existen en el Verbo los prototipos de todas las criaturas temporales. A diferencia de estas, que surgen y perecen con el correr del tiempo, las causas primordiales son eternas. De hecho, son ellas las que permiten afirmar que la creación es eterna sin llegar a decir que las criaturas que habitualmente conocemos, ni siquiera la totalidad de ellas, son eternas. La eternidad de la creación está en las causas primordiales y reside, por tanto, en el Verbo. Allí las toma el Espíritu Santo y las distribuye en sus efectos.[83]

---

[76] Aunque sí la trata con algo de ironía, *De divisione naturae*, 2.33 (*PL*, 122:612).

[77] *De divisione naturae*, 2.31 (*PL*, 122:603).

[78] *De divisione naturae*, 3.8 (*PL*, 122:639).

[79] *De divisione naturae*, 1.13 (*PL*, 122:455).

[80] *De divisione naturae*, 2.21 (*PL*, 122:562).

[81] *De divisione naturae*, 2.21 (*PL*, 122:634, 680).

[82] *De divisione naturae*, 2.2 (*PL*, 122:529).

[83] *De divisione naturae*, 2.30 (*PL*, 122:601).

De esta acción de la Trinidad en las causas primordiales surge la tercera división de la naturaleza, es decir, la creada que no crea. Esta creación no apareció por etapas, sino de una vez, y la razón por la cual el Génesis la presenta en forma progresiva es solo para hacer inteligible lo que de otro modo resultaría confuso, de igual modo que nosotros expresamos en palabras consecutivas lo que no son más que pensamientos instantáneos.[84]

Es a este tercer nivel de la naturaleza que comúnmente llamamos «creación»; es decir, lo que existe dentro del tiempo y del espacio. Las cosas materiales son en realidad combinaciones de cualidades inmateriales, y la materia pura, carente de forma, no es, en el sentido de que no puede ser conocida. En resumen: los entes corpóreos pueden resolverse en constelaciones de entes incorpóreos.[85] De este modo surgen los cuatro elementos: fuego, aire, agua y tierra, de la combinación de cuyas propiedades, calor, frío, humedad y sequedad, están constituidos todos los cuerpos. Además, hay los espíritus, que no son en modo alguno materiales, ni están compuestos de elementos materiales, sino que proceden directamente de las causas primordiales.

Todas estas criaturas que no crean son manifestaciones de la naturaleza increada y creadora, es decir, de Dios, y Erígena las llama por tanto «teofanías». De ellas, es al ser humano que nuestro autor dedica más atención.[86]

Estrictamente, la sustancia del humano es la idea que de él hay en la mente del Creador.[87] El propósito inicial de la creación no incluía todos los seres corruptibles, sino que descendía solo hasta los seres espirituales, terminando con el humano, dotado de un cuerpo espiritual.[88] La razón por la cual ha entrado la corrupción en el universo es la caída de Adán. En él estaban todas nuestras voluntades, de modo que no hay injusticia alguna en que seamos castigados por su pecado.[89] Este pecado consistió en contemplarse a sí mismo antes que al Creador, y tuvo lugar simultáneamente con la creación.[90] Por tanto, el origen del universo corruptible data del primer momento de la creación misma. El cuerpo humano tal como lo

---

[84] *De divisione naturae*, 3.31 (*PL*, 120:708).

[85] *De divisione naturae*, 1.2 (*PL*, 122:501).

[86] En su *Comentario a la Jerarquía celeste del Seudo-Dionisio*, llevado por el texto mismo que está comentando, Escoto dedica gran atención a los ángeles. Sin embargo, no podemos detenernos aquí a discutir su angelología, que en todo caso es muy semejante a la del Seudo-Dionisio.

[87] *De divisiones naturae*, 4.7 (*PL*, 122:768).

[88] *De divisione naturae*, 2.22 (*PL*, 122:571).

[89] *De praedestinatione*, 16.3 (*PL*, 122:419).

[90] *De divisione naturae*, 4.15 (*PL*, 122:811).

conocemos, mortal y corruptible, es parte de esa creación caída.[91] También lo es la división de la naturaleza humana en dos sexos.[92]

La imagen de Dios en el ser humano es múltiple, mas radica ante todo en el alma. Esta se encuentra en todo el cuerpo, como Dios está en todas las cosas; y no está limitada a miembro alguno, como tampoco Dios está limitado a cosa alguna. El alma sabe que existe, pero no conoce su propia esencia; y ya hemos visto que lo mismo puede decirse de Dios. El alma, en fin, refleja el carácter trino de Dios, pues hay en ella, en medio de su total simplicidad, intelecto, razón y sentido interno[93] (un tema que Erígena toma y adapta de Agustín y del Seudo-Dionisio). De igual modo, el cuerpo, en cuanto es, vive y siente, constituye un vestigio de la Trinidad.[94]

Llegamos entonces a la cuarta división de la naturaleza, es decir, la que no crea ni es creada. Como hemos dicho anteriormente, esta cuarta división es idéntica a la primera, pero se trata aquí de Dios, no ya como principio del cual todas las cosas proceden, sino como fin al cual todas las cosas tienden. Toda la creación está siendo llevada de regreso al Creador en una gran recapitulación o restauración final: la *apokatástasis*. Esta restauración ha comenzado con la resurrección de Cristo, en la cual quedaron destruidas las consecuencias del pecado. Así, por ejemplo, en el Cristo resucitado no había ya verdadera distinción de sexos, y si se presentó a sus discípulos en forma masculina fue porque de otro modo no le hubieran reconocido.[95]

Tras una serie de etapas de recapitulación todo regresará a Dios. Si bien esto implica la desaparición de los cuerpos corruptibles, aun las cosas que ahora existen en tales cuerpos regresarán a Dios, porque las verdaderas razones de su existencia están en la mente del ser humano y con él serán restauradas.[96] Cada cosa irá siendo recapitulada en otra superior a ella, hasta que todo regrese a Dios y él sea «el todo en todos».

Así se cumple el vasto ciclo del pensamiento de Erígena. Quien haya seguido este ciclo, se dará cuenta de las razones por las cuales Escoto, respetado y citado por muchos autores medievales, no encontró sin embargo quienes le siguieran como discípulos. Aparte de la dificultad propia de sus vuelos especulativos, había al menos tres puntos cruciales en los que surgían dudas acerca de su ortodoxia.

[91] *De divisione naturae*, 2.25 (*PL*, 122:582-583).
[92] *De divisione naturae*, 1.2 (*PL*, 122:583).
[93] *De divisione naturae*, 4.11 (*PL*, 122:786-793).
[94] *De divisione naturae*, 4.16 (*PL*, 122:825).
[95] *De divisione naturae*, 2.10 (*PL*, 122:538).
[96] *De divisione naturae*, 5.25 (*PL*, 122:913).

El primero de estos puntos es el de las relaciones entre Dios y las criaturas. A pesar de que Erígena repetidamente trata de mostrar la diferencia entre sus concepciones y el panteísmo, quien lee sus obras no puede menos que recibir la impresión de que para él hay solo una realidad: Dios. Este Dios no es capaz de crear otras realidades junto a él, sino que, a fin de cuentas, todas las cosas tienen en él su verdadero ser. Dicho de otro modo: Escoto no mantiene clara la distinción entre creación y emanación. Siglos después, Amaury de Bene creyó encontrar en el tratado *De la división de la naturaleza* base para sus doctrinas panteístas.

En segundo lugar, la persona de Jesucristo juega un papel muy secundario en las especulaciones de Escoto. Es cierto que para él es en el Verbo que se encuentran las causas primordiales, pero resulta difícil descubrir la relación exacta entre este Verbo y el Jesús histórico. Es cierto también que sus fórmulas cristológicas son perfectamente ortodoxas. Pero el modo en que discute la persona de Jesús no deja de sugerir cierto docetismo, como, por ejemplo, en sus especulaciones sobre el sexo del Resucitado a que hemos hecho referencia más arriba.

En tercer lugar, Erígena interpretaba los castigos del infierno como una metáfora, y afirmaba que consistirían en los sufrimientos de una mala conciencia.[97]

Por todas estas razones, la influencia de Escoto en el Medioevo no fue lo que la vastedad de su pensamiento podría haber hecho esperar. Además, el período de oscuridad que siguió a la muerte de su patrono —Carlos el Calvo— creó un ambiente en el que resultaba casi imposible seguir los vuelos especulativos de Erígena. Por tanto, exageran quienes quieren ver en él al fundador del escolasticismo, y hasta de la filosofía occidental. No cabe duda de que Escoto fue un genio individual en medio de circunstancias adversas. Además, la nota distintiva del pensamiento de Erígena no fue su «occidentalidad» sino, por el contrario, el modo en que reintrodujo el pensamiento oriental en el Occidente europeo.

El desarrollo de la penitencia privada

Particularmente en el Occidente —en la iglesia latina— los pecados postbautismales le plantearon un problema serio a la iglesia naciente. ¿Qué debía hacerse acerca de ellos? Ciertamente no era posible desentenderse de ellos. Tampoco podía repetirse el bautismo como medio de lavar al creyente de su pecado. Por ello algunos posponían el bautismo hasta llegar a la edad madura, y haber dejado detrás los pecados de la juventud. Ejemplo

---

[97] *De divisione naturae*, 5.29 (*PL*, 122:936).

de ello fue Constantino, quien recibió el bautismo en su lecho de muerte. Pero tal práctica distorsionaba el sentido original del bautismo como rito de iniciación y de incorporación al cuerpo de Cristo. Otra alternativa era el «segundo bautismo» del martirio. Sin embargo, tal cosa solo era posible en tiempos de persecución. Por último, un tercer modo de expiar por los pecados postbautismales era mediante el arrepentimiento y la penitencia. Tal fue el origen del sistema penitencial de la iglesia.

Aunque durante la época patrística hubo varios debates acerca de qué pecados podían perdonarse y cómo, había dos puntos en los que la mayoría concordaba: la penitencia debía ser pública y no podía repetirse. Al llegar al siglo IV, también se había llegado a cierto consenso general: que cualquier pecado podía ser perdonado a través de la penitencia.[98]

La penitencia era pública, no en el sentido de que se requiriese una confesión pública de pecado, sino más bien porque la excomunión y la reconciliación con la iglesia eran públicas. La confesión misma podía hacerse en secreto, normalmente ante el obispo. El pecador que confesaba su pecado se volvía entonces un «penitente», que debía llevar vestimentas distintivas y sentarse en una sección especial de la iglesia. Cuando se les reconciliaba a la iglesia —normalmente tras un largo período de penitencia, aunque esto variaba de lugar en lugar— los pecadores sabían que, si volvían a pecar, ya no podrían acudir de nuevo a la penitencia. Naturalmente, tal rigor se aplicaba únicamente a los pecados más graves. El pecador podía remediar sus pecados menores mediante la práctica diaria de la penitencia, así como del ayuno, la oración y la caridad para con los necesitados.

Pero tal sistema de penitencia no bastó para resolver los problemas planteados por los pecados postbautismales. Ciertamente ayudó por cuanto le daba una segunda oportunidad al pecador. Pero el hecho de que no podía repetirse pronto produjo prácticas semejantes a las que habían surgido antes respecto al bautismo: se tendió a posponer la penitencia para asegurarse de la salvación, y llegó el punto en que se demoraba hasta el momento de morir. Otra consecuencia fue que se llegó a pensar del retiro monástico como un modo aceptable de hacer penitencia, y esto a su vez llevó, durante el período merovingio, a la práctica de recluir a la fuerza en monasterios a quienes habían pecado (y a veces hasta a quienes habían tenido el infortunio de oponerse a los deseos de las autoridades).

Mientras tanto, la iglesia celta había desarrollado su propia forma de penitencia. Allí, la penitencia se repetía tantas veces como fuera necesario. Por ello, se usaba de ella no solamente en el caso de los pecados más graves, sino también con relación a los menores. Además, en lugar de la excomunión formal y solemne por parte del obispo, surgió la práctica de

---

[98] Concilio de Nicea, canon 13.

una acción todavía formal, pero menos solemne por un sacerdote. Así pues, la penitencia dejó de ser algo excepcional para volverse común, y lo que antes había quedado reservado al lecho de muerte se volvió una práctica frecuente y hasta cotidiana.

Hacia finales del siglo VI, todavía las autoridades eclesiásticas del continente europeo veían con malos ojos las prácticas celtas.[99] Pero durante los siglos VII y VIII los misioneros y trotamundos celtas llevaron sus costumbres, primero a Galia y España,[100] y luego al resto de la Iglesia latina. En resumen: la práctica moderna de la penitencia había alcanzado sus características esenciales al surgir el renacimiento carolingio.

El desarrollo del poder papal

Cuando tratábamos sobre los acontecimientos complejos que llevaron al Concilio de Calcedonia, vimos que el papa no tenía poder para oponerse a la voluntad del emperador. Ciertamente, en el llamado «Latrocinio de Éfeso» en el año 449, la *Epístola dogmática* de León ni siquiera se leyó, porque no concordaba con la política imperial. Cuando por fin se reunió el Concilio de Calcedonia, solo pudo hacerlo porque el nuevo emperador así lo deseaba. Tal situación cambió rápidamente en Occidente. El centro del Imperio estaba ahora en Constantinopla, que pretendía ser la nueva Roma, no solo en lo político, sino también en lo eclesiástico. Como respuesta a esa situación, las autoridades de Roma comenzaron a afirmar que la primacía de Roma —que había surgido *de facto* debido a la primacía política de esa ciudad— se basaba *de jure* en las palabras del Señor a Pedro, cuyo vicario era el papa. La tensión que resultó de todo esto se comprende si recordamos que los emperadores de Constantinopla, muchos de los cuales eran profundamente religiosos, pensaban que su tarea y autoridad les habían sido divinamente encomendadas. Dios les había ungido para regir el universo. Por tanto, se encontraban por encima de toda autoridad eclesiástica —hecho que comprobaron repetidamente en sus relaciones con los patriarcas de Constantinopla—. A su vez, las autoridades eclesiásticas tenían la obligación de sancionar y santificar el poder y las acciones del gobernante. Sin embargo, en Occidente la situación era muy distinta. Allí, dirigentes eclesiásticos tales como Ambrosio habían insistido en que el emperador es miembro de la iglesia, y no se encuentra por encima de ella. Tras el reinado de Teodosio —quien tuvo que ceder ante la autoridad

---

[99] Concilio III de Toledo (año 589), canon 11.

[100] S. González, «Tres maneras de penitencia: La disciplina penitencial de la Iglesia española desde el siglo V al siglo VIII», *RET*, 1 (1940-41), 985-1019.

de la Iglesia en más de una ocasión— en Occidente no hubo gobernantes hábiles y fuertes. Las invasiones de los «bárbaros» produjeron un caos en el que la única institución relativamente estable era la iglesia. Luego, Occidente vino a ser el centro de resistencia a las pretensiones imperiales, mientras Oriente tomó la dirección opuesta. Un resultado de esa situación fue el distanciamiento creciente entre Oriente y Occidente. Otro resultado fue el desarrollo de la teoría de la supremacía papal.

Aunque no podemos seguir aquí todos los detalles del desarrollo de esa teoría, hay tres episodios que sirven para ilustrarlo: el conflicto entre Gelasio y la autoridad imperial, las pretensiones y la práctica de Gregorio el Grande, y la coronación de Carlomagno.

Como secretario del papa Félix III, es muy probable que Gelasio haya redactado algunas de las cartas en las que Félix se negaba a aceptar las pretensiones del patriarca de Constantinopla quien, con el apoyo de la corona, pretendía ser el jefe de toda la iglesia. Cuando el propio Gelasio fue elegido papa, ni siquiera se ocupó de comunicárselo a su colega en Constantinopla, y por tanto recibió fuertes protestas tanto del Patriarca de esa ciudad como del Emperador. Sin embargo, la ruptura abierta surgió cuando Zenón promulgó el *Henoticón*. Lo que se debatía no era solamente la doctrina cristológica de Calcedonia, sino también el derecho del emperador de intervenir y decidir en asuntos doctrinales. Este último punto parece haber sido por lo menos tan importante para Gelasio como la cuestión doctrinal. Según Gelasio, el emperador ciertamente ha sido nombrado por Dios, pero esto no le coloca por encima de la iglesia. Ha sido ungido para hacer la voluntad de Dios, pero no puede juzgar cuál será esa voluntad. Por tanto, su tarea no consiste en ser maestro de la iglesia, sino más bien en aprender de ella.[101] El emperador tiene el *poder*; pero la *autoridad* pertenece a aquellos a quienes Dios ha nombrado para ello, es decir, a Pedro y su sucesor.[102] Cristo es Rey y Sacerdote de todos, y sus funciones reales son administradas por el Emperador, mientras que su autoridad sacerdotal se la ha conferido a Pedro y sus sucesores. Sin embargo, puesto que el propósito de la vida en este mundo es prepararse para la vida futura, el vicario de Pedro tiene una función más elevada que la del emperador.[103]

Gregorio el Grande chocó con Constantinopla porque se negó a reconocer el derecho del patriarca de esa ciudad a llamarse «patriarca ecuménico». Tal título contradecía directamente la pretensión del papado de tener

[101] *Ep.* 9.9 (*PL*, 59:51).

[102] *Ep.* 12. 2 (*PL*, 59:60).

[103] Nótese que en este tiempo el papa se refiere a sí mismo como vicario de Pedro, y no de Cristo. Más adelante, cuando Inocencio III tomó el título de «Vicario de Cristo», esto implicaba que tenía la autoridad última, no solo sobre el orden sacerdotal, sino también sobre el real.

primacía universal sobre la iglesia. Aunque tal primacía nunca se había ejercido sobre Oriente —y Gregorio sabía muy bien que nunca podría hacerse efectiva mientras Constantinopla continuara siendo el centro del poder político en esa región— el papa sí parece haberse percatado de que las pretensiones por parte de Constantinopla no podían aceptarse sin minar la autoridad romana sobre la iglesia occidental. Por lo tanto, protestó diciendo que su colega de Constantinopla no tenía derecho a tomar el título de «patriarca ecuménico».

Pero no fue tanto como teólogo, sino más bien como administrador práctico, que Gregorio contribuyó al crecimiento del poder papal. En una época en que el antiguo orden de la *pax romana* se había derrumbado, y amenazaba llevar consigo todo vestigio de la civilización, Gregorio hizo que la iglesia llenara el vacío resultante e hizo de ella la heredera y preservadora de los valores de la antigüedad, así como la guardiana del orden. Así pues, mientras en Oriente la iglesia y su jerarquía seguían sujetas al emperador, en Occidente el Imperio desapareció, y la iglesia tomó varias de sus funciones.

Tal proceso llegó a su culminación el día de Navidad del año 800, cuando el papa León III colocó la corona imperial sobre la cabeza de Carlomagno. Con esa acción simbólica, pero de gran importancia, León restauraba el viejo Imperio romano de Occidente. Pero ahora ese imperio llevaría un nombre que mostraría a la vez su origen en la bendición papal y su incorporación tanto de lo romano como de lo germánico: es el «*Sacro Imperio romano-germánico*». Pero esa misma culminación era también una señal de peligro para el poder papal. El propio León estaba en la corte porque se le había hecho necesario responder a acusaciones contra él que se habían llevado ante el poderoso rey franco. Aunque el Imperio carolingio fue efímero, la resurrección de la ideología imperial, a la larga, llevaría a serios conflictos entre los emperadores y los papas. Como resultado de esos conflictos, la teoría de la autoridad papal se extendería aún más.

26

La Edad Oscura

El historiador Belarmino, buscando palabras para describir el siglo X, lo califica de «oscuro, de hierro y de plomo».[1] Estas palabras se aplican con justicia, no solo al siglo X, sino también a las últimas décadas del IX y casi todo el X. Tras la muerte de Carlos el Calvo (877), la decadencia del poderío carolingio se aceleró cada vez más. Las luchas internas entre los herederos de diversas porciones del antiguo imperio de Carlomagno, y las invasiones de normandos, sarracenos y húngaros, crearon un constante estado bélico en el que la cultura —y con ella el pensamiento teológico— no podía menos que sufrir. Como antaño, los monasterios trataron de conservar algo de la cultura y erudición del pasado. Pero la mayoría de ellos, por encontrarse fuera de las ciudades amuralladas, estaba expuesta al pillaje de los invasores, y muchas bibliotecas valiosas fueron destruidas o dispersas. En medio de este caos, la iglesia no podía imponer el orden, pues ella misma se encontraba pasando por tiempos difíciles. Los papas, criaturas de uno u otro soberano, frecuentemente eran juguete de los movimientos políticos de la época. No faltó entre ellos quien muriera asesinado, ni tampoco quien se prestara a juzgar y condenar a su predecesor ya muerto.[2] En la segunda mitad del siglo X, un joven que no contaba aún

---

[1] Baronio, citado en R. García Villoslada, *Historia de la Iglesia Católica*, Vol. II, *Edad Media* (BAC, 101:131-132).

[2] En el llamado «Concilio cadavérico» del año 897 el cadáver del papa Formoso fue traído ante el concilio, juzgado y condenado. Se procedió entonces a declarar nulo su pontificado y las órdenes por él conferidas, a desnudarle de sus vestiduras sacerdotales y a cortarle los

veinte años se ciñó al mismo tiempo la corona imperial y la tiara pontificia —bajo el nombre de Juan XII— e hizo del papado un juguete, no solo de sus ambiciones políticas, sino aún más de sus caprichos de juventud.

El advenimiento al trono imperial de la casa de Sajonia —con Otón I, en el 962— no trajo sosiego a la iglesia. Frecuentemente, a pesar de los esfuerzos de los emperadores, hubo varias personas que pretendían ser el legítimo sucesor de San Pedro. Muchas de estas eran solo criaturas, o bien del emperador, o bien de algunas de las facciones romanas. Bajo Otón III, cuando Gerberto de Aurillac ocupó el trono pontificio con el título de Silvestre II (999-1003), hubo un breve período de orden y un intento de reforma. Pero tras este fugaz momento se reanudaron las luchas, las irregularidades y las inmoralidades en torno a la Santa Sede.

Conrado II, el primer emperador de la casa de Franconia (1024-1039), tampoco impuso el orden en Roma. Mientras tanto, había ido surgiendo en la iglesia un partido reformador, relacionado originalmente con la reforma monástica de Cluny, y luego con los nombres de Hildebrando, Humberto, Bruno de Toul y Gerardo de Florencia. Por fin, con el apoyo del emperador Enrique III, este partido se posesionó de la Santa Sede, colocando en ella a Bruno de Toul, quien tomó el nombre de León IX (1049-1054). A partir de entonces, y a pesar de algunos tropiezos e interrupciones, tuvo lugar una gran reforma eclesiástica que culminó bajo el pontificado de Hildebrando, quien tomó el nombre de Gregorio VII (1073-1085).

Fue entonces cuando comenzaron a surgir los albores de lo que sería el Renacimiento del siglo XII, al que dedicaremos el próximo capítulo.

Las escuelas y la cultura del siglo IX

Sin embargo, esto no debe darnos a entender que durante este período oscuro las letras y la teología desaparecieron por completo. Por el contrario, hubo varios centros monásticos y escuelas catedralicias en las que se continuó la vida intelectual, aunque desprovista de originalidad.

En el siglo IX, en tiempos de la disolución del imperio carolingio, el principal de estos centros era el de San Germán de Auxerre. Allí floreció, en tiempos de Erígena o poco después, Enrique —o Heirico— de Auxerre, quien escribió comentarios sobre San Agustín. La influencia de Erígena es notable en él, pues adopta el esquema del sabio irlandés en lo que a la división de la naturaleza se refiere. Sin embargo, quizá por razón de sus

---

dedos con que antes había bendecido al pueblo. Todo esto, porque su sucesor Esteban VI pertenecía a un bando político opuesto al de Formoso.

HISTORIA DEL PENSAMIENTO CRISTIANO HASTA EL SIGLO XXI

lecturas de Boecio, rechaza el realismo de Erígena y afirma que la realidad de las cosas está en su sustancia particular.[3]

Remigio de Auxerre, discípulo de Enrique, fue el más notable pensador de esa escuela. Su vida puede tomarse como símbolo de la importancia que estaban cobrando las escuelas catedralicias, pues en el año 893 fue llamado por el arzobispo de Reims para enseñar en las dos escuelas de esa ciudad. Más tarde, respondiendo a un llamado semejante, Remigio se trasladó a París. Allí fue maestro de Odón, el futuro propulsor de la reforma de Cluny, de modo que su vida muestra, además, cómo las escuelas catedralicias, que recibieron de los monasterios muchos de sus primeros y mejores maestros, luego contribuyeron a la renovación de la vida monástica. Al igual que su maestro Enrique, Remigio comentó a San Agustín. Su comentario sobre Boecio, atribuido anteriormente a Erígena,[4] sentó la pauta para una larga serie de comentarios similares. Aunque en él la influencia de Escoto resulta manifiesta, Remigio se aparta del sabio irlandés en aquellos puntos en que Erígena mostraba más claramente la influencia de los griegos: las fórmulas trinitarias y su posición ante el *filioque*. Por otra parte, Remigio es más fiel a Erígena que Enrique, pues sigue el realismo respecto a los universales que había sido característico del gran maestro de la corte de Carlos el Calvo.

En el campo estrictamente teológico, Remigio compuso comentarios sobre el Génesis[5] y sobre los Salmos.[6] Estos se caracterizan por la interpretación alegórica de las Escrituras, cuya historia de la creación a menudo se refiere veladamente a Cristo, los evangelistas y la iglesia. En cuanto al ser humano, se dice que fue creado a imagen y semejanza de Dios porque era racional e inmortal. La «imagen» radicaba en su racionalidad; la «semejanza» le hacía santo y justo. Al pecar y caer, perdió la semejanza de Dios, pero no la imagen. Siguiendo a Erígena, Remigio afirma que el ser humano es un microcosmos, pues en su cuerpo se encuentra el alma presente en todos los lugares, y no localizada en ninguno de ellos, así como Dios está presente en el mundo sin estar limitado a lugar alguno.[7]

También a finales del siglo IX y principios del X había cierta actividad teológica e historiográfica en el monasterio de San Galo, en Alemania.

---

[3] E. Gilson, *La Filosofía en la Edad Media*, 1:281-282.

[4] Le ha sido restituido a Remigio por D. M. Cappuyns, «Le plus ancien commentaire des "Opuscula sacra" et son origine», *RThAM*, 3:237-272.

[5] *PL*, 131:53-134.

[6] *PL*, 131:145-844. Hay, además, comentarios al Cantar de los Cantares, a los Doce Profetas Menores y a las epístolas de San Pablo que han sido atribuidos a Haimón de Halbersetadt, a Haimón de Auxerre y a Remigio. No podemos discutirlos aquí. En todo caso, pertenecen al siglo IX.

[7] *Commentarius in Genesim*, 1.37 (*PL*, 131:57).

Allí floreció Notker Balbulo, quien compuso un *Martirologio* que resulta interesante por cuanto nos da una idea de los conocimientos históricos de la época.[8] El mismo interés presenta la *Crónica* de Regino de Prum, compuesta en el 915,[9] así como las obras de Anastasio el Bibliotecario, que vivió en Roma a fines del siglo IX.[10] En el siglo XI, Raúl Glaber continúa esta traducción historiográfica con su *Historia universal*.[11]

La teología en el siglo X

En el siglo X, las obras teológicas más importantes son el *Tratado del cuerpo y de la sangre del Señor*, de Gezón de Tortona,[12] el *Tratado del Anticristo*, de Adsón de Luxeuil o de Montierender,[13] y los *Comentarios sobre San Pablo*, de Attón de Verceil.[14]

Gezón, abad de San Pedro y San Mariano en Tortona, Lombardía, compuso su tratado inspirado por la lectura del de Pascasio Radberto que hemos discutido en el capítulo anterior. Por lo demás, su doctrina es la misma de Pascasio, y las porciones originales de Gezón nada añaden a la enseñanza eucarística del monje de Corbie, sino que tratan más bien de otras doctrinas fundamentales del cristianismo y de milagros ocurridos en torno a la eucaristía.

Adsón fue uno de los más famosos maestros de su tiempo, y por ello fue llamado a enseñar o a tomar parte en la organización de las escuelas episcopales de Toul, Langres, Troyes y Chalons. Su *Tratado del Anticristo*, a veces atribuido a Alcuino, está dirigido a la viuda de Luis IV de Ultramar. En él, Adsón emplea la doctrina del anticristo, y el hecho de que muchos de sus ministros son laicos, para llamar a la reina al bien y la justicia. Pero, en caso de que sea tentada por el anticristo, la reina tiene todavía el consuelo de saber que en los últimos tiempos, después que el anticristo sea destruido, el Señor concederá cuarenta días para que los que hayan sido tentados por él hagan penitencia.[15]

Attón fue consagrado obispo de Verceil en el año 924, y luego llegó a ser Gran Canciller de la corte de Lotario II de Francia. A su muerte, en el

---

[8] *PL*, 131:1029-1164.
[9] *PL*, 132:15-175.
[10] *PL*, 127–129.
[11] *PL*, 141:609-758.
[12] *PL*, 137:371-406.
[13] *PL*, 101:1291-1298.
[14] *PL*, 134:125-834.
[15] *PL*, 101:1298.

961, dejó tras de sí varias obras, entre las que se encuentran sus *Comentarios sobre San Pablo*. En cuanto a la controversia eucarística que asomaba, Attón se declara a favor de la interpretación «espiritual» de la presencia de Cristo en ella. En todo caso, sus comentarios, así como sus otras obras, muestran que en uno de los períodos de más oscuridad en la historia de la iglesia todavía había personas con una vasta cultura, capaces de continuar la labor exegética de los siglos anteriores. Sobre esta tradición es que florecerá el gran Renacimiento de los siglos XII y XIII. Por lo demás, el pensamiento de Attón no tiene gran originalidad.

El siglo X conoció también sus literatos. Posiblemente la más notable entre ellos sea la monja Rosvita —Hrotsvitha de Gandersheim— quien se atrevió a escribir dramas religiosos siguiendo el modelo de Terencio. Esto es particularmente notable por cuanto sus escritos son las primeras obras de esta índole que tenemos desde la caída del Imperio romano.

Además, aun en medio del oscurantismo reinante, aquellos tiempos tuvieron sus eruditos, como Raterio de Verona; sus reformadores monásticos en la larga serie de hábiles abades de Cluny; y aun sus herejes, como Vilgardo de Rávena. Si hemos de creer lo que nos dicen los cronistas de la época, la herejía de Vilgardo consistía en dar tanta importancia a los clásicos —especialmente a Horacio, Virgilio y Juvenal— que llegó a tenerlos por inspirados e infalibles, y pretendió tener comunicación directa con ellos. Condenado y muerto, sus seguidores se esparcieron por Cerdeña y España.

El siglo XI: Gerberto de Aurillac y Fulberto de Chartres

En el siglo XI comienzan a verse algunos atisbos, a menudo aislados, de lo que será el despertar del siglo XII. A principios del siglo XI ocupa la sede romana, bajo el título de Silvestre II, el erudito Gerberto de Aurillac. Poco después su discípulo Fulberto llega al episcopado de Chartres, y allí da origen a una tradición académica que dará su fruto un siglo después. Por fin, en la segunda mitad del siglo, el partido reformador se posesiona del poder, y esto crea disputas sobre la relación entre las autoridades civiles y las eclesiásticas. Además, en esa época descuella el arzobispo Lanfranco de Canterbury, cuya controversia eucarística con Berengario de Tours encontró ecos que prueban que ya existían las inquietudes teológicas que desembocarían en el siglo XII. Anselmo, arzobispo de Canterbury de 1093 a 1109, por su obra y espíritu pertenece ya al siglo XII.

En cierto modo, Gerberto es heredero de la tradición de Remigio de Auxerre, pues se formó en el monasterio de Aurillac, que había sido reformado por Odón de Cluny, quien a su vez había sido discípulo de Remigio.

Además, fue a España, donde aprendió mucho de la ciencia árabe, que luego introdujo en la Europa cristiana. Como estudioso, la mayor parte de su producción tuvo lugar en los años del 972 al 982, cuando era maestro en la escuela de Reims, y casi toda ella trata de asuntos no estrictamente teológicos tales como «la división de los números», la geometría y «la construcción de la esfera». Tiene, además, un breve tratado *De lo racional y del uso de la razón*,[16] que muestra su habilidad dialéctica, y que influyó en el modo en que el siglo XII se planteó la cuestión de los universales.

El más notable de los discípulos de Gerberto fue Fulberto de Chartres,[17] —probablemente oriundo de la Picardía— quien, tras estudiar bajo Gerberto de Reims, se dirigió a Chartres. Allí transcurrió casi todo el resto de su vida, pues en 1009 fue nombrado obispo de esa ciudad, y a partir de entonces tuvo que dedicar buena parte de su tiempo a labores administrativas. Acerca del carácter de sus actividades docentes, tanto antes de ser obispo como después, es difícil decir mucho con certeza absoluta. En todo caso, su fama se difundió por toda la Galia, y muchas personas que tuvieron algún contacto con él luego resultaron ser personajes notables en medio de la escasa vida intelectual de sus tiempos. Además, tampoco cabe duda de que Fulberto —si bien quizá no como maestro, al menos como obispo— contribuyó a hacer de Chartres un centro intelectual que gozaría de gran prestigio en la siguiente centuria. El más famoso discípulo de Fulberto no fue un seguidor de sus doctrinas, sino Berengario de Tours, quien se rebeló contra ellas y dio así origen a la más importante controversia teológica del siglo XI.

Puesto que los dos temas cruciales de la controversia que tuvo lugar alrededor de la doctrina de Berengario, así como de todo el resto del siglo XI, son la relación entre la fe y la razón por una parte, y la presencia del cuerpo de Cristo en la eucaristía, por otra, debemos ver brevemente estos dos aspectos del pensamiento de Fulberto.

En lo que a la fe y la razón se refiere, Fulberto cree que ambas facultades han sido dadas por Dios, y que, por tanto, ambas son buenas y útiles. Cada una de ellas, sin embargo, tiene sus objetos propios de conocimiento, de igual modo que cada uno de los sentidos corporales tiene objetos propios a su percepción. Los altos misterios de Dios no son objetos propios del conocimiento racional, sino solo de la fe, pues, aunque la mente desee alzarse hasta la visión de los secretos divinos, su debilidad es tal que solo logra caer en el error. «Las profundidades de los misterios de Dios no son

---

[16] *PL*, 139157-168.

[17] Sobre su vida y carrera, hay varios puntos que se debaten todavía. Mientras sabemos que antes de ser obispo Fulberto tenía ciertas responsabilidades en la escuela catedralicia de Chartres, no sabemos en qué consistían. No hay pruebas de que haya continuado enseñando formalmente después de su consagración, aunque tampoco hay pruebas de lo contrario.

reveladas al esfuerzo intelectual humano (*humanae disputationi*), sino a los ojos de la fe».[18] Estos misterios necesarios para la salvación son tres: la Trinidad, las razones del lavacro del bautismo, y «los dos sacramentos de la vida, es decir, los que contienen el cuerpo y la sangre del Señor».[19] De estos tres misterios el que aquí nos interesa es el tercero, es decir, el de la eucaristía.

La eucaristía, como la Trinidad y el bautismo, no es objeto de razón, sino de fe. «El misterio [de la eucaristía] no es terreno, sino celeste; no es dado para la comparación humana, sino para la admiración; no ha de disputarse, sino de temerse; ... no ha de estimarse por la visión del cuerpo, sino por la intuición del espíritu».[20] En él, el cuerpo de Cristo se encuentra verdaderamente presente en los elementos visibles, de tal modo que los comulgantes se alimentan de él. Si el Verbo se ha hecho carne, y nosotros tomamos verdaderamente esa carne en la cena del Señor, hay que confesar que Cristo está en nosotros «*naturaliter*», y que, por tanto, estamos en Dios, porque el Padre está en Cristo y Cristo en nosotros.[21] En cuanto al modo en que esto tiene lugar, Fulberto no emplea el lenguaje preciso en la doctrina de la transubstanciación. No distingue entre la sustancia del cuerpo de Cristo y los accidentes del pan y del vino, sino entre la «sustancia exterior», que son los elementos y la «sustancia interior», que es el cuerpo y la sangre del Señor. Esta sustancia interior, aunque muy real, y aunque se toma al comer y beber la sustancia exterior, requiere en quien la recibe una disposición interior, que envuelve el «paladar de la fe», «las fauces de la esperanza» y las «vísceras de la caridad».[22] Y si alguien todavía duda de esta doctrina, recuerde que Dios, que pudo crear sus criaturas de la nada, mucho más fácilmente puede transformar estas mismas criaturas dándoles una mayor dignidad, e infundirles —*transfundere*— la sustancia del cuerpo de Cristo.[23]

Berengario de Tours y Lanfranco de Canterbury: la controversia eucarística

Berengario de Tours, el más famoso discípulo de Fulberto, adoptó posiciones muy distintas de las de su maestro. Nacido probablemente a finales

---

[18] *Epístola* 5 (*PL*, 141:196).
[19] *Epístola* 5 (*PL*, 141:197).
[20] *Epístola* 5 (*PL*, 141:201).
[21] *Epístola* 5 (*PL*, 141:202).
[22] *Epístola* 5 (*PL*, 141:203).
[23] *Epístola* 5 (*PL*, 141:204).

del siglo X o principios del XI, Berengario estudió en Chartres y más tarde regresó a Tours, donde primero practicó la medicina y luego la enseñanza, hasta llegar a ser rector de las escuelas de esa ciudad. Allí su fama creció notablemente, y Tours vino a ser uno de los principales centros intelectuales de Francia. Berengario, a diferencia de Fulberto y de la mayoría de los eruditos de la época, prestaba gran autoridad a la razón en las cuestiones de la fe. Según él, el ser humano ha sido creado a imagen de Dios en virtud de su razón, y sería el extremo de la necedad pretender que no hiciera uso de ella.[24] Esto le llevó a ser gran admirador de Erígena, que en sus obras hace amplio uso de la dialéctica. Sin embargo, había una gran diferencia entre lo que Erígena entendía por razón y lo que Berengario entendía por tal. Para Erígena, la razón procedía del contacto de la mente humana con ideas eternas e invisibles. Berengario prefiere partir de los sentidos como base para la actividad dialéctica. Es por esto por lo que Lanfranco, más tarde, le acusará diciendo: «abandonas las autoridades sagradas y te refugias en la dialéctica».[25] Y es por esto también por lo que, aunque Berengario no nos ha dejado testimonio de haberse ocupado de la cuestión de los universales, muchos autores modernos le cuentan entre los nominalistas. Es cierto que su doctrina eucarística y su insistencia en los sentidos concordarían bien con el nominalismo.

Berengario fue llevado a la controversia eucarística, primero, por su admiración hacia Escoto Erígena; luego, por su propia inclinación racionalista; por último, por intrigas políticas y eclesiásticas que hicieron de él un instrumento de ambiciones que él mismo desconocía. Primero, pues, la controversia giró alrededor de la ortodoxia del tratado de Ratramno *Del cuerpo y la sangre del Señor* que, como hemos dicho anteriormente, era atribuido en el siglo XI a Erígena. Berengario lo tenía por tal, y enseñaba a sus discípulos la doctrina de «Juan Escoto» sobre la eucaristía. Cuando esto dio origen a la controversia, Berengario pasó a defender las doctrinas de Ratramno con su propia habilidad dialéctica. A partir de entonces, la discusión cobró vuelos, y Berengario fue condenado repetidamente, la mayoría de las veces en medio de intrigas relacionadas con el interés de las autoridades eclesiásticas de establecer su poder por encima de las civiles. Varias veces Berengario, llevado ante la alternativa entre la muerte y la retractación, escogió esta última, solo para volver a su antigua doctrina tan pronto pasaba el peligro.[26] Berengario murió ya anciano, en una pequeña

---

[24] *De sacra coena* (ed. Vischer, Berlin, 1834), pp. 100-101.

[25] *Liber de corpore et sanguine Domini*, 7 (*PL*, 150 :416).

[26] Los concilios más importantes que le condenaron fueron los de Roma en 1059 y 1080. Este último tuvo lugar en tiempos de Gregorio VII, que hasta entonces había tratado a Berengario con paciencia y longanimidad.

isla en las afueras de Tours, sin haber abandonado definitivamente sus doctrinas. La larga tradición que afirma lo contrario no parece ser fidedigna.

Resulta imposible fijar la fecha de los comienzos de esta nueva controversia eucarística. Por una parte, no cabe duda de que la cuestión de la presencia de Cristo en la comunión preocupaba a los pensadores de la época, y ya hemos visto cómo Fulberto escribió acerca de ella. Por otra parte, los primeros documentos en los que se une el nombre de Berengario a la cuestión eucarística datan de alrededor del año 1048. A partir de entonces, los textos se multiplican, de modo que resulta bastante exacto decir que la controversia eucarística tuvo lugar en la segunda mitad del siglo XI.[27]

El documento del año 1048 es una carta que Hugo, obispo de Chartres, dirigió a Berengario al recibir noticias de sus opiniones eucarísticas.[28] En esta epístola se ve claramente que eran dos los aspectos de la doctrina de Berengario que preocupaban a sus contemporáneos: su negación de que la esencia del pan y el vino sea transformada, y su afirmación según la cual el cuerpo de Cristo está presente solo «intelectualmente», es decir, espiritualmente. Hugo afirma frente a Berengario que el pan deja de ser tal y se convierte literalmente en cuerpo de Cristo, aun cuando conserva el sabor del pan. De lo contrario, este supuesto cuerpo no tendría poder alguno y la comunión resultaría vana.[29]

Además de esta carta de Hugo, hay otros documentos suscitados por los primeros embates de la controversia,[30] que no añaden gran cosa a lo que ya había sido dicho por Hugo o por alguno de los antiguos «padres».

La controversia tomó nuevos vuelos cuando, tras su condenación en Roma en 1059, Berengario publicó un *Opúsculo*[31] en el que insistía sobre sus doctrinas. Puesto que a este opúsculo respondió Lanfranco con su *Libro del cuerpo y la sangre del Señor contra Berengario*[32] y puesto que este a su vez le contestó en su tratado *De la sacra cena*, la controversia

---

[27] En toda esta sección sobre Berengario, seguimos la cronología de A. J. MacDonald, *Berengar and the Reform of Sacramental Doctrine* (München, 1964). Véase también J. de Montclos, *Lanfranc et Berenger: La controverse eucharistique du XIe siècle* (Lovaina, 1971).

[28] *PL*, 142:1325-1334.

[29] *PL*, 142:1327. Es interesante notar que Hugo llega a afirmar que el pan, una vez convertido en cuerpo de Cristo, resulta indestructible, aun tras ser ingerido.

[30] *Epistola Beregarri ad Ascelinum* (*PL*, 150:66); *Epistola Ascelini ad Berengarium* (*PL*, 150:67-68); Adelmano, *Ad Berengarium epistola* (*PL*, 143:1289-1296); Frolando de Senlis, *Epistola ad Berengarium* (*PL*, 143:1369-1372); Durand de Troarn, *De corpore et sanguine Domini* (*PL*, 149:1375-1424); Eusebio Bruno, *Epistola ad Berengarium magistrum de sacramento eucharistiae* (*PL*, 147:1201-1204). Esta última epístola pertenece al período posterior al concilio de Roma (1059).

[31] Este *Opúsculo* se ha perdido, pero Lanfranco cita suficientes porciones de él para darnos una idea de su contenido. Véase la nota siguiente.

[32] *PL*, 150:407-442.

desembocó en una confrontación entre los dos teólogos más notables de su época. Si bien un procedimiento estrictamente cronológico exigiría que tratásemos cada una de estas tres obras separadamente,[33] las exigencias de la brevedad, así como el hecho de que no hay grandes diferencias entre el *Opúsculo* de Berengario y su último tratado, nos llevan a exponer primero la posición de Berengario frente a Lanfranco,[34] y luego la posición de este frente al teólogo de Tours.

Berengario rechaza la doctrina de sus opositores en dos puntos: en la idea según la cual el pan y el vino dejan de existir, y en la pretensión de que el cuerpo de Cristo, que nació de María, está presente físicamente en el altar. Ambas doctrinas le parecen absurdas.

En primer lugar, respecto a la permanencia del pan y el vino en el altar, Berengario afirma que aun sus adversarios —sin percatarse de ello— la conceden. Así, cuando dicen que el pan y el vino son el cuerpo y la sangre de Cristo, están diciendo que el pan y el vino todavía son algo: el cuerpo y la sangre de Cristo.[35]

Además, si el color y el sabor del pan y el vino permanecen aun después de la consagración, esto quiere decir que la sustancia de los elementos permanece también, pues los accidentes no pueden separarse de las sustancias en que existen.[36]

En segundo lugar, en cuanto a la presencia del cuerpo de Cristo, Berengario se niega a aceptar las consecuencias que tal presencia acarrearía. El cuerpo de Cristo, el mismo que nació de María, está en el cielo, y no hay porciones de su carne en cada altar, ni hay miles de cuerpos de Cristo.[37] Jesucristo fue sacrificado de una vez por todas, y la comunión es un recordatorio de este sacrificio.[38] En resumen: ni el pan es asumido hasta el cielo, ni el cuerpo de Cristo desciende de él, y en consecuencia el pan sigue siendo tal.[39]

Esto no quiere decir, sin embargo, que Berengario piense que la comunión sea solo un recordatorio del sacrificio de Cristo, una especie de ejercicio sicológico en el que la iglesia hace un esfuerzo por despertar su recuerdo de los acontecimientos del Calvario. Berengario sostiene que la comunión es eficaz, y que, sin que el pan y el vino dejen de existir, vienen

---

[33] Así lo hace MacDonald, *op. cit.*, pp. 285-330.

[34] De hecho, el *Opúsculo* no iba dirigido contra Lanfranco, sino contra el cardenal Humberto, quien le había obligado a retractarse en 1959.

[35] *PL*, 150:414; *De sacra coena*, (edición de Vischer, Berlín, 1834), p. 279.

[36] *De sacra coena*, p. 171.

[37] *De sacra coena*, pp. 198-199, 237.

[38] *De sacra coena*, pp. 131, 272-273. En *PL*, 150:425, Lanfranco citaba a Agustín en sentido contrario.

[39] *PL*, 150:439.

a ser «sacramento», es decir, señal, del cuerpo de Cristo, que está en el cielo. Por tanto, aunque no en sentido estricto, se puede decir que el sacramento es el cuerpo y la sangre del Señor.[40]

Lanfranco, el gran contrincante de Berengario, era natural de Pavía, y había sido abogado y después profesor de derecho y gramática. Poco antes de mediar el siglo se unió al monasterio de Bec, a cuya escuela dio gran fama. De allí pasó a otro monasterio y, finalmente, fue nombrado arzobispo de Canterbury (1070), cargo que ocupó con distinción hasta su muerte en 1089. Aparte de su *Libro del cuerpo y la sangre del Señor*, dejó comentarios a las epístolas de San Pablo, varias cartas y otras obras menores.[41] Antes de escribir su libro contra Berengario, había tenido contactos con él al asistir a algunas de sus conferencias en Tours, además de una carta que Berengario le envió y que —por ser entregada a la curia antes que a Lanfranco— produjo no pocas dificultades para este último.

En su raíz, la diferencia entre Lanfranco y Berengario está en sus diversas actitudes ante la autoridad eclesiástica. Lanfranco reprochaba a Berengario el dar demasiada importancia a la dialéctica y muy poca a la autoridad, y quizás por esa razón Berengario incluyó numerosas referencias bíblicas y patrísticas en *De la sacra cena*. Sin embargo, el propio Lanfranco no era en realidad antidialéctico, pues en su propio libro, siempre que se le presenta la oportunidad, trata de refutar a Berengario mediante el uso de la lógica. La posición de Lanfranco consistía más bien en hacer uso de la razón y de su estructura formal, la dialéctica, pero siempre dentro de los marcos de la ortodoxia según la definían las Escrituras y la tradición de la iglesia.[42] Aunque la razón es buena, y debemos usarla, lo que nos es dado por la fe y no puede ser alcanzado por el entendimiento ha de ser creído con humildad y paciencia.[43]

La doctrina eucarística de Lanfranco se opone radicalmente a la de Berengario. El cuerpo de Cristo está realmente presente en la eucaristía, y esto por una transformación en la esencia misma de los elementos consagrados,[44] de tal modo que ya no son pan y vino. De hecho, si las Escrituras y los «padres» se refieren a ellos como «pan» y «vino» lo hacen solo simbólicamente, pues lo que hay en el altar es símbolo, aunque no del cuerpo ni la sangre de Cristo, sino del pan y el vino que antes estaban allí.[45]

---

[40] *PL*, 150:423, 436; *De sacra coena*, p. 84.

[41] Publicado todo en conjunto en: *PL*, CL, 101-640. Su *Comentario a los Salmos* se ha perdido.

[42] *Liber de corpore et sanguine Domine*, 17 (*PL*, 150:427).

[43] *Liber de corpore et sanguine Domine*, 21 (*PL*, 150:439).

[44] *Liber de corpore et sanguine Domine*, 9 (*PL*, 150:420).

[45] *Liber de corpore et sanguine Domine*, 20 (*PL*, 150:436).

Como bien señala MacDonald,[46] hay dos puntos en que la doctrina eucarística de Lanfranco resulta contradictoria. El primero de estos puntos se encuentra cuando Lanfranco afirma que, en la comunión, el pan material alimenta el cuerpo al tiempo que el Cuerpo de Cristo alimenta el alma.[47] ¿Cómo puede un pan que no existe alimentar un cuerpo? El segundo se encuentra en la doble afirmación según la cual el cuerpo eucarístico de Cristo comienza a existir al momento de la consagración,[48] y ese cuerpo es el mismo que nació de María.[49] Claramente, ambas opiniones son irreconciliables. Lo que ha sucedido es que Lanfranco ha querido reconciliar la doctrina eucarística de Agustín con la de Pascasio Radberto, y hacerlo en términos lógicamente consecuentes.

La controversia eucarística no terminó con la condenación de Berengario. Además de varios escritores antidialécticos que atacaron a Berengario desde posiciones estrictamente conservadoras —entre ellos Pedro Damián, Wolfelm de Brauweiler y Manegold de Lautenbach— hubo todavía un Otlón de San Emmeran que se atrevió a insistir en la teoría agustiniana,[50] y que lo hizo con cierta medida de éxito. Güitmundo de Aversa, al igual que antes Lanfranco, atacó las teorías de Berengario haciendo uso del método dialéctico, y esto con más liberalidad que Lanfranco.[51] Su tratado *De la verdad del cuerpo y la sangre de Cristo*[52] parte de la omnipotencia divina para mostrar la vacuidad de los argumentos de Berengario. El viejo argumento según el cual el Dios que creó de la nada puede transformar lo que ya existe aparece de nuevo. Fue Güitmundo quien popularizó el uso del término «sustancial» más bien que «esencial» para referirse al cambio que, según él, ocurría al ser consagrados los elementos.[53] Su realismo llega a tal punto que afirma que el pan consagrado, puesto que no es pan, no nutre a quien lo come, y que si un sacerdote indigno, para probar que sí nutre, consagrase grandes cantidades de pan, lo que sucedería sería, o bien que el pan no sería verdaderamente consagrado, dada la incredulidad del sacerdote, o bien que los demonios cambiarían el elemento consagrado, para engañar a los fieles, o bien que los ángeles lo cambiarían, para evitar su profanación.[54]

---

[46] Beren*gar and the Reform*..., pp. 294-295.

[47] *Liber de corpore et sanguine Domine*, 20 (*PL*, 150:438).

[48] *Liber de corpore et sanguine Domine*, 18 (*PL*, 150:433).

[49] *Ibid.*

[50] Véase: MacDonald, *op. cit.*, pp. 331-340.

[51] *Ibid.*, p. 341.

[52] *PL*, 149:1427-1494.

[53] MacDonald, *op. cit.*, p. 344.

[54] *De corporis et sanguinis*..., 2 (*PL*, 149:1450-1453).

504 Historia del pensamiento cristiano hasta el siglo xxi

Ya a finales del siglo XI podía darse por terminada la controversia, aun cuando la doctrina de la transubstanciación no se definió sino hasta el año 1215. Las obras eucarísticas del siglo XII dan por sentado que la transformación del pan y el vino en el cuerpo y la sangre de Cristo es la doctrina ortodoxa, y a partir de esa presuposición tratan de enmarcarla dentro del conjunto de las demás doctrinas cristianas.

En cuanto a la controversia que tuvo lugar en el siglo XI, su importancia no está solo en el hecho directo de que a través de ella se llegó a formular la doctrina de la transubstanciación, sino también en el hecho de que esa controversia muestra cómo la segunda mitad del siglo XI preludia el Renacimiento del XII. Tras la cuestión eucarística se esconde la otra, de mucho más alcance, del uso de la razón en la teología. Berengario la coloca por encima de la autoridad; Pedro Damián la repudia; Lanfranco y Güitmundo tratan de uncirla al carro de la autoridad; pero ninguno puede desentenderse de ella. En el siglo XII esta cuestión del uso de la razón —y la previa del carácter de la razón— ocupará buena parte del interés de los teólogos.

Otra actividad teológica

El que la controversia eucarística ocupe una porción tan grande de este capítulo no debe dar a entender que solo de ella se ocuparon los teólogos de la época. La tensión con la iglesia oriental, cada vez mayor, llevó a personajes tales como el cardenal Humberto a escribir sobre ella. La cuestión de las investiduras llevó a varios teólogos a tratar sobre la autoridad de la iglesia.[55] Además, ya a principios del siglo comenzó a aparecer en Francia y otras regiones de Europa Occidental la herejía de los cátaros, que sería cruelmente perseguida en el siglo XIII.[56] A finales de la centuria, poco antes de la muerte de Berengario, el judío converso Samuel Marroquí compuso en árabe un *Libro de la pasada venida del Mesías*,[57] en el que trata de probar, casi siempre a base de textos del Antiguo Testamento, que Jesús era el Mesías, que los judíos pecaron al no recibirle como tal, y que por ese pecado han sido dispersados por el mundo. El último capítulo de

---

[55] Por razones de claridad, estas dos controversias han quedado relegadas a capítulos posteriores. La primera será discutida cuando tratemos la teología oriental del siglo XI. La segunda será incluida en el capítulo sobre el siglo XII, pues fue en esa centuria que se llegó a una solución al menos provisional.

[56] Puesto que los cátaros o albigenses ocuparon la atención de los siglos XII y XIII, y el XI solo conoció los inicios de su propagación, es en el XII que debemos discutirlos.

[57] Traducción latina del siglo XIV (*PL*, 149:337-368).

esta obra resulta curioso pues en él el autor aduce el testimonio del Corán en pro de Jesús.[58] ¡Sorprendente muestra del diálogo entre cristianos, judíos y musulmanes, menos de una década antes de que el papa Urbano II, al grito de «Dios lo quiere», volcara sobre Tierra Santa la ambición y el fanatismo de Europa!

---

[58] *Liber de adventu Messiae praeterito*, 27 (*PL*, 149:365-368).

27

El Renacimiento del siglo XII

El siglo XII trajo consigo una nueva era en la historia del pensamiento cristiano. El despertar teológico que había quedado interrumpido en medio del caos de la decadencia carolingia logró ahora producir sus frutos, no ya bajo la sombra de algún gran imperio, sino de una iglesia en vías de reforma que, al mismo, tiempo reclamaba para sus príncipes derechos y autoridad por encima de los príncipes seculares. Las condiciones económicas y sociales que dan origen al auge de las ciudades hacen que la teología se concentre menos en los centros monásticos y más en las escuelas catedralicias, anunciando así lo que serían las universidades del siglo XIII.

En el año 1099, último del siglo XI, muere Urbano II, el consolidador de la reforma gregoriana, Jerusalén cae conquistada por la Primera Cruzada, y en España muere el Cid. Muy cerca de esa fecha —posiblemente en el 1098— nace Hildegarda de Bingen, una de las más ilustres mujeres del Medioevo. El siglo que tales acontecimientos introduce es el siglo del gótico primitivo, del amor romántico, del Reino latino de Jerusalén, de los traductores que en Toledo vierten al latín la sabiduría que los árabes han conservado, de Ricardo Corazón de León y de San Bernardo de Claraval. El siglo que produjo tales figuras y tales acontecimientos no podía sino producir grandes teólogos y debates doctrinales.

El precursor: Anselmo de Canterbury

Ese siglo, sin embargo, no nació en el año 1100, sino el día, años antes, en que Anselmo de Bec —más tarde arzobispo de Canterbury— tomó la pluma para dar inicio a su vasta producción teológica.

Anselmo era natural de Piamonte, pero varios años de peregrinación y la fama de Lanfranco le llevaron al monasterio de Bec en Normandía. Allí llegó a ser monje en 1060, prior en 1063 y abad en 1078. En ese período, tras haber sido discípulo de Lanfranco, fue maestro de docenas de estudiosos que acudían a Bec para recibir sus enseñanzas. Fue también en Bec que escribió la mayoría de sus obras: el *Monologio*,[1] el *Proslogio*,[2] *Acerca del gramático*[3] y *Epístola de la encarnación del Verbo*.[4] Llamado a la sede de Canterbury en 1093, tuvo dificultades con el rey, en parte por la cuestión de las investiduras, y en 1097 abandonó su sede, partiendo en exilio voluntario hasta el 1100. Durante este período, tomó de nuevo la pluma y escribió su famoso tratado *Por qué Dios se hizo hombre*,[5] además de *De la concepción virginal y el pecado original*[6] y *Sobre la procesión del Espíritu Santo*.[7] De regreso a Canterbury, sus dificultades volvieron a surgir, y tuvo que partir en un segundo exilio que duró de 1103 a 1106. En esa fecha, resueltas sus diferencias con el poder laico, volvió a su sede, que ocupó en paz hasta el fin de sus días en 1109. Obra de estos últimos años es *De la concordia de la presciencia, la predestinación y la gracia con el libre albedrío*.[8]

El método teológico de Anselmo consiste en plantearse un problema teológico y luego resolverlo, no a base de la autoridad de las Escrituras o de los «padres» de la iglesia, sino mediante el uso de la razón. El tipo de problema que Anselmo se plantea no es una mera cuestión especulativa, sino que es generalmente la posición equivocada de algún ateo o hereje, que es preciso refutar. A partir entonces, de las presuposiciones que ese ateo o hereje aceptaría —aunque transformándolas a medida que el argumento progresa— Anselmo prueba la doctrina ortodoxa. Este método parece a primera vista en extremo racionalista y, de hecho, Anselmo se lanza a probar doctrinas que la mayoría de los teólogos posteriores nunca trataría de probar por medios puramente racionales, tales como la Trinidad y la encarnación. Pero es necesario recordar que Anselmo el teólogo es siempre Anselmo el creyente, de modo que él ya cree lo que pretende probar, y el propósito de su trabajo no es llegar a la fe mediante la razón, sino mostrar su error a los incrédulos y hacer más rica y profunda la fe del propio teólogo. Este doble propósito se encuentra claramente expresado en *Por qué Dios se hizo hombre*:

---

[1] *BAC*, 82:188-347.

[2] *BAC*, 82:358-409.

[3] *BAC*, 82:442-483.

[4] *BAC*, 82:684-735.

[5] *BAC*, 82:742-891.

[6] *BAC*, 100:4-77.

[7] *BAC*, 100:82-167.

[8] *BAC*, 100:206-285.

El fin de aquellos que hacen esta petición no es el llegar a la fe por la razón, sino el de complacerse en la inteligencia y contemplación de las verdades que creen. Quieren llegar a poder dar cuentas, en cuanto les es posible, de la esperanza que nosotros tenemos, a cualquiera que les pregunte sobre el particular.[9]

Luego el propósito de la teología anselmiana no es escudriñar los secretos de Dios, llevada por una curiosidad ociosa, sino que es conducir la fe a su propia comprensión.

No intento, Señor, penetrar tu profundidad, porque de ninguna manera puedo comprar con ella mi inteligencia; pero deseo comprender tu verdad, aunque sea imperfectamente esa verdad que mi corazón cree y ama. Porque no busco comprender para creer, sino que creo para llegar a comprender. Creo, en efecto, porque, si no creyere, no llegaría a comprender.[10]

Siguiendo esta metodología, Anselmo se planteó en el *Monologio* la cuestión de la existencia de Dios, y se hizo el propósito de probar esa existencia —así como los atributos divinos y la doctrina trinitaria— sin apelar a las Escrituras.[11] Sus argumentos en esa obra se reducen a uno solo: si las cosas que existen participan en diversos grados de lo bueno, del ser y de la dignidad, esto se debe a que lo bueno, el ser y la dignidad no están sencillamente en ellas, sino que existen por encima y aparte de ellas. En el caso del ser, por ejemplo, las cosas son porque participan del ser, es decir, no subsisten en sí mismas, sino en otro. Ese otro que es el ser mismo —y que por necesidad lógica no puede ser más de uno[12]— es el ser supremo o sumo bien.[13]

El propio Anselmo no quedó satisfecho con esta argumentación, no porque le pareciera falaz, sino porque era muy complicada y requería varios pasos sucesivos. Tras buscar ansiosamente un argumento más sencillo, descubrió el que expuso en su *Proslogio*, y que más tarde recibió el nombre de «argumento ontológico». En el *Proslogio*, Anselmo trata de mostrar por qué el Salmo 13 dice que el insensato niega la existencia de

---

[9] *Cur Deus homo*, 1.1 (*BAC*, 82:745).

[10] *Proslogio*, 1 (*BAC*, 82:367).

[11] *Monologio, prólogo* (*BAC*, 82 :191).

[12] El argumento en este sentido puede resumirse diciendo que varios seres de tal naturaleza serían indistinguibles, y que aquello que no puede distinguirse en modo alguno es uno: el principio de la identidad de los indistinguibles.

[13] *Monologio*, 1-4 (*BAC*, 82:192-203).

Dios, es decir, por qué negar esa existencia constituye una insensatez, y llega al argumento siguiente, que merece ser leído con detenimiento:

> El insensato tiene que convenir en que tiene en el espíritu la idea de un ser por encima del cual no se puede imaginar ninguna otra cosa mayor, porque cuando oye enunciar este pensamiento, lo comprende, y todo lo que se comprende está en la inteligencia; y sin duda alguna este objeto por encima del cual no se puede concebir nada mayor, no existe en la inteligencia solamente, porque, si así fuera, se podría suponer, por lo menos, que existe un ser mayor que aquel que no tiene existencia más que en el puro y simple pensamiento. Por consiguiente, si este objeto por encima del cual no hay nada mayor estuviese solamente en la inteligencia, sería, sin embargo, tal, que habría algo por encima de él, conclusión que no sería legítima. Existe, por consiguiente, de un modo cierto, un ser por encima del cual no se puede imaginar nada, ni en el pensamiento ni en la realidad.[14]

En los capítulos tercero y cuarto, Anselmo vuelve sobre este mismo argumento, mostrando ahora que el ser que es tal que no se puede concebir otro mayor que él es Dios el Creador.

> Existes, pues, ¡oh Señor, Dios mío!, y tan verdaderamente, que no es siquiera posible pensarte como no existente, y con razón. Porque si una inteligencia pudiese concebir algo que fuese mayor que tú, la criatura se elevaría por encima del Creador y vendría a ser su juez, lo que es absurdo. Por lo demás, todo, excepto tú, puede por el pensamiento ser supuesto no existir. A ti solo, entre todos, pertenece la cualidad de existir verdaderamente y en el más alto grado.[15]

> Aquel que comprende lo que es Dios, no puede pensar que Dios no existe, aunque pueda pronunciar estas palabras en sí mismo, ya sin atribuirles ningún significado, ya atribuyéndoles un significado torcido, porque Dios es un ser tal, que no se puede concebir mayor que Él. El que comprende bien esto, comprende al mismo tiempo que tal ser no puede ser concebido sin existir de hecho. Por consiguiente, quien entiende este modo de ser de Dios no puede pensar que no existe.[16]

---

[14] *Proslogio*, 2 (*BAC*, 82:367).
[15] *Proslogio*, 3 (*BAC*, 82:369).
[16] *Proslogio*, 4 (*BAC*, 82:371).

Este argumento no fue aceptado sin más, sino que desde entonces ha sido un lugar común en la discusión filosófica y teológica.[17] Lo que aquí nos importa, empero, es cómo fue recibido en su época y cómo Anselmo respondió a las objeciones. Poco después de la aparición del *Proslogio* un monje de Marmoutier, de nombre Gaunilo, escribió un breve *Libro en defensa del insensato*[18] en el que, al tiempo que elogiaba la obra de Anselmo en todo lo demás,[19] objetaba a su argumento para probar la existencia de Dios.

La objeción de Gaunilo era doble. En primer lugar, se negaba a conceder que aun el ateo tiene la idea de un ser por encima del cual no se puede imaginar otra cosa mayor. En segundo lugar, objetaba el modo en que Anselmo deducía la existencia a partir de la idea de ese ser. En cuanto al primer punto, Gaunilo arguye que la idea de «un ser por encima del cual no se puede imaginar ninguna otra cosa mayor» no se encuentra realmente en la mente de quien dice comprenderla; es decir, del ateo a quien aquí se llama insensato. Lo que el insensato comprende son las palabras que forman esa idea, y en este caso son palabras de muy difícil comprensión. Ese ser mayor que ningún otro no puede ser comprendido por la mente humana de tal modo que de su esencia se puedan deducir conclusiones. Cuando el necio dice que comprende la idea de Dios, no quiere decir que sabe qué es Dios —lo cual sería absurdo— y, por tanto, no puede concluirse cosa alguna a partir de esa idea del insensato.[20]

La segunda objeción de Gaunilo es que de la perfección de una idea no puede deducirse la existencia de lo que ella representa. Supóngase, por ejemplo, que alguien tiene la idea de una isla que es la mejor posible. ¿Quiere esto decir que esa isla tiene que existir, porque si no existiera sería menos perfecta que las que de hecho existen? Ciertamente, no. Tal

---

[17] Además de su importancia para la historia de la filosofía por el uso o críticas que de él hicieron pensadores tales como Tomás de Aquino, Descartes, Kant y Hegel, este argumento ha sido el tema de una vasta cantidad de estudios importantes. El punto débil de la mayoría de estas interpretaciones es que su propósito no es descubrir lo que Anselmo quería decir, sino interpretar su argumento según presuposiciones que no son siempre las mismas del arzobispo de Canterbury. Para comprender el sentido del argumento de Anselmo hay que partir de la presuposición según la cual las palabras y los pensamientos que con ellas se expresan corresponden a la realidad. Para Anselmo, la existencia que se muestra por los sentidos es contingente, pues todo lo que los sentidos nos dan a conocer es pasajero. La única existencia que es lógica y absolutamente necesaria es la que se demuestra a partir de la esencia, tal como él lo hace en su propio argumento. Quien no esté dispuesto a comprender esta presuposición anselmiana podrá ofrecer nuevas interpretaciones y críticas del argumento, pero no podrá entender su sentido original.

[18] *Pro insipiente (BAC*, 82:406-415).

[19] *Pro insipiente,* (*BAC*, 82:415).

[20] *Pro insipiente*, 4 (*BAC*, 82:411-413).

argumento solo sería propuesto por alguien tan insensato como el necio que dijo en su corazón que no hay Dios.[21]

En respuesta a estas objeciones escribió Anselmo su *Apología contra Gaunilo*.[22] A la primera, Anselmo responde diciendo que el ser por encima del cual no se puede imaginar ninguna otra cosa mayor sí puede concebirse, como lo prueba la fe del propio Gaunilo.[23] Naturalmente, aquí Anselmo no se enfrenta de veras a la objeción de Gaunilo, que no es que Dios no pueda concebirse, sino que el ateo —el insensato— le concibe como una idea compuesta por las ideas de varias palabras que comprende; es decir, que el insensato comprende qué ideas forman la noción del ser supremo, pero no cree que puedan unirse en una sola.

La segunda objeción de Gaunilo refuta lo que Anselmo no había dicho. En efecto, Anselmo no pretende que todo lo que se concibe como perfecto en su género tenga que existir —en este caso, la isla de Gaunilo— sino que el ser que se concibe como absolutamente perfecto ha de concebirse también como existente. La isla de Gaunilo pertenece a un género cuyos miembros pueden existir o no. El ser perfecto no pertenece a un género tal. Dicho de otro modo: la perfección no puede concebirse como inexistente, pues entonces se le concebirá como imperfecta.

Naturalmente, el argumento de Anselmo solo resulta válido dentro de ciertas presuposiciones que no todos están dispuestos a aceptar. Así, por ejemplo, presupone que la existencia es una perfección, que la perfección puede ser concebida, y que las estructuras de la realidad corresponden a las estructuras del pensamiento. Pero, a pesar de ello, ha sido seguido y utilizado en siglos posteriores por muchos notables teólogos y filósofos.

Este Dios cuya existencia Anselmo ha probado en el *Monologio* y después en el *Proslogio* es absolutamente simple, de tal modo que sus llamados «atributos» no son accidentes de su sustancia, sino que son su propia esencia.[24] Se puede decir que está en todo lugar y todo tiempo,[25] y que no está en tiempo ni lugar alguno,[26] pues en él están todos los tiempos y lugares.[27] Este Dios, además, es trino.[28] Anselmo cree poder demostrarlo racionalmente, de igual modo que ha probado su existencia.

---

[21] *Pro insipiente,* 6 (*BAC*, 82:413-415).

[22] *BAC*, 82:416-437.

[23] *Apología* (*BAC*, 82:417).

[24] *Monologio*, 16-17 (*BAC*, 82:231-237); *Proslogio*, 12 (*BAC*, 82:383).

[25] *Monologio*, 20 (*BAC*, 82:243-245).

[26] *Monologio*, 21 (*BAC*, 82:245-249).

[27] *Monologio*, 22-24 (*BAC*, 82:251-257); *Proslogio*, 19 (*BAC*, 82:393).

[28] R. Perino, *La dottrina trinitaria di S. Anselmo nel quadro del suo metodo teologico e del suo concetto di Dio* (Roma, 1952), además de exponer los argumentos de San Anselmo, establece sus relaciones con San Agustín y con la teología posterior.

No podemos detenernos aquí a exponer los argumentos con que pretende probarlo en el *Monologio*[29] y el *Proslogio*,[30] pero sí debemos decir una palabra acerca de su *Epístola de la Encarnación del Verbo*,[31] que dedicó a refutar las doctrinas de Roscelino, y de su tratado *De la procesión del Espíritu Santo*,[32] en el que defiende el *filioque*.

Roscelino de Compiegne era un fiel defensor del uso de la dialéctica en la investigación teológica. Aun cuando la mayoría de sus obras se ha perdido, su *Epístola a Abelardo*[33] y las obras escritas contra él que se han conservado nos dan una idea aproximada de sus doctrinas. A pesar de lo que se haya dicho por sus intérpretes, tanto en el siglo XII como después, Roscelino no era un racionalista en el sentido estricto del término. Estaba dispuesto a someter su pensamiento a la autoridad de la iglesia —al menos tan dispuesto como lo estaba Anselmo—. La razón por la que Roscelino entró en conflicto con las autoridades no fue el hecho de que hiciese uso de la dialéctica, sino más bien el marco nominalista en que se colocaba. Para él, las palabras que expresan ideas universales no son más que «el viento de la voz»; es decir, no se refieren a realidades que existan fuera de los individuos. La humanidad, por ejemplo, no existe; lo que existe son los individuos humanos. Esto, llevado al terreno de la doctrina trinitaria, resulta en fórmulas que no podrían sino sorprender a sus contemporáneos. Según él, el único modo de entender la Trinidad es a base de tres sustancias, pues quien dice que son una sola sustancia tiene que decir que el Padre es el Hijo y que el Hijo es el Padre. Por tanto, la fórmula griega, que se refiere a las tres sustancias, es más adecuada.

> La sustancia del Padre no es otra cosa que el Padre y la sustancia del Hijo no es otra cosa que el Hijo, de igual modo que la ciudad de Roma es Roma y la criatura agua es agua. Así, pues, puesto que el Padre engendra al Hijo, la sustancia del Padre engendra la sustancia del Hijo. Porque una es la sustancia que engendra y la otra es la engendrada, ambas son diferentes, y siempre el que engendra y el engendrado son varios, y no una sola cosa.[34]

Esto es prácticamente todo cuanto puede decirse del pensamiento de Roscelino, pues el resto se ha perdido, o bien en el olvido, o bien en la

---

[29] *Monologio*, 29-65 (*BAC*, 82:267-322).

[30] *Proslogio*, 23 (*BAC*, 82:397-399).

[31] *BAC*, 82:684-735. La *Commendatio* que aparece al principio de esta obra, aunque es de Anselmo, se refiere, no a este escrito, sino a *Cur Deus homo*.

[32] *BAC*, 100:82-167.

[33] *PL*, 178:357-372.

[34] *Epistola ad Abaelardum* (*PL*, 178:366).

tergiversación que de él hicieron sus adversarios. Pero esto basta para mostrar por qué sus contemporáneos le acusaron de triteísta. Convocado ante el concilio de Soissons en 1092, Roscelino condenó el triteísmo — posiblemente con la conciencia tranquila, pues no creía en modo alguno que hubiera tres dioses—. Sin embargo, su persistencia en su doctrina le hizo objeto de varios ataques, entre ellos el de Anselmo que aquí nos interesa y más tarde otro por parte de Pedro Abelardo.

Anselmo se dispone a refutar esta posición, no a base de la Biblia, ya que Roscelino «o no cree en ella o la interpreta en un sentido falso»,[35] sino «por la razón, por medio de la cual intenta defenderse».[36] Aquí, sin embargo, no se trata tanto de probar la doctrina trinitaria como de mostrar los absurdos que hay envueltos en las fórmulas de Roscelino. Anselmo no encuentra dificultad alguna en mostrar tales absurdos. Pero quien, pasados los siglos, lee su obra, se percata de que Roscelino y Anselmo nunca llegan a encontrarse. El nominalismo del uno y el realismo del otro son tales que lo que para uno es razón es sinrazón para el otro, y viceversa.

En el tratado *De la procesión del Espíritu Santo*, Anselmo defiende la posición de la iglesia latina frente a los orientales. Fiel a su método teológico, Anselmo trata de probar mediante el uso de la razón que el Espíritu Santo procede «del Padre y del Hijo». Aquí, sin embargo, sí apela a las Escrituras y a la doctrina trinitaria ortodoxa, pues estas son autoridades que sus adversarios, los «griegos», aceptan.

Aparte de su argumento para probar la existencia de Dios, la obra de San Anselmo que más ha sido estudiada y discutida es su tratado sobre *Por qué Dios se hizo hombre*. En él pretende probar la necesidad de la encarnación, otra vez por métodos racionales, aunque dando por sentados el pecado original, el amor de Dios y su justicia.

Anselmo rechaza la teoría según la cual el propósito de la encarnación y pasión de Cristo fue librar al hombre de su esclavitud al diablo, o pagar una deuda contraída con él. El propósito de la encarnación es ofrecer satisfacción por una deuda, sí; pero no al diablo, sino a Dios. «Todo el que peca debe devolver a Dios el honor que le ha quitado, y esa es la satisfacción que todo pecador debe dar a Dios».[37] Dios no puede sencillamente perdonar esta deuda, pues eso sería capitular ante el desorden.[38] Pero el humano es incapaz de satisfacer por sus pecados, pues lo más que puede hacer es el bien, y eso no es más que su deber. «Cuando das algo a Dios de lo que le debes, aunque no hayas pecado, no debes considerarlo como una

---

[35] *De incarnatione Verbi*, 2 (*BAC*, 82:697).

[36] *Ibid.*

[37] *Por qué Dios se hizo hombre*, 1.11 (*BAC*, 82:777).

[38] *Por qué Dios se hizo hombre*, 1.12 (*BAC*, 82:777).

satisfacción de tu deuda».[39] En consecuencia, llega uno a la conclusión de Boso, el interlocutor de Anselmo en este diálogo: «No me queda nada con qué satisfacerle por el pecado».[40] Y esta dificultad se agrava si se tiene en cuenta que...

> ... va contra el honor de Dios que el hombre se reconcilie con Él, no obstante, la injuria que le ha hecho, sin que antes honre a Dios venciendo al demonio, del mismo modo que le deshonró cuando fue vencido por este. Esta victoria ha de ser tal que... por una muerte penosa venza al demonio, no pecando, lo que le es imposible siendo concebido y naciendo en pecado como consecuencia del primer pecado.[41]

Así pues, el humano, quien debe dar la satisfacción, es incapaz de ello. Solo Dios puede dar una satisfacción que sea digna de su honra violada. Solo el humano, por otra parte, puede satisfacer con justicia por el pecado humano. En consecuencia, de esta satisfacción «que no puede dar más que Dios, ni debe darla más que el hombre, se deduce que ha de darla necesariamente un hombre-Dios».[42]

Este libro de Anselmo hizo época. Aunque sin seguirlo en todos sus puntos, la mayoría de los escritores posteriores de la Edad Media interpretó a la luz de él la obra de Cristo. Tras ellos, casi todos los teólogos occidentales han seguido por el mismo camino, sin percatarse de que este modo de entender la obra de Cristo en pro de nosotros no es la más antigua en los escritos de los Padres de la Iglesia, y ciertamente no es la única —ni tampoco la principal— del Nuevo Testamento.[43] Es más: el libro mismo es señal del modo en que la teología cristiana se iba germanizando. La idea de que la gravedad de un insulto o deshonra depende del *status* social de la persona insultada es típicamente germánica. También lo es la idea paralela de que el pago necesario para expiar una deshonra depende del nivel relativo entre quien la comete y quien la recibe. Esto es parte fundamental del argumento de Anselmo, en el que una deshonra contra el Dios infinito

---

[39] *Por qué Dios se hizo hombre*, 1.20 (*BAC*, 82:807).

[40] *Por qué Dios se hizo hombre*, 1.20 (*BAC*, 82:809).

[41] *Por qué Dios se hizo hombre*, 1.22 (*BAC*, 82:815).

[42] *Por qué Dios se hizo hombre*, 7.7 (*BAC*, 82:835).

[43] Véanse: G. E. H. Aulén, *Den Kristna Försoningstanken: Hurudtyper och Brytningar* (Stockholm, 1930; trad. inglesa: *Christus Victor: An Historical Study of the Three Main Types of the Idea of the Atonement*, Londres, 1937); H. E. W. Turner, *The Patristic Doctrine of Redemption: A Study of the Development of Doctrine During the First Five Centuries* (Londres, 1952); Justo L. González, *Retorno a la historia del pensamiento cristiano* (Buenos Aires, 2004).

jamás puede ser pagada por un ser humano, cuyo *status* se encuentra muy por debajo del de Dios.

Anselmo fue sin lugar a duda el más grande teólogo de su época. Un historiador de la teología le ha llamado «el primer verdadero pensador cristiano de la Edad Media».[44] Aunque su obra se limitó a trabajos monográficos, sin pretender abarcar la totalidad de la doctrina cristiana, su éxito en el intento de aplicar la dialéctica a las cuestiones de la fe sin apartarse por ello de la doctrina ortodoxa mostró el camino a los grandes escolásticos del siglo XIII. Aunque el contenido de sus obras contribuyó grandemente a las formulaciones teológicas posteriores, el espíritu de las mismas, atrevido pero sujeto a la ortodoxia, contribuyó aún más. Con él entramos en una nueva era en la historia del pensamiento cristiano.

Pedro Abelardo

En la vida y obra de este erudito y dialéctico que estudió en las mejores escuelas de su época se conjugan el renacimiento teológico, la tragedia eclesiástica y el amor romántico.[45] Nacido en Bretaña en 1079, Abelardo se distinguió desde muy joven por su excepcional habilidad intelectual. Tras estudiar bajo Roscelino, el famoso nominalista, pasó a tomar clases de Guillermo de Champeaux, quien era entonces el principal exponente del realismo. Pero Guillermo tampoco le satisfizo y Abelardo, al tiempo que concede el mérito de su maestro, nos dice que sostuvo con él debates en los que resultó victorioso.[46] Con base en la fama de estos triunfos, Abelardo fundó una escuela en la que enseñaba filosofía y rivalizaba con Guillermo. Perseguido según él por los amigos de Guillermo, fue de ciudad en ciudad por algún tiempo hasta que llegó a Laón, donde residía un famoso maestro de teología llamado Anselmo, que no ha de confundirse con el de Bec y Canterbury. Abelardo le encontró elocuente, pero vacío de sabiduría y, en consecuencia, fundó su propia escuela, en la que comenzó a

---

[44] F. Cayré, *Patrologie et histoire de la théologie*, (París, 1947), 2:400.

[45] El bosquejo de su carrera que se presenta aquí ha sido tomado de la *Historia calamitatum* que él mismo escribió. Sobre el valor de esa obra como fuente para la vida de Abelardo, véanse: D. Visser, «Reality and Rhetoric in Abelard's "Story of My Calamities"», en *Proceedings of the Patristic, Medieval and Renaissance Conference*, 3 (1978), 143-55; C. S. Jaeger, «The Prologue to the "Historia Calamitatum" and the "Authenticity Question"», *Euphorion*, 74 (1980), 1-15. Sobre Abelardo en general, véanse: *Peter Abelard: Proceedings of the International Conference, Louvain, May 10-13, 1971* (Lovaina, 1974); R. Thomas, ed., *Petrus Abaelardus (1079-1142): Person, Werk und Wirkung* (Trier, 1980).

[46] *Historia calamitatum*, 2 (*PL*, 178:116).

dictar conferencias sobre Ezequiel. Anselmo, según Abelardo, no soportó tal impertinencia y se dedicó a perseguirle, con lo cual aumentó su fama.[47]

De Laón, Abelardo se dirigió a París, donde ganó fama en su tiempo como maestro de filosofía y teología, y para la posteridad como amante de su excepcional discípula Eloísa. Sus amores con Eloísa, tras su matrimonio secreto y el nacimiento de un hijo —al que llamaron Astrolabio, en honor de lo que consideraban una de las maravillas de la inteligencia humana— desembocaron en la tragedia cuando los parientes de la joven se introdujeron en la habitación de Abelardo y le privaron de sus órganos genitales.[48] Eloísa entonces se hizo monja, y él tomó el hábito en el monasterio de San Dionisio.[49]

Allí, sin embargo, no terminaron las que Abelarlo llama sus calamidades. En el monasterio se creó la enemistad de sus superiores al decir que el fundador de la casa no pudo haber sido Dionisio el Areopagita —en lo cual tenía razón—. Sus doctrinas trinitarias, que había expuesto en oposición a Roscelino, no encontraron mejor acogida que las de su contrincante, y en 1121 un sínodo reunido en Soissons le obligó a quemar su propio tratado *De la divina unidad y trinidad*.[50] Herido en cuerpo y alma, se retiró a un lugar desierto.

A su retiro le siguieron su fama, sus discípulos y sus enemigos. Pronto se formó alrededor de él una comunidad, y así fundó una escuela a la que dio el nombre de El Paracleto.[51] Allí le siguió también Eloísa, quien con la ayuda de su antiguo amante fundó un convento. Pronto su fama llamó a sus enemigos a la acción. El monje Bernardo de Claraval, famoso místico y predicador, hombre de mucha influencia en toda Europa, se escandalizó al oír de las doctrinas de Abelardo y del modo en que aplicaba la dialéctica a las cuestiones de la fe. Convocado a un sínodo en 1141, no se le permitió defenderse, sino que fueron condenadas varias proposiciones tomadas de sus obras. Abelardo apeló al Papa; pero cuando se aprestaba a presentar su caso ante Inocencio II recibió la noticia de que este —quizás por intervención de Bernardo—había confirmado su condenación.

En Cluny, adonde se retiró, fue bien recibido y tratado por Pedro el Venerable, quien le incitó a escribir una *Profesión de fe*, en la que se mostraba ortodoxo. A su muerte, Eloísa solicitó y obtuvo que sus restos fueran colocados en el Paracleto, cerca del convento en el que ella pasó el resto de sus días.

---

[47] *Historia calamitatum*, 3-4 (*PL*, 178:123-125).

[48] *Historia calamitatum*, 6-7 (*PL*, 178:126-135).

[49] *Historia calamitatum*, 8 (*PL*, 178:135-140).

[50] *Historia calamitatum*, 9-10 (*PL*, 178:140-159).

[51] *Historia calamitatum*, 11 (*PL*, 178:159-163).

Las obras de Abelardo son muchas, y hay varias cuya paternidad se discute. En el campo de la filosofía, su obra más notable es la *Dialéctica*.[52] Su *Conócete a ti mismo* o *Ética*[53] planteaba un modo de ver el pecado original radicalmente distinto del comúnmente aceptado. Su *Diálogo entre un filósofo, un judío y un cristiano*[54] constituye una interesante apología. Su *Exposición del Hexámeron*[55] y su *Comentario a los Romanos*[56] dan prueba de su habilidad exegética y de su erudición. Pero sus obras fundamentales son su *Introducción a la teología*,[57] *Teología cristiana*[58] y *Sic et non —Sí y no—*.[59] A esto han de añadirse sus epístolas, sermones e himnos,[60] varias obras perdidas y su tratado *De la divina unidad y trinidad*, condenado y quemado en Soissons en 1121.[61]

Dejando a un lado la lógica de Abelardo en sus líneas generales, el primer aspecto de su pensamiento que aquí nos interesa es aquel en que la lógica desemboca en la metafísica, y de allí pasa a la teología, es decir, la cuestión de los universales. Abelardo define su posición respecto a los universales en oposición a sus dos maestros: Guillermo de Champeaux y Roscelino. Como hemos dicho anteriormente, Guillermo era el mayor exponente de los realistas. Según él, los universales existen antes que las cosas particulares, y están totalmente presentes en cada una de ellas. Esta posición desembocaba en dos dificultades. En primer lugar, habría que afirmar la ubicuidad de los universales. En segundo lugar, habría que estar dispuesto a predicar los contrarios del mismo universal, pues «animal», por ejemplo, es racional en el hombre e irracional en el caballo. A fin de evitar estas y otras consecuencias que al parecer le fueron señaladas por su discípulo Abelardo, Guillermo se retiró de su posición original, y dijo que las esencias que se encuentran en los diversos individuos del mismo género no son la misma, aunque son «no diferentes», es decir, semejantes. Así, por ejemplo, la humanidad de Pedro es una y la de Juan es otra, pero

---

[52] Editada por L. M. de Rijk (Assen, 1956). Otras obras filosóficas y lógicas de Abelardo pueden verse en: B. Geyer (ed.), *Peter Abelards philosophische Schriften* (Münster, 1919); L. Minio-Paluello, *Abelardiana inedita* (Roma, 1958).

[53] *PL*, 178:633-678.

[54] *PL*, 178:1611-1682.

[55] *PL*, 178:731-784.

[56] *PL*, 178:783-978.

[57] *PL*, 178:979-1114. Al parecer, las dos terceras partes de esta obra se han perdido.

[58] *PL*, 178:1123-1330. El libro V, aunque probablemente de Abelardo, no pertenece en realidad a esta obra. Quizá sea parte de la *Introducción*.

[59] *PL*, 178:1339-1610.

[60] Publicados en *PL*, 178:113-610, 1759-1824.

[61] Publicado por R. Stolzle, *Abelards 1121 zu Soissons verustheilter Tractatus de unitate et Trinitate divina* (Friburg, 1891). Edición crítica: H. Ostlender (Münster, 1939).

ambas son semejantes. Esto, sin embargo, no resuelve el problema, pues resulta difícil explicar cómo dos realidades pueden ser semejantes si no tienen algo en común, y volvemos así a la dificultad de explicar cómo puede haber algo en común entre diversos individuos.

La solución de Abelardo, aunque parece ser la misma de Roscelino, no lo es. Abelardo afirma que el universal es «el sentido del nombre». Su maestro Roscelino había dicho que era «la emisión —o el viento— de la voz». Tal posición haría imposible explicar cómo y por qué es posible hablar de «animal» sobre un caballo y no de una piedra. Si los universales fuesen meros sonidos no habría afirmaciones correctas ni erróneas. Los universales son, sí, sonidos, pero son sonidos con sentido. Es ese sentido lo que interesa, y el problema no se resuelve sencillamente negándolo. El problema se resuelve, según Abelardo, dándose cuenta de que los universales no son «cosas», es decir, no pueden existir en sí mismos, sino solo por abstracción. Son reales de modo semejante a aquel en que la forma existe en la materia: la forma puede abstraerse de la materia, pero siempre se nos da en ella.[62] De igual modo, los universales pueden abstraerse de los individuos —y es necesario hacerlo para pensar— pero no se nos dan aparte de ellos. Tal es el núcleo de la posición de Abelardo, que se ha llamado «conceptualismo» y que ejercería gran influencia en siglos posteriores.

Aparte del tema de los universales, hay otros tres en el pensamiento de Abelardo que merecen nuestra atención: el método teológico del *Sic et non*, la doctrina de la obra de Cristo, y la ética. A cada uno de estos dedicaremos un párrafo.

El título mismo del *Sic et non* —«Sí y no»— señala el carácter de la obra. Se trata de una serie de 158 cuestiones teológicas a las que algunas de las autoridades —ya sea la Biblia, ya alguno de los antiguos autores cristianos— responden afirmativamente, y otras en sentido contrario. Abelardo se contenta con citar, unas frente otras, a estas autoridades al parecer contradictorias, y no pretende ofrecer respuesta alguna por su parte. Dado el espíritu de la época, resulta fácil comprender cómo semejante obra, que parecía arrojar dudas sobre la autoridad de las Escrituras y de los Padres, fue muy mal recibida. Pero el propósito de Abelardo no era restarle autoridad a la iglesia, ni mostrar que las Escrituras o alguno de los «Padres» habían errado. Abelardo afirmaba y aceptaba la autoridad de los textos que citaba. Su propósito era más bien mostrar a los teólogos algunas de las dificultades que era necesario resolver al enfrentarse a ciertos temas. Abelardo creía que era posible emplear la razón e interpretar los textos por él

---

[62] Para evitar confusión, es necesario aclarar que esto se refiere a los universales como objeto del conocimiento humano, y no a las «ideas eternas», que Abelardo no niega, pero que existen solo en la mente de Dios.

citados de tal modo que se viera su acuerdo mutuo, y solo quería señalar a sus lectores la necesidad de hacerlo, según afirma claramente en el prólogo a su obra.[63] La importancia de este libro para la historia de la teología fue inmensa, aunque no tanto en su contenido como en su método. Los escolásticos aceptaron el reto de Abelardo y siguieron un método en el cual, tras plantear cada cuestión, se procedía a citar autoridades que parecían inclinarse hacia una respuesta, y luego otras en sentido contrario. El teólogo tenía entonces que ofrecer su propia respuesta y resolver las dificultades planteadas por las autoridades al parecer opuestas. Este método, que es el de las *Sumas* de Alejandro de Hales y Santo Tomás, el de las *Cuestiones disputadas* de toda la escolástica, y el de los muchos *Comentarios a las Sentencias de Pedro Lombardo* que fueron escritos a partir del siglo XIII, tiene sus raíces en el *Sic et non* de Abelardo.

La doctrina de Abelardo respecto a la obra de Cristo ha recibido posteriormente el título de «subjetiva» o «moral», en contraposición a la que Anselmo expone en el *Cur Deus homo*, que ha sido llamada «objetiva» o «jurídica». Si bien estos términos no son exactos, y hacen cierta injusticia tanto a Anselmo como a Abelardo, pueden servir para señalar una oposición indudable entre estos dos teólogos. Abelardo rechazó tanto la opinión tradicional de que Cristo había venido a pagarle una deuda al diablo como la teoría de Anselmo en el sentido de que el pago se le había hecho a Dios. Frente a la doctrina de Anselmo, que hemos expuesto más arriba, Abelardo desarrolla una teoría según la cual la obra de Cristo no consiste en morir para pagar algo que el humano deba a Dios, sino en dar un ejemplo y enseñanza, tanto verbal como, de hecho, del amor de Dios. Este ejemplo es tal que mueve al pecador a amar a Dios, quien le perdona en virtud de ese amor y de las oraciones de intercesión del Cristo resucitado.[64]

La *Ética* de Abelardo se centra en la intención del acto, no en el acto mismo. Esto no quiere decir que no hay acciones buenas y acciones malas, sino que la culpa de una acción mala está en su intención, y lo mismo puede decirse del mérito de una acción buena. Si un cazador apunta a un ave y en su lugar mata a un hombre que no había visto, no es culpable de su acción. Además, nadie puede ser culpable por lo que no ha hecho, y por consiguiente la culpa de Adán no ha pasado a sus descendientes, sino solo la *pena*. Esta pena incluye el *vicio* de nuestras voluntades, que nos inclina al mal. Pero ese *vicio* en sí no es pecado. El pecado está en acceder a la mala inclinación de la mente. Por último, el pecado y su satisfacción son cuestión entre el pecador y Dios, de modo que la función de la confesión

---

[63] *PL*, 178:1339-1349.
[64] *Comm. ad, Rom.*, II, 3 (*PL*, 178:836-839).

no puede ser la absolución, sino solo orientar al pecador acerca del modo en que ha de expiar por su pecado.

Todas estas doctrinas de Abelardo tuvieron por resultado la aparición de adversarios implacables, así como de discípulos entusiastas.

El principal opositor de Abelardo fue Bernardo de Claraval.[65] Bernardo era un místico antidialéctico cuya fama como predicador fue tal que se le ha dado el título de «Doctor Melifluo». Su misticismo, a diferencia del Seudo-Dionisio, no era de carácter platónico y especulativo, sino que giraba alrededor de la humanidad de Cristo, los sufrimientos de María, y el deseo del alma de estar en comunión con Dios.[66] Ese misticismo, que veremos también en Hugo de San Víctor y después en muchos otros místicos, no pretende perderse en Dios, como el misticismo del Seudo-Dionisio, sino más bien unirse a él en relación mutua. Frecuentemente esa relación se expresa en términos de un amor semejante al que puede existir entre dos cónyuges (razón por la que frecuentemente se le llama «misticismo nupcial»). Además, en el caso de Bernardo y de muchos otros a partir de entonces, era un misticismo basado en la contemplación de la humanidad de Jesús —en lo cual puede verse el impacto de las cruzadas, que produjeron en Europa occidental un nuevo interés en la Tierra Santa y su historia. Fue también Bernardo quien, como abad de Claraval, impulsó la reforma cisterciense, que dio nueva vida al monasticismo del siglo XII. Amigo de papas, hostigador de reyes y predicador de la Segunda Cruzada, Bernardo fue también cazador de herejes, como lo prueba su actuación ante Abelardo y, poco después, ante Gilberto de la Porrée.

Este Bernardo, cantor de los sufrimientos de Cristo y de la perpetua virginidad de María, el campeón que libraba constante batalla contra Satanás, no podía comprender ni tolerar la actitud del atrevido maestro que al parecer pretendía aplicar la dialéctica a los misterios de la fe, que negaba que Cristo se encarnó para librarnos del yugo del diablo, que decía que la culpa de Adán no era también la nuestra, que afirmaba que si los que crucificaron a Cristo lo hicieron por su ignorancia, no pecaron, que destruía los fundamentos de la penitencia, y que ya en 1121 había sido condenado

---

[65] Bernardo fue una de las figuras dominantes del siglo XII, y si no le hemos discutido aquí detalladamente es debido al carácter esencialmente conservador de la mayor parte de su teología —que afirma poco de nuevo— y a la necesidad que tenemos de centrar nuestra atención sobre los teólogos que proponían ideas nuevas. Probablemente los puntos en que su influencia se hizo sentir más durante su vida fueron el ímpetu que le dio a la vida monástica y su devoción a la humanidad de Cristo. Ciertamente, esa devoción, cuyo principal maestro fue Bernardo, fue característica de muchos de los personajes más distinguidos del siglo XIII, incluyendo a San Francisco y Buenaventura.

[66] Las *Obras completas de San Bernardo* han sido publicadas en dos volúmenes por la *BAC*, (110, 130). Desafortunadamente, no se trata de textos bilingües, como la mayoría de las ediciones de la *BAC*.

por sus doctrinas trinitarias.[67] En consecuencia, cuando se reunió el concilio de 1141 para discutir el caso de Abelardo, Bernardo estaba presente con una lista de errores que le pidió a Abelardo que condenara. Este quiso discutirlos, pero el monje de Claraval exigió una retractación y nada más. Ante tal disyuntiva, Abelardo se resignó a ser condenado por el concilio y apeló al Papa, solo para ser condenado de nuevo sin que se le permitiera defenderse ni exponer sus doctrinas.

Una selección de los «errores» por los que se condenó a Abelardo muestra qué aspectos de su doctrina perturbaban más a sus adversarios. Hemos excluido los que tienen que ver con la doctrina trinitaria, pues aquí más que en ningún otro punto Abelardo fue malinterpretado por sus jueces, de modo que los «errores trinitarios de Abelardo» pueden muy bien ser errores, pero difícilmente son de él. A continuación, algunas de las otras proposiciones condenadas:

4. Que Cristo no se encarnó para librarnos del yugo del diablo.

6. Que el libre albedrío por sí solo basta para hacer algún bien.

9. Que no contrajimos la culpa de Adán, sino solo la pena.

10. Que no pecaron quienes crucificaron a Cristo ignorando lo que hacían, y que no ha de culparse lo que se hace por ignorancia.

12. Que la potestad de atar y desatar fue dada solo a los apóstoles, y no a sus sucesores.[68]

En resumen: las proposiciones más características de la teología de Abelardo fueron condenadas.

Sin embargo, esto no destruyó la influencia del gran dialéctico. Por el contrario, hay amplias pruebas de que, antes de su condenación y aun después de ella, hubo autores que continuaron la tradición de las enseñanzas de Abelardo, aunque a veces —sobre todo después de 1141— con más moderación que su maestro. Tal es el autor del *Resumen de la teología cristiana* que antes se atribuía a Abelardo.[69] Tal es también el personaje anónimo que compuso las *Sentencias* de San Florián.[70] Y tal es, sobre todo, Rolando Bandinelli, quien llegó a ser papa con el título de Alejandro III, y cuyas *Sentencias*,[71] al tiempo que se apartan en algunos aspectos de la teología abelardina, en otras salen en su defensa (y no siempre son estos los aspectos más ortodoxos de las doctrinas de Abelardo).

---

[67] *Contra los errores de Pedro Abelardo* (*PL*, 182:1053-1072; *BAC*, 130:996-1024).

[68] Mansi, *Sacrorum conciliorum nava et amplissima collectio*, 21:568-569.

[69] *PL*, 178:1695-1758.

[70] H. Ostlender (ed.), *Sententiae Florianenses* (Bonn, 1929).

[71] A. Gietl (ed.), *Die Sentenzen Rolands, nachmals Papstes Alexander III* (Freiburg im Breisgau, 1891).

Paulatinamente esta «escuela de Abelardo» fue recibiendo la influencia de la escuela de San Víctor, e influyendo en ella. De ese modo se forjó un método teológico que, haciendo uso de las autoridades bíblicas y patrísticas, y a partir de ellas lanzándose en investigaciones racionales, mantuvo sin embargo su ortodoxia. Sin lugar a duda, este fue el resultado del acercamiento constante entre el espíritu innovador y dialéctico de los discípulos de Abelardo y el tradicionalismo de los teólogos victorinos. Ese resultado cristaliza alrededor de una persona y una obra: Pedro Lombardo y sus *Cuatro libros de Sentencias*. Para comprenderle a él y su importancia debemos dirigir una breve ojeada a la escuela de San Víctor.

La escuela de San Víctor

El fundador de esta escuela fue Guillermo de Champeaux, quien fuera maestro en Nuestra Señora de París hasta que, después de su debate con Abelardo, se retiró a un hogar en las afueras de la ciudad junto a la capilla de San Víctor. Allí organizó una escuela de tipo monástico, cuya inspiración era la necesidad de producir una teología que tuviese raíces profundas en la vida religiosa. En 1113 Guillermo dejó San Víctor para ser consagrado obispo de Châlons-sur-Marne, y poco después fue él quien ordenó a Bernardo de Claraval. A su muerte en 1122, era respetado y admirado por casi todos cuantos le conocían. La principal excepción parece haber sido Abelardo.

Guillermo, al igual que Abelardo, había sido discípulo de Roscelino de Compiegne y de Anselmo de Laón. Frente al primero, su reacción fue clara: rechazando el nominalismo de Roscelino, optó por el realismo extremo. Según él, una y la misma esencia está totalmente presente en cada individuo de la misma especie, y lo que constituye la individualidad es solo el conjunto de accidentes que concurren sobre esa esencia en cada caso particular. Acosado por Abelardo, quien le mostró las consecuencias absurdas de este realismo extremo, Guillermo corrigió su posición y dijo que, si bien las esencias no eran las mismas, tampoco eran diferentes, es decir, que eran semejantes. Esto tampoco resolvía la cuestión, según hemos visto anteriormente, pero parece haber sido la posición definitiva de Guillermo.

En teología, Guillermo siguió las directrices de Anselmo de Laón. Aun cuando la mayoría de sus obras se ha perdido,[72] los fragmentos que existen

---

[72] De las publicadas en *PL*, 163, solo el fragmento *De sacramento altaris* (1039-1040) parece ser genuino. Este fragmento es importante porque en él se menciona la comunión en ambas especies, y prueba, por tanto, que esta todavía se practicaba en el siglo XII. En el siglo XIX se publicaron otras dos obras de Guillermo: V. Cousin (ed.), *De essentia et*

nos muestran a un pensador moderado y ortodoxo, sin grandes vuelos dialécticos, pero sin temor de utilizar la razón para analizar y comprender las verdades de la fe.

Aunque Guillermo fue el fundador de la escuela, quien más contribuyó a hacerla famosa fue su sucesor Hugo de San Víctor.[73] Su extensa producción literaria incluye obras exegéticas,[74] un *Comentario a la Jerarquía Celeste de San Dionisio el Areopagita*,[75] y los tratados *De los sacramentos de la ley natural y escrita*,[76] *De los sacramentos de la fe cristiana*,[77] *Del arca mística de Noé*,[78] *De la unión del cuerpo y el espíritu*,[79] *Del amor entre el esposo y la esposa*,[80] y *De las arras del alma*.[81]

Siguiendo la misma dirección que sería característica de la escuela de San Víctor, Hugo insiste en el propósito de las ciencias, que no es satisfacer la curiosidad, sino llevar a la vida superior. Esto se ve claramente en el prólogo de *De los sacramentos de la fe cristiana*, donde se afirma que toda la ciencia gira alrededor de la creación y la restauración.

El tema de todas las Escrituras es la obra de la restauración humana. Dos son las obras en que se incluye todo cuanto ha sido hecho: la primera es la obra de la creación; la segunda es la obra de la restauración. La obra de la creación consiste en hacer que sean las cosas que no eran. La obra de la restauración consiste en restablecer las cosas que perecieron. Luego la obra de la creación es la creación del mundo con todos sus elementos. La obra de la restauración es la encarnación del Verbo y todos sus sacramentos.[82]

Aunque el tema principal de las Escrituras son las obras de la restauración, sin embargo, para poder llegar a discutirlas mejor, cuenta al principio de su narración, como exordio a la historia de la fe, la obra de la creación. No sería posible mostrar adecuadamente

---

substancia *Dei et de tribus eius personis* (Paris, 1865); G. Lefèvre (ed.), *Sententiae vel quaestiones* 47 (Lille, 1898).

[73] El estudio de R. Barón, *Science et sagesse chez Hugues de Saint-Victor* (París, 1957) parece definitivo, al menos en sus líneas generales.

[74] *PL*, 175. No todas estas obras son genuinas. Véase Baron, *op. cit.*, pp. vii-xlii.

[75] *PL*, 175 :923-1154.

[76] *PL*, 176:17-42.

[77] *PL*, 176:183-618.

[78] *PL*, 176:681-704.

[79] *PL*, 177:285-294.

[80] *PL*, 176:987-994.

[81] *PL*, 176:951-970.

[82] *De sacr. prologus*, 2 (*PL*, 176 :183).

cómo el hombre es restaurado sin mostrar anteriormente cómo cayó; ni cómo cayó sin explicar cómo fue hecho por Dios.[83]

Dentro de este esquema —que es toda una filosofía de la historia— se comprende cómo para Hugo todas las ciencias forman parte del camino que conduce al conocimiento de Dios. Todas las ciencias son útiles y necesarias; pero ninguna de ellas vale algo por sí misma si no conduce al mejoramiento del alma para poder gozar de la beatitud.

El título de la obra principal de Hugo, *De los sacramentos de la fe cristiana*, da una idea del carácter de su teología, cuyo propósito principal es llevar a la contemplación de Dios mediante los sacramentos. Estos son elementos materiales «que por similitud representan, por institución significan, y por santificación contienen, cierta gracia invisible y espiritual».[84] En cuanto a su número, Hugo da el nombre de «sacramento» a una multitud de ritos y aun de fórmulas;[85] pero, al mismo tiempo, solo discute los siguientes con cierto detenimiento: bautismo, confirmación, comunión, penitencia, extremaunción, matrimonio y ordenación. Luego cabe suponer que ya en él comienza a fijarse el número de los sacramentos, evolución esta que encontrará en Pedro Lombardo su forma definitiva. Naturalmente, la comunión ocupa un lugar principal en la exposición de Hugo, quien la interpreta en términos que no dejan lugar a duda:

> Por la santificación de las palabras la verdadera sustancia del pan y la verdadera sustancia del vino se convierten en cuerpo y sangre de Cristo, quedando solo la apariencia de pan y vino, y pasando una sustancia a la otra.[86]

El propósito de todo esto, como hemos dicho anteriormente, es llevar el alma a la contemplación. Aunque sin rechazar el misticismo neoplatónico del Seudo-Dionisio, con sus escalas ascendentes y su meta de inefable beatitud, Hugo se vuelve campeón del misticismo nupcial. No se trata aquí de llegar a perderse en Dios, sino más bien de llegar a tener una relación íntima con él que frecuentemente se expresa poéticamente en términos nupciales —por lo que recibe el nombre de «misticismo nupcial»—. Es por esto por lo que Hugo ha recibido, con justicia, el título de maestro del misticismo. Ese título, con frecuencia —e injustamente— le ha costado el de teólogo. Hugo es a la vez místico y teólogo, y aquí reside su

[83] *De sacr. prologus*, 3 (*PL*, 176:184).
[84] *De sacr.* 1.9.2 (*PL*, 176:317).
[85] *De sacr.* 2 (*PL*, 176 :471-478).
[86] *De sacr.* 2.8.9 (*PL*, 176:468).

importancia para la historia del pensamiento cristiano. En su obra y la de sus sucesores se detiene la vieja polémica entre dialécticos y místicos que se había manifestado anteriormente en encuentros tales como el de Berengario con Lanfranco y el de Abelardo con Bernardo. En su conjunción de la mística con el uso de la razón encontrarán inspiración los grandes escolásticos del siglo XIII.

Ricardo de San Víctor, sucesor de Hugo, era oriundo de Escocia. Su obra continúa la tradición de Hugo, combinando la mística especulativa con la teología racional. Según él, hay tres niveles de conocimiento: *cogitatio*, *meditatio* y *contemplatio*. La primera pertenece a la imaginación, la segunda a la razón y la tercera a la inteligencia. La *cogitatio* se arrastra, y es mucho trabajo sin fruto. La *meditatio* camina, o quizá hasta corre, y es trabajo que da fruto. La *contemplatio* vuela y es fruto sin trabajo. Todos estos modos son buenos, y la mente puede llevar la *cogitatio* por tales caminos que pase a la *meditatio*, y del mismo modo pasar de esta a la *contemplatio*.[87] En este nivel, la mente alcanza a Dios, pero no le comprende —Dios no puede ser comprendido— sino que le contempla en un rapto o «exceso».[88]

El modo en que Ricardo usa la razón para adentrarse en los misterios que le son conocidos por la fe puede verse claramente en su obra *De la Trinidad*.[89] En esta obra, atacando a Gilberto de la Porrée —a quien estudiaremos más adelante— Ricardo muestra la necesidad de la doctrina trinitaria a partir de la naturaleza del amor. El amor exige comunicación, y de ahí la pluralidad de personas. Además, en esta obra Ricardo define el término «persona» con base en la incomunicabilidad de su existencia, tema que después retomaría uno de los grandes maestros franciscanos.[90]

Los maestros posteriores de San Víctor, Gautier[91] y Godofredo,[92] no mantuvieron la tradición de su escuela, sino que, tomando solo uno de los polos de esa tradición, subrayaron la importancia de la piedad y la fe al tiempo que condenaban a quienes hacían uso de la dialéctica para penetrar los misterios de la fe.

---

[87] *Benj. major*, 1.3-4 (*PL*, 196:66-68).

[88] *Benj. major*, 8.8 (*PL*, 196176-178).

[89] Edición crítica: J. Ribailler (Paris, 1958).

[90] Alejandro de Hales. Véase A. Forest, F. van Steenberghen y M. de Gadillac, *Le mouvement doctrinal du XIe au XIVe siècle* (Vol. XIII de Fliche et Martin, *Hist. de l'église*), p. 122.

[91] *Libri contra quator labyrinthos Franciae* (*PL*, 199 :1129-1172). Esta obra va dirigida contra Abelardo, Pedro Lombardo, Pedro de Poitiers y Gilberto de la Porrée.

[92] Fragmentos en *PL*, 196:1417-1422. Las epístolas de varios abades y un prior de San Víctor (*PL*, 196:1379-1418) y los versos litúrgicos de Adán (*PL*, 196:1423-1534) nada añaden a la historia del pensamiento teológico en esas escuelas.

Ya hemos dicho, sin embargo, que entre los seguidores de Abelardo hubo algunos que incorporaron a la teología abelardina el espíritu tradicional y pío de la escuela de San Víctor. Es a través de ellos —y no de los sucesores directos de Hugo y Ricardo— que esa escuela ejercerá su mayor influencia en el siglo XIII.

Pedro Lombardo

Pedro, conocido como «Lombardo» por su país de origen, llegó a París alrededor del año 1130. Allí estableció relaciones estrechas con la escuela de San Víctor, aunque no se sabe a ciencia cierta si enseñó o estudió alguna vez en ella. A los pocos años de estar en París, ocupaba la cátedra de Nuestra Señora, la misma que ocupara Guillermo de Champeaux antes de retirarse a San Víctor. En 1148 participó del concilio que se reunió en Reims para juzgar las doctrinas de Gilberto de la Porrée. En 1159 fue consagrado obispo de París, y un año después murió.

Sus obras son, además de varios sermones y comentarios a los *Salmos*[93] y a las *Epístolas paulinas*,[94] los famosos *Cuatro libros de sentencias*.[95] Esta última obra, conocida generalmente como *Sentencias*, es la culminación de la actividad teológica del siglo XII, y es la principal herencia que esa centuria dejó a la siguiente.

Las *Sentencias* no son excepcionalmente originales. Al confeccionarlas, Pedro Lombardo tomó mucho de la forma y el contenido de la anónima *Suma de sentencias*,[96] así como de varios otros autores. Es más: ya la propia *Suma de sentencias* había unido las tradiciones de las escuelas de Abelardo y de San Víctor.

La importancia de las *Sentencias* de Pedro Lombardo está, no en su originalidad doctrinal, sino en el modo en que evitaba los extremos de los dialécticos y los antidialécticos, al mismo tiempo que ofrecía materiales abundantísimos para la solución de cada problema teológico. En efecto, las *Sentencias*, más que una obra de teología constructiva, son una compilación de autoridades que tratan sobre cada tema. Pero Pedro Lombardo no se limita a eso, como lo había hecho Abelardo en su *Sic et non*, sino que ofrece sus propias posiciones. Por lo general, estas posiciones son moderadas, y siguen la doctrina común en su tiempo. Algunas veces, empero, se apartan de las opiniones generalmente aceptadas. En otras, el Maestro de

---

[93] *PL*, 191:55-1296.
[94] *PL*, 191:1297–192:520.
[95] *PL*, 192 :521-962.
[96] *PL*, 175:41-174.

las Sentencias —que así llamó la posteridad a Pedro Lombardo— se abstiene de tomar decisiones respecto a cuestiones que no le parecen claras.

Esta combinación de ortodoxia con cierta medida de osadía y otra de indecisión les valió a las *Sentencias* al principio —es cierto— la oposición de muchos de sus contemporáneos, pero más tarde, el aplauso general como obra básica para la introducción a los estudios teológicos. Todos los grandes maestros del siglo XIII al XV —y muchísimos otros no tan grandes— comentaron en sus aulas las *Sentencias* de Pedro Lombardo. A partir del siglo XIII, el título de «Maestro de las Sentencias» era una de las etapas por las que pasaban los maestros de las universidades en su proceso de formación, y por ello tenemos *Comentarios a las Sentencias* de San Buenaventura, de Santo Tomás, Duns Escoto y otros, casi todos ellos compuestos durante la juventud de sus autores.

En vista de que resulta imposible —además de monótono— exponer todo el pensamiento de Pedro Lombardo, que es esencialmente la teología común del siglo XII, nos limitaremos aquí a dar un breve bosquejo de los *Cuatro libros de Sentencias*, deteniéndonos por un instante a señalar aquellos puntos en que las opiniones de su autor suscitaron mayores discusiones. Es importante señalar, sin embargo, que este bosquejo que Pedro Lombardo siguió hizo tal impacto en el curso de la teología que hasta el día de hoy sigue siendo en buena medida el bosquejo que sigue la mayor parte de las obras de teología sistemática.

El *Primer libro de sentencias* trata de Dios trino y uno, y en él se exponen la doctrina de la Trinidad (dist. 1-34) y los atributos divinos (dist. 35-48). Aquí las opiniones de Pedro Lombardo son bastante tradicionales, excepto quizá cuando afirma (en la dist. 24) que los números «uno» y «tres», aplicados a Dios, se usan solo en sentido relativo, y ciertamente cuando afirma que la caridad entre los humanos es el Espíritu Santo (dist. 17).[97]

El *Segundo libro* comienza por la doctrina de la creación, incluyendo la angelología (dist. 1-16), para de allí pasar a la antropología en general (dist. 17-23), y a la gracia (dist. 24-29) y el pecado (dist. 30-44). La angelología de este libro, especialmente en lo que se refiere a los méritos de los ángeles, suscitó discusiones que no podemos resumir aquí.

El *Tercer libro* trata sobre la cristología (dist. 1-17), la redención (dist. 18-22), las virtudes y dones del Espíritu Santo (dist. 23-26) y los mandamientos (dist. 27-40). Es en este libro (dist. 6) que Pedro Lombardo niega que Jesucristo, en tanto que hombre, sea «algo». Esto no es en modo alguno un docetismo velado, sino que es un intento —muy desafortunado,

---

[97] A. M. Landgraf, *Dogmengeschihte der Frühscholastik* (Regensburg, 1952-1956) 1/1:220-237.

por cierto— de preservar el carácter anhipostático de la naturaleza humana del Salvador. También se le reprochó al maestro de las *Sentencias* el afirmar acerca de Cristo predicados contradictorios: que murió y no murió, que sufrió y no sufrió, etc. (dist. 22).

El *Cuarto libro* trata de los sacramentos (dist. 1-42) y de la escatología (dist. 43-50). Aunque muchos detalles de su teología sacramental se le han reprochado,[98] Pedro Lombardo discute extensamente cada uno de los siete ritos a que desde entonces quedó circunscrito el número de los sacramentos. Aun cuando esto no era estrictamente una innovación —pues ya Hugo de San Víctor y otros se habían aproximado a ello— no cabe duda de que la influencia del maestro de las *Sentencias* fue un factor importante en la determinación del número de sacramentos.

La autoridad de Pedro Lombardo no se impuso inmediatamente.[99] Primero se le objetó su «nihilismo cristológico», es decir, la proposición según la cual «Cristo, en cuanto hombre, no es algo». Esta proposición, en la cual concurría Abelardo, se encontraba también en las *Sentencias* de Rolando Bandinelli, que a la sazón ocupaba la sede romana con el nombre de Alejandro III. Esto contribuyó a hacer más aguda la cuestión hasta que en 1177 el propio Alejandro III, cuya posición había cambiado, condenó la proposición que se debatía y que él mismo antes había defendido. Como cabía suponer, esto quebrantó el prestigio de las *Sentencias* de Pedro Lombardo.[100]

Mientras tanto, sin embargo, las *Sentencias* habían logrado grandes triunfos. En París, los sucesores de Pedro Lombardo (Pedro «el Devorador» —no de comida, sino de conocimientos— y Pedro de Poitiers) continuaron la tradición del maestro de las *Sentencias*, y Pedro de Poitiers estableció la costumbre de ofrecer cursos con base en un comentario del texto de Lombardo. Esta costumbre se fue generalizando por toda Francia, y luego por Alemania, Inglaterra e Italia. En el siglo XIII hubo un intento por parte de algunos seguidores de Gilberto de la Porrée —entre ellos Joaquín de Fiore— de hacer condenar las *Sentencias*. En el Cuarto Concilio de Letrán (año 1215), este intento fracasó, y el Concilio condenó las doctrinas trinitarias de Gilberto y de Joaquín utilizando, entre otras, fórmulas tomadas de las *Sentencias* de Pedro Lombardo.

---

[98] Véase: *PL*, 192:963-964.

[99] J. de Ghellinck, «Pierre Lombard; luttes autour du "Livre des Sentences"», *DTC*, 12/2:2002-2017, resume muy bien el proceso por el cual las *Sentencias* llegaron a la cumbre de su influencia. Aquí seguimos su bosquejo general y su cronología.

[100] Los principales teólogos que se opusieron a Pedro Lombardo en esta cuestión fueron Juan de Cournailles (*PL*, 199:1043-1086), Roberto de Melún (en sus *Sentencias*), Gerhoch de Reichersberg (diversas obras en *PL*, 193 y 194) y el autor anónimo de la *Apología de Verbo incarnato* (erróneamente atribuida a Hugo de San Víctor, *PL*, 177:295-316).

Aun después de aparecer la *Suma teológica* de Santo Tomás, las *Sentencias* de Pedro Lombardo continuaron siendo el principal texto de estudios teológicos, y no cedieron ese lugar a la gran *Suma* del dominico sino en la Edad Moderna, a finales del siglo XVI y principios del XVII.[101]

Otros teólogos y escuelas del siglo XII

A principios del siglo XII, el realismo extremo encuentra un campeón en la persona de Odón de Tournai (o de Cambrai). Este teólogo, que considera el nominalismo, siquiera moderado, como una herejía, utiliza su realismo para mostrar cómo ha de entenderse el pecado original.[102] Según él, ni el traducionismo ni el creacionismo explican adecuadamente el origen del alma humana. En realidad, la humanidad es una sola, y cada ser humano individual no es más que un conjunto de accidentes que existen en la esencia universal de la humanidad. Puesto que en Adán estaba presente esa esencia en su totalidad, toda ella sufrió la caída. Literalmente «en Adán todos pecamos».

También la escuela de Chartres sigue durante el siglo XII la línea del realismo. En ella la influencia de Platón es grande, y sus maestros tratan de interpretar —a la luz de la razón y dentro del marco de la filosofía platónica— lo que consideran ser los datos revelados de la fe. Estos maestros son Bernardo de Chartres, Gilberto de la Porrée, Thierry de Chartres y Guillermo de Conches. A estos se deben añadir sus discípulos Bernardo Silvestre y Clarembaldo de Arrás. De Bernardo de Chartres no se conservan más que algunos fragmentos que muestran su preocupación por conciliar la cosmogonía del *Timeo* con la del Génesis.[103] Gilberto de la Porrée fue un hábil dialéctico, muy respetado por algunos de sus contemporáneos y muy atacado por otros. Su habilidad lógica y metafísica, que aquí nos interesa solo marginalmente, es indudable. Sus obras consisten principalmente en comentarios sobre los opúsculos teológicos de Boecio. Su *Comentario sobre el libro de la Trinidad de Boecio*[104] fue la obra que le valió más fama y más enemigos. En él, por razón de sus presuposiciones lógicas, Gilberto distingue entre la esencia divina y sus atributos, pues estos no son Dios ni son eternos. Condenada esta proposición y otras

---

[101] Para tener una idea del número de comentarios a las *Sentencias*, véase: F. Stegmüller, *Repertorium commentariorum in Sententias Petri Lombardi*, 2 vols. (Würzburg, 1947).

[102] *De peccato originali* (*PL*, 1601071-1102).

[103] En el *Metalogicus* de Juan de Salisbury, 2.17; 4.35 (*PL*, 199:875; 938). En la primera de estas referencias, Juan nos dice que Bernardo de Chartres y los suyos se esfuerzan en combinar a Platón y Aristóteles, pero que «llegaron demasiado tarde».

[104] *PL*, 114:1255-1300.

semejantes en Reims en 1168, Gilberto las abandonó, aun cuando algunos de sus discípulos guardaron rencores contra quienes las habían atacado. Thierry de Chartres, hermano de Bernardo, se dedicó también a conciliar el Génesis con el *Timeo*. Guillermo de Conches siguió el mismo camino, y Bernardo Silvestre lo adornó de versos y alegorías. Clarembaldo de Arrás fue discípulo, no solo de Thierry de Chartres, sino también de Hugo de San Víctor. Siguiendo el realismo chartrense, y mostrando algo de la preocupación por la ortodoxia de los victorinos, Clarembaldo refuta las doctrinas trinitarias de Gilberto de la Porrée.

Aun cuando tuvo relaciones estrechas con Chartres y su escuela, Juan de Salisbury merece párrafo aparte. Oriundo de Inglaterra, hizo sus estudios en Francia, y entre sus maestros se contaron Abelardo y Guillermo de Conches. Electo obispo de Chartres, volvió a establecer los lazos que le habían unido a esa ciudad desde sus tiempos de estudiante. Al igual que los grandes maestros chartrenses, Juan es amante de las letras clásicas, de la erudición y de la elegancia de estilo.

Pero, a diferencia de ellos, se muestra escéptico en todo lo que no puede ser conocido claramente por los sentidos, la razón o la fe. Entre estas cuestiones —sobre las cuales es mejor no hacer juicio— se encuentra la de la naturaleza de los universales, que resulta insoluble dadas las limitaciones del intelecto humano. Todo lo que puede afirmarse de los universales es que los conocemos por abstracción. Pero es imposible pasar allende esta afirmación epistemológica a la ontología de los universales.[105]

Anselmo de Laón, el maestro de Abelardo y de Guillermo de Champeaux, nos ha dejado una colección de *Sentencias*[106] que, si bien no aventajan en valor a las de Pedro Lombardo, sí les anteceden en el tiempo. Las obras exegéticas que le han sido atribuidas tradicionalmente[107] no parecen ser genuinas.

En toda la Europa latina, y a través del siglo XII, continuaron produciéndose tratados sobre la eucaristía que no tienen gran originalidad, y cuyo valor reside en el testimonio que dan de la aceptación general de que gozaba la teoría de la transubstanciación, la única tenida por ortodoxa en esa época, aun cuando el dogma no se había definido todavía.

Otra cuestión que desde la segunda mitad del siglo XI ocupó la atención de los teólogos fue la de las relaciones entre el poder civil y el poder eclesiástico. Esta cuestión se hizo candente por razón del conflicto entre el

---

[105] Sus principales obras son: *Polycratus* (*PL*, 199:379-822) y *Metalogicus* (*PL*, 199: 823-946).

[106] Editada por F. Bliemetzrieder, *Anselms von Laon systematische Sentenzen* (Münster, 1919).

[107] En *PL*, 162:1187-1586.

papa Gregorio VII y el emperador Enrique IV en torno a las investiduras episcopales. Puesto que las luchas entre el pontificado y el Imperio continuaron manifestándose de diversos modos a través de todo el siglo XII, era de suponer que las obras sobre la autoridad del papa y del emperador serían numerosas.

En el siglo V el papa Gelasio había afirmado que los dos poderes —el civil y el eclesiástico— proceden de Dios, y que cada cual tiene su función propia, sin que uno tenga superioridad sobre el otro. Paulatinamente, sin embargo, se habían ido creando situaciones en las que se producían conflictos de poderes, al mismo tiempo que se había ido generalizando la idea de que el papa era el centro de la autoridad eclesiástica y que a él estaban sujetos todos los obispos. Esta doctrina había recibido impulso especialmente a través de las *Decretales* del Seudo-Isidoro, compuestas a mediados del siglo IX, al parecer con el doble propósito de defender la independencia de la iglesia frente al estado y de limitar el poder de los arzobispos aumentando el del papa. Durante el siglo X y la primera mitad del XI, dado el estado caótico del papado, no hubo grandes conflictos. Pero a finales del siglo XI, cuando el partido reformador se posesionó de la sede romana, el papado cobró una autoridad que no podía sino chocar con la de los gobernantes civiles, especialmente la de los emperadores. Este choque se produjo en torno a las investiduras, pero envolvía muchos otros factores políticos y religiosos. Para los emperadores, el derecho a nombrar los obispos era importante por cuanto muchos obispos eran también señores feudales con cuya lealtad era necesario poder contar. Para los reformadores, el nombramiento de los obispos por parte del poder secular —ya fuese a cambio de dinero, ya a cambio de juramentos de lealtad— era simonía y debía terminar.

Llevado por su celo reformador y por la convicción de que Dios estaba con él, Gregorio VII reclamó para el papado poderes inauditos. Según él, el estado solo ha sido instituido por razón del pecado humano, para ponerle freno. Puesto que la iglesia es eterna, y tiene por propósito la salvación final de los humanos, su autoridad es superior a la del estado. En consecuencia, el papa, cabeza de la iglesia, tiene el derecho y la autoridad, no solo para nombrar obispos, sino hasta para deponer príncipes y emperadores.

A partir de Gregorio, fueron muchos los teólogos de los siglos XI y XII que defendieron, unos con más moderación que otros, la autoridad del papa sobre el emperador (tales fueron el cardenal Deusdedit, Bernardo de Constanza y Honorio de Augusburgo). Algunos, al tiempo que defendían los derechos de la iglesia frente al estado, negaban el derecho del papa a deponer al emperador (entre ellos se distinguieron Guido de Osnaburg y Guido de Ferrara). Otros —como Gregorio de Catino— llegaron a afirmar que el emperador era cabeza de la iglesia.

En el siglo XII, aparece en Bernardo de Claraval, Hugo de San Víctor y Juan de Salisbury la doctrina según la cual la «espada temporal» pertenece al príncipe, y la «espada espiritual» a la iglesia; pero esto último se debe solo a que la iglesia ha entregado al príncipe su «espada». Es la iglesia la que constituye al estado y, por tanto, tiene autoridad sobre él. He aquí una doctrina que, surgida en medio de circunstancias favorables y a causa de un papado reformador, más tarde traería funestas consecuencias.

Mientras estas luchas y disputas tenían lugar en el resto de Europa, en la ciudad de Toledo, recientemente reconquistada por los cristianos, se llevaba a cabo una activa obra de traducción que pronto haría sentir sus consecuencias en la teología latina.[108] Esta obra, iniciada bajo los auspicios del obispo Raimundo de Toledo, tuvo por principales autores a Domingo González y a Juan Hispano, quienes tradujeron al latín obras de Avicena, Algazel y Avicebrón. Además, estos dos eruditos escribieron obras propias en las que se veía claramente la influencia árabe. Estos trabajos atrajeron a España a otros traductores, tales como Gerardo de Cremona, Alfredo el Inglés, Daniel de Morley, Roberto de Retines, Miguel Escoto, etc., quienes inundaron la Europa allende los Pirineos con obras de Aristóteles, Euclides, Galeno, Hipócrates, Avicena, Alfarabi y Averroes. El impacto de estas obras fue tal que sacudió el edificio de la teología medieval y dio origen a una nueva época en la historia del pensamiento cristiano, pero la narración de tales acontecimientos no corresponde a este capítulo.

Hildegarda de Bingen

Si hay una persona que une en sí misma los logros y los intereses del Renacimiento del siglo XII, esa es Hildegarda de Bingen. Nació Hildegarda alrededor del año 1099, la décima entre los hijos e hijas de un matrimonio de la baja nobleza en Alemania. Sus padres, creyentes devotos, creían que debían aplicarles la ley del diezmo a sus vástagos y, por tanto, decidieron dedicar a esta décima hija a la vida religiosa. Hildegarda tenía ocho años cuando sus padres la entregaron a la vida monástica bajo la regla

---

[108] A Jourdain, *Recherches critiques sur l'âge et l'origine des anciennes traductions latines d'Aristôte* (París, 1843); R. de Vaux, «La première entrée d'Averroës chez les Latins», *RScPhTh*, 22 (1933), 193-243; H. Bédoret, «Les premières versions tolédanes de philosophie: Oeuvres d'Avicenne», *RnsPh*, 41 (1938), 374-400; D. A. Callus, «Gundissalinus' *De anima* and the Problem of Substantial Form», *NSch*, 13 (1939), 339-55; J. T. Muckle, (ed.), «The Treatise *De anima* of Dominicus Gundissalinus», *MedSt*, 2 (1940), 23-103; M. Alonso, «Notas sobre los traductores toledanos Domingo Gundisalvo y Juan Hispano», *AlAnd*, 8 (1943), 115-88; M. Alonso, «Traducciones del arcediano Domingo Gundisalvo», *AlAnd*, 12 (1947), 295-338; M. Th. d'Alverny, «Notes sur les traductions médiévales d'Avicenne», *AHDLMA*, 19 (1952), 337-58; J. F. Rivera, «Nuevos datos sobre los traductores Gundisalvo y Juan Hispano», *AlAnd*, 31 (1966), 267-80.

benedictina, al cuidado de la monja Juta. Cuando esta murió, Hildegarda, quien tendría poco menos de cuarenta años, quedó a cargo de su pequeña comunidad. Unos doce años más tarde, ella y otras 18 monjas fundaron un convento en Bingen.

Desde muy niña, Hildegarda tuvo visiones o experiencias que eran más bien iluminaciones que visiones. Ya anciana, le decía a su secretario:

> Desde que era niña, antes que se fortalecieran mis huesos, nervios y venas, siempre tuve esta visión en mi alma. Y todavía ahora, cuando tengo más de setenta años, sigo teniéndola. En esa visión, por voluntad de Dios, mi espíritu se eleva a las alturas del firmamento y más allá de los aires, y se extiende por todos los pueblos, aun los más lejanos y remotos. Y veo las cosas de tal manera que es como si estuvieran en nubes y en medio de toda la creación. Pero no lo oigo con mis oídos físicos, ni tampoco en los pensamientos del corazón, ni por cualquiera de mis cinco sentidos. Lo veo más bien en mi alma, aunque mis ojos están abiertos [*in anima mea, apertis exterioribus oculis*] de modo que nunca pierdo la conciencia de mí misma, sino que estoy despierta y lo veo de día y de noche.[109]

Antes de trasladarse a Binge, tuvo una visión en la que Dios le ordenaba que escribiera sus visiones y experiencias. Algo después dio testimonio de ello:

> Tenía yo cuarenta y dos años y siete meses cuando se me abrieron los cielos y todo mi sentido se llenó de una luz extremadamente brillante al punto de ser deslumbrante. Inflamó mi corazón y todo mi pecho, aunque sin quemarme, sino que más bien me calentaba. [...] Fue entonces que entendí lo que querían decir los libros [de la Biblia].[110]

Fue desde Bingen que Hildegarda se dio a conocer, en parte porque escribió sus visiones en forma de poesía, y en parte por su celo en pro de la reforma de la vida monástica y de toda la iglesia. Con ese propósito, y a pesar de su salud endeble, viajó extensamente por toda Alemania. En sus viajes, predicaba sobre la necesidad de reformar tanto la vida privada como la común. Mantuvo correspondencia con papas y reyes, obispos, arzobispos, abades, duques y muchos más. Cuando estaba en Bingen, constantemente recibía

---

[109] Citado en Bernard McGinn, *The Growth of Mysticism* (Nueva York, 1994), 565.
[110] Citado por Carole Dale Spencer, "Hildegard of Bingen", *DCS*, 501.

visitas de personas de toda clase y de todo nivel social, quienes acudían en busca de sus consejos y sabiduría. Cuando murió, en el 1179, las gentes acudían a su tumba, donde se decía que se daban milagros. Pronto el flujo de peregrinos fue tal que interrumpía las devociones de las monjas. Se cuenta que el arzobispo le pidió a la difunta Hildegarda que no hiciera más milagros en su tumba, y que la santa le obedeció de tal modo que desde entonces cesaron los milagros.

Como era de esperar, todo esto pronto suscitó oposición y crítica; en muchos casos porque su constante llamado a la reforma de la iglesia y de la vida religiosa afectaba los intereses de muchos, en otros porque sus reclamos de tener visiones parecían contradecir la autoridad de la iglesia, y prácticamente en todos los casos porque parecía escandaloso el que una mujer se atreviera a tanto.

Esa oposición le llevó a pedirle su apoyo a Bernardo de Claraval, una de las figuras más influyentes en su tiempo. Gracias a la intervención de Bernardo, el papa Eugenio declaró su aprobación del primero de los principales escritos de Hildegarda, *Sci vías Domini —Conoce los caminos del Señor—* cuyo título comúnmente se abrevia como *Scivias*.

Toda esta historia, unida a lo que hemos citado más arriba en cuanto a cómo sus visiones le hacían entender los libros sagrados, muestra cuán difícil era para una mujer que se le diera la debida autoridad. Por una parte, busca y obtiene el apoyo del Papa. Por otra parte, afirma que sus visiones le han hecho ver el verdadero sentido de las Escrituras. La jerarquía le está vedada; pero busca su aprobación, sin la cual su obra habría resultado prácticamente imposible. Pero al mismo tiempo, sin mucho alarde, reclama para sus visiones una autoridad que les viene directamente de Dios, y no de la jerarquía.

Además de *Scivias*, Hildegarda escribió las cartas a que ya hemos hecho referencia, y varias obras (unas de carácter claramente teológico, y otras no tanto, aunque para ella todo era parte de una misma visión de la obra de Dios). Entre sus obras teológicas, se destacan *De la vida meritoria* y *De las obras de Dios*.

Es difícil sistematizar el pensamiento teológico de Hildegarda, pues lo que le interesa no es discurrir acerca de la naturaleza de Dios, de la salvación o de los sacramentos, sino más bien acerca de su visión de Dios y de cómo servirle mediante las buenas obras y la reforma de la iglesia. En todos sus escritos, la «luz» es un tema central. Ya hemos citado su referencia a «una luz extremadamente brillante, al punto de ser deslumbrante». Tales frase e imágenes aparecen repetidamente en sus escritos. En otros lugares habla de la «luz viviente» y de «la sombra de la luz viviente» (*umbra viventis lucis*). En esta última frase, la *umbra* no parece referirse a una «sombra» en el sentido de oscuridad, sino más bien en el sentido de atisbo o asomo. Lo que Hildegarda ve no es la luz viviente misma, sino el atisbo que le es permitido al mortal. Y aun ese atisbo es deslumbrante a tal grado que encandila. Bien podríamos decir que esa luz es tal que se oculta tras sí misma.

Aunque Hildegarda no escatima palabras en sus profecías acerca de los males de su tiempo, el tono general de sus escritos no es de ira o de temor, sino más bien de alegría y de gozo al observar el mundo y toda su belleza iluminada por la luz viviente de Dios. En una teología de la armonía, del orden sorprendente e incomprensible. Ese gozo —como el de una niña que se alboroza ante cada nueva realidad que va descubriendo— se derrama en las casi treinta composiciones musicales de Hildegarda —a quien muchos cuentan entre los más distinguidos compositores del Medioevo.

Como si todo eso fuera poco, Hildegarda es también notable por otras dos razones. Una de ellas fue que se atrevió a inventar una «lengua ignota» con su propio vocabulario, gramática y alfabeto. Nunca explicó por qué o para qué lo hizo. Algunos piensan que lo hizo por puro ejercicio mental. Otros sugieren que el propósito de esa lengua desconocida era servir de medio secreto para comunicación, particularmente con otras monjas.

Por último, Hildegarda se interesó también en la medicina. Como era de esperar, su terminología, el modo en que entiende la función de diversos órganos, y buena parte de las curas que sugiere, dejan mucho que desear a los ojos de la medicina de nuestros días. Pero el hecho mismo de que se haya interesado en recopilar los mejores conocimientos, teorías y curas de sus tiempos es señal de la amplitud mental y de la variedad de intereses de Hildegarda.

En resumen: Hildegarda de Bingen fue visionaria, teóloga, compositora, lingüista, poetisa y reformadora en un tiempo en que tales caminos les estaban vedados a la mayoría de las mujeres.

Herejes y cismáticos del siglo XII

El siglo XII, como todo período de despertar espiritual, vio surgir una multitud de predicadores, maestros y movimientos que no cabían dentro del marco —fuera jerárquico o dogmático— de la iglesia. Algunos de estos movimientos se apartaban tanto de la doctrina cristiana que resulta difícil entender la razón de su origen. Otros eran en verdad intentos de llevar una vida religiosa más profunda, sin sujetarse a autoridades eclesiásticas a menudo indignas o indiferentes. Todos excepto uno —el de los valdenses— corrieron la misma suerte: condenados por la iglesia y perseguidos por las autoridades, terminaron por desaparecer.

Casi todos estos movimientos nos son conocidos solo por sus opositores, y por ello es difícil saber a ciencia cierta cuáles eran sus doctrinas. Esto sucede especialmente con una multitud de sectas que se caracterizaban por la pobreza absoluta que adoptaban sus miembros, así como por la admiración y hasta veneración con que eran vistos sus dirigentes. Algunos de ellos, como Tanquelmo y Eudo de Stella, parece que se decían hijos de Dios. Otros, como Pedro de Bruys, negaban la transubstanciación, el bautismo de niños y los oficios por los difuntos. Los seguidores de Pedro, conocidos como petrobrusianos, continuaron sus doctrinas después que su maestro fuera quemado vivo. El Segundo Concilio de Letrán, en 1139, les condenó; pero, a pesar de ello, los petrobrusianos no desaparecieron sino después de varios años. En Milán un tal Hugo Speroni, a través del estudio de la Biblia, llegó a posiciones muy semejantes a las que luego defenderían los protestantes.[111]

De todos estos movimientos de doctrinas imprecisas, que fueron condenados quizá más porque perturbaban el orden establecido que por sus enseñanzas, el más notable y duradero fue el de los valdenses.[112] Pedro Valdés —o Valdo— era un mercader de Lyon que, al escuchar la leyenda de San Alejo, decidió llevar una vida de pobreza y predicación. A su alrededor se formó pronto un grupo de seguidores que, como Valdés, llevaban una vida de pobreza y predicaban en las plazas. Cuando el arzobispo Guichard de Lyon les prohibió predicar, Pedro y los suyos apelaron a Roma. Allí, el inglés Walter Map, valiéndose de distinciones sutiles que los valdenses no comprendían, les hizo quedar en ridículo.[113] Finalmente, les fue dado permiso para conservar sus votos de pobreza, pero se les prohibió predicar a menos que las autoridades eclesiásticas locales se lo permitieran. De regreso a Lyon, volvieron a encontrarse con la oposición del arzobispo, que les prohibió predicar. Valdés insistió en hacerlo a pesar

---

[111] El mejor estudio monográfico es Ilarino de Milano, *L'eresia di Ugo Speroni nella confutazione del maestro Vacario* (Ciudad del Vaticano, 1945). Se trata de una edición y comentario de la obra inédita del jurista Vacario, *Contra multiplices et varios errores*.

[112] Sobre su origen, véanse H. Wolter, «Aufbruch und Tragik der apostolischen Laienbewegung im Mittelalter», *GuL*, 30 (1957), 357-69; G. Gonnet, «Waldensia», *RHPhRel*, 33 (1953), 202-54. Sobre su historia: A. Patschovsky y K. V. Selge, eds., *Quellen zur Geschichte der Waldenser* (Gütersloh, 1973); J. Gonnet y A. Molnàr, *Les Vaudois au moyen âge* (Turín, 1974); M. Pezet, *L'épopée des Vaudois: Dauphiné, Provence, Languedoc, Piémont, Suisse* (París, 1976); A. Molnàr, *Die Waldenser: Geschichte und europäisches Ausmass einer Ketzerbewegung* (Göttingen, 1980).

[113] Vale la pena citar el diálogo según lo cuenta, no sin cierto orgullo, el propio Map (*Enchiridion fontium Valdensium*, Roma, 1958, pp. 122-123): «Primero les propuse unas cuestiones sencillísimas, que nadie tiene derecho a ignorar, sabiendo que el asno que come cardo no come lechuga: —¿Creen en Dios Padre? —Creemos —respondieron. —¿Y en el Hijo? —Creemos —respondieron. —¿Y en el Espíritu Santo? —Creemos —respondieron. —¿Y en la madre de Cristo? —Creemos —repitieron. Aquí todos gritaron mofándose, y los valdenses se retiraron confusos, y con razón». Si la burla se debió a que los valdenses fueron llevados a afirmar que María era la madre de Cristo, contrariamente a la decisión del Concilio de Éfeso, o si se trataba más bien de que, según el lenguaje de la época, «creer en» se podía aplicar solo a la divinidad, y no a las criaturas, es imposible saberlo. El hecho es que los valdenses fueron atrapados en un subterfugio indigno.

de la prohibición, y él y los suyos fueron condenados en el concilio de Verona en 1184. A partir de entonces, perseguidos en toda Europa, los valdenses se refugiaron en los valles más retirados entre los Alpes, donde aún subsisten.

Durante el siglo XII otros movimientos semejantes, tales como el de los «pobres lombardos», perseguidos también por las autoridades, se sumaron a los valdenses y trajeron consigo un sentimiento antirromano cada vez más acendrado.[114] En el siglo XVI establecieron contacto con el calvinismo y adoptaron esa doctrina, con lo cual vinieron a ser la más antigua de las iglesias protestantes. El propio Valdés y sus seguidores, empero, no pretendían en modo alguno fundar una nueva secta, ni diferían doctrinalmente de la iglesia de su época. La ruptura se debió más bien a la cuestión de la autoridad, que se planteó cuando la jerarquía les prohibió predicar. De hecho, los orígenes de los valdenses en el siglo XII son perfectamente paralelos a los de los franciscanos en el XIII, salvo que estos últimos lograron permanecer dentro de la iglesia constituida.

Totalmente distintas eran otras doctrinas surgidas en el siglo XII, no ya entre laicos, sino entre profesores y monjes —doctrinas que se referían a las relaciones entre Dios y el mundo. Dentro de esta categoría deben colocarse personajes tales como Amaury de Bène, David de Dinand y Joaquín de Fiore.

Amaury o Amalrico de Bène o de Chartres estudió y enseñó en París en la segunda mitad del siglo XII. Su doctrina, inspirada en Juan Escoto Erígena, consistía en un monismo panteísta basado en un realismo absoluto. En efecto, si la realidad de los seres ha de encontrarse en los géneros superiores a ellos, se deduce que, llevando este principio al extremo, la realidad de todos los seres está en aquel ser supremo, o idea suprema, que todo lo abarca. Además, siguiendo también en esto a Erígena, Amaury declaraba que las distinciones de sexos no existían antes de la caída ni existirán después de la restauración final.[115] Entre sus discípulos, David de Dinand es el más famoso y, aunque sus obras se han perdido,[116] es casi seguro que haya llevado más lejos el panteísmo de su maestro, haciendo de Dios la materia prima del universo.[117] Al parecer, para esto se basaba no solo en

[114] E. Comba, *Storia dei Valdesi* (Roma, 1935), pp. 43-46.

[115] G. C. Capelle, *Autour du procès de 1210*, Vol. III, *Amaury de Bène* (París, 1932). Véase también K. Albert, «Amalrich von Bena und der mittelalterliche Pantheismus», *MiscMed*, 10 (1976), 193-212.

[116] Véase empero R. de Vaux, «Sur un texte retrouvé de David de Dinant», *RScPhTh*, 22 (1933), 243-245.

[117] Alberto Magno, *S. Th.* pars I, tract. IV, q. 20, *m. ii, quaestio incidens: «Utrum Deus sit forma vel materia omnium»* (ed. Lugdunum, 1651, Vol. XVII, 76): «David de Dinand en el libro que escribió "De los tomos", es decir, "De las divisiones", dice que Dios es el principio material de todo». Santo Tomás, *S. Th.*, pars I, q. 3, art. 8 (*BAC*, 29:150): «Dijeron

Escoto Erígena y Amaury, sino también en sus lecturas de la metafísica de Aristóteles. Por esta razón, el concilio de París que en 1210 condenó a Amaury y a David condenó también el uso de los libros de Aristóteles sobre metafísica y filosofía natural.[118]

Las doctrinas de los amalricianos —nombre que se daba a los seguidores de Amaury— iba mucho más allá de un simple panteísmo filosófico. Aplicado a la doctrina eucarística, ese panteísmo llevaba a afirmar que la presencia divina en los elementos después de la consagración era la misma que antes de ella. Puesto que Dios es todo y está en todo, el pan, aun sin consagración alguna, es divino. Pero aún más: los amalricianos adoptaron un esquema de la historia que es difícil de conciliar con su panteísmo. Según ellos, «el Padre se encarnó en Abraham y en otros padres del Antiguo Testamento, el Hijo en Cristo y en otros cristianos, y el Espíritu Santo en los que ellos llaman espirituales».[119]

Los amalricianos y David de Dinant fueron condenados, no solo en París en 1210, sino también en el IV Concilio de Letrán en 1215. En 1225 el papa Honorio III, tratando de atacar las raíces mismas del amalricianismo, condenó el tratado *De la división de la naturaleza*, de Escoto Erígena.

Joaquín de Fiore propuso una interpretación de la historia parecida a la de los amalricianos, aunque las relaciones que pueda haber habido entre ambos son oscuras. No pretendemos dar aquí siquiera un bosquejo de la vida de Joaquín, acerca de la cual se tejieron tantas leyendas de las que es difícil desentrañar los hechos históricos. Oriundo de Calabria, Joaquín fue cisterciense, y luego fundó su propio monasterio de San Juan de Fiore. Allí se dedicó a la contemplación y al estudio de la Biblia, especialmente del Apocalipsis. A su muerte en 1202, era tenido por santo. Sin embargo, sus doctrinas —en extremo espiritualistas y algo extrañas en lo que se refiere a la Trinidad y a sus relaciones con la historia— estaban llamadas a ser atacadas por los principales teólogos del siglo XIII. En el IV Concilio de Letrán su tratado sobre la doctrina de la Trinidad, en el que se oponía a Pedro Lombardo, fue condenado. Es posible que en él Joaquín haya expuesto doctrinas semejantes a las de Gilberto de la Porrée, aunque esta tesis ha sido refutada por algunos eruditos. En todo caso, el aspecto de las enseñanzas de Joaquín que más repercutió en el futuro no fue su

otros que Dios es el principio formal de todas las cosas, y esta se cree que fue la opinión de los amalricianos. Pero el tercer error fue el de David de Dinand, quien, estúpidamente, sostuvo que Dios es la materia prima».

[118] Note el lector que la cuestión de las relaciones entre Amaury y David no está del todo clara. Si aquí hacemos al uno discípulo del otro, debemos señalar en honor a la verdad que hay diferencias notables entre ellos. Véase G. Théry, *Autour du procès de 1210*, Vol. I, *David de Dinant* (París, 1925).

[119] *Contra Amaurianos*, X (ed. C. Baeumker, Münster, 1926, p. 30). Se trata de un manuscrito anónimo que posiblemente sea obra de Garnerio de Rochefort.

doctrina trinitaria, sino el modo en que pretendía relacionar las tres personas de la Trinidad con tres etapas de la historia. La primera es la que va de Adán a Cristo; la segunda va de Cristo hasta el año 1260; la tercera se extiende desde esa fecha hasta el fin de los tiempos. La primera es la edad del Padre; la segunda es la del Hijo; la tercera es la del Espíritu Santo. La fecha de 1260 se fija mediante un proceso exegético que ilustra el método de Joaquín. Si de Adán a Jesús hubo cuarenta y dos generaciones, ha de esperarse que, para mantener la concordancia entre ambos testamentos, haya también cuarenta y dos generaciones entre Cristo y el comienzo de la tercera época. Si bien en el Antiguo Testamento estas generaciones eran desiguales, la perfección del Nuevo exige que todas sean iguales. Calculando entonces a razón de treinta años por generación, en cuarenta y dos generaciones se obtiene el total de 1260. En cuanto a la duración de la tercera época, Joaquín no se atreve a ofrecer opinión alguna. Estos tres períodos se suceden de tal modo que en los últimos tiempos de cada uno se producen anuncios o precursores del subsiguiente. Así, por ejemplo, Benito y todos los otros grandes ascetas fueron precursores de la edad del Espíritu. Cuando esa edad llegue —y ya está a punto de llegar— será la época de la vida espiritual, del monacato, de la caridad perfecta. La doctrina de Joaquín es entonces un espiritualismo entusiasta e idealista que, en vista de la maldad que impera en el mundo, se refugia y encuentra aliento en la esperanza de una nueva era. Como dice uno de sus intérpretes:

> La esperanza de una tercera época de la historia, concebida como la era de la transfiguración universal, nace en Joaquín de un profundo drama espiritual, que se origina en el contraste entre sus altísimos ideales de perfección individual y colectiva y la realidad contraria de los acontecimientos.[120]

Joaquín de Fiore no fue condenado mientras vivió. Fue en 1215, en el IV Concilio de Letrán, que fue condenada su doctrina trinitaria —la que, con razón o sin ella, fue unida a la de Gilberto de la Porrée. Aun entonces, empero, no se había prestado demasiada atención a las implicaciones que para la vida de la Iglesia y la sociedad tenía el esquema joaquinista de la historia. Cuando los franciscanos «espirituales» —entre ellos el ministro general Juan de Parma— adoptaron este esquema de la historia y lo interpretaron de tal modo que ellos, en su oposición a la Iglesia y aun al resto de la orden, eran los representantes de la era del Espíritu, fue que las

---

[120] A. Crocco, *Giacchimo de Fiore: La más singular y fascinante figura del Medioevo cristiano* (Nápoles, 1960), p. 85.

autoridades eclesiásticas —y especialmente las autoridades franciscanas, como San Buenaventura— tuvieron que enfrentarse al joaquinismo.

De todas las herejías del siglo XII, la que más repercusiones tuvo en esa centuria y la siguiente fue la de los cátaros o albigenses.[121] El origen de esta herejía nos es desconocido,[122] aparte de que se deriva del bogomilismo, importado de Oriente por los cruzados y otros viajeros que regresaban a su patria. En todo caso, en la Europa latina el catarismo es un fenómeno del siglo XII, aunque quizá con algunos precursores en el siglo XI.[123] En el año 1179, el III Concilio de Letrán convocó a una cruzada contra ellos, y en 1181 hubo una breve campaña. Pero fue en el siglo XIII, bajo Inocencio III, que se llevó a cabo la gran cruzada contra los albigenses, en la que el fanatismo religioso y las ambiciones políticas se combinaron para producir actos de crueldad insólita. Fue frente a ellos que la Inquisición tomó su forma característica. Por la misma época, Domingo de Guzmán, convencido de que el modo de ganar a los herejes era la persuasión, fundó la Orden de Predicadores, comúnmente conocida como los «dominicos». Como se ve, los albigenses, aun cuando habían desaparecido antes de terminar el siglo XIII, tuvieron gran importancia para la historia de la iglesia y de la humanidad.

El catarismo —al menos en su forma extrema— parte de la existencia de dos principios eternos; el principio del bien y el principio del mal. La creación no ha de adjudicársele a Dios —principio del bien—, sino al principio del mal. En la materia de este mundo malo se encuentran prisioneros los espíritus, que pertenecen al principio del bien. Estos espíritus solo pueden librarse de la materia mediante una serie de reencarnaciones sucesivas, hasta llegar a morar en un «perfecto» cátaro, última etapa

---

[121] Les damos aquí solo estos nombres, que son los más comunes y los que la posteridad ha consagrado. El nombre de «cátaros» viene del griego «puro», y les fue dado porque el concilio de Nicea caracterizaba así a los novacianos. El término «albigenses» se deriva de la ciudad de Albi, donde primero se encontraron estos herejes en gran número, pero los nombres que se les daban variaban de lugar a lugar.

[122] Algunos eruditos la relacionan con el maniqueísmo, estableciendo una línea ininterrumpida a través de los paulicianos y los bogomiles. Otros la relacionan con el gnosticismo. Otros, en fin, ven su origen en el marcionismo. Las diversas posiciones se encuentran resumidas en J. Söderberg, *La religion des Cathares: Étude sur le gnosticisme de la basse antiquité et du moyen âge* (Uppsala, 1949), pp. 11-19. Su propia posición, según la cual existió a través de los siglos una tradición gnóstica que desembocó en el catarismo, no nos parece convincente.

[123] La historia de los cátaros o albigenses es larga y compleja. El primer caso de posible catarismo es el de Leutardo de Chalons, en el año 1000. Véase Rodolfo Glaber, *Libri V historiarum sui temporis*, 2.11 (*PL*, 142 :643-644). Pero el trasfondo del movimiento se remonta a las penumbras de la historia, como se ve en Steven Runciman, *The Medieval Manichee: A Study of the Christian Dualistic Heresy* (Nueva York: 1961). Más tarde se desató contra ese movimiento una terrible cruzada que cambió el orden social y político de lo que hoy es Francia. Véase Joseph R. Strayer, *The Albigensian Crusades* (Ann Arbor: 1971).

de una larga peregrinación. Estos «perfectos», a diferencia de los meros «oyentes» —nótese otra vez el paralelismo con los maniqueos— llevaban una vida de ascetismo extremo. Se llegaba a este estado mediante el rito llamado *consolamentum*, que era una imposición de manos por parte de los «perfectos». A partir de entonces, el creyente llevaba una vida de castidad, pobreza y ayuno. A menudo, este ayuno se llevaba hasta el suicidio, acto de devoción suprema que recibía el nombre de *endura*. En todos sus ritos se manifestaba una profunda animadversión hacia lo material —inclusive las cruces e imágenes— excepto en una ceremonia de tipo eucarístico en que se reunían para partir el pan. Esta actitud hacia la materia se revela también en su docetismo. Cristo era un ser celeste que pareció tomar un cuerpo a fin de mostrarnos el camino de salvación.[124] Además, por razón de su creencia en la transmigración de las almas, que podían reencarnar en algún animal, los albigenses eran generalmente vegetarianos. Su organización parece haber sido regional, de modo que, en cada zona, alrededor de cada centro de difusión, había una iglesia independiente, con su propio obispo y diáconos.

Con esto terminamos nuestra breve revisión del occidente cristiano en el siglo XII. Aun esta rápida ojeada basta para mostrar que la vitalidad intelectual de la época fue grande.

De hecho, cuando se están echando los cimientos de las grandes catedrales góticas, se está construyendo también el fundamento sobre el que se alzarán las altas torres de la escolástica medieval.

---

[124] Villoslada, *Historia...* (*BAC*, :873, sin ofrecer referencias, dice que según los albigenses «Cristo, emanación suprema de Dios, tomó un cuerpo meramente aparencial en María, la cual no era mujer, sino puro ángel. Entró en ella por un oído y salió por el otro en forma humana, sin contacto alguno con la materia».

28

La teología oriental desde el avance del islam hasta la Cuarta Cruzada

Antes de pasar a estudiar el desarrollo teológico que tuvo lugar en Occidente durante el siglo XIII, debemos dirigir nuestra atención una vez más hacia Oriente, que hemos dejado varios capítulos atrás en el momento del Sexto Concilio Ecuménico y de las invasiones árabes. En este capítulo llevaremos la historia de la teología oriental desde aquel momento hasta los primeros años del siglo XIII, cuando la Cuarta Cruzada, al tomar Constantinopla, puso fin a una etapa en la historia de esa ciudad y del Imperio que la tenía por capital.

Durante este período, que va desde finales del siglo VII hasta comienzos del XIII, la principal iglesia oriental continuó siendo la ortodoxa griega o bizantina, que aceptaba todos los concilios ecuménicos y, a pesar de repetidas interrupciones, mantenía por lo general lazos de comunión con la sede romana. Como extensiones suyas que a la postre se harían independientes —aunque sin abandonar la doctrina de los grandes concilios— surgieron las iglesias de Bulgaria y Rusia. Por último, la iglesia nestoriana, así como las diversas comuniones monofisitas —coptos, armenios, jacobitas y etíopes— continuaron existiendo, aunque la mayor parte de ellas bajo el régimen musulmán. De aquí se sigue el bosquejo del presente capítulo: primero estudiaremos la teología bizantina, luego dedicaremos unas breves líneas a los búlgaros y rusos, y por último pasaremos a los nestorianos y monofisitas.

La teología bizantina hasta la restauración de las imágenes

Damos aquí el título de «bizantina», no solo a la teología y las iglesias que existieron dentro de las fronteras del Imperio bizantino, sino también a toda la Iglesia y los teólogos orientales que, aun bajo el régimen musulmán, se mantenían en comunión con la sede constantinopolitana. Es decir, que incluimos aquí toda la cristiandad ortodoxa que existía dentro del Imperio, así como todos aquellos que vivían en tierras islámicas y que recibían por lo general el nombre de «cristianos melquitas», es decir, del emperador.

Este nombre de «melquitas» no era del todo injusto, pues la iglesia bizantina se caracterizó por el modo en que estaba sujeta a la autoridad y aun a los caprichos de los emperadores. Es cierto que los más distinguidos dirigentes eclesiásticos, tales como Germán de Constantinopla, Juan de Damasco y Teodoro el Estudita, se opusieron a la política imperial. Lo mismo puede decirse de la inmensa mayoría de los monjes. Pero a pesar de estos focos de resistencia fueron pocos los patriarcas de Constantinopla que pudieron conservar sus sedes sin la aprobación imperial. Así pues, en la historia de la teología bizantina, la historia política del Imperio juega un papel mucho más importante que en el desarrollo teológico occidental. De hecho, al tiempo que en Occidente latino el Imperio desaparecía, y resurgía más tarde en la persona de Carlomagno bajo el ala de la iglesia, en Oriente el Imperio tomaba cada vez más el carácter autocrático de las monarquías orientales, y la iglesia quedaba supeditada a él, como brazo de la política imperial. Este proceso histórico en sentidos contrarios fue una de las razones del distanciamiento progresivo entre Roma y Constantinopla.

Los últimos años del siglo VII y los primeros del VIII fueron tiempos aciagos para el Imperio Bizantino y para la iglesia oriental. Las conquistas árabes, la invasión de los búlgaros y una sucesión de emperadores incompetentes parecían indicar el fin próximo del Imperio, cuyos territorios quedaron reducidos a la esquina nordeste del Mediterráneo, con algunas posesiones en Sicilia y el sur de Italia. Pero en el año 717, en la persona de León III, se establece una nueva dinastía, generalmente conocida como «Isáurica», que comienza a dar nueva vida al viejo Imperio. León III y sus sucesores reorganizaron sus territorios de modo que tanto la defensa como la administración fiscal fuesen más efectivas; compilaron y codificaron leyes más justas y frecuentemente más benignas que las anteriores;

estimularon los estudios, especialmente en la Universidad de Constantinopla; construyeron edificios, monumentos y caminos; y guerrearon con
buen éxito contra los árabes y los búlgaros.

Como parte de este vasto programa de restauración, León III implantó
—y sus sucesores continuaron— una política religiosa que envolvió a todo
el Imperio —y aun al Occidente latino— en amargas controversias. Esta
política fue su oposición a las imágenes religiosas, tanto de Cristo como
de la virgen María, los santos, los personajes del Antiguo Testamento y los
ángeles. Las razones que llevaron a León a seguir esta política, a la que
se da el nombre de «iconoclasta», no están del todo claras. Ciertamente,
lo más acertado parece ser atribuir la política de León III, no a una razón,
sino a toda una serie de ellas. Por una parte, Constantinopla estaba constantemente en contacto con judíos, musulmanes y monofisitas, todos los
cuales se oponían, por diversas razones y en varios modos, a las imágenes
religiosas.[1] Por otra parte, es posible que los emperadores hayan querido
quebrantar el poder de los monjes y confiscar parte de sus propiedades,[2]
aunque, de hecho, tales designios se hubieran logrado más fácilmente
mediante una serie de decretos imperiales, sin envolver en ellos una cuestión teológica que solo serviría para complicar la situación. Por último,
no cabe duda de que varios de los emperadores iconoclastas —entre ellos
León III— actuaban movidos por sinceros sentimientos religiosos y teológicos. Para León, su campaña iconoclasta era parte de su programa de
restauración imperial. El hijo y sucesor de León III, Constantino V, estaba
convencido de que la veneración de las imágenes y de las reliquias de
los santos era idolatría, y que la teoría de la intercesión de los santos y
de la Virgen era falsa. Por tanto, es necesario mostrar cierto escepticismo
cuando los autores iconófilos —o defensores de las imágenes— nos pintan
toda una dinastía de emperadores hipócritas y oportunistas.

En todo caso, la controversia iconoclasta comenzó en el año 725,[3]
cuando León III ordenó la destrucción de una imagen de Cristo a la que

---

[1] Sabemos que el califa Yazid (720-724), a instancia de un judío, había ordenado que
fuesen destruidas todas las imágenes que había en su territorio. Lo que no sabemos es hasta
qué punto tal decreto por parte de su enemigo influyó o no en las acciones de León. A. A.
Vasiliev, «The Iconoclastic Edict of Caliph Yazid II, A. D. 721», *DOP*, 9-10 (1956), 23-47.

[2] Durante el transcurso de la controversia, los monjes se distinguieron por su defensa de
las imágenes, aunque no por ello dejó de haber un buen número de monjes iconoclastas.

[3] No podemos discutir aquí todo el desarrollo de la iconografía cristiana. Baste decir que,
si bien los más antiguos escritores cristianos atacaban los ídolos paganos, esto no parece
haber resultado en una oposición al arte figurativo entre los cristianos. Por otra parte, al
principio este arte parece haber sido más simbólico que iconográfico, pues se dedicaba
especialmente a temas tales como el pez, la cruz en forma de *tau* griega y personajes en
actitud de oración. Sin embargo, también se representa a Cristo como el buen pastor, y hay
varias pinturas antiquísimas de la Santa Cena. La iglesia de Dura-Europos, la más antigua
que se conoce, está decorada con abundante iconografía. Por otra parte, hay pasajes en los

se atribuían poderes milagrosos. A partir de entonces, la campaña icono-
clasta tomó un ímpetu creciente. Puesto que el patriarca Germán de Constantinopla se oponía a ella, el Emperador lo depuso y colocó en su lugar
a Anastasio. Esto, a su vez, acarreó dificultades con Roma, pues el papa
Gregorio II se negó a reconocer a Anastasio, y poco después su sucesor,
Gregorio III, excomulgó al Emperador. En tierra de musulmanes, Juan
Damasceno, tenido generalmente por el último de los Padres de la Iglesia
Oriental, salió en defensa de las imágenes. Constantino V siguió la política
de su padre, y en el año 754 reunió un concilio que ratificó la doctrina iconoclasta y anatematizó a Germán de Constantinopla y a Juan Damasceno.
Entonces se desató una persecución contra los iconófilos. A la muerte de
Constantino, su hijo León IV, todavía menor de edad, quedó bajo la regencia de Irene, mujer ambiciosa que combinaba una profunda devoción a las
imágenes con una casi total falta de escrúpulos en todo lo demás. Irene
hizo nombrar patriarca de Constantinopla a Tarasio, secretario imperial
que, como ella, era iconófilo. Entre Irene, Tarasio y el papa Adrián I convocaron un concilio que, tras una tentativa fallida, se reunió en Nicea en
el año 787. Este concilio, que recibe el título de Séptimo Concilio Ecuménico, restauró las imágenes. Pero en el 815 el emperador León V regresó
a la política iconoclasta, depuso al patriarca Nicéforo y desató de nuevo
la persecución contra los iconófilos.[4] Su sucesor, Miguel II, aunque más
moderado, continuó apoyando a los iconoclastas, al tiempo que Teodoro
el Estudita salía en defensa de las imágenes. El hijo de Miguel, Teófilo,
persiguió a los iconófilos. Pero a su muerte la regencia cayó de nuevo
sobre los hombros de una mujer, la emperatriz Teodora, quien depuso al
patriarca iconoclasta Juan el Gramático y restauró el culto a las imágenes.
La fecha de esa restauración, el 11 de marzo del 842, vino a ser símbolo
de ortodoxia en toda la iglesia oriental, que aún la celebra como la «Fiesta
de la Ortodoxia».

A fin de dar una idea tanto de la teología iconoclasta como de la iconó-
fila, expondremos como ejemplo de la primera, la «Definición» del concilio iconoclasta del 754 y, como ejemplos de la segunda, algo de las obras
de Germán de Constantinopla, Juan de Damasco y Teodoro el Estudita,
además de la decisión del Séptimo Concilio Ecuménico.

Como sucede frecuentemente en tales controversias, el bando vencedor, es decir, el de los iconófilos, destruyó de tal modo las obras de sus

---

escritos cristianos del siglo IV en adelante, tanto a favor de las imágenes como aconsejando cautela frente a la posible idolatría a que su uso podría llevar. Pero no es sino con el
edicto de León que la cuestión de las imágenes surge como motivo de controversia y de
elaboración teológica.

[4] P. J. Alexander, *The Patriarch Nicephorus of Constantinople: Ecclesiastical Policy and
Image Worship in the Byzantine Empire* (Oxford, 1958).

opositores que resulta difícil hacerse una idea clara del pensamiento teológico de los iconoclastas. Uno de los pocos documentos iconoclastas que han quedado para la posteridad es la «Definición» —*Horos*— del concilio del 754, que se ha conservado porque se la cita en las actas del VII Concilio Ecuménico. Allí puede ver el lector que el fundamento teológico de los iconoclastas se encontraba, por una parte, en la prohibición general de toda idolatría en las Escrituras y, por otra parte, en su modo de entender la encarnación. En cuanto a lo primero, no es necesario insistir más; baste decir que en el *Horos* se citaba la prohibición del Decálogo contra el culto a las imágenes, así como varios textos del Nuevo Testamento. En cuanto a lo segundo, los obispos reunidos en el 754 utilizaron la cristología calcedonense para probar que no se debía hacer imágenes de Cristo. Según ellos, la naturaleza divina es incircunscribible. Por tanto, si se representa la humanidad del Salvador será necesario representarla aparte de su divinidad, y ello sería caer en la división entre las naturalezas por la que el nestorianismo fue condenado. Pero si se pretende que al representar la figura del hombre Cristo se representa también su divinidad, ello sería circunscribir la divinidad, y equivaldría a la confusión de las dos naturalezas del Salvador de que se hizo culpable el monofisismo.[5]

El primer gran defensor de las imágenes fue el patriarca Germán de Constantinopla (715-729). Años antes, en el 712, Germán había cedido ante la presión de las autoridades y se había prestado a un intento de resucitar el monotelismo. Quizá fue su arrepentimiento ante aquella acción lo que le prestó fuerzas para oponerse a la política iconoclasta de León III. En todo caso, Germán se opuso a los designios del Emperador, y ello le costó su sede patriarcal. Murió alrededor del 733, cuando contaba casi cien años, venerado por los iconófilos y odiado por los iconoclastas. El concilio iconoclasta del 754 le condenó y le tachó de hombre de «doblado ánimo», posiblemente refiriéndose a su participación en el movimiento monotelita del 712. En el Séptimo Concilio Ecuménico sus tres epístolas a favor de las imágenes fueron formalmente aprobadas por la asamblea.[6] En estas tres epístolas, Germán refuta el argumento según el cual la veneración de las imágenes viola el mandamiento de Éxodo 20:4. Tal refutación se basa en la distinción entre diversas clases de «adoración» —*proskynesis*— que en realidad son

---

[5] Citado por el diácono Epifanio en el VII Concilio Ecuménico (Mansi, XIII, 252-253). Véanse: P. J. Alexander, «The Iconoclastic Council of St. Sophia», *DOP*, VII (1953), pp. 78-99; M. V. Anastos, «The Ethical Theory of Images Formulated by the Iconoclasts in 754 and 815», *DOP*, VIII (1954), pp. 151-160.

[6] *PG*, 98:156-194. Entre las obras de Germán se cuentan también un tratado *Del término de la vida* (*Ibid.*, 89-132), una *Epístola a los armenios* (*Ibid.*, 135-146) y varias Homilías. El tratado *Del término de la vida* trata sobre la providencia, la predestinación y el libre albedrío. *Epístola a los armenios* es un tratado cristológico en defensa de la doctrina calcedonense.

solo señales de respeto y veneración, y la «adoración» en el sentido estricto —*latría*— que se debe solo a Dios, y es la que el Decálogo prohíbe dar a criatura alguna. En cuanto a las imágenes, se les rinde un culto inferior y relativo, porque su fin no está en ellas mismas, sino en el culto supremo a Dios. Tal culto no llega al nivel propio de la adoración —no es *latría*—.

Aunque la obra de Germán de Constantinopla fue importante por su fecha temprana y por el alto rango de su autor, el verdadero apóstol de las imágenes, y quien sentó las bases para la iconología posterior, fue Juan de Damasco (o Damasceno).

Juan Damasceno, considerado como el último de los Padres de la Iglesia Oriental, fue un alto funcionario del califato, pero renunció a esa posición para retirarse a un monasterio y después ser sacerdote en Jerusalén. Su principal obra es *La fuente del conocimiento*,[7] compuesta poco antes de su muerte y dividida en tres partes: *Capítulos filosóficos*, *Sobre la herejía* y *Exposición de la fe ortodoxa*. Sus trabajos polémicos fueron numerosos, e iban dirigidos contra los musulmanes, los maniqueos, los nestorianos, los monofisitas y la superstición en general. En cuanto a las imágenes, el Damasceno trata de ellas en la *Exposición de la fe ortodoxa* y en sus tres *Discursos contra los que rechazan las santas imágenes*.[8]

La argumentación de Juan de Damasco en pro de las imágenes intenta ser cristocéntrica. Así, por ejemplo, los mandamientos en contra de las imágenes que se encuentran en el Antiguo Testamento ya no se aplican, pues con la venida de Cristo nos ha sido dado crecer hasta la medida del varón perfecto,[9] y en todo caso ya en el Antiguo Testamento era legítimo adorar en cierto modo a seres que no eran Dios, como lo prueban Josué y Daniel, quienes adoraron al ángel del Señor.[10] Por otra parte, Dios mismo, aunque invisible en su propia naturaleza, se nos ha hecho visible en la encarnación, y con ello nos ha indicado que puede darse a conocer por medios visibles.[11]

Este argumento, que es el centro de la iconología del Damasceno, se encuentra resumido en su *Exposición de la fe ortodoxa*:

> Puesto que algunos nos culpan por reverenciar y honrar imágenes del Salvador y de Nuestra Señora, y las reliquias e imágenes de los

---

[7] *PG*, 94:521-1228. Esta obra es una exposición sistemática de la teología del Damasceno, que no podemos resumir aquí por falta de espacio.

[8] *PG*, 94:1231-1420. En realidad, los dos últimos discursos son solo una revisión y ampliación del primero. Hay una buena monografía sobre la iconología del Damasceno: H. Menges, *Die Bilderlehre des hl. Johannes von Damaskus* (Kallmünz, 1937).

[9] *De imaginibus oratio* 1.8 (*PG*, 94:1237).

[10] *Ibid.* (*PG*, 94 :1240).

[11] *De imaginibus oratio* 2.5 (*PG*, 94:1288).

santos y siervos de Cristo, recuerden que desde el principio Dios hizo al humano a su imagen. ¿Por qué nos reverenciamos unos a otros, si no es porque somos hechos a imagen de Dios?... Por otra parte, ¿quién puede hacer una copia del Dios que es invisible, incorpóreo, incircunscribible y carente de figura? Darle figura a Dios sería el colmo de la locura y la impiedad... Pero puesto que Dios, por sus entrañas de misericordia y para nuestra Salvación, se hizo verdaderamente hombre... vivió entre los humanos, hizo milagros, sufrió la pasión y la cruz, resucitó y fue elevado al cielo, y puesto que todas estas cosas sucedieron y fueron vistas por los humanos... los «padres», viendo que no todos saben leer ni tienen tiempo para hacerlo, aprobaron la descripción de estos hechos mediante imágenes, para que sirvieran a manera de breves comentarios... Nosotros no reverenciamos lo material, sino lo que esas cosas significan.[12]

Además, debemos cuidar de que los argumentos en contra de la idolatría no se confundan con argumentos que tiendan a despreciar la materia, pues ello nos llevaría a un dualismo al estilo maniqueo.[13]

¿Para qué sirven las imágenes? Sirven para enseñar y recordar a los fieles los grandes hechos de la salvación, y para incitarles al bien. De hecho, su utilidad es tal que el Damasceno afirma que son medios de gracia, pues la virtud de lo que representan se comunica por ellas a quien las contempla y venera.[14]

Por último, el Damasceno distingue entre diversos grados de culto o reverencia. La reverencia o culto absoluto, que recibe el nombre de *latría*, se debe solo a Dios, y quien lo rinde a alguna criatura cae en la idolatría. Pero la reverencia o culto de respeto, honra o veneración puede prestarse a objetos religiosos o aun a otras personas en el ámbito de lo civil —y aquí se reflejan las prácticas civiles de Bizancio—.[15]

Teodoro el Estudita vino a ser el mayor defensor de las imágenes a principios del siglo IX, cuando el emperador León V el Armenio restauró la política iconoclasta de León III. Teodoro era un monje inflexible que sostenía ante todo la independencia de la iglesia frente al poder civil, y que ya había tenido encuentros con el emperador Constantino VI cuando este repudió a su esposa para casarse con una parienta de Teodoro. Contra los iconoclastas, Teodoro escribió un *Antirrético*,[16] una *Refutación de los*

---

[12] *De fide ortodoxa*, 4.16 (*PG*, 94:1169-1172).

[13] *De imaginibus oratio*, 1.16 (*PG*, XCIV, 1245).

[14] *Ibid.*

[15] *De imaginibus oratio*, 3.33-40 (*PG*, 94:1352-1356).

[16] *PG*, 99:327-436.

poemas de los iconoclastas[17] y varios opúsculos y epístolas. Además, compuso varias obras ascéticas, sermones, conferencias catequéticas y poemas.

La iconología de Teodoro parte de las de Germán, el Damasceno y del VII Concilio Ecuménico. Su principal contribución está en el modo en que define la relación entre la veneración de la imagen y la veneración de lo que ella significa. Según él, la veneración de la imagen y de su prototipo son una sola, pero se dirige en dos modos diversos, pues en relación con la imagen la veneración es solo relativa, y no se dirige a ella directamente, mientras que la veneración sí se dirige directamente al prototipo y, en el caso de imágenes de Cristo, es absoluta y del orden de la *latría*.

En todo caso, la definición oficial definitiva del culto a las imágenes es la del VII Concilio Ecuménico, del año 787. Allí aparece tanto la distinción entre grados de culto como el intento de dar un fundamento cristológico al culto a las imágenes. Lo primero puede verse cuando el Concilio aboga por que se coloquen imágenes de Cristo, la Virgen, los ángeles y los santos en diversos lugares, para así invitar a los creyentes a su «respeto y veneración, aunque sin ofrecerles una verdadera *latría*, que solo debe ofrecerse a la divinidad».[18] Lo segundo, es decir el intento de relacionar la iconología con la cristología, puede verse en la lista de anatemas, que comienza por el anatema general contra los iconoclastas, condena luego a los que «no confiesen que Cristo nuestro Dios es circunscripto según la humanidad», y continúa con otros anatemas más específicos contra los enemigos del culto a las imágenes.[19]

En Occidente, la controversia iconoclasta no fue tan exacerbada como en Oriente. Por lo general, los papas estuvieron del lado de los iconófilos, y lo mismo puede decirse de los emperadores carolingios, aunque estos últimos querían cuidar que, al defender las imágenes, no se cayera en la idolatría. Puesto que la traducción latina de las actas del VII Concilio Ecuménico que llegó a manos de Carlomagno empleaba el término «*adoratio*» para referirse al culto debido a las imágenes, el rey y toda la Iglesia franca rechazaron las decisiones del Concilio. Los *Libros Carolinos*, publicados unos pocos años después del Concilio, al tiempo que defendían el uso de las imágenes, condenaban su adoración. En el año 794, un sínodo reunido en Frankfort condenó tanto al concilio iconoclasta del año 754 como al Concilio de Nicea del 787, afirmando que debían

[17] *Ibid.*, 435-478.

[18] Denzinger, 201. Los términos griegos así como latinos son, para el culto debido a las imágenes, *aspasmùs kaí timetikè proskynesis* y *osculum et honoraria adoratio*; y, para el culto reservado a Dios, *alethinè latreía* y *vera latria*.

[19] *Ibid.*, p. 203.

conservarse las imágenes, pero que estas no eran dignas de *adoratio*.[20] Durante varias décadas, la iglesia franca se negó a aceptar los decretos del Concilio de Nicea del 787, lo cual colocó a los papas en una situación difícil que solo se hizo sostenible mediante grandes esfuerzos diplomáticos. Paulatinamente, según fue decayendo el poder carolingio, las decisiones de Nicea lograron imponerse en Occidente. Pero, a pesar de ello, la iglesia latina no extendió a las imágenes su teología sacramental, como lo hacía la iglesia griega. A pesar de ser respetadas, veneradas y hasta a veces adoradas, las imágenes no llegaron a ocupar en Occidente el lugar de primerísima importancia que ocupaban en Oriente. En contraste, en el Occidente se subrayaba más el valor de las imágenes como medios de educación y, también, particularmente en el sur, como obras de arte. En el Occidente, lo que se veneraba cada vez más, por encima de las imágenes de los santos y de personajes bíblicos, eran sus reliquias, o, más bien, sus supuestas reliquias.

La importancia de la controversia en torno a las imágenes es tal que resulta fácil recibir la impresión de que esta fue la única cuestión que se debatió en Oriente durante el período que estamos estudiando. Tal impresión sería falsa. La cuestión del *filioque*, que hemos discutido en otro capítulo, se planteó durante este período. Debido a las circunstancias políticas y eclesiásticas, también se debatió la cuestión de las relaciones entre los poderes eclesiásticos y civiles, y entre los obispos de Constantinopla y de Roma (cuestión esta que ocupará el centro del escenario una vez resuelta la controversia iconoclasta). Germán de Constantinopla discutió la predestinación y el libre albedrío en su diálogo *Del término de la vida*.[21] Y Juan Damasceno, a quien hemos estudiado solo desde el punto de vista de la controversia en torno a las imágenes, escribió todo un tratado sistemático en el que estudiaba las principales cuestiones filosóficas y teológicas: la *Fuente del conocimiento*. Además, varios autores escribieron contra las viejas herejías cristológicas y contra las creencias y prácticas de los musulmanes y judíos.

Desde la restauración de las imágenes hasta el cisma de 1054

Tras la restauración de las imágenes, la iglesia bizantina quedó aún dividida en varios bandos que pueden resumirse en tres tendencias principales. En primer lugar, había un número de iconoclastas convencidos que

---

[20] Mansi, 13:909.
[21] *PG*, 98:92-129.

persistían en su oposición a pesar de la condenación oficial de la icono-
clastia. El principal de estos iconoclastas era Juan el Gramático, quien
continuó escribiendo contra las imágenes y mantuvo vivo por algún
tiempo el fuego iconoclasta. Pero su causa estaba perdida, y su influencia
en el desarrollo posterior de la teología bizantina fue mínima. En segundo
lugar, subsistía aún el bando de los iconófilos extremos, inflamados por las
décadas de dura lucha y por el ejemplo de monjes venerados tales como
Teodoro el Estudita. A este partido pertenecía la mayoría de los monjes
y de los laicos, sobre todo los de las clases más bajas. Llevadas aún por
el impulso adquirido durante la controversia, estas personas insistían en
un rigorismo ascético, inconófilo y antifilosófico. Por último, el partido
moderado contaba con el apoyo de algunos monjes y de las clases cultas
entre los laicos, que se oponían también a los iconoclastas, pero querían
evitar un rigorismo religioso que obstaculizara el desarrollo intelectual y
político de Bizancio. A este bando pertenecía Focio, alrededor de quien la
controversia por fin explotó.

El origen de la controversia no fue de carácter estrictamente dogmático,
sino más bien político. Debido a una revolución de palacio, el poder pasó
de manos de la regente Teodora a las de su hermano Bardas, quien chocó
con el patriarca Ignacio, lo depuso, y colocó en su lugar a Focio. Puesto
que Ignacio era del partido rigorista, el pueblo y los monjes se negaron a
aceptar su deposición. El clero se dividió, y al tiempo que unos declaraban depuesto a Ignacio otros negaban la validez de la elección de Focio
y persistían en considerar a Ignacio como el verdadero patriarca. Puesto
que tanto Ignacio y los suyos como el partido de Focio pedían el apoyo del
papa Nicolás I, este pidió que se juzgara de nuevo el caso de Ignacio, esta
vez en presencia de sus legados. Pero en el nuevo juicio resultó claro que
la corte ya había decidido condenar a Ignacio, lo cual exasperó al papa.
Por otra parte, Bulgaria se abría entonces a la fe cristiana, y esto creaba un
nuevo conflicto entre las sedes de Roma y Constantinopla, que se disputaban la jurisdicción sobre la naciente iglesia. Además, Focio era un erudito
y hábil escritor que se oponía resueltamente a la introducción del *filioque*
en el Credo Niceno, por lo cual era mal visto en Occidente. A instancias de
Nicolás I, varios teólogos occidentales escribieron obras contra la doctrina
trinitaria de los orientales.[22] Por su parte, Focio escribió contra las pretensiones de la sede romana y convocó un concilio que declaró depuesto a
Nicolás. Entonces, una nueva revolución de palacio cambió el orden político, y el resultado fue la deposición de Focio y la restauración de Ignacio.
Aprovechando esta coyuntura, Adriano II, sucesor de Nicolás, logró que

---

[22] Entre ellos, Eneas de París, *Liber adversus graecos* (*PL*, 121:685-762) y Ratramno de
Corbie, *Contra graecorum opposita* (*PL*, 121:225-346).

se reuniera en Constantinopla, en los años 869-870, el VIII Concilio Ecuménico, que condenó a Focio. A pesar de ello, Focio regresó a la corte y se reconcilió con Ignacio. Al morir este, Focio le sucedió sin que surgiera mayor oposición en Oriente, y el papa Juan VIII aceptó un arreglo según el cual Roma reconocía a Focio y Constantinopla aceptaba la jurisdicción de Roma sobre Bulgaria. La política de los sucesores de Juan vaciló entre cierta hostilidad velada y la guerra abierta contra Focio, pero el favor imperial sostuvo al patriarca de Constantinopla hasta que cayó en desgracia en la corte. Entonces se retiró y se dedicó a escribir. Sus relaciones con Roma, aunque poco cordiales, no fueron ya de franca hostilidad. Sin embargo, toda esta polémica contribuyó a subrayar las diferencias entre Oriente y Occidente, y los escritos que Focio produjo contra los latinos y contra las pretensiones del papa después fueron instrumento de quienes abogaban por un distanciamiento entre ambas ramas de la Iglesia.

No podemos detenernos aquí a examinar en detalle el pensamiento de Focio.[23] Baste decir que era un hombre de una erudición inmensa, como lo muestra su *Biblioteca*,[24] quien se interesó profundamente en cuestiones filosóficas, especialmente en la dialéctica, y utilizó su enorme sabiduría para atacar las doctrinas occidentales del *filioque* y de la primacía romana. En cuanto al *filioque*, lo discutió detalladamente en su *Mistagogía del Espíritu Santo*, con abundantes referencias patrísticas y escriturarias, aunque —al igual que sus contrincantes— sin mostrar mucha caridad y espíritu de comprensión hacia sus contrincantes.[25] La cuestión de la primacía romana la discutió en varios opúsculos y epístolas, a menudo envuelta con otros puntos de divergencia entre Oriente y Occidente, tales como el *filioque* y el celibato eclesiástico. De estos opúsculos, el más tajante es *Contra el primado*,[26] dirigido «a quienes dicen que Roma es la primera sede». En este tratado, Focio arguye que el primado romano es una pretensión sin fundamentos, ya que, antes de ser obispo de Roma, Pedro lo fue de Antioquía y, en todo caso, según el argumento romano en pro de la primacía, esta le correspondería a Jerusalén, donde estuvo, no solo Pedro, sino también —y sobre todo— el Señor encarnado. Además, el argumento a favor de Roma también podría aplicarse en pro de Bizancio, que —según la leyenda— tuvo a Andrés por obispo mucho antes que Pedro fuera a Roma. Por otra parte, el argumento que se basa en las palabras del Señor «sobre esta piedra edificaré mi iglesia» no es válido, pues la piedra no es

---

[23] Tema agotado en la obra monumental de J. Herfenröther, *Photius, Patriarch von Konstantinopel: Sein Leben, seine Schriften und das griechisch Schisma*, 3 Vols. (Darmstadt, 1966).

[24] *PG*, 103-4.

[25] *PG*, 102:279-400.

[26] *TDTh*, 8:47-50.

Pedro, sino su confesión de la divinidad del Señor. Pretender circunscribir la gracia divina a una región cualquiera, como lo hace Roma, es caer en el error de los judíos. En fin, que el papa, cada vez que pretenda reclamar para sí el primado, recuerde las palabras de Jesús: «Quien quiera ser el primero entre vosotros, hágase vuestro siervo».

Aunque el cisma de Focio fue de breve duración, contribuyó a hacer resaltar las diferencias entre Oriente y Occidente, de modo que ambas ramas del cristianismo se fueron distanciando cada vez más. Focio vivió varios años después de su deposición, encerrado en un monasterio y olvidado por el mundo, pero sus obras y su espíritu quedaron latentes, esperando una nueva oportunidad para salir a la superficie.

Esa oportunidad se presentó durante el patriarcado de Miguel Cerulario, en ocasión de un conflicto entre Occidente y los búlgaros,[27] que pronto se extendió a una confrontación entre Roma y Constantinopla. En este conflicto la costumbre occidental de celebrar la comunión con panes ázimos y la del celibato eclesiástico chocaron con las costumbres opuestas que se practicaban en Oriente. Era la época en que comenzaba a abrirse paso la gran reforma eclesiástica de Hildebrando y Humberto, que tenían por puntos principales en su reforma la restauración del prestigio del papado y la práctica universal del celibato eclesiástico. Desafortunadamente, el papa León IX envió a Constantinopla —como uno de sus tres legados— al cardenal Humberto, cálido defensor de la primacía romana y del celibato eclesiástico. Por otra parte, los orientales tampoco estaban dispuestos a hablar con moderación. El debate descendió al nivel de los insultos personales y, a pesar de los esfuerzos mediadores del emperador Constantino V, el resultado neto fue que el 16 de julio de 1054 el cardenal Humberto se presentó ante el altar mayor de Santa Sofía y depositó en él la sentencia de excomunión contra el patriarca Miguel Cerulario y todos sus seguidores.

La sentencia del cardenal Humberto fue un instrumento útil en manos de Cerulario, pues en ella el legado romano le hacía objeto de acusaciones tan increíbles —arriano, pneumatómaco, maniqueo, donatista, simoníaco y nicolaíta, entre otras— que toda la iglesia oriental vio a Cerulario como víctima de un ataque desenfrenado por parte de Roma y sus legados. Esto le permitió reunir un sínodo en el que los cristianos orientales acusaron a los occidentales de haber abandonado la verdadera fe en cuestiones tales como la del *filioque*, la de los panes ázimos, las costumbres belicosas de los obispos, y hasta el afeitarse el rostro y comer carne los miércoles.

Como consecuencia de este cisma y de su preludio en época de Focio, el Oriente griego y el Occidente latino continuaron apartándose cada vez

---

[27] Véase más adelante nuestra discusión de León de Ácrida.

más. Si bien hubo períodos de reconciliación, esta siempre quedó limitada a las altas esferas políticas y eclesiásticas, pues el pueblo y el bajo clero persistían en sus actitudes suspicaces e intransigentes.

Un producto paralelo del cisma de Cerulario fue la teoría de la «Pentarquía», propuesta por el patriarca Pedro III de Antioquía como un modo de reconciliar a las dos grandes sedes de Roma y Constantinopla. Según el patriarca antioqueño, la cabeza del cuerpo de Cristo es el Señor mismo, y los cinco patriarcas de Roma, Constantinopla, Alejandría, Antioquía y Jerusalén son como los cinco sentidos del cuerpo, de tal modo que la opinión de la mayoría de ellos debe prevalecer.[28] Esta teoría no era del todo nueva, y ya antes el emperador León VI la había aducido en un intento de vencer la oposición del patriarca de Constantinopla a su cuarto matrimonio; pero fue el cisma, y el hecho de que Oriente contaba con la mayoría de las sedes patriarcales, lo que le dio fuerza. El cardenal Humberto refutó a Pedro de Antioquía, aunque sin lograr que desapareciese la teoría pentárquica, que fue sostenida poco después por Miguel Psellos y desde el siglo XIII en adelante por varios teólogos bizantinos. Según otra versión de la teoría pentárquica, el primero de los patriarcas es el de Constantinopla. Esta variante de la pentarquía también fue propuesta en el siglo XI por Nicetas Seidas.[29]

Todo lo que antecede no ha de hacernos pensar que la actividad intelectual bizantina durante el siglo X y XI se limitó a la polémica con el Occidente latino. Tal impresión sería totalmente errónea, pues el período que estamos estudiando —es decir, el que va hasta mediados del siglo XI— fue testigo, por una parte, de un auge de la teología mística y, por otra, de gran actividad en el estudio de la filosofía y de los clásicos.

El principal exponente de la teología mística a finales del siglo X y comienzos del XI fue Simeón Neoteólogo, «el nuevo teólogo».[30] Tras abandonar el mundo académico y retirarse a la vida monástica, Simeón se dedicó a escribir acerca de la experiencia mística. Su obra está escrita con un entusiasmo tal que la sinceridad parece desbordársele, al mismo tiempo que se hace difícil sistematizar su pensamiento. Sin intentar tal sistematización, podemos tomar como punto de partida de nuestra exposición la convicción que tiene nuestro autor de que el ser humano caído es incapaz de actuar libremente. Solo la aspiración a la libertad le queda al ser humano como vestigio de su gloria perdida. Por tanto, las obras son incapaces de

---

[28] *Epistola sanctissimo archiepiscopo Gradensi*, 21 (*PG*, 120:776).

[29] N. Ladomerszky, *Theologia Orientalis* (Roma, 1953), pp. 102-110, bosqueja el curso ulterior de esta teoría.

[30] Su biografía fue escrita por su discípulo Nicetas Stetathos (o «Pectoratus»). El texto griego ha sido editado junto a su traducción francesa por I. Hausherr y G. Horn: *Vie de Syméon le Nouveau Theologien* (Roma, 1928).

salvar al humano, que solo puede ser salvo en virtud de una iluminación de lo alto. Esta iluminación, que equivale a un encuentro con la luz divina, transforma al creyente, de tal modo que, a partir de ese encuentro, y aun después de pasado el momento de la visión misma, es un nuevo ser y vive en un estado de comunión directa con Dios al que Simeón, siguiendo una antigua tradición oriental, llama «deificación». Esto no se logra mediante un proceso de ascensión, como lo pretendía generalmente la mística neo-platónica, ni consiste tampoco en un éxtasis en el sentido estricto, como si uno se perdiera dentro de Dios. Por el contrario, el creyente no pierde conciencia de sí mismo cuando se encuentra a solas y frente a frente con la luz eterna —y este es el punto que fue más controvertido de la teología de Simeón—. Quienes pretenden que es posible recibir esta luz sin ser conscientes de ello, sencillamente están equivocados y no la han recibido —tema que discute en su quinto *Tratado ético*—. Solo quien tiene esta experiencia puede hacer teología, pues es imposible hablar de Dios sin conocerle, y es imposible conocerle sin haberle recibido en una experiencia mística consciente.

> Me maravillo de que la mayoría de los humanos, aun sin haber nacido de Dios y sin haber llegado a ser hijos suyos, se atrevan a meterse en teología y a hablar de Dios. Por esta razón mi espíritu se estremece y me salgo de mis cabales cuando oigo a algunos filosofar sobre ternas divinos e inescrutables, hacer teología siendo impuros, y explicar las verdades divinas sin recibir inteligencia del Espíritu Santo...[31]

Este énfasis en la experiencia mística como camino a la salvación y como requisito para la tarea teológica hizo que algún tiempo después el partido «hesicasta» o «palamita» le tuviera por uno de sus autores favoritos, pero el movimiento hesicasta pertenece a otro capítulo de esta *Historia*.

El estudio de la filosofía y de los clásicos se desarrolló independiente-mente de la teología mística, que a menudo lo consideraba artimaña del Tentador para apartar a los fieles de las verdades reveladas y de la con-templación mística. Pero, a pesar de ello, la civilización bizantina de los siglos X al XII mostró suficiente vitalidad para abrigar en su seno tanto a los místicos más exaltados como a toda una pléyade de eruditos que hacían todo lo posible por estudiar, divulgar e imitar la ciencia de la Antigüedad clásica. Al mismo tiempo que algunos se dedicaban a la contemplación mística y otros, en pos de Cerulario, debatían con Roma la cuestión del primado, florecía en Constantinopla una famosa escuela universitaria, y en

---

[31] *Tratado teológico* 2 (*SC*, 122:132).

ella se cultivaban con ahínco los estudios helénicos. De nuevo, como en la época patrística, hubo cristianos que trataban de cristianizar a los mejores exponentes de la cultura clásica, al tiempo que se despertaba un nuevo interés en la filosofía platónica y en su relación con la de Aristóteles.[32] Este desarrollo intelectual llegó a su cumbre en las personas de Miguel Psellos y de su discípulo Juan Ítalo, a quienes estudiaremos en la próxima sección de este capítulo.

La teología bizantina desde el año 1054 hasta la Cuarta Cruzada

Mientras Miguel Cerulario y los legados del papa discutían sobre las divergencias entre los griegos y los latinos, la Universidad de Constantinopla llevaba adelante su tarea de investigación y docencia. En esa institución, el más distinguido pensador era Miguel Psellos, director de la Escuela de Filosofía. Psellos era un espíritu enciclopédico que no vacilaba en explotar los recursos de la sabiduría dondequiera que esta se hallara, ya en los «padres» de la iglesia, ya en Platón o Aristóteles, o en los dichos y leyendas populares. Para él la verdad era una y, por tanto, doquiera hay algo de verdad esta procede de la misma fuente y puede asimilarse en un conjunto único de ciencia. Por su espíritu amplio y por la libertad con que se movía dentro del pensamiento clásico, se le acusó de helenizante, es decir, de abandonar la doctrina cristiana para seguir las de los clásicos paganos. Esta acusación se basaba en el racionalismo de Psellos, quien no toleraba el misticismo anti-intelectual que florecía en aquella época (según hemos visto al estudiar a Simeón Neoteólogo).[33] Además, Psellos no estaba dispuesto a sujetarse a los límites estrechos de la teología dogmática de su tiempo. Pero no por esto abandonaba la fe cristiana, sino que más bien iba a beber en las fuentes de los antiguos «padres» de la iglesia, donde encontraba un espíritu de aventura intelectual muy afín a su propio espíritu. Para él, la doctrina cristiana y el estudio de las Escrituras fueron siempre el tribunal a que toda opinión debía someterse. Toda opinión contraria a las Escrituras debía ser tenida por falsa, aunque esto no quería decir en modo alguno que no se le podía seguir estudiando, no ya como verdad, sino como opinión digna de ser conocida.

---

[32] Tatakis, *op. cit.*, p. 160.

[33] Conviene señalar, sin embargo, que Psellos no se oponía al misticismo, sino que él mismo se inclinaba al misticismo intelectual que es característico de la tradición neoplatónica. P. Joannou, *Christliche Metaphysick in Byzanz*, Bd. I: *Die Illuminationslehre des Michael Psellos und Joannes Italos* (*StPB*, 1956).

Por otra parte, Psellos arremetió contra el conjunto de supersticiones que llamaba «caldeísmo». En su tiempo, la adivinación, la astrología y la magia eran muy populares en Bizancio, no solo entre las personas incultas, sino aun entre quienes ocupaban altos cargos civiles y eclesiásticos. Personajes tan ilustres como Juan Xifilino, director de la Escuela de Derecho, y el patriarca Miguel Cerulario, seguían con avidez el curso de los astros y otros medios de adivinación, y acudían a la magia para solucionar sus problemas. Psellos no acepta tales doctrinas. Los astros se mueven por leyes físicas, y no son seres racionales, como lo pretendían los neoplatónicos. Los supuestos hechos maravillosos no lo son en realidad, sino que se ajustan a leyes que no alcanzamos a comprender. En su tiempo, Psellos fue un espíritu singularmente racional que combatió la superstición con denuedo, aunque no por ello estuvo totalmente exento de ciertos rasgos supersticiosos.

Su uso de la filosofía clásica, y su modo de justificarlo, es muy semejante al de los cristianos que en la antigüedad sintieron simpatías hacia esa filosofía —tales como Justino, Clemente y Orígenes—. Para él, la filosofía es una preparación para el evangelio, dada por Dios, de quien procede toda verdad.

En cuanto a la cuestión de los universales, Psellos adopta una posición que combina los mejores aspectos de la filosofía de Platón con los mejores de la de Aristóteles. Las ideas que existen en la mente de Dios son eternas y, conforme a ellas, Dios ha creado los objetos sensibles. Pero, por otra parte, las ideas que están en nuestra imaginación, y con las cuales pensamos, no tienen realidad en el sentido estricto, sino que son —como dirían los latinos— *post rem*. De este modo, los géneros y las especies tienen realidad, y los individuos no existen como seres aislados; pero cuando los agrupamos en nuestra mente debemos saber que, aunque los agrupamos según las ideas eternas, las ideas que manejamos son nuestras, y no eternas.

Psellos murió en el año 1092, pero ya había despertado un gusto por la Antigüedad clásica que continuaría desarrollándose a través de los siglos, de modo que no resulta exagerado afirmar que Psellos fue uno de los precursores del Renacimiento. A partir de él, y solo con la breve interrupción creada por la Cuarta Cruzada, se suceden los sabios enciclopedistas hasta que la caída definitiva de Constantinopla les empujó hacia el Occidente, donde contribuyeron al espíritu del Renacimiento. Muchos sabios, tales como Miguel Itálico en el siglo XII, sostuvieron claramente que las Escrituras y la doctrina cristiana son el último tribunal de toda cuestión. Pero otros, como Juan Italos y su discípulo Eustrato de Nicea, aplicaron la razón a las cuestiones más excelsas de tal modo que provocaron la suspicacia de los más ortodoxos, con lo cual se desató una corriente antifilosófica que duró siglos. Juan Italos, quien sucedió a Psellos en su posición docente, llegó a enseñar doctrinas tan típicamente helénicas como la transmigración de las almas y la eternidad de la materia. Además, llevando el racionalismo más allá que su maestro Psellos, negaba los milagros y afirmaba que todos los misterios de la fe podían explicarse mediante la razón. Juzgado por el Santo Sínodo, fue condenado y encerrado en un monasterio. A partir de entonces, los teólogos se mostraron cada vez más suspicaces ante las especulaciones de los filósofos, pero estos lograron continuar su labor en la Universidad de Constantinopla hasta que la ciudad cayó en manos de los turcos.

Por otra parte, la propia actividad teológica se dedicó cada vez más a discutir temas difíciles y rebuscados. Así, por ejemplo, el diácono antioqueño Sotérico Panteugeno se opuso a la fórmula de la liturgia eucarística en que, al referirse al sacrificio, se dice «tú eres quien ofrece, y quien es ofrecido», afirmando que esto implicaba una distinción nestoriana entre las dos naturalezas del Verbo encarnado. Además, afirmó que el sacrificio se ofrecía al Hijo, y no al Padre ni al Espíritu Santo. Un sínodo reunido en Constantinopla en 1156 decidió que, en el altar, Cristo se ofrecía a sí mismo como sacrificio a la Trinidad. Poco después, durante el reino de Alexis Angel (1195-1203), surgió otra controversia sobre si los elementos ingeridos en la comunión se digerían como los alimentos comunes. A esta posición se le da el nombre de *estercoranismo* (del latín *stercus*). La decisión final fue negativa: los elementos no se digieren. También en ese mismo siglo XII fue necesario volver sobre terreno andado cuando cierto Demetrio de Lampe comenzó a defender una interpretación del texto «mi padre es mayor que yo» que se acercaba mucho al arrianismo. Sus doctrinas fueron condenadas por un sínodo en 1166, pero no por eso desaparecieron sus seguidores.[34]

Por último, durante este período el bogomilismo penetró en Bizancio procedente de Bulgaria, y hubo varios procesos de bogomiles. Pero la discusión de esta herejía corresponde a la sección dedicada a Bulgaria.

En resumen: la teología bizantina durante este período se apartó cada vez más de la latina y, al tiempo que hubo un despertar en el pensamiento filosófico y en la vida mística y ascética, las cuestiones puramente dogmáticas que se discutían eran cada vez menos decisivas. Esto tenía que ser así en un estado amenazado en sus fronteras y en su propia unidad interna, y cuya historia recordaba innumerables guerras intestinas surgidas por divergencias dogmáticas. Mientras Psellos componía sus obras, el estado bizantino caía en el caos. Poco después, el Emperador tenía que apelar a Occidente para defenderle frente a los turcos. Al final del período, la Cuarta Cruzada hizo de Constantinopla un reino latino más. En medio de tantas vicisitudes, la ortodoxia dogmática vino a ser lazo de unión del

---

[34] Juan Cinnamo, *Historia*, 6.2 (*PG*, 133:616-624).

estado bizantino, y para ello era necesario evitar los conflictos y las innovaciones y ceñirse más bien al texto de los siglos pasados. Mientras esto
sucedía, algunos buscaban escape en los estudios filosóficos, que cada día
se independizaban más de la teología.

El pensamiento cristiano en Bulgaria

Tras la conversión del rey Boris, y sobre todo durante el gobierno de su
hijo Simeón (893-927), Bulgaria vino a ser un país mayormente cristiano.[35] Esto, empero, no se logró sin cierta resistencia por parte de la población (resistencia que fue aplastada por la fuerza, pero resurgió más tarde
como una de las principales razones del auge del bogomilismo).

Desde antes de la conversión de Bulgaria al cristianismo, ya había en
el país un buen número de maniqueos, llevados allí a la fuerza por los
emperadores bizantinos, a fin de deshacerse de ellos y utilizarlos como
retén contra los bárbaros.[36] Así, cuando Boris aceptó el bautismo y su hijo
Simeón continuó su política, la oposición tendió hacia el maniqueísmo,
que logró gran número de adeptos, sobre todo cuando los bizantinos se
anexaron el territorio de Bulgaria. Pero antes de este último acontecimiento, y durante el gobierno de Pedro, el sucesor de Simeón, un maestro
de quien sabemos muy poco tomó el nombre de «Bogomil» —«el amado
de Dios»— y creó una nueva secta, muchas de cuyas doctrinas eran tomadas del maniqueísmo.[37] Pronto la nueva secta de los bogomiles suplantó al
maniqueísmo y vino a ser el gran rival del cristianismo ortodoxo. De Bulgaria, el bogomilismo se extendió hacia Constantinopla y hacia occidente,
donde sus seguidores fueron perseguidos. En la propia Bulgaria, subsistió
por lo menos hasta el siglo XVII.

Debido a la importancia del bogomilismo, la mayoría de las obras
teológicas búlgaras del período que estamos estudiando se refieren a esa
secta, a la que tratan de refutar. La más notable es el sermón del presbítero
Kozma contra el bogomilismo, que es una de las principales fuentes para
el estudio de esa doctrina.[38]

---

[35] Sobre la conversión de Bulgaria, véase Carlos F. Cardoza y Justo L. González, *Historia
general de las misiones* (Viladecavalls, Bacelona, 2008), pp. 78-79.

[36] V. N. Sharenkiff, *A Study of Manichaeism in Bulgaria, with Special Reference to the
Bogomils* (Nueva York, 1927), pp. 29-32.

[37] La principal diferencia parece haber sido que Manes no ocupaba en el bogomilismo el
lugar central que tenía en su propia religión. Este lugar tampoco era ocupado por Bogomil,
que no era más que el fundador. *Ibid.*, pp. 55-60.

[38] Traducido al inglés en: *Ibid.*, pp. 66-78.

A mediados del siglo XI el arzobispo León de Ácrida compuso una carta dirigida a un obispo de Apulia, y en ella trataba sobre las diferencias entre los cristianos orientales y los latinos.[39] Esta epístola fue uno de los factores que precipitaron el cisma de Cerulario.

Poco más tarde, a fines del siglo XI, el arzobispo Teofilacto compuso un tratado sobre *La institución real*[40] en el que trata de los deberes del rey. También trató de mediar entre Occidente y Oriente, aunque considerándose siempre parte de la iglesia oriental.

El pensamiento cristiano en Rusia

La conversión de Rusia, que comenzó en Kiev y fue bastante posterior a la de Bulgaria,[41] abrió al cristianismo oriental un enorme campo de expansión. Con el correr de los años, la Iglesia ortodoxa rusa llegó a contar más adherentes que la bizantina. Pero ya en el período que nos ocupa el cristianismo ruso comenzó a producir eruditos y pensadores distinguidos tales como Cirilo de Turow, Clemente de Smolensk e Hilarión de Kiev.

Cirilo de Turow fue mayormente un orador de elevado espíritu místico, de cuya vida poco se sabe. Sus sermones muestran gran habilidad retórica, pero su teología no es muy profunda. Uno de sus temas favoritos es la crítica a los judíos, por no haber creído en el Mesías. Su interpretación de la Biblia es a menudo alegórica, y parece conocer el Antiguo Testamento mejor que el Nuevo —que cita erradamente—.[42]

De Clemente de Smolensk solo se conserva una *Epístola al presbítero Tomás*, quien le acusaba de interpretar la Biblia haciendo uso de la sabiduría pagana. Clemente defiende sus interpretaciones alegóricas y de paso nos ofrece algunas de ellas. Pero, por otra parte, a veces toma literalmente —y en su sentido histórico— los textos del Antiguo Testamento. Al parecer, se trata de un pensador ecléctico, y sus diversos métodos exegéticos se deben, no a él, sino a sus diversas fuentes.[43]

Hilarión de Kiev fue sin lugar a duda el más distinguido teólogo ruso de este primer período, y fue también el primer ruso en ocupar la sede metropolitana de Kiev. Al igual que Cirilo de Turow y Clemente Smolensk, Hilarión interpreta la Biblia como una gran alegoría, y, al igual que

---

[39] *PG*, 120:835-844.

[40] *PG*, 126:257-286.

[41] Véase Cardoza y González, *op. cit.,* p. 90.

[42] G. P. Fedotov, *The Russian Religious Mind: Kievan Christianity* (Cambridge, Mass., 1946), pp. 69-83.

[43] *Ibid.*, pp. 63-69.

ellos, se goza en atacar al judaísmo. Pero su pensamiento alcanza grandes vuelos de interpretación de la historia, pues en su sermón *Sobre la ley y la gracia* coloca los acontecimientos recientes de Rusia, es decir, la conversión del país dentro del marco amplio de toda la historia de la salvación. Esta historia, por otra parte, no culmina con una mera espiritualización idealista de la realidad, como sucedía frecuentemente en Bizancio, sino que la esperanza de Hilario está en una culminación verdaderamente escatológica, en un mundo nuevo y una resurrección final.[44]

Estos tres pensadores, y las muchas traducciones, antologías y adaptaciones de los «padres» que se produjeron en los primeros años del cristianismo ruso, eran heraldos de lo que después llegaría a ser un gran florecimiento teológico. Sin embargo, en el año 1236 este desarrollo se vio interrumpido por la invasión de los mongoles, bajo cuyo dominio encontraremos a los cristianos rusos en nuestra próxima incursión en el campo de la teología oriental.

Los cristianos llamados «nestorianos»

Durante el período que estamos estudiando, la iglesia que los ortodoxos llamaban «nestoriana» mostró más vitalidad que la que usualmente le atribuyen los historiadores eclesiásticos. Sometida al régimen musulmán, esta iglesia se extendió allende los límites de los territorios donde resonaba el nombre del Profeta, y llegó hasta la India y China.[45] En la propia Mesopotamia y Persia, donde era más fuerte, esta iglesia no fue, como generalmente se ha pensado, una reliquia fosilizada, sino que continuó llevando una vida activa (limitada, eso sí, por los gobernantes musulmanes, y por ello más digna de admiración). En el campo teológico, la literatura de la época fue inmensa, y aun la fracción de ella que ha logrado sobrevivir a través de los siglos no ha sido debidamente estudiada. Por otra parte, sí es cierto que casi toda ella consiste en trabajos de compilación, y que su originalidad es escasa.

El primer teólogo de importancia de esta época fue Timoteo, «católico» o cabeza de los nestorianos desde el 780 hasta el 823.[46] De las muchas obras de Timoteo, se conservan sus cánones, algunas epístolas y su *Discusión con Mahdi*. Mahdi fue califa entre los años 775 y 785, y con él es que

---

[44] *Ibid.*, pp. 84-93.
[45] Véase Cardoza y González, *op. cit.*, pp. 65-77
[46] Su vida ha sido estudiada por H. Labourt, *De Timotheo I Nestorianum Patriarcha et Christianorum Orientalium condicione sub caliphis Abbasidis* (París, 1904), pp. 1-14; y por R. J. Bidawid, *Les lettres du Patriarche Nestorien Timothée I* (Ciudad del Vaticano, 1956), pp. 1-5.

Timoteo sostiene este diálogo, probablemente ficticio, sobre la verdadera religión. Esta obra, traducida frecuentemente del siríaco al árabe, muestra que los cristianos nestorianos no se sometieron tranquilamente al régimen musulmán, sino que trataron de convertir a los seguidores de Mahoma. Fue solo con el correr de los siglos, y bajo el peso de las leyes restrictivas de los musulmanes, que los nestorianos comenzaron a contentarse con ser un residuo de creyentes dentro de un océano de musulmanes. El mismo tema polémico contra los musulmanes fue tratado una y otra vez por los autores nestorianos del período que nos ocupa. Entre éstos, quizá el más notable fue Elías bar Senaya de Nisibis, del siglo XI, quien escribió, entre muchas otras obras, un *Libro de la prueba de la verdad de la fe*.[47] Aquí se ve que el más grave problema a que se enfrentaban los cristianos en sus debates con los musulmanes era la doctrina trinitaria y que, en consecuencia, los teólogos nestorianos tendían a subrayar la unidad de la sustancia divina por encima de la distinción entre las tres personas.

Los comentarios bíblicos fueron numerosos, y entre ellos se destacan, en el siglo IX, los de Isho'dad de Merv, tanto sobre el Antiguo[48] como sobre el Nuevo Testamento;[49] en el siglo XI, los *escolios* de Teodoro bar Koni;[50] y, en el siglo XII, las *Cuestiones sobre el Pentateuco*, de Isho bar Nun.[51] Esta tradición exegética, a diferencia de lo que era usual en el resto del mundo cristiano, evita la interpretación alegórica y prefiere la histórica y literal. En esto se ve la influencia de la escuela de Antioquía y de su gran maestro Teodoro de Mopsuestia, a quien los nestorianos tenían por campeón de la ortodoxia, y seguían llamando «el Intérprete». Para todos estos comentaristas, la interpretación alegórica es «fuente de blasfemias y mentiras», y una de las principales razones por las que tantos cristianos, siguiendo al «estúpido Orígenes» han caído en el error. El texto sagrado ha de entenderse en sentido recto, y las historias del Antiguo Testamento narran verdaderos acontecimientos. Esto no impide que los personajes y hechos del Antiguo Testamento sean figura del Nuevo, aunque sin perder jamás su carácter de hechos y personajes históricos.

Por otra parte, todos estos autores conservan los rasgos característicos de la cristología antioqueña. Para ellos, el *hombre asumido* por el Verbo era como un *templo* en el que habitaba la divinidad por una *unión voluntaria*,

---

[47] L. Horst, *Des Metropolitan Elias von Nisibis Buch vom Beweis der Wahrheit des Glaubens* (Colmar, 1886).

[48] *CSCO*, 126, 156, 176, 179, 229, 230.

[49] *Horae Semiticae*, 5-11.

[50] *CSCO*, 55 y 69.

[51] Ed. E. G. Clarke, *The Selected Questions of Isho Bar Nun on the Pentateuch* (Leiden, 1962).

y en esa unión es necesario distinguir entre el Verbo y el hombre. Así, por ejemplo, Elías bar Senaya dice:

> Cuando decimos «Cristo resucitó muertos e hizo milagros sorprendentes» nos referimos al Verbo que es la hipóstasis divina. Y si decimos «Cristo comió, bebió, se cansó y murió» nos referimos al hombre asumido de María.[52]

Y, al comentar a Juan 1:14 Isho'dad de Merv dice:

> El Verbo *estaba* en la carne, es decir, *habitaba* en ella, como quien dice «Moisés era la posada» para indicar que estaba en ella, o «José era la prisión» para decir que estaba preso. De igual modo que José no era la prisión, ni Moisés la posada... así también el Verbo no era carne por naturaleza, sino que vivía en ella como en un templo.[53]

Los cristianos llamados «monofisitas»

Como hemos dicho anteriormente, la mayoría de los cristianos que al rechazar el Concilio de Calcedonia recibieron el título de monofisitas quedó bajo el dominio de los musulmanes. Estos cristianos no formaban un todo unido, sino que se repartían entre la Iglesia copta —de la que dependía la Iglesia de Etiopía—, la Iglesia jacobita y la Iglesia de Armenia.

Durante el período que va de la invasión de los árabes al fin del siglo VII, el idioma copto que se hablaba en Egipto fue quedando relegado a un segundo plano, al tiempo que el árabe ocupaba su lugar. Puesto que los principales autores coptos florecieron del siglo X en adelante, la mayoría de la teología copta está escrita en árabe. En el siglo X, el principal teólogo copto fue Severo Abu'l Baschr ibn al-Muqaffa, quien escribió, además de varias obras históricas, una *Explicación de los fundamentos de la fe cristiana*.[54] En los siglos XI y XII hubo un movimiento de reforma de los cánones, dirigido por los patriarcas Cristodulo, Cirilo II, Macario II y Gabriel ibn Tarik.[55] También en ese último siglo se suscitó entre el

---

[52] Citado por E. K. Delly, *La théologie d'Elie bar-Sénaya:Étude et traduction de ses entretiens* (Roma, 1957), p. 50.

[53] *Horae Semiticae*, 5:212.

[54] Ed. por M. Guirguis (El Cairo, 1925). Severo compuso además muchas otras obras, varias de ellas aún inéditas. Véase M. Jugie, *Theologia dogmatica Christianorum Orientalium ab Ecclesia Catholica dissidentium*, Vol. V (París, 1935), p. 461, n. 1.

[55] G. Graf, *Ein Reformversuch innerhalb der Koptischen Kirche im zwölften Jahrhundert* (Paderborn, 1923). Véase también: S. ibn Al'Mukaffa, *History of the Patriarchs of the*

sacerdote Marcos ibn al-Kanbar y el obispo Miguel Damietense una controversia sobre la necesidad de la conversión.

La Iglesia de Etiopía, que dependía de la copta, produjo poco durante este período. Casi toda la literatura original que se ha conservado consiste en leyendas hagiográficas.

La Iglesia jacobita produjo a finales del siglo VII y principios del VIII a Jacobo de Edesa y su amigo Jorge de Arabia.[56] El primero escribió un *Comentario sobre los seis días de la creación*, que luego su amigo pulió, y varias epístolas dogmáticas —entre ellas varias que tratan de cuestiones cristológicas—. Jorge compuso, entre otras obras, un *Comentario sobre los sacramentos*. Poco después, Juan de Dara comentó el Seudo-Dionisio, y Moisés bar Kefa escribió extensos comentarios bíblicos, así como tratados sobre la predestinación, el alma y otros temas. En el siglo X, el árabe se impuso como lengua teológica, y en ese idioma escribieron Yahya ben Adi y sus discípulos Abu Nasr Yahya ben Hariz y Abu Ali Isa ben Ishaq. Yahya ben Adi recibió el sobrenombre de al-Mantiqui —el Dialéctico— por sus amplios conocimientos de filosofía y teología. En sus obras, frecuentemente de carácter polémico, se ve claramente que las doctrinas de la Trinidad y de la encarnación eran los dos grandes puntos de controversia entre musulmanes y cristianos. Yahya ben Adi compuso también un *Tratado sobre las doctrinas de los jacobitas y de los nestorianos acerca de la encarnación*, en el que trataba de mostrar que los nestorianos estaban equivocados y que los jacobitas tenían razón. En el siglo XI Isho bar Sushyan escribió dos tratados contra los coptos, en los que pretendía justificar la costumbre jacobita —y nestoriana— de preparar el pan eucarístico con agua, harina, levadura, sal y aceite, costumbre que había sido censurada por el patriarca alejandrino Cristodulo. En el siglo siguiente Juan de Harram —o de Mardin— negó la providencia, y fue condenado por ello. En el siglo XII floreció el prolífico autor Jacobo bar Salibi, pero la mayoría de su obra consiste en compilaciones de fuentes anteriores. A finales de ese siglo, el patriarca jacobita Miguel de Antioquía chocó de nuevo con los coptos en una controversia eucarística cuyo tema era, no ya la composición del pan, sino la necesidad de la confesión antes de la comunión, que los coptos negaban.

La Iglesia de Armenia pasó por grandes cambios políticos en el período que estamos estudiando.[57] Primero Armenia estuvo sometida a los musulmanes, después fue independiente, aunque generalmente bajo la tutela

---

Egyptian Church, Vol. II, part III (El Cairo, 1959).

[56] Jugie, *op. cit.*, p. 466.

[57] Véase: J. Mécérian, *Histoire et institutions de l'église Arménienne* (Beyrouth, 1965), pp. 70-109.

bizantina, y por último luchó y sucumbió ante las invasiones de los turcos. Al mismo tiempo surgía la Armenia Ciliciana, o Pequeña Armenia, como resultado de la migración de los habitantes de la Armenia Transcaucásica. En medio de tal situación, no era de esperar que la Iglesia de Armenia produjese gran actividad teológica. Pero a pesar de ello merecen citarse los teólogos Juan III Oxniense, del siglo VIII, y Nerses IV Glaietzi, del XII. Ambos fueron «católicos» de los armenios, es decir, ocuparon la más alta posición de su jerarquía. El primero combatió contra los paulicianos, secta de tendencias maniqueas que era fuerte en Armenia. El segundo entabló diálogos de unión con Bizancio, aunque sin resultado. Además, varios autores menores, tales como Ananías y Gregorio de Narek, combatieron la secta de los *tondraquianos*, que al parecer rechazaban el culto a María y los santos, la autoridad de la jerarquía, el monaquismo y, quizá, hasta la encarnación —al menos, eso dicen algunas fuentes antiguas—.

29

Introducción general al siglo XIII

El siglo XII es la edad de oro del Medioevo. Es el siglo en que las torres de las catedrales góticas se alzan al cielo, al tiempo que, en la persona de Inocencio III, casi parece que el cielo ha bajado a la tierra para reinar sobre príncipes y emperadores. Es la época en que se constituye la Inquisición, se desarrollan las universidades, Aristóteles invade el Occidente y los mendicantes invaden el mundo.

El gótico, con su aspiración de elevarse hasta las alturas inaccesibles, nos sirve para señalar varias características de la época. En primer lugar, si bien la arquitectura gótica en sus primeras manifestaciones aparece en abadías y monasterios, las grandes obras del gótico son catedrales, es decir, sedes episcopales. Esto señala la importancia que en el siglo XIII adquieren las ciudades, que vienen a ser grandes centros de artesanía y comercio. Y señala también el hecho notable de que, si bien en el siglo XII las escuelas monásticas jugaban un papel preponderante en la actividad teológica, en el XIII ese papel quedará en manos de las universidades, grandes escuelas urbanas que a partir de entonces eclipsarán a los monasterios. En segundo lugar, la estructura ordenada, pero complejísima, de la catedral gótica es paralela a las grandes sumas de los escolásticos y, en cierto modo, a la obra cumbre de la literatura de la época, *La Divina Comedia*, de Dante. En todas estas construcciones, cada elemento tiene su lugar; pero esto no se logra mediante una simplificación de la realidad, sino más bien colocando cada elemento de la realidad tal como se le concibe —desde los más bajos antros del infierno hasta las moradas celestiales— dentro del lugar que le corresponde en un gran cuadro universal. Si en las sumas se discute la caída de Satanás, el huerto del Edén, el misterio eucarístico, la naturaleza de los ángeles y mil temas más, todos estos temas se encuentran en piedra y cristal en las esculturas y ventanales de las catedrales góticas. La catedral es la suma teológica de los indoctos. Los escolásticos son arquitectos del pensamiento. En tercer lugar, la catedral gótica es paralela al escolasticismo del siglo XIII por el modo en que en ambos se conjuga la fría resistencia del material con que se trabaja con la cálida aspiración mística de quienes realizan la obra. «La arquitectura griega lograba su expresión *a través* de la piedra, *mediante* la piedra; la arquitectura gótica lograba su expresión *a pesar* de la piedra».[1] El trabajo del arquitecto gótico consiste en hacer la piedra tan ligera como le es posible. El interior de su obra rodea al creyente de pilares que, cual plegarias, parecen elevarse al cielo. Pero esto requiere que el peso de la piedra recaiga sobre los arbotantes que, por fuera, le dan solidez al edificio. Así pues, el ejercicio arquitectónico consiste en combinar la dura realidad de la piedra con la aspiración mística. Los escolásticos, por su parte, producen obras en las que se ve todo el peso del rigor intelectual; mas por dentro, en la vida íntima de estos autores —al parecer fríos y pesados— se descubre la misma aspiración mística que inspiró las catedrales. Los arquitectos solo pueden producir el efecto místico de sus interiores por razón del equilibrio matemático de sus exteriores. Los teólogos solo pueden producir sus grandes edificios escolásticos impulsados por una profunda mística interna. La historia tan repetida sobre San Buenaventura ilustra este punto. Se cuenta que cuando Santo Tomás le pidió a su colega que le mostrase la biblioteca de donde adquiría sus conocimientos, este le mostró un crucifijo. La historia puede no ser cierta; pero el espíritu que expresa es indudable.

Sin embargo, tras todas esas nuevas corrientes y actitudes, hay también cambios políticos y económicos que contribuyen a darle nuevas formas al pensamiento de la época. En parte como consecuencia de las Cruzadas y los nuevos contactos comerciales que surgieron de ellas, las ciudades iban aumentando en importancia económica y, por tanto, también en población. El sistema feudal empezaba a cederle el paso a reyes cada vez más poderosos, algunos de los cuales empleaban las nuevas fuerzas de las ciudades —los «burgueses»— cuyos intereses frecuentemente coincidían con los de los soberanos más que con los señores feudales. La nueva importancia de las ciudades se manifestaba en la construcción de las grandes catedrales góticas. El creciente comercio iba creando una economía monetaria más que de trueque. Esto, a su vez, llevaba a una despersonalización de la

---

[1] W. Worringer, *Form in Gothic* (Londres, 1957), p. 106.

economía y de las relaciones humanas que no era del agrado de todos. El centro de los estudios se iba traspasando de los conventos a las escuelas catedralicias, y de ellas a las universidades. Todo esto será el contexto de los grandes logros —y los grandes conflictos— que caracterizarían al nuevo siglo que amanecía.

Inocencio III y la autoridad del papa

Al iniciarse el siglo XIII —y desde dos años antes— ocupaba la sede romana Inocencio III (1198-1216). Bajo su dirección, el papado llegó a la cumbre de su poder. Tras reformar la curia y asegurar su autoridad sobre los estados pontificios, Inocencio III se dedicó a la reforma y robustecimiento de la vida eclesiástica en toda Europa. Al mismo tiempo, intervino repetidamente en asuntos en que la política se unía a la moral. Tales intervenciones se extendieron desde Armenia en el este hasta Islandia en el oeste, sin excluir una participación primordial en los asuntos del Imperio y de otras monarquías, como las de Francia, Aragón, León, Castilla, Portugal y Polonia. En Hungría, Inocencio contribuyó a poner fin a la guerra civil. En Bohemia dio el título real a Otocar. En Inglaterra, tras una larga disputa, humilló al rey Juan sin Tierra, quien hizo de su país un feudo del papado. En Sicilia, recibió la regencia del reino, que también le quedó supeditado en calidad de feudo. Durante su pontificado, la Cuarta Cruzada —desviada por los venecianos de su objetivo inicial— se posesionó de Constantinopla, estableció en ella un Imperio latino, y obligó a los emperadores bizantinos a refugiarse en Nicea. Cuando fue nombrado un patriarca latino en Constantinopla, la iglesia oriental, al menos en teoría, quedó unida a la de Roma. Por su parte, Inocencio III, aunque al principio deploró los desmanes que cometieron los cruzados volviendo contra los cristianos armas que habían sido dedicadas para combatir a los sarracenos, terminó por aceptar los hechos consumados y ver en ellos la acción de la Providencia castigando a los cismáticos griegos y restableciendo la unidad de la iglesia. Al mismo tiempo, otra cruzada dirigida contra los albigenses asolaba la Provenza con el beneplácito de Inocencio.

Finalmente, fue Inocencio III quien, poco más de medio año antes de su muerte, dirigió las deliberaciones del IV Concilio de Letrán, que hemos mencionado repetidamente en diversos contextos, pues en él se promulgó la doctrina de la transustanciación y del sacrificio eucarístico,[2] se condenó la doctrina trinitaria de Joaquín de Fiore,[3] se reiteró la necesidad de

---

[2] Cap. 1 (*Mansi*, 22:981-982).
[3] Cap. 2 (*Mansi*, 22:982-986).

generalizar la enseñanza,[4] se prohibió la institución de nuevas órdenes monásticas con reglas propias,[5] se ordenó a todos los fieles confesarse al menos una vez al año y comulgar en la Pascua,[6] se declaró inválido el nombramiento de autoridades eclesiásticas por parte del poder secular,[7] se reguló el matrimonio entre familiares,[8] se prohibió el matrimonio secreto,[9] la introducción de nuevas reliquias se supeditó al papa,[10] se tomaron medidas contra los judíos,[11] se promulgó una nueva cruzada[12] y se tomaron medidas para reformar y regular las costumbres del clero. Si se tiene en cuenta que todo esto —y mucho más— lo hizo el Concilio en solo tres sesiones de un día cada una, resulta claro que la actuación de la asamblea, más que deliberar sobre cada punto, consistió en refrendar todo un programa de reforma concebido por el papa y su curia.

Toda esta política de reforma eclesiástica y de intervención en los gobiernos de los estados se basaba en el concepto que Inocencio tenía del cargo que ocupaba. Dejando a un lado el título comúnmente dado al papa, de «Vicario de Pedro», Inocencio se llama «Vicario de Cristo» (para lo cual había algunos precedentes). Como representante del Salvador, él es el pastor de toda la iglesia. Los obispos no representan directamente a Cristo, sino que es el papa quien tiene esa representación, y de él se deriva toda la jerarquía. Por tanto, el papa tiene autoridad, no solo para nombrar, sino aun para deponer obispos.[13]

Aún más: Inocencio reclamaba para sí autoridad sobre los príncipes seculares. El papa ha sido establecido «sobre gentes y reinos», ha recibido «la autoridad por la cual Samuel ungió a David», y «por razón y en ocasión de pecado» puede deponer a un príncipe y entregar sus territorios a otro.[14]

Así como Dios el creador del universo estableció dos grandes luminarias en el firmamento, la mayor para que presidiese sobre el día, y la menor para que presidiese en la noche, así también

---

[4] Cap. 10-11 (*Mansi*, 22:997-1000).
[5] Cap. 13 (*Mansi*, 22:1001-1004).
[6] Cap. 20 (*Mansi*, 22:1007-1010).
[7] Cap. 25 (*Mansi*, 22:1013-1014).
[8] Cap. 50 (*Mansi*, 22:1035-1038).
[9] Cap. 51 (*Mansi*, 22:1037-1040).
[10] Cap. 62 (*Mansi*, 22:1049-1050).
[11] Cap. 67-70 (*Mansi*, 22:1053-1058).
[12] *Expeditio pro recuperanda Terra Sancta* (*Mansi*, 22:1057-1068).
[13] *Reges.*, 1.495-496 (*PL*, 214:458-459).
[14] *Reges.*, 7.1 (*PL*, 215, 277-280).

estableció dos grandes dignidades en el firmamento de la iglesia universal... La mayor para que presida sobre las almas como días, y la menor para que presida sobre los cuerpos como noches. Estas son la autoridad pontificia y la potestad real. Por otra parte, así como la Luna recibe su luz del Sol... así también la potestad real recibe de la autoridad pontificia el esplendor de su dignidad.[15]

La autoridad del papa sobre los estados no ha de ponerse en duda. Cuando el Imperio se encontraba envuelto en la guerra civil, Inocencio intervino en ella, aduciendo que «el negocio del Imperio nos pertenece en primer y último términos. En primero, porque fue trasladado de Grecia por la iglesia romana para que la defendiese. En último porque, mientras la corona del reino se recibe de otro, el emperador recibe de nosotros la corona del Imperio».[16]

Tal fue la autoridad que el papado reclamó para sí en la cumbre de su poder. Esto, sin embargo, no era una innovación radical, sino que fue consecuencia de la importancia que el papado tuvo para el partido reformador desde finales del siglo XI. Cuando los reformadores se posesionaron del papado, su interés en mejorar la vida religiosa y eclesiástica los llevó a subrayar la autoridad del sumo pontífice. Godofredo de la Vendôme parece haber sido quien introdujo la metáfora de las «dos espadas» para referirse al poder espiritual y al temporal. Bernardo la tomó, y afirmó que ambas espadas son de la Iglesia, aunque le corresponde emplear una directamente y la otra por medio de los laicos.

Los debéis amonestar con más denuedo, pero con la palabra, no con el hierro. ¿Por qué habíais de empuñar de nuevo la espada que os mandaron volver a la vaina? La cual, sin embargo, si alguno niega que es vuestra, no me parece que atiende bien a las palabras del Señor, que dice así: *Vuelve tu espada a la vaina.* Vuestra es, pues, ella también, debiendo desenvainarse quizá a vuestra insinuación, no con vuestra mano. De otra suerte, si no perteneciera a vos cuando dijeron los discípulos: *He aquí dos espadas*, no hubiera respondido el Señor: *Bastante es*, sino demasiado. Una y otra espada, es a saber, la espiritual y la material, son de la Iglesia; pero esta ciertamente se debe esgrimir a favor de la Iglesia, y aquella

---

[15] *Reges.*, 1.401 (*PL*, 214:377). Nótese en esta cita la diferencia entre la «potestad» y la «dignidad».

[16] *Registrum de negotio Romani Imperii*, 31 (*PL*, CCXVI, 1034). Este texto ha sido muy bien estudiado y discutido por F. Kempf, *Papstum und Kaisertum bei Innocenz III* (Roma, 1954), pp. 57-65.

por la misma Iglesia; aquella por la mano de sacerdote, esta por el soldado, pero a la insinuación del sacerdote y al mandato del rey.[17]

Aquí no se trata de la autoridad temporal en general, sino más bien del uso de la fuerza física para castigar o reprender el mal espiritual, como en el caso de los herejes y los inmorales. Pero las luchas entre el poder civil y el eclesiástico llevarían a los teólogos y canonistas a reclamar para la iglesia y sus prelados una autoridad cada vez mayor. Tomás Becket y su contemporáneo Juan de Salisbury creían que los reyes recibían su autoridad de la iglesia. Hugo de San Víctor subordina los reyes a los sacerdotes.

Frente a esto, algunos moderados, como Hugo de Fleury, creían que ambos poderes eran independientes, y que los sacerdotes —y aun el papa— no tenían más poder sobre los reyes y príncipes que el de amonestarles por sus pecados, como a los demás cristianos. Otros, en fin, tomaban el bando realista, como Gregorio de Catino, quien llegó a afirmar que el emperador es cabeza tanto del Imperio como de la iglesia.

En el siglo XIII, dadas las actuaciones de Inocencio III y, en algunos casos —aunque a menudo con menos éxito— de sus sucesores, se desarrolló la teoría según la cual el papa posee ambas espadas de modo directo y tiene, por tanto, autoridad para deponer a reyes y emperadores. En este sentido escribieron canonistas y teólogos tales como Simón de Tournai, Lorenzo Hispánico, Juan el Teutónico y, sobre todo, Enrique Bartolomé de Susa y su discípulo Guillermo Durand.

Este énfasis y exageración de la autoridad papal culminó en el último papa del siglo XIII y primero del XIV, Bonifacio VIII, quien en su bula *Unam sanctam*, del 18 de noviembre de 1302, tras afirmar la unidad de la iglesia bajo el papa como «Vicario de Cristo», pasa a copiar casi textualmente las palabras de Bernardo que hemos citado más arriba, y luego dice:

Empero una espada debe estar bajo la otra, y la autoridad temporal debe estar sujeta a la potestad espiritual... Por tanto, debemos reconocer con toda claridad que la potestad espiritual es superior en dignidad y nobleza a la terrena, así como las cosas espirituales anteceden a las temporales.

... Pues con la verdad por testigo, toca a la potestad espiritual instituir a la terrena, y juzgarla si no fuere buena. Así se cumple el vaticinio de Jeremías: «He aquí hoy te he instituido sobre pueblos y reinos», y lo demás que sigue. Por tanto, *si la potestad terrena se aparta del camino recto será juzgada por la espiritual*. Pero si

---

[17] *Sobre la consideración*, 4.e.7 (*BAC*, 130:639).

se aparta una potestad espiritual menor, será juzgada por una superior. *Empero si se aparta la suprema autoridad espiritual, solo puede ser juzgada por Dios, y no por los hombres*. ... Por tanto, quienquiera se opone a esta potestad resiste la ordenanza de Dios... Por otra parte, *declaramos, decimos y definimos que es de absoluta necesidad para la salvación que todas las criaturas humanas estén bajo el pontífice romano*.[18]

Resulta irónico que con el papa que así se expresaba terminó la larga cadena de pontífices poderosos que va desde Gregorio VII a culminar en Inocencio III, para luego vacilar bajo sus sucesores y caer estrepitosamente con Bonifacio VIII. En efecto, este papa, no solo se vio atacado por la prestigiosa Universidad de París y por Felipe el Hermoso, sino que en la propia Italia se vio envuelto en luchas y humillaciones que solo podían indicar el fin de la edad de oro del papado. Bonifacio murió en 1303, y en 1305 el papado fue trasladado a Aviñón, donde quedaría sujeto a la corte francesa.

La Inquisición

El siglo XIII vio también el comienzo de la Inquisición como institución pontificia. Desde tiempos antiquísimos se había considerado que la refutación y destrucción del error era parte de la tarea del obispo. Antes de Constantino, esto podía hacerse solo mediante el argumento y la excomunión, pues los obispos no contaban con otros medios de coacción. Tras el Concilio de Nicea, el Emperador condenó al exilio a los que los obispos habían declarado herejes —Arrio y dos de los suyos—. Poco después, Prisciliano moría por orden secular, a instancias de unos pocos obispos, y para horror de los demás. A través de toda la Edad Media, se impuso castigo físico a los herejes, aunque la mayoría de las veces ese castigo consistía en encarcelamiento y, tal vez, flagelación. Sin embargo, ya en el siglo XI se dan repetidos casos de herejes que son quemados o ahorcados, sobre todo en Francia y Alemania. En tales casos, se trata, por lo general, de una acción de los tribunales civiles o de una turba enfurecida. Fue en 1231 que Gregorio IX instituyó la inquisición pontificia, enviando «inquisidores de la depravación herética» quienes, como comisionados suyos y jueces extraordinarios, debían ocuparse de destruir la herejía. Algunos historiadores señalan que el propósito del papa era sustraer a los herejes de la jurisdicción directa del poder secular, que muchas veces utilizaba los

---

[18] *Corpus iur. can. extrav. comm.* 1.8.

procesos contra ellos con fines políticos o económicos. El hecho es que muchos de los primeros inquisidores fueron bastante moderados para su época, y que en casos como el de Roberto el Búlgaro, que parecía ensañarse con sus víctimas, el papa tomó medidas drásticas para detener los abusos. Por lo general, los acusados no eran condenados sino a alguna penitencia o encarcelamiento. Cuando se les creía dignos de muerte, se les entregaba al «brazo secular» con una recomendación de clemencia. Pero tal recomendación era pura formalidad, y la pena capital era prácticamente automática. Por lo general, los inquisidores eran dominicos, aunque también hubo entre ellos varios franciscanos.

Si bien la Inquisición no tuvo mayores repercusiones inmediatas en los grandes centros de pensamiento teológico, debemos señalar aquí el origen de esa institución, que pronto se utilizaría para fines políticos, y que serviría también para obstaculizar la libertad de pensamiento de toda la cristiandad occidental.

Las universidades

Uno de los fenómenos más importantes para la historia del pensamiento cristiano en el siglo XIII es el auge de las universidades. Al principio, estas instituciones recibían el nombre de «estudio general», con lo cual se daba a entender que participaban en ellas estudiantes y profesores de varias partes de Europa. Más tarde se incluyó en la noción de «estudio general» el requisito de que sus graduados tuviesen el derecho de enseñar en cualquier otra institución —*jus ubique docendi*—. El nombre de «universidad», que al principio se refería al gremio o asociación de estudiantes y profesores, paulatinamente fue cambiando de sentido, hasta llegar a tener el que se le da hoy.

El origen de las universidades más antiguas —París, Salerno, Bolonia y Oxford— se remonta al siglo XII, y parece que se debió a una combinación de factores tales como la tradición de las escuelas catedralicias, el auge de las ciudades, la formación de los gremios y el desarrollo de las ciencias. La mayoría de ellas se especializaba en un campo de estudios, y en él adquiría fama. Así, Salerno y Montpelier eran famosas por sus facultades de medicina, y Bolonia, Pavía y Rávena por las de derecho, mientras que París y Oxford, al tiempo que tenían otras facultades, se especializaban en teología. Por tanto, al estudiar la teología del siglo XIII, veremos que, en gran medida, esta gira alrededor de esos dos grandes centros universitarios que son París y Oxford.

Si bien los requisitos variaban de una a otra universidad, por lo general el candidato a estudios teológicos comenzaba a los dieciséis o diecisiete años como estudiante de la Facultad de Artes. Después, pasaba a la

Facultad de Teología, donde debía pasar un número de años (aproximadamente ocho en el siglo XIII, dieciséis en el XIV, y quince en el XV), que se repartían en diversos períodos durante los cuales el estudiante era, primero, simple oyente; luego, bachiller, comentando primero la Biblia y después las *Sentencias*; y después «bachiller formado», cuando se dedicaba por varios años a una serie de ejercicios académicos que consistían mayormente en «disputaciones». Entonces se le concedía su licencia, a la cual seguía el doctorado. Para obtener este, era necesario tener al menos treinta y cinco años, aunque en casos muy especiales —como el de Tomás de Aquino— esta regla se podía suspender.

Aparte de los comentarios bíblicos y de las *Sentencias* que ya hemos mencionado, los ejercicios académicos más usuales eran los exámenes —generalmente orales—, las *collationes* —sermones de poco más de una hora de duración que los bachilleres formados daban por las tardes— y las *disputas*. Estas últimas eran el ejercicio académico por excelencia. En ellas se planteaba una cuestión —escogida de antemano si se trataba de una *disputa ordinaria*, o planteada en el momento si era una *disputa quodlibética*— y diversos participantes, inclusive el público, ofrecían argumentos en pro o en contra de una u otra solución. Entonces, generalmente en la sesión siguiente, el maestro ofrecía su respuesta y refutaba o explicaba las objeciones planteadas en la primera sesión.

En consecuencia, la estructura final del trabajo de los escolásticos, excepto en los comentarios bíblicos, es siempre la misma, y en ella puede verse la lejana inspiración del *Sic et non* de Abelardo. Se plantea una cuestión; se ofrecen argumentos en pro de una solución y de la otra; se ofrece la respuesta; se responde a los argumentos que parecen oponerse a esa respuesta. En los comentarios a las *Sentencias*, en las cuestiones disputadas y en las sumas el lector encontrará una y otra vez el mismo método.

Para que tal método alcanzara sus mejores resultados, no bastaba con los florilegios o colecciones de citas importantes que hasta entonces circulaban. Si los ejercicios universitarios mismos invitaban a acudir a citas no comunes, esto requería mayor acceso, no solamente a florilegios, sino también a obras más completas. Por ello, al tiempo que las universidades crecían, se desarrollaba también toda la industria del libro (todavía no impreso, pero sí producido más ampliamente, y en muchos casos como negocio). En algunas ciudades, como en París, había ahora centros donde un estudiante o profesor podía ir y ordenar un ejemplar de algún libro, que entonces los amanuenses copiaban. También algunos empezaron a alquilar libros, y hasta páginas o porciones de libros.

Así pues, las universidades proveyeron no solo el ambiente y las facilidades necesarias para el gran florecimiento de la escolástica, sino que —con la ayuda de la industria del libro— proveyeron también las condiciones que determinaron la estructura del método escolástico.

Las órdenes mendicantes

El siglo XIII vio nacer y florecer un nuevo estilo de vida ascética que —a diferencia del monacato tradicional, que se apartaba de los grandes centros de población para dedicarse a la contemplación— tiene por función principal el «apostolado», y que, por tanto, transforma los antiguos patrones de vida monástica para adaptarlos a la tarea de la predicación y la enseñanza. Las condiciones sociales de la época, con el crecimiento de las ciudades y el auge del comercio, requerían nuevas formas de ministerio. Las herejías —especialmente la de los albigenses— requerían personas dispuestas a refutarlas con una combinación de agudeza intelectual y santidad de vida. Nuevos campos se abrían a las misiones allende las fronteras de la cristiandad. Las órdenes mendicantes respondieron a estos retos de los tiempos.

De estas órdenes, las que aquí nos interesan por su importante participación en el quehacer teológico son la de los Predicadores de Santo Domingo y la de los Hermanos Menores de San Francisco.

Domingo de Guzmán estudió las artes liberales en Palencia, y después de dedicar cuatro años al estudio de la teología, fue llamado por el obispo de Osma para ser canónigo en esa iglesia. Años después, él y el nuevo obispo Diego de Osma, enviados por Alfonso VIII en un viaje diplomático, establecieron contacto con los albigenses, con quienes disputaron. En un segundo viaje, Diego y Domingo solicitaron del papa autorización para trabajar en misiones entre los bárbaros, pero parece que Inocencio III les dirigió hacia la refutación de los albigenses. Tras un período de trabajo en conjunto, Diego regresó a su diócesis, donde murió. Domingo quedó a cargo del trabajo, y pocos años después llegó a la conclusión de que era necesario fundar una Orden de Predicadores. En 1215, se dirigió al papa para pedirle su autorización para este nuevo paso; pero el Cuarto Concilio de Letrán, por indicación de Inocencio III, prohibió la creación de nuevas reglas monásticas. Domingo reunió a sus seguidores en Tolosa y decidieron adoptar la llamada Regla de San Agustín, razón por la cual por casi un cuarto de siglo se les conoció como Canónigos Regulares de San Agustín.

Desde sus orígenes, esta orden insistió en la importancia del estudio para realizar su tarea. La vida monástica se adaptó a las necesidades del estudio, la predicación y la cura de almas. Al principio, los centros de estudio y de enseñanza de los dominicos fueron sus propios conventos. Pero pronto llegaron a ocupar cátedras en las universidades, especialmente en París y Oxford, que fueron los centros de irradiación teológica del siglo XIII. Desde 1217 había dominicos en París, y el primer convento dominico de Inglaterra se fundó en 1220 en Oxford. Los dominicos de París tenían su propio centro de estudios. Cuando en el año 1229, por razones que no interesan aquí, la Universidad se declaró disuelta, los dominicos comenzaron a recibir estudiantes seculares a las clases que dictaba fray Rolando de Cremona. Al reorganizarse la Universidad, Rolando siguió enseñando en ella, y así ganaron los dominicos su primera cátedra teológica en París. Poco después, Juan de Saint Giles, quien dictaba cursos en la Facultad de Teología, tomó el hábito de la orden, con lo cual esta contó con dos profesores de teología. En Oxford, el maestro Roberto Bacon tomó el hábito en el año 1227. Alrededor de 1240, Ricardo Fishacre, quien ya pertenecía a la orden, ocupó una cátedra en teología, de modo que a partir de entonces hubo dos dominicos enseñando teología en esa universidad. Los más famosos maestros dominicos fueron Alberto Magno y Santo Tomás de Aquino, a quienes estudiaremos más adelante.

La orden de los Hermanos Menores, fundada por San Francisco de Asís, tuvo una historia más turbulenta que la de los dominicos. De esta historia, solo podemos ofrecer aquí un breve bosquejo, que en todo caso no pasará más allá del siglo XIII, y en el que subrayaremos aquellos aspectos de más importancia para la historia del pensamiento cristiano.

El ideal de San Francisco consistía en una absoluta sencillez de vida, caracterizada por la pobreza, la humildad y la contemplación de Cristo. De hecho, el franciscanismo primitivo era muy semejante al movimiento valdense, solo que Inocencio III tuvo el buen sentido de no oponerse a los franciscanos, como antes lo había hecho con los valdenses el Concilio III de Letrán. Al principio, los franciscanos, legos en su mayoría, iban de dos en dos predicando y exhortando a otros a seguir el camino de la pobreza. En cuanto a los estudios, Francisco, que era un hombre moderadamente culto, nunca los tuvo en gran estima. La organización primitiva era extremadamente flexible, hasta el punto de que casi no existía.

Pero el crecimiento mismo de la orden planteó la necesidad de mitigar los rigores de la vida franciscana primitiva. La *Regla* de 1223 prohibía que los franciscanos, como individuos o como orden, tuviesen propiedad alguna. Antes de morir, Francisco dejó un *Testamento* en el que prohibía a sus frailes pedir mitigación alguna de la *Regla*, especialmente en lo que se refería a la pobreza. A pesar de esto, el desarrollo de la orden exigía mayor organización y esto, a su vez, planteaba la cuestión de las propiedades.

Durante años, los franciscanos se dividieron en dos bandos: el de los rigoristas y el de los moderados. En 1230, Gregorio IX declaró que el *Testamento* de San Francisco no era obligatorio para los frailes. En 1245, Inocencio IV trató de resolver el problema haciendo de todos los bienes que los frailes necesitaban propiedad de la Santa Sede, aunque permitiendo a los franciscanos su uso pleno. Esto claramente era un simple subterfugio. En época del ministro general Juan de Parma (1247-1257) el partido rigorista creció y, al mismo tiempo, fue infiltrado por las ideas escatológicas de Joaquín de Fiore. Se acercaba la fecha de 1260, tan importante en el joaquinismo, y los franciscanos estrictos se identificaron a sí mismos con la «iglesia del Espíritu Santo». Esto, naturalmente, hacía al rigorismo acercarse peligrosamente a la herejía. En medio de esta situación, San Buenaventura (1257-1274) sucedió a Juan de Parma. Se ha dicho que Buenaventura es el «segundo fundador» de la orden. En efecto, fue él quien más contribuyó a dar a la orden franciscana su forma definitiva. Para ello tuvo que reprimir la protesta de los rigoristas, a varios de los cuales recluyó en conventos. A partir de entonces, los rigoristas se fueron apartando cada vez más de la orden, y el joaquinismo se hizo más marcado entre ellos. A partir de 1274, los «espirituales» —que así se llamaban estos franciscanos rigoristas— fueron perseguidos cada vez más violentamente, hasta que desaparecieron a principios del siglo XIV.

El establecimiento de los franciscanos en las universidades sigue un desarrollo paralelo al de todos los demás aspectos de la vida de la orden. Al principio, los franciscanos, siguiendo la dirección trazada por su fundador, no se ocuparon de establecerse como maestros en las universidades, pero en unas pocas décadas había maestros franciscanos en todos los principales centros de enseñanza. En París, el maestro de teología Alejandro de Hales tomó el hábito franciscano en 1236, y fundó así la escuela franciscana de París. Allí le sucedieron después Juan de la Rochela, Odón Rigaldo y San Buenaventura, que llevó esa escuela a la cima de su fama. En Oxford, el primer maestro franciscano fue Adán Marsh (o Adán de Marisco), quien enseñó de 1247 a 1250. En Cambridge, los franciscanos se establecieron alrededor del año 1230, cuando la Universidad estaba todavía en vías de formación.

La presencia de los mendicantes en las universidades pronto despertó la oposición de los demás maestros. Dirigidos por el Procurador de la Universidad de París, Guillermo de San Amor, los demás profesores tomaron una serie de medidas contra los mendicantes, hasta que en el año 1253 los expulsaron de la Universidad, es decir, del gremio de estudiantes y profesores. Inocencio IV vaciló en su apoyo a los frailes, pero su sucesor Alejandro IV y el rey San Luis de Francia fueron constantes en su defensa. En 1254, Guillermo de San Amor, refutando al franciscano espiritual Gerardo de Borgo San Donnino, publicó un *Libro del anticristo y sus ministros*. En esta obra, y después en su tratado *De los peligros de los últimos tiempos*, atacaba, no solo a los franciscanos espirituales, sino el principio mismo de la pobreza que era la base de las órdenes mendicantes. Buenaventura y Tomás de Aquino le refutaron, el papa Alejandro IV le condenó y el rey San Luis le desterró. Su amigo y colega Gerardo de Abbeville continuó la campaña, provocando nuevas refutaciones de los mendicantes. Pero ya la victoria era de los frailes, que a partir de entonces quedaron firmemente establecidos en la Universidad, excepto en la Facultad de Artes, de la cual se les excluyó.

La introducción de Aristóteles y de los filósofos árabes y judíos

Ya hemos visto que en el siglo XII hubo una constante controversia acerca del uso de la dialéctica en el ámbito de la teología. Si tal discusión se produjo solo en torno a la *Lógica* de Aristóteles, era de esperar que los conflictos se multiplicarían tan pronto como fuese conocido el resto del pensamiento del estagirita, en muchos puntos incompatible con el neoplatonismo agustiniano que servía de trasfondo a la teología de la época.

A este problema básico de la incompatibilidad entre Aristóteles y la filosofía aceptada se sumaban otros que complicaban la situación. En primer lugar, muchas de las obras de Aristóteles llegaron al Occidente latino por un camino tortuoso, a través de traducciones que pasaron del griego al siríaco; de este al árabe; luego, verbalmente, a la lengua vulgar toledana; y finalmente al latín.[19] Como es de suponer, tales traducciones no eran fidedignas, y por ello algunos eruditos, tales como Gerardo de Cremona y Enrique Aristipo —ambos en la segunda mitad del siglo XII— se ocuparon de producir traducciones directas del texto griego.[20] En segundo lugar, Aristóteles llegó a la Europa medieval acompañado de una multitud de obras de filósofos árabes y judíos. Aunque estos filósofos a menudo pretendían no hacer más que exponer el pensamiento de Aristóteles, lo cierto es que en más de una ocasión sus obras introducen ideas que no se siguen necesariamente de la filosofía peripatética, y que surgían, no solo de la propia cosecha de los filósofos, sino también de algunos escritos de origen neoplatónico que circulaban bajo el nombre de Aristóteles —la *Theologia* y el *Liber de causis*—.

En el siglo IX floreció entre los árabes el filósofo Alkindi,[21] cuya obra más conocida en el Medioevo latino fue *De la inteligencia y lo inteligible*.[22] En esta obra, que combina elementos tomados de Aristóteles con otros procedentes de Plotino —pero que Alkindi tomaba por aristotélicos— el «filósofo de los árabes» afirmaba que el intelecto activo, es decir, el que produce los objetos inteligibles y los imprime en el intelecto pasible, es un ente espiritual único para todos los seres humanos y distinto de sus almas individuales.[23] Esta doctrina, que los latinos después adjudicaron

---

[19] Gilson, *La filosofía...*, 2:8-9.

[20] F. van Steenberghen, *Aristotle in the West: The Origins of Latin Aristotelianism* (Louvain, 1955), pp. 62-63.

[21] A. Fouad El-Ehwany, «Al-Kindi», en M. M. Sharif (ed.), *A History of Muslim Philosophy*, Vol. I (Wiesbaden, 1963), pp. 421-434.

[22] Las traducciones latinas de este y otros tratados de Alkindi fueron editadas por A. Nagu, *Die philosophischen Abhandlungen des al-Kindi* (Berlín, 1897).

[23] Gilson, *La filosofía...*, 1:432.

exclusivamente a Averroes, parece haber sido bastante común entre los filósofos árabes.

Alfarabi,[24] a finales del siglo IX y principios del X, defendió la compatibilidad de los diversos sistemas filosóficos de la Antigüedad, y así produjo una filosofía ecléctica en la que la lógica y algunos aspectos de la metafísica de Aristóteles se combinaban con la teoría neoplatónica de las «inteligencias separadas», y con tendencias místicas de matiz neoplatónico. Fue él quien desarrolló la psicología aristotélica de tal modo que el intelecto agente llegó a ser una de las «inteligencias» de las esferas celestiales.

Esta teoría de Alfaribi fue adoptada por Avicena (Ibn Sina, 980-1037),[25] a través del cual se propagó por todo el Occidente latino.

> A través de Avicena, efectivamente, la Edad Media trabó conocimiento con la doctrina —tan desconcertante para los cristianos— de la unidad del intelecto agente, fuente de los conocimientos intelectuales de todo el género humano. En esto, sin embargo, Avicena no hizo más que tomar y desarrollar la doctrina de Alfarabi.[26]

Por otra parte, Avicena, al desarrollar la distinción entre la esencia y la existencia —que ya Alfarabi había propuesto— establece una distinción entre el ser necesario, cuya existencia pertenece a su esencia, y los seres contingentes, cuya existencia es un accidente. Esta distinción le hubiera permitido seguir la línea ortodoxa musulmana, afirmando la doctrina de la creación y el ocasionalismo divino. Pero su concepto del ser necesario se lo impide, pues las acciones de este ser son necesarias y, por tanto, los seres creados, aunque contingentes en sí mismos, son necesarios como efectos de la primera causa. En consecuencia, el mundo es eternamente producido por Dios, y «toda la cosmogonía aviceniana está gobernada por una idea emanacionista y monista del poder creador de Dios».[27]

Algazel fue un musulmán ortodoxo que, a fin de refutarles, compuso un tratado sobre *Las intenciones de los filósofos*. Puesto que los autores latinos del Medioevo solo poseían esta obra de Algazel, le tuvieron por discípulo y defensor de los filósofos a quienes él quiso refutar.[28]

Sin embargo, el más notable y famoso de los filósofos árabes fue Averroes (Ibn Roch),[29] quien nació en Córdoba en el año 1126. Su curiosidad

[24] I. Madkour, «Al-Farabi», en Sharif, *op. cit.*, pp. 450-468.

[25] F. Rahman, «Ibn Sina», en Sharif, *op. cit.*, pp. 480-506; G. Verbeke, *Avicenna, Grundleger einer nuen Metaphysik* (Wiesbaden, 1983).

[26] Gilson, *La filosofía...*, 1:440.

[27] L. Gardet, *La pensée religieuse d'Avicenne* (París, 1951), p. 68.

[28] Gilson, *La filosofía...*, 1:444-445.

[29] C. Quiroz Rodríquez, *Compendio de metafísica de Averroes: Texto árabe con traducción*

intelectual le llevó a adentrarse en los caminos de la teología, la medicina, la jurisprudencia y otras disciplinas. En la filosofía de Aristóteles creyó encontrar la «suma verdad», aunque esto no le llevó a rechazar el Corán, sino a interpretarlo «filosóficamente». Murió en el año 1198, tras sufrir algunos conflictos con las autoridades musulmanas por razón de sus doctrinas. Pronto sus comentarios sobre las obras de Aristóteles adquirieron tal fama que se le dio el título de «el Comentarista».

En tres puntos la filosofía de Averroes entraba en conflicto con la ortodoxia, no solo árabe —lo cual no nos interesa aquí— sino también cristiana: la relación entre fe y razón, la eternidad del mundo y la unidad del intelecto agente.

Respecto a la relación entre la fe y la razón, el pensamiento íntimo de Averroes no resulta claro.[30] No cabe duda de que su punto de partida es una aristocracia intelectual. Según él, hay diversos niveles de inteligencia, y a cada uno de ellos corresponde un nivel de interpretación de la realidad: la fe para aquellos que se satisfacen con la retórica y la autoridad; la teología para quienes piden cierta argumentación razonable; y la filosofía para los intelectos privilegiados que requieren demostraciones indudables. Donde surge la dificultad en la interpretación de Averroes es en la cuestión del modo en que deben resolverse los conflictos inevitables entre las afirmaciones de uno y otro de estos niveles. Sus palabras famosas en este sentido son: «Por la razón concluyo necesariamente que el intelecto es uno; pero por la fe sostengo firmemente lo opuesto».[31] ¿Qué quiere decir esto? ¿Significa que hay dos niveles de verdad, contradictorios ente sí? ¿Quiere decir, más bien, que el filósofo, por el bien común, ha de aceptar exteriormente lo que en su fuero interno conoce como falso? ¿Quiere decir, por el contrario, que la fe corrige algún error oculto de la razón? La posición explícita de Averroes está clara: cuando la razón lleve a una conclusión opuesta a la fe, esta última ha de aceptarse. Si en esto Averroes era sincero, o si solo buscaba un medio de no ser acusado de heterodoxo, es imposible saberlo. En todo caso, en el siglo XIII, en la Universidad de París, se acusó de «averroístas» a quienes abogaban en pro de la independencia de la filosofía para proseguir su propio curso, aun cuando llegase a conclusiones opuestas a la fe, y se les acusó también de sostener la doctrina «averroísta» de la «doble verdad», doctrina que ni ellos ni Averroes sostuvieron jamás.

---

y notas (Madrid, 1919); N. Morata, El compendio De Anima de Averroes: Texto árabe y traducción anotada (Madrid, 1934); M. Alonso, Teología de Averroes (Estudios y documentos; Madrid, 1947).

[30] L. Gauthier, La théorie d'Ibn Rochd (Averroès) sur les rapports de la religion et de la philosophie (París, 1909).

[31] Citado en Gilson, La filosofía..., 1:449.

En lo que se refiere a la eternidad del mundo, Averroes cree que se sigue necesariamente del carácter de Dios como primer motor inmóvil, así como de los treinta y ocho motores de las esferas celestes, o «actos puros» que él deduce de complicados cálculos astronómicos. «Para que la acción motriz de estos actos puros sea continua es preciso que el movimiento y las cosas movidas lo sean también. El mundo, pues, ha existido siempre y continuará existiendo siempre».[32] Naturalmente, esta teoría encontró fuerte oposición entre los cristianos, que afirmaban la creación de la nada.

Por último, Averroes, como tantos otros filósofos árabes antes que él, afirma la «unidad del intelecto agente», lo cual equivale a negar la inmortalidad del individuo. Según él, el individuo tiene solo un intelecto pasivo, que pertenece al cuerpo y muere con él. El «intelecto agente» o «activo» es el que ilumina al intelecto pasivo para que pueda conocer las formas de las cosas. Esta iluminación produce el «intelecto material», que no es más que la individualización temporal del intelecto agente en un ser humano. Cuando este muere, nada queda de su personalidad, pues el intelecto agente, única razón permanente de su existencia individual, es el mismo para todos.

Además de estos tres puntos que le eran característicos, Averroes contribuía a reforzar el empirismo aristotélico frente al iluminismo agustiniano. Su doctrina de los universales, típicamente aristotélica, vino a reforzar el realismo moderado. Según él, los universales están en las cosas, y se conocen por abstracción.

Junto a estos filósofos árabes, dos filósofos judíos, formados entre los árabes, gozaron de amplia influencia entre los cristianos a partir del siglo XIII: Avicebrón (Salomón ibn Gabirol) y Maimónides (Moisés ben Maimón). Las posiciones de estos dos filósofos son divergentes, y en cierto modo prefiguran las posiciones también divergentes de las dos grandes escuelas teológicas cristianas del siglo XIII.

Avicebrón (c.1021-c.1058) era natural de Málaga, en Andalucía. Sus coterráneos le conocieron como poeta y estadista, pero el Medioevo latino le conoció solo como el filósofo autor de la obra *Fuente de la vida.*[33] Ninguno de los escolásticos parece haber sabido que Avicebrón era judío, pues unos le tienen por musulmán y otros por cristiano. En todo caso, el

---

[32] Gilson, *La filosofía...*, 1:453. En este punto, y hasta en cierto sentido en las razones por las que sostiene la eternidad del mundo, Averroes tiene un precedente cristiano en Orígenes. Averroes difiere de Orígenes por cuanto postula la eternidad de la materia. M. de Wulf, *Histoire de la Philosophie Médiévale* (Louvain, 1905), p. 249.

[33] Esta obra, compuesta originalmente en árabe, fue traducida al latín por Juan Hispano y Domingo González. El original árabe se ha perdido y, aparte de algunas citas en las obras de Shemtob ibn Falaquera y Moisés ibn Esdras, solo se conserva la versión latina, cuyo texto ha sido editado por C. Baeum-ker, *Avencebrolis (Ibn Gebirol) Fons Vitae ex Arabico in Latinum translatus ab Iohanne Hispano et Dominico Gundissalino* (Münster, 1895).

hecho es que Avicebrón se coloca en la tradición del judaísmo platoni-
zante de Filón, aunque sin dejar de acusar una fuerte influencia de la teología musulmana.[34] Su cosmología, y el modo en que entiende la relación
entre las esferas celestiales, y entre los objetos concretos y sus formas o
ideas, todo esto es típicamente neoplatónico. Pero al llegar a la cuestión
del origen del mundo, Avicebrón se separa del neoplatonismo para afirmar que el mundo ha sido hecho por la voluntad de Dios, y no por una
serie necesaria de emanaciones. En la filosofía de Avicebrón esta voluntad
de Dios ocupa el lugar del *Logos* en el sistema de Filón; pero el cambio
mismo de nombre muestra para Avicebrón la voluntad divina ha de
tenerse por anterior a la razón, y que el Creador es por tanto una voluntad
razonable más bien que una razón volitiva. La distinción entre Dios y las
criaturas se hace principalmente a base del carácter compuesto de estas
últimas, pues todas las criaturas, inclusive las almas y los ángeles, están
compuestas de materia y forma. Esta teoría, que se conoce generalmente
como la «composición hilemórfica [es decir, de materia o *hyle* y forma,
morfe] de las criaturas intelectuales», fue uno de los puntos de divergencia
entre los «agustinianos» del siglo XIII y el tomismo naciente.[35] Por otra
parte, en cada individuo creado hay varias formas superpuestas, y son ellas
las que le determinan hasta hacer de él un individuo. Esta teoría de la «pluralidad de formas» fue otro de los puntos discutidos entre los escolásticos
del siglo XIII.

La filosofía de Maimónides (1138-1204) es muy distinta de la de Avicebrón, pues, aunque se trata también de una síntesis aristotélico-plató-
nico-judía, en el caso de Maimónides la filosofía aristotélica ocupa un
lugar mucho más importante que la neoplatónica. Para él, como después
para Tomás de Aquino, Aristóteles es el filósofo por excelencia. Su obra
más conocida por los escolásticos cristianos fue su *Guía de los perplejos*,[36]
dirigida a quienes encontraban dificultades en conciliar la doctrina de las
Escrituras con los datos de la razón filosófica. Para él, no existe tal conflicto, pues, si bien hay verdades reveladas que la razón no puede probar,
estas verdades no se oponen realmente a la razón, sino que se encuentran
por encima de ella. Una de tales verdades es la doctrina de la creación,
pues los argumentos en contra de ella y a favor de la eternidad del mundo

---

[34] M. Wittmann, *Zur Stellung Avencebroks* (*Ibn Gebirol's*) *im Entwicklungsgang der ara-
bischen Philosophie* (Münster, 1905), p. 74: «Ya no se puede hablar de un simple préstamo
de un sistema antiguo... Aun desapercibidamente, las ideas antiguas toman una nueva forma al ser trasladadas a un nuevo mundo intelectual... El andamiaje exterior del neoplatonismo se conserva; pero en su mayor parte el contenido viene a ser otro».

[35] J. Goheen, *The Problem of Matter and Form in the «De Ente et Essentia» of Thomas
Aquinas* (Cambridge, Massachusetts, 1940).

[36] Obra traducida al español en 1432 por Pedro de Toledo.

no son decisivos, como algunos podrían suponer. Pero tampoco es posible probar lo contrario, es decir que el mundo ha sido creado por Dios a partir de la nada. En consecuencia, la doctrina de la creación que se deriva del Génesis puede ser aceptada por fe, sin argumentos racionales decisivos, pero también sin hacer violencia a la razón. Esta posición es paralela a la que después adoptaría Santo Tomás de Aquino, como también lo es el método por el que Maimónides prueba la existencia de Dios. Este método consiste en partir de lo que conocemos del universo por medio de los sentidos y, a partir de ello, probar la necesidad de una primera causa que lo explique. Así, por ejemplo, los seres contingentes requieren un ser necesario que sea la fuente de su existencia, y el movimiento requiere la existencia de un primer motor inmóvil.

Ya a finales del siglo XII, y sobre todo durante el XIII, la traducción de las obras de todos estos pensadores colocaba al cristianismo occidental ante riquezas hasta entonces insospechadas. Muchas de estas obras fomentaban el estudio de las ciencias naturales —la astronomía, la medicina, la óptica, etc.— en las que el mundo árabe, heredero de la Antigüedad griega, estaba mucho más avanzado que los cristianos. Al mismo tiempo, buena parte de esa ciencia venía unida a una filosofía distinta de la que la tradición cristiana había utilizado al forjar su teología. Aún más: esa filosofía parecía llevar a conclusiones manifiestamente heterodoxas, como la eternidad del mundo y la unidad del intelecto agente. Por tanto, los filósofos y teólogos del Occidente latino se veían en la necesidad de decidir qué posición adoptar ante la masa enorme de la nueva ciencia.

La Facultad de Artes de la Universidad de París tomó la nueva ciencia con entusiasmo,[37] y esta fue la razón por la que el sínodo reunido en París en 1210, además de condenar a Amaury de Béne y David de Dinand, prohibió que se leyesen las obras de «filosofía natural» de Aristóteles, es decir, todo lo que no fuese su lógica o su ética. En 1215, el Canciller de la Universidad, Roberto de Courçon, ratificó esa prohibición. Sin embargo, en otros centros se continuaba estudiando a Aristóteles, pues la Universidad de Tolosa se anunciaba precisamente a base de la libertad que en ella había para leer los libros del estagirita. En 1231 Gregorio IX nombró una comisión para examinar los libros de Aristóteles y ver qué errores había en ellos; pero la muerte del principal miembro de la comisión, el profesor de teología Guillermo de Auxerre, impidió que la tarea se realizase. En 1245 Inocencio IV colocó a Tolosa bajo la misma prohibición que ya regía en

---

[37] Al principio, los eruditos latinos sabían poco o nada sobre Averroes. Fue en la tercera década del siglo que Averroes llegó a ser generalmente conocido y, como resultado de ello, aumentaron las controversias sobre la nueva filosofía. Véase R. A. Gauthier, «Notes sur les débuts (1225-1240) du premier "averroisme"», *RScPhTh*, 66 (1982), 321-74.

París. Entre tanto, en Oxford, Roberto Grosseteste[38] y varios de sus colegas traducían, divulgaban y comentaban las obras de Aristóteles. De Inglaterra, a través de la influencia de Rogerio Bacon[39] y Roberto Kilwardby,[40] y poco antes de la mitad del siglo, llegó de nuevo a París el interés en los «libros naturales» de Aristóteles.[41] Estos dos maestros, procedentes de Oxford, enseñaron en la Facultad de Artes de París en los años 1237 al 1247, y allí reintrodujeron el estudio de los libros que habían sido prohibidos anteriormente. A partir de entonces, parece que se prestó poca atención a los decretos contra Aristóteles que, en teoría al menos, continuaban vigentes. Al mismo tiempo —alrededor del año 1230— llegaban a París las primeras versiones de Averroes, lo cual hacía más candente la cuestión de hasta qué punto se debía utilizar la nueva filosofía en la tarea teológica.

Frente a esta cuestión surgieron tres posiciones básicas que en términos generales corresponden a nuestros tres próximos capítulos.

En primer lugar, hubo teólogos que, sin abandonar la filosofía tradicional, incorporaron a su pensamiento algunos elementos de origen aristotélico. Esta posición era más común durante la primera mitad del siglo, cuando todavía no se habían hecho resaltar todos los conflictos entre Aristóteles y el neoplatonismo recibido a través de Agustín y otros.[42] El ejemplo más notable de esta actitud es San Buenaventura, quien respeta a Aristóteles e indudablemente le conoce, pero no trata de ajustar toda su metafísica siguiendo las directrices del estagirita.

En segundo lugar, hubo teólogos que se enfrentaron al reto del momento con más osadía. Su tarea consistió en asimilar a Aristóteles y, sin abandonar muchos elementos del agustinismo tradicional, producir una síntesis coherente. Tales fueron Alberto Magno y Tomás de Aquino.

---

[38] D. A. Callus, *Introduction of Aristotelian Learning to Oxford* (Londres, 1943); A. C. Crombie, *Robert Grosseteste and the Nicomachean Ethics* (Londres, 1930); L. Baur, *Die Philosophie des Robert Grosseteste Bischofs von Lincoln* (Münster, 1917), pp. 170-195; C. Geiben, «Bibliographia universa Roberti Grosseteste», *CollFran*, 39 (1939), 362-418. A esta bibliografía debe añadirse: K. D. Hill, «Robert Grosseteste and His Work of Greek Translation», en D. Baker, ed., *The Orthodox Churches and the West* (Oxford, 1976), pp. 213-22; J. McEvoy, *The Philosophy of Robert Grosseteste* (Oxford, 1982); C. A. Lértora, «Ciencia y método en Roberto Grosseteste», *Hum*, 18 (1977), 153-82. La personalidad de Grosseteste es tanto más interesante por cuanto, al tiempo que estimulaba el estudio de la nueva ciencia y filosofía, sostenía una posición teológica conservadora. Resulta claro que en su tiempo no se planteaba el conflicto con la misma agudeza con que se planteó después.

[39] Bacon ha sido muy estudiado y discutido por su interés en las ciencias experimentales, por su actitud frecuentemente despectiva hacia los teólogos y por sus propias supersticiones.

[40] D. E. Sharp, «The *De ortu scientiarum* of Robert Kilwardby (d. 1279)», *NSch*, 8 (1934), pp. 1-30.

[41] F. van Steenberghen, *The Philosophical Movement in the Thirteenth Century* (Edinburgo, 1955), pp. 46-48; R. T. Gunther, *Early Science in Oxford*, 4 vols. (Oxford, 1921-1925).

[42] Tanto era así que el *Liber de causis*, obra típicamente neoplatónica, era atribuido a Aristóteles.

Por último, surgió en la Facultad de Artes un grupo de maestros que reclamaban para la filosofía una libertad completa de los requisitos de la ortodoxia. Estos maestros seguían no solo a Aristóteles, sino también a su «Comentarista», Averroes y, por ello, su posición ha recibido el nombre muy inexacto de «averroísmo latino». El principal promotor de esta posición fue Sigerio de Brabante.

Los próximos tres capítulos se dedicarán a los representantes de cada una de estas posiciones, aunque sin limitarnos por ello a la cuestión de la influencia de Aristóteles en cada uno de ellos.

30

El agustinismo del siglo XIII

A través de los primeros siglos de la Edad Media, Agustín de Hipona fue el principal maestro de los teólogos occidentales. Sus obras eran estudiadas como fuente de autoridad en cuestiones teológicas —o más bien, lo que muchos estudiaban eran florilegios o colecciones de citas de sus muchas obras—. En este campo, su único rival era Gregorio el Grande; pero en realidad esto contribuía a robustecer la influencia de Agustín, pues la obra de Gregorio era, como hemos dicho, una popularización del pensamiento agustiniano. Por otra parte, Gregorio, quien había seguido fielmente las enseñanzas de Agustín en otros puntos, había relegado sus doctrinas sobre la predestinación, la gracia y el libre albedrío. Por esta razón los teólogos medievales, al referirse a Agustín, no veían en él tanto al doctor de la gracia y la predestinación como al maestro de la contemplación y de la investigación teológica. Cuando alguien se percataba del aspecto olvidado de la teología del obispo hiponense, se le condenaba en nombre de la teología tradicional, y hasta en nombre del propio Agustín, como sucedió en el caso de Gotescalco.

Ahora bien, aunque toda la teología occidental durante varios siglos había sido agustiniana, es en el siglo XIII cuando se cobra especial conciencia de este hecho. Anteriormente, no había existido oposición fundamental al pensamiento del santo, pues toda la tradición teológica estaba dominada por el neoplatonismo de que él también había hecho uso. Si el Seudo-Dionisio difería en algo de Agustín; esta diferencia era cuestión de énfasis, pues sus fundamentos filosóficos eran paralelos. Si Aristóteles era leído y utilizado en las escuelas, se trataba principalmente de su lógica, que podía entenderse como un instrumento útil en la labor teológica. Pero ahora, en el siglo XIII, la situación era otra: las escuelas teológicas y filosóficas que estudiaremos en los próximos capítulos ofrecían verdaderas alternativas a la teología tradicional. Por tanto, los teólogos de tendencias más tradicionales tomaron a Agustín por enseña y se dedicaron a producir una teología conscientemente agustiniana.

En este capítulo haremos primero un breve resumen de las características fundamentales de esta escuela teológica, para después pasar a nombrar y estudiar algunos de sus principales representantes: primero, los seculares, después los dominicos, y por último los franciscanos, cuya orden quedó identificada con el agustinismo.

El primer punto de conflicto entre los agustinianos y sus opositores era el papel que en la teología debían desempeñar Platón y Aristóteles. Naturalmente, esto no se refería a las doctrinas de estos filósofos en su forma original, sino a lo que, tras siglos de interpretación, se tenía por ellas. Así pues, los agustinianos no defendían sencillamente a Platón, sino toda la tradición neoplatónica representada en la teología cristiana por Agustín y Seudo-Dionisio. A los agustinianos les parecía Aristóteles demasiado racionalista y preocupado por el conocimiento de las cosas de este mundo. Frente a esto, las tendencias místicas de Platón y el neoplatonismo le daban a esa tradición filosófica una aureola de religiosidad. ¿No habían sido los platónicos uno de los principales medios por los que el propio Agustín llegó a su conversión?

Como era de esperar, este platonismo era fiel al modo en que la tradición cristiana lo había adaptado a sus propias necesidades. Así, por ejemplo, las ideas eternas no subsistían por sí solas, sino en la mente de Dios, de modo que es solo él quien es eterno en el sentido estricto.

Por otra parte, esta oposición entre el espíritu platónico y el aristotélico llevaba consigo dos formas distintas de ver la función de la teología y su relación con la filosofía. Para la mayoría de los agustinianos, no se debía hacer una distinción demasiado clara entre verdades reveladas y verdades de razón. Después de todo, ¿no es todo el conocimiento una iluminación divina? Frente a esto los aristotélicos distinguían claramente entre razón y revelación y, por tanto, entre filosofía y teología.

Esto nos lleva a otra característica del agustinismo: su teoría del conocimiento, que seguía la doctrina de la iluminación, tal como Agustín la había expuesto. Por tanto, para estos teólogos, el conocimiento más real no es el que se deriva de los sentidos, sino el que se tiene aparte de ellos. Frente a esto, los aristotélicos sostenían una epistemología que daba un lugar importante a los sentidos.

Como consecuencia de esta divergencia en lo que se refiere a la teoría del conocimiento, surgía otra divergencia en cuanto a las pruebas de la existencia de Dios. Los agustinianos, siguiendo a San Anselmo, sostenían que los sentidos no podían servir de punto de partida para probar la existencia de Dios, sino que esta se encuentra implícita en la idea misma de Dios. Frente a esto, los aristotélicos ofrecían pruebas de Dios a partir de hechos y objetos conocidos por los sentidos (como veremos en el próximo capítulo al estudiar las famosas «cinco vías» de Tomás de Aquino).

Por otra parte, los agustinianos colocaban la voluntad por encima de la razón, reflejando con ello la experiencia de Agustín antes de su conversión. Lo importante para ellos no era conocer la verdad, sino hacer lo bueno. Por tanto, su teología era más práctica y moral que abstracta y metafísica.

En cuanto al alma, los agustinianos insistían en su independencia frente al cuerpo. El alma por sí sola, aun separada del cuerpo, es una sustancia. Su principio de individuación está en sí misma, y no en su unión al cuerpo, pues este no es la única fuente de la individualidad.

Por último, dos elementos del agustinismo del siglo XIII son la teoría de la multiplicidad de formas sustanciales y de la composición hilemórfica de los seres espirituales. La primera sostenía que la individuación de la materia tiene lugar por razón de las varias «formas» —o «ideas ejemplares»— que subsisten en ella. Los aristotélicos, por el contrario, sostenían que es la materia la que le da individualidad a las formas. La teoría del hilemorfismo —que no procedía de Agustín, sino del filósofo judío Avicebrón—sostenía que la teoría según la cual todos los seres creados consisten en materia y forma ha de extenderse a los seres espirituales, tales como las almas y los ángeles.

Si bien estas son las características fundamentales de una tendencia teológica que va perfilándose cada vez más a través del siglo XIII, y que culmina en la formación de la escuela franciscana, debemos advertir que esta tendencia agustiniana no fue monolítica, ni se constituyó en una ortodoxia rígida. Por tanto, no todos los teólogos que aquí llamamos «agustinianos» concordaban en todos los puntos arriba expuestos, aunque sí en la mayoría de ellos. Además, todos ellos incluían en su pensamiento diversos aspectos de origen aristotélico,[1] pero ninguno de ellos estaba dispuesto a abandonar el marco de la metafísica y la epistemología derivadas de Agustín y su neoplatonismo.

Teólogos agustinianos seculares

El principal teólogo agustiniano secular —es decir, no «regular» o sujeto a alguna «regla» monástica— de la primera mitad del siglo XIII fue

---

[1] La teoría de la composición hilemórfica de los seres en general, la distinción entre potencia y acto, y toda la lógica, eran contribuciones aristotélicas que todos aceptaban.

Guillermo de Alvernia, quien, tras enseñar teología en la Universidad de París, fue obispo de esa ciudad (razón esta por la que a veces se le conoce como Guillermo de París). Guillermo se percató de que el mejor modo de refutar las nuevas teorías era conocerlas, y por ello se dedicó a estudiarlas. Los principales puntos de interés en su pensamiento son su metafísica de Dios, sus argumentos contra la eternidad del mundo y la doctrina de la emanación, y su teoría del conocimiento. En cuanto a lo primero, afirma Guillermo que Dios se distingue de las criaturas por cuanto en él la esencia y la existencia son la misma, mientras que esto no sucede con las criaturas. Este punto, tomado de Avicena, concuerda empero con la presuposición fundamental del argumento ontológico de San Anselmo, y con lo que hemos dicho más arriba sobre las características de la tendencia agustiniana que Guillermo representa. En cuanto a la eternidad del mundo, Guillermo reduce al absurdo el argumento que pretende que, puesto que Dios es eternamente el mismo, es eternamente Creador y, por tanto, la creación es eterna. Si este argumento es válido, arguye nuestro teólogo, será necesario concluir que todo es inmutable y eterno, pues todo se relaciona con Dios. Por otra parte, el mundo no surge por emanación de las inteligencias superiores —como lo daba a entender Avicena[2]—, sino que es obra de Dios, surgida de la nada, y no por obligación de la naturaleza divina, sino por decisión de la voluntad de Dios (y aquí tenemos un ejemplo de lo que decíamos más arriba sobre el modo en que estos teólogos colocaban la voluntad y el bien por encima de la naturaleza y la razón). La teoría del conocimiento que Guillermo defiende es típicamente agustiniana, aunque expresada a menudo mediante términos aristotélicos. Según él, Dios imprime en el alma el conocimiento de los primeros principios, no solo lógicos, sino también morales, e imprime también el conocimiento de las ideas eternas. Dios es, entonces, el «intelecto agente» y, con relación a este, el alma es el «intelecto pasivo». A través del cuerpo y sus sentidos, el alma puede *percibir* los objetos particulares; pero los *conoce* solo en virtud de la acción de Dios. En cuanto al hilemorfismo, Guillermo acepta la doctrina aristotélica, y se aparta de la teoría de tantos agustinianos que afirmaban que la composición hilemórfica se extendía a los seres intelectuales —ángeles y almas—.

---

[2] Sobre la oposición de Guillermo de Alvernia a Avicena, véase: R. de Vaux, *Notes et textes sur l'avicennisme latin* (París, 1934), pp. 17-43.

Otros teólogos seculares de tendencia semejante fueron Guillermo de Auxerre,[3] Roberto de Courçon,[4] Esteban Langton[5] y Roberto Sorbon[6] —en cuyo honor lleva su nombre la Universidad Soborna—.

El agustinismo de los primeros dominicos

Aun cuando, a la postre, su propia orden abrazaría otra posición, casi todos los teólogos dominicos del siglo XIII —especialmente en la primera mitad del siglo— siguieron la tendencia tradicionalista y agustiniana. Los principales maestros dominicos de tendencia agustiniana fueron Ricardo de Fishacre, Roberto de Kilwardby y Pedro de Tarantasia. También merecen citarse Rolando de Cremona, Juan de Saint Giles y Hugo de Saint Cher.

Fishacre enseñó en Oxford durante la primera mitad del siglo XIII, y allí compuso su *Comentario a las Sentencias*, en el que se ve claramente su preocupación por acoplar el pensamiento de Aristóteles al de Agustín. Su método consiste en interpretar a Aristóteles —con la ayuda de Avicena—como si sus doctrinas coincidieran con las de Agustín. Llega al extremo de atribuir a Aristóteles la doctrina de las razones seminales y la de la iluminación.[7]

Roberto de Kilwardby enseñó también en Oxford, y después llegó a ser arzobispo de Canterbury. Su doctrina era típicamente agustiniana, pues enseñaba la iluminación como requisito del conocimiento, las razones seminales como explicación de la causalidad, y la composición hilemórfica de los seres intelectuales. Como veremos más adelante, Kilwardby se opuso, no solo al aristotelismo averroísta, sino también al tomismo (escuela de Tomás de Aquino), y utilizó para combatirlo tanto sus obras e intelecto como su autoridad jerárquica.

Pedro de Tarantasia —que después llegó a ocupar la sede romana bajo el nombre de Inocencio V— fue maestro en París en dos ocasiones diversas. Sus principales obras teológicas fueron sus *Comentarios a las*

---

[3] *Summa aurea in quator libros Sententiarum* (ed. Ph. Pigouchet, Parisiis 1500; reimpresa en Frankfurt am Main, 1964). Guillermo tiene cierta importancia porque parece haber sido el primero en introducir en la discusión de los sacramentos los términos «materia» y «forma». P. Godet, «Guillaume d'Auxerre», *DTC*, 6:1976.

[4] Ch. Dickson, «Le cardinal Robert de Courson: Sa vie», *AHDLMA*, 9 (1934), pp. 53-142. E. Amann, «Robert de Courson», *DTC*, 13 :2749-2750.

[5] A. M. Ladgraf (ed.), *Der Sentenzenkommentar des Kardinals Stephan Langton* (Aschendorff, 1952).

[6] P. Glorieux, «Sorbon (Robert de)», *DTC*, 14 :2383-2385.

[7] Gilson, *La filosofía...*, 2:138-140. R. J. Long, «The Science of Theology according to Richard Fishacre: Edition of the Prologue to His Commentary on the Sentences», *MedSt*, 8 y 9 (1966-67), 63-87.

epístolas paulinas y su *Comentario a las Sentencias*. Al igual que Fisha-cre y Kilwardby, expuso la teología tradicional agustiniana, al tiempo que intentaba asimilar aquellos aspectos de la nueva filosofía que le parecían compatibles con ella. Por su gran erudición, sus admiradores le dieron el título de «Doctor Famosísimo».[8]

El agustinismo franciscano

En términos generales, los teólogos franciscanos del siglo XIII siguieron la línea tradicional, aceptando de la nueva filosofía solo aquello que era compatible con el agustinismo, valorando a Platón y a los neoplatónicos por encima de Aristóteles, y dando al todo un tono místico en el que se combinaba la influencia del Seudo-Dionisio y los victorinos con la de San Bernardo y, naturalmente, San Francisco. El primer maestro franciscano fue Alejandro de Hales, a quien rodearon varios discípulos ilustres de la misma orden. Poco después, con San Buenaventura, la teología fran-ciscana llega a su momento culminante del siglo XIII. Los sucesores de Buenaventura tuvieron ya que enfrentarse al tomismo de los dominicos, y algunos lo rechazaron categóricamente mientras que otros aceptaron algunas de sus posiciones e intentaron asimilarlas a su teología. Con Juan Duns Escoto, la teología franciscana llegó a una nueva cumbre; pero ese pensador no pertenece al presente capítulo.

Alejandro de Hales

Este teólogo se hizo franciscano en el año 1236, cuando contaba unos cin-cuenta años, y tras haber escrito la mayoría de sus obras teológicas.[9] Estas obras son sus *Glosas a los cuatro libros de Sentencias de Pedro Lombardo* —escritas antes de 1229[10]—, sus *Quaestiones disputatae*,[11] y la *Suma teológica*, acerca de la cual hay complejas cuestiones de autenticidad.[12]

---

[8] J. Forget, «Innocent V», *DTC*, 7:1996-1997. Su obra contra la teoría de la eternidad del mundo permanece inédita.

[9] Las fuentes para la biografía de Alejandro han sido compiladas y discutidas por V. Dou-cet en su introducción a *Glossa in quator libros Sententiarum Petri Lombardi*, de Alejan-dro, Vol. 1 (Quaracchi, Florencia, 1951), pp. 7-75.

[10] Véase la nota anterior. La edición consta de cuatro volúmenes (1951-1957). Hay varias recensiones de esta obra. El cuarto libro, incompleto, es de paternidad más dudosa que los anteriores (véase Vol. 4, *prolegomena*, pp. 44-46).

[11] Solo he podido utilizar las *Quaestiones disputatae antequam esset frater*, 3 vols. (Qua-racchi, Florencia, 1960).

[12] *Summa Theologica*, 5 vols. (Quaracchi, Florencia, 1924-1948). Rogerio Bacon, en el

Puesto que Alejandro se unió a los Hermanos Menores después de formular su teología, no debe pensarse que al hablar de él como el primero de los maestros de la escuela franciscana queremos decir que su pensamiento se forjó dentro del ideal franciscano. Por el contrario, Alejandro trajo a la orden una teología ya hecha, y esta teología, por razón de la influencia del maestro, contribuyó a la formación del pensamiento teológico franciscano.

Alejandro es un pensador que está al tanto de las corrientes de su tiempo, pero que no está dispuesto a dejarse llevar por ellas. Al leer sus obras, no puede quedar duda alguna de que conoce la casi totalidad de los escritos de Aristóteles. A menudo cita al gran estagirita en apoyo de alguna posición filosófica. Pero, a pesar de ello, Alejandro se mueve aún dentro del ámbito del neoplatonismo agustiniano. Las fuentes de su pensamiento son Agustín, Anselmo, Hugo de San Víctor y otros escritores eclesiásticos, y Aristóteles le sirve solo para apoyar con su creciente prestigio algunas doctrinas tomadas de esos escritores.[13]

Para él, la teología no es una actividad por la que el intelecto construye sistemas que pretenden interpretar a Dios y el universo. No es una «ciencia» que estudia las causas y los efectos. Es más bien una «sabiduría» de la «causa de las causas», tal como esta se da a conocer por su propia revelación, y su objeto no es satisfacer la curiosidad humana, sino perfeccionar «al alma según el afecto, moviéndole hacia lo bueno mediante los principios del temor y el amor».[14] Esto le da a su pensamiento un carácter práctico que será característico de la teología franciscana del siglo XIII.[15]

Es difícil juzgar la influencia de Alejandro sobre la teología posterior. Fue él quien introdujo en la Universidad de París la práctica de dictar cursos a base de comentarios sobre las *Sentencias* de Pedro Lombardo. San Buenaventura y varios otros de los principales autores franciscanos del siglo XIII afirman ser sus discípulos y le tratan con gran respeto.

---

año 1267, dice que los franciscanos «le atribuyeron esta gran suma, que pesa más que un caballo, y que él no hizo, sino otros» (*Opere minori*; citado por Doucet, *Prolegomena in librum III necnon in libros I et II «Summae fratis Alexandri»*, Vol. 3 de la edición de Quaracchi, p. 358). Llevados por esta indicación, muchos han dudado de la autenticidad de esta obra. Tras un estudio detenido, Doucet concluye que algunas porciones de los libros 1 y 2, así como todo el libro 4, no son de Alejandro. Los libros 1, 2 y 3 parecen contener las enseñanzas de Alejandro, aunque escritas, no por él, sino probablemente por Juan de la Rochela (los libros 1 y 3) y otro redactor anónimo (el libro 2). Hay un breve resumen de esta cuestión en V. Klempf, «Problemas bibliográficos em torno das obras de Alexandre de Hales», *Revista eclesiatica brasileira*, 6 (1946), pp. 93-105.

[13] El mejor resumen y estudio del pensamiento de Alejandro es el de Ph. Boehner, *Alexander of Hales,* Vol. 1 de su *The History of the Franciscan School* (St. Bonaventure, N.Y., 1943-1944).

[14] S. Th. 1, q. 1, cap. 1 (Quaracchi, 1:2).

[15] L. Amorós, «La teología como ciencia práctica en la escuela franciscana en los tiempos que preceden a Escoto», *AHDLMA*, 9 (1934), pp. 261-303. Véase: M. D. Chenu, *La théologie comme science au XIIIe siècle* (París, 1957), pp. 37-41.

Durante toda la Edad Media se le conoció como el «Doctor Irrefutable». Y, sin embargo, San Buenaventura eclipsó de tal modo a su maestro que, al decir de un testigo algo posterior, la *Suma* de Alejandro se enmohecía en las bibliotecas franciscanas.

Puede decirse entonces que Alejandro, aun cuando le prestó gran impulso a la labor teológica en general y a la teología franciscana en particular, sirvió para propiciar la obra del verdadero fundador de esa teología: San Buenaventura.

Entre los discípulos de Alejandro merecen citarse, además de Buenaventura, Juan de la Rochela[16] y Odón Rigaldo.[17]

San Buenaventura

Juan de Fidanza, a quien la posteridad conoce bajo el nombre de Buenaventura y el título de «Doctor Seráfico», nació en Bañorea, cerca de Viterbo, en el año 1221.[18] Todavía joven, fue a París, donde cursó los estudios conducentes al grado de maestro en Artes. Allí tomó el hábito franciscano, y estudió teología bajo Alejandro de Hales y, probablemente, también bajo Odón Rigaldo y Juan de Parma. En 1248 comenzó su carrera docente comentando el Evangelio de San Lucas. Dos años más tarde comentaba las *Sentencias* de Pedro Lombardo, y alrededor del año 1253 recibió el título de doctor. Tras distinguirse como maestro y polemista —pues intervino en las controversias entre mendicantes y seculares que hemos señalado en el capítulo anterior—, Buenaventura fue electo Ministro General de los Hermanos Menores en el capítulo que tuvo lugar en Roma en 1257.

Como Ministro General, Buenaventura viajó por toda Europa y escribió numerosas epístolas que dan testimonio de su sabiduría y habilidad. Debido al modo en que logró guiar la Orden a través de las divisiones que amenazaban destruirla, se le conoce como el «segundo fundador» de la misma. En este sentido, el principal obstáculo que se alzaba en su camino era el movimiento de los franciscanos «espirituales», embebidos ahora de ideas joaquinistas (de Joaquín de Fiore). Puesto que uno de los principales adherentes de este movimiento, Gerardo de Borgo San Donnino, se negaba a retractarse, aun después de ser condenado por el Papa, Buenaventura le recluyó en un convento, del que se le prohibió salir o intentar comunicar

---

[16] Su *Summa de anima* fue publicada por Domenichellis (Prato, 1882). Véase además la bibliografía que aparece en A. M. Hamelin, *L'ècole franciscaine de ses débuts jusqu'à l'Occamisme: Pour l'histoire de la théologie morale* (Louvain, 1961), p. 15.

[17] Véase Hamelin, *op. cit.*, p. 18.

[18] Las biografías de San Buenaventura son numerosísimas. Véase *Obras de San Buenaventura* (*BAC*, 6:21-25).

sus ideas a los demás frailes. El caso de Juan de Parma, quien había sido Ministro General inmediatamente antes de Buenaventura (1247-1257), presentaba mayores dificultades. Aunque Juan de Parma había dado muestras de su incapacidad como Ministro General de la Orden y había apoyado el partido de los «espirituales», esto no era obstáculo para que le respetase y amase por su santidad. Además, su propio prestigio y santidad servían para darle mayor vuelo a la doctrina joaquinista, que había abrazado. Buenaventura le citó para investigar su fe y juzgarle, pero un influyente cardenal le advirtió que «la fe del hermano Juan es mi fe, y su persona es mi persona»,[19] y el Ministro General decidió dejar las cosas como estaban. Poco después, sin que sepamos las razones que le llevaron a ello, Juan de Parma se retiró de la vida activa.

En 1270, Buenaventura intervino de nuevo en la polémica entre los mendicantes y sus opositores en la Universidad de París, y en esa misma época intervino también en la polémica sobre el valor y la autoridad de Aristóteles y de su intérprete Averroes. Este era uno de los propósitos de sus *Colaciones sobre el Hexámeron*, que fueron interrumpidas por su elevación al cardenalato. Por razón de esa elevación renunció también al cargo de Ministro General de la Orden, y convocó a un Capítulo General para elegir a su sucesor. Solo dos meses escasos le quedaban de vida, pues murió en Lyon en 1274, mientras se celebraba allí un concilio ecuménico.

Las obras de San Buenaventura son numerosísimas, y solo podemos mencionar aquí las principales.

Entre sus obras exegéticas se cuentan comentarios al *Eclesiastés*,[20] al libro de la *Sabiduría*,[21] al *Evangelio de San Juan*[22] y al *Evangelio de San Lucas*,[23] además de una serie de *Conferencias sobre el Evangelio de San Juan*.[24]

La principal obra de teología sistemática de San Buenaventura es su *Comentario a las Sentencias de Pedro Lombardo*.[25] Su *Breviloquio*,[26]

---

[19] A. Clareno, en *Historia septem tribulationum Ordinis Minorum*, citado por L. Amorós, «Vida de San Buenaventura», en *Obras de San Buenaventura* (*BAC*, 6:19).

[20] *Opera omnia* (Edición de Quaracchi, 1882-1902), 6:3-99. Esta es la mejor edición de las obras de San Buenaventura, y a ella nos referimos en toda esta sección siempre que sea posible. La edición bilingüe publicada por la *BAC* (6, 9, 19, 28, 36, 49) utiliza el texto de Quaracchi, y por ello, para aquellas obras incluidas en esta edición bilingüe, la citamos con preferencia a la de Quaracchi. Además, la *BAC* incluye algunos escritos que no aparecen en la edición crítica.

[21] *Opera omnia*, 6:107-233.

[22] *Opera omnia*, 6:239-530.

[23] *Opera omnia*, 7:3-640.

[24] *Opera Omnia*, 6:535-634.

[25] *Opera omnia*, 1-4.

[26] *BAC*, 6:166-539.

compuesto con el propósito de servir de guía teológica a los miembros de la Orden, tiene el valor de que, en él, Buenaventura no se ve forzado a seguir un orden predeterminado, como en el caso del *Comentario a las Sentencias*, sino que puede establecer su propio orden y método de discusión. Además, nos ha dejado varias obras sobre temas específicos, tales como sus *Cuestiones disputadas sobre el misterio de la Trinidad*,[27] *Colaciones sobre el Hexámeron*,[28] *Colaciones sobre los Diez Mandamientos*,[29] *Cuestiones disputadas sobre la ciencia de Cristo*,[30] *Cristo, el único maestro de todos*,[31] *Colaciones sobre los dones del Espíritu Santo*,[32] *Del santísimo cuerpo de Cristo*,[33] *Cuestiones disputadas sobre la perfección evangélica*[34] y *De la reducción de las ciencias a la teología*.[35] Su más famoso opúsculo, el *Itinerario de la mente hacia Dios*,[36] es una sistematización de la teología mística de su época. Sus obras ascéticas y místicas incluyen, además de varios de los sermones y otros opúsculos breves, el *Soliloquio*,[37] el *Árbol de la vida*,[38] la *Vid mística*[39] y las *Meditaciones sobre la pasión de Cristo*.[40]

Por último, se conservan de Buenaventura varias epístolas[41] y gran número de sermones.[42] A esto habría que añadir varios opúsculos prácticos sobre la organización y la vida de la Orden que no nos interesan aquí.

El pensamiento de Buenaventura se alza sobre varios pilares que será útil señalar antes de entrar de lleno en la exposición de ese pensamiento. El primero de esos pilares es la autoridad, tanto de la iglesia y su tradición como de las Escrituras. Buenaventura no ve tensión ni contradicción alguna entre las Escrituras y la tradición, y a esta doble autoridad está dispuesto a someter su pensamiento y su vida toda. En segundo término,

---

[27] *BAC*, 36:94-397.

[28] *BAC*, 19:176-657.

[29] *BAC*, 26:614-719.

[30] *BAC*, 11:116-277.

[31] *BAC*, 6:676-701.

[32] *BAC*, 36:408-603.

[33] *BAC*, 9:498-543.

[34] *BAC*, 49:8-237.

[35] *BAC*, 6:642-667.

[36] *BAC*, 6:556-633.

[37] *BAC*, 28:172-307.

[38] *BAC*, 9:290-353.

[39] *BAC*, 9:662-733.

[40] *BAC*, 9:748-817. Esta obra no se encuentra en la edición de Quaracchi. Sobre las razones que han llevado a los editores de la *BAC* a incluirla entre las obras de San Buenaventura, véase *Ibid.*, 735-745.

[41] *Opera omnia*, 8;468-474, 491-503, etc.

[42] *Opera omnia*, 9.

el pensamiento bonaventuriano se alza sobre una profunda piedad de tipo franciscano. El propósito de su teología no es descubrir los más recónditos misterios de Dios, sino capacitar al ser humano para la comunión y contemplación de la divinidad. Por último, el neoplatonismo agustiniano, que le llega a través del propio Agustín, así como de Hugo de San Víctor y Alejandro de Hales, constituye el marco filosófico dentro del cual el Doctor Seráfico colocará su teología.

Según San Buenaventura, todo conocimiento procede de la iluminación del Verbo. Esto, a su vez, implica que todas las ciencias han sido ordenadas al conocimiento de Dios y que, por tanto, todas ellas culminan en la teología.[43] Por tanto, aunque la razón es buena por haber sido creada por Dios, y aunque la filosofía es un medio bueno y necesario para adquirir cierta clase de conocimientos, toda filosofía que pretenda ser autónoma y culminar en sí misma, caerá necesariamente en el error.[44] Aristóteles, por ejemplo, enseñó la eternidad del mundo y la unidad del entendimiento, y negó la existencia de la gloria y del castigo eterno porque pretendió entender el mundo aparte de la doctrina de la creación. La fe no necesita pruebas, sino que, por el contrario, lo que se cree se basa en un acto de la voluntad y no es un ejercicio racional. Puesto que la materia de estudio de la teología es ante todo lo que se cree,[45] y esto depende principalmente del afecto de la voluntad,[46] la teología, si bien puede ser tenida por ciencia, es sobre todo sabiduría (*sapientia*).

La existencia de Dios es evidente a la razón que sigue sus mejores luces, y si es necesario ofrecer demostraciones de esa existencia esto se debe a que nuestra mente, corrompida por la caída, puede desconocer algo que en sí es evidente.[47] Es por esta razón que, aunque Buenaventura apela frecuentemente a las diversas pruebas tradicionales de la existencia de Dios, su presentación de esas pruebas aparece siempre en forma sumaria, como de pasada, dando a entender así que tales pruebas no son en realidad necesarias. Entre todas ellas, parece preferir el argumento

---

[43] Esta es la tesis de todo el opúsculo *De la reducción de las ciencias a la teología* (*BAC*, 6:642-667).

[44] *Colaciones sobre el Hexámeron*, 7 (*BAC*, 49:319-333). Dado este modo de entender la función de la filosofía dentro de la teología, no es correcto decir que Buenaventura pretendía refutar la filosofía aristotélica. En verdad, no pretendía desarrollar o defender una posición filosófica. Tal es la tesis de O. Argerami, «San Buenaventura frente al aristotelismo», *PatMed*, 2 (1981), 21-36.

[45] *Sent.*, *Proemii*, q. 1.

[46] El propio Buenaventura ilustra este punto al distinguir entre una proposición matemática, y la proposición «Cristo murió por nosotros». La primera no mueve al amor; la segunda, sí. *Ibid.*, q. 3.

[47] *Cuestiones disp. sobre el misterio de la Trinidad*, q. 1, art. 1, *resp.* (*BAC*, 36:111-115). Véase: *I Sent.*, *dist.* 3, *pars* 1, *art. unicus*, q. 1.

ontológico de San Anselmo, precisamente porque ese argumento se reduce en última instancia a afirmar que la existencia de Dios es evidente y no puede ser negada por la recta razón. Esto no quiere decir, sin embargo, que el humano posea un conocimiento natural de Dios, pues «hay dos modos de pensar sobre cualquier ser: el de su existencia (*si est*) y el de su esencia (*quid est*). Nuestro intelecto es defectuoso en lo que se refiere a la esencia de Dios, pero no en lo que se refiere a su existencia... Es por razón de esa deficiencia en cuanto al conocimiento de la esencia que nuestro intelecto frecuentemente piensa que Dios es lo que no es, un ídolo, y no lo que es, el Dios justo».[48]

Este Dios tiene todos los atributos que la teología tradicional le ha adjudicado y no podemos detenernos a considerarlos aquí. Baste decir que el Doctor Seráfico presta mucha más atención a la doctrina trinitaria que a los atributos negativos (inmutabilidad, infinitud, etc.). En el *Breviloquio*, la doctrina trinitaria es el punto de partida de la teología. Como veremos más adelante, la Trinidad divina se refleja en las criaturas en diversos grados, y es contemplándolas y ascendiendo por esos grados, como por otros tantos peldaños, que el alma se acerca a la contemplación de Dios.

Dios es el Creador del mundo. Esta creación, contrariamente a lo que suponen Aristóteles y Averroes, tuvo lugar de la nada y dentro del tiempo.[49] Todos los seres creados están constituidos por materia —no en el sentido de cuerpo físico, sino como potencialidad indeterminada— y forma. Esto es cierto tanto de los seres visibles como de los que no lo son, como el alma y los ángeles, y es la doctrina característica de la escuela franciscana que recibe el nombre técnico de «hilemorfismo universal». Es en esta composición hilemórfica —en esta unión de materia y forma— que se encuentra el principio de individuación de las criaturas.

Por otra parte, aun cuando la creación tuvo lugar en el tiempo, las «ideas ejemplares» de las cosas creadas son eternas en la mente de Dios. Esta es una doctrina a la que Buenaventura regresa repetidamente, ya que constituye una de las bases de su teología. Estas ideas, si bien muchas según nuestra razón, son en realidad una sola verdad, y esa verdad es el Verbo eterno de Dios.[50] Es por esto por lo que se dice que todas las cosas fueron hechas por él. Y es también por esto que la fuente de todo conocimiento está en el Verbo.[51]

---

[48] *I Sent.*, dist. 8, pars 1, art. 1, q. 2.

[49] *Colaciones sobre el Hexámeron*, 7.2 (*BAC*, 19:321). Según Buenaventura una creación de la nada y eterna es una burda contradicción (*II Sent.*, dist. 1, pars 1, art. 1, q. 2). En esto difiere de Tomás de Aquino, quien acepta la posibilidad lógica de tal creación, aunque la niega como un hecho.

[50] *Cuestiones disp. de la ciencia de Cristo*, 3 solutio objectorum, 19 (*BAC*, 9:171-173).

[51] *Cristo, maestro único de todos*, passim (*BAC*, 6:675-701).

El modo en que este universo creado lleva al Creador constituye uno de los polos del misticismo de San Buenaventura. El otro polo es su contemplación de la humanidad de Cristo.

El universo creado lleva a Dios porque, como hemos dicho anteriormente, la Trinidad ha impreso su sello en cada una de sus criaturas, y a través de ellas se puede llegar a contemplar la fuente de su ser. Este es el tema del más famoso opúsculo de San Buenaventura, el *Itinerario de la mente hacia Dios*, y de numerosos otros pasajes que sería superfluo citar aquí. En breve, puede decirse que este aspecto de la mística bonaventuriana es un desarrollo de la doctrina agustiniana de los «vestigios de la Trinidad», unida a la ordenación jerárquica de los seres como camino hacia Dios, tal como se encuentra en toda la tradición del Seudo-Dionisio. El sello de la Trinidad en las criaturas no es igualmente claro en todas ellas, sino que progresa de la sombra al vestigio, luego a la imagen y, por último, a la semejanza.[52] Todos los seres que existen, en cuanto son, son verdaderos y son buenos, constituyen otros tantos vestigios de la Trinidad. En los seres racionales, dotados de memoria, intelecto y voluntad, se da su imagen. Y la semejanza aparece en la fe, esperanza y caridad que caracterizan a aquellos seres racionales que más se aproximan al Creador.[53] Ascendiendo por estos diversos grados, el alma llega al éxtasis, en que cesan todos los esfuerzos intelectuales y el alma contempla a Dios en perfecta paz.

El otro polo de la mística bonaventuriana es la contemplación de la humanidad de Cristo. En su *Comentario al tercer libro de las Sentencias*, el Doctor Seráfico expone su cristología de modo sistemático, y lo mismo hace en su *Breviloquio*. Allí expone una cristología que es totalmente ortodoxa y tradicional. Quizá el aspecto más interesante de esta cristología —desde el punto de vista de la historia de las doctrinas— sea el hecho de que San Buenaventura, al tiempo que afirma que el Verbo se encarnó para la salvación de los pecadores, también afirma que la encarnación fue siempre parte del propósito eterno de Dios y que, por tanto, si Adán

---

[52] En diversas obras, el Doctor Seráfico ofrece distintos esquemas que no siempre concuerdan en todos sus detalles y nomenclatura. Lo que aquí ofrecemos es un intento de expresar este aspecto de la mística bonaventuriana en un esquema uniforme, tomado mayormente del *Itinerario*, pero con algunos elementos de otras obras.

[53] La nota anterior se aplica más a estas tres aseveraciones, pues los modos en que Buenaventura expresa el vestigio, la imagen y la semejanza son numerosos, y lo que aquí decimos ha de tomarse solo como ejemplo, aunque quizá el más característico, del modo en que se descubre la Trinidad en todas las criaturas. Tampoco nos hemos detenido a exponer la distinción entre la contemplación «por el espejo» y «en el espejo», que, aplicada a cada uno de los grados de las criaturas, completa las seis etapas de contemplación del *Itinerario*. Véase: T. Szabó, *De ss. Trinitate in creaturis refulgente doctrina Sancti Bonaventurae* (Roma, 1955).

no hubiera pecado, Dios siempre se encarnaría[54] —opinión que no era novedosa, pues había circulado ya en el siglo segundo—. Además, sin rechazar definitivamente la opinión de quienes la defienden, se inclina a negar la inmaculada concepción de María, y afirma que esa negación es más «razonable» y concuerda mejor con «la autoridad de los santos».[55] Esto no ha de sorprendernos, pues varios de los más destacados teólogos de la época —entre ellos Santo Tomás de Aquino— tomaban posiciones semejantes. Sin embargo, es en las obras dedicadas a la contemplación de la humanidad de Cristo —obras tales como *La vid mística*, *El árbol de la vida* y las *Meditaciones de la pasión de Cristo*— donde se descubre el verdadero Jesucristo del misticismo bonaventuriano. Se trata allí del Cristo humillado, herido y crucificado, objeto, no de la investigación científica al modo del *Comentario a las Sentencias*, sino de la contemplación piadosa que lleva al amor y al arrepentimiento.

Este Cristo sufrido es el otro polo del misticismo de San Buenaventura, que no debe interpretarse solo a la luz del *Itinerario*, con su misticismo neoplatónico bautizado, sino también y sobre todo a la luz del papel central del Jesús histórico en la espiritualidad del gran doctor franciscano. Se revela aquí, entonces, la influencia de San Bernardo y San Francisco, y es esta influencia la que libra a Buenaventura del misticismo estéril y especulativo a la manera del Seudo-Dionisio. Por lo demás, la eclesiología de San Buenaventura, forjada primero en la labor docente —al comentar a Pedro Lombardo— y luego en su oposición a los franciscanos espirituales, poco o nada añade a lo que en su tiempo había venido a ser tenido por todos. Lo mismo puede decirse de su doctrina de los sacramentos, así como de su escatología.

En resumen: Buenaventura se coloca en la misma línea tradicional de Alejandro de Hales. Su filosofía es agustiniana; y lo es más que la de su maestro, pues en tiempos de Alejandro no se habían planteado aún con toda claridad las consecuencias teológicas de la nueva filosofía, mientras que en época de San Buenaventura tales consecuencias resultaban claras. Ya no era posible aceptar a Aristóteles como una añadidura al edificio de la teología tradicional. Era necesario, o bien rechazar la casi totalidad del aristotelismo —sobre todo en aquello en que no era compatible con el neoplatonismo— o bien lanzarse a reconstruir ese edificio casi desde sus cimientos. Buenaventura optó por la primera alternativa. Santo Tomás y su escuela —sin abandonar a Agustín y la teología tradicional— optaron por la segunda, como veremos en el próximo capítulo.

---

[54] *III Sent.*, *dist.* 1, *art.* 2 *q.* 2. Compárese con Alejandro de Hales, *Summa*, 4.3.

[55] *III Sent.*, *dist.* 3 *pars* 1, *art.* 1 q. 2; *Breviloquium*, 3.7 (*BAC*, 6:311). Según Buenaventura, María fue santificada, sí, pero después de ser concebida en pecado original.

Teólogos franciscanos posteriores

Los teólogos franciscanos que florecieron entre Buenaventura y Juan Duns Escoto adoptaron generalmente posiciones semejantes a las del Doctor Seráfico, aunque la presencia del tomismo les llevó, o bien a oponerse más decididamente a él, o bien a adoptar algunas de sus tesis, aunque sin abandonar las posiciones fundamentales de la tradición franciscana. Así pues, sería posible distinguir entre una «antigua escuela franciscana» (Alejandro de Hales y San Buenaventura), una «escuela intermedia» (los teólogos que ahora estudiamos) y una «nueva escuela» (la que surge con la obra de Duns Escoto). Entre los teólogos de la «escuela intermedia», los principales son, en París, Juan Peckham, Guillermo de La Mare y Mateo de Aquasparta; y en Oxford, Ricardo de Mediavilla. Además, pertenecen a este período —aunque con posiciones distintas de las del resto de la orden— los franciscanos Pedro de Juan Olivo y Pedro de Trabes, así como el místico catalán Raimundo Lulio.

Juan Peckham, conocido bajo el título de «Doctor Ingenioso», tras compartir su carrera académica entre París, Oxford y Roma, llegó a ser arzobispo de Canterbury. Su teología es fundamentalmente la misma de la antigua escuela franciscana, pues para él la existencia de Dios es evidente, el conocimiento tiene lugar en virtud de la iluminación, todos los seres —incluso los espirituales— tienen una composición hilemórfica, en el ser humano hay una pluralidad de formas organizadas jerárquicamente, y hay una distinción real entre las facultades del alma. Peckham defiende todas estas posiciones con el celo de quien sabe que hay quienes las niegan, y, de hecho, en una ocasión —al menos— chocó con Santo Tomás, quien sostenía la unidad de la forma sustancial en el humano. Pero esto no quiere decir —como algunos han pretendido— que Peckham fuera enemigo de Santo Tomás, sino que, por el contrario, fue siempre su defensor en el plano de lo personal. Además, Peckham luchó junto a él contra los ataques de Gerardo de Abbeville al ideal de la pobreza. Más tarde, en el año 1284, como arzobispo de Canterbury, ratificó el decreto antiaristotélico de su antecesor Kilwardby, como veremos en el próximo capítulo.

Guillermo de La Mare compuso una *Corrección del hermano Tomás*, en la que atacaba 118 tesis tomistas. Su obra ocupó un lugar importante en las controversias en torno al tomismo, y fue frecuentemente refutada por autores dominicos.

Mateo de Aquasparta[56] no ha sido aún debidamente estudiado, pero no cabe duda alguna de que sus posiciones —como las de Peckham— siguen

---

[56] Los frailes del Colegio de San Buenaventura de Quaracchi han editado varias de sus obras: *Quaestiones diputatae selecta* (2 vols., 1903-1914); *Quaestiones disputatae de gratia* (1935); *Quaestiones disputatae de productione rerum et de providentia* (1956);

la línea tradicional de la escuela franciscana, subrayando especialmente aquellos puntos en que esa tradición difiere del tomismo. Así, por ejemplo, Aquasparta refuta la tesis de Santo Tomás según la cual la creación eterna no es absurda. Los últimos años de su vida, dedicados a las labores del cardenalato, vieron menguar su producción teológica.

Ricardo de Middleton —o de Mediavilla— fue uno de los más distinguidos teólogos de la generación intermedia entre Buenaventura y Duns Escoto. Como Buenaventura, Ricardo acepta aquellos aspectos de la filosofía de Aristóteles que le parecen compatibles con la ortodoxia tradicional. Sin embargo, por razón quizá de la influencia de algunos maestros de Oxford —tales como Roberto Gorsseteste y Rogerio Bacon— Ricardo se muestra más interesado que Buenaventura en los datos empíricos de los sentidos, que según él son el punto de partida del conocimiento. En cuanto a la relación entre la filosofía y la teología, Ricardo se aparta también de la antigua escuela franciscana, pues para él la filosofía es una ciencia distinta de la teología, con su propio método y su propio objeto de estudio, aunque subordinada a la teología por cuanto esta última, dada la certeza absoluta de los datos de la revelación, puede emitir juicio sobre las conclusiones de los filósofos. Por lo demás, en cuestiones tales como la composición hilemórfica de todos los seres creados, la pluralidad de formas sustanciales en el ser humano, la imposibilidad lógica de la creación eterna, y la primacía de la voluntad, Ricardo es un fiel exponente de la posición agustiniana.

Pedro de Juan Olivo, quien vivió durante la segunda mitad del siglo XIII, fue un hábil teólogo, respetado por su erudición, que defendió las principales tesis franciscanas. Pero este mismo franciscanismo, llevado al extremo, le hizo abrazar las ideas de los franciscanos «espirituales», atacar la importancia que aun el propio agustinismo le daba a la filosofía y adoptar varias tesis joaquinistas. Con la antigua escuela franciscana, sostiene la teoría de la composición hilemórfica de todos los seres creados y la pluralidad de formas en el hombre. Sin embargo, al igual que Ricardo de Middleton y otros franciscanos de la misma época, tuvo dificultades con la teoría de la iluminación, que al parecer redujo a la luz natural que Dios pone en el intelecto.

Pedro de Trabibus —o de Trabes— sostuvo ideas tan semejantes a las de Pedro de Juan Olivo, y es tan poco lo que se sabe acerca de su vida, que a fines del siglo XIX algunos eruditos llegaron a pensar que ambos teólogos eran la misma persona.

Quaestiones disputatae de fide et de cognitione (1957); *Quaestiones disputatae de Incarnatione et de lapsu aliaeque selectae de Christo et de Eucharistia* (1957); *Quaestiones disputatae de anima separata, de anima beata, de ieiunio et de legibus* (1959); *Sermones de Beata Maria Virgine* (1962); *Sermones de S. Francisco, de S. Antonio et de S. Clara* (1962).

602 HISTORIA DEL PENSAMIENTO CRISTIANO HASTA EL SIGLO XXI

Por último, antes de terminar este capítulo, debemos dedicar unas líneas a la obra inmensa de Raimundo Lulio —o, en catalán, Ramón Llull—.[57] Natural de Mallorca, que hasta poco antes había estado en poder de los moros, Lulio se crio conviviendo con judíos y musulmanes, y esta fue una de las razones por las que, después de su conversión, mostró un vivo interés por la predicación del Evangelio a los no creyentes. En él se dio una rara combinación de misticismo y racionalismo. Por una parte, él mismo afirmaba que su conversión, así como la gran visión de la cohesión final de todo el universo en un sistema racional, fueron iluminaciones de lo alto —razón esta por la que se le dio el título de «Doctor Iluminado»—. Por otra parte, Lulio creía que la razón del universo era tal que, a partir del monoteísmo, que tanto los musulmanes como los judíos y los cristianos afirmaban, era posible demostrar dogmas tales como la Trinidad y la encarnación. Su misticismo es una combinación de la contemplación franciscana con la de los sufíes musulmanes, y su racionalismo puede llamarse tal solo si se tiene en cuenta que Lulio no duda ni por un instante de los datos de la revelación, sino que los cree tan necesarios que es posible demostrarlos racionalmente. Este es el propósito de su «modo de llegar a la verdad» —*ars inveniendi veritatis*—, que expone en varias de sus casi trescientas obras. Por lo demás, el pensamiento de Lulio consiste en una ortodoxia teológica enmarcada dentro del neoplatonismo ecléctico que caracterizó a la escuela franciscana del siglo XIII. Es por esta razón —y porque él mismo siempre se sintió atraído hacia el franciscanismo— que hemos incluido a Lulio entre los teólogos franciscanos, aunque él mismo nunca perteneció a esa orden. La tradición según la cual Lulio perteneció a la Tercera Orden de los franciscanos no parece ser digna de confianza.

---

[57] Véase la extensa bibliografía que aparece en: Ramón Llull, *Obras literarias*, BAC, 31:81-93. Después de esta bibliografía se publicó la edición catalana: Ramón Llull. *Obres essencials*, 2 vols. (Barcelona, 1957).

31

Los grandes maestros dominicos

Frente a los agustinianos, que se mostraban reacios a aceptar la nueva filosofía aristotélica —y que solo hacían uso del estagirita en aquellos puntos en que les parecía compatible con la filosofía y la teología tradicionales— surgió otra tendencia, representada primero por unos pocos maestros dominicos, que sostenía que la filosofía aristotélica era de gran valor y que no debía ser rechazada por la sola razón de ser diferente de la filosofía que tradicionalmente había servido de marco al pensamiento cristiano. Por otra parte, esta tendencia no pretendía deshacerse de la ortodoxia cristiana, ni relegarla a un segundo plano, sino que aspiraba a tomar a Aristóteles y hacer de él el marco filosófico dentro del cual entender la fe cristiana. Si hemos llamado «agustinianos» a los teólogos discutidos en el capítulo anterior, esto no implica que los que ahora estudiamos se opusieran al gran obispo de Hipona, a quien tenían —como todo el Medioevo— como el más grande teólogo de todos los tiempos, sino que, más bien, trataban de interpretar la teología agustiniana dentro del marco de la filosofía aristotélica. Naturalmente, el resultado de tal intento solo puede llamarse aristotelismo si ese término se toma en su sentido más amplio, pues a través de los siglos la ortodoxia había absorbido una buena medida de neoplatonismo. Así pues, la primera etapa de este intento filosófico-teológico —que tiene lugar en la obra de Alberto— consistirá realmente en un eclecticismo en el que diversos elementos dispares se yuxtaponen sin que exista entre ellos una conexión orgánica. En la segunda etapa —llevada a feliz término por Tomás de Aquino, discípulo de Alberto— se pasará allende el eclecticismo para formar una verdadera síntesis que no será ya un mero aristotelismo, ni tampoco un agustinismo neoplatónico con elementos aristotélicos, sino un nuevo sistema: el «tomismo», que recibe ese nombre en honor a su creador: Santo Tomás de Aquino.

Alberto el Grande

Alberto, a quien la posteridad ha dado el sobrenombre de «el Grande», nació en Suabia e ingresó a la Orden de los Predicadores —o de los dominicos— en Padua. Su carrera académica lo llevó primero a diversos centros de estudio en Alemania, y después a París, donde enseñó desde 1245 hasta 1248. De allí pasó a Colonia como director del nuevo «estudio general» que los dominicos habían fundado en esa ciudad. Los varios cargos que ocupó, tanto en la orden como en la jerarquía eclesiástica, interrumpieron repetidamente su carrera académica; pero esto no le impidió seguir adelante con su inmensa producción literaria. Murió en 1280 en el convento dominico de Colonia, a la edad de setenta y cuatro años. Seis años antes había muerto su más famoso discípulo: Tomás de Aquino.

La producción literaria de Alberto fue extensísima,[1] pues se propuso comentar toda la obra de Aristóteles y legar al mundo latino una vasta enciclopedia de todos los conocimientos de su época. En el campo de la ciencia natural, sus obras abrieron nuevos horizontes, pues sus observaciones sobre astronomía, zoología y botánica inspiraron a muchos a estudiar tales temas.[2] Pero lo que aquí nos interesa es su obra teológica, que consiste en varios comentarios de libros del Antiguo y Nuevo Testamento, un *Comentario a las Sentencias*, la *Suma de las criaturas*, la *Suma de teología*, comentarios al Seudo-Dionisio y varios opúsculos menores.

Como hemos dicho anteriormente, la obra de Alberto fue más ecléctica que original, y por ello no podemos detenernos a exponer su pensamiento de manera sistemática y a analizar las fuentes de sus más diversas ideas, sino que tendremos que contentarnos con estudiar algunos puntos de su doctrina que ilustran su método filosófico y teológico.

---

[1] Hay dos ediciones de las obras completas: Lyon, 1651, 21 vols.; París, 1890-1899, 38 vols.; y una en progreso: Aschendorff, 1955ss. De estas, solo hemos podido usar la edición de Lyon y los volúmenes publicados hasta ahora en Aschendorff. Como introducción a los diversos problemas críticos envueltos en las obras de Alberto, véase: P. G. Meersseman, *Introductio in Opera Omnia B. Alberti Magni*, O. P. (Burgis, 1931).

[2] Sobre su papel en la historia de las ciencias, véanse: A. Nitschke, «Albertus Magnus: Ein Weigbereiter der modernen Wissenschaft», *HistZschr*, 231 (1980), 2-20; J. A. Weisheipl, ed., *Albertus Magnus and the Sciences: Commemorative Essays 1980* (Toronto, 1980).

Probablemente, la más importante contribución de Alberto al desarrollo del pensamiento cristiano fue su modo de distinguir entre la filosofía y la teología.[3] Esta última se distingue de toda otra ciencia por cuanto lo que en ella se demuestra se prueba a partir de los principios revelados, y no de principios autónomos.[4] En el campo de la filosofía, Alberto es un verdadero racionalista que sostiene que toda aseveración ha de someterse al juicio de la razón y la observación. El filósofo que pretenda probar lo indemostrable es un mal filósofo, aunque lo que diga esté totalmente de acuerdo con la verdad revelada. Pero en el campo de la teología Alberto tiene serias dudas en cuanto al alcance de la razón. Así comienza en él un proceso que se manifestará primero en la escuela tomista y que se extenderá después a otros pensadores: la distinción primero y el divorcio después entre filosofía y teología, o entre fe y razón. Por lo pronto, empero, esta posición de Alberto abre amplios horizontes al pensamiento cristiano: la ciencia natural puede proseguir su curso y hacer sus investigaciones sin temer caer en errores dogmáticos; la filosofía y la teología pueden desarrollarse como disciplinas paralelas, de tal modo que se puede ser un verdadero filósofo sin caer en el racionalismo o el error en cuanto a las cuestiones de fe. La consecuencia última de esta posición puede ser una doctrina de «dos verdades», una filosófica y otra teológica; pero la consecuencia inmediata para Alberto es un eclecticismo enciclopédico.

En cuanto a la creación, Alberto cree en ella, y afirma que tuvo lugar en el tiempo, es decir, que el mundo no es eterno. Pero confiesa que, como filósofo, no puede probar tal cosa de manera concluyente, sino solo con argumentos probables. La estructura del universo, por otra parte, es una cuestión que Alberto discute repetidamente, exponiendo primero la opinión de un filósofo, y luego la de otro, sin decidirse por uno ni por otro, pues cree que los argumentos filosóficos no son concluyentes.[5]

Su teoría del conocimiento intenta coordinar la doctrina de Aristóteles con la iluminación agustiniana. El ser humano tiene un intelecto pasible y un intelecto agente. Mediante la iluminación divina, este último obtiene

---

[3] Véase E. Wéber, «La relation de la philosophie et la théologie selon Albert le Grand», *ArchPh*, 43 (1980), 559-88; G. Wieland, «Albert der grosse und die Entwicklung der mittelalterlichen Philosophie», *ZschrPhForsch*, 34 (1980), 590-607.

[4] *S. Th.*, I. tract. 1, q. 4 (ed. Lyon, 17:12).

[5] V. Winkler, *Die theologische Lehre von der materiellen Welt beim heiligen Albert dem Grosse* (Würzburg, 1932), pp. 4-25; A. Saver, *Die theologische Lehre von der materiellen Welt beim heiligen Albert dem Grosse* (Wüzburg, 1935), pp. 81-110; A. Zimmermann, «Alberts Kritk an einem Argument für der Anfang der Welt», en Zimmermann, *Albert der Grosse*, pp. 78-88. Véase, sin embargo, J. Hansen, «Zur Frage der anfangslosen und zeitlichen Schöpfung bei Albert dem Grossen», *Studia Albertina: Festschrift für Bernhard Geyer* (Münster, 1952), pp. 167-88, quien señala que las opiniones de Alberto sobre este punto fueron cambiando con el tiempo.

el conocimiento a partir de los datos de los sentidos, y lo imprime en el intelecto pasible.[6]

En cuanto al alma y su principio de individuación, Alberto rechaza el hilemorfismo, y utiliza en su lugar la distinción de Boecio entre el *quod est* (la esencia, el *qué es*) y el *quo est* (la existencia concreta, el *que es*). El alma viene a ser un ente individual en virtud del *que es* que Dios le confiere al *qué es* preexistente.[7]

Por lo demás, la teología de Alberto es perfectamente ortodoxa y hasta conservadora. A pesar de ser él el gran propulsor del aristotelismo, su teología se construye aun dentro del viejo marco agustiniano y neoplatónico. Tenía que ser así, pues la sola tarea de compilación e interpretación de la filosofía peripatética y de las ciencias naturales —que Alberto se impuso y que llevó a feliz término— era ya de por sí una empresa titánica. La obra de asimilar ese vasto conjunto de conocimientos y de incorporar buena parte de ellos en una síntesis le corresponderá a su discípulo Tomás de Aquino.

Sin embargo, a pesar del carácter fragmentario de su vasta erudición, Alberto gozó de gran favor entre sus contemporáneos, que le atribuían mucho de lo que él había tomado de Aristóteles y de otros autores antiguos. Aparte de Tomás de Aquino, sus discípulos más distinguidos fueron Hugo de Estrasburgo, Gil de Lessines y Ulrico de Estrasburgo.

Tomás de Aquino: su vida

El principal maestro de la escuela dominica —y uno de los más grandes teólogos de todos los tiempos— fue, sin lugar a duda, Tomás de Aquino, discípulo y amigo de Alberto el Grande. Tanto por su fecundidad prodigiosa, como por la calidad de su producción, Tomás ha sido admirado a través de los siglos, y la escuela tomista —así llamada en honor de Tomás— ha continuado floreciendo hasta el presente. A sus dotes intelectuales unía una profunda espiritualidad, combinación esta que le valió el título de «Doctor Angélico», por el que todavía se le conoce.[8]

Tomás nació en el año 1224 o 1225 en el castillo de Rocaseca, cerca de Nápoles. Sus padres eran nobles, y cinco de sus seis hermanos siguieron

---

[6] Sobre el lugar que ocupa la iluminación en el proceso del conocimiento, las opiniones de Alberto evolucionaron. Véase G. de Mattos, «L'intellect agent personnel dans les premiers écrits d'Albert le Grand et de Thomas d'Aquin», *RnsPh*, 43 (1940), 145-61.

[7] *Th.* 2, *tract.* 1, q. 4, *memb.* 1, art. 1 (ed. Lyon, 17:37).

[8] La bibliografía sobre Tomás de Aquino es inmensa. El lector puede encontrar una extensa bibliografía en *BAC*, 29:207*-227*; 39:13-16. Además, hay bibliografías en cada uno de los otros volúmenes que la *BAC* ha dedicado a Tomás. Por último, el lector puede recurrir al *Bulletin Thomiste*, que se publica en París a partir de 1924.

la carrera de las armas y la política, mientras que tres de sus cinco hermanas se casaron con personajes de la nobleza italiana. Tomás era el menor
de los varones, y sus padres lo dedicaron a la carrera religiosa, quizá con
la esperanza de llegar a verlo abad del famoso y cercano monasterio de
Monte Casino. A los cinco años ingresó en esa casa, donde permaneció
nueve años en calidad de oblato. De allí pasó a la Universidad de Nápoles,
donde estudió en la Facultad de Artes bajo distinguidos maestros, varios
de ellos de tendencia aristotélica. En 1244, tras cumplir dieciocho años, y
habiendo muerto ya su padre, tomó el hábito dominico, contra la voluntad
de su madre y sus hermanos, que querían verlo progresar en la carrera
religiosa, mas no vestido con el hábito de los mendicantes. Por esta razón,
y por orden de su madre, sus hermanos lo secuestraron y lo llevaron de
regreso a sus posesiones ancestrales, donde estuvo recluido por más de
un año, negándose a abandonar el hábito dominico y estudiando la Biblia
y las *Sentencias* de Pedro Lombardo. Por fin logró escapar, terminó su
noviciado y fue enviado a estudiar a Colonia, donde, a la sazón, enseñaba
Alberto el Grande.

En Colonia Tomás se dedicó al estudio, y era tan poco comunicativo
que sus compañeros le pusieron el mote de «buey mudo siciliano», al
tiempo que lo tenían por lento y torpe, tanto física como intelectualmente.
Mas pronto, aun sin quererlo, Tomás mostró sus dotes intelectuales y se
ganó el aprecio tanto de Alberto como de sus propios condiscípulos. Así
comenzó una larga carrera académica. En 1251 empezó a enseñar en la
propia Colonia, donde dictó cursos solo un año.

Al concluir ese año, fue enviado a París en calidad de Bachiller Bíblico,
es decir, como comentarista de los textos sagrados, que era normalmente
el primer paso en la larga carrera hacia el título de Maestro. Después,
como Bachiller Sentenciario, comentó la obra de Pedro Lombardo, y en
1256 obtuvo el título de Maestro, y pasó a ocupar una de las cátedras que
los dominicos tenían en la Universidad de París. Puesto que esta era la
época de la pugna entre seculares y mendicantes, a Tomás le tocó participar en ella, según hemos dicho anteriormente.

De París, Tomás regresó a Italia, donde residió desde 1259 hasta 1268.
Allí enseñó en varios lugares y comenzó a escribir su monumental obra,
conocida generalmente como *Suma teológica*. Además, instigó a su amigo
y compañero de orden Guillermo de Moerbeke para que produjese una
nueva y más fidedigna traducción de Aristóteles, que fue uno de los principales instrumentos que Tomás utilizó en el desarrollo de su nueva síntesis teológica.

Después de nueve años de ausencia, sus superiores le ordenaron regresar a París, donde de nuevo se debatía la cuestión de los seculares y los
mendicantes, y donde florecía, además, el aristotelismo extremo que estudiaremos en el próximo capítulo. De regreso en París, Tomás escribió y

argumentó contra los seculares, dirigidos ahora por Gerardo de Abbeville —Guillermo de San Amor estaba desterrado—, y contra el aristotelismo extremo de los «artistas» —los profesores en la Facultad de Artes— dirigidos por Sigerio de Brabante. Además, continuó escribiendo su *Suma teológica*, produjo varias «cuestiones disputadas» y escribió comentarios a las Escrituras y a las obras de Aristóteles.

En 1272, Tomás regresó a Italia y a su nativa región de Nápoles, donde pasó los últimos años de su vida. Hacia el final, cuando le faltaba poco para completar su *Suma*, le dijo a su discípulo y secretario Reginaldo que había tenido una visión tal que comparado a ella todo lo que había escrito era paja. Desde entonces su pluma descansó, y sus amigos comenzaron a preocuparse por el estado de su salud. Murió en el monasterio de Fosanova en la primavera del año 1274, tras comentar verbalmente sobre el Cantar de los Cantares, a petición de los frailes del monasterio. No había llegado aún al medio siglo de vida, pero su inmensa obra quedaría impresa en la teología cristiana por muchos siglos.

No es este el lugar para ofrecer una lista de las obras de Tomás. Nuestro propósito es, más bien, señalar algunas de las principales, a las que recurriremos en el resto de este capítulo.

Muchas de sus obras filosóficas son comentarios a los escritos de Aristóteles —*Del alma, Analíticos posteriores, Física, Metafísica, Ética a Nicómaco*, etc.—, de un seguidor anónimo de Proclo —*De las causas*— y de Boecio —*Cómo las sustancias son buenas*. Pero escribió también opúsculos filosóficos originales, tales como *Del ente y la esencia* y *De los principios de la naturaleza*, además de varias «cuestiones disputadas» sobre temas filosóficos.

En el campo de la teología propiamente dicha, sus tres obras sistemáticas más extensas son el *Comentario a las Sentencias*, la *Suma contra los gentiles* y la *Suma teológica*, compuestas en ese orden. Además, escribió numerosos comentarios sobre diversos libros de las Escrituras, cuestiones disputadas y «de *quolibet*», sermones y opúsculos.

Relación entre la filosofía y la teología

Siguiendo a su maestro Alberto, pero precisando su doctrina, Tomás distingue entre aquellas verdades que están al alcance de la razón y aquellas que la sobrepasan. Pero no sería exacto decir que la filosofía se ocupa de las primeras y la teología de las demás. Es cierto que la filosofía se ocupa solo de las verdades accesibles a la razón; pero la teología, que tiene por campo propio las verdades que se encuentran allende el alcance de la razón humana, también puede y debe investigar las verdades de razón.

Así pues...

... no se ve inconveniente en que de las mismas cosas que estudian las disciplinas filosóficas, en cuanto asequibles con la luz de la razón natural, se ocupe también otra ciencia en cuanto que son conocidas con la luz de la revelación divina. Por consiguiente, la teología que se ocupa de la doctrina sagrada difiere en género de aquella otra teología que forma parte de las ciencias filosóficas.[9]

Y en otro lugar afirma Tomás que es necesario que la revelación dé a conocer algunas verdades que son accesibles a la razón porque solo así pueden los ignorantes conocerlas, y porque, en todo caso, la razón humana es débil y se confunde fácilmente, de modo que sus conclusiones no son absolutamente seguras.

... las más de las veces el error se mezcla con la investigación racional, y, por tanto, para muchos serían dudosas verdades que realmente están demostradas, ya que ignoran la fuerza de la demostración, y principalmente viendo que los mismos sabios enseñan verdades contrarias.[10]

Por otra parte, los verdaderos artículos de fe, que la teología estudia de manera exclusiva, no han de confundirse con estas verdades de razón, que competen a la teología solo por razón de la debilidad del entendimiento humano, para dar certeza de revelación a lo que podría descubrirse sin ella.

La existencia de Dios y otras verdades análogas que acerca de Él podemos conocer por discurso natural, como dice el Apóstol, no son artículos de fe, sino preámbulos a los artículos, y de esta manera la fe presupone el conocimiento natural, como la gracia presupone la naturaleza, y la perfección, lo perfectible. Cabe, sin embargo, que alguien acepte por fe lo que de suyo es demostrable y cognoscible, porque no sepa o no entienda la demostración.[11]

En resumen: la filosofía es una ciencia autónoma capaz de llegar hasta los límites mismos de la razón humana. Esta ciencia, empero, no es infalible, pues nuestra débil razón puede caer en el error. Además, puesto que

---

[9] *S. Th. I, q. 1, art. 1* (*BAC*, 29:60).
[10] *Summa contra gentiles*, 1.4 (*BAC*, 94:103).
[11] *S. Th. I, q. 2, art. 2* (*BAC*, 29:117).

requiere dotes excepcionales, no todos pueden alcanzar sus conclusiones más excelsas. La teología, por otra parte, estudia verdades de revelación y por tanto indubitables. Algunas de estas verdades —los artículos de fe en el sentido estricto— se encuentran allende el alcance de la razón, aunque no la contradicen. A estas verdades la filosofía nunca puede llegar. Otras verdades que la teología conoce por revelación son aquellas que es necesario conocer para alcanzar la bienaventuranza, y podrían conocerse por razón, pero que Dios revela para ponerlas al alcance de todos y para darles una certeza infalible.

Ahora bien, aun en el caso de verdades inaccesibles a la razón, esta juega un papel en la labor teológica, pues, una vez conocidas tales verdades por revelación divina, la razón se ocupa de mostrar su compatibilidad con otras verdades, así como de tomar los artículos de fe como principios a partir de los cuales lanzarse en nuevas investigaciones.

Puesto que el interés de esta *Historia* —así como del propio Tomás de Aquino— es teológico más que filosófico, nuestra exposición del sistema tomista se concentrará en sus aspectos teológicos, siguiendo el orden fundamental de la *Suma teológica*. Pero, para entender muchos aspectos de la teología tomista es necesario conocer algo de la metafísica que le sirve de trasfondo, así como el sentido técnico de ciertos términos. Por esta razón, nos detenemos ahora en una breve exposición de la metafísica tomista, para luego pasar a la teología de aquel a quien la posteridad conoce como el Doctor Angélico. Otras cuestiones filosóficas de importancia para la teología —tales como la teoría del conocimiento, el principio de individuación de los seres racionales, la analogía, etc.— se discutirán en su lugar apropiado dentro del marco de la teología de Santo Tomás.

La metafísica tomista

La metafísica tomista es fundamentalmente aristotélica, aunque con elementos de origen neoplatónico. Esta metafísica parte de la noción del ser, pues «lo primero que concibe el intelecto como más conocido y aquello en que se resuelven todas sus concepciones es el ser».[12] Este «ser» no es una idea eterna, aparte de los seres individuales. Por el contrario, lo que la metafísica estudia es el ser concreto, individual, existente. Del estudio

---

[12] *De veritate, q. 1, art. 1* (ed. Parma, 9:16). La brevísima descripción de la metafísica de Tomás que se incluye en los párrafos que siguen lleva el solo propósito de servir de introducción a su teología. Hay una extensa monografía sobre la metafísica tomista. Véase en particular la excelente serie de ensayos en J. F. Wippel, *Metaphysical Themes in Thomas Aquinas* (Washington, 1984).

de este ser se desprende una serie de términos que se comprenden mejor estudiándolos por pares.

Los primeros dos de estos términos son *sustancia* y *accidente*. La sustancia significa aquello que existe en sí mismo, y no en otro; el accidente, por el contrario, existe en la sustancia. Esto no quiere decir que la sustancia sea tal que exista en sí y de por sí, de un modo absoluto, lo cual la confundiría con el ser necesario, sino que la sustancia es un ser contingente cuya esencia es distinta de su existencia.[13] En esta sustancia, que es siempre concreta e individual, es que se dan los accidentes o propiedades que la caracterizan. Tales accidentes no tienen que ser fortuitos, sino que pueden muy bien ser características esenciales de una sustancia. De hecho, todos los accidentes, con respecto a un sujeto concreto cualquiera, son «esenciales», pues aun si parecen «accidentales» es posible reducirlos a otra cosa esencial.[14] Por ejemplo: a la sustancia «hombre» puede convenirle el accidente «feo», y esto puede parecer fortuito, pues ser «hombre» no requiere ser «feo»; pero no es así, pues la sustancia es siempre individual y concreta, y no se trata, por tanto, sencillamente de «hombre» en general, sino de «este hombre», que es «feo» por una razón indeterminada, pero cuya fealdad es parte de su ser individual y concreto.

El segundo par de términos que debemos aclarar es el de *naturaleza* y *esencia*. La naturaleza de una sustancia es el modo en que esta se comporta; luego la naturaleza es la sustancia considerada como centro de actividad. La esencia es lo que hace que una sustancia —o un accidente— sea definible. Por tanto, en la mayoría de los casos «sustancia», «naturaleza» y «esencia» no se refieren a cosas distintas, sino a distintas perspectivas sobre lo mismo.

En tercer lugar, las sustancias materiales tienen *materia* y *forma*, es decir, que su composición es hilemórfica. La *materia prima* es la indeterminación absoluta de que están hechas las cosas al serle impresa una *forma*. La materia de las cosas individuales ya no es materia prima, pues esas cosas son individuos y son definibles precisamente porque tienen forma. Sin embargo, esta forma no ha de confundirse con lo que se entiende por ese término en el lenguaje común: la configuración de una cosa. No, sino que la forma «sustancial» es lo que hace que cese la completa indeterminación de la materia, imponiéndole el sello que hace de ella una sustancia material. Es en esta unión de materia y forma donde está el principio de individuación de las sustancias materiales, pues lo que hace que esta sustancia sea esto y no aquello es su composición hilemórfica. Pero, como

---

[13] *S. Th. I, q. 3, art. 6* (*BAC*, 29:145).
[14] *S. Th. I, q. 22, art. 4* (*BAC*, 29:572).

veremos más adelante, esto no es cierto de los seres intelectuales, tales como el alma y los ángeles, que carecen de materia.

En cuarto lugar, Tomás distingue entre *acto* y *potencia.* Esta distinción es más amplia que la anterior, pues aquella solo se aplica a los seres materiales, mientras que esta se aplica a todos los seres finitos.[15] La distinción en sí es sencilla: «Lo que puede ser, pero no es existe en potencia; mientras que lo que ya es existe en acto».[16] Mediante ella se interpreta todo cambio, no solo en el sentido de mutación, sino también en el de movimiento. Si un niño puede convertirse en hombre es porque es niño en acto y hombre en potencia. Si este libro puede estar allá es porque está aquí en acto y allá en potencia. Así pues, tanto la mutación como el movimiento consisten en pasar al acto lo que antes estaba en potencia. La perfección absoluta ha de ser acto puro, pues la potencia implica ser no realizado. Es por esto por lo que, como veremos más adelante, Dios es acto puro.

Por último, debemos mencionar la distinción tomista entre *esencia* y *existencia.* Al igual que las otras distinciones discutidas arriba, esta tampoco es creación de Tomás, que la toma, no ya de Aristóteles, sino de la filosofía árabe —Alfarabi, Avicena y Algazel—. Para él, hay una distinción formal entre la esencia y la existencia, entre el *qué es* de una cosa y el *que es.* Esta distinción, empero, no quiere decir que haya esencias separadas de la existencia concreta, a la manera platónica, ni tampoco que la existencia sea un predicado de la esencia, sino más bien que la existencia es el acto que le da realidad a la esencia. Si la esencia es la sustancia en cuanto es definible, la existencia es esa misma sustancia en cuanto es real.

Tras exponer estos puntos fundamentales de la metafísica tomista, y antes de pasar a las cuestiones propiamente teológicas, debemos detenernos por unos instantes en la posición de Tomás respecto a la tan discutida cuestión de los universales. En el sentido estricto, estos «no son subsistentes, sino que tienen su ser en los particulares»,[17] es decir, el universal existe *in re*, en la cosa. Pero, por otra parte, el universal existe en la mente de Dios *ante rem*, no como realidad separada, pues Dios es absolutamente simple, sino como Dios mismo.[18] Y existe también *post rem* en la mente, como resultado del proceso de abstracción.[19] Así pues, la posición de Tomás consiste en un realismo moderado.

---

[15] *Summa contra gentiles*, 1.4 (*BAC*, 94:55).

[16] *De princ. nat.* (ed. Parma, 16 :338).

[17] *Summa contra gentiles*, 1.65 (*BAC*, 94:242).

[18] *S. Th. I, q. 55, art. 3* (*BAC*, 56:243).

[19] *S. Th. I, q. 85, art. 2* (*BAC*, 177:422-423).

La existencia de Dios

Santo Tomás rechaza la tesis de Anselmo según la cual la existencia de Dios es evidente. Es cierto que Dios es su propio ser, y que, por tanto, *en sí misma*, la existencia de Dios es evidente. Pero «con respecto a nosotros que desconocemos la naturaleza divina, no es evidente».[20] Por tanto, será necesario probar la existencia de Dios, y Tomás ofrece cinco «vías» o pruebas de ella. Cada una de ellas parte de la realidad que conocemos por los sentidos, y a partir de ella prueba la existencia de Dios.[21]

La primera vía parte del movimiento (*ex parte motus*). En el mundo hay cosas que se mueven, es decir, que pasan de la potencia al acto. Pero como nada puede pasar de la potencia al acto por sí mismo, sino que requiere otro ser que esté en acto, debe haber un primer ser que sea el origen primario del movimiento, y que él mismo no sea movido por otro. Tal ser, primer motor inmóvil o acto puro, es Dios.

La segunda vía es la de la causalidad (*ex ratione causae efficientis*). Todas las cosas de este mundo tienen sus causas, y unas son causas de las otras, pero ninguna es causa de sí misma, lo cual sería absurdo. En este orden de las causas, tiene que haber una primera, pues de no existir ella no existirían las demás. Esa primera causa es Dios.

La tercera vía parte de la distinción entre lo contingente y lo necesario (*ex possibile et necessario*). Las cosas que vemos en el mundo son contingentes, lo cual quiere decir que no tienen que existir ni, en consecuencia, han existido siempre. Pero el hecho es que existen, lo cual sería imposible de no haber habido, cuando ningún ser contingente existía, algún ser necesario que les diera la existencia. Si este ser es necesario en sí mismo, es Dios; si es necesario en virtud de otro, ese otro es Dios; si en virtud de una serie de otros seres, siempre tiene que haber un ser que sea el primero de esa serie, y ese es Dios.

La cuarta vía parte de los grados de perfección que hay en los seres (*ex gradibus*). Si unos seres son mejores que otros, esto se debe a su proximidad al grado máximo de bondad. Por tanto, ha de existir algo que posea la perfección en su máximo grado y que sea la causa de los diversos grados de perfección en los seres. Ese ser de máxima perfección es Dios.

La quinta vía parte del orden del universo (*ex gubernatione rerum*), y es el tradicional argumento teleológico. Las cosas del universo, aun las carentes de razón, se mueven hacia un fin que les es propio, lo cual no

---

[20] *S. Th. I, q. 2, art. 1* (*BAC*, 29:115).
[21] *S. Th. I, q. 2, art. 3* (*BAC*, 29:118-121). Varias de estas vías se encuentran también en *Summa contra gentiles*, 1.4 (*BAC*, 94:119-129), aunque allí la primera ocupa casi todo el capítulo.

podrían hacer llevadas por sí mismas, ni tampoco por la casualidad. Lo que las dirige hacia su fin es Dios.

Nótese que estas cinco vías son paralelas, pues cada una de ellas parte de los seres que nuestros sentidos nos dan a conocer, descubre en ellos alguna característica buena pero incompleta en el sentido de que no se basta a sí misma —movimiento, existencia, grado de perfección, orden— y de allí pasa a Dios como la razón de tal característica. Este tipo de argumentación se debe en parte al aristotelismo de Santo Tomás, pues para él un argumento convincente no es, como para Anselmo, aquel que no depende de los sentidos sino, por el contrario, aquel que parte de los datos de los sentidos y los explica.

La naturaleza de Dios

Dios es totalmente simple, pues no tiene cuerpo, ni composición hilemórfica, sino que es acto puro, y en él la esencia y la existencia son idénticas a él mismo.[22] En él se hallan las perfecciones de todos los seres,[23] y él es el sumo bien.[24]

> Pues bien, de este primero, que es ser y bueno por esencia, pueden tomar las cosas la denominación de seres y de buenas, en cuanto participan de él por modo de cierta semejanza, aunque remota y deficiente, según hemos dicho; y por esto se dice que las cosas son buenas con la bondad divina, en cuanto ella es el primer principio ejemplar, eficiente y final de toda la bondad.[25]

Dios es infinito; y solo él lo es.[26] Es omnipresente, no en el sentido panteísta, sino como creador y sostenedor de todas las cosas. Aún más: es él quien hace que los lugares tengan su poder locativo.[27] Dios es eterno, y aquí discute el Doctor Angélico la diferencia entre tiempo y eternidad.

La diferencia entre tiempo y eternidad no consiste sencillamente en que el tiempo tenga principio y fin y la eternidad carezca de ellos. Estas características son solo accidentales, pues aun cuando el tiempo no tuviera principio ni fin todavía no sería eterno. La diferencia está más bien en que

---

[22] *S. Th. I, q. 3 (BAC, 29:132-152).*
[23] *S. Th. I, q. 4, art. 2 (BAC, 29:164).*
[24] *S. Th., I, q. 6, art. 2 (BAC, 29:132-189).*
[25] *S. Th. I, q. 6, art. 4 (BAC, 29:193).*
[26] *S. Th. I, q. 7, art. 1-2 (BAC, 29:198-201).*
[27] *S. Th. I, q. 8, art. 2 (BAC, 29:217).*

la eternidad es la medida del ser permanente, mientras que el tiempo es la medida del movimiento.[28] Existe, además, el evo, medida de los ángeles e intermedio entre el tiempo y la eternidad. El evo tiene principio y no tiene fin; pero esto lo distingue solo accidentalmente del tiempo y de la eternidad. La verdadera diferencia está en que el evo es la medida de los ángeles, cuyo ser no consiste en el cambio, pero que pueden cambiar. En consecuencia, «el tiempo tiene antes y después; el evo no tiene antes ni después en sí mismo, pero pueden juntársele, y la eternidad no tiene antes ni después ni es compatible con ellos».[29]

Dios es uno, lo cual se prueba a partir de su simplicidad, a partir de su perfección —si hubiera más de uno, se distinguirían porque uno estaría privado de algo que el otro tiene y, por tanto, los dos no podrían ser perfectos—, y a partir de la unidad del mundo —de haber varios dioses no habría tal orden—.[30] Dios es uno en grado máximo, pues su absoluta simplicidad implica que ni siquiera en potencia es divisible.[31]

Casi todo lo que hasta aquí se ha dicho de la naturaleza de Dios es en cierto modo negativo, pues las características que se le han atribuido —tales como infinitud, eternidad, indivisibilidad y acto puro— consisten en una negación de imperfecciones más que en una afirmación de atributos. Esto es lo que se conoce como «vía de la negación» —*vía remotionis*— y ha tenido gran importancia en la historia de la teología. Pero, si el teólogo tuviera que limitarse a tales «afirmaciones negativas» acerca de Dios su disciplina sería harto pobre. Por consiguiente, importa saber si es posible conocer la esencia de Dios y en qué modo, y también cómo y sobre qué bases es dable hablar de Dios. A estos temas dedica Santo Tomás las próximas dos «cuestiones» de su *Suma teológica*, así como otros pasajes a que haremos referencia en el curso de nuestra exposición.

En cuanto a si es posible conocer a Dios en su esencia, Tomás declara que tal cosa es imposible en esta vida,[32] pero que los bienaventurados verán a Dios en su esencia,[33] y que será en esa esencia que conocerán las demás cosas, contemplando la causa de ellas.[34] Este conocimiento no abarcará toda la esencia divina, ni todas las cosas conocibles a través de ella, pues a Dios es imposible comprenderlo.[35] Pero sí habrá diversos

---

[28] *S. Th. I, q. 10, art. 4* (*BAC*, 29:245-246).

[29] *S. Th. I, q. 10, art. 5* (*BAC*, 29:249).

[30] *S. Th. 1, q. 11, art. 3* (*BAC*, 29:265-266).

[31] *S. Th. 1, q. 11, art. 4* (*BAC*, 29:267).

[32] *S. Th. 1, q. 12, art. 12* (*BAC*, 29:318).

[33] *S. Th. 1, q. 12, art. 1* (*BAC*, 29:289).

[34] *S. Th. 1, q. 12, art. 10* (*BAC*, 29:312).

[35] *S. Th. 1, q. 12, art. 8* (*BAC*, 29:308).

niveles de conocimiento, de modo que unos conocerán a Dios mejor que otros.[36] Este conocimiento no se alcanzará mediante los poderes naturales del entendimiento, sino por una iluminación divina —*lumen gloriae*—.[37]

Por otra parte, aun en esta vida nos es dado conocer y decir algo acerca de Dios, mediante el uso de la analogía.[38] Al predicar un término de otro, tal predicación puede ser equívoca, unívoca o análoga. «Equívoco» es el término que se aplica a otro sin razón alguna, pues nada hay de común entre los dos sujetos. «Unívoco» es el término que se aplica a otro según su propia y única significación, como cuando se dice que un perro o un hombre son «ciegos». Pero entre estos dos extremos de la predicación equívoca y la unívoca está la análoga. Hay términos que, sin expresar exactamente lo mismo en diversos contextos, se pueden predicar correctamente en todos ellos. Así, por ejemplo, la palabra «sano» no quiere decir exactamente lo mismo en las expresiones: «este animal es sano», «esta medicina es sana» y «esta muestra de orina es sana». Esta forma de predicación, basada en una semejanza, pero sin llegar a la identidad de lo unívoco, es lo que se llama «analogía».

La analogía puede clasificarse de diversos modos.[39] Pero lo que aquí nos interesa es que la analogía es la base de nuestras expresiones acerca

---

[36] *S. Th. 1, q. 12, art. 8* (*BAC*, 29:308).

[37] *S. Th. 1, q. 12, art. 5* (*BAC*, 29:300).

[38] La doctrina tomista de la analogía ha sido objeto de diversas y encontradas interpretaciones. Una de las principales cuestiones que se discuten es si Tomás aceptó, además de una «analogía de proporción» (Cayetano, *De nom. analog.*), también una analogía de «atribución» que se basa en la relación de causalidad entre Dios y las criaturas (Suárez, *Disp. metaph.* 18; ed. Vies, 26:13-21). Véanse: J. Habbel, *Die Analogie zwischen Gott und Welt nach Thomas von Aquin* (Regensburg, 1928); G. B. Phelan, *Saint Thomas and Analogy* (Milwaukee, 1941); A. Gazzana, «L'analogia in S. Tommaso e nel Gaetano», *Greg*, 24 (1943), 367-83; H. Lyttkens, *The Analogy Between God and the World: An Investigation of Its Background and Interpretation of Its Use by Thomas of Aquino* (Uppsala, 1952); O. A. Varangot, «Analogía de atribución intrínseca en Santo Tomás», *CienFe*, 13 (1957), 293-319; O. A. Varangot, «Analogía de atribución intrínseca y análoga del ente según Santo Tomás», *CienFe*, 13 (1957); 467-85; O. A. Varangot, «El analogado principal», *CienFe*, 14 (1958), 237-53; B. Montagnes, *La doctrine de l'analogie de l'être d'après saint Thomas d'Aquin* (Lovaina, 1963). Una colección de los textos más importantes puede verse en G. P. Klubertanz, *St. Thomas Aquinas on Analogy: A Textual Analysis and Systematic Syntesis* (Chicago, 1960).

[39] En *I Sent., dist., 19, q. 5, art.* 2 (ed. Parma, 6:171) Tomás distingue entre tres formas de analogía: según la intención y no según el ser, según el ser y no según la intención, y según el ser y la intención. En *De ver. q. 2, art.* 11 (ed. Parma, 9:43-44) parece aclarar la última de estas tres formas de analogía al distinguir entre «analogía de proporción», en la que los términos se relacionan en virtud de su semejanza a otro —como en el caso de «sano», que se predica del animal y de la medicina en virtud de su relación con «salud»— y «analogía de proporcionalidad», en la que los términos se predican en virtud de relaciones propias a cada uno de los analogados (como cuando se aplica el término «león» a Dios, queriendo decir, no que Dios sea directamente semejante a un león, sino que Dios obra de modo semejante a como un león obra). En otros pasajes, Santo Tomás clasifica la analogía de otros modos, y esta es una de las razones por las que sus intérpretes no concuerdan entre sí.

de Dios. Puesto que conocemos a Dios por sus criaturas, y la distancia que media entre ellos y él es infinita, «es imposible decir cosa alguna de Dios y de las criaturas en sentido unívoco».[40] Mas, por otra parte, sí hay una relación de causa y efecto entre Dios y las criaturas. Esta relación nos permite decir que las criaturas son en cierto modo semejantes al Creador. Por tanto, es posible aplicar a Dios, por analogía, términos que en nuestro uso corriente se refieren a las perfecciones de las criaturas: «sabio», «bueno», «poderoso», «misericordioso», etc. Es así...

... como decimos algunas cosas de Dios y de las criaturas, en sentido no unívoco ni puramente equívoco, sino analógico, pues, según hemos dicho, no podemos denominar a Dios más que por las criaturas. Por consiguiente, lo que se diga de Dios y las criaturas, se dice en cuanto hay cierto orden de la criatura a Dios como a principio y causa en la que preexisten de modo más elevado todas las perfecciones de los seres.

Este modo de ser común ocupa el lugar medio entre la pura equivocación y la simple univocación, pues los términos análogos ni tienen exactamente el mismo sentido, como sucede a los unívocos, ni sentido totalmente diverso, como pasa a los equívocos, sino que el término que así se aplica a muchos expresa diversas relaciones y proporciones con uno determinado.[41]

Esta doctrina de la analogía no se limita a un mero recurso semántico para poder aplicar a Dios términos humanos, ni siquiera a una teoría acerca del conocimiento de Dios, sino que va mucho más allá. Lo que a nosotros se nos presenta en orden al conocimiento corresponde en realidad al orden del ser. No se trata sencillamente de que nosotros hablemos de Dios como semejante a las criaturas. Dios no es semejante a las criaturas, sino que son ellas las que se le asemejan, como todo efecto se asemeja a su causa.[42] Por consiguiente, si es posible hablar de Dios en términos analógicos esto se debe a que existe ya una «analogía del ser» —*analogía entis*— que es anterior a nuestros propios conceptos. Por tanto, «en las cosas análogas, el orden real y el conceptual son distintos»,[43] pues...

[40] *S. Th., I, q. 13, art. 5* (*BAC*, 29:344).

[41] *Ibid.* (*BAC*, 20:346).

[42] *Summa contra gentiles*, 1.29 (*BAC*, 94:170).

[43] *Summa contra gentiles*, 1.29 (*BAC*, 94:180).

... como nosotros llegamos al conocimiento de Dios a través de las cosas, la realidad de los nombres que se predican de Dios y de los otros seres se halla anteriormente en Dios y en conformidad con su ser, pero la significación conceptual se le atribuye posteriormente.[44]

A partir de este uso de la analogía, Tomás pasa a discutir cómo y en qué sentido Dios es sabio, vive, tiene voluntad, ama y es poderoso. No podemos detenernos a discutir aquí lo que cada uno de estos atributos implica, sino que debemos contentarnos con indicar que cada uno de ellos se interpreta a partir del principio de la absoluta simplicidad de Dios, de modo que todos son idénticos a Dios mismo. Pero, la absoluta voluntad y poder de Dios, y su relación con la predestinación, sí deben detenernos por unos instantes.

Respecto a la providencia y la predestinación, lo primero que hay que decir es que la ciencia y el poder de Dios son tales que, contrariamente a lo que podría pensarse, Él puede establecer —y de hecho establece— una distinción entre ciertas cosas que se producen por necesidad y otras que son contingentes.

> Dios, con objeto de que haya orden en los seres para la perfección del universo, quiere que unas cosas se produzcan necesaria y otras contingentemente, y para ello vinculó unos efectos a causas necesarias, que no pueden fallar y de las que forzosamente se siguen, y otros a causas contingentes y defectibles.[45]

A pesar de esto, todo cuanto sucede está sujeto a su voluntad, que siempre se cumple,[46] aunque no siempre como «operación», sino también a veces como «permiso»,[47] es decir, que Dios hace que ciertas cosas sucedan, mientras que otras solo las permite. Por tanto, todo está sujeto a la providencia divina, de la que la predestinación es un aspecto.

La doctrina de la predestinación se hace necesaria porque sin la ayuda divina el humano es incapaz de alcanzar la vida eterna.[48] Esta predestinación le compete solo a Dios, y solo a él en el sentido activo y estricto.[49] La predestinación a la gloria es una elección que es causa del bien de los

---

[44] *Ibid.* Véase *S. Th.*, I, *q.* 13, art. *6* (*BAC*, 29:348-349).

[45] *S. Th.*, I, *q.* 19, *art. 8* (*BAC*, 29:511).

[46] *S. Th.*, I, *q.* 19, *art.* 6 (*BAC*, 29:504-5).

[47] *S. Th.*, I, *q.* 13, art. *12* (*BAC*, 29:519). *Ibid.*, *art.* 12 (*Ibid.*, 519). Estos son dos de los cinco «signos de la voluntad divina». Los otros tres son: «mandato», «prohibición» y «consejo».

[48] *S. Th. 1, q.* 23, *art.* 1 (*BAC*, 29:590).

[49] *S. Th. 1, q.* 23, *art.* 2 (*BAC*, 29:592-93): «... la predestinación es la razón que en la mente divina hay del orden de algunos a la salvación eterna. En cuanto a la ejecución de este orden, pasivamente está en los predestinados, pero activamente está en Dios».

electos —a diferencia de la elección humana, que es consecuencia del bien que el humano ve en el electo.[50] Aquellos que no caen dentro de esta predestinación son réprobos por un acto *permisivo* de Dios, quien no extiende a ellos el don de la predestinación. Esta reprobación, así como la elección, no se limitan a la presciencia de Dios, pues...

... lo mismo que la predestinación es una parte de la providencia respecto a los que están ordenados por Dios a la salvación eterna, la reprobación es una parte de la providencia respecto a los que no deben alcanzar este fin. Por consiguiente, la reprobación no incluye solamente la presciencia, sino que, según nuestro modo de entender, le añade algo, como lo añade la providencia, según hemos visto, pues, así como la predestinación incluye la voluntad de dar la gracia y la gloria, la reprobación incluye la voluntad de permitir que alguien caiga en la culpa, y por la culpa aplicarle la pena de condenación.[51]

Por último, debemos señalar aquí un punto que Tomás toma de San Agustín, y que se encuentra repetidamente en el desarrollo de su teología: la divina providencia no contradice ni destruye el libre albedrío. Esto se debe a que «la providencia divina produce sus efectos por las operaciones de las causas segundas. Por consiguiente, lo que se hace por el libre albedrío proviene de la predestinación».[52]

Santo Tomás dedica a la doctrina trinitaria las cuestiones 27 a la 43 de la primera parte de la *Suma teológica*, su comentario sobre el tratado de Boecio *De la Trinidad* y varios pasajes en sus diversas obras. En su discusión de esta doctrina, Tomás toma la analogía agustiniana de la mente, el intelecto y la voluntad, y la eleva a instrumento fundamental mediante el cual entender las relaciones entre las personas divinas. Su modo de entender el término «persona» es el mismo de Boecio, que había llegado a ser lugar común en la discusión trinitaria medieval. A partir de la definición de Boecio y de la analogía agustiniana, Tomás afirma que las personas no son otra cosa que las relaciones subsistentes en Dios. «La paternidad es la persona del Padre; la filiación, la del Hijo; y la procesión, la persona del

---

[50] *S. Th. 1, q. 23, art. 4 (BAC,* 29:597). Este punto es importante, puesto que contradice la idea común entre los protestantes, que toda la tradición medieval era «pelagiana» y que no entendía la naturaleza completamente inmerecida de la predestinación tal como Agustín la había visto.

[51] *S. Th. 1, q. 23, art. 3 (BAC,* 29:595).

[52] *S. Th. 1, q. 23, art. 5 (BAC,* 29:601). Véase: *Summa contra gentiles*, 3.88-91 (*BAC,* 102:330-338).

Espíritu Santo, que procede».[53] Esta procesión, dicho sea de paso, no es solo del Padre, sino también del Hijo —*filioque*—.[54]

La creación

A partir de la cuestión 44, todo el resto de la primera parte de la *Suma teológica* trata sobre la creación: primero de la creación en general (*q.* 44-46), después de las diversas criaturas (*q.* 47-102) y por último del gobierno de la creación (*q.* 103-119).

Todo cuanto existe, la materia prima inclusive, ha sido creado por Dios.[55] En este punto Tomás se siente impelido a abandonar la doctrina de Aristóteles,[56] quien postulaba una materia eterna, y quien era seguido en este punto —como veremos en el próximo capítulo— por algunos maestros de la facultad de Artes de París. Santo Tomás considera que la teoría según la cual Dios sencillamente le dio forma a una materia preexistente niega la doctrina de la creación, pues «lo que obra solamente moviendo y cambiando no es causa universal del ser».[57] Además, hay una serie de argumentos racionales, aunque no definitivos, contra tal posición.

En cuanto al tiempo de la creación, Tomás refuta a quienes pretenden demostrar que la creación es eterna,[58] y se declara en pro de la doctrina según la cual el mundo no es eterno, aunque esto, al igual que la doctrina trinitaria, ha de aceptarse por fe.[59] Dios creó simultáneamente el cielo, la materia, el tiempo y la naturaleza angélica.[60]

Respecto a esta última, Santo Tomás aborda la muy debatida cuestión de si los ángeles son incorpóreos.[61] Como hemos visto anteriormente, la composición hilemórfica de los seres intelectuales —y por tanto de los ángeles— era sostenida por los maestros franciscanos, quienes contaban

---

[53] *S. Th. I, q. 30, art. 2 (BAC*, 41:123).

[54] *S. Th. I, q. 36, art. 2 (BAC*, 41:245-247).

[55] *S. Th. 1, q. 44, art.* 1-2 (*BAC*, 41:488-493); *Summa contra gentiles*. 2.15-16 (*BAC*, 94:394-402). El trasfondo de la insistencia de Tomás en este punto puede verse en J. I. Raranyana, «Santo Tomás: "De aeternitate mundi contra murmurantes"», *Anuario filosófico*, 9 (1976), 399-424.

[56] Véase R. Jolivet, «Aristote et la notion de création», *RScPhTh*, 19 (193), 5-50, 209-25.

[57] *Summa contra gentiles*, 2.16 (*BAC*, 94:399).

[58] *S. Th. I, q. 46, art. 1 (BAC*, 41:522-530).

[59] *S. Th. I, q. 46, art.* 2 (*BAC*, 41:532): «Que el mundo no ha existido siempre, lo sabemos solo por la fe, y no puede demostrarse apodícticamente».

[60] *S. Th. I, q. 46, art. 3 (BAC*, 41:537-538).

[61] Véase el trasfondo histórico de la cuestión en el resumen de A. Martínez en su «Introducción al Tratado de los Ángeles», *BAC*, 55:52-60.

con el apoyo de la mayor parte de los teólogos conservadores. Frente a esta posición, Tomás afirma que «es imposible que la sustancia espiritual tenga ningún género de materia», y que «por consiguiente, toda sustancia intelectual es enteramente inmaterial».[62] Pero esto le lleva a afirmar que cada ángel constituye un género aparte, pues de otro modo, y en vista de que la individuación procede de la unión de materia y forma, todos serían indistinguibles.[63]

La naturaleza humana

La doctrina tomista del ser humano, que se injerta en la creación en la primera parte de la *Suma teológica* (cuestiones 75-102), ocupa además toda la segunda parte de esa magna obra.[64] Dentro de esta doctrina, los temas que más nos interesan son la naturaleza humana, la teoría del conocimiento y el fin del ser humano.

En cuanto a su naturaleza, el humano no es sencillamente un alma unida a un cuerpo, sino que es «un compuesto de alma y cuerpo»,[65] de modo que ni la una ni el otro por sí solos son el humano. No es el alma sin el cuerpo lo que siente, ni tampoco el cuerpo sin el alma. Esta composición de alma y cuerpo es propia, no solo del ser humano concreto y particular, sino de la esencia misma de lo humano,

> pues, así como es de esencia de «este hombre» el que conste de esta alma, de esta carne y de estos huesos, así es también de esencia del «hombre» el que conste de alma, de carne y de huesos, y que a la sustancia específica debe pertenecer todo lo que comúnmente pertenece a las sustancias de los individuos contenidos en ella.[66]

Siguiendo el principio de la no composición hilemórfica de los seres intelectuales, Santo Tomás afirma que el alma carece de materia propia.[67] El

---

[62] *S. Th., I, q. 50, art. 2* (*BAC*, 56:89-91).

[63] *Ibid.*, *art.* 4 (*BAC*, 56:103): «Las cosas que tienen la misma especie y difieren numéricamente, convienen en la forma y se distinguen por lo material. Si, pues, los ángeles no están, como hemos dicho, compuestos de materia y forma, síguese que es imposible que existan dos ángeles de la misma especie».

[64] *La Prima Secundae* trata sobre el fin del ser humano (cuestiones 1-5) y sobre sus actos (cuestiones 6-114), mientras que la *Secunda Secundae* trata sobre las virtudes en general (virtudes teologales: cuestiones 1-46; virtudes cardinales: cuestiones 47-170) y sobre las que corresponden a los diversos estados de vida (cuestiones 171-189).

[65] *S. Th., I, q. 75, art. 4* (*BAC*, 177:182).

[66] *S. Th. I. q. 75, art. 4* (*BAC*, 177:181).

[67] *S. Th. I. q. 75, art. 5* (*BAC*, 177:183).

alma es forma del cuerpo, que es su materia, y es por tanto el ser humano
—y no el alma— quien es un compuesto de materia y forma[68] (composición esta que, como hemos dicho anteriormente, es el principio de individuación de los seres creados). En cada cuerpo el alma es distinta,[69] a pesar
de la opinión contraria de algunos supuestos intérpretes de Aristóteles.
Este es uno de los principales puntos en que Santo Tomás tiene que entrar
en conflicto con lo que en su tiempo era la interpretación común de Aristóteles, pues afirmar la unidad de todas las almas equivale a negar la inmortalidad personal. Por otra parte, en cada humano, el alma es una,[70] a pesar
de sus diversas potencias, que sí son realmente múltiples.[71]

Estas facultades o potencias del alma son de cinco géneros diversos,
como bien dijo Aristóteles: vegetativas, sensitivas, apetitivas, motri-
ces e intelectivas.[72] A estas últimas pertenecen la voluntad y el entendimiento, lo cual nos lleva a la cuestión del modo en que el intelecto alcanza
el conocimiento.

Teoría del conocimiento

La teoría del conocimiento es uno de los aspectos fundamentales del sistema tomista. El problema a que Santo Tomás se enfrenta en este punto es,
en breve, el de reconciliar la proposición aristotélica según la cual «nada
hay en el intelecto que no haya estado anteriormente en los sentidos»
con la larga tradición filosófica según la cual el verdadero conocimiento
no puede limitarse a los objetos individuales y transitorios, sino que ha
de alcanzar a las esencias universales.[73] Por una parte, Tomás no puede
aceptar la doctrina platónica de la reminiscencia, ni tampoco la iluminación agustiniana, pues ambas teorías pretenden explicar la posibilidad del
conocimiento de las esencias dejando a un lado la función de los sentidos
en el proceso del conocimiento. Por otra parte, tampoco es posible solucionar el problema cayendo en el extremo opuesto, es decir, afirmando
que solo lo que es dado a los sentidos puede conocerse, y que, por tanto, el
conocimiento se limita a los objetos particulares y materiales, excluyendo
toda esencia universal.

---

[68] *S. Th. 1. q. 76, art. I* (*BAC*, 177:197).

[69] *S. Th. I. q. 75, art. 2* (*BAC*, 177:205-207). Véase M. Sánchez Sorondo, «La querella antropológica del siglo XIII: Sigerio y Santo Tomás», *Sap*, 35 (1980), 325-58.

[70] *S. Th. I. q. 75, art. 3* (*BAC*, 177:210-216).

[71] *S. Th. I. q. 77, art. 2* (*BAC*, 177:243).

[72] *S. Th. I. q. 78, art.* 1 (*BAC*, 177:261-266). Véase también *De anima*, 2 (ed. Parma, 20:40-97).

[73] Esto puede verse claramente en *S. Th. I, q. 84, art. 6* (*BAC*, 177:395-400).

La solución de Santo Tomás consiste en explicar el conocimiento como un proceso por el que, a partir de los sentidos, el ser humano llega al conocimiento de las esencias. El humano, como compuesto de alma y cuerpo que es, no conoce con el alma sola ni siente solo con el cuerpo, sino que en la sensación el alma juega un papel, y en el conocimiento los datos primarios son los de los sentidos. Ahora bien, los datos de los sentidos no se dan como una multiplicidad caótica de sensaciones, sino como una imagen o «fantasma» en que un conjunto de sensaciones relacionadas entre sí representa un objeto material y concreto que se da a los sentidos.[74] Esta imagen no es el objeto; pero tampoco es puramente subjetiva, por cuanto representa fielmente un objeto real. Pero tal «fantasma» no es todavía verdadero conocimiento, pues se trata de la imagen de un objeto concreto y pasajero, mientras que el conocimiento se refiere a la esencia de las cosas. Falta, por tanto, que el intelecto «abstraiga» del «fantasma» o imagen aquello que corresponde a su esencia. Nótese que no se trata de que la mente trate de descubrir una realidad ulterior que se esconde tras los objetos concretos, sino que distingue, en el objeto mismo que se presenta ante los sentidos, lo que corresponde a su esencia. La realidad esencial de las cosas no se encuentra tras ellas, sino en ellas mismas, y por ello el descubrimiento de la esencia es un acto de abstracción más bien que de penetración allende lo sensible.

La abstracción es actividad propia del intelecto agente, que «ilumina» el «fantasma» y así descubre lo que en él hay de esencial. Aunque aquí Santo Tomás utiliza el mismo término que San Agustín, su teoría es muy distinta de la «iluminación» agustiniana, que tiene lugar por acción divina. La «iluminación» tomista es sencillamente el acto por el cual la mente humana descubre lo que hay de esencial en un «fantasma», como la luz descubre los colores que ya están en las cosas. Esto que el intelecto agente descubre en el «fantasma» es lo que se llama la «especie inteligible».[75] Es este proceso de dejar a un lado lo material concreto para descubrir la esencia universal lo que recibe el nombre de «abstracción». Su resultado es la «especie inteligible», que el intelecto agente «imprime» en el intelecto pasivo, con el resultado de que este último produce la «especie expresa» o concepto universal y esencial.[76] Es así como el ser humano conoce, aunque es necesario recalcar que el concepto no es el objeto del conocimiento, sino el instrumento mediante el cual conocemos los objetos. Así, por ejemplo, el concepto «ser humano» no es conocimiento; conocimiento es

---

[74] *S. Th. I, q. 84, art.* 7 (*BAC*, 177:403).

[75] *Ibid., q.* 85, *art.* 1 (*Ibid.*, 418): «El entendimiento agente no solo ilumina las imágenes (*phantasmata*), sino también por su propia virtud abstrae de ellas las especies inteligibles».

[76] *Ibid.*

la aplicación de este concepto a este individuo, a este hombre concreto y particular.

Así pues, la epistemología de Santo Tomás parte de lo concreto y vuelve a lo concreto, pero adquiere validez porque en ese proceso de lo concreto a lo concreto el intelecto pasa por el concepto esencial y universal.

Nuestro conocimiento de Dios y de nuestra propia alma, al menos en esta vida, parte también de los sentidos. No conocemos tales realidades incorpóreas en virtud de una iluminación directa, sino como consecuencia de nuestro conocimiento de las realidades corpóreas que dan testimonio de las incorpóreas. Así, por ejemplo, en el caso de la existencia de Dios, ya hemos visto que es posible probarla por cinco vías, pero todas ellas parten de hechos que nos son conocidos a partir de los sentidos.

El fin del ser humano y la teología moral

Puesto que todo ha de dirigirse según el fin a que debe llegar, el fundamento de la teología moral es el fin último del humano. En este punto, Santo Tomás concuerda con Aristóteles, quien afirma que el fin del humano es la felicidad y que, por lo tanto, la ética ha de llevarle hacia esa meta. Pero para Tomás la felicidad no está, como para Aristóteles, al alcance de nuestros recursos naturales, sino que consiste en la bienaventuranza de la visión beatífica, a la que solo se puede llegar en la vida futura y mediante una ayuda sobrenatural. «Luego la felicidad última del hombre estará en el conocimiento de Dios que tiene la mente humana después de esta vida».[77] Por otra parte, aunque solo Dios puede dar tal felicidad, la justicia divina exige que el humano se prepare mediante actos meritorios para recibir este don, que no por ello deja de ser inmerecido en el sentido estricto.[78] Es así como ha de entenderse la moral dentro del marco de camino del ser humano hacia su fin último.

Después de tratar diversos aspectos de los actos típicamente humanos, Santo Tomás llega al punto central de su ética, que es el llamado «Tratado de la ley».[79] El principio de toda ley y de todo orden es la «ley eterna», que se encuentra en Dios como supremo monarca del universo.[80] De esta ley se deriva la «ley natural», pues...

---

[77] *Summa contra gentiles,* 3.48 (*BAC,* 102:202).
[78] *S. Th., Iª, IIªᵉ, q. 5, art. 7* (*BAC,* 126:248-250).
[79] *S. Th. Iª, IIªᵉ, q. 90-108* (*BAC, 149:34-577*).
[80] *S. Th. Iª, IIªᵉ, q. 91, art. 1* (*BAC,* 149:52).

... es manifiesto que todas las cosas participan de la ley eterna de alguna manera, a saber: en cuanto que por la impresión de esa ley tienen tendencia a sus propios actos y fines. La criatura racional, entre todas las demás, está sometida a la divina Providencia de una manera especial, ya que se hace partícipe de esa providencia, siendo providente sobre sí y para los demás. Participa, pues, de la razón eterna; esto le inclina naturalmente a la acción debida y al fin. Y semejante participación de la ley eterna en la criatura racional se llama ley natural.[81]

Esta ley natural es el fundamento de la moral universal o general de Santo Tomás, es decir, de aquella que no se limita a quienes conocen la ley revelada por Dios u obedecen leyes humanas particulares. La ley natural es universal, pues está escrita en los corazones de todos, y...

... los preceptos de la ley natural son respecto de la razón práctica lo mismo que los primeros principios de la demostración respecto a la razón especulativa: unos y otros son evidentes por sí mismos.[82]

Además de estos primeros principios de la ley natural, absolutamente indubitables y universales, hay otros mandatos de esa misma ley, igualmente razonables, que sin embargo es posible ignorar.

Pertenecen a la ley natural, primeramente, ciertos preceptos comunísimos, que son de todos conocidos; en segundo lugar, otros preceptos secundarios, más particulares, que son a modo de conclusiones próximas a los principios. En lo que toca a esos principios generales, la ley natural no puede ser borrada de los corazones de los hombres en general; pero se borra en las obras particulares, por cuanto la razón es impedida de aplicar los principios comunes a las obras particulares por la concupiscencia o por otra pasión... Pero, si miramos a los principios secundarios, la ley natural puede borrarse del corazón humano, sea por las malas persuasiones, como en las materias especulativas se dan errores sobre conclusiones necesarias; sea por las costumbres perversas y los hábitos corrompidos, como en algunos pueblos no se reputaban pecados los robos, y aun los vicios contra naturaleza según dice el Apóstol.[83]

---

[81] *S. Th. I^a, II^{ae}, q. 91, art. 2 (BAC, 149:54).*
[82] *S. Th. I^a, II^{ae}, q. 94, art. 2 (BAC, 1149:128).*
[83] *S. Th. I^a, II^{ae}, q. 94, art. 6 (BAC, 149:140).*

De este modo, Santo Tomás puede construir buena parte de su teología moral sobre la base de la ley natural, y pretender así que sus conclusiones tienen validez universal.[84] Pero esta ley se completa con la ley divina, dada por Dios de manera explícita.[85] El punto culminante de esta ley es la nueva ley —o ley evangélica— cuyos mandamientos son amorosos, y que incluye además «consejos de perfección» que no todos tienen que seguir, pero que llevan a una mayor perfección.[86]

Cristología

Lo más notable de la cristología de Santo Tomás es la influencia que sobre ella ejerce Cirilo de Alejandría, autor casi completamente desconocido para la mayoría de los teólogos occidentales del Medioevo. Debido en parte a sus lecturas de Cirilo, Tomás interpreta la unión de las dos naturalezas en Cristo en términos de la unión anhipostática. Para él, como para Cirilo, la persona o hipóstasis tiene su propia subsistencia, y es por tanto en la persona del Verbo que subsiste la naturaleza humana del Salvador.[87] En virtud de esta unión, y puesto que «solo a la hipóstasis son atribuidas las operaciones y las propiedades de la naturaleza», es que se da la *communicatio idiomatum*, que nos permite predicar del Verbo lo que le pertenece a la naturaleza humana: «haber nacido de una virgen, haber padecido, etc.».[88]

Otro aspecto de la cristología de Santo Tomás que luego fue muy discutido es su respuesta a la cuestión de «si Dios se hubiera encarnado aunque el hombre no hubiese pecado».[89] Sin atreverse a negar categóricamente la opinión contraria, el Doctor Angélico afirma que le parece más razonable decir que si el ser humano no hubiese pecado, Dios no se hubiera encarnado, aunque hay que reconocer que Dios es omnipotente y podría encarnarse aun sin existir el pecado.

Por último, debido a su íntima conexión con la cristología, debemos decir algo acerca de la mariología de Santo Tomás. Sobre el culto debido a María, el Doctor Angélico sostiene lo que ha venido a ser doctrina de la Iglesia Romana:

---

[84] Véase, por ejemplo, *Summa contra gentiles*, 3.121-129 (*BAC*, 102:435-457).

[85] *S. Th.*, Ia, IIae, *q.* 91, *art.* 4 (*BAC*, 149:59-60).

[86] *S. Th.* Iª, IIªᵉ, *q.* 108, *art.* 4 (*BAC*, 149:573-577).

[87] *S. Th. III, q. 2, art. 3* (*BAC*, 110:176-179).

[88] *Ibid.*

[89] *S. Th. III q.* 1, *art.* 3 (*BAC*, 101:77-80).

Así, pues, a la Bienaventurada Virgen María, que es pura criatura racional, no debe tributársele adoración de latría, sino solo una veneración de dulía; veneración que debe ser más excelente que la que se presta a las demás criaturas, pues se trata de la Madre de Dios. Por eso se dice que le es debido un culto de dulía, no cualquiera, sino de hiperdulía.[90]

Sin embargo, su posición respecto a la inmaculada concepción de María es diametralmente opuesta a lo que más tarde la Iglesia Romana proclamó como dogma, pues dice:

Si el alma de la bienaventurada Virgen no hubiera estado nunca manchada con el pecado original sería en detrimento de Cristo, Salvador universal de todos.[91]

Así pues, Santo Tomás, al tiempo que siente gran respeto por la Virgen María, quien nunca cometió pecado actual[92] y fue siempre virgen,[93] afirma que María heredó el pecado original, de cuya mancha fue santificada después de su concepción, y no antes. Además, esta santificación no le libró del reato del pecado, de modo que María solo pudo entrar al paraíso en virtud del sacrificio de Cristo.[94]

Los sacramentos

Del tratado del Verbo encarnado, Santo Tomás pasa a estudiar los sacramentos, «que reciben del mismo Verbo encarnado su eficacia».[95] Un sacramento es un signo de una realidad sagrada que tiene poder de santificación.[96] Puesto que el ser humano es un compuesto de cuerpo y alma, y solo puede llegar a las cosas inteligibles por medio de las sensibles, en el sacramento las realidades inteligibles se dan a conocer mediante lo sensible.[97] Pero esto no quiere decir que uno pueda escoger cualquier cosa como signo sacramental, sino que aquellas que han de servir como

---

[90] *S. Th. III, q. 25, art. 5* (*BAC*, 101:873).
[91] *S. Th. III, q. 27, art. 2* (*BAC*, 131:25).
[92] *S. Th. III, art. 4* (*BAC*, 131:33).
[93] *S. Th. III, q. 28, art. 3* (*BAC*, 131:59).
[94] *S. Th. III, q. 27, art. 1* (*BAC*, 131:29).
[95] *S. Th. III, q. 60, proem.* (*BAC*, 164:21).
[96] *S. Th. III, art. 2* (*BAC*, 164:25).
[97] *S. Th. III, art. 5* (*BAC*, 164:29).

tales han sido determinadas e instituidas por Dios.[98] De modo análogo al resto de las cosas, hay en el sacramento materia y forma: las cosas que se emplean en el sacramento son su materia, y las palabras que se pronuncian son su forma.[99]

Los «sacramentos de la nueva ley» —es decir, los que están vigentes después de la pasión del Señor— tienen el poder de causar la gracia en quien los recibe,[100] en quien imprimen un carácter indeleble.[101] Esto ocurre siempre que el acto sea realizado con la intención de ofrecer el sacramento,[102] aun cuando al ministro le falte la fe o la caridad.[103]

Los sacramentos son siete en número.[104] Santo Tomás parece aceptar esto como doctrina tradicional de la iglesia aun cuando, como hemos visto en capítulos anteriores, fue con Pedro Lombardo —y en buena medida por razón de su influencia— que se fijó el número de los sacramentos.

Su doctrina eucarística, como es de suponer, concuerda en todo con la definición dada por el IV Concilio de Letrán. Dice Santo Tomás:

> Esto sucede por virtud divina en este sacramento, pues toda la sustancia del pan se convierte en toda la sustancia del cuerpo de Cristo, y toda la sustancia del vino en toda la sustancia de su sangre. De aquí que esta conversión no sea formal, sino sustancial; ni se cuente entre las especies de movimiento natural, sino que con nombre propio se llame «transubstanciación».[105]

Importancia histórica de Santo Tomás

Santo Tomás es, sin lugar a duda, el más notable teólogo de la Edad Media. Esto se debe en parte a la profunda penetración y equilibrio con que —especialmente en su *Suma teológica*— va planteando y resolviendo todas las cuestiones. Su obra es como una vasta catedral gótica en la que se encuentran representados todos los aspectos de la cosmovisión medieval, desde las moradas celestiales hasta los antros del infierno, y en la que

---

[98] *S. Th. III, art. 5* (*BAC*, 164: 31).
[99] *S. Th. III, arts. 6-7* (*BAC*, 164:33-38).
[100] *S. Th. III, q. 62, art. 4* (*BAC*, 164:77-80).
[101] *S. Th. III, q. 63, art. 5* (*BAC*, 164:102-103).
[102] *S. Th. III, q. 64, art. 8* (*BAC*, 164:129-130).
[103] *S. Th. III, art. 9* (*BAC*, 164:132-133).
[104] *S. Th. III, q. 65, art.1* (*BAC*, 164:141-147).
[105] *S. Th. III, q. 75, art. 4* (*BAC*, 164:556).

todo parece señalar hacia las alturas, sostenido e impulsado por un magistral equilibrio.

Sin embargo, lo más importante de la obra de Santo Tomás no es lo imponente de su construcción, ni lo detallado de sus discusiones, sino el modo en que supo responder a una necesidad imperiosa de tomar en cuenta la nueva filosofía que invadía el Occidente latino. Por siglos, la teología había seguido la inspiración de Agustín y el Seudo-Dionisio, y, a través de ellos, de Platón y Plotino. Este marco filosófico, que había resultado muy útil a los cristianos de los primeros siglos para oponerse a la idolatría y el materialismo que les rodeaban, tendía, empero, a dificultar la tarea de los teólogos cristianos que se esforzaban por coordinarlo con doctrinas tales como la encarnación y los sacramentos, en las que los elementos materiales y sensibles son de importancia capital. Si los primeros siglos del Medioevo no vieron gran interés en el estudio de la naturaleza y sus leyes, esto se debió en parte a las invasiones de los bárbaros y al caos subsiguiente, pero en parte también a la orientación esencialmente ultramundana de una teología enmarcada en principios platónicos. No ha de sorprendernos, por tanto, el que el siglo XIII, que vio el despertar de una filosofía rival del platonismo —una filosofía que insistía en la importancia de los sentidos como punto de partida del conocimiento— viera también un despertar en el estudio de las ciencias naturales. No fue por pura coincidencia que Alberto el Grande, aristotélico convencido, fuera también uno de los mejores naturalistas de su época.

Ante la «nueva» filosofía aristotélica, los contemporáneos de Santo Tomás reaccionaban de dos modos fundamentales: unos, como San Buenaventura, la rechazaban de plano y se limitaban a tomar de ella algunos elementos aislados que en nada afectaban al edificio de la teología tradicional; otros, como Sigerio de Brabante, la abrazaban con entusiasmo y hacían de ella el centro de su pensamiento, de tal modo que se mostraban dispuestos a dejar a un lado todo aquello que en la teología y filosofía tradicionales les parecía que se oponía a la nueva filosofía. Los primeros se condenaban a permanecer en el viejo marco de referencias, perdiendo así cualquier valor positivo que pudiera haber en la nueva filosofía. Los segundos perdían todo contacto con la fe tradicional de la iglesia, y quedaban así reducidos a un pequeño grupo cuya influencia no podía sino perderse a través de los siglos.

Entre unos y otros, Alberto y Tomás trataron de producir una teología fiel a la tradición de la iglesia y a la autoridad de las Escrituras, enmarcada dentro de la nueva filosofía, pero sin perder los valores que los cristianos de generaciones anteriores habían descubierto en el agustinismo platónico tradicional. Alberto solo dio los primeros pasos en este sentido, y su obra quedó siempre al nivel de lo meramente ecléctico. Pero Tomás logró fundir todos estos elementos en una síntesis que no es ya propiamente «aristotélica» ni «agustiniana», sino «tomista».

Al hacer esto, Santo Tomás rindió grandes servicios, no solo a la teología, sino a toda la civilización occidental. La teología ganó por cuanto pudo volver de nuevo —con más vigor que antes— al principio escriturario según el cual el Dios de Israel y de la iglesia se revela en los hechos concretos de la historia, y sobre todo en la persona histórica de Jesucristo. La civilización occidental, al recuperar el espíritu inquisitivo de Aristóteles en lo que se refiere al mundo físico, pudo lanzarse por los caminos de la observación y la investigación que conducen al desarrollo tecnológico, lo cual llegó a ser una de las principales características de esa civilización.

Desarrollo ulterior del tomismo

Una doctrina teológica y filosófica de tal originalidad y de tan amplio alcance como la de Santo Tomás no se impone fácilmente al común de las personas. A un extremo, Sigerio de Brabante y sus compañeros le acusaban de hacer excesivas concesiones a la teología tradicional y de abandonar así el sentido prístino de la filosofía aristotélica. Al otro, los teólogos agustinianos le acusaban de acercarse en demasía al aristotelismo extremo y de abandonar aspectos fundamentales de la teología tradicional. El primero de estos conflictos nunca llegó a amenazar seriamente la supervivencia del tomismo, pues Sigerio y los suyos eran solo una minoría aun dentro de la Facultad de Artes de la Universidad de París. Pero el conflicto con la teología tradicional sí fue una seria amenaza para el tomismo. Durante la lucha de los mendicantes contra los ataques de Guillermo de San Amor y de Gerardo de Abbeville, los franciscanos y los dominicos marcharon hombro con hombro. Esta situación no pudo durar una vez que la síntesis de Santo Tomás llegó a ser conocida. Los franciscanos, dirigidos por Juan Peckham, los seculares, y hasta algunos dominicos, comenzaron a atacar abiertamente las innovaciones de Tomás. Este, por su parte, no se dejó intimidar, sino que continuó su marcha entre el agustinismo tradicional y el aristotelismo extremo. En su opúsculo *De la eternidad del mundo*,[106] aun cuando negaba tal eternidad, insistía en que esa doctrina, inaceptable a la luz de la revelación, no era sin embargo absurda, como pretendían los teólogos.

Esta pugna llegó a su punto culminante en 1277, tres años después de la muerte de Tomás, cuando el obispo de París, Esteban Tempier, publicó

---

[106] Ed. Parma, 16:318-321.

y condenó una lista de 219 proposiciones, en su mayoría de Sigerio de Brabante y otros maestros de la Facultad de París, pero también de Santo Tomás y sus discípulos.[107] En una acción al parecer coordinada con la de su colega parisiense, Roberto Kilwardby, a la sazón arzobispo de Canterbury, publicó y condenó en Oxford otra lista de treinta proposiciones en la que se incluían vanas tesis tomistas. El franciscano Guillermo de La Mare publicó una *Corrección del hermano Tomás* en la que lo atacaba vehementemente.[108]

En el año 1282, el Capítulo General de la Orden recomendó a todos los franciscanos la lectura de esta obra. Por otra parte, los dominicos salieron en defensa de su ilustre teólogo. El Capítulo General de 1278 y luego el de 1279 —reunido precisamente en París— tomaron medidas para evitar que los ataques contra el tomismo penetraran dentro de la Orden. En 1309 la doctrina tomista fue declarada norma de toda enseñanza y de todo estudio por parte de los dominicos. Además, durante los últimos años del siglo XIII, diversos autores refutaron la *Corrección* de Guillermo de La Mare, a menudo bajo el título sugestivo de *Corrección del corruptor del hermano Tomás*.

Sofocado por su condenación en los dos principales centros de estudios teológicos, el tomismo contó —a pesar de ello— con algunos defensores que, evitando contradecir abiertamente los decretos episcopales, seguían sin embargo a Santo Tomás en buena parte de sus doctrinas. Tales fueron, entre otros, Egidio Romano,[109] Godofredo de Fontaines[110] y Pedro de Alvernia.[111]

Por fin, en 1323, Juan XXII, Papa de Aviñón, declaró canonizado a Santo Tomás y, a partir de entonces, su influencia fue en aumento. La

---

[107] P. Glorieux, «Tempier, Etienne», *DTC*, X15:99-107; J. F. Wippel, «The Condemnations of 1270 and 1277», *JMedRenSt*, 7 (1977), 169-201.

[108] R. Creytens, «Autour de la littérature des Correctoirs», *ArchFrHist*, 12 (1942), 313-330. Véase también: F. Pelster (ed.), *Declarationes Magistri Guilelmi de La Mare O.F.M. de variis sententiis S. Thomas Aquinatis* (Aschendorff, 1956).

[109] Su obra *Errores philosophorum* ha sido editada por J. Koch (Milwaukee, 1944). M. V. Murray ha traducido al inglés sus *Theoremata de esse et essentia* (Milwaukee, 1952), editados antes por E. Hocedez (Louvain, 1930). Véase además: G. Boffito, *Saggio di bibliografía Egidiana* (Firenze, 1911). Los eruditos discuten la relación exacta entre Egidio y Santo Tomás. No cabe duda de que hay notables puntos de contacto entre ambos teólogos, tales como la distinción real entre esencia y existencia. Pero el neoplatonismo ejerce una influencia muchísimo mayor sobre Egidio que sobre Tomás.

[110] Gilson, *La filosofía...*, 2:77-78. Quizá la importancia de Godofredo radique principalmente en el modo en que subraya la razón por encima de la voluntad. Frente a esto reaccionará la nueva escuela franciscana, con Juan Duns Escoto al frente de ella.

[111] E. Amann, «Pierre d'Auvergne», *DTC*, 12 :1881-1882; E. Hocedez, «La théologie de Pierre d'Auvergne», *Greg*, 9 (1930), pp. 526-552.

condenación de París fue retirada en 1324. Sus comentaristas y seguidores se multiplicaron y aun sus opositores vieron en él al más grande teólogo del siglo XIII. En 1567 el papa Pío V le declaró «Doctor universal de la iglesia». Así quedó afirmado dentro de la iglesia un sistema teológico que al principio muchos vieron con suspicacia, pero cuya coherencia interna fue siempre manifiesta.

32

El aristotelismo extremo

Como hemos dicho anteriormente, la cuestión crucial que se planteó el siglo XIII fue la de la actitud que se debía asumir ante la filosofía recién redescubierta de Aristóteles. Algunos teólogos, a los que hemos llamado «agustinianos» a falta de otro título más apropiado, y entre los que se contaban Alejandro de Hales y San Buenaventura, decidieron retener la filosofía y la teología tradicionales y aceptar del peripatetismo solo aquello que fuese claramente compatible con la sabiduría recibida de los primeros siglos del Medioevo. Otros teólogos, que podrían llamarse «aristotélicos moderados» aceptaron los principios fundamentales del aristotelismo e hicieron un esfuerzo consciente por retener todo cuanto fuese posible de la teología tradicional, aunque ajustándolo al nuevo marco de referencias de origen aristotélico. Otros, en fin, ante el impacto de los nuevos horizontes que Aristóteles abrió a sus ojos, decidieron concentrarse en la nueva filosofía y dedicarse por entero a la investigación racional, aunque sin abandonar su fe cristiana. El principal representante de este último grupo es Sigerio de Brabante.

Sigerio de Brabante[1]

Sigerio era maestro de la Facultad de Artes de París y, en lugar de proseguir su carrera académica entrando en la Facultad de Teología como era

---

[1] Buena parte de las obras de Sigerio presenta problemas de autenticidad, cronología y transmisión que es imposible discutir aquí. Véanse: F. van Steenberghen, *Siger de Brabant*

HISTORIA DEL PENSAMIENTO CRISTIANO HASTA EL SIGLO XXI

costumbre en su época, decidió continuar como «artista», sin pasar al rango de «teólogo». Este paso es en sí mismo un reflejo del nuevo ambiente que comenzaba a forjarse en los principales centros de estudios: la filosofía, enriquecida ahora por las nuevas traducciones, no era ya un simple instrumento de la teología, sino que vino a ser un campo de investigación por derecho propio. A explorar este campo se dedicó con entusiasmo Sigerio. Su anhelo era comprender a Aristóteles y, mediante la aplicación de sus principios, investigar la verdad racional. Esta empresa no podía menos que hacerle chocar con los teólogos, y el propio Sigerio parece haber sido consciente de ello, pues no siente reparos en contraponer a Agustín y Aristóteles como representantes de dos puntos de vista distintos. Pero esto no implica, como a menudo se ha dicho, que Sigerio despreciara los datos de la revelación, o que pretendiera que la verdad filosófica puede contradecir a la verdad teológica. Por el contrario, Sigerio parece haber sido siempre un cristiano sincero y convencido, si bien su propia tarea de interpretar a Aristóteles le llevó frecuentemente allende lo que se consideraban los límites de la ortodoxia.

Sigerio y sus seguidores han recibido frecuentemente el título de «averroístas latinos». El origen de tal título, que parece deberse a Santo Tomás, está en el hecho indudable de que, respecto a la unidad del intelecto agente, Sigerio siguió las enseñanzas de Averroes. Pero, por lo general, Sigerio no le da a Averroes más autoridad que la que le corresponde como el «Comentarista» de Aristóteles, cuyas interpretaciones pueden ser discutidas. De hecho, Sigerio parece haber recibido fuertes influencias de Avicena y, a través del *Libro de las causas*, de Proclo y el neoplatonismo. Pero, para él, la filosofía por excelencia es la de Aristóteles. Como bien ha dicho uno de los más respetados estudiosos de Siegerio:

> La filosofía de Sigerio no es profundamente original, sino que es esencialmente una restauración del aristotelismo integral. Para Sigerio, Aristóteles es el filósofo por excelencia, el genial fundador de la filosofía. Su autoridad filosófica no tiene igual. En el terreno

---

d'après ses oeuvres inédites, 2 vols. (Louvain, 1931-1942); F. van Steenberghen, *Les oeuvres et la doctrine de Siger de Brabant* (Bruselaes, 1938), pp. 9-87; C. A. Graiff, *Siger de Brabant: Questions sur la Métaphysique* (Louvain, 1948); J. J. Duin, *La doctrine de la providence dans les écrits de Siger de Brabant* (Louvain, 1954), pp. 11-300; F. Stermüller, «Neugefundene Quaestionen des Siger von Brabant», *RThAM*, 3 (1931), 158-82; R. A. Gauthier, «Notes sur Siger de Brabant», *RScPhTh*, 67 (1983), 201-32; 68 (1984), 3-49. Sobre el movimiento todo, véase K. Kiksewicz, *De Siger de Brabant à Jacques de Plaisance: La théorie de l'intellect chez les averroïstes latins des XIIIᵉ et XIVᵉ siècles* (Warsaw, 1968); P. Glorieux, *La faculté des arts et ses membres au XIIIᵉ siècle* (París, 1971); F. van Steenberghen, *Maître Siger de Brabant* (Louvain, 1977). El estudio clásico es el de P. Mandonnet, *Siger de Brabant et l'averroïsme latin au XIIIᵉ siècle: Étude critique et documents inédits* (Ginebra, 1976).

racional, Sigerio nunca contradice abiertamente la doctrina de Aristóteles, cuya solución siempre debe ser preferida antes que cualquiera otra. Filosofar es, ante todo, investigar lo que Aristóteles y los demás filósofos piensan acerca de un problema.[2]

El título de «averroísta», unido a su interés en la investigación filosófica independientemente de la teología, han hecho que frecuentemente se le atribuya a Sigerio la doctrina de la «doble verdad». Tal atribución es un anacronismo, pues hasta donde sabemos nadie en el siglo XIII sostuvo esa doctrina. Lo que sí es cierto es que Sigerio siempre insistió en el derecho de la filosofía a seguir el camino de la investigación racional hasta sus últimas consecuencias, aun cuando luego fuese necesario declarar que, en vista de que las conclusiones de la razón contradecían los datos de la fe, era necesario abandonar las primeras y aceptar los últimos. En consecuencia, si bien en el campo filosófico Sigerio era un racionalista estricto, en el campo de la teología se veía reducido al fideísmo. Al parecer, sus afirmaciones eran sinceras, y Sigerio era un cristiano convencido. Pero a pesar de ello su dicotomía entre la fe y la razón amenazaba echar abajo todo el edificio de la escolástica, que se basaba precisamente en la presuposición —unas veces explícita y otras no— de que, si bien hay verdades que resultan inaccesibles a la razón, tales verdades no son contrarias a la razón, sino que se encuentran por encima de ella, de modo que la razón, si bien no puede descubrirlas, tampoco puede contradecirlas. Así pues, la primera razón por la que el aristotelismo extremo era inaceptable para los teólogos era su insistencia en la independencia de la filosofía, que debía proseguir su camino libre de toda consideración de orden teológico.

El segundo punto de conflicto entre Sigerio y la ortodoxia fue la cuestión de la eternidad del mundo. Dado su concepto aristotélico de un primer motor inmóvil, Sigerio se siente obligado por necesidad racional a afirmar que los efectos de un Dios eterno son también eternos, y que, por tanto, todas las «sustancias separadas» son eternas. Así pues, el mundo, el tiempo, el movimiento, la materia y el alma deben ser eternas según los dictados de la razón. Frente a esta posición, Buenaventura afirmaba que la eternidad del mundo era absurda, mientras que Tomás, al tiempo que negaba que lo fuese, sí afirmaba que la razón podía ofrecer argumentos en contra de tal eternidad. El propio Sigerio se mostró vacilante en cuanto a la eternidad del mundo.

En tercer lugar, Sigerio seguía la doctrina según la cual el movimiento cíclico de los astros determina el movimiento de los seres terrestres, y, en consecuencia, toda la historia es como un ciclo que se repite una y

[2] F. van Steenberghen, *Les oeuvres et la doctrine...*, pp. 166-167.

otra vez. Como era de esperar, tal doctrina, que contradecía el libre albe-drío y suponía que la actual era cristiana solo constituía una de tantas que habían existido antes y se repetirían después, era totalmente inaceptable para los teólogos.

Por último —pues lo que se ha dicho, que Sigerio negaba la provi-dencia divina, parece carecer de fundamento— la doctrina que les valió a Sigerio y a sus seguidores el título de «averroístas latinos» fue la de la unidad del intelecto agente.[3] El alma intelectiva o racional —a dife-rencia de la vegetativo-sensitiva— es una, universal y eterna. De hecho, dentro del marco metafísico que Sigerio ha adoptado, el alma —ser neta-mente inmaterial— no puede ser múltiple, pues una forma inmaterial no es capaz de multiplicación.[4] En consecuencia, en el ser humano, además del cuerpo y el alma vegetativo-sensitiva, hay una sustancia espiritual uni-versal, común a todos, que es el alma intelectiva. Aunque en su función en cada uno de nosotros esta alma intelectiva se nos presenta como individual y nuestra, el hecho es que el alma de todos es una sola, y su individuación en cada uno de nosotros es solo aparente y pasajera. El alma racional no está unida sustancialmente al individuo, sino solo accidental y operativa-mente. Al morir el humano, su alma racional regresa a su unidad original, que al parecer Sigerio identifica con Dios.[5] Esta posición, que Sigerio toma directamente de Averroes, fue la razón por la que Tomás le dio el título de «averroísta» y el punto crucial de la oposición de los teólogos a las doctrinas de Sigerio y sus seguidores.

Boecio de Dacia

El más conocido seguidor de Sigerio fue Boecio de Dacia, a quien algunos manuscritos de la condenación de 1277 colocan junto a Sigerio. Aunque muchas de sus obras permanece aún inéditas, en el siglo XX se publicaron dos tratados suyos de interés para nuestra historia: el *Del sumo bien*[6] y

---

[3] También en este punto se ha discutido si Sigerio sostuvo realmente hasta el fin la doctrina que se le atribuye. Pero aquí parece ser más difícil exonerarle de sostener opiniones contra-rias a la ortodoxia cristiana (siempre, naturalmente, dentro del marco de la razón, pues por fe Sigerio admitiría la multiplicidad de los intelectos agentes y la inmortalidad personal). Steenberghen, en *Les oeuvres et la doctrine...*, pp. 150-152, sostiene que, ante la crítica de Santo Tomás, Sigerio modificó su doctrina, acercándola más a la ortodoxia.

[4] Compárese este problema con el que plantea Tomás al tratar de explicar la individuación de los ángeles. Puesto que la composición de estos no es hilemórfica, Tomás se siente obli-gado a concluir que cada ángel constituye una especie.

[5] Tal es la interpretación de B. Nardi, «Il preteso tomismo di Sigieri di Brabante», *GCFilIt*, 17 (1936), 26-35; 18 (1937), 160-164.

[6] Ed. M. Grabmann, «Die Opuscula *De Summo Bono sive de vita philosophi* und *De somniis* des Boetius von Dacien», *AHDLMA*, VI (1932), 287-317). Véase también M. Grabmann,

el *De la eternidad del mundo*.[7] El primero de estos tratados versa sobre la vida filosófica como el sumo bien que el humano puede alcanzar. Su contenido es prácticamente idéntico al de los mejores tratados éticos de la Antigüedad pagana, salvo que Boecio, siguiendo la pauta de Sigerio, afirma que, si bien la vida filosófica es el sumo bien dentro del marco de esta vida y de la razón humana, hay otro bien superior: la bienaventuranza que la fe promete para la vida futura. En el segundo tratado Boecio expone una larga serie de argumentos contra la eternidad del mundo y a favor de ella, para concluir que la razón humana no puede probar una cosa ni la otra, y que la fe cristiana es la base sobre la cual ha de afirmarse que el mundo es «nuevo» y no eterno. De allí pasa Boecio a refutar los argumentos ya expuestos, según el método escolástico. La impresión final del tratado, al igual que la de toda la obra de Boecio, es que nos encontramos aquí ante un racionalismo estricto en materia de filosofía que cede el paso al fideísmo en cuestiones de fe.

La condenación de 1277

Como era de esperar, la primera oposición al aristotelismo extremo de Sigerio y Boecio de Dacia vino de los teólogos agustinianos. En los años 1267 y 1268, en sus conferencias *Sobre los diez mandamientos* y *Sobre los dones del Espíritu Santo*, Buenaventura comenzó a atacar las tesis aristotélicas, y en el 1273, en sus conferencias *Sobre el Hexámeron*, defendió el ejemplarismo agustiniano. Mientras tanto, en el año 1270, Santo Tomás compuso su tratado *De la unidad del intelecto*, en el que atacaba la doctrina de la unidad del intelecto agente tal como la proponía Sigerio, y llamaba «averroístas» a quienes la sostenían. Por otra parte, en esa misma época tenía lugar la ruptura entre Tomás Aquino y los teólogos conservadores que hemos llamados «agustinianos», de modo que se perfila claramente, entre los conservadores agustinianos y los aristotélicos extremos, la posición intermedia de Santo Tomás.

En vista de los debates surgidos, Esteban Tempier, obispo de París, condenó a finales de 1270 una lista de trece errores del aristotelismo extremo que giraban alrededor de la eternidad del mundo, la negación de la divina providencia, la unidad del alma racional y el determinismo. A pesar de esta acción episcopal —y aunque aun en la Facultad de Artes los que se oponían a Sigerio eran la mayoría— el debate no cesó en la Universidad

---

Der lateinische Averroismus des 13. Jahrhurderts und seine Stellung zur christlichen Weltanschauung: Mitteilungen aus ungedruckten Ethikkommentaren (München, 1931).

[7] Ed. G. Sajó, *Boetii de Dacia tractatus De aeternitate mundi* (Berlín, 1964); G. Sajó, *et al.*, eds., *Boethii Daci Opera* (Hauniae, 1969, 1972).

de París. Como resultado de ello, el papa Juan XXI le pidió a Tempier que estudiara la situación y le rindiera un informe. En lugar de esto, el Obispo de París reunió una comisión que preparó una lista de 219 proposiciones, que Tempier condenó formalmente en 1277.

Como hemos dicho anteriormente, esta condenación del aristotelismo alcanzaba no solo a Sigerio y los suyos, sino también al aristotelismo moderado de Santo Tomás. No se trataba únicamente de un intento de someter a los «artistas» a la autoridad de los «teólogos» dentro de la estructura universitaria, sino también de una intervención de la autoridad jerárquica para imponer el agustinismo conservador en perjuicio del aristotelismo moderado de los tomistas.[8]

Dado el ímpetu del tomismo y el vigor con que la Orden de Predicadores lo defendió, la condenación de 1277 no pudo evitar el triunfo final de la doctrina de Santo Tomás —a quien, en todo caso, no podía tocar en su persona, pues había muerto tres años antes—. Pero, el caso de Sigerio y Boecio fue distinto. Ambos se vieron forzados a salir de Francia y dirigirse a Roma aun antes de que su condenación fuese oficial. Allí fueron condenados a encarcelamiento por el resto de sus días. Sigerio murió en Orvieto, asesinado por un loco, y Boecio desapareció de los anales históricos.

Supervivencia del aristotelismo extremo

A pesar de la condenación de 1277, el aristotelismo extremo persistió tanto en París como en Italia. Estos nuevos aristotélicos iban más lejos que Sigerio y Boecio, pues eran verdaderos averroístas que aceptaban y defendían toda la doctrina del Comentarista, inclusive su aseveración según la cual la fe es inferior a la razón y ha de supeditarse a ella —posición esta diametralmente opuesta a la de Sigerio y Boecio—. Al igual que los dos desafortunados maestros de París, estos «averroístas latinos» —que sí merecen este título— enseñaban la unidad del intelecto agente, la creación eterna y el determinismo moral. En París, esta doctrina parece haber desaparecido con la muerte de Juan de Jandum (1328), pero en Italia persistió hasta el siglo XVII. En Padua, en el siglo XVI, esta interpretación averroísta de Aristóteles entró en conflicto con la de los seguidores de Alejandro de Afrodisia, pues, mientras los averroístas sostenían la existencia del intelecto agente universal, los «alejandristas» la negaban e interpretaban a Aristóteles en términos materialistas.

---

[8] T. de Andrés Hernansanz, «Un problema de hoy hace setecientos años: En torno a los acontecimientos de París de 1277», *CuadSalFil*, 4 (1977), 5-16; V. Muñoz Delgado, «La lógica en las condenaciones de 1277», *CuadSalFil*, 4 (1977), 17-39; J. Châtillon, *L'exercise du pouvoir doctrinal dans la chrétienté du XIIIᵉ siècle: Le cas d'Étienne Tempier* (París, 1978); R. Hissette, «Étienne Tempier et ses condamnations», *RThAM*, 47 (1980), 231-70.

33

La teología oriental hasta la caída de Constantinopla

Cuando en el capítulo VII dejamos la teología oriental para discutir el desarrollo del pensamiento cristiano en Occidente, Constantinopla quedaba en manos de los cruzados occidentales, Rusia bajo el poder de los mongoles, y las antiguas sedes de Jerusalén, Antioquía y Alejandría —así como la casi totalidad de los nestorianos y monofisitas— supeditadas a los musulmanes. Esta situación, que cambió sustancialmente solo en los casos de Constantinopla y Rusia, es el contexto dentro del cual se forjó la teología oriental durante el período que ahora debemos estudiar. Fue una época aciaga para el cristianismo oriental. La Iglesia bizantina se veía obligada a preguntarse si sus peores enemigos eran los turcos o los cristianos occidentales. Rusia, dividida como estaba en pequeños principados, atraía la codicia de sus vecinos occidentales, quienes invadieron el país y establecieron una zona de influencia romana. A la larga, Rusia lograría consolidarse hasta formar un reino unido; pero la Constantinopla cristiana quedaría transformada en la musulmana Istambul.

La teología bizantina

Durante los últimos doscientos cincuenta años antes de que los turcos tomaran la ciudad de Constantinopla (en 1453), la teología bizantina se vio dominada por la cuestión de las relaciones con Occidente. Esto se debió mayormente a la difícil situación política de Bizancio, cuyos emperadores se vieron forzados a sostener un delicado equilibrio entre sus dos poderosos vecinos: los turcos al oriente y la Europa latina al occidente. Esto puede verse en las siguientes instrucciones que un emperador bizantino dejó a su hijo:

> Los turcos temen sobre todas las cosas nuestra unión con los cristianos occidentales... Por lo tanto, cuando quieras inspirarles terror, hazles saber que vas a reunir un concilio para llegar a un entendimiento con los latinos. Piensa siempre en tal concilio, pero cuídate de reunirlo, porque los nuestros, según parece, son incapaces de someterse a las condiciones necesarias para la paz y la concordia debido a su preocupación por llevar a los occidentales de nuevo a la antigua unión que existía entre ellos y nosotros. Tal unión no puede realizarse. Luego un concilio no tendría más resultado que el de aumentar nuestra separación y dejarnos a la merced de los turcos.[1]

Esta predicción resultó ser cierta, pues escasamente catorce años después de que el Concilio de Florencia declarara solemnemente la unión de las iglesias, Constantinopla fue tomada y saqueada por los turcos.

Puesto que la política imperial había ejercido tradicionalmente una gran influencia sobre la Iglesia bizantina, la importancia capital que tenía la cuestión de la unión con Roma desde el punto de vista político llevó a esa cuestión a eclipsar toda otra preocupación teológica. Durante dos siglos y medio la teología bizantina se vio envuelta en constantes y amargas controversias entre quienes favorecían la unión y quienes se oponían a ella. Esto llevó a una situación semejante a la de la controversia iconoclasta, pues los emperadores se vieron a menudo obligados a sostener una posición impopular, y resultaron incapaces de hacer cumplir su voluntad por el pueblo, los monjes y los diversos dignatarios eclesiásticos que se encontraban fuera de la esfera de influencia política de Constantinopla. Los principales defensores de la unión con Roma eran personajes tales como el patriarca Juan Veccus, cuyas posiciones teológicas seguían muy de cerca los requerimientos de la política imperial.[2] A excepción de tales hombres y sus seguidores inmediatos,[3] la inmensa mayoría del pueblo, así

---

[1] Manuel Paleólogo a su hijo Juan VIII, citado por Zananiri, *Histoire*, p. 242.

[2] Varias de sus obras se encuentran en *PG*, 91. Otras referencias a ediciones más completas y recientes pueden verse en H. G. Beck, *Kirche und theologische Literatur im byzantinischer Reich* (Múnich, 1959), p. 683.

[3] Los principales seguidores de Veccus fueron Constantino Melitionita (Beck, *Literatur*, pp. 683-684) y Teoctisto de Adrianápolis (*Ibid.*, pp. 684-85).

como de los teólogos, se oponía a la unión con Roma. Algunos llegaban a afirmar —quizá recordando los acontecimientos de la Cuarta Cruzada— que si en alguna ocasión Occidente llegase a enviar una supuesta ayuda a Constantinopla esto sería para destruirla más que para salvarla.

Por otra parte, muchos de los teólogos que se oponían a la unión con Roma resultaban ser tan carentes de originalidad como sus opositores. Potentados tales como el patriarca Germán II de Constantinopla y el emperador Teodoro II Lascaris —ambos en realidad residentes en Nicea, pues en su tiempo Constantinopla estaba todavía en manos de los cruzados a consecuencia de la Cuarta Cruzada— se contentaban con repetir los viejos argumentos de la época de Focio. Por tanto, las cuestiones discutidas eran, en esencia, las mismas de épocas anteriores: el *filioque*, el uso de panes ázimos en la eucaristía y la primacía romana.

En dos ocasiones las autoridades civiles y eclesiásticas de Oriente y Occidente lograron la unión formal de sus respectivas iglesias: en el Concilio de Lyon en 1274 y en el de Ferrara-Florencia en 1439. Pero en ambos casos la oposición del pueblo fue tal que las decisiones de los concilios nunca fueron llevadas a la realidad. El intento de 1274 comenzó a perder fuerza cuando el clero bizantino se negó a aceptar las decisiones del concilio, y fracasó rotundamente cuando el papa Nicolás III ripostó exigiendo más concesiones por parte de los orientales. Las decisiones de 1439 se debatían todavía cuando los turcos tomaron Constantinopla; pero ya en esa fecha resultaba claro que este nuevo intento de unión tampoco tendría buen éxito. En 1443 los patriarcas de Alejandría, Antioquía y Jerusalén condenaron las decisiones del concilio, que antes habían aceptado. Poco después todas las iglesias orientales que no estaban bajo el dominio político de Constantinopla hicieron lo mismo.

Fue en la controversia hesicástica o palamita que la cuestión de las relaciones con Occidente tomó un giro original, pues en ella el escolasticismo occidental chocó con el misticismo oriental.[4] Los orígenes del movimiento hesicástico —así llamado porque sus seguidores vivían en silencio santo, *én êsyjía*— se remontan a los orígenes mismos del cristianismo bizantino, o por lo menos a los tiempos de Simeón Neoteólogo. Pero la controversia misma surgió cuando algunos teólogos que habían estudiado el escolasticismo occidental comenzaron a utilizar sus métodos para ridiculizar ciertas prácticas ascéticas que gozaban de gran popularidad en algunos monasterios bizantinos.

Al parecer, fue Gregorio de Sinaí quien introdujo en los monasterios bizantinos las prácticas que después serían tan discutidas. Gregorio visitó

---

[4] Había, sin embargo, otros aspectos en la controversia hesicástica. Véase J. Meyendorff, *A Study of Gregory Palamas* (Londres, 1964), pp. 134-156.

el monte Atos y varios monasterios constantinopolitanos durante el siglo XIV, y allí introdujo un método para lograr el éxtasis que consistía en sentarse con la barbilla apoyada sobre el pecho, mirarse el ombligo, y detener la respiración lo más posible mientras se repetía constantemente «Señor Jesucristo, ten misericordia de mí».[5] Haciendo esto durante un período prolongado, al tiempo que apartaba su espíritu del entendimiento y lo llevaba hacia el corazón, el místico hesicasta lograba el éxtasis, y se veía entonces rodeado de la misma luz divina e increada que los discípulos vieron en el monte Tabor.

Estas doctrinas atrajeron la burla de Barlaam, un monje calabrés versado en el aristotelismo y en el escolasticismo occidental. Barlaam favorecía la unión con Roma y, a fin de facilitar esa unión, afirmaba que es imposible saber si el Espíritu Santo procede solo del Padre, o del Padre y el Hijo. De este modo, la cuestión del *filioque* quedaba relegada al plano de las preguntas a las que no puede darse respuesta. Tal agnosticismo no era del agrado de varios teólogos bizantinos, entre ellos Gregorio Palamas, quien refutó a Barlaam. Por tanto, aun antes de la controversia hesicástica, había habido diferencias entre Barlaam y Palamas.

Los monjes hesicastas acudieron a Gregorio Palamas en busca de apoyo contra los ataques de Barlaam. Gregorio acudió en su ayuda, pero al mismo tiempo logró hacer que la controversia se apartase de las dudosas prácticas ascéticas de los hesicastas y se concentrase en los problemas teológicos envueltos. Barlaam negaba la existencia de una luz increada, puesto que tal luz tendría que ser el mismo Dios, y sería por tanto invisible. En respuesta a esto, Palamas establecía una distinción entre la esencia y las operaciones de Dios. Estas últimas no son creadas por ser manifestaciones de la sustancia divina. Si no existiesen tales manifestaciones, sería imposible conocer a Dios.

La controversia duró varios años. En términos generales, quienes favorecían la unión con Roma y estaban imbuidos en el escolasticismo occidental tomaron el partido de Barlaam y de su sucesor en la controversia, Gregorio Acindino,[6] mientras que quienes se oponían a esa unión tomaron el partido de Palamas y los hesicastas.[7] La situación se complicó al estallar una guerra civil en la que la cuestión del hesicasmo se vio envuelta —aunque solo como un factor de menor importancia—. Finalmente, en 1351, un concilio sancionó la doctrina de los hesicastas y condenó a

---

[5] Véase su tratado *De quiet, et duobus orat. modis*, PG, 150:1313-30, especialmente el capítulo 2.

[6] Sus cartas han sido editadas y traducidas por A. C. Hero (Washington, 1983).

[7] La principal excepción fue Escolario, quien tomó el nombre monástico de Gennadio. Gennadio era conocedor de la teología de Santo Tomás, a quien tradujo al griego. Pero, a pesar de ello, era un convencido palamista y opositor a la unión con Roma.

Barlaam y a Acindino. A partir de entonces, los cristianos orientales han contado a Palamas entre el número de sus santos.

Aunque la cuestión de las relaciones con Roma ocupaba el centro del escenario, los bizantinos se dedicaron también al estudio de la filosofía y las ciencias. Continuando la obra de Psellos, hubo un despertar en el estudio de la Antigüedad clásica que más tarde contribuiría al Renacimiento occidental. Junto a esto, se desarrolló un interés en el conocimiento astronómico y matemático de los persas y esto, a su vez, dio nuevo ímpetu a la ciencia bizantina. Mientras Constantinopla se preparaba a morir, se dedicaba también a completar su legado a las civilizaciones posteriores.

El fin no llegó sin anunciarse. Los bizantinos sabían que toda esperanza estaba perdida; pero, a pesar de ello, no dejaron a un lado sus disputas internas. Alguien llegó a decir que diez mil turcos en pie de guerra no harían tanto ruido como cien cristianos discutiendo asuntos teológicos.[8] La noche del 28 de mayo de 1453, esperando lo peor, el pueblo se reunió en la catedral de Santa Sofía para prepararse a morir. Esta fue la última ceremonia cristiana celebrada en la antigua catedral, pues esa noche los turcos lograron introducirse a través de las murallas de la ciudad. Siguieron tres días de incendio y saqueo, tras los cuales el sultán entró en triunfo en la antigua ciudad de Constantino y dedicó al Profeta el viejo santuario en que el nombre del Salvador había resonado por mil años.

La teología rusa

En el siglo XIII, la invasión de los mongoles dejó a Rusia en un estado de caos. Ciudades completas fueron destruidas para nunca levantarse de nuevo. Por siglos, el país quedó dividido en pequeños principados, todos bajo el gobierno indirecto de los mongoles. Paulatinamente, algunos de estos —y especialmente Moscú— lograron la hegemonía sobre los demás, y así establecieron los cimientos políticos de la Rusia de los zares. Pero este proceso tomó dos siglos y medio, es decir, todo el período que estamos ahora estudiando y que los historiadores han dado en llamar «el Medioevo ruso».

El impacto del Medioevo ruso sobre la vida de la iglesia fue doble: por un lado la fortaleció, mientras por otro la debilitó. El Medioevo ruso fortaleció la vida de la iglesia por cuanto esta vino a ser ahora el principal lazo de unión que abarcaba a todos los rusos como un solo pueblo. La iglesia se tornó símbolo de la nacionalidad rusa. El arte popular de la época da testimonio de una profunda piedad. El movimiento monástico floreció y cobró

[8] Citado en Zananiri, *Histoire*..., p. 248.

ciertos rasgos que son típicamente rusos. Cuando la nación surgió de su Medioevo, se consideraba a sí misma heredera, no solo del antiguo reino de Kiev, sino también del difunto Imperio bizantino —de su emperador y de su patriarcado— tomando para su capital el título que Constantinopla antes se había dado como la «nueva Roma».

Pero el Medioevo ruso también debilitó a la iglesia. Los albores del pensamiento teológico que hemos discutido en un capítulo anterior nunca llegaron a lo que debió haber sido su culminación natural. Casi toda la literatura que el Medioevo ruso nos ha dejado consiste en leyendas hagiográficas colmadas de acontecimientos milagrosos, y buena parte del resto de esa literatura consiste en crónicas de gran interés para el historiador, pero casi totalmente carentes de reflexión teológica. La decadencia de las letras y del conocimiento en general fue tal que uno de los más famosos monasterios —que contaba con una de las mejores bibliotecas de toda Rusia— no poseía del Antiguo Testamento más que el libro de Jeremías, y contaba entre sus manuscritos bíblicos dos libros obviamente apócrifos. Aún más: el arzobispo Gennadio de Novgorod, al escribir a este mismo monasterio, ¡incluye entre los libros de la Biblia una colección de fragmentos de un autor de comedias ateniense del siglo IV antes de Cristo![9]

Sin lugar a duda, lo más interesante del desarrollo teológico del Medioevo ruso es el surgimiento de dos sectas: la de los strigolniks en el siglo XIV y la de los judaizantes en el XV. Los strigolniks —el origen de este nombre no está claro— parecen haber partido de una severa crítica al clero por cobrar por ordenaciones y otros servicios eclesiásticos. Su profundo sentido de la indignidad del clero les llevó a apartarse de los sacramentos y a subrayar el estudio de las Escrituras y la religiosidad personal. Esto, a su vez, les llevó a la práctica de confesar sus pecados a la tierra (práctica ésta que tiene una larga historia en la religiosidad rusa, aun antes de la llegada del cristianismo al país). Por tanto, un movimiento que nació como una protesta por parte de personas relativamente cultas contra los abusos del clero terminó regresando a antiguas formas de religiosidad precristianas. El origen de los judaizantes es tan incierto como el de los strigolniks, y es muy posible que el nombre que se les da no sea del todo justo. Sus opositores les acusan de negar la divinidad de Cristo, la venida pasada del Mesías, la Trinidad, así como de negarse a honrar la cruz, las imágenes y los santos. También se dice que celebraban el sábado en lugar del domingo. Lo que sí es del todo cierto es que los judaizantes estudiaban la Biblia y los escritos de los santos con un espíritu más crítico que el de los cristianos ortodoxos. Luego es muy posible que estos dos movimientos sectarios hayan sido en realidad intentos por parte de una

---

[9] G. P. Fedotov, *The Russian Religious Mind: The Middle Ages* (Cambridge, MA, 1966), pp. 32-33.

minoría relativamente culta de renovar una iglesia que había caído en el oscurantismo y la corrupción.

La teología nestoriana y monofisita

Durante los últimos siglos de la Edad Media, el curso de la teología nestoriana fue casi una simple continuación de la teología de los siglos anteriores. La mayor parte de la producción literaria consiste en traducciones, poesía devocional y otros materiales canónicos y litúrgicos. El principal teólogo de la época fue Ebedjesús bar Berika,[10] poeta y erudito[11] cuyo *Libro de la perla sobre la verdad de la doctrina cristiana*[12] es una obra notable de teología sistemática. Este tratado se divide en cinco secciones, que tratan respectivamente sobre Dios, la creación, cristología, los sacramentos y escatología. La tercera sección es la que más nos interesa aquí, debido a la importancia crucial que tiene la cuestión cristológica en los desacuerdos entre los nestorianos y otros cristianos. Aquí, Ebedjesús expone una teología típicamente antioqueña en la que el hombre asumido por el Verbo es como un templo en el que mora la divinidad. Su imagen favorita es la de una perla en la que brilla el sol, y en la que uno puede por tanto ver la luz del sol, pero que no es el sol mismo. Otro punto digno de mención es que, al nombrar los patriarcas de la iglesia cristiana, Ebedjesús afirma que el patriarca de Roma tiene el sitio de honor entre sus colegas. Esto parece indicar que los esfuerzos que Roma hacía entonces por atraerse al resto de la cristiandad hacían impacto aun en el principal teólogo nestoriano.[13]

La teología monofisita de la Iglesia copta se manifiesta en obras de exégesis,[14] polémica[15] y breves resúmenes de la fe cristiana.[16] Pero en todas estas obras la originalidad es escasa.

---

[10] F. Nau, «Ebedjesus bar-Berika», *DTC*, 4:1985-86.

[11] Su poema *El Paraíso* le ganó el título de poeta, mientras que el de erudito lo mereció por su *Catálogo de autores nestorianos y de sus obras*.

[12] Ed. Mai, *SVNC*, 10:317-66.

[13] Otro teólogo nestoriano digno de mención es el patriarca Timoteo II, quien reinó a principios del siglo XIV, y nos ha dejado una obra *Sobre las siete bases de los misterios eclesiásticos*. Este libro resume la teología sacramental de la Iglesia Nestoriana. Véase W. de Vries, «Timotheus II (1318-32) über die sieben Gründe der kirchlichen Geheimnisse», *OrChr*, 8 (1942), 40-94.

[14] Especialmente las de Jaradj Ibn al'Assal, quien en el siglo XII comentó casi todo el Nuevo Testamento, M. Jugie, «Monophysite (Eglise Copte)», *DTC*, 10:2270.

[15] Fadail Ibn al'Assal, hermano del anterior, fue un hábil polemista y estudioso de las tradiciones canónicas. Abul-Barakat Ibn Kabar escribió una *Respuesta a los musulmanes y judíos*. E. Tisserant, «Kabar, Abul-Barakat Ibn», *DTC*, 8:2293-96.

[16] El principal de estos es el libro de Ibn Kabar *Lámpara de las tinieblas*, que intenta resumir todo el conocimiento que pueda serle útil a un sacerdote cristiano, desde la doctrina de la creación hasta la construcción de iglesias.

La Iglesia de Etiopía mostró más vitalidad y originalidad que la copta, aunque constitucionalmente dependía de ella. En el siglo XII, Etiopía comenzó a surgir de un largo período de caos y luchas internas. Esto se logró mayormente con la llegada al poder de la dinastía salomónica. Puesto que varios monjes habían coadyuvado a ese cambio político, se les dieron amplios privilegios y extensiones de tierra. En cierto sentido, esto revitalizó la actividad monástica y erudita. Pero el resultado neto de la nueva situación no fue una vida eclesiástica unida y dinámica, sino más bien la continua discusión de cuestiones sin importancia que, a la larga, llevaron a acusaciones mutuas de herejía y amargas controversias. No podemos discutir aquí todos los detalles de estas controversias, que a menudo fueron exacerbadas por consideraciones de orden político. Baste decir que los principales puntos que se discutían eran la observancia del día del Señor, la presencia corporal de Cristo en la eucaristía, el sentido en que el ser humano fue creado «a imagen de Dios» y el culto debido a María y a la cruz.[17]

Aunque la Iglesia jacobita se vio a menudo dividida,[18] el hecho de que Siria estaba viviendo un período de renovada vida política e intelectual le permitió a esa iglesia producir uno de sus más distinguidos teólogos: Gregorio Bar Hebreo.[19] Hijo de un judío convertido —y de aquí el nombre de Bar Hebreo—, Gregorio estudió en Antioquía y Trípoli, y por último llegó a ocupar un alto cargo en la Iglesia jacobita.

Puesto que este cargo le obligaba a viajar, Gregorio pudo visitar varias bibliotecas y así reunir un vasto conocimiento hasta entonces disperso. En filosofía, se hizo seguidor convencido de Aristóteles, a quien parece haber conocido mayormente a través de comentaristas árabes. Su importancia para la historia de la teología se encuentra en su obra como compilador y en sus opiniones en el campo de la cristología. En este último campo,

[17] La controversia sobre el día del Señor fue en parte una excusa que utilizó el rey Amda-Sion para aplastar la oposición de ciertos monjes que le acusaban de inmoralidad —entre ellos un tal Anorio—. Puesto que estos monjes eran poderosos, y su afirmación de que el domingo cristiano había suplantado el sábado judío no era popular entre las masas, el rey aprovechó esta coyuntura para atacar a los monjes. Véase E. Coulbeaux, «Ethiopie (Eglise de)», *DTC*, 5:939. La presencia corporal de Cristo en la eucaristía era negada por razones trinitarias por los miguelitas —seguidores de Za Miguel— y por otras razones por los «herejes del Monte Sión», es decir, aquellos que rechazaban el realismo eucarístico del convento del Monte Sión. Los miguelitas también afirmaban que la creación del humano a imagen de Dios debía ser interpretada alegóricamente. El culto a María y a la cruz era rechazado por los estefanitas, que parecen haber florecido a principios del siglo XV, y fueron perseguidos hasta tal punto que a finales de ese siglo ya habían desaparecido.

[18] Esto se debió mayormente a cuestiones políticas, pues las tierras en que los jacobitas eran más numerosos no pertenecían a un solo gobierno.

[19] F. Nau, «Bar Hébraeus, Grégoire Abûlfarge», *DTC*, 2 :401-6. Su *Candélabre du sanctuaire* se puede ver en *PO*, 22/4; 24/3; 27/4; 30/2, 4; 31/1.

Gregorio propuso una nueva fórmula,[20] al mismo tiempo que reconocía que buena parte de los desacuerdos cristológicos entre diversas ramas del cristianismo era más verbal que real.[21] Si su opinión en este último punto hubiera sido seguida, la triste historia de las divisiones del cristianismo por razones de detalles verbales bien podría haberse abreviado en varios siglos.

La Iglesia de Armenia, como su hermana jacobita, se vio dividida por razones de índole política. Mientras la Pequeña Armenia —en Asia Menor— se acercaba cada vez más a Roma, el resto de la comunión armenia rechazaba esta tendencia. Esto fue causa de constantes fricciones cuyo resultado final —después que el Concilio de Florencia intentó unir a los cristianos orientales con Roma— fue un cisma duradero entre los patriarcados de Sis, en la Pequeña Armenia, y Etchmiadzin, en Armenia propiamente dicha.[22] Como era de esperarse dadas las circunstancias, el principal teólogo de la Iglesia armenia durante el siglo XIV, Gregorio de Datev, se dedicó a refutar las opiniones de los armenios que se habían unido a la Iglesia romana. Este es el propósito de su *Libro de preguntas*, donde trata de mostrar el error de sus adversarios planteando preguntas que no pueden contestarse a partir de las presuposiciones de esos adversarios. Así, por ejemplo, Gregorio pregunta a quienes afirman que hay en Cristo dos naturalezas: «¿Cuál naturaleza de Cristo ha de adorarse? Si la divina, adoras como judío... si solo la humana, caes en la blasfemia de adorar a un hombre...».[23]

En resumen: la principal característica de la teología oriental durante los últimos tres siglos del Medioevo es el modo en que la cuestión de las relaciones con Roma tiende a eclipsar toda otra cuestión. Aunque no hemos pretendido repetir aquí el modo en que los acontecimientos se desarrollaron en cada una de las comuniones orientales, las consecuencias del Concilio de Florencia en todas las iglesias orientales fueron esencialmente las mismas que en la Iglesia bizantina. De este modo, lo que pretendió ser una búsqueda de unidad fue, en realidad, un elemento divisivo introducido en la vida de iglesias que se encontraban ya en grandes dificultades debido a sus problemas locales. Por tanto, no ha de maravillarnos que, en el siglo XVI, cuando el cristianismo occidental se vio dividido por grandes debates teológicos, tales debates hayan encontrado eco en la Iglesia oriental.

---

[20] Su fórmula original era la frase «doble naturaleza»; no en el sentido de que haya dos naturalezas, sino de que la única naturaleza del Salvador era en cierto sentido «doble». Véase *BibOr*, 2:297.

[21] *Ibid.*, 291.

[22] L. Petit, «Armenie, Conciles», *DTC*, 1929-32.

[23] H. A. Chakmakjian, *Armenian Christology and Evangelization of Islam: A Survey of the Relevance of the Christology of the Armenian Apostolic Church to Armenian Relations with its Muslim Environment* (Leiden, 1965), p. 46.

34

La teología occidental en las postrimerías de la Edad Media

Los últimos años del siglo XIII marcan el comienzo de la decadencia del Medioevo después del punto culminante alcanzado en Inocencio III, Tomás de Aquino y Buenaventura. Ya hemos dicho que Bonifacio VIII, quien reclamaba para el papado inmensos poderes y privilegios, fue sin embargo el primero de una serie de papas con quienes la autoridad de la sede romana comenzó a decaer. Tomás y Buenaventura murieron en 1274. Juan Duns Escoto, el principal teólogo a quien estudiaremos en este capítulo, nació menos de una década antes. La importancia de Escoto es paralela a la de Bonifacio VIII, pues Escoto puede ser interpretado, bien como el punto culminante de la teología agustiniana, o bien como el comienzo de un proceso de desintegración que a la larga destruiría todo el edificio de la escolástica medieval.

Escoto murió en 1308, y un año después la decadencia de la iglesia medieval se hizo manifiesta cuando el papa estableció su residencia en Aviñón, donde el papado vino a ser un instrumento en manos de la corona francesa. Esa fue la situación durante casi tres cuartos de siglo (1309-1378). A fin de cubrir los gastos de su corte en Aviñón, los papas de la época establecieron un sistema de impuestos eclesiásticos que hizo aparecer a toda la iglesia como culpable de simonía. Las nuevas naciones que iban naciendo en Europa comenzaron a dudar de la validez de una autoridad eclesiástica supuestamente universal que, sin embargo, parecía prestarse a todos los designios de la monarquía francesa (no debemos olvidar que era la época de la Guerra de los Cien Años entre Francia e Inglaterra). Personas de profundo celo reformador tales como los franciscanos radicales —también llamados *fraticelli*— comenzaron a llamar al papado en Aviñón «la cautividad babilónica de la iglesia». El resultado neto de todo esto fue la pérdida de prestigio por parte del papado, que parecía haber llegado al máximo de su deterioro.

Y, sin embargo, mayores indignidades habrían de seguir. En 1378, cuando el papa regresó a Roma, los cardenales franceses sencillamente nombraron otro papa por cuenta propia. Esto dio origen al Gran Cisma de Occidente, que perduró hasta bien entrado el siglo XV (1378-1417). En consecuencia, toda la Europa occidental se vio dividida en su adhesión a dos —y hasta tres— papas distintos.

El movimiento conciliar surgió como una posible solución al Gran Cisma, y también como un modo de combatir la herejía y lograr la reforma general de la iglesia. Quienes proponían las ideas conciliaristas eran en su mayoría reformadores moderados que afirmaban que un concilio que representase a toda la Iglesia tendría autoridad y poder para determinar quién era el verdadero papa, así como para sanar el cisma, renovar la iglesia y destruir toda clase de herejía. El movimiento conciliar logró sus fines por cuanto el Concilio de Constanza —el mismo que condenó a Juan Hus— puso fin al cisma papal y así restableció el orden. Pero el conciliarismo fracasó porque el Concilio de Basilea (1431-1449) se dividió cuando el papa intentó trasladarlo a Ferrara. Así, el resultado final de un movimiento que surgió a fin de subsanar la división de la iglesia fue el cisma dentro del movimiento mismo.

Sin embargo, el papado que así recuperó su posición de gobernante supremo del cristianismo occidental nunca volvería a alcanzar el poder que tuvo Inocencio III. Los papas de la segunda mitad del siglo XV estaban embebidos en el espíritu del Renacimiento italiano. Eran príncipes terrenos que luchaban en la arena política y militar en pro de la supremacía en la península italiana. Su interés se centraba en el embellecimiento de Roma, y esto, a su vez, les llevó a dedicar a las artes buena parte de sus recursos económicos y humanos. Mientras se oían clamores de reforma en Bohemia, Holanda, Inglaterra y otras partes de Europa, los papas sencillamente continuaban acumulando bienes y belleza en sus posesiones. Algunos parecían tomar la guerra como un pasatiempo. Cuando Colón «descubrió» el Nuevo Mundo, Alejandro VI estaba demasiado ocupado en otros intereses para poder supervisar el trabajo misionero en las nuevas tierras y, por lo tanto, colocó la responsabilidad misionera bajo las coronas de Portugal y España. Como consecuencia de todo esto, el papado perdió su lugar de suprema autoridad espiritual y de mediador en cuestiones políticas.

Ante el deterioro general de la autoridad espiritual de la iglesia, diversas personas buscaron distintas soluciones. Como ya hemos dicho, algunos creían que un concilio general —o una serie de ellos— podría reformar la iglesia y restaurar su perdido prestigio. Otros se inclinaban a dejar a un lado la iglesia y sus problemas y seguían la vía mística como camino hacia la comunión personal con Dios. Por último, otros —tales como Hus, Wyclif y Savonarola— buscaban una reforma más general, aun a sabiendas de que sus acciones les llevarían a un conflicto con las autoridades establecidas.

De los párrafos precedentes se sigue el bosquejo del resto de este capítulo: primero estudiaremos a Juan Duns Escoto, luego el movimiento conciliar —y su aliado teológico, el nominalismo—, después el misticismo de finales de la Edad Media y, por último, los diversos intentos de reforma que anunciaron la gran Reforma del siglo XVI.

Juan Duns Escoto

Es poco lo que se sabe de la vida del hombre en quien la tradición del agustinismo franciscano llegó a su culminación.[1] Semejantes dificultades existen respecto a sus obras, en las que los problemas textuales son muchos y muy complejos.[2] Esto, junto a su estilo difícil y su uso frecuente de distinciones sutiles, ha dado por resultado un desconocimiento general de su metafísica y su teología, así como frecuentes interpretaciones erróneas de la naturaleza y propósito de su obra. Duns Escoto mereció el título de «Doctor Sutil», por el que se le conoce comúnmente. Es cierto que sus distinciones socavaron buena parte de lo que había sido aceptado tradicionalmente. Pero su propósito no era la mera crítica con intención de destruir, sino más bien ofrecer una nueva síntesis que fuese profundamente agustiniana y franciscana y que, sin embargo, tomase en cuenta los problemas planteados por la crítica de los aristotélicos a la teología tradicional. Aunque Escoto logró producir tal síntesis, las dificultades de su estilo, la nitidez del pensamiento de Santo Tomás, el uso que algunos teólogos posteriores hicieron de sus críticas a opiniones tradicionales, y la

---

[1] Las dudas incluyen la fecha de su nacimiento (posiblemente alrededor del año 1265), así como varios aspectos de su carrera académica y eclesiástica. Hay numerosos estudios de tales cuestiones. Como introducciones básicas véase: A. G. Little, «Chronological notes on the Life of Duns Scotus», *EngHistRev*, 47 (1932); J. M. Martínez, *Vida breve y criteriología del Doctor Sutil Juan Duns Escoto* (Santiago de Compostela, 1957).

[2] El primer volumen de la nueva edición crítica que se comenzó a publicar por la Comisión Escotista en 1950 dedica trescientas páginas a estos problemas. Más breve es la introducción de K. Balic, «Duns Scotus werken in het licht van de tekstkritiek», *CollFranNeer*, 7 (1946), pp. 5-28. Balic fue director de la Comisión Escotista.

decadencia general de los años que siguieron a su muerte, fueron factores que evitaron que su pensamiento lograse la aceptación general de que Santo Tomás llegó a gozar.

A pesar de la sutileza de sus distinciones, Escoto es un teólogo típicamente franciscano por cuanto para él la teología es una disciplina práctica.[3] Esto no quiere decir que tenga que ser directa y sencillamente aplicable a lo que hoy llamamos cuestiones «prácticas», sino más bien que el propósito de la teología es llevar al ser humano hacia el fin para el que ha sido creado.[4]

El primer punto en el que Escoto se ve en la necesidad de ofrecer una alternativa que evite tanto los problemas del tomismo como los del agustinismo tradicional es la cuestión del objeto propio del conocimiento humano. La doctrina de la iluminación, sostenida por el agustinismo tradicional, había llevado al maestro parisiense Enrique de Ghent a la conclusión de que Dios es el objeto propio del intelecto humano, pues si el verdadero conocimiento consiste en la presencia de ideas eternas en nuestra mente, se deduce que ese conocimiento no es otra cosa que la presencia de Dios mismo. Por otra parte, la posición aristotélico-tomista lleva a la conclusión de que el objeto propio del intelecto humano es la esencia de cosas materiales. Cada una de estas dos posiciones envuelve serias dificultades. La de Enrique de Ghent parecería exigir la capacidad de tener un conocimiento de Dios directo e intuitivo, y que ese conocimiento sea suficientemente claro como para que la mente pueda contemplar en la esencia divina los objetos particulares y materiales. Contrariamente a lo que esta posición supone, nuestro conocimiento de Dios en nuestro presente estado no es directo ni primario, sino que llegamos a él a través del conocimiento de los objetos físicos. Por otra parte, la posición de Santo Tomás parecería negar la capacidad de la mente humana para el conocimiento de objetos más allá de lo material y particular. ¿Qué decir entonces del conocimiento de Dios? Una posibilidad sería seguir el camino de Santo Tomás, y apelar a la analogía; pero más adelante veremos que Escoto tiene razones para no aceptar la doctrina tomista de la analogía. Por lo tanto, la única alternativa que Escoto puede seguir es la de declarar que el objeto propio y primario del intelecto humano es el ser en cuanto tal.

Duns Escoto evita estas dificultades al afirmar que el objeto primario y propio del intelecto humano no es el ser inmaterial, Dios, ni el ser material, ... sino el *ser* simple y sin calificativo alguno, es

[3] *Ord., prol., pars* 5, *q.* 1-2 (ed. Comisión Escotista, 1:217).

[4] Este es el tema central de la excelente introducción al pensamiento de Scoto por B. M. Bonansea, *Man and His Approach to God in John Duns Scotus* (Nueva York, 1983).

decir, el ser como ser (*ens in quantum ens*). El ser puede predicarse de todo, y nada puede ser conocido que no sea un ser. Lo que es, por el solo hecho de ser, es inteligible. Por lo menos una cosa puede predicarse de él: existe. Los límites del ser y de lo inteligible son los mismos, y solo el no ser o la nada resulta ininteligible tanto para nosotros como para cualquier otro intelecto.[5]

El hecho de que el ser nos es conocido sencillamente como tal, sin calificativo alguno, implica que «ser» se predica en sentido unívoco de todos los seres. Este es uno de los principales puntos de contraste entre el escotismo y el tomismo —pues el último afirma que el ser se predica de Dios y de las criaturas por analogía— y fue, por tanto, motivo de largos debates entre los seguidores de ambas escuelas. Escoto rechazaba la teoría de la analogía porque le parecía que creaba más problemas que los que resolvía. La teoría de la analogía haría prácticamente imposible la ciencia metafísica, es decir, el estudio del ser en cuanto ser, pues no habría un sentido propio en el cual el ser pudiese predicarse tanto de Dios como de las criaturas.[6] La analogía misma es imposible sin la univocidad del ser, pues si el ser se predica literalmente de Dios, y de sus criaturas solo análogamente, se sigue que el concepto del ser es doble —hay un «ser» de Dios y un «ser» de las criaturas—. Esto, a su vez, llevaría a dos graves dificultades: en primer lugar, se haría necesario un tercer elemento cuya función sería establecer una relación entre los dos conceptos del «ser»; en segundo lugar, dada la teoría tomista del conocimiento, sería imposible explicar el origen del concepto de «ser» que se aplica a Dios, puesto que ese concepto no podría derivarse de ese otro «ser» que se conoce en las cosas materiales.[7] De este modo Escoto muestra la necesidad de la teoría de la predicación unívoca del ser, que es una de las principales características de su sistema.

Esta doctrina de la predicación unívoca del ser es fundamental para llegar a una comprensión del modo en que Escoto intenta probar la existencia de Dios.[8] La opinión tradicional de la escuela franciscana, según la

---

[5] E. Bettoni, *Duns Scotus: The Basic Principles of His Philosophy* (Washington D.C., 1961), pp. 32-22.

[6] *Op. Oxon. I, d.* 3, *q.* 3, *art.* 2, *n.* 6.

[7] *Op. Oxon. I, d.* 3, *q.* 2, *art.* 4, *n.* 8.

[8] Puesto que en este punto Escoto ha sido interpretado de diversas maneras, la siguiente bibliografía puede servir para dar una indicación de cuáles son esas diversas interpretaciones: F. P. Fachler, *Der Seinsbegriff in seiner Bedeutung für die Gotteserkenntnis bei Duns Scotus* (Friedberg-Augsburgo, 1933); T. Barth, «Die Stellung der univocatio im Verlauf der Gotteserkenntnis nach der Lehre des Duns Skotus», *WuW*, 5 (1938), 235-54; T. Barth, «Zur Grundlegung der Gotteserkenntnis: Problemvergleichende Betrachtung von Thomas über Skotus bis heute», *WuW*, 6 (1939), 245-64; E. Bettoni, «Duns Scoto e l'argomento del moto», *RFilNSc*, 33 (1941), 477-89; A. Epping, «De structuur van Scotus' Godsbewijs», *StCath*, 18 (1942), 86-98; A. Epping, «Scotus en het anselmiaans Godsbewijs»,

cual la existencia de Dios es evidente, no le convence más que las cinco pruebas de Santo Tomás. Escoto concuerda con Anselmo y los franciscanos tradicionales en que la existencia de Dios es evidente en principio, es decir, que una comprensión correcta de la noción de Dios lleva necesariamente a afirmar su existencia. Pero, por otra parte, Escoto insiste en que nuestro intelecto no tiene tal noción de Dios, y que, por tanto, la existencia de Dios necesita ser probada. Sin embargo, las pruebas que ofrece Santo Tomás no son aceptables, pues son «físicas» más que metafísicas, es decir, tratan de probar la existencia de Dios, el ser necesario, a partir de la existencia de seres contingentes. Tales argumentos resultan claramente falaces, especialmente si el concepto del ser en estos dos casos se entiende de manera análoga más que unívoca, puesto que entre los seres contingentes y el ser necesario hay un inmenso abismo —sobre todo si se toma en cuenta que el término «ser» no se emplea en el mismo sentido en estos dos casos—. Los argumentos de Santo Tomás se basan en las divisiones del ser físico, mayormente la división entre acto y potencia, y concluyen, entonces, que debe haber un ser que es puro acto. Pero, en realidad, todo lo que tales argumentos prueban es un ser cuya existencia se deduce necesariamente de la existencia de los seres contingentes, y que, por tanto, no es un ser necesario en el sentido estricto.

Escoto intenta probar la existencia de Dios por el camino de la metafísica, es decir, del ser en sí. Puesto que el ser se predica siempre unívocamente, ha de predicarse de Dios en el mismo sentido en que se predica de las criaturas. Por lo tanto, el método para probar la existencia de Dios debe ser partir de la noción del ser y seguir entonces un camino paralelo al de Santo Tomás, es decir, del ser contingente al necesario; pero la diferencia será que la prueba escotista no se basará en la existencia contingente de los seres físicos, sino en la noción misma del ser. Escoto comienza mostrando que hay ciertas características del ser que se le aplican de manera universal —las que él llama *passiones convertibiles simplices*, tales como la unidad, verdad, bondad y belleza— y otras que se dan en pares de los cuales uno ha de aplicarse a cada ser —lo que él llama *passiones disiuntivae*, tales como necesidad y contingencia, finitud e infinitud, etc. Puesto que hay ciertos seres a los cuales se aplican los términos imperfectos de estos pares, ha de haber un ser al cual se apliquen los otros términos del mismo par. Así pues, el argumento escotista para probar la existencia de Dios combina ciertas características del llamado argumento ontológico de

CollFranNeer, 7 (1946), 29-60; E. Gilson, *Jean Duns Scot: Introduction à ses positions fondamentales* (París, 1952), pp. 116-215; B. M. Bonansea, «Duns Scotus and St. Anselm's Ontological Argument», en J. K. Ryan, ed., *Studies in Philosophy and the Histoy of Philosophy*, Vol. 4 (Washington, 1969), pp. 129-41; G. Scheltens, «Der gottesbeweis des J. Duns Scotus», *WuW*, 27 (1964), 229-45.

San Anselmo con otras del argumento de Santo Tomás. Es básicamente un argumento *a posteriori*, ya que Escoto concuerda con Tomás en que los seres concretos han de ser el punto de partida. Pero Escoto no parte de la existencia contingente de los seres, sino que de los seres contingentes que existen toma la noción unívoca del ser, y de esta noción parte el resto del argumento.

El Dios cuya existencia se prueba mediante este argumento tiene todos los atributos que la teología tradicional le atribuye a la divinidad: simplicidad, inmutabilidad, omnisciencia, etc.[9] Sin embargo, lo que ha dado lugar a más discusiones dentro de este contexto es el énfasis que Escoto coloca sobre la voluntad divina —su llamado voluntarismo—. Siguiendo la tradición agustiniana, Escoto insiste en la prioridad de la voluntad por encima de la razón. Esto es cierto no solo de Dios, sino también del ser humano. La voluntad de Dios —así como la humana— es tal que esa voluntad es la única causa de su propia acción. Esto no quiere decir que el Dios de Escoto sea un ser caprichoso que actúe de manera arbitraria. En Dios, quien es absolutamente simple, la razón y la voluntad son una sola cosa. Pero desde nuestro punto de vista es necesario afirmar la prioridad de la voluntad por encima de la razón (o, en otras palabras, la prioridad del amor por encima del conocimiento). Por lo tanto, quienes interpretan a Escoto como un proponente de un Dios caprichoso, libre para hacer cualquier cosa, aun lo que se opone a la razón, están interpretando al Doctor Sutil a la luz de pensadores posteriores que sí adoptaron esta posición extrema, aunque es cierto que muchos de estos pensadores posteriores partieron del voluntarismo de Escoto, y lo llevaron a la exageración.

Como corolario de la prioridad de la voluntad en Dios, así como de la omnipotencia divina, Escoto afirma que la encarnación no se debió solo al pecado humano, a nuestra necesidad de redención, y a la presciencia divina de estos hechos, sino que Cristo estaba predestinado a encarnarse como objeto primario del amor divino. Así pues, la encarnación no es solo el punto focal de la historia humana tal como esta se ha desarrollado, sino que es también el punto focal de todo el propósito creador de Dios, aun aparte del pecado humano.

Otros tres aspectos de la cristología de Escoto merecen mención aparte: su interpretación de la unión hipostática, su teoría de la redención, y su defensa de la inmaculada concepción de María. Sus opiniones respecto a la unión hipostática han sido muy discutidas,[10] pues algunos le han

---

[9] Un problema interesante en la teología de Escoto es cómo puede afirmarse que estos atributos que se predican unívocamente de Dios pueden ser distintos entre sí sin negar la absoluta simplicidad de Dios. Véase Gilson, *Jean Duns Scot*, pp. 243-54.

[10] L. Seiller, «La notion de personne selon Duns Scot: Ses principales applications en christologie», *FrFran*, 20 (1937), 209-48; P. Migliore, «La teoria scotistica della dipendenza

acusado de subrayar en demasía las distinciones dentro de la persona de Cristo. Pero debemos notar que su concepto de la «persona» en que se unen las dos naturalezas es muy semejante a lo que Cirilo entendía por hipóstasis,[11] y que la distinción que Escoto establece cuando habla de dos *esse* en Cristo no quiere decir que existan dos sujetos subsistentes en sí mismos, sino sencillamente que hay en Cristo dos esencias reales —la divina y la humana— y que cada una de estas ha de tener su propio *esse*.[12] Sí es cierto, sin embargo, que Escoto subraya la realidad de la humanidad de Jesús y sus limitaciones de tal modo que parece hacer peligrar la unión de esa humanidad con la naturaleza divina. Pero en esto solo estaba siguiendo una tradición que era característica del franciscanismo desde sus propios orígenes.

La teoría escotista de la redención incluye elementos derivados de las dos corrientes representadas por Anselmo y Abelardo. A veces, Escoto se refiere a la obra de Cristo como una gran acción de amor que vence la resistencia del humano para regresar a Dios; y otras veces describe esa obra como una satisfacción por los pecados de la humanidad. Pero, en este último caso, Escoto no acepta la opinión de Anselmo que esta satisfacción y el modo en que fue ofrecida fueron dictaminados por una necesidad racional. Dios pudo haber perdonado al humano sin exigir satisfacción alguna; si Dios requería tal satisfacción, no era necesario que fuese ofrecida por el Dios-hombre; y en todo caso los méritos de Cristo, puesto que son méritos de su voluntad humana, no son de por sí infinitos. Si una satisfacción fue requerida y ofrecida, y si Dios aceptó los méritos de Cristo y les otorgó un valor infinito, esto no se debió a una necesidad racional intrínseca, sino a la libre voluntad de Dios, quien ha decidido salvar al humano de esta manera. Luego tenemos aquí un ejemplo del modo en que Escoto, sin rechazar las opiniones tradicionales, ni declararlas absurdas, insiste, sin embargo, en que no son estrictamente racionales.

El tercer aspecto de la cristología de Escoto que ha sido profusamente estudiado es su defensa de la inmaculada concepción de María.[13] Como resultado de sus opiniones en este sentido, se le ha dado el título

---

[11] ipostatica in Cristo», *MisFranc*, 50 (1950), 470-80; J. L. Albizu, «La labor racional en la cristología de Juan Duns Escoto», *VyV*, 24 (1966), 101-68.

[11] *Op. Oxon. III, d.* 1, *q.* 1, *n.* 10.

[12] *Rep. Par. III, d.* 6, *q.* 1, *n.* 9.

[13] V. Mayer, «The teaching of Ven. John Duns Scotus Concerning the Immaculate Conception of Our Lady», *FrancSt*, 4 (1926), 39-60; K. Balic, «De debito peccati originalis in B. Virgine Maria: Investigationes de doctrina quam tenuit Joannes Duns Scotus», *Ant*, 15 (1941), 205-42, 317-72; K. Balic, «Joannes Duns Scotus et historia Immaculatae Conceptionis», *Ant*, 30 (1955), 349-488; J. F. Bonnefoy, *Le Vénérable Jean Duns Scot, docteur de l'Immaculée conception: Son milieu, sa doctrine, son influence* (Rome, 1960). Los textos pertinentes: *Virgo immaculata* (Roma, 1957), Vol. 7, fas. 1-3.

de «Doctor de la Inmaculada concepción». Su argumento principal es
que Cristo debe haber sido el Salvador de María de la manera más perfecta posible, es decir, manteniéndola libre del pecado original. Por tanto,
Escoto rechaza la opinión de que la Virgen heredó el pecado original y fue
santificada después de su concepción —opinión sostenida, entre otros, por
Santo Tomás—. En 1854 el papa Pío IX definió el dogma de la Inmaculada
concepción de María como doctrina oficial de la Iglesia Romana.

Según Escoto, el ser humano es un compuesto de cuerpo y alma. El
cuerpo tiene su propia forma; pero el alma es la forma del humano. Cuando
el alma está separada del cuerpo continúa viviendo; pero no es un ser
humano. En el alma, la voluntad tiene prioridad por encima del intelecto.
Luego el «voluntarismo» de Escoto, que ya hemos visto al hablar de la
naturaleza divina, aparece de nuevo en su modo de entender la naturaleza
humana. Sin embargo, debemos señalar una vez más que esta prioridad
de la voluntad no quiere decir que Escoto esté a favor de lo irracional.
Lo que quiere decir es, primero, que la mayor perfección del humano no
es su razón, sino su libertad; y, segundo, que la voluntad es libre en el
sentido de que no desea necesariamente lo bueno. Santo Tomás diría que
quien tiene una clara visión del supremo bien lo escogerá. Escoto rechaza
esta subordinación de la voluntad al entendimiento, y llega a afirmar que,
en principio, aun los bienaventurados en el cielo conservan la libertad de
pecar —aunque de hecho no pueden hacerlo—.

También en lo que se refiere a la inmortalidad del alma Escoto rechaza
la opinión de muchos de sus antecesores en el sentido de que esa inmortalidad puede probarse por medios racionales. La razón pura puede probar
que el alma es la forma específica del humano. Pero respecto a la inmortalidad del alma todo lo que la razón puede ofrecer son argumentos de
probabilidad, que tienen cierto poder de persuasión, y que pueden hasta
probar que esa inmortalidad no se opone a los dictámenes de la razón, pero
que no constituyen una demostración en el sentido estricto.[14]

La contribución de Duns Escoto al desarrollo del pensamiento cristiano
ha sido interpretada de diversas maneras. Algunos ven en él el espíritu
crítico que comenzó la demolición de la síntesis medieval. Otros ven en
él la culminación de la escuela franciscana, el hombre en quien las intuiciones de San Buenaventura llegaron a su madurez. Algunos señalan su
argumentación tortuosa y su gusto por las sutilezas, y afirman que esto es

---

[14] No hemos incluido aquí una discusión de la teoría escotista del conocimiento, porque
ello nos llevaría a estudiar varios asuntos previos harto difíciles. Sin embargo, vale la pena
indicar que aquí también Escoto busca una vía media entre la doctrina agustiniana de la iluminación, tal como la interpretaba Enrique de Ghent, y la posición aristotélico-tomista. Al
tiempo que rechaza la teoría de la iluminación, Escoto insiste en que el intelecto tiene una
función activa en el conocimiento y que en esta función sigue las directrices de la voluntad.
Véase Gilson, *Jean Duns Scot*, pp. 511-73; Bettoni, *Duns Scotus*, pp. 93-131.

señal de decadencia. Otros insisten en la penetración de su intelecto, y ven en su obra una síntesis semejante a la de Santo Tomás. Algunos ven en él el comienzo de ese divorcio entre la fe y la razón que a la larga llevaría a la caída del escolasticismo. Otros señalan su fe perfectamente ortodoxa, su sumisión a la autoridad de la Iglesia, y su interés en la doctrina de la inmaculada concepción, como señales de su fe sincera en el cristianismo medieval.

Ambas interpretaciones son parcialmente correctas. Escoto fue, sin lugar a duda, uno de los puntos culminantes de la teología medieval; y fue también, como todo punto culminante, el comienzo de un descenso. En él el método escolástico, con sus distinciones sutiles y su amor a la razón, llega al máximo de su desarrollo. Pero este mismo desarrollo le lleva a dudar de mucho de lo que antes se daba por sentado. Escoto no era un escéptico, ni un crítico de la doctrina tradicional de la iglesia, ni un innovador consciente. No cabe duda de que Escoto se veía a sí mismo como un seguidor fiel de la tradición franciscana que, al mismo tiempo, se enfrentaba a los problemas planteados por la creciente popularidad de Aristóteles y por la alternativa tomista a la teología tradicional. Por lo tanto, en muchos puntos Escoto es más conservador que Santo Tomás. Copleston está en lo cierto al ofrecer la siguiente evaluación:

> En resumen, la filosofía [y, añadimos nosotros, la teología] de Escoto mira hacia atrás y hacia adelante. Como sistema positivo y constructivo pertenece al siglo XIII, el siglo que fue testigo de las filosofías de San Buenaventura y, sobre todo, de Santo Tomás; pero en sus aspectos críticos y en sus elementos voluntaristas mira hacia adelante al siglo XIV, a pesar de que los elementos voluntaristas tienen raíces en la tradición agustino-franciscana.[15]

Como ya hemos dicho, el voluntarismo de Escoto no ha de entenderse como si Dios actuara de manera arbitraria. Pero en muchos casos Escoto sí afirmó que Dios no está sujeto a nuestra razón humana. Así, por ejemplo, su crítica del modo en que Anselmo entiende la redención consiste esencialmente en que, aunque los argumentos de Anselmo parezcan muy razonables, no lo son en el sentido de implicar una necesidad racional. Al discutir la inmortalidad del alma, Escoto afirma una vez más que sus supuestas pruebas no son más que argumentos de probabilidad. Su actitud es la misma hacia los atributos tradicionales de Dios, así como hacia la doctrina de la creación de la nada. Escoto creía que todas estas doctrinas eran ciertas; pero siempre dejó bien claro que las creía, no a base de

---

[15] F. Copleston, *History...*, 2:485.

una prueba racional, sino de la autoridad de la iglesia. Como ha dicho un famoso estudioso del Medioevo: «Duns Escoto alargó considerablemente la lista de las verdades reveladas que un cristiano debe creer, pero no puede probar».[16]

Como veremos en la próxima sección de este capítulo, el constante crecimiento de esa lista fue una de las características de la teología occidental durante los siglos XIV y XV, y uno de los principales factores que llevaron a la desintegración del ideal medieval de una síntesis entre la fe y la razón. Pero es una exageración decir que la teología de Escoto es «la clave de la historia dogmática de los siglos XIV y XV»,[17] porque varios otros factores —políticos, eclesiásticos, económicos y culturales— contribuyeron a marcar la pauta de la teología durante los últimos años del Medioevo.

El nominalismo y el movimiento conciliar

Escoto fue el último de los grandes teólogos de la Edad Media cuyo pensamiento se desarrolló aparte de problemas políticos y eclesiásticos de gran urgencia. Escoto murió en 1308, y el año siguiente Clemente V fijó su residencia en Aviñón, abriendo así el período de la «cautividad babilónica» de la iglesia y su secuela, el Gran Cisma. Estos problemas, y otros que se relacionaban con ellos, fueron el trasfondo de la teología de los siglos XIV y XV. Las cuestiones de la reforma y la unidad de la iglesia dominaban la época y, por lo tanto, sus más distinguidos teólogos dedicaron buena parte de su atención a la eclesiología —y, más específicamente, al modo de reformar y unir la iglesia—. Si aquí incluimos en una sola sección tanto el movimiento conciliar como el nominalismo de finales de la Edad Media, esto se debe a que de hecho estos dos fenómenos estaban estrechamente relacionados, y las personas envueltas en los dos eran prácticamente las mismas.

Guillermo de Occam (c. 1280-1349), fue el más notable teólogo y filósofo de su época. Occam era nominalista, y fue uno de los primerísimos actores en el proceso de introducir una cuña entre la razón y la revelación. Fue posteriormente, entre sus seguidores, que tal proceso fue llevado hasta sus últimas consecuencias. Pero el propio Occam no vacilaba en hacer uso de sus altas dotes intelectuales para subvertir la autoridad del papa. Franciscano del ala espiritual, Occam chocó repetidamente con el papado. Tanto él como otros dirigentes del partido de los espirituales se refugiaron en la corte del emperador Luis de Baviera, quien aprovechó los conflictos

---

[16] E. Gilson, *Reason and Revelation in the Middle Ages* (Nueva York, 1938), p. 85.
[17] R. Seeberg, *Text-book*, II p. 162.

que estos franciscanos tenían con el papado para sus propios fines. Fue en relación a esas luchas que Occam escribió varios tratados sobre la autoridad del papa. En ellos argüía que la autoridad civil ha sido instituida por Dios de igual modo que lo ha sido la eclesiástica, y contribuyó así al desarrollo de la teoría de un estado independiente, que se haría general en el siglo XVI. En asuntos más estrictamente doctrinales, Occam siguió siendo ortodoxo, aunque afirmando repetidamente que creía varias doctrinas —como, por ejemplo, la transubstanciación— no porque fuesen razonables, sino porque la autoridad de la iglesia las enseñaba.[18]

Occam ha sido clasificado como «nominalista», al igual que lo ha sido la inmensa mayoría de los teólogos de su época. Pero, lo primero que debe decirse del «nominalismo» de finales de la Edad Media es que tal nombre puede aplicársele solo en un sentido amplio e inexacto, «porque este supuesto "nominalismo" nunca afirmó que los universales fueran meros nombres, ni negó que los conceptos universales comunican un verdadero conocimiento de la realidad externa».[19] De no ser porque el término «nominalismo» ha llegado a ser de uso general, sería mejor hablar de un «conceptualismo realista», puesto que estos pensadores eran realistas en el sentido de que creían que los conceptos universales son representaciones adecuadas de la realidad, y conceptualistas en el sentido de que creían que tales universales tienen una existencia real, aunque solo como conceptos en la mente.

Quizá la nota más característica de la teología de estos pensadores sea la distinción que establecían entre el poder absoluto de Dios —*potentia Dei absoluta*— y su poder ordenado —*potentia Dei ordinata*—. Esta distinción había sido utilizada ya en el siglo XI por quienes afirmaban que la razón dialéctica era incapaz de penetrar los misterios de Dios. Pero en los siglos XIV y XV vino a ser un principio constante para quienes habían sido educados según una versión exagerada del voluntarismo de Escoto. Para estos autores, la distinción entre la *potentia Dei absoluta* y la *potentia Dei ordinata* era un modo de afirmar la prioridad de la voluntad sobre

---

[18] La mejor introducción al pensamiento de Occam es la de G. Leff, *William of Ockham: The Metamorphosis of Scholastic Discourse* (Manchester, 1975). Una introducción más elemental, con una selección de los textos más pertinentes de Occam, es la de A. Coccia, ed., *Guglielmo Ockham: Filosofía, teología, política* (Palermo, 1966). En cuanto a la relación entre su pensamiento político y su participación en el partido de los franciscanos espirituales, véase M. Damiata, *Guglielmo d'Ockham: Povertà e potere,* 2 vols. (Florencia, 1978-1979).

[19] G. A. Lindbeck, «Nominalism and the Problem of Meaning as Ilustrated by Pierre d'Ailly on Predestination and Justification», *HTR*, 52 (1959), 43. Véase también P. O. Kristeller, «The Validity of the Term "Nominalism"», en C. Trinkaus y H. A. Oberman, eds., *The Pursuit of Holiness in Late Medieval and Renaissance Religion* (Leiden, 1974), pp. 65-66. Sobre el movimiento en general, véase H. A. Oberman, «Some Notes on the Theology of Nominalism, with Attention to its Relation to the Renaissance», *HTR*, 53 (1960), 47-76.

la razón en Dios, y, por tanto, la aplicaban a la totalidad de su teología. Escoto había afirmado que Dios no tenía que aceptar los méritos de Cristo como infinitos, sino que sencillamente decidió hacerlo así. Los nominalistas de finales de la Edad Media tomaron este tipo de distinción —que no era común en Escoto— e hicieron de él la regla más que la excepción. Aunque esta distinción se usaba de diversos modos por distintos teólogos, todos concordaban en que, dada la omnipotencia de Dios, resulta fútil tratar de probar mediante argumentos de necesidad lógica lo que de hecho es verdad solo porque Dios ha decidido que así ha de ser.

Cuando se trata de hablar de cómo Dios actúa, solo podemos hacerlo dentro del contexto de su poder ordenado —*potentia ordinata*— que Dios mismo ha establecido por su libre voluntad. Aunque pensadores tales como Gregorio de Rimini entendían la *potentia absoluta* de tal modo que no podía contradecir los atributos revelados de Dios —especialmente su amor—, los más radicales la entendían en términos de un poder arbitrario. De *potentia absoluta*, Dios podría cambiar la distinción básica entre el bien y el mal, de tal modo que lo que es ahora malo resultase bueno.[20]

Esta distinción no era un mero juego de lógica. Por el contrario, tenía importantes implicaciones religiosas y teológicas. Por ejemplo: mostraba claramente que el orden presente, los medios que se nos ofrecen para la salvación, y la misma razón humana, no son lo que son por necesidad, sino por razón del amor de Dios.[21] En el campo de la teología, esta distinción destruía la unión entre la fe y la razón que se encontraba en el centro mismo de los grandes sistemas escolásticos. Lo que Gitson llama «la lista de las verdades reveladas que un cristiano debe creer, pero no puede probar» creció ahora hasta tal punto que llegó a incluir prácticamente toda la teología, y esta última se vio obligada a limitarse a exponer la verdad revelada. Si el poder absoluto de Dios es tal que puede encarnarse, no solo en un hombre, sino también en un asno o una piedra,[22] resulta fútil tratar de probar la racionalidad de la encarnación, o de la redención mediante el sacrificio de Cristo. Asimismo, si Dios puede perdonar a quien Dios mismo desee,[23] el sacramento de la penitencia solo puede ser defendido a

---

[20] De igual manera, se planteaba la cuestión de si Dios puede cambiar el pasado o puede engañar a los humanos. Véase W. J. Courtenay, «John of Mirecourt and Gregory of Rimini on Whether God Can Undo the Past», *RThAM*, 39 (1972), 224-56; 40 (1973), 147-74; T. Gregory, «La tromperie divine», *StMed*, 3ra serie, 23 (1982), 517-27.

[21] P. Vignaux, *Justification et prédestination au XIVe siècle: Duns Scot, Pierre d'Aurriole, Guillaume d'Occam, Grégoire de Rimini* (París, 1934), pp. 127-30.

[22] Seudo-Occam, *Centiloquium*, concl. 7.

[23] Occam, *IV Sent. q.* 8.

base del hecho revelado de que Dios ha libremente decidido establecer una conexión entre la penitencia y el perdón.[24]

Esto quiere decir que la relación entre el mérito y la salvación no es ni directa ni estrictamente necesaria. Dios ha decidido libremente salvar a quienes se arrepienten de sus pecados y hacen buenas obras. Por sí mismas, tales obras nunca bastan para la salvación, pero, por su *potentia ordinata*, Dios ha decidido concederles la salvación a quienes obren bien. Puesto que la mayor parte de estos teólogos afirmaban que Dios le da su gracia a quienes hacen sus mejores esfuerzos, Lutero tenía cierta razón al decir que todos eran pelagianos. Por otra parte, esta teología —según la cual la salvación se relaciona con las obras únicamente por razón de un decreto soberano de Dios, y es por tanto una manifestación de la gracia— puede tomarse como parte del trasfondo de donde Lutero tomó su insistencia en que la salvación no se basa sino en la acción inmerecida de la gracia de Dios.

No cabe duda de que hay un tono heroico en este tipo de teología. Es la confesión máxima de la omnipotencia divina y la finitud humana. Pero una vez que se ha dicho esto, queda poco más que decir. Todo lo que puede hacerse es afirmar lo que Dios ha querido revelarnos, y no hacernos preguntas sobre el resto (no porque el hacer preguntas manifieste una falta de fe, sino porque el hacerlas muestra que uno no ha entendido el carácter finito y contingente de todo razonamiento humano). Una vez que la historia del pensamiento cristiano hubo llegado a este punto, quedaban abiertas tres alternativas: un intento de descubrir de nuevo el sentido de la revelación, un regreso al período de las grandes síntesis medievales, y la búsqueda de un nuevo concepto de la razón. Todas estas alternativas fueron seguidas en siglos posteriores. Pero la historia de tales acontecimientos pertenece a próximos capítulos.

No podemos estudiar aquí las opiniones de los nominalistas sobre cada uno de los temas tradicionales de la teología cristiana.[25] Por lo tanto, cen-

---

[24] Hay un excelente análisis de la importancia de la distinción entre los dos poderes de Dios en H. A. Oberman, *The Harvest of Medieval Theology: Gabriel Biel and Late Medieval Nominalism* (Cambridge, 1963), pp. 30-47.

[25] Los dos puntos más importantes en este sentido son la doctrina de la predestinación y la eucaristía. La cuestión de si la predestinación es sencilla o doble fue discutida durante este período; pero mucho más interesante es el modo en que sus propias presuposiciones llevaron a pensadores tales como Occam, Gregorio de Rimini y aun al conservador Pedro d'Ailly, «a ir aún más allá de lo que la historia posterior conocería como la doble predestinación y afirmar que las razones que llevan a Dios a hacer una decisión no son sencillamente desconocidas, ni misteriosas, sino que de hecho no existen» (Lindbeck, «Nominalism», p. 54). Véase también Vignaux, *Justification..., passim.* La doctrina nominalista de la eucaristía es importante por cuanto varios nominalistas dudaron de la transubstanciación y propusieron teorías semejantes a las de los reformadores del siglo XVI. Véase Seeberg, *Textbook...*, II, 2:203-5; E. Iseloh, *Gnade und Eucharistie in der philosophischen Theologie*

traremos nuestra atención en el punto en que sus teorías tuvieron mayor influencia en la vida de la Iglesia: su conciliarismo.

El conciliarismo no ha de identificarse completamente con el nominalismo, puesto que tenía también otras raíces en los siglos anteriores. Una de estas raíces era el derecho canónico, que ciertamente apoyaba la supremacía papal, pero que desde muy temprano había discutido la posibilidad de un papa herético o cismático.[26]

Otra de las raíces del conciliarismo era la crítica de la autoridad pontificia, y especialmente de las riquezas materiales y la corrupción de la curia, en que se habían distinguido los joaquinistas y los franciscanos espirituales.

Sí hay, sin embargo, una estrecha relación entre el nominalismo y el movimiento conciliar. Esto se debió, en parte, al sencillo hecho de que los más distinguidos teólogos en tiempos del Gran Cisma eran nominalistas. Pero también se debió a la relación interna que existía entre las doctrinas nominalistas y la eclesiología del conciliarismo. Si uno sostiene que los conceptos universales no son reales como entidades que subsisten separadamente, sino solo como imágenes mentales que sin embargo representan a los individuos adecuadamente, se deduce que la realidad de la iglesia no ha de encontrarse en una idea eterna, ni en la jerarquía —como si esta encarnase la idea de la iglesia y luego trasmitiese la realidad eclesial a los fieles— sino más bien en los creyentes mismos como un cuerpo conjunto. Los fieles no derivan su realidad eclesial de la jerarquía. Al contrario, la iglesia es el conjunto de los creyentes —la *congregatio fidelium*—, y de ella el papa, los obispos, el clero y el laicado son miembros. En consecuencia, «el papa deja de ser una entidad dogmática; es ahora un administrador de los servicios devocionales de la iglesia».[27] El papa puede errar y, en ese caso, ha de ser depuesto. Así lo afirma claramente Dietrich de Niem:

> Me atrevería a decir que si Pedro, a quien el papado fue dado en primer lugar antes de la pasión de Cristo, hubiese persistido en su negación de Cristo, en la que pecó mortalmente, y no se hubiese

---

des Wilhelm von Ockham: Ihre Bedeutung fur die Ursachen der Reformation (Wiesbaden, 1956); R. Damerau, *Die Abendmahlslehre des Nominalismus: Insbesondere die des Gabriel Biel* (Giessen, 1963), pp. 253-58.

[26] Véase B. Tierney, *Foundations of the Conciliar Theory: The Contribution of the Medieval Canonists from Gratian to the Great Schism* (Cambridge, 1955). Para la bibliografía del movimiento todo, véase P. de Vooght, «Les résultats de la recherche récente sur le conciliarisme», *Concilium*, 64 (1971), 133-40. Sobre el debate sobre la autoridad relativa del papa y del concilio, véase P. de Vooght, «Les controverses sur les pouvoirs du concile et l'authorité du pape au Concile de Constance», *RevThLouv*, 1 (1970), 45-75; B. Bertagna, *Il problema della «plenitudo potestatis ecclesiasticae» nella dottrina ecclesiologica di Giovanni Gersone (1363-1429)* (Roma, 1971).

[27] Seeberg, *Text-book...*, 2:169.

arrepentido, ciertamente después de la resurrección de Cristo no habría recibido el Espíritu Santo juntamente con los demás, ni habría continuado siendo el príncipe de los apóstoles...[28]

Por tanto, un concilio general de toda la iglesia tiene la autoridad necesaria para deponer a un papa o para determinar quién es el verdadero papa cuando varios pretenden serlo. Por esta razón, personajes tales como Dietrich de Niem, Juan Gerson y Pedro d'Ailly afirmaban que el mejor modo de reformar la iglesia y sanar el cisma era la convocación de un concilio general.

Esto no quería decir, empero, que tal concilio sería infalible. Occam había señalado —y d'Ailly subrayó— que difícilmente podría esperarse que cristianos perfectamente falibles se tornasen infalibles por el solo hecho de reunirse con otros cristianos igualmente capaces de errar. Es posible que el concilio, y el papa, y los obispos, y los teólogos, se equivoquen y que la verdad de la fe cristiana sea afirmada por laicos —o aun por mujeres o niños, añadía Occam— que lean las Escrituras con un espíritu de humildad y usen de la razón correctamente.[29] Pero, a pesar de todo esto, un concilio que represente a la verdadera iglesia —es decir, a la *congregatio fidelium*— tiene mayores posibilidades de proponer doctrina correcta, de reformar la iglesia, y —según añadiría Pedro d'Ailly después del Gran Cisma— de restaurar la unidad.

Las ideas conciliaristas fueron llevadas a sus últimas consecuencias en el *Defensor pacis* de Marsilio de Padua (c. 1275-1342) —quizá en colaboración con Juan de Jandum—. Allí se afirmaba que la iglesia y su jerarquía no deberían tener jurisdicción alguna en asuntos civiles. Jesús se había sometido al poder del estado, y tanto él como sus apóstoles vivieron en pobreza. Por tanto, los dirigentes de la iglesia deben hacer lo mismo. En cuanto al estado, su autoridad última yace, no en los gobernantes, sino en el pueblo —¡que para el *Defensor pacis* estaba constituido por los varones adultos!—. Son ellos quienes tienen la autoridad de hacer leyes, y cualquier autoridad que los gobernantes tengan la han recibido como delegados del pueblo. Es con toda razón que los eruditos ven en el *Defensor pacis* un gran paso hacia la idea del estado secular y hacia la democracia.

Aunque estas opiniones fueran criticadas, lograron imponerse paulatinamente, y a la larga resultó evidente que el único modo de poner fin al Gran Cisma sería la convocación de un concilio general. Pero cuando las opiniones conciliaristas fueron pesadas en balanza fueron halladas faltas.

---

[28] *De modis uniendi ac. ref. eccl.* (*LCC*, 14:155).

[29] Occam, *Dial. de imper. at pontif. potestate*, 3. 1. 3. 13. Compárese con Lutero en el Debate de Leipzig.

Es cierto que el movimiento conciliar logró reunir de nuevo a la cristiandad occidental bajo un solo papa; pero pronto hubo dos concilios rivales, cada uno de los cuales pretendía ser el verdadero representante de la iglesia. Por esta razón, aunque el ideal conciliar continuó vigente por largo tiempo, la idea de que la autoridad del concilio está por encima de la del papa fue quedando relegada a un segundo plano. Esto puede verse en el caso de Gabriel Biel, uno de los nominalistas posteriores, quien retiene la idea de la iglesia como el conjunto de los creyentes, y hasta afirma que, en caso de conflicto, el concilio está por encima del papa, pero al mismo tiempo no ve tal conflicto como una verdadera posibilidad, y es cálido defensor de la autoridad pontificia.

Nuevas corrientes místicas

Los siglos XIV y XV vieron un despertar de la religiosidad mística.[30] Aunque esto fue más evidente en la cuenca del Rin,[31] también hubo místicos notables en Inglaterra, España e Italia.[32] En las riberas del Rin, el gran maestro del misticismo fue el dominico Juan Eckhart.[33] Eckhart fue tipo de las nuevas tendencias místicas, pues no fue un entusiasta emotivo, ni un fanático ignorante, ni un anacoreta quietista. Por el contrario, fue un erudito que estudió en la Universidad de París, un espíritu sosegado que rechazaba el emocionalismo exagerado y un participante activo en la vida práctica y administrativa de su orden. Lo mismo puede decirse

---

[30] Sobre el tema general del misticismo hacia fines de la Edad Media, véase Jill Raitt, ed., *Christian Spirituality: High Middle Ages and Reformation* (Nueva York, 1997).

[31] *La mytisque rhénane* (París, 1963); M. Michelet, trad. y ed., *Le Rhin Mystique: De maître Eckhart à Thomas à Kempis* (París, 1960).

[32] D. Knowles, *The English Mystical Tradition* (Londres, 1960), discute la doctrina mística de Ricardo Rolle, Gualterio Hilton, Agustín Baker, y otros. E. A. Peers, *Studies of the Spanish Mystics*, 3 vols., 2ª ed. (Londres, 1951 -60). Hay también numerosos estudios monográficos en español. La *BAC* ha publicado tres volúmenes sobre los místicos franciscanos españoles. Pero el gran florecimiento de la mística española tuvo lugar en el siglo XVI, y por tanto o corresponde a este capítulo.

[33] R. B. Blakney, *Meister Eckhart: A Modern Translation* (Nueva York, 1941); J. M. Clark, *Meister Eckhart: An Introduction to the Study of His Works with an Anthology of His Sermons* (Nueva York, 1957). J. Ancelet-Hustache, *Maître Eckhart et la mystique rhénane* (París, 1956) es una breve introducción que relaciona a Eckhart con sus antecesores y con las circunstancias de su época. Existe una traducción inglesa de esta última obra: *Master Eckhart and the Rhineland Mystics* (Nueva York, 1957). Véase además: R. Schürmann, *Meister Eckhart: Mystic and Philosopher* (Bloomington, 1978); A. Klein, *Meister Eckhart: La dottrina mistica della giustificazione* (Milán, 1978).

de sus discípulos Juan Taulero[34] y Enrique Suso,[35] aunque estos eran menos eruditos que su mentor. Río abajo, en los Países Bajos, vivió Juan Ruysbroeck,[36] otro místico de altas dotes intelectuales cuyo principal discípulo fue Gerardo Groote, el fundador de los Hermanos de la Vida Común.[37] Pronto este movimiento, y otros semejantes, se diseminaron por toda la cuenca del Rin y aún más lejos, promoviendo una «nueva devoción» —*devotio moderna*— cuyos seguidores llevaban una vida en común dedicada al trabajo físico y al cultivo del ser interior, aunque no mediante prácticas ascéticas extremas, sino a través del estudio y la meditación, la confesión mutua de pecados, y la imitación de la vida de Cristo. Quizá su obra más típica —y sin lugar a duda la de mayor influencia— fue *La Imitación de Cristo*, tradicionalmente atribuida a Kempis.[38]

Esta nueva ola de misticismo no iba conscientemente dirigida contra la iglesia establecida, pero a menudo existía lejos del centro de la vida de la iglesia como institución, aunque a veces atacando la corrupción y falta de espiritualidad de la iglesia Eckhart fue acusado de panteísmo, y el papa Juan XXII le declaró hereje. La práctica de la confesión mutua de pecados socavaba el sacramento de la penitencia tal como este existía dentro de la organización eclesiástica. Más todavía,: todo el sistema sacramental tendía a perder importancia dada la afirmación de algunos de estos místicos, que era posible lograr la comunión directa con Dios aun aparte de tales ayudas visibles como los sacramentos y la jerarquía eclesiástica. A veces esta afirmación llegaba al punto de hacer parecer innecesaria la obra mediadora de Cristo. En consecuencia, aunque el propósito sincero de la mayoría de estos místicos era fortalecer y renovar la iglesia, su propio éxito en llevar

---

[34] John Tauler, *Spiritual Conferences* (St. Louis, 1961); I. Weilner, *Johanes Taulers Bekehrungsweg: Die Erfahrungsgrundlagen seiner Mystik* (Ratisbona, 1961).

[35] Henry Suso, *Little Book of Eternal Wisdom and Little Book of Truth*, trad. J. M. Clark (Nueva York, sin fecha); J. A. Bizet, *Henri Suso et le déclin de la scolastique* (París, sin fecha); D. Planzer, *Heinrich Suses Lehre über das geistliche Leben* (Friburgo , 1960).

[36] John of Ruysbroeck, *The Adornment of the Spiritual Marriage; The Sparkling Stone; The Book of Supreme Truth*, ed. E. Underhill, trad. C. A. Wynschenk (Londres, 1951); A. Ampe, *De mystieke leer van Ruusbroec over de zieleopgang* (Antwerpén, 1957). El autor ha publicado dos resúmenes de esta última obra: *Theologiae mystica secundum doctrina Beati Joannis Rusbrochi doctoris admirabilis in compendium redacta* (Amberes, 1957), y «Le théologie mystique de l'ascension de l'âme selon le Bienheureux Jean de Ruusbroec», *RevAscMyst*, 36 (1960), 188-201, 303-22.

[37] E. J. Jacob, «Gerard Groote and the Beginnings of the "New Devotion" in the Low Countries», *JEH*, 3 (1952), 40-57; T. P. van Zijl, *Gerard Groote, Ascetic and Reformer* (Washington, 1963).

[38] J. Huyben y P. Debongnie, *L'auteur ou les auteurs de l'Imitation* (Lovaina, 1957). Debemos señalar, sin embargo, que algunos eruditos afirman que la *Imitación* es de origen italiano, P. Bonardi y T. Lupo, *L'Imitazione di Cristo e il suo autore*, 2 vols. (Turín, 1964).

una vida ejemplar y gozosa en medio de la corrupción eclesiástica parecía indicar que la Iglesia no era tan necesaria como se había pensado. Luego no ha de sorprendernos que en el siglo XVI numerosos creyentes se hayan inclinado a pensar que a fin de ser fieles al evangelio tenían que romper con las prácticas corruptas y las falsas doctrinas de la iglesia establecida.

Además de socavar la autoridad de la Iglesia, este tipo de misticismo contribuyó a la decadencia del escolasticismo. Aunque muchos de estos místicos habían sido educados en la mejor tradición escolástica, habían llegado a la conclusión de que las distinciones extremadamente sutiles que se hacían en los círculos académicos nada tenían que ver con la vida de la fe. Por lo tanto, tendían a subrayar los límites de la razón y a afirmar que, aunque el conocimiento racional es bueno, la mejor actitud cristiana es la de una «docta ignorancia» —como diría Nicolás de Cusa—.

Por otra parte, la postura filosófica de muchos de estos místicos se acercaba más al neoplatonismo que al aristotelismo. Esto era de esperar, ya que el neoplatonicismo era una filosofía mística, y había servido de marco al pensamiento de Seudo-Dionisio y de Agustín, ambos altamente admirados por los místicos del Rin. Por lo tanto, se tendía a establecer una ecuación entre la teología escolástica —especialmente el nominalismo de pensadores tales como Occam—, el aristotelismo, y el «conocimiento humano», todo lo cual se rechazaba a favor del neoplatonismo cristianizado de Seudo-Dionisio. Aunque varios de estos místicos eran dominicos —y ya por este tiempo la orden había declarado a Tomás su teólogo oficial— la nueva mística contribuyó tanto a la caída final del escolasticismo como su contemporáneo Occam.[39]

Esa creciente devoción mística contribuyó también a darles a las mujeres —o al menos a muchas de ellas— un lugar y una autoridad que les estaban vedadas en la vida secular y en la jerarquía de la iglesia. Los últimos siglos de la Edad Media vieron surgir un misticismo femenino que en muchos modos constituía una crítica —unas veces veladas y otras no— al orden eclesiástico existente. Centenares de mujeres en varios países de Europa occidental encontraron en la vida mística y monástica no solo un lugar de meditación y contemplación, sino también un contexto en el que podían sobreponerse a los muchos límites que la tanto la iglesia como la sociedad imponían a las mujeres. Puesto que es imposible ofrecer aquí siquiera una visión general de todo lo que esto implicaba, tomaremos como ejemplos de lo que estaba aconteciendo —y de la variedad de acciones, pensamientos y experiencias dentro del movimiento mismo— a dos

---

[39] Véase S. Ozment, «Mysticism, Nominalism, and Dissent», en Trinkaus y Oberman, eds., *The Pursuit of Holiness*, pp. 67-92.

místicas sobresalientes en esos últimos siglos de la Edad Media: Catalina de Siena y Juliana de Norwich.[40]

Catalina de Siena[41] nació 1347 en esa ciudad en la región italiana de Toscana, en medio de una familia distinguida en la que le habían precedido 23 hermanos y hermanas. Junto a ella nació una hermana melliza que no sobrevivió. Tendría unos seis años cuando, en una visión, el Señor la bendijo con palabras muy semejantes a las que se usaban para bendecir a los sacerdotes en su ordenación. Pronto —muy en contra de los deseos de su madre— decidió no contraer matrimonio, sino dedicarse más bien a la vida contemplativa. En el 1363, todavía adolescente, se unió a la "Tercera Orden" de los dominicos, a la que perteneció por el resto de sus días. Sus visiones continuaron y, en 1366, a los diecinueve años de edad, tuvo una visión en la que, según contaba, contrajo nupcias místicas con Jesucristo. Esa experiencia le convenció de que su vida devota no podía limitarse a su piedad personal, sino que, como su divino esposo, debía dedicarse al bien de los demás. Cuando su padre murió, dos años más tarde, Catalina —ahora con el apoyo de su madre— comenzó a rodearse de un grupo de mujeres y de varones que acudían a ella en busca de inspiración y sabiduría. Puesto que no aprendió a leer sino algún tiempo después de dedicarse a la vida contemplativa, su formación teológica fue auditiva más que escrita. Pero su interés en lo que se leía en voz alta y su capacidad retentiva eran tales que llegó a conocer bastante teología, así como muchas de las enseñanzas y escritos de los «padres» de la iglesia. Nunca aprendió a escribir, y por tanto toda su obra literaria fue dictada a amanuenses —tantos varones como mujeres—. Según cuentan sus amanuenses, buena parte de ese dictado tuvo lugar mientras estaba en trances extáticos.

Gracias al modo en que entendía su vida devota, Catalina no se apartó de la vida de la sociedad ni de los conflictos y dificultades que afligían a la iglesia —como lo harían otros místicos—. Cuando la peste invadió Italia y causó la muerte de varios de sus parientes, Catalina se distinguió por su atención y servicio a los enfermos. En cuanto a los asuntos eclesiásticos, eran tiempos aciagos para la iglesia como institución. Unos años antes, el papado se había trasladado a Aviñón y se había vuelto prácticamente un agente de los intereses franceses. En el 1370, el papa Clemente VI —cuya residencia estaba en Aviñón— hizo cardenal a un sobrino de diecisiete años de edad. Ese mismo año Catalina tuvo una experiencia en la que la dieron por muerta y, al regresar a la vida, dijo que había estado con su

---

[40] Además de ellas, es necesario al menos mencionar a Brígida de Suecia y a Catalina de Génova, ambas reconocidas tanto por su sabiduría como por su atención a los débiles y los enfermos.

[41] A. Grion, *La dottrina di S. Caterina da Siena* (Brescia, 1962); U. Bonzi de Genova, *Teologia mistica di S. Caterina da Genova* (Turín, 1960).

Esposo y Señor, y que le había rogado quedarse con él. Pero Jesús le dijo que debía volver a la vida, porque había muchas almas que necesitaban de ella, no solamente en Siena, sino en otros lugares. Esto la llevó a viajar a otras ciudades, y a intervenir en la complicada y violenta política italiana, en la que las relaciones entre Florencia y el papado en Aviñón eran tensas. En el 1370 el joven sobrino de Clemente VI había sido electo papa y tomado el título de Gregorio XI. Menos de tres años más tarde, Gregorio proclamó un entredicho contra Florencia —a la que Siena pertenecía— y los florentinos decidieron enviar a Catalina para que les representara ante la corte de Aviñón. Disgustados con las negociaciones de Catalina, los florentinos le retiraron su apoyo y le ordenaron regresar a Siena.

Un resultado inesperado de aquella visita fue el regreso del papado a Roma. Catalina estaba convencida de que Dios le había llevado a Aviñón para que hiciera a Gregorio regresar a Roma, de donde los papas se habían ausentado desde el 1309. Terminada su misión diplomática en Aviñón, Catalina siguió insistiendo en que Gregorio debía regresar a Roma. En repetidas misivas, le hacía ver al papa su dolor por la tragedia de la corrupción de la iglesia y del traslado del papado a Aviñón, que era parte de esa corrupción. En sus cartas, al tiempo que respeta a Gregorio, le trata con una familiaridad cariñosa, llamándole «papá» —*babbo*— pero al mismo tiempo señalándole los muchos males que sufría y practicaba la iglesia. Llamando a Gregorio un «cordero rodeado de lobos», Catalina le señala la corrupción existente y le llama a compartir su sueño de una iglesia renovada:

> Cuando el calor y la luz del Espíritu Santo hayan destruido la fría falta de fe, el cuerpo místico de la santa iglesia producirá flores y frutos de virtud. La fragancia de tal virtud destruirá el vicio y el pecado, el orgullo y la suciedad que ahora reinan entre los cristianos —particularmente entre los prelados, pastores y quienes dirigen la santa iglesia—. Estos se han dedicado, no a convertir y alimentar las almas, ¡sino a devorarlas! La causa de todo ello es su amor egoísta hacía ellos mismos, de lo cual surgen la soberbia, la avaricia y la impureza física y espiritual. Ven que los lobos infernales se llevan a sus ovejas, y poco les importa. Lo único que les interesa es acumular placeres y gozos, y que se les admire y alabe. Y todo se reduce a su amor egoísta, dirigido hacia ellos mismos. Si se amaran a sí mismos por razón de su amor a Dios, se ocuparían del honor de Dios y del bien de los prójimos, y no de su propia comodidad. ¡Ay, querido papá! ¡Ocúpate de estas cosas![42]

---

[42] *Ep.* 74.

Catalina nunca escribió ni dictó obra alguna de teología sistemática. Aparte de sus casi cuatrocientas cartas, dirigidas tanto a papas y gobernantes como a hermanas y hermanos en la fe, su principal obra es el *Diálogo*, en el que su interlocutor es Dios mismo, y que, según los amanuenses, fue dictado en gran parte cuando Catalina estaba en éxtasis místico. El tema principal de esa obra es el camino de perfección —camino que consiste principalmente en el amor y el servicio. Por esa razón su teología ha sido poco estudiada por los teólogos. No fue sino a mediados del siglo XX que el papa Paulo VI reconoció su importancia dándole el título oficial de «Doctora de la Iglesia» —título que hasta entonces solamente había recibido otra mujer, Teresa de Ávila, concedido por el propio Papa Paulo poco tiempo antes.

Contemporánea de Catalina de Siena —aunque mucho más longeva— fue Juliana de Norwich. En contraste con Catatalina, Juliana no tuvo su primera visión sino cuando tenía ya unos treinta años de edad. Y —también en contraste con Catalina— no tuvo visiones constantes. No fue hasta bastante más tarde que tuvo otras dos visiones instándole a reflexionar sobre su primera experiencia visionaria. Y —en un último contraste— Juliana no viajó lejos, sino que más bien se hizo encerrar en una celda aneja a su iglesia en Norwich, Inglaterra, donde vivió como anacoreta hasta su muerte y adonde acudían peregrinos a visitarla. Casi todo lo que se sabe de ella se deriva de su obra, *Revelaciones [o muestras] del amor divino*, de la que produjo dos versiones, una relativamente breve y otra más extensa, escrita varias décadas después de la versión breve. Por esos escritos y otros pocos datos, se deduce que nació en el 1343, y que vivió al menos hasta el 1416. Aparentemente, antes de ser anacoreta, fue monja, probablemente en un convento benedictino.

Según ella misma cuenta, desde muy joven tuvo varios deseos píos. Uno de ellos era tener una experiencia de enfermedad casi mortal, para así entender mejor la pasión de su Señor. Cuando —aparentemente varios años más tarde— enfermó de tal gravedad que la dieron por muerta, vio aquello como el cumplimiento de lo que antes había deseado. Fue en ese trance cuando tuvo su gran visión que constituye la base de sus comentarios en las *Revelaciones del amor divino*.

Aunque Juliana habla repetida y detalladamente sobre la pasión de Jesús, el tono del libro no es sombrío, sino todo lo contrario. Esto se ve, por ejemplo, cuando cuenta:

> Me mostró entonces algo muy pequeño, como del tamaño de una avellana y redondo como una bola, en la palma de mi mano. Lo miré y me pregunté qué podría ser. No podría durar mucho, pues por su pequeñez fácilmente se me caería de la mano, y desaparecería en la nada. Y en mi mente recibí la respuesta: perdura y

perdurará por siempre, porque Dios lo ama, y todo deriva su ser del amor de Dios.

En aquella pequeñez vi tres cosas: que es Dios quien la hizo, que Dios la ama, y que Dios la hará perdurar. Dios crea, protege y ama.[43]

Bastante más adelante en la misma obra reflexiona sobre lo que el Señor le había prometido en su visión: que «todo estará bien». Juliana se planta la dificultad de que su fe, fundada en la Palabra de Dios, afirma que muchos serán condenados, y esto no cuadra con la promesa de que todo será para bien, y encuentra su respuesta en la sabiduría de Dios, que está muy por encima de toda inteligencia humana. Dios le dice: «Lo que para ti es imposible no lo es para mí. Yo cumpliré mi Palabra en todo, y todo estará bien».[44] Y Juliana concluye:

Así aprendí por la gracia de Dios que debo permanecer firme en la fe, como antes, y que al mismo tiempo debo permanecer segura creyendo que todo resultará bien. Esto lo hará nuestro Señor, y en todo cumplirá lo que ha prometido. Cómo lo hará y qué hará, nadie por debajo de Cristo puede saberlo —al menos hasta que sea hecho—. Esto es lo que me ha dado a entender lo que el Señor me ha dicho.[45]

Por último, es importante mencionar el modo en que Juliana se refiere a Jesús como una madre:

Hemos sido creados por la maternidad del amor, de un amor materno que nunca nos abandona. […] No hay auxilio más cercano, pronto y seguro que el de una madre: seguro, porque es el más natural; pronto porque es el más amoroso; y seguro, porque es el más confiable. Nadie puede cumplir tal oficio a plenitud, sino solo él. Sabemos que nuestras madres nos paren con y hacia el dolor y hasta la muerte. […] Mas nuestra verdadera madre, Jesús, es el único que nos pare para vida eterna. ¡Bendito sea él! Él nos lleva dentro de sí con amor y dolores como de parto, hasta llegado el momento en que estuvo dispuesto a sufrir las más punzantes zarzas y los más crueles dolores, y por fin murió. Al haberlo hecho, nos parió a la bienaventuranza…

---

[43] *Revelaciones del amor divino*, (versión larga), 5.
[44] *Revelaciones del amor divino*, (versión larga), 32.
[45] *Ibid.*

Una madre puede colocar a su hijo tiernamente sobre el pecho, pero nuestra tierna madre, Jesús, nos introduce fácilmente en su pecho mediante la dulce herida en su costado.[46]

Cuando estudiamos la vida, pensamiento y obra de estas mujeres, a quienes tocó vivir en vísperas de la gran Reforma del siglo XVI, inmediatamente surge una reflexión importante: para estas mujeres la vida monástica no era —como muchos pensaríamos hoy— una vida de puro retraimiento o de autonegación. Al contrario, sin participar activamente en la vida de la sociedad y de la iglesia, algunas de ellas —como Catalina de Siena— viajando, sirviendo de embajadoras y propugnando la reforma de la iglesia, y otras —como Juliana— ofreciendo consejo y consuelo a quienes las visitaban. La vida monástica les permitió a estas mujeres —y a muchas otras— reclamar una autoridad y ejercer una influencia que normalmente no estarían a su alcance. En este sentido, es significativa la visión de Catalina de Siena, en la que recibió una bendición parecida a la que recibían los sacerdotes ordenados. Y es igualmente significativo el modo en que Catalina se atreve a dirigirse al Papa con una familiaridad insólita. Y algo semejante se ve en Juliana. Aunque no está directamente involucrada en la vida social y política, sí siente que tiene libertad para pensar por sí misma acerca de temas tales como la condenación eterna, se atreve a proponer una posible contradicción entre lo que la iglesia enseña y lo que el Señor le ha dicho, y está dispuesta a aceptar ambas autoridades, dejando la solución en manos de Dios. Todo esto muestra que estaban teniendo lugar profundos cambios en la mentalidad europea, cambios que se manifestarían en turbulentas convulsiones en el siglo XVI.

Intentos de reforma radical

En cierto modo, tanto el movimiento conciliar como el misticismo de finales de la Edad Media eran intentos de reforma. Uno siguió el camino de la renovación institucional, mientras el otro tomaba la ruta de la profundización de la vida espiritual y el servicio al prójimo. Debemos discutir ahora un tercer modo de buscar la renovación de la iglesia, es decir, el de llevar a cabo acciones de reforma sin esperar por el consentimiento de las autoridades establecidas y arriesgándose, por tanto, al cisma y a las acusaciones de herejía.

---

[46] *Revelaciones* (versión larga), 60. (Resulta interesante notar que mucho antes Guillermo de San Thierry había hecho afirmaciones semejantes, y sus palabras no provocaron la aguda crítica a que se han enfrentado las de Juliana).

Desde el siglo XII se habían producido varios movimientos de protesta contra la iglesia establecida, y estos movimientos continuaron en una serie ininterrumpida por todo el resto de la Edad Media. Pero, mientras los antiguos movimientos de protesta habían sido dirigidos principalmente por personas de sinceras convicciones pero carentes de preparación académica, en los siglos XIV y XV varios individuos de alta educación alzaron la voz de protesta contra buena parte del cristianismo medieval. En muchos sentidos, fueron precursores de la gran protesta del siglo XVI. Entre estos precursores de la Reforma los más notables —aunque ciertamente no los únicos— fueron Wyclif, Hus y Savonarola.

Juan Wyclif, natural de Yorkshire, pasó la mayor parte de su vida en Oxford, primero como estudiante y más tarde como profesor.[47]

Durante su juventud, parece haber dedicado la mayor parte de su tiempo a la erudición filosófica y teológica. Pero hacia el final de su vida, y especialmente después del comienzo del Gran Cisma en 1378, Wyclif se volvió cada vez más radical en su crítica a la iglesia establecida. Al principio tuvo el apoyo político de Juan de Gaunt, hijo de Eduardo III. Pero según sus opiniones se iban haciendo más radicales sus aliados políticos fueron abandonándole. Después de la rebelión de los campesinos en 1381, que él no alentó, pero que muchos trataron de relacionar con sus opiniones, Wyclif se vio cada vez más aislado. Cuando perdió el apoyo de sus colegas en Oxford se retiró a su parroquia de Lutterworth, donde permaneció hasta su muerte en 1384. Aunque sus opiniones fueron condenadas varias veces por el Papa y por varios obispos ingleses, Wyclif pudo morir en relativa tranquilidad. Pero después se desató una intensa persecución contra los «predicadores pobres» —o lolardos— que Wyclif había organizado, y en los siglos XV y XVI varios de ellos fueron quemados vivos.[48] En 1415, el Concilio de Constanza condenó más de doscientas proposiciones de Wyclif y ordenó que sus restos fuesen echados del camposanto en que habían sido enterrados. Esto se hizo en 1428, cuando sus restos fueron desenterrados, quemados y luego echados al río Swift.

Las doctrinas de Wyclif tomaron forma a través de años de amarga controversia y creciente aislamiento. Por lo tanto, un estudio detallado de su pensamiento debería tomar en cuenta su desarrollo. Pero las limitaciones del espacio nos obligan a ceñirnos a discutir sus doctrinas en su expresión final. Por las mismas razones nos será necesario presentar en orden lógico lo que cronológicamente se desarrolló de otra manera. Pero esto no le hace al pensamiento de Wyclif una violencia indebida, puesto que él mismo fue

---

[47] La biografía que ha venido a ser clásica es la de H. B. Workman, *John Wyclif: A Study of the English Medieval Church*, 2 vols. (Oxford, 1926). Esta obra debe corregirse en varios puntos. Véase J. H. Dahmus, *The prosecution of John Wyclif* (New Haven, 1952).

[48] J. A. F. Thomson, *The Later Lollards, 1414-1520* (Oxford, 1965), pp. 222-38.

un hombre de una lógica inflexible, dispuesto a llevar cada aseveración hasta sus últimas consecuencias. De hecho, su principal debilidad parece haber sido su incapacidad de comprender la distancia que separa lo lógico e ideal de lo humano, político y real.

Wyclif fue sobre todo un erudito en la tradición medieval, y en la cuestión de los universales, a pesar de que muchos en su época se inclinaban a la posición contraria, optó por el realismo.[49] En esto fue fiel seguidor de Agustín y del neoplatonismo,[50] y por lo tanto prefería a Platón por encima de Aristóteles —aunque, como todos sus contemporáneos, recibió una profunda influencia de este último—. Sin embargo, el realismo no es una mera opinión que Wyclif sostiene por ser fiel a Agustín; por el contrario, se halla en el centro mismo de su pensamiento y aun de su ser. Wyclif no puede tolerar el desorden, lo arbitrario, lo ilógico. La pregunta que se hacen los nominalistas de si Dios, según su poder absoluto, pudo haber actuado de manera diferente a como lo hace, le parece absurda, porque lo que no es real —real en la mente de Dios— no puede ni siquiera pensarse. Dios no escoge este mundo de entre una serie de posibilidades. Este mundo, por cuanto es el único que Dios ha pensado y producido, es el único posible. Siguiendo el mismo espíritu, la categoría final de la ética de Wyclif es el orden, porque lo que hace que un acto sea pecaminoso es su falta de armonía con el orden universal que Dios ha establecido.

Este modo de entender la realidad se refleja en la manera en que Wyclif ve la relación entre la razón y la revelación. Estas no pueden contradecirse, puesto que ambas llevan a la misma verdad universal. Aunque es cierto que la razón humana ha sido debilitada por la caída, y que, por lo tanto, necesitamos de la revelación como complemento a lo que podemos conocer por nosotros mismos, la razón tiene todavía el poder necesario para probar buena parte de la doctrina cristiana —incluyendo la Trinidad y la necesidad de la encarnación—.

Hasta aquí, Wyclif parece ser conservador más que radical. Es al llegar a su doctrina de la revelación que se aparta de las opiniones aceptadas

---

[49] Véase J. A. Robson, *Wyclif and the Oxford Schools: The Relation of the «Summa de ente» to Scholastic Debates at Oxford in the Later Fourteenth Century* (Cambridge, 1961). S. H. Thomson, «The philosophical basis of Wyclif's theology», *JRel*, 2 (1931), 86-116, muestra que la relación entre la filosofía de Wyclif y sus doctrinas teológicas es tal que muchas de las últimas parecen seguirse de la primera. Frente a esto G. C. Heseltin, «The Myth of Wycliffe», *Thought*, 7 (1933), 108-21, tiende a descontar la importancia de Wyclif como pensador y erudito.

[50] En este punto, así como en lo que se refiere a la doctrina de la predestinación, Wyclif parece haber leído a Agustín a través de los ojos de Bradwardino, un teólogo anterior de la Universidad de Oxford. J. F. Laun, «Thomas von Bradwardin der Schüler Augustins und Lehrer Wiclifs», *ZschrKgesch*, 47 (1928), 333-56; J. F. Laun, «Die Prädestination bei Wyclif und Bradwardin», *ImagoDei* (Giessen, 1932), 62-84; G. Leff, «Thomas Bradwardine's "De causa Dei"», *JEH*, 7 (1956), 21-29.

en su tiempo. Aunque al principio afirmaba que la iglesia y su tradición debían servir como guía en la interpretación de las Escrituras, cada vez se convenció más de que buena parte de la supuesta tradición cristiana contradecía la Biblia. Su gusto inflexible por la lógica y la coherencia, así como la corrupción y división que veía en el seno de la iglesia, a la larga le llevaron a afirmar que la autoridad de la Biblia debe colocarse por encima de cualquier tradición o dignatario eclesiástico. La Biblia ha sido dada por Dios como su palabra a su pueblo fiel, y no para que la monopolice un clero corrupto. De aquí la necesidad de traducirla al inglés, el idioma del pueblo —proyecto este que Wyclif inspiró y sus seguidores llevaron a la realidad—.

El resto de la teología de Wyclif se sigue de su posición respecto a la autoridad de la tradición y del magisterio eclesiástico. Pero, antes de discutir aquellos otros aspectos de su pensamiento que le merecen el título de precursor de la Reforma, debemos exponer otro elemento básico de su teología: su doctrina del «dominio».

El «dominio», o señorío, fue siempre uno de los temas principales de la teología de Wyclif, aun antes de que el Gran Cisma y otros acontecimientos le llevasen a las consecuencias más radicales de su pensamiento. Wyclif trata este tema de dos tratados: *Del dominio divino* y *Del dominio civil*. El dominio divino es la base de todo otro señorío, puesto que solo Dios tiene un verdadero derecho de dominio sobre lo demás. Los humanos, y aun los ángeles, solo tienen derecho sobre las criaturas porque Dios, a quien el dominio pertenece en propiedad, les confiere a algunas de sus criaturas porciones de su dominio.[51] Es cierto que a menudo los humanos usan su señorío —tanto civil como eclesiástico— de manera impropia; pero,, cuando lo hacen su poder no es ya el verdadero dominio evangélico que consiste realmente en servir, sino que viene a ser un dominio «humano» o coercitivo.[52] Se deduce así que la autoridad eclesiástica —cuyo dominio en todo caso se limita a lo espiritual— deja de existir cuando utiliza su señorío de manera injusta, y que entonces el laicado no le debe ya obediencia.[53] Aunque sería incorrecto pensar que Wyclif calculaba las consecuencias políticas de sus acciones —sobre todo por cuanto parece haber sido incapaz de comprender la compleja realidad política de su tiempo— no cabe duda de que tales opiniones sobre el «dominio» pronto atrajeron la atención y el apoyo de aquellos que se esforzaban por poner coto a la influencia de la iglesia en los asuntos internos de Inglaterra y por detener

---

[51] *De domin. div.* 1. 3. 2.

[52] Wyclif establece una distinción entre tres clases de dominio: primero, el natural; segundo, el humano, que es por naturaleza coercitivo; tercero, el evangélico, que es el más elevado y es en realidad un ministerio más bien que un señorío en el sentido humano.

[53] *De civ. domin.* 1. 8.

la corriente de dineros ingleses que iba a desembocar a las arcas papales en Aviñón. Pero este apoyo de carácter político le sería retirado al conocerse las consecuencias últimas de sus doctrinas sobre la autoridad de las Escrituras y la naturaleza del dominio.

Estas consecuencias se ven más claramente en la eclesiología de Wyclif y en su doctrina eucarística. Su eclesiología se basa en la distinción agustiniana entre la iglesia visible y la invisible. La iglesia invisible es el conjunto de los electos, mientras que la visible incluye tanto electos como réprobos. Aunque es imposible distinguir con certeza absoluta entre los electos y los réprobos —de hecho, es imposible saber a qué categoría uno mismo pertenece— hay indicaciones que permiten hacer conjeturas al respecto. Estas indicaciones son una vida pía y la obediencia a la voluntad de Dios. Siguiendo tales indicios, parece ser casi seguro que el papa no es solo un réprobo, sino que es el anti-Cristo mismo, y que, por tanto, ha perdido todo derecho de dominio sobre los fieles.[54]

Fue en 1380, unos cuatro años antes de su muerte, que Wyclif atacó la doctrina de la transubstanciación.[55] Se sintió obligado a hacerlo porque le resultaba imposible aceptar la idea de que los elementos consagrados dejasen de ser verdadero pan y vino. Esta afirmación le parecía paralela al docetismo, puesto que, de igual modo que esa herejía, negaba la encarnación de Dios en un hombre verdadero, la doctrina de la transubstanciación niega la presencia del Señor en verdadero pan y vino. Por lo tanto, es necesario afirmar que aun después del acto de la consagración el pan continúa siendo pan y el vino es todavía vino. Pero, a pesar de ello, el cuerpo y la sangre de Cristo están realmente presentes en la eucaristía. Están presentes por cuanto actúan para la salvación de los fieles; están presentes en un sentido espiritual, en las almas de los participantes; y están presentes también de un modo «sacramental» y misterioso, por cuanto el cuerpo de Cristo, que está físicamente presente en el cielo, en el acto eucarístico se hace presente en toda la hostia de un modo «espiritual», así como el alma se encuentra en todo el cuerpo.

---

[54] Por razones de espacio, no hemos discutido aquí la doctrina de Wyclif sobre los méritos y su lugar en el proceso de la salvación. Baste decir que Wyclif rechaza la idea de que el humano pueda tener méritos ante Dios *de condigno* —es decir, mérito en el sentido estricto, que por tanto merece una recompensa— aunque sí es posible que una acción humana tenga mérito de *congruo,* es decir, que Dios la cuente como meritoria. Por lo tanto, es imposible que alguien tenga más méritos de los que necesita para la salvación, no hay tal cosa como un tesoro de méritos que la Iglesia pueda transferir a los fieles, y todo el sistema penitencial —especialmente la práctica de vender u otorgar indulgencias— debe ser abandonado.

[55] Esta parece ser la fecha de su tratado *Sobre la eucaristía.* Un año antes, en *Sobre la apostasía,* había indicado que tenía dificultades con esa doctrina, pero no había dado más detalles.

El peligro que las doctrinas de Wyclif representaban para el cristianismo medieval resulta obvio. Su teoría del dominio, llevada a sus últimas consecuencias, podría minar tanto el poder eclesiástico como el civil. Su doctrina de la iglesia, su oposición al sistema penitencial y sus opiniones eucarísticas se apartaban en mucho de lo que había venido a ser doctrina tradicional de la iglesia. Por lo tanto, sus propias doctrinas son señal de que el fin de la Edad Media se aproximaba; el hecho de que esas doctrinas no lograron mayor aceptación muestra que la nueva edad no había nacido todavía.

Las ideas de Wyclif no murieron. Ya hemos dicho que sobrevivieron en Inglaterra por largo tiempo después de la muerte de su autor, y que, a la larga, el remanente del movimiento lolardo se fundió con la Reforma inglesa. Debemos añadir ahora que sus doctrinas también llegaron hasta Bohemia, donde surgirían de nuevo, con ligeras modificaciones, en Hus y sus seguidores.

Juan Hus fue predicador en la Capilla de los Santos Inocentes de Belén, en Praga, y rector de la universidad de esa ciudad. Hus recibió una profunda influencia de las obras de Wyclif,[56] y se dedicó a buscar la reforma de la iglesia de manera semejante a su predecesor inglés. El sentimiento antialemán en Bohemia era considerable en esa época y Hus vino a ser el símbolo de ese sentimiento. Por lo tanto, las consideraciones de orden político no fueron del todo ajenas al curso de este nuevo movimiento. Tras largas luchas que es imposible narrar aquí, Hus fue llamado a comparecer ante el Concilio de Constanza, para lo cual le fue otorgado un salvoconducto por el emperador Segismundo. Pero, a pesar de ese documento, y en parte por la intervención de reformadores de otra índole tales como Pedro d'Ailly y Juan Gerson, Hus fue condenado por el Concilio y quemado como hereje. Cuando las noticias de estos acontecimientos llegaron a Bohemia, Hus se volvió símbolo nacional, y muchas de sus doctrinas fueron defendidas como cuestión de orgullo patrio. Aunque sus seguidores pronto se dividieron, y tales divisiones les llevaron a encuentros armados, las doctrinas de Hus no desaparecieron. A mediados del siglo XV sus seguidores se

---

[56] J. Loserth, *Huss und Wiclif: Zur Genesis der hussitischen Lehre* (Múnich, 1925), subraya este punto, mientras que la posición contraria puede verse en M. Spinka, *John Hus and the Czech Reform* (Chicago, 1941), pp. 12-20. Véase también J. Kvacala, «Hus und sein Werk», *JKGSlav*, neue Folge, 8 (1932), 58-82, 121-42. Acerca de otras fuentes bohemias que pueden haber contribuido al movimiento de Hus, véase S. H. Thomson, «Pre-Hussite Heresy in Bohemia», *EngHisRev*, 48 (1933), 23-42; J. Macek, *Jean Hus et les traditions hussites* (París, 1973); A. Molnár, *Jean Hus, témoin de la vérité* (París, 1978); A. C. Bronswijk, *Hervormers, ketters en revolutionaren: Jan Hus en de Tsjechische kerkreformatic* (Kampen, 1982). La mejor biografía breve es la de M. Spinka, *John Hus: A Biography* (Princeton, 1968).

unieron a algunos valdenses y formaron la Unión de los Hermanos Bohemios, que posteriormente adoptó las ideas de la Reforma protestante.

Aunque las doctrinas de Hus no eran las mismas de Wyclif, sería correcto afirmar que en lo esencial ambos coincidían. Puesto que es imposible comparar aquí a estos dos pensadores en cada aspecto de sus doctrinas, baste decir que en general Hus era más moderado que Wyclif —especialmente en el uso del lenguaje—, que las circunstancias le llevaron a prestar más atención a la cuestión de las indulgencias, y que su cargo de predicador en la Capilla de los Santos Inocentes de Belén le dio ocasión de introducir reformas litúrgicas de acuerdo a su teología.

Por último, debemos decir una palabra acerca de Jerónimo Savonarola, ardiente reformador que combinaba la educación esmerada de un dominico con las expectaciones apocalípticas de un joaquinita. Aunque no fue un teólogo distinguido, Savonarola nos interesa aquí como prueba de que aun en Italia, donde supuestamente el Renacimiento estaba llevando a un nuevo interés en el antiguo arte pagano, y en la estética por encima de la religión, había suficiente sentimiento en pro de una reforma religiosa para hacer posible las repetidas «quemas de vanidades» que tuvieron lugar en Florencia bajo la dirección de Savonarola. Si volviésemos nuestra atención hacia España, Polonia, o cualquier otra porción de la cristiandad latina, encontraríamos la misma búsqueda de una nueva vida espiritual. En el siglo siguiente, esta búsqueda llevaría a la Reforma protestante y a su contraparte católico-romana.

35

Un nuevo comienzo

Hay momentos en la historia de la humanidad que parecen anunciar posibilidades futuras, aunque no tanto en virtud de la promesa que ofrecen, como porque los viejos caminos se van cerrando y se hace necesario aventurarse en nuevas direcciones. Tal era el caso a finales del siglo XV y comienzos del XVI. En cierto modo, la aventura de Colón simboliza su época, porque cuando las rutas tradicionales del comercio hacia Oriente quedaron cerradas, Colón se lanzó en busca de nuevos caminos y, en su lugar, descubrió un mundo hasta entonces desconocido para los europeos. De igual modo, los grandes cataclismos religiosos del siglo XVI, y las nuevas tierras teológicas por ellos puestas al descubierto, resultaron de la necesidad de buscar nuevos caminos según se hacía cada vez más claro que la síntesis medieval ya no era sostenible ni podía ser resucitada.

Los factores que contribuyeron a la disolución de esa síntesis están tan entremezclados que es imposible separarlos entre sí. Sin embargo, en aras de una exposición ordenada, podríamos decir que los más importantes de entre tales factores fueron el nacimiento de las naciones europeas modernas, las dudas acerca de la jerarquía eclesiástica, la alternativa mística, el impacto del nominalismo sobre la teología escolástica y el humanismo del Renacimiento. Acerca de estos factores trataremos ahora en ese orden.

La peste bubónica

Un factor determinante para la vida, el pensamiento y la economía europeas hacia finales de la Edad Media fue la peste negra o bubónica, que azotó a Europa occidental a partir del 1347. Esta enfermedad era endémica en varias regiones de Eurasia —particularmente en las regiones orientales—. Debido a una serie de circunstancias políticas y económicas, el contacto de Europa Occidental con Asia se interrumpió por algún tiempo, y cuando se restableció —principalmente a través del Mediterráneo— la población europea había perdido su inmunidad a una enfermedad que entonces causó una mortandad enorme —en muchas regiones el 30% de la población, y en algunas hasta el 50%—.

Las consecuencias de la plaga y su mortandad fueron enormes y profundas. En lo económico y social causó, ante todo, grandes descalabros, pues algunos antiguos centros de producción quedaron despoblados, mientras en otras zonas escaseaban productos necesarios. La falta de obreros tanto agrícolas como artesanales aumentó el valor del trabajo de tales obreros, y esto, a su vez, hizo posible que muchos abandonaran sus antiguos lugares de servidumbre para ir a asentarse en otros lugares donde las condiciones eran más favorables. Al mismo tiempo, tal situación contribuyó a la rápida aceptación de instrumentos para hacer la mano de obra más productiva; instrumentos tales como la imprenta de tipo movible —de la que trataremos más adelante— y el telar, pues la una era capaz de producir mayor número de libros con menos obreros y el otro hizo lo mismo respecto a los tejidos.

También en lo religioso, la plaga tuvo consecuencias notables. Una de ellas fue que la religión se tornó más fúnebre, pues la vida parecía harto efímera. Puesto que la peste coincidió con el tiempo en que el papado estuvo en Aviñón y con el Gran Cisma de Occidente, cuando hubo a la vez dos y hasta tres papas, muchos llegaron a la conclusión de que la plaga era castigo de Dios por la corrupción de la iglesia. Cuando resultó aparente que la mortandad era menor en los barrios judíos, surgió la leyenda de que los judíos envenenaban los pozos de los cristianos, algo que, a su vez, llevó a matanzas de judíos. (Hoy sabemos que las ratas eran un puente necesario en la transmisión de la plaga. Entre cristianos, había sospechas de que quienes tenían gatos podrían ser brujas, y esto, a su vez, hizo disminuir la población felina entre cristianos, con la consecuencia de que el número de ratas en los barrios judíos era mucho menor que en los barrios cristianos; y lo mismo respecto a la mortandad a causa de la plaga).

El auge del sentimiento nacional

Quizá el fenómeno político más importante de comienzos del siglo XVI es el nacimiento de las naciones modernas. De hecho, ese momento marca la transición entre el feudalismo medieval y las monarquías centralizadas de la edad moderna.

Aunque los cronistas españoles posteriores han descrito el período que va entre el año 711 y el 1492 como una constante y gloriosa lucha contra el infiel, la verdad es que, durante todo ese período, la España cristiana estaba profundamente dividida contra sí misma y cada soberano buscaba sus propios intereses, aun cuando ello requiriese alguna que otra alianza con el moro contra un vecino cristiano. Fue solo hacia finales de siglo XV, cuando Isabel de Castilla contrajo nupcias con Fernando de Aragón, que se dio el paso definitivo hacia una España unida. Poco después, esa unidad parecía haberse logrado, puesto que en 1492 los moros fueron expulsados de su último baluarte en Granada, y Fernando conquistó Portugal y Navarra en el 1512.

A consecuencia de las guerras contra los musulmanes, España llegó a unir estrechamente su propia nacionalidad con su fe católica, y de este modo el espíritu de sus esfuerzos por reconquistar la Península —como también de sus esfuerzos en la conquista del Nuevo Mundo— fue el de una grande y constante cruzada contra el infiel.

A pesar de esto, España era católica a su modo. Nunca había sido verdaderamente parte del Sacro Imperio Romano, lo cual puede verse en la reacción negativa de muchos españoles cuando su rey Carlos I fue electo emperador. Cuando ahora se unió a las filas de la cristiandad católica —y pronto llegó a dirigirlas— lo hizo en sus propios términos. La jerarquía eclesiástica estaba sujeta a la corona, (tanto en la propia España como *de iure* en el Nuevo Mundo), puesto que para las nuevas tierras el papa Alejandro VI y sus sucesores le habían otorgado a la corona el derecho y la responsabilidad del Patronato Real, que prácticamente hacía de los reyes de España y Portugal los dirigentes de la iglesia en sus posesiones de ultramar. La Inquisición, ardiente defensora de la ortodoxia, estaba bajo el dominio efectivo de la corona, y su función vino a ser tanto preservar la fe católica como purificar la sangre y cultura españolas, mediante los procesos frecuentes de presuntos judaizantes y moriscos. Por último, varios papas de este período fueron instrumentos dóciles en manos de la corona española.

Francia asomó al siglo XVI como la monarquía más centralizada en toda Europa occidental. Tanto en España como en Inglaterra, la autoridad de los reyes tenía límites relativamente precisos; pero la mayoría de tales límites no existía en Francia. La Guerra de los Cien Años contra Inglaterra jugó un papel en Francia semejante al que ocupó en España la cruzada contra el moro: sirvió para darle coherencia al sentimiento nacional francés. Por un tiempo, Francia pareció haber llegado a ser el centro de la cristiandad, pues hasta el propio papado existía bajo su sombra en Aviñón. Cuando los papas regresaron a Roma, nunca pudieron arrebatarle al rey de Francia la influencia y poderío que este había llegado a tener sobre la iglesia en sus dominios.

Al salir del siglo XV, Inglaterra salió también de un largo período de luchas intestinas. Fue precisamente al acabar el siglo que Enrique VII finalmente logró sobreponerse a la última oposición de la casa de York. A partir de entonces, su política conciliadora, apoyada por su matrimonio con Isabel de York, fue generalmente exitosa. Cuando murió en el 1509, le sucedió su hijo Enrique VIII, heredero de los derechos tanto de Lancaster como de York. Esta unificación política iba acompañada de un fuerte sentimiento nacionalista. Puesto que la Guerra de los Cien Años fue el factor predominante en las relaciones externas de Inglaterra durante los siglos XIV y XV, y puesto que el papado en Aviñón estaba estrechamente aliado a los intereses franceses, el crecimiento del sentimiento nacionalista en Inglaterra iba unido a la convicción de que los intereses del papado se oponían a menudo a los de Inglaterra. Por tanto, se promulgaron leyes cuyo propósito era evitar que dineros ingleses fuesen a dar a las arcas del papado. Así pues, las varias leyes y decretos del Parlamento en tiempos de Enrique VIII no fueron sino la culminación de una larga serie de intentos de limitar la injerencia del papado en los asuntos del reino.

A principios del siglo XVI —y por varios siglos más— Alemania no era sino una confusa colección de pequeños estados prácticamente soberanos. Aunque se suponía que el emperador era quien los gobernaba, la autoridad imperial se hallaba limitada por los intereses —frecuentemente opuestos— de la nobleza. Aún más: puesto que a menudo los emperadores —y sobre todo los de la casa de Austria, que eran a la vez señores hereditarios de partes de Alemania y gobernantes electos de toda la nación— colocaban sus intereses dinásticos por encima de los del Imperio, y así obstaculizaban el proceso de la unificación nacional. Pero, a pesar de esta división política, el nacionalismo se manifestaba en Alemania de dos maneras. La primera era el surgimiento de un fuerte sentimiento nacionalista aun a pesar de las fronteras feudales. La segunda fue el surgimiento de naciones independientes —Suiza, Holanda y Bohemia— que se separaron de lo que había sido tradicionalmente Alemania. En todo caso, el sentimiento nacionalista se manifestaba cada vez más fuertemente en medio de un pueblo que por siglos había sido el centro mismo del Sacro Imperio Romano.

En toda Europa, los idiomas vernáculos se iban desarrollando, y eran el modo común de comunicación en cada región. El latín, que antes había sido lengua común para muchos, iba desapareciendo, y se usaba principalmente entre intelectuales como modo de comunicarse entre sí, aunque sus idiomas nativos fueran diferentes. (Todavía en los siglos XVI y XVII, Lutero, Calvino y los demás reformadores, al tiempo que afirmaban que el culto debía ser en la lengua del pueblo, escribieron muchas de sus obras en latín).

En resumen: a principios del siglo XVI la Europa occidental no se veía ya a sí misma como un solo Imperio, con un emperador a quien pertenecía la espada temporal, y un papa que blandía la espiritual. Por el contrario: varias nuevas naciones reclamaban para sí el derecho de ser estados soberanos, y tales reclamos a menudo se oponían, no solo a los del emperador, sino también a los del papa. Luego el nacionalismo moderno fue un factor importante en la disolución de la síntesis medieval y abrió el camino para la ruptura religiosa que tendría lugar con la Reforma protestante.

Otro factor que contribuyó a estos cambios fue el desarrollo del comercio y de la economía monetaria. Esto se relacionaba estrechamente con el crecimiento de las ciudades, cuyo poder económico y político pronto rivalizó con el de la nobleza. El capital vino a ser manejado y administrado por las ciudades y por grandes casas bancarias. El número de los nobles pobres llegó a ser tal que pronto se les consideró como una clase social distinta. La pobreza del campesinado aumentó debido a la concentración de las riquezas en las ciudades, y debido también a que ahora tales riquezas se obtenían del comercio más que de la agricultura. El siglo XVI vio una tasa de inflación sin precedentes,[1] al parecer acelerada por el influjo de metales preciosos procedentes del Nuevo Mundo. Puesto que los jornales no aumentaban a la par del precio de los alimentos y otros productos de primera necesidad, la suerte de los campesinos y de la población pobre en las ciudades empeoraba rápidamente. Al mismo tiempo, el desarrollo del comercio y del capitalismo agrícola subvertían el viejo sistema feudal en buena parte de Europa. Estos factores, así como los nuevos métodos bélicos, hacían de los caballeros y de la baja nobleza —que tradicionalmente habían vivido de la guerra— una clase cada vez más pobre y obsoleta. Los más poderosos señores —reyes, duques, etc.— empezaron a tener ejércitos permanentes, y eso, a su vez, disminuía la importancia y el poder de los caballeros y nobles de menor categoría, que no tenían tales ejércitos permanentes, y cuyo uso de las armas era ahora menos valioso. Bajo tales condiciones, el papa y el emperador, al igual que los prelados y los señores feudales, veían escapársele de entre las manos el poderío que antes habían tenido. Todo el sistema de la administración eclesiástica se había forjado dentro de una sociedad feudal. Las estructuras civiles y eclesiásticas no tomaban suficientemente en cuenta el poder de la ciudad y del capital. Los campesinos insatisfechos proveían un campo fértil para la revolución. La nobleza buscaba nuevas causas que apoyar, en parte como un medio de reafirmar su perdida influencia. En breve, Europa estaría lista para un cambio radical; y tales condiciones se daban precisamente en el momento

---

[1] Véase J. D. Gould, *The Great Debasement: Currency and the Economy in Mid-Tudor England* (Oxford, 1970); Peter H. Ramsey, ed., *The Price Revolution in Sixteenth Century England* (Londres, 1971); Peter Burke, ed., *Economy and Society in Early Modern Europe* (Nueva York, 1972).

en que la jerarquía eclesiástica tradicional estaba perdiendo mucho de su poder y prestigio.

La pérdida de autoridad por parte de la jerarquía

Aun aparte del nacionalismo, la jerarquía eclesiástica estaba perdiendo poder y prestigio. Este proceso comenzó inmediatamente después que el papado llegó a su punto culminante en la persona de Inocencio III, pero se aceleró durante los siglos XIV y XV, cuando tres acontecimientos consecutivos llevaron al papado a niveles cada vez más bajos. Esos tres acontecimientos fueron: el traslado a Aviñón, el Gran Cisma de Occidente y la captura del papado por el espíritu del Renacimiento italiano. Cada una de estas etapas en la decadencia del papado conllevó fuertes gastos. La corte papal en Aviñón necesitaba grandes sumas de dinero para poder cubrir los gastos de su pompa. Los papas y antipapas del Gran Cisma, enfrascados como estaban en una gran contienda para probar cada cual que era el verdadero sucesor de Pedro y para lograr el apoyo de distintas naciones, se veían necesitados también de grandes sumas. Los papas del Renacimiento, en sus ansias de proteger las artes y de llevar a Roma los mejores artistas de su tiempo, y para costear sus frecuentes guerras e intrigas políticas, hacían cuanto estaba a su alcance para aumentar sus ingresos.

En consecuencia, mientras el papado necesitaba cada vez más fondos y buscaba métodos cada vez más ingeniosos para adquirirlos, ese mismo papado perdía el prestigio que antes había tenido por toda Europa. Por lo tanto, los impuestos eclesiásticos se volvieron cada vez más onerosos y difíciles de justificar, y esto, a su vez, contribuyó a la ola de nacionalismo que parecía barrer toda la Europa occidental.

Frecuentemente los intereses económicos se oponían a los mejores intereses de la iglesia, y en tales casos el abuso y la corrupción eran de esperar. Por ejemplo: Juan XXII —famoso por sus medios ingeniosos de obtener fondos— comenzó a reclamar los ingresos de los puestos eclesiásticos vacantes. Mientras el puesto quedase vacante, sus beneficios debían ser enviados a la Santa Sede. Por lo tanto, el tesoro papal se beneficiaba con los puestos vacantes. El resultado de esta situación fue la práctica de demorar los nombramientos cuando alguna sede importante quedaba desocupada, y se llegó así a una situación que en el orden práctico era muy semejante al absentismo que varios de los mejores papas habían condenado. A esto se añadió la práctica de crear nuevos puestos y venderlos —la simonía a que los reformadores de siglos anteriores se habían opuesto— que se hizo común bajo Alejandro VI y León X. Por último, la venta de indulgencias, que se hizo causa célebre durante las primeras etapas de la reforma luterana, cobró nuevo ímpetu y se llevó a mayores excesos porque se necesitaban fondos para completar la hermosa Basílica de San Pedro en Roma.

Como cabía esperar, la corrupción y la avaricia se encontraban también en otros niveles de la jerarquía. Varios prelados organizaron sistemas de impuestos eclesiásticos semejantes a los de Juan XXII, aunque a menor escala. Al nivel de la parroquia, la simonía y el absentismo volvieron a ser comunes.

Esto no quiere decir que toda la jerarquía eclesiástica estuviera corrompida. Por el contrario, había muchos hombres hábiles y dignos que insistían en los altos niveles morales que cabía esperar de los dirigentes eclesiásticos. Uno de tales fue el cardenal español Francisco Jiménez de Cisneros, quien unió a sus grandes logros intelectuales una vida de estricto ascetismo. Pero, a pesar de los muchos esfuerzos de personas tales como Cisneros, la corrupción parecía ser universal.

El resultado neto de este estado de cosas en la vida práctica del creyente promedio no parece haber sido tanto la duda acerca de la eficacia de la iglesia y sus sacramentos —acerca de tal eficacia no podía haber duda alguna, puesto que se suponía que era *ex opere operato*— como una tendencia a separar la vida eclesiástica y sacramental de la moral cotidiana. Pero otros, conscientes de la dimensión ética del Evangelio, se preguntaban si no habría otro modo de ser cristiano. Ese otro modo que algunos encontraron fue la vía mística.

La alternativa mística

Como hemos dicho anteriormente, los siglos XIV y XV vieron un gran despertar en la piedad mística. Por lo común, este misticismo no se oponía abiertamente a la iglesia, ni se caracterizaba por las emociones intensas que generalmente llevan ese nombre. Al contrario: la mayoría de estos místicos de fines de la Edad Media eran personas tranquilas y eruditas que se dedicaban al estudio, la meditación y la contemplación, pero que no pretendían convertir a toda la iglesia a su modo de entender la vida cristiana. Sin embargo, su mera existencia y sus vidas ejemplares, unidas al hecho de que muchos de ellos prestaban poca atención a la jerarquía eclesiástica, llevó a muchos a preguntarse si no habría aquí otro modo de ser cristiano.

Quizá el resultado más importante y característico del movimiento místico —aunque hubo otras escuelas místicas importantes en España, Italia e Inglaterra— fue la fundación de los Hermanos de la Vida Común. Estos hermanos llevaban una vida de intensa devoción; pero en lugar de pasar el tiempo aislados del resto del mundo, o de ocupar posiciones eclesiásticas, hicieron del estudio y la enseñanza su propia forma de ministerio.

En lugar de las prácticas ascéticas estrictas de algunas de las órdenes más antiguas, los Hermanos de la Vida Común pasaban su tiempo en el estudio, la meditación y el trabajo manual. Mediante la producción de manuscritos y mediante la creación de escuelas —algunas para varones y otras para mujeres— donde los mejores conocimientos de la época se ponían al alcance de la juventud en sus idiomas vernáculos, los Hermanos de la Vida Común —y su contraparte, las Hermanas de la Vida Común— contribuyeron al desarrollo del humanismo. Erasmo de Rotterdam fue educado en una de sus escuelas; y sus conocimientos clásicos, su erudición meticulosa, su espíritu apacible y su profunda devoción, llevan el sello de los Hermanos de la Vida Común.[2] Gracias a este movimiento —y a otros como él— el laicado pudo gozar de una mayor participación en la vida cristiana. Por lo tanto, su importancia para los acontecimientos que tuvieron lugar en el siglo XVI no ha de pasarse por alto.

El impacto del nominalismo

Quizá la popularidad del llamado «nominalismo» de finales de la Edad Media sea la mejor indicación del proceso de disolución por el que atravesaba la síntesis medieval. La unidad imponente de la Edad Media en su punto culminante solo pudo tener lugar bajo la premisa de que hay una unidad última que une todas las cosas, y que tal unidad puede de algún modo descubrirse o verse desde la perspectiva humana. Los universales eran reales; estaban ahí, como un dato aún más claro y cierto que la propia existencia personal. Se les podía conocer con mayor certeza y permanencia que a los seres individuales. A partir de esos universales, todo el universo era una jerarquía lógica que se reflejaba en las jerarquías eclesiástica y civil. Esta fue la premisa bajo la cual se desarrollaron los primeros siglos del Medioevo —premisa más neoplatónica que cristiana en sus orígenes—. Pero ya a finales del siglo XIII se podía ver que este modo de entender la realidad se hacía cada vez menos defendible. Podría colocarse el principio de este proceso en la reintroducción de Aristóteles en Occidente, y, por tanto, podría decirse que el tomismo, que fue el punto culminante de la síntesis medieval, también introdujo en esa síntesis la semilla de su destrucción. Esto es así porque el énfasis sobre los seres particulares que reapareció con Aristóteles a fin de cuentas no podía sino subvertir las ideas neoplatónicas descritas más arriba. En todo caso, la disolución de la síntesis puede verse más claramente en Juan Duns Escoto, y resulta evidente en tiempos de Occam.

---

[2] Véase A. Hyma, *The Brethren of the Common Life* (Grand Rapids, 1950).

Los nominalistas del siglo XV no negaban la existencia de los universales. Lo que negaban era la posibilidad de que mediante tales universales la mente humana pudiese llegar a tener una percepción clara de la naturaleza última de la realidad. En cierto modo, esta negación era más subversiva que la simple negación de los universales, puesto que en su forma extrema implicaba que la realidad no se sujeta a la lógica humana, y, por lo tanto, que no es posible producir una síntesis teológica (testimonio de ello dan la distinción entre el poder absoluto de Dios y su poder ordenado, la insistencia en la voluntad por encima de la razón, y la afirmación de que Dios podría haberse encarnado en un asno con tanta lógica como en un ser humano). Por lo tanto, el nominalismo amenazaba a la síntesis medieval de formas menos obvias pero más profundas que en su apoyo del movimiento conciliar. El nominalismo destruía las premisas sobre las que la síntesis misma había sido construida.

Pero, al tiempo que destruía los cimientos de la síntesis medieval, el nominalismo no ofrecía una alternativa viable. Aunque muchos de sus principales proponentes tenían profundas convicciones religiosas, ya no les resultaba posible unir la piedad y la teología sistemática con la facilidad con que lo habían hecho sus precursores dos o tres siglos antes. Esto no quiere decir que tuvieran el propósito de destruir la teología medieval, ni que rechazaran la ortodoxia católica. Al contrario, eran estrictamente ortodoxos y se hacían preguntas solo acerca de aquellas cuestiones que todavía no habían sido declaradas dogma de la iglesia. Lo que hicieron fue sencillamente declarar que varias de las bases de la síntesis medieval ya no podían defenderse, y tratar, entonces, de construir un nuevo sistema de teología sobre nuevas bases. Algunos de ellos crearon sistemas impresionantes. Pero ninguno de tales sistemas podía resistir los embates del método de crítica teológica que los propios nominalistas habían aplicado a los teólogos anteriores. En consecuencia, el debate teológico se hizo cada vez más complejo y se envolvió cada vez más en sutiles distinciones lógicas. Los diversos sistemas, a pesar de su sobrecogedora magnitud, y a pesar de que a menudo se apoyaban sobre una piedad profunda, resultaban difíciles de traducir y aplicar a la vida diaria. Por lo tanto, surgió una desconfianza hacia los teólogos que no había sido tan marcada en los siglos anteriores. Esta desconfianza encontró su más clara expresión en la obra de Erasmo y de los demás humanistas.

Erasmo y los humanistas

Uno de los acontecimientos más notables de los siglos XV y XVI fue el movimiento humanista, que comenzó en Italia, pero que pronto se extendió a toda Europa occidental. Durante la Edad Media, siempre había habido quienes amaban y estudiaban los clásicos latinos, y los utilizaban como fuentes para su reflexión y para sus escritos. Pero en el siglo XV, como parte del gran despertar del interés en la Antigüedad clásica —que pudo verse también en la arquitectura, la pintura y la escultura— hubo un despertar en los estudios de la literatura clásica. A esto contribuyó la caída de Constantinopla, puesto que los numerosos eruditos bizantinos que buscaron refugio en Italia trajeron consigo su conocimiento de la lengua y literatura griegas. Pronto el griego vino a ser posesión común de las gentes educadas en toda Europa, y así se abrió una amplia avenida hacia los tesoros de la Antigüedad.

La invención de la imprenta de tipos movibles le dio nuevo ímpetu al movimiento humanista. Hasta entonces había sido necesario depender de manuscritos cuya fidelidad al original se hacía dudosa dada la larga serie de copistas cuyos errores podían haberse introducido en el manuscrito. Aunque algunos en el Medioevo habían pensado en la posibilidad de tratar de redescubrir los textos originales mediante la comparación cuidadosa de varios manuscritos, tal proyecto nunca había sido emprendido. De hecho, no habría tenido sentido pasar largas horas tratando de reconstruir el mejor texto posible, sencillamente para tenérselo que volver a confiar a un proceso de copias sucesivas semejante al que había corrompido el texto original. Pero esta situación cambió cuando se inventó un modo de producir un gran número de copias idénticas. Por esta razón muchos de los principales humanistas se dedicaron a la ardua labor de comparar manuscritos y producir ediciones críticas de los escritos de la Antigüedad, así como de los «Padres» de la iglesia y del texto bíblico. La más importante de estas empresas fue el Nuevo Testamento en griego que Erasmo publicó en 1516. Cuatro años más tarde, un grupo de eruditos en la Universidad de Alcalá de Henares —bajo la dirección del cardenal Francisco Jiménez de Cisneros— publicó la Políglota Complutense, que incluía textos en hebreo, griego, arameo y latín. En Italia, Lorenzo Valla, secretario del papa, aplicó los nuevos métodos de la crítica textual a la supuesta Donación de Constantino, sobre la cual se basaban las pretensiones papales al poder temporal, y declaró que el texto en cuestión era espurio. Por toda Europa, la posibilidad de obtener con relativa facilidad textos que hasta entonces habían sido escasos inspiró a muchos que se dedicaron a tratar de volver a las fuentes originales de su fe y su civilización.[3]

---

[3] La obra y la importancia de Erasmo, Jiménez y Valla, especialmente en lo que se refiere a la interpretación de las Escrituras, ha sido estudiada en J. H. Bentley, *Humanists and Holy Writ: New Testament Scholarship in the Renaissance* (Princeton, 1983). Véase también H. Heleczek, *Humanistische Bibelphilologie als Reformsproblem bei Erasmus von Rotterdam* (Leiden, 1975).

Este regreso a las fuentes tomó diversas formas. En Italia, Marsiglio Ficino y Pico della Mirandola trataron de desarrollar un amplio sistema que combinaba el cristianismo con el neoplatonismo y hasta con los misterios de la cábala judía. Según ellos, en su fuente la verdad es solo una, y, por tanto, uno debe unir todos estos conocimientos antiguos a fin de lograr una verdadera comprensión. Otros en Italia fueron más lejos, y trataron de sustituir la tradición cristiana por las antiguas prácticas y creencias paganas. Para tales personas, el cristianismo y el Medioevo no eran sino un obstáculo que les separaba de la Antigüedad clásica.[4] Aunque lejos de ser un humanista, Lutero también participaba en este deseo de regresar a las fuentes, y por ello insistía en la autoridad de las Escrituras sobre la tradición.[5] Pero la actitud más común entre los humanistas, al menos antes de surgir la Reforma protestante, era la de Erasmo, quien abogaba por un regreso a las fuentes del cristianismo, pero creía que esta tarea —por su propia naturaleza— requería un espíritu de moderación y de caridad que le parecía estar ausente tanto en los defensores del cristianismo tradicional como en los proponentes de la fe protestante.

Dentro de este contexto, Erasmo merece atención especial. Su obra muestra claramente que una época tocaba a su fin. Pero muestra también algo de la continuidad entre la edad anterior y la que ahora comenzaba. Erasmo no puede comprenderse si se le interpreta solo como un reformador moderado que careció del valor para llevar sus opiniones hasta sus últimas consecuencias.[6] Si Erasmo no se hizo protestante, esto no fue porque le faltó el valor, sino porque sus convicciones sinceras no le llevaban en esa dirección. Continuó siendo católico porque creía que, a pesar de toda la corrupción en la Iglesia católica, a la que se opuso tenazmente, era dentro de esa iglesia que se podía ser cristiano, y era de esa iglesia que él esperaba que surgiese la verdadera reforma del cristianismo.

La reforma que Erasmo proponía debía tener lugar en el campo de la ética más que en el de la dogmática. La razón para ello no era que Erasmo creyera que la iglesia y los teólogos medievales tenía razón en todas sus enseñanzas, sino más bien que le parecía que las afirmaciones teológicas tenían una importancia secundaria cuando se les comparaba con la

---

[4] Sobre estos y otros humanistas italianos, el mejor estudio es el de C. Trinkaus, *«In our Image and Likeness»: Humanity and Divinity in Italian Humanistic Thought*, 2 vols. (Chicago, 1970).

[5] L. W. Spitz, *The Protestant Reformation: 1517-1559* (Nueva York, 1985), ofrece una lista de varios puntos en los que puede verse el impacto de los humanistas en el joven Lutero.

[6] Hay un excelente resumen de la historia de la interpretación de Erasmo en M. Hoffmann, *Erkenntnis und Verwirklichung der wahren Theologie nach Erasmus von Rotterdam* (Tubinga, 1972), pp. 10-27. Puesto que hay allí una bibliografía extensa, me contento con referir al lector a ella. La obra de R. H. Bainton, *Erasmus of Christendom* (Nueva York, 1969), es una introducción erudita, pero de amena lectura.

práctica de la vida cristiana. Poco de valor veía él en la teología escolástica, y repetidamente la condenó y se burló de sus excesivas distinciones sutiles; pero su propósito no era, como en el caso de los reformadores protestantes, ofrecer una nueva teología que ocupase el lugar de la antigua. Le bastaba con regresar a lo que él creía eran las sencillas enseñanzas de Jesús. Su interpretación de estas enseñanzas —como la de muchos antes de él— era básicamente estoica y platónica. Para él lo importante era «la filosofía de Cristo», que era, en su esencia, un modo de vida racional, moderado y ordenado.

Esto no quiere decir, sin embargo, que Erasmo haya reducido el cristianismo a una serie de principios morales. Su fe incluía todas las doctrinas tradicionales de la iglesia, y muy especialmente la doctrina de la encarnación. No era él de los que creen que las creencias no tienen importancia alguna. Lo que sí creía era que la verdadera doctrina cristiana era relativamente simple, y que el escolasticismo la había complicado hasta tal punto que resultaba difícil reconocerla. Y mientras tenían lugar estos ejercicios calisténicos teológicos, la práctica de la vida cristiana había quedado olvidada. En sus *Coloquios*, Erasmo repetidamente se burla de los monjes y de sus prácticas. La razón de su animadversión hacia el monaquismo era tanto la hipocresía que le parecía ver en la vida monástica tal como se practicaba en su tiempo, como la convicción más profunda de que lo que Cristo, de hecho, requiere del ser humano no es lo que se ordena en las reglas monásticas. Erasmo aceptaba y respetaba el ascetismo. De hecho, él mismo era un asceta moderado según el patrón estoico, y el antiguo escritor cristiano a quien más admiraba era el asceta Jerónimo. Pero le repugnaba la idea de que el mejor modo de servir a Dios sea apartarse del mundo y dedicarse a los ejercicios religiosos. El ascetismo es una especie de disciplina, como la del soldado, y debe ir siempre dirigida hacia la práctica de la vida cotidiana. Por otra parte, Erasmo tampoco sentía respeto alguno para quienes abandonaban esta disciplina y se daban por entero a sus propias pasiones, como puede verse en su burla mordaz del papa Julio II, cuyos gustos mundanales Erasmo critica en su tratado *Julio excluido del cielo*.

La «filosofía de Cristo», tal como Erasmo la entiende, parte de que la verdad es una, y, por lo tanto, Dios está dondequiera se encuentre la verdadera sabiduría. Aquí Erasmo apela a la doctrina del Logos, y saca de ella conclusiones semejantes a las que antes sacaron Justino, Clemente, Agustín y Buenaventura. El Verbo que se encarnó en Cristo es el mismo que habló en los filósofos, y por lo tanto Erasmo puede hasta pedirle a «San Sócrates» que ore por él.

Esto, a la vez, implica que los mandamientos de Jesús, que se encuentran en el corazón mismo de la vida cristiana, se aproximan mucho a los consejos morales de los estoicos y los platónicos. Cuando Pablo se refiere a la enemistad entre el «espíritu» y la «carne», quiere decir básicamente lo mismo que los estoicos cuando hablan de la «razón» y de las «pasiones». En esencia, la tarea del ser humano en este mundo es dominar sus pasiones mediante el ejercicio de la razón. «Este es por lo tanto el único camino hacia la felicidad: en primer lugar, conócete a ti mismo; en segundo, no sujetes nada a las pasiones, sino más bien coloca todas las cosas bajo el juicio de la razón».[7]

Para lograr esto, se puede apelar tanto a la oración como al conocimiento, que son las armas del soldado cristiano. «La oración pura dirigida hacia el cielo domina la pasión, puesto que es una ciudadela inaccesible al enemigo. El conocimiento provee al intelecto de ideas saludables de modo que nada pueda faltarle».[8] De una forma que le es característico, Erasmo insiste en la necesidad de que la oración sea sincera, y señala que lo importante no es su extensión ni su forma. En cuanto al conocimiento, su principal fuente es el estudio de las Escrituras, porque «no hay tentación tan grande que un estudio asiduo de las Escrituras no pueda alejarla fácilmente».[9] En cuanto a los intérpretes de las Escrituras que puedan ser más útiles, Erasmo recomienda «especialmente a aquellos que se apartan todo lo más posible del sentido literal»,[10] tales como —según él— Pablo, Orígenes, Ambrosio, Jerónimo y Agustín. Aunque el propio Erasmo nunca llegó a los extremos de Orígenes en su interpretación alegórica de las Escrituras, una de las razones por la que sus *Paráfrasis* o comentarios del Nuevo Testamento fueron tan populares fue precisamente que en ellas Erasmo se muestra libre para apartarse del sentido literal del texto.

En todo esto, Erasmo forma parte de una larga tradición de pensadores y eruditos cristianos, y la tensión en que tuvo que vivir con el resto de la iglesia establecida fue muy semejante a la que experimentaron otros miembros de la misma tradición. Clemente se refería a sí mismo y a quienes podían entender sus enseñanzas como «gnósticos cristianos»; Orígenes tuvo serias dificultades con las autoridades eclesiásticas de su época; la teología de Agustín fue rechazada por varios de sus más influyentes contemporáneos. De manera semejante, Erasmo se vio a un tiempo dentro y fuera de los límites de la iglesia establecida: dentro de ellos, porque siempre fue fiel hijo de la iglesia, creyó sus doctrinas, y nunca se rebeló contra sus autoridades; fuera de ellos, porque siempre se sintió obligado a medir esa iglesia utilizando la medida de lo que él creía era el Evangelio y, por tanto, en cierto modo a oponérsele con una actitud crítica que no siempre fue bien recibida. Si se toma todo esto en consideración, resulta más fácil

---

[7] *Enchiridion*, 5.

[8] *Ibid.*, 2.

[9] *Ibid.*

[10] *Ibid.*

comprender la actitud de Erasmo hacia la Reforma protestante. Él mismo era también un reformador. Mucho antes de que el nombre de Lutero se oyese fuera de Alemania, Erasmo era ya discutido a través de toda Europa occidental como el gran campeón de la tan ansiada reforma. Buena parte de su extensísima correspondencia se dedicó a propugnar la causa de la reforma eclesiástica por toda Europa. Sus admiradores se encontraban en todas las cortes de Europa, y entre ellos se contaban varias cabezas coronadas. Un número cada vez mayor de obispos, cardenales y otros dirigentes eclesiásticos estaba de acuerdo con Erasmo en cuanto a la necesidad de una forma de cristianismo que fuese más profunda, más sencilla, y más sincera. Por algún tiempo pareció que la iglesia en España sería la primera en experimentar una reforma del tipo propuesto por Erasmo. Inglaterra le seguía de cerca. Probablemente Francia y Navarra también experimentarían semejante reforma. Entonces, de súbito, un terrible huracán surgió en Alemania que cambió toda la situación. Según progresaba el movimiento luterano y los dirigentes católicos trataban de prevenir su expansión, se hizo necesario que cada cual se definiese en cuanto a su actitud hacia ese movimiento. En España, donde poco antes se pensó que la Iglesia se reformaría pronto, cualquier palabra de tono reformador se volvió sospechosa de herejía y hasta de traición contra el rey Carlos I, quien, en Worms, bajo el nombre de Carlos V, había tenido que enfrentarse a Lutero. En Francia, en Alemania y en Inglaterra se trazaron líneas que a la larga llevarían a guerras religiosas. La moderación se había vuelto imposible. Tanto por su temperamento como por su convicción, Erasmo era moderado, y por lo tanto su posición se hizo cada vez más difícil.

Los protestantes creían que Erasmo tendría que unirse a ellos para ser consecuente con sus ideas reformadoras. Esto no era una interpretación correcta de lo que Erasmo había estado diciendo y proponiendo, puesto que él siempre se opuso a todo cisma, y pensaba que los protestantes estaban tan preocupados en sus propios debates teológicos que no podían comprender tampoco las sencillas enseñanzas del Evangelio. Más todavía: entre él y Lutero había una oposición profunda en el modo en que entendían la reforma que se requería. El espíritu pacífico de Erasmo no gustaba de la belicosidad de Lutero. Por algún tiempo, Erasmo se abstuvo de atacar a Lutero abiertamente, diciendo que quizá el éxito del protestantismo era una señal de que Dios había decidido que la corrupción de la Iglesia católica era tal que hacía falta un cirujano capaz de llevar a cabo una operación drástica.[11] Pero pronto los acontecimientos le obligaron a cambiar de táctica. Se le acusaba de ser secretamente luterano, y los protestantes estaban haciendo uso de sus escritos y de su fama para promover su propia causa.

---

[11] Citado en J. Huizinga, *Erasmus and the Age of Reformation* (Nueva York, 1957), p.161.

Enrique VIII de Inglaterra, el papa Adriano VI y una hueste de amigos y enemigos le instaban a clarificar su posición. Por último, se decidió a atacar a Lutero y a hacerlo mediante un tratado, *Sobre el libre albedrío*, puesto que este era un punto en que clara y sinceramente estaba en desacuerdo con el reformador alemán. Este último respondió con un ataque virulento en *La esclavitud del albedrío*, donde se veía una vez más esa tendencia hacia la exageración que el propio Erasmo le había señalado antes. Después de ese incidente, Erasmo se movió cada vez más lejos de los protestantes, hasta tal punto que hacia el final de su vida aceptaba varias cosas en la Iglesia católica que antes había condenado. Aunque algunos protestantes de tendencias humanistas tales como Felipe Melanchthon continuaron estimándole y respetándole, la opinión general entre los protestantes era que Erasmo se había portado como un hombre débil y cobarde, carente del valor necesario para sostener sus propias convicciones. Pero esto no es un juicio justo de sus motivos, y se basa en una interpretación incorrecta de sus opiniones y perspectivas.

Tampoco entre los católicos le fue bien a Erasmo, porque también entre ellos se hacía difícil sostener una posición moderada. Aunque Erasmo pudo vivir el resto de sus días en relativa paz dentro de un mundo agitado, muchos de sus seguidores —especialmente en España e Italia— corrieron peor suerte. Él mismo fue condenado por la Sorbona, que se abrogó el derecho y la tarea de salvaguardar la ortodoxia católica recién definida. Veintitrés años después de su muerte, cuando el primer índice de libros prohibidos fue compilado bajo Pablo IV, las obras de Erasmo se encontraban en él.

Es por esto por lo que Erasmo representa el fin de una era. Después de él, y por casi cuatro siglos, sería muy difícil sostener entre católicos y protestantes la posición moderada que él sostuvo. En cierto sentido, Erasmo fue el último de una larga serie de reformadores moderados y no cismáticos que aparecieron una y otra vez durante los mil años del Medioevo occidental.

Pero Erasmo es también el comienzo de una era. Es la era de la imprenta, de los libros y de la erudición. Sus ediciones críticas del Nuevo Testamento y de los «Padres» fueron el comienzo de una vasta empresa que continúa hasta nuestros días —y que hoy se expande gracias a los nuevos recursos cibernéticos—. Esta empresa ha tenido por resultado numerosas reinterpretaciones de hechos históricos, que a su vez han tenido una influencia profunda en el desarrollo ulterior del pensamiento cristiano. Resulta interesante señalar que fue Erasmo quien inauguró la moderna erudición bíblica al editar el texto griego del Nuevo Testamento; y que cuando, cuatro siglos más tarde, los protestantes y los católicos comenzaron a conversar los unos con los otros en lo que podría describirse como un espíritu de tolerancia al estilo de Erasmo, sus primeros pasos en el diálogo recién establecido tuvieron lugar en el contexto de esa erudición bíblica a la que Erasmo hizo una contribución tan significativa.

Una nueva lectura del pasado

Llegamos así a lo que fue claramente el fin de una era. Constantinopla, la ciudad cristiana de Constantino, pertenecía ahora al pasado, y donde antes se invocaba el nombre del Salvador resonaba ahora el nombre del Profeta. Su pretensión de ser la «nueva Roma» había sido heredada por Moscú, alrededor de la cual un nuevo imperio comenzaba a surgir. En Occidente, la vieja Roma no gozaba de mejor suerte que su contraparte oriental. Había perdido su antigua posición de centro del mundo, y era ahora un factor político más dentro de una Europa cada vez más dividida por el nacionalismo. Los varios reinos de la Península ibérica se unían ahora, el moro desaparecía, y nuevos horizontes se abrían allende los mares, donde un nuevo mundo estaba en espera de ser colonizado, cristianizado y explotado. La imprenta de tipos movibles comenzaba a diseminar materiales escritos a una velocidad que parecía increíble. Numerosos exiliados procedentes de Constantinopla reintroducían en Italia el estudio de las letras clásicas griegas. Eruditos tales como Lorenzo Valla sembraban dudas sobre la autenticidad de documentos en los que se basaba buena parte de la concepción del mundo del Medioevo. Otros comenzaban a señalar hasta qué punto la transmisión manuscrita de los textos genuinos de la Antigüedad cristiana los había corrompido.

Muchos de los personajes envueltos en estos grandes acontecimientos creían estar viviendo en la aurora de un nuevo día, cuando la ignorancia y la superstición de los últimos mil años desaparecerían. Esta visión de esos mil años como un tiempo de entorpecimiento en el desarrollo humano genuino hizo que se les llamara la «Edad Media», y que la nueva edad recibiera el título de «Renacimiento» —un nuevo nacimiento que se desentendía del pasado inmediato. Los más altos logros artísticos del Medioevo fueron entonces llamados «góticos» —es decir, bárbaros— y los arquitectos, pintores y escultores tomaron por ideal el arte clásico grecorromano.

Sería incorrecto pensar que la iglesia como institución se opuso a estas nuevas corrientes. Los papas rivalizaban con otros príncipes italianos en sus esfuerzos por atraerse los mejores artistas y eruditos. Lorenzo Valla, quien destruyó la base del poder temporal del papado al probar que la llamada Donación de Constantino era espuria, formaba parte de la curia papal. Aunque hubo fuertes protestas por parte de algunos monjes y laicos, el papado había sido capturado por el espíritu de la época.

No es este el lugar para discutir el pensamiento del Renacimiento. Pero sí debemos detenernos para discutir el juicio que el Renacimiento pronunció sobre la Edad Media.

Lo primero que debemos decir dentro de este contexto es que quien esté leyendo esta obra se habrá percatado de que el Medioevo no fue un período uniforme al cual se pueda aplicar un juicio global. Los primeros años después de las invasiones de los «bárbaros», así como el siglo y medio que siguió a la decadencia del Imperio carolingio, fueron ciertamente oscuros. Pero si hay en la historia de la civilización occidental una época que pueda llamarse «clásica» por la coherencia de su cosmovisión, por su originalidad, y por la belleza que creó, es sin lugar a duda, los siglos XII y XIII. A fin de pronunciar un juicio correcto sobre la Edad Media, han de tenerse en cuenta, no solo los siglos oscuros, sino también los grandes logros del Medioevo.

En segundo lugar, resulta claro que cualquier evaluación de la Edad Media necesariamente reflejará las presuposiciones teológicas de esa evaluación. Si se toma como punto de partida la opinión según la cual el propósito de la historia es llegar al punto en que el ser humano se hace adulto y queda emancipado de todas las ataduras tradicionales, el Renacimiento y los siglos subsiguientes serán vistos como el período en que el humano fue librado de las autoridades religiosas y políticas del Medioevo. Si, por otra parte, se pretende que el propósito del ser humano es esencialmente espiritual, y que ese propósito solo puede lograrse dentro de la estructura y bajo la autoridad de un orden cristiano, la Edad Media será vista como el período glorioso en que la autoridad religiosa fue más generalmente aceptada, cuando las gentes estaban más preocupadas por sus destinos eternos, y cuando las dudas sobre cuestiones religiosas fundamentales eran menos comunes. En cualquier caso, la evaluación que se haga de la Edad Media dependerá del punto de partida de tal evaluación.

Podemos decir, sin embargo, que, si la encarnación es el punto focal de la fe cristiana, el fin de la Edad Media ha de verse a la vez con regocijo y con dolor. Ha de verse con regocijo porque despertó en el ser humano una nueva conciencia del valor de su propia vida en todos sus aspectos. Mientras el estilo hierático del arte bizantino daba la impresión de que los acontecimientos relacionados con la encarnación habían tenido lugar aparte de la experiencia humana normal, y la lánguida expresión de la pintura medieval occidental parecía implicar que a fin de ser cristiano es necesario ser menos que humano, las figuras de Miguel Ángel en la Capilla Sixtina despiertan en quien las observa el orgullo de ser humano, de ser miembro de esta raza en uno de cuyos miembros Dios mismo tuvo a bien encarnarse. Pero, por otra parte, el ocaso de la Edad Media ha de verse con dolor, porque nunca desde entonces hasta el siglo XX —y entonces por razones distintas— volvería el ser humano a verse a sí mismo como parte de la creación armoniosa de Dios, que existe sobre esta tierra entre animales, plantas, nubes y océanos por la sola misericordia del Creador. El ocaso de la Edad Media fue también el ocaso de la visión del humano como un ser incompleto cuyo destino final solo puede lograrse porque Dios en la encarnación le ha hecho posible vivir en armonía con lo divino y con la creación —esta última como consecuencia de la armonía con Dios, pero también como medio para lograr esa armonía—. El ser humano del Renacimiento, gobernante de su propia vida y de todo lo que le rodea, que no tiene necesidad de la acción condescendiente de Dios en la encarnación, pronto llegaría a ser el humano explotador y destructor de su medio ambiente.

La Edad Media fue seguida, no solo por el Renacimiento, sino también por las reformas católica y protestante. En cierto sentido, estas dos reformas fueron nuevos puntos de partida; pero en otro sentido —cada una de ellas a su propia manera— fueron también continuación del espíritu medieval.

36

La teología de Martín Lutero

Martín Lutero es, sin lugar a duda, el más importante teólogo cristiano del siglo XVI, y, por tanto, hay razones para comenzar nuestra discusión del pensamiento cristiano en ese siglo con un resumen de su teología, como se acostumbra hacer en tales casos. Sin embargo, una palabra de advertencia se hace necesaria en este punto. Aunque Lutero es indudablemente de importancia capital, y a pesar de que la mayor parte de la teología cristiana del siglo XVI —tanto católica como protestante— no fue sino comentario y debate sobre Lutero, es importante recordar que hubo otros trabajos teológicos que tuvieron lugar tanto en la Iglesia católica como en Oriente, independientemente de toda discusión de las doctrinas de Lutero. Por lo tanto, el lector queda avisado de que, a fin de lograr una visión global de la teología del siglo XVI, debe evitar que los temas vitales que se debaten con relación al movimiento protestante eclipsen la labor teológica que se llevó a cabo en otros contextos. Esa labor se discutirá en los capítulos que hemos dedicado a la teología católica y oriental en el siglo XVI, y que aparecen al final de nuestra discusión del pensamiento protestante por razones de claridad lógica, y no de cronología. Tras esta palabra de advertencia, pasemos a la teología de Martín Lutero.

Lutero es, como Agustín, uno de esos pensadores cuya teología se halla tan indisolublemente unida a su vida que es imposible comprender la una aparte de la otra. Por lo tanto, puesto que ese es el mejor modo de introducirnos en su teología, comenzaremos este capítulo con un breve resumen del peregrinaje espiritual que le llevó a la ruptura con Roma, para después

estudiar algunas de las características más importantes de su teología en
su forma definitiva.

El peregrinaje espiritual

El joven Lutero parece haber sido un típico joven de su época, excepto
por dos cosas: la primera era su tendencia a sufrir radicales cambios de
ánimo, que le llevaban a algunos períodos de depresión; la segunda era
que posiblemente tenía más inclinaciones religiosas que muchos de sus
contemporáneos.[1] Cuando entró al monasterio en el año 1505, lo hizo
por razón de un voto hecho a santa Ana durante una tempestad; pero su
historia ulterior parecería indicar que lo que más le atemorizó durante esa
tempestad no fue la muerte misma, sino la posibilidad de morir sin estar
preparado para ello. Por tanto, Lutero entró al monasterio para prepararse
para la muerte —para hacerse aceptable a los ojos de Dios—.

Una vez que entró a la vida monástica, Lutero se dedicó de lleno a ella.
Tenía a la sazón veintiún años, y no era el tipo de persona que podría tomar
su vocación a la ligera. Después de un año como novicio, tomó los votos
permanentes, y sus superiores tenían de él una opinión lo suficientemente
elevada como para decidir que debía ser ordenado sacerdote. Durante todo
este tiempo no hay indicación alguna de que Lutero fuese monje a regaña-
dientes, ni de que sus votos le resultasen onerosos. Por el contrario, según
sus propias palabras, hizo todo lo posible por ser un monje ejemplar. Había
abandonado el mundo y entrado al monasterio para asegurarse de su salvación, y no estaba dispuesto ahora a sucumbir a la tentación de volverse un
monje cómodo y satisfecho de sí mismo. Era necesario seguir adelante con
la tarea que le había llevado al monasterio, y llevar una vida tan ascética
como le fuese posible soportar. Esto fue llevado a tal extremo que, años
más tarde, el propio Lutero pensaba que su ayuno frecuente y mortifica-
ción de su propia carne le habían afectado la salud permanentemente.

Pero este ejercicio espiritual continuo no parecía responder a las necesidades de su alma. Se sentía sobrecogido por la santidad y la justicia de
Dios. ¿Cómo asegurarse de que había hecho suficiente? Esto no debió
haberle planteado ningún problema, puesto que la iglesia decía tener un

---

[1] Una biografía excelente y de fácil lectura es la de R. H. Bainton, *Lutero* (Buenos Aires,
1955). Véase también M. Brecht, *Martin Luther: His Road to Reformation* (Filadelfia,
1985); H. G. Halle, *Luther: An Experiment in Biography* (Garden City, N. Y., 1980); R.
Marius, *Luther* (Filadelfia, 1974). Más osada y debatible es la obra de E. H. Erikson, *Young
Man Luther: A Study in Psychoanalysis and History* (Nueva York, 1958). Sobre este debate, véase R. A. Johnson, *Psychohistory and Religion: The Case of Young Man Luther*
(Filadelfia, 1977).

tesoro de méritos, ganado por Cristo y por sus santos, que podía aplicarse a aquellos pecadores cuyas obras no eran suficientes para merecer la salvación. Pero aun esta confianza fue deshecha cuando, en una peregrinación a Roma, Lutero vio cómo se abusaba de las reliquias y de otros modos de lograr méritos. Había llegado a Roma lleno de fe y esperanza. Salió de ella con una duda profunda de que los medios de salvación ofrecidos por la iglesia fuesen en realidad válidos, y esta es la primera indicación que tenemos de que Lutero se haya permitido dudar de las doctrinas generalmente aceptadas por sus contemporáneos.

Fue entonces transferido a Wittenberg, en un paso que tendría grandes consecuencias para el resto de su vida, así como para la historia de la iglesia. Fue allí donde conoció a su compañero de orden y superior: Johann von Staupitz. Staupitz era un hombre comprensivo y erudito, capaz de escuchar las dudas y temores de Lutero sin sentirse obligado a condenarle.

Cuando Lutero le expresó sus dudas sobre su propia salvación, Staupitz le escuchó con atención. Pero entonces Lutero comenzó a tener dudas acerca de la confesión. Tales dudas no consistían en incredulidad, puesto que todavía creía que a través de la confesión y la penitencia era posible lograr el perdón de los pecados. El problema era que Lutero estaba agudamente consciente de la imposibilidad de confesar *todos* sus pecados. Por mucho que lo intentase, siempre algún pecado quedaba sin confesar y por tanto sin perdonar, ya que el pecado era una realidad tan profunda que resultaba imposible arrancarlo de raíz.

Ante tales dificultades, Staupitz le sugirió que estudiase a los místicos alemanes. Había allí otro modo de salvación que descansaba, no en el perdón de los pecados individuales, sino sencillamente en confiar toda la vida y todo el ser a Dios. Quien tal hiciera dejaría a un lado su propio interés y su orgullo, y confiaría solo en Dios. En tales doctrinas Lutero encontró cierto descanso, y en lo que escribió más tarde puede oírse todavía el lejano eco de algunas de las enseñanzas de los místicos. Pero todavía esto era insuficiente. Los esfuerzos mismos de destruir el propio yo y su orgullo son actos de orgullo. Aún más: los místicos decían que el camino que lleva a la salvación era sencillamente entregarse al amor de Dios, y Lutero tenía que confesar que su más profunda reacción ante el Señor Santísimo, que requería de él una santidad que él no podía lograr, no era de amor, sino más bien de odio.

Fue entonces que Staupitz decidió que Lutero debería estudiar, hacerse doctor, y enseñar en la Universidad de Wittenberg; es más, debería tener responsabilidades pastorales. Aunque resulta imposible saber las razones que llevaron a Staupitz a tomar tal decisión, es posible que estuviera siguiendo el ejemplo de Jerónimo, quien había decidido estudiar hebreo y traducir la Biblia cuando descubrió que sus sueños pecaminosos le habían seguido hasta su retiro monástico en Belén. O quizá Staupitz pensaba que, si se obligaba a Lutero a centrar su atención en las dudas y las necesidades de otros, sus propias dudas y necesidades quedarían relegadas a un segundo plano. En todo caso, el resultado neto de esta decisión fue dirigir a Lutero hacia el estudio de las Escrituras, donde a la larga encontraría respuesta a sus dudas.

Siguiendo las instrucciones de Staupitz, Lutero se dedicó completamente al estudio de la Biblia. En el 1513 comenzó a dictar conferencias sobre el libro de Salmos, y cuatro años después estaba comentando Romanos y Gálatas.

Por ese entonces, aunque todavía no había tenido lugar su ruptura con la iglesia establecida, su teología tenía ya sus características básicas. A partir de entonces, su desarrollo teológico posterior sería mayormente clarificación y aplicación de lo que había descubierto durante aquellos primeros años de la investigación bíblica. Por lo tanto, debemos detenernos para trazar las líneas principales de su descubrimiento acerca de la naturaleza de Dios y de sus relaciones con los humanos. ¿Cómo puede alguien como Lutero, que se sabe pecador injusto, satisfacer las demandas del Dios Santísimo que es todo justicia? Sus estudios de los Salmos le dieron a Lutero los primeros rayos de esperanza sobre la posibilidad de encontrar respuesta a tan candente pregunta.[2] Como casi todos los exégetas de su tiempo, Lutero interpretaba los Salmos desde una perspectiva cristológica. En ellos, Cristo hablaba y se manifestaba. Luego, al llegar al Salmo veintidós, que el propio Cristo comenzó a recitar desde la cruz, «mi Dios mi Dios, ¿por qué me has abandonado?», Lutero descubrió que el propio Cristo había estado sujeto a las agonías de la desolación, que él ahora estaba sufriendo. Cristo mismo había quedado tan abandonado como el más perdido pecador. Y esto lo había hecho en pro de Lutero. Cristo no es entonces solo el juez justo, sino que también está dispuesto a sentarse junto a los acusados. De algún modo, el Dios justo hacia quien Lutero sentía odio era también el Dios amante que había abandonado completamente a Cristo para el bien de Lutero. De un modo misterioso, la justicia y el amor se comunican entre sí. Este fue el principio de la teología luterana.

Sin embargo, el gran descubrimiento vino algún tiempo después cuando Lutero estudiaba la Epístola a los romanos. Años después, el propio Lutero describiría su experiencia como sigue:

... En efecto, me había sentido llevado por un extraño fervor de conocer a Pablo en su Epístola a los romanos. Mas hasta aquel tiempo se había opuesto a ello no la frialdad de la sangre del corazón,

---

[2] Naturalmente, esto se refiere solo al estudio formal de los Salmos, pues como monje Lutero había practicado por años la vieja costumbre de recitar los Salmos y, por tanto, se los sabía prácticamente de memoria.

sino una sola palabra que figura en el primer capítulo: «La justicia de Dios se revela en él (el Evangelio)». Yo odiaba la frase «justicia de Dios», porque por el uso y la costumbre de todos los doctos se me había enseñado a entenderla filosóficamente como la llamada justicia formal o activa, por la cual Dios es justo y castiga a los pecadores y a los injustos.

Empero, aunque yo vivía como monje irreprochable, me sentía pecador ante Dios y estaba muy inquieto en mi conciencia sin poder confiar en que estuviese reconciliado por mi satisfacción. No amaba, sino más bien odiaba a ese Dios justo que castiga a los pecadores. Aunque sin blasfemia explícita, pero sí con fuerte murmuración, me indignaba sobre Dios diciendo: «¿No basta acaso con que los míseros pecadores, eternamente perdidos por el pecado original, se vean oprimidos por toda clase de calamidades por parte de la ley del Decálogo? ¿Puede Dios agregar dolor al dolor con el Evangelio y amenazarnos también por él mediante su justicia y su ira?». Así andaba transportado de furor con la conciencia impetuosa y perturbada. No obstante, con insistencia pulsaba a Pablo en ese pasaje deseando ardentísimamente saber qué quería.

Entonces Dios tuvo misericordia de mí. Día y noche yo estaba meditando para comprender la conexión de las palabras, es decir: «La justicia de Dios se revela en él, como está escrito: el justo vive por la fe». Ahí empecé a entender la justicia de Dios como una justicia por la cual el justo vive como por un don de Dios, a saber, por la fe. Noté que esto tenía el siguiente sentido: por el Evangelio se revela la justicia de Dios, la justicia «pasiva», mediante la cual Dios misericordioso nos justifica por la fe, como está escrito: «El justo vive por la fe». Ahora me sentí totalmente renacido. Las puertas se habían abierto y yo había entrado en el paraíso. De inmediato toda la Escritura tomó otro aspecto para mí.[3]

Lutero no pudo callar este extraordinario descubrimiento por mucho tiempo. Su importancia era demasiado grande, y no debía quedar escondido bajo el almud. Pronto había convencido a la mayoría de sus colegas en Wittenberg. Pero su descubrimiento debía darse a conocer al resto del mundo. Con este propósito en mente, Lutero escribió noventa y siete

---

[3] *Prefacio a los escritos latinos* (*Obras de Martín Lutero*, Buenos Aires, 1967, 1:337-38). Debe señalarse, sin embargo, que este pasaje fue escrito mucho después, y que el propio Lutero coloca la experiencia que en él se describe en fecha algo posterior. Véase Spitz, *The Protestant...*, p. 65.

tesis que debían ser defendidas por un estudiante en Wittenberg en uno de los ejercicios que usualmente se requerían de los candidatos al grado de bachiller; pero también las hizo imprimir, y se ofreció a defenderlas en persona contra cualquier opositor. En esas tesis, Lutero mostraba su profundo sentido de las enormes consecuencias del pecado humano. «El ser humano, por ser mal árbol, solo puede hacer mal».[4] «Es necesario reconocer que el libre albedrío no tiene libertad para buscar cualquier cosa que sea declarada buena».[5] Esto se encuentra íntimamente relacionado con la experiencia del propio Lutero de no haberle permitido a Dios librarle de sus ataduras: «El humano es por naturaleza incapaz de querer que Dios sea Dios. De hecho, él mismo quiere ser Dios, y no quiere que Dios sea Dios».[6] Esto, a su vez, lleva la primacía de la gracia: «Por parte del humano, sin embargo, nada precede a la gracia sino la mala voluntad y aun la rebelión contra la gracia».[7] Uno no puede ni siquiera eliminar los obstáculos que se hallan en el camino de la gracia, y en este sentido la virtud moral de nada sirve, porque «no hay virtud moral sin orgullo o dolor, es decir, sin pecado».[8] La razón de esto es que «toda acción de la ley sin la gracia de Dios parece buena desde fuera, pero por dentro es pecado».[9] En resumen: «no llegamos a ser justos porque hacemos obras justas, sino que, tras haber sido hechos justos, hacemos obras justas».[10]

Aunque en esta época Lutero se consideraba a sí mismo buen católico y fiel hijo de la iglesia organizada,[11] sí tenía la esperanza de que surgiera un debate que haría que se le prestara atención a su gran descubrimiento. Esta esperanza, sin embargo, resultó fallida.

De todas las acciones en las que Lutero retó al público, es muy probable que ninguna haya sido tan cuidadosamente considerada como esta. Y sus esfuerzos de nada sirvieron. Estas palabras pudieron haber sido la primera andanada de una gran controversia... Pero nada sucedió... No fue la primera vez, ni tampoco la última, en que Lutero se encontró con que sus mejores planes resultaban

---

[4] *Debate contra la teología escolástica*, tesis 4 (*LWWA*, 1:224).

[5] *Ibid.* 10 (*LWWA*, 1:224).

[6] *Ibid.* 7 (*LWWA*, 1:224).

[7] *Ibid.* 30 (*LWWA*, 1:225).

[8] *Ibid.* 38 (*LWWA*, 1:226).

[9] *Ibid.* 76 (*LWWA*, 1:227).

[10] *Ibid.* 40 (*LWWA*, 1:226).

[11] De hecho, al final de estas tesis Lutero afirma que «no creemos haber dicho nada que no concuerde con la Iglesia católica y sus maestros».

en nada, mientras que cuando menos lo esperaba sus acciones tenían inmensas consecuencias.[12]

Tales consecuencias inesperadas aparecieron por primera vez en relación
con la cuestión de las indulgencias. La peregrinación de Lutero a Roma y
su desarrollo teológico posterior le habían convencido de que la confianza
en los méritos y reliquias de los santos era vana. Para él, tal confianza había
sido un obstáculo más que una ayuda en su peregrinación espiritual. En
Wittenberg, Federico el Sabio había reunido un número de reliquias que
se suponía tenían poder para librar del purgatorio a aquellos que viniesen
a verlas y ofrendasen los donativos de rigor. Mucho antes del comienzo
de la Reforma, Lutero había predicado contra tales prácticas y se había
ganado el enojo de Federico, quien contaba con las ofrendas de los fieles
para varios de sus proyectos —de hecho, puesto que parte de tales ingresos
se utilizaban para la Universidad, el propio Lutero recibía indirectamente
parte de los beneficios—. Sin embargo, Federico no se creía autorizado a
amordazar a Lutero sencillamente porque este le causara enojo o amena-
zara parte de sus ingresos. Por tanto, Lutero continuó sus funciones pastorales a pesar de su desacuerdo con su gobernante sobre este punto. Tal
era la situación cuando la cuestión de las indulgencias cobró mayor importancia por razón de una proclama de León X que le otorgaba a Alberto de
Brandeburgo el derecho a vender una nueva indulgencia en sus territorios.
Aunque Lutero no lo sabía entonces, varias personas de alto rango estaban
envueltas en las negociaciones que habían llevado a tal proclama, y la
suma que se esperaba reunir era considerable. La razón explícita que se
daba para esta nueva venta de indulgencias era la necesidad de completar
la Basílica de San Pedro en Roma, donde las obras habían quedado deteni-
das por falta de fondos. Federico el Sabio no les permitió a los vendedores
entrar en sus territorios, puesto que le harían competencia a la indulgencia
que se suponía estaba disponible en la iglesia de Wittenberg. Pero algunos
de los feligreses de Lutero cruzaban la frontera a fin de comprar la nueva
indulgencia, y a su regreso le contaban a Lutero que los vendedores estaban reclamando para su mercancía una eficacia que a Lutero le parecía
repugnante. Fue entonces cuando el monje alemán compuso sus famosas
noventa y cinco tesis, cuyo verdadero título es *Disputación acerca de la
determinación del valor de las indulgencias*. Las compuso en latín, puesto
que su propósito no era crear un gran debate general, sino más bien sostener una disputa académica con los intelectuales, donde esperaba probar
que sus tesis eran correctas. Tal procedimiento no era nuevo. El propio

---

[12] G. Rupp, *Luther's Progress to the Diet of Worms*, reimpresión (Nueva York, 1964), pp.
46-47.

Lutero antes había propuesto otras tesis que esperaba causaran un gran furor, y nada había sucedido. Ahora, cuando no esperaba que sucediese gran cosa, sus tesis crearon gran furor.

Las noventa y cinco tesis, puesto que fueron escritas teniendo en mente un solo problema, no constituyen una exposición tan completa de la teología de Lutero como el *Debate contra la teología escolástica* que hemos resumido más arriba. En general, el ataque no es contra el papado, sino más bien contra los predicadores de indulgencias. Lo que tales predicadores dicen le hace daño al papado, puesto que llevan al laicado a plantearse preguntas tales como: ¿por qué el papa, si tiene poder sobre el purgatorio, no toma la determinación de sencillamente librar a todas las almas que se encuentran en él, sin tener que esperar hasta que se le haya dado «muy miserable dinero para la construcción de la basílica?».[13] De igual modo, poniendo sus palabras otra vez en boca del «laicado», Lutero expresa los sentimientos de quienes piensan que, una vez más, Roma está esquilmando a Alemania. Así, por ejemplo, dice que «el laicado» podría preguntarse: «¿Por qué el papa, cuya fortuna es hoy más abundante que la de los más opulentos ricos, no construye una Basílica de San Pedro tan solo de su propio dinero, en lugar de hacerlo con el de los pobres creyentes?».[14] Pero, a pesar de la osadía indudable de estas tesis, Lutero creía que su ataque anterior contra la teología escolástica era mucho más profundo y debió haber creado una conmoción mayor que estas tesis sobre el tema de las indulgencias.

Lo que Lutero desconocía era que al oponerse a la venta de las indulgencias se estaba oponiendo a los designios de altos potentados, y que, al mismo tiempo, estaba expresando quejas que desde mucho antes estaban buscando y esperando algún modo de hacerse oír. Sin su conocimiento ni aprobación, las noventa y cinco tesis, escritas originalmente en latín por tratarse de un documento académico, fueron traducidas al alemán, impresas y profusamente distribuidas por todo el país. El papa León X, uno de los más ineptos que han ocupado la sede petrina, no era capaz de comprender las cuestiones profundamente espirituales envueltas en la controversia, ni quería siquiera tratar de entenderlas. Para él, el monje alemán era sencillamente un obstáculo a sus planes, y, por tanto, comisionó al general de los agustinos —orden a la que Lutero pertenecía— para que le hiciese callar. En esto, sin embargo, no tuvo éxito, puesto que, al parecer, el capítulo alemán de la orden no tomó acción alguna contra Lutero. Lo que se decidió fue más bien que tuviese lugar un debate en Heidelberg entre Lutero y el teólogo conservador Leonard Baier, y que Lutero debería

---

[13] Tesis 82 (*Obras*, 1:4).
[14] Tesis 86 (*Ibid.*).

completar sus *Explicaciones de las noventa y cinco tesis*, sobre las cuales estaba ya trabajando. Más adelante, al tratar acerca del modo en que Lutero entendía la tarea del teólogo, tendremos ocasión de referirnos al debate de Heidelberg. Baste decir aquí que, aunque Lutero no pudo convencer a sus opositores, varios jóvenes teólogos fueron ganados para su causa durante el curso de este debate. En las *Explicaciones*, sin embargo, puede verse la lucha interna por la que atravesaba Lutero, tratando de sostener a un tiempo la doctrina tradicional de la autoridad pontificia y del poder de las llaves y, al mismo tiempo, llegando a la conclusión de que el papado tal como existía entonces no podía reconciliarse con el evangelio.

> No puedo negar que todo lo que el papa hace ha de aceptarse, pero me duele no poder probar que lo que él hace sea lo mejor. Aunque, si fuese yo a discutir la intención del papa sin tener nada que ver con sus empleados mercenarios, diría simple y brevemente que ha de pensarse del papa todo lo mejor. La iglesia necesita una reforma que no ha de ser la obra de un hombre, es decir, del papa, ni tampoco de muchos hombres, es decir, los cardenales, lo cual ha quedado demostrado por el último concilio, sino que es más bien la obra de todo el mundo, o más bien la obra de Dios solo. Sin embargo, solo el Dios que ha creado el tiempo conoce el mejor tiempo para esta reforma. En el entretanto no podemos negar males tan manifiestos. Se abusa del poder de las llaves, y se le esclaviza a la avaricia y la ambición.[15]

Lutero esperaba que la cuestión terminase con estas *Explicaciones*, que fueron enviadas al papa junto a una humilde aclaración. Lo que él no sabía era que ya en ese momento León y su curia habían decidido condenarle y excomulgarle. Sin embargo, esta acción tuvo que ser pospuesta debido a circunstancias políticas. Se hacía necesario elegir a un emperador para suceder a Maximiliano. El candidato más probable era Carlos I de España —quien más tarde tomó la corona imperial bajo el nombre de Carlos V. Su elección sería desastrosa para la política de León, puesto que Carlos entonces le tendría como dentro de una tenaza, con España y Alemania hacia el norte y noroeste, y Nápoles y Sicilia hacia el sur. Federico el Sabio era uno de los electores imperiales, y hasta se le consideraba un posible candidato para la púrpura. Por lo tanto, el papa se sentía obligado a tratar a Lutero con ciertas consideraciones, sobre todo por cuanto Federico insistía en que se le diese a su monje y profesor un juicio justo. Siguió una larga serie de negociaciones en las que el principal representante del papa fue el

---

[15] *LWWA*, 1:626.

hábil teólogo y erudito cardenal Cayetano —a quien estudiaremos en otro capítulo—. Pero estas negociaciones fracasaron por cuanto quienes participaban en ellas por ambas partes llegaron a darse cuenta de que lo que les separaba era, mucho más que la cuestión concreta de las indulgencias, la existencia de dos maneras bien diferentes de entender la fe cristiana.

Con el correr de los años, y según se iba percatando de las implicaciones de su gran descubrimiento, Lutero fue quemando más y más naves tras de sí. En 1519, en un debate en Leipzig con Juan Eck de Ingolstadt, este le llevó a declarar que la autoridad de la Biblia es superior a la de los papas y concilios, y que tanto algunos concilios como algunos papas han errado. Eck le acusó de ser seguidor de Juan Huss. Aunque sorprendido ante tal acusación, pronto Lutero llegó a la conclusión de que en muchos puntos estaba de acuerdo con Huss. En 1520 escribió tres tratados importantes: *La libertad cristiana*, *A la nobleza alemana* y *La cautividad babilónica de la Iglesia*. El primer tratado iba dirigido al papa y acompañado de una carta de carácter conciliador, en la que decía que León era como «un cordero en medio de lobos», o como «Daniel entre los leones». En este tratado, bajo el título general de una discusión de las libertades cristianas, Lutero exponía su manera básica de entender la vida cristiana. Pero los otros dos tratados le llevaron aún más lejos de la Iglesia católica. *A la nobleza alemana* negaba la autoridad del papa sobre los señores seculares y sobre la Escritura, y declaraba que era el poder secular, no el papa, quien debía convocar a un concilio para la reforma de la iglesia. En ese tratado, sin embargo, mostraba claramente que no estaba pidiendo el apoyo de las armas, puesto que la reforma que se necesitaba nunca se lograría por tales medios. Pero lo más importante en este breve tratado es que, en él, Lutero expresaba muchas de las quejas que los alemanes tenían contra Roma, y de este modo el movimiento reformador se entrelazó con el nacionalismo alemán. En *La cautividad babilónica*, Lutero atacó el sistema sacramental de la iglesia. Según este tratado, hay solo tres sacramentos: el bautismo, la eucaristía y la penitencia. En él se negaba la transubstanciación y el sacrificio de la misa. También insistía en el sacerdocio de todos los creyentes, que ya había expuesto en *A la nobleza alemana*. Con este ataque al sistema sacramental, aun los más moderados —Erasmo entre ellos— quedaron convencidos de que el cisma era irreparable. Pero, en todo caso, ya la suerte estaba echada, puesto que cuando Lutero se preparaba a publicar su tratado, Juan Eck llegaba con la bula de excomunión.

«Levántate, Señor, y juzga tu causa... porque se han levantado zorros que tratan de destruir tu viña...».[16] Así comenzaba la bula en la que, tras apelar al Señor, a Pedro, a Pablo y a toda la iglesia, León resumía los

---

[16] *Exsurge Domine*, proemio.

errores de Martín Lutero y luego condenaba y excomulgaba a su autor y sus seguidores. La bula terminaba con un llamamiento a Lutero, prometiéndole que, si se arrepentía y se retractaba, sería recibido «con amor paternal». La proclamación oficial de la bula en Roma tuvo lugar en una ceremonia en la que se quemaron las obras de Lutero y otras ceremonias semejantes se celebraron en distintas partes de Alemania y de los Países Bajos cada vez que la bula se proclamaba en una nueva ciudad. La respuesta de Lutero a esto fue reunir a sus estudiantes en las afueras de Wittenberg, y quemar allí copias de la ley canónica, las decretales y varias obras de teología escolástica. A todo esto añadió un ejemplar de la bula misma. En el sentido estricto, todavía no se le podía considerar como un hereje recalcitrante, puesto que la bula no había sido proclamada en Sajonia; pero, de hecho, y por cuanto se refería a las autoridades eclesiásticas, la suerte estaba echada. Lutero era hereje, y quienes le siguieran sabían que quedaban excomulgados y se arriesgaban a recibir daño físico.

Faltaba ahora la acción del estado. Esta tuvo lugar en la Dieta de Worms en 1521. Carlos, quien era ahora emperador del Sacro Imperio, había vacilado en invitar a Lutero a la Dieta; pero Federico el Sabio y otros insistían en la necesidad de darle a Lutero la oportunidad de defenderse. El propio Lutero fue a Worms convencido de que iba hacia lo que bien podría ser su muerte, y que solo podría escapar con vida si Dios decidía salvarle. Los acontecimientos son bien conocidos. Con palabras memorables y dramáticas, Lutero se negó a retractarse. Después de alguna vacilación, la Dieta decidió condenarle y prohibirles a todos que le ofrecieran asilo. Desde ese momento, tanto desde el punto de vista del estado como desde el de la iglesia, Lutero y sus seguidores no eran ya parte de la única iglesia verdadera, sino un grupo de herejes.

Los acontecimientos que siguieron no tuvieron mayor influencia en los aspectos básicos de la teología de Lutero.[17] La perspectiva fundamental de esa teología había quedado determinada cuando Lutero era todavía un profesor universitario prácticamente desconocido. Desde esa perspectiva se había desarrollado toda una teología que se oponía al modo tradicional de entender la fe cristiana. Ya en el 1521, la teología de Lutero había

---

[17] Esto no quiere decir, sin embargo, que Lutero no haya continuado descubriendo nuevas consecuencias de sus anteriores descubrimientos teológicos. Un ejemplo importante de tales desarrollos en su teología es el de su actitud hacia el matrimonio. Su entendimiento de la justificación por la fe le llevó a rechazar la distinción entre los mandamientos y los consejos de perfección —distinción en la que se fundamentaba toda la vida monástica—. Esto, a su vez, llevó a rechazar el celibato monástico y clerical. Después que él mismo contrajo matrimonio fue comprendiendo cada vez más el valor del matrimonio, y cómo la teología tradicional ha sostenido actitudes negativas hacia la mujer. Véase J. D. Douglass, «Women in the Continental Reformation», en R. R. Reuther, ed. *Religion and Sexism* (Nueva York, 1974), pp. 292-318.

llegado a su madurez. Los tratados escritos posteriormente forman parte de esa teología y, por lo tanto, no es necesario contar aquí el resto de su vida. Pasemos ahora a algunas de las características más importantes de su pensamiento teológico.

La tarea del teólogo

Ya en el 1518, en el *Debate de Heidelberg*, Lutero proponía su modo particular de ver la teología. Allí establecía la distinción entre dos formas de teología: la «teología de la gloria» y la «teología de la cruz». Estas dos formas de teología difieren en cuanto al objeto que estudian, puesto que la primera se interesa ante todo en Dios en su propio ser y en su gloria, mientras que la última ve a Dios tal como este se esconde en su sufrimiento.

> El teólogo de la gloria llama a lo malo, bueno, y a lo bueno, malo; el teólogo de la cruz denomina a las cosas como en realidad son.

> Esto es evidente pues el humano, al ignorar a Cristo, no conoce al Dios escondido en los padecimientos. Así, prefiere las obras a los sufrimientos, y la gloria, a la cruz; la potencia, a la debilidad; la sabiduría, a la estulticia; y en general, lo bueno, a lo malo. Estos son los que el apóstol llama «enemigos de la cruz de Cristo», porque odian la cruz y los sufrimientos, y aman las obras y su gloria. Y así llaman al bien de la cruz, mal; y al mal de la obra lo declaran bien. Empero, como ya dijimos, no se puede hallar a Dios sino en los padecimientos y en la cruz. Por esto, los amigos de la cruz afirman que la cruz es buena y que las obras son malas, puesto que por la cruz se destruyen las obras y se crucifica a Adán, el cual, por el contrario, se edifica por las obras. Es imposible, pues, que no se hinche por sus buenas obras quien antes no sea anonadado y destruido por los sufrimientos y los males, al punto de saber que en sí mismo no es nada y que las obras no son suyas sino de Dios.[18]

Estos dos párrafos —y su contexto general en el *Debate de Heidelberg*— son de gran importancia, puesto que en ellos Lutero responde a las preguntas fundamentales de toda teología: «¿Qué es la teología? ¿Cuál es la tarea propia del teólogo? ¿Con qué datos cuenta el teólogo?». Naturalmente, buena parte de lo que cualquier teólogo tenga que decir acerca de otras cuestiones teológicas depende del modo en que responda a estas preguntas.

---

[18] *Debate de Heidelberg*, 21 (*LWWA*, 1:362).

En estos párrafos, Lutero afirma que existe una teología de la gloria y una teología de la cruz.[19] La teología de la cruz cree que Dios solo puede ser visto y adorado tal como se manifiesta en su sufrimiento y en su cruz. La teología de la gloria es ciega e hinchada, puesto que pretende que el ser humano en su actual estado de pecado puede ver las obras de Dios como tales, y a Dios en ellas. Es la teología a la que Pablo se refiere en Romanos: «Pretendiendo ser sabios, se volvieron necios». Frente a este tipo de teología está la teología de la cruz, que es la única verdadera teología. Esta no pretende descubrir a Dios tal y como es en sí mismo, sino que se contenta más bien con conocerle tal como se ha dado a conocer en su revelación, es decir, en el sufrimiento y en la cruz.

Esto no quiere decir que no haya un conocimiento natural de Dios. Por el contrario:

> Hay un doble conocimiento de Dios: el general y el particular. Todos tienen el conocimiento general, es decir que Dios existe, que ha creado el cielo y la tierra, que es justo, que castiga a los perversos, etc. Pero lo que piensa de nosotros, lo que quiere darnos y lo que desea hacer para librarnos del pecado y de la muerte y para salvarnos —en lo cual consiste el conocimiento de Dios particular y verdadero— esto no lo conocen. Es muy posible que yo conozca el rostro de alguien y que sin embargo no le conozca verdaderamente, puesto que no sé lo que está pensando. De igual modo los humanos conocen por naturaleza que existe Dios, pero no saben lo que ese Dios desea ni lo que no desea.[20]

Es por razón del conocimiento general o natural de Dios que todas las civilizaciones tienen sus dioses. Todos saben que existe una divinidad por encima de ellos, pero no conocen su naturaleza. De igual modo, los filósofos tienen este conocimiento natural de Dios, pero tal conocimiento no les acerca un ápice a la comprensión de la verdadera naturaleza de Dios. Lo mismo puede decirse de las reglas morales que están escritas en los corazones de todos: tales reglas muestran que existe un Dios, pero no muestran en realidad quién es ese Dios ni cuál es su voluntad para con nosotros.

En otro contexto, al comentar sobre el Evangelio según San Juan, Lutero llama a estas dos clases de conocimiento de Dios «legal» y «evangélico». Esto se relaciona estrechamente con el tema de la ley y el evangelio, que discutiremos en breve. En todo caso, resulta claro que según Lutero hay

---

[19] W. V. Loewenich, *Luthers Theologia Crucis* (Múnich: 1954); H. Sasse, «Luther's Theologia Crucis» *LuthOut*, 16 (1951), 263-66; 305-8.
[20] *Conferencias sobre Gálatas*, 1535.

dos clases de conocimiento de Dios. La razón no puede alcanzar más que un «conocimiento legal de Dios». Los filósofos de la Antigüedad tuvieron este conocimiento, como lo tiene todo ser humano, ya que se halla inscrito en nuestros corazones. La otra clase de conocimiento, el evangélico, «no crece en nuestro jardín, y la naturaleza no sabe nada acerca de él».[21]

Usando otras metáforas, Lutero afirma que hay un conocimiento de Dios que pertenece a la mano derecha, y otro que se refiere a la mano izquierda. Este último puede lograrse mediante las capacidades que Dios ha puesto en nosotros. El primero, por el contrario, solo puede venir directamente de lo alto, y en él consiste el verdadero conocimiento de Dios.

Esta es la principal razón por la que Lutero rechaza la teología de la gloria: su tema es el conocimiento general o legal de Dios; no reconoce la inmensa diferencia que existe entre tal idea general y el verdadero conocimiento de Dios; trata de alcanzar ese conocimiento mediante los mismos métodos de quien utiliza una escalera para subirse a su palomar.

La segunda razón por la que Lutero se siente obligado a rechazar la teología de la cruz es que trata de ver a Dios cara a cara, olvidándose de que «nadie puede ver a Dios y vivir». «El pueblo de Israel no tenía un Dios a quien se le considerara "en términos absolutos", para utilizar esa expresión, del modo en que los monjes inexpertos suben al cielo con sus especulaciones y piensan acerca de Dios tal y como es en sí mismo. De tal Dios absoluto debe huir quien no quiera morir, porque la naturaleza humana y el Dios absoluto —para que se nos entienda utilizamos aquí ese término conocido— son enemigos acérrimos. La flaqueza humana no puede sino ser aplastada por tal majestad, como las Escrituras nos lo señalan una y otra vez».[22]

El Dios de la Biblia siempre se revela al tiempo que se oculta;[23] solo nos es conocido allí donde ha decidido revelarse, en lo concreto y particular. En distintos contextos, Lutero afirma que la diferencia entre el Dios cristiano y el de los turcos es que estos últimos tienen que hablar de Dios en términos vagos, porque no le conocen allí donde se esconde, en su revelación. «Pero aquellos que tratan de alcanzar a Dios aparte de estas envolturas tratan de ascender al cielo sin escaleras (es decir, sin la Palabra)».[24]

Es por esto por lo que el texto del *Debate de Heidelberg* citado arriba subraya tanto el tema de «Dios escondido en el sufrimiento». Solo allí

[21] *Sermón sobre el Evangelio de San Juan.*
[22] *Comentario sobre el Salmo 51:1.*
[23] J. Dillenberger, *God Hidden and Revealed: The Interpretation of Luther's «Deus absconditus» and Its Significance for Religious Thought* (Filadelfia, 1953); E. Grislis, «Martin Luther's View of the Hidden God», *McCQ*, 21 (1967), 81-94.
[24] *Conferencias sobre el Génesis*, 1:2.

puede Dios ser conocido verdaderamente, es decir, conocido de la manera «evangélica».

Lo que Lutero rechaza al negar que la teología de la gloria sea verdadera teología es tanto el moralismo como el racionalismo. Comentando este texto, Walther von Loewenich muestra que hay en él cierta ambigüedad, y afirma que esa ambigüedad es en cierto modo intencional. ¿Cuáles son las «obras» que no ofrecen un verdadero conocimiento de Dios? En la mayor parte de este texto, el término «obras» parece referirse a toda la creación; pero en otros casos parece referirse a las obras con las que el humano trata de agradar a Dios. Lutero rechaza las «obras» en ambos sentidos, y von Loewenich afirma que en este doble rechazo se muestra el profundo sentido de la ambigüedad del término, puesto que en ambos polos de esa ambigüedad Lutero rechaza una y la misma cosa en sus dos manifestaciones o resultados paralelos. Al rechazar las obras humanas, Lutero rechaza el moralismo. Al negar las obras de Dios como medio para conocerle, niega la validez del racionalismo. La ética y la teoría del conocimiento no se encuentran sencillamente yuxtapuestas, como si no se relacionasen entre sí, sino que ambas son manifestaciones de ese deseo de alcanzar la comunión directa con el Dios absoluto que constituye la teología de la gloria. También existe cierta ambigüedad en el modo en que Lutero utiliza aquí el término «cruz» para referirse tanto a la cruz de Cristo como a la del cristiano, y esto, a su vez, muestra que la teología de la cruz tiene que ver no solo con el contenido de esa teología, sino también con el modo y la perspectiva desde la que se lleva a cabo.

Como resultado de este modo de entender la tarea y el método de la teología, Lutero difiere en mucho de los escolásticos en lo que se refiere a la relación entre la teología y la filosofía.[25] La posición tomista, según la cual la fe le añade al conocimiento natural de Dios ciertas verdades que la razón no puede descubrir por sí misma, le resulta inaceptable. Tal opinión no toma en consideración el hecho de que todo el conocimiento natural de Dios es «ley», y que, por lo tanto, no coincide con el conocimiento de Dios que se revela en el Evangelio. Para refutar tales opiniones, en algunas ocasiones Lutero utilizó la crítica que los nominalistas habían hecho del tomismo. Pero tampoco las opiniones de los nominalistas y de otros escolásticos tardíos le resultaban aceptables, puesto que lo que estaban haciendo era sencillamente criticar el principio tomista sin rechazarlo de plano. Lutero, por otra parte, veía una oposición radical entre la teología

---

[25] W. Link, *Das Ringen Luthers um die Freiheit der Theologie von der Philosophie* (Múnich, 1940); B. Hägglund, *Theologie und Philosophie bei Luther und in der occamistischen Tradition: Luthers Stellung zur Theorie von der doppelten Wahrheit* (Lund, 1955); L. Grane, *Contra Gabrielem: Luthers Auseinandersetzung mit Gabriel Biel in der Disputatio Contra Scholasticam Theologiam 1517* (Copenhague, 1962).

de la gloria —que incluía tanto el tomismo como el nominalismo— y la teología de la cruz. La filosofía no puede servir como introducción a la teología, no solo porque la razón es débil, sino también —y sobre todo— porque la filosofía busca el Dios «absoluto» o «desnudo», quien es muy distinto del Dios «escondido» de las Escrituras.

De igual modo que hay un doble conocimiento de Dios, hay un doble uso de la razón. Lutero puede referirse a ella como la «prostituta», y puede también hablar de ella como «un instrumento muy útil». Esta aparente contradicción se resuelve si se tiene en cuenta que para Lutero la razón, como cualquier otra capacidad humana, lleva el sello de la caída, y solo puede cumplir su función propia cuando se le redime. La razón puede ayudarnos en la vida horizontal; puede ayudarnos a ordenar la sociedad; puede llevar a inventos útiles tales como la imprenta; es uno de los mejores medios que tenemos para buscar sostén material en el mundo.

> Y no cabe la duda de que la razón es la más importante y más elevada de todas las cosas, y que, si se le compara con otras realidades de esta vida, resulta ser la mejor de ellas y algo divino. Es la inventora y mentora de todas las artes, las medicinas, las leyes, y de toda la sabiduría, el poder, la virtud y la gloria que el humano posee en esta vida. En virtud de este hecho debe decirse que es la diferencia básica que distingue al humano de los animales y de las demás cosas.[26]

Aun después del pecado, la razón merece respeto como «la más hermosa y la más excelente de todas las criaturas». Sin embargo, esta excelencia no la libra de la maldición que ha caído sobre todas las cosas, puesto que «permanece bajo el poder del diablo».[27] Cuando se trata del verdadero y evangélico conocimiento de Dios, la razón se encuentra junto a la carne frente al espíritu, junto a las obras frente a la fe, junto a la ley frente al evangelio. «Solo Dios puede darnos fe en oposición a la naturaleza, y la capacidad de creer en oposición a la razón».[28]

Aunque el conocimiento de Dios que la razón puede adquirir por sí misma es «conocimiento legal», y la razón por tanto se encuentra estrechamente ligada a la ley, esto no quiere decir que la razón por sí misma pueda ocupar el lugar de la ley. Esto se debe a que la razón natural, la del ser humano carnal, siempre busca excusarse a sí misma, y por lo tanto no puede escuchar la palabra de juicio que Dios pronuncia en la ley. El

---

[26] *Debate acerca del ser humano*, 4-6.

[27] *Ibid.*, 24.

[28] *Debate sobre la justificación*, 4.

humano natural no conoce el mal que existe aun en sus propias virtudes. La razón no puede declarárselo, porque ella es parte de él y sirve a
sus deseos.

> Por lo tanto, solo la ley muestra que estas [virtudes] son malas; no
> ciertamente en sí mismas, puesto que son dones de Dios, sino por
> razón de esa raíz profundamente escondida del pecado que es la
> que hace que los humanos se gocen, descansen y gloríen en estas
> cosas que no son reconocidas como malas...

> En medio de tanta sabiduría, bondad, justicia y religiosidad, no
> quieren ser malos, ni reconocer que lo son, porque ya no escuchan.
> Así veis cuánto trasciende la ley a la razón natural, y cuán profun-
> do es el pecado que ella nos revela.[29]

Es por esto por lo que Lutero tiene poco uso para la filosofía en el campo
de la teología. «De hecho, nadie puede llegar a ser teólogo si no llega a
serlo sin Aristóteles».[30] La verdad filosófica es, a la verdad, teológica como
la ley al evangelio, o como la justicia humana es a la justicia divina. En
las cosas externas la ley y la razón rigen. Pero el juicio que resulta cierto
desde el punto de vista humano no es cierto desde el divino, porque Dios
juzga de modo diferente. La materia de que tratan la teología y la filosofía
es la misma y, por tanto, Lutero ve una relación entre ambas disciplinas.
Pero esa relación no consiste en una simple continuidad. Es más bien la
misma relación que existe entre el conocimiento general o legal de Dios
y el conocimiento verdadero o evangélico. Ambos tratan de Dios; pero le
ven diferentemente y uno no puede llevar directamente al otro.

   La posición de Lutero respecto al misticismo también nos ayuda a
comprender la perspectiva básica de su teología. Durante su peregrinación espiritual, los místicos alemanes le habían provisto cierta medida de
alivio, y el propio Lutero había llegado a gozar de algunos de los deleites
espirituales que los místicos describían. Siempre sintió hacía ellos gran
respeto. Pero también era muy consciente de lo que le parecían ser las
debilidades del misticismo.[31] En algunos casos, su crítica del misticismo
es tal que parece no hacerle justicia a ese movimiento. Lutero concordaba
con los místicos en que la única actitud aceptable ante la divinidad es la de

---

[29] *Contra Latomo*, 3.
[30] *Debate contra la teología escolástica*, 44.
[31] Hay un excelente resumen de la posición de Lutero ante los místicos alemanes en Link,
Das Ringen Luthers, pp. 341-50. En esta sección seguimos las líneas generales del análisis
de Link. Véase también R. Seeberg, *Die religiösen Grundgedanken des jungen Luthers
und ihr Verhältnis zu dem Ockamismus und der deutschen Mystik* (Berlín, 1931).

una humildad absoluta. Pero, para él, lo que requiere esa humildad no es sencillamente el contraste entre lo divino y lo humano, o entre el creador y su criatura, sino más bien la negación de sí mismo que Dios ha hecho en Cristo. La humildad de Lutero ante Dios no es sencillamente la de un ser inferior ante el Señor Altísimo, sino la de un pecador ante el amor del Dios Santísimo. Aunque sentía más simpatía hacia los místicos alemanes que hacia la teología escolástica, Lutero insistía en que la «teología negativa» del místico no era sino otra forma de la «teología de la gloria». Tal teología tiene cierta idea del sufrimiento y de la humildad; pero esa idea surge, no del Crucificado, sino de su propio concepto del Dios absoluto. El énfasis que los místicos colocaban sobre la necesidad de la experiencia era bien visto por Lutero, quien insistía en que el verdadero conocimiento de Dios no consiste sencillamente en saber que existe, sino que existe «a mi favor». Sin embargo, aun este énfasis no le resultaba completamente aceptable, puesto que la experiencia mística no se relaciona directamente con Dios tal y como se esconde en la cruz. El punto de partida de la teología no es la razón ni la experiencia, sino la acción del propio Dios en su Palabra.

La Palabra de Dios

La Palabra o Verbo de Dios es el punto de partida de la teología. Con este término Lutero se refiere a las Escrituras; pero le da también un sentido mucho más amplio. La Palabra es la Segunda Persona de la Trinidad, que existía en Dios desde toda la eternidad; la Palabra es el poder de Dios que se manifiesta en la creación de todas las cosas; la Palabra es el Señor encarnado; la Palabra es las Escrituras que dan testimonio de ella; la Palabra es la proclamación mediante la cual la Palabra escrituraria es, de hecho, oída por los creyentes. Aunque el término «Palabra» se usa aquí en diversos sentidos, hay una relación estrecha e importante entre esas diversas formas de la Palabra de Dios.

En su sentido primario, la Palabra de Dios se refiere a la Segunda Persona de la Trinidad. En un pasaje que recuerda a algunos de los padres griegos, Lutero habla de la Palabra interna de Dios. Tras mostrar cómo nosotros pensamos las palabras en nuestro fuero interno antes de expresarlas, Lutero afirma que...

> Lo mismo puede decirse acerca de Dios. También Dios, en su majestad y naturaleza, tiene dentro de sí una Palabra o conversación en la que se envuelve consigo mismo en su divina esencia y en la que se reflejan los pensamientos de su corazón. Esta Palabra es tan completa y excelente y perfecta como Dios mismo. Nadie sino Dios ve, escucha o comprende esta conversación. Es una

conversación invisible e incomprensible. Su Palabra existía antes que todos los ángeles y las criaturas, puesto que no fue sino después que Dios llamó a todas las criaturas a la existencia mediante esta Palabra y conversación.[32]

Pero Dios ha hablado; su Palabra ha sido pronunciada. Este es el poder que ha creado todas las cosas de la nada, ya que la Palabra de Dios no es solo un acto de revelación, sino es también la acción y el poder de Dios mismo. Comentando acerca de Génesis 1:3, «Dios dijo: Sea la luz», Lutero dice:

> ... no cabe duda de que esta expresión es notable y desconocida a los escritores de otras lenguas, puesto que aquí al hablar Dios hace algo de la nada. Y, por lo tanto, aquí por primera vez Moisés menciona el medio e instrumento que Dios utiliza para llevar a cabo su obra, es decir, la Palabra.[33]

Luego, Lutero es perfectamente ortodoxo en lo que se refiere a la doctrina de la Trinidad.[34]

Sus palabras para quienes la niegan son muy fuertes, y les llama «nuevos arrianos». Pero esta doctrina, que en el orden lógico antecede a la encarnación, en el orden actual de nuestro conocimiento solo es posible gracias al acontecimiento de Jesucristo.[35] Ese acontecimiento es la Palabra suprema de Dios a través de la cual toda otra palabra ha de ser escuchada y comprendida.

Por lo tanto, el valor de la Escritura no consiste en añadirle algo a la Palabra de Dios en Cristo, «puesto que acerca de esto no cabe duda, que todas las Escrituras señalan solo a Cristo».[36] Este es el punto de partida que ha de utilizarse tanto en la interpretación de la Escritura como en lo que se refiere a su autoridad. Veamos primero la cuestión de la autoridad de las Escrituras.

Como es bien sabido, Lutero afirmaba que la tradición —especialmente la tradición más reciente del Medioevo— debía ser rechazada en aras de la autoridad escrituraria. Sus razones para afirmar tal cosa nada

---

[32] *Sermón sobre el Evangelio de San Juan.*

[33] *Conferencias sobre el Génesis*, 1:3. Cf. *Comentario sobre el Salmo 20:* «... cuando Dios pronuncia una palabra, la cosa que la palabra expresa salta de inmediato a la existencia».

[34] Véase J. Koopmans, *Das altkirchliche Dogma in der Reformation* (Múnich, 1955), pp. 60-64.

[35] J. Pelikan, *Luther the Expositor*, volumen introductorio a *LW* (San Luis, 1959), p. 53: «A partir de la Palabra de Dios en Jesucristo podría conocerse la Palabra de Dios como Segunda Persona de la Trinidad; pero no viceversa».

[36] *Contra las doctrinas humanas*, 1.

tenían que ver con un deseo de crear nuevas doctrinas. Por el contrario, durante toda su vida los principales opositores de Lutero fueron, no solo algunos católicos romanos conservadores, sino también aquellos entre los protestantes que querían deshacerse de toda la tradición de la iglesia. Su propia actitud era la de rechazar solamente aquellas opiniones y prácticas tradicionales que contradecían el «sentido claro de las Escrituras». Por tanto, la razón por la que Lutero insistía en la autoridad de las Escrituras era su convicción de que la tradición había caído en el error, y que debía ser llamada de nuevo al verdadero sentido del evangelio por la autoridad de las Escrituras, que se encuentra por encima de la tradición, de la iglesia, de los teólogos y del propio Lutero. Sobre Gálatas 1:9, Lutero comenta:

> Aquí Pablo se coloca a sí mismo, a un ángel del cielo, a maestros sobre la tierra, y a cualquiera otra persona, por debajo de las Sagradas Escrituras. Esta reina debe gobernar, y todos deben obedecerla y estar sujetos a ella. El papa, Lutero, Agustín, Pablo, un ángel del cielo… todos estos no han de ser señores, jueces o árbitros, sino solo testigos, discípulos y confesores de la Escritura.[37]

Frente a esta actitud los católicos romanos argüían que la iglesia creó las Escrituras y estableció su canon, y que, por tanto, esto muestra que la iglesia tiene autoridad por encima de las Escrituras. La respuesta de Lutero era que, aunque es cierto que la iglesia estableció el canon, el evangelio creó a la iglesia, y que lo que él está afirmando no es estrictamente la primacía de las Escrituras, sino la primacía del evangelio del que ellas dan testimonio.[38] De hecho, la forma propia del evangelio es su proclamación oral. Cristo no les ordenó a los apóstoles que escribieran, sino que proclamasen. Esto fue lo que hicieron primero, y fue solo más tarde que escribieron el evangelio, a fin de salvaguardarlo de toda posible tergiversación —tergiversación tal como la que la tradición ha introducido—. Por lo tanto, decir que la iglesia creó el canon es cierto; pero el evangelio creó la iglesia y la autoridad de la Escritura no está en el canon, sino en el evangelio.

Es por esto por lo que Lutero se tomó ciertas libertades con el canon escriturario, mientras insistía en la primacía de la Escritura por encima de la tradición. El caso más comúnmente conocido es el de la *Epístola de*

---

[37] *Conferencias sobre Gálatas*, 1535.

[38] *Tesis sobre la fe y la ley*, 41: «Las Escrituras han de ser interpretadas a favor de Cristo, no contra Él. Por tanto, tienen que referirse a Él o dejar de ser verdaderas Escrituras». Cf. J. Pelikan, *Luther the Expositor*, p. 67: «Para Lutero, las Escrituras eran la "Palabra de Dios" en un sentido derivado; derivado del sentido histórico de la Palabra como acción y del sentido básico de la Palabra como proclamación». Cf. N. N-jgaard, «Luthers Ord-og Bibelsyn», *DTT*, 7 (1944), 129-54; 193-214.

Santiago, que siempre le causó dificultades debido a su insistencia en las obras con relación a la fe. En su prefacio a esa epístola, Lutero comienza señalando que la iglesia antigua no la consideraba apostólica. Está dispuesto a aceptar que es un libro bueno y una buena exposición de la ley de Dios, pero rechaza su apostolicidad.

> En primer lugar, se opone claramente a San Pablo y a todo el resto de las Escrituras al atribuir la justificación a las obras... En segundo lugar, su propósito es instruir a los cristianos, pero en toda su enseñanza no menciona la pasión, la resurrección o el espíritu de Cristo ni una sola vez. Menciona a Cristo varias veces, pero nada dice acerca de él, sino que se refiere solo a una fe general en Dios. Frente a esto, la función del verdadero apóstol es predicar la pasión, la resurrección y la obra de Cristo, y establecer las bases para la fe en él. Otra vez, todo lo que predica a Cristo es apostólico, aun cuando lo hagan Judas, Anás, Pilato o Herodes.[39]

Aunque en este texto —escrito para la generalidad de los creyentes— Lutero insiste en el valor de la epístola como libro de ley, dentro del ambiente universitario, entre sus amigos y estudiantes se sentía libre para confesar que tenía deseos de echar la epístola del canon.[40] Su actitud hacia el Apocalipsis era semejante. Por lo tanto, Lutero no era un biblista. Su autoridad fundamental no era el canon de la Biblia, sino el evangelio que él había encontrado en esa Biblia, y que era la piedra de toque para toda interpretación escrituraria.

El modo correcto de interpretar cualquier texto es colocarlo bajo la luz de su contexto, a fin de descubrir la intención del autor. Lo mismo es cierto de las Escrituras, donde cada texto debe ser interpretado a la luz de la Biblia y de su autor, el Espíritu Santo. Cuando Lutero dice que la Biblia debe ser su propio intérprete no quiere decir sencillamente que el exégeta debe comparar diversos textos. Quiere decir también que el mensaje central de la Biblia, el evangelio, es la clave de su interpretación. Pero el evangelio solo puede ser entendido y recibido mediante la intervención del Espíritu, y, por lo tanto, las Escrituras han de ser interpretadas bajo su

---

[39] *Prefacio a la Epístola de Santiago.*

[40] *Examen de Heinrich Schmedenstede*, 19: «La *Epístola de Santiago* nos causa graves dificultades, pues los papistas se aferran a ella sola y se olvidan del resto. Hasta ahora la he tratado e interpretado según el sentido del resto de las Escrituras. Porque sabéis que nada ha de decirse contra el sentido claro de la Santa Escritura. Por lo tanto, si no aceptan su interpretación, la demoleré. Casi tengo deseos de echar a Chago al fuego, como lo hizo el sacerdote de Kalenberg». (Se trata de un sacerdote que utilizó las imágenes de madera de los santos para quemarlas y calentarse. El propio Lutero no estaba a favor de tales excesos).

guía.[41] Hay una Palabra externa y una Palabra interna de Dios. La primera es la Palabra que se encuentra en la Escritura, la segunda es el Espíritu Santo. La Palabra externa por sí sola puede ser escuchada por el oído, pero no por el corazón. Se requiere la obra del Espíritu Santo para que el corazón pueda oírla. Aquí Lutero se opone a adversarios que le atacan desde dos extremos opuestos. De un lado están los católicos, que insisten en la autoridad de la tradición como modo para determinar lo que ha de escucharse en las Escrituras. Del otro están los reformadores radicales a quienes Lutero llama «entusiastas», que pretenden que la revelación del Espíritu va más allá de las Escrituras. Contra ambos, Lutero afirma que la Escritura ha de ser interpretada por el Espíritu, pero que ese Espíritu, que es su autor, no nos enseña nada más que el evangelio que se encuentra ya en las Escrituras. Esto es lo que él quiere decir cuando insiste en que el sentido de la Biblia es claro pero que no podemos comprenderlo mediante nuestros propios poderes.

> En pocas palabras: hay dos clases de claridad en las Escrituras, de igual modo que hay dos clases de oscuridad: una externa y referente al ministerio de la Palabra, y la otra que se encuentra en la comprensión del corazón. Si se trata de la claridad interna, nadie percibe una jota de lo que se encuentra en las Escrituras si no tiene el Espíritu de Dios... Porque se requiere el Espíritu para comprender las Escrituras, tanto en su totalidad como cualquier parte de ellas. Si, por otra parte, se trata de la claridad externa, nada queda oscuro ni ambiguo, sino que todo lo que se encuentra en las Escrituras ha sido colocado por la Palabra bajo una luz clara, y proclamado a todo el mundo.[42]

La cuestión de la claridad de las Escrituras, y de la libertad que cada cual tiene para interpretarlas, se volvió crucial cuando algunos de los «entusiastas», tomando literalmente los mandamientos del Antiguo Testamento, comenzaron a subvertir el orden social. Lutero se sintió entonces obligado a explicar en qué sentido el Antiguo Testamento tiene autoridad para los cristianos, y en qué sentido no la tiene. Este es el propósito de una serie de obras, de las cuales la más clara y breve es el sermón acerca de *Cómo los cristianos deben de pensar acerca de Moisés*.[43] En este sermón Lutero

---

[41] Véase R. Prenter, *Spiritus Creator* (Filadelfia, 1953), 101-130, G. Ebeling, *Luther: An Introduction to His Thought* (Londres, 1970), pp. 93-109.

[42] *La esclavitud del albedrío.*

[43] Véase, P. Althaus, *The Theology of Martin Luther* (Filadelfia, 1966), pp. 86-102; H. Gerdes, *Luthers Streit mit den Schwärmern um das rechte Verständnis des Gesetzes Moses* (Gotinga, 1955).

afirma claramente que la ley de Moisés, cuyo propósito era servir como
ley civil para los judíos, no tiene autoridad final sobre los cristianos. «En
primer lugar dejo a un lado los mandamientos dados al pueblo de Israel.
No me conciernen ni me obligan».[44] La ley de Moisés era ciertamente la
Palabra de Dios; pero era Palabra de Dios para los judíos, y los cristianos
no son judíos. Esto es cierto, no solo de la llamada ley ceremonial, sino
de toda la ley de Moisés, inclusive los Diez Mandamientos. Moisés es el
legislador que Dios ha dado para los judíos; pero no para nosotros. Si hay
en Moisés algunas leyes que debemos obedecer, las debemos considerar
como válidas para nosotros, no por razón de la autoridad de Moisés, sino
por la autoridad de la ley natural. De hecho, mucho de lo que aparece en la
ley de Moisés, tal como la prohibición de robar, del adulterio y del homicidio, es conocido por todas las personas, porque está inscrito en sus corazones. Por lo tanto, los cristianos han de obedecerlas, no porque Moisés lo
haya dicho, sino porque son parte de la ley escrita en la naturaleza humana.[45] Hay entonces algunas leyes, tales como las de los diezmos y las del
año de jubileo, que pueden parecernos buenas, y que sería bueno aplicar
en el Imperio. Pero también en el caso de esas leyes su valor no está en
el hecho de que Moisés las haya dado, sino más bien en su valor racional
intrínseco. También los cristianos han de prestar atención a los «ejemplos
de fe, de amor y de la cruz»,[46] así como de lo contrario, que se encuentran en el Antiguo Testamento. Pero este valor del Antiguo Testamento no
debe ser razón para que los cristianos se sientan obligados a obedecer las
leyes judías.

> Ahora bien, si alguien te confronta con Moisés y sus mandamien-
> tos, y trata de obligarte a obedecerlos, contéstale simplemente:
> «Vete a los judíos con tu Moisés; yo no soy judío...».[47]

Por otra parte, hay mucho de valor para el cristiano en Moisés y en todo
el Antiguo Testamento, puesto que «veo en Moisés algo que la naturaleza
humana no me da: las promesas de Dios acerca de Jesucristo».[48] Cuando

---

[44] *LW*, 35:166.

[45] Cf. R. Nurnberger, «Die lex naturae als Problem der vita christiana bei Luther», *ARG*,
37 (1940), 1-12.

[46] *LW*, 35:173.

[47] *Ibid.*, 166. Tales afirmaciones, y otras bastante más fuertes, le han valido a Lutero la fama
de antisemita. Típica de ello es la obra de P. F. Wiener, *Martin Luther: Hitler's Spiritual
Ancestor* (Londres, 1945). No cabe duda de que Lutero aceptó sin espíritu crítico buena
parte de los prejuicios de su tiempo, y que su autoridad entonces les dio mayor peso a tales
prejuicios. Véase H. A. Oberman, *The Roots of Anti-Semitism in the Age of Renaissance
and Reformation* (Filadelfia, 1984).

[48] *LW*, 35:168.

se le interpreta cristológicamente, y se ve que señala hacia Jesucristo, el Antiguo Testamento es de mucho valor para los cristianos. De hecho, es de tal importancia que el Nuevo Testamento no le añade más que el cumplimiento de lo que ya había sido prometido, y la revelación del sentido total de la promesa.[49]

La ley y el evangelio

El principal contraste que Lutero ve en las Escrituras no es el que existe entre los dos Testamentos, sino el que existe entre la ley y el evangelio.[50] Aunque hay más ley que evangelio en el Antiguo Testamento, y más evangelio que ley en el Nuevo, el Antiguo Testamento no ha de equipararse sencillamente con la ley, ni el Nuevo con el evangelio. Por el contrario, el evangelio está ya presente en el Antiguo Testamento, y la ley puede todavía escucharse en el Nuevo. De hecho, la diferencia entre la ley y el evangelio tiene que ver con dos funciones que la Palabra de Dios desempeña en el corazón del creyente, y, por lo tanto, la misma Palabra puede ser ley o evangelio según el modo en que le hable al creyente. Para poder entender esto a cabalidad será necesario mostrar lo que Lutero quiere decir con estos dos términos.

La ley expresa la voluntad de Dios, que se puede ver también en la ley natural, que es conocida por todos, en las instituciones civiles —tales como el estado y la familia— que le dan forma concreta a esa ley natural, y en la expresión positiva de la voluntad de Dios en su revelación. La ley tiene dos funciones principales:[51] como ley civil pone freno a los malvados y provee el orden necesario tanto para la vida social como para la proclamación del evangelio; como ley «teológica» nos muestra la enormidad de nuestro pecado.[52]

Esta función teológica de la ley es importante para comprender la teología de Lutero. La ley es la voluntad de Dios; pero cuando esa voluntad se

---

[49] Althaus, *The Theology*..., pp. 86-87.

[50] T. M. McDonough, *The Law and the Gospel in Luther: A Study of Martin Luther's Confessional Writings* (Londres, 1963); Althaus, *The Theology*..., pp. 251-73; Ebeling, *Luther: An Introduction*..., pp. 110-24; G. Heintze, *Luthers Predigt von Gesetz und Evangelium* (Múnich, 1958).

[51] *Conferencias sobre Gálatas*, 1535. Véase Ebeling, *Luther: An Introduction*..., pp. 125-40.

[52] Aunque nunca utilizó tal frase, Lutero sí creía en el «tercer uso de la ley» (*tertius usus legis*), según veremos al discutir su modo de entender la vida cristiana. Véanse W. Joest, *Gesetz und Freiheit: Das Problem des tertius usus legis bei Luther und die neutestamentliche Parainese* (Gotinga, 1961); G. Ebeling, «Zur Lehre vom triplex usus legis in der reformatorischen Theologie», *ThLZ*, 75 (1950), 235-46; F. Borchers, «Ley y evangelio y el "tercer uso de la ley" en Lutero», *VoxEv*, 5 (1964), 51-81.

contrasta con la realidad humana viene a ser palabra de juicio y despierta la ira de Dios. En sí misma, la ley es buena y dulce; pero después de la caída somos incapaces de cumplir la voluntad de Dios y, por tanto, la ley ha venido a ser palabra de juicio y de ira.

> Luego la ley revela un doble mal, el uno interno y el otro externo. El primero, que nos infligimos nosotros mismos, es el pecado y la corrupción de la naturaleza; el segundo, que Dios coloca sobre nosotros, es la ira, muerte y condenación.[53]

Dicho de otro modo: la ley es el «no» divino, pronunciado sobre nosotros y sobre toda empresa humana. Aunque su origen es divino, puede ser utilizada tanto por Dios, para llevarnos al evangelio, como por el diablo, para llevarnos a la desesperación y a odiar a Dios. Esto es cierto no solo del Antiguo Testamento, sino también del Nuevo y aun de las mismas palabras de Cristo, puesto que, si no recibe el evangelio, las palabras de Cristo no son más que reclamos todavía más estrictos sobre la conciencia ya suficientemente afligida. Por sí misma, la ley deja al ser humano en la desesperación y, por tanto, le hace juguete del diablo.[54]

Pero la ley es también el medio que Dios utiliza para llevarnos a Cristo, porque cuando uno oye el «no» de Dios pronunciado sobre sí mismo y sobre todos sus esfuerzos está listo a oír el «sí» del amor de Dios, que es el evangelio. El evangelio no es una nueva ley, que sencillamente aclara lo que Dios requiere. No es un nuevo modo mediante el cual podamos aplacar la ira de Dios; es el «sí» inmerecido que en Cristo Dios ha pronunciado sobre el pecador. El evangelio nos libra de la ley, no porque nos permita cumplir la ley, sino porque declara que ya ha sido cumplida para nosotros. «El evangelio no proclama otra cosa que la salvación por la gracia, dada sin ningunas obras o méritos de clase alguna».[55] Y, sin embargo, aun dentro del evangelio y después de haber escuchado y aceptado la Palabra de la gracia de Dios, la ley no queda completamente abandonada. El creyente, a pesar de ser justificado, sigue siendo pecador, y la Palabra de Dios todavía continúa mostrándole esa condición. La diferencia está en que ahora no necesita caer en la desesperación, porque sabe que, a pesar de toda su maldad, Dios le acepta. Puede, entonces, verdaderamente arrepentirse de su pecado sin tratar de cubrirlo, ya sea negándolo o confiando en

---

[53] *Contra Latomo*, 3.
[54] *Conferencias sobre Gálatas*, 1535: «En la aflicción y el conflicto de conciencia el diablo acostumbra asustarnos con la ley y utilizar contra nosotros nuestra conciencia de pecado, nuestro pasado perverso, la ira y el juicio de Dios, el infierno y la muerte eterna, para llevarnos a la desesperación, sujetarnos a su poder, y arrancarnos de Cristo».
[55] *Sermón*, Oct. 19, 1522.

su propia naturaleza.[56] A este tema volveremos al considerar la doctrina de la justificación. Baste decir aquí que esta dialéctica entre la ley y el evangelio es el punto central de la teología de Lutero, sin el cual sus enseñanzas acerca de temas tales como la justificación, la predestinación y la ética no se pueden entender.

La condición humana

Lo primero que ha de decirse acerca del ser humano en su estado presente es que es pecador. Esto no quiere decir sencillamente que ha pecado, ni siquiera que sigue pecando, sino, más bien, que toda su naturaleza ha recibido el sello del pecado. Comentando acerca del Salmo 51, Lutero dice:

> Por lo tanto, es muy sabio afirmar que no somos sino pecado, para que no pensemos del pecado con la misma ligereza con que lo hacen los teólogos del papa, quienes definen el pecado como «cualquier cosa que se dice, hace o piensa contra la ley de Dios». Debemos definir el pecado más bien a base de este Salmo, como todo lo que nace de padre y madre, antes de que tenga ni siquiera la edad necesaria para decir, hacer o pensar cosa alguna. De tal raíz no puede surgir nada bueno delante de Dios.[57]

El pecado está tan arraigado dentro del ser humano, que le resulta imposible descubrirlo por sí mismo. Puede comparar sus acciones con lo que la ley natural requiere y llegar a saber así que ha quebrantado esa ley. Puede ser consciente de sus pecados contra el orden civil. Todo esto puede molestar su conciencia, pero todavía no sabrá lo que es ser pecador. No conocerá la importancia de su propio mal y corrupción por la sencilla razón de que su propia naturaleza, por ser pecadora, le ocultará su pecaminosidad. El pecado es una realidad humana que todo lo invade.

> Aún más, debemos señalar, especialmente en este punto, que nadie puede conocer todos sus pecados. Esto se vuelve especialmente claro cuando uno dirige la vista hacia la magnitud del pecado original... Ciertamente, por lo tanto, el pecado es una cosa tan tremenda

---

[56] *Conferencias sobre Gálatas*, 1535: «Empero bendito es quien sabe esto en medio de un conflicto de conciencia, y quien, por tanto, cuando el pecado le ataca y la ley le acusa y aterra, puede decir: "Ley ¿qué me importa que me hagas culpable y pruebes que he cometido muchos pecados? De hecho, todavía cometo muchos pecados cada día. Esto no me afecta, estoy sordo y no te oigo"».

[57] *Comentario sobre el Salmo 51*.

como es tremendo el que ha sido ofendido por él. Y este es tal que el cielo y la tierra no pueden contenerle. Luego es con justicia que Moisés habla del pecado como una cosa secreta, cuya enormidad la mente no puede comprender. De igual modo que la ira de Dios y la muerte son infinitas, así también el pecado es infinito.[58]

En las Escrituras, la pecaminosidad humana se llama «carne». Resulta interesante notar que Lutero, a diferencia de la mayoría de los exégetas anteriores, señala un hecho en el que la mayoría de los eruditos modernos están de acuerdo, es decir, que la «carne» y el «espíritu», tal como Pablo utiliza esos términos para referirse a la condición humana, no son lo mismo que lo que en nosotros hay de corpóreo y lo que hay de incorpóreo. Aunque Lutero acepta la idea de que el ser humano consta de cuerpo, alma y espíritu, no equipara esa división con la contienda que Pablo describe entre la carne y el espíritu. La carne no es los bajos deseos del cuerpo —aunque no cabe duda de que tales deseos se relacionan con ella— sino que es todo el ser humano en cuanto trata de justificarse a sí mismo.[59] El problema del ser humano no es que la carne le tiente, sino que él mismo es carne.

Esto fue lo que causó el ataque vitriólico de Lutero contra Erasmo cuando este salió en defensa del libre albedrío.[60] Desde el punto de vista de Lutero, Erasmo no tenía idea alguna de lo que era el evangelio, y prueba de ello era el hecho de que la cuestión debatida le parecía periférica, y cuando trató de producir una lista de lo que le parecía importante lo que produjo fue «una lista tal que cualquier judío o gentil completamente ignorante de Cristo podría haberla preparado con facilidad».[61] La importancia que Erasmo le daba al libre albedrío era consecuencia de su modo de ver la vida cristiana en términos de virtud y rectitud. Lutero, por otra parte, creía que la afirmación del libre albedrío, como si uno pudiese aceptar y decidir hacer el bien por sus propios medios, constituía una negación del pecado humano, y probaba que no se había escuchado la Palabra de Dios ni como ley ni como evangelio. La esclavitud del albedrío al mal era para Lutero

---

[58] *Comentario sobre el Salmo 90:8.*

[59] *Comentario sobre Gálatas,* 3:3: «Aquí Pablo contrapone el espíritu y la carne. "Carne" no quiere decir aquí lujuria sexual, pasiones animales, ni apetito sensual... La "carne" es precisamente la justicia y sabiduría de la carne y el juicio de la razón, que trata de justificarse mediante la ley. Por tanto, cualquier cosa que sea lo mejor y más notable en el ser humano es lo que Pablo llama "carne", es decir, la más alta sabiduría de la razón y la justicia misma de la ley».

[60]Cf. W. V. Loewenich, «Gott und Mensch in humanistischer und reformatorischer Schau: Eine Einfürung in Luthers Schrift "De servo arbitrio"», *HumChr,* 3 (1948), 65-101.

[61] *La esclavitud del albedrío,* 1.

un hecho claro, íntimamente relacionado con la dialéctica entre la ley y el evangelio y con la enormidad del pecado humano.

El ser humano no puede hacer más que mal. Sus mejores virtudes, por admirables que parezcan desde el punto de vista de la ley civil, no le acercan a Dios. Esto no es porque su voluntad sea restringida, sino porque está tan llena de maldad que libremente decide hacer el mal. No queda cosa alguna en la persona que le permita agradar a Dios, ni siquiera moverse hacia Dios mismo. La voluntad humana es como una bestia que se encuentra entre dos jinetes, es decir, Dios y el diablo. En la persona natural, el diablo ha venido a ser el jinete, y no hay nada que el ser humano pueda hacer para deshacerse de él.

Nada le queda al ser humano de qué gloriarse. Todo lo que le queda es la posibilidad de que se le vuelva en la dirección correcta. Pero esto basta para Dios. Es a esa posibilidad de la voluntad que Dios se dirige en su Palabra, haciendo que la voluntad perversa se vuelva hacia Dios, de modo que, una vez más, aun en medio de su condición pecaminosa, el humano pueda tener comunión con Dios. Este es el evangelio de la redención en Jesucristo.

La nueva creación

El modo en el que Lutero entiende la obra de Cristo incluye todos los temas que en su época habían venido a ser tradicionales, y por tanto no hay necesidad de que nos detengamos en él.[62] Lo que es importante es que en Jesucristo el creyente escucha la palabra que le libera de las ataduras del pecado, la muerte y el diablo.

Esta es la palabra de justificación. La justificación no es algo que el creyente logra o merece. No es ni siquiera algo que Dios da a base de los logros futuros de una persona.[63] La justificación es, ante todo, el decreto de absolución que Dios pronuncia sobre el pecador, declarándole justificado a pesar de su pecaminosidad. Esta es la doctrina típicamente luterana de la «justicia imputada». La justificación no es la respuesta de Dios a la justicia humana, sino la declaración de Dios en el sentido de que este pecador, a

---

[62] Es con justicia que Althaus, *The Theology*..., pp. 201-223, critica la opinión de G. Aulén según la cual Lutero es un ejemplo típico de lo que él llama la teoría «dramática» de la obra de Cristo (*Christus Victor*, Londres, 1931). Véase también el artículo de Althaus, «Das Kreuz und das Böse», *ZSTh*, 15 (1938), 1768-80; C. Stange, «Das Heilswerk Christi nach Luther», *ZSTh*, 21 (1950), 112-27.

[63] Cf. H. Bornkamm, «Justitia dei in der Scholastik und bei Luther», *ARG*, 39 (1942), 30-62; B. Hägglund, *The Background of Luther's Doctrine of Justification in Late Medieval Theology* (Filadelfia, 1971).

pesar de su pecado, queda ahora absuelto y se le declara justo. Comentando acerca del texto en Hechos donde Dios le dice a Pedro que ciertos animales inmundos son ahora buenos para comer, Lutero afirma que «de igual modo que declaró que estos animales eran limpios, aunque en su propia ley seguían siendo inmundos, así también Dios declara que los gentiles y todos nosotros somos justos, aunque, de hecho, somos pecadores de igual modo que aquellos animales seguían siendo inmundos».[64] Por tanto, lo que le sucede al creyente cuando es justificado no es que sus supuestos méritos sean reconocidos y aceptados, sino que «se le considera total y perfectamente justo por Dios, quien le perdona y tiene misericordia».[65] Esta doctrina puede parecer en extremo dura y cruda. De hecho, todos quienes todavía vivan en el nivel del ser humano «natural» la tendrán por tal, porque «la naturaleza humana, corrompida y cegada por la mácula del pecado original, no puede imaginar ni concebir ninguna justificación que vaya más allá y por encima de las obras».[66] Pero, a pesar de ello, esta doctrina ha de ser aceptada si no hemos de negar la naturaleza misma del evangelio, puesto que está tan unida a la verdadera comprensión de la fe cristiana que «por sí misma crea verdaderos teólogos».[67]

El nombre que generalmente se le da al modo en que Lutero entiende la justificación es «justificación por la fe». Esto es correcto, porque Lutero afirma que la justificación viene solo por la fe. Lo que de hecho sucede es que Dios nos imputa la justicia de Cristo, quien actúa «como una sombrilla contra el calor de la ira de Dios». Y, puesto que el ser humano no tiene otro modo de comprender a Cristo y su justicia que, mediante la fe, es precisamente la fe la que le coloca bajo la protección de tal sombrilla. «Por lo tanto, la fe sola justifica sin nuestras obras».[68] Todo lo que nos es permitido hacer por la gracia de Dios es creer, y apropiarnos así de la justicia de Cristo.

Por otra parte, la frase «justificación por la fe» puede ser objeto de confusión, como si Lutero estuviese diciendo sencillamente que la única obra necesaria para la salvación es la fe. Para Lutero la fe no es una obra. No es el esfuerzo que el intelecto hace por creer. Ni es tampoco el esfuerzo de la voluntad por confiar. Es más bien la obra del Espíritu Santo en nosotros. Si alguien quiere referirse a la fe como una obra puede hacerlo, pero recuerde siempre que la fe es obra de Dios y no obra humana. De nuevo, esto puede entenderse solo a la luz de la dialéctica entre la ley y el evangelio. Las

---

[64] *Debate acerca de la justificación.*

[65] *Ibid.*

[66] *Ibid.*

[67] *Ibid.*

[68] *Ibid.*

obras —es decir, todo esfuerzo humano— pertenecen a la ley, mientras
que la fe y la justificación —obras de Dios y no humanas— pertenecen
al evangelio.

> En las Escrituras no se habla de la fe como obra nuestra, sino que
> se habla de ella ocasionalmente como obra de Dios. Hay dos en-
> señanzas, la ley y la promesa; y la ley y las obras son correlativas,
> de igual modo que lo son la promesa y la fe. Por lo tanto, no debe-
> ríamos hablar de la fe como obras, sino deberíamos decir más bien
> que la fe es la fe de la promesa, y no la fe de la ley. De igual modo,
> las obras son obras de la ley, y no obras de fe. Por lo tanto, la fe
> no mira hacia la ley, ni es una obra. Porque todo lo que pertenece
> a la ley es correctamente llamado obra. La fe, entonces, no es obra
> puesto que solo mira hacia la promesa.[69]

La doctrina de la justificación imputada lleva a Lutero a afirmar que el
cristiano es a la vez justo y pecador —*simul justus et peccator*—. Si la
justificación no depende de la justicia humana, sino de la imputación de
la justicia de Cristo, se deduce que «quien es justificado sigue siendo
pecador».[70] La justificación no quiere decir que el ser humano sea hecho
perfecto, ni que cese de pecar. El hecho de que el pecado continúa existiendo en el creyente justificado puede verse, según Lutero, en el capítulo siete de Romanos.[71] El cristiano continuará siendo pecador mientras
permanezca en esta tierra; pero será un pecador justificado y, por tanto,
librado de la maldición de la ley.

Por otra parte, esto no quiere decir —como se ha dicho a menudo en lo
que resulta ser una caricatura de la teología de Lutero— que la justificación no tenga importancia alguna para la vida actual del cristiano. Por el
contrario, la justificación es acción de Dios en la que, además de declarar al creyente justo, le lleva a ajustarse a ese decreto divino, guiándole
hacia la justicia. Por lo tanto, «quien es justificado no es todavía justo,
pero está en camino hacia la justicia».[72] Y «el comienzo de una nueva criatura acompaña a esta fe».[73] «Porque primero purifica mediante la imputación, y luego da el Santo Espíritu, mediante el cual purifica también en

---

[69] *Ibid.*
[70] *Debate acerca de la justificación.*
[71] *Contra Latomo*, 3.
[72] *Debate acerca de la justificación.*
[73] *Ibid.*

sustancia. La fe limpia mediante la remisión de los pecados, y el Santo Espíritu mediante el efecto».[74]

Esto es la vida cristiana: una peregrinación de justicia en justicia; de la imputación inicial de la justicia por parte de Dios hasta el momento cuando, al final de su vida, el pecador será hecho verdaderamente justo por Dios. En esta peregrinación las obras juegan un papel importante, aunque no como medio para lograr la salvación, sino como señal de que, de hecho, se ha recibido la verdadera fe. El autor de la *Epístola de Santiago* —aunque no siempre un escritor feliz— tiene razón cuando dice que la fe sin obras es muerta. Tiene razón, no porque las obras le den vida a la fe, sino porque solo una fe muerta y no existente puede dejar de producir obras. «Debemos confirmar nuestra posesión de la fe y del perdón del pecado mostrando nuestras obras».[75] «No debemos ser parte de la iglesia solo en número, como los hipócritas, sino también mediante nuestras obras, para que nuestro Padre celestial sea glorificado».[76]

Es aquí donde la ley —especialmente el Decálogo y los mandamientos del Nuevo Testamento— viene a cumplir una nueva función para el creyente. Su función civil, como instrumento necesario para el orden de la sociedad, todavía continúa. Su función «teológica», que consiste en mostrarnos nuestro pecado, sigue siendo necesaria, puesto que quien ha sido justificado sigue siendo pecador. Pero el cristiano se relaciona ahora de un modo diferente a este aspecto de la ley.

Ahora descubro que la ley es preciosa y buena, que me ha sido dada para mi vida; y ahora me es agradable. Antes me decía lo que debía hacer; ahora comienzo a conformarme a sus demandas, de modo que ahora alabo, glorifico y sirvo a Dios. Esto lo hago mediante Cristo, porque creo en él. El Espíritu Santo se introduce en mi corazón y engendra dentro de mí un espíritu que se recrea en sus palabras y obras aun cuando él me reprenda y me sujete a la cruz y la tentación.[77]

De este modo, la ley viene a tener ahora una función diferente, puesto que al mismo tiempo reprende al pecador que sigue existiendo todavía dentro del creyente y le muestra el camino que ha de seguir en su deseo de agradar a Dios.

---

[74] *Ibid.*
[75] *El Sermón del Monte*, Mateo 6:14-15.
[76] *Debate acerca de la justificación.*
[77] *Sermón sobre el Evangelio de San Juan.*

La razón por la que Lutero se sentía obligado a insistir en este uso de la ley era la afirmación de algunos «entusiastas» en el sentido de que, puesto que tenían el Espíritu, no estaban ya sujetos a los mandamientos de la ley. Lutero se percató de las consecuencias caóticas que se seguirían de tal aserción, y por lo tanto la corrigió diciendo que, mientras el cristiano no está ya sujeto a su maldición, la ley sigue siendo una expresión verdadera y correcta de la voluntad de Dios. Naturalmente, esto no se refiere a toda la ley del Antiguo Testamento, ya que, como hemos dicho anteriormente, esa ley les fue dada a los judíos y expresaba la voluntad de Dios para ellos en aquel momento. Se refiere más bien a las leyes morales que se encuentran en ambos Testamentos y que concuerdan con la ley natural y con el principio del amor, que es capital en todo el Nuevo Testamento.

La iglesia

Como resultado de su rebelión contra la iglesia establecida, y de su insistencia sobre la autoridad del cristiano que cuenta con las Escrituras para su apoyo, Lutero ha sido descrito frecuentemente como un profeta del individualismo y proponente de una comunión directa y personal con Dios, aparte de la Iglesia. Nada más lejos de la verdad. Lutero fue un hombre de iglesia, y a través de toda su vida insistió en el papel fundamental que la iglesia juega en la vida del creyente. En sus escritos se refiere a la «madre iglesia», y afirma que «ella es verdaderamente una madre, y la esposa de Cristo. A través del evangelio ella engalana el hogar de Cristo con muchos hijos».[78] Lutero se muestra agradecido de que «por la gracia de Dios aquí en Wittenberg hemos llegado a tener la forma de una iglesia cristiana».[79] Al dedicar la iglesia en Torgau, dijo que «con mucha sabiduría Dios ha arreglado y determinado las cosas, e instituido el santo sacramento para ser administrado a la congregación en un lugar donde podamos reunirnos, orar y darle gracias a Dios».[80] Y «cuando hemos oído la palabra de Dios también elevamos a Dios nuestro incienso común y unido, es decir, que le invocamos y oramos juntos».[81] Aún más: Lutero insiste, como lo había hecho Cipriano siglos antes, en que no hay salvación fuera de la iglesia.[82]

---

[78] *Comentario sobre el Salmo 68.*
[79] *Conferencias sobre Gálatas* (1535).
[80] *Sermón*, Oct. 5, 1544.
[81] *Ibid.*
[82] *Confesión acerca de la cena de Cristo* (1528).

728 HISTORIA DEL PENSAMIENTO CRISTIANO HASTA EL SIGLO XXI

Hay quienes llegan a afirmar que Lutero descubrió nuevas profundidades en la afirmación tradicional de la «comunión de los santos».[83]

Por lo tanto, Lutero difería de la iglesia de su época, no en lo que se refería a la importancia de la iglesia, sino en la definición de la naturaleza de esa iglesia y de su autoridad. Como es bien sabido, Lutero llegó a rechazar la autoridad del papa, y a afirmar que «las llaves del papa no son llaves, sino restos y cáscaras de las llaves».[84] Esto no era nada nuevo, puesto que otros lo habían afirmado antes que él, especialmente durante el papado en Aviñón y el Gran Cisma. Pero Lutero fue más allá al afirmar que la autoridad suprema en la vida de la iglesia es la Palabra de Dios. Lo que caracteriza a la verdadera iglesia no es la sucesión apostólica, sino que en ella se predica y escucha la Palabra de Dios, ya que la iglesia nace y se nutre de la Palabra, y sin ella muere. Esto quiere decir, a su vez, que toda autoridad eclesiástica que obstaculice la actividad de la Palabra ha de ser destituida.[85]

Por otra parte, Lutero tenía un profundo sentido de la historia y de la tradición, y esto le hacía consciente de que había sido precisamente la iglesia del papa la que había conservado la Palabra de Dios a través de las edades. Esto tenía para él cierta importancia, sobre todo cuando se enfrentaba a los protestantes radicales que rechazaban toda la tradición y pretendían regresar directamente a la Biblia.

> Todo ello carece de sentido... por nuestra parte, nosotros confesamos que hay en el papado mucho que es cristiano y bueno; de hecho, todo lo que hay de cristiano y bueno puede encontrarse allí, y ha llegado hasta nosotros a través de esa fuente. Por ejemplo: confesamos que en la iglesia del papa existen las verdaderas sagradas Escrituras, el verdadero bautismo, el verdadero sacramento del altar, las verdaderas llaves para el perdón de los pecados, el verdadero oficio del ministerio, el verdadero catecismo bajo la forma de la oración del Señor, de los diez mandamientos y de los artículos del credo... Afirmo que en el papado hay verdadero cristianismo, aún más, la clase correcta de cristianismo, y muchos santos grandes y devotos.[86]

---

[83] Althaus, *The Theology...*, pp. 294-313.

[84] *Las llaves*.

[85] *Acerca del ministerio*: «Puesto que la iglesia le debe su origen a la Palabra, y recibe de ella su alimento, ayuda y fortaleza, resulta claro que no puede existir sin la Palabra. Si no tiene la Palabra deja de ser iglesia... Y si los obispos papales no están dispuestos a confiar el ministerio de la Palabra sino a aquellos que destruyen la Palabra de Dios y arruinan la iglesia, entonces no queda sino dejar que la iglesia perezca sin la Palabra, o que los que se reúnen voten y elijan de entre los más capaces a uno o a tantos como sean necesarios».

[86] *Acerca del bautismo*. Este texto no ha de interpretarse como un gesto ecuménico, puesto que en el párrafo siguiente Lutero afirma que el papa es el anticristo. Lo citamos aquí solo

Por lo tanto, Lutero no era un individualista incapaz de reconocer el carácter comunitario del cristianismo, ni un innovador radical carente de toda simpatía hacia la tradición. Aunque estaba convencido de que la autoridad de la Palabra le había llevado a rechazar mucho de lo que la tradición le había hecho llegar, todavía se percataba de que él mismo era parte de esa tradición. Como uno de sus intérpretes ha dicho: «este "no" acerca de la tradición no es un "no" básico y universal, sino que siempre se pronuncia dentro de una situación específica».[87] Muchos pasajes en los escritos de Lutero parecen indicar que fue siempre con un profundo sentido de dolor que el reformador pronunció tales palabras de rechazo de la tradición.

La nota más característica de la eclesiología de Lutero —y que parece determinar mucho del resto— es la doctrina del sacerdocio universal de los creyentes.[88] También sobre este punto se le ha interpretado erróneamente, y se ha pretendido que lo que Lutero quería decir era sencillamente que cada cristiano es su propio sacerdote. Esto es cierto,[89] pero lo que es más importante es que cada cristiano es sacerdote para los demás, «porque como sacerdotes somos dignos de presentarnos ante Dios para orar por los demás y de enseñarnos los unos a los otros cosas divinas».[90] Este sacerdocio común de todos en bien de todos une a la iglesia, porque ningún cristiano puede pretender serlo sin aceptar el honor y la responsabilidad del sacerdocio.

Naturalmente, este modo de entender el sacerdocio, que Lutero derivó de su exégesis bíblica, iba en contra de la concepción jerárquica de la iglesia que defendían los católicos. Lutero era consciente de ello, y ya en el año 1520, en *La cautividad babilónica de la iglesia*, había señalado que el bautismo hace a quien lo recibe parte del real sacerdocio que es la iglesia.[91] Así pues, la doctrina del sacerdocio universal de los creyentes es la fuerza que une a la iglesia según Lutero la concibe, al mismo tiempo que la libera de toda sujeción a cualquier autoridad jerárquica. Por otra parte, Lutero no quería dejar la puerta abierta para todos aquellos que «se certifican a sí

---

para mostrar que Lutero se sabía heredero de una tradición a través de la cual había recibido buena parte de su fe, y que si ahora se rebelaba contra esa tradición lo hacía como hijo y resultado de ella.

[87] Althaus, *The Theology...*, p. 335.

[88] *Tratado sobre el Nuevo Testamento*: «Por lo tanto todos lo cristianos son sacerdotes, todas las cristianas sacerdotisas, sean jóvenes o viejos, amos o siervos, amas o criadas, eruditos o ignorantes. En esto no hay diferencia alguna».

[89] *El abuso de la misa*: «Luego cada cristiano por sí mismo puede orar y llegarse a Dios».

[90] *La libertad cristiana.*

[91] *La cautividad babilónica*: «Si se les obligara a conceder que todos los que hemos sido bautizados somos igualmente sacerdotes, como de hecho lo somos, y que solo el ministerio les ha sido confiado, ... sabrían que no tienen más derecho de gobernarnos que el que nosotros les otorguemos libremente».

mismos y predican lo que mejor les parece».[92] La proclamación pública del evangelio es una responsabilidad sobrecogedora,[93] y no ha de ser confiada a cualquier persona. De entre los que constituyen el sacerdocio universal, Dios llama a algunos para este ministerio particular. Tal llamamiento ha de ser atestiguado por la comunidad, puesto que «hoy, Dios nos llama a todos al ministerio de la Palabra por un llamamiento mediato, es decir, que nos llega a través de medios humanos».[94] Esto quiere decir, normalmente, un llamamiento a través de un príncipe, magistrado o congregación. Los «sectarios», que pretenden haber sido llamados a predicar sus doctrinas de lugar en lugar, y que tal llamamiento les ha venido directamente del espíritu, son «mentirosos e impostores».

Los sacramentos

La Palabra de Dios le llega al creyente ante todo en Jesucristo. Pero, en un sentido derivado, nos viene también mediante la Escritura, la predicación del evangelio y los sacramentos. Dentro de este contexto, Lutero insistió en que el servicio de comunión y los demás ritos de la iglesia debían celebrarse en el idioma del pueblo, que debía participar activamente en un culto comunitario que incluiría el canto congregacional.

Los sacramentos son las acciones físicas que Dios ha escogido para que sirvan de señal de su promesa. Están íntimamente relacionados con la fe y con la Palabra, puesto que su función consiste precisamente en ser otra forma de escuchar la Palabra mediante la fe. Para que una acción sea un verdadero sacramento, ha de ser instituida por Cristo, y debe estar unida a la promesa del evangelio. Por lo tanto, en el sentido estricto hay solamente dos sacramentos: el bautismo y la eucaristía.

El bautismo es la señal de la justificación. «Luego el bautismo significa dos cosas —la muerte y la resurrección—, es decir, la total y completa justificación».[95] En él la Palabra de Dios le llega al ser humano y, por lo tanto, el bautismo no es más ni menos que el evangelio mismo. Sin embargo, puesto que hay siempre una tensión entre la imputación de la justicia y el hecho de que nuestra justicia es una promesa escatológica,

---

[92] *Sermón*, Agosto 27, 1531.

[93] El siguiente texto, tomado del sermón citado en la nota anterior, muestra cuán sobrecogedora le parecía esta responsabilidad: «Si he de decir la verdad, preferiría que se me torturase en la rueda, o tener que cargar piedras, antes que tener que predicar un sermón. Porque quien tenga este oficio sentirá siempre que le ha caído la plaga. Por tanto, he dicho a menudo que quien debería ser predicador es el maldito diablo, y no un buen hombre».

[94] *Conferencias sobre Gálatas* (1535), 1:1.

[95] *La cautividad babilónica de la Iglesia.*

existe también una tensión en el bautismo. El bautismo es el comienzo de la vida cristiana; pero es también el signo bajo el cual tiene lugar toda esa vida. Quien es a la vez justificado y pecador tiene que morir y ser resucitado constantemente. Y, como ya hemos señalado, el bautismo tiene también una dimensión comunitaria, pues el que lo recibe viene a ser parte del cuerpo sacerdotal que es la iglesia.

El bautismo se encuentra indisolublemente ligado a la fe. No puede haber verdadero sacramento sin la fe. Esto no quiere decir, sin embargo, que la fe tenga que preceder al bautismo. Lo que sucede es, más bien, que en el bautismo, como en la fe, la iniciativa es siempre de Dios, quien otorga la fe.

> Es cierto que la fe debe añadírsele al bautismo. Pero no hemos de basar el bautismo sobre la fe. Hay una enorme diferencia entre tener fe y confiar en la propia fe de tal modo que el bautismo dependa de ella. Quien va a ser bautizado fundándose en su propia fe, no solo se halla confuso, sino que es también un idólatra que niega a Cristo, ya que confía y construye sobre su propia fe.[96]

Esta fue la principal razón por la que Lutero insistió sobre el bautismo de niños:[97] el negarles el bautismo a los niños, por razón de su carencia de fe, implicaría que el poder del bautismo —y por lo tanto del evangelio— depende de nuestra capacidad para recibirlo. Esto no sería más que una nueva versión de la justificación por las obras.

Fue, sin embargo, en lo referente a la eucaristía que Lutero se vio envuelto en controversias amargas y prolongadas, no solo con el catolicismo, sino también con algunos reformadores extremos y aun con algunos más moderados entre los reformadores suizos.[98]

Las principales objeciones de Lutero a la doctrina y la práctica católica respecto a la cena del Señor pueden verse en *La cautividad babilónica de la iglesia*, donde afirma que este sacramento se halla cautivo de la Iglesia de tres modos. El primero es negarles el cáliz a los laicos; el segundo es la doctrina de la transubstanciación, que ata al sacramento a la metafísica aristotélica; y el tercero es la doctrina según la cual la misa es «una buena obra y un sacrificio» —esto se oponía diametralmente a la doctrina de la iglesia en su tiempo, que veía la misa como una repetición incruenta del sacrificio de Cristo. Más tarde Lutero rechazó otras prácticas

---

[96] *Sobre el rebautismo.*

[97] Véase P. Althaus, «M. Luther über die Kindertaufe», *ThLZ*, 73 (1948), 702-14.

[98] El hecho de que primero tuvo que enfrentarse al catolicismo romano y después a otros protestantes determinó en cierta medida la evolución de su pensamiento. Hay un breve pero magnífico resumen de esa evolución en Althaus, *The Theology...*, 375-91.

católico-romanas, tales como las misas privadas. Pero, en general, su oposición al catolicismo romano en la doctrina eucarística había quedado definida en el tratado sobre la cautividad babilónica.[99] Puesto que estas opiniones fueron condenadas por la Iglesia romana y otros temas en discusión vinieron a ocupar el centro de la escena, este aspecto de la polémica quedó relegado a un segundo plano.

Por otra parte, cuando algunos protestantes afirmaron que Lutero no había sido suficientemente radical y que era necesario negar la presencia corporal de Cristo en el sacramento, surgió una controversia más larga y complicada.[100] Este no es el lugar para narrar esa controversia. Más adelante, al discutir la reforma suiza y el movimiento anabaptista, sus opiniones serán expuestas con más detalle. Baste decir aquí que, en general —pero con importante excepciones—, los opositores de Lutero afirmaban que la presencia de Cristo en la cena del Señor era «simbólica» o «espiritual» más que corpórea, y que la comunión era, en esencia, un acto en que se hacía memoria de la pasión del Señor.

Lutero no podía aceptar tales opiniones. No porque fuesen demasiado radicales —él mismo había mostrado sobradamente su disposición a tomar actitudes radicales cuando la situación lo requería—, sino porque contradecían lo que le parecía era el sentido claro de las Escrituras.[101] El texto bíblico decía claramente y sin ambigüedades «este es mi cuerpo». Por lo tanto, tal cosa era exactamente lo que Jesús había querido decir. En este sentido, Lutero estaba convencido de que los católicos se hallaban más cerca del verdadero sentido de las Escrituras que sus adversarios entre los protestantes radicales. Por ello decía que preferiría comer el cuerpo de Cristo con los papistas que comer pan con los «entusiastas».

Quienes se le oponían lo hacían a base de dos objeciones fundamentales, ninguna de las cuales Lutero podía aceptar, puesto que contradecían el centro mismo del evangelio según Lutero lo entendía.

La primera objeción era que el cuerpo de Cristo estaba en el cielo, a la diestra de Dios y que, por tanto, no podía estar en el altar.[102] La respuesta

---

[99] Cuánto Lutero conservó de la doctrina eucarística tradicional puede verse en H. Hilgenfeld, *Mittelalterlich-traditionele Elemente in Luthers Abendmahlsschriften* (Zúrich, 1971).

[100] W. Köhler, *Zwingli und Luther: Ihr Streit über das Abendmal nach seinen politischen und religiösen Beziehunger*, 2 vols. (Gütersloh, 1948, 1953).

[101] *El sacramento y la sangre de Cristo*: «Pues tenemos aquí el texto claro y las palabras explícitas de Cristo: "Tomad, comed, este es mi cuerpo que es dado por vosotros. Bebed todos vosotros, esta es mi sangre, que es derramada por vosotros. Haced esto en memoria mía". Es sobre estas palabras que basamos nuestra posición. Son tan claras y sencillas que, hasta ellos, nuestros adversarios, tienen que confesar que se les hace difícil interpretarlas de otro modo. Y sin embargo dejan a un lado estas palabras claras y siguen sus propios pensamientos, creándose tinieblas en medio de la luz clara».

[102] *Ibid.*: «También dicen que está sentado a la diestra de Dios, pero no saben qué sea esto de que Cristo asciende al cielo y está sentado allí. No es lo mismo que cuando subes por

de Lutero a tal objeción era sencillamente que el cuerpo de Cristo no se encuentra en el cielo de igual modo que un ave se encuentra en su nido. La «diestra de Dios» se encuentra en todas partes y, por tanto, el cuerpo de Cristo está presente en todas partes (en otras palabras: goza de ubicuidad). Esto se halla estrechamente relacionado con el modo en que Lutero entendía la encarnación. Su doctrina de las dos naturalezas subrayaba la unidad entre ambas más que su distinción, y acentuaba la *communicatio idiomatum*. En la encarnación, el cuerpo de Cristo no ha dejado de ser un cuerpo físico, pero se le ha dotado de los predicados de la naturaleza divina. Por lo tanto, el cuerpo de Cristo puede estar presente en todas partes al mismo tiempo. Pero, en este caso, como en el caso más general de la revelación divina, «en todas partes» querría decir sencillamente «en ninguna parte» de no ser porque Dios por su propia voluntad se ha limitado a sí mismo y ha escogido un lugar particular al decir «este es mi cuerpo».[103] Nos encontramos entonces ante una situación paralela a la de la teología de la gloria frente a la teología de la cruz. El teólogo de la gloria, en su búsqueda del Dios absoluto que se halla presente en todas sus obras, no le encuentra. El teólogo de la cruz, que le busca allí donde Dios mismo se esconde en el sacramento del altar, sí le encuentra.

La segunda objeción tiene que ver con la relación entre lo físico y lo espiritual.[104] En pocas palabras, se objeta lo siguiente: la fe es una cuestión espiritual; el espíritu nada tiene que ver con la carne; por lo tanto, la presencia física de Cristo nada tiene que ver con la fe. Lutero veía claramente que este tipo de objeción era lo que movía a la mayoría de los adversarios de la presencia corpórea de Cristo en la eucaristía. Y también veía que con ello se contradecía el modo en que el Nuevo Testamento utiliza los términos «carne» y «espíritu». Lo opuesto del espíritu no es el cuerpo, sino la carne, y esta no es el aspecto físico del ser humano, sino su confianza en sí mismo y su espíritu rebelde. Lo espiritual se llega a los seres humanos en lo físico. Se llega a la humanidad en el cuerpo de Cristo que cuelga de

---

una escalera hasta una casa. Quiere decir más bien que él está por encima de, en y allende todas las criaturas. Empero su ascensión corpórea ocurrió como señal de esto... y entonces ellos [los adversarios] especulan diciendo que Cristo debe ascender y descender del cielo por los aires, y que se le baja del cielo hasta el pan cuando comemos este cuerpo. Tales pensamientos no vienen de otra fuente que de la necia razón de la carne».

[103] *Ibid.*: «Aunque Dios está presente en todas las criaturas, y yo podría encontrarle en la piedra, el fuego, el agua, o hasta en la soga, puesto que ciertamente está allí. Sin embargo, Dios no quiere que yo le busque en tales lugares aparte de su Palabra, y que me lance al fuego o al agua, o me cuelgue de la soga. Dios está presente en todas partes, pero no quiere que le busques a tientas por todas partes. Búscale antes donde está la Palabra, y allí le asirás como es debido».

[104] Pelikan, *Luther...*, pp. 145-51.

la cruz. Y se nos llega también en el cuerpo de Cristo que se halla presente en los elementos en la comunión.

Al preguntársele cómo esta presencia corpórea tenía lugar, Lutero sencillamente respondía que no lo sabía y que no creía deber preguntárselo. Rechazaba la transubstanciación en primer lugar porque colocaba el sacramento bajo el cautiverio de la metafísica aristotélica, y en segundo lugar porque negaba la permanencia del pan y el vino. Su propia doctrina era que el pan y el vino, sin dejar de ser tales, venían a ser también vehículos en los que el cuerpo y la sangre de Cristo se hacían presentes. Algunos teólogos posteriores le dieron a esta doctrina el nombre de «consubstanciación», para mostrar así que las substancias de los elementos seguían existiendo y que a ellas se añadía el cuerpo y la sangre del Señor. El cuerpo de Cristo se halla en el pan; lo demás es un misterio impenetrable.

Como veremos más adelante, tales opiniones resultaban inaceptables para otros reformadores y, por lo tanto, llegaron a ser uno de los principales puntos debatidos, primero, entre Lutero y los reformadores suizos, y, más tarde, entre las confesiones luterana y reformada.

Los dos reinos

El modo en que Lutero veía la relación entre la iglesia y el estado se expone corrientemente como la doctrina de los dos reinos, o de los dos regímenes.[105] Esto es acertado, pero necesita ciertas aclaraciones para que no resulte una interpretación incorrecta del pensamiento de Lutero. La doctrina luterana de los dos reinos no quiere decir lo mismo que se entiende hoy al hablar de la separación entre la iglesia y el estado. Se trata más bien de una doctrina que se encuentra estrechamente relacionada con la distinción entre la ley y el evangelio, y que no puede ser comprendida aparte de esa distinción.

Según Lutero, Dios ha establecido dos reinos. Ambos son creación divina y, por tanto, los dos se encuentran bajo el gobierno de Dios. Pero el uno se encuentra bajo la ley —en su función «civil» o primera— y el otro está bajo el evangelio. El orden civil ha sido establecido por Dios para refrenar a los malvados y evitar las consecuencias más extremas de su pecado. Su gobernante no tiene que ser cristiano, puesto que la ley básica que ha de utilizar en su gobierno se puede conocer mediante la razón natural. Aún más: la mayoría de los gobernantes no son cristianos, y la existencia de un gobernante cristiano debería sorprendernos más que lo

---

[105] Hay un buen resumen de la discusión erudita sobre este punto en H. Bornhamm, *Luther's Doctrine of the Two Kingdoms in the Context of His Theology* (Filadelfia, 1966), pp.1-4.

contrario. Pero los creyentes pertenecen también a otro reino. Es el reino del evangelio, donde ya no se encuentra uno sujeto a la ley. En este reino el gobierno civil no tiene autoridad alguna, de igual modo que los creyentes como tales no tienen autoridad en cuestiones civiles. Pero aquí es necesario recordar que en esta vida cada creyente es a la vez justo y pecador, y que, por tanto, como pecadores, todos estamos sujetos al gobierno civil.

Esta distinción entre los dos reinos tiene ciertas consecuencias prácticas. Las dos más importantes son que los cristianos no deben esperar que el estado y su fuerza física sirvan para apoyar la verdadera religión, y que los gobernantes no deben hacer de la iglesia un mero instrumento de su gobierno civil. El propio Lutero, cuando se le advirtió que cierto duque deseaba hacerle mal, afirmó que gozaba de una protección mucho más poderosa que la espada de cualquier príncipe, y que no temería aunque durante nueve días lloviesen sobre él duques, cada uno nueve veces más feroz que el que ahora parecía amenazarle. El estado no ha de usar su poder para perseguir a los herejes, puesto que las cuestiones de fe no pueden decidirse mediante la espada. Cuando Juan de Sajonia estaba considerando la posibilidad de abandonar sus funciones civiles porque se le hacía difícil coordinarlas con su conciencia cristiana, Lutero le amonestó para que permaneciera en el lugar en que Dios le había colocado. Cuando, por otra parte, algunos de los «entusiastas» trataron de establecer teocracias, Lutero condenó sus intentos. En todo caso, la doctrina de los dos reinos no es un modo de limitar la acción de Dios en el mundo. Ambos reinos se encuentran bajo el gobierno de Dios. Tampoco han de identificarse estos dos reinos con la iglesia y el estado. Por el contrario, la doctrina de los dos reinos es el principio de la ley y el evangelio aplicado a la vida diaria del ser humano dentro de su situación histórica. Por lo tanto, de igual modo que las fronteras entre la ley y el evangelio son a la vez de importancia capital y siempre fluidas, así también las fronteras entre los dos reinos, sin dejar de ser importantes, no han de identificarse sin más con la distinción entre la iglesia y el estado, o entre dos clases diferentes de actividad, la una religiosa y la otra secular.[106]

Lutero murió en Eisleben, el lugar de su nacimiento, el 18 de febrero de 1546. Ya en ese momento la reforma que él había desencadenado se había esparcido por toda Europa, y resultaba claro que este incendio no sería fácilmente apagado. También ya por ese entonces los seguidores de esa reforma se encontraban divididos por nacionalismos estrechos, así como por diferencias teológicas. Al propio Lutero algunos de estos movimientos reformadores le parecían ser menos cristianos que la propia Iglesia

---

[106] *Ibid.*, p. 8: «... estos "reinos" no son provincias rígidamente fijas entre las cuales se divida la existencia del cristiano. No es posible vivir solo en uno o en el otro. Hay que vivir en ambos, y querámoslo o no, hay que actuar de continuo en ambos».

romana, a la que había atacado con tanta acrimonia. Muchos de entre tales reformadores le tenían por poco más que un papista velado. Pero eran muy escasos los que no habían sufrido de una u otra manera el impacto de este hombre y de su obra, no solo entre los luteranos, sino también entre los católicos romanos y los anabaptistas. El modo en que ese impacto perduró podrá verse en los capítulos subsiguientes.

37

Ulrico Zwinglio y los comienzos de la tradición reformada

El movimiento reformador que Lutero había comenzado pronto contó con seguidores en distintas partes de Europa. Todo el continente estaba maduro para la reforma y en varios lugares esta tomó el camino protestante. En diversos grados, todo el movimiento sintió la influencia de Lutero. Pero las fuerzas desencadenadas por el reformador alemán no podían ser dominadas por una sola persona —y ciertamente no por el propio Lutero—. Como resultado de esta situación, surgieron en diversas partes de Europa distintos modos de ver la reforma que se necesitaba y de entender la teología cristiana. Quienes sostenían tales posiciones concordaban con Lutero en algunos puntos, pero diferían de él en otros. Al principio no parecía haber sino una serie de posiciones distintas, ya que los puntos en los cuales era posible diferir eran muchos. Por lo tanto, una descripción detallada de la teología protestante del siglo XVI requeriría que se discutiesen separadamente al menos dos docenas de teólogos de estatura. Afortunadamente, sin embargo, es posible clasificar la teología protestante en el siglo XVI dividiéndola en cuatro grupos fundamentales: la tradición luterana, la reformada, la anabaptista y la anglicana. Esta clasificación, aunque hace caso omiso de algunas divergencias dentro de cada una de estas tradiciones, ha de sernos útil aquí para dar cierto orden y coherencia a nuestra exposición. Puesto que en el capítulo anterior hemos discutido los comienzos de la tradición luterana, debemos estudiar ahora la obra de Ulrico Zwinglio (1484-1531), en quien la tradición reformada tuvo su primer teólogo. En capítulos posteriores discutiremos las tradiciones anabaptista y anglicana, así como el desarrollo posterior del luteranismo en Melanchthon y sus contemporáneos, y el punto culminante de la teología reformada en la persona de Juan Calvino. Al mismo tiempo, es importante tener en cuenta que en tres de estas cuatro tradiciones —la luterana, la reformada y la anglicana— se daba por sentado que en cualquier estado o jurisdicción todos los creyentes serían parte de la iglesia oficial. Excepto entre los anabaptistas, a principios de la Reforma —y por largo tiempo después— se daba por sentado que cada estado tendría su propia religión y que todos los fieles pertenecerían a ella.

Ulrico Zwinglio difería de Lutero en muchos modos. El más notable de ellos es el camino por el cual cada uno de los dos reformadores llegó a sus convicciones básicas: no encontramos en la vida de Zwinglio el angustioso peregrinar espiritual que hemos descrito en la juventud de Lutero, sino que el reformador suizo llegó a sus convicciones mediante consideraciones de orden patriótico e intelectual.[1]

La práctica de prestar servicio mercenario, que era una de las principales fuentes de ingreso para muchas ciudades y aldeas suizas, fue el toque de clarín que despertó el patriotismo de Zwinglio. Durante varias generaciones los suizos habían gozado de la reputación de ser soldados sólidos y valientes, y a base de esa reputación se habían dedicado a vender sus servicios a príncipes extranjeros. En el siglo XVI esta práctica era generalmente aceptada, y escasamente se oía una voz de protesta contra ella, aunque muchos se percataban de que la vida de los soldados mercenarios, que tenían que mejorar sus condiciones económicas mediante el bandidaje, no conducía a altos niveles morales. Al principio, el propio Zwinglio apoyaba la práctica del servicio mercenario y recibió de ella beneficios económicos. Pero después de la batalla de Marignano (1515), en la que numerosos soldados suizos murieron por una causa indigna que no era suya, y cuando muchos sencillamente se vendieron a Francisco I por más precio, Zwinglio comenzó a atacar la práctica del servicio mercenario. Estos ataques no fueron bien recibidos por algunos de sus feligreses en la pequeña ciudad de Glarus y Zwinglio se sintió obligado a dejar esa

---

[1] La mejor biografía es la de O. Farner, *Huldrych Zwingli*, 4 vols. (Zúrich, 1943-60). Véase también: J. Courvoiser, *Zwingli* (Génova, 1947); J. Rilliet, *Zwingli: Third Man of the Reformation* (Londres, 1964); M. Haas, *Huldrych Zwingli und seine Zeit: Leben und Werk des Zürcher Reformators* (Zúrich, 1982); U. Glaber, *Huldrych Zwingli: Eine Einfürung in sein Leben und sein Werk* (München, 1983); E. J. Furcha y H. W. Pipkin, eds., *Prophet, Pastor, Protestant: The Work of Huldrych Zwingli after Five Hundred Years* (Allison Park, Pa., 1984); W. P. Stephens, *The Theology of Huldrych Zwingli* (Oxford, 1985). Hay una buena introducción a un número de temas diversos en G. W. Locher, *Zwingli's Thought: New Perspectives* (Leiden, 1961). Véase además H. W. Pipkin, ed., *A Zwingli Bibliography* (Pittsburgh, 1972).

parroquia. Con el correr de los años, los sentimientos patrióticos reflejados en aquellos ataques al servicio mercenario se unieron estrechamente en el espíritu de Zwinglio a la necesidad de reformar la iglesia, y, por lo tanto, su movimiento y su teología siempre manifestaron claros intereses nacionalistas y políticos. Esto puede verse en su insistencia en que la ley del evangelio no es solo para cristianos individuales, sino que también se espera que los estados la obedezcan. Por tanto, resulta simbólico el hecho de que Zwinglio, cuyos primeros conflictos con la iglesia establecida fueron el resultado de su preocupación por el honor de su patria y las vidas de sus soldados, murió en la batalla de Cappel, donde había acompañado a las tropas de Zúrich como capellán.

Los intereses intelectuales de Zwinglio seguían el camino del humanismo erasmista. Su padre y otros parientes le habían dotado de los recursos para recibir una educación excelente. Sus estudios le llevaron a las universidades de Viena y Basilea. En Basilea conoció a varios estudiantes que luego serían sus compañeros en la tarea reformadora. También estudió allí bajo la dirección de Tomás Wyttenbach, quien atacó las indulgencias aun antes que Lutero, y de quien Zwinglio más tarde diría que le había enseñado que con Cristo bastaba para la salvación. Pero fue especialmente el propio Erasmo quien cautivó la mente del joven estudiante.

Zwinglio visitó a Erasmo en Basilea en el año 1515. El famoso humanista dejó un sello indeleble en el espíritu del joven suizo; pero la influencia de Erasmo sobre Zwinglio tuvo lugar sobre todo mediante la palabra escrita. En sus años mozos, preocupado como estaba por el servicio mercenario, Zwinglio encontró un aliado en el pacifismo de Erasmo.

En 1519, unos pocos años después de conocer a Erasmo y trabar amistad con él, Zwinglio vino a ser sacerdote en la ciudad suiza de Zúrich. Según fueron desdoblándose los acontecimientos, y conforme Zwinglio se vio cada vez más envuelto en las consideraciones políticas y militares necesarias para la defensa de la Reforma en los cantones protestantes, el reformador suizo abandonó la posición pacifista. En 1523 Ulrich von Hurten se refugió en Zúrich, y allí escribió un tratado contra Erasmo. Puesto que Erasmo culpó a Zwinglio por la protección que Zúrich le ofrecía a Hutten, este incidente destruyó la amistad entre el suizo y el holandés. Pero, a pesar de ello, Zwinglio continuó admirando al erudito holandés, y haciendo uso de sus obras y de su metodología. Por lo tanto, aun después de terminada su amistad, Erasmo continuó siendo uno de los principales factores que contribuyeron a formar el pensamiento de Zwinglio.

Las fuentes y la tarea de la teología

Lutero llegó a la convicción de la prioridad de las Escrituras por encima de la tradición mediante una larga lucha interna en la que descubrió la tensión entre ambas; el caso de Zwinglio fue distinto.[2] Su modo de acercarse a las Escrituras era el de un humanista cristiano. Su regreso a la Biblia fue parte del regreso general a las fuentes antiguas que caracterizó al movimiento humanista. Como humanista, Zwinglio creía que el mejor modo para redescubrir la verdadera naturaleza del cristianismo era descubrir de nuevo el mensaje de las Escrituras y aplicarlo entonces a la renovación de la fe cristiana. Aun aparte de su inspiración, la Biblia tenía autoridad por razón de su antigüedad, que la hace un testigo más fiel que la tradición posterior. Pero la Biblia es también inspirada y, por lo tanto, la prioridad de las Escrituras no es solo una afirmación que el humanista puede hacer, sino que también ha de hacerse sobre la base de la fe. En quince tesis que Zwinglio publicó para que fuesen discutidas en 1523, se afirma claramente que es imposible comprender las Escrituras sin la dirección divina. Zwinglio no estudia las Escrituras del mismo modo en que un humanista estudiaría cualquier otro texto. Pero sí aplica a su interpretación los principios aprendidos de sus estudios humanistas y, por lo tanto, su exégesis tiende a ser menos alegórica y más científica.

Al igual que en el caso de Lutero, Zwinglio entiende por «Palabra de Dios», no solo las Escrituras, sino también la acción creadora de Dios. Es acerca de esta Palabra que Zwinglio afirma que «bien podrá cambiarse todo el curso de la naturaleza antes que la Palabra de Dios deje de existir y de cumplirse».[3] Sin embargo, puesto que las Escrituras son expresión de esa Palabra, son también absolutamente confiables, y su cumplimiento es igualmente cierto.

En su Palabra nunca hemos de perder el camino. Nunca podremos ser confundidos, engañados o destruidos en su Palabra. Si creéis que no hay certeza ni fortaleza para el alma, escuchad la certeza de la Palabra de Dios. El alma puede recibir instrucción y luz... de tal modo que llegue a percibir que toda su salvación y rectitud o justificación se encuentran en Jesucristo...[4]

Pero esto no quiere decir que las Escrituras sean el único modo por el cual es posible conocer a Dios. Al contrario: la existencia de Dios puede ser conocida por la razón humana. «*Qué Dios es* se encuentra quizá por encima del entendimiento humano, pero no el hecho de *que Dios es*».[5] Todos los paganos han conocido a Dios de uno u otro modo, aunque

[2] A. Rich, «Zwinglis Weg zur Reformation», *Zwingliana*, 8 (1948), 511-35.
[3] *De la certeza y claridad de la Palabra de Dios.*
[4] *Ibid.*
[5] *De la verdadera y la falsa religión.*

algunos han llegado a dividirle creándose diferentes deidades, mientras otros han sabido que hay un solo Dios. La razón de esto no es que el ser humano posea un conocimiento «natural» de Dios, puesto que «el conocimiento de Dios que atribuimos a alguna actividad natural viene realmente del mismo Dios».[6]

Por otra parte, el verdadero conocimiento de Dios —el conocimiento de *qué* [*o quién*] *Dios es*— solo nos puede llegar mediante la revelación divina, en las Escrituras. Nuestro propio conocimiento de Dios se encuentra tan lejos de la realidad divina, que proporcionalmente un insecto cualquiera sabe más acerca del ser humano que lo que este sabe acerca de Dios. Esto se debe al abismo que separa a la criatura del creador —un abismo al que Zwinglio hace referencia constante—.

Esto, a su vez, quiere decir que, aunque los filósofos de antaño sabían algo acerca de Dios —y bien puede ser que encontremos en ellos algunas doctrinas que concuerden con las enseñanzas escriturarias— no hemos de tomarles por fuentes para nuestra teología.

> Por lo tanto, todo lo que los teólogos han sacado de la filosofía acerca de qué (o cómo) Dios sea es engaño y falsa religión. Si algunos han dicho ciertas cosas verdaderas sobre este tema, tales cosas han venido de la boca de Dios, quien ha esparcido aun entre los gentiles ciertas semillas del conocimiento de sí mismo, aunque escasa y obscuramente; de no ser así tales aserciones no serían ciertas. Pero nosotros, a quienes Dios mismo ha hablado mediante su Hijo y mediante el Espíritu Santo, hemos de buscar ciertas cosas, no de quienes se hinchaban de sabiduría humana y por tanto corrompieron lo que recibieron puro, sino de los oráculos divinos. Porque cuando los humanos comenzaron a desoír tales oráculos cayeron en todo lo que es carnal, es decir, en las invenciones de la filosofía... Tal es la arrogancia de la carne que se hizo pasar por teología. Queremos aprender lo que Dios sea de su propia boca, para no corrompernos y hacer obras abominables.[7]

Así pues, y en teoría al menos, Zwinglio trata de sacar toda su teología de las Escrituras.[8] Y, sin embargo, cuando inmediatamente después de decir estas palabras pasa a discutir la naturaleza de Dios, la mayor parte de su

---

[6] *Ibid.*

[7] *Ibid.*

[8] *Ibid.*: «Por tanto, es locura y absoluta impiedad el colocar los decretos y declaraciones de ciertos hombres o concilios al par de la Palabra de Dios. Porque si sus dichos concuerdan con la Palabra de Dios, han de aceptarse por razón de la Palabra, y no a base de autoridad humana; y si no concuerdan han de ser rechazados y despreciados...».

argumentación parece haber sido tomada de los filósofos más que de las Escrituras. Esto sirve para ilustrar el modo en que el humanismo funciona dentro de la teología de Zwinglio: la necesidad de regresar a las fuentes señala hacia la autoridad única de las Escrituras, pero el aprecio del humanista hacia la Antigüedad le hace ver un gran acuerdo entre esas Escrituras y lo mejor de la filosofía clásica. Esta relación entre las Escrituras y el humanismo resultará clara otra vez más cuando estudiemos la cuestión de la providencia divina y la predestinación.

Providencia y predestinación

El modo en que Zwinglio entiende la naturaleza de Dios se relaciona estrechamente con la idea de lo absoluto. Sus argumentos en pro del monoteísmo se basan no tanto en las Escrituras como sobre la aseveración de que la existencia de más de un ser absoluto es una imposibilidad lógica.[9] Por lo tanto, la aserción bíblica de que todas las cosas existen en Dios se toma muy literalmente, como queriendo decir «que nada está escondido de Dios, nada le es desconocido, nada se encuentra más allá de su alcance, nada le desobedece».

«La ponzoña de un mosquito ha sido conocida y ordenada de antemano por Dios, y preguntarse por qué Dios ha hecho tal picada, y otras cosas al parecer malas, es una curiosidad femenina [¡sic!], vana e inútil».[10] Ante la creación divina, con sus aparentes contradicciones, no podemos hacer más que aceptarla y creer que Dios ha hecho todas estas cosas a base de un plan que su infinita sabiduría no quiere revelarnos. Luego la doctrina de la providencia tal y como aparece aquí no es la mera afirmación de que podemos confiar en Dios para nuestro sostén y bienestar, sino también la aseveración de que la relación entre Dios y el mundo es tal que todo cuanto ocurre tiene lugar por la voluntad de Dios.[11]

Es desde esta perspectiva que Zwinglio ve la doctrina de la predestinación, «puesto que todo el asunto de la predestinación, el libre albedrío y el mérito descansa sobre esta cuestión de la providencia».[12] Dios no solo sabe todas las cosas, sino que también hace todas las cosas, ya que «las causas secundarias no son verdaderas causas», y solo Dios es la causa primera de

---

[9] *Exposición de la fe.*

[10] *De la verdadera y falsa religión.*

[11] *Sermón, 20 de agosto de 1530*: «La providencia es el gobierno permanente e invariable sobre todas las cosas en el universo».

[12] *De la verdadera y falsa religión.*

todas las cosas.[13] Hasta los filósofos paganos supieron que negar esto sería negar la naturaleza misma de Dios.[14] Solo un predeterminismo absoluto puede hacerle justicia a la soberanía y la sabiduría divinas.

Al hacer al ser humano y a los ángeles, Dios sabía que algunos de entre ellos caerían. No solo lo sabía, sino que también ordenó que así fuese. Su propósito al hacer esto fue que tanto los humanos como los ángeles pudiesen comprender mejor la naturaleza de la rectitud en contraste con la maldad. La caída de Satanás y Adán no tuvo lugar contra la voluntad de Dios. «Dios hizo ambas cosas; sin embargo Dios en sí mismo no es injusto, ni es tampoco lo que hizo injusticia o maldad en lo que a Dios se refiere, ya que Dios no está bajo la ley».[15] Aún más: esto no debería llevarnos a la conclusión de que Dios sea malvado, o que no ame a sus criaturas, ya que fue precisamente por razón de amor que Dios hizo estas cosas, para que tanto los humanos como los ángeles pudieran conocer la verdadera naturaleza de la fidelidad y de la rectitud.

A partir de esta doctrina de la predestinación, Zwinglio puede refutar fácilmente cualquier intento de fundamentar la salvación sobre las obras. La salvación es el resultado de la elección divina, y no de un esfuerzo humano. ¿Qué hacer entonces de los muchos textos escriturarios que parecen relacionar la salvación con las obras? Se les explica fácilmente con solo tener en mente que las obras humanas, así como todo cuanto sucede en la creación, son el resultado de la predestinación divina.

En los elegidos, Dios produce buenas obras y, por lo tanto, tales obras son necesarias para la salvación; no en el sentido de que la produzcan, sino en el sentido de que la elección es también elección para realizar buenas obras.[16] Por otra parte, lo contrario resulta ser cierto de los réprobos, en quienes Dios obra el mal, y, sin embargo, ese mal se les imputa a ellos, quienes están bajo la ley, y no a Dios, quien se encuentra por encima de ella.

La elección y la reprobación se manifiestan así en señales externas, de tal modo que es posible tener una medida aproximada de quiénes son los electos y, especialmente, de la propia elección. Quienes pretenden ser electos pero abandonan a Dios en momentos de adversidad, no se encuentran verdaderamente entre los escogidos.[17] Quienes viven en maldad se encuentran probablemente entre los réprobos, aunque también pueden ser de los predestinados cuya salvación todavía no ha sido manifestada.

---

[13] *Sermón, 20 de agosto de 1530.*

[14] *Ibid.*

[15] *Ibid.*

[16] *Sermón, 20 de agosto de 1530.*

[17] *Ibid.*

En cuanto a los paganos de la Antigüedad, y cualesquiera otros no hayan tenido oportunidad de oír el evangelio, bien pueden contarse entre los electos, puesto que serán juzgados sobre una base diferente —y aquí Zwinglio afirma que preferiría correr la suerte de Séneca o de Sócrates antes que la del papa—.[18]

Una de las características más interesantes en la teología de Zwinglio es su insistencia sobre el deseo que Dios tiene de comunicarse. Todo el proceso de la creación es una comunicación por parte de Dios.[19] Como corona de esa creación Dios hizo al ser humano, con el cual puede sostener diálogo. En su estado actual, el humano no puede conocerse a sí mismo. Es tan difícil de agarrar como un calamar, puesto que, cuando está a punto de ser atrapado, puede esconderse hasta de sí mismo enturbiando las aguas. «El humano tiene tanta osadía al mentir, tanta prontitud para pretender y ocultar, que cuando se cree haberle atrapado en un lugar, se descubre que hace tiempo ha escapado a alguna otra parte».[20] Así pues, de igual modo que el ser humano necesita de la revelación divina para conocer a Dios, también la necesita para conocerse a sí mismo.[21] Todo esto se debe a la caída, que consistió en la desobediencia de Adán a la ley de Dios a causa de su amor de sí mismo. El amor de sí mismo es la raíz de todo pecado, puesto que Adán rompió la ley tratando de ser como Dios. Este pecado original de Adán no se trasmite a sus descendientes en el sentido estricto; lo que se transmite es el resultado de ese pecado, que Zwinglio prefiere llamar «una enfermedad».[22] Esto no disminuye en modo alguno las consecuencias del pecado original, puesto que Zwinglio afirma que la razón por la que los «teólogos e hipócritas del apetito animal» insisten sobre el libre albedrío es que no conocen la profundidad y el alcance de las consecuencias del pecado original[23] (aseveración que no concuerda del todo con su otra aserción de que la naturaleza misma de Dios requiere que se niegue el libre albedrío).

En resumen: la predestinación y la negación del libre albedrío se deducen de la naturaleza de Dios así como del estado actual del humano.

---

[18] *Ibid.*

[19] *De la verdadera y la falsa religión.*

[20] *Ibid.*

[21] *Ibid.*: «Nuestro intelecto no puede alcanzar el conocimiento de Dios por razón de su propia debilidad y de la gloria y el esplendor divinos; pero no puede alcanzar el conocimiento de sí mismo por su osadía y prontitud para mentir y disimular...». «El que el ser humano se conozca a sí mismo solo puede ser resultado de la obra del Espíritu Santo».

[22] *Una exposición de la fe.*

[23] *De la verdadera y falsa religión.*

La ley y el evangelio

Como resultado de su modo de ver la teología, la doctrina de Zwinglio acerca de la ley difiere de la de Lutero. Su respuesta a la pregunta del modo en que la ley ha quedado abolida, y hasta qué punto es todavía válida, es mucho más sencilla que la de Lutero y, por lo tanto, no tiene la profundidad de las enseñanzas del reformador alemán. Zwinglio comienza distinguiendo entre tres leyes: la voluntad eterna de Dios, tal y como se halla expresada en los mandamientos morales, las leyes ceremoniales y las leyes civiles. Las últimas dos no tienen importancia para el tema aquí tratado puesto que tienen que ver con lo externo, y los temas del pecado y la justificación tienen que ver con lo interno. Por lo tanto, solo las leyes morales del Antiguo Testamento han de discutirse aquí, y estas no han quedado abolidas en modo alguno. Las leyes civiles se refieren a situaciones humanas concretas. Las leyes ceremoniales fueron dadas para el período anterior a Cristo. Pero la ley moral expresa la voluntad eterna de Dios y, por lo tanto, no puede ser abolida. Lo que ha sucedido en el Nuevo Testamento es más bien que la ley moral ha quedado resumida en el mandamiento del amor. En su esencia, la ley y el evangelio son una sola cosa. Por lo tanto, quienes sirven a Cristo están bajo la obediencia de la ley del amor, que es la misma ley moral del Antiguo Testamento y que la ley natural inscrita en todos los corazones humanos.[24] Luego el primer punto en el que Zwinglio difiere de Lutero en este sentido es su aseveración de que la ley permanece y el evangelio en ningún modo la contradice.

El segundo punto de divergencia entre los dos reformadores respecto a la ley tiene que ver con el modo en que la valoran. Zwinglio no ha sufrido la experiencia de la condenación por la ley que es tan importante para Lutero. Por lo tanto, no puede aceptar la aseveración de Lutero en el sentido de que la ley es terrible, y que su función es pronunciar la palabra de juicio y condenación. No cabe duda de que Zwinglio se refiere a Lutero al decir que

> ... algunas personas de nuestro tiempo que se creen ser de primera importancia han hablado sin suficiente discreción acerca de la ley al decir que la ley solo sirve para amedrentar, condenar y entregar a los tormentos. En realidad, la ley no hace eso, sino que, por el contrario, muestra la voluntad y la naturaleza de Dios.[25]

---

[24] *Ibid.*
[25] *Sermón, 20 de agosto de 1530.*

De aquí se deduce que el modo en que Zwinglio entiende el evangelio es al mismo tiempo muy semejante y muy distinto del de Lutero. Al igual que Lutero, Zwinglio cree que el evangelio es las buenas nuevas de que los pecados son perdonados en el nombre de Cristo. Al igual que el reformador alemán, afirma que este perdón solo puede ser recibido cuando uno tiene conciencia de su propia miseria, aunque afirma que esta función le corresponde al Espíritu, más que a la ley.[26] Pero Zwinglio insiste mucho más que Lutero sobre los resultados objetivos del evangelio, que sana al pecador y le hace capaz de obedecer la ley.

Sería risible el que aquél para quien todo lo que ha de existir resulta presente hubiese decidido librar al humano a tan alto precio y, sin embargo, dejarle continuar en medio de sus viejos pecados inmediatamente después de su liberación. Dios proclama desde el comienzo que nuestras vidas y nuestro carácter han de cambiar.[27]

Por lo tanto, en último análisis la ley y el evangelio vienen a ser prácticamente lo mismo.[28] Esto se sigue de manera estrictamente lógica del modo en que Zwinglio comprende la divina providencia y la predestinación. La voluntad de Dios es siempre la misma, y se ha revelado en la ley. La función del evangelio consiste, entonces, en librarnos de las consecuencias de haber quebrantado la ley y en capacitarnos para obedecerla de ahora en adelante.

La iglesia y el estado

La eclesiología de Zwinglio se relaciona estrechamente con su doctrina de la predestinación.[29] En el sentido estricto, la iglesia es la compañía de los electos. Puesto que exactamente quiénes son los electos no resultará claro sino hasta el día final, la iglesia en este sentido es siempre invisible a los ojos humanos. Pero la confesión del nombre de Cristo, y el vivir según sus mandamientos, son una señal razonable y probable de elección, y, por lo tanto, la comunidad de quienes tienen tales señales recibe también el nombre de iglesia. Es acerca de la iglesia invisible que habla al referirse a «la esposa de Cristo», y solo ella puede ser llamada «inmaculada». Esta es la iglesia infalible, puesto que ha sido predestinada a la obediencia a Cristo. La otra, es decir, la comunidad de quienes dan señales de haber

---

[26] *De la verdadera y la falsa religión.*

[27] *Ibid.*

[28] *CR*, 89:79.

[29] Una discusión breve, pero útil, del modo en que Zwinglio llegó a sus posiciones en este sentido puede verse en J. Courvoisier, *Zwingli: A Reformed Theologian* (Londres, 1963), pp. 51-56.

sido electos puede equivocarse, pero, a pesar de ello, es una señal necesaria y provisional de la verdadera iglesia. De este modo, el contraste entre la iglesia visible e invisible no es un intento de disminuir la importancia de la comunidad terrena, sino de mostrar cómo la iglesia puede ser al mismo tiempo la totalidad de los electos y una comunidad que vive todavía en una época en que la elección no se ha manifestado claramente.

> Creemos también que hay una iglesia santa y católica, es decir, universal, y que esta iglesia es tanto visible como invisible. Según las enseñanzas de Pablo, la iglesia invisible es la que ha descendido del cielo, es decir, la iglesia que conoce y acepta a Dios mediante la iluminación del Espíritu Santo. A esta iglesia pertenecen todos los creyentes en todo el mundo. No se le llama invisible porque los creyentes sean invisibles, sino porque los ojos humanos no pueden ver exactamente quiénes son esos creyentes, ya que los creyentes son conocidos solo por Dios y por sí mismos.

> Y la iglesia visible no es el pontífice romano y los demás que llevan la mitra, sino todos los que hacen profesión de fe en Cristo en toda la tierra. Entre ellos se cuentan quienes se llaman falsamente cristianos, puesto que no tienen fe interna. Dentro de la iglesia visible, por lo tanto, hay algunos que no son miembros de la iglesia electa e invisible.[30]

Puesto que la iglesia visible ha de ser señal de la invisible, y puesto que su tarea es la proclamación del evangelio, tiene la obligación y la autoridad de disciplinar sus filas. Aún más: puesto que esta iglesia existe en comunidades locales, esa tarea les ha sido entregada a congregaciones locales. «Y por lo tanto es la función de estas iglesias... rechazar a cualquiera que sea delincuente consuetudinario», y decidir acerca de la ortodoxia de sus pastores.[31] Aunque ninguna persona puede excomulgar a otra, la congregación como un todo puede hacerlo en el caso de los «pecadores públicos».[32] Esto, sin embargo, no afecta en modo alguno la relación del pecador con Dios, puesto que tal relación depende solo de la elección; se trata más bien de una señal de que la persona misma parece contarse entre los réprobos. Si más tarde da muestras de elección, ha de admitírsele de nuevo a la congregación. De modo semejante, la congregación ha de nombrar a quienes han de ser sus ministros y la han de alimentar en la fe, pero, al mismo

---

[30] *Una exposición de la fe.*
[31] *Respuesta a Esmer.*
[32] *Sesenta y siete tesis*, 31-32.

tiempo, debe juzgarles según la Palabra de Dios para ver si son en verdad ministros de esa Palabra.

En cuanto a la iglesia y el estado, Zwinglio los conectaba mucho más estrechamente que Lutero.[33] Esto también se relaciona con su modo de ver la función de la ley divina. Aunque la ley cristiana es más excelsa que la ley civil, ambas expresan la única voluntad divina, y no hay contradicción ni ruptura entre ellas. Así pues, aun quienes no se cuentan entre los electos y no siguen por tanto la ley evangélica, están sujetos a la ley de Dios tal y como se manifiesta en los gobernantes y en la ley civil. Dadas las circunstancias históricas de Zúrich, Zwinglio parece hablar repetidamente como si la iglesia y el estado fuesen coextensivos, o más bien como si hubiese solo un cuerpo llamado «iglesia» con dos oficios o funciones: el gobierno y el ministerio.

> En la iglesia de Cristo el gobierno y la profecía son ambos necesarios, aunque la última tiene primacía. Porque de igual modo que el ser humano se halla necesariamente constituido por el cuerpo y el alma, y el cuerpo es la parte menor y más humilde, de igual modo no puede haber iglesia sin gobierno, aunque el gobierno supervise y controle las circunstancias más mundanales que se hallan muy distantes de las cosas del espíritu.[34]

Luego Zwinglio parece estar hablando en términos muy semejantes a los que justificaron las acciones de Inocencio III muchos siglos antes, aunque geográficamente su cristiandad ha quedado harto disminuida. Puesto que Zwinglio jugaba un papel muy importante en el concilio que gobernaba Zúrich, la práctica actual del gobierno casi llegó a ser una teocracia.

Los sacramentos

La doctrina sacramental de Zwinglio se formuló en oposición a otras tres opiniones: la luterana, la católica y la anabaptista. Esto puede verse claramente en el tratado *De la verdadera y falsa religión*, donde Zwinglio nos ofrece su más breve discusión de la teoría general de los sacramentos, y donde bosqueja su discusión del tema describiendo las opiniones de estos tres grupos para luego contestarles. Contra los católicos, afirma que el sentido original del término «sacramentum» es un acto de iniciación o una

---

[33] A. Farner, *Die Lehre von Kirche und Staat bei Zwingli* (Tübingen, 1930); H. Schmid, *Zwinglis Lehre von der göttlichen und menschlichen Gerechtigkeit* (Zúrich, 1959), 221-58; R. C. Walton, *Zwingli's Theocracy* (Toronto, 1963).

[34] *Una exposición de la fe.*

promesa, y niega así que los sacramentos «tengan algún poder para liberar la conciencia».[35] Frente a Lutero —a quien no menciona por nombre— Zwinglio dice que los sacramentos no son señales externas de tal modo que al ser celebrados ocurra un acontecimiento interno, «puesto que de ser así la libertad del espíritu... quedaría atada».[36] Por último, frente a los anabaptistas, Zwinglio señala que, si los sacramentos no son más que señales de algo que haya sucedido, resultan inútiles. Contra todas estas posiciones Zwinglio propone otra interpretación que coloca a la comunidad de los creyentes en el centro de la doctrina de los sacramentos:

> Los sacramentos son entonces señales o ceremonias... mediante los cuales uno muestra a la iglesia que o bien pretende ser, o bien es ya, soldado de Cristo, y que, por tanto, le informa a la iglesia más que a uno mismo de su fe. Porque si tu fe no es tan perfecta que no necesite una ceremonia como señal para confirmarla, no es fe.

> Porque la fe es aquello por lo cual descansamos en la misericordia de Dios sin vacilar, firmemente y de todo corazón.[37]

Estos sacramentos son dos: el bautismo, que es la iniciación de los cristianos, y la cena del Señor, que muestra que los cristianos recuerdan la pasión y victoria de Cristo, y que son miembros de su iglesia.[38]

Dado este modo de entender los sacramentos, el bautismo no ha de verse como algo que tiene poder para lavar los pecados de los bautizados. Tal afirmación parecería llevar a Zwinglio hacia el campo de los anabaptistas, quienes insistían en que los niños no deberían ser bautizados. Por esta razón se sintió obligado a escribir extensamente, mostrando que su posición era compatible con el bautismo de los niños. Su argumento es ese sentido se basa sobre la analogía entre la circuncisión y el bautismo como señales del pacto.[39] De igual modo que los antiguos daban señal de su incorporación al pueblo de Israel mediante la circuncisión, así también los cristianos ahora dan señal de su incorporación a la iglesia mediante el acto de bautismo. El hecho de que los niños no puedan creer es de poca importancia, porque, en todo caso, el bautismo señala, no hacia una salvación que se logre mediante el esfuerzo humano, sino hacia la salvación por

---

[35] *De la verdadera y falsa religión.*

[36] *Ibid.*

[37] *Ibid.*

[38] *Ibid.*

[39] J. W. Cottrell, *Covenant and Baptism in the Theology of Huldreich Zwingli* (Ann Arbor, 1971).

la gracia de Dios. Luego el bautismo de un niño sirve para recordarle a la iglesia cuál es la verdadera base de su propia salvación.

Sin embargo, el tema principal de la larga controversia entre Zwinglio y Lutero —y más tarde entre sus seguidores— fue la Cena del Señor. Para Zwinglio, como para Lutero, el asunto era de suma importancia, «pues me temo que si existe en algún lugar algún error pernicioso en la adoración del único Dios verdadero es en el abuso de la eucaristía».[40] La razón por la que los errores comunes respecto a la cena del Señor han de evitarse es que son el principio de los diversos modos de idolatría que se han introducido en la iglesia a través de los siglos. Lo cierto es que la eucaristía no es más que lo que su propio nombre indica: «La acción de gracias y el regocijo común de quienes afirman la muerte de Cristo».[41] El sexto capítulo del Evangelio según san Juan, donde Cristo habla de comer su carne, ha de ser entendido dentro de su propio contexto, que se refiere a la necesidad de creer en él, ya que «no es porque se le coma, sino porque se le mata, que Jesucristo es para nosotros medio de salvación».[42] En cuanto a las palabras de institución del sacramento, el verbo «es» ha de ser entendido en el sentido de «significa», como en tantos otros casos en los que Cristo dice que él es una puerta, un pastor o un camino.

Las razones por las que Zwinglio se sintió obligado a negar la presencia corpórea de Cristo en la eucaristía eran dos. La primera era su modo de entender la relación entre lo material y lo espiritual; la segunda era su doctrina de la encarnación. Puesto que en ambos puntos Zwinglio difería de Lutero, este último tenía razón al decir: «No somos del mismo espíritu».

La primera razón para negar la presencia corpórea de Cristo en la eucaristía puede verse cuando Zwinglio dice que «en el asunto de alcanzar la salvación no le concedo poder alguno a ningún elemento de este mundo, es decir, a las cosas que se perciben por los sentidos».[43] «Porque el cuerpo y el espíritu son dos cosas tan esencialmente diferentes que cualquiera de ellos no puede en modo alguno ser el otro».[44] Por tanto, el rechazo de la presencia corpórea de Cristo en la eucaristía por parte de Zwinglio se debe, en parte al menos, a su opinión de que el sacramento, a fin de ser espiritualmente beneficioso, ha de ser puramente espiritual. Afirmar lo contrario le parecería acercarse demasiado a la idolatría.

La segunda razón por la que Zwinglio rechaza las opiniones de Lutero y del catolicismo romano es su doctrina de la encarnación. Mientras que la

---

[40] *De la verdadera y falsa religión.*
[41] *Ibid.*
[42] *Ibid.*
[43] *Ibid.*
[44] *Ibid.*

cristología de Lutero es del tipo unitivo —que en el período patrístico se asociaba a la ciudad de Alejandría—, la de Zwinglio es del tipo disyuntivo —que era característico de Antioquía y que insistía en la distinción entre las dos naturalezas en el Salvador—. Zwinglio no puede aceptar la idea de que la encarnación sea tal que mediante la *communicatio idiomatum* la naturaleza humana haya recibido el don de la ubicuidad.[45] Si Cristo ascendió al cielo y está sentado a la diestra del Padre, su cuerpo no puede estar en otro lugar.

Dados estos puntos de partida divergentes, no ha de sorprendernos que Lutero y Zwinglio, a pesar de su celo común por la reforma de la iglesia, y a pesar también de su sincero deseo de llegar a un acuerdo en Marburgo —aunque tal no es el cuadro que nos pintan muchos historiadores— no pudieron llegar a tal acuerdo.

En resumen: en cierto modo Zwinglio fue más radical que Lutero como reformador, y en otro modo fue más conservador. Zwinglio fue mucho más allá de Lutero en lo que se refiere al rechazo de las prácticas tradicionales de la iglesia medieval. Casi podría decirse que, mientras Lutero rechazaba solo aquellos elementos de la tradición que contradecían abiertamente el sentido claro de las Escrituras, Zwinglio tomaba una posición opuesta, rechazando todo lo que no pudiese ser claramente probado mediante las Escrituras. Su tarea era la restauración del cristianismo antiguo. Por eso, siguiendo el consejo de Zwinglio, la ciudad de Zúrich se deshizo del órgano en la catedral a pesar de que Zwinglio mismo era un magnífico músico. En lo que se refiere a los sacramentos, Zwinglio fue también mucho más lejos que Lutero. Y, sin embargo, algo del carácter radical de la experiencia de Lutero se ha perdido en la teología de Zwinglio. Ya no se encuentra aquí la dialéctica clara entre la rebelión y la redención, o entre la ley y el evangelio, que era tan importante para Lutero. Ni escuchamos tampoco aquí la Palabra de Dios en juicio radical sobre toda palabra humana. La salvación mediante la gracia resulta ser ahora algo que prácticamente puede deducirse de la omnipotencia divina. La ley ha vuelto a ser amiga del pecador. Luego no es del todo exacto decir que Zwinglio fue un reformador más radical que Lutero —de hecho, Zwinglio suavizó varios de los descubrimientos de Lutero—. Pero sería todavía mucho más inexacto decir que fue más moderado que su contraparte en Alemania, puesto que en muchas cosas su reforma fue mucho más radical que la de Lutero. Esto se ve en términos concretos en las directrices de Zwinglio respecto al culto. Para

---

[45] Esta es la función de la doctrina de Zwinglio acerca de la «*alloeosis*», tomada de la retórica clásica, y que le sirve para explicar el hecho de que las Escrituras hablan como si hubiera una verdadera *communicatio idiomatum* entre las dos naturalezas de Cristo. Véase G. W. Locher, *Die Theologie Hyldrych Zwinglis im Lichte seiner Christologie* (Zúrich, 1952), pp. 129-32.

Zwinglio, el centro del culto era el púlpito. La comunión debía celebrarse solo una vez cada trimestre, y no porque la Biblia dijera algo al respecto, sino porque Zwinglio temía que la comunión frecuente le restaría importancia a la predicación. Además, mientras Lutero le daba gran valor a la música en el culto, Zwinglio la prohibía. Por tanto, quizás lo más exacto sería decir que con Zwinglio la Reforma suiza comenzó a tomar su propia forma, bajo el influjo tanto de Lutero como del humanismo, pero sin dejar de ser producto de las circunstancias políticas y sociales que existían en la Suiza de entonces. También es justo decir que, a través de Calvino, de otros teólogos reformados y de toda la tradición puritana, la importancia de Zwinglio y de la Reforma suiza es por lo menos tan grande como la de Lutero y la Reforma alemana.

38

El anabaptismo y la reforma radical

La reforma propuesta por Lutero y por Zwinglio ponía en duda muchas de las prácticas y enseñanzas de la iglesia tradicional, pero aceptaba sin demasiadas dificultades buena parte de la práctica y la doctrina medieval del estado y su autoridad. Aunque Lutero y Zwinglio diferían en mucho en lo que se refiere a las relaciones entre la iglesia y el estado, ambos concordaban en el valor positivo del estado y de su autoridad. Ambos afirmaban que —dentro de ciertos límites— los cristianos deben obedecer al estado, y que se les llama a servir en diversas funciones dentro de ese estado. Era inevitable, sin embargo, que la búsqueda del cristianismo original y puramente escriturario llevase a algunos a afirmar que las relaciones entre la iglesia y el Imperio romano durante los primeros siglos del cristianismo tienen valor normativo, que la iglesia no ha de aliarse a ningún gobierno, que la verdadera iglesia —por el hecho de serlo— ya está invitando a la persecución, y que la conversión de Constantino fue, por tanto, la gran apostasía que señaló el fin del cristianismo puro.

Esta era una de las características más comunes de una amplia variedad de movimientos que comenzaron a surgir inmediatamente después del comienzo de la Reforma luterana. No se trataba en realidad de un nuevo fenómeno, sino más bien de la continuación de una larga tradición medieval. Los valdenses, los primeros franciscanos, los *fraticelli*, y una multitud de otros movimientos semejantes habían encarnado el descontento de muchos, especialmente en lo que se refería a las relaciones entre la vida cristiana y los poderes políticos y sociales. Por lo tanto, no ha de sorprendernos que, durante el siglo XVI, y especialmente en las tierras protestantes donde se comenzaba a dudar de buena parte de los antiguos patrones de autoridad, tales movimientos se multiplicasen. Durante las primeras etapas de la Reforma, Lutero y sus seguidores tuvieron que enfrentarse al extremismo de Andreas Bodenstein von Karlstadt, colega del propio Lutero en Wittenberg, quien creía que «el hermano Martín» no había ido suficientemente lejos, y por lo tanto aprovechó la coyuntura del exilio de Lutero en Wartburgo para llevar la Reforma en Wittenberg por caminos más radicales.[1] En Zwickau surgió un movimiento cuyos «profetas» decían que la Biblia no era necesaria, puesto que ellos tenían el Espíritu. Aunque Lutero pudo detener el progreso de tales opiniones y posiciones en Wittenberg, continuaron expandiéndose en otras partes de Alemania. En 1524 los campesinos se rebelaron. Esta rebelión también era en cierto modo la continuación de una larga tradición de rebeliones del campesinado. En esta ocasión, el movimiento llevó a la insurrección general y a la represión sangrienta. Tomás Müntzer, uno de sus profetas, había sentido el impacto de las doctrinas de Lutero. Aunque Lutero repudió a Müntzer, muchos creían ver una relación entre el reformador de Wittenberg y la rebelión de los campesinos. Lutero amonestó a los príncipes a aplastar la rebelión violentamente, y más tarde les exhortó a mostrar misericordia para con los campesinos vencidos. Este episodio, y otros semejantes, convencieron a muchos de entre los más radicales que la reforma de Lutero se había quedado a medias, mientras que los más conservadores quedaron más convencidos de que Lutero y sus seguidores habían abierto una caja de Pandora que ellos mismos no podían volver a cerrar.

Sin embargo, no todos los reformadores radicales eran revolucionarios políticos. Ese fue el cuadro trazado por católicos, luteranos y reformados a fin de desacreditar un movimiento que les resultaba molesto y hasta quizá peligroso. Para trazar tal cuadro, señalaron repetidamente al puñado de extremistas entre los reformadores radicales y dieron a entender que tales extremistas eran típicos de todo el movimiento. Por lo tanto, a fin de corregir este cuadro erróneo, debemos distinguir entre los primeros dirigentes del movimiento —la mayoría de ellos pacifistas—, el ala extremista que surgió bajo la presión de la persecución, y la forma final del movimiento tal y como por fin logró subsistir. Aún más: también será necesario distinguir entre estas personas, cuya autoridad final era la Biblia, y otras cuyas aseveraciones se basaban en la razón o en lo que decían ser revelaciones del

---

[1] G. Fuchs, «Karlstadts radikal-reformatorisches Wirken und seine Stellung zwischen Müntzer und Luther», *WZMLU*, 3 (1954), 523-51.

Espíritu. De aquí se sigue el bosquejo del presente capítulo, que discutirá a los anabaptistas bajo tres encabezamientos: «primeros», «revoluciona-rios» y «posteriores», para después discutir los reformadores espiritualis-tas y racionalistas.

Los primeros anabaptistas

Aunque sus adversarios trataron de relacionar el movimiento anabaptista con los profetas de Zwickau y con Tomás Müntzer,[2] lo cierto parece ser que el movimiento anabaptista comenzó en Zúrich, entre algunos que pen-saban que Zwinglio era demasiado moderado y cauteloso en su teología y en sus acciones.[3] Algunos de estos primeros anabaptistas eran naturales de Zúrich, y otros eran exiliados que habían ido a buscar refugio en esa ciudad porque les parecía que la Reforma progresaba en ella. Por algún tiempo, estuvieron tratando de mostrar que el Nuevo Testamento requería mucho más de lo que Zwinglio decía. Creían que la Reforma debería puri-ficar, no solo la teología, sino también las vidas diarias de los cristianos, especialmente en lo que se refiere a sus relaciones sociales y políticas. Por lo tanto, la iglesia no debería recibir el apoyo del estado, ni mediante diezmos e impuestos, ni mediante el uso de la espada. El cristianismo era cuestión de convicción personal y, por tanto, los niños no debían ser bau-tizados, puesto que no podían llegar a tal convicción. Al principio estos «hermanos» —como se llamaban a sí mismos— sencillamente dudaban del bautismo de niños, pero no rebautizaban a quienes habían sido bauti-zados durante su infancia.

El paso decisivo fue dado el día 21 de enero de 1525, cuando el sacer-dote exiliado Jorge Blaurock le pidió a otro de los hermanos, Conrad Grebel, que le bautizase. Grebel lo hizo, e inmediatamente Blaurock se dedicó a bautizar a otros miembros de la comunidad. Puesto que todas estas personas, nacidas en hogares cristianos, ya habían sido bautizadas, los adversarios del movimiento les dieron el nombre de «anabaptistas», que quiere decir «rebautizadores». Esto no era del todo exacto, ya que los anabaptistas no creían que estuvieran rebautizando a persona alguna, sino que estaban más bien administrando la única forma válida de bautismo.

---

[2] Véase H. S. Bender, «Die Zwickauer Propheten, Thomas Müntzer und die Täufer», *ThZschr*, 8 (1952), 262-78; versión inglesa en *MQR*, 27 (1953), 3-16. Sobre el misticismo de Müntzer, véase H. J. Goertz, *Innere und äussere Ordnung in der Theologie Thomas Müntzers* (Leiden, 1967). Sobre sus escritos, G. Franz, «Bibliographie der Schriften Tho-mas Müntzers», en *ZThG.*, nueva serie, 34 (1940), 161-73.

[3] E. B. Bax, *Rise and Fall of the Anabaptists*, reimpresión (Nueva York, 1966), pp. 1-27; C. F. Clasen, *Anabaptism: A Social History*, 1525-1618 (Ítaca, 1972), pp. 1-14.

Aún más: el nombre es inexacto por cuanto los anabaptistas sostenían un número de creencias que eran por lo menos tan importantes como la del bautismo de los adultos, y, por tanto, el nombre que les ha sido dado tiende a centrar la atención sobre lo que es en realidad el resultado y no la razón fundamental de su desacuerdo con otros cristianos. En todo caso, la decisión de rebautizarse a sí mismos y a otros fue trágica, puesto que las antiguas leyes de Teodosio y de Justiniano habían decretado la pena de muerte para quienes practicasen el rebautismo. Aquellas antiguas leyes habían sido promulgadas contra los donatistas, a quienes se castigaba por su rebelión civil más que por su herejía; pero, a pesar de ello, se aplicaron ahora a los anabaptistas, y cientos de ellos murieron.

Por otra parte, aunque el más importante movimiento anabaptista comenzó en Zúrich, no parece haber relación histórica alguna entre el grupo de esa ciudad y al menos otros dos que surgieron al parecer independientemente, uno en Augsburgo y el otro en el valle del Po. El principal dirigente del grupo de Augsburgo era Hans Denck, quien parece haber recibido la influencia tanto de Lutero como de los místicos de las riberas del Rin. Aunque su discípulo más conocido, Hans Hut, había sido antes seguidor de Tomás Müntzer, las enseñanzas de aquel profeta de la revolución no parecen haberle afectado más allá de causarle una profunda preocupación por la justicia social. En el valle del Po y sus alrededores surgió un grupo semejante bajo la dirección de Camilo Renato. Este grupo, cuyas doctrinas se acercaban a las de Miguel Serveto, no solo negaba el bautismo de niños, sino también las doctrinas tradicionales de la Trinidad y de la inmortalidad del alma.

Puesto que no podemos seguir aquí todas estas ramas del anabaptismo según se mezclan y separan entre sí,[4] debemos centrar nuestra atención en los dirigentes que parecen ser típicos de todo el movimiento. Dos de ellos son Conrad Grebel y Hans Denck. Por lo tanto, estos dos servirán de base para nuestra exposición de la primera teología anabaptista.

La meta de Conrad Grebel (c. 1498-1526)[5] y de otros anabaptistas era la restauración total del cristianismo del Nuevo Testamento. Esto debería hacerse, no solo en las cuestiones teológicas básicas, sino también en la liturgia y en el gobierno eclesiástico. Luego, cuando Grebel y sus compañeros de Zúrich se enteraron de que Tomás Müntzer estaba rechazando el

---

[4] Un buen resumen bibliográfico: W. Kohler, «Das Taufertum in der neueren kirchenhistorischen Literatur», *ARG*, 37 (1940), 93-107; 38 (1941), 349-65; 40 (1943), 246-71; (1944, 164-87). Sobre fuentes primarias, véase *Quellen zur Geschicte der Taüfer*, en varios números de *QFRgfesch*.

[5] H. S. Bender, *Conrad Grebel, c. 1498-1526: The Founder of the Swiss Brethren Sometimes Called Anabaptists* (Goshen, Indiana, 1950). Véase especialmente la bibliografía en pp. 301-311.

bautismo de niños —aunque sin llegar a rebautizar— y que había traducido la liturgia y compuesto varios himnos en alemán, le escribieron felicitándole por su posición respecto al bautismo, pero también declarando que
en el Nuevo Testamento no se dice nada acerca del cántico en la iglesia
y que, por tanto, este ha de ser rechazado.[6] Fue este deseo de restaurar el
cristianismo primitivo lo que les llevó a su posición respecto a la iglesia y
su relación con el estado.

A estos anabaptistas les parecía claro que el Nuevo Testamento contradice la práctica tradicional, tanto católica como protestante, de confundir a
la iglesia con la comunidad civil. En el Nuevo Testamento la iglesia es una
comunidad escogida de entre la totalidad del mundo, muy diferente de él,
y que se compone solo de aquellos que han hecho una decisión personal de
unirse al cuerpo de Cristo. Grebel y sus amigos le habían sugerido a Zwinglio que se organizara en Zúrich una iglesia de este tipo.[7] Denck y otros
preferían hablar acerca de la «comunidad» o la «congregación» más que
de la «iglesia».[8] Todo lo que es necesario para unirse a esta comunidad
es arrepentirse del pecado, morir a él, asirse de Cristo y llevar una nueva
vida.[9] Quien haga esto y exprese a la comunidad su deseo de unirse a
ella, ha de ser recibido como hermano en Cristo.

Tal comunidad cristiana no ha de recibir apoyo alguno del mundo y los
poderes que en él reinan. Sus ministros han de ser escogidos por la congregación —no por el estado— y su sostén vendrá de las ofrendas voluntarias
de los hermanos.[10] No es necesario rechazar el estado en su totalidad. El
estado tiene una función, y los cristianos deben obedecer sus leyes siempre
y cuando no se opongan a la conciencia. Pero el estado tiene que ver con
cuestiones externas y del mundo, y no se le ha de conceder jurisdicción
alguna en asuntos espirituales.[11] La espada no ha de utilizarse para defender la fe.[12] Por el contrario, la comunidad de los creyentes ha de estar
dispuesta a ser una comunidad de sufrimiento; aún más: ha de ser necesariamente una comunidad sufrida, puesto que el mundo no comprende
sus caminos, sino que los desprecia. Aunque no todos los anabaptistas

---

[6] *Carta a Tomás Müntzer*, 5 de septiembre de 1524: «Entendemos y hemos visto que has
traducido la misa al alemán y has introducido nuevos himnos en alemán. Eso no puede
ser bueno, puesto que en el Nuevo Testamento no encontramos nada acerca de cantos, ni
ejemplo alguno de ello».

[7] *CR*, 91:33.

[8] Cf. *QFRgesch*, 24:41, 84, 109; F. H. Littell, *The Anabaptists' View of the Church: An
Introduction to Sectarian Protestantism* (Hartford, 1952).

[9] *CR*, 90:369.

[10] *CR*, 91:405.

[11] *CR*, 93:33; *QFRgesh*, 24:85.

[12] Grebel en *Epístola a Tomás Müntzer*. Véase H. A. Bender, *The Anabaptists and Religious Liberty in the Sixteenth Century* (Filadelfia, 1970).

concordaban en este punto, Grebel creía que los cristianos podían elegir a otros creyentes para ocupar posiciones de autoridad civil, esperando que gobernasen según la voluntad de Dios. Pero, en todo caso, los cristianos no han de oponerse ni han de derrocar a los gobernantes malvados, ni han de defenderse de ellos de otro modo que no sea estar listos para enfrentarse a la persecución. Los verdaderos creyentes no han de tomar armas en su propia defensa, ni tampoco frente a invasores extranjeros, ni siquiera contra los turcos. Como era de esperar, las autoridades que tenían que gobernar dentro de una cristiandad amenazada por los turcos, o en un cantón suizo tal como Zúrich, donde el poderío católico era una amenaza, consideraban que tales opiniones de pacifismo extremo eran subversivas. Esta fue una de las principales razones por las que los anabaptistas fueron perseguidos.

Lo que hace que una persona tenga fe no es la predestinación. La predestinación, especialmente tal y como la enseña Zwinglio, es una abominación que sirve para excusar al pecador y culpar a Dios. No ha de decirse en modo alguno que Dios sea la causa del mal, puesto que Dios es bueno.[13] Es la voluntad tanto del hombre como de la mujer —ya que en el movimiento anabaptista la distinción entre hombres y mujeres era menos marcada que en el resto de la cristiandad— en su rebelión contra Dios, la que crea el mal. El mal consiste en buscar el propio bien, en no entregarse a Dios (*ungelassenheit*). «Entregarse» (*gelassenheit*) es característica de la voluntad de Dios mismo. Es precisamente porque se entrega a la voluntad humana y no la viola, que Dios nos permite continuar existiendo tal y cual somos.[14] En Cristo y en su sufrimiento vemos la manifestación más clara de cómo Dios se entrega a sí mismo. Nosotros, a nuestra vez, hemos de entregarnos a Dios a fin de ser verdaderos cristianos. Ante Dios, todo lo que podamos hacer es nada, y solo es algo lo que no hagamos, es decir, nuestra entrega y permitir a Dios dirigir nuestras vidas.[15]

El comienzo de la fe se produce al escuchar la Palabra.[16] Pero a esto ha de seguir la conversión, en la que el humano abandona su pecado y su egoísmo y se entrega a Dios. En la conversión, mediante la sangre de Cristo, todos los pecados son lavados y comienza una vida nueva y santa. Esto no quiere decir que el converso quede libre de todo pecado; pero al menos ahora tiene el poder de resistir. Si, por otra parte, alguien dice que

---

[13] *QFRgesch*, 24:28.

[14] *Ibid.*, 33.

[15] *Ibid.*

[16] Como en el caso de Lutero, el término «Palabra» tiene múltiples sentidos. Pero entre los anabaptistas los dos sentidos más comunes son la «Palabra interna» dentro de cada ser humano y la Palabra escrita en la Biblia. Véase *Ibid.*, 38; 43-44. W. Wiswedel, «Zum "Problem inneres und ausseres Wort" bei den Taufern des 16. Jahrhundert», *ARG*, 46 (1955), 1-20.

ha sido convertido y carece, sin embargo, de ese poder, su fe no es verdadera; se trata de un hipócrita que ha de ser echado de la comunidad de los creyentes.[17] Esta excomunión, y la vida de pecado y perdición que la acompaña, ha de temerse mucho más que la muerte a manos de los perseguidores. La última, más que temerse, ha de ser bienvenida, puesto que es señal de que se está en la tradición de los profetas, apóstoles y primeros cristianos.

Las ceremonias cristianas deben ser sencillas y carentes de todo ritualismo exagerado.[18] Deben seguir al pie de la letra las prácticas del Nuevo Testamento. Como hemos señalado más arriba, no ha de haber canto litúrgico. La acción central en la adoración es la lectura de la Palabra y su exposición. El bautismo y la Santa Cena son símbolos de realidades internas. El bautismo es símbolo de la conversión y del lavacro de los pecados[19] y, por lo tanto, ha de reservarse para aquellos adultos que pueden hacer profesión de su fe. Conviene señalar aquí que la mayoría de los primeros anabaptistas no bautizaban todavía por inmersión. Fue más tarde que, en sus esfuerzos de acercarse al Nuevo Testamento en la medida de lo posible, los anabaptistas comenzaron a practicar el bautismo por inmersión. Por lo general, la Cena del Señor se celebraba en pequeños grupos y se interpretaba como un símbolo de la comunión que une a los cristianos entre sí y con Cristo. Los indignos no han de participar en ella, puesto que tal cosa rompería el vínculo de unión que la Cena simboliza.

En resumen: los primeros anabaptistas estaban sencillamente tratando de llevar a sus consecuencias lógicas el llamado protestante a regresar a la autoridad del Nuevo Testamento. Según ellos, si tal llamado se tomaba en serio era necesario abandonar todas las prácticas que se habían introducido en la vida de la iglesia a través de los siglos. Por encima de todo, era necesario interpretar el Sermón del Monte en su sentido literal, y aplicarlo a la vida diaria, haciendo caso omiso de las muchas dudas que la incredulidad plantea sobre la aplicabilidad de tales principios.

Los anabaptistas revolucionarios

Las enseñanzas de los primeros anabaptistas no fueron bien recibidas por los católicos ni por la mayoría de los teólogos protestantes. Pronto surgieron a la luz las antiguas leyes que condenaban a muerte a quienes

[17] *LCC*, 25:79-80.
[18] *QFRgesch*, 24:108-9.
[19] *LCC*, 25:80-81. Aquí Grebel afirma que el sacrificio de Cristo ha librado a los niños de la maldición del pecado original y que, por tanto, los niños «se salvan sin fe».

practicasen el rebautismo, y la historia del anabaptismo se volvió una larga lista de martirios y exilios. Al principio, los protestantes vacilaron en perseguir a los anabaptistas. Por lo tanto, se organizó una serie de debates en los que, como era de esperar, ninguno de los dos grupos logró convencer a su contrincante. Por último, la persecución llegó a extenderse a todo el Imperio, excepto algunos territorios protestantes cuyos señores no estaban de acuerdo en utilizar el poder del estado para castigar a los herejes. En unos pocos años murieron casi todos los primeros dirigentes del movimiento. Grebel escapó al martirio sencillamente porque murió víctima de la peste. El Dr. Baltazar Hübmaier (1485-1528), quien había sido el reformador de Waldshut, y que se había convertido al anabaptismo, murió valientemente en la pira.[20] Muchos otros corrieron la misma suerte. Pero, a pesar de la persecución —y quizá también a causa de ella—, el movimiento creció y se difundió. Muchos de quienes abandonaron sus hogares huyendo de la persecución llevaron las doctrinas anabaptistas a otras partes de Europa. Grandes contingentes fueron hacia Europa central, donde había más tolerancia. Otra consecuencia de la persecución fue que el movimiento se dividió cada vez más, y que surgieron dentro de él posiciones más radicales. Desde el principio hubo dentro del movimiento quienes creían que debían poseer todos los bienes en común, mientras que otros se oponían a tales prácticas. Como sucede frecuentemente bajo la presión de la persecución, la expectación escatológica se hizo cada vez más vívida y urgente, y muchos se convencieron de que estaban viviendo en los postreros días. Los dirigentes más moderados que habían iniciado el movimiento en Suiza habían muerto, y no quedaba nadie capaz de oponerse eficazmente al extremismo que amenazaba con adueñarse del movimiento. Otros entre los más moderados habían huido a Moravia, donde se les ofrecía cierta medida de seguridad. Pronto los elementos más radicales ocuparon el centro de la escena. Símbolo de la transición entre el anabaptismo original y sus tendencias más radicales es Melchior Hoffman (c. 1500-1543), talabartero de oficio, quien primero se hizo luterano, luego zwingliano y por último anabaptista.[21] Al parecer, fue en Estrasburgo, donde había cierta tolerancia, que se rebautizó. En parte debido a su influencia, Estrasburgo vino a ser el centro de un movimiento anabaptista que se expandió a lo largo del valle del Rin y penetró en los Países Bajos. Acerca de la ortodoxia de Hoffman había aún más dudas que en el caso de otros anabaptistas, puesto que, según él, la carne de Cristo había

---

[20] Una biografía bien escrita, aunque algo antigua, es la de H. C. Vedder, *Balthasar Hübmaier: The Leader of the Anabaptists*, reimpresión (Nueva York, 1971). Hay excelentes referencias bibliográficas en T. Bergsten, *Balthasar Hübmaier: Selne Stellung zu Reformation und Taufertum* (Kassel, 1961).

[21] P. Kawerau, *Melchior Hoffman als religiöser Denker* (Haarlem, 1954).

descendido del cielo.[22] Su predicación se hizo cada vez más apocalíptica y comenzó a decir que había recibido revelaciones del fin cercano, cuando Cristo regresaría y establecería su reino en una nueva Jerusalén. Puesto que el movimiento estaba cobrando fuerzas en Estrasburgo, muchos se convencieron de que esa ciudad sería la nueva Jerusalén. Los fanáticos que seguían a Hoffman se congregaron en Estrasburgo. Como resultado, la oposición por parte de las autoridades se hizo más fuerte. Hoffman vaticinó que se le encarcelaría, y que su prisión duraría seis meses, puesto que sería entonces que llegaría el fin del mundo. Cuando, de hecho, fue puesto en prisión, el fanatismo de sus seguidores llegó a su punto culminante. Pero cuando la segunda parte de su profecía no se cumplió sus seguidores comenzaron a reinterpretar lo que su profeta había dicho. Hoffman había rechazado el pacifismo absoluto de los primeros anabaptistas, afirmando que cuando el Señor viniera les exigiría a sus seguidores tomar la espada a fin de establecer su reino y destruir a sus enemigos. Esto, que había sido una expectación futura en el caso de Hoffman, se volvió ahora un llamamiento presente entre muchos de sus seguidores. El Señor estaba llamando a sus fieles a tomar las armas en defensa de la verdadera religión.

Tal era la predicación radical de Juan Matthys, un panadero de Haarlem en los Países Bajos, y de su discípulo más famoso, Juan de Leiden. Según la situación en Estrasburgo se fue haciendo más difícil para los anabaptistas radicales, estos comenzaron a volver su atención hacia la ciudad de Münster, la principal de Westfalia, donde un armisticio tenso entre los católicos y los protestantes creaba una situación de mayor tolerancia que en otros lugares.[23] Los anabaptistas radicales comenzaron a congregarse en esa ciudad y acabaron por posesionarse de ella tras largas y complicadas maniobras políticas en las que no faltó el uso de la fuerza armada. Entonces eligieron un nuevo gobierno de entre sus miembros y declararon que el fin estaba cercano. Juan Matthys y Juan de Leiden habían venido a la ciudad junto a muchos de sus seguidores, y su predicación enardecía a las masas. Todo cuanto acontecía parecía ser una señal de lo alto, y muchos tenían visiones o recibían alguna otra forma de revelación. Se siguió un estado de tensión general. El obispo de Münster, que se encontraba fuera de la ciudad, mataba a cuantos anabaptistas podía. Por su parte, los anabaptistas comenzaron quemando y destruyendo los manuscritos y obras de arte que les parecían ser restos de la fe tradicional, y más tarde expulsaron de la ciudad a todos los «impíos», es decir, a los católicos y los protestantes moderados.

---

[22] *Ibid.*, pp.46-50.
[23] Bax, *Rise and Fall...*, pp. 117-331.

Matthys murió en un ataque contra las tropas del obispo, que tenía sitiada la ciudad. Juan de Leiden vino a ser entonces el dirigente del movimiento, que se hizo todavía más radical. Cada vez más, los «santos» de Münster se volvían hacia el Antiguo Testamento en busca de dirección. Una mujer que afirmaba haber sido llamada a ser una nueva Judith entró en el campamento del obispo para matarle, pero sus planes fueron descubiertos y se le torturó y mató. Puesto que ahora la población femenina de la ciudad era mucho mayor en número que la masculina, Juan de Leiden, apelando a la autoridad de los patriarcas del Antiguo Testamento, declaró que debía practicarse la poligamia y que toda mujer en la ciudad debía unirse a algún hombre. Poco después se descubrió y destruyó una conspiración para entregarle la ciudad al obispo. Cuando en un encuentro al parecer milagroso las fuerzas de la ciudad derrotaron al obispo en campo abierto, Juan se hizo proclamar rey de la Nueva Sión. Pero el nuevo Israel no duraría largo tiempo. Cuando el obispo estaba a punto de abandonar el sitio por falta de recursos económicos, y cuando ya los sitiados habían sufrido hambre intensa, la ciudad fue tomada mediante la traición de un pequeño grupo de desertores. Las atrocidades que se siguieron por parte del obispo fueron paralelas a las que antes habían cometido los presuntos profetas. El «rey» fue colocado en una jaula, exhibido por toda la región y por último torturado y muerto.

El anabaptismo posterior

La caída de la Nueva Jerusalén fue un golpe de muerte para el anabaptismo radical. Mientras Münster resistió, fue fuente de esperanza para muchas personas por toda Alemania y Holanda que esperaban que pronto llegaría el día del Señor, cuando los poderosos serían humillados y los humildes serían exaltados. Pero tras la caída de ese baluarte y la humillación de su presunto rey, los más moderados de entre los anabaptistas volvieron a ocupar el centro de la escena. Los grupos pacifistas, que nunca habían desaparecido del todo, cobraron ahora nuevas fuerzas. El episodio de Münster nunca se olvidó, y quienes se oponían al movimiento anabaptista lo utilizaban repetidamente como señal de las consecuencias de ese movimiento. Pero, a pesar de ello, el anabaptismo, vuelto ahora a su pacifismo original, logró subsistir. Como ejemplo de lo que fueron los nuevos dirigentes del movimiento, podemos tomar a Menno Simons (1496-1561),[24]

---

[24] F. H. Littell, *A Tribute to Menno Simmons: A Discussion of the Theology of Menno Simons and its Significance for Today* (Scottdale, PA., 1971). H. S. Bender, *Menno Simons' Life and Writings* (Scottdale, PA., 1936). Véase también la serie del *MQR*. Sus obras: *The Complete Writings of Menno Simons*, ed. J. C. Wenger (Scottdale, 1966).

quien fue sin lugar a duda el más destacado de esta nueva generación de anabaptistas. Simons era un sacerdote católico holandés, quien en el año 1536 decidió hacerse anabaptista. Al principio vaciló entre los seguidores de Melchior Hoffman y los de Obbe Philips —otro líder anabaptista a quien no hemos tenido ocasión de discutir— pero al final se unió a los obenitas. Cuando Obbe Philips abandonó el movimiento, Menno vino a ser su nuevo dirigente.

Menno Simons se oponía a la violencia que propugnaba y practicaba el movimiento de Münster, puesto que esto le parecía pervertir el corazón mismo del cristianismo. «¿Cómo puede compaginarse con la Palabra de Dios el que quien pretenda ser cristiano deje a un lado las armas espirituales y tome las carnales?».[25] Así pues, el pacifismo no es una característica secundaria de esta rama del anabaptismo, sino que pertenece a la esencia misma del modo en que Menno entendía el evangelio. Es por ello por lo que el pacifismo ha sido una característica constante de todos los cuerpos menonitas a través de los siglos. La principal tarea de Menno fue establecer una distinción clara entre los anabaptistas radicales de Münster y el ala más moderada del movimiento. En su *Bases de la doctrina cristiana*, una obra cuyo tono y propósito son muy semejantes a los de los primeros apologistas cristianos, y que llegó a ser su libro más conocido, Menno afirma que el propósito de lo que escribe es precisamente mostrar esa distinción.

> En vista entonces de que Satán mismo se puede transformar en ángel de luz, y sembrar cizaña entre el trigo del Señor, tal como la espada, la poligamia, un reino y rey externos, y otros errores semejantes por razón de los cuales los inocentes tienen que sufrir mucho, nos vemos obligados a publicar esta nuestra fe y doctrina.[26]

El tono básico de la teología de Menno es el de una separación del mundo, cuyo «espíritu, doctrina, sacramento, adoración y conducta son muy distintos del espíritu, palabra, sacramento, adoración y ejemplo de Cristo y no son más que una nueva Sodoma, un nuevo Egipto y una nueva Babilonia».[27] La base de tal separación es, como en el caso de los primeros anabaptistas, la conversión y el arrepentimiento personal, cuyo símbolo y proclamación es el bautismo. De este modo, la verdadera iglesia vuelve a ser la comunidad de los creyentes. Quienes dentro de esa comunidad muestran no ser verdaderos creyentes han de ser echados de la iglesia, y toda la congregación ha de evadir todo contacto con ellos (aunque Menno afirmaba claramente que

---

[25] *The Complete Writings...*, p. 46.
[26] *Ibid.*, p. 107.
[27] *Ibid.*, p. 181.

esto no debía ser hecho con un espíritu de venganza, sino que debía ser más bien un llamado al arrepentimiento lleno de amor).[28]

Menno fue acusado de apartarse de las doctrinas básicas de los primeros concilios tanto en la doctrina de la Trinidad como en la de la encarnación. Respecto a la primera, es cierto que Menno evitaba usar el término «Trinidad»; pero su razón para ello no era su supuesta aversión a la doctrina trinitaria, sino su deseo intenso de ceñirse al lenguaje escriturario. De hecho, su *Confesión del Dios trino*[29] afirma claramente la doctrina trinitaria tradicional. En lo que se refiere a la encarnación, es cierto que Menno se apartó de la ortodoxia tradicional al afirmar que la carne de Cristo descendió del cielo, y que lo que María contribuyó a esa carne no fue más que su alimento.[30] Esta opinión dio lugar a largos debates, y los menonitas posteriores la abandonaron desde muy temprano.

En resumen: Menno —y otros anabaptistas posteriores junto a él— volvieron al pacifismo original del movimiento. Aunque algunos de ellos añadieron sus propias teorías particulares —como la de Menno sobre la encarnación, probablemente tomada de Melchior Hoffman— a la teología original de los hermanos suizos, el consenso general pronto llevó a la inmensa mayoría de los anabaptistas a posiciones más conservadoras. Esto no quiere decir, sin embargo, que llegaran a un acuerdo en todas las cuestiones teológicas, puesto que la historia del movimiento anabaptista durante los siguientes cuatrocientos años fue una historia de constantes divisiones sobre bases doctrinales, y las numerosas fórmulas confesionales que fueron propuestas nunca lograron el apoyo de la mayoría de los anabaptistas.

Los espiritualistas y racionalistas

Si bien resulta difícil describir el movimiento anabaptista y clasificar sus diversos grupos y dirigentes, esta dificultad aumenta en el caso de quienes hemos llamado aquí «espiritualistas» y «racionalistas». Muchas de estas personas tenían fuertes tendencias místicas y, por lo tanto, se inclinaban a estar más interesadas en la vida espiritual del individuo, o en la creación de una pequeña iglesia de verdaderos creyentes, que en la reforma de la iglesia en su totalidad. Muchos de entre ellos creían que la inspiración del Espíritu se encontraba por encima de las Escrituras, y algunos hasta

---

[28] *LCC*, 25:263-71. Véase F. C. Peters, «The "Ban" in the Writings of Menno Simons», *MQR*, 29 (1955), 16-33.
[29] *The Complete Works...*, pp. 489-98.
[30] *Ibid.*, p. 794.

llegaron a afirmar que la palabra escrita debía ser desechada a favor de la palabra que Dios le habla directamente al espíritu humano. Otros, por su parte, insistían en aplicar la razón humana al mensaje de las Escrituras, y llegaban así a proponer interpretaciones del evangelio que negaban doctrinas tales como la Trinidad y la encarnación. Debemos ahora dedicar a estas personas algunos párrafos, aunque señalando que hay grandes diferencias entre ellos, y que, si les hemos incluido a todos bajo un solo título, esto ha sido solo por razones de claridad y de conveniencia, y no porque hayan sido en verdad parte de un movimiento unido o coordinado.

Gaspar Schwenckfeld (1489-1561) propuso lo que le parecía ser un término medio entre el catolicismo y el luteranismo. Pero su propuesta era en realidad una alternativa que resultaba inaceptable tanto para los católicos como para los protestantes. Esta supuesta vía media partía de una dicotomía entre lo «interno» y lo «externo», o entre lo espiritual y lo material. Esto quiere decir que el Espíritu Santo es libre de actuar como le parezca, y no está atado a la iglesia ni a las Escrituras. Por lo tanto, aunque la Biblia sea confiable porque expresa la acción del Espíritu en los profetas y en los apóstoles, lo que resulta importante en el día de hoy no es estudiar las Escrituras sino recibir la inspiración del Espíritu. Sin tal inspiración, las Escrituras no pueden ser entendidas correctamente. Hay también una iglesia interna y otra externa; las dos no coinciden en modo alguno, y la participación en la iglesia externa no garantiza la salvación. Todo lo que los mejores ministros —después de la época de los apóstoles— pueden hacer es señalar hacia Cristo, esperando que sus oyentes puedan también oír la palabra interna. También los sacramentos se interpretan a la luz de esta dicotomía fundamental. Puesto que los elementos de los sacramentos son materiales, no pueden en modo alguno servir de canal para lo espiritual. Todo lo que pueden hacer es dirigir lo externo hacia Cristo. Pero también aquí existe una dimensión espiritual.

Hay dos panes: uno terreno que viene de la tierra, y uno celestial, que desciende del cielo. De igual modo que el pan es doble, también se le rompe en dos modos, es decir, para el hombre externo y para el interno. El pan externo y terreno se rompe en representación del hombre externo; el pan celestial, es decir, el verbo encarnado de Dios, es verdaderamente roto para el hombre interno y nacido de nuevo.[31]

---

[31] Citado por P. I. Maier, *Gaspar Schwenckfeld on the Person and work of Christ* (Assen, 1959), p. 20.

Naturalmente, el problema que acarrea esta clase de interpretación es que no se muestra en qué consiste la relación entre lo material y lo espiritual en la cena del Señor. Si el Espíritu queda libre de actuar donde le plazca, ¿cómo puede decirse que existe todavía semejante relación? ¿No sería mejor abstenerse de la comunión material, que parece descarriar a tantos, y participar solamente de la celebración espiritual? De hecho, esto era lo que Schwenckfeld recomendaba, aunque como medida provisional, mientras se llegaba a educar a las personas en el verdadero sentido de la comunión.

En cuanto a la doctrina de la encarnación, Schwenckfeld tomaba una posición semejante a la de Melchior Hoffman y Menno Simons. Aunque no llegaba a decir que la carne de Cristo había descendido del cielo, sí insistía en que no era creada. Esto le envolvió en complicados argumentos teológicos y en distinciones que sus opositores nunca aceptaron. Por razón de ell,o se le acusó de monofisita o de seguir alguna otra herejía antigua. Aunque Schwenckfeld siempre afirmó estar de acuerdo con la definición de Calcedonia, no cabe duda de que su cristología siempre fue confusa.

Sebastian Franck (c.1499-c.1542), otro reformador espiritualista, recibió una profunda influencia de Erasmo.[32] En muchos puntos concordaba con Schwenckfeld, pero llevó las consecuencias de este último a sus conclusiones lógicas.[33] La palabra escrita de la Biblia vino a ser ahora una manifestación misteriosa y semioculta de la palabra eterna, de tal modo que solo podía comprenderse su verdadero sentido mediante la revelación directa de la palabra eterna. Esta última es «Cristo»; pero Cristo no es lo mismo que Jesús. Por el contrario, Dios se revela constantemente, de tal modo que hay en cada uno de nosotros una chispa de lo divino, y es a esta chispa que la realidad espiritual se dirige. Todo lo externo es innecesario. La iglesia primitiva tenía necesidad de los sacramentos por razón de su falta de madurez espiritual. La verdadera madurez espiritual no tiene necesidad de medio externo alguno.

El español Juan de Valdés (c. 1500-1541) siguió una línea muy distinta.[34] Su religiosidad era una combinación de la elegancia y agudeza intelectual de Erasmo con el misticismo de los alumbrados —un grupo místico de contornos difusos que fue repetidamente condenado por la Inquisición

---

[32] R. Kommos, *Sebastian Franck und Erasmus von Rotterdam*, reimpresión (Nedeln/Liechtenstein, 1967). Sobre Franck véase también: H.Weigelt, *Sebastian Franck und die lutherische Reformation* (Gütersloh, 1972); J. Lindeboom, *Een Franc-tireur der Reformatie: Sebastian Franck* (Arnheim, 1952).

[33] R. M. Jones, *Spiritual Reformers of the 16th and 17th Centuries*, reimpresión (Boston, 1959), pp. 46-63. Esto no quiere decir que fuese discípulo de Schwenckfeld, aunque sí se conocían entre sí.

[34] B. B. Wiffen, *Life and Writing of Juan de Valdés, Otherwise Valdesso, Spanish Reformer in the Sixteenth Century* (Londres, 1865). D. Ricart, *Juan de Valdés y el pensamiento religioso europeo en los siglos XVI y XVII* (México, 1958).

española—.[35] Valdés buscaba lograr la comunión con Dios mediante la meditación, y en Nápoles llegó a reunir en derredor de sí un grupo numeroso y notable de seguidores. Entre tales seguidores se contaban Giulia de Gonzaga —a quien volveremos en otro capítulo— y el famoso predicador capuchino Bernardino Ochino (1487-1563). Puesto que Valdés se interesaba principalmente en la religión interna, sus conflictos con las autoridades eclesiásticas siempre fueron relativamente suaves. Pero, al mismo tiempo, este énfasis en la vida interna le hizo sospechoso tanto a católicos como a protestantes.[36] En la obra de su discípulo Ochino, sus enseñanzas tomaron un tono antitrinitario. Ochino, quien había sido ministro general de los capuchinos, se unió a los protestantes de Ginebra por un tiempo, pero a la larga se vio forzado a seguir una serie de exilios que le llevó hasta Polonia y por último a Moravia.[37]

Las tendencias antitrinitarias de los racionalistas vinieron a ocupar el centro del escenario con Miguel Serveto (1511-1553) y Fausto Socino (1539-1604). Serveto era un hombre de profundas convicciones religiosas que creía que la doctrina de la Trinidad carecía de fundamento.[38] En su España nativa, la doctrina trinitaria había servido por mucho tiempo de piedra de tropiezo a judíos y musulmanes. Serveto tomó entonces las dudas que habían existido en la teología de finales de la Edad Media acerca de la racionalidad de la doctrina trinitaria,[39] las unió a los esfuerzos de los protestantes y humanistas del siglo XVI por regresar a las fuentes del cristianismo en el Nuevo Testamento, y llegó a la conclusión de que las doctrinas de la Trinidad y de la eterna generación del Hijo no se encontraban en las Escrituras ni podían tampoco ser sostenidas por medios racionales. Como es de todos sabido, huyó de la Inquisición católica en España, solo para morir quemado como hereje en la Ginebra de Calvino. Sus opiniones, sin embargo, no desaparecieron, sino que encontraron campo fértil entre algunos anabaptistas que habían estado expresando dudas acerca de la doctrina trinitaria. También encontraron oído atento en Laelio Socino y en su sobrino Fausto. Fausto Socino llegó a ser uno de los más importantes

[35] Sobre los alumbrados, véase M. Menéndez Pelayo, *Historia de los heterodoxos españoles*, Vol. 2, reimpresión (Madrid, 1956), pp. 169-206; M. Asín Palacios, «Sadilíes y alumbrados», *Al-Andalus*, 9-16 (1944-51).

[36] Teodoro de Beza, el sucesor de Calvino en Ginebra, dijo que los tres peores monstruos de su tiempo eran Valdés, Serveto y Loyola. Ricart, *Juan de Valdés...*, p.14.

[37] R. H. Bainton, *Bernardino Ochino, esule e riformatore senese del cinquecento, 1487-1563* (Firenze, 1941).

[38] R. H. Bainton, *Hunted Heretic: The Life and Death of Michael Servetus, 1511-1553* (Boston, 1953).

[39] R. H. Bainton, «Michael Servetus and the Trinitarian Speculation of the Middle Ages», en B. Becker, ed., *Autour de Michel de Servet et de Sebastien Castellion* (Haarlem, 1953), pp. 29-46.

teólogos antitrinitarios de Polonia,[40] donde sus discípulos se multiplicaron. En 1605, un año después de su muerte, estos discípulos expresaron sus doctrinas en el Catecismo de Racovia. En el siglo XVII la introducción de los escritos de Socino en Inglaterra fue uno de los factores que contribuyeron al surgimiento de la teología unitaria.

Así, la Reforma que Lutero desencadenó llegaba a sus últimas consecuencias. Lutero y sus seguidores veían a estos reformadores extremos con profundo horror. Lo mismo puede decirse acerca de los teólogos reformados de Suiza y Estrasburgo. Resultaba claro que estas opiniones extremas rechazaban mucho de lo que durante largo tiempo había sido tenido por fundamental dentro de la fe cristiana. La polémica católica señalaba que, una vez que se rompían los diques de la autoridad eclesiástica, no había modo alguno de prevenir la inundación de posiciones extremas, y que, por tanto, la proliferación de las sectas era consecuencia lógica de la Reforma. Esto era cierto en parte. Sin embargo, es necesario señalar que el espíritu de Europa en el siglo XVI era tal que los patrones tradicionales de autoridad estaban desapareciendo y que, por tanto, la Reforma es a la vez causa y consecuencia de esa crisis de autoridad. El éxito de Lutero fue posible porque los antiguos sistemas de autoridad estaban perdiendo su vigencia. Por otra parte, el derrumbe final de la autoridad en muchas partes de Europa fue posible porque Lutero tuvo éxito.

La tarea que ahora quedaba por delante de los reformadores más tradicionales —luteranos y reformados— era exponer su teología de un modo más sistemático que durante los primeros años de lucha y descubrimiento. Los próximos capítulos tratarán sobre esos esfuerzos de sistematización.

---

[40] O. Fock, *Der Sozinianismus*, reimpresión (Aalen, 1970); S. Kot, *Socianianism in Poland: The Social and Political Ideas of the Polish Antitrinitarians in the Sixteenth and Seventeenth Centuries* (Boston, 1957).

39

La teología luterana hasta la Fórmula de Concordia

Los fundadores de las dos grandes tradiciones protestantes, Lutero y Zwinglio, tuvieron por sucesores a otros teólogos que sistematizaron a la vez que suavizaron esas tradiciones. Según veremos en el próximo capítulo, Calvino heredó la reforma de Zwinglio, y, aunque puede decirse que los dos son los grandes fundadores de la tradición reformada, también es cierto que la teología de Calvino en cierto modo acerca la tradición reformada a la luterana, como no lo habían hecho Zwinglio y sus contemporáneos. Lo mismo puede decirse del teólogo que jugó un papel semejante en la tradición luterana, Felipe Melanchthon, puesto que el desarrollo de su teología puede verse como un proceso de acercar el luteranismo a las posiciones de los teólogos reformados Bucero y Calvino. Esto, y el hecho de que Melanchthon mitigó la teología de Lutero en varios otros puntos, dio lugar a varias controversias dentro de las iglesias luteranas. Otras surgieron, aun independientemente de las diferencias entre Melanchthon y Lutero, cuando otros teólogos menores propusieron opiniones que parecían amenazar algún aspecto fundamental del protestantismo —como, por ejemplo, en el caso de Osiandro—. Estas diversas controversias llevaron, por fin, a la *Fórmula de Concordia* (1577), que sirvió de lugar de encuentro para la mayoría de las iglesias luteranas. Por tanto, este capítulo tendrá dos secciones principales: en primer lugar, discutiremos la teología de Melanchthon; después, trataremos de resumir las más importantes controversias que surgieron entre los luteranos durante el siglo XVI, y de mostrar cómo la *Fórmula de Concordia* respondió a esas controversias.

La teología de Felipe Melanchthon

Melanchthon se unió a la facultad de la Universidad de Wittenberg en 1518, cuando la Reforma luterana comenzaba a tomar forma.[1] Su campo de enseñanza era el griego, y sus intereses académicos eran de carácter filológico; pero pronto el impacto de Lutero le llevó a los estudios bíblicos y teológicos. En agudo contraste con Lutero, Melanchthon provenía de un trasfondo de estudios humanistas, y aun después del amargo debate sobre el libre albedrío entre Lutero y Erasmo, Melanchthon nunca dejó de admirar al gran humanista holandés.[2] De hecho, podría decirse que la mayoría de las diferencias entre la teología de Lutero y la de Melanchthon provienen de la influencia del espíritu humanista sobre este último.

Lutero era consciente de las diferencias que existían entre él y su discípulo favorito, especialmente en lo que se refería a sus diversos temperamentos y dones. En una referencia frecuentemente citada, dijo: «Soy rudo, vocinglero, tormentoso y completamente belicoso... Mi tarea es quitar los troncos y piedras, cortar la maleza y las zarzas, y limpiar los bosques salvajes, y el maestro Felipe viene después suave y gentilmente, sembrando y regando con gozo, según los dones que Dios abundantemente le ha dado».[3] Fue por esta razón que cuando surgió la necesidad de escribir una confesión de fe para ser presentada ante la Dieta de Augsburgo (1530), y cuando resultó claro que lo que se necesitaba era un documento conciliador que la mayoría de los protestantes[4] pudiese firmar, y que no enajenase a quienes podrían apoyar la causa de la Reforma, tal tarea le fue encomendada a Melanchthon.

Los dones peculiares de Melanchthon le hicieron el gran sistematizador de la teología luterana. Pero también le sirvieron para desarrollar opiniones que muchos llegaron a considerar contrarias al luteranismo original. Los dones de Melanchthon como teólogo sistemático se pusieron de manifiesto en el 1521, cuando publicó su obra *Loci communes rerum*

---

[1] Hay una biografía excelente: C. L. Manschreck, *Melanchthon: The Quiet Reformer* (Nueva York, 1958).

[2] Véase W. Maurer, *Der junge Melanchthon zwischen Humanismus und Reformation*, 2 vols. (Göttingen, 1969).

[3] Citado por H. H. Lentz, *Reformation Crossroads: A Comparison of the Theology of Luther and Melanchthon* (Minneapolis, 1958), p. 2.

[4] Llamamos «protestantes» a los seguidores de la Reforma en sus diversas modalidades, aunque, de hecho, ese nombre no les fue dado sino tras la Dieta de Spira en 1529.

theologicarum —Temas teológicos fundamentales— que era, de hecho, la primera sistematización de las principales doctrinas protestantes. Este libro tuvo un éxito enorme y fue repetidamente reimpreso, traducido y revisado —lo último por el propio Melanchthon—.

En cada nueva edición de los *Loci*, Melanchthon mostraba cómo se iba apartando del luteranismo original y recibiendo una influencia cada vez más clara del humanismo y de la tradición reformada. Por lo tanto, estas diversas ediciones de la misma obra resultan de gran valor para el historiador que trata de seguir el desarrollo cronológico de la teología de Melanchthon. Naturalmente resulta imposible seguir aquí los detalles de ese desarrollo.[5] Sin embargo, dada la importancia que tuvieron estos cambios en las opiniones de Melanchthon para el curso de la teología luterana en el siglo XVI, sí indicaremos, al exponer la teología de Melanchthon, aquellos puntos en los que tales cambios parecen ser de mayor importancia.

La primera edición de los *Loci* difería en poco de lo dicho anteriormente por Lutero. De hecho, este último se mostró tan entusiasta hacia la obra de su joven colega que en una de sus hipérboles llegó a afirmar que debía ser incluida en el canon bíblico. Pero las diversas ediciones posteriores comenzaron a mostrar un espíritu diferente, a tal punto que las iglesias luteranas se dividieron —especialmente después de la muerte de ambos protagonistas— entre «luteranos» y «filipistas».

Los *Loci* de 1521 expresaban desde el comienzo los principios de la teología de la cruz según la había expuesto Lutero, aunque en términos menos dialécticos.

> Más nos conviene adorar los misterios de la divinidad que investigarlos. Lo que es más, estos temas no pueden ser penetrados sin grave peligro, y hasta algunos santos han experimentado esto. El Señor Dios Todopoderoso vistió a su hijo de carne para podernos apartar de la contemplación de su propia majestad hacia la consideración de la carne, y especialmente de nuestra flaqueza... Por lo tanto, no hay razón para que nos esforcemos tanto en temas tan excelsos como «Dios», «la unidad y trinidad de Dios», «el misterio de la creación» y «el modo de la encarnación». ¿Qué lograron, pregunto yo, los escolásticos durante las muchas edades cuando estaban discutiendo solo estas cuestiones?[6]

---

[5] Hay dos buenos estudios de este tema: E. Bizer, *Theologie der Verheissung: Studien zur theologischen Entwicklung des jungen Melanchthons* (Neunkirchen, 1964); W. H. Neuser, *Die Abendmahlslehre Melanchthons in ihrer geschichtlichen Entwicklung* (Neunkirchen, 1968).

[6] *LCC*, 19:21.

La teología debe tener, entonces, un propósito práctico y debe tratar sobre temas tales como el pecado y su poder, la gracia, la ley y la justificación, puesto que «conocer a Cristo es conocer sus beneficios, y no como ellos [es decir, los escolásticos] dicen, reflexionar sobre sus naturalezas y los modos de su encarnación».[7] La razón por la que en distintas épocas algunos teólogos cristianos han enseñado la doctrina del libre albedrío es que se han dejado llevar por la filosofía. En este punto, sin embargo, las enseñanzas de los filósofos y las de las Escrituras son diametralmente opuestas, dado que mientras los primeros afirman el libre albedrío, las Escrituras lo niegan. Esto es de suma importancia, pues la doctrina del libre albedrío tiende a eclipsar los beneficios de Cristo. Este es solo uno de los muchos casos en los que las enseñanzas claras de las Escrituras han sido abandonadas en pro de la filosofía. El resultado es que «aparte de las Escrituras del canon, no hay literatura fidedigna en la iglesia. En general, lo que nos ha sido dado en los comentarios apesta a filosofía».[8]

Esta opinión negativa acerca de las capacidades humanas puede verse también en el modo en que Melanchthon trata acerca de las virtudes de los paganos. Melanchthon concuerda en que hay mucho digno de admiración en Sócrates, Zenón y Catón. «Sin embargo, puesto que estas características se encontraban en mentes impuras, y aún más, ya que estas supuestas virtudes surgían del amor a sí mismo y del amor a la propia alabanza, no han de ser consideradas como verdaderas virtudes, sino como vicios».[9] La ley natural, aunque nos ha sido dada por Dios, no es guía fidedigna, puesto que la razón humana ha quedado de tal modo cegada y pervertida por el pecado que ya no puede hablar correctamente acerca de la ley natural.[10] En resumen: la impresión general que se recibe al leer esta primera edición de los *Loci* es que Melanchthon está profundamente convencido de la discontinuidad radical entre la razón y la revelación, entre el ser humano caído y los propósitos divinos, y entre la creación tal y como existe ahora y la redención.

Si ahora comparamos esto con los *Loci* de 1555, veremos que los cambios son importantes. En primer lugar, esta nueva edición de los *Loci* comienza con largas exposiciones acerca de Dios, la Trinidad y la creación (precisamente tres de los temas que en la primera edición Melanchthon había dejado a un lado, no por no ser ciertos, sino por ser impenetrables a la razón humana, y por no relacionarse directamente con los «beneficios de Cristo»). Al hablar acerca del conocimiento de Dios que tuvieron los

[7] *Ibid.*, 21-22.
[8] *Ibid.*, 23.
[9] *Ibid.*, 34.
[10] *Ibid.*, 50.

sabios de la Antigüedad, no niega tal conocimiento, sino que más bien está de acuerdo en que Jenofonte, Platón, Aristóteles y Cicerón sabían que había un Dios, y que era todopoderoso, sabio, justo y bueno. Su conocimiento de Dios, aunque verdadero, era insuficiente, porque sabían de la existencia y naturaleza de Dios, pero no sabían de los propósitos de Dios hacia ellos, ni del evangelio.[11] Esto todavía no va más allá de la distinción que Lutero había hecho entre el conocimiento de Dios «general» y el «propio». Pero es notable el hecho de que Melanchthon eliminó sus comentarios negativos acerca de los paganos en la edición anterior y los sustituyó por esta palabra generalmente positiva. Aún más: al discutir la Trinidad, y en general a través de toda la nueva edición, Melanchthon se muestra dispuesto a conceder gran autoridad —aunque, naturalmente, una autoridad siempre subordinada a la de las Escrituras— a los «padres» y comentaristas a quienes había rechazado tan radicalmente en el 1521.

El punto en que puede verse más claramente el espíritu diferente de esta nueva edición es en la discusión del pecado, el ser humano natural y el libre albedrío. Mientras que en la sección sobre el pecado de la primera edición lo que se había subrayado era la corrupción humana, lo que se destaca en esta nueva edición es el intento de mostrar que Dios no es el creador del pecado. En la discusión del pecado original, esto no plantea graves dificultades, ya que Melanchthon puede decir, junto a casi toda la tradición cristiana, que Dios no deseaba ni causó el pecado. Fueron el diablo y los humanos, sin coacción alguna por parte de Dios, quienes cayeron en pecado haciendo mal uso de su propio albedrío.[12] Es al discutir el albedrío que queda aún en el pecador que Melanchthon muestra, no tanto haberse apartado de la doctrina original de Lutero, sino más bien que sus intereses son muy distintos de los del gran reformador. Aquí Melanchthon distingue entre dos campos dentro de los cuales es posible hablar del libre albedrío. El primero es la capacidad de decidir qué han de hacer los miembros externos, es decir, de decidir las acciones propias. Este tipo de albedrío todavía subsiste en el pecador. El segundo campo de acción es el que tiene que ver con las relaciones con Dios, y con la corrupción de la naturaleza humana. En este campo el humano no tiene albedrío alguno, «porque no podemos por nuestros propios medios encender en nuestros corazones una firme creencia en Dios».[13] Así pues, aunque el pecador no puede por sí mismo lograr la fe que justifica, sí puede —y debe— gobernar sus diversas acciones según la fuerza del albedrío que todavía le queda.

---

[11] C. L. Manschreck, ed., *Melanchthon on Christian Doctrine: Loci communes (1555)* (Nueva York, 1965), pp. 5-6.

[12] *Ibid.*, 45.

[13] *Ibid.*, 57-58.

Aún más: en lo que se refiere a la justificación, Melanchthon trata de evitar las consecuencias más extremas de las enseñanzas de Lutero, y señala que la voluntad humana juega un papel dentro de esa justificación. «No debemos pensar que el humano sea un pedazo de madera o una piedra, sino más bien que al oír la palabra de Dios, en la que se nos muestran el castigo y el consuelo, no debemos rechazarla ni resistirla».[14] Y tras citar las palabras de Crisóstomo en el sentido de que Dios atrae al humano hacia sí, Melanchthon afirma que «empero, atrae al que lo desea y no al que se resiste».[15] Luego Melanchthon diría que en la conversión hay tres causas concomitantes: la Palabra, el Espíritu y la voluntad humana. Esto es lo que sus opositores —y los opositores del *Interín de Leipzig*, que discutiremos más adelante— llamaban su «sinergismo», es decir, que Dios y el hombre cooperan en la obra de salvación.

También en la doctrina de la eucaristía se acusó a Melanchthon de haber abandonado su luteranismo anterior. En la edición de los *Loci* de 1521 solo hay una referencia breve a la mesa del Señor, y allí lo que se subraya no es la presencia de Cristo —que no se discutía entonces— sino la necesidad de negar el poder del sacramento para justificar, y de negar también que el sacrificio de Cristo se repita en el altar. En la *Confesión de Augsburgo* de 1530, escrita por Melanchthon, se afirma claramente la presencia real del cuerpo y la sangre de Cristo en el pan y el vino, y se niega la opinión contraria:

> En cuanto a la cena del Señor, enseñamos que le cuerpo y la sangre
> de Cristo está verdaderamente presentes, y que en la cena se distri-
> buyen y reciben bajo las especies del vino.[16]

Sin embargo, en aquel tiempo la principal preocupación de Melanchthon era rechazar las doctrinas más espiritualistas de Zwinglio y de los ana-baptistas. Cuando otros reformadores moderados —tales como Bucero y Calvino— comenzaron a ofrecer interpretaciones de la presencia real de Cristo en la eucaristía que le parecían aceptables a Melanchthon, este comenzó a aproximarse a sus opiniones, hasta tal punto que pronto se le acusó de ser criptocalvinista —es decir calvinista a escondidas—. Sin embargo, para hacerle justicia a Melanchthon es necesario señalar, en primer lugar, que nunca estuvo totalmente de acuerdo con Lutero en lo que se refiere a la cena del Señor[17] y, en segundo lugar, que lo que

---

[14] *Ibid.*, 60.
[15] *Ibid.*
[16] *Confessio latina, quae invariata dicitur*, 10 (*CR*, 26:278).
[17] Neuser, *Die Abendmahlslehre Melanchthons...*, pp. 354-63.

le llevó a buscar un entendimiento con los teólogos reformados fue el mismo espíritu conciliador que Lutero había alabado en él. Pero sí fue muy desafortunado su intento de aproximarse a otros grupos protestantes cambiando el texto de la *Confesión de Augsburgo*, eliminando del artículo sobre la cena la frase «verdaderamente presente», y omitiendo también la sección que rechazaba las doctrinas contrarias. También se atrevió a modificar el texto original de la *Confesión* en aquellos lugares en que le parecía que se había hablado demasiado negativamente acerca de las capacidades humanas. El resultado fue el texto de la *Confesión* que por lo general se llama la *Variata*. Aunque, al parecer, sus motivos eran encomiables, el hecho es que tal intento de cambiar una confesión que había sido firmada por los principales dirigentes luteranos no daba muestra de gran sensatez. Es cierto que él había sido su autor, pero la *Confesión* era ahora un documento oficial de las iglesias luteranas que no le pertenecía ya a él y, por tanto, las distintas ediciones de la *Variata*, en lugar de producir un acercamiento con los reformados, tuvieron por resultado amargas controversias entre los propios luteranos, y a la larga recrudecieron la posición luterana frente a la interpretación calvinista de la presencia de Cristo en la eucaristía.

Todo esto se complicó cuando la posición de Melanchthon como dirigente de las iglesias luteranas se vio seriamente comprometida por el hecho de haber aceptado el *Interín de Leipzig*. Carlos V había derrotado a los protestantes en el campo de batalla, y en 1548 les impuso un documento escrito por dos católicos y por el luterano Juan Agrícola. Este documento, generalmente conocido como el *Interín de Augsburgo*, tenía el propósito de producir un acuerdo provisional entre católicos y protestantes hasta que un concilio pudiese decidir acerca de los temas debatidos. Debido a circunstancias particulares, y a la oposición de Melanchthon y otros, el *Interín de Augsburgo* fue mitigado en Sajonia, y el documento resultante fue el *Interín de Leipzig*, que Melanchthon aceptó. Como ha sucedido en tantos casos paralelos en la historia de la iglesia, este intento de promulgar un «credo por decreto» no tuvo éxito, ya que la oposición de las masas fue demasiado grande. Pero mientras los *Interines* de Augsburgo y Leipzig estaban vigentes, muchos de los dirigentes protestantes tuvieron que sufrir por negarse a aceptarlos. El resultado de todo esto fue que comenzó a perderse la confianza en el antiguo compañero de Lutero, y que varios teólogos luteranos comenzaron a señalar la distancia que separaba a Melanchthon de Lutero. Melanchthon afirmaba haber aceptado el *Interín* porque lo que en él se le pedía que firmase consistía meramente en *adiáfora*, es decir, en cuestiones sobre las cuales podría uno aceptar una u otra opinión sin ser infiel a la Escritura. Esto dio origen a la controversia adiaforista —que discutiremos más adelante en este capítulo— y vino a debilitar aún más la autoridad de Melanchthon entre los luteranos.

Puesto que tendremos ocasión de referirnos de nuevo a Melanchthon al discutir las diversas controversias que dividieron a las iglesias luteranas en el siglo XVI, no es necesario discutir aquí cada aspecto de su teología. Sin embargo, sí conviene terminar esta sección con un comentario general. No cabe duda de que el espíritu de Melanchthon era muy distinto del de Lutero, puesto que mientras este último subrayaba la recta doctrina por encima de la unidad, el primero buscaba la unidad por encima del acuerdo total en todos los puntos de doctrina. Aún más: Melanchthon introdujo en la teología luterana un espíritu humanista que no se encontraba en ella anteriormente y, por tanto, quienes decían que Melanchthon estaba sutilmente tergiversando la teología de Lutero tenían razón en parte. Pero ese espíritu también le permitió a Melanchthon establecer relaciones más estrechas entre el movimiento reformador alemán y la tradición humanista. No es en vano que le fue dado el título de *Praeceptor Germaniae*, puesto que él fue sin lugar a duda el gran maestro de Alemania, y la distinguida y larga tradición de la erudición teológica alemana tiene en él su primer miembro destacado. Por otra parte, las diferencias entre ambos reformadores alemanes se han exagerado como resultado de las controversias que tuvieron lugar después de la muerte de ambos. Quienes insisten sobre la firmeza de Lutero frente a toda desviación doctrinal tienden a olvidar que en el Coloquio de Marburgo fue Lutero quien pareció dispuesto a aceptar la intercomunión con Zwinglio y los suizos, hasta que Melanchthon le señaló que esto podría crear dificultades irreconciliables con el emperador y los católicos. Pero, en todo caso, es cierto que la flexibilidad de Melanchthon fue tal que en sus últimos años, en lugar de contribuir a la unidad de la confesión luterana, vino a ser causa de mayores divisiones. Es interesante notar que en las controversias que pasaremos ahora a estudiar la voz de Melanchthon fue rara vez un factor determinante en el resultado final. Así pues, por razón de su flexibilidad —sobre todo en lo que se refiere al *Interín*— Melanchthon perdió su posición de dirigente principal del luteranismo y dejó así a las iglesias luteranas a la merced de amargas controversias que las dividieron y debilitaron hasta que se logró cierto acuerdo en la *Fórmula de Concordia* del 1577.

Controversias entre luteranos

Las controversias que tuvieron lugar dentro de la tradición luterana a mediados del siglo XVI han sido clasificadas de diversas maneras. Ninguna de esas clasificaciones es completamente satisfactoria, puesto que estas controversias se relacionan entre sí de tal modo que resulta difícil determinar dónde termina una y comienza la otra. Por lo tanto, a fin de simplificar nuestra discusión, clasificaremos estas controversias siguiendo un principio muy sencillo: en primer lugar, discutiremos aquellas que ocurrieron antes de que se desarrollase una clara distinción entre luteranos y filipistas —o melanchthonianos— y, después, pasaremos a discutir aquellas otras cuestiones que surgieron como resultado de las diferencias entre estos dos campos. La primera categoría incluye la controversia antinomiana y la que surgió alrededor de la persona y las doctrinas de Osiandro.

La controversia antinomiana —de *anti* y *nomos*, opuestos a la ley— tuvo lugar en tres etapas. Las dos primeras giraron alrededor de la persona de Juan Agrícola, y tuvieron que ver tanto con Lutero como con Melanchthon. La tercera etapa comenzó en el año 1556, en un sínodo reunido en Eisenach.

Juan Agrícola (1409-1566) fue uno de los primeros compañeros de Lutero en la Universidad de Wittenberg —de hecho, nació en Eisleben, donde también nació Lutero—.[18] En 1519 acompañó a Lutero en el debate de Leipzig. También estuvo presente en la mayoría de las dietas que señalaron las principales etapas en los primeros pasos de la Reforma (Spira en 1526 y en 1529, Augsburgo en 1530 y 1547-48, y Regensburgo en 1541). Cuando Lutero le envió a Eisleben, Agrícola culpó a Melanchthon por lo que le pareció era un exilio del ambiente universitario. Es posible que sus ataques posteriores, primero contra Melanchthon, y después contra Lutero, hayan tenido cierta relación con su orgullo herido. En 1548 perdió todo prestigio entre los dirigentes protestantes por prestarse a ser uno de los autores del *Interín de Augsburgo*.

La primera etapa de la controversia surgió cuando Agrícola atacó las *Instrucciones para Visitadores* escritas por Melanchthon.[19] Melanchthon había escrito estas instrucciones a petición de Lutero, y en ellas sostenía que era necesario ayudar a los creyentes a comprender mejor lo que se esperaba de ellos en lo que se refería a la vida moral. Con ese fin en mente, recomendaba que se predicase frecuentemente sobre la Ley, y especialmente sobre el Decálogo, no solo para llamar a los pecadores al arrepentimiento, sino también para que los creyentes pudiesen comprender algo más de la voluntad de Dios, y tratar de obedecerla. Agrícola se opuso a tales instrucciones, que le parecían ser una concesión al catolicismo romano. Es posible que su objeción estuviese algo teñida de celos, puesto que había tenido que abandonar la Universidad, y Melanchthon era uno de sus más distinguidos profesores. Pero, en todo caso, Lutero reunió a ambos teólogos en Torgau (1528) y logró que se reconciliasen. En esta primera etapa de la controversia, lo que se debatía era sobre todo si el arrepentimiento

---

[18] J. Rogge, *Johann Agricolas Lutherverständnis, unter besonderer Berucksichtigung* (Berlín, 1961).

[19] *Articuli de quibus egerunt por visitadores* (*CR*, 26:7-28).

sigue a la fe, o viceversa. Agrícola sostenía la primera opinión, y Melanchthon la segunda. Como resultado de la reunión de Torgau, las ediciones posteriores de las *Instrucciones* incluían el siguiente párrafo:

> Empero algunos sostienen que nada ha de enseñarse como antecedente a la fe, y que el arrepentimiento sigue a la fe, de modo que nuestros contrincantes [es decir, los católicos] no puedan decir que hemos contradicho nuestras enseñanzas. Es necesario recordar que el arrepentimiento y la ley pertenecen a la misma fe común. Puesto que es naturalmente necesario creer primero que Dios es el que amenaza, ordena y atemoriza, etc. Y, por tanto, es mejor que los que no tienen educación, la gente común, entiendan que tales etapas de la fe tienen todavía el nombre de arrepentimiento, mandamiento, ley, temor, etc., a fin de que puedan distinguir mejor la fe en Cristo que los apóstoles llaman fe que justifica, es decir, la fe que hace al creyente justo y le limpia de pecado. Esto no puede hacerlo la fe que nace del mandamiento y del arrepentimiento, aunque por esta causa el creyente común tiene dudas acerca del sentido de la fe y comienza a plantearse en su mente cuestiones inútiles.[20]

Sin embargo, la cuestión no iba a quedar así, puesto que nueve años más tarde, en 1537, Agrícola regresó a Wittenberg, y allí publicó una serie de tesis en las que atacaba tanto a Melanchthon como a Lutero. Su posición ahora era la de un antinomismo explícito. Según él, la ley no tenía función alguna en la predicación del evangelio y, por lo tanto, su lugar adecuado eran los tribunales civiles más que el púlpito. Moisés debería ser enviado al cadalso, y quienquiera predique sus doctrinas ni siquiera ha comenzado a comprender el evangelio. La predicación de la ley no puede producir arrepentimiento, porque el verdadero arrepentimiento requiere fe, y la fe solamente puede venir mediante la predicación del evangelio. Tampoco es útil la ley para servir de guía moral a los cristianos, puesto que estos hacen la voluntad de Dios, no por razón de un mandamiento externo, sino por razón de un impulso interno. En cierto sentido, la posición de Agrícola era una exageración de algunos de los primeros ataques de Lutero contra la ley. Pero, precisamente por esa razón, se le hacía necesario a Lutero refutarle, para evitar malentendidos respecto a sus propias opiniones. Como resultado, Melanchthon quedó ahora relegado a la posición de espectador mientras Lutero refutaba a Agrícola en una serie de tesis

---

[20] *LW*, 40:275. También en *CR*, 26:51-52. Véase la carta de Melanchthon a Justus Jonas en *CR*, 1:914-18.

debatidas públicamente. Agrícola apeló al elector, y el resultado fue que tuvo que partir de Wittenberg hacia Brandeburgo. Por último, se retractó, pero cuando trató de visitar a Lutero de nuevo en Wittenberg el reformador no le recibió.

La tercera etapa de la controversia antinomiana surgió del debate sobre las enseñanzas de Jorge Mayor, que discutiremos más adelante en este capítulo. En esa controversia, Nicolás von Amsdorf (1483-1565), uno de los más firmes defensores de la teología de Lutero contra todo intento de cambiarla, había afirmado que las obras no eran en modo alguno necesarias para la salvación. Esto fue tomado por Andrés Poach (1516-1585), quien añadió que la función de la ley en la vida cristiana es solo acusar al pecador y mostrarle su pecaminosidad. Poach y sus seguidores llevaron el principio luterano de la libertad cristiana a sus últimas consecuencias, diciendo que los cristianos no están sujetos a obediencia alguna, y volviendo así a la doctrina de Agrícola según la cual solamente el evangelio, y no la ley, ha de ser predicado. En otras palabras: rechazaban completamente «el tercer uso de la ley» como guía para el cristiano.

La posición antinomiana fue finalmente rechazada en 1577 por la *Fórmula de Concordia*. Como veremos más adelante, el principal propósito de esa *Fórmula* fue ponerle fin a la división que existía entre los luteranos estrictos y los filipistas, aunque ya en ese tiempo tanto Lutero como Melanchthon habían muerto. Pero la *Fórmula* también trató de resolver otros debates que debilitaban la confesión luterana. Uno de ellos era la controversia antinomiana. Puesto que en este caso los luteranos estrictos estaban de acuerdo con los filipistas, el artículo seis de la *Fórmula* afirma un tercer uso de la ley para los creyentes «después de haber renacido, y aunque la carne todavía es parte de ellos, para darles por esa razón una regla clara según la cual gobernar y regular toda su vida».[21] Tras una serie de afirmaciones positivas, sigue la condenación del antinomismo:

> Luego condenamos como peligrosa y subversiva de la disciplina cristiana y de la verdadera piedad la doctrina falsa según la cual la ley no ha de ser predicada, del modo y en la medida arriba descritos, a los cristianos y verdaderos creyentes, sino solo a los incrédulos, a los no cristianos y a los impenitentes.[22]

Aunque las opiniones de los antinomianos fueron rechazadas por la *Fórmula de Concordia*, tales opiniones aparecieron de nuevo, con algunas

---

[21] T. G. Tappert, ed., *The Book of Concord: The Confessions of the Evangelical Lutheran Church* (Filadelfia, 1959), pp. 479-80.

[22] *Ibid.*, p. 481.

variaciones, en otros contextos. Calvino tuvo que oponerse a los «libertinos», quienes eran en realidad antinomianos. En el siglo XVII apareció en Inglaterra una serie de sectas a las que los teólogos más conservadores de ese tiempo dieron el título de «antinomianas». Un caso parecido tuvo lugar en Nueva Inglaterra alrededor de la persona de Anne Hutchinson. Luego, aunque el luteranismo ortodoxo excluyó el antinomismo mediante la *Fórmula de Concordia*, esta cuestión se ha planteado repetidamente a través de todo el curso de la teología protestante.

La otra controversia que hemos mencionado anteriormente giró alrededor de las enseñanzas de Andrés Osiandro (1498-1552), acerca de quien R. Seeberg ha dicho que «entre los personajes secundarios del período de la Reforma, fue quizá el más importante».[23] Osiandro fue el principal dirigente de la Reforma en Nuremberg, y participó en el Coloquio de Marburgo en 1529 y en la Dieta de Augsburgo en 1530. Por negarse a firmar el *Interín de Augsburgo* tuvo que abandonar Nuremberg y vino a ser profesor de la Universidad de Koenigsberg. Fue hacia el final de su vida, en 1550, que publicó su *Disputación sobre la justificación*, que dio origen a la controversia. Esta obra fue seguida, entre otras, por otro tratado, *Acerca del único mediador Jesucristo y de la justificación por la fe*.

Aunque el principal tema que se discutía en esta controversia era la doctrina de la justificación, Osiandro no proponía sus opiniones sobre este tema aisladamente de todo el sistema de la teología. Por el contrario, su modo de ver la justificación era parte de toda una perspectiva teológica que difería en muchos puntos de la de los otros reformadores. En una palabra: Osiandro era un místico, y su teología era la de una unión mística con Cristo como la Palabra eterna de Dios. La mayoría de los otros reformadores temía esta clase de teología que tendía a oscurecer la distancia que separa a Dios del ser humano, y a centrar la atención en el Verbo eterno más que en la revelación histórica de Dios en Jesucristo.

Su misticismo del Verbo puede verse en el modo en que Osiandro trata acerca de Adán y de la imagen de Dios en el ser humano. La imagen de Dios no es algo que ha de encontrarse en nosotros como criaturas. La imagen es el Hijo mismo. Se dice que el ser humano ha sido hecho según la imagen de Dios, porque ya antes de la fundación del mundo Dios había decidido que el Hijo se encarnaría, y ese Verbo encarnado fue el patrón para la creación de la humanidad. Por tanto, la encarnación no fue la respuesta de Dios al pecado, sino su propósito eterno. Aun si Adán no hubiese caído, Cristo se habría encarnado. Pero, ya antes de la encarnación, el ser humano había sido creado de tal modo que la imagen de Dios —es decir,

---

[23] R. Seeberg, *Text-Book of the History of Doctrines*, Vol. 2 (Grand Rapids, 1956), p. 372, n.1. Véase: E. Hirsch, *Die Theologie des Andreas Osiander und ihre geschichtlichen Vorausset-zungen* (Göttingen, 1919).

el Hijo— pudiera morar en él. Tal fue el caso de Adán antes de la caída, puesto que la justicia original de Adán consistía precisamente en que el Hijo moraba en él, y fue esto lo que perdió al pecar —en todo lo cual se escuchan ecos de Ireneo—.

Esto quiere decir que lo que el humano necesita ahora para su propia justificación es que el Hijo vuelva a morar en él. Por razón de la caída, la encarnación vino a tener un propósito adicional: la redención y justificación de la humanidad. La obra redentora de Cristo quiere decir tanto que Cristo sufrió la ira de Dios y que así ganó el perdón de los pecados para toda la humanidad, como que Cristo cumplió la ley en nombre de esa humanidad, de tal modo que ya no se hace necesaria la obediencia estricta de la ley antes de que el pecador pueda ser declarado justo. Sin embargo, para que esto llegue a ser cierto de un individuo, ese individuo ha de ser justificado. Esto lo hace Cristo habitando en esa persona. Luego la justificación no es, como en el caso de Lutero, algo que Dios imputa por razón de su gracia y su amor, sino que es más bien algo que Dios encuentra en el humano porque Cristo está en él. La justicia del creyente es Dios mismo —el Verbo que mora en el creyente—. Usando una ilustración que recuerda el modo en que los capadocios trataban de la unión de Dios y del hombre en Cristo, Osiandro afirma que lo que de hecho sucede cuando Cristo mora en el creyente es que el océano de la justicia divina envuelve la pequeña gota de la pecaminosidad humana, de tal modo que cuando Dios declara justo al pecador lo hace con miras a este vasto océano de pureza, que oculta la pequeña gota de pecado.

Esta presencia justificadora de Cristo en el ser humano tiene lugar mediante la «palabra externa» de la Escritura y la proclamación; pero es la «palabra interna», el Verbo como Segunda Persona de la Trinidad, lo que es más importante dentro de este contexto. La humanidad de Cristo, y las palabras que él pronunció como hombre, son el vehículo de su divinidad. Pero, en último análisis, lo que justifica y lo que puede ser correctamente llamado «Mediador» es únicamente la divinidad de Cristo.

Las doctrinas de Osiandro fueron atacadas por diversos teólogos. Como veremos en el capítulo siguiente, Calvino refutó repetidamente esas teorías. Desde fecha anterior había razones de tensión entre Melanchthon y Osiandro, puesto que este último se había negado a aceptar el *Interín* y había tenido que partir al exilio en Koenigsberg, mientras que el profesor de Wittenberg afirmó que podía aceptar sin reservas la versión del *Interín* preparada en Leipzig y pudo permanecer en su puesto universitario. Así pues, no ha de sorprendernos que Melanchthon tomase esta ocasión para mostrar que su rival no era tan ortodoxo como pretendía serlo. En una serie de tratados, y en la llamada *Confesión Sajona* de 1552 —de hecho, otra variante de la *Confesión de Augsburgo*— Melanchthon afirmó que Osiandro se había apartado de la clara doctrina evangélica, y que al afirmar que

Dios justifica en virtud de la justicia de Cristo que encuentra en el pecador, el profesor de Koenigsberg había abandonado la doctrina protestante de la justicia imputada, y se había acercado en demasía al catolicismo romano.[24] El teólogo italiano Francesco Stancaro trató de refutar a Osiandro afirmando que Cristo es «Mediador» solamente según su naturaleza humana y no según su divinidad —posición esta que antes habían sostenido Pedro Lombardo y otros—.[25] Pero, quizá, la refutación más coherente de las opiniones de Osiandro fue la de Matías Flacio.

Matías Flacio (1520-1575) ha sido llamado el mejor teólogo luterano de la segunda generación. No cabe duda de que fue uno de los más arduos defensores del luteranismo estricto contra las «innovaciones» de Melanchthon y otros. Solo conoció a Lutero durante unos pocos años, puesto que llegó a Wittenberg unos cinco años antes de la muerte del reformador. Pero, a pesar de ello, llegó a ser un ferviente admirador de Lutero y seguidor convencido de sus enseñanzas. Era profesor de hebreo en Wittenberg cuando el *Interín* fue proclamado, y decidió partir al exilio antes que aceptarlo. Entonces llegó a ser uno de los más famosos profesores en la Universidad de Jena, que había sido fundada precisamente para defender el luteranismo estricto frente a los filipistas que se habían posesionado de Wittenberg.[26] Más adelante le veremos envuelto en varias otras controversias, siempre defendiendo la posición del luteranismo más estricto. Frente a Osiandro, afirma —además del punto claro de que la doctrina de la justificación de Osiandro no es ya una justificación imputada— que el profesor de Koenigsberg separa la satisfacción de Cristo de la justificación del creyente, y oculta así el carácter central de esa satisfacción. Osiandro había dicho que la redención y la justificación no pueden ser lo mismo, puesto que la primera tuvo lugar hace unos 1500 años, mientras que la última todavía está teniendo lugar en el caso de cristianos individuales. Frente a tal argumento, Flacio responde que la relación entre la redención y la justificación es mucho más estrecha que lo que Osiandro parece pensar. La función de la redención no es solo hacer posible la justificación. El acto de la redención es el mismo acto de la justificación, porque cuando un pecador es justificado lo que Dios hace es sencillamente considerarle justo en virtud de la redención. Esta distinción es importante porque la posición de Osiandro tiende a colocar el acento sobre la Palabra eterna de Dios en virtud de cuya presencia en el pecador Dios le justifica. Si tal fuera el

---

[24] Véase: Manschreck, ed., *Loci...*, p. 179.

[25] O. Ritschl, *Dogmengeschichte des Protestantismus*, 4 vols. (Göttingen, 1908-1927), 4:475.

[26] La obra clásica en este sentido es la de W. Preger, *Matthias Flacius Illyricus und sien Zeit* (Erlangen, 1859-61). Véase también L. Haikola, *Gesetz und Evangelium bei Matthias Flacius Illyricus* (Lund, 1952).

caso, sería difícil ver qué función podría tener el acto sacrificial del Verbo encarnado. Según Flacio, Dios justifica al pecador, no porque vea en él al Verbo eterno, sino a base de la obediencia de Cristo. Por último, esto se relaciona estrechamente con la afirmación de Osiandro en el sentido de que la encarnación había sido predestinada como el punto culminante de la creación, aun aparte de la caída, porque esto también tiende a eclipsar la relación que existe entre la obediencia histórica de Cristo y la justificación del pecador. Por lo tanto, las opiniones de Osiandro pervierten mucho más que un mero aspecto de la doctrina de la justificación: destruyen el corazón mismo del evangelio.[27]

Como en el caso de las demás controversias discutidas en esta sección, la *Fórmula de Concordia* respondió a los temas debatidos. A fin de hacer esto, centró su atención sobre la cuestión de si Cristo justifica según su naturaleza divina (Osiandro) o según su humanidad (Stancaro).

> También se ha planteado la cuestión: "¿Según cuál naturaleza es Cristo nuestra justicia?". Dos doctrinas opuestas y mutuamente contradictorias han invadido algunas iglesias.
>
> Un bando ha sostenido que Cristo es nuestra justicia solamente según su divinidad. Cuando él mora en nosotros por la fe, frente a esta divinidad los pecados de todos son considerados como una gota de agua en contraste con un inmenso océano. Otros, por el contrario, han sostenido que Cristo es nuestra justicia ante Dios solamente según su naturaleza humana.
>
> Frente a estos dos errores creemos, enseñamos y confesamos unánimemente que Cristo es nuestra justicia, no según la naturaleza divina sola, ni tampoco según su sola naturaleza humana. Por el contrario, todo el Cristo según ambas naturalezas es nuestra justicia por virtud de la obediencia que le rindió al Padre hasta la muerte misma, tanto en su divinidad como en su humanidad.[28]

Para más explicación, la *Fórmula* afirma que Dios perdona los pecados «puramente por su gracia, sin ninguna obra, mérito o dignidad antecedente, presente o subsiguiente».[29] Por último, entre las opiniones condenadas está la que sostiene que «la fe no se basa solamente en la obediencia de

---

[27] Véase Haikola, *Gesetz und Evangelium...*, pp. 85-95 y 254-57. Haikola subraya la diferencia entre Lutero y Flacio en sus respectivos modos de entender la justificación: pp. 85-96.

[28] Tappert, ed., *The Book of Concord*, pp. 472-73.

[29] *Ibid.*, p. 473.

Cristo, sino también en su naturaleza divina en cuanto mora y obra dentro de nosotros, y que mediante ese existir de tal naturaleza dentro de nosotros nuestros pecados son encubiertos».[30]

Las dos controversias que acabamos de discutir —la una respecto a las doctrinas de Osiandro y la otra respecto al antinomismo— nunca dividieron a los principales dirigentes del luteranismo. Tanto los luteranos estrictos como los filipistas concordaban en rechazar las opiniones de Osiandro y las de los antinomianos. Pero las controversias que ahora ocuparán nuestra atención sí produjeron divisiones más profundas. En toda ellas, de un modo o de otro, el conflicto era entre la adherencia estricta a los principios de Lutero, por una parte, y la tendencia de los filipistas a suavizar esos principios, por otra. En algunos casos, fue Melanchthon mismo quien se encontró en el centro de la controversia; en otros, fueron otros filipistas quienes se opusieron al luteranismo estricto. Por otra parte, quienes se daban el título de luteranos estrictos no siempre permanecían fieles al espíritu original del reformador. El punto en que esto se veía más claramente era su esfuerzo por clarificar todo detalle de doctrina, y de pensar que la fe estaba constantemente amenazada. Tal no era el espíritu de Lutero, puesto que este, al mismo tiempo que se preocupaba profundamente por la doctrina correcta —y aunque se mantuvo firme en su postura teológica— siempre permitió mayor diversidad doctrinal que sus discípulos posteriores.

Por tanto, en cierto sentido, todas las controversias que ahora vamos a resumir no eran sino una sola controversia en la que lo que se discutía era hasta qué punto debía uno *sujetarse* a lo que Lutero había dicho sobre la *libertad cristiana*. La paradoja resulta clara y, por tanto, se trata de una controversia que no puede ser resuelta, puesto que cualquiera de los dos extremos negaría un aspecto fundamental de la doctrina de Lutero. Así pues, estas controversias pueden compararse a las que tuvieron lugar después de Orígenes o de Agustín, y son ejemplo del modo en que los seguidores de un espíritu genial pronto se dividen en cuanto a la interpretación de ese espíritu.

La primera gran controversia que hemos de discutir se refiere al *Interín*, y también se le conoce como la «controversia adiaforista». Aunque ya nos hemos referido de pasada a esa controversia, debemos ahora examinarla más detalladamente, porque ilustra el carácter del conflicto entre los filipistas y los luteranos estrictos. Cuando Carlos V y la Dieta de Augsburgo (1548) proclamaron el *Interín de Augsburgo*, la mayor parte de los protestantes se negó a aceptarlo. Aunque el teólogo luterano Agrícola había participado en su redacción, el *Interín* era en realidad un documento

---

[30] *Ibid.*, p. 475.

católico romano en el que se restablecían todas las doctrinas y prácticas tradicionales. Las únicas concesiones importantes que se les hacían a los protestantes eran el matrimonio del clero, la comunión en ambas especies y la justificación por la fe. Pero aun esta última se expresaba en tal modo que resultaba ser lo mismo que la justificación mediante las obras. Puesto que muchos protestantes se negaron a aceptar el *Interín de Augsburgo*, cientos de ellos fueron muertos, y muchos pastores se vieron obligados a partir al exilio. En la Sajonia electoral, empero, la situación se complicó porque el duque Mauricio se había adueñado del gobierno traicionando al gobernante legítimo, Juan Federico. De hecho, fue la traición del duque Mauricio lo que no solamente le había dado el electorado a él, sino que también había asegurado la autoridad de Carlos V sobre el Imperio. Pero Mauricio se percataba de que no podía gobernar frente a la oposición de la población, que en su enorme mayoría era fuertemente protestante. Por ello invitó a Melanchthon a regresar a Wittenberg y volver a abrir la Universidad. Melanchthon y sus seguidores se negaron a esto mientras estuviese vigente el *Interín de Augsburgo*. Esto colocó a Mauricio en una posición difícil, entre los protestantes por un lado y el emperador por otro. Repetidamente trató de persuadir a los profesores luteranos para que volvieran a la Universidad. Melanchthon insistió en que el *Interín* se oponía a la Palabra de Dios y que, por tanto, no podía aceptarlo.[31] Sus colegas le apoyaban, pero su situación tampoco resultaba cómoda, puesto que se percataban de que en última instancia tendrían que decidir entre hacer algunas concesiones y permitir que las iglesias protestantes fuesen totalmente destruidas. Tras una larga serie de debates y negociaciones, Melanchthon y la mayoría de los teólogos de Wittenberg llegaron a la conclusión de que podían aceptar una versión modificada del *Interín de Augsburgo*, conocida como el *Interín de Leipzig*. Este último conservaba la doctrina de la justificación por la fe, pero en la mayoría de las otras cuestiones debatidas regresaba a la situación existente antes de la Reforma. La única otra concesión importante era que la misa no se consideraría ya un sacrificio meritorio. Sobre esa base, Melanchthon, Bugenhagen y otros teólogos de Wittenberg aceptaron el *Interín* como la única alternativa viable y se dedicaron a asegurarse de que se continuara proclamando la doctrina de la justificación por la fe, que para ellos era el centro del evangelio. La justificación teológica para tal paso la encontraban en la distinción entre lo que es esencial y lo periférico —llamado también la adiáfora—.[32] En lo esencial —especialmente en la justificación por la fe— no es lícito ceder en modo alguno, pero sí hay condiciones en las que la paz de la iglesia requiere que se

---

[31] *Annales vitae Phil. Mel.* 11 (*CR*, 6:853-57).

[32] *Ibid.*, 7:332.

hagan concesiones en cuanto a la adiáfora. Confundir lo esencial con la adiáfora, e insistir en todo detalle de esta última, es negar la libertad cristiana y puede hasta llevar de regreso a la justificación por las obras.

Sin embargo, al tomar tal posición no habían tenido en cuenta a los protestantes en otras partes de Alemania, quienes sufrían por haberse negado a aceptar el *Interín de Augsburgo*. A los ojos de tales personas, lo que se había hecho en *Leipzig* no era sino traición. El verdadero elector de Sajonia estaba en prisión. Sus hijos estaban en el exilio, y sus partidarios trataban de organizar en la Universidad de Jena un nuevo centro de teología protestante. ¿Cómo podían entonces los teólogos de Wittenberg pretender ser fieles al evangelio por el solo hecho de haber salvaguardado uno o dos elementos de lo que se discutía? ¿Tenían razón al decir que habían retenido lo esencial, y cedido únicamente en lo periférico?

El principal dirigente de los luteranos estrictos era Matías Flacio, a quien ya hemos encontrado al tratar sobre la controversia en torno a las doctrinas de Osiandro. Flacio no veía diferencia alguna entre el *Interín de Augsburgo* y la versión revisada que se había promulgado en Leipzig. Su tratado *Contra el Interín*, publicado en 1549 tras la componenda de Leipzig, iba dirigido contra el edicto de Augsburgo, y sencillamente afirmaba que todo lo que se decía contra lo dictaminado en Augsburgo se podía aplicar también a la situación en Sajonia. También es posible que, a fin de colocar a Melanchthon en una situación difícil, haya publicado cartas atribuidas a ese profesor de Wittenberg, pero que habían sido adulteradas o tal vez interpretadas fuera de su contexto.[33] En todo caso, parece cierto que la caridad y la moderación no fueron las principales características de Flacio en medio de aquel debate.

El principal argumento de Flacio y de los que sostenían su posición —entre ellos Nicolás von Amsdorf, Juan Aurifaber el joven, y otros— era que en un momento en que se requiere una clara confesión de fe nada es de importancia secundaria. Muchas de las cosas que se promulgan en el *Interín*, aunque en sí mismas no tengan tanta importancia, se vuelven cruciales cuando vienen a ser negación del evangelio; es más, la gente sencilla que no entiende la diferencia entre lo esencial y la adiáfora tendrá ocasión de escándalo al ver restablecidas todas aquellas ceremonias que para ellas no son sino señal de la vieja religión. La respuesta de Melanchthon consistió en insistir sobre la distinción entre lo esencial y lo que es meramente adiáfora. Según él, la posición de Flacio y los suyos no era sino una nueva clase de «papismo» en el que todas las cosas se regularían, no habría libertad cristiana y el énfasis recaería una vez más sobre las cuestiones externas más que sobre la justificación por la fe. Quien verdaderamente comprenda

---

[33] Manschreck, ed., *Melanchthon*, pp. 290-91.

la doctrina de la justificación por la fe, ciertamente se percatará de la poca importancia que tienen las concesiones que se han hecho en Leipzig.[34]

En realidad, el *Interín* no duró mucho, pues resultó ser un fracaso completo. Carlos V abdicó a favor de su hermano Fernando, y en 1555 la Paz de Augsburgo marcó el fin del período del *Interín*. Pero la abrogación del *Interín* no le puso fin a la controversia entre Flacio y sus seguidores por una parte —a quienes Melanchthon llamaba «la cancillería de Dios»— y los teólogos de Wittenberg por otra. Esta rivalidad, que continuó tras la muerte de Melanchthon, fue el trasfondo de la mayoría de las controversias que discutiremos en el resto de este capítulo.

Como en otros casos, la controversia sobre la adiáfora terminó con la *Fórmula de Concordia*, donde se afirmaba que Melanchthon tenía razón al distinguir entre lo esencial y lo que era adiáfora, pero también se afirmaba, como Flacio, que hay circunstancias en que lo periférico deja de serlo. La cuestión que se debatía se expresa clara y brevemente:

> También ha habido una división entre los teólogos de la Confesión de Augsburgo acerca de aquellas ceremonias o usos eclesiásticos que la Palabra de Dios ni manda ni prohíbe, pero que han sido introducidos en la iglesia en pro del buen orden y el bienestar general.

> La principal pregunta ha sido si en tiempos de persecución, cuando se requiere una confesión, y cuando los enemigos del evangelio no concuerdan con nosotros en cuanto a la doctrina, se puede en toda conciencia ceder a su presión y a sus demandas, reintroducir algunas ceremonias que han quedado en desuso y que en sí mismas son cuestiones indiferentes, y que Dios ni manda ni prohíbe, y si es lícito entonces concordar con tales enemigos en cuanto a esas ceremonias y cosas indiferentes. Un partido responde que sí, y el otro que no.[35]

La sección afirmativa de la *Fórmula de Concordia* dice que, en efecto, hay ceremonias y prácticas que las Escrituras ni mandan ni prohíben, y que son, por tanto, cuestiones que cada iglesia puede decidir por sí misma, siempre y cuando ello no resulte en escándalo para los débiles. Pero la *Fórmula* concuerda con Flacio en que «en tiempos de persecución, cuando se requiere de nosotros una confesión clara, no osamos ceder ante los enemigos en cuanto a tales cosas indiferentes... En tal caso ya no se trata de

---

[34] *Annales vitae Phil. Mel.* 11 (*CR*, 7:882-86).
[35] Tappert, ed., *The Book of Concord*, p. 477.

788 HISTORIA DEL PENSAMIENTO CRISTIANO HASTA EL SIGLO XXI

cuestiones indiferentes, sino de algo que concierne a la verdad misma del evangelio, a la libertad cristiana y a la idolatría pública, así como de evitar ofensa a los débiles en la fe».[36] Por último, las Iglesias de la Confesión de Augsburgo condenan la opinión según la cual es permisible ceder en cuestiones periféricas en tiempos de persecución, así como la de quienes pretenden imponer o abolir la adiáfora mediante el uso de la fuerza.

La controversia mayorista puede interpretarse como un episodio ulterior de la que acabamos de discutir. Jorge Maior (1502-1574), rector de la Universidad de Wittenberg, había seguido la posición de Melanchthon en cuanto a la cuestión del *Interín*. Como parte de su defensa de la postura de los teólogos de Wittenberg, Maior afirmó que las buenas obras son necesarias para la salvación, y para no perderla. Al decir tal cosa no iba más allá de Melanchthon, aunque este último tenía mayor cuidado en no yuxtaponer en la misma frase los dos temas de las obras y la salvación. Melanchthon estaba dispuesto a decir que las obras son necesarias como resultado de la fe, y que la fe es necesaria para la salvación; pero no estaba dispuesto a unir esas dos proposiciones por temor a que se interpretasen en el sentido de la justificación por las obras.[37] Las palabras descuidadas de Maior pronto trajeron los ataques de Flacio y de Amsdorf, los principales dirigentes del partido luterano estricto. Flacio se limitó a reafirmar la proposición luterana de la justificación por la fe y a declarar que las palabras de Maior parecían contradecirla. Amsdorf fue más lejos, tomando hasta las afirmaciones más exageradas de Lutero en contra de las obras y exaltándolas al nivel de afirmaciones doctrinales, para llegar así a la conclusión de que las buenas obras destruyen la salvación.

En esta controversia, la *Fórmula de Concordia* tomó una posición intermedia, reafirmando la doctrina de la salvación por la fe al mismo tiempo que recordaba que la *Confesión de Augsburgo* había afirmado la necesidad de las buenas obras, y rechazaba las posiciones extremas de ambos partidos. «Por tanto rechazamos y condenamos las formulaciones tanto verbales como escritas según las cuales las buenas obras son necesarias para la salvación; y también la afirmación de que nadie ha sido salvo sin buenas obras... También rechazamos y condenamos como ofensiva y como subversiva para la disciplina cristiana la aseveración atrevida de que las buenas obras actúan en detrimento de la salvación».[38]

La controversia sinergista fue otro episodio del continuo debate entre los filipistas y los luteranos estrictos. El *Interín de Leipzig* afirmaba que la voluntad humana colabora con Dios en el proceso de salvación. Como ya

---

[36] *Ibid.*, p. 493.

[37] *Annales vitae Phil. Mel.* 12 (*CR*, 9 :498-99).

[38] Tappert, ed., *The Book of Concord*, p. 477.

hemos visto, al correr los años Melanchthon fue subrayando cada vez más la libertad de la voluntad, que según él era la característica que distinguía al ser humano de un pedazo de madera o de una piedra.[39] En 1555, el teólogo filipista Juan Pfeffinger publicó una serie de *Proposiciones sobre el libre albedrío* en las que repetía la fórmula tripartita de Melanchthon en cuanto a las causas concurrentes en la conversión, es decir, la Palabra, el Espíritu y la voluntad. Aún más: sugería que la razón por la que algunos responden positivamente al llamado de la fe y otros no es la libertad del albedrío. Victorino Strigel sostuvo unas tesis semejantes en el 1560, en un debate público con Flacio. En este caso, como en el de la mayoría de las otras controversias de la época, los jefes del partido luterano estricto fueron Amsdorf y Flacio. Pero en esta controversia Flacio, el campeón del luteranismo más estricto, se dejó llevar allende los límites de la ortodoxia cristiana tradicional. Esto fue la causa de su caída, porque cuando se negó a retractarse tuvo que partir al exilio. Finalmente murió, destruido y olvidado, en un convento católico donde se había refugiado. La cuestión que se debatía, y que le costó su posición como portavoz de los luteranos estrictos, era el pecado original. La controversia sinergista, que comenzó con la cuestión de la participación de la voluntad en la conversión, llevó rápidamente a la cuestión del pecado original, puesto que si el albedrío está esclavizado ello se debe a ese pecado. En la controversia con Strigel, y después en sus publicaciones respecto al libre albedrío, Flacio propuso la doctrina de que el pecado original no es un accidente, sino la sustancia misma de la existencia humana caída. Cuando Adán fue creado, podía llevar la imagen de Dios porque todavía conservaba su justicia original. Tenía, por tanto, una voluntad que podía colaborar con Dios, pero la caída trajo un cambio radical, puesto que a causa de ella Adán perdió su justicia original, su libre voluntad —no en las cuestiones externas, sino en su capacidad de volverse hacia Dios— y hasta la imagen de Dios. Lo que tenemos ahora no es ya la imagen de Dios, sino la de Satanás. Dicho de otro modo: «la sustancia de Adán antes de la caída» —o por lo menos «su parte más importante»— era su justicia original. Pero ahora nuestra sustancia es el pecado. Cuando nos convertimos, lo que tiene lugar dentro de nosotros es una guerra entre la imagen de Satanás y la de Dios —o entre la sustancia de la vieja creación y la sustancia de la nueva. Tal posición fue atacada por diversas personas que veían en ella una negación de la doctrina de Lutero que el pecador justificado es *simul iustus et peccator* —a la vez justo y pecador— y que además veían en ella una peligrosa aproximación al maniqueísmo. En este punto, hasta los más estrictos luteranos se

---

[39] *Annales vitae Phil. Mel.* 12 (*CR*, 9:766).

HISTORIA DEL PENSAMIENTO CRISTIANO HASTA EL SIGLO XXI

vieron obligados a abandonar a quien antes fue su campeón, quien como ya hemos dicho permaneció firme en su posición.

Sin embargo, esto no resolvió la cuestión del sinergismo, es decir, la cuestión de si la voluntad humana colabora o no con Dios en la conversión. Esa cuestión siguió siendo tema de debate entre los filipistas y los luteranos estrictos. En sus dos primeros artículos, la *Fórmula de Concordia* trató de dirimir estas cuestiones, así como otras que se relacionan con ella. El tema del pecado original aparece al principio mismo de la *Fórmula*:

> La cuestión principal que se debate en esta controversia es si, en sentido estricto y sin distinción alguna, el pecado original es la naturaleza, sustancia y esencia corrompidas del ser humano, y hasta la principal y mejor parte de su ser (es decir, su alma racional en su forma y poderes más elevados). O si, aun después de la caída, hay una distinción entre la sustancia, la naturaleza, esencia, cuerpo y alma del ser humano, por una parte, y el pecado original, por otra, de tal modo que la naturaleza humana es una cosa y el pecado original, inherente a la naturaleza corrompida y corruptor de ella, es otra.[40]

En respuesta a esta controversia, la Fórmula afirma que hay una distinción entre la naturaleza humana y el pecado original, no solamente en el estado original de la creación, sino también actualmente. La criatura humana caída sigue siendo criatura de Dios, y Dios no crea sustancias malas. Por lo tanto, la *Fórmula* condena «como error maniqueo la doctrina según la cual el pecado original es en sentido estricto y sin distinción alguna la sustancia, naturaleza y esencia corrompidas del ser humano, de tal manera que no puede hacerse distinción alguna, ni siquiera en términos abstractos».[41] Por otra parte, la *Fórmula* también previene contra el error opuesto —que el pecado no es sino una ligera corrupción de la naturaleza humana— lo cual llevaría al pelagianismo. Por ello, afirma que «este daño es tan grande que no puede reconocerse mediante un proceso racional, sino solamente a partir de la Palabra de Dios», y que «nadie sino solo Dios puede separar la corrupción de nuestra naturaleza de la naturaleza misma».[42] El segundo artículo de la *Fórmula*, que trata acerca del libre albedrío, responde a la cuestión del sinergismo:

---

[40] Tappert, ed., *The Book of Concord*, p. 466.
[41] *Ibid.*, p. 468.
[42] *Ibid.*, p. 467.

La cuestión es: ¿qué poderes posee el ser humano en lo tocante a lo espiritual después de la caída de nuestros primeros padres y antes de la regeneración? ¿Puede el ser humano mediante sus propios poderes, y antes de nacer de nuevo mediante el Espíritu Santo, disponerse y prepararse a sí mismo para la gracia de Dios? ¿Puede, o no puede, aceptar la gracia de Dios que se le ofrece en la Palabra de Dios y en los santos sacramentos?[43]

La respuesta a todas estas preguntas es que el ser humano no tiene tales poderes, puesto que la voluntad humana caída «no solamente ha vuelto las espaldas a Dios, sino que también se ha vuelto enemiga de Dios, de tal modo que solo desea y quiere lo que es malo y lo que se opone a Dios».[44] No podemos convertirnos a Dios por nosotros mismos, ni podemos dar el primer paso hacia nuestra propia conversión, ni tampoco podemos obedecer la ley de Dios después de la conversión. Por otra parte, Dios no fuerza la voluntad, sino que lo que sucede es que el Espíritu Santo la guía y abre el corazón de tal modo que podamos escuchar el evangelio. Luego hay solamente dos causas eficientes de la conversión: el Espíritu Santo y la Palabra de Dios, y la voluntad no puede contarse como una tercera causa. Pero, en lo que se refiere a los asuntos externos, tales como el movimiento de nuestros miembros, sí tenemos libertad y el determinismo ha de rechazarse.

Las próximas tres controversias que estudiaremos difieren de las anteriores en que no se trata ya de conflictos entre los luteranos estrictos y los filipistas, sino más bien de debates entre el luteranismo y el calvinismo. Esto no quiere decir que fuesen, de hecho, discusiones entre luteranos y calvinistas, porque lo cierto es que los verdaderos calvinistas participaron muy poco en las primeras dos de ellas. Eran más bien controversias que tuvieron lugar principalmente entre luteranos, y que tenían que ver con el punto hasta el cual podía permitirse la influencia calvinista dentro del luteranismo. En esas controversias, los luteranos estrictos llamaban «criptocalvinistas» a quienes seguían la inspiración de Calvino o a quienes sostenían posiciones que de algún modo podían achacarse a tal inspiración.

La controversia eucarística tuvo como trasfondo el desacuerdo entre Lutero y Zwinglio respecto a la presencia de Cristo en la cena del Señor. Como es bien sabido, fue sobre ese punto que giró su desacuerdo en el coloquio de Marburgo en 1529. Pero no todos los protestantes sostenían las posiciones de uno u otro de esos dos reformadores. Al contrario, en toda la cuenca del Rin y en el sur de Alemania había muchos que buscaban

---

[43] *Ibid.*, p. 469.
[44] *Ibid.*, p. 470.

posiciones intermedias entre el mero memorial simbólico y la presencia física. Al principio, tales sentimientos encontraron su más clara expresión en Martín Bucero, el reformador de Estrasburgo. En 1536, Bucero llegó a un acuerdo con Lutero y sus seguidores. Se esperaba que esta *Concordia de Wittenberg* fuese aceptada por las ciudades del sur de Alemania y al menos por algunos de los suizos. Pero esas esperanzas resultaron frustradas. En 1549, Calvino, Bucero y varios teólogos suizos y alemanes del sur se unieron en el *Consenso de Zúrich*. Este también fue un documento mediador entre las posiciones de Zwinglio y Lutero, pero los luteranos nunca lo aceptaron (el propio Lutero había muerto tres años antes).

Así estaban las cosas cuando Joaquín Westphal, un pastor luterano estricto de Hamburgo, publicó un libro en el que señalaba las diferencias entre Lutero y Calvino, especialmente en lo que se refería a la Cena de Señor.[45] Hasta esa fecha (1552) tales diferencias habían pasado generalmente desapercibidas. El ataque de Westphal hizo poco impacto entre los calvinistas, y el propio Calvino respondió con cierto desprecio.[46]

Sin embargo, en el campo luterano la reacción fue muy distinta, puesto que muchos luteranos que no estaban completamente de acuerdo con Lutero en cuanto a la presencia de Cristo en la Cena se vieron ahora forzados a tomar posición. Desde el punto de vista del partido luterano estricto, la diferencia entre Zwinglio y Calvino era de poca monta, pues ambos negaban la ubicuidad del cuerpo glorificado de Cristo, su presencia física en la Cena y la participación en ese cuerpo por parte de los incrédulos que toman la comunión.

Melanchthon se negó a tomar posición. Estaba convencido de que tales controversias solo servirían para perturbar la paz de la iglesia. Melanchthon mismo era amigo de Calvino, a quien había conocido en Frankfurt en 1539. También tenía como precedente el hecho de que Lutero, quien había conocido la *Institución* y otros escritos de Calvino, siempre se había expresado en términos favorables respecto a él. Pero la reticencia de Melanchthon, unida al hecho de que varios filipistas sí adoptaron posturas de carácter calvinista, les ganó tanto a él como a su partido el título de «criptocalvinistas». Pronto hubo disputas en toda Alemania.[47] En Heidelberg, el luterano estricto Tilman Hesshusen sostuvo un debate con Wilhelm Klebitz, quien decía haber recibido su doctrina eucarística de un inglés, pero cuyas opiniones concordaban con las de Calvino. Otro debate semejante tuvo lugar en Bremen entre Alberto Hardenberg y Juan Timann. Aunque Hardenberg —siguiendo la postura de Melanchthon— trató de

---

[45] Ritschl, *Dogmengeschichte*, 4:10-13.
[46] *CR*, 37:1-252.
[47] Ritschl, *Dogmengeschichte*, 4:10-13.

evitar el debate, Timann le forzó a definir su posición, y el resultado neto
fue que toda la ciudad se hizo calvinista. Lo mismo resultó de la controversia en Heidelberg, puesto que cuando el elector Federico III trató
de resolver la cuestión pidiendo el consejo de Melanchthon, este sencillamente le dijo que la respuesta correcta en medio de ese debate no era
difícil de encontrar, pero sí peligrosa de ofrecer. El elector entendió que
con estas palabras Melanchthon estaba endosando el calvinismo y, puesto
que sus propias convicciones le inclinaban en esa dirección, todo el Palatinado se hizo calvinista. Esto se expresó en el *Catecismo de Heidelberg*,
de 1563, escrito por los teólogos reformados Zacarías Ursino y Gaspar
Oleviano. En la propia Sajonia la lucha fue amarga. Una vez más, los luteranos estrictos salieron a la batalla contra los filipistas. Joaquín Curaeus,
uno de los filipistas, publicó un tratado anónimo en el que declaraba que
los incrédulos no participan verdaderamente de Cristo en la comunión, y
que la *communicatio idiomatum* no ha de entenderse —como lo había propuesto Lutero— de tal modo que el cuerpo glorificado de Cristo goce de
ubicuidad. Este ataque abierto a la enseñanza de Lutero les dio a los luteranos estrictos la oportunidad de lograr una condenación del calvinismo en
1574. Puesto que Melanchthon ya había muerto, se declaró, sin más, que
su doctrina había sido exactamente la misma de Lutero. Como resultado
de tales debates, se discutió ampliamente la teoría de la ubicuidad del
cuerpo resucitado de Cristo. Algunos, al tiempo que trataban de retener la
doctrina eucarística de Lutero, rechazaban la teoría de la ubicuidad. Otros
afirmaban que ambos elementos estaban tan estrechamente unidos en el
pensamiento de Lutero que no era posible sostener la doctrina luterana de
la presencia real sin afirmar también la ubicuidad del cuerpo de Cristo.

Una vez más, la *Fórmula de Concordia* trató de resolver estas cuestiones, a las que se refiere su séptimo artículo:

> Lo que se debate es: ¿Están verdadera y esencialmente presentes
> en la comunión el verdadero cuerpo y sangre de nuestro Señor Je-
> sucristo? ¿Se les distribuye al repartir el pan y el vino? ¿Lo reciben
> oralmente todos los que usan del sacramento, sean dignos o no,
> píos o no, creyentes o incrédulos, de tal modo que los creyentes
> lo toman para vida y salvación, y los incrédulos para juicio? Los
> sacramentarios responden que no. Nosotros respondemos que sí.[48]

Al igual que lo habían hecho antes los luteranos estrictos, la *Fórmula de
Concordia* se niega a reconocer diferencia alguna entre Zwinglio y Calvino. A los seguidores de Zwinglio les da el título de «sacramentarios

---

[48] Tappert, ed., *The Book of Concord*, pp. 481-82.

burdos», mientras que los calvinistas son «sacramentarios sutiles, los más peligrosos». Estos últimos...

> ... en parte hablan nuestro idioma muy razonablemente y dicen creer en la verdadera presencia del cuerpo y la sangre verdaderos, esenciales y vivientes de Cristo en la Santa Cena, pero afirman que esto tiene lugar espiritualmente por la fe. Empero bajo esta terminología, al parecer razonable, en realidad retienen la misma burda opinión de que en la Santa Cena lo único que está presente y que se recibe con la boca es pan y vino.[49]

Frente a estas dos clases de «sacramentarios», se afirma que el cuerpo y la sangre de Cristo están verdaderamente presentes, y se distribuyen y reciben, en el pan y el vino, y que esto es cierto tanto para los creyentes como para los que no lo son (aunque quienes no están convertidos y no se arrepienten comen para su propio juicio y condenación).

La controversia eucarística llevó necesariamente a la cuestión de la unión hipostática, porque el desacuerdo entre Lutero y los reformados se relacionaba estrechamente con sus distintas opiniones sobre la unión de las dos naturalezas en la persona de Cristo. La posición luterana, que requería la ubicuidad del cuerpo de Cristo, se basaba en la opinión de que la unión de las dos naturalezas era tal que las propiedades de la divinidad se transferían a la humanidad —la *communicatio idiomatum*— de un modo literal, y que, por lo tanto, el cuerpo resucitado de Cristo había recibido de su divinidad la capacidad de estar en varios lugares al mismo tiempo. La posición reformada, por otra parte, subrayaba la distinción entre las dos naturalezas y entendía la *communicatio idiomatum* de un modo mucho más restringido, insistiendo, por tanto, en la imposibilidad de que el cuerpo de Cristo estuviese presente al mismo tiempo en el cielo y en una multitud de iglesias. Así pues, los «criptocalvinistas» o bien rechazaban o al menos limitaban la *communicatio idiomatum*, mientras los luteranos estrictos la subrayaban. Aunque fueron muchos los que se vieron involucrados en esta controversia, la principal contribución fue la de Martín Chemnitz (1522-1586), quien en 1571 publicó un tratado *Sobre las dos naturalezas de Cristo*. Lo que allí proponía era un modo de entender la unión hipostática según el cual cuando la divinidad se unió a la humanidad esta última recibió todos los atributos de la divinidad de que la humanidad es capaz. Esto no tuvo lugar en la resurrección, sino en la encarnación misma. Las limitaciones que vemos en la vida histórica de Jesús eran reales, pero esto se debía únicamente a que la naturaleza divina se refrenaba a sí misma. Luego no

---

[49] *Ibid.*, p. 482.

son limitaciones impuestas por la naturaleza, sino por la voluntad. Por tanto, el cuerpo de Cristo puede estar presente doquiera él lo decida. Así pues, es mejor hablar de la «multivolipresencia» más que de la ubiquidad. Tal multivolipresencia se refiere a la capacidad de estar presente en varios lugares, según él lo decida. Esta inclusión del elemento volitivo es importante, porque quiere decir que el cuerpo de Cristo no se encuentra presente igualmente en todos los lugares, sino únicamente donde él decide estar — es decir, en el sacramento de la comunión—. Chemnitz también clarificó el sentido de la *communicatio idiomatum*, mostrando que quiere decir, en primer lugar, la comunicación de las propiedades de las dos naturalezas a una persona; segundo, la comunicación entre ambas naturalezas, de modo que las acciones de una pueden predicarse de la otra; y tercero, el poder que la naturaleza humana recibe de la divina, de tal modo que pueda hacer todo lo necesario para la salvación de la humanidad. Este sería después un tema común en el escolasticismo luterano.[50]

En respuesta a esta controversia, la *Fórmula de Concordia* afirma que la *communicatio idiomatum* tiene lugar «de hecho y en verdad» de tal modo que «Dios es hombre y el hombre es Dios», y María es la «madre de Dios». Siguiendo en ello a Chemnitz, la *Fórmula* afirma que, gracias a la unión personal, Cristo siempre tuvo «la majestad y el poder omnipotentes de Dios», pero que no los manifestó «en el estado de humillación». Estas afirmaciones cristológicas se relacionan entonces con la cuestión de la presencia eucarística, que había dado origen al debate. «Por tanto, puede estar presente y le resulta fácil impartirnos su verdadero cuerpo y sangre que están presentes en la Santa Cena».[51]

Por último, debemos mencionar la controversia sobre la predestinación, que no tuvo lugar entre teólogos luteranos, sino más bien entre luteranos y reformados. Nunca llegó a ser un debate general y público, y por fin quedó resuelta en Estrasburgo en 1563. Pero, a pesar de ese acuerdo, los autores de la *Fórmula de Concordia* se daban cuenta de que la predestinación puede verse de dos modos distintos, y que estos dos modos podrían llevar a serias controversias —como de hecho sucedió entre los luteranos norteamericanos tres siglos más tarde—. Por tanto, la *Fórmula* le dedicó su undécimo artículo a la predestinación. Allí se afirma que la doctrina de la elección no ha de abordarse mediante la razón ni mediante la ley, sino mediante el conocimiento que el creyente tiene de que la salvación descansa en Cristo. Esta distinción es importante, porque una doctrina de la predestinación que no se base en el evangelio llevará a la duda y a la desesperación, mientras que un entendimiento correcto de la elección provee

---

[50] Ritschl, *Dogmengeschichte*, 4:70-106.
[51] Tappert, ed., *The Book of Concord*, pp. 487-89.

una profunda seguridad. En otros términos: la predestinación no ha de ser vista *a priori*, como si se derivara del conocimiento natural de Dios, sino más bien *a posteriori*, a través del conocimiento del amor de Dios que se nos ha revelado en Cristo. Por tanto, aunque todo cristiano debe declarar que la salvación es el resultado de una elección divina inmerecida, debemos evitar una doctrina «doble» de la predestinación, que pretenda explicar la suerte de los réprobos.

Estos fueron los principales temas que se debatieron dentro de la tradición luterana en el período formativo después del primer gran impulso reformador, y especialmente después de la muerte de Lutero. Como hemos visto repetidamente, la *Fórmula de Concordia* intentaba ponerles fin a estas controversias, y en buena medida tuvo éxito. El proceso de su composición fue complejo, y no tenemos por qué detenernos en él, excepto para señalar que sus principales arquitectos —entre otros muchos— fueron Jacobo Andreae y Martín Chemnitz.[52] En cuanto a su tono general, puede decirse que fue un intento de reunir una iglesia dividida, usando como punto central la ortodoxia luterana, pero con un espíritu de reconciliación semejante al de Melanchthon. Por tanto, en aquellos temas en que los dos grandes reformadores estaban en claro desacuerdo, la *Fórmula de Concordia* tomó la posición de Lutero, pero siempre guardó buena parte del espíritu de Melanchthon.

En cuanto a sus resultados, la *Fórmula de Concordia* logró establecer una clara línea entre el luteranismo y el calvinismo, y al mismo tiempo unir a la mayoría de los cuerpos luteranos. Para lograr esto último, lo primero fue necesario, y por tanto se puede decir que la *Fórmula* le puso fin a un período cuando «la pasión que se manifestó y la adoración de las fórmulas nos recuerdan los peores tiempos de las luchas dogmáticas en Bizancio».[53] Aunque estaba prácticamente completa en 1577 —se le hicieron algunas revisiones menores durante los siguientes tres años, especialmente en el prefacio— la *Fórmula* fue publicada oficialmente en 1580. Pronto la firmaron 8188 teólogos y ministros, así como 51 príncipes y gobernantes menores y 35 ciudades. Publicada juntamente con el Credo de los Apóstoles, el Niceno y el de Atanasio, y con la *Confesión de Augsburgo* y otros documentos luteranos fundamentales, se le conoce como *El libro de la Concordia*, y durante cuatro siglos ha sido uno de los principales elementos unificadores de la confesión luterana.

---

[52] T. R. Jungkuntz, *Formulators of the Formula of Concord: Four Architects of Lutheran Unity* (St. Louis, 1977).

[53] Seeberg, *Text-Book*, 2:378.

40

La teología reformada de Juan Calvino

El conflicto entre Lutero y Zwinglio sobre la interpretación de la Cena del Señor reflejaba dos maneras distintas de hacer teología. En términos generales, la influencia de Lutero fue más fuerte en las regiones septentrionales, mientras que la de Zwinglio predominó en Suiza y en la Alemania meridional. En la cuenca del Rin, y especialmente en Estrasburgo con su reformador Martín Bucero (1491-1551),[1] hubo un intento de desarrollar una posición intermedia que uniría ambas ramas del protestantismo. Tales intentos fracasaron en lo político, puesto que la *Concordia de Wittenberg* de 1536,[2] que unía a los luteranos del norte con Bucero y sus seguidores, y que había sido redactada con la esperanza de que también la aceptaran los suizos y los alemanes del sur, no tuvo éxito. En 1549 varios de los alemanes del sur y de los suizos llegaron al *Consenso de Zúrich*.[3] Entre los suizos que participaron en tal consenso se encontraba Enrique Bullinger (1504-1575),[4] quien había sucedido a Zwinglio en Zúrich, y

---

[1] El espíritu mediador de Bucero está bien documentado en J. V. Pollet, *Martin Bucer: Etude sur la correspondence*, 2 vols. (París, 1958, 1964). Sus obras latinas y alemanas han sido publicadas en ediciones conjuntas en París y Gütersloh.

[2] CR, 3:75-77.

[3] *Calvin: Homme d'église* (Ginebra, 1936), pp. 131-142.

[4] Una buena introducción a Bullinger es la obra de A. Bourvier, *Henri Bullinger: Réformateur et conseiller oecuménique* (Neuchâtel, 1940). Hay traducción inglesa de su tratado

era ahora el principal dirigente de la reforma en esa ciudad. Bucero aceptó este documento, puesto que las opiniones de Calvino, cuyo impacto se notaba en el *Consenso*, llevaban el sello del propio Bucero. Los luteranos no aceptaron este nuevo acuerdo, con el resultado de que Suiza y buena parte de Alemania siguieron la teología reformada de Calvino, la cual — en parte gracias a la influencia de Bucero— era en realidad una posición intermedia entre el zwinglianismo y el luteranismo. Por tanto, aunque Bucero fracasó en sus intentos de unir a los seguidores de Lutero y los de Zwinglio, sí tuvo indirectamente buen éxito al contribuir a la forma final y más moderada que tomó la teología reformada. Quizá para completar esta ironía de fracaso en lo práctico y éxito en lo teológico, Bucero tuvo que partir de Estrasburgo en 1549 debido a la reacción católica; pero entonces fue a Cambridge, donde hizo fuerte impacto en la reforma anglicana.

Le tocó a Juan Calvino (1509-1564) darle a la teología reformada su forma característica.[5] Aunque es posible describir con ciertos detalles el curso externo de los años mozos de Calvino,[6] los datos sobre su desarrollo intelectual y religioso son muy escasos.[7] En contraste con Lutero, Calvino mismo nos ofrece pocos datos en este sentido. Sí sabemos de sus estudios, tanto de teología como de derecho, en París y en Orleans. Debe haber tenido sus primeros contactos con el humanismo desde edad temprana, puesto que desde joven fue amigo del médico personal del rey, Guillermo Cop, quien a su vez estaba en contacto con Erasmo y Budé. Resulta interesante notar, sin embargo, que cuando dos de sus profesores de derecho, Pierre de l'Estoile y Andrea Alciati, se enfrentaron en una amarga controversia, Calvino tomó el partido más conservador de l'Estoile frente al humanista Alciati.[8] De hecho, su primera obra publicada fue el prefacio que escribió a la *Antapología* de su amigo Duchemin contra Alciati.

De la santa iglesia Católica en *LCC*, 24:288-325. Véase también la bibliografía en *LCC*, 24:356-57.

[5] La bibliografía sobre Calvino es harto extensa, y por ello refiero al lector a las siguientes bibliografías: A. Erichson, *Bibliographia Calviniana* (reimpresión: Nieukaap, 1960); W. Niesel, *Calvin-Bibliographie: 1901-59* (München, 1961); D. Kempff, *A Bibliography of Calviniana, 1959-1974* (Potcherfstroom, 1975). En *CTJ* se publican periódicamente otras bibliografías.

[6] J. Pannier, *L'enfance et la jeunesse de Jean Calvin* (Toulouse, 1909).

[7] J. Pannier, «Recherches sur la formation intellectuel de Calvin», *RHPhRel*, 10 (1930): 145-76, 264-85, 410-47; F. Callandra, «Apunti sullo svilluppo spirituale della giovanezza de Calvino», *RivStIt*, ser. 5, 5 (1939): 175-225. F. Wendel, *Calvin: Sources et évolution de sa pensée religieuse* (París, 1950), pp. 3-26; W. F. Dankbaar, *Calvin: Sein Weg und sein Werk* (Neunkirchen, 1959), pp. 1-28.

[8] Hay varios artículos y libros sobre los estudios de Calvino, que pueden encontrarse en las bibliografías mencionadas arriba. Sin embargo, la controversia entre Alciati y de l'Estoile no ha sido suficientemente estudiada en lo que se refiere al desarrollo del pensamiento de Calvino.

Pero esto no quería decir que rechazase el humanismo,[9] puesto que todos los miembros de su círculo de amigos eran humanistas —entre los que se encontraba el propio Duchemin— y poco después de escribir el prefacio a la *Antapología* comenzó a trabajar en su comentario sobre el *De clementia* de Séneca, con la esperanza de que ganaría la admiración de los círculos humanistas.

Como publicación, el comentario sobre Séneca fue un fracaso, porque no logró la atención que su joven autor había esperado.[10] Pero sí resulta valioso hoy como fuente para el estudio del desarrollo de las convicciones de Calvino.[11] Aunque algunos eruditos han afirmado que el propósito de esta obra era servir de defensa velada en pro de los protestantes perseguidos, tal interpretación no es convincente. A pesar de ello, el comentario es importante por dos razones. En primer lugar, da testimonio de la profunda influencia del humanismo sobre Calvino al menos hasta la fecha de su composición, 1532. Aunque más tarde Calvino condenaría el orgullo y la falta de convicciones de los humanistas, siempre continuaría siendo admirador del humanismo mismo. Esto puede verse en su actitud hacia la tradición y la necesidad de volver a las fuentes, y en el hecho de que siempre le fue fácil entenderse con otros personajes de semejante trasfondo, tales como Melanchthon y Bucero. En segundo lugar, ya pueden verse en el comentario sobre Séneca algunas de las fuertes críticas que más tarde Calvino les haría a las virtudes de los paganos.[12]

Resulta imposible determinar la fecha exacta de la conversión de Calvino. Parece indudable que entre 1533 y 1534 experimentó una «súbita conversión» que le llevó a abandonar «las supersticiones del papado».[13] Casi inmediatamente después de ello, completó su obra *Psychopannachia*,[14] que trataba de refutar la doctrina de algunos anabaptistas, que las almas de los cristianos duermen tras la muerte, en espera de la resurrección final. Desafortunadamente, este tratado, que de otro modo sería de gran importancia para estudiar el desarrollo teológico de Calvino, solamente se conserva en ediciones de 1542 y posteriores. Puesto que Calvino frecuentemente corregía sus escritos en cada nueva edición, resulta difícil saber cuánto del texto que ahora existe formaba ya parte de la edición de 1532.

---

[9] Sobre Calvino y el humanismo, véase Q. Breen, *John Calvin: a Study in French Humanism* (Grand Rapids, 1931); D. Lerch, «Calvin und der Humanismus», *ThZschr*, 7 (1951): 284-99; B. Hall, *John Calvin: Humanist and Theologian* (Londres, 1956).

[10] Breen, *John Calvin*, p. 90.

[11] *Ibid.*, pp. 86-99.

[12] *CR*, 33:39, 112, 154.

[13] *Comm. in lib. Psalmorum*, prefacio (*CR*, 59:22).

[14] *CR*, 29:1-252.

En todo caso, en el 1533, cuando una serie de acontecimientos en Francia llevaron al exilio a muchos franceses que favorecían o parecían favorecer las doctrinas de Lutero, Calvino abandonó a París y, tras una serie de viajes, se asentó en Suiza, en la ciudad de Basilea. Desde ese momento en adelante, Calvino viviría en el exilio. Esa experiencia dejó una clara huella en la vida y el pensamiento de Calvino, quien, en el 1564, poco antes de morir, comentando acerca de Abraham, se lamentaba: «El exilio mismo es doloroso, y la añoranza por la dulzura de la tierra nativa ata a muchos».[15]

En Basilea, se dedicó a una vida de estudio. A principios del 1535 estaba escribiendo el prefacio de la primera edición de la *Institución de la religión cristiana*, que se publicaría en esa ciudad en el 1536.[16] Aunque aquella primera edición de la *Institución* era poco más que el esqueleto del producto final publicado en 1559 —la edición de 1536 tenía seis capítulos, mientras que la de 1559 tenía ochenta— ya era una obra importante que inmediatamente atrajo la atención de varios dirigentes de la Reforma. Uno de ellos fue Guillermo Farel (1489-1565), el jefe de la Reforma en Ginebra. Calvino se veía a sí mismo ante todo como erudito, y quería dedicarse al estudio y la escritura. Pero estos planes cambiaron cuando, camino de Basilea hacia Estrasburgo, la guerra le obligó a tomar una ruta menos directa a través de Ginebra. Allí, Farel le pidió que permaneciera para tomar las riendas de la Reforma. Puesto que Calvino no se mostraba dispuesto a acceder, Farel le declaró que, si partía de aquella ciudad sin hacer caso del llamado que se le hacía, su alma peligraría. A base de aquella amenaza, Calvino decidió permanecer en Ginebra y comenzó así su carrera como líder de la reforma.

La estadía de Calvino en Ginebra fue tal que hoy muchos piensan de él como ginebrino. Pero la verdad es que Ginebra le recibió con esa combinación de benevolencia y suspicacia que los exiliados frecuentemente experimentan. Bien sabido es que, cuando sus conflictos en la ciudad resultaron insufribles, Calvino partió en un segundo y pasajero exilio. No fue sino en 1559, tras otro período a cargo de la reforma en la ciudad y poco antes de su muerte, que Calvino fue declarado ciudadano de Ginebra. Además, no solo era Calvino quien se exilió en Ginebra. Allí acudían los protestantes ingleses huyendo del régimen de María Tudor —«María la Sanguinaria»— los holandeses huyendo del régimen español, y muchos otros. De España vinieron, entre otros, Casiodoro de Reina y Cipriano de Varela. Llegó el momento cuando los refugiados en la ciudad eran más que los ginebrinos mismos. Teodoro de Beza, quien le sucedería como líder de la reforma, era también exiliado francés. Fue entonces dentro de ese

---

[15] *Comentario sobre Jeremías*, 12.1.
[16] *CR*, 29:1-252.

contexto que Calvino, como exiliado, fue pastor tanto de los ginebrinos como de numerosos exiliados procedentes de toda la Europa católica.

Fue en medio de sus tareas pastorales, docentes y reformadoras, movido frecuentemente por nuevos problemas y retos, que Calvino continuó desarrollando su *Institución* hasta que esta llegó a su forma final en 1559.[17] Con solo seguir el desarrollo de la *Institución*, tanto en su estructura como en su tamaño y en su contenido, es posible trazar un bosquejo del desarrollo teológico de Calvino y de los problemas planteados por diversas controversias. La edición de 1536 era poco más que un catecismo escrito en forma de defensa dirigida al rey de Francia. Mostraba poca originalidad, y buena parte de lo que decía era tomado de Lutero. La segunda edición (1539) mostraba la influencia creciente de Bucero y de otros teólogos reformados, y al mismo tiempo mostraba mayor participación en la vida de la iglesia, así como el interés en refutar las doctrinas de Serveto respecto a la Trinidad y de los anabaptistas respecto al bautismo de niños y la naturaleza de la iglesia. En su edición final, la *Institución* había llegado a ser una exposición sistemática de la teología reformada, claramente distinguible no solo del catolicismo romano, sino también de los luteranos, los anabaptistas y los antitrinitarios. Esta exposición sistemática de la fe protestante vino a ser uno de los documentos básicos de la tradición reformada, y nos servirá aquí como fuente principal para nuestro estudio de la teología de Calvino.

El conocimiento de Dios

En el comienzo de su *Institución*, Calvino afirma que prácticamente todo lo que el ser humano puede conocer consiste en dos cosas: el conocimiento de Dios y el conocimiento de sí mismo.[18] El verdadero conocimiento propio, en el que descubrimos nuestra miseria e insuficiencia, también nos apercibe de la necesidad de buscar el conocimiento de Dios. Pero, puesto que en nuestra condición presente estamos harto inclinados a engañarnos a nosotros mismos, pretendiendo ser lo que no somos y ocultando nuestras debilidades, el mejor lugar donde la verdadera sabiduría debe comenzar es el conocimiento de Dios. Calvino concuerda con Lutero en cuanto a la insuficiencia del mero conocimiento de la existencia de Dios, aunque cuando se refiere al conocimiento «propio» de Dios, el énfasis cae no tanto en la actitud de Dios hacia nosotros, como en la actitud apropiada de nuestra parte para con Dios. «Yo, pues, entiendo por conocimiento de Dios,

---

[17] Hay también una edición francesa de 1560 traducida del texto latino de 1559, probablemente por el propio Calvino. Véase Wendel, *Calvin*, pp. 85-86; J. Cadier, en su prefacio a la edición francesa (Ginebra, 1955), pp. x-xiii.

[18] *Inst.* 1.1.1.

no solo saber que hay algún Dios, sino también comprender lo que acerca de él nos conviene saber, lo que es útil para su gloria, y en suma lo que es necesario».[19]

Hay en toda persona una conciencia natural de la divinidad, de la que la idolatría misma es prueba.[20] Pero esta conciencia basta solamente para quitarnos toda excusa, porque no es más que una «semilla de religión» sembrada en nosotros por la misteriosa inspiración de Dios —semilla que pocos cuidan y que nadie puede por sí mismo llevar a la fruición—.[21] En general, lo mismo es cierto del conocimiento de Dios mediante la creación y mediante el orden del universo, donde se manifiesta el poder de Dios.[22]

Una vez más, esta huella divina en el mundo y en su orden basta para quitarnos toda excusa,[23] pero no basta para producir el verdadero conocimiento de Dios, debido a la maldad en el corazón humano.[24]

Luego no podemos conocer a Dios porque estamos de tal manera sujetos a nuestro pecado que tal conocimiento nos resulta imposible. Pero hay también otro factor que limita nuestro conocimiento de Dios: la inmensa distancia entre el creador y la criatura. Somos incapaces de conocer a Dios, no solamente porque somos pecadores, sino también porque somos criaturas finitas y Dios es infinito. Esto a su vez nos indica que no debemos tratar de conocer a Dios en su excelsa gloria, sino solamente tal y como se nos revela, principalmente mediante las Escrituras.

Es preciso estar muy sobre aviso, para que ni nuestro entendimiento, ni nuestra lengua, pase más adelante de lo que la Palabra de Dios nos ha asignado. Porque, ¿cómo podrá el entendimiento humano comprender, con su débil capacidad, la inmensa esencia de Dios, cuando aún no ha podido determinar con certeza cuál es el cuerpo del sol, aunque cada día se ve con los ojos? Asimismo, ¿cómo podrá penetrar por sí solo la esencia de Dios, puesto que no conoce la suya propia? Por tanto, dejemos a Dios el poder conocerse... Ahora bien, le dejaremos lo que le compete si le concebimos tal como él se nos manifiesta; y únicamente podremos enterarnos de ello mediante su Palabra.[25]

---

[19] *Inst.* 1.2.1 (trad. Cipriano de Valera, 1597; edición de Rijswijk, 1967, 1:5).
[20] *Inst.* 1.3.1.
[21] *Inst.* 1.4.1; Cp. *CR*, 58:477; 89:58.
[22] *Inst.* 1.5.1-3; *CR*, 54:204, 281; 62:297; 63:452.
[23] *Inst.* 1.5.4, 13.
[24] *Inst.* 1.5.12, 14; *CR*, 71:346.
[25] *Inst.* 1.13.21 (trad. Valera, 1:85).

La revelación de Dios no nos da a conocer la esencia divina, puesto que tal cosa no podríamos ni comprender ni resistir. En la revelación, Dios se «acomoda» a nuestra percepción limitada.[26] Tal es la función de las Escrituras, y ciertamente de toda la revelación, cuyos «antropomorfismos» se deben, no a la esencia misma de Dios ni a una imperfección en la revelación, sino a nuestra capacidad limitada, a la que Dios ha adaptado todo lo que nos comunica.[27]

Aunque en el sentido estricto la Palabra de Dios es la Segunda Persona de la Trinidad,[28] también se puede decir que las Escrituras son la Palabra de Dios,[29] porque son el testimonio de Dios para nosotros,[30] y su contenido no es otro que Jesucristo.[31] Las Escrituras no derivan su autoridad de la iglesia.[32] Al contrario, la iglesia ha sido construida sobre el fundamento de los profetas y los apóstoles, y ese fundamento se encuentra ahora en las Escrituras.[33] Aunque hay bases razonables para aceptar la autoridad de las Escrituras,[34] tales bases no bastan para probar que, de hecho, son la Palabra de Dios. Esto lo podemos saber únicamente gracias al testimonio interno del Espíritu.[35] Por otra parte, esto no quiere decir que las supuestas revelaciones del Espíritu Santo deban preferirse al testimonio claro del texto escrito.[36] Cualquier espíritu supuestamente divino que no lleve a las Escrituras, y mediante ellas a Cristo, ha de ser rechazado. Cuando Pablo dice que «la letra mata», no se refiere al texto escrito de la Biblia, sino al entendimiento literal de la ley, que no ve a Cristo en ella; de igual modo, la interpretación espiritual de las Escrituras es la que encuentra a Cristo en ellas.

La Biblia claramente rechaza toda idolatría y «superstición papista», tales como el uso de las imágenes.[37] Aquí Calvino le aplica al uso católico de las imágenes todo lo que el Antiguo Testamento dice contra los ídolos de los paganos. Pretender representar a Dios o lo divino mediante imágenes es reducir la gloria de Dios. Aunque es cierto que Dios a veces

---

[26] *CR*, 54:387; 57:356. Nótese la semejanza entre esto y el «Dios escondido» de Lutero.

[27] *CR*, 56:567, 676, 694; 57:70.

[28] *Inst*. 1.13.8.

[29] *Inst*. 1.7.1; Cp. *CR*, 64:302.

[30] *CR*, 56:617.

[31] *Inst*. 4.8.5; Cp. *CR*, 37:825; 75:125.

[32] *Inst*. 1.7.1.

[33] *Inst*. 1.7.2.

[34] *Inst*. 1.8.

[35] *Inst*. 1.7.4-5; Cp. *CR*, 76:401.

[36] *Inst*. 1.9.

[37] *Inst*. 1.10-12; Cp. *CR*, 54:157; 56-316; 88:577.

empleó señales materiales —la nube o la columna de fuego— tales señales eran pasajeras, y por su propio carácter pasajero mostraban que Dios
no puede representarse adecuadamente mediante señales materiales. En
cuanto a lo que dice Gregorio el Grande, que las imágenes son los libros
en que los ignorantes aprenden la fe cristiana, hay que señalar que en el
mejor de los casos todo lo que se puede aprender mediante las imágenes
resulta frívolo. La distinción tradicional entre *dulía* y *latría* es cuestión
de meras palabras y no libra a quienes veneran las imágenes de la acusación de idolatría. Aunque Calvino rechazaba el uso de imágenes porque
lo consideraba contrario a las Escrituras, no iba tan lejos como Zwinglio,
quien concordaba con los anabaptistas en rechazar todo lo que no tuviese
base escrituraria. Así, mientras Calvino y muchos calvinistas posteriores
continuaron usando buena parte de las prácticas tradicionales en el culto,
otros calvinistas que habían recibido la influencia de Zwinglio redujeron
la música en el culto a lo que se podía encontrar claramente expresado en
las Escrituras, es decir, el cántico de Salmos. Debido a estas tendencias,
la tradición reformada ha sido mucho menos fructífera que la luterana y la
católica en su arte y en su música.

El Dios que se revela en las Escrituras es trino.[38] En este punto, Calvino no se aparta de la ortodoxia tradicional.[39] Sí reconoce que la terminología que se emplea en la doctrina de la Trinidad no se encuentra
en las Escrituras. Pero sostiene que es necesario retenerla porque es el
único modo de expresar claramente las enseñanzas de la Biblia frente a
herejes tales como Serveto. Fue, de hecho, el episodio de Serveto —y
otros episodios semejantes de menor impacto— lo que llevó a Calvino a
dedicarle más atención a esta doctrina. Mientras la primera edición de la
Institución sencillamente mencionaba y afirmaba la Trinidad, cada edición
posterior le fue dando más espacio, hasta que la última le dedica todo un
extenso capítulo.[40] En todo caso, la doctrina de la Trinidad de Calvino
es completamente ortodoxa y tradicional, y la mencionamos aquí sencillamente para mostrar que, aunque Calvino insiste en la autoridad única
de las Escrituras, sí está dispuesto a interpretar esas Escrituras a la luz de
los primeros concilios ecuménicos. Lo mismo puede decirse sobre su uso
de los antiguos escritores cristianos, a quienes cita frecuentemente y casi
siempre favorablemente.

---

[38] *Inst.*,1.13. Cf. *Defensio doct. de trin. contra Serv.* (*CR*, 36:453-644); *Actes du procès de
Servet* (*CR* 36:721-872).

[39] Koopmans, *Das altkirchliche Dogma*, pp. 66-75.

[40] Wendel, *Calvin*, pp. 122-23.

Dios, el mundo y la humanidad

El verdadero Dios se ha revelado como creador para que podamos distinguirle de los ídolos.[41] Es por esto por lo que Moisés escribió la narración de los seis días de la creación, para así ponerle fin a toda vana especulación sobre la naturaleza de Dios, y para mostrar la diferencia entre Dios y todos los ídolos que los humanos estaban haciendo. El fin y punto culminante de la creación fue Adán —aunque Adán mismo no es la más excelsa de las criaturas, puesto que los ángeles se encuentran por encima de él. Si Moisés no los menciona, es porque quería presentar la historia de la creación de la manera más sencilla posible, y no era necesario tratar sobre los ángeles para lograr su propósito. Pero los ángeles sí existen. Son servidores espirituales de Dios. Los que han caído se han vuelto demonios. Aunque los ángeles son superiores a los humanos, no se les debe adorar. En todo caso, Calvino evita las complicadas especulaciones sobre las jerarquías angélicas que se habían vuelto tradicionales en la Edad Media, especialmente debido a la influencia del Seudo-Dionisio, pues dice que «el fin del teólogo no puede ser deleitar el oído, sino confirmar las conciencias enseñando la verdad y lo que es cierto y provechoso».[42] Lo que es más: el único modo en que los ángeles se comunican con nosotros es mediante la intercesión de Cristo,[43] y, por lo tanto, deberíamos ocuparnos más del conocimiento de Cristo que de los ángeles.

Dado el espacio que les dedica,[44] Calvino parece interesarse más en los demonios que en los ángeles. Esto por dos razones: el conocimiento de los demonios y del modo en que actúan es importante para la vida cristiana; y el tema del diablo y su hueste, y de su relación con la voluntad de Dios, se relaciona íntimamente con las cuestiones de la voluntad divina y la predestinación. Los demonios no son malos por naturaleza, sino debido a su propia pecaminosidad y corrupción, puesto que —como dijo Agustín— no hay naturaleza que sea mala en sí misma. Son seres personales, y quienes dicen que no son sino nuestras propias malas inclinaciones deben cuidarse de no caer en sus maquinaciones.

Lo que es verdaderamente importante saber acerca de la creación no son todos los detalles de su origen o de su funcionamiento presente, sino el hecho de que ha sido creada para nosotros. Es por esto por lo que Adán fue creado último. La criatura humana se compone de cuerpo y alma. El alma,

[41] *Inst.* 1.14.1-2.
[42] *Inst.* 1.14.4.
[43] *Inst.* 1.14.12. Cp. *CR*, 70:128.
[44] *Ibid.* 1.14.13-19. Cp. *CR*, 64:448; 73:361.

que según Calvino es «la mejor parte» es inmortal, aunque sí es creada.[45] En este punto Calvino está atacando a Serveto, quien decía que cuando Dios sopló su aliento sobre Adán, una porción de la sustancia divina le fue dada, y que esto es el alma. Calvino rechaza tales opiniones categóricamente. El alma fue creada por Dios de la nada[46] y no participa de la esencia divina.[47]

La imagen de Dios no estaba tanto en el cuerpo de Adán como en su alma. De una manera derivada y casi alegórica, se le puede atribuir esa imagen también al cuerpo; pero propiamente le pertenece al alma.[48] En cuanto a la distinción que ya para entonces se había hecho tradicional entre la «imagen» y la «semejanza», Calvino la rechaza, y afirma que lo que tenemos aquí no es sino un caso más de la costumbre hebrea de usar expresiones paralelas para referirse a una sola cosa. En lo esencial, la imagen de Dios en Adán residía en su alma y se refería a la autoridad que Dios le había dado sobre el resto de la creación. Todo esto, sin embargo, era cierto de Adán antes de la caída, porque después de su pecado lo que queda de la imagen divina ya no puede reconocerse. «No hay duda de que Adán, al caer de su dignidad, con su apostasía se apartó de Dios. Por lo cual, aun concediendo que la imagen de Dios no quedó por completo borrada y destruida, no obstante, se corrompió de tal manera que no quedó de ella más que una terrible deformidad».[49]

La caída es, entonces, la señal bajo la que vivimos y, por lo tanto, buena parte de lo que podía decirse de Adán cuando fue creado ya no puede decirse de nosotros en nuestra existencia actual. Esto es importante para Calvino, puesto que es a base de la caída que puede sostener al mismo tiempo la depravación de la naturaleza humana y el amor de Dios. Sobre esto volveremos al discutir nuestra situación presente.

A pesar de la caída, Dios sigue siendo el soberano de toda la creación. Aquí se escuchan ecos de Zwinglio, puesto que la doctrina de la providencia se relaciona estrechamente con la predestinación. Todo tiene lugar bajo el gobierno y la acción de Dios. Esto no quiere decir sencillamente que Dios sea la causa primera de todas las cosas, sino también que Dios interviene en todos los casos particulares.[50] Esto incluye el orden de la naturaleza, así como las vidas en general de todas la personas, y las vidas de los creyentes, aunque Dios gobierna sobre estos últimos de un modo

---

[45] *Inst.* 1.15.2.

[46] *CR*, 72:401.

[47] *CR,* 62:455.

[48] *Inst.* 1.15.3. Cf. *CR*, 60:620.

[49] *Inst.* 1.15.4 (trad. Valera, 1:118).

[50] *Inst.* 1.16.3.

distinto.[51] Lo que es más: la providencia no es mera presciencia, sino que Dios, de hecho, produce los acontecimientos.[52] Y, si acusamos a Calvino de caer en el fatalismo de los estoicos, nos responde que tal no es el caso, puesto que no está hablando de una necesidad interna en las cosas, sino de un gobierno universal divino.[53]

Según Calvino, esta doctrina es muy útil, porque muestra que debemos agradecerle a Dios todas las cosas, y que en tiempos de adversidad hemos de tener paciencia y confianza. Tampoco debe llevarnos esa doctrina a despreciar a quienes de otra manera consideraríamos nuestros benefactores, puesto que ahora vemos que Dios les ha escogido para esa función. Además, no debemos utilizar esa doctrina para actuar irresponsablemente, porque quienes verdaderamente la entienden están dispuestos a sujetarse a la soberanía de Dios, mientras que quienes la rechazan le roban a Dios su gloria y, por lo tanto, muestran su propia rebeldía.

Por tanto, a Dios sea la gloria. Suya es la gloria, no solamente en los electos, sino también en los réprobos, quienes también cumplen la voluntad de Dios. Porque aun en los malvados y réprobos se está cumpliendo la voluntad *escondida* de Dios. El mal está en resistir la voluntad *revelada* de Dios, y es por esto por lo que se les castigará.[54] Pero así y todo siguen estando en las manos de Dios, quien usa la maldad de ellos para la justicia y gloria divinas. Por último, si alguien pretende hacer esta doctrina más aceptable distinguiendo entre la voluntad activa y la voluntad permisiva de Dios, y pretendiendo entonces que Dios activamente desea el bien, pero solo permite el mal, sepa que esto no es sino otro intento de disminuir la gloria de Dios y de sujetarle a nuestro propio entendimiento.[55]

Aunque resulta claro por todo lo que antecede que hay una relación estrecha entre la providencia y la predestinación, es importante señalar que la discusión detallada de la predestinación viene mucho después en la *Institución*, cuando Calvino está discutiendo la obra de Cristo para nuestra salvación. Lo que esto quiere decir es que, para Calvino, la predestinación no es una doctrina que se pueda deducir de la omnipotencia y omnisciencia divinas, sino que se entiende propiamente solo desde la perspectiva de la fe agradecida que conoce su salvación a pesar de su propio pecado. La doctrina de la predestinación es un modo mediante el cual los electos le dan a Dios toda la gloria por su salvación.

---

[51] Cp. *Contre la secte phantastique des libertins* (*CR*, 35:145-252).
[52] *Inst.* 1.16.4.
[53] *Inst.* 1.16.4.
[54] *Inst.* 1.17.5.
[55] *Inst.* 1.18.1.

La condición humana

Si, como Calvino dice al principio de la *Institución*, prácticamente toda la sabiduría humana consiste en el conocimiento de Dios y de nosotros mismos, resulta que una parte importante de la teología cristiana es la antropología o doctrina del ser humano. Calvino trata sobre este tema en el segundo libro de la *Institución*, donde señala claramente, sin embargo, que el conocimiento que ahora busca no es el mismo al que se referían los filósofos al decir «conócete a ti mismo». La diferencia radica en que los filósofos no sabían acerca de la caída, y, por lo tanto, cuando trataban de conocer la naturaleza humana lo que buscaban era su valor y virtud cuando, de hecho, lo que debieron haber buscado fue su indignidad y depravación. Para quienes sabemos de la caída, el conocimiento propio implica ante todo la integridad original con que fuimos creados. Esto es importante, porque al afirmar tal integridad también estamos afirmando la sabiduría y bondad de Dios. Pero la caída también es importante, porque nos permite vernos tal cual verdaderamente somos en nuestra miseria y necesidad, y al mismo tiempo insistir en la bondad de Dios.

> Así pues, aunque la verdad de Dios concuerda con la opinión común de los hombres de que la segunda parte de la sabiduría consiste en conocernos a nosotros mismos, sin embargo, hay gran diferencia en cuanto al modo de conocernos. Porque, según el juicio de la carne, le parece al hombre que se conoce muy bien cuando, fiando en su entendimiento y virtud, se siente con ánimo para cumplir su deber, y renunciando a todos los vicios se esfuerza con todo ahínco en poner por obra lo que es justo y recto. Mas el que se examina y considera según la regla del juicio de Dios no encuentra nada en que poder confiar, y cuanto más profundamente se examina, tanto más se siente abatido, hasta tal punto que, desechando en absoluto la confianza en sí mismo, no encuentra nada en sí con qué ordenar su propia vida.[56]

La razón por la que nos encontramos en tal condición es el pecado de Adán, heredado por todos sus descendientes. El gran pecado de Adán no consistió sencillamente en desobedecer a Dios, sino que fue ante todo su incredulidad, porque no creyó lo que Dios le había dicho y le prestó oídos a la serpiente. Esto, a su vez, llevó a la ambición, el orgullo y la ingratitud, y como resultado de ello perdió la integridad original que le había sido dada para guardar, no solamente para sí mismo, sino también para su

---

[56] *Inst.* 2.1.3 (trad. Valera, 1:162-63).

posteridad. Luego el pecado original no es sencillamente algo que aprendamos por imitación. Tampoco es una corrupción del cuerpo, que se transmite de los padres a los hijos de igual modo que se transmite algún rasgo físico. Es más bien «una corrupción y perversión hereditarias de nuestra naturaleza, difundidas en todas las partes del alma; lo cual primeramente nos hace culpables de la ira de Dios y, además, produce en nosotros lo que la Escritura denomina "obras de la carne"».[57] Esto quiere decir que, aunque el pecado original se hereda y ya existe en la matriz,[58] la razón por la que se transmite no es la sensualidad en el acto mismo de concepción, sino más bien el hecho mismo de ser hijos de Adán. Es más: no es solamente la culpa de Adán lo que se transmite, sino también el pecado, que a su vez engendra en nosotros más pecado.[59]

Esta es la doctrina de la depravación de la naturaleza humana, sobre la que Calvino insiste.[60] Esta depravación, sin embargo, no es «natural» en el sentido de que se deba a la naturaleza humana tal como fue creada. Al contrario, la naturaleza en sí misma es buena. Lo que es malo es la corrupción que el pecado ha introducido en esa naturaleza. Lo que ha sucedido en la caída es que los dones sobrenaturales que Adán tenía originalmente se han perdido, y los dones naturales se han corrompido.[61] Los dones sobrenaturales que se han perdido eran la fe y la integridad necesarias para la bienaventuranza eterna. Los dones naturales eran el intelecto y la voluntad, y ambos han sido corrompidos por la caída.

La corrupción del intelecto humano no es tal que haya quedado completamente destruido.[62] De hecho, el intelecto humano caído todavía conserva un ansia natural de la verdad, y esto es un destello de su condición original. Pero aun la búsqueda de la verdad nos lleva al orgullo y la vanidad. En cuanto a lo terreno, tenemos conocimiento natural de la necesidad del orden social, aunque por necesidad pervertimos ese orden. También podemos comprender algo del funcionamiento de las cosas que nos rodean, aunque entonces empleamos ese entendimiento para mal. Por tanto, aun después de la caída, la gracia de Dios continúa bendiciéndonos, puesto que todas estas cosas que podemos saber son dones del Espíritu Santo.

Es cuando se busca el conocimiento de las «cosas celestiales» que la corrupción del intelecto resulta más patente, puesto que en lo que a esto se refiere las mentes más agudas resultan más que ciegas. Si entre los escritos

---

[57] *Inst.* 2.1.8 (trad. Valera, 1:168).

[58] *CR* 61:654.

[59] *Inst.* 2.1.8.

[60] *CR*, 74:375, 673; 78:322-24; 79:251.

[61] *Inst.* 2.2.12. Cf. *CR*, 78:257.

[62] *Inst.* 2.2.12-25.

de los filósofos se encuentran «por aquí y por allá» destellos de la verdad de Dios, esto no se debe a la perspicacia de los filósofos, sino más bien a que Dios les dio «cierto gusto de Su divinidad, a fin de que no pretendiesen ignorancia para excusar su impiedad».[63] El único modo en que podemos escuchar o saber algo acerca de Dios es mediante unos oídos y una mente que solamente el Espíritu puede dar. También es cierto, por otra parte, que tenemos algún conocimiento natural de la voluntad de Dios, a través de lo que se llama comúnmente la «ley natural». Pablo afirma la existencia de tal ley. Pero la función de esa ley en nuestra condición presente no es darnos a conocer la voluntad de Dios, sino hacernos inexcusables. Sin la ley revelada de Dios, la ley natural no basta para conocer el bien.

La voluntad también se ha corrompido.[64] Todavía tenemos una tendencia natural a buscar lo que es bueno para nosotros, pero esto apenas sobrepasa el «apetito natural» que se encuentra en todos los animales. Nuestra voluntad está ahora atada al pecado y, por lo tanto, no hay uno solo de nosotros que verdaderamente busque a Dios. Lo que llamamos «virtudes» de los paganos no eran sino espléndidos vicios. Y la poca virtud verdadera que tenían no se debía a su propia naturaleza, sino a la gracia de Dios. Por nuestros propios medios y voluntad, somos completamente incapaces de dirigirnos hacia el bien. «Así que la voluntad, estando ligada y cautiva del pecado, no puede en modo alguno moverse al bien, ¡cuánto menos aplicarse al mismo!; pues semejante movimiento es el principio de la conversión a Dios, lo cual la Escritura le atribuye totalmente a la gracia de Dios».[65] La voluntad es como un caballo guiado por su jinete; en nuestra condición caída el jinete es el diablo.[66] Hacemos lo que el diablo quiere que hagamos, y sin embargo lo hacemos de buen grado. Con gusto aceptamos las directrices del diablo, porque nuestra voluntad coincide con ellas. Y aun en esto Dios sigue siendo servido y glorificado, porque Dios usa a Satanás así como a la humanidad caída para llevar a cabo su divina voluntad.[67] Una vez más, nada tiene lugar sin que Dios así lo desee.

La función de la ley

Cuando Calvino se refiere a la «ley», normalmente lo hace en un sentido distinto del de Lutero. Para él, la ley no es la contraparte del evangelio,

---

[63] *Inst.* 2.2.18 (trad. Valera, 1:188).

[64] *Inst.* 2.2.2—3.2.

[65] *Inst.* 2.3.5 (trad. Valera, 1:201).

[66] *Inst.* 2.4.1.

[67] *Inst.* 2.4.5.

sino más bien la revelación de Dios al antiguo Israel, que se encuentra en los «libros de Moisés» así como en todo el resto del Antiguo Testamento.[68] Así pues, la relación entre ley y evangelio más que dialéctica es de continuidad.[69] Como veremos, hay diferencias entre los dos testamentos. Pero en su esencia el contenido es el mismo. Esto es de importancia fundamental, puesto que el conocimiento de la voluntad de Dios sería inútil sin la gracia de Jesucristo. La ley ceremonial tuvo a Cristo por contenido y finalidad, puesto que sin él todas las ceremonias son vanas.[70] La única razón por la que los sacrificios de los antiguos sacerdotes eran aceptables a Dios era la redención prometida en Jesucristo. Dada nuestra corrupción, cualquier sacrificio que pudiéramos ofrecerle a Dios sería en sí mismo inaceptable.[71]

Pero es en la ley moral donde más claramente se ve la continuidad entre lo viejo y lo nuevo. De hecho, la ley moral tiene un propósito triple.

El primer propósito de la ley —en lo cual Calvino concuerda con Lutero— es mostrarnos nuestro pecado, miseria y depravación. Cuando vemos en la ley lo que Dios requiere de nosotros, nos enfrentamos a nuestra propia incapacidad. Esto no nos capacita para hacer la voluntad de Dios, pero sí nos fuerza a dejar de confiar en nosotros mismos y a buscar la ayuda y la gracia de Dios.[72]

El segundo propósito de la ley es refrenar a los malvados.[73] Aunque esto no lleva a la regeneración, sí es necesario para el orden social. Puesto que muchos obedecen la ley por temor, las amenazas que se incluyen en ella fortalecen esta función. Bajo este encabezado, también la ley sirve a quienes, aunque predestinados para la salvación, todavía no se han convertido. Al forzarles a obedecer la voluntad de Dios, se preparan para la gracia a la que han sido predestinados. Así, muchos de quienes han llegado a conocer la gracia de Dios dan testimonio de que antes de su conversión se sentían compelidos por el temor a obedecer la ley.

Por último, el tercer uso de la ley —*tertium usus legis*— es revelarles a los creyentes la voluntad de Dios.[74] Este énfasis se volvió típico de la tradición reformada y sirvió para darle mucha de su austeridad en asuntos de ética. El propio Calvino, a base de este tercer uso de la ley, se ve obligado a dedicarle una amplia sección de su *Institución* a la exposición de

---

[68] *CR*, 77:525.

[69] *CR*, 56:564.

[70] *CR*, 78:603.

[71] *Inst*. 2.7.1.

[72] *Inst*. 2.7.6-9; Cp. *CR*, 51:701; 54:398; 73:610; 76:151.

[73] *Inst*. 2.7.10-11. Cp. *CR*, 65:265.

[74] *Inst*. 2.7.12; Cp. *CR*, 56:115. 627:57:11; 76:165.

la ley moral. La posición fundamental de Calvino es que Dios ha abolido la maldición de la ley, pero no su validez. El antinomianismo se equivoca al pretender que, porque Dios en Cristo ha abolido la maldición de la ley, ya los cristianos no tienen que obedecerla. En verdad, la ley no puede ser abolida, puesto que expresa la voluntad de Dios, y esta nunca cambia. Lo que ha sido abolido, además de la maldición de la ley moral, es la ley ceremonial. La razón resulta clara: el propósito de las antiguas ceremonias era señalar a Cristo, y esto no es necesario una vez que el propio Cristo se ha revelado.

El «tercer uso de la ley» quiere decir que los cristianos han de estudiar la ley cuidadosamente, no solo como palabra de condenación que constantemente les obliga a descansar sobre la gracia de Dios, sino también como la base sobre la que han de determinar sus acciones. En este estudio e interpretación de la ley, se deben seguir tres principios fundamentales. El primero es que Dios es espíritu y que, por tanto, sus mandamientos tienen que ver tanto con las acciones externas como con los sentimientos del corazón. Esto es cierto de toda la ley, y por ello Cristo, en el Sermón del Monte, sencillamente está haciendo explícito lo que ya estaba implícito, y no promulgando una nueva ley. La ley de Cristo no es sino la ley de Moisés.[75] El segundo punto que hay que tener en cuenta es que todo precepto es tanto positivo como negativo, puesto que toda prohibición implica un mandamiento, y viceversa.[76] Por lo tanto, nada queda fuera del alcance de la ley de Dios. En tercer lugar, el hecho de que el Decálogo fue escrito en dos tablas muestra que la religión y la justicia han de ir mano a mano.[77] La primera tabla se refiere a los deberes para con Dios; la segunda tiene que ver con las relaciones con el prójimo. Luego el fundamento de la justicia es el servicio a Dios, y este es imposible si no hay trato justo entre los humanos.

Hay así una continuidad fundamental entre el Antiguo Testamento y el Nuevo.[78] Esta continuidad se debe a que la voluntad de Dios revelada en el Antiguo Testamento es eternamente la misma, y a que el centro mismo de ese testamento era la promesa de Cristo, de cuyo cumplimiento el Nuevo habla. Sin embargo, sí hay diferencias importantes entre ambos testamentos. Estas diferencias son cinco.[79] En primer lugar, el Nuevo Testamento habla claramente de la vida futura, mientras que el Antiguo solamente la promete mediante señales terrenas. En segundo lugar, el

---

[75] *Inst.* 2.8.6-7; *CR*, 73:174.
[76] *Inst.* 2.8.8-10.
[77] *Inst.* 2.8.11.
[78] *Inst.* 2.10; 3.17.
[79] *Inst.* 2.11.

Antiguo Testamento no ofrece sino la sombra de lo que se encuentra sustancialmente presente en el Nuevo, es decir, Jesucristo. En tercer lugar, el Antiguo Testamento era temporal, mientras el Nuevo es eterno. Cuarto, la esencia del Antiguo Testamento es la ley y por tanto la servidumbre, mientras que la del Nuevo es el evangelio de libertad. Aquí debemos señalar, sin embargo, que todo lo que en el Antiguo Testamento se promete no es ley, sino evangelio. Por último, el Antiguo Testamento se dirigía a un solo pueblo, mientras el mensaje del Nuevo es universal. Pero a pesar de esas diferencias, en la discusión de Calvino sobre la ley y el evangelio el énfasis cae sobre la continuidad, de tal modo que la diferencia entre ambos es la que existe entre la promesa y su cumplimiento. En esto, Calvino difería sustancialmente de Lutero, y fue esto lo que más tarde le permitió al calvinismo desarrollar programas éticos más detallados que los de los luteranos.

Jesucristo

Como en el caso de la Trinidad, Calvino sigue la ortodoxia tradicional al discutir la persona y obra de Cristo.[80] En Jesucristo se unen dos naturalezas en una sola persona, de tal modo que «el que era Hijo de Dios se hizo también hijo del hombre; no por confusión de la sustancia, sino por unidad de la Persona».[81] Aunque los concilios pueden equivocarse —y de hecho se han equivocado—, los primeros concilios ecuménicos expresaron correctamente el testimonio bíblico sobre la persona de Cristo. Por tanto, no tenemos que detenernos aquí sobre las líneas generales de la cristología de Calvino.

Sí hay, sin embargo, tres puntos en los que resulta importante estudiar esa cristología. El primero se refiere a sus intentos de defender el dogma tradicional contra quienes lo atacaban. Esto es importante tanto porque obligó a Calvino a definir su propia cristología, como porque sirve para ilustrar algunas de las ideas de los racionalistas y otros heterodoxos. En segundo lugar, el modo en que Calvino describió la obra de Cristo en términos de su triple oficio de rey, profeta y sacerdote —lo que generalmente se conoce como el *triplex munus*— vino a ser común en la teología reformada. En tercer lugar, su modo de entender la unión hipostática se relaciona estrechamente con su posición respecto a la presencia de Cristo en la Cena del Señor.

---

[80] Koopmans, *Das altkirchliche Dogma*, pp. 86-97.
[81] *Inst.* 2.14.1 (trad. Valera, 1:356).

El primer punto en que las controversias contemporáneas obligaron a Calvino a desarrollar su cristología fue el propósito de la encarnación.[82] Su principal opositor en ese sentido fue Osiandro,[83] aunque también el debate con Serveto fue importante en este sentido.[84] Osiandro afirmaba que, aunque Adán no hubiese pecado, Cristo se hubiera encarnado. Su principal argumento era que Adán fue creado según la imagen de Dios, quien es Cristo, y que esto en sí mismo era ya una promesa de que Cristo tomaría la humanidad sobre sí mismo. Por tanto, el propósito primario de la encarnación no es la redención de la humanidad, sino el cumplimiento de la obra de la creación. Es por razón de la caída que la encarnación tiene su propósito redentor, y este propósito es por tanto contingente. Estas doctrinas de Osiandro no eran nuevas, puesto que habían sido sostenidas por la mayoría de los franciscanos durante la Edad Media. Pero Calvino las rechazaba como vana especulación. Lo que sabemos sobre Cristo a base del testimonio bíblico es que se encarnó para nuestra redención. No hay otra indicación, aparte de las «cosquillas de curiosidad» de Osiandro, de que la encarnación tuviera otro propósito además de nuestra redención. La importancia de esta controversia está en que llevó a Calvino a fundamentar su cristología sobre la soteriología.

Otro punto en el que las controversias de su época ayudaron a Calvino a desarrollar su cristología tiene que ver con la naturaleza humana de Cristo. Como ya hemos visto, Menno Simons y algunos otros anabaptistas sostenían que Cristo no tuvo carne terrena, sino que su cuerpo había descendido del cielo y tomado forma en la matriz de la virgen. Algunos también decían que Jesús no era del linaje de Adán. Estos «nuevos marcionitas», como Calvino les llamó, le obligaron a insistir sobre la humanidad de Cristo y sobre su descendencia física de Adán.[85]

La doctrina de Calvino sobre la unión hipostática, que discutiremos brevemente, tomó forma en oposición a Serveto.[86] Al rechazar la doctrina de la Trinidad, que había servido de trasfondo al desarrollo de la cristología tradicional, Serveto se vio obligado a abandonar también buena parte de esa cristología. El principal punto que se debatía era si Cristo podía o no llamarse Hijo de Dios antes de la encarnación. Serveto afirmaba que

---

[82] *Inst.* 2.12.

[83] Osiandro, o Hosemann (1498-1552), fue pastor en Nuremberg y Königsberg, y sus opiniones sobre la *imago Dei*, la encarnación y la justificación fueron atacadas tanto por Calvino como por Melanchthon y otros reformadores. Sobre el tema que aquí discutimos véase su obra *An filius Dei fuerit incarnatus*. Véase además más arriba, pp. 167-68.

[84] En su *Christianismi restitutio*, Serveto había sostenido la misma posición de Osiandro con respecto a la necesidad de la encarnación.

[85] *Inst.* 2.13.

[86] *Inst.* 2.14. En este debate Calvino también respondía al italiano Giorgio Blandrata. Véase su *Ad quaestiones Blandratae responsum* (*CR*, 37:321-32).

el título de «Hijo de Dios» quería decir que Jesús había sido engendrado en María por el Espíritu Santo. Antes de la encarnación podía llamarse «Verbo», pero el título de «Hijo» solamente se le aplica propiamente después de la encarnación. Aún más: Serveto difería de Calvino en otro punto: mientras Calvino insistía frecuentemente sobre la distancia entre Dios y el ser humano, Serveto pensaba que esa distancia no debería exagerarse. Hay algo del Espíritu de Dios en cada ser humano. Por tanto, el problema para Serveto no es la unión entre dos naturalezas opuestas, sino más bien cómo este hombre particular puede ser llamado Hijo de Dios de un modo especial que no se les aplica a los demás seres humanos. A fin de resolver este problema, Serveto subrayaba la unidad entre la divinidad y la humanidad en Cristo. Sobre esa base, Calvino le acusó de reencarnar la antigua herejía monofisita. Lo que Calvino dijo a este respecto no es particularmente importante, puesto que sencillamente hizo uso de los argumentos tradicionales que ya para entonces eran comunes. Lo que sí es importante es que en medio de esta discusión Calvino desarrolló una cristología que, al tiempo que era estrictamente ortodoxa, tendía a subrayar la distinción entre las dos naturalezas en Cristo más que la unidad de la persona y la *communicatio idiomatum*. Esto es completamente consistente con la posición de Calvino respecto al valor de la humanidad ante Dios así como con su teoría de la presencia de Cristo en la Santa Cena —como veremos más adelante—.

Por último, otro adversario que ayudó a dar forma a la cristología de Calvino fue Francisco Stancaro, quien sostenía que Cristo es nuestro mediador solamente en virtud de su naturaleza humana.[87] Es posible que Stancaro haya llegado a esa conclusión tratando de refutar a Osiandro, quien afirmaba que Cristo es mediador solamente en virtud de su divinidad. Contra ambos, Calvino afirma que, puesto que la obra de la redención tuvo lugar a través de la unión hipostática, ha de referirse a la persona de Cristo, y no a una naturaleza o a la otra. La importancia de esto es que hacia el final de su vida Calvino llegó a subrayar la *communicatio idiomatum* en mayor grado que antes —aunque nunca había llegado a negarla—.

Calvino discute la obra de Cristo en términos de tres oficios —*triplex munus*—. Cristo es a la vez profeta, rey y sacerdote. El título mismo de «Cristo» señala ese triple oficio, puesto que quiere decir «ungido», y en el Antiguo Testamento se acostumbraba a ungir a los reyes, los profetas y los sacerdotes.[88] Cristo es el profeta por excelencia, porque en él se cumplen

---

[87] Puesto que Calvino no conoció la posición de Stancaro antes de 1560, cuando ya la *Institución* había recibido su forma final, su impacto no puede verse en esa obra. Véase: *Responsum ad Polonos contra Stancarum* (CR, 37:333-42) y *Responsio ad Polonos de controversia mediatoris* (CR, 37:345-58).

[88] *Inst.* 2.15.

todas las profecías. Las profecías del Antiguo Testamento no tenían otro contenido que Cristo mismo (y esto, no solamente en el sentido obvio de que anunciaban su encarnación, sino también en el sentido de que era Cristo mismo quien hablaba y actuaba en ellas). El oficio profético de Cristo se extiende no solamente a su boca, de modo que sus palabras son proféticas, sino a todo su cuerpo, de modo que, en cada una de sus acciones, así como en la predicación presente del evangelio, se puede ver el poder del Espíritu Santo. Cristo es rey de la iglesia y de sus miembros individuales. Como tal, reina sobre nosotros y es también el rey de Israel. Pero su gobierno es tal que comparte con sus súbditos todo lo que ha recibido. Los reyes del Antiguo Testamento, al igual que los profetas, señalan hacia este rey único y supremo, y en cierto modo le sirven. Como sacerdote, Cristo se ha presentado ante Dios como sacrificio. De este modo ha cumplido todos los antiguos sacrificios que no tenían validez sino en él —y en los cuales él también estaba—. Y también ha hecho a sus seguidores sacerdotes, puesto que les ha capacitado para presentarse ante Dios, como sacrificio vivo.

Por último, la tercera característica principal de la cristología de Calvino es su constante interés en evitar toda confusión entre la humanidad y la divinidad en Cristo. En esto se acercaba más a Zwinglio que a Lutero, quien subrayaba la unidad de la persona por encima de la distinción de las dos naturalezas. La importancia de esto está en que Calvino —al igual que Zwinglio— rechaza el modo en que Lutero usa la *communicatio idiomatum* como argumento en pro de la ubicuidad del cuerpo resucitado de Cristo y, por tanto, en pro de la posibilidad de su presencia física en el altar. Al igual que Zwinglio, Calvino argumentaba que la ubicuidad de la divinidad no se le ha comunicado al cuerpo de Cristo y que, por tanto, ese cuerpo no puede estar presente al mismo tiempo en el cielo y en varios altares. Dentro de este contexto, Calvino señalaba que, aunque la divinidad de la Segunda Persona estaba completamente presente en Jesús, no quedaba circunscrita a su humanidad. Su maravillosa encarnación fue tal que al mismo tiempo que siguió estando en el cielo estaba plenamente en Jesús; y al mismo tiempo que nacía del seno virginal también llenaba todo el universo.[89] Esto es lo que los teólogos posteriores llegaron a llamar el *extra calvinisticum*, y vino a ser un énfasis característico de la cristología reformada.

Si se intenta caracterizar la cristología de Calvino en unas pocas oraciones podría decirse que, al mismo tiempo que es estrictamente ortodoxa, esa cristología se inclina más hacia los antiguos antioqueños que hacia los alejandrinos, y también que su énfasis es soteriológico más que metafísico.

---

[89] *Inst.* 2.13.4.

La redención y la justificación

Calvino entiende la obra de Cristo en términos de satisfacción.[90] Mediante su obediencia hasta la muerte, Cristo ha merecido para nosotros el perdón de los pecados. Así quedan satisfechos tanto la justicia como el amor de Dios.

Mas el hecho de que Cristo murió y así mereció la salvación para la humanidad no quiere decir que esa salvación sea efectiva para todos. Cristo y todos sus beneficios son puestos a disposición del creyente gracias a la operación interna y secreta del Espíritu Santo.[91] Es por esto por lo que Pablo se refiere a la Tercera Persona de la Trinidad como «el Espíritu de adopción» y como «el sello y garantía de nuestra herencia». El Espíritu Santo nos lleva a Cristo. La principal obra del Espíritu no es sino la fe en Cristo.[92]

Debemos detenernos a discutir la naturaleza de la fe tal como Calvino la define, puesto que esto es fundamental para entender el modo en que Calvino ve la vida cristiana. «Por tanto, podemos obtener una definición perfecta de la fe, si decimos que es un conocimiento firme y cierto de la voluntad de Dios respecto a nosotros, fundado sobre la verdad de la promesa gratuita hecha en Jesucristo, revelada a nuestro entendimiento y sellada en nuestro corazón por el Espíritu Santo».[93]

Esto quiere decir que la fe tiene un elemento cognitivo. No es sencillamente una actitud de confianza, pero tampoco es algo que la mente descubra por sus medios naturales. Es don de Dios; no logro humano. No todo lo que se llama fe, sin embargo, verdaderamente merece ese nombre. La fe tiene un contenido definido. Es fe en *Cristo*. Cualquier otro uso del término «fe» es inexacto y puede llevar a graves errores. Así, por ejemplo, la idea de una «fe implícita», que proponen los católicos, usa el término incorrectamente puesto que el objeto de tal fe es la iglesia y no Jesucristo.[94] Hay ciertamente un sentido en el cual nuestra fe siempre será imperfecta mientras vivamos sobre la tierra; pero su perfección no está en el magisterio de la iglesia, sino en el fin de los tiempos. El hecho de que la fe implique «un conocimiento firme y cierto» no excluye la lucha del espíritu contra la carne, ni la duda que va envuelta en esa lucha. Pero cuando uno tiene fe siempre hay, aun en medio de la batalla, una profunda seguridad del amor de Dios. Esa seguridad se basa en la promesa de Dios, que no

---

[90] *Inst.* 2.17.
[91] *Inst.* 1.1.1.
[92] *Inst.* 3.1.4.
[93] *Inst.* 3.2.7 (trad. Valera, 1:412). Cp. *CR*, 78:447-85.
[94] *Inst.* 3.2.2-3.

es otra cosa que Jesucristo mismo, y que el Espíritu Santo imprime en el corazón del creyente. Por lo tanto, la fe es algo que solamente pueden tener los creyentes, es decir, los electos. Es mucho más que el conocimiento de Dios y de la voluntad divina. El diablo tiene tal conocimiento, pero carece de fe, porque no participa en la promesa.[95]

Dado este modo de entender la fe, Calvino insiste sobre la doctrina protestante de la justificación por la fe. Como en el caso de Lutero, esto no quiere decir que de algún modo Dios encuentre en el creyente algo a base de lo cual declararle justo. Decir que Dios justifica no quiere decir —en primer lugar ni fundamentalmente— que el pecador haya sido hecho justo en términos objetivos. Lo que quiere decir es que Dios le declara justo. La justicia de Dios es como un manto con que el pecador se recubre gracias a la fe, de tal modo que se le declara justo. En esto yace la diferencia entre la justificación por obras y la justificación por la fe. La justificación por obras es la que trata de afirmar su propia rectitud, y así satisfacer lo que Dios demanda de nosotros.

> Al contrario, será justificado por la fe aquel que, excluido de la justicia de las obras, alcanza la justicia de la fe, revestido con la cual, se presenta ante la majestad divina, no como pecador sino como justo. De esta manera afirmamos nosotros, en resumen, que nuestra justificación es la aceptación con que Dios nos recibe en su gracia y nos tiene por justos. Y decimos que consiste en la remisión de los pecados y en la imputación de la justicia de Cristo.[96]

Esta es la verdadera y única función de la fe. La fe no es la confianza mediante la cual aceptamos lo que la razón no puede probar pero que la autoridad nos dice. Ciertamente, hay cosas que han de ser creídas a base de la autoridad de las Escrituras; pero el aceptar tales cosas no es fe. La fe une al creyente con Cristo de tal modo que la justicia de este último se le imputa al creyente, a pesar del pecado.

Como en el caso de la cristología, lo que llevó a Calvino a definir con más precisión la doctrina de la justificación por la fe fue su controversia con los que la atacaban o la interpretaban mal. Durante sus primeros años, sus opositores en ese sentido fueron los católicos romanos; pero entonces Osiandro, quien era protestante, produjo un modo de entender la justificación por la fe que Calvino no podía aceptar, y esa polémica contribuyó a la clarificación de las opiniones de Calvino. Las tendencias místicas de

---

[95] Calvino rechaza la distinción escolástica entre la fe «formada» —es decir, que ha recibido la «forma»— mediante la caridad y la fe «no formada». Lo que los escolásticos llaman fe «no formada» no es verdadera fe.

[96] *Inst.* 3.11.2. (trad. Valera, 1:558).

Osiandro, y su deseo de mostrar que la justicia imputada no era un decreto arbitrario, le llevaron a sugerir que lo que en realidad sucede en la justificación es que la esencia de Cristo está presente en el creyente, y que esa esencia de tal modo se une al alma humana que uno queda «esencialmente justificado». Lo que esto quiere decir, entonces, es que la justicia no es «imputada» como decía Lutero, sino más bien que Dios ve en nosotros la justicia divina. Esto se relaciona estrechamente con lo que ya hemos dicho sobre Osiandro, quien afirmaba que Cristo era mediador únicamente según su divinidad. La justificación es la presencia de la divinidad en el creyente. En virtud de esa divinidad, Dios a la vez nos declara y nos hace justos. Calvino no podía aceptar esas opiniones por dos razones principales. En primer lugar, tienden a borrar la distancia entre Dios y nosotros. Calvino estaba dispuesto a afirmar que la justificación tiene lugar mediante la unión con Cristo. Pero no podía aceptar una interpretación que, como la de Osiandro, implicara lo que Calvino llamaba una «mezcla de sustancias» entre Dios y el creyente. En segundo lugar, la doctrina de Osiandro sobre la justificación le resultaba inaceptable a Calvino porque se deshacía de la necesidad de la encarnación y de los sufrimientos de Cristo. Si Dios nos justifica por razón de la divinidad de Cristo —que después de todo es la misma que la del Padre y del Espíritu— no hay entonces necesidad alguna para la cruz de Cristo. «Porque, aunque Cristo no hubiera podido limpiar nuestra alma con su sangre, ni aplacar al Padre con su sacrificio, ni absolvernos de la culpa, ni, finalmente, ejercer el oficio de sacerdote de no ser verdadero Dios, por no ser suficientes todas las fuerzas humanas para echar sobre sí una carga tan pesada; sin embargo, es evidente que él realizó todas estas cosas en cuanto hombre».[97]

La importancia de la doctrina de la justificación por la fe es tal que sin ella no hay verdadera religión.[98] Esto se debe a que, como bien había dicho Lutero, cualquier otro modo de entender la justificación lleva al orgullo, y solamente es posible recibir la misericordia de Dios en una actitud de humildad.[99] Esta insistencia sobre la humildad ante Dios, sobre la distancia que separa a la naturaleza humana de la divina, y sobre la necesidad de confiar en Dios antes que en nosotros mismos, puede verse a través de toda la teología de Calvino, y es una de sus principales características.

Sin embargo, la justificación por la fe no quiere decir que los cristianos deban contentarse con la imputación de la justicia, y continuar revolcándose en su pecado. Es cierto que el cristiano justificado sigue siendo pecador, y continuará siéndolo a través de toda su vida terrena. Pero también

---

[97] *Inst.* 3.11.9 (trad. Valera, 1:565). Cp. *Ibid.* 3.11.12.
[98] *CR*, 74:23.
[99] *CR*, 74:23.

es cierto que el cristiano justificado trata de mostrar los frutos de la justificación. Esta es la tesis central de la sección de la *Institución* que recibe comúnmente el título de *Tratado sobre la vida cristiana*,[100] que fue publicado repetidamente aparte del resto de la obra.[101] La popularidad de este tratado contribuyó a imprimirle su sello al calvinismo posterior, especialmente el de la tradición puritana. Su tesis se expresa brevemente en su primer párrafo: «El blanco y fin de la regeneración es que en la vida de los fieles se vea armonía y acuerdo entre la justicia de Dios y la obediencia de ellos; y, de este modo, ratifiquen la adopción por la cual han sido admitidos en el número de sus hijos».[102]

Aunque el pecador justificado no deja de ser pecador, la acción divina de justificación también es de regeneración. En los electos Dios crea el amor hacia la rectitud mediante el ejemplo de la santidad divina y a través de su comunión con Cristo. La obra de regeneración es la obra de Dios en el creyente, que progresivamente[103] va creando de nuevo la imagen divina que había quedado deformada por el pecado.[104] El resultado es la vida cristiana, que abunda en buenas obras. Estas obras, sin embargo, no justifican. Son más bien el resultado y la señal de la justificación.[105]

La regla fundamental de la vida cristiana es que los cristianos no nos pertenecemos a nosotros mismos, sino al Señor.[106] Esto, a su vez, nos lleva a negarnos a nosotros mismos, tanto en nuestras relaciones con otros como en nuestras relaciones con Dios. En las relaciones con otros, los cristianos debemos negarnos a nosotros mismos perdonando y siendo humildes, así como sirviendo a los demás en amor. En relación con Dios, la negación de sí mismo quiere decir someterse a los juicios de Dios, tratar de hacer únicamente su voluntad, y llevar la cruz. El llevar la cruz no es algo que les sucede a algunos cristianos desafortunados, sino que es señal necesaria de la vida cristiana. La actitud cristiana hacia la propia cruz, sin embargo, debe ser muy distinta de la actitud estoica hacia los sufrimientos. El estoico busca dominio de sí mismo y fortaleza; el cristiano sencillamente confía en Dios y confiesa su debilidad. Luego, para el estoico, las

---

[100] *Inst.* 3.6-10.

[101] La primera edición francesa (1545): *Traité très excellent de la vie chrétienne*. Poco después apareció la edición inglesa (1549): *The Life or Conversion of a Christian Man*. Ambas han sido reimpresas frecuentemente.

[102] *Inst.* 3.6.1 (trad. Valera, 1:522).

[103] *CR*, 77:312.

[104] *CR*. 79:208.

[105] *Inst.* 3.18.

[106] Nótese la influencia del tratado de Lutero sobre *La libertad cristiana*.

pruebas no llevan sino al orgullo y al pecado, mientras la cruz aparta al cristiano de sí mismo y le lleva a confiar en Dios.[107]

Aunque un aspecto importante de la vida cristiana consiste en meditar sobre la vida futura como remedio contra el amor excesivo de esta vida y el temor a la muerte,[108] el cristiano también debe aprender cómo usar esta vida y sus bienes.[109] Este dilema no puede resolverse con una sencilla actitud de austeridad o de intemperancia, puesto que lo que Dios desea no es ninguna de estas dos cosas. La intemperancia nos lleva a vivir para la vida presente, a olvidarnos de que somos peregrinos sobre la tierra, y a desobedecer la ley de Dios. La austeridad, tal como la predican los ascetas, también se equivoca, puesto que le añade al mandamiento divino reglas que no son parte de la ley de Dios. Entre estos dos extremos, el principio fundamental que el cristiano ha de seguir es que todo debe usarse para el propósito para el cual fue creado. Esto a su vez lleva a cuatro reglas fundamentales que han de aplicarse en el uso de las cosas de este mundo: primero, debemos ver al creador en todas las cosas y ser agradecidos. Segundo, debemos usar de este mundo como quien no lo necesita, de modo que podamos estar listos a soportar la pobreza y a ser moderados en medio de la abundancia. Tercero, todo lo que tenemos ha de verse como un préstamo por parte de Dios sobre el cual tendremos que rendir cuentas. Por último, hay que tener en cuenta nuestra vocación, es decir, la función en la que Dios nos ha colocado en esta vida, puesto que el uso correcto de las cosas depende de nuestra vocación.[110]

Así vemos, una vez más, ahora en el contexto de las doctrinas de la justificación y la regeneración, cómo el modo en que Calvino entiende la ley y el evangelio —precisamente por ser diferente del de Lutero— produce en él un énfasis mayor que el de Lutero sobre la clase de vida que el cristiano debe llevar. Esta diferencia entre los dos reformadores, que no parece grande al compararles a ellos mismos, a la postre produciría una diferencia marcada entre la tradición luterana y la reformada.

La predestinación

Calvino es bien conocido por su doctrina de la predestinación, que según muchos eruditos es el centro de su teología.[111] Pero ese modo de interpretar

---

[107] *Inst.* 3.8.9.

[108] *Inst.* 3.9.

[109] *Inst.* 3.10.

[110] Aquí es bueno señalar el conservadurismo de esta última regla, puesto que parece implicar que el lugar que ocupamos en la vida es una vocación divina, y que no debemos hacer cosa alguna por cambiarlo. De igual manera, en este contexto, Calvino niega que un ciudadano privado tenga el derecho de alzarse contra un tirano. *Inst.* 3.10.6.

[111] Véase Wendel, *Calvin*, pp. 199-200, nn. 99 y 100.

la teología de Calvino es resultado de una perspectiva distorsionada por controversias posteriores. Calvino sí afirmó la doctrina de la doble predestinación, y con el correr de los años fue ampliando la sección de la *Institución* en donde la discutía. Pero el lugar poco conspicuo que los cuatro capítulos sobre la predestinación ocupan en la *Institución*[112] debería servir de advertencia en el sentido de que esta doctrina, por muy importante que sea, no es la clave que explica todo el resto de la teología de Calvino. Además, la doctrina de Calvino de la predestinación no es, como en el caso de Zwinglio, un corolario que se deduce de la providencia divina. Es importante señalar que Calvino discute la providencia en el primer libro de la *Institución*, y deja la cuestión de la predestinación para el final del tercer libro, donde trata sobre la vida cristiana, inmediatamente antes de pasar a la eclesiología. La razón es que, para Calvino, la predestinación es, ante todo, una doctrina práctica que sirve para reforzar la doctrina de la justificación por la fe y, al mismo tiempo, provee el fundamento para la eclesiología.[113]

Es más: el hecho mismo de separar la predestinación de la discusión de la providencia general de Dios muestra que Calvino no tratará de probar la predestinación a partir de la omnipotencia y omnisciencia divinas. Pretender hacer tal cosa sería tratar de penetrar los secretos de Dios, y constituiría el colmo del orgullo y la impiedad.[114] «Ante todo, pues, tengamos delante de los ojos, que no es menos locura apetecer otra manera de predestinación que la que está expuesta en la Palabra de Dios, que, si un hombre quisiera andar fuera de camino por rocas y peñascos, o quisiese ver en medio de las tinieblas».[115] La predestinación es ciertamente una doctrina difícil y peligrosa. Pero se deriva de las Escrituras, y por tanto ha de ser enseñada y predicada. La doctrina no es verdaderamente peligrosa para el creyente, sino solamente para el incrédulo que busca burlarse de la recta doctrina cristiana; y los tales se burlarán de la fe en todo caso.[116]

Llamamos predestinación al «eterno decreto de Dios, por el que ha determinado lo que quiere hacer de cada uno de los hombres».[117] Es así como Calvino define la predestinación. El resto de sus cuatro capítulos sobre este tema no es sino explicación de esta definición, respuesta a las objeciones y material escriturario para apoyarla.

---

[112] *Inst.* 3.21-24.
[113] Wendel, *Calvin*, p. 204.
[114] *CR*, 76:314; 82:57.
[115] *Inst.* 3.21.2 (trad. Valera, 2:726).
[116] *Inst.* 3.21.3-4.
[117] *Inst.* 3.21.5 (trad. Valera, 2:729).

La doctrina de la elección se encuentra en todo el Antiguo Testamento, donde constantemente se describe a Israel como el pueblo elegido de Dios —elección que no se basa en una acción o decisión por parte de Israel, sino en el decreto soberano de Dios—. Es más: no todos los descendientes de Abraham son electos, sino solo algunos de entre ellos. Por último, algunos son escogidos individualmente, como se afirma en numerosos pasajes del Nuevo Testamento —especialmente en Romanos y Gálatas—.[118]

El decreto de la elección no depende de la presciencia divina.[119] La predestinación no es sencillamente la decisión por parte de Dios de tratar con una persona según lo que ya Dios sabe que esa persona va a hacer, y recompensando así sus acciones y actitudes futuras. Al contrario: afirmar que la elección es un decreto soberano implica que no depende de acción humana alguna, pasada, presente o futura. Es una decisión independiente por parte de Dios.

Lo mismo es cierto de los réprobos. Dios decide de manera activa no darles el oír la Palabra, o hacerles oírla de tal modo que sus corazones se endurezcan.[120] De manera misteriosa que nadie puede penetrar, los réprobos son justamente condenados, y en esa condenación se exalta y sirve la gloria de Dios.[121]

Los electos, por otra parte, pueden tener la seguridad de su salvación. Esto no quiere decir que uno ha de confiar en su propia fe y pretender que esa fe le asegura la salvación. Lo que quiere decir es que quien tiene verdadera fe dirige su mirada a las Escrituras y a Cristo en ellas, y en él encuentra la seguridad de la salvación.[122] Es por esto por lo que quienes tratan de penetrar los consejos divinos sin las Escrituras se pierden en un abismo de desesperación, mientras que quienes se acercan a ellas con verdadera fe encuentran consuelo y seguridad en la doctrina de la elección. Quienes tienen verdadera fe no confían en sí mismos, sino en Cristo, y tienen así una seguridad que es al mismo tiempo humilde. Esto no destruye su pecado. Siguen siendo ovejas descarriadas.[123] Pero su seguridad les mantiene en esa confianza en Cristo que es el único camino que lleva a la salvación.

Contra esta doctrina se pueden plantear varias objeciones.[124] La primera es que, aunque Dios sí escoge a algunos para salvación, Dios no

---

[118] *Inst.* 3.21.5-7.

[119] *Inst.* 3. 22. 1-7.

[120] *Inst.* 3.24.12-13.

[121] *Inst.* 3.24.14.

[122] *Inst.* 3. 24. 4-5.

[123] *Inst.* 3. 24. 11.

[124] *Inst.* 3. 23.

predestina a otros a la condenación. Calvino piensa que tal idea es pueril. La elección no tiene sentido si no hay también reprobación. Es más: todos los decretos divinos son activos, y aunque es cierto que quienes perecen se condenan por su propio pecado, Dios decide activamente reprobarlos. En segundo lugar, alguien puede objetar que esta doctrina presenta a un Dios injusto que condena a algunos por pecados que todavía no han cometido. Calvino responde que la medida última de la justicia es la voluntad de Dios, la cual es su propia ley y que, por tanto, los decretos de Dios son justos, no importa lo que pensemos de ellos. En tercer lugar, tal parecería que Dios primero predetermina que hemos de pecar y luego nos castiga por pecar. A tal objeción no hay otra respuesta que afirmar que la voluntad de Dios es incomprensible y misteriosa, pero que sí sabemos gracias a la revelación que Dios es justo, que hemos pecado, y que los réprobos serán condenados por sus pecados. Cómo todo esto pueda ser cierto al mismo tiempo, nos es imposible decirlo.

Luego, en resumen, la doctrina de Calvino sobre la predestinación se basa —o al menos pretende basarse— no sobre la especulación acerca de la omnipotencia y la presciencia de Dios, sino sobre el testimonio de las Escrituras. La predestinación como conclusión lógica que se deduce de lo que la razón pretende conocer de la naturaleza de Dios es algo que Calvino rechaza como un caso más en que el orgullo humano pretende sobrepasar los límites de nuestra naturaleza. La predestinación escrituraria es doble —es decir, hay predestinación para la elección, así como para la reprobación— y no depende del conocimiento anterior que Dios tiene de las acciones humanas futuras. Aunque esto es un gran misterio, tal doble predestinación no disminuye la justicia ni el amor de Dios. En cuanto a la teología cristiana, la doctrina de la predestinación cumple en ella una función doble, pues es a la vez una afirmación absoluta de la salvación mediante la sola gracia de Dios y la base de la eclesiología. Es a esto último que ahora debemos dedicar nuestra atención.

La iglesia

Calvino establece una distinción clara entre la iglesia visible y la invisible. En el sentido estricto, solamente esta última, formada por todos los electos —tanto vivos como muertos— es la verdadera iglesia universal. Solamente ella es el cuerpo de Cristo, puesto que solo los electos son miembros de ese cuerpo, y en la iglesia visible hay muchos que no lo son. Sin embargo, Calvino no lleva esa distinción hasta el punto de oponer una iglesia a la otra. Al contrario: la iglesia visible es una expresión útil y necesaria de la iglesia invisible, y mientras permanezcamos en esta vida la iglesia visible ha de ser la nuestra.

Ya hemos dicho que la Escritura habla de la iglesia de dos modos. Unas veces, usando el nombre de iglesia entiende que verdaderamente es tal ante el Señor aquella en que nadie es recibido sino quienes son hijos adoptivos de Dios y miembros auténticos de Cristo por la santificación del Espíritu. La Escritura no se refiere aquí únicamente a los santos que viven en este mundo, sino también a cuantos han sido elegidos desde el principio del mundo.

Otras veces entiende por iglesia toda la multitud de hombres esparcidos por toda la Tierra, con una misma profesión de honrar a Dios y a Jesucristo... En esta iglesia están mezclados los buenos y los hipócritas, que no tienen de Cristo otra cosa que el nombre y la apariencia... Así pues, de la misma manera que estamos obligados a creer en la iglesia, invisible para nosotros y conocida solo de Dios, así también se nos manda que honremos esta iglesia visible y que nos mantengamos en su comunión.[125]

Luego, la iglesia visible no se opone a la invisible, sino que la visible, la única que podemos conocer en esta vida terrena, es señal de la comunión invisible de los electos. Los cristianos no deben, por tanto, abandonar la iglesia visible pretendiendo ser miembros de la invisible. Dios ha colocado a la iglesia visible en el mundo para que sea «medio externo» para la proclamación de la Palabra y para la santificación del creyente. La libertad de Dios no sufre por el hecho de haber decidido atarnos a medios terrenos tales como la iglesia visible, y, por tanto, quienes dicen que la iglesia solamente puede ser espiritual, porque Dios es Espíritu, limitan el poder de Dios.[126] La iglesia visible ha sido ordenada por Dios para ser la madre de los creyentes, y solamente pueden tener vida eterna quienes tienen a la iglesia por madre.[127]

Por lo tanto, la eclesiología de Calvino se ocupa de la iglesia visible. La iglesia invisible se encuentra siempre en el trasfondo, puesto que la visible es solamente señal y sierva de la invisible. Pero cuando Calvino dice «iglesia», excepto en los casos en que declara explícitamente que se refiere a la compañía de los electos, quiere decir la compañía visible sobre la tierra, en la que se encuentran mezclados el trigo y la cizaña.[128]

---

[125] *Inst.* 4.1.7 (trad. Valera, 2:810-11).

[126] *Inst.* 4.1.5.

[127] *Inst.* 4.1.4.

[128] En la *Institución* (4.1.4) afirma claramente que su propósito es discutir la iglesia visible. Este énfasis sobre la iglesia visible se debió en parte a la influencia de Bucero. Cf. Wendel, *Calvin*, pp. 223-25.

Por tanto, el resto de esta sección trata sobre esa iglesia, una comunidad visible, terrena y falible.

Aunque solo Dios sabe quiénes son los electos, hay señales que indican quiénes han de tenerse por tales. Estas son las personas que confiesan a Dios y a Cristo, participan en los sacramentos y llevan una vida santa. Por tanto, las dos señales de la iglesia son la predicación de la Palabra y la administración de los sacramentos. «He aquí cómo conoceremos a la iglesia visible: dondequiera que veamos predicar sinceramente la Palabra de Dios y administrar los sacramentos conforme a la institución de Jesucristo, no dudemos de que hay allí iglesia».[129] Estas dos señales nos permiten determinar si una iglesia es verdadera o no. La santidad personal de sus miembros no es señal de la verdadera iglesia, como pretenden los anabaptistas, puesto que los miembros de la verdadera iglesia no son únicamente los electos, y aun los electos mismos siguen siendo pecadores. La santidad de la iglesia no está en la pureza moral de sus miembros, sino en la santidad de su Cabeza y en la promesa que los electos han recibido. Por otra parte, la iglesia de Roma no es verdadera iglesia, porque se ha apartado de la verdadera predicación de la Palabra. Donde no se honra la Palabra de Dios, no hay iglesia. Frente a esto, el argumento de la sucesión apostólica no tiene valor, puesto que la verdadera apostolicidad no viene de la imposición de manos, sino de la predicación de la doctrina de los apóstoles.[130] Sin embargo, sí hay ciertos «vestigios» de la iglesia en la iglesia romana —principalmente el bautismo— y, por lo tanto, aunque el papa es el principal dirigente del reino del Anticristo, es posible que haya todavía verdaderas iglesias en la comunión romana.[131]

Calvino le prestó más atención que Lutero a la organización de la iglesia. En términos generales, concordaba con los otros dirigentes reformados, tales como Zwinglio y Bucero, en que la restauración del cristianismo requería regresar a su organización primitiva. En esto difería de Lutero, quien pensaba que tales cosas eran de importancia secundaria siempre y cuando se predicara correctamente el evangelio. Es por ello por lo que las iglesias de la tradición luterana tienen una gran variedad de patrones de organización, mientras la mayoría de las iglesias reformadas se gobiernan según los principios fundamentales propuestos por Calvino. Tal diferencia no es periférica, sino que se basa en la diferencia entre Lutero y los teólogos reformados en cuanto a los propósitos de la reforma. Mientras Lutero creía que era necesario deshacerse únicamente de aquellos elementos de la tradición de la iglesia que contradecían las Escrituras, Calvino y los demás

---

[129] *Inst.* 4.1.9 (trad. Valera, 2:812).
[130] *Inst.* 4.2.1-4.
[131] *Inst.* 4.2.11-12.

reformados pensaban que la reforma debía ir mucho más allá y restaurar el cristianismo primitivo siguiendo el patrón del Nuevo Testamento. Por tanto, para Lutero el gobierno de la iglesia dependía en cada caso de las circunstancias del momento, mientras que Calvino y los reformados pensaban que era parte de la naturaleza misma de la iglesia. Por otra parte, sin embargo, es necesario señalar que Calvino nunca pensó que sus propias instrucciones sobre el gobierno de la iglesia fuesen una restauración literal de las prácticas del Nuevo Testamento, sino que las veía más bien como un esfuerzo de tomar lo que el Nuevo Testamento dice acerca de la vida de la iglesia y darle forma en el gobierno de la misma. Fue la tradición reformada posterior la que se inclinó frecuentemente a pensar que el modelo ofrecido por Calvino era el que las Escrituras proponían por encima de cualquier otro.

Aunque no podemos discutir aquí los detalles del gobierno eclesiástico que Calvino propone, sí hay dos puntos importantes que ilustran su eclesiología. Se trata de la elección de los pastores y la administración de la disciplina.

La elección de los pastores ha de tener lugar por acción conjunta de la iglesia (es decir, la congregación local en la que han de servir) y los pastores (es decir, otros pastores de otras congregaciones locales).[132] Esto es importante por cuanto indica que para Calvino la congregación local es la iglesia. La iglesia no es una superestructura que abarque todo el mundo. Pero, al mismo tiempo, cada iglesia local ha de medirse según los criterios de la predicación de la Palabra y la administración de los sacramentos. Es por esto por lo que la iglesia local elige a sus propios pastores, que han de ser personas ejemplares tanto en su doctrina como en su vida. Pero no basta con la decisión de la iglesia local, sino que los otros pastores han de coincidir en el juicio de esa iglesia, para así asegurarse de que las congregaciones locales no se aparten de las enseñanzas bíblicas. Esta es la consideración eclesiológica fundamental tras los gobiernos de tipo «presbiteriano» o «sinódico», que ha venido a ser típico de las iglesias reformadas.

En segundo lugar, la administración de la disciplina sigue un patrón semejante. La disciplina es necesaria en la iglesia, no para garantizar su santidad —que se encuentra en Cristo— sino para tratar de conservar el honor de Cristo, cuyo nombre es vituperado cuando su voluntad se viola abiertamente. La iglesia puede disciplinar a sus miembros mediante admoniciones privadas y públicas y, en casos recalcitrantes, mediante la excomunión.[133] El propósito de la disciplina es triple: evitar la profanación del

---

[132] *Inst.* 4.3.3.
[133] *Inst.* 4.12.2.

HISTORIA DEL PENSAMIENTO CRISTIANO HASTA EL SIGLO XXI

cuerpo de Cristo en la Cena del Señor, evitar la corrupción del resto de la
iglesia y llamar al pecador al arrepentimiento.[134] En contraste con la práctica católica romana, Calvino afirma que la disciplina ha de ser administrada conjuntamente por los pastores y la iglesia.[135] Frente a lo que decía
ser la práctica de los anabaptistas, Calvino insistía en que la disciplina
debía administrarse con un espíritu de amor, y recordando siempre que
quienes la administran tampoco son puros.[136] Así pues, las características
fundamentales de la eclesiología de Calvino pueden verse, una vez más,
en sus instrucciones para la administración de la disciplina.

Los sacramentos

Con la claridad que caracteriza su estilo, Calvino comienza su discusión
de los sacramentos en la *Institución* ofreciendo dos definiciones de lo que
es un sacramento.

> Ante todo, debemos saber lo que es un sacramento. A mi parecer
> su definición propia y sencilla puede darse diciendo que es una
> señal externa con la que el Señor sella en nuestra conciencia las
> promesas de su buena voluntad para con nosotros, a fin de sostener
> la flaqueza de nuestra fe, y de que atestigüemos de nuestra parte,
> delante de él, de los ángeles y de los hombres, la piedad y reveren-
> cia que le profesamos.

> También se puede decir más brevemente que es un testimonio de
> la gracia de Dios para con nosotros, confirmado con una señal ex-
> terna y con el testimonio por nuestra parte de la reverencia que le
> profesamos.[137]

Al desarrollar su doctrina de los sacramentos, Calvino trata de evitar las
posiciones católica y luterana por una parte, y las teorías de Zwinglio y los
anabaptistas por otra.

Frente a Zwinglio y los anabaptistas, Calvino insiste en que los sacramentos tienen verdadera eficacia. Negar tal eficacia diciendo que los incrédulos los reciben juntamente a los creyentes sería lo mismo que negar el
poder de la Palabra porque entre quienes la escuchan algunos la obedecen

---

[134] *Inst.* 4.12.5.
[135] *Inst.* 4.12.7.
[136] *Inst.* 4.12.12-13.
[137] *Inst.* 4.14.1 (trad. Valera, 2:1007).

y otros no. En cuanto al argumento de que la fe es don del Espíritu, y que por lo tanto los sacramentos no la fortalecen ni aumentan, quienes tal dicen deben percatarse de que es precisamente el Espíritu quien les da eficacia a los sacramentos. Es más: aquí también puede establecerse un paralelismo entre los sacramentos y la Palabra, porque la última tampoco tiene eficacia sin la acción del Espíritu.[138] Quienes pretenden que los sacramentos son meros símbolos colocan en el centro lo que en realidad no es sino periférico; porque, mientras es cierto que uno de los propósitos de los sacramentos es servir como testimonio ante el mundo, también es cierto que esta es una función secundaria, y que su propósito primordial es servir y fortalecer la fe de quien participa de ellos.

Por otra parte, también se equivocan quienes pretenden que los sacramentos tienen el poder de justificar y de impartir gracia. Su error consiste en confundir la «figura» del sacramento con la «verdad» que se encuentra en él. «Porque [esa distinción] no significa que la figura y la verdad se contengan allí; sino que de tal manera están unidas, que no se pueden separar, y que es necesario en la misma unión distinguir siempre la cosa significada, del signo, para no atribuir a una lo que es propio de la otra».[139] Tal confusión lleva a la superstición, que consiste en depositar la fe en lo que no es Dios. Esto pervierte la naturaleza misma del sacramento, cuyo propósito es precisamente excluir toda otra base de justificación, y centrar la fe en Jesucristo. De hecho, Cristo mismo es la verdadera sustancia de todos los sacramentos, porque él es la fuente de su poder, y lo que ellos prometen y otorgan no es otra cosa que Cristo mismo.[140] Por tanto, los sacramentos no tienen otro propósito que el de la Palabra, que es ofrecer y presentar a Jesucristo.[141]

En resumen: Calvino declara que en este modo de ver los sacramentos «ni se les atribuye lo que no les conviene, ni se les quita lo que les pertenece».[142]

También en el Antiguo Testamento hay sacramentos, tales como la circuncisión, la Pascua y el sábado. Al igual que en el caso del Nuevo Testamento, la sustancia y sentido de estos sacramentos era Jesucristo. Los antiguos sacramentos, como los nuevos, confirman al pueblo de Dios en su confianza en las promesas de Dios. La diferencia está en que mientras los sacramentos del Antiguo Testamento anunciaban su futura venida, los

---

[138] *Inst.* 4.14.7, 9-10.
[139] *Inst.* 4.14.15 (trad. Valera, 2:1017).
[140] *Inst.* 4.14.16.
[141] *Inst.* 4.14.17.
[142] *Inst.* (trad. Valera, 2:1020).

sacramentos del Nuevo le manifiestan tal como ya nos ha sido dado. Pero su eficacia es la misma, puesto que el contenido es el mismo.[143]

Los sacramentos del Nuevo Testamento son dos: el bautismo y la Cena del Señor. Los otros ritos que usualmente reciben el título de sacramentos no lo son en realidad, puesto que en ningún lugar en el Nuevo Testamento se encuentra indicación alguna de que Dios los ha instituido como señales de su gracia, y los antiguos escritores cristianos no les dan tal título.[144]

El propósito del bautismo —como el de todo sacramento— es doble; sirve a la fe y es una confesión ante los demás. Quienes se olvidan del primer propósito —es decir, Zwinglio y los anabaptistas— se olvidan de la función primaria del bautismo. Como ayuda a la fe, el bautismo es señal verdadera de la remisión de pecados, y de la muerte y resurrección del creyente con Cristo, así como de su unión con él. La remisión de los pecados a que se refiere el bautismo no tiene que ver únicamente con el pecado original y otros pecados pasados, sino también con los venideros. El lavacro del bautismo no se limita al pasado. Tal sería el caso si el lavamiento tuviese lugar únicamente mediante el agua. Pero lo que lava el pecado es la sangre de Cristo, y esa sangre es válida para toda la vida del creyente. Por tanto, la cuestión de los pecados postbautismales —que tanto se debatió durante el período patrístico y que a la larga dio origen al sistema penitencial— no constituía problema alguno para Calvino. Su respuesta era sencillamente que el bautismo tenía valor para toda la vida, y no únicamente al momento de celebrarse. Naturalmente, esto se relaciona estrechamente con la doctrina de la justicia imputada, puesto que lo que sucede en el bautismo no es que uno sea lavado y quede limpio, sino que la justicia de Cristo se le aplica al creyente. Puesto que esa justicia es de valor permanente, el bautismo es para toda la vida y lava todos los pecados, tanto pasados como futuros. En consecuencia, el bautismo no nos lleva de nuevo a la condición de Adán antes de la caída. Su función es estrictamente cristocéntrica, y su poder yace en la unión con Cristo que el bautismo mismo significa.[145]

Frente a los anabaptistas, Calvino afirma que los niños han de bautizarse, y que ese rito es válido no importa quién lo administre. Este último punto no requería gran discusión, puesto que todo lo que Calvino tenía que hacer era insistir en que el poder del bautismo no viene del ministro, que nadie es verdaderamente digno de administrar un rito tan sagrado y que, por lo tanto, uno ha de confiar en el poder de Dios que actúa en el bautismo más que en la autoridad de quien lo administra. El otro punto —que los niños han de bautizarse— sí le creó mayores dificultades. Su insistencia en

---

[143] *Inst.* 4.14.18-26.
[144] *Inst.* 4.14.1-3.
[145] *Inst.* 4.14.1-12.

buscar autoridad escrituraria para tal práctica, que el Nuevo Testamento ni afirma ni niega, le obligó a ofrecer varios argumentos a favor del bautismo de niños, ninguno de los cuales resulta convincente. Pero, en todo caso, el bautismo de niños se practica como señal de la justificación por la gracia y del amor de Dios, no solamente para con nosotros, sino también para con nuestra posteridad.[146]

En cuanto al modo en que el bautismo ha de administrarse, Calvino acepta tanto la inmersión como la aspersión, y no piensa que la alternativa entre ambos modos sea de mayor importancia. Lo que sí es importante es que los cristianos se limiten a lo que se ve en el Nuevo Testamento, y rechacen toda la pompa que se le ha añadido a la ceremonia a través de los siglos.[147] Como parte del ministerio público de la iglesia, el bautismo ha de ser administrado únicamente por los pastores, y no por las comadronas u otras personas privadas.[148]

La Cena del Señor es el otro sacramento del Nuevo Testamento.[149] Calvino sostiene que este sacramento ha sido dado por Dios para nutrir a los fieles, pero que Satanás lo ha oscurecido, tanto mediante las «supersticiones» de la doctrina eucarística tradicional como mediante los debates que tienen lugar entre los protestantes.[150] Por lo tanto, divide su discusión del sacramento en dos secciones: en primer lugar, una sección positiva, en la que se muestran la necesidad y los beneficios de la Cena, y luego una sección negativa, en la que responde a los excesos y los debates que Satanás ha introducido en la teología eucarística.[151] Esto muestra que su principal interés aquí es la instrucción de los fieles, y que la razón por la cual se detiene a clarificar varios detalles de doctrina es que se siente obligado a ello debido a las circunstancias. Esto quiere decir que, contrariamente a lo que sus opositores han dicho frecuentemente, la doctrina eucarística de Calvino no surgió de un racionalismo curioso que le llevó a explorar cada detalle y aspecto de la doctrina eucarística. Sin embargo, dado el propósito de este estudio, no seguiremos aquí la distinción que hace Calvino entre dos niveles del discurso teológico, sino que sencillamente expondremos las características más notables de su doctrina eucarística.

---

[146] *Inst.* 4.16. Cf. J. D. Benoit, «Calvin et le baptême des enfants», *RHPhRel*, 1 (1937): 457-73.

[147] *Inst.* 4.15.19.

[148] *Inst.* 4.15.20.

[149] Además de las secciones que se refieren a este tema en la *Institución*, el material más importante respecto a este tema en los escritos de Calvino se encuentra en *CR*, 37.

[150] *Inst.* 4.17.1.

[151] La primera sección es *Inst.* 4.17.1-11. La segunda, 4.17.12-37. Luego siguen otras secciones dedicadas principalmente a la administración de la Cena.

Calvino resume esa doctrina en el siguiente texto de la *Institución:*

> Ante todo, los signos son el pan y el vino, los cuales representan
> el mantenimiento espiritual que recibimos del cuerpo y sangre de
> Cristo. Porque como en el bautismo, al regenerarnos Dios, nos in-
> corpora a su iglesia y nos hace suyos por adopción, así también
> hemos dicho que con esto desempeña el oficio de un próvido padre
> de familia, proporcionándonos de continuo el alimento con el que
> conservarnos y mantenernos en aquella vida a la que engendró
> con su Palabra. Ahora bien, el único sustento de nuestras almas
> es Cristo; y por eso nuestro Padre nos convida a que vayamos a
> él, para que, alimentados con este sustento, cobremos de día en
> día mayor vigor, hasta llegar por fin a la inmortalidad del cielo. Y
> como este misterio de comunicar [comulgar] con Cristo es por su
> naturaleza incomprensible, nos muestra él la figura e imagen con
> signos visibles muy propios de nuestra débil condición.[152]

Luego lo primero que ha de decirse acerca de la comunión es que es una
señal visible de la unión con Cristo, que es invisible. La comunión no
produce esa unión. La unión con Cristo es el resultado de la fe y es, por
tanto, obra del Espíritu. La idea de que la comunión produce esa unión
debe rechazarse por no ser sino magia. Así pues, hay que distinguir entre
las «señales» y la «sustancia». Aquí Calvino no se refiere a la «sustancia»
en términos metafísicos, sino más bien como «sentido» o «significado».[153]
Por tanto, al distinguir entre las señales y la sustancia, lo que Calvino
quiere decir es que no debe confundirse el pan y el vino con el cuerpo y la
sangre de Cristo, ni las acciones de comer y beber con la unión espiritual
con ese cuerpo y esa sangre.

Por otra parte, Calvino tampoco reduce la Cena a un mero memorial, ni
la función de los elementos a un simbolismo espiritual. El término traducido más arriba como «representan» implica la presencia de lo representado —quizá sería mejor decir «manifiestan»—. No se trata de que el pan
y el vino estén allí en lugar del cuerpo y la sangre de Cristo, sino que le
muestran al creyente que el cuerpo y la sangre de Cristo están disponibles
gracias a la acción del Espíritu. Aquí deberíamos cuidarnos de no caer en
dos errores. En primer lugar, no debemos prestarles tan poca importancia

---

[152] *Inst.* 4.17.1 (trad. Valera, 2:1070-71).

[153] H. Gollwitzer, *Coena Domini: Die altlutherische Abendmahlslehre in ihrer Auseinandersetzung mit dem Calvinismus* (München, 1937), pp. 120ss., muestra que Calvino utiliza
el término «sustancia» de tres maneras diferentes al discutir la Cena del Señor. Luego trata
de mostrar que buena parte de la oposición a las opiniones de Calvino tiene que ver con este
uso poco cuidadoso de un término tan importante.

a las señales que las divorciemos de sus misterios, a los que están unidas. En segundo lugar, tampoco debemos exaltarlas a tal punto que lleguen a obscurecer los misterios mismos.[154] Es en este punto que Calvino se aparta de los «espiritualistas», quienes dicen que cuando Jesús se refiere a comer su carne sencillamente quiere decir que es necesario creer en él. Tal interpretación a su vez implica que los sacramentos físicos no son necesarios, y hasta que son un obstáculo a la verdadera fe. Calvino responde que es cierto que el único modo de comer la carne de Cristo es mediante la fe, pero que esa fe lleva a la participación física en los sacramentos. «O más claramente dicho: ellos entienden que el comer es la fe misma; mas yo digo que procede de la fe».[155]

Tras distinguir en la Cena entre las señales visibles y la realidad espiritual, todavía hay otros factores que considerar en esa realidad: la significación, la materia y el efecto. La significación se encuentra en las promesas a que se refieren las señales físicas. La materia del sacramento es Cristo mismo, puesto que lo que el creyente recibe es la participación espiritual en su cuerpo y sangre. El efecto tiene lugar en el creyente, quien recibe redención, justicia, santificación y vida eterna.[156] Luego, el centro del sacramento, su contenido, es Cristo mismo, quien en él continúa su oficio sacerdotal; por tanto, es correcto decir que al participar del sacramento uno participa del cuerpo y la sangre de Cristo. Esto es importante, porque limitar la presencia de Cristo a su espíritu sería caer en el docetismo.[157] Nuestra redención ha sido comprada por el cuerpo y la sangre de Cristo, y es de ese cuerpo y esa sangre que participamos en la comunión. Eso no quiere decir que el cuerpo de Cristo esté localmente presente. El cuerpo de Cristo está en el cielo, y es a través del poder —«virtud»— del Espíritu que el creyente se une a ese cuerpo y recibe sus beneficios.[158] Es a esto a lo que los teólogos se refieren al hablar del «virtualismo» de Calvino.

Es posible ver en ese virtualismo ecos de la condición de Calvino como exiliado. Si comparamos a Calvino con Lutero por una parte y Zwinglio por la otra, vemos que, al tiempo que diferían entre sí, tanto Lutero como Zwinglio vivieron casi toda su vida en su propia tierra y entre los suyos. En contraste, Calvino vivió la mayor parte de su vida en el exilio (y parte de ella como doblemente exiliado, ahora no solamente de Francia, sino también de Ginebra). Tanto para Lutero como para Zwinglio, resultaba un consuelo saber que Cristo venía a ellos y a sus allegados —físicamente en

---

[154] *Inst.* 4.17.5.
[155] *Ibid.* (trad. Valera, 2:1074).
[156] *Inst.* 4.17.11.
[157] *Inst.* 4.17.7.
[158] *Inst.* 4.17.10.

el caso de Lutero, y espiritual o simbólicamente en el de Zwinglio—. Bien podrían aplicarse a ambos las palabras de Calvino: «Para ellos, Cristo no puede estar presente sin descender a nosotros».[159] Calvino vive en Ginebra, y es parte de la iglesia en esa ciudad; pero Ginebra no es su tierra natal. Para él, no basta con que Cristo venga a Ginebra, a Wittenberg, o a cada iglesia del mundo. No cabe duda de que Cristo viene a tales lugares. Pero también hay que reconocer que, por el poder del Espíritu, la congregación ginebrina es llevada a la presencia de Cristo, donde se une con la de Wittenberg, la de Zúrich y la de la Francia que le está vedada a Calvino. No se trata, entonces, de una experiencia meramente individual, o local, sino más bien de una experiencia global en la que se anticipa el banquete de las bodas del Cordero.

Por tanto, resulta claro que Calvino considera insuficientes tanto las opiniones de Zwinglio y de los anabaptistas como las de los católicos y de los luteranos en cuanto a la presencia eucarística de Cristo. Pero la mayor parte de su atención se dedica a refutar las opiniones católicas y luteranas. Para él, la doctrina católica de la transubstanciación y su afirmación del poder de las palabras de consagración no es sino un «acto de magia».[160] También rechaza la adoración del sacramento,[161] e insiste en la necesidad de devolverles la copa a los laicos.[162] Pero lo que le parece más importante es negar la presencia sustancial y local del cuerpo de Cristo, sostenida tanto por católicos como por luteranos. Como en el caso de Zwinglio, Calvino se opone a las posiciones católica y luterana en este respecto a base de su cristología. Para afirmar que el cuerpo de Cristo se encuentra presente en la Cena, también es necesario decir que el cuerpo glorificado de Cristo participa ahora de la naturaleza divina de tal manera que goza de ubicuidad. Calvino toma la ascensión de Cristo literalmente, y parece pensar que el cuerpo de Cristo se encuentra ahora en lo alto, en algún lugar más allá del cielo visible (aunque también dice, al igual que Lutero, que «la diestra de Dios» es un modo de decir que Cristo se encuentra ahora en la posición de suprema autoridad sobre toda la creación). Como hemos dicho, la cristología de Calvino es del tipo «disyuntivo» que anteriormente caracterizó a la escuela de Antioquía. Según él, la unidad de la persona no ha de ser tal que destruya la distinción entre las dos naturalezas. Pero esto es precisamente lo que, según él, los luteranos hacen al afirmar que el cuerpo glorificado de Cristo goza de ubicuidad. Tal afirmación disminuye

---

[159] *Inst.* 4.17.31.
[160] *Inst.* 4.17.15.
[161] *Inst.* 4.17.35-37.
[162] *Inst.* 4.17.47-50.

la humanidad de Cristo y, por tanto, Calvino no puede aceptarla.[163] Como resultado, insiste en que el cuerpo de Cristo permanece en el cielo, pero evita caer en una interpretación puramente simbólica de la presencia de Cristo al añadir que, aunque su cuerpo no desciende hasta nosotros, el Espíritu sí nos eleva hasta él, de tal modo que nos unimos a él y gozamos de sus beneficios.[164] Y, si alguien pide que se diga exactamente cómo tal cosa es posible, todo lo que Calvino se muestra dispuesto a responder es que se trata de un misterio que la mente humana no puede comprender ni las palabras humanas expresar.[165]

Por último, es importante señalar que, aunque sus adversarios frecuentemente acusaron a Calvino de ser demasiado racionalista en su doctrina de la Cena y de no tener un alto concepto de ella, lo cierto es que siempre se sintió sobrecogido por la acción de Dios en el sacramento.

> Porque yo mismo, siempre que trato de esta materia, después de esforzarme en decir cuanto me es posible, creo que he dicho aún muy poco. Tan grande es su dignidad y excelencia, que no la puedo comprender. Y aunque el entendimiento pueda ir más allá de lo que la lengua puede declarar y exponer, el mismo entendimiento se queda corto y no puede llegar más allá. No queda, pues, más que admirar y adorar este misterio, que ni el entendimiento puede comprender, ni la lengua declarar.[166]

La importancia histórica de la doctrina eucarística de Calvino —y de las controversias en que se involucró con los luteranos como resultado de ella— radica en que esas controversias marcaron la ruptura definitiva entre las tradiciones luterana y reformada. El *Consenso de Zúrich* de 1549 había unido a los elementos calvinistas y zwinglianos de Suiza y del sur de Alemania. Los dones teológicos y estilísticos de Calvino estaban contribuyendo a popularizar sus opiniones en otras partes de Alemania. Cuando Joaquín Westphal publicó cinco volúmenes en los que mostraba las diferencias entre Lutero y Calvino, especialmente en lo que se refería a la comunión, muchos llegaron al convencimiento de que había una especie de conspiración para sustituir el luteranismo alemán con el calvinismo. Algunas de las opiniones de Melanchthon resultaban sospechosas de calvinismo. Como resultado de ello, las controversias entre los luteranos que discutimos en el capítulo anterior tuvieron lugar dentro del contexto de un

---

[163] *Inst.* 4.17.30.
[164] *Inst.* 4.17.31.
[165] *Inst.* 4.17.32.
[166] *Inst.* 4.17.7 (trad. Valera, 2:1075).

intento de erradicar todo vestigio de calvinismo dentro de las filas luteranas. La frontera entre ambas confesiones se hizo cada vez más rígida, y
la polémica constante tendía a buscar y subrayar puntos de desacuerdo.
Pero en todo esto Calvino tuvo un papel secundario, pues no parece haber
tenido gran interés en introducir sus ideas en Alemania, como sospechaban los luteranos más extremistas.[167]

La iglesia y el estado

El último capítulo de la *Institución*, casi como un apéndice, trata sobre la
cuestión del gobierno civil. Este era un tema de vital importancia para el
propio Calvino, puesto que durante su estadía en Ginebra había luchado
constantemente por lograr mayor independencia para las autoridades eclesiásticas frente al gobierno civil. Ginebra había recibido su reforma de
Berna, y había organizado su vida eclesiástica siguiendo el patrón de esa
otra ciudad, donde la burguesía triunfante había retenido el control de todos
los asuntos, tanto religiosos como políticos. En 1538, tanto Calvino como
Farel decidieron partir de Ginebra antes que aceptar una ley promulgada
por el Concilio de la ciudad según la cual la comunión debía ofrecérsele
a todos. Cuando Calvino regresó, insistió sobre las reglas que les garan-
tizaban cierta medida de independencia a las autoridades eclesiásticas (el
origen del «consistorio» se encuentra precisamente en un acuerdo entre
Calvino y el Concilio de la ciudad sobre este asunto). Si, hacia sus últimos
días, Calvino resultó ser prácticamente dueño de la ciudad, no se debió a
que creyera que las autoridades eclesiásticas debían estar por encima de
las civiles, sino sencillamente al resultado práctico de su lucha. Al menos
en teoría, Calvino creía que había una diferencia entre las jurisdicciones
de la iglesia y del estado.

> Para no tropezar en esta piedra, advirtamos que hay un doble ré-
> gimen del hombre: uno espiritual, mediante el cual se instruye la
> conciencia en la piedad y el culto de Dios; el otro político, por
> el cual el hombre es instruido en sus obligaciones y deberes de
> humanidad y educación que deben presidir las relaciones huma-
> nas. Corrientemente se suelen llamar jurisdicción espiritual y ju-
> risdicción temporal; nombres muy apropiados, con los que se da
> a entender que la primera clase de régimen se refiere a la vida del

[167] De hecho, sus tres respuestas a Westphal fueron relativamente breves, y parece haberle
prestado poca atención al asunto. Véase su *Defensio doctrinae de sacramentis* (*CR*, 37:1-
40); *Secunda defensio contra Westphalum* (*CR*, 37:41-120); *Ultima admonitio ad Westphalum* (*CR*, 37: 137-252).

alma, y la otra se aplica a las cosas de este mundo; no solamente para mantener y vestir a los hombres, sino que además prescribe leyes mediante las cuales puedan vivir con sus semejantes santa, honesta y modestamente. Porque la primera tiene su asiento en el alma; en cambio, la otra solamente se preocupa de las costumbres exteriores. A lo primero podemos llamar reino espiritual; a lo otro, reino político o civil.[168]

En la *Institución*, Calvino no intenta desarrollar una teoría independiente sobre el estado, que haya de ser aceptada tanto por los cristianos como por quienes no lo son. Su interés es más bien preguntarse cómo los cristianos han de ver el estado y relacionarse con él. Rechaza, entonces, la teoría de los anabaptistas: que el estado es inmundo y los cristianos deben abstenerse de todo contacto con él. Al contrario: el estado es creación de Dios, quien ha llamado a sus magistrados para ejercer sus funciones en servicio de la justicia divina. Como resultado, el estado tiene el derecho legítimo de imponer la pena de muerte, de recaudar impuestos y de conducir guerras justas y necesarias. La misma autoridad divina es el fundamento de las leyes civiles, que son expresiones de la ley natural conocida por todos. Por lo tanto, es legítimo que los cristianos sirvan como magistrados, y también que apelen a las autoridades civiles y que planteen demandas contra otros —aunque siempre evitando un espíritu de odio y de venganza—.[169]

Todas las formas básicas de gobierno —la monarquía, la aristocracia y la democracia— se corrompen fácilmente.[170] Los magistrados tienden a apartarse del camino recto. Muchos se vuelven tiranos. Pero, a pesar de ello, su autoridad todavía les viene de Dios y ha de ser obedecida. Al leer lo que el Antiguo Testamento cuenta sobre los muchos tiranos que gobernaron sobre Israel, resulta claro, en primer lugar, que Dios les dio su poder a fin de castigar a Israel y, en segundo lugar, que Dios también encontró el modo de destruirles cuando su hora llegó. Por lo tanto, los cristianos como ciudadanos privados, no han de resistir a la autoridad de sus gobernantes, aunque sean débiles o malvados.[171] Hay empero dos puntos que constituyen excepciones a esta regla general —y ambos resultarían de gran importancia para situaciones posteriores en las que los calvinistas habrían de resistir a quienes consideraban tiranos—. La primera excepción es que los magistrados inferiores, cuyo deber es defender los intereses del

---

[168] *Inst.* 4.19.15 (trad. Valera, 2:661).

[169] *Inst.* 4.20.1-21.

[170] *Inst.* 4.20.8.

[171] *Inst.* 4.20.22-30.

pueblo, estarían faltando a ese deber si no le pidieran cuentas al tirano.[172] La segunda excepción, que se basa en el reinado de Cristo, es que siempre debemos obedecer a Dios antes que a los gobernantes humanos, y que, por tanto, el cristiano debe negarse a obedecer cualquier mandato o requisito civil que se oponga a la ley de Dios.[173] Puesto que estas dos excepciones pueden aplicarse en condiciones muy diferentes, según lo que se entienda acerca de los mandamientos de Dios, y de quiénes son los magistrados inferiores, un elemento importante dentro del calvinismo luego pudo tomar posiciones revolucionarias, a pesar de la posición básicamente conservadora del propio Calvino.

La importancia de la teología de Calvino

Lo que antecede puede dar la impresión de que, al sistematizar la teología de la Reforma protestante, Calvino perdió algo de la frescura y vitalidad de Lutero y de los primeros reformadores. Esto es verdad en cierta medida, puesto que el lector de la *Institución* rápidamente se percatará de la diferencia entre el estilo ordenado y detallado de Calvino y las paradojas dramáticas y vibrantes de Lutero. Con el correr de los años, según fueron surgiendo nuevas controversias y opositores, Calvino le fue añadiendo nuevos capítulos y secciones a su *Institución*, como si fuera necesario enfrentarse en ella a cuanta cuestión se debatía en su tiempo. El resultado fue que aquel pequeño manual de la fe cristiana a la postre se volvió una sistematización voluminosa y abarcadora de toda la doctrina cristiana.

Pero este proceso de sistematización no debe verse en términos negativos. El hecho mismo de que Calvino incluyó en su *Institución* secciones extensas sobre los temas que se debatían muestra su interés pastoral. Su propósito no era que su *Institución* fuese una sistematización perenne de la doctrina cristiana, sino más bien que fuese un manual práctico para quienes buscaban vivir como cristianos en aquellos tiempos difíciles —y tal siguió siendo su intención hasta cuando escribió la última y extensísima edición de su obra—. Es más: la naturaleza misma de la *Institución*, donde resulta fácil encontrar lo que Calvino tiene que decir sobre cualquier tema particular, ha hecho que se les preste poca atención a sus otras obras —especialmente sus comentarios bíblicos— que nos darían un cuadro mucho más completo de Calvino como persona y como pastor.

Además, Calvino hizo una contribución importante a la teología protestante al llamar la atención hacia cuestiones que iban más allá de la soteriología. Debido a la experiencia sobrecogedora de Lutero de no poder

---

[172] *Inst.* 4.20.31.
[173] *Inst.* 4.20.32.

alcanzar su propia salvación y de necesitar por tanto la gracia de Dios, buena parte de la teología protestante —especialmente en el caso del propio Lutero— había tratado casi exclusivamente sobre el tema de la salvación. Se abordaba la teología a través de la soteriología. Esto era necesario en una época en que los factores principales que ocultaban la naturaleza del evangelio tenían que ver precisamente con la sistematización excesiva de la teología escolástica. Pero si se le llevaba al otro extremo se corría el peligro de que se descuidaran otros aspectos fundamentales de la fe cristiana. El propio Calvino señala esto cuando dice —aunque criticando al católico Sadoleto más que a Lutero— que «no es buena teología el centrar los pensamientos de una persona sobre sí misma hasta tal punto, y no colocarle delante como el motivo principal para su existencia el celo por manifestar la gloria de Dios. Porque hemos nacido ante todo para Dios, y no para nosotros mismos... Ciertamente es obligación del cristiano ascender más allá de la mera búsqueda de la salvación de su propia alma».[174]

Por otra parte, Calvino se encuentra entre Lutero y los calvinistas posteriores, y debemos cuidar de no leerle en términos de las posiciones que tomaron esos calvinistas posteriores. Es necesario recordar que, a pesar de todas las controversias entre los luteranos y los reformados, y a pesar de que en varios puntos Calvino se sintió obligado a expresar su desacuerdo con Lutero, lo cierto es que el propio Calvino siempre se vio a sí mismo como exponente fiel de los principios básicos de la reforma luterana. De no haber sido por el desarrollo posterior de las ortodoxias luterana y calvinista, los teólogos posteriores en ambos campos hubieran llegado a la conclusión de que Calvino tenía razón al considerarse seguidor de Lutero. Esto puede verse, por ejemplo, en el modo en que Calvino se acerca a la cuestión de la autoridad de las Escrituras, sobre todo cuando se le compara con los calvinistas posteriores. Para él, la Escritura no es el punto de partida, que ha de ser interpretado de igual modo que un abogado interpreta los estatutos de la ley. Al contrario: la razón por la que la Escritura tiene autoridad para él es la experiencia de la gracia. Su punto de partida, más que la Escritura es la providencia y el amor de Dios. Su meta no es tanto una doctrina correcta como la gloria de Dios (aunque naturalmente, se trata de una cuestión de énfasis y de la estructura de la teología, y el propio Calvino nunca separaría estos dos aspectos).

Esto puede verse en lo que se refiere al gobierno de la iglesia. En fechas posteriores, muchos llegaron a establecer una ecuación entre el calvinismo

---

[174] *Respuesta a Sadoleto*. Esto también lo señala, aunque con cierta exageración, C. Miller en J. H. Bratt, ed., *The Rise and Development of Calvinism* (Grand Rapids, 1959), p. 33: «El movimiento luterano, que comenzó como un grito justiciero contra una doctrina periférica de la iglesia de la cual se había abusado grandemente, es decir, las indulgencias, tendía a centrarse sobre unos pocos temas. El propio Lutero estaba tan obsesionado por la doctrina de la salvación por la fe que muchas otras fases de la vida cristiana quedaron completamente abandonadas».

y el gobierno presbiteriano. No cabe duda de que lo que Calvino bosqueja en su *Institución*, y lo que propuso para Ginebra, fue la matriz del gobierno presbiteriano posterior. Pero Calvino no pensaba que esa forma de gobierno fuese esencial para la naturaleza de la iglesia. Basaba lo que sugería sobre sus estudios del Nuevo Testamento, pero seguía insistiendo en que cualquier iglesia donde se proclame correctamente la Palabra de Dios y se administren los sacramentos debidamente ha de ser tenida por verdadera iglesia. También en este punto Calvino se encuentra entre Lutero y los calvinistas posteriores, puesto que Lutero le prestó menos atención al gobierno de la iglesia que Calvino, mientras que los calvinistas posteriores tomaron lo que Calvino había dicho sobre el gobierno eclesiástico y prácticamente lo hicieron requisito esencial de la verdadera iglesia.

Es necesario tomar a Calvino en serio. No se le toma en serio cuando se le acusa de haber destruido la Reforma protestante haciéndola demasiado rígida y sistemática. Tampoco se le toma en serio cuando se le interpreta únicamente a la luz de las generaciones que le siguieron y que crearon la ortodoxia calvinista. Es necesario leerle de nuevo a la luz de sus intereses profundamente pastorales y del momento histórico en que le tocó vivir —hacia el fin del período formativo en la teología protestante—. Cuando así se le lee, Calvino aparece como uno de los teólogos más importantes de todos los tiempos.

Pero también hay que tomar en serio a Calvino por razón de su impacto en el resto de la iglesia, así como en el orden social y político. En parte, por razón de su propia experiencia, exiliado de una Francia llevada por malos caminos, y en parte por su énfasis en la importancia de la ley de Dios para el orden social, Calvino insistía en la necesidad de obedecer la ley de Dios por encima de la humana. Casi al fina de su *Institución de la religión cristiana*, se encuentran palabras que tendrían serias consecuencias:

> Hay una excepción en cuanto a todo lo que hemos enseñado acerca de la obediencia a las autoridades superiores —o más bien una regla que ha de colocarse por encima de todo—. Esta regla es que no nos desviemos de la obediencia a aquel a quien todos los edictos reales han de obedecer. Tales mandatos [por las autoridades superiores] tienen que ceder al mandato divino; y todo su orgullo tiene que humillarse y rebajarse ante la [divina] majestad. ¿No sería perverso el que, por agradar a los humanos, indignáramos a aquel por cuyo amor hemos de obedecer a los humanos? El Señor es el Rey de reyes. [...] Si [las autoridades] mandan algo contra la divina majestad, no les prestemos atención.[175]

---

[175] *Inst.* 4.20.32.

41

La Reforma en Gran Bretaña

La cuarta tradición importante que surge de la Reforma protestante —además de la luterana, la reformada y la anabaptista— es la anglicana, que tomó forma en Inglaterra a través de un complicado proceso.[1] Este proceso comenzó durante el reinado de Enrique VIII y llegó a su punto culminante bajo Isabel I. Dos características de ese proceso determinarán nuestra metodología en la primera parte de este capítulo. La primera es que la historia de la Reforma en Inglaterra estuvo dominada por los acontecimientos políticos y por las diversas actitudes de los monarcas. Esto no quiere decir, como a menudo se afirma, que Enrique VIII o cualquier otro monarca haya producido la Reforma *ex nihilo*. Al contrario: había un amplio movimiento reformador desde los días de Juan Wycliffe, y la propaganda de ese movimiento influyó notablemente sobre la forma definitiva de la Iglesia anglicana. Pero aun así es cierto que los personajes más importantes en Inglaterra en lo que se refiere a asuntos religiosos no fueron los reformadores mismos, sino los monarcas a quienes sirvieron o a quienes se enfrentaron —a veces hasta la muerte—. La otra característica de la Reforma inglesa es que no hubo en ella una o dos figuras

---

[1] La bibliografía sobre la Reforma en Inglaterra es demasiado extensa para citarla aquí. Como introducciones generales y guías bibliográficas, véase F. Heal y R. O'Day, *Church and Society in England: Henry VIII to James I* (Hamden, Connecticut, 1977); P. Milward, *Religious Controversies of the Elizabethan Age: A Survey of Printed Sources* (Londres, 1978); P. Collison, *The Religion of Protestants: The Church in English Society, 1555-1625* (Oxford, 1982); D. L. Edwards, *Christian England: From the Reformation to the Eighteenth Century* (Grand Rapids, 1983).

teológicas descollantes. Ninguno de sus principales exponentes logró la prominencia teológica de Lutero o Calvino, aunque teólogos tales como Cranmer, Jewel, Latimer, Ridley, Hooper y otros hicieron contribuciones importantes. Por razón de esas dos características de la Reforma en Inglaterra, nos ha parecido mejor, al tratar de ofrecer una introducción general a su teología, comenzar con una breve narración del proceso que llevó hasta el acuerdo logrado en tiempos de Isabel, y luego discutir la teología de los principales reformadores —aunque en este caso siguiendo temas más que individuos—.

La Reforma anglicana

Como hemos dicho anteriormente, el movimiento reformador de Juan Wycliffe no desapareció. Todo parece indicar que a principios del siglo XVI había un remanente importante del lolardismo en varias regiones de Inglaterra. También los humanistas, dirigidos por John Colet (*ca.* 1467-1519) buscaban una reforma de la iglesia, aunque más bien al estilo de Erasmo. Uno de los miembros de este círculo humanista fue Tomás Moro (1478-1535), quien más tarde moriría como mártir al negarse a aceptar la ruptura con Roma. Por último, también había una influencia que venía del protestantismo en el continente. Los escritos de Lutero se leían ávidamente en Inglaterra antes de la condenación de 1521 y, a juzgar por los intentos de destruirlos, siguieron circulando ampliamente después de aquella. Desde su exilio en el continente, William Tyndale (*ca.* 1494-1536) tradujo el Nuevo Testamento al inglés, y lo hizo introducir en su patria de contrabando. Murió estrangulado como hereje en los Países Bajos. Otros precursores de la Reforma en Inglaterra fueron John Frith, Robert Barnes, y George Joye.[2]

Pero todos estos esfuerzos probablemente no hubieran tenido resultado de no haber sido porque las circunstancias políticas obligaron a Enrique VIII a romper con Roma. La ruptura vino a raíz de la petición de anulación de su matrimonio con Catalina de Aragón. Enrique siempre había tenido dudas sobre la validez de ese matrimonio, puesto que Catalina era la viuda de Arturo, hermano mayor de Enrique. Al morir Arturo, Fernando el católico había insistido en que Catalina regresara a España con su dote. Para conservar tanto la dote de Catalina como la buena voluntad de España, Enrique VII propuso que la viuda se casara con su hijo menor Enrique,

---

[2] W. A. Clebsch, *England's Earliest Protestants: 1520-1535* (New Haven, Connecticut, 1964).

quien era ahora heredero del trono. Aunque había dudas acerca de si tal matrimonio sería lícito, los dos reyes convencieron al papa para que les otorgara una dispensa. A pesar de ello, Enrique nunca estuvo seguro acerca de la validez de su matrimonio con Catalina. Esas dudas parecieron confirmarse cuando todos sus hijos, excepto María, murieron a edad temprana. La sucesión al trono estaba en peligro. Inglaterra acababa de salir de un largo período de lucha civil precisamente sobre la cuestión de la sucesión, y el que una mujer (María) heredara el trono podría acarrear nuevas contiendas. Fue por esta razón que Enrique pidió la anulación de su matrimonio. No cabe duda de que le era infiel a su esposa; pero para ello no tenía que repudiarla. El problema estaba en que para asegurarse la sucesión al trono debía tener un hijo varón. Hubo quien sugirió que un hijo bastardo de Enrique, el duque de Richmond, fuese declarado legítimo. Pero tal cosa no era posible, y entonces el cardenal Campeggio llegó a sugerir que el duque de Richmond se casara con su medio hermana María. Por último, Enrique le pidió al papa que su matrimonio fuese anulado. El papa no podía acceder a tal petición, puesto que Catalina era la tía de Carlos V, quien era dueño de buena parte de la Europa occidental.

Enrique apeló a las principales universidades de Europa, tanto católicas como protestantes, y su veredicto fue que el papa no tenía autoridad para otorgar una dispensa contra los mandamientos de la Escritura y que, por lo tanto, el matrimonio entre Enrique y la viuda de su hermano nunca había sido legítimo. Aunque las universidades tenían autoridad para ofrecer una opinión, la declaración misma de anulación tenía que venir del papa. Este último le sugirió a Enrique que tomase secretamente una segunda esposa —el mismo consejo que Lutero le dio a Felipe de Hesse en circunstancias semejantes—. Enrique decidió entonces resolver el asunto por sí mismo. En una serie de medidas se fue haciendo dueño de la iglesia. Revivió las antiguas leyes que prohibían las apelaciones a Roma, y detuvo los fondos que antes se le enviaban al papa. Cuando la sede de Canterbury quedó vacante, se aseguró de que Tomás Cranmer (1489-1556) fuese nombrado para ocuparla. Cranmer era un reformador moderado que había recibido la influencia de Lutero. Pero la razón por la que Enrique le hizo nombrar era que Cranmer pensaba que el juicio de las universidades sobre el matrimonio de Enrique bastaba para anularlo. Ya para esa fecha, Enrique se había casado secretamente con Ana Bolena, pues esta estaba encinta y Enrique quería asegurarse de que su hijo fuese legítimo. Irónicamente, Ana tuvo otra niña, y aunque Enrique pensó que esto no resolvía el problema, a la postre esa niña llegó a ser la reina Isabel. El papa le ordenó a Enrique que abandonase a Ana y volviese a tomar a Catalina como esposa en un plazo de diez días, so pena de excomunión. En respuesta, Enrique hizo que una serie de declaraciones del Parlamento le declarasen cabeza suprema de la iglesia dentro de sus dominios, anulasen su matrimonio con Catalina y aceptasen a Ana como reina de Inglaterra, y a su hija Isabel como heredera legítima del trono, en caso de que Enrique no tuviese heredero varón.

A Enrique no le interesaba cambiar las prácticas y doctrinas de la recién establecida Iglesia de Inglaterra. Al contrario: pensaba que la negación de la autoridad papal no le causaría muchos problemas con sus súbditos siempre que la vida en las parroquias continuase como antes. Pero había otros factores que le impulsaban en la dirección contraria. Quería que los teólogos protestantes de Alemania declarasen que había tenido razón al repudiar a Catalina. La opinión de esos teólogos era que el matrimonio nunca debió haber tenido lugar, pero que, una vez que se había casado con ella, Enrique no tenía derecho a repudiarla. Con la esperanza de lograr el apoyo de estos teólogos, Enrique comenzó una serie de negociaciones con los protestantes alemanes. Esto, a su vez, le obligaba a ser menos estricto con los protestantes en Inglaterra. Aprovechando tales circunstancias, Cranmer promovía reformas. El resultado fue que se hicieron varios cambios menores en la vida de la iglesia, pero que su teología y práctica todavía distaban mucho de ser protestantes.

Los *Diez Artículos* de 1536 afirmaban la autoridad de la Biblia, de los credos antiguos y de los primeros cuatro concilios ecuménicos —con lo cual implícitamente negaban la autoridad de la tradición posterior—. Se mencionan tres sacramentos: el bautismo, la eucaristía y la penitencia. En la eucaristía, Cristo está real y físicamente presente. La salvación es mediante la fe y las buenas obras. Se retenían prácticas tales como el uso de imágenes, las oraciones por los muertos, la creencia en el purgatorio, las vestimentas clericales, la invocación de los santos y otras cosas parecidas, y se prohibía negarlas o atacarlas. Enrique murió en el 1547; pero Cranmer le sobrevivió hasta que María —para entonces reina de Inglaterra— le hizo quemar por hereje. Durante el arzobispado de Cranmer, se les ordenó a los párrocos colocar una gran Biblia en inglés en un lugar apropiado en la iglesia donde los laicos pudiesen leerla. Otro cambio importante que Cranmer logró durante el reinado de Enrique fue que se cantara la letanía en inglés. Aunque al principio hubo bastante oposición a esto entre el laicado, pronto la nueva costumbre comenzó a arraigarse. Después —durante el breve reinado de Eduardo VI— logró que se anulara el celibato clerical.

Quizá el paso más importante que Enrique dio en asuntos religiosos tras el Acto de Supremacía fue la disolución de los monasterios. Esto se hizo mediante una serie de medidas, dirigidas primero contra las casas menores, y a la postre contra todo el movimiento monástico. Las razones que llevaron a Enrique a esto parecen haber sido su deseo de apoderarse de los tesoros que algunos monasterios habían acumulado a través de los siglos, y el hecho de que las casas monásticas eran centro de resistencia a la independencia de Roma. Quienes se oponían a tales medidas fueron aplastados y algunos de ellos muertos. Así Enrique se posesionó de vastas riquezas que repartir entre quienes le apoyaban. Estas personas, a su vez, se volvieron ardientes defensores de la iglesia independiente, puesto que su riqueza dependía de ello.

Para 1539, Enrique ya no necesitaba el apoyo de los protestantes en el continente, y por ello comenzó a darle a su iglesia el fuerte sabor católico que prefería, y que —según él esperaba— evitaría las divisiones que estaban teniendo lugar entre los protestantes. Tal fue el propósito de los *Seis artículos*, que el Parlamento aprobó a pesar de la protesta de Cranmer, pero bajo los dictados del rey. En ellos se declaraba que negar la transubstanciación, o promover la comunión en ambas especies, era herejía cuyo castigo sería la confiscación de las propiedades y la muerte. Lo mismo se decía del celibato del clero y, por tanto, los sacerdotes que hubieran aprovechado las reformas de los últimos años para casarse debían ahora abandonar a sus esposas. A fin de mostrar que no se dejaba llevar ni por católicos ni por protestantes, Enrique se aseguró de que entre los ejecutados por sus ideas hubiese miembros de ambos grupos.

Tal era el estado de cosas cuando Enrique murió en 1547, dejándole el trono a su único heredero varón, Eduardo VI, hijo de su tercera esposa. Eduardo era un niño enfermizo de nueve años cuyo reino solo duraría poco más de seis. Durante ese tiempo, el gobierno estuvo primero en manos del duque de Somerset, y después del duque de Northumberland. Ambos regentes —al parecer por diferentes razones— apoyaron la causa de la Reforma de tipo protestante. La influencia de Cranmer aumentó, y el arzobispo la utilizó para llevar a la Iglesia de Inglaterra hacia el protestantismo. Las muchas medidas que se tomaron durante esos años incluían la lectura de la Biblia en inglés durante el servicio, la publicación de *Doce homilías* —tres de ellas por Cranmer— cuyo propósito era asegurarse de que la predicación en todo el país se ajustase a la doctrina correcta, la abolición de los *Seis artículos*, la orden de que la comunión fuese administrada en ambas especies, el permiso para que los clérigos se casaran y muchas otras.

Pero el logro más importante del reinado de Eduardo VI en lo que a la religión se refiere fue la composición y publicación del *Libro de oración común*. Este fue preparado por varios teólogos bajo la dirección de Cranmer. Su primera edición, que fue introducida en las parroquias en 1549, era ambiguamente conservadora, excepto en que toda la liturgia ahora estaba en inglés. La segunda edición, publicada en 1552, era mucho más radical. El propio Cranmer había llegado ya a negar tanto la transubstanciación como la consubstanciación, y a adoptar posturas semejantes a las de Calvino. Puesto que era precisamente la época en que Carlos V acababa de derrotar a los protestantes en Alemania, muchos protestantes de ese país se refugiaron en Inglaterra —entre ellos Martín Bucero, el reformador de Estrasburgo—, con lo cual aumentó el impacto de las ideas protestantes. Muchos ingleses que habían partido al exilio en el continente regresaron, trayendo con ellos ideas que se acercaban más a las de Zwinglio que a las de Lutero. Entre estos exiliados se contaban John Hooper (*ca.* 1495-1555) y Nicolás Ridley (*ca.* 1503-1555), quienes ejercieron fuerte influencia sobre el rumbo que el movimiento reformador iba tomando. Como resultado de ello, no cabe duda de que el *Libro de oración común* de 1552 es protestante. Ya no se habla allí de un «altar», sino de una «mesa», con lo cual se indicaba que la comunión no se consideraba ya un sacrificio. Todavía había ambigüedades en el *Libro de oración común*, puesto que todos los dirigentes de la Reforma se percataban de que Inglaterra no estaba lista para un cambio radical; pero mientras en los anteriores documentos ambiguos de la Iglesia de Inglaterra la interpretación más obvia había sido la del catolicismo tradicional, ahora la ambigüedad se inclinaba en la dirección opuesta, hacia el modo en que los protestantes entendían la comunión. Los principales dirigentes del movimiento reformador durante esa época fueron, además de Tomás Cranmer, Nicolás Ridley, John Hooper y Hugh Latimer (*ca.* 1485-1555).

La muerte de Eduardo VI en 1553 cambió la situación radicalmente. Aunque se habían tomado pasos para prevenir que esto ocurriera, fue María quien ascendió al trono. Inmediatamente ordenó que el Parlamento declarase que el matrimonio de su madre con Enrique VIII había sido válido, y que todas las leyes religiosas de Eduardo VI quedaban anuladas. Tras una serie de negociaciones complicadas, se restablecieron las relaciones con Roma. El matrimonio de María Tudor con Felipe II de España fortaleció al partido católico. Siguió entonces una larga lista de mártires, que le han merecido el título de «María la sanguinaria». A Cranmer, ya anciano, se le obligó a firmar un documento en el que se retractaba. Cuando se le condenó a morir quemado, sostuvo delante de sí su mano derecha, que había firmado aquel documento, para que se quemara primero. Su muerte ejemplar hizo de él un héroe popular. Otros recibieron vítores en su marcha hacia la muerte. Cuando María comenzó a devolver a la iglesia algunas de sus antiguas posesiones monásticas la oposición aumentó aún más. Solamente en un punto María parece haber actuado con moderación: no accedió al consejo repetido de su suegro Carlos V, de que ejecutara a su medio hermana Isabel.

María Tudor murió en 1558, tras haber reinado poco más de cinco años, e Isabel —su medio hermana— fue su sucesora. La nueva reina se movió cautelosa pero firmemente en dirección hacia una iglesia nacional que lograra incluir al mayor número posible de sus súbditos. Permitió cierta libertad de expresión, pero insistió en la uniformidad de la adoración al restaurar el *Libro de oración común* —su segunda edición, con otras revisiones—. Cuando los obispos nombrados por María se negaron a aceptar la supremacía de Isabel sobre la iglesia, fueron depuestos y reemplazados por obispos de la época de Eduardo VI que habían partido al exilio en tiempos de María, o por nuevos obispos. Aunque en términos generales Isabel evitó la crueldad, sí fue firme cuando le pareció necesario. De sus muchas ejecuciones —aproximadamente el mismo número que las de su medio hermana María, aunque durante un reinado casi diez veces más largo— la más famosa fue la de María Estuardo, reina de Escocia y pariente de Isabel, quien se había refugiado en Inglaterra cuando el presbiterianismo —bajo la dirección de Juan Knox— y su propia política insensata le costaron el trono. Cuando Isabel se enteró de las intrigas para derrocarla a ella y colocar en su lugar a María Estuardo, con el propósito de restaurar el catolicismo romano en Inglaterra, ordenó la ejecución de María.

La teología anglicana

Lo que dio su forma definitiva al anglicanismo durante el reinado de Isabel fue la promulgación de los *Treinta y nueve artículos sobre religión*. Estos eran esencialmente una revisión de los *Cuarenta y dos artículos* de Eduardo VI, que habían sido compilados por Cranmer en la esperanza de que expresasen una posición intermedia entre el luteranismo y el calvinismo, al mismo tiempo que sirvieran para excluir el catolicismo romano y el anabaptismo. En 1563 la Convocación revisó los artículos de Eduardo VI y, tras una serie de demoras que tenían que ver más que nada con cuestiones políticas, su forma final fue establecida y promulgada en 1571. Puesto que estos artículos cristalizan la teología de los reformadores ingleses, discutiremos su contenido al exponer esa teología.

Como en el resto de Europa, el fundamento de la Reforma en Inglaterra era la autoridad de las Escrituras. En Inglaterra misma, la tradición de Wycliffe y de los lolardos hizo una contribución importante en este sentido. La obra de Tyndale al traducir la Biblia se basaba en ese principio, que era el principal vínculo de unión entre él y la Reforma en el continente —de hecho, su tendencia hacia el legalismo contrastaba con el centro mismo de la teología de Lutero—.[3] En su *Prefacio a la Biblia*, en 1540, Cranmer escribió:

Si algo es necesario saber, lo aprenderemos de la Sagrada Escritura. Si se ha de rechazar la falsedad, es de ella que obtendremos

---

[3] *Ibid.*, pp. 168-74.

los modos para hacerlo. Si algo ha de corregirse y enmendarse, si hay necesidad de exhortación o de consolación, en las Escrituras aprenderemos lo necesario. En ellas se encuentran los pastos verdes del alma; en ella no hay carne venenosa ni nada insalubre; ella es el alimento puro y delicioso. El ignorante encontrará en ella lo que ha de aprender. El pecador perverso encontrará allí su condenación, que le hará temblar de temor. Quien se esfuerce por servir a Dios encontrará allí su gloria y las promesas de vida eterna, que le exhortan a continuar más diligentemente en su labor.[4]

John Jewel (1522-1571), uno de los principales teólogos del período isabelino, escribió una *Apología de la Iglesia de Inglaterra*, en la que trataba de mostrar que tanto las Escrituras como la antigua tradición de la iglesia apoyaban las posiciones de la Iglesia anglicana. Por tanto, se refería frecuentemente a la tradición y a los antiguos escritores cristianos. Pero, a pesar de ello, resulta claro que para él la autoridad última en cuestiones teológicas le pertenece solo a la Biblia.

> Por lo tanto, si es cierto que nosotros somos herejes, y ellos (según prefieren llamarse) católicos, ¿por qué no hacen ellos lo que ven hacer a los «padres», quienes eran católicos? ¿Por qué no nos convencen y sojuzgan a base de las Escrituras divinas? ¿Por qué no nos traen a juicio ante ellas? [...] Si somos herejes nosotros, quienes llevamos todas nuestras controversias a las Sagradas Escrituras y nos basamos en las mismísimas palabras que sabemos llevan el sello de Dios, y en comparación con ellos les prestamos poca atención a todas las demás cosas... ¿cómo hemos de llamarles entonces a ellos, quienes temen el juicio de las Sagradas Escrituras, es decir, el juicio de Dios mismo, y prefieren sus propios sueños y sus frías invenciones?[5]

Este convencimiento de que lo que estaban haciendo y enseñando se basaba en las Escrituras fue uno de los pilares de la Reforma anglicana. Fue por esto que tanto Tyndale como Cranmer, siguiendo la tradición de Wycliffe, hicieron todo lo posible para que todos tuvieran disponible la Biblia en inglés.[6] Esto puede verse en los *Treinta y nueve artículos*, el sexto de los cuales dice: «La Sagrada Escritura contiene todas las cosas

---

[4] En G. E. Duffield, ed., *The Work of Thomas Cranmer* (Appleford, Berkshire, 1964), p. 37.
[5] J. Jewel, *An Apology of the Church of England*, ed. J. E. Booty (Ítaca, Nueva York, 1963), p. 20.
[6] P. E. Hughes, *Theology of the English Reformers* (Londres, 1965), pp. 13-24.

necesarias para la salvación: de modo que lo que no se encuentra en ellas, ni puede probarse por ellas, no ha de requerirse de nadie que lo crea como artículo de fe, ni que piense que es necesario o requisito para la salvación».

De igual modo, la razón que les da autoridad a los credos de Nicea, Atanasio y los apóstoles, es que «se les puede probar por palabras ciertísimas de la Sagrada Escritura» (artículo 8). Y, aunque la iglesia tiene el derecho de establecer prácticas litúrgicas y hasta de decidir en controversias sobre cuestiones de fe, «sin embargo, no es lícito que la iglesia ordene cosa alguna contraria a la Palabra escrita de Dios, ni puede tampoco interpretar un texto de la Escritura de tal modo que contradiga a otro. Por lo tanto, aunque la iglesia es testigo y guardiana de la Sagrada Escritura, no debe, sin embargo, decretar cosa alguna contra ella, ni debe tampoco mandar que se crea como necesaria para la salvación cosa alguna que no se encuentre en ella» (artículo 20).

Esto quiere decir que las iglesias apostólicas —Jerusalén, Alejandría, Antioquía y Roma— pueden errar y, de hecho, han errado (artículo 19); y lo mismo es cierto de los concilios generales (artículo 21).

Por otra parte, los reformadores ingleses —o al menos la mayoría de ellos— pensaban que había un valor positivo en la tradición, y aunque la iglesia tradicional se haya equivocado en varias cosas, su orden y sus prácticas deberían conservarse, excepto en aquellos casos en que contradecían la autoridad de las Escrituras. Esto le permitió a la Reforma inglesa proceder al principio con menos disturbios que los que tuvieron lugar en el continente. El *Libro de oración común*, por ejemplo, incluía algunos cambios radicales. Entre ellos se contaba la celebración de los servicios en el idioma vernáculo. Había, además, cambios en las palabras que se empleaban en ceremonias tradicionales en aquellos lugares en que esos cambios eran necesarios por razones doctrinales. Pero, al mismo tiempo, se conservaba todo lo demás en su forma tradicional. Lo mismo fue cierto respecto al orden de la iglesia. Por tanto, le fue posible al laicado aceptar las nuevas prácticas y condiciones con pocos disturbios. Esta política se debía en parte al propósito de la reina Isabel de lograr una posición intermedia que la mayoría de sus súbditos pudiera aceptar. Pero también se debió en parte a la actitud de la mayoría de los reformadores anglicanos, quienes pensaban que cuestiones tales como la forma de la liturgia y el gobierno eclesiástico eran parte de la adiáfora y que, por tanto, no era necesario insistir en cambiar cada detalle de la liturgia para que se ajustase a las prácticas escriturarias. Jewel expresó correctamente los sentimientos de la Iglesia de Inglaterra al escribir:

Sin embargo, nosotros todavía mantenemos y estimamos, no solamente aquellas ceremonias que estamos seguros nos han venido de los apóstoles, sino también otras que pensamos la iglesia de Dios puede aceptar sin daño alguno. Pero, en cuanto a aquellas cosas que vimos ser o bien supersticiosas, o sin provecho, o dañinas, o burdas, o contrarias a las Sagradas Escrituras, o inapropiadas para personas sobrias y discretas... estas, digo, hemos rechazado completamente sin excepción alguna, pues no queríamos que el justo culto de Dios continuase siendo profanado con tales necedades.[7]

En esto Jewel seguía a Cranmer, quien había enseñado que las ceremonias —incluso las que se encuentran en el Nuevo Testamento— no son de obligación para la iglesia en todo tiempo. Al extenderle al Nuevo Testamento la distinción tradicional —que normalmente se le aplicaba únicamente al Antiguo— entre los mandamientos morales y ceremoniales, Cranmer pudo afirmar que las prescripciones litúrgicas concretas de Pablo, o las decisiones del Concilio de Jerusalén, tenían solamente una autoridad pasajera, y no eran obligatorias para todos en tiempos modernos.[8]

Esto se expresa en el trigésimo cuarto de los *Treinta y nueve artículos*, que trata sobre «las tradiciones de la iglesia»:

> No es necesario que las tradiciones y las ceremonias sean en todos los lugares exactamente iguales; porque siempre han sido diversas, y pueden cambiarse según las diversidades de países, tiempos y costumbres humanas, de modo que nada se ordene que sea contra la Palabra de Dios. Si alguien, por su juicio privado, a propósito y deliberadamente, rompe abiertamente con las tradiciones y ceremonias de la iglesia que no son repugnantes a la Palabra de Dios y que han sido ordenadas y aprobadas por la autoridad común, esa persona debe ser reprendida abiertamente, para que otros teman hacer lo mismo, puesto que ofende contra el orden común de la iglesia, daña la autoridad del magistrado, y hiere las conciencias de los hermanos débiles...
>
> Cada iglesia particular o nacional tiene la autoridad de ordenar, cambiar y abolir ceremonias o ritos de la iglesia que hayan sido establecidos únicamente por autoridad humana, siempre que todo sea hecho para la edificación.

En esto, sin embargo, este artículo iba más allá de lo que había enseñado Cranmer. Lo que aquí se afirma es que, en el caso de prácticas litúrgicas que la Escritura ni manda ni prohíbe, la autoridad de establecerlas le

---

[7] Jewel, *An Apology*, p. 37.
[8] G. W. Bromiley, *Thomas Cranmer Theologian* (Nueva York, 1956), pp. 20-22.

pertenece a la iglesia, y que ningún individuo tiene derecho a cambiarlas. Así pues, aunque se afirma que las Escrituras permiten amplia libertad en cuanto a las prácticas litúrgicas, esa libertad se limita a las autoridades eclesiásticas —y en lo práctico, a las civiles—. Esto era importante para la política de Isabel de crear una iglesia nacional con un mínimo de disensión, puesto que la uniformidad en la adoración crearía cierta medida de uniformidad en las creencias, y la experiencia del continente mostraba que si se permitía toda libertad pronto habría una proliferación de sectas. Tal cosa Isabel no podía tolerar, porque se oponía a sus planes para el engrandecimiento de Inglaterra. Pero su solución al problema de las divisiones en las iglesias de la Reforma, tal como se expresa en este artículo, se oponía a la posición de muchos de sus súbditos. Esto era particularmente cierto de quienes habían recibido la influencia de la teología reformada de Zwinglio y Calvino, y, por tanto, creían que las tradiciones litúrgicas de la iglesia medieval eran perversiones de la sencillez escrituraria y debían ser abolidas. De tales sentimientos surgió el movimiento puritano, que en el siglo siguiente sacudiría hasta los cimientos mismos de la sociedad inglesa.

La justificación por la fe era el otro gran pilar de la Reforma protestante. También fue tema constante en la teología de los reformadores ingleses. En su prólogo a Romanos, Tyndale afirma que «la suma y razón única de la composición de esta epístola es probar que el ser humano es justificado únicamente por la fe».[9] John Frith también creía que esto era el corazón mismo del evangelio, aunque pensaba que resultaba más exacto decir, no que Dios le imputa la justicia al creyente, sino que Dios decide no imputarle el pecado.[10] De manera semejante, Cranmer afirmó que «nuestra fe viene libremente por la misericordia de Dios... sin que nosotros de algún modo la merezcamos o ganemos».[11] Aunque los *Seis artículos* de Enrique VIII trataban de suavizar la posición de los reformadores al afirmar que la justificación tenía lugar mediante la fe y las obras, los reformadores veían claramente que esto equivalía a negar la doctrina de la justificación por la fe, y se opusieron a tal interpretación de esa doctrina. Por ello, el undécimo de los *Treinta y nueve artículos* afirma que «se nos cuenta por justos ante Dios solo por el mérito de nuestro Señor y Salvador Jesucristo mediante la fe, y no por nuestras propias obras o méritos». Entonces el próximo artículo vuelve a afirmar el valor de las buenas obras, aunque en un sentido estrictamente protestante. «Aunque las buenas obras, que son los frutos de la fe, y siguen a la justificación, no pueden librarnos de nuestros pecados y resistir a la severidad del juicio de Dios, son sin embargo agradables

---

[9] Citado en Hughes, *Theology of the English Reformers*, p. 48.
[10] Clebsch, *England's Earliest Protestants*, p. 134.
[11] Citado en Hughes, *Theology of the English Reformers*, p. 54.

y aceptables a Dios en Cristo, y surgen necesariamente de una fe viva y verdadera, de tal modo que por ellas tal fe viva se puede conocer de igual manera que un árbol se conoce por su fruto».

Las obras anteriores a la justificación «no son del agrado de Dios, por cuanto no surgen de la fe en Jesucristo, ni tampoco hacen a los humanos aptos para recibir la gracia» (artículo 13). De igual modo, la doctrina de las obras de supererogación «no puede enseñarse sin arrogancia e impiedad» (artículo 14).

Como en el caso de la Reforma en el continente, la afirmación de la justificación por la fe se relacionaba íntimamente con el rechazo del sistema penitencial de la iglesia, puesto que ambos se contradicen mutuamente. Esto incluía el rechazo del purgatorio, que resulta innecesario una vez que se ha decidido que el destino eterno de una persona no tiene que ver con cuántas obras haya hecho o cuántos pecados haya cometido, sino que es un don gratuito de Dios. En uno de sus fogosos sermones, Latimer enumeró las distintas clases de indulgencias, y entonces se refirió a ese «nuestro antiguo carterista, el purgatorio»[12] y «el abuso de ese monstruo, el purgatorio».[13] Algunas décadas más tarde, Jewel decía: «Y en cuanto a todo lo que dicen sobre el purgatorio, aunque sabemos que es una cosa recientemente inventada entre ellos, no tiene más valor que una necia y antigua fábula de viejas».[14] Por último, el vigésimo segundo de los *Artículos* rechaza, junto al purgatorio, las indulgencias y varias otras prácticas catolicorromanas. «La doctrina romana respecto al purgatorio, los perdones, el culto y la adoración de las imágenes y de las reliquias, así como la invocación de los santos, es una invención vana, y no se basa en modo alguno en la Escritura, sino que es más bien repugnante a la Palabra de Dios».

Ya hemos mostrado cómo los *Treinta y nueve artículos* colocaban el poder de hacer decisiones respecto a la liturgia, el gobierno de la iglesia y otras cuestiones semejantes bajo la responsabilidad de la iglesia. Nos falta ahora tratar de discernir algo de la eclesiología de los reformadores ingleses.

En las obras de estos reformadores aparece frecuentemente la distinción tradicional entre la iglesia visible y la invisible. Normalmente, sin embargo, tal distinción no se usa para restarle importancia a la iglesia visible,[15] sino más bien para explicar cómo esa iglesia puede pretender

---

[12] A. G. Chester, ed., *Selected Sermons of Hugh Latimer* (Charlottesville, Virginia, 1968), p. 19.

[13] *Ibid.*, p. 20.

[14] Jewel, *An Apology*, p. 36.

[15] La excepción más notable es la de John Foxe, *To the True and Faithful Congregation of Christ's Universal Church*: «Hubo quienes supusieron que la Iglesia de Roma era la única

ser la congregación de los redimidos cuando está tan llena de pecado y de pecadores. Ridley retoma la imagen de Agustín de una «iglesia mixta» en la que el trigo y la cizaña no pueden separarse. En esta iglesia mixta visible existe la iglesia invisible de los verdaderos creyentes, aunque al presente se encuentra mezclada con muchos que no se cuentan entre los redimidos. Por ello, la iglesia visible puede errar, y lo ha hecho.[16] Pero, por otra parte, esta es la única forma que la iglesia invisible toma sobre la tierra, y, por lo tanto, no se nos autoriza sencillamente a apartarnos de la iglesia mixta a fin de pertenecer a una supuesta comunidad invisible que no tiene forma terrena alguna. Según la política de Isabel fue logrando arraigo, se fue perdiendo el énfasis en esta distinción, y se tendió a afirmar cada vez más que la Iglesia de Inglaterra es lo mismo que la iglesia de Cristo en Inglaterra. Todavía se seguía estableciendo la distinción entre la iglesia invisible y la visible; pero se insistía ahora en la iglesia visible —a pesar de su estado «mixto»— como el hogar espiritual de los creyentes. La Iglesia de Inglaterra es la expresión propia de esa iglesia visible en este reino particular, aunque no sea todo el cuerpo de Cristo.

> Creemos que hay una iglesia de Dios, y que esta iglesia no se encuentra encerrada (como en el pasado entre los judíos) en algún rincón o reino, sino que es católica y universal y se encuentra dispersa por todo el mundo. Por tanto, no hay ahora nación alguna que haya quedado fuera y que no pueda formar parte de la iglesia y pueblo de Dios. Y creemos también que esta iglesia es el reino, el cuerpo y la esposa de Cristo; y que Cristo es el único príncipe de este reino; que solo Cristo es la cabeza de este cuerpo; y que solo Cristo es el esposo de esta esposa.[17]

Sobre este punto los *Treinta y nueve artículos* muestran la influencia de la teología reformada, y especialmente de Calvino, que se había hecho fuerte durante el reinado de Eduardo VI, y luego había aumentado cuando muchos reformadores ingleses tuvieron que partir al exilio en tiempos de María Tudor, para regresar en tiempos de Isabel con muchas de las ideas que habían recibido en el continente. Al igual que en el caso de Calvino, las dos marcas de la verdadera iglesia son la predicación de la Palabra y la

---

verdadera madre católica, porque la vieron tan visible y gloriosa ante los ojos del mundo, tan esplendorosa en belleza externa, con tan buen porte, seguida de tan grande multitud, y con tan alta autoridad. La otra Iglesia, precisamente porque no era tan visible y conocida en el mundo, pensaron que no podía ser la verdadera Iglesia de Cristo. En ello se equivocaron sobremanera».

[16] Hughes, *Theology of the English Reformers*, pp. 228-29.

[17] Jewel, *An Apology*, p. 24.

administración de los sacramentos. La primera parte del artículo 19 dice: «La iglesia visible de Cristo es una congregación de personas fieles, en la que se predica la Palabra pura de Dios, y los sacramentos se administran propiamente según la ordenanza de Cristo en todas aquellas cosas que les son necesarias».

Ya para esa fecha, puede verse el impacto de Calvino en la doctrina de los sacramentos. Al principio de su carrera reformadora, Cranmer sostenía la presencia física del cuerpo de Cristo sobre el altar de sacrificio. Más tarde llegó a la conclusión de que el sacrificio de Cristo no se repite en la comunión, y dio órdenes que se colocaran mesas en lugar de altares.[18] En 1550 escribió una serie de comparaciones entre sus opiniones y las de la Iglesia de Roma —exagerando algunas de estas últimas hasta el punto de hacerlas parecer absurdas—. En estas comparaciones se manifiestan sus inclinaciones calvinistas. Aunque son demasiado extensas para citarlas todas, unas pocas bastan para mostrar su tono general.

> Ellos enseñan que Cristo se encuentra en el pan y el vino: pero nosotros decimos, de acuerdo con la verdad, que Cristo está en quienes dignamente comen y beben del pan y el vino.

> Ellos dicen que Cristo se recibe con la boca, y entra con el pan y el vino: nosotros, que se le recibe en el corazón, y entra mediante la fe.

> Ellos dicen que toda persona, buena o mala, come del cuerpo de Cristo: nosotros decimos que ambos comen el pan sacramental y beben el vino, pero que solamente aquellos que son miembros vivos de su cuerpo comen el cuerpo de Cristo y beben su sangre.

> Ellos dicen que Cristo se encuentra corporalmente en varios lugares al mismo tiempo, afirmando que su cuerpo se encuentra real y físicamente presente en tantos lugares como se consagra la hostia: nosotros decimos, que de igual manera que el Sol está físicamente en el cielo, y en más ningún lugar... así también nuestro Salvador Cristo se encuentra física y corporalmente en el cielo, sentado a la diestra del Padre, aunque espiritualmente nos ha prometido estar presente con nosotros en la Tierra hasta el fin del mundo.[19]

---

[18] Duffield, *The Work of Thomas Cranmer*, pp. 234-37.
[19] *Ibid.*, pp. 124-26.

Resulta claro que, al rechazar la doctrina católica, Cranmer también ha rechazado las opiniones de Lutero y aceptado las de Calvino. El sacramento no es un mero símbolo de lo que tiene lugar en el corazón, pero tampoco consiste en comer físicamente el cuerpo de Cristo. Esto ha de ser así, porque el cuerpo de Cristo está en el cielo y, por lo tanto, nuestra participación de él solo puede ser espiritual. Solamente los creyentes toman verdaderamente del cuerpo y la sangre de Cristo, puesto que lo que los incrédulos comen y beben no es más que pan y vino —además de condenación para sí mismos, por profanar la mesa del Señor—. Tales opiniones se reflejan también en los *Treinta y nueve artículos*, de los cuales el vigésimo octavo dice que «el Cuerpo de Cristo se ofrece, recibe y come en la Cena, pero solamente de una manera celestial y espiritual». El artículo que sigue inmediatamente declara que los malos «en ningún modo participan de Cristo», aunque «para su condenación comen y beben la señal o sacramento de tan grande cosa».

Esta señalada influencia del calvinismo sería de gran importancia para la historia del cristianismo en Inglaterra durante el siglo XVII, porque los acontecimientos que entonces tuvieron lugar se debieron en parte a los conflictos inevitables entre el calvinismo moderado de la iglesia establecida y las opiniones más radicales de quienes pensaban que la Reforma calvinista había sido traicionada por las políticas de Isabel.

Tenemos un ejemplo de este conflicto en lo que se refiere a la teoría y práctica del ministerio. En su controversia contra el catolicismo romano, los reformadores ingleses frecuentemente habían argumentado contra la sucesión apostólica como garantía de autoridad apostólica. En el 1550, John Hooper escribió: «Con respecto a los ministros de la iglesia, creo que la iglesia no está atada a clase alguna de persona, ni a una sucesión ordinaria de obispos, cardenales u otros semejantes, sino solamente a la Palabra de Dios».[20] De igual modo, después de establecidas las políticas de Isabel, Jewel respondía a los argumentos católicos: «Ustedes dicen que la sucesión es el principal modo en que un cristiano puede evitar al anticristo. Estoy de acuerdo, ¡si lo que ustedes quieren decir es la sucesión de doctrinal!».[21] Pero esta clase de argumento, que servía para refutar al catolicismo romano, también podría servir para subvertir la disciplina si se le aplicaba sin más en Inglaterra. La idea misma de una iglesia del estado resultaría inoperante si esa iglesia no tenía de alguna manera el control sobre el rito de ordenación, que determina quiénes han de ser sus dirigentes. Por esa razón, Jewel —a quien acabamos de citar en el sentido de que la autoridad viene de la doctrina y no de la sucesión apostólica— también

---

[20] Citado en Hughes, *Theology of the English Reformers*, p. 179.
[21] *Ibid.*

declara que «nadie tiene el poder de tomar para sí mismo el sagrado ministerio según su propio deseo y beneplácito».[22] Isabel y sus consejeros temían que, si la Iglesia de Inglaterra no se reservaba el derecho de ordenar a los ministros y de establecer reglas para el culto, el «caos anabaptista» envolvería al reino. Por lo tanto, el trigésimo sexto de los *Treinta y nueve artículos* reafirmaba los principios de gobierno eclesiástico dictados por Eduardo VI, con lo cual se establecían reglas claras y estrictas para la ordenación y consagración de ministros y obispos.

El mejor expositor de la teología oficial del período isabelino es Richard Hooker (1554-1600), cuyos ocho libros *De las leyes del gobierno eclesiástico* se proponían proveer un fundamento teológico para las políticas de Isabel. Puesto que solo los primeros cinco libros fueron publicados durante la vida de Hooker, existen dudas sobre el texto del resto de la obra, que puede haber sido alterado para responder a controversias posteriores. En todo caso, no cabe duda de que para Hooker el «Estado eclesiástico» era coextensivo con el «Estado civil». La iglesia y el estado son esencialmente lo mismo, porque están compuestos por las mismas personas, y se les distingue únicamente porque sus papeles son diferentes. En cuanto al gobierno de la iglesia, este ha de seguir tres criterios: la Escritura, la tradición y la razón. En aquellas cuestiones en las que se expresa claramente, la Biblia es la última autoridad, de la cual no debe dudarse. Pero hay muchas cuestiones —entre las que se encuentra la forma de gobierno de la iglesia— sobre las cuales no hay enseñanza escrituraria clara y definida. En tales casos, lo que venga de la tradición y no contradiga a la Biblia ha de retenerse, siempre que tampoco se oponga a la razón. Pero, en estas cosas, aunque la tradición ofrece ciertas directrices, estas no son absolutas. Esto puede verse en las controversias sobre el episcopado, pues, aunque Hooker lo defendía ardientemente, no estaba dispuesto a declarar que las iglesias reformadas no fueran válidas por el solo hecho de carecer de obispos.[23]

Los inicios de la disidencia

El hecho de que los *Treinta y nueve artículos* reafirmaran las prácticas eclesiásticas establecidas por Eduardo VI y negaran que hubiera en ellas cualquier cosa «supersticiosa o profana» muestra que había quienes se oponían a tales prácticas. Esto era de esperar, puesto que los muchos exiliados que habían abandonado el país durante el régimen de María, y que

---

[22] Jewel, *An Apology*, p. 26.
[23] Véase E. Grislis y W. S. Hill, eds., *Richard Hooker: A Selected Bibliography* (Pittsburgh, 1971); R. K. Faulkner, *Richard Hooker and the Politics of a Christian England* (Berkeley, 1981); S. Archer, *Richard Hooker* (Boston, 1983).

en el continente europeo habían conocido más a fondo la Reforma protestante, estaban convencidos de que la Iglesia de Inglaterra no estaba dando
todos los pasos necesarios para restaurar el verdadero culto a Dios. La idea
de que las ceremonias, vestimentas y otras cosas parecidas eran cuestiones
periféricas, que debían caer bajo la jurisdicción de la iglesia en cada país,
no era del agrado de quienes en su exilio en Holanda, Frankfurt y Ginebra
se habían convencido de que el Nuevo Testamento requería la sencillez
del culto reformado. En parte debido a la influencia de Zwinglio, estos
calvinistas radicales exigían que la iglesia fuese *purificada* para que se
ajustara a las doctrinas y prácticas del Nuevo Testamento. Por esa razón
se les dio el nombre de *puritanos*. Como es bien sabido, los puritanos
hicieron fuerte impacto en la historia de Inglaterra. Sin embargo, puesto
que representan un desarrollo posterior dentro de la tradición reformada,
los discutiremos en otro capítulo, al estudiar el desarrollo posterior del
calvinismo. Otro acontecimiento importante que tuvo lugar en Gran Bretaña durante el reinado de Isabel fue la Reforma escocesa bajo la dirección
de John Knox. Esto tuvo por resultado político el exilio y la ejecución de
María Estuardo. En el campo de la teología, la Reforma en Escocia conllevó la evolución del calvinismo para dar origen al presbiterianismo en
su forma clásica, pero esto también se entenderá mejor bajo el encabezado
del calvinismo posterior.

La política de Isabel, y la iglesia que resultó de ella, pueden verse como
un intento de desarrollar una vía media entre el catolicismo romano y el
protestantismo tal como iba tomando forma en el continente europeo. Por
esa razón, tuvo que luchar contra los elementos más radicales dentro de
la Iglesia anglicana —lucha que resultó en fuertes conmociones políticas.
Pero a la larga, esta vía media anglicana resultaría ser la forma más característica del cristianismo en Inglaterra, mientras otras formas —desde el
catolicismo romano hasta el protestantismo más extremo— continuarían
existiendo junto a la Iglesia de Inglaterra —en algunos casos dentro de esa
iglesia misma, y en otros casos de manera clandestina—.

42

La Reforma católica

Aunque a partir del capítulo 35 hemos concentrado nuestra atención en las diversas corrientes de la Reforma protestante, es de suma importancia señalar que, durante el siglo XVI y principios del XVII, hubo un fuerte movimiento de reforma dentro de la Iglesia católica romana. Puesto que este movimiento fue en parte una reacción a la Reforma protestante, frecuentemente se le conoce como la «Contrarreforma». Hay cierta justificación para tal título, puesto que buena parte de la teología de ese período fue influida por el movimiento protestante, y se dedicó o bien a refutar al protestantismo, o bien a introducir en la Iglesia católica los cambios necesarios para que las críticas de los protestantes perdieran su validez. Es por esa razón que nos ha parecido aconsejable discutir primero la Reforma que llevó al protestantismo y a sus diversas ramas, y luego la Reforma dentro del catolicismo, que en buena medida tuvo lugar en diálogo y disputa con el protestantismo. Sin embargo, pretender describir el vasto movimiento reformador dentro del catolicismo y llamarle por tanto «Contrarreforma», para luego verlo únicamente en términos de reacción a la amenaza protestante, constituye un error de perspectiva que ha sido introducido en la historia eclesiástica por aquellos historiadores para quienes el centro de la historia de la iglesia se encuentra en Alemania, Suiza y Gran Bretaña.

Desde la perspectiva católica —y especialmente española— la cuestión se plantea de un modo muy distinto. España, que fue uno de los principales centros de actividad teológica católica durante el siglo XVI, no fue impactada sino periféricamente por la Reforma protestante. Si bien es cierto que sus ejércitos se vieron envueltos en guerras de religión en Alemania y Flandes, también es cierto que las campañas que cautivaron la imaginación de la mayoría de los españoles eran las que estaban teniendo lugar en las «Indias». Así pues, la actividad teológica española durante el siglo XVI, aunque consciente de la existencia del protestantismo e interesada en refutarlo, también se ocupaba de muchos otros problemas teológicos. Tal fue el caso, por ejemplo, de Francisco de Vitoria, a quien estudiaremos más adelante en este capítulo, y una de cuyas principales preocupaciones fue la justificación teológica de la conquista del Nuevo Mundo. Aun la cuestión de la gracia y su relación con la capacidad humana, que se planteó en parte como resultado de los retos protestantes, se discutió entre los católicos españoles con una vehemencia comparable a las controversias entre católicos y protestantes. Aunque, por lo general, se discute a los jesuitas principalmente en términos de su oposición al protestantismo, lo cierto es que para esa nueva orden la tarea misionera era al menos tan importante como su oposición al protestantismo, y sus misioneros pronto se esparcieron por todo el globo. De igual modo, el interés en refutar a los protestantes no juega sino un papel muy secundario en la obra de Francisco Suárez, el gran teólogo jesuita de esos años. Por lo tanto, desde el punto de vista de los católicos involucrados en lo que ahora se llama comúnmente la Contrarreforma, ese movimiento era mucho más que una reacción a la Reforma protestante.

Otra razón por la que resulta inexacto referirse a la Reforma católica del siglo XVI como una «Contrarreforma» es que, en realidad, había comenzado antes de que la Reforma protestante se iniciara. Ya hemos visto que Erasmo buscaba una reforma de la iglesia —y hasta se había vuelto símbolo de ella— antes de que Lutero protestara contra la venta de las indulgencias. Erasmo tenía una vasta red de corresponsales, muchos de los cuales estaban profundamente comprometidos con la misma causa.

En España, la reforma de la iglesia había comenzado bajo la dirección de la reina de Castilla Isabel la católica, quien reinó desde el 1474 hasta el 1504 —bastante antes de la Reforma luterana—. Cuando Isabel ascendió al trono de Castilla, la iglesia en aquel país estaba tan corrompida como en todo el resto de Europa. Su esposo Fernando no tenía gran interés en corregir esa situación. Ejemplo de ello es el hecho de que hizo nombrar arzobispo de Zaragoza a su hijo ilegítimo cuando este no tenía sino seis años de edad. Tampoco en las letras se interesaba mucho Fernando. En contraste, Isabel era a la vez una persona devota e ilustrada. Entre otras cosas, ella misma se dedicó a aprender bien el latín e hizo que sus hijas, así como su presunto heredero Juan —quien murió antes que su madre— aprendieran el latín y tuvieran una fuerte formación en el campo de las humanidades. De otros países de Europa, particularmente de Italia, vinieron eruditos atraídos por los intereses y el apoyo de la reina. Con estos humanistas llegaban a Castilla ideas semejantes a las de Erasmo, a quien ya hemos discutido. Como persona culta e interesada en la civilización y culturas clásicas, Isabel concordaba con tales intereses. Pero como persona devota, dedicada a seguir y purificar las prácticas y enseñanzas de la iglesia, Isabel no sentía simpatía alguna hacia el proyecto de algunos humanistas de producir una versión del cristianismo más sencilla y menos rigurosa. Más bien, la visión que Isabel tenía de la reforma que se necesitaba no incluía las reformas de la doctrina ni del culto, sino solo la reforma de las costumbres y la erradicación de la corrupción reinante tanto entre el clero como entre los monásticos. La erudición que Isabel admiraba y propugnaba debía estar al servicio de la purificación de la iglesia, de modo que esta volviera a tener el fulgor de antes y la vida cristiana fuera más ordenada.

El gran colaborador de Isabel en esas tareas fue Fray Francisco Jiménez de Cisneros, provincial de la orden de San Francisco y confesor de la reina. Cuando la sede primada de todo el reino, la de Toledo, quedó vacante, Isabel hizo gestiones para que Cisneros fuera nombrado para ella. Lo hacía en secreto, pues sabía que muchas otras personas —posiblemente su esposo Fernando entre ellas— se opondrían a tal nombramiento. Isabel logró que el papa Alejandro VI enviara bulas nombrando a Cisneros arzobispo de Toledo. Señal del espíritu reformador del nuevo arzobispo es que no aceptó ese cargo sino cuando se le prometió que, como se suponía que fuera el caso, los ingresos de la iglesia para el sostén de los pobres no se emplearían de otro modo.

Como Isabel, Cisneros buscaba una reforma total de la iglesia. La base de esa reforma sería un regreso a las fuentes bíblicas de la fe cristiana. Las dos obras más notables en este sentido fueron la fundación de la Universidad de Alcalá y la *Biblia Políglota Complutense* (aunque Cisneros no anunció el proyecto de la Políglota sino varios años después de la muerte de Isabel). Ninguna de las dos se completó en tiempos de Isabel; pero Cisneros y sus sucesores se ocuparon de llevar a término lo que se había iniciado en tiempos de ella. Tal como la reina y su confesor habían soñado, la Universidad de Alcalá vino a ser el centro en el que se formaron varios de los principales líderes de la nueva Iglesia católica que iba surgiendo en España —entre ellos, Ignacio de Loyola—. En cuanto a la *Polígota* —llamada «complutense» por razón del antiguo nombre latino de Alcalá—, esta era una Biblia impresa en seis tomos: cuatro dedicados al Antiguo Testamento, uno al Nuevo, y el último a una gramática del hebreo, el caldeo y el griego. Los primeros cinco volúmenes llevaban columnas paralelas, para que el texto latino de la Vulgata se pudiera comparar con el original. El proyecto tomó cinco años, y se cuenta que, al recibir el último tomo, Cisneros se congratuló públicamente de haber dirigido «esta edición de la Biblia, que, en estos tiempos críticos, abre las sagradas fuentes de nuestra religión, de las que surgirá una teología mucho más pura que cualquiera surgida de fuentes menos directas».[1] Ese regreso a las fuentes bíblicas, así como otras tareas de la reforma que Cisneros se proponía, requería que hubiese teólogos y pastores bien preparados, y tal fue el propósito con el que se fundó la Universidad de Alcalá. Por ello, la Universidad de Alcalá y la Políglota que allí se produjo pueden verse como dos pilares de la reforma propugnada tanto por Isabel como por Cisneros. Además, para facilitar todo el proyecto, se establecieron imprentas en más de una docena de las principales ciudades españolas. El resultado de todo esto fue tal, que Erasmo declaró que «en España, en el decurso de unos pocos años, se elevaron los estudios clásicos a tan floreciente altura, que no solo debía excitar la imaginación, sino servir de modelo a las naciones más cultas de Europa».[2]

Pero esa reforma tenía también otra dimensión que no sería tan del agrado de Erasmo: al tiempo que se propugnaban los estudios y se reformaban las costumbres, la doctrina debía permanecer intacta, meticulosa e inflexible. Basándose en una visión de los siglos anteriores, según la cual todos esos siglos habían sido un gran proceso de «reconquista» de los territorios tomados por los moros, el centro de la identidad misma de la nación española debía ser una iglesia renovada en sus costumbres y libre de toda mancha o disensión. Ello llevó a la expulsión de los judíos (1492), al desarrollo de la Inquisición —que Cisneros llegó a dirigir— y más tarde a la expulsión de los moros. Este tipo de reforma en dos frentes —la sólida erudición teológica por una parte y la represión de los disidentes por otra— caracterizaría todo el período de la Reforma católica, no solo en España, sino en toda Europa. Aunque a la postre se le aplicó en la lucha contra el protestantismo, ya estaba presente a principios del siglo XVI, en las políticas la reina Isabel y del cardenal Cisneros.

Todo esto nos recuerda que debemos evitar el error de la mayoría de los historiadores protestantes de la teología, para quienes la teología católica en el siglo XVI es poco más que la refutación del protestantismo. Por el contrario, debemos prestar igual atención a otros movimientos e intereses en la teología católica que se desarrollaron independientemente del protestantismo. Para mayor claridad y secuencia lógica en nuestra discusión, nos apartaremos ligeramente del orden estrictamente cronológico de los acontecimientos y de los teólogos, para organizar el período que discutimos en unidades de más fácil comprensión. Naturalmente, esto quiere decir que nuestra sistematización del período es en cierta medida artificial —toda sistematización lo es— y que nos veremos obligados a referirnos a

---

[1] Citado por Conde de Cedillo, *El Cardenal Cisneros, Gobernador del Reino*, 3 vols. (Madrid, 1921-28), 1:195.

[2] Citado por César Silió Cortés, *Isabel la Católica, fundadora de España* (Madrid, 1973), 393.

algunos teólogos, tales como Báñez y Suárez, en más de un contexto. Pero el lector podrá seguir nuestra discusión de los complicados movimientos y debates teológicos de la época si tiene en mente el siguiente bosquejo.

Primero haremos un resumen de la polémica antiprotestante del siglo XVI. Se trata probablemente del aspecto de menos interés en la teología católica de la época, puesto que la mayor parte de lo que aquí encontraremos será repetición de argumentos que se habían usado anteriormente contra quienes la iglesia condenaba como herejes. Luego pasaremos a discutir la escuela de los dominicos, que incluye a teólogos tales como el cardenal Cayetano, Francisco de Vitoria y Domingo Báñez. Cada uno de ellos hizo contribuciones importantes a la teología católica. En tercer lugar, consideraremos el desarrollo de la escuela jesuita, que culmina en el vasto sistema de Francisco Suárez. Entonces resumiremos las controversias sobre la doctrina de la gracia que tuvieron lugar dentro de la Iglesia católica. Aunque esto nos llevará más allá de los límites del siglo XVI, incluiremos bajo este encabezado las teorías de los molinistas y los jansenistas. Regresaremos entonces a mediados del siglo XVI para estudiar el Concilio de Trento y para mostrar cómo ese Concilio y sus decisiones resumen y simbolizan toda la actividad teológica que tuvo lugar antes y después de él. Por último, resumiremos algo del misticismo que fue parte de la Reforma católica, y que nos ha dejado testimonios tan notables como los de Teresa de Ávila y Juan de la Cruz.

Polémica antiprotestante

El principal opositor de la Reforma protestante durante sus primeros años en Alemania fue Juan Eck (1486-1543),[3] quien fue profesor en Ingolstadt. Ya era un teólogo famoso cuando la controversia estalló, puesto que en 1514 había publicado un tratado sobre la predestinación y la gracia en el que defendía una forma condicional de la predestinación, a base de las enseñanzas de Buenaventura. También había propuesto que se permitieran los préstamos a interés —hasta el 5%— y por ello algunos de sus opositores le llamaban «el teólogo de los Fuggers». (Los Fuggers eran una de las principales casas banqueras de Alemania, y participaron en las transacciones relacionadas con las indulgencias contra las que Lutero protestó en sus noventa y cinco tesis).

Eck respondió a las tesis de Lutero con un breve tratado, que a su vez produjo una corta respuesta por parte de este. Luego sostuvo un debate,

---

[3] K. Rischar, *Johann Eck auf dem Reichstag zu Augsburg, 1530* (Münster, 1968); W. Klaiber, *Ecclesia militans: Studien zu den Festtagspredikten des Johannes Eck* (Münster, 1982).

primero con Carlstadt, y luego con Lutero, en Leipzig. En 1520 publicó su informe sobre ese debate en un tratado *Sobre la primacía de Pedro contra Lutero*. Contra los *Loci communes* de Melanchton, publicó en 1525 su *Enchiridion locorum communium*, que fue su obra más importante. Entonces arremetió contra los reformadores suizos escribiendo contra Zwinglio un tratado *Sobre el sacrificio de la misa* (1527), y un *Rechazo de los artículos de Zwinglio* tres años después. Al mismo tiempo, publicó una *Refutación de la Confesión de Augsburgo*. Por último, se dedicó a atacar a Martín Bucero, contra quien iban dirigidas sus últimas obras —en particular su *Apología en defensa de los principios católicos*—.

Luego, durante su carrera, Eck refutó tanto a los luteranos como a los reformados. Aunque los protestantes normalmente le pintan como un campeón del oscurantismo y como el hombre dispuesto a utilizar la fuerza para reprimir las opiniones con las que no estaba de acuerdo, tal cuadro no es del todo justo. Es cierto que Eck fue uno de los tres personajes que recibieron la encomienda de publicar en Alemania la bula *Exsurge*, y que, en cumplimiento de esa función, a menudo hizo uso de la fuerza. También es cierto que rechazó todo intento de reconciliación que no fuese una retractación total por parte de los protestantes. Pero Eck fue un hábil erudito y buen pastor de su rebaño. Es importante señalar que produjo una traducción de la Biblia al alemán, que publicó en 1537. También dejó registros e informes de su trabajo pastoral que muestran su profunda preocupación por el bienestar espiritual de su grey. Aunque no en los mismos términos que Lutero, Eck también protestó contra los abusos en la venta de indulgencias, y abogó ante la curia por una reforma radical de la iglesia. Su teología, sin embargo, no era original, sino que se limitaba principalmente a una repetición de los argumentos empleados anteriormente. Como era de esperar dadas las cuestiones que se discutían, centró su atención sobre los temas de la autoridad, la gracia y la predestinación, y los sacramentos.[4]

Mucho más oscurantista era la actitud de Jacobo Hochstraten (1460-1527).[5] Ya antes del comienzo de la Reforma protestante, Hochstraten había tenido una amarga controversia con un jurista italiano que decía que la costumbre de los príncipes alemanes de dejar expuestos los cuerpos de los reos condenados a muerte era pecado mortal. Hochstraten salió en defensa de los príncipes y la controversia se volvió larga y complicada. Entonces vino a ser prior en Colonia, cargo que también le hizo jefe de la Inquisición en varias provincias eclesiásticas. Como tal, se vio involucrado en el episodio de Reuchlin. En apoyo de Pfefferkorn, Hochstraten

---

[4] E. Iserloh, *Die Eucharistie in der Darstellung des Johannes Eck: Ein Beitrag zur vortridentinischen Kontroverstheologie über das Messopfer* (Münster, 1950).

[5] R. Coulon, «Hoschstraten, ou mieux, Hoogstraten, Jacob», *DTC*, 7:11-17.

declaró que todos los libros judíos excepto la Biblia debían confiscarse y destruirse. Reuchlin protestó diciendo que había mucho de valor en esos libros, y en respuesta Hochstraten le acusó de herejía. Reuchlin apeló, y el asunto se prolongó por años. Todos estos acontecimientos le ganaron a Hochstraten la burla y el desprecio de los círculos humanistas tanto en Alemania como en el resto de Europa. De hecho, Hochstraten fue uno de los personajes contra quienes se publicaron a partir de 1515 las satíricas *Epistolae obscurorum virorum* —Epístolas de varones oscuros—.

Al comenzar la Reforma, la posición de Hochstraten era precaria. Había perdido su posición como prior de Colonia, los humanistas se burlaban de él, y Roma le tenía por fanático y hasta peligroso. Entonces la protesta de Lutero cambió toda la situación. Cuando la Universidad de Lovaina le pidió a su contraparte de Colonia que examinase los escritos de Lutero, Hochstraten vino a ser el jefe del partido antiluterano.[6] Su principal obra en esta nueva controversia fue un diálogo en el que Agustín refutaba las tesis que Lutero había sostenido en Leipzig. A partir de entonces, publicó una serie de obras polémicas contra Lutero, la mayoría de ellas sobre la justificación por la fe.

Juan (Dobneck) Cochlaeus (1489-1552)[7] fue el más distinguido orador entre los adversarios del protestantismo. Se dedicó principalmente a atacar a Lutero, y ese es el propósito de la mayoría de sus 190 obras. Entre otros escritos, el más importante es su biografía de Lutero, una narración altamente prejuiciada que por siglos sirvió como una de las principales fuentes de los estudios católicos sobre la vida de Lutero, y, por tanto, obstaculizó sobremanera el diálogo entre católicos y protestantes. El método de sus argumentos era atrevido y hasta extraño. Por ejemplo: a fin de mostrar los peligros del libre examen de las Escrituras, trató de probar a base de textos sueltos que se debía obedecer a Satanás, que Jesucristo no es Dios, y que María había perdido su virginidad. Aunque no creía tales cosas, sino que las usaba como una *reductio ad absurdum* contra lo que los protestantes decían sobre la interpretación de las Escrituras, los libros en los que empleaba tal prestidigitación exegética fueron colocados en el *Índice* de libros prohibidos. Así pues, mientras los protestantes frecuentemente le consideraban uno de sus peores enemigos, los católicos temían que su defensa de las posiciones tradicionales podía ser tan peligrosa como las herejías que trataba de refutar.

---

[6] Erasmo, *Opera* (1703), 3:1361.

[7] El mejor estudio que conozco, aunque antiguo, es el de M. Spahn, *Johannes Cochlaeus: Ein Lebensbild, aus der Zeit der Kirchenspaltung* (Berlín, 1898; reimpresión: Nieuwkoop, 1964).

Pedro Canisio (1521-1597),[8] el primer jesuita alemán, frecuentemente recibe el título de «apóstol de Alemania». Su tarea consistió en una
contrarreforma en el sentido estricto, puesto que le preocupaba sobremanera el estado de la iglesia en los territorios católicos en que laboró, y, por
tanto, insistió en la necesidad de una «verdadera» reforma a fin de contes-
tar en parte a la «falsa» reforma de los protestantes. Puesto que la ignorancia era uno de los peores males que encontró en sus viajes, se dedicó
a la reforma de las universidades y a fundar seminarios. Su programa de
reforma universitaria combinaba la firmeza contra el protestantismo con
un profundo interés en la erudición, puesto que sus dos criterios principales para el nombramiento de profesores eran la sana doctrina y la sólida
erudición. En vista de que los protestantes se ocupaban constantemente de
la predicación, como lo habían hecho también varios de los reformadores
católicos durante la Edad Media, Canisio hizo lo mismo. Cuando llegó a
ser Provincial de la Compañía de Jesús (*Societatis Jesu*) para Alemania,
Austria y Bohemia, ordenó a los jesuitas de esas regiones que le prestaran especial atención a la predicación. Su programa de reforma incluía la
participación en la política en pro de los intereses de la iglesia, y por ello
estuvo presente en varias dietas del Imperio. En el Concilio de Trento,
se opuso vehementemente a toda concesión al protestantismo, aunque al
mismo tiempo pedía que se llevara a cabo una reforma total dentro de la
Iglesia católica.

Canisio fue un autor prolífico, pero dos de sus obras merecen especial
atención: su trilogía de catecismos y su refutación de los «Centuriadores»
de Magdeburgo. Sus tres catecismos, que hicieron fuerte impacto en toda
Alemania, iban dirigidos cada uno a una audiencia distinta: niños, jóvenes e intelectuales. Pero su refutación de los «Centuriadores» es mucho
más interesante. En Magdeburgo un grupo de teólogos luteranos, bajo la
dirección de Flacio, había emprendido una magna historia de la iglesia
desde el punto de vista protestante. Puesto que esta obra le dedicaba un
volumen a cada centuria (nunca pasó del tercer volumen), recibió el título
de «Centurias de Magdeburgo».[9] Canisio emprendió la refutación de
esta obra, aunque no apelando a la historia, sino más bien tratando de
mostrar que las prácticas que los protestantes decían ser innovaciones en
realidad tenían su origen en la Biblia. Así surgió una situación irónica
en la que los protestantes trataban de probar mediante la tradición que la

---

[8] J. Brodrick, *Saint Peter Canisius* (Londres, 1963).

[9] Véanse J. Massner, *Kirchliche Überlieferung und Autorität im Flaciuskreis: Studien zu
den Magdeburger Zenturien* (Berlín, 1964); H. Scheibe, *Die Entstehung der Magdeburger Zenturien: Ein Beitrag zur Geschichte der Historiographischen Methode* (Gütersloh,
1966). Sobre la respuesta católica, véase J. L. Orella, *Respuestas católicas a las Centurias
de Magdeburgo (1559-1588)* (Madrid, 1976).

Iglesia católica romana se había apartado de la autoridad de la Escritura, y el católico Canisio trataba de probar a base de la Escritura que el modo en que los protestantes reconstruían la tradición estaba equivocado. El método teológico de Canisio en este amplio proyecto —que nunca llegó a completar— es único, pues su propósito era escribir cinco libros, uno sobre cada una de las principales personalidades que el Nuevo Testamento coloca alrededor de Jesús —excepto que el quinto libro incluiría tanto a Juan como a Santiago— y relacionar a cada una de ellas con varias doctrinas y prácticas católicas que, según los historiadores de Magdeburgo, eran perversiones posteriores de la fe original. El primer libro, que trata sobre Juan el Bautista, le relaciona con las doctrinas católicas de la penitencia y la justificación, mientas el segundo relaciona a la Virgen María con temas tales como el celibato, la virginidad y la veneración de los santos. Los otros tres nunca se escribieron.

Mientras Hochstraten era el campeón de las fuerzas antiluteranas en Colonia, Jacobo Latomo (1475-1544)[10] era su contraparte en la Universidad de Lovaina, donde servía como rector. Tuvo la mala fortuna de confundir en sus ataques al protestantismo con el humanismo, y por tanto se vio atacado por ambos. El diálogo que publicó en 1519 sobre la relación entre los estudios teológicos y filológicos es característico de su actitud. Su conclusión en ese diálogo era que para entender las Escrituras le basta al teólogo conocer la tradición de la iglesia, sobre la cual se puede leer en latín, y que, por lo tanto, el conocimiento del griego y del hebreo resulta superfluo. Además, basta con un conocimiento adecuado del latín, puesto que el teólogo no necesita el estilo elegante y pulido que últimamente se ha puesto de moda. Como era de esperar, esto produjo una fuerte reacción por parte de Erasmo y los demás humanistas, quienes vieron en ello un ataque contra ellos y sus esfuerzos. El año siguiente, en un tratado en el que se explicaban las razones por las que la facultad de Lovaina había condenado a Lutero, Latomo comenzó una controversia con el reformador que duró varios años. Lutero siempre le consideró uno de sus adversarios menos temibles, y las respuestas que escribió contra el teólogo de Lovaina muestran que no se dignó a dedicar mucho tiempo o atención a sus argumentos.[11] Entonces Latomo amplió su campo de acción, escribiendo tratados contra teólogos tan diversos como Ecolampadio, Tyndale y Melanchthon. Sobre su obra, un teólogo católico moderno ha dicho que «representa completamente a su época. Es descuidada en su forma, carente de suficiente documentación, y llena de aseveraciones que no se han verificado».[12] Y, sin

---

[10] E. Amann, «Latomus, Jacques», *DTC*, 8:2226-28.

[11] *LWWA*, 8:43-128.

[12] Amann, «Latomus», en *LWWA*, 8:2627-28; J. Étienne, *Spiritualisme érasmien et*

embargo, el mismo erudito moderno señala que Latomo fue el precursor de teólogos posteriores tales como el cardenal Belarmino.

Muy distinta fue la actitud de Guillermo Van der Linden (1525-1588),[13] quien también escribió contra los protestantes. Su *Panoplia* insistía en que la Palabra de Dios tiene tanto una forma escrita como una oral. La primera es la Escritura, y la segunda la tradición; ambas coinciden cuando se las interpreta correctamente. También defendió el catolicismo en varios otros puntos, tales como los votos de celibato, la primacía petrina, la misa, etc. Pero siempre manifestó un espíritu conciliador —especialmente hacia los luteranos, y no tanto hacia los reformados—. Todavía en 1568 estaba tratando de mostrar que era posible llegar a un acuerdo entre luteranos y católicos. Al mismo tiempo, urgía a los obispos católicos a reformar sus iglesias, porque sin tal reforma no pensaba que la unidad fuera posible.

Alberto Pigge (1490-1542)[14] —también conocido como Pighio— fue ardiente defensor de la autoridad papal, como puede verse en su *Afirmación de la jerarquía eclesiástica*, publicada en 1538. En esa obra, aseveraba que ningún papa había errado jamás, y trataba de mostrar que los casos de Liberio, Honorio y otros no eran sino el resultado de malas interpretaciones históricas y de la adulteración de textos antiguos. Tales opiniones, sostenidas por muchos hasta bien entrado el siglo XIX, contribuyeron al desarrollo doctrinal que llevó a la promulgación de la infalibilidad papal por el Primer Concilio Vaticano. Sin embargo, en otros puntos Pigge se apartó de la ortodoxia católica tradicional. Se le considera uno de los precursores del molinismo, que discutiremos más adelante. También, en sus intentos de llegar a un acuerdo con los protestantes en la Dieta de Worms de 1540, desarrolló la teoría de la «justificación doble»: una justificación inherente al justo, y otra que le es imputada por la justicia de Cristo. Tal opinión no satisfizo a ninguno de los bandos envueltos en la controversia, y más tarde fue condenada por el Concilio de Trento. También chocó con la teología católica ortodoxa en su interpretación del pecado, que según él era «imputado». Sus escritos sobre estos temas fueron colocados en el *Índice* de libros prohibidos en 1624. A pesar de ello, su obra tuvo impacto duradero, especialmente por cuanto muchas de sus opiniones sobre la historia de la iglesia fueron adoptadas por los cardenales Belarmino y Baronio, y a través de ellos se volvieron parte de la tradición historiográfica común de la Iglesia católica.

---

théologiens louvanistes (Lovaina, 1956).

[13] E. Amann, «Lindanus (Van der Linden), Guillaume Damase», *DTC*, IX: 772-76.

[14] R. Baemer, «Pigge, Albert (Pighius)», *NCatEnc*, XI:358-59; H. Jedin, *Studien über die Schriftstellertätigkeit Albert Pigges* (Münster, 1931).

Sin embargo, los grandes teólogos antiprotestantes fueron miembros de una generación posterior, que pudo beber en las fuentes de sus predecesores, y que también tuvo más tiempo para ver el modo en que las doctrinas de los reformadores se desenvolvieron en la práctica actual. Aunque hubo muchos polemistas antiprotestantes en la segunda mitad del siglo XVI y principios del XVII, tres se destacan entre ellos: Belarmino, Baronio y Francisco de Sales.

El jesuita Roberto Belarmino (1542-1621),[15] quien fue canonizado por la Iglesia católica en 1930, fue sin duda uno de los más destacados dirigentes eclesiásticos de su época. Aunque se distinguió en otros campos además de la actividad teológica, su fama en la teología fue el resultado de su labor como catedrático de «controversia» en Roma. Esa cátedra había sido establecida específicamente para aquellos estudiantes que deberían regresar a lugares tales como Alemania e Inglaterra, donde el protestantismo era fuerte. Belarmino fue llamado a ocuparla en 1576, y permaneció en ella hasta 1588, cuando se le nombró a otras tareas —fue hecho Cardenal en 1599—. Como profesor de controversia, Belarmino tuvo oportunidad de compilar y organizar argumentos contra las diversas doctrinas protestantes. Estos fueron publicados bajo el título de *Disputationes de controversiis christianae fidei adversus hujus temporis haereticos*, comenzando en 1586 y hasta 1593. A pesar de que esta obra es principalmente una compilación de argumentos usados anteriormente, su claridad y sistematización son tales que vino a ser la principal arma de la polémica antiprotestante por varios siglos. En ella se incluían casi todos los puntos que se debatían entre los católicos y los protestantes, comenzando con la doctrina de la Palabra de Dios, y pasando luego a cuestiones tales como la autoridad del papa, el monaquismo, el purgatorio, los sacramentos, las indulgencias, etc. En términos generales, Belarmino no empleaba los complicados argumentos y sutiles distinciones de la teología escolástica. Al contrario: sus argumentos tienden a basarse en la autoridad —en primer lugar, la de las Escrituras, que los protestantes reconocían, pero también la de los antiguos escritores cristianos, los concilios, y hasta el consenso general de los teólogos.

Sin embargo, Belarmino no chocó únicamente con los protestantes. En 1590, el papa Sixto V estaba a punto de añadir las obras de Belarmino al *Índice* de libros prohibidos, y no lo hizo únicamente porque la muerte se lo impidió. La razón de ello estaba en la opinión de Belarmino —opinión que, como veremos, compartían muchos teólogos distinguidos

---

[15] X. Le Bachelet, «Bellarmin», *DTC*, 2:560-99; R. Kirste, *Das Zeugnis des Geistes und das Zeugnis der Schrift: Das* testimonium spiritus sancti internum *als hermeneutisches problem. Zentralbegriff bei Johann Gerhard in d. Auseiendersetzung mit Robert Bellarmin* (Göttingen, 1976).

de su época— que el papa no tenía poder temporal directo sobre todo el mundo. Cuando en 1609 se publicó en Londres el tratado *De potestate papae* de Guillermo Barclay, Belarmino respondió con una refutación en la que argumentaba que el papa tenía autoridad temporal *indirecta* sobre el mundo cristiano y que, por lo tanto, podía deponer a los príncipes heréticos. Esta opinión resultaba de una controversia que había tenido anteriormente con Jacobo I de Inglaterra y sus teólogos. Además, Belarmino participó en las controversias sobre la gracia, en las que tendía a favorecer la idea molinista de una *scientia media* (tema que discutiremos en otra sección del presente capítulo). Por último, como miembro del Santo Oficio, se vio involucrado en el juicio de Galileo que culminó en 1616 al declarar que la idea de que la Tierra se mueve alrededor del Sol es herética. Sin embargo, la participación de Belarmino en ese juicio no fue tan abrupta y oscurantista como la historia popular le ha hecho parecer, puesto que siempre mostró respeto y admiración hacia la erudición de Galileo.

Lo que Belarmino hizo en el campo de la polémica sistemática, lo hizo el cardenal César Baronio (1538-1607) en el campo de la historia.[16] Esto lo llevó a cabo mediante la publicación, a partir de 1588 y hasta su muerte en 1607, de los *Anales eclesiásticos*. Los doce volúmenes que alcanzó a publicar discutían la historia de la iglesia hasta el año 1198. Su propósito era refutar las *Centurias* de Magdeburgo, que trataban de mostrar que la Iglesia católica se había apartado de las doctrinas y la práctica del cristianismo primitivo. Aunque su obra tenía los errores inevitables en una empresa tan vasta, se le considera el comienzo de la historiografía eclesiástica moderna. Es cierto que su propósito polémico le quita objetividad; pero a pesar de ello, Baronio entre los católicos, y los «Centuriadores» de Magdeburgo entre los protestantes, obligaron al cristianismo a prestar atención a su propia historia. Según el debate continuó, ambos bandos se vieron forzados a desarrollar métodos científicos de investigación que no pudiesen ser fácilmente refutados por sus adversarios, y así la historiografía crítica moderna fue dando sus primeros pasos.

Por último, en este contexto debemos mencionar a Francisco de Sales (1567-1622). Este concentró sus esfuerzos en la refutación del calvinismo a partir de 1603, cuando fue nombrado para servir en la región de Chablais, en Saboya, donde la influencia calvinista era grande. Con el apoyo del duque de Saboya, se enfrentó a la oposición popular, y lo hizo con tal firmeza y valor que muchos fueron ganados para la fe católica. En ese trabajo, combinó su propio valor personal y su espíritu perdonador con el uso de la fuerza por parte del duque. Como resultado de sus esfuerzos, fue

---

[16] J. Wahl, «Baronius, Cesar, Ven.», *NCatEnc*, 11:105-6; G. de Libero, «Baronio, Cesare», *NCatEnc*, 2:885-89; G. Franceschini, «Anales eclesiásticos», *DicLit*, 2:218.

consagrado obispo de Ginebra, aunque nunca pudo tomar posesión de su sede, que estaba firmemente en manos protestantes. Dos veces la visitó, y en una de ellas, por petición papal, sostuvo una entrevista con Beza con la esperanza de convertirle. Hombre de indudable santidad, Francisco escribió varios tratados sobre teología mística, que luego se volvieron la fuente principal de la espiritualidad salesiana. En el campo de la teología sistemática, sin embargo, su contribución no fue grande, y lo mismo es cierto de sus breves refutaciones del protestantismo.

La teología dominica y la franciscana

Durante el siglo XVI, la escuela franciscana de teología mostró menos vitalidad que su contraparte dominica. Dentro de la tradición franciscana, se produjeron numerosas divisiones, pero se hizo poco en cuanto a trabajo teológico original. La mayoría de los miembros de la gran familia franciscana tenía a Escoto por el gran teólogo de la orden. Otros —principalmente los capuchinos— veían a Buenaventura como su mentor teológico. Este interés en Buenaventura llevó a Sixto V a añadir su nombre a la lista de «doctores de la iglesia» en 1588. Hubo varios intentos de combinar a Buenaventura con Escoto. Pero, en general, la teología franciscana durante el siglo XVI no mostró la vitalidad que había manifestado en los tres siglos anteriores.

Por tanto, durante la primera mitad del siglo XVI, la teología católica se vio dominada por los dominicos, hasta que estos tuvieron que comenzar a compartir su hegemonía con los teólogos de la recién fundada Compañía de Jesús.

Este predominio de los dominicos se relacionaba con el proceso que llevó a la *Suma Teológica* de Tomás de Aquino a suplantar las *Sentencias* de Pedro Lombardo como el principal libro de texto que se comentaba en las escuelas.[17] Tomás fue ganando prestigio e influencia, hasta que en 1567 se le declaró «doctor de la iglesia». El resultado inmediato fue que, mientras las principales obras teológicas de los siglos XIII al XV habían sido comentarios sobre las *Sentencias*, ahora la mayor parte consistía en comentarios sobre la *Suma*. Los primeros en publicar tales comentarios fueron Conrado Köllin y Tomás de Vio Cayetano. El comentario de este último fue considerado mucho mejor que el de Köllin, al cual eclipsó. Aparte de la obra de Cayetano, la teología dominica tuvo sus mejores exponentes en una serie de eruditos destacados que ocuparon la principal

---

[17] P. Mandonnet, «Frères Prêcheurs (La théologie dans l'ordre des)», *DTC*, 6:906-8; R. Guelluy, «L'évolution des méthodes théologiques à Lovaina, d'Erasme à Jansénius», *RHE*, 37 (1941); 31-144.

cátedra de teología en la Universidad de Salamanca: Vitoria, Cano, Soto, Medina y Báñez. Por tanto, tras discutir la teología de Cayetano, centraremos nuestra atención sobre el desarrollo del tomismo en Salamanca.

Tomás de Vio Cayetano (1468-1534)[18] tomó parte activa en la vida eclesiástica de su tiempo. Cuando las circunstancias políticas amenazaron llevar al cisma, le sugirió al papa que se convocara un concilio general a fin de resolver las cuestiones que se debatían, así como de promover la reforma de la iglesia. Cuando el concilio por fin se reunió en 1512, se presentó ante él y le planteó la agenda de reformar la iglesia, restaurar la moral, convertir a los infieles y atraer a los herejes (principalmente los averroístas de Padua) al seno de la iglesia. En 1517 fue nombrado legado papal a Alemania y, como tal, tuvo que tratar con las dos difíciles cuestiones de la elección del nuevo emperador y la protesta de Lutero. Se reunió con Lutero en Augsburgo, y mostró más paciencia que la mayoría de sus correligionarios. Más tarde fue legado a Hungría; y a la postre, Cardenal.

La producción literaria de Cayetano fue enorme, especialmente para quien estaba tan involucrado en los asuntos prácticos del gobierno eclesiástico. Puesto que se percataba de que el reto protestante requería del catolicismo romano una defensa basada en la Biblia, se propuso escribir una serie de comentarios bíblicos. Cuando murió en 1534, había completado todo el Nuevo Testamento —excepto el Apocalipsis, que decía no entender— y el Antiguo hasta el comienzo de Isaías. Su método exegético en estos comentarios es notable, puesto que normalmente evita las alegorías que se habían hecho tan populares a través de los siglos, y afirma el sentido literal del texto, excepto cuando el resultado de ese sentido literal se opone abiertamente al resto de las Escrituras o a la enseñanza de la iglesia. También escribió varios comentarios filosóficos y otras obras teológicas de importancia secundaria. Pero su gran fama se debe a sus *Comentarios sobre la Suma*, publicados de 1507 a 1522. Estos comentarios hicieron tal impacto que cuando en 1879 León XIII ordenó que se produjese una edición de las obras de Tomás de Aquino —normalmente llamada «Edición Leonina», sobre la cual se trabaja todavía— también indicó que los comentarios de Cayetano debían publicarse junto a la *Suma* misma. Pero ese reconocimiento general no se logró sin una difícil lucha, puesto que en 1544 la Sorbona —que se había vuelto baluarte de la ortodoxia durante las luchas contra el protestantismo— condenó los comentarios de Cayetano, y en 1570 Pío V ordenó que se extirpara de ellos lo que consideraba ser sus errores —como, por ejemplo, que los niños que mueren sin ser bautizados pueden salvarse—.

---

[18] P. Mandonnet, «Cajétan (Thomas de Vio, dit)», *DTC*, 2:1313-29; B. Hallensleben, *Communicatio: Anthropologie und Gnadenlehre bei Thomas de Vio Cajetan* (Münster, 1985).

Resulta claro que Cayetano vivía entre dos edades. Por un lado, se percataba de que la teología escolástica de los últimos tres siglos debía tomar una nueva forma en tiempos nuevos. Pero, por otro lado, su propio estilo es típicamente escolástico, con escasos vestigios de la elegancia que propugnaban los humanistas. Aunque es imposible repasar aquí toda su teología —que en todo caso se acerca a la de Tomás— sí es posible señalar algunos de los puntos en los que su obra hizo mayor impacto o se debatió más comúnmente en años posteriores. Sus intentos de defender la teoría de la analogía de Santo Tomás frente a la univocidad del ser propugnada por Escoto le llevó a distinguir entre tres realidades: la esencia de una cosa, su subsistencia y su existencia.[19] Esto a su vez quería decir que la esencia era anterior a la existencia, lo cual —como Báñez señalaría más tarde— distorsionaba la opinión de Santo Tomás, para quien el acto de existir constituye el fundamento mismo del ser.[20] En todo caso, la interpretación de Cayetano se impuso y, tomada luego por Suárez y otros, vino a ser la interpretación tradicional de la metafísica de Santo Tomás.

Otro punto en el que Cayetano se apartó de Tomás fue en lo que se refiere al poder y los límites de la razón. Esto se vio claramente en su debate con los averroístas de Padua, en el que se mantuvo firme en su convicción de que el alma individual es inmortal, pero llegó a la conclusión de que esto tenía que ser creído a base de la revelación, ya que la razón no podía probarlo. Por ello, cuando el Concilio Laterano condenó las nuevas tendencias averroístas, Cayetano concordó con esa decisión; pero cuando el Concilio fue más allá, y ordenó que todos los profesores de filosofía enseñaran la inmortalidad individual del alma, votó contra tal propuesta, porque estaba convencido de que la filosofía no podía probar una doctrina que la iglesia sostenía únicamente a base de la revelación. Otro punto en que Cayetano difería de la tradición aceptada en su época era su negación de que las palabras de la institución en la comunión, «este es mi cuerpo», probaban la presencia real del cuerpo de Cristo sobre el altar. Ciertamente creía en esa presencia, pero afirmaba que la única base segura para afirmarla era la autoridad de la iglesia, puesto que el texto de la Biblia no era absolutamente claro en este punto.

Las opiniones de Cayetano —y especialmente su método exegético— provocaron la oposición de Ambrosio Catarino (1487-1553) y Juan Crisóstomo Javelli (ca. 1470 - ca. 1538). En medio de sus ataques a Cayetano y a Lutero, estos teólogos desarrollaron teorías sobre la gracia y la predestinación que constituyeron los primeros pasos de la gran controversia

---

[19] M. McCanles, «Univocalism in Cajetan's Doctrine of Analogy», *NSch*, 42 (1968), 18-47.

[20] Pero véase J. P. Reilly, «Cajetan: Essentialist or Existentialist?» *NSCh*, 41 (1967), 191-222; N. J. Wells, «On Last Looking into Cajetan's Metaphysics», *NSch*, 42 (1968), 112-17.

sobre esos temas que, a la postre, involucraría a muchos de los más distinguidos teólogos católicos del siglo XVI. A pesar de la importancia de la obra de Cayetano, el gran centro de la teología dominica durante el siglo XVI fue la Universidad de Salamanca, cuya principal cátedra de teología fue ocupada casi sin interrupción por una sucesión de eruditos distinguidos.[21] Esa tradición comenzó en 1526, cuando Francisco de Vitoria (1492-1546) obtuvo la principal cátedra de teología de Salamanca. Vitoria había pasado algunos años en París, y allí adquirió cierto aprecio por la obra de los humanistas.[22] Por lo tanto, trajo consigo a la prestigiosa cátedra tanto la elegancia estilística como un profundo interés en las antiguas fuentes patrísticas. También estaba convencido de que la teología tomista proveía las mejores respuestas a los problemas de la nueva era, y, por lo tanto —aunque tuvo que usar de un subterfugio para evadir los estatutos de la Universidad— introdujo en Salamanca la costumbre, ya establecida en París, de comentar sobre la *Suma* de Santo Tomás en lugar de las *Sentencias* de Pedro Lombardo. Su obra dio origen a un tipo de tomismo que combinaba la elegancia de los humanistas con una preocupación por los problemas de su época. En mayor o menor grado, lo mismo sería característico de todos sus discípulos y seguidores —y, de una u otra manera, todos los grandes teólogos dominicos del siglo XVI fueron sus seguidores—. Vitoria tenía una vasta concepción de su tarea como teólogo. «La tarea del teólogo es tan amplia que no hay argumento, que no hay debate, no hay tema, que parezca ajeno a la profesión del teólogo».[23] Por lo tanto, dictó conferencias sobre una variedad de temas, normalmente comentando sobre Santo Tomás y, en menor medida, sobre las *Sentencias*. Pero, entre los muchos temas que discutió, ninguno ilustra su interés en los problemas de su tiempo mejor que la cuestión de la conquista del Nuevo Mundo y el derecho que los españoles tenían para tal empresa. Su obra en este sentido hizo poco impacto sobre las prácticas de los conquistadores, pero sí fue de enorme importancia para los orígenes de la teoría del derecho internacional.[24]

---

[21] C. Pozo, «Teología española postridentina del siglo XVI. estado actual de la investigación de fuentes para su estudio», *ATGran*, 29 (1966), 87-124; A. Ibáñez-Ibarra, *La doctrina sobre la tradición en la escuela salmantina, siglo XVI* (Vitoria, 1967); F. Ehrle, «Los manuscritos vaticanos de los teólogos salmantinos del siglo XVI», *EstEcl*, 8 (1929), 98-147; L. Martínez Fernández, *Fuentes para la historia del método teológico en la Escuela de Salamanca* (Granada, 1973). Sobre el curso y el contexto de la teología española en el siglo XVI, no conozco obra mejor que el estudio monumental de M. Andrés, *La teología española en el siglo XVI*, 2 vols. (Madrid, 1976-77). Sobre la Escuela de Salamanca, véase su bibliografía en 2:382.

[22] V. Beltrán de Heredia, «Orientación humanística en la teología vitoriana», *CienTom*, 72 (1947), 7-27.

[23] *De pot. civ.* (*BAC*, 198:149).

[24] A. Naszályi, *Doctrina Francisci de Vitoria de statu* (Roma, 1937); J. W. Scott, *The Spanish Origin of International Law: Francisco de Vitoria and His Law of Nations* (Oxford,

En sus conferencias *De las Indias* y *Del derecho de guerra,* Vitoria comenzó destruyendo siete argumentos tradicionales que podían aducirse a favor de la conquista de América. El primero de esos falsos argumentos era que el emperador era dueño de todo el mundo. Tal opinión había sido común en la Edad Media. Pero nunca había sido puesta en práctica, ni siquiera en la Europa Occidental. Vitoria la rechazó, con el comentario adicional de que, aun cuando el emperador tuviese tal señorío sobre todo el mundo, su autoridad nunca sería tal que le permitiese deponer a los legítimos señores en las Indias, de igual modo que el emperador no podía deponer a un rey legítimo en Europa. El segundo argumento que podría aducirse para la conquista de América era que el papa tenía autoridad universal y les había concedido estas tierras a los reyes de España. Tal opinión tenía muchos defensores, puesto que muchos interpretaban las bulas de Alejandro VI en las que concedía las tierras del Nuevo Mundo a la corona española como una donación hecha por el papa a esa corona. Vitoria fue el primero en rechazar tal argumento, así como las presuposiciones que le servían de fundamento. Según Vitoria, el papa no tiene dominio civil sobre todo el mundo, y si lo tuviese no podría sencillamente traspasárselo a otro soberano. Es más: puesto que el papa no tenía autoridad sobre los infieles, que los indios se negasen a aceptar su autoridad no era justa causa para declararles la guerra o para posesionarse de sus tierras. La influencia de Vitoria en ese sentido fue grande, y hacia el final del siglo XVI la mayoría de los teólogos compartían su opinión de que el papa no tenía poder directo temporal sobre todo el mundo. Era por esa razón que Sixto V se preparaba a añadir el nombre de Vitoria —y el de Belarmino— al *Índice* de los libros prohibidos cuando la muerte le sorprendió en 1590.

Vitoria rechazaba, asimismo, el derecho de descubrimiento como justa causa para la conquista. La razón era sencilla: las tierras que los españoles decían haber descubierto no estaban abandonadas. Tenían sus dueños legítimos y, por tanto, no habían sido «descubiertas» en sentido estricto.

La cuarta razón falaz para la conquista era que, al rechazar la fe cristiana, los indios habían dado a los españoles razón para castigarlos por su incredulidad y para forzarles a aceptar la verdadera fe. Vitoria rechazaba este argumento, señalando que antes de tener oportunidad de escuchar el evangelio, y de escucharlo con bases suficientes para hacerlo creíble, la incredulidad de los indios no era pecado. Los indios se harían culpables de incredulidad solamente después de que la fe les hubiera sido predicada con

1934); B. Hamilton, *Political Thought in Sixteenth-century Spain: A Study of the Political Ideas of Vitoria, De Soto, Suárez, and Molina* (Oxford, 1963); D. Ramos et al., *La ética en la conquista de América: Francisco de Vitoria y la Escuela de Salamanca* (Madrid, 1984). Sobre las fuentes de Vitoria, véase M. Beuchot, «El primer planteamiento teológico-jurídico sobre la conquista de América: John Mair», *CienTom* 103 (1970), 213-30.

suficientes señales, tanto en amor como en milagros, para hacerlo creíble. Pero, aunque hubiesen escuchado tal predicación, y tras rechazarla fuesen hechos reos de incredulidad, todavía seguirían siendo legítimos señores de sus dominios, y su falta de fe no era razón suficiente para tratar de forzarles a creer.

El quinto argumento que Vitoria rechazaba era que los gobernantes cristianos tenían el derecho de imponerles la moral a los «bárbaros» cuando estos últimos desobedecían la ley natural. Si tal argumento fuese cierto, toda guerra contra los infieles sería guerra justa, puesto que todos los infieles son idólatras, y entre todos los pueblos siempre han existido pecados contra la naturaleza.

El sexto argumento era que los españoles eran legítimos señores de las tierras que los indios les habían concedido. A esto respondía Vitoria que tal argumento sería válido únicamente si la cesión de las tierras hubiera tenido lugar sin fuerza ni engaño, y de tal modo que tanto los señores de esas tierras como sus súbditos hubieran estado de acuerdo con la cesión y entendido todo lo que ello implicaba.

Por último, los españoles tendrían el derecho de conquistar el Nuevo Mundo si Dios les hubiera concedido esas tierras, como le concedió la tierra prometida a Israel. Vitoria rechazaba ese argumento declarando que la antigua dispensación de Israel había pasado, y que ya no se daban los dones proféticos que eran necesarios para garantizar tal pretensión.

Después, Vitoria pasaba a ofrecer varias razones legítimas para la conquista de América. No es necesario repetirlas aquí. En general, se basan en la ley natural, y el principal argumento es que los españoles tienen el derecho y la obligación de hacerles la guerra a los indios si estos últimos obligan a sus súbditos a sufrir cosas tales como sacrificios humanos, si atacan a algún aliado de los españoles, si persiguen a los cristianos dentro de sus dominios y otras razones semejantes.

La importancia de estas opiniones para el desarrollo del derecho internacional fue grande. Casi por primera vez los teólogos cristianos hablaban en términos de una comunidad de naciones, cada una de ellas con sus señores legítimos, unas cristianas y otras no. Resultaba obvio, entonces, que las relaciones entre tales naciones debían ser reguladas mediante principios que no fuesen sencillamente los de las leyes y tradiciones cristianas. Vitoria era español, y como tal estaba dispuesto a justificar la empresa española en modos que hoy no nos parecen legítimos. Pero es importante señalar que tuvo un impacto sobre la conciencia de España.[25] Vitoria tam-

---

[25] Se ha dicho repetidamente que, en parte debido a las críticas de Vitoria, y en parte a las de Las Casas, por algún tiempo Carlos V tuvo dudas sobre la legitimidad de la conquista. Tal no parece haber sido el caso. O, si de hecho hubo tal duda por parte del emperador, nunca se pensó llevarla al campo de la práctica política. Además, hay que señalar que,

bién influyó e inspiró al dominico Bartolomé de Las Casas, el gran defensor de los habitantes originales de América.[26]

Melchor Cano (1509-1560),[27] quien sucedió a Vitoria en su cátedra en la Universidad de Salamanca, siguió las mismas líneas de pensamiento. Al igual que Vitoria, Cano era humanista en su estilo y tomista en su teología. Aunque atacó el misticismo de los *alumbrados* cuando llegó al convencimiento de que se trataba de un movimiento heterodoxo y afín al protestantismo, él mismo escribió un tratado espiritual: *De la victoria sobre sí mismo*. Su más importante obra fue *De locis theologicis* (Sobre temas teológicos), en la que ofrecía una discusión sistemática del método teológico y de las fuentes de la verdad cristiana. Estas fuentes son diez: las Escrituras, la tradición oral, la iglesia universal, los concilios, la Iglesia romana, los «Padres», los escolásticos, la razón natural, los filósofos y la historia. Tras discutir el valor relativo de cada una de estas fuentes, y el modo en que han de entenderse e interpretarse, Cano elabora algunos principios sobre su uso, primero en la polémica y luego en la exposición de las Escrituras. Este tratado es importante porque constituye el epítome de la metodología teológica en este «segundo escolasticismo», y en él puede verse tanto su afinidad con el escolasticismo anterior como su nuevo espíritu, profundamente influido por el humanismo —especialmente en lo que se refiere a la elegancia de su estilo. Es más: el hecho de que Cano reconoce y discute todas estas fuentes de autoridad de manera sistemática implica que la teología debe ocuparse mucho más de citar autoridades y mostrar su concordancia que del uso de la razón natural y la lógica. Con ello, aunque

---

al mismo tiempo que Vitoria critica las falsas razones que se daban para la conquista, a la postre acaba legitimando la empresa. Sobre todo esto véase el excelente estudio de L. N. Rivera Pagán, *Evangelización y violencia: la conquista de América* (San Juan, 1990), especialmente las pp. 125-33.

[26] V. D. Carro, «The Spanish Theological-Juridical Renaissance and the Ideology of Bartolomé de Las Casas», en J. Friede y B. Keen, ed., *Bartolomé de Las Casas in History: Toward an Understanding of the Man and His Work* (Dekalb, Illinois, 1971), pp. 237-77. Véase también: V. D. Carro, «Bartolomé de Las Casas y las controversias teológico-jurídicas de Indias», *BRAH*, 132:231-68; P. I. André-Vincent, *Bartolomé de Las Casas, prophète du Nouveau Monde* (París, 1980); G. Gutiérrez, *Dios o el oro en las Indias (s. XVI)* (Lima, 1989). En su celo por defender a los indios, Las Casas sugirió que se trajesen africanos a América como esclavos. Después se retractó repetidamente, y no es justo culparle por la trata de esclavos africanos, que ya había comenzado cuando Las Casas la propuso. En todo caso, este episodio muestra que, aunque Las Casas criticaba fuertemente el modo en que se trataba a los indígenas americanos, su crítica se enmarcaba siempre dentro de parámetros que daban por sentada la conquista española y la necesidad de tener quien trabajase para los conquistadores.

[27] B. de Heredia, «Melchor Cano en la Universidad de Salamanca», *CienTom* 43 (1933), 178-208; F. Marín Sola, «Melchor Cano et la conclusion théologique», *RevThom* (1920), 121-41.

sutilmente, Cano proponía un método teológico que era muy distinto del de las escuelas medievales.

Domingo de Soto (1494-1560),[28] quien había sido colega de Vitoria y de Cano en la Universidad de Salamanca, vino a ocupar la misma cátedra cuando Cano fue hecho obispo. Fue uno de los principales críticos de las opiniones de Catarino sobre la gracia, a las que oponía lo que Santo Tomás había dicho sobre el mismo tema. También continuó el trabajo que Vitoria había comenzado en la tarea de establecer las bases del derecho internacional.

Bartolomé Medina (1528-1580)[29] continuó el interés de los dominicos salmantinos sobre la teología moral. En sus comentarios sobre la *Suma*, publicados en 1577 y 1578, propuso la teoría del «probabilismo», que después fue muy discutida. La base de esta teoría es sencillamente que, puesto que es lícito sostener una opinión probable, también es lícito en el campo de la moral tomar acciones que son probablemente correctas. Una opinión probable no es sencillamente toda opinión que alguien pudiese sostener, puesto que en tal caso todas las opiniones serían probables, incluso la herejía. Lo «probable» —según Medina emplea ese término— es cualquier opinión que se apoye en la razón y en el consejo sabio, pero no en una autoridad final e indubitable. Una opinión irracional no es probable. Pero en el caso de las opiniones probables el nivel de certitud es tal que, mientras se justifica seguirlas, sigue siendo posible que otra opinión resulte más probable. ¿Quiere esto decir que uno siempre ha de seguir la opinión más probable? No, puesto que mientras lo probable no alcance una categoría mayor de certitud sigue siendo lícito seguir otro curso de acción.[30] Los intérpretes no están de acuerdo en cuanto al modo en que Medina aplicaría estas opiniones. Algunos piensan que lo que Medina quería decir al referirse a lo «probable» era la certitud que es posible tener en cuestiones contingentes, mientras otros piensan que se refería sencillamente a aquellas opiniones de las que es posible dudar. Si lo que sostuvo fue lo primero, entonces puede decirse con justicia que fue el fundador del «probabilismo». En su forma final —que ciertamente no fue la de Medina— el probabilismo afirma que si hay duda acerca de si una acción es pecaminosa uno puede actuar como si no lo fuese, aun cuando lo más probable es que sí lo sea. Tal opinión, sostenida por algunos

[28] P. Eyt, «Histoire et controverse antiluthérienne: Dominique Soto», *BLittEcc*, 68 (1967), 81-106; P. Eyt, «Un témoin catholique de la primauté de L'Écriture au XVIe siècle», *BLittEcc*, 68 (1967), 161-79; V. Beltrán de Heredia, *Domingo de Soto: Estudio biográfico documentado* (Madrid, 1961); J. C. Martín de la Hoz, «Las relecciones inéditas de Domingo de Soto», *BullPhMed,* 25 (1983), 143-144.

[29] M. M. Gorce, «Medina (Barthélemy de)», *DTC*, 10:481-85.

[30] Medina, *Comm. ad I^a II^{ae}*, q. 19, a. 6.

casuistas jesuitas, más tarde fue atacada por los jansenistas, quienes sostenían que en tal caso uno debe tomar la acción más rigurosa o difícil. El probabilismo fue condenado por Alejandro VII (1667) e Inocencio XI (1679); pero —con ciertas modificaciones que evitaban los extremos condenados— siguió siendo la posición más común entre los jesuitas.

El último gran autor entre los dominicos salmantinnos fue Domingo Báñez (1528-1604),[31] cuyo estilo y metodología son más escolásticos y menos humanistas que los de sus antecesores. Buena parte de su importancia se debe a su participación en la controversia sobre la gracia, la predestinación y el libre albedrío, que discutiremos más adelante en el presente capítulo. Pero Báñez también es importante por otras razones. Por ejemplo: en su refutación del protestantismo llegó a hacer algunas de las afirmaciones más radicales sobre la autoridad de la iglesia y de su tradición por encima del texto escrito de la Biblia. Según él, es absolutamente necesario «afirmar que la Sagrada Escritura se encuentra en la iglesia de Cristo: el texto sagrado está ante todo en el corazón de la iglesia, y de manera secundaria en los libros y ediciones».[32] Aunque tales afirmaciones radicales nunca fueron doctrina oficial de la Iglesia católica, sí encontraron eco en muchos teólogos de los siglos XVIII y XIX.

Otro punto en el que las doctrinas de Báñez merecen discusión es su insistencia sobre la primacía del acto de la existencia sobre las esencias eternas. En esto su interpretación de Santo Tomás difería de la de Cayetano, porque el esencialismo de Cayetano le parecía una interpretación errónea del Doctor angélico.[33] El *esse*, el acto de ser, no es sustancia ni accidente, sino que es anterior a ambos. Estas doctrinas metafísicas provocaron contra Báñez una oposición proveniente de dos fuentes. La primera fueron los jesuitas, cuyo modo de entender la metafísica tomista era distinto, y quienes estaban convencidos de que esas diferencias metafísicas se encontraban en el fondo de su desacuerdo con Báñez y los demás dominicos sobre las cuestiones de la gracia, la predestinación y el libre albedrío. Por esa razón los filósofos jesuitas repetidamente han tratado de mostrar

---

[31] P. Mandonnet, «Báñez, Dominique», *DTC*, 2:140-45.

[32] *Scholastica commentaria in Primam Partem S. Theologicae*, q. 1, a. 8 (ed. L. Urbano, Madrid, 1934), p. 71.

[33] *The Primacy of Existence in Thomas Aquinas*, traducción de B. J. Llamzon (Chicago, 1966). Se trata de una traducción del comentario de Báñez sobre la *Summa*, Iª, q. 64. En su introducción Llamzon resume las opiniones de Báñez como sigue: «Insiste en la doctrina de Aquino que el *esse* es el primer acto mediante el cual cualquier cosa es real. El *esse*, según él, no es sustancia, ni es tampoco accidente. No es un constituyente de la esencia, ni ha de entenderse en modo alguno como una clase de predicado. El *esse* trasciende a todo eso: es el acto por el cual cualquiera de estas causas es causa» (p. 12). Una discusión de estos controvertidos temas se encuentra en X. Zubiri *Sobre la esencia* (Madrid, 1963).

que Báñez no interpreta a Santo Tomás correctamente.[34] La otra fuente de oposición a Báñez fue la Inquisición, porque su doctrina de la primacía de la existencia, al aplicarse a la eucaristía, llevaba a la conclusión de que en la hostia consagrada permanece todavía la existencia original del pan. Quien llamó la atención de la Inquisión hacia estas dificultades fue el famoso poeta —y no tan famoso teólogo— Fray Luis de León. Luego Luis de Molina, el principal adversario de los dominicos en la controversia sobre la gracia y la predestinación, hizo lo mismo. Según ellos, lo que Báñez proponía era una teoría de la eucaristía semejante a la doctrina luterana de la «consubstanciación», que ya para esa fecha había sido condenada por el Concilio de Trento. Báñez respondió afirmando claramente que creía que la sustancia del pan ya no continuaba presente en el elemento consagrado, pero que Dios no creaba una nueva existencia en el acto de consagración. De ese modo, afirmaba la doctrina de la transubstanciación, pero insistía en que el acto de existencia del pan sigue siendo el mismo.[35] Sin embargo, estas explicaciones no satisficieron a sus adversarios, especialmente a los jesuitas, quienes repetidamente le pidieron a la Inquisición que examinara la doctrina eucarística de Báñez.

La teología jesuita

Aunque al principio no causó tanta conmoción como otros acontecimientos del siglo XVI, la fundación de la Compañía de Jesús fue uno de los acontecimientos más importantes de ese siglo, tanto para la historia institucional de la Iglesia católica como para la historia de su teología. Su fundador, Ignacio de Loyola (1491-1556),[36] era el hijo menor de un vasco rico cuyos antepasados se remontaban hasta tiempos antes de los moros. Pasó su juventud en actividades militares, mediante las cuales esperaba alcanzar gloria. Tales sueños se vieron repentinamente frustrados cuando, en una defensa heroica de la ciudad de Pamplona contra los franceses, se rompió una pierna. Aunque hizo que se la quebraran de nuevo dos veces con la esperanza de que quedara derecha, la pierna nunca sanó debidamente, con lo cual terminó la carrera militar del joven Ignacio. Ese gran desengaño le llevó a la lectura de libros espirituales en busca de consolación. Allí leyó sobre el gran ejército de los santos y los mártires que han servido a «Nuestra Señora» mediante la renuncia de los bienes materiales, el valor heroico

[34] W. J. Hill, «Báñez and Bañezianism», *NCatEnc*, 2:48-50.
[35] *Schol. Comm. in I^{am}*, q. 4, a. 2 (ed. Urbano, pp. 173-74).
[36] Véanse las excelentes bibliografías que aparecen en I. Iparraguirre y C. de Dalmases, ed., *Obras Completas de San Ignacio de Loyola* (*BAC*, 86:lxix-1xxx, 20-22, 143-49, 366-67).

y el celo apostólico. Su mente vacilaba entre el ideal militar y el religioso hasta que tuvo una visión que más tarde narró en tercera persona:

> Estando una noche despierto, vio claramente una imagen de nuestra Señora con el santo Niño Jesús, con cuya vista por espacio notable recibió consolación muy excesiva, y quedó con tanto asco de toda la vida pasada, y especialmente de cosas de carne, que le parecía habérsele quitado del ánima todas las especies que antes tenía en ella pintadas. Así, desde aquella hora hasta el agosto de 53, que esto se escribe, nunca más tuvo ni un mínimo consenso en cosas de carne; y por este efecto se puede juzgar haber sido la cosa de Dios, aunque él no osaba determinarlo, ni decía más que afirmar lo susodicho.[37]

Fue entonces en peregrinación a la ermita de Montserrat, una colina de santa fama en Aragón, y allí se consagró a su Señora en unos ritos parecidos a los que empleaban los caballeros andantes para la consagración de sus armas. Pasó entonces a Manresa con el propósito de vivir como mendigo, en austeridad extrema. Pero los primeros años de su vida como monje fueron muy parecidos a los de Lutero. En Montserrat había confesado sus pecados, pero siempre le parecía que todavía no los había confesado todos. Buscó a quienes se suponía eran los mejores maestros espirituales de la zona, pero tampoco pudieron ayudarle. Por último, «un hombre muy espiritual», a quien Ignacio parece haber admirado le dijo que escribiese todos sus pecados. Ignacio siguió su consejo al pie de la letra, y esto tampoco logró calmar su conciencia. Quería quedar libre de la necesidad de mirar hacia atrás y descubrir cada uno de sus pecados, y se sentía tentado a pedirle a su confesor que le eximiese de esa obligación cuando este le sugirió que confesase solamente aquellos pecados pasados que le parecían bien claros. Pero para Ignacio todos sus pecados eran bien claros y, por lo tanto, esta mitigación de la disciplina estricta del confesionario no le fue de gran ayuda. En busca de la ayuda directa de Dios, pasaba largas horas cada día orando en su celda. En esas oraciones clamaba: «Socórreme, Señor, que no hallo ningún remedio en los hombres, ni en ninguna criatura; que, si yo pensase de poderlo hallar, ningún trabajo me sería grande. Muéstrame tú, Señor, dónde lo halle; que, aunque sea menester ir en pos de un perrillo para que me dé el remedio, yo lo haré».[38]

En medio de esas oraciones su desesperación fue tal que le llevó al borde mismo de la blasfemia. Varias veces pensó en el suicidio como

---

[37] *Autobiografía*, 1.10 (*BAC*, 86:35).
[38] *Autobiografía*, 3. 23 (*BAC*, 86: 46).

solución a su angustia, y lo único que le impidió lanzarse a la muerte por una ventana fue el convencimiento de que tal acción sería un grave pecado. Pensó entonces que quizá Dios requería de él un gran sacrificio antes de perdonarle. Por ello decidió ayunar hasta que Dios le respondiese o hasta que se encontrase tan cerca de la muerte que seguir ayunando hubiera sido lo mismo que suicidarse. Durante toda una semana no probó bocado, pero cuando le dijo a su confesor lo que estaba haciendo este le ordenó que rompiera su ayuno. Tuvo entonces dos días de paz, pero al tercero las dudas le volvieron a acosar. Estaba, una vez más, orando y confesándole a Dios todos sus pecados, uno por uno, y pensando al mismo tiempo que quizá era hora de abandonar la empresa, cuando repentinamente recibió la convicción de que Dios no requería tal confesión minuciosa de todo pecado pasado, «y así de aquel día adelante quedó libre de aquellos escrúpulos, teniendo por cierto que nuestro Señor le había querido librar por su misericordia».[39]

El resultado de la libertad que descubrió entonces fue que su enorme vitalidad quedó ahora disponible para llevarle a grandes empresas. Fue a Palestina con la esperanza de establecerse allí como misionero a los turcos, pero los franciscanos que estaban a cargo de los lugares sagrados de la iglesia latina no le permitieron permanecer en Tierra Santa. Probablemente temían que este vasco místico, de gran celo y relativamente inculto, sería más estorbo que ayuda. Ignacio, entonces, decidió que debía volver a la escuela, porque su falta de conocimientos teológicos siempre impediría su obra. Probablemente pudo haber hecho arreglos para que se le ordenase en unos pocos años. Pero estaba convencido de que necesitaba una educación sólida, y, por ello, a pesar de ser ya un hombre maduro, volvió al salón de clase, lleno de estudiantes mucho más jóvenes que él, y dedicó doce años al estudio. Primero fue a Barcelona, y luego a Alcalá —la famosa Universidad que el cardenal Cisneros había fundado como centro para la reforma de la iglesia—. Ya para entonces había reunido en derredor suyo un pequeño núcleo de seguidores, principalmente entre sus compañeros de estudios, y la Inquisición comenzó a mirarlo con suspicacia. Después que Ignacio fue arrestado, juzgado y absuelto por el Santo Oficio, él y un grupo de sus compañeros partieron hacia la famosa Universidad de Salamanca. Pero allí, una vez más, tuvieron problemas con la Inquisición, y en esta ocasión todo el grupo fue arrestado y juzgado. Aunque se les juzgó inocentes de herejía, se le ordenó a Ignacio que se abstuviera de enseñar hasta tanto no hubiera completado sus estudios.

Sus dificultades con la Inquisición en España alentaron a Ignacio a partir hacia París, donde la Sorbona se había vuelto el centro de la ortodoxia

---

[39] *Autobiografía*, 3. 25 (*BAC*, 86: 47).

católica. Fue como estudiante y como mendigo, pero pronto otro grupo de seguidores se reunió en torno a aquel hombre de extraordinario carisma. Este pequeño grupo de nueve miembros —entre los cuales se contaban Francisco Javier y Diego Laínez— sería el origen de la Compañía de Jesús. En agosto de 1534, Ignacio llevó al grupo de sus seguidores a Montmatre, y allí hicieron votos de pobreza, castidad y obediencia al papa. También se comprometieron a partir en peregrinación a Jerusalén y a trabajar en pro de la conversión de los turcos, a menos que el papa les absolviese de tales votos y les encomendase otra tarea. Por último, en 1539 el pequeño grupo decidió formar una organización permanente, con un superior electo entre ellos mismos a quien quedarían comprometidos a obedecer. En 1540 Pablo III le dio su aprobación a la nueva orden, e Ignacio fue electo como su primer general. Casi inmediatamente, la Compañía de Jesús se volvió un instrumento poderoso en manos de los papas de esa época, quienes buscaban seria y asiduamente la reforma de la iglesia al mismo tiempo que trataban de refutar a los protestantes. Francisco Javier, uno de los primeros miembros de la Sociedad, partió como misionero hacia Oriente, y allí estableció iglesias y conventos jesuitas en varios países. Ya nos hemos referido a la obra de los jesuitas Pedro Canisio y Belarmino, quienes se dedicaron sobre todo a refutar a los protestantes. Cuando Ignacio murió en 1556, había más de mil jesuitas, y estos se encontraban por toda Europa, así como en Brasil, la India, el Congo y Etiopía.

Bien puede decirse que buena parte del impacto de Ignacio y de los jesuitas se debió a una sabia combinación de reglas y orden, por una parte, con una profunda espiritualidad, por otra. En cuanto a lo primero, el genio organizativo de Ignacio se ve en sus *Constituciones*[40] y *Reglas*,[41] que cuidadosamente ordenan la vida de los jesuitas y sus relaciones entre sí. En cuanto a lo segundo, los *Ejercicios espirituales* de Ignacio han servido para mantener viva la espiritualidad ignaciana a lo largo de varios siglos. Escritos originalmente para el uso del propio Ignacio, los *Ejercicios* vinieron a ser práctica formativa no solamente para los jesuitas, sino también para muchos otros. Cuando Ignacio por fin permitió que se imprimieran, su propósito no era que sirvieran como un manual de devoción privada —como frecuentemente se usan hoy— sino más bien que sirvieran de guía a directores espirituales que previamente hubieran pasado por ellos. Aunque hay quien habla del «misticismo» ignaciano, en realidad lo que se presenta en los *Ejercicios* no es un proceso místico, sino más bien un modo de amoldar el alma y los sentimientos a los designios de Dios.

---

[40] *BAC*, 86:369-562.
[41] *BAC*, 86:578-627.

Al principio, Ignacio no pensaba que la Compañía de Jesús se dedicaría a la enseñanza; pero siempre tuvo el estudio en alta estima y estaba convencido de que los miembros de su Sociedad deberían tener la mejor educación disponible. Con ese propósito describió en las *Constituciones* de la Compañía de Jesús el programa de adiestramiento espiritual y educación académica que sus miembros deberían seguir. Estas *Constituciones* muestran un alto interés en la uniformidad y enumeran los libros que han de servir como textos fundamentales para discutirse en clase. En el campo de la filosofía, se preferiría a Aristóteles; y «en la teología leérase el viejo y nuevo Testamento y la doctrina scolástica de Sancto Thomás».[42] Así Tomás vino a ser el doctor oficial de la nueva orden. Pero no se trataba de una decisión final y exclusiva, puesto que Ignacio añadió que también deberían leerse las *Sentencias*, y que, si en el futuro aparece otra obra teológica que no se oponga a Santo Tomás, pero que «parezca más acomodada a estos tiempos nuestros», también ha de incluírsele entre los libros que se leerán, aunque con gran cuidado y después de recibir la aprobación de la Sociedad. Ignacio parece haber abrigado la esperanza de que los jesuitas pudieran desarrollar tal teología, puesto que le pidió a Diego Laínez que escribiera un manual de teología que sirviera para la educación de los miembros de la nueva orden. Laínez emprendió la tarea, pero sus muchas ocupaciones no le permitieron terminarla, y todo lo que dejó fueron notas sobre las fuentes que habría empleado. Es más: algunos de los primeros jesuitas eran escotistas más que tomistas. Tal fue el caso del profesor de Coimbra Pedro de Fonseca (1528-1599), cuyos principales intereses eran metafísicos más que teológicos, y cuya importancia para la historia de la teología jesuita yace en que le aplicó a la cuestión de la predestinación la teoría de la *scientia media*, que tendremos ocasión de discutir al tratar de la controversia sobre la gracia y la predestinación. Otro punto en el que la teología jesuita pronto desarrolló sus propias características fue su concentración sobre la «teología positiva», tomada principalmente de los «Padres» y de las Escrituras, en contraste con el método escolástico tradicional. Esto podía verse ya en las notas que Laínez dejó, y resulta claro en la obra de Francisco de Toledo (1532-1596).

Entre los teólogos jesuitas del siglo XVI, ya hemos discutido a Belarmino y Canisio, cuya tarea principal fue la refutación del protestantismo. Sobre Luis de Molina trataremos en la próxima sección, puesto que su nombre se halla íntimamente relacionado con las controversias sobre la gracia y la predestinación. Por lo tanto, debemos ocuparnos ahora del más distinguido teólogo jesuita del siglo XVI y principios del XVII: Francisco Suárez (1548-1617).

---

[42] *Const.*, 4. 14 (*BAC*, 86: 474).

Suárez nació en Granada, y más tarde estudió en Salamanca, donde tuvo contacto con la larga y prestigiosa tradición de teología dominica en esa universidad. Tras unirse a la Compañía de Jesús cuando era todavía adolescente, le dedicó toda su vida. Esa vida transcurrió en la enseñanza en varias ciudades de España —Ávila, Segovia, Valladolid, Alcalá y Salamanca— así como en Roma y, durante los últimos veinte años de su vida, en Coimbra, Portugal. Hombre profundamente comprometido con la actividad intelectual, evitó involucrarse en demasía en la política de su tiempo; y aun en las cuestiones teológicas y filosóficas que siempre le fascinaron evitó la controversia innecesaria. Sin embargo, como era inevitable, se vio involucrado en varios debates, como veremos al exponer su pensamiento.

Aunque no cabe duda de que hay un sistema que se deriva de Suárez, él mismo nunca escribió una teología sistemática. En el campo de la metafísica, sus *Disputationes metaphysicae* ofrecen un recuento sistemático de sus opiniones. Pero sus tratados teológicos, aunque tratan sobre casi todos los aspectos de la teología cristiana, lo hacen como monografías independientes. Los editores de sus obras, sin embargo, han tratado de sistematizar su teología colocando esos diversos tratados en el mismo orden en que los diversos temas de que tratan se discute en la *Suma* de Santo Tomás. Por tanto, aunque se ha violado el orden cronológico, los veintisiete volúmenes de las obras de Suárez forman una verdadera suma teológica.

Las *Disputationes metaphysicae* son un tratado de metafísica sistemática. Hasta entonces, la metafísica se había discutido generalmente bajo la forma de comentarios sobre Aristóteles, en los que el autor concordaba o no con el estagirita. Pero Suárez reorganizó todo el tema de la metafísica, discutiendo diversas cuestiones en el orden que mejor le parecía más que en el que Aristóteles había seguido en su Metafísica —que, después de todo, no es sino una yuxtaposición de tratados independientes—. Además, bajo cada encabezado, Suárez compiló una diversidad de opiniones que muestra una erudición increíblemente vasta, y de ese modo colocaba a filósofos de posiciones muy distintas en diálogo mutuo (griegos, judíos, musulmanes, escolásticos, renacentistas, etc.). Por último, ofrecía sus propias opiniones, siempre tomando en consideración la multitud de opciones que acababa de exponer.[43]

No es este el lugar donde resumir el contenido de las cincuenta y cuatro *Disputationes metaphysicae*. Baste decir que, en general, Suárez era un

---

[43] Dos estudios generales son F. Copleston, *A History of Philosophy*, Vol. III, parte 2 (Londres, 1953), pp. 353-405; H. Seigfried, *Wahrheit und Metaphysik bei Suárez* (Bonn, 1967). Sobre temas más especializados, pero de importancia, véase: W. M. Neidl, *Der Realitätsbegriff des Franz Suarez nach den Disputationes Metaphysicae* (München, 1966); J. P. Doyle, «Suarez and the Reality of the Possibles», *ModSch*, 45 (1967-68), 29-8; K. Werner, *Franz Suarez und die Scholastik der letzen Jahrhunderte* (Nueva York, 1963); P. Dumont, *Liberté humaine et concours divin d'après Suárez* (París, 1936).

LA REFORMA CATÓLICA   885

tomista que en algunos puntos seguía a Escoto.[44] Aunque hay diversas
interpretaciones de Suárez, especialmente en cuanto al grado en que concuerda con Santo Tomás, hay algunas características de su metafísica que
sirven como ilustración del modo en que difería del Doctor Angélico. Probablemente la divergencia más típica entre Santo Tomás y Suárez —y sin
lugar a duda la más discutida en tiempos posteriores— fue el modo en que
entendían la relación entre la esencia y la existencia. Según Santo Tomás,
hay en las criaturas una distinción real entre la esencia y la existencia.
Suárez, al contrario, niega tal distinción, y argumenta que se encuentra
en la mente más que en las criaturas, aunque sí tiene una base objetiva.
El carácter exacto de esa «base objetiva» —cum fundamento in re— es
el punto que debaten los intérpretes posteriores, puesto que del modo en
que se interprete esa frase depende cuánto se acerque o se aparte Suárez
de Santo Tomás. En todo caso, resulta claro que en Suárez no se encuentra
la clara afirmación de la primacía del acto de existencia que, como Báñez
había señalado, es elemento fundamental en la metafísica tomista. Otras
divergencias entre ambos filósofos pueden verse en temas tales como la
potencia y el acto (según Suárez, la pura potencialidad es inconcebible, y
la materia prima ha de ser actual), la sustancia y el accidente, etc.

La importancia de Suárez como teólogo, sin embargo, no yace en su
gran habilidad metafísica, sino más bien en que tomó toda la tradición
escolástica y, al tiempo que permaneció fiel a Santo Tomás en la mayor
parte de las cuestiones teológicas, desarrolló un sistema que respondía a
los nuevos retos. Luego lo primero que hay que decir sobre la teología de
Suárez es que, en ella, como en su metafísica, mostró el resultado de una
investigación incansable y de una amplia erudición. Al tiempo que seguía
a Santo Tomás muy de cerca, Suárez no permitía que la ignorancia de otras
alternativas le nublara la vista. Su obra es entonces mucho más que una
suma; es más bien una suma de todas las sumas escolásticas. El modo en
que trata a Santo Tomás puede verse en lo que dice sobre la prueba de la
existencia de Dios a partir del movimiento (ex parte motus). Suárez hizo
notar que este argumento se basa en el principio según el cual todo lo que
se mueve es movido por otro. Aunque esto es cierto en el campo de la
física, no es una verdad metafísica y, por tanto, Suárez preferiría decir que
todo lo que se hace es hecho por otro.[45] La diferencia parece ser nimia,
pero muestra que Suárez le prestó atención a la crítica que Escoto había
hecho a las cinco vías de Tomás. De manera semejante, en cuanto a la
razón de la encarnación, Suárez se declara a favor de la posición tradicional

---

[44] E. Elorduy, «Duns Scoti influxus in Francisci Suarez doctrinam», en *De doctrina Ioannis
Duns Scoti: Acta Congressus Scotistici... 1966 celebrati* (Roma, 1968), 4:307-37.
[45] *Disp.* 29.1.20 (Edición de París, 26:27).

de la escuela franciscana: que, aun de no haber pecado Adán, Cristo se hubiera encarnado.[46] También tomó el partido de los franciscanos frente a Tomás y sus seguidores al afirmar la inmaculada concepción de María.[47] Por lo tanto, no sería del todo inexacto decir que el sistema de Suárez es una forma de tomismo postescotista y postnominalista. Lo mismo puede decirse de su doctrina de la gracia, que consiste en una adaptación de la de Tomás para responder al molinismo —o, lo que es lo mismo, en una modificación del molinismo para que concordara con el tomismo—. Esta doctrina de la gracia, como la mayoría de la teología de Suárez, vino a ser la doctrina comúnmente aceptada en la Compañía de Jesús.[48]

Las controversias sobre la gracia, la predestinación y el libre albedrío

Aunque estas controversias tuvieron lugar después del Concilio de Trento, se relacionan tan estrechamente con lo que acabamos de discutir que parece aconsejable estudiarlas ahora antes de pasar a discutir el concilio mismo. Pero esto requiere una palabra sobre las determinaciones del concilio respecto a la cuestión de la gracia para así poder comprender el trasfondo de la controversia. En su sexta sesión, el concilio discutió la cuestión de la justificación, que era uno de los principales temas debatidos entre católicos y protestantes. En respuesta a las opiniones propuestas por Lutero, el concilio declaró que es imposible volverse hacia Dios sin la gracia previniente, que nos viene aparte de todo mérito, pero que la voluntad humana puede y tiene que cooperar con la gracia aceptándola y colaborando con ella en buenas obras. El concilio pasó entonces a anatematizar a quienes enseñasen que la gracia previniente no es necesaria y a quienes pretendieran, por otra parte, que la voluntad no puede prepararse para recibir la justificación ni tampoco rechazar la gracia cuando le es ofrecida.[49]

---

[46] *Disp. in tertiam partem D. Thomae*, 1. 3. 4 (Edición de París, 19:11).

[47] *De ultimo fine hominis*, 5. 9. 4. 8 (Edición de París, 4: 614).

[48] Es necesario añadir, sin embargo, que sus opiniones no siempre fueron aceptadas sin más. En 1591 surgió una controversia entre Suárez y Gabriel Vásquez (1551-1604) sobre la justicia de Dios. Suárez afirmaba que el modo en que Dios se relaciona con el mundo es justo, mientras Vásquez sostenía que en el sentido estricto no puede haber justicia entre Dios y las criaturas. La controversia terminó cuando el general de la orden les impuso silencio a ambos bandos. Suárez también fue condenado por la Inquisición en 1603 por sostener que la confesión a distancia no es válida. Por último, cuando afirmó en su *Defensa de la fe católica y apostólica* que el tiranicidio se justifica en ciertas circunstancias, esto provocó la ira, contra él y contra toda la Compañía de Jesús, de más de un soberano.

[49] *Denzinger*, 792.

Ignacio compartía estas opiniones del concilio, y les había indicado a sus seguidores que debían hablar sobre la gracia divina y alabar a Dios por ella, pero que era necesario cuidar «mayormente en nuestros tiempos tan periculosos, que las obras y líbero arbitrio resciban detrimento alguno o por nihilo se tengan».[50] Al escribir tales palabras, obviamente se refería a las doctrinas de Lutero y Calvino, y trataba de asegurarse de que tales opiniones no encontraran lugar entre sus seguidores. Así pues, antes de estallar la controversia, había ya una tradición tácita entre los jesuitas —representada por teólogos tales como Pedro de Fonseca y Bartolomé Camerario— que insistía en el libre albedrío y buscaba modos de coordinarlo con las doctrinas de la gracia y la predestinación.

En Salamanca, sin embargo, parece haber prevalecido otra opinión desde tiempos de Medina. Los primeros maestros de esa escuela —Vitoria, Cano y Soto— habían dicho que uno decide si ha de aceptar o no el llamado divino. Pero Medina, y especialmente Báñez, estaban convencidos de que existía el peligro de concederle demasiados poderes al ser humano, y con ello reducir la importancia de la gracia. Medina dijo que las buenas obras no nos preparan para recibir la gracia, y que Dios puede decidir otorgar gracia completamente aparte de nuestra preparación para ella mediante las obras. Báñez fue más lejos. En un pasaje que bien pudiera haber sido escrito por Zwinglio,[51] Báñez argumenta que la naturaleza divina es tal que nada fuera de ella puede ser causa de sus acciones, y que ella misma es la causa de todas las cosas y los hechos, incluso el pecado. Dios conoce todos los acontecimientos contingentes futuros, porque conoce todas las causas, y esto es cierto también del pecado. Pero la causa actual de la conversión es la ayuda de lo alto, y la causa de la incredulidad es la falta de tal ayuda. Luego Dios concede gracia eficaz a los electos, y no se la concede a los réprobos, quienes son justamente condenados por sus pecados.

Tales opiniones no fueron bien recibidas por todos en la Universidad de Salamanca, como puede verse en el hecho de que, en 1582, en un debate sobre los méritos de Cristo, Báñez argumentó que, aun si Cristo hubiera sido predestinado a sufrir, su muerte todavía sería meritoria, e inmediatamente varios de sus colegas expresaron su desacuerdo. Su adversario más conocido en ese sentido fue Fray Luis de León, quien también le acusó de sostener opiniones heterodoxas sobre la eucaristía. El debate llegó a ser tan amargo que fue llevado ante la Inquisición, la que tras dos años de investigación decidió a favor de Báñez, aunque no en lo que se refería a la predestinación, sino en cuanto a los méritos de Cristo.

---

[50] *Ejercicios espirituales* (*BAC*, 86:238).
[51] *Schol. Comm., in I^{am}*, q. 19, a. 1-9 (Edición de Urbano, pp. 409-37).

Otros debates semejantes estaban teniendo lugar en la Universidad de Lovaina, donde Miguel Bayo (1513-1589) enseñaba que, por razón de la caída, hemos perdido, no solamente un don sobrenatural, sino también algo de nuestra misma naturaleza, que ahora está corrompida.[52] Como resultado de ello, no podemos volvernos hacia Dios, porque nos faltan tanto la capacidad como el verdadero deseo de hacerlo. Nuestro libre albedrío corrupto no puede desear el bien. Pío V condenó setenta y nueve proposiciones de Bayo en 1567. Bayo se sometió al decreto papal, pero pronto comenzó a enseñar una nueva versión de sus doctrinas, y Gregorio XIII tuvo que volver a condenarle en 1579. La Universidad apoyaba a su profesor, quien más tarde fue electo canciller. Cuando el jesuita Lessio trató de refutar las opiniones de Bayo, la Universidad condenó las tesis del jesuita, quien respondió publicando una defensa de su posición.[53] El conflicto era inevitable. El cuerpo docente acusó a Lessio de pelagianismo, y él a su vez les acusó de calvinismo. En todo aspecto de la controversia, había una oposición radical entre ambos partidos. La facultad decía que Dios determina las acciones de la voluntad en la conversión; Lessio, que la voluntad se determina a sí misma. La facultad afirmaba que solamente algunos reciben de Dios una ayuda eficaz para la salvación; Lessio, que tal ayuda la reciben todos. La facultad decía que la predestinación divina es absolutamente independiente de la presciencia que Dios tiene de los méritos humanos; Lessio, que la predestinación depende de los méritos que Dios ve de antemano en los electos. Por fin el asunto fue llevado ante Sixto V, quien nombró una comisión de cardenales para estudiarlo y dictaminar juicio. Los cardenales no encontraron error alguno en la doctrina de Lessio, y el papa ordenó que el debate cesara. Pero las posiciones de los dos bandos eran demasiado fijas y demasiado contradictorias entre sí como para que pudieran llegar a un arreglo. Por ello, a la postre, el emisario papal sencillamente ordenó que cada bando se abstuviera de atacar al otro.

Así estaban las cosas cuando el jesuita Luis de Molina (1536-1600) publicó en Lisboa un tratado sobre *La concordia entre el libre albedrío y los dones de la gracia*.[54] Apenas se había publicado el libro cuando los dominicos comenzaron a dudar de su ortodoxia. La venta del libro fue detenida y Báñez escribió una serie de objeciones contra él. Cuando por fin se permitió su venta, incluía un apéndice con las objeciones de Báñez

---

[52] F. X. Jansen, *Baius et le Baianisme: Essai Théologique* (Lovaina, 1927); H. de Lubac, *Agustinianism and Modern Theology* (Nueva York, 1969), pp. 1-33.

[53] C. van Sull, *Léonard Lessius de la Compagnie de Jésus* (1554-1623) (Lovaina, 1930).

[54] En toda esta sección, seguimos el artículo de E. Vansteenberghe, «Molinisme», *DTC*, 10:2098-2187.

y la respuesta de Molina. Luego, por su propio formato, el libro no podía sino suscitar la controversia.

Como su título anuncia, el propósito del libro es mostrar la concordia que existe entre el libre albedrío, por una parte, y la gracia, la presciencia y la predestinación, por otra. Su propósito es claramente apologético, puesto que Molina está tratando de responder a las acusaciones por parte de los protestantes, de que la doctrina católica del libre albedrío y de los méritos es una negación pelagiana de la eficacia primaria de la gracia. Su perspectiva es tomista, puesto que dice no ser más que un comentario sobre ciertas breves secciones de la *Suma* que tratan sobre estos temas. Por último, su bosquejo es relativamente sencillo, puesto que se divide en cuatro partes que tratan respectivamente sobre el conocimiento de Dios, la voluntad divina, la providencia y la predestinación.

Molina comienza discutiendo el conocimiento de Dios. La primera cuestión que debe plantearse en este contexto es si ese conocimiento es la causa de las criaturas. Molina responde que es necesario distinguir entre el conocimiento «natural» y el conocimiento «libre» de Dios. El conocimiento natural incluye todas las cosas posibles, incluso las que Dios no ha decidido crear, y, por lo tanto, no es la causa de todas las cosas. Pero el conocimiento libre de Dios está determinado por la voluntad divina, y solamente se extiende a lo que esa voluntad incluye. Por tanto, el libre conocimiento de Dios es la causa de las criaturas.

Esta distinción en el conocimiento divino refleja el modo en que Molina entiende la libertad. La libertad no es solamente «libertad de toda coacción» sino que es también y sobre todo «libertad de toda necesidad». Una piedra que cae, sencillamente porque su naturaleza hace que caiga cuando se la suelta en medio del aire, no cae por coacción; pero tampoco es libre, porque cae por necesidad. Cuando los protestantes afirman que uno escoge libremente lo que Dios ha predeterminado, lo que quieren decir es que no hay coacción en tal decisión y, por lo tanto, están confundiendo la falta de coacción con la libertad. Si uno ha de ser libre, uno ha de poder escoger, no por necesidad, sino por el libre albedrío. Lo que es libre es por definición contingente y, por tanto, el cumplimiento de un decreto eterno de predestinación no puede en modo alguno compaginarse con la libertad por parte de la criatura humana.

Cuando Adán fue creado, recibió las virtudes sobrenaturales de la fe, esperanza y caridad, además de la «justicia original», que ayudaba y fortalecía su libertad natural de tal modo que pudiera obedecer a Dios y así merecer la vida eterna. Por tanto, Adán no era sencillamente «hombre natural», puesto que a sus poderes naturales se añadían los dones sobrenaturales que le capacitaban para tomar las decisiones correctas a base de su libre albedrío. Lo que le sucedió como consecuencia de la caída fue que perdió tanto las virtudes sobrenaturales como la justicia original.

En términos estrictos, el pecado original no afectó la naturaleza humana, sino solamente los dones sobrenaturales que le habían sido añadidos. Por tanto, cuando la teología antipelagiana tradicional dice que el pecado ha debilitado la libertad humana, lo que de hecho quiere decir no es que la libertad humana natural haya sido disminuida, sino que ahora le falta la ayuda sobrenatural que originalmente había recibido.

En nuestro estado presente, seguimos siendo libres igual que lo fuimos antes de la caída. Ante cada alternativa, podemos decidir libremente lo que hemos de hacer. Pero no tenemos la libertad de escoger por nosotros mismos aquellas cosas que llevan a nuestro destino sobrenatural, porque tales cosas requieren poderes que están —y siempre han estado— por encima de nuestra naturaleza. Ahora, como antes, necesitamos de la ayuda de Dios. Sin embargo, para que podamos creer, Dios ofrece «una ayuda general» a todo ser humano, y esa ayuda es suficiente. Por lo tanto, aunque no es cierto que uno crea sencillamente porque ha decidido creer, sí es cierto que la diferencia entre la fe y la incredulidad yace en la libre decisión del albedrío. Aunque la fe que justifica es mucho más que el asentimiento o la creencia, y requiere la gracia previniente y estimuladora de Dios, también ella depende de una libre acción de la voluntad, que le ordena al intelecto creer. Ese primer acto de fe es seguido entonces del «hábito sobrenatural de la fe», que Dios le otorga al creyente y que a partir de entonces le permite continuar llevando a cabo el acto de la fe sin más auxilio que la «ayuda general» de Dios. Si Dios le añade a ese hábito otros dones del Espíritu, ello no es porque sean necesarios para el acto de fe, sino porque lo fortalecen. Así, el *initium fidei* —el comienzo de la fe— se encuentra en la acción divina, como Agustín bien dijo; pero nuestro libre albedrío sigue teniendo un papel importante y necesario. Es más: Dios ha decidido que la gracia previniente normalmente les será dada a quienes hacen todo lo que pueden para creer y para renunciar al pecado; y por ello se puede decir, aunque en términos poco exactos, que la gracia y la salvación siempre están disponibles para quienes las deseen. Afirmar que la razón por la que algunos se salvan y otros no yace en la voluntad de Dios, o en el don de una gracia supuestamente irresistible, es negar la voluntad salvífica universal de Dios. Debe decirse más bien que la diferencia original entre quienes deciden creer y quienes deciden lo contrario se encuentra en el libre uso de su albedrío.

Las teorías de Molina sobre la gracia y la predestinación se relacionan estrechamente con su interpretación de la relación entre la acción de Dios y la acción de las causas secundarias. Molina afirma que Dios está *simultáneamente* activo en las causas secundarias —lo cual contrasta con la teoría de la *premoción física* de Báñez y de otros tomistas—. Cuando el fuego produce calor, hay una sola acción en la que la causa secundaria, el fuego, y la causa primaria, Dios, actúan juntamente. Pero las dos son muy distintas, puesto que la acción del fuego al calentar es «particular», mientras la acción de Dios es una «ayuda general» a las causas secundarias. Lo que de hecho ha sucedido es que Dios ha decidido desde el momento mismo de la creación que ciertas cosas servirán de causas secundarias de otras y que, sabiendo que no podrían hacerlo por sí mismas, Dios ha decidido que una «ayuda general» obraría simultáneamente con las causas secundarias cuando tales causas estuviesen activas. Lo mismo es cierto respecto al libre albedrío cuando se le aplica a aquellas decisiones que no pasan de lo natural a lo sobrenatural.

Cuando tomamos una decisión, Dios apoya esa decisión por medio de una ayuda general. Esto no quiere decir que Dios sea responsable por las acciones malas, puesto que estaba decidido desde toda la eternidad que Dios le concedería tal ayuda general a nuestra voluntad. Así pues, aunque el poder de hacer mal —y bien— se debe a la ayuda divina, tal ayuda general que Dios les ha prometido a todas sus criaturas desde la eternidad, no es en sí misma la causa del mal. La única causa del mal, en el sentido moral de tener responsabilidad por él, es la voluntad que lo escoge.

Cuando se trata de las acciones sobrenaturales, la misma colaboración simultánea continúa existiendo entre la ayuda general de Dios y la voluntad humana, pero ahora se añade la gracia previniente, que también puede llamarse la ayuda «especial» de Dios. Lo que tal gracia hace es capacitar a la voluntad, con el auxilio de la ayuda general, para llevar a cabo acciones de importancia sobrenatural, tales como la fe. Luego, existe solamente una acción en la que obran tres elementos: la voluntad, la ayuda o auxilio general, y el auxilio especial de Dios. La gracia, al igual que el auxilio general, no actúa *sobre* la voluntad, sino *con* ella. Esto quiere decir que la diferencia entre la gracia previniente y la gracia cooperante no es la que existe entre dos clases distintas de gracias, sino que es un modo de mostrar que la voluntad no puede llevar a cabo una acción sobrenatural sin el auxilio especial. La gracia cooperante no es sino la misma gracia previniente con el asentimiento de la voluntad. Una vez que tal asentimiento tiene lugar, los hábitos sobrenaturales —la fe, la esperanza y la caridad— son infusos en el creyente, quien ahora puede llevar a cabo acciones sobrenaturales con la ayuda general de Dios.

Si regresamos entonces a la cuestión original sobre el conocimiento de Dios, nos será necesario plantear, además del conocimiento natural y el libre, que ya hemos discutido, otro conocimiento «mixto» o «intermedio» —*scientia media*—. La razón de ello es obvia, puesto que hay realidades y acontecimientos contingentes futuros que Dios conoce, no meramente como posibilidades ni tampoco como producto de su voluntad, sino como producto de otras voluntades libres que Dios ha decidido crear. Luego la *scientia media* es el conocimiento que Dios tiene de los futuros contingentes que serán causados por criaturas libres. En resumen: Dios tiene un conocimiento natural de todas las cosas posibles, un conocimiento libre de aquellas cosas que Dios mismo ha deseado, y un conocimiento intermedio de aquellas cosas que otras voluntades han de decidir. Por lo tanto, los acontecimientos futuros contingentes no dependen de la presciencia divina. Al contrario: Dios conoce de antemano lo que las criaturas libres decidirán libremente. Tampoco puede decirse que Dios desea u ordena todas las cosas en el sentido absoluto, porque hay que distinguir entre la voluntad absoluta o eficaz de Dios y su voluntad condicionada. Lo que Dios desea según su voluntad absoluta necesariamente tiene lugar; pero lo que Dios desea según su voluntad condicionada tiene lugar solamente si otras causas libres actúan para realizarlo. La voluntad salvífica universal de Dios es condicional. Dios desea que todos sean salvos, pero solamente quienes acepten esa oferta de salvación lo serán en realidad.

Dadas tales premisas, la cuestión de la elección y la reprobación puede contestarse de tal modo que concuerde con el libre albedrío. La predestinación depende de la presciencia divina, no en el sentido de que Dios haya decidido no darles su ayuda a quienes la han de rechazar, sino en el sentido de que Dios sabe quiénes libremente decidirán hacer el uso apropiado del auxilio general que todos reciben. Puesto que la gracia no es irresistible, el otorgar la gracia —o, lo que es lo mismo, la ayuda especial— no garantiza la salvación. Toda gracia es eficaz y suficiente para la salvación, pero viene a serlo únicamente mediante nuestra libre decisión de aceptarla.

La oposición de Báñez y de otros teólogos dominicos al sistema de Molina fue inmediata, amarga e inexorable. Cuando se le pidió a Salamanca que preparara una lista de libros prohibidos de reciente publicación, Báñez trató de incluir la obra de Molina en esa lista. Por fin la controversia estalló en Valladolid, donde entonces los jesuitas y dominicos tenían importantes escuelas. Por algún tiempo los dominicos habían estado criticando a Molina en sus conferencias, cuando los jesuitas trajeron el debate a la luz pública (1594). Los dominicos declararon que las opiniones de Molina eran heréticas, y pidieron que la Inquisición dictaminara al respecto. Desde los púlpitos dominicos se atacaba a los jesuitas, quienes, a su vez, empleaban su influencia en la corte para que se depusiera a los predicadores que les atacaban. Tras un segundo debate que casi acaba en motín y del que cada uno de los bandos ofrece una distinta interpretación, los dominicos acusaron a Molina ante la Inquisición y él a su vez acusó a Báñez y a otros miembros de su orden. La Inquisición española no se sentía capaz de dictaminar en un debate entre personajes tan poderosos, y las autoridades temían que todo pudiera desembocar en un cisma. Por lo tanto, toda la cuestión fue referida a Roma.

Los dominicos se oponían al molinismo porque el modo en que Molina entendía la gracia contradecía las doctrinas de Tomás y de Agustín. El principal punto que se debatía era la diferencia entre la gracia suficiente y la gracia eficaz. Los molinistas, como hemos visto, sostenían que no hay diferencia entre ambas, y que lo que hace que la gracia suficiente sea eficaz es la acción de la voluntad. Tal cosa los dominicos no podían aceptar, por cuanto quería decir que la gracia recibe su eficacia *ab extrinseco*, es decir, de la voluntad. Les parecía claro que tanto Agustín como Tomás habían sostenido que la gracia es por sí misma eficaz, *ab intrinseco*. Es más: concebían la relación entre la gracia y la voluntad en términos radicalmente diferentes de los de Molina. La doctrina de este último de la ayuda simultánea no les parecía a los dominicos que expresase adecuadamente la doctrina agustiniana de la gracia que opera sobre la voluntad. Por lo tanto, preferían hablar de una *premoción física* de la voluntad por la gracia. Para los molinistas, tal cosa era una negación de la libertad, puesto que una voluntad que es movida por otra no actúa libremente (aquí es necesario recordar el modo en que Molina define la libertad como libertad no solamente de la coacción, sino también de toda necesidad). Luego las cuestiones que se discutían eran semejantes a las del debate entre Lutero y Erasmo.

Consciente de la importancia del debate, y de sus posibles consecuencias desastrosas, Clemente VIII decidió intervenir en el asunto. Dio orden de que la controversia se detuviera y que cada orden le enviara un resumen de su posición. Mientras tanto, se pidió la opinión de varias universidades y de un número de dirigentes eclesiásticos. Tal solución pasajera no fue del agrado de los dominicos, quienes se sentían ofendidos al ver que sus opiniones tradicionales se colocaban a la par de las «innovaciones» de los jesuitas. Puesto que al parecer los dominicos tenían mejor acceso al papa que los jesuitas, a la postre lograron persuadir a Clemente de que nombrara una comisión para examinar el libro de Molina. La comisión fue nombrada en 1597 y con ello comenzó una larga serie de conferencias teológicas sobre el modo del auxilio divino a la libertad humana —las *congregationes de auxiliis*—. En 1598, la comisión decidió que las opiniones de Molina se oponían a las de Agustín y Santo Tomás, y que en muchos puntos concordaban con las de los pelagianos. La condenación de Molina parecía inminente, y los dominicos celebraban ya su victoria, cuando varias personas influyentes intervinieron a favor de los jesuitas. Al recibir tales peticiones del rey de España, así como de la madre del emperador y de varios importantes dirigentes eclesiásticos, Clemente decidió cambiar de táctica y convocar a una serie de conversaciones entre representantes de ambos partidos, con la esperanza de que se pudiera llegar a algún acuerdo. Tales conversaciones no tuvieron buen éxito, y, una vez más, Clemente se mostró dispuesto a condenar a Molina. En España, algunos jesuitas en la Universidad de Alcalá comenzaron a expresar dudas sobre la autoridad del papa. Clemente entonces convocó una nueva serie de conferencias, que él mismo presidió. Estas comenzaron en 1602, y todavía continuaban sin resultado alguno cuando Clemente murió en 1605. Su sucesor, Pablo V, continuó presidiendo sobre ellas hasta 1606, cuando decidió que la mejor solución era no decidir. Declaró que ni los dominicos ni los molinistas estaban enseñando opiniones contrarias a la fe cristiana. Las opiniones de los dominicos no eran calvinistas, como pretendían los molinistas, ya que afirmaban que la gracia perfecciona la libertad y no la destruye. En cuanto a los molinistas, tampoco eran pelagianos, a pesar de las acusaciones en ese sentido por parte de los dominicos, puesto que colocaban el *initium fidei* en la gracia divina, y no en la voluntad humana. Por lo tanto, era lícito enseñar cualquiera de las dos opiniones, siempre que cada una de ellas se abstuviese de acusar a la otra de herejía. Cinco años más tarde, Pablo V reforzó esa decisión ordenando que toda obra futura sobre la gracia fuese presentada a la Inquisición antes de ser publicada. Tal prohibición fue repetida y ampliada varios años más tarde por Urbano VIII (en 1625 y otra vez en 1641). Pero, a pesar de tales prohibiciones, tanto los molinistas como los dominicos continuaron el debate por varios siglos.

Lo que vino a eclipsar la controversia molinista fue otro debate sobre las mismas cuestiones, pero cuyo foco fue un hombre de opiniones radicalmente opuestas a las de Molina: el teólogo holandés Cornelio Jansenio (1585-1638).[55] Como ya hemos visto, la Universidad de Lovaina, bajo la dirección de Bayo, había sostenido que la predestinación es anterior a la presciencia, que hemos perdido nuestra libertad de volvernos hacia Dios, y que la gracia mueve a la voluntad en el acto de conversión. Aunque la controversia molinista hizo que por algún tiempo la atención se centrara en España, las opiniones de Bayo —condenadas repetidamente por Roma— continuaban circulando en los Países Bajos. Surgieron, una vez más, a la superficie en la obra principal de Jansenio, el *Augustinus*, publicada póstumamente en Lovaina en 1640.

El *Augustinus* era un ataque voluminoso y erudito a las opiniones de Lessio y de Molina. Su primer volumen estudia el pelagianismo, subrayando sus opiniones sobre el pecado original y la capacidad de la libertad humana tras la caída. El segundo volumen expone las doctrinas de Agustín sobre la gracia, el libre albedrío y la predestinación. Y el tercer volumen trata de mostrar que el molinismo y otras opiniones semejantes concuerdan con Pelagio más que con Agustín.

Se puede resumir el propósito del *Augustinus* en una sola oración diciendo que refuta al molinismo, no a base del agustinianismo mitigado

---

[55] N. Abercrombie, *The Origins of Jansenism* (Oxford, 1936); H. de Lubac, *Augustinism*, pp. 34-92; J. van Bavel y M. Schrama, *Jansénisme durant la régence*, 3 vols. (Lovaina, 1929-33); A. Gazier, *Historie générale du mouvement Janséniste, depuis ses origines jusqu'à nos jours*, 3 vols. (Namur, 1949-50). Sobre la obra de Bayo, véase F. X. Jansen, *Baius et le Baianisme: Essai théologique* (Lovaina, 1927).

de los dominicos y de toda la tradición medieval, sino yendo detrás de esa tradición hasta el propio Agustín, que se interpreta del modo más radical posible. Según Jansenio, el método de la teología es radicalmente diferente del de la filosofía. La filosofía se basa en la razón, y no puede ir más allá de las vanas disputas. La teología se basa en la autoridad, y su conocimiento es cierto. Resulta interesante notar que Jansenio, quien dice estar interpretando a Agustín, toma aquí una posición que era típica de los primeros adversarios del agustinismo. La razón de ello es que Jansenio está interesado, no en exponer todo el sistema del obispo de Hipona, sino más bien en establecer la autoridad indubitable de las doctrinas de Agustín sobre la gracia y la predestinación. En todo caso, lo que Jansenio trata de probar es que los resultados de la caída son tales que la libertad de la voluntad ha quedado seriamente limitada. Aunque antes de la caída Adán tenía una libertad «indiferente», en el sentido de que podía decidir tanto pecar como no pecar, tal indiferencia ha sido destruida por el pecado original. La gracia que bastaba para llevar al inocente Adán hasta Dios ahora resulta insuficiente. Si alguien pierde la vista, con solo tener más luz no la recobrará. Lo que se necesita es una clase distinta de auxilio, que sane los ojos. De igual modo, nuestra libertad ha quedado esclavizada al pecado y es, por tanto, incapaz de hacer el bien. No podemos amar sino a nosotros mismos y a las demás criaturas. Somos incapaces de amar a Dios. Aunque podemos obedecer los mandamientos externamente, solo podemos hacerlo a base del orgullo o del temor, pero no del amor. Aunque todavía podemos saber algo de la voluntad de Dios a través de la ley natural, la obediencia a tal ley no es verdadera virtud, sino solo un cascarón vacío de toda bondad.

Puesto que interpreta la condición humana de tal manera, Jansenio está convencido de que la principal tarea de la gracia es librarnos de nuestra esclavitud a la concupiscencia. La gracia es necesaria no solamente para capacitar la voluntad para hacer actos sobrenaturales, sino también para capacitarla para hacer hasta el más pequeño bien. Aparte de ella, la voluntad no puede hacer sino el mal —aunque sí tiene libertad para escoger cuál mal ha de hacer—. Es más, puesto que nuestra condición es semejante a la de un ciego, la gracia que bastó para Adán ya no puede ayudarnos. El error de Molina consiste precisamente en no distinguir entre el libre albedrío como existió antes de la caída y el que existe actualmente. Molina parece pensar que todo lo que la voluntad necesita es la ayuda de la gracia —lo que sería como ofrecerle más luz a un ciego—. En contra de tal interpretación de la situación humana, Jansenio argumenta que, mientras lo que Adán en su estado de inocencia necesitaba no era sino una gracia que fortaleciera su voluntad, lo que nosotros necesitamos es una gracia que determine nuestra voluntad y la dirija hacia Dios. Tal gracia, que Jansenio llama «gracia sanadora», ha de ser dueña soberana de la voluntad humana, dirigiéndola hacia Dios con tal suavidad que la voluntad misma no sepa que está siendo dirigida. Esa gracia es irresistible e infalible. Así, quien la recibe necesariamente se tornará hacia Dios, aunque lo hará voluntariamente. En esto, Jansenio rechaza la opinión de Molina, quien había dicho que la verdadera libertad excluye no solamente la coacción, sino también la necesidad. Jansenio, por el contrario, afirma que cualquier acción que se haga voluntariamente es libre, aunque nazca de una necesidad interna. La predestinación es absoluta y doble: algunos están predestinados para la salvación, y otros para la condenación eterna. Esto se deduce del hecho de que, sin la gracia, la humanidad no es sino una «masa de condenación», y que todos los que reciben la gracia necesariamente la aceptarán. Por lo tanto, la diferencia entre los salvados y los condenados no está en la decisión de cada uno de ellos, sino en los decretos eternos por los que Dios ha decidido concederles la gracia a unos y negársela a otros.

Jansenio afirma que esto difiere del calvinismo, porque Calvino hace de la libertad la consecuencia de la gracia, mientras el hecho es que la libertad está precisamente en el consentimiento de la voluntad a la acción de la gracia, que, al mismo tiempo que llama al pecador, lo mueve. Pero, a pesar de tales intentos de parte de Jansenio de mostrar cómo difería de Calvino, tanto él como sus seguidores fueron acusados repetidamente de ser protestantes en secreto.

Desde antes de la publicación del *Augustinus*, los jesuitas de Lovaina habían tratado de evitar su publicación. Después, varios profesores de Lovaina defendieron las opiniones de Jansenio contra seis tesis propuestas por los jesuitas. El *Augustinus* fue entonces reimpreso en París, donde contaba con el apoyo de varios profesores de la Sorbona. El debate se volvió entonces internacional y amenazaba repetir las graves tensiones que habían tenido lugar en la controversia *de auxiliis*. La Inquisición condenó el *Augustinus* en 1641; pero la facultad de Lovaina se negó a aceptar tal decreto, y en ello logró el apoyo de muchos en Francia. En 1643, en su bula *In eminenti*, Urbano VIII condenó el *Augustinus*. Puesto que esto no le puso fin al debate, Inocencio X reforzó la acción de Urbano condenando en 1652 cinco proposiciones que supuestamente expresaban las opiniones de Jansenio. Los jansenistas, sin embargo, declararon que las cinco proposiciones no eran una verdadera expresión del pensamiento de Jansenio, y que, por tanto, podían aceptar la condenación de esos principios por el papa al mismo tiempo que continuaban sosteniendo las opiniones de Jansenio.

Algún tiempo después de la publicación del *Augustinus*, apareció el tratado *Sobre la comunión frecuente* de Antoine Arnauld (1612-1694),[56]

---

[56] Sus obras completas, en cuarenta y tres volúmenes, fueron reimpresas en 1964-67 (Bruselas). El volumen cuarenta y tres incluye la biografía clásica de Arnauld de N. de Larriere. Véase también M. Escholier, *Port-Royal: The Drama of the Jansenists* (Nueva York,

que llevaba los principios expuestos por Jansenio al campo de la religión práctica y de la disciplina eclesiástica. Con Arnauld, el jansenismo se había vuelto un movimiento de resistencia a la autoridad eclesiástica. A la postre, la controversia llevó al cisma. La abadía cisterciense de Port-Royal, bajo la dirección de Arnauld, se negó a someterse. Arnauld tuvo que esconderse y partir hacia el exilio, pero la antorcha pasó entonces a manos de Blaise Pascal (1623-1662),[57] cuyas *Provinciales*, escritas en defensa de Arnauld, pronto eclipsaron al *Augustinus* en su impacto y popularidad. La jerarquía preparó entonces un «Formulario» en el que se decía expresamente que las cinco proposiciones condenadas por el papa eran una correcta exposición del pensamiento de Jansenio y habían sido condenadas justamente. Se ordenó que todo el clero francés firmara ese «Formulario». Muchos se negaron. Puesto que el estado —especialmente durante el reinado de Luis XIV— apoyaba la condenación de los jansenistas, el movimiento tomó un cariz cada vez más político. Hacia principios del siglo XVIII, se había vuelto aliado del galicanismo. En 1713, Clemente XI volvió a condenarlo en su bula *Unigenitus*. Los intentos de suprimir el jansenismo en Holanda llevaron a un cisma permanente. En Francia, el jansenismo se unió a las fuerzas que a la postre llevaron a la revolución, y su último exponente fue el abad Henri Gregoire (1750-1831), jacobino fanático en quien los propósitos políticos se sobreponían a los intereses religiosos que habían sido primordiales en Jansenio, Arnauld y Pascal.

El Concilio de Trento

Aunque la narración misma nos ha obligado a continuar hasta bastante más allá de tiempos de la Reforma, debemos ahora volver al siglo XVI y el gran concilio que se reunió en Trento a fin de responder a los retos del protestantismo. Como ya hemos dicho, desde mucho antes del movimiento protestante, la Reforma católica tuvo sus principales raíces en España. Cuando ya el programa reformador de Cisneros iba bien encaminado, Roma todavía se encontraba bajo el gobierno de papas indignos. La mayoría de los papas de la primera mitad del siglo XVI tenían otros intereses por encima de la reforma de la iglesia. Alejandro VI, quien gobernaba al comenzar el siglo, es bien conocido por el modo en que dirigió toda su política hacia el engrandecimiento de su hijo César Borgia (1475-1507). Tras el breve reinado de Pío III, la tiara papal pasó a Julio II (1503-1513),

---

1968).
[57] M. Miel, *Pascal and His Theology* (Baltimore, 1969); R. Hazelton, *Blaise Pascal: The Genius of His Thought* (Filadelfia, 1974).

quien como Guliano de la Rovere había sido el más implacable enemigo de los Borgias. Aunque Julio tomó algunas medidas en pro de la reforma de la iglesia y promovió las misiones al Nuevo Mundo, Asia y África, también hizo todo lo posible por deshacer los resultados de la política internacional de Alejandro. Con ese propósito se volvió más soldado que obispo. Aparte de sus intereses militares y políticos, Julio se dedicó al embellecimiento de Roma. Fue él quien colocó la primera piedra para la nueva basílica de San Pedro. Aunque no era hombre de intereses militares, Giovanni de Medici, quien sucedió a Julio bajo el título de León X (1513-1521), tenía casi todas las debilidades y pocas de las virtudes de su antecesor. Cautivado por el espíritu del Renacimiento, apoyó a varios artistas y eruditos, pero hizo poco en bien de su grey. Fue él el primero que tuvo que enfrentarse a la Reforma luterana. Adriano VI (1522-1523), el último papa no italiano hasta el siglo XX, fue el primero de los papas reformadores, pero su breve reinado no le permitió llevar a cabo su programa de reforma. Clemente VII (1523-1534) fue reformador moderado, pero los dos acontecimientos más notables de su pontificado fueron el saqueo de Roma por las tropas de Carlos V y la pérdida de Inglaterra para la Iglesia romana en torno a la cuestión del matrimonio de Enrique VIII y Catalina de Aragón. Pablo III (1534-1549) también fue reformador moderado, aunque inclinado al nepotismo,

A pesar de las faltas de Pablo III, fue con él cuando por fin el espíritu reformador tomó posesión de Roma. Varios de los cardenales a quienes nombró eran ardientes propugnadores de la necesidad de purificar la iglesia. Uno de ellos, Caraffa, más tarde sería Pablo IV, otro de los papas reformadores. En todo caso, la principal contribución de Pablo III fue el nombramiento de una comisión que preparase un programa de reforma, a base del cual convocó entonces al Concilio de Trento, con el propósito de tomar medidas para la reforma de la iglesia y de definir la fe frente a las doctrinas protestantes. Aunque el reinado de Julio III (1550-1555) fue un desengaño para el partido reformador, la mayoría de los papas del resto del siglo XVI fueron ardientes reformadores: Pablo IV (1555-1559), Pío IV (1559-1565), Pío V (1566-1572); Gregorio XIII (1572-1585), Sixto V (1585-1590) y Clemente VIII (1592-1605).

La reforma que estos papas emprendieron tenía varias características que han de tomarse en cuenta antes de estudiar las decisiones del Concilio de Trento. Su primera característica era que se centraba en el poder del papa. Esto parecía necesario a fin de evitar el divisionismo en el que el protestantismo había caído. Pablo IV hizo afirmaciones sobre la autoridad papal que nos recuerdan los grandes tiempos de Inocencio III. Como hemos visto, Sixto V se proponía incluir las obras de Vitoria y de Belarmino en el *Índice* de libros prohibidos porque en ellas se negaba que el papa tuviese autoridad temporal directa sobre todo el mundo. Este énfasis centralizador más tarde traería fricciones entre los papas y varios monarcas cuyos antecesores habían ejercido autoridad sobre la iglesia en sus estados. Es importante señalar que el modo en que esta reforma se concebía comenzaba con la cabeza de la iglesia, el papa, y de él se movía hacia los miembros. Fue en este sentido que los jesuitas resultaron ser el más útil instrumento en las manos de los papas reformadores. Constituían un ejército dispuesto a llevar a cabo sus instrucciones con precisión militar. Sin ellos, la Reforma católica resulta inconcebible. Otra característica de esta reforma era su propósito de ser estrictamente ortodoxa. La fe tradicional de la iglesia —incluyendo aquellas tradiciones que habían surgido durante los últimos años de la Edad Media— no estaba sujeta a reforma. Lo que tenía que cambiar era la vida moral y religiosa de la iglesia y de sus miembros, y no la institución o sus doctrinas. El lector notará que la mayoría de los principales teólogos de la Reforma católica tuvieron dificultades con la Inquisición. Esto se debió a la firme convicción de que era necesario mantener la ortodoxia a toda costa, hasta en los más mínimos detalles. Por ello la Inquisición fue restaurada y fortalecida. De ella surgió un nuevo instrumento para defender la ortodoxia, una lista de libros prohibidos —el *Index librorum prohibitorum*—. Aunque la práctica de condenar ciertos libros era antiquísima, la invención de la imprenta de tipo movible, y la explosión bibliográfica y mayor índice de alfabetismo que resultaron de ella, hicieron aconsejable publicar una lista de aquellos libros que se les prohibía a los católicos leer. El *Índice* fue publicado por primera vez en 1559 por la Inquisición romana, y pasó por un largo proceso de revisión y de añadiduras hasta que, por fin, Pablo VI lo abolió en 1966. Un año antes, el mismo papa había sustituido a la Inquisición por la «Congregación para la Doctrina de la Fe», con menos poder que la vieja Inquisición, pero con semejantes propósitos de preservar la pureza de la doctrina. Por último, debe notarse que este modo restringido de entender la reforma tuvo por resultado que el Concilio de Trento se dedicó a la tarea de hacer la liturgia más uniforme, pero no intentó modificarla a fin de hacerla más pertinente para los tiempos modernos. Esa tarea le tocó al Segundo Concilio Vaticano cuatro siglos más tarde, y a la nueva reforma que ese concilio inició. En el siglo XVI, se consideraba suficiente condenar al protestantismo definiendo la fe de la Iglesia católica, y entonces reformar la vida moral de la iglesia.

La historia del Concilio de Trento (1545-1563)[58] es larga y compleja. Aunque no podemos contar esa historia aquí, sí es necesario señalar que

---

[58] H. Jedin, *A History of the Council of Trent* (Londres, 1957); C. J. Hefele, *A History of the Christian Councils from the Original Documents* (Edinburgh, 1872), Vols. 9-10; J. D. Mansi, *Sacrorum Conciliorum nova et amplissima collectio*, reimpresión (Graz, Austria, 1961), Vol.23; C. S. Sullivan, *The Formulation of the Tridentine Doctrine on Merit* (Washington, 1959).

el resultado final del concilio fue producto de un largo proceso en el que tuvo que sobreponerse a una serie de dificultades políticas y teológicas. En lo político, la principal dificultad fue que los soberanos y papas competían por el control del concilio. En lo teológico, la dificultad más importante fue la tensión entre quienes pensaban que el concilio debía tratar de atraer al menos a algunos de los protestantes concediéndoles algo de lo que pedían, y otros que estaban convencidos de que la tarea del concilio debía ser sencillamente condenar el protestantismo y lanzarse a su propia reforma. Ambos partidos tenían fuerte apoyo político, e incluso entre los que querían que el protestantismo fuese fuertemente condenado había algunos que querían introducir en la Iglesia católica algunos de los cambios que los protestantes proponían. Así, por ejemplo, Carlos V tenía la esperanza de que el concilio les permitiera a los sacerdotes casarse, ofrecer la comunión en ambas especies y celebrar la liturgia en el idioma vernáculo. Como resultado de tales tensiones, el concilio fue interrumpido frecuentemente, y solo le faltaron nueve días para durar dieciocho años. Su resultado final fue la Iglesia católica moderna —comúnmente llamada «iglesia tridentina» porque surgió del Concilio de Trento.

El Concilio de Trento tomó acción en dos direcciones fundamentales: la reforma de las costumbres y leyes de la iglesia, y la definición clara del dogma frente a las opiniones protestantes. Los decretos acerca de la reforma pretendían corregir algunos de los abusos contra los que habían protestado los reformadores tanto protestantes como católicos—abusos tales como el ausentismo,[59] el pluralismo,[60] el desconocimiento de las Escrituras,[61] la ordenación irresponsable,[62] etc.

Las cuestiones doctrinales que el concilio discutió fueron esencialmente las que la Reforma protestante planteaba: la autoridad de las Escrituras y de la tradición, la naturaleza y consecuencias del pecado original, la justificación, los sacramentos, el purgatorio, las indulgencias y la veneración de los santos y sus reliquias. En prácticamente todos estos asuntos, el concilio tomó una posición diametralmente opuesta a la de los reformadores protestantes. Así pues, la Reforma protestante tuvo sobre la Iglesia católica un efecto contrario al que se buscaba.

Tal fue el caso en lo que se refiere a la autoridad de las Escrituras y su relación con la autoridad de la tradición. En reacción al principio protestante de la *sola scriptura*, el concilio no solamente afirmó la autoridad de la tradición, sino que fue mucho más lejos al ponerla a la par de la Escritura.

---

[59] *Mansi*, 23:45, 140-42.

[60] *Mansi*, 23:55-56.

[61] *Mansi*, 23:29-30.

[62] *Mansi*, 23:142-46. El capítulo 18 de este decreto trata sobre la fundación de seminarios, y tuvo un gran impacto en la preparación teológica del clero.

El concilio también percibe claramente que estas verdades y reglas
se contienen en los libros escritos y en las tradiciones no escritas
que, recibidas por los apóstoles de la boca de Cristo mismo, o de
los apóstoles mismos, bajo dictado del Espíritu Santo, han llegado
hasta nosotros, como trasmitidas de mano en mano. Por tanto, siguiendo los ejemplos de los Padres ortodoxos, el concilio recibe y
venera con un sentimiento de piedad y reverencia todos los libros
tanto del Antiguo como del Nuevo Testamento, puesto que un solo
Dios es el autor de ambos; así también las tradiciones, ya se rela-
cionen a la fe o ya a la moral, que han sido dictadas oralmente por
Cristo o por el Espíritu Santo y conservadas en la Iglesia católica
en una sucesión ininterrumpida.[63]

Entonces, tras enumerar los libros canónicos, el concilio anatematizó a
toda persona que se negase a aceptar la autoridad de tales libros «tal y
como se acostumbra leerlos en la Iglesia Católica y como se contienen
en la antigua edición Vulgata latina».[64] A base de la paridad entre la tradición y la Escritura como fuentes de autoridad, el concilio decretó que
nadie debe interpretar la Escritura «de modo distinto que la santa madre
iglesia, a quien le pertenece determinar su verdadero sentido e interpretación, ha sostenido y sostiene».[65] Y, a fin de garantizar que tal orden fuese
obedecida, el concilio ordenó que no se publicase libro alguno sin el consentimiento de las autoridades eclesiásticas, y que tal aprobación debía
aparecer por escrito al principio del libro. Tal procedimiento debía tener
lugar sin costo alguno para el autor o el editor —en lo cual puede verse el
genuino interés por parte del concilio en evitar todo lo que pudiera siquiera
aparentar simonía—.
     La quinta sesión del concilio se ocupó del pecado original. Tras afirmar
la realidad del pecado original, sus consecuencias tanto para el cuerpo
como para el alma, y su transmisión de Adán a su posteridad, el concilio
condenó a quienes rechazaran el bautismo infantil, así como a quienes pretendieran que a través de la gracia del bautismo no se lava el pecado original, «o diga que todo lo que corresponde a la esencia del bautismo no es
borrado, sino diga que solamente se le cancela o no se le imputa».[66] Contra
tales opiniones, Trento afirma que los bautizados quedan «inocentes,

---

[63] *Mansi*, 23:22.
[64] *Ibid.*
[65] *Mansi*, 23:23.
[66] *Mansi*, 23:28.

inmaculados, puros, sin culpa», y que todo lo que permanece en ellos es «una inclinación al pecado».[67]

El decreto sobre el pecado original puede verse como un prefacio al decreto sobre la justificación, promulgado por la sexta sesión (enero, 1547). El decreto sobre la justificación es, sin lugar a duda, el centro de la labor teológica del concilio.[68] Consiste de dieciséis capítulos, a los que siguen treinta y tres cánones con anatemas.[69] El decreto introduce el tema con la declaración de que la humanidad caída no puede alcanzar la justificación, y que esto es cierto tanto de los judíos como de los gentiles, pues ni la ley ni la naturaleza humana bastan para la justificación (capítulo uno). Esta fue la razón por la que Cristo vino (capítulo dos), de modo que aquellos a quienes se les comunican los méritos de Cristo puedan ser justificados (capítulo tres), y trasladados así de su estado miserable como hijos de Adán al estado bienaventurado de hijos adoptivos de Dios mediante el segundo Adán (capítulo cuatro).

Tras esta introducción general, el decreto aborda los temas debatidos entre protestantes y católicos —y también algunos debatidos por los católicos entre sí—. El capítulo cinco afirma que la justificación comienza con la gracia previniente, aparte de todo mérito; pero también afirma que el libre albedrío debe, entonces, aceptar o rechazar la salvación que se le ofrece.

> Se declara además que en los adultos el principio de la justificación debe partir de la gracia previniente de Dios... Sin mérito alguno de su parte, son llamados; de modo que quienes han sido apartados de Dios por el pecado puedan estar preparados por la gracia vivificadora y auxiliadora de Dios a convertirse para su propia justificación asintiendo libremente a esa gracia y cooperando con ella; de modo que, mientras Dios toca el corazón humano mediante la iluminación del Espíritu Santo, el humano mismo ni hace absolutamente nada al recibir tal inspiración —puesto que también puede rechazarla— ni tampoco es capaz de moverse a sí mismo hacia la justicia a los ojos de Dios por su propio libre albedrío y sin la gracia de Dios.[70]

El modo en que los adultos se preparan para recibir la justificación es mediante la fe, la esperanza y la caridad. En primer lugar, reciben la fe por

---

[67] *Ibid.*

[68] Véase H. Rückert, *Die Rechtfertigungslehre auf dem tridentinischen Konzil* (Berlin, 1925).

[69] *Mansi*, 23:32-43.

[70] *Mansi*, 23:33-34.

el oír. El resultado de esto es que se ven a sí mismos como pecadores y son llevados a esperar que Dios, por el amor de Cristo, les mire con favor. Esto les lleva a confiar en Dios, a amarle como la fuente de la justicia, y a odiar el pecado. Este odio del pecado se llama arrepentimiento y —en los adultos— debe tener lugar antes del bautismo (capítulo seis).

Tras esta preparación viene la justificación misma, que se describe en términos claramente opuestos a los de Lutero. La justificación «no es solamente una remisión de pecados, sino también la santificación y renovación del ser humano interno a través de la recepción voluntaria de la gracia y de los dones que hacen que el humano injusto se vuelva justo».[71] Y «no solamente se nos tiene por justos, sino que verdaderamente somos llamados y, de hecho, somos justos, y recibimos la justicia dentro de nosotros».[72] «Porque la fe, si no se le añaden la esperanza y la caridad, ni une al humano perfectamente con Cristo ni le hace miembro viviente de su cuerpo».[73] Luego la justificación no es la imputación de la justicia de Cristo al creyente, sino el acto mediante el cual Dios, con la colaboración del libre albedrío humano, hace al creyente justo. Los prelados y teólogos presentes en Trento se percataban de que este era uno de los puntos cruciales que separaban a los protestantes de los católicos y respondieron directamente al reto protestante. El resto del decreto sobre la justificación no es sino una elaboración de este punto. Cuando Pablo habla de la justificación por la fe, lo que de hecho quiere decir es que el principio de la justificación tiene lugar por la fe y no por los méritos (capítulo siete). No es necesario saber que uno ha sido justificado; la justificación puede tener lugar sin que uno lo sepa, puesto que nadie puede tener la certeza de haber recibido la gracia (capítulo nueve). La justificación, por ser una realidad objetiva en el creyente, puede aumentarse mediante las buenas obras (capítulo diez). La idea de que los justificados pecan aun en sus buenas obras —*simul iustus et peccator*— debe rechazarse, puesto que los justificados, por tener en sí mismos una justicia objetiva, pueden y tienen que hacer buenas obras, aun cuando ocasionalmente cometan pecados veniales (capítulo once). Excepto en los casos excepcionales de una revelación especial, no podemos saber de nuestra propia predestinación, y, por tanto, no hemos de presumir en ella (capítulo doce). De igual modo, quienes se inclinan a confiar en el don de la perseverancia harían mejor cuidando de no caer, y dedicándose con temor y temblor a las buenas obras (capítulo trece). El capítulo catorce muestra cómo este modo de entender la justificación se relaciona con el sistema penitencial, puesto que quienes han pecado tras la

---

[71] *Mansi*, 23:34-35.
[72] *Mansi*, 23:35.
[73] *Ibid*.

gracia del bautismo ahora deben tratar de recobrar mediante el sacramento de la penitencia la gracia que han perdido. Ese sacramento —o el deseo de recibirlo— sirve para la remisión del castigo eterno por el pecado; pero la pena temporal ha de ser satisfecha.

> Luego es necesario enseñar que el arrepentimiento del cristiano tras su caída es muy distinto del que tiene lugar tras su bautismo, y que incluye no solamente la decisión de evitar los pecados y el odio de los mismos... sino también la confesión sacramental de esos pecados, al menos en intención, que ha de hacerse a su tiempo, y la absolución sacerdotal, así como la satisfacción mediante ayunos, limosnas, oraciones y otros ejercicios devotos de la vida espiritual, ciertamente no para el castigo eterno, que juntamente con la culpa queda borrado por el sacramento o por el deseo de recibirlo, sino para el castigo temporal que, como los escritos sagrados enseñan, no siempre queda completamente borrado, como sucede en el bautismo, a quienes, desagradecidos ante la gracia de Dios que han recibido, han agraviado al Espíritu Santo.[74]

El pecado mortal ocasiona la pérdida de la gracia, aunque no de la fe —excepto en el caso de la infidelidad religiosa, en el que ambas se pierden. Por tanto, quienes están en pecado mortal, aunque tengan fe, no se salvarán (capítulo quince).

Por último, quienes han sido justificados deben abundar en los frutos de justificación, que son las buenas obras y sus méritos. Así pues, el creyente recibe la salvación eterna «tanto como una gracia misericordiosamente prometida a los hijos de Dios mediante Jesucristo, como a modo de recompensa prometida por Dios mismo, dada fielmente por sus buenas obras y méritos».[75] Los justificados, mediante sus buenas obras, pueden satisfacer plenamente la ley divina, y merecer así la vida eterna.

Los anatemas que aparecen al final del decreto son demasiado largos y detallados para discutirlos aquí. En general, tras tres anatemas que confirman la condenación del pelagianismo, el resto se dirige a los protestantes. Estos anatemas no se limitan a la cuestión de la justificación, sino que tratan también de otros temas afines tales como la gracia, el libre albedrío y la predestinación. Algunos de ellos se dirigen a las opiniones de unos pocos reformadores, y otros responden a exageraciones o caricaturas de la doctrina protestante. Pero, en general, muestran una clara comprensión de las verdaderas diferencias entre el protestantismo y el catolicismo. Estos

---

[74] *Mansi*, 23:38.
[75] *Mansi*, 23:39.

anatemas son tan importantes para entender la ruptura definitiva entre ambos campos que debemos citar al menos algunos de los más típicos.

Can. 9. Si alguien dice que el pecador es justificado por la fe sola, queriendo decir que no se requiere otra cosa alguna que coopere a fin de obtener la gracia de la justificación, y que no es dable en modo alguno estar preparado o dispuesto mediante la acción de la voluntad, sea anatema.

Can. 11. Si alguien dice que los humanos son justificados bien por la sola imputación de la justicia de Cristo, o bien por la sola remisión de pecados... o también que la gracia mediante la cual son justificados no es sino la buena voluntad de Dios, sea anatema.

Can. 17. Si alguien dice que solamente los que están predestinados para la vida participan de la gracia justificadora, y que todos los demás que son llamados sí son llamados pero no reciben la gracia, como si fuesen predestinados al mal por el poder divino, sea anatema.

Can. 18. Si alguien dice que los mandamientos de Dios son imposibles de cumplir aun para quien está justificado y constituido en gracia, sea anatema.

Can. 25. Si alguien dice que en toda obra buena el justo peca al menos venialmente, o, lo que es todavía más intolerable, mortalmente, y por lo tanto merece castigo eterno, y que la única razón por la que no es condenado es que Dios no le imputa esas obras para condenación, sea anatema.

Can. 30. Si alguien dice que tras la recepción de la gracia de justificación... no queda deuda alguna de castigo temporal que haya de ser pagada en este mundo o en el purgatorio... sea anatema.

Can. 31. Si alguien dice que la persona justificada peca al llevar a cabo buenas obras buscando una recompensa eterna, sea anatema.[76]

El resto del trabajo doctrinal del concilio tuvo que ver con los sacramentos, vistos por el concilio como el complemento de la doctrina católica de la justificación. La séptima sesión solo pudo producir una lista de

---

[76] *Mansi*, 23:40-43.

anatemas cuyo propósito principal era fijar el número de sacramentos en siete, insistir en el valor objetivo y la necesidad de los sacramentos, y rechazar las opiniones de los anabaptistas y de otros sobre el bautismo y la confirmación.[77] Varias dificultades políticas y prácticas impidieron que el concilio discutiese más la doctrina eucarística, hasta cuatro años más tarde, cuando tuvo lugar la decimotercera sesión (1551). Después, tras un hiato de casi once años, la vigesimoprimera y vigesimosegunda sesiones del concilio, en 1562, volvieron a tratar sobre el sacramento del altar. Mientras tanto, otros temas habían ocupado la atención del concilio, aunque la mayor parte del tiempo le fue imposible reunirse. Por tanto, los decretos sobre la eucaristía reflejan un largo período de gestación, y los prelados que participaron en el primer decreto eran en muchos casos distintos de los que participaron en los últimos dos.[78] En todo caso, lo que Trento hizo fue sencillamente afirmar las prácticas y las creencias que se habían vuelto tradicionales. La doctrina de la transubstanciación, definida anteriormente, fue reafirmada. El sacramento ha de ser preservado y venerado con culto de *latría* —es decir, el culto reservado únicamente para Dios— porque Dios está presente en el sacramento reservado. Antes de la comunión, tanto el laicado como los sacerdotes deben confesar sus pecados sacramentalmente, aunque el sacerdote que no tenga oportunidad de hacerlo puede todavía celebrar la eucaristía en caso de necesidad urgente. No es necesaria la comunión en ambas especies para recibir tanto el cuerpo como la sangre de Cristo. Aunque es cierto que en tiempos antiguos la comunión en ambas especies era la práctica usual, la iglesia tiene autoridad para determinar cómo la comunión ha de ser administrada, y su ley presente de negarle la copa al laicado ha de obedecerse, al menos hasta que la iglesia misma decida lo contrario.[79] La misa es un sacrificio en el que Cristo es ofrecido de nuevo, aunque de manera incruenta. Ese sacrificio es propiciatorio ante Dios, puesto que «aplacado mediante este sacrificio, el Señor concede la gracia y don de la penitencia y perdona hasta los más graves crímenes y pecados».[80] Aunque el concilio prefiere que en la comunión todos los presentes participen, también son válidas las misas en las que solamente el sacerdote participa de los elementos. Todos los ritos instituidos por la santa madre iglesia en relación con la misa han sido establecidos para el bienestar de los creyentes y deben obedecerse. Esto incluye la prohibición de decir misa en el idioma vernáculo, aunque se invita a los sacerdotes a explicar al pueblo los misterios de la misa.

---

[77] *Mansi*, 23:51-55.

[78] *Mansi*, 23:80-85, 121-24, 128-33.

[79] Sobre este punto, el concilio dejó abierta la posibilidad de que en el futuro el papa tomara otra decisión. *Mansi*, 23:123-24, 137.

[80] Schroeder, *Canons*, p.146.

Juntamente con estas afirmaciones positivas, el concilio entonces anatematizó a quienes sostuvieran las posiciones contrarias.

En cuanto a los otros sacramentos, Trento reafirmó la doctrina tradicional de la Iglesia católica. En relación con esa reafirmación, también se discutieron temas tales como la existencia del purgatorio, el valor de las reliquias de los santos y la autoridad que se recibe en la ordenación. En cada uno de estos casos, la decisión del concilio fue o bien reafirmar una doctrina anteriormente definida, o sencillamente aceptar el consenso general de la iglesia medieval. En cada uno de ellos, sin embargo, y especialmente en el contexto del matrimonio y la ordenación, el concilio también legisló contra los varios abusos que los protestantes habían señalado.

Así pues, el Concilio de Trento respondió al reto protestante, y al deseo general de reforma, de dos maneras. En lo referente a la doctrina, optó por la posición conservadora. Todo lo que había llegado a ser creencia generalmente aceptada de la iglesia occidental, y todo lo que los protestantes atacaron, se volvió ahora doctrina oficial y final de la Iglesia católica. Pero en asuntos de moral y del cuidado espiritual de la grey, el concilio optó por la más estricta reforma. No habría tolerancia alguna para la simonía, el ausentismo, el pluralismo y la violación de los votos de celibato. El espíritu de Trento es entonces muy parecido al de la Compañía de Jesús y el de la Inquisición: adherencia estricta al dogma tradicional, una vida moral austera y un sincero interés en que los servicios de la iglesia estén disponibles a todos sus hijos.

Esta es una de las dos principales razones por las que el Concilio de Trento es símbolo de toda la Reforma católica y marca, además, el comienzo del catolicismo moderno. La otra razón es que durante los largos años que el concilio tomó tuvieron lugar grandes cambios en la autoridad del papa. Cuando el concilio fue convocado, uno de los problemas más urgentes era el de la autoridad papal. No se trataba únicamente de que los protestantes hubiesen negado esa autoridad; se trataba, además, de que muchos buenos católicos dudaban de ella. La razón por la que era necesario convocar un concilio era que los papas no podían hacerse obedecer. La principal razón por la cual la convocatoria demoró tanto —y entonces resultó tan difícil continuar trabajando sin largas interrupciones— fue que varios monarcas católicos —especialmente, durante las primeras negociaciones, Carlos V— insistían en tener cierto control sobre la asamblea, y, por tanto, no siempre colaboraron con el s

en sus esfuerzos por convocar el concilio. Pero al llegar la última sesión del concilio, las condiciones habían cambiado radicalmente. Pío IV era sin lugar a duda dueño del concilio, que en su última sesión le pidió que confirmara todos los decretos promulgados, no solamente durante su reinado, sino también bajo Pablo III y Julio III. Pío IV lo hizo en una bula en la que declaraba que el concilio era ecuménico y de obediencia obligatoria para todos, y en la que prohibía que se publicasen comentarios u otras interpretaciones de las decisiones conciliares sin el consentimiento expreso de la Santa Sede.

Lo que esto quería decir era que el papa era ahora tanto la fuente de autoridad del concilio como su único intérprete autorizado. El movimiento conciliar de fines del Medioevo por fin había muerto. Había nacido la Iglesia católica romana moderna —la iglesia tridentina—.

El misticismo en la Reforma católica

Al tratar de acerca de la Reforma católica hemos dicho repetidamente que se trataba de una reforma en lo moral más que en lo doctrinal. Tanto la reina Isabel como el cardenal Cisneros proponían una reforma que se deshiciera de la corrupción reinante en la iglesia, pero que no afectara la doctrina. Ese fue el camino que siguió la principal corriente reformadora dentro del catolicismo romano y que cuajó en el Concilio de Trento. Pero esto no ha de entenderse en el sentido de que la Reforma católica no tuviera también una profunda dimensión espiritual. Ya hemos mencionado los *Ejercicios espirituales* de Ignacio de Loyola, que han dejado una huella profunda en buena parte de la espiritualidad cristiana. Pero ahora es necesario detenernos para, al menos, mencionar la fuerte corriente mística que floreció, particularmente en España, como parte integrante de la Reforma católica.

La figura dominante en esa corriente mística es Teresa de Ávila, conocida más bien como Santa Teresa. Pero Teresa es, en realidad, parte de un gran movimiento místico que ofreció en España a partir del siglo XVI y cuya figura principal es Teresa. En torno a Teresa, y de varios antes y después de ella, floreció toda una escuela mística franciscana[81] en la que se distinguieron personajes tales como Alonso de Madrid, Francisco de Osuna, Antonio de Guevara y otros. Bien puede decirse que esa tradición mística culminó entre los carmelitas, guiados por Teresa y por su discípulo Juan de la Cruz.

Nacida en medio de una familia que había tenido que huir de Toledo a Ávila porque la inquisición les consideraba judaizantes, desde joven Teresa se inclinó hacia la vida religiosa. En su autobiografía o *Libro de la vida*, Teresa trata acerca de su juventud, de sus luchas internas, y del consuelo que halló en la presencia de Jesucristo y en las visiones que de él tuvo. Sus luchas se acendraban porque, al tiempo que sentía un profundo respeto por la autoridad eclesiástica, frecuentemente veía que tal

---

[81] La *BAC* ha publicado tres volúmenes con los principales escritos de aquellos místicos franciscanos: *BAC*, 28, 44, 46.

autoridad no la entendía. Así, se queja de que por más de veinte años buscó un confesor que la entendiera, y dice: «Siempre que el Señor me mandaba una cosa en la oración, si el confesor me decía otra, me tornaba el mismo Señor a decir que le desobedeciese».[82] Apoyándose visiones de Jesús, a la postre encontró confesores y consejeros que le acompañaron en sus luchas —entre ellos, el teólogo salmantino Domingo Báñez, quien no fue solamente su amigo, sino también su admirador—. Con tal apoyo, e inspirada por confesores más comprensivos, escribió el *Camino de perfección* y las *Moradas del castillo interior*, que han venido a ser dos de las más influyentes obras místicas de todos los tiempos. Y, al tiempo que hacía esto, se dedicaba a reformar los conventos carmelitas. Todo esto fue el trasfondo que llevó al papa Pablo VI a declararla «Doctora de la Iglesia» en 1970. Esta forma de misticismo, que lleva a las «bodas místicas» del alma con Jesús, se conoce comúnmente como «misticismo nupcial», y difiere de otras formas de misticismo cuya meta es perderse en Dios.

Pero hay que aclarar que el misticismo de Teresa no consistía solamente en la austeridad monástica que propugnaba, pues esa austeridad iba acompañada de un fino sentido del humor. El fundamento de ese humor estaba en una confianza tal en el amor de Dios que se atrevía a tratarle con familiaridad. Así, se cuenta que, tras rogar a Dios que le enviara un monje para que la reforma de los conventos femeninos carmelitas se extendiera a los varones, y conocer a Juan de la Cruz, quien era pequeñísimo de estatura, comentó que le había pedido un monje a Dios, y Dios le mandó «medio monje». En otra ocasión, cuando una invasión de piojos obligó a las monjas a vestir sayales nuevos, las invitó a una especie de letanía que empezaba:

Pues nos das vestido nuevo,
Rey celestial,
Librad de la mala gente
Este sayal.[83]

Pero tal espíritu jovial iba acompañado de una profunda espiritualidad y devoción, tal como se ve en algunos de sus poemas más conocidos:

Nada te turbe,
Nada te espante.
Todo se pasa.
Todo se muda.

---

[82] *Libro de la vida*, 26.5 (*BAC*, 212:117).
[83] *Poema* 27 (*BAC*, 212:510).

La paciencia
Todo lo alcanza.
Quien a Dios tiene
Nada le falta.
Solo Dios basta.[84]

Y otro:

Vivo sin vivir en mí
Y tan alta vida espero
Que muero porque no muero.
Vivo ya fuera de mí
Después que muero de amor,
Porque vivo en el Señor
Que me quiso para sí.[85]

Primero Teresa, y luego Juan de la Cruz, llevaron la Reforma católica por un camino que, al tiempo que incluía la vida austera y la obediencia doctrinal que fueron características de toda esa Reforma, subrayaba la sabiduría por encima del entendimiento, y el amor por encima del rigor. Esto introdujo en la Reforma católica dimensiones que serían valiosas para toda la iglesia.

---

[84] *Poema* 30 (*BAC*, 212:511).
[85] *Poema* 2 (*BAC*, 212:499).

43

Las mujeres en la Reforma

Lo que hemos visto en el capítulo anterior acerca de la enorme importancia de Isabel la Católica y de Santa Teresa en la Reforma católica
nos lleva a considerar tanto la importancia y participación de las mujeres
en la vida de la iglesia durante todo el período de la Reforma como los
cambios que la Reforma mismo trajo en cuanto a esa participación.[1] A
través de toda esta historia hemos visto la constante y frecuentemente olvidada participación de las mujeres. Ya en el siglo primero Lucas se ocupaba
de subrayar el lugar de las mujeres tanto en la vida de Jesús como en tiempos de los apóstoles. En el siglo segundo, el gobernador Plinio contaba que
en su intento de averiguar más acerca del cristianismo había torturado a
dos «ministras» cristianas. Después, hemos visto a Macrina aconsejando y
dirigiendo a sus hermanos Basilio y Gregorio, a Paula y su hija Eustoquia
colaborando con Jerónimo en sus tareas de traducción, a Mónica insistiendo en la conversión de su hijo Agustín, a Egeria contándonos acerca
del culto y de las prácticas devotas de su tiempo, a Hildegarda y Juliana
dando ejemplos de devoción, creatividad e influencia, a Catalina de Siena
insistiendo en que el papado abandonara su sede en Aviñón y regresara a
Roma, y muchas otras.

---

[1] Aunque mucho se ha escrito sobre el tema, los tres volúmenes de Roland H. Bainton,
Women in the Reformation (Minneapolis, 1971, 1973, 1977) siguen siendo la mejor introducción al tema que conozco —sobre todo por su estilo claro y sus vívidas narraciones—.
La obra mucho más reciente de Kirsi Stjerna, *Women and the Reformation* (Oxford, 2009)
incluye, además, una extensa biografía.

Lo primero que es necesario decir en la mayoría de estos casos es que, a pesar de la importancia de su obra, muchas de estas mujeres fueron olvidadas o desconocidas por sus contemporáneos. La memoria de lo que Egeria escribió quedó casi totalmente olvidada hasta tiempos recientes. De Macrina no se habla en la antigüedad sino en las biografías de sus hermanos Basilio y Gregorio. Prácticamente todo lo que se escribió acerca de Mónica fue en referencia a su impacto en Agustín. Las que fueron reconocidas, lo fueron principalmente por razón de su posición política y social. Una excepción notable es el caso de Catalina de Siena, quien nació en una familia de clase media y cuya autoridad se debió únicamente a su devoción y perseverancia. Pero la emperatriz Teodora hizo su enorme impacto a través de su esposo Justiniano. Bastante más tarde, la emperatriz Irene tuvo un papel importante en la controversia iconoclasta por el solo hecho de ser emperatriz. Brígida de Suecia —a quien no hemos estudiado aquí— era hija de un gobernador de provincia. Y de Isabel de Castilla no nos ocuparíamos de no haber sido porque inesperadamente llegó a ser reina de Castilla y León, lo cual facilitó su labor reformadora.

A grandes rasgos, podemos decir, entonces, que muchas de las mujeres que más impactaron el curso del pensamiento cristiano pudieron hacerlo gracias a su propio poder político y social —como Isabel—, o al influjo que tuvieron sobre algún varón —como Macrina sobre Basilio y Gregorio, Mónica sobre Agustín, y Eloísa sobre Abelardo—.

Quienes no gozaban de tal poder y de sus privilegios, pudieron dejar su huella a través de la vida monástica. Aunque repetidamente el monaquismo se ha visto como una vida de renunciación —y en cierto modo lo es— a través de toda la Edad Media fue el principal ámbito en el que las mujeres —particularmente las que carecían de alto *status* social— podrían ejercer su vocación dedicándose tanto a la devoción como al estudio. Cuando el prometido de Macrina murió, ella decidió no casarse y abrazar la vida monástica, lo cual le permitiría dedicarse a la devoción y al estudio de una manera que no le sería posible a una mujer de entonces, con todos sus deberes y obligaciones como esposa y madre. Catalina de Siena pudo dedicarse a su labor reformadora y a su devoción porque llevaba la vida de una terciaria dominica, es decir, seguía la regla de los dominicos, pero sin pertenecer a un convento. Si Teresa hubiera tenido las obligaciones que se les imponían a las mujeres no habría tenido la libertad necesaria para escribir sus grandes obras místicas o para reformar los conventos carmelitas —y probablemente tampoco para cambiar de confesores hasta que encontró quienes respetaran sus experiencias y opiniones—.

Por todo esto, la abolición de la vida monástica por la mayor parte de los reformadores tuvo consecuencias negativas para el liderato femenino en la vida de la iglesia. Excepto en algunas ramas de la Reforma radical, la Reforma protestante continuó reservando para los varones las tareas pastorales y la predicación. No fue sino cuatro siglos más tarde que las principales iglesias de las tradiciones luterana, reformada y anglicana autorizaron la ordenación de mujeres.

Entre protestantes, la abolición de los conventos y monasterios tuvo motivaciones tanto teológicas como políticas y económicas. En cuanto a lo político y económico, hay que señalar que, en Inglaterra, Enrique VIII ordenó la clausura y confiscación de los conventos y monasterios como un modo de adueñarse de sus propiedades. En cuanto a lo teológico, tanto Lutero como los demás principales reformadores estaban convencidos de lo que llamaban «la santidad de la vida común», es decir, la santidad de la vida ordinaria, no monástica. Lutero se quejaba de que para muchos la vida monástica era un modo de ganarse el cielo como por asalto; y esto, a su vez, llevó a la clausura de conventos y monasterios. Esto tuvo el valor de darle dignidad a la vida de cualquier creyente dentro de su propia ocupación y condición. Pero, al mismo tiempo, privó a las mujeres de la alternativa monástica, que por largo tiempo había provisto una opción de estudio, devoción, servicio —y hasta cierta libertad— que no estaban al alcance de las mujeres que seguían el camino que se esperaba de ellas: casarse, criar hijos y ocuparse de la familia. El propio Lutero habló muy favorablemente de su esposa y de la vida familiar con ella, y en muchos modos dio ejemplo de lo que tal vida podría ser; pero el resultado neto de todo esto fue que ahora el camino monástico, que frecuentemente fue vía de liberación, les quedó vedado a las mujeres protestantes. En lugar de esto, puesto que Lutero y los demás reformadores rechazaban el celibato eclesiástico, se abrió un nuevo campo de actividad femenina: el de esposa de pastor. Por largo tiempo a partir de entonces, fue común el caso de mujeres quienes, sintiéndose llamadas a algún tipo de ministerio, lo entendían en el sentido de contraer matrimonio con un pastor.

Al mismo tiempo, no olvidemos que el claustro siguió siendo una opción valiosa para las mujeres católicas que no querían someterse a lo que la sociedad esperaba de ellas, sino tener más bien la libertad para dedicarse a la devoción, el estudio y el servicio. Luego, esa opción continuó siendo valiosa a través de los siglos. En América Latina, un ejemplo sin paralelo de lo que esta opción podía producir fue la inigualable sor Juana Inés de la Cruz (1648-1695), quien encontró en el convento una relativa libertad que le permitió luchar contra las desigualdades que sufría como mujer. Antes había considerado la posibilidad de estudiar en la universidad disfrazada de varón, pues tales estudios estaban vedados a las mujeres. Autodidacta bajo la dirección de su abuelo, cundo tenía diecisiete años, el virrey de Nueva España la puso a prueba haciéndole comparecer ante un grupo de eruditos no solo en teología y filosofía, sino también en jurisprudencia y literatura. Se cuenta que todos quedaron admirados ante sus conocimientos. El virrey y buena parte de la alta sociedad de México le instaban a contraer matrimonio, y no faltaron distinguidos pretendientes; pero ella prefería otro camino y se unió a las monjas carmelitas. Al ver que la disciplina estricta de aquellas monjas no dejaba espacio para sus intereses intelectuales, se trasladó a otro claustro de la orden de San Jerónimo, donde encontró mejores oportunidades de estudio y reflexión. Cuando, para detener su curiosidad intelectual, se le ordenó trabajar en la cocina, se dedicó a hacer experimentos y observaciones sobre física y química. Entre sus muchos escritos se encuentra su *Respuesta a Filotea*, donde responde a quienes decían que no era buena monja porque recibía visitas de la intelectualidad femenina mexicana en lugar de dedicarse a la devoción. Ahí encontramos expresiones que dan a entender que, para ella, el convento era un modo de evadir las condiciones en que se esperaba que una mujer viviera. Al mismo tiempo, se ocupaba de cuestiones religiosas, intervenía contra los abusos de la jerarquía, y hasta componía letrillas satíricas. Aunque vivió un siglo después de la Reforma, sor Juana Inés es un ejemplo claro del modo en que, dentro del catolicismo, la vida conventual sirvió para darles nueva libertad y ámbitos de acción a muchas mujeres.

Un nuevo paradigma: la esposa de pastor

La esposa de Lutero, Katharina von Bora, había sido entregada a un convento en los territorios del duque de Sajonia cuando tenía diez años —ocho años antes de que Lutero elevara su famosa protesta contra la venta de indulgencias—. Katharina tendría unos veinte años cuando empezaron a llegar a su convento noticias de Lutero y sus enseñanzas. Wittenberg, donde Lutero vivía, estaba cerca, en la Sajonia electoral. Pero en la zona en que Katharina vivía había una fuerte oposición a la Reforma. (Parte de Sajonia, la Sajonia electoral, era gobernada por el elector Federico el sabio, protector de Lutero, y la otra parte, la Sajonia ducal, pertenecía al duque Jorge, enemigo de Lutero). Nueve monjas —Katharina y otras ocho— solicitaron ayuda de Lutero y de sus vecinos para escapar del convento. Según las leyes del ducado de Sajonia, quien respondiera a tales peticiones sería reo de muerte. Pero Lutero y otros accedieron a la petición de las monjas, quienes escaparon un domingo de resurrección escondidas en el carretón de un comerciante, para llegar a Wittenberg dos días después. Algunas de ellas contrajeron matrimonio, y Katherina estuvo a punto de casarse con un visitante de alto rango; pero no lo hizo. Por fin, quizá en tono irónico, declaró que quizá estaría dispuesta a casarse con Lutero. Este no había pensado casarse, y originalmente aquello le pareció una idea ridícula. Muchos le instaban a considerar la posibilidad. Argula von Grumbach —a quien volveremos más adelante— le escribió diciendo que casándose sellaría su testimonio. Lutero se resistía, en parte por no estar interesado en el matrimonio, en parte por ser bastante mayor que ella, y en parte porque esperaba morir quemado como hereje, y no quería que alguna mujer sufriera a causa de él. Cuando por fin accedió, no lo hizo por amor romántico, sino porque le pareció una acción sabia y debida. Fue después, según fueron conociéndose mejor, que Lutero empezó a amar a Katharina, llamándola el amor de su corazón —aunque ella siempre se refería a él en público como «el señor doctor»—.

Katharina resultó ser un baluarte en la vida de Lutero. De su pensamiento no sabemos más que lo que nos dice Lutero. Ciertamente se sentía libre de pensar de otro modo que su esposo —como cuando le dijo que no podía creer que Dios le hubiera mandado a Abraham que sacrificara a su hijo—. Particularmente en sus *Charlas de sobremesa* Lutero hace alusiones a su vida familiar, siempre admirando y respetando a Katharina —y frecuentemente con un humor amoroso—.

Gracias a Katharina, la casa de Lutero vino a ser un centro de servicio, hospedaje, auxilio y enseñanza. El Elector les regaló el monasterio donde Lutero había sido monje, y sus cuarenta habitaciones frecuentemente estaban ocupadas, no solo por los numerosos hijos de Katharina y su esposo, sino también por parientes empobrecidos, refugiados de otros territorios, nobles que venían de visita, y muchos más. Era ella quien manejaba tanto ese enorme hogar como todos los recursos económicos. Como la «mujer virtuosa» de Proverbios, compró tierras para el sostén de esa extensa familia, enseñó a los más jóvenes y reprendió a Lutero cuando le pareció necesario.

Si bien Katharina no nos dejó escrito alguno que nos permita conocer sus pensamientos, sí dejó un prototipo de lo que a partir de entonces —y por largo tiempo— se esperaría de la esposa de un pastor: apoyo, hospitalidad, sabiduría, firmeza. Durante todos los siglos desde entonces hasta que las iglesias comenzaron a mostrarse más dispuestas a reconocer los ministerios femeninos, Katharina pareció encarnar y darle forma al ideal de esta nueva vocación de esposa de pastor.

Pero no debemos permitir que el que Katharina von Bora haya sido esposa del principal reformador nos oculte la vida y obra de otras mujeres de semejante calibre como Katharina Schütz, comúnmente conocida por el apellido de su esposo, Mateo Zell. Este fue el primer líder del movimiento reformador en Estrasburgo. Su matrimonio, en tiempos en que la Reforma todavía no se había establecido definitivamente en Estrasburgo —y antes del matrimonio de Lutero y Katharina von Bora— le acarreó odios y maledicencias. Al igual que su homónima von Bora, esta otra Katharina —quien, en contraste con la esposa de Lutero no tuvo hijos que sobrevivieran a sus primeros años— también se vio obligada a hospedar y alimentar refugiados que llegaban a Estrasburgo huyendo de las políticas imperiales contra el protestantismo. Se dice que, en ocasiones, el número de refugiados hospedados en aquel hogar llegó a los ochenta. Pero, a diferencia de la esposa de Lutero, esta otra mujer tomó la pluma para defender sus posiciones. Su primera publicación fue una defensa del matrimonio del clero. Este era un tratado en el que Katharina no solamente ofrecía bases bíblicas contra el celibato obligatorio del clero, sino que también respondía a las falsedades que circulaban acerca de ella y de su matrimonio. Y, tomando la ofensiva, llegaba a decir que la razón por la que los papas insistían en el celibato clerical era que recibían ingresos de la prostitución a que acudían los clérigos supuestamente célibes. Después de la muerte de su esposo, el nuevo pastor, Ludovico Rabus, trató de restaurar posturas más conservadoras que la que Zell había predicado, y Katharina le salió al encuentro en una polémica que culminó en una *Carta a la ciudad de Estrasburgo* en la que declaraba, entre otras cosas, que «ustedes los jóvenes advenedizos pisotean los sepulcros de los primeros padres de esta iglesia en Estrasburgo, y castigan a todos los que no concuerdan con ustedes».

Otra esposa de pastores que, como Katharina von Bora, participó en el debate público mayormente a través de su esposo fue Wibranda Rosenblatt (1504-1564). Casada con un erudito de su nativa ciudad de Basilea, y viuda dos años más tarde, contrajo segundas nupcias en 1528 con Juan Ecolampadio, quien trabajaba con Erasmo en la edición del Nuevo Testamento en griego, y pronto vino a ser el líder del movimiento reformador en Basilea. Como las otras esposas de pastores que hemos discutido, Wibranda hospedó en su hogar a docenas de visitantes y refugiados —entre ellos, Ulrico Zwinglio y Miguel Serveto—. Pero en el 1531 Ecolampadio murió; y el año siguiente Wibranda, dos veces viuda, se casó con Wolfgang Capito, uno de los principales reformadores en Estrasburgo. Este tercer matrimonio duró algo más, pero también terminó con la muerte de Capito en 1541. Poco después, cuando Elizabeth, la esposa de Martín Bucero —el principal reformador de Estrasburgo— estaba en el lecho de muerte, Katharina Zell vino a visitarla. Elizabeth le dijo que esperaba que, tras morir ella, su viudo Bucero se casara con Wibranda. Aunque al principio Bucero vaciló, al año siguiente Wibranda contraía cuartas nupcias, esta vez con Martín Bucero. Los tiempos no eran fáciles. Los conflictos en torno al *Interín de Augsburgo* obligaron a Bucero al exilio en Inglaterra, donde obtuvo un puesto en la Universidad de Cambridge. Allí le acompañó Wibranda hasta que su esposo murió, en 1551. Wibranda entonces regresó a su ciudad natal, Basilea, donde murió a causa de la plaga de peste en 1564.

Toda esta larga y complicada historia de matrimonios no debe interpretarse como señal de que Wibranda fuera una mujer débil, dedicada servilmente a obedecer y ayudar a sus esposos. Al contrario: en su correspondencia hay claras señales de la firmeza de su carácter y testimonio. Lo que sí resulta claro es que, aparentemente, una vez que vieron su actuación como esposa de pastor, muchos —tanto varones como mujeres— parecen haberse persuadido de que Wibranda había sido llamada por Dios para ser esposa de pastor. Antes que Wibranda se casara con Ecolampadio, Capito declaró que le parecía que Wibranda sería una esposa ejemplar para Ecolampadio. Cuando este último murió, uno de los principales promotores del matrimonio entre Wibranda y Capito fue Martín Bucero. Cuando, poco después de morir Capito, Katharina Zell fue a visitar a la moribunda esposa de Bucero, esta le expresó su deseo de que, al morir ella, su viuda se casara con Wibranda. Aparentemente, todas estas personas —Capito, Bucero y Katahrina Zell— pensaban que el ministerio de Wibranda era el de ser esposa de pastor.

Mujeres apologistas y teólogas

Katharina Zell, a quien ya nos hemos referido como esposa de pastor, y quien se distinguió por su constante servicio a los necesitados, se distinguió también como autora y hasta predicadora. Una de sus primeras publicaciones que se conservan es una *Carta a las sufridas mujeres de Kentzingen, mis hermanas en Cristo Jesús* —muchas de las cuales encontraron refugio en el hogar de los Zell—. Cuando algunos les criticaron a ella y a su esposo por haberse casado, Katharina escribió primero una defensa del matrimonio de clérigos —defensa que, a petición del gobierno de la ciudad, no lo publicó—. Pero, poco después, sí publicó otro tratado en el que ofrecía argumentos bíblicos para el matrimonio de los clérigos, y apelaba a su propia experiencia como muestra del valor de tales matrimonios para el pueblo circundante. A esto siguieron numerosas otras publicaciones. Una de ellas fue una colección de himnos de los moravos. Otra fue una serie de meditaciones acerca de los salmos 51 y 130, y del Padrenuestro. Pero la mayor parte de sus escritos fueron panfletos de carácter polémico o instructivo. En esto seguía el ejemplo de Lutero, quien también publicó numerosos panfletos y folletos contra sus adversarios. Pero el espíritu de Katharina Zell era mucho más pacífico que el de Lutero, pues —aunque sus convicciones eran mayormente luteranas— estaba dispuesta a escuchar y respetar las opiniones de los reformados y en cierta medida de algunos anabaptistas —razón por la que algunos luteranos más estrictos la criticaron —incluso el sucesor de Mateo Zell en el pastorado, Ludovico Rabus—.

Otra notable apologista del protestantismo fue Argula von Grumbach. Esta se dio a conocer ya en el año 1523, solamente seis años después del comienzo de la Reforma, cuando la Universidad de Ingolstadt obligó a un joven graduado de ella y ahora profesor a retractarse de su apoyo a Lutero y sus enseñanzas. (Aquí conviene recordar que uno de los principales profesores en esa universidad era Juan Eck, el constante persecutor de Lutero). Argula fue a quejarse al teólogo Andreas Osiander, quien se negó a intervenir. Esto la llevó a dirigirse personalmente a las autoridades de la Universidad. Tras una respetuosa introducción, Argula les dice:

> Cuando me enteré de lo que ustedes le han hecho a Arsacio See-hofer, amenazándole con prisión y hasta con muerte en la pira, mi corazón y mis huesos temblaron. ¿Qué han enseñado Lutero y Melanchthon, sino la Palabra de Dios? […] Según ustedes, hemos de obedecer a los magistrados. Tienen razón. Pero ni el papa ni el emperador ni los príncipes tienen autoridad por encima de la Palabra de Dios. […] Conozco bien lo que dice Pablo acerca de que las mujeres han de guardar silencio en la iglesia. Pero si no hay hombre que hable, me compele lo que dice el Señor, que a quien le confiesa en la tierra él le confesará en el cielo; y a quien le niegue, él le negará. […] Ustedes quieren destruir todas las obras de Lutero. En ese caso tendrán que destruir también el Nuevo Testamento, que Lutero tradujo.[2]

Pero Argula no se limitó a esto. Al mismo tiempo que se dirigía a la Universidad, le mandaba copia de su misiva al duque que gobernaba en la región, junto a una carta explicativa, y compartía todo esto con los magistrados y gobernantes en general. Además, en estas otras comunicaciones, Argula no se limitaba a la cuestión de la injusticia que se había cometido con un joven profesor, sino que también se quejaba de la vida que llevaban los clérigos, frecuentemente manchada por inmoralidades y dedicada a la explotación de los más débiles. Puesto que el duque se había ofrecido a tratarla, no como un gobernante, sino como un padre, Argula le señala que su autoridad y la de cualquier magistrado no les pertenece estrictamente, sino que es don de Dios, y si los gobernantes no le obedecen recibirán castigo de Dios. En cuanto a las autoridades eclesiásticas, Argula les recuerda la amenaza de los turcos, y les ofrece una razón para tal amenaza:

> No nos sorprenda tal amenaza, puesto que el papa sigue los designios del diablo al prohibir el matrimonio de sacerdotes y monjes, como si con solamente vestirse de sotana se recibiera el don de la continencia. Y entonces el papa se enriquece cobrando impuestos por los hijos ilegítimos. No ha de sorprendernos si un sacerdote recibe 800 florines al año y ni siquiera predica una vez. Los franciscanos, con voto de pobreza, devoran las casas de las viudas.

---

[2] Citado en Bainton, *Women...*, 1:97.

Los sacerdotes, monjes y monjas son ladrones. Dios lo dice. Yo lo digo. Y aunque sea Lutero quien lo diga, sigue siendo verdad.[3]

Ni la universidad, ni el duque, ni los magistrados le respondieron a Argula. Pero, a pesar de ello, la controversia continuó y se exacerbó. Un estudiante de Ingolstadt escribió un poema burlándose de Argula, y ella le respondió con otro poema apelando a la palabra de Dios. En unos sesenta días, la carta de Argula fue reimpresa al menos 13 veces. Otras mujeres empezaron a producir escritos semejantes, apoyando lo que decía Argula respecto al celibato clerical. A consecuencia de tales actitudes de Argula, su esposo fue depuesto del cargo que tenía, y aparentemente se volvió abusivo contra ella. En los púlpitos se la llamaba, entre muchas otras cosas, «ramera». Lutero expresó su admiración: «Argula von Staufer, esa nobilísima mujer, lucha valientemente con buen ánimo, palabra atrevida y conocimiento de Cristo. Merece que todos oremos para que Cristo le haga victoriosa».[4] Por su cuenta, Argula continuaba la lucha. En el 1523, asistió a la dieta imperial en Nuremberg. El año siguiente, cuando la dieta iba a reunirse en Regensburgo, y los príncipes luteranos procuraban que se deshiciera el edicto de la dieta de Worms que tres años antes que había condenado a Lutero y sus enseñanzas, Argula —aun sabiendo que no se le prestaría atención— les escribió pidiendo que deshicieran lo que Satanás había hecho en Worms. Por último, en 1530, poco antes de que en la dieta de Augsburgo los príncipes reformadores afirmaran la *Confesión de Augsburgo*, Argula —quien no estaba ya tan activa en la controversia— tuvo primero la dicha de reunirse con Lutero, y luego la de estar presente en Augsburgo en aquel momento determinante para la historia del luteranismo.

Después de esto, Argula va desapareciendo de los anales de la historia. Por cartas y otros documentos sabemos que continuaba activa, aunque se sabe poco de sus actividades. Según algunos, se dedicó a establecer iglesias protestantes en toda la región. Pronto su nombre se volvió legendario, y los protestantes la tomaron como ejemplo de denuedo y valiente sufrimiento. Cuando, en el 1574, Ludovico Rabus —el mismo que tuvo conflictos con Katharina Zell— publicó una *Historia de los mártires*, se refería a Argula como «confesora» y «la Judith de Baviera».[5]

Otra mujer —entre muchas— que merece mención junto a Argula von Grumbach es Marie Dentière (c.1495-c.1561). Como Katharina Zell, Wingarda Rosenblatt, Katharina von Bora y otras que hemos mencionado en este capítulo, Marie Dentière fue esposa de pastores. El primero de ellos

---

[3] Citado en Bainton, *Women...*, 1:103.
[4] *LWWA*, 4:704.
[5] Stjerna, *Women...*, 84.

fue el exsacerdote Simon Robert, con quien contrajo nupcias en su ciudad de Tournai poco después de ser expulsada del convento por razón de sus ideas reformadoras. El segundo fue Antoine Froment, colaborador de Guillermo Farel en Ginebra. Por razón de ese segundo matrimonio Marie y los cinco pequeñuelos que ya tenía se mudaron a Ginebra. Allí fue testigo del proceso reformador desde los tiempos en que en la ciudad misma los sacerdotes católicos y sus seguidores chocaban con los protestantes.

En el 1536 —el mismo año en que Calvino publicó en Basilea la primera edición de su Institución de la religión cristiana— Marie Dentière publicó *La guerra y liberación de la ciudad de Ginebra*, aunque sin dar su nombre, sino declarando que esta historia había sido «hecha y compuesta por un mercader que mora en la ciudad». Más que una sencilla crónica, esta obra es una interpretación teológica de los acontecimientos que describe. Aparentemente, la autora no se propone sencillamente contar lo sucedido, sino relacionarlo con las narraciones bíblicas de modo que se entienda que Dios ha estado activo en todo ese proceso, como lo estuvo con los israelitas al salir de Egipto y con los apóstoles en el libro de Hechos. La historia bíblica le proporciona pautas para ver e interpretar la acción de Dios en la historia. Una historiadora de finales del siglo pasado señala que la ilustración del libro es una imagen de Moisés con las tablas de la Ley a un lado, y el pueblo adorando el becerro de oro al otro lado.[6] Hoy algunos eruditos se preguntan si Marie Dentière fue en realidad la autora de este libro. Otros sugieren la posibilidad de que sea una obra en colaboración con su esposo Antoine Fromant. Pero, hasta el presente, el consenso entre los eruditos se inclina hacia Marie Dentière como su autora.

Tres años más tarde Dentière publicó un tratado con el larguísimo título de *Una epístola muy útil hecha y compuesta por una cristiana de Tournai, dirigida a la reina de Navarra, hermana del rey de Francia, contra los turcos, judíos, infieles, falsos cristianos, anabaptistas y luteranos*. Margarita de Navarra, madrina de una hija de Marie, le había pedido informes sobre los desórdenes que parecía haber en Ginebra. En respuesta, Marie se muestra decididamente feminista y felicita a Margarita por todo lo que ha hecho en defensa y consuelo de mujeres perseguidas por su fe. Y no se trata solamente de agradecer estas acciones de la reina; es también cuestión de que las mujeres tienen algo importante que contribuir a la vida y pensamiento de la iglesia: «Así como los varones que han recibido la revelación de Dios no han de esconderlo y enterrarlo, así tampoco debes tú esconder y enterrar lo que las mujeres hemos recibido y se nos ha revelado».[7]

---

[6] Jane Dempsey Douglass, *Women, Freedom, and Calvin* (Filadelfia, 1995), p. 233.
[7] Citado por Sjerna, *Women...*, p. 139.

En este tratado, y a partir de entonces en todo lo que publicó, Marie Dentière tomaba una posición decididamente feminista y de oposición a la vida monástica. Debido a su experiencia tras dejar el convento, no podía entender por qué había monjas que insistían en continuar su vida de claustro. Y en el 1535 —cuando Calvino todavía no había llegado a Ginebra, y el principal líder de la reforma en esa ciudad era Farel— ella, Farel y otros insistían en visitar el convento de las Clarisas para asegurarse de que ninguna monja fuera retenida contra su voluntad. Las monjas les llamaban «invasores». La controversia fue larga, pues mientras las monjas veían la campaña de Dentière como un intento más de proponer herejías, los líderes protestantes de Ginebra no veían con beneplácito lo que esta mujer «ingobernable» —según decía Calvino— proponía y criticaba acerca del orden social, político y religioso en Ginebra. Por su parte, ella señalaba que en la Biblia ninguna mujer traicionó a Jesús ni le abandonó, y ninguna mujer fue profeta falso, e insistía en la libertad de las mujeres para predicar. La lucha fue ardua. Los escritos de esta valiente mujer fueron destruidos. A la postre, parece desaparecer de la historia, pues poco o nada se sabe de sus últimos días. La campaña de supresión parece haber tenido éxito, pues por largos años Marie Dentière fue olvidada, y no ha sido sino en tiempos recientes que se la ha estudiado con mayor detenimiento. Su historia, que hoy se va desempolvando, nos lleva a preguntarnos cuántas otras, como ella, fueron silenciadas, despreciadas y olvidadas porque sus perspectivas, sus reclamos y sus interpretaciones bíblicas no concordaban con los cánones de la época.

Mártires y protectoras

Puesto que el tema que nos ocupa en todo este libro no es la historia toda de la iglesia, sino más bien la historia del pensamiento dentro de la iglesia, no podemos detenernos a hacerles justicia a dos grupos notables de mujeres, aunque muy distintos entre sí, pero sí debemos al menos reconocer su vida esfuerzos y fe.

En primer lugar, cabe recordar el gran número de mujeres que murieron como mártires, dando testimonio de su fe. Aunque hubo mártires femeninos en todas las confesiones, la inmensa mayoría de ellas eran anabaptistas. Esto se debió en parte a que los anabaptistas eran tenidos por herejes por todas las otras tradiciones dominantes. Los católicos los persiguieron. Los luteranos los persiguieron. Los reformados los persiguieron. Los anglicanos los persiguieron. Literalmente, no tenían dónde recostar la cabeza, y pocos lugares de refugio a donde huir. En el caso de las mujeres, se añadía otro factor: muchos de los anabaptistas estaban convencidos de que las mujeres, al igual que los varones, debían dar testimonio de su fe y predicar. (Aunque dentro de la mayoría de los grupos anabaptistas se enseñaba todavía que, si bien las mujeres podían recibir el Espíritu y predicar como los varones, las esposas debían someterse estrictamente a sus esposos). En consecuencia, cuando en algún lugar se desataba la persecución contra los anabaptistas, las mujeres eran vistas como cómplices y cabecillas en la herejía, y, por tanto, no había mucha misericordia para con ellas. Muchas murieron de diversos modos; pero frecuentemente quienes las perseguían, con cruel y trágica ironía, pensaban que, puesto que rebautizaban y practicaban el bautismo por inmersión, debían morir ahogadas.

Ciertamente, no todas las mártires que murieron por acusación de herejía eran anabaptistas. Los ejemplos son numerosísimos. Por tomar al menos uno, tomemos el caso de María Cornejo e Isabel de Baena (o Vaena), en Sevilla. Tras varias pesquisas, la Inquisición descubrió que en las casas de estas dos mujeres —y en la de Juan Antonio Llorente— había reuniones y libros «luteranos». Es imposible saber exactamente lo que enseñaban y creían estas personas, pues la inquisición consideraba «luteranismo» todo lo que, sobre la base de las Escrituras, pretendiera purificar la fe. En todo caso, en 1559, en Sevilla, antes de un "auto de fe" o castigo de herejes, se leyó la sentencia contra María Cornejo e Isabel de Baena, para quienes aparentemente no sería suficiente el ser quemadas vivas, pues a la pena de muerte el veredicto añadía: «Se mandan derribar las casas en que vivían aquestas dos doncellas y poner en ellas un mármol con un letrero que declare el delito que en ellas se cometía».[8]

Por otra parte, no todas las mujeres que dejaron su huella sobre la Reforma lo hicieron como esposas de pastores, autoras o mártires. Hubo también buen número de mujeres poderosas que emplearon su poder para promover la Reforma, o para defender a quienes se veían perseguidos o exiliados. Ya mencionamos a Isabel de Castilla, reina católica que promovió la Reforma de la iglesia en su país varias décadas antes de la protesta de Lutero. Si los católicos gozaron del apoyo de Isabel y otros monarcas —entre ellos María Tudor en Inglaterra— los reformadores de inclinaciones protestantes también tuvieron apoyo semejante por parte de algunas mujeres poderosas y distinguidas. A manera de ejemplo, cabe mencionar a Margarita de Navarra (1492-1549) —la misma que recibió la petición de Marie Dentière a que nos hemos referido más arriba—. Margarita era hermana de Francisco I, rey de Francia. Aunque Margarita amaba y admiraba a su hermano, no concordaba con la política de Francisco, quien había hecho un concordato con el papa por el cual ambos se beneficiaban. Aunque en ocasiones Francisco se acercaba a los luteranos alemanes por

[8] Citado en G. Fernández Campos, *Reforma y contrarreforma en Andalucía* (Sevilla, 1986), p. 33.

razones de conveniencia, no permitía reforma alguna en sus propios dominios. (Fue por razón de las políticas religiosas de Francisco que Calvino se exilió de Francia, y fue a Francisco a quien dedicó su *Institución de la religión cristiana*, que originalmente se presentaba como una apelación a ese soberano). Margarita, por su parte, se inclinaba a la vez hacia un humanismo al estilo de Erasmo y hacia el misticismo. Cuando, en el 1534, aparecieron en París los famosos pasquines en que se criticaba la doctrina católica sobre la misa, Francisco reaccionó violentamente. Fue entonces cuando Calvino huyó a Suiza, mientras muchos otros —algunos erasmistas y otros parte de los mismos círculos reformadores en que Calvino se movía— huyeron a Navarra, donde Margarita les prestó auxilio. Pronto el espíritu de hospitalidad de Margarita la llevó a una ruptura con Calvino, quien se quejaba de que Margarita les ofrecía asilo hasta a los «libertinos».

Margarita murió en el 1549, y como reina de Navarra le sucedió su hija Jeanne d'Albret. En un tiempo en el que era costumbre de los soberanos ordenar la ejecución de quienes no concordaban con ellos en materia de religión, Margarita se distinguió por su tolerancia religiosa, pues nadie fue ejecutado por motivos de religión bajo su reinado (cosa rara en la Europa del siglo XVI, y en la que su hijo la imitó cuando llegó a ser Enrique IV, rey de Francia). En el 1560, se declaró a favor de las enseñanzas de Calvino, en las que su hijo le siguió hasta que, para ser coronado como Enrique IV de Francia, abrazó el catolicismo.

Otra mujer de alta alcurnia que defendió el movimiento reformador fue Renée de Francia —o Renata de Ferrara—. Renée era hija del rey de Francia Luis XII. Pero la ley sálica no permitía que las mujeres heredasen el trono, y, por ello, en lugar de ser reina de Francia vino a ser duquesa de Ferrara, en Italia. Nunca se declaró protestante; pero sí fue amiga y defensora de los protestantes —en particular los de Francia o «hugonotes»—. Su esposo, Ercole d'Este, no se interesaba en materia de religión sino por razones políticas que le hacían firme defensor del papado. Esto —y varias otras razones[9]— produjo tensiones en el matrimonio, al punto que Renata llegó a ser prácticamente una prisionera, pues su esposo apenas le permitía salir de su palacio. Molesto por el auxilio y refugio que Renata ofrecía a los hugonotes y otros disidentes, Ercole invitó a la Inquisición a intervenir. El primer «hereje» protestante fue ejecutado en el 1550, a pesar de las protestas de Renata. Ercole se dirigió a Enrique II de Francia quejándose de que su esposa había declarado que «la misa es idolatría y, con otras palabras, que la vergüenza no me permite repetir, estimulando a mis

---

[9] Sus contemporáneos la describían como fea, y decían que, por haber nacido con una pierna más larga que otra, caminaba con un hombro empinado. Desde el principio de aquel matrimonio de conveniencia, Ercole criticaba y despreciaba la apariencia de su esposa.

hijas, en mi misma presencia, a desobedecerme».[10] A esto siguió toda una serie de interrogaciones inquisitoriales, con el resultado de que Renata fue encarcelada por hereje y desprovista de todo contacto con sus hijas u otros allegados hasta que renunciara a su «herejía». Tras larga resistencia, al fin Renata cedió y se declaró católica romana. Pero, al mismo tiempo, continuó su correspondencia con Calvino. Todavía hoy los historiadores discuten la sinceridad de su conversión al catolicismo y el verdadero carácter de su fe.

Un último ejemplo de mujeres de alta alcurnia que de algún modo participaron en el movimiento reformador es Giulia Gonzaga (1512-1566),[11] condesa de Fondi, en Italia. En agudo contraste con Renata de Ferrara, Giulia era extremadamente bien parecida (tanto, que el famoso pirata Barbarroja intentó raptarla para presentársela al Sultán como parte de su harén, pero Giulia escapó por una ventana). Unos años más tarde, en Nápoles, escuchó un sermón de Bernardino Ochino —famoso predicador y general de la orden de los capuchinos, quien más tarde se uniría a la Reforma— que la dejó profundamente inquieta. En esa inquietud acudió a Juan de Valdés, quien había huido de la Inquisición española y ahora vivía en Nápoles como representante del virrey de Sicilia, quien era pariente de Giulia. Valdés, había escrito antes un *Diálogo de doctrina cristiana*, de tono erasmiano —aunque con cierta ironía y espíritu crítico hacia la ligereza con que algunos clérigos tomaban su ministerio—. Ahora, para responder a las angustias de doña Giulia, escribió, también en forma de diálogo, un *Alfabeto cristiano*, en el que Valdés conversa con Giulia acerca de la fe y las luchas de ella entre las demandas de esa fe y las expectativas del mundo. Las preguntas de la condesa son claras y certeras, como lo son también sus otros comentarios. Por su propia naturaleza, en un diálogo como este es difícil o hasta imposible asegurarse de que lo que se pone en boca de un interlocutor son en realidad palabras de ese interlocutor, y no del autor del diálogo. En todo caso, no cabe duda de que Giulia de Gonzaga era sabia interlocutora de Valdés. Pero su principal contribución a la reforma de la iglesia estuvo, no en sus palabras en este diálogo, sino en el modo en que, sin dejar la Iglesia católica romana, defendió a quienes resolutamente buscaban su reforma. Ya en ese tiempo la Reforma católica —una reforma en las costumbres, pero acompañada de una insistencia rígida en las doctrinas tradicionales y en la autoridad de la iglesia— se había adueñado del papado. Los papas reformadores se habían esforzado en hacer llegar la Inquisición romana a Nápoles, con el apoyo del Cardenal

---

[10] Citado por Sjerna, *Women...*, p. 188.
[11] Camilla Russell, *Giulia Gonzaga and the Religious Controversies of Sixteenth-century Italy* (Turnhout, 2006).

Pietro Carafa, arzobispo de Nápoles; pero buena parte del pueblo se oponía a ello, y, por algún tiempo, ese intento se detuvo. En el 1555 Carafa vino a ser el papa Pablo IV, con lo cual fue imposible detener la intervención de la Inquisición en los asuntos de Nápoles. Cuando Ochino se declaró protestante y huyó a Suiza, Giulia Gonzaga se negó a juzgarle, excusándose con las palabras de Jesús: «no juzguéis, para que no seáis juzgados». Aunque algunos le aconsejaron la fuga, Giulia decidió permanecer en Nápoles y desde allí defender a muchos a quienes la inquisición veía con sospechas. A principios del 1566, tras la muerte de Pablo IV —seguida de un violento motín contra la inquisición— Pío V, uno de los peores inquisidores, vino a ocupar la sede romana. Una de sus primeras acciones fue hacer quemar al cardenal Carnesecchi, quien había sido uno de los principales promotores de una reforma más amplia dentro del catolicismo. Cuando Pío V se enteró de las cartas de Giulia Gonzaga que se habían descubierto entre los papeles de Carnesecchi, declaró que la condesa debería ser quemada por hereje. Pero esta escapó de tal suerte muriendo a las pocas semanas.

Lo poco que hemos dicho acerca de estas pocas mujeres —y lo mucho que podría decirse de ellas y de muchas otras— deberá servirnos de recordatorio de cuánto queda todavía por rescatar en la memoria de las muchas mujeres fieles, sabias y valientes que —en muchos casos solamente por razón de su sexo— han sido borradas de los anales de la historia, frecuentemente enterradas por los escombros de violentos conflictos que ellas mismas quisieron amainar.

44

La ortodoxia luterana

El siglo XVII fue en el continente europeo un período de ortodoxia confesional. Tanto el luteranismo como la tradición reformada y el catolicismo romano pasaron por un proceso de sistematización y de clarificación de las posiciones doctrinales que cada una de esas tradiciones había adoptado durante el siglo anterior. En Inglaterra la situación fue algo distinta, pues el movimiento reformador sobrepasó los límites que Isabel y sus ministros habían establecido, y surgieron movimientos nuevos y mucho más radicales. Tanto en el continente como en Gran Bretaña, y entre protestantes como entre católicos, la filosofía se hizo cada vez más independiente. Aunque casi todos los filósofos se decían ser cristianos sinceros, llevaban a cabo su labor aparte de la de los teólogos. El resultado fue una teología de carácter conservador, que centraba su atención en los fundadores de cada confesión y en sus documentos básicos. La filosofía, por otra parte, aprovechando el fin del escolasticismo, buscó nuevas sendas, y, por tanto, miraba hacia el futuro. La historia del pensamiento cristiano desde el siglo XVII hasta el XIX es un proceso en el que, tras un período de rígida ortodoxia, la teología comenzó a tomar en cuenta la obra de los filósofos y científicos, abandonando así aquella ortodoxia y moviéndose cada vez más hacia el racionalismo.

Es sobre esa base que hemos diseñado el bosquejo del presente capítulo, así como de los dos que le siguen. En este capítulo discutiremos la ortodoxia luterana del siglo XVII. En el próximo, nos ocuparemos de los acontecimientos paralelos en la tradición reformada. Por último, estudiaremos una serie de movimientos filosóficos que pronto tendrían gran importancia para la teología. Más adelante veremos cómo estas diversas corrientes se entremezclaron y reaccionaron entre sí en los siglos XVIII y XIX.

La ortodoxia luterana del siglo XVII no ha de confundirse con el luteranismo estricto del XVI. Es cierto que, en casi todo lo que se había discutido en el siglo anterior, los luteranos ortodoxos del XVII concordaban con los luteranos estrictos. Pero su actitud teológica fundamental era muy distinta. Mientras los luteranos estrictos interpretaban a Lutero y Melanchthon en oposición mutua, los ortodoxos del siglo XVII pensaban que mucho de lo que Melanchthon había dicho era de gran valor y, por tanto, trataban de compaginar sus opiniones con las de Lutero. Muchos de ellos reconocían que habían aprendido mucho de Melanchthon, y utilizaban sus *Loci* como libro de texto. Según el siglo fue avanzando, comenzaron a utilizar la metafísica, particularmente la aristotélica, como base para su teología, y en esto también se apartaron notablemente de los luteranos estrictos del siglo anterior. Es por todo esto que la ortodoxia merece consideración aparte en la historia del pensamiento cristiano.

Por otra parte, sin embargo, la teología luterana del siglo XVII —como casi todas las ortodoxias rígidas— no produjo un personaje cuya obra descollase por encima de sus contemporáneos. Por ello, el mejor modo de exponer la teología del período parece ser comenzar con una breve sección que sirva para presentar a los principales teólogos y para mostrar algo del desarrollo que tuvo lugar, y luego intentar una exposición más sistemática de las doctrinas fundamentales del movimiento como un todo.

Principales teólogos

El gran precursor de la ortodoxia luterana fue Martín Chemnitz (1522-1586), a quien ya hemos mencionado al tratar sobre su cristología y sobre su participación en la redacción de la *Fórmula de Concordia*.[1]

También produjo una obra en cuatro volúmenes en los que trataba de mostrar que el Concilio de Trento se había apartado, no solamente de lo que se encuentra en las Escrituras, sino también de la tradición cristiana anterior. Así pues, Chemnitz vino a ser la contraparte luterana de Belarmino, y buena parte de la polémica católica posterior contra el protestantismo

---

[1] R. D. Preus, *The Theology of Post-Reformation Lutheranism: A study of Theological Prolegomena* (St. Louis, 1970), pp. 47-49. Este libro contiene un excelente resumen de la vida y obra de los principales teólogos de la ortodoxia luterana. El lector que desee más detalles y bibliografía sobre los teólogos que se discuten en este capítulo, así como los nombres de otros teólogos, los encontrará allí. Sobre Chemnitz, véase L. Pollet, *Ministry, Word, and Sacrament: An Enchiridion* (St. Louis, 1981).

consistió en una refutación de lo que Chemnitz había dicho. También hizo un amplio intento de sistematizar la teología bíblica, publicado postumamente bajo el título de *Loci theologici*. Ya hemos mencionado su tratado *De las dos naturalezas de Cristo*, que fue muy influyente en el debate cristológico posterior. Pero la razón por la cual se puede decir que Chemnitz fue el precursor de la ortodoxia luterana es que emprendió la ardua tarea de reconciliar las distintas posiciones que habían surgido dentro de la tradición luterana. Al mismo tiempo que aceptaba prácticamente todas las posiciones de los luteranos estrictos, sentía gran aprecio hacia Melanchthon, de quien había aprendido buena parte de su método y estilo. Luego, con Chemnitz —y con su más importante logro, la *Fórmula de Concordia*— la tradición luterana entró en una nueva etapa en la que la teología sería más positiva, y la labor polémica se dirigiría principalmente contra los no luteranos.

Egidio Hunio (1550-1603), tras enseñar por algún tiempo en la Universidad de Marburgo, se unió a la facultad de Wittenberg, y fue quien comenzó la tradición de la ortodoxia luterana en esa universidad.[2] Aunque no escribió una gran obra teológica, sí trató sobre los temas que se discutían en su época. Además, escribió amplios comentarios bíblicos que más tarde fueron empleados por otros teólogos más sistemáticos.[3] Su hijo fue Nicolás Hunio, otro teólogo ortodoxo a quien encontraremos más adelante en esta *Historia*. Esto es importante, porque los historiadores han señalado que, durante el período de la ortodoxia luterana, las principales cátedras de teología fueron ocupadas por verdaderas dinastías, de modo que la teología vino a ser una ocupación que los padres pasaban a los hijos, como cualquier otra en aquella época.[4]

Leonardo Hütter (1563-1616) también fue profesor en Wittenberg, donde contribuyó a la obra que Hunio había comenzado en pro de la ortodoxia luterana.[5] Mientras Hunio se dedicó principalmente a los estudios bíblicos, Hütter se dedicó a la dogmática y al estudio de los credos y confesiones. Junto a Gerhard, desarrolló una teoría de la inspiración de las Escrituras que llegaría a ser normativa durante todo el período de la ortodoxia luterana. Aunque su obra sistemática más conocida, *Loci Communes Theologici*, muestra el impacto de Melanchthon en varios puntos,

---

[2] F. Lau, «Hunn(ius), Aegidius», *RGG*, 3:46-87; Preus, *The Theology of Post-Reformation Lutheranism*, pp. 50-51; G. Adam, *Der Streit um die Prädestination um ausgehenden 16. Jarhundert: Eine Unterschung zu den Entwürfen von Samuel Huber und Aegidius Hunnius* (Neunkirchen, 1970).

[3] Adam, *Der Streit*, pp. 213-15, ofrece una lista de todas sus obras.

[4] E. G. Léonard, *Histoire générale du protestantisme* (París, 1961), 2:186-88.

[5] F. Lau, «Hütter (Hutterus), Leonard», *RGG*, 3:468; Preus, *The Theology of Post-Reformation Lutheranism*, pp. 1-52; Ritschl, *Dogmengeschichte*, 4:257-61.

Hütter estaba mucho más cerca de Lutero que de Melanchthon. Al igual que Lutero, distinguía radicalmente entre la teología y la filosofía, y trató de desarrollar su sistema teológico a base de las Escrituras y las confesiones, totalmente aparte de toda consideración filosófica o metafísica. La importancia que le dio a las confesiones luteranas puede verse en el título de la que fue probablemente su obra más importante: *Resumen de temas teológicos tomados de las Sagradas Escrituras y del Libro de Concordia.* También se involucró en polémicas contra los teólogos católicos y reformados. Contra los católicos, escribió *Veinte disputaciones contra Belarmino*, donde trató de refutar los argumentos del famoso cardenal. Su principal obra polémica contra los reformados fue su defensa de la *Fórmula de Concordia* frente al teólogo de Zúrich Rudolph Hospinian.[6]

No cabe duda de que el principal teólogo de la ortodoxia luterana fue Johann Gerhard (1582-1637), quien estudió en Wittenberg y Jena, pasó varios años en tareas de administración eclesiástica, y por último regresó a Jena como profesor en 1616.[7] Su principal obra de erudición bíblica fue completar la *Armonía de los evangelistas* que Chemnitz había comenzado. El propósito de esta obra no era sencillamente mostrar los paralelos literarios entre los diversos evangelios, sino más bien mostrar su coherencia teológica interna. Luego no se trata tanto de una obra de erudición bíblica como de un libro de teología bíblica. En todo caso, la principal obra de Gerhard es su *Loci theologici*, cuyos amplios nueve volúmenes —una edición posterior los publicó en veintitrés— vino a ser la teología sistemática de la ortodoxia luterana. A pesar de su título, la obra de Gerhard sigue una metodología muy distinta de la de Melanchthon bajo el mismo título. Lo que Gerhard pretende hacer no es sencillamente exponer una serie de temas teológicos con escasa conexión interna, sino más bien mostrar la cohesión interna y sistemática de todo el corpus del conocimiento teológico. Por tanto, Gerhard hizo una contribución importante a la disciplina que más tarde se llamaría «teología sistemática». Además, estaba convencido de que la teología debería tener una sólida base metafísica, y con ese propósito utilizó la metafísica de Aristóteles, particularmente como

---

[6] Hospinian había atacado la *Fórmula de Concordia* en 1607, bajo el título llamativo de *Concordia discors.* Hütter respondió siete años después con su *Concordia concors.* Véase O. E. Strassser, «Hospinian (Wirth), Rudolph», *RGG*, 3:458.

[7] F. Lau, «Gerhard, Johann», *RGG*, 2:1412-13; Preus, *The Theology of Post-Reformation Lutheranism*, pp. 52-53; Ritschl, *Dogmengeschichte*, Vol. 4, *passim*; B. Hägglund, *Die Heilige Schrift und ihre Deutung in der Theologie Johann Gerhards: Eine Unterschung über das alltlutherische Schriftverständnis* (Lund, 1955); R. P. Scharlemann, *Thomas Aquinas and John Gerhard* (New Haven, 1964); Kirste, *Das Zeugnis, passim*; R. Schröder, *Johann Gerhards lutherische Christologie und die aristotelische Metaphysik* (Tubinga, 1983). Cp. J. Wallman, *Der Theologiebegriff bei Johann Gerhard und Georg Calixt* (Tubinga, 1961), pp. 5-84.

la habían interpretado Suárez y los metafísicos de Salamanca. En esto se apartaba claramente de Lutero, quien había dicho que era imposible ser teólogo con Aristóteles. Pero, a pesar de ello, casi todos los teólogos de la ortodoxia luterana pronto siguieron a Gerhard, y el uso de la metafísica aristotélica vino a ser una de las características de esa ortodoxia. También atacó el «sincretismo» de Jorge Calixto, aunque el hecho de que esa controversia tuvo lugar hacia el final de su vida no le permitió colocar su respuesta a ella en el centro mismo de su sistema teológico, como lo hicieron algunos teólogos posteriores. Puesto que Gerhard será una de las principales fuentes de nuestra exposición de la teología luterana de este período, no nos detendremos aquí sobre los puntos específicos de su teología. Sí debemos señalar, sin embargo, que en temas tales como la inspiración de las Escrituras y la cristología su pensamiento tuvo gran impacto.

Nicolás Hunio (1585-1643),[8] hijo de Egidio, sucedió a Hütter como profesor de teología en Wittenberg, y además ocupó varios importantes puestos eclesiásticos. Su relevancia es doble, puesto que contribuyó tanto al desarrollo de la ortodoxia luterana como a su propagación entre el laicado. Su principal contribución a la ortodoxia luterana fue su distinción entre los artículos de fe de importancia primaria y los secundarios. Al desarrollar una serie de criterios para distinguir entre ambas categorías, les hizo posible a sus sucesores permanecer unidos a pesar de las diferencias teológicas de menor importancia que existían entre ellos. Es importante señalar, sin embargo, que esto no quiere decir que Hunio estuviese dispuesto a reducir el cristianismo a una especie de mínimo común denominador, puesto que lo que para él era fundamental era buena parte de la teología luterana tradicional, y, por tanto, insistía en que las diferencias entre luteranos y reformados tenían que ver con asuntos de importancia primordial sobre los cuales no se podía hacer concesión alguna. Hunio también contribuyó a popularizar la ortodoxia luterana entre el laicado mediante la publicación de su *Resumen de aquellas cosas que han de creerse*, que escribió en alemán y pronto vino a ser uno de los escritos religiosos más leídos en su época.

Johann Konrad Dannhauer (1603-1666)[9] fue probablemente el más famoso predicador de la ortodoxia luterana. Sus sermones, publicados en una colección de diez volúmenes, fueron muy influyentes en la predicación luterana posterior. Como profesor en Estrasburgo, también escribió contra el catolicismo romano, el calvinismo y el «sincretismo» protestante

---

[8] W. Jannasch, «Hunn(ius), Nikolaus», *RGG*, 3:491; Preus, *The Theology of Post-Reformation Lutheranism*, p.56; Ritschl, *Dogmengeschichte*, 4:306-42 Esta última obra incluye un cuidadoso estudio de la distinción entre los artículos de fe fundamentales y los secundarios.

[9] M. Schmidt, «Dannhauer, Johann Konrad», *RGG*, 2:32; Preus, *The Theology of Post-Reformation Lutheranism*, pp. 57-59; Ritschl, *Dogmengeschichte*, 4:36-39.

propuesto por Calixto. Su *Libro abierto de la conciencia* trataba sobre la ética, y su *Sabiduría del camino* discutía la vida cristiana como una peregrinación. La importancia de Dannhauer para la historia del pensamiento cristiano radica en que fue el maestro de Spener, y, por tanto, constituye un eslabón entre la ortodoxia luterana y el pietismo. Luego, aunque es cierto que el pietismo fue en muchos aspectos una reacción contra la fría ortodoxia del siglo XVII, también es cierto que había dentro de esa ortodoxia personas como Dannhauer, cuya profunda piedad e interés en la vida de la iglesia fueron fuente del pietismo.

Abraham Calov (1612-1686)[10] fue el más importante teólogo de la ortodoxia luterana posterior. Natural de Prusia, comenzó sus estudios —así como su carrera magisterial— en la Universidad de Königsberg, y más tarde se unió a la facultad de Wittenberg. Como en el caso de la mayoría de los teólogos de la ortodoxia luterana, también tuvo responsabilidades administrativas dentro de la iglesia. Su producción literaria fue enorme; por ello la calidad de sus obras no fue uniforme y hay en ellas numerosas repeticiones. Su *Biblia Illustrata*, un amplio comentario de todo el texto escriturario, fue el resultado de unas conferencias muy populares sobre exégesis bíblica que dictó en Wittenberg. Entre 1655 y 1677 publicó los doce volúmenes de su *Sistema de temas teológicos*, que pronto fue superado solamente por los *Loci* de Gerhard como el libro más importante de la ortodoxia luterana. Pero donde Calov verdaderamente se sentía a gusto era en la polémica. Se involucró en cuanta controversia tuvo lugar en su época y escribió copiosamente sobre cada una de ellas. Por ejemplo: a la controversia sincretista le dedicó veintiocho obras. Escribió contra los católicos, calvinistas, arminianos, socinianos, espiritualistas, racionalistas y muchos otros. La mera lista de sus obras da la impresión de que Calov era una máquina dedicada a la controversia. Esa impresión se refuerza al estudiar su vida y sus relaciones con su familia —sobrevivió a cinco esposas y sus matrimonios no fueron siempre felices—. Calov fue, sin lugar a duda, un serio estudiante de las Escrituras, y su habilidad intelectual era sorprendente.[11] También estaba profundamente comprometido con su fe, y se consideraba a sí mismo un «atleta cristiano». Pero ese mismo compromiso y hasta su habilidad intelectual le llevaron a una rigidez dogmática y a una actitud polémica que eran difícilmente compatibles con el evangelio de que pretendía dar testimonio. Por tanto, en Calov la ortodoxia luterana llegó a su cenit, tanto en sus mejores como en sus peores características.

---

[10] F. Lau, «Calov, Abraham», *RGG*, 1:1587; Preus, *The Theology of Post-Reformation Lutheranism*, pp. 59-61; Ritschl, *Dogmengeschichte*, 4:217-24, 427-49, 440-44.

[11] En su *Gnostologia* (1633) y *Noologia* (1650) Calov desarrolló una teoría del conocimiento que parece ser precursora de la de Kant.

Johann Andreas Quenstedt (1617-1688)[12] contrasta marcadamente con Calov. Aunque Quenstedt también se vio involucrado en varias polémicas —como tenía que estarlo todo teólogo en ese entonces— su actitud era mucho más irónica que la de la de Calov. Sus lazos familiares muestran lo que ya hemos dicho sobre las relaciones entre los teólogos luteranos durante la edad de la ortodoxia, puesto que fue sobrino de Gerhard, uno de los muchos suegros de Calov, y yerno de otro teólogo —Johann Scharf—. Aunque no era pensador original, su erudición y habilidad sistematizadora le permitieron compilar lo mejor de la tradición luterana ortodoxa en su *Sistema de teología*, publicado en 1683. Esta obra es la culminación sistemática de la ortodoxia luterana. Aunque presentada todavía en términos de oposición al catolicismo y al calvinismo, no se deja dominar por consideraciones polémicas, como fue el caso de tantas obras de la época, en las que frecuentemente se da la impresión de que eran los adversarios del luteranismo quienes señalaban la agenda. En esta obra de Quenstedt se toman, reconocen y utilizan los resultados de la obra teológica anterior, especialmente de los luteranos, pero, a pesar de ello, el estilo general de la obra sigue siendo claro y conciso. Por esas razones, la obra de Quenstedt vino a ocupar un lugar importante junto a las de Melanchthon, Chemnitz y Gerhard en la biblioteca básica de la ortodoxia luterana.

Frecuentemente se dice que David Hollaz (1648-1713)[13] fue el último teólogo de la ortodoxia luterana. Nunca ocupó cátedra universitaria, sino que a través de toda su vida siguió siendo pastor y maestro de la juventud. Discípulo de Calov y de Quenstedt, era buen conocedor de la ortodoxia luterana, y la resumió para sus jóvenes estudiantes en su libro *Examen teológico* (1707). En esa obra seguía el método y orden de los grandes tratados sistemáticos de la ortodoxia luterana, pero frecuentemente añadía comentarios personales en los que trataba de mostrar la importancia de alguna doctrina para la vida cristiana. En este punto, y en su insistencia en la importancia de la verdadera piedad, mostraba el impacto del pietismo naciente, y a su vez contribuía a él. En esto le siguieron tanto su hijo como su nieto, ambos también llamados David. Así pues, existe una conexión entre la ortodoxia luterana y los orígenes del pietismo, aunque a la postre los dos movimientos se consideraron antagónicos.

---

[12] F. Lau, «Quenstedt, Johann Andreas», *RGG*, 5:735; Preus, *The Theology of Post-Reformation Lutheranism*, pp. 62-63; J. Bauer, *Die Vernunft zwischen Ontologie und Evangelium: Eine Unterschung zur Theologie Johann Andreas Quensteds* (Gütersloh, 1962).

[13] E. Wolf, «Hollaz (Hollatius), David», *RGG*, 3:433-34; Preus, *The Theology of Post-Reformation Lutheranism*, p. 65; Ritchl, *Dogmengeschichte*, 4:223-25.

Jorge Calixto y la controversia sincretista

Los elementos melanchthonianos y «criptocalvinistas» en las iglesias luteranas no habían sido completamente destruidos por los debates del siglo XVI. Aunque la *Fórmula de Concordia* había logrado cierta medida de reconciliación dentro de esas iglesias, todavía había quienes pensaban que el luteranismo estricto era de hecho una negación de la libertad que Lutero había descubierto en el evangelio. Según la *Fórmula de Concordia* fue siendo aceptada e impuesta en diversas regiones de Alemania, quienes buscaban mayor flexibilidad tendían a concentrarse en Helmstedt, cuya universidad se oponía a la *Fórmula*. Los luteranos de Helmstedt, de tendencia más melanchthoniana, favorecían el estudio de las humanidades y especialmente de la filosofía. De hecho, fue en Helmstedt que Aristóteles y su metafísica fueron reintroducidos a la Alemania luterana.[14] Por lo tanto, en una de esas ironías de la historia, la Universidad de Helmstedt, que se oponía al luteranismo estricto del siglo XVI y a la rígida ortodoxia del XVII, fue la fuente de donde esa ortodoxia tomó la metafísica aristotélica que le sirvió de base filosófica.

Fue en aquella universidad donde Jorge Calixto (1585-1656)[15] cursó sus estudios de humanidades y teología. Fue también allí donde más tarde llegó a ser profesor y por primera vez expuso sus opiniones sobre la unidad de la iglesia. Calixto había viajado ampliamente por toda la Europa occidental, y, por tanto, había tenido oportunidad de conocer las diversas formas del cristianismo tal como lo creían y practicaban gentes de diferentes confesiones. Su educación en Helmstedt, sus viajes, y hasta su herencia —puesto que su padre había estudiado bajo Melanchthon en Wittenberg— le proveían a Calixto un excelente trasfondo para la tarea que emprendió: invitar a las diversas tradiciones cristianas a reconocerse mutuamente como verdaderas iglesias de Cristo.

El modo en que Calixto esperaba lograr esto se centraba en su distinción entre los artículos de fe fundamentales y los secundarios. Como ya hemos visto en el caso de Nicolás Hunio, había teólogos ortodoxos que aceptaban tal distinción, pero que no pretendían utilizarla a fin de promover un acercamiento entre las diversas tradiciones teológicas. Calixto sostenía que tal distinción debía hacer posible que los cristianos de distintas confesiones se reconocieran mutuamente como verdaderos creyentes, puesto que todo lo que se necesitaba para ser reconocido como cristiano

---

[14] Scharlemann, *Thomas Aquinas and John Gerhard*, pp. 19-21.

[15] Ritschl, *Dogmengeschichte*, 4:245-68, 363-423; H. Schüssler, *Georg Calixt, Theologie und Kirchenpolitik: Eine Studie zur Okumenizität des Luthertums* (Wiesbaden, 1961); Walman, *Der Theologiebegriff*, pp. 85-161; P. Engel, *Die eine Wahrheit in der gespaltenen Christenheit: Untersuchung zur Theologie Georg Calixts* (Gotinga, 1976).

era adherirse a los artículos fundamentales de la fe, aunque hubiera diferencias importantes en otras cuestiones.

Solamente es fundamental lo que se requiere para la salvación. Todo lo demás es secundario. Esto no quiere decir que esas cuestiones secundarias sean indiferentes. Al contrario, los artículos de fe secundarios también son parte de la verdad cristiana, y uno debe servir a la verdad en lo secundario así como en lo fundamental. Las distintas opiniones sobre la presencia de Cristo en la Santa Cena, por ejemplo, son importantes, y resulta claro que solamente una de ellas puede ser correcta. Los teólogos y todos los cristianos en general deberían tratar de descubrir la opinión correcta y asirse a ella. El propio Calixto estaba convencido de que, en términos generales, la opinión de Lutero se acercaba más a la verdad que cualquiera de las otras. Pero el modo preciso en que Cristo está presente en la eucaristía no era para él un artículo de fe fundamental, porque no era necesario para la salvación. Por tanto, los luteranos deberían estar listos a aceptar a los católicos y los reformados como cristianos, aun cuando insistan en no concordar con ellos en cuanto a la cuestión de la Cena.

Pero ¿cómo se sabe qué artículos de fe son fundamentales y han de ser creídos por todos los cristianos? A base de su erudición patrística, Calixto respondía en términos de lo que él llamaba el *consensus quinquasaecularis*— el consenso de los primeros cinco siglos—. La tradición tiene un papel en la teología, junto a la Escritura. La Biblia es la única fuente de doctrina cristiana, y en ella se encuentra todo lo que es necesario para la salvación. Pero la Biblia revela más de lo que es necesario para la salvación, puesto que varias doctrinas que tienen sólida base bíblica son ciertas, pero no por ello son necesarias para la salvación. Ciertamente, hasta la doctrina de la justificación por la fe, que sin duda alguna es bíblica y por tanto cierta, no se encuentra generalmente en los escritos patrísticos, y, por lo tanto, si dijésemos que esa doctrina es necesaria para la salvación tendríamos que decir que la mayoría de los antiguos cristianos no se salvaron. ¿Cómo distinguir entonces entre la verdad bíblica fundamental y aquellas otras verdades que también se encuentran en las Escrituras pero que no son necesarias para la salvación? Es aquí donde la antigua tradición de la iglesia —*consensus quinquasaecularis*— tiene un papel importante, pues nos ayuda a distinguir entre las verdades fundamentales y las secundarias. Solamente aquello que fue parte de la tradición cristiana más antigua ha de requerirse de todos. Lo demás es importante porque toda verdad es importante; pero no es fundamental. A veces, Calixto iba más allá de su *consensus quinquasaecularis* y afirmaba que todo lo que era necesario para la salvación podía encontrarse en el Credo de los Apóstoles. Pero, en todo caso, lo importante es que, al afirmar una vez más el valor de la tradición, Calixto estaba abriendo el camino a un diálogo con la Iglesia católica —aunque, una vez más, insistía en la posición luterana que la tradición no ha de servir como fuente de doctrina—.[16] En todo caso, esta reintroducción de la tradición en la labor teológica fue una de las razones que emplearon los teólogos más estrictos de la ortodoxia luterana para atacarle.

De la distinción entre lo fundamental y lo secundario se concluye que ya hay cierta unión entre los cristianos. Esta «comunión interna» ha de reconocerse si uno entiende correctamente la verdadera naturaleza de la catolicidad. En cierto sentido, los cristianos ya son uno, aunque les separen las diferencias teológicas. Esto, sin embargo, no basta para alcanzar la «comunión externa», puesto que cada una de las diversas confesiones insiste en acusar a las demás de haber caído en errores fundamentales. Si, por otra parte, las diversas iglesias reconociesen que sus diferencias, a pesar de ser importantes, no son fundamentales y esenciales para la salvación, sería posible alcanzar una «comunión externa», que incluiría la participación conjunta en la Cena del Señor. A fin de lograr esto, las iglesias tienen que reconocer la diferencia entre la herejía y el error. La herejía consiste en apartarse de un artículo fundamental de fe, mientras que el error tiene que ver con las muchas otras verdades del cristianismo, que no son necesarias para la salvación. Los herejes no son parte de la iglesia universal, y los verdaderos cristianos no tienen comunión alguna con ellos, ya sea «interna» o «externa». Pero es posible estar convencido de que alguien está errado y todavía concordar con esa persona en los artículos de fe fundamentales. En este punto, Calixto se hacía vulnerable a sus adversarios, puesto que en sus esfuerzos por reducir lo fundamental a su mínima expresión llegó a afirmar que solamente quienes rechazan la enseñanza explícita del Credo de los Apóstoles son verdaderos herejes. Sus adversarios, entonces, contestaron que, según esa medida, quienes niegan la doctrina de la Trinidad no son herejes, puesto que esa doctrina no se halla explícita en el Credo de los Apóstoles —sí se mencionan las tres personas, pero nada se dice sobre su coexistencia eterna—. Al responder de este modo, sin embargo, sus adversarios centraban sus ataques sobre cuestiones periféricas en el pensamiento de Calixto, pues el *consensus quinquasaecularis* resulta un criterio obviamente más amplio que el mero texto del Credo de los Apóstoles.

La propuesta de Calixto recibió la oposición casi unánime de los teólogos luteranos. Su único éxito fue en Polonia, donde el rey Ladislao IV convocó el «Coloquio Amigable» de Thorn, que se reunió en 1645.[17] Pero este intento de reunión no tuvo resultado. En Alemania misma, la ortodoxia luterana vio las propuestas de Calixto como una negación de sus más caros principios. Pero, aun así, los luteranos ortodoxos no estaban de acuerdo

---

[16] Cp. Schüssler, *Georg Calixt*, pp. 71-79.
[17] *Ibid.*, pp. 122-33.

en cuanto a cómo responder a Calixto. Ese desacuerdo entre los luteranos puede verse comparando la refutación de Calov con la del teólogo de Jena Johannes Musäus.

La respuesta de Calov fue típica de su temperamento y actitud teológica: sencillamente rechazó la idea de que la Biblia pudiera revelar algo que no fuese fundamental. Toda verdad revelada es necesaria para la salvación. Los credos y los antiguos concilios hicieron esencialmente lo mismo que las confesiones luteranas, es decir, expresar las verdades contenidas en la Biblia que algunos negaban. Por tanto, las confesiones luteranas no solamente afirman verdades, sino que afirman verdades fundamentales. Rechazarlas no sería solamente error, sino que sería también herejía. Lo que se necesitaba, entonces, era una nueva confesión que dijese explícitamente que toda verdad revelada es fundamental y, por tanto, necesaria para la salvación, y que declarase herejes a todos los que no concordasen en esto —es decir, a Calixto y a la «escuela de Helmstedt» que le seguía—. Con ese propósito, Calov escribió y propuso su *Consensus repetitus*, una rígida confesión de fe que dejaba poco campo para el desacuerdo entre los cristianos y prácticamente llegaba a confundir ese desacuerdo con la herejía. Su posición era tan extrema que, aunque Calov publicó más de dos docenas de obras en las que trataba de persuadir a los demás luteranos de la necesidad de aceptarla, y a pesar de su gran influencia personal, ninguna Iglesia luterana la aceptó. Como ejemplo de su tono general, baste señalar que no solamente condenaba como herejes a los católicos y calvinistas, sino que también declaraba igualmente hereje a quien se atreviera a decir que los católicos o calvinistas pueden salvarse. Hereje era también quien dijera que en Juan 6 Jesús se refiere a la Cena del Señor, o quien declarase que la teología no tiene que probar la existencia de Dios. Resumiendo: Calov —y con él la mayoría de los teólogos de Wittenberg— al rechazar la distinción entre lo fundamental y lo secundario, se colocaron en una posición tal que todo detalle de doctrina parecía igualmente importante, y prácticamente cualquier desacuerdo debía ser condenado como herejía abominable.

En Jena, sin embargo, el famoso profesor Johannes Musäus (1613-1681)[18] tomó una postura distinta. Tampoco él estaba dispuesto a aceptar el «sincretismo» de Calixto. Pero estaba convencido de que era posible rechazar ese sincretismo sin llegar a la rigidez extrema que Calov propugnaba. Rechazaba el «sincretismo» porque le parecía que implicaba que la Iglesia luterana no estaba convencida de que sus doctrinas se basaban en las Escrituras, y que negarlas constituía un grave error. La iglesia debe

---

[18] F. Lau, «Musäus, Johannes», *RGG*, 4:1193; K. Heussi, *Geschichte der theologischen Fakultät zu Jena* (Weimar, 1954), pp. 137 ss.

dar testimonio de la verdad revelada en la Biblia, aun cuando ello quiera decir que tiene que acusar a otras iglesias de haber caído en el error. Es cierto que en esas iglesias puede haber muchas personas sinceras a quienes Dios salvará, pero ello no quiere decir que la Iglesia luterana ha de aceptar a esos otros cuerpos eclesiásticos como verdaderas iglesias evangélicas. Si Dios no hubiera deseado que los cristianos sostuvieran todo lo que se ha revelado en la Biblia, no lo habría revelado. Por otra parte, Calov se equivocaba por cuanto, en su reacción contra Calixto, no se percataba de la necesidad de distinguir entre las verdades fundamentales y las secundarias. Si se destruye esa distinción, el desacuerdo teológico en cuestiones de detalles se confunde con la herejía, y se ahoga la investigación teológica. Así pues, Musäus trajo a la Universidad de Jena una forma de ortodoxia luterana mucho más abierta que su contraparte de Wittenberg. Esa tradición fue continuada en Jena por el sucesor (y yerno) de Musäus, Johann Wilhelm Baier (1647-1695),[19] cuyo *Compendio de teología positiva* trataba de mostrar que la teología luterana que se producía en Jena no era sincretista. Aunque a la postre la controversia sincretista cayó en el olvido, tuvo dos funciones en la historia del pensamiento cristiano. En primer lugar, contribuyó al desarrollo de la más rígida ortodoxia luterana. En segundo lugar, las ideas de Calixto, a pesar de su modo simplista de abordar las cuestiones de las relaciones entre confesiones, continuaron circulando tras su muerte, hasta culminar en el movimiento ecuménico del siglo XX. Su discípulo Gerhard Walter Molanus (1633-1722)[20] tomó la antorcha de la unidad cristiana, con lo cual continuó un movimiento de unión que incluyó a personajes tan ilustres como Leibniz y Bossuet.

Breve exposición de la teología de la ortodoxia luterana

Puesto que resulta imposible exponer aquí cada sistema de teología propuesto durante el período de la ortodoxia luterana, nos limitaremos a ofrecer una breve exposición general de la teología del movimiento, tomando elementos de diversos teólogos y sin tratar de distinguir entre ellos.

Dado el principio luterano de la *sola scriptura*, era inevitable que la ortodoxia luterana del siglo XVII le dedicara atención al origen, inspiración y autoridad de las Escrituras. Ciertamente, esa doctrina se volvió el centro mismo de los prolegómenos a la teología, porque si las Escrituras

---

[19] F. Lau, «Baier, Johann Wilhelm», *RGG*, 1:846; Preus, *The Theology of Post-Reformation Lutheranism*, pp. 64-65.

[20] M. Schmidt, «Molanus, Gerhard Walter», *RGG*, 4:1087.

son la única fuente de la teología, resulta necesario aclarar ese punto antes de abordar cualquier otra cuestión teológica. Aunque Lutero y sus contemporáneos insistieron en la autoridad única de las Escrituras, no llegaron a desarrollar una teoría de su origen e inspiración. Por lo tanto, la ortodoxia del siglo XVII, ávida de responder a todas las cuestiones planteadas por la Reforma, se dedicó a llenar lo que parecía ser esta laguna teológica. Buena parte de la doctrina sobre las Escrituras y su autoridad que estos teólogos desarrollaron se basaba en la metafísica aristotélica, que fue ampliamente aceptada entre los teólogos de la ortodoxia luterana. A fin de evitar la acusación de bibliolatría, estos teólogos aplicaron a las Escrituras la distinción aristotélica entre la materia y la forma, que ya para entonces se había vuelto tradicional en la teología sacramental. La materia de las Escrituras es el texto mismo, compuesto de letras, palabras y frases. La forma es el significado del texto, el mensaje que Dios quiere comunicarnos mediante él. Por lo tanto, no es estrictamente correcto decir que el texto escriturario es la Palabra de Dios, como si la materia de las Escrituras fuese en sí misma esa Palabra.[21] Por otra parte, estos teólogos querían asegurarse de que la distinción entre la materia y la forma no llevase a una espiritualización excesiva de la Biblia, y, por lo tanto, se apresuraban a añadir que tal distinción es conceptual más que real.[22] En otros casos, se establecía la distinción entre la forma interna y la externa.[23] Pero la preocupación fundamental siempre era mostrar que, aunque hay una diferencia entre el texto físico de la Biblia y la Palabra de Dios, esa diferencia no es tal que esos dos elementos puedan separarse.

El texto escriturario fue inspirado por el Espíritu Santo. La inspiración no es una iluminación general de algunos creyentes, tales como los profetas y los apóstoles, quienes entonces escribieron sus pensamientos. La inspiración es una acción especial del Espíritu, relacionada específicamente con el acto de escribir el texto. Los escritores inspirados lo fueron solo mientras escribían, y ninguna de sus otras acciones o palabras puede reclamar la autoridad de las palabras que escribieron bajo la dirección del Espíritu. Este punto es importante para la ortodoxia luterana, puesto que de otro modo el énfasis de los católicos sobre la tradición podría apoyarse diciendo que los apóstoles, quienes gozaban de una inspiración general, escribieron algunas cosas y les entregaron otras a sus sucesores, con lo cual se garantizaría la autoridad infalible de la tradición. Contra tales

---

[21] Preus, *The Theology of Post-Reformation Lutheranism*, pp. 267-68. Sin embargo, es importante notar que Preus aquí cita, al parecer inadvertidamente, un texto en el que Gerhard usa los términos «forma» y «materia» de un modo distinto al que era característico en su época. Véase además Hollaz, *Examen theol. acroamaticum*, prol., 3. 13-14.

[22] Gerhard, *Loci theologici*, 1. 1. 7; cp. 1. 2. 16.

[23] Gerhard, *Loci*, 1. 12. 305-6; Hollaz, *Ex. theol. acro.*, prol., 3. 15.

opiniones, los luteranos argumentaban que la inspiración incluye tanto el contenido de lo que se escribe como el mandato de escribirlo. Por lo tanto, todo lo que el Espíritu inspiró fue escrito y se encuentra ahora en las Escrituras.[24]

La inspiración de las Escrituras es total y verbal. Es total, porque todo lo que hay en ellas fue escrito por inspiración divina. Esto es cierto tanto de los más altos misterios como de las aseveraciones más sencillas y cotidianas. Cuando Moisés escribió sus cinco libros, había ciertas cosas que solamente podía saber por revelación divina, tales como la creación, la torre de Babel y los diez mandamientos, mientras que había otras que conocía por sí mismo, tales como los acontecimientos relacionados con la huida de Egipto. Pero al llegar al acto mismo de escribir el texto escriturario, todo lo escribió bajo la inspiración del Espíritu Santo, tanto lo que sabía por sí mismo, como lo que el Espíritu le reveló para que lo escribiera. Por lo tanto, el Espíritu inspiró a Moisés para que escribiera sobre la creación, sobre la cual no podía saber aparte de la revelación, e igualmente le inspiró para escribir sobre el Éxodo, que conocía por experiencia personal. En ambos casos la inspiración incluía tanto el mandato a escribir sobre un tema particular, como las palabras exactas que debían emplearse.[25]

La doctrina de la inspiración plena de las Escrituras lleva a la inspiración verbal. El Espíritu Santo no dio a los autores unas reglas generales acerca de lo que debían escribir, sino que les guio al escribir cada palabra. En este sentido, los escritores no eran sino amanuenses del Espíritu. Por otra parte, el Espíritu sí tomó en cuenta las diversas personalidades de los autores, y por ello sus contribuciones al canon muestran diferencias de estilo, personalidad y condiciones. Según fue avanzando el siglo XVII, las aseveraciones sobre la inspiración verbal de las Escrituras se hicieron cada vez más abarcadoras. Para finales de ese período, Hollaz llegó a afirmar que los puntos de vocalización del texto masorético en el Antiguo Testamento eran tan antiguos como el texto mismo, y su autoridad era igual a la de las consonantes.[26]

Las Escrituras son el primer principio de la teología, aunque hay también una teología natural, que se basa en la razón común que ha sido impresa por Dios en cada persona, y que se desarrolla mediante la observación de

---

[24] Gerhard, *Loci*, 2. 33; Calov, *Systema*, 1. 543-45; Quenstedt, *Systema*, 1. 4. 2. 2-3.

[25] Véase el excelente resumen de esa teoría en Preus, *The Theology of Post-Reformation Lutheranism*, pp. 278-81. Incluye referencias abundantes a los escritos de la época.

[26] Hay una colección de los textos pertinentes sobre la teoría de las Escrituras en R. G. Grützmacher, *Textbuch zur deutschen systematischen Theologie und ihrer Geschichte vom 16. bis 20 Jahrhundert* (Berna, 1961), 1:13-15; C. H. Ratschow, *Lutherische Dogmatik zwischen Reformation und Aufklärung*, 2 vols. (Gütersloh, 1964), 1:71-137.

las criaturas visibles.[27] La teología no es una ciencia, sino una doctrina de la fe. Lo que esto quiere decir es que no se trata de una disciplina objetiva que el incrédulo pueda dominar con solo examinar el texto de la Biblia. Puesto que el contenido de la teología no es otro que Cristo mismo, quien solamente puede conocerse mediante la fe, únicamente quienes creen en Cristo pueden ser teólogos.[28] Su tarea es práctica, no en el sentido de que se limite a las cuestiones éticas, sino en el sentido de que su propósito es llevar a la creencia correcta y a la piedad que conduce a la salvación. La teología no es, por tanto, una disciplina teórica en la que el conocimiento se busque como un fin en sí. Sobre esa base el luteranismo ortodoxo rechazó todo intento de desarrollar una teología basada en la curiosidad intelectual, o de investigar asuntos que Dios no hubiera revelado.

Aunque las Escrituras son el primer principio de la teología, esto no quiere decir que no haya lugar para la filosofía en la tarea teológica. Al contrario, ya a finales del siglo XVII había comenzado en Helmstedt un despertar del interés en Aristóteles que pasó de allí a casi todas las demás universidades alemanas. Tras sus primeros pasos, este despertar del aristotelismo comenzó a utilizar las obras de Suárez y de otros metafísicos españoles. Por último, Gerhard reintrodujo la metafísica al campo de la teología, utilizando también los trabajos de Suárez y de sus seguidores alemanes. Así pues, precisamente en el momento en que la controversia entre luteranos y jesuitas llegaba a su punto más amargo, ambos bandos trabajaban sobre las mismas bases metafísicas. Esta es una de las razones por las cuales la ortodoxia luterana frecuentemente recibe el nombre de «escolasticismo protestante».

Por otra parte, sin embargo, la ortodoxia luterana evitaba caer en el racionalismo, cuya principal expresión en esos tiempos era el socinianismo. Como ya hemos visto, la doctrina típica del socinianismo era la negación de la Trinidad a base de una crítica racionalista. Lo mismo era cierto de otras cuestiones religiosas, interpretadas todas en términos racionalistas y humanistas. Desde el punto de vista de la ortodoxia luterana, esto constituía una grave amenaza a la fe, no solamente porque negaba dogmas particulares, sino especialmente porque hacía de la razón humana el árbitro supremo en asuntos de fe. En respuesta a tal amenaza, los teólogos luteranos insistieron en la revelación como base del dogma, y en la necesidad de aceptar todos los dogmas a fin de no incurrir en el pecado del orgullo. Esto, unido a la oposición constante al sincretismo de Calixto, llevó a los teólogos ortodoxos a desarrollar sistemas rígidos y detallados.

---

[27] Quenstedt, *Systema*, 1. 1. 1. 13.

[28] Preus, *The Theology of Post-Reformation Lutheranism*, p. 111.

Fue también la existencia de tales sistemas detallados, formulados casi siempre en las cátedras de teología de las universidades alemanas, lo que dio origen al título de «escolasticismo protestante» para referirse a la teología del siglo XVII. Ese título se emplea normalmente en términos despectivos, e implica que la teología del siglo XVII perdió de vista los grandes descubrimientos de Lutero y volvió a caer en metodologías y metas que eran semejantes a las de los peores tiempos del escolasticismo medieval. No cabe duda de que hay cierta verdad en tal juicio; pero también hay buena parte de falsedad. Ciertamente, la ortodoxia luterana carecía de la frescura y libertad de Lutero y de los primeros reformadores. Su intento de sistematizarlo todo frecuentemente se acercó a un legalismo que el propio Lutero hubiera rechazado. Su uso de la metafísica de Aristóteles —otra razón por la que se le ha llamado «escolasticismo»— tampoco hubiera sido del agrado de Lutero. Su doctrina de la justificación por la fe frecuentemente parecía no ser sino otra versión de la justificación por las obras —excepto que ahora la fe era la única obra que contaba—. Y, sin embargo, también es preciso decir que, en su sistematización misma y en su atención a las cuestiones de detalles, el escolasticismo protestante mantuvo viva la herencia de la tradición luterana. Su insistencia en la necesidad de la revelación ciertamente se acerca mucho más a Lutero que a los racionalistas que en el siglo XVIII la acusaron de haber abandonado los descubrimientos de Lutero. En resumen: los teólogos de la ortodoxia luterana fueron para Lutero lo mismo que sus epígonos fueron para Alejandro: miembros de una generación posterior, carentes del genio del fundador, pero sin los cuales la obra de ese fundador hubiera sido en vano.

45

La teología reformada después de Calvino

Aunque corrientemente se piensa que el calvinismo y la teología reformada son idénticos, en realidad esto no es del todo exacto. Algunas de las características de la teología reformada ya habían tomado forma en la obra de Zwinglio, Bucero, Ecolampadio y otros que habían precedido a Calvino. En tiempos de Calvino, varios teólogos hicieron sus propias contribuciones a la tradición reformada relativamente independientes de la obra del propio Calvino. El nombre que se daban a sí mismos era el de «reformados»; el término «calvinistas» solamente les fue aplicado posteriormente como señal de herejía por sus opositores, tanto luteranos como católicos. Es más, lo que a la postre recibió el nombre de «calvinismo», aunque se derivaba principalmente de Calvino mismo, de varias maneras sutiles difería de lo que se encuentra en la *Institución de la religión cristiana*. A fin de mostrar cómo tuvo lugar ese proceso y cómo le dio forma al calvinismo, comenzaremos este capítulo con un breve resumen del desarrollo de la teología reformada durante el siglo XVI, tanto aparte de Calvino como después de él. Tornaremos entonces nuestra atención hacia el tema de cómo la teología reformada —a la que se daba el nombre de «calvinismo» cada vez más frecuentemente— se desarrolló en diversos lugares de Europa: Suiza, Alemania, los Países Bajos, Francia, Escocia e Inglaterra, en ese orden. Es nuestra esperanza que tal resumen sirva para mostrar en qué medida lo que vino a llamarse «calvinismo» se derivaba de Calvino mismo, y en qué medida no.

La teología reformada durante el siglo XVI

La indudable grandeza de Calvino como teólogo, organizador y líder de la iglesia tiende a eclipsar la importancia de varias luces menores que brillaron en Suiza y en otros lugares antes, durante y después del propio Calvino. Tal es ciertamente el caso de Zwinglio, quien fue, sin lugar a duda, el primer gran teólogo reformado, pero cuya estatura sufre en comparación con Calvino. Después del *Consenso de Zúrich* de 1549, según las opiniones de Calvino sobre la eucaristía iban logrando mayor aceptación entre los protestantes suizos, la teología de Zwinglio fue quedando relegada. Y, sin embargo, en un punto importantísimo mucho de lo que después se llamó «calvinismo» se asemejaba más a Zwinglio que a Calvino. Este punto es la doctrina de la predestinación, que Zwinglio había discutido en relación con la providencia y la creación, mientras que Calvino la había colocado dentro del marco de la soteriología. Como veremos, esto tuvo por resultado el desarrollo de una doctrina «calvinista» de la predestinación que iba mucho más allá de la de Calvino. Ya hemos tenido oportunidad de mostrar la influencia de Bucero sobre Calvino, especialmente en lo que se refiere a la eucaristía y la eclesiología. Juan Ecolampadio (1482-1531),[1] el reformador de Basilea, apoyó a Zwinglio tanto en su teología como en su política exterior. Sus estudios bíblicos y patrísticos fueron una contribución importante tanto al propio Calvino como a otros teólogos reformados. Wolfgang Fabricius Capito (1478-1541)[2] —a quien ya hemos mencionado antes como esposo de Katharina Zell, viuda de Ecolampadio— era un erudito que tenía doctorados en medicina, derecho y teología; esparció la teología reformada por todo el sur de Alemania, y buena parte del supuesto calvinismo que tantas quejas levantó entre los luteranos de la región era en realidad la obra de Capito; además, fue quien apoyó a Bucero en Estrasburgo.

Por lo tanto, Calvino tuvo varios antecesores cuya obra a la postre se unió a la gran corriente de lo que después se llamó calvinismo.

Cuatro nombres se destacan como los más importantes y característicos de la teología reformada durante el siglo XVI, aparte del de Calvino: Pedro Mártir Vermigli, Jerónimo Zanchi, Teodoro Beza y Zacarías Ursino.

Pedro Mártir Vermigli (1499-1562)[3] era natural de Florencia y sufrió el influjo de Juan de Valdés en Nápoles. Tras varios esfuerzos fallidos de

[1] H. R. Guggisberg, «Oekolampad, Johannes», *RGG*, 4:1567-68; E. G. Rupp, *Patterns of Reformation* (Londres, 1969), pp. 3-46; cf. E. Staehlin, *Oekolampad-bibliographie* (Nieuwkoop, 1963).

[2] R. Stupperich, «Capito, Wolfgang», *RGG*, 1:1613; J. M. Kittelson, *Wolfgang Capito: From Humanist to Reformer* (Leiden, 1975).

[3] J. C. McLelland, *The Visible Words of God: An Exposition of the Sacramental Theology*

promover la reforma en Italia, huyó a Zúrich y luego a Estrasburgo, donde fue profesor de teología. En 1547, a petición del arzobispo Cranmer, fue a Inglaterra para servir como profesor de teología en Oxford. Posiblemente sus opiniones fueron impactadas por el *Libro de oración común* de 1552, así como por los *Cuarenta y dos artículos* del año siguiente. En 1553 regresó a Estrasburgo, y tres años más tarde vino a ser profesor de hebreo en Zúrich. Ocupó esa posición hasta su muerte en 1562.

La importancia de Pedro Mártir Vermigli en el desarrollo de la ortodoxia reformada se encuentra más en cuestiones metodológicas que de contenido. Esto se debe a que, aunque en el contenido de su teología Vermigli se aproximaba a Calvino y Bucero, su metodología llevaba el sello de Aristóteles en mucho mayor grado que cualquier otro teólogo reformado de su época. Había estudiado en Padua durante ocho años, y la universidad de esa ciudad italiana era el centro de un gran renacer del aristotelismo. Mientras estaba todavía en Italia, estableció en Lucca una escuela en la que se estudiaba tanto la Escritura como a Aristóteles, con la esperanza de lograr una reforma de la iglesia por esos medios. Fue en esa escuela que Zanchi recibió buena parte de su instrucción teológica. Posteriormente, cuando Pedro Mártir era profesor en Estrasburgo, incluyó entre los temas sobre los cuales dictó conferencias la *Ética* de Aristóteles.

Así pues, Pedro Mártir Vermigli introdujo en la teología reformada una metodología que tendría gran importancia en el desarrollo posterior de dicha teología. Mientras Calvino partía de la revelación concreta de Dios, y siempre tuvo un sentido sobrecogedor del misterio de la voluntad divina, la teología reformada posterior cada vez más tendió a seguir un proceso deductivo que se iniciaba en los decretos divinos y, a partir de ellos, se movía a los casos y circunstancias particulares. Por tanto, aunque Pedro Mártir Vermigli no participó personalmente en el debate, la controversia posterior entre infralapsarianismo y supralapsarianismo fue el resultado del método que él introdujo en la teología reformada. Ese método es también la razón por la que los teólogos reformados posteriores colocaron la doctrina de la predestinación bajo el encabezado de la doctrina de Dios, abandonando así la práctica de Calvino de colocarla bajo el encabezado de la soteriología[4] —lo cual quiere decir que para Calvino la doctrina de la

---

of Peter Martyr Vermigli, A. D. 1500-1562 (Grand Rapids, Michigan, 1957); P. McNair, *Peter Martyr in Italy: An Anatomy of Apostasy* (Oxford, 1967); K. Sturm, *Die Theologie Peter Martyr Vermiglis während seines ersten Aufenhalts in Strassburg (1542-1547)* (Neukirchen-Vluyn: 1971); J. C. McLelland, ed., *Peter Martyr Vermigli: An Italian Reformer* (Ontario, 1980).

[4] Véase, J. C. McLelland, «The Reformed Doctrine of Predestination (According to Peter Martyr)», *SIT*, 8 (1955):255-71.

predestinación se basaba en la experiencia de la gracia y en la seguridad de la salvación.

Jerónimo Zanchi (1516-1590) también fue italiano y discípulo de Pedro Mártir Vermigli. En 1550, pocos meses después de que Vermigli saliera de Italia, Zanchi se vio obligado a imitarlo para salvar la vida. Tras una breve estadía en Ginebra, fue profesor de teología en Estrasburgo, donde permaneció casi once años. Durante la mayor parte de ese tiempo los jefes luteranos más estrictos de esa ciudad lo miraban con suspicacia. La presión llegó a ser tal que, a la postre, aceptó la *Confesión de Augsburgo*, aunque insistiendo en que la interpretaba «de manera ortodoxa». Esta controversia y otras más le impulsaron a abandonar Estrasburgo, primero para ocupar un pastorado, y luego, tras cuatro años, para ocupar la cátedra de teología en Heidelberg que Ursino había ocupado antes. Fue allí donde escribió la mayor parte de sus obras teológicas, que se referían principalmente a cuestiones tales como la predestinación y la doctrina de la Trinidad.[5]

Por lo que antecede, se ve que Zanchi no era persona demasiado inclinada hacia las ortodoxias rígidas, ni cazador de herejes. Era más bien persona amante de la paz. Y, sin embargo, en lo que se refiere a la predestinación, fue uno de los principales participantes en el proceso de esquematización que señala la diferencia entre Calvino y el calvinismo posterior.

La doctrina de la predestinación de Zanchi se encuentra sistemáticamente expuesta en su tratado sobre *La doctrina de la predestinación absoluta expuesta y defendida*.[6] El modo en que Zanchi interpreta esa doctrina y su relación con el resto de la teología puede verse en el hecho mismo de que comienza su tratado con una serie de «observaciones sobre los atributos divinos que son premisas necesarias para mejor comprender la doctrina de la predestinación».[7] Desde el comienzo mismo de su obra, Zanchi señala que la base de la doctrina de la predestinación es la presciencia divina, porque «Dios es y siempre ha sido tan sabiamente perfecto, que nunca cosa alguna ha podido ni puede escapar a su ciencia. Dios sabía, desde toda la eternidad, no solamente lo que Dios mismo se proponía hacer, sino también todo lo que inclinaría o permitiría a otros hacer».[8] La omnisciencia divina, unida a la omnipotencia, implica que todo —y no solamente el destino eterno de los humanos— ha sido predeterminado por Dios. «Todo lo que sucede, sucede en virtud de la voluntad omnipotente y

---

[5] *Opera omnia* (S. Crispin, 1619), 8 vols.

[6] Hay una traducción al inglés: J. Zanchius, *Absolute Predestination* (Evansville, Indiana: n.d.).

[7] Sobre la relación entre la doctrina de Dios de Zanchi y su modo de ver la predestinación, véase: O. Gründler, *Die Gotteslehre Girolami Zanchius und ihre Bedeutung für seine Lehre von der Prädestination* (Neunkirchen, 1965).

[8] *Absolute Predestination*, pp. 24-25.

absoluta de Dios, que es la causa primera y suprema de todas las cosas».[9]
Dentro de ese contexto, la «predestinación» significa no solamente la decisión divina que hace que algunos sean salvos y otros no, sino también el gobierno divino sobre todas las cosas, que predetermina todos los acontecimientos.[10] A base de tales premisas, se hace imposible refutar la doctrina característicamente calvinista de la expiación restringida: «Así como Dios no quiso que cada individuo se salvara, tampoco quiso que Cristo muriera propia e inmediatamente por cada persona, y, por tanto, se deduce que, aunque la sangre de Cristo era suficiente para la redención de todos a base de su propio poder intrínseco, sin embargo, a consecuencia de la decisión del Padre, Cristo la vertió intencionalmente, y por tanto inmediata y efectivamente, solo para los elegidos».[11]

Es importante notar que, tras establecer con lógica fría e inexorable las doctrinas de la predestinación doble y de la expiación limitada, Zanchi se dedica a mostrar el valor pastoral y devocional de esas doctrinas. Por tanto, lo que tenemos aquí no es un racionalismo frío e inhumano. Pero, a pesar de todo ello, sigue siendo cierto que Zanchi ha transformado la doctrina de Calvino sobre la predestinación, no tanto en su contenido como en su tono, al hacer de ella una doctrina que puede demostrarse a partir de la naturaleza de Dios, más que una doctrina mediante la cual el teólogo trata de expresar la experiencia de la gracia.

Teodoro Beza (1519-1605) fue invitado por Calvino a enseñar en la Academia de Ginebra. Después de la muerte de Calvino vino a ser líder del movimiento reformado, tanto en Ginebra como en el resto de Suiza.[12] Aunque era un hábil estudioso del Nuevo Testamento —su edición griega del Nuevo Testamento marcó nuevas pautas para la erudición y la crítica textual—, Beza nos interesa aquí principalmente como teólogo. Desde ese punto de vista sus principales obras son su *Confesión de la fe cristiana* (1560) y sus *Tratados teológicos* (1570-1582). La teología de Beza se asemeja a la de Zanchi por cuanto, al mismo tiempo que no pretende ser más que expositor y continuador de las opiniones de Calvino, distorsionó esas opiniones de maneras sutiles pero importantes. Por ejemplo: Beza también hizo de la predestinación una consecuencia que podía deducirse del conocimiento, la voluntad y el poder divinos, y, por lo tanto, tendió a confundirla

---

[9] *Ibid.*, p. 30.

[10] *Ibid.*, p. 63.

[11] *Ibid.*, p. 33.

[12] F. L. Gardy, *Bibliographie des oeuvres théologiques, littéraires, historiques et juridiques de Thèodore de Bèze* (Ginebra, 1960). Véase especialmente, W. Kickel, *Vernunft und Offenbarung bei Theodore Beza: Zum Problem des Verhältnisses von Theologie, Philosophie und Staat* (Neukirchen-Vluyn, 1967); T. Maruyama, *The Ecclesiology of Theodore Beza: The Reform of the True Church* (Ginebra, 1978).

con el predeterminismo.[13] Como Zanchi, Beza insistió sobre la teoría de la expiación limitada (que era una conclusión que bien podría derivarse de algunas de las premisas de Calvino, pero que el propio Calvino nunca sostuvo). La forma de gobierno presbiteriana, que Calvino y otros habían desarrollado en Ginebra, pero que nunca tuvieron por esencial, vino a ser en la obra de Beza la única permitida por las Escrituras. Calvino había sobrepasado a Lutero al afirmar el derecho a resistir al gobierno tiránico, pero siempre había insistido en la doctrina tradicional de que tal resistencia es prerrogativa y obligación de las autoridades menores, y que los individuos no tienen derecho a tomarla en sus propias manos. En contraste, Beza casi llegó a incitar a la rebelión contra los tiranos —que para él eran todos los gobernantes católicos—.

En resumen: Beza fue en varios modos un exponente claro y consecuente de la teología de Calvino; pero esa misma claridad y consecuencia implicaban que había perdido mucho del sentido de misterio y del frescor que se encontraban en la obra de su maestro. Para él la Biblia parecía ser más bien una serie de proposiciones, todas inspiradas de igual modo y, por tanto, todas de igual importancia, y esas proposiciones se unían todas para formar el sistema calvinista. En aquellos lugares en que Calvino se había negado a precisar todos los puntos —por ejemplo, el modo de inspiración de las Escrituras, el supralapsarianismo, la expiación limitada, y otros— Beza sencillamente llevó el sistema calvinista hasta sus últimas consecuencias.[14]

Zacarías Ursino (1534-1583) pasó la mayor parte de su juventud en Wittenberg, donde fue amigo y discípulo de Melanchthon. También viajó extensamente, y sus visitas a Suiza parecen haber fortalecido su inclinación hacia una interpretación «calvinista» de la Cena del Señor. En todo caso, cuando se desataron entre los luteranos las controversias que hemos estudiado anteriormente, se le acusó de ser «criptocalvinista» y, a la postre, se le forzó a refugiarse en el Palatinado, a donde se le invitó gracias a la intervención de Pedro Mártir Vermigli. Cuando creció la distancia entre los luteranos y los calvinistas, sobre todo en cuanto al modo en que Cristo está presente en la eucaristía, se le pidió a Ursino —juntamente con Gaspar Oleviano— que compusiera lo que más tarde se conoció como el

---

[13] «Dios es inmutable en sus consejos, e incapaz de errar en ellos, o de ser impedido en su ejecución, y, de hecho, se sigue que todo lo que les sucede a los humanos ha sido eternamente ordenado por Dios, según lo que hemos dicho acerca de la providencia». Beza, *Confession de la foy chrestienne*, sexta edición (Ginebra, 1563), p. 5.

[14] Hay una comparación breve pero excelente entre Calvino y Beza en B. Hall, «Calvin against the Calvinists», en G. E. Duffield, ed., *John Calvin* (Grand Rapids, Michigan, 1966), pp. 25-28. J. Raitt, *The Eucharistic Theology of Theodore Beza: Development of the Reformed Doctrine* (Chambersburg, Pennsylvania, 1972), muestra que también en lo que se refiere a la doctrina eucarística Beza sirve de puente entre Calvino y el calvinismo posterior.

Catecismo de Heidelberg (1563), que vino a ser la confesión de fe de la Iglesia reformada alemana.[15]

Hay un marcado contraste entre Ursino, por una parte, y Vermigli, Zanchi y Beza por otra. Esto se debe, en parte al menos, a las condiciones políticas y eclesiásticas en el Palatinado, donde era necesario ser moderado e pacífico. Pero en todo caso, Ursino era menos dogmático que los otros tres, y hasta parece haber comprendido a Calvino mejor que ellos, al menos en algunos puntos. Así, por ejemplo, el *Catecismo de Heidelberg* —que es mayormente obra suya— no pretende probar la predestinación como consecuencia de la naturaleza de Dios, sino que más bien la coloca tras la doctrina de la iglesia como expresión de la experiencia de la salvación. Al comentar sobre el *Catecismo*, Ursino no trata de probar lo que esa confesión dice relacionando la predestinación con los atributos divinos, a la manera de Zanchi, sino que más bien trata de mostrar la importancia pastoral de la predestinación. «En lo que se refiere a la reprobación, nadie debe tratar de determinar cosa alguna con certeza, ni en lo que se refiere a sí mismo, ni en lo que se refiere a otra persona, antes del fin de su vida, puesto que quien todavía no se ha convertido, puede hacerlo antes de su muerte. Luego nadie debe decidir acerca de otros que son réprobos, sino que siempre ha de esperarse lo mejor. Por otra parte, respecto a sí mismo, cada cual ha de creer con certeza que se cuenta entre los electos; porque tenemos el mandamiento universal de que todos han de arrepentirse y de creer en el evangelio».[16]

Resumiendo: poco después de la muerte de Calvino, e incluso antes de ella, su teología estaba siendo esquematizada por teólogos tales como Vermigli, Zanchi y Beza, a pesar de que también había un Ursino que parece haber entendido algo del dinamismo y el frescor del sistema de Calvino. Este proceso de esquematización, que comenzó tan temprano, recibió mayor impulso en el siglo XVII gracias a las diversas controversias en que el calvinismo se vio involucrado. Son esas controversias las que ahora han de ocupar nuestra atención. Las discutiremos en el siguiente orden: primero nos ocuparemos de la historia posterior del calvinismo en Suiza y Alemania. Luego nos ocuparemos de los Países Bajos, donde los acontecimientos que tuvieron lugar merecen discusión aparte. Tras esto nos ocuparemos brevemente del calvinismo francés. Por último, estudiaremos

---

[15] Sobre el desarrollo histórico de su teología, y las influencias y circunstancias que guiaron ese desarrollo, véase: E. K. Sturm, *Der junge Zacharias Ursin: Sein Weg vom Philippismus zum Calvinismus (1534-1562)* (Neunkirchen, 1972). Un buen estudio de algunos de los elementos de su teología es el de W. Metz, *Necessitas satisfactionis? Eine systematische Studie zu den Fragen 12-18 des Heidelberger Katechismus und zur Theologie des Zacharias Ursinus* (Zürich, 1970).

[16] *Commentary on the Heidelberg Catechism* (Grand Rapids, Michigan, 1954), p. 301.

la historia del calvinismo en Gran Bretaña —primero en Escocia y luego en Inglaterra—.

El calvinismo en Suiza y Alemania

El documento teológico más importante e influyente que se produjo en Suiza tras la muerte de Calvino fue la *Segunda confesión helvética*. Como ya hemos señalado, *el Consenso de Zúrich* de 1549, del que fueron partícipes tanto Calvino como Bullinger, unió las fuerzas del calvinismo y de los zwinglianos en una sola tradición reformada. Pero tal *Consenso* nunca llegó a ser una confesión generalmente aceptada por las diversas ramas de la Iglesia reformada. Tal distinción le cupo a la *Segunda confesión helvética*, que no fue compuesta por un calvinista en el sentido estricto, sino más bien por el zwingliano Bullinger. Bullinger había escrito la mayor parte del texto de esa confesión en 1561, pero no la había circulado ampliamente hasta que el elector del Palatinado, Federico III, le pidió que preparara una confesión reformada semejante a la que los luteranos habían presentado ante la Dieta de Augsburgo. Federico necesitaba tal confesión porque la Dieta del Imperio estaba a punto de reunirse, y temía que le fuera necesario mostrar que la teología de la iglesia en sus territorios no se apartaba de la tradición auténtica de la iglesia. Cuando Bullinger recibió la petición del elector, pensó que el texto que había escrito años antes sería una respuesta adecuada, y por lo tanto se lo envió. Al mismo tiempo, mandó copias a Ginebra y a Berna para recibir las reacciones y respuestas de las iglesias reformadas en esas ciudades. Tras alguna correspondencia y cambios menores —principalmente en el prefacio, que fue completamente reescrito— la *Segunda confesión helvética* fue aceptada por casi todas las iglesias reformadas de Suiza (1566) —las excepciones principales fueron Neuchâtel, que la firmó dos años después, y Basilea, que no la aceptó sino hasta el siglo siguiente—. El mismo año en que fue publicada fue adoptada también por el Sínodo de Escocia en Glasgow, y al año siguiente la Iglesia reformada húngara también la aceptó. La *Confesión polaca*, promulgada por la Iglesia reformada de Polonia en 1570, no es sino una revisión de la *Segunda confesión helvética*. Aunque los reformados franceses no la aceptaron como su confesión de fe, esto se debió únicamente a que ya tenían su propia confesión, y, por lo tanto, en 1571, en el Sínodo de La Rochelle, declararon que la *Segunda confesión helvética* era una verdadera confesión de la doctrina cristiana correcta.[17] Puesto que fue escrita por Bullin-

---

[17] Sobre la historia, texto y autoridad de la *Segunda confesión helvética*, véase la introducción de J. Courvoisier *La confession helvétique postérieure* (Neuchâtel, 1944), pp. 7-23. Sobre su contenido, véase, E. Koch, *Die Theologie der Confessio Helvetica Posterior*

ger, quien no era en el sentido estricto calvinista, con el propósito de llegar a una conciliación, la *Segunda confesión helvética* sirvió de fuerza moderadora en el movimiento hacia la ortodoxia calvinista rígida. Por cierto: la mayor parte de las áreas donde esa confesión fue promulgada lograron evadir las consecuencias más extremas de esa ortodoxia.

No cabe duda de que se trata de un documento reformado, con fuerte influencia calvinista. La cena del Señor se interpreta, como lo había hecho antes el *Consenso de Zúrich,* en términos típicamente calvinistas (capítulo 21). En lo que se refiere a la predestinación, esta confesión se encuentra en un punto intermedio entre el propio Calvino y los calvinistas posteriores que acabamos de estudiar, ya que coloca esa doctrina, al igual que ellos, tras la doctrina de Dios, de tal modo que casi parece ser un prefacio a la doctrina de la salvación. Por tanto, la doctrina de la predestinación de la *Segunda confesión helvética* puede interpretarse como un eslabón entre Calvino y los calvinistas posteriores.

El otro punto en que la *Segunda confesión helvética* sirve de puente entre Calvino y la ortodoxia calvinista es la doctrina de la inspiración de la Escritura. Calvino ciertamente creía en esa inspiración, pero no comenzaba su teología con una discusión de ella. De hecho, nunca la discutió detalladamente, y hasta parece haberse percatado de los peligros del literalismo bíblico extremo. La *Segunda confesión helvética*, por otra parte, comienza afirmando que la Sagrada Escritura es la Palabra de Dios completamente inspirada por Dios. Una vez más, este cambio en la estructura del sistema teológico no parece afectar grandemente el contenido de la *Confesión* misma. Pero es el principio de un proceso que llevó a hacer de la Biblia un libro de decretos divinos de cuyo texto se deriva la teología como una serie de proposiciones. Como veremos más adelante, en ese sentido, la *Segunda confesión helvética* es precursora de la *Confesión de Westminster*.

Por otra parte, en Ginebra la influencia de Beza era grande, y a partir de esa ciudad se fue expandiendo por otras partes de Suiza. Esto puede verse en los casos de Samuel Uber y Claude Aubery. Samuel Uber acusó al pastor Abraham Musculus, supralapsario, de no ser fiel a la doctrina de Calvino.[18] También criticó a Beza por haber declarado que la plaga era contagiosa y que les era lícito a los cristianos huir de ella. Tras una serie de debates que no es necesario relatar aquí, el Gran Consejo de Berna le condenó en 1588 (el mismo Gran Consejo que dos décadas antes había prohibido toda discusión de los decretos divinos y había prohibido el estudio

---

(Neunkirchen-Vluyn, 1968).

[18] G. Adam, *Der Streit*, pp. 50-90.

de *Institución de la religión cristiana* en la Academia de Lausanne).[19] El caso de Claude Aubery era teológicamente diferente, pero el resultado fue el mismo. Sus opiniones eran semejantes a las de Andreas Osiander, es decir, que la justificación no es la imputación de la justicia divina, sino que de algún modo Cristo reside o se encuentra dentro de nosotros, y que es la justicia de Cristo en nosotros lo que Dios ve. También él fue condenado en la misma fecha y por las mismas autoridades, en parte a través de la influencia de Beza y de la autoridad de Calvino.[20] Así, el calvinismo —especialmente el calvinismo tal y como Beza lo entendía— iba expandiéndose a través de toda Suiza, donde anteriormente muchos se habían resistido a aceptarlo.

Tras la muerte de Beza, los principales líderes de la ortodoxia calvinista en Suiza fueron Benedicto y François Turretin, padre e hijo. Benedicto Turretin —o Turretini— (1588 -1631) era italiano de nacimiento y fue parte de la misma escuela sostenedora de la doctrina extrema de la predestinación que ya hemos visto representada en Vermigli y Zanchi. Fue factor determinante en el proceso que llevó a los reformados suizos a apoyar las decisiones del Sínodo de Dort, que condenó a los arminianos y que estudiaremos más adelante en el presente capítulo. Sin embargo, debe señalarse que, posteriormente, pidió que se tratase a los arminianos con tolerancia y moderación.

El hijo de Benedicto, François (1623-1687), fue probablemente el teólogo más importante en toda la ortodoxia calvinista en el continente europeo.[21] Aunque participó en las controversias relacionadas con la teología procedente de Saumur en Francia —que discutiremos en breve— su obra más conocida es su *Institutiones theologiae elenchticae* en tres volúmenes, publicados entre 1679 y 1685. Estos tres volúmenes son probablemente el tratado de teología dogmática más sistemático y completo que los reformados produjeron tras la *Institución* de Calvino, y un breve examen de algunos de sus puntos bastará para mostrar la naturaleza del calvinismo en el continente europeo durante el siglo XVII.

Tras varios prolegómenos que son muy semejantes a lo que podría encontrarse en cualquier otra teología escolástica, Turretin se ocupa de la autoridad de las Escrituras. Su interés aquí consiste en mostrar que las Escrituras son la única autoridad a que la teología cristiana ha de sujetarse, y que la tradición no le ha de ser yuxtapuesta. Esto no es sino la posición

---

[19] H. Vuilleumer, *Historie de l'Eglise Réformée du Pays de Vaud sous le régime bernois*, tome II: *L'orthodoxie confessionnelle* (Lausanne, 1928), pp. 131-34.

[20] *Ibid.*, pp. 134-41. Vuilleumer pasa entonces a mostrar que la influencia de Aubery no desapareció inmediatamente.

[21] Véase la bibliografía en J. W. Beardslee, ed., *Reformed Dogmatics* (Nueva York, 1965), pp. 460-63.

protestante tradicional, que Turretin toma de los reformadores del siglo XVI. Pero entonces pasa a discutir detalles tales como si la Septuaginta es inspirada o no, y si el texto de las Escrituras ha sido de alguna manera corrompido por la tradición de los manuscritos. En ambos casos su respuesta es negativa; pero es importante notar que su argumento respecto a la posible corrupción del texto se basa en la autoridad del texto mismo: es necesario afirmar que el texto de las Escrituras se ha preservado en toda su pureza porque negarlo sería una negación de la divina providencia. Ciertamente, Dios ha querido revelarnos en las Escrituras todo lo que es necesario para nuestra salvación, y Dios también ha determinado que no habrá otra revelación más allá de esa. Si Dios permitiera entonces que el texto de la Palabra revelada fuera corrompido por los copistas, esto sería un fracaso por parte de la divina providencia.[22] Este modo de colocar la doctrina de las Escrituras al principio mismo de la teología sistemática, y luego proceder a definir y clarificar la inerrancia absoluta de las Escrituras, es característico del calvinismo posterior, y no se encuentra en los escritos de Calvino mismo. Esta tendencia culminó en el *Consenso helvético* de 1675, compuesto por Turretin y otros dos teólogos, en el que se declaraba que los puntos de vocalización en el texto hebreo fueron también inspirados, y, por tanto, no hay error alguno en ellos.

En lo que se refiere a la doctrina de la predestinación, Turretin es típico del calvinismo posterior. Su padre era ardiente defensor de los decretos de Dort. En sus *Instituciones*, François coloca la doctrina de la predestinación precisamente donde hemos visto a otros calvinistas ortodoxos colocarla: tras la doctrina de Dios, casi como un corolario que se sigue de la naturaleza divina. Como en el caso de otros que ya hemos estudiado —Zanchi, Vermigli, etc.— esto implica que su discusión de la predestinación se vuelve más bien un intento de escudriñar la mente de Dios, en lugar de la proclamación de la gracia inmerecida de Dios. Al igual que en el caso de otros calvinistas de la misma época y de fecha posterior, esto le lleva a la cuestión del orden de los decretos divinos, y la cuestión paralela de si Dios decretó la caída o no. Calvino se había abstenido de discutir tales cuestiones, que le parecían encontrarse allende los límites del misterio. Turretin, al igual que muchos otros tras él, les dedicó largas páginas. Su conclusión es que el supralapsarianismo —es decir, la opinión según la cual el decreto de la elección y la reprobación fue anterior al decreto sobre la caída— es «repugnante al fundamento de la salvación».[23] Su propia posición es que Dios decretó primero crear la humanidad; segundo, permitir la caída; tercero, elegir algunos de entre la masa de la perdición, al

---

[22] *Inst. theol. elench.*, 2.10. 5.
[23] *Ibid.* 4:18. 5.

tiempo que permitir a otros permanecer en su corrupción y miseria; cuarto, enviar a Cristo al mundo como mediador y salvador de los electos; y por último, llamar a esos electos a la fe, la justificación, la santificación y la glorificación final.[24] Esto es en el sentido estricto el significado original de la doctrina «infralapsaria». Lo que Turretin afirma no es que Dios haya decretado la predestinación después que la caída tuvo lugar, o que Dios no haya decretado la caída —aunque mediante un decreto permisivo más que activo— sino que en el orden de los decretos divinos la predestinación viene después de la caída, y no a la inversa. En el uso posterior, el término «infralapsario» se volvió ambiguo, puesto que se empleó tanto para referirse a la posición de Turretin como a la opinión de que el decreto de la elección se deduce de la presciencia de Dios con respecto a la caída —o a veces que viene después de la caída misma—.

En cuanto a la cuestión de si Cristo murió por toda la humanidad, Turretin sostiene la opinión que ya para esa fecha se había vuelto ortodoxa dentro del calvinismo, según la cual Cristo murió únicamente para los electos, aunque en sí misma esa muerte pudo haber sido suficiente para la redención de todos si Dios así lo hubiera decretado.[25] En lo que se refiere a prácticamente toda otra cuestión, incluso el modo en que Cristo está presente en la cena,[26] sus opiniones siguen el calvinismo estricto. Resulta interesante notar, sin embargo, que le dedica mucho menos espacio y atención a la cena del Señor que a otras cuestiones tales como la predestinación y la expiación limitada. Esto es señal de algo que resultará característico de la ortodoxia calvinista, es decir, que la cuestión de la cena, que originalmente fue la marca distintiva principal del calvinismo, pronto fue eclipsada por los temas de la predestinación, la expiación limitada, la depravación total, y otros semejantes.

Hay otro punto en el que Turretin es exponente típico de la ortodoxia protestante: su estilo y metodología escolásticos. En su obra encontramos, una vez, más las distinciones interminables y sutiles, los bosquejos rígidos, la sistematización estricta y la teología proposicional que habían caracterizado al escolasticismo medieval tardío. Hay, por tanto, razón suficiente para llamar a Turretin y a sus contemporáneos «escolásticos protestantes».

Sin embargo, el hecho de que esta clase de calvinismo encontró oposición hasta en la propia Ginebra puede verse en la obra de Jean Alphonse Turretin, hijo de François, quien encabezó una reacción liberal que en

---

[24] *Ibid.* 4:18. 22.
[25] *Ibid.* 14:14. 9-12.
[26] *Ibid.* 18:28.

1725 logró que se abolieran en Ginebra los decretos de Dort y la *Segunda confesión helvética.*[27]

La historia del calvinismo en Alemania durante los siglos XVI y XVII es paralela a la complicadísima historia política de esa nación. No es posible contar toda esa historia aquí. Baste decir que el calvinismo se encontró constantemente bajo presión en Alemania, puesto que no se le trataba con la misma tolerancia que al luteranismo. Por ello hubo regiones en las que la influencia de Calvino había sido fuerte —como por ejemplo Estrasburgo—, que a la postre se unieron a la confesión luterana. En tales circunstancias, el centro más importante del calvinismo durante el siglo XVI fue el Palatinado, con su capital en Heidelberg, donde, gracias a condiciones políticas particulares, el elector favorecía la fe reformada. El *Catecismo de Heidelberg* pronto se volvió el documento principal del calvinismo alemán. Sin embargo, otros teólogos calvinistas frecuentemente acusaban a los teólogos de Heidelberg de haber introducido innovaciones en su teología. En ese contexto, es importante la obra de Tomás Erasto.

Tomás Erasto (1524-1583)[28] era un suizo profesor de medicina en la Universidad de Heidelberg, y miembro del consistorio de la iglesia. Zwinglio, en su teología, trató de responder a la influencia del luteranismo en la teología eucarística, y del calvinismo en lo que se refiere al gobierno de la iglesia. En 1570 se le acusó de ser sociniano, y la iglesia de Heidelberg le excomulgó. Sin embargo, su fama se debe a una obra publicada póstumamente, que consistía en una serie de tesis sobre la excomunión en las que sostenía que la tarea de las autoridades civiles consiste en castigar a los cristianos que pecan, y que la iglesia misma no tiene autoridad para excomulgar.[29] Como resultado de ello, se le dio su nombre a la opinión según la cual el estado ha de ser soberano sobre la iglesia aun en cuestiones de disciplina eclesiástica —opinión hoy llamada «erastianismo»—.

El calvinismo en los Países Bajos

Fue en Holanda, a principios del siglo XVII, donde tuvieron lugar algunos de los acontecimientos más importantes en el desarrollo de la ortodoxia

[27] J. H. Bratt, *The Rise and Development of Calvinism: A Concise History* (Grand Rapids, Michigan, 1959), p. 39; E. G. Léonard, *Historie générale du protestantisme*, tome II: *L'établissement (1564-1700)*, p. 244; M. Heyd, «Un rôle nouveau pour la science: Jean-Alphonse Turretini et les débuts de la théologie naturelle à Genève», *RThPh*, 112 (1980): 25-42.

[28] R. Wesel-Roth, *Thomas Erastus: Ein Beitrag Zur Geschichte der reformierten Kirche und zur Lehre von der Staatssouveränität* (Lahr, Baden, 1954).

[29] Hay una traducción inglesa: *The Theses of Erastus Touching Excommunication* (Edinburgo, 1844).

calvinista. Tales acontecimientos giraron alrededor de las enseñanzas de Jacobo Arminio y sus seguidores, y del Sínodo de Dort, que a la postre les condenó.

Arminio (1560-1609)[30] era holandés de nacimiento, y su formación teológica había tenido lugar principalmente en la Universidad de Leiden y en Ginebra. Era calvinista convencido y siguió siéndolo toda su vida, aunque en varios de los puntos que se debatían se apartó clara y conscientemente de las enseñanzas de Calvino. Por tanto, aunque a la postre el término «arminiano» se volvió sinónimo de anticalvinista, ello no se debe a que Arminio se opusiera a las enseñanzas de Calvino en general, sino que tanto él como el calvinismo ortodoxo se dedicaron con tanta atención a las cuestiones de la predestinación, la expiación limitada y otras semejantes, que perdieron de vista el hecho de que la controversia, lejos de ser un debate entre calvinistas y anticalvinistas, era un desacuerdo entre dos grupos de seguidores de Calvino.

Cuando era joven estudioso de las obras de Calvino, Arminio recibió la influencia de Dirk Koornhert, para quien la doctrina de la predestinación tal como la enseñaba el calvinismo estricto era inaceptable, puesto que le parecía negar la justicia de Dios. Estudiando las objeciones de Koornhert, Arminio se convenció de que tenía razón en varios puntos. Sin embargo, esto no hubiera llevado a una gran controversia de no haber sido porque cuatro años más tarde (1603) Arminio fue nombrado profesor de teología en Leiden, donde sus opiniones pronto chocaron con las de su colega Francisco Gomaro (1563-1641).

Gomaro[31] no solamente era calvinista estricto, sino que era también supralapsario. Según él, Dios decretó primero la elección de algunos y la condenación de otros, y luego decretó permitir la caída como medio por el cual esa elección y reprobación tendrían efecto. Es más: después de la caída, toda la naturaleza humana está totalmente depravada, y Cristo solamente murió por los electos. Su reacción a las enseñanzas de Arminio no demoró, y su ira se exacerbó cuando, tras la muerte de Arminio (1609), la cátedra vacante fue ocupada por Simón Bisschop (1583-1643), cuyas convicciones seguían las mismas líneas generales de las de Arminio. Cuando Gomaro —que ya no estaba en Leiden— y sus seguidores trataron de ejercer presión para que todos los arminianos fuesen destituidos de sus posiciones docentes, cuarenta y seis pastores firmaron la *Remonstrancia* (1610). Este documento, probablemente compuesto por

---

[30] Hay una excelente biografía: C. Bangs, *Arminius: A Study in the Dutch Reformation* (Nashville, 1971). Esta biografía incluye una bibliografía excelente, pp. 361-68. Existe también una traducción inglesa de los escritos de Arminio: J. Nichols y W. R. Bagnall, eds., *The Writings of James Arminius*, reimpresión (Grand Rapids, Michigan, 1956), 3 vols.

[31] Véase G. P. Van Itterzon, *Franciscus Gomarus* (Den Haag, 1930).

Juan Uyttenbogaert —aunque a veces se le atribuye al propio Bisschop— rechazaba tanto el supralapsarianismo como el infralapsarianismo, así como la opinión de que los electos no podían caer de la gracia, y la teoría de la expiación limitada —es decir, que Cristo no murió por todos—.

En todos estos puntos, los «remonstrantes» —como se les llamaba entonces— no hacían sino tomar la posición que antes había sostenido Arminio, y por esa razón se les llama arminianos. Por tanto, a fin de comprender sus opiniones, debemos detenernos a discutir lo que Arminio había enseñado respecto a los puntos que se debatían.

En cuanto a la predestinación, Arminio había comenzado estando en desacuerdo con el supralapsarianismo extremo de Gomaro, pero a la postre había llegado a la conclusión de que también el infralapsarianismo erraba. Aunque es cierto que en muchos puntos Arminio era racionalista, es importante señalar que también sus opositores eran racionalistas en el sentido de que trataban de probar la predestinación como consecuencia de la naturaleza de Dios, y que Arminio insistía en que cualquier doctrina de la predestinación ha de ser cristocéntrica y ha de servir para edificación de los fieles. Así pues, al atacar la predestinación extrema que sostenían los supralapsarios, Arminio señalaba, entre otras, dos razones por las que no podía aceptar esa opinión: «(1) Porque esta predestinación no es el decreto de Dios mediante el cual Cristo es puesto por Dios como salvador, cabeza y fundamento de los que han de ser herederos de la salvación; y, sin embargo ese decreto es el único fundamento del cristianismo. (2) Porque esa doctrina de la predestinación no es doctrina tal que, mediante la fe, nosotros como piedras vivas podamos ser edificados en Cristo, la única piedra del fundamento, y ser unidos a él de igual modo que los miembros del cuerpo se unen a su cabeza».[32]

Luego la doctrina de la predestinación de Arminio está en desacuerdo con la de los gomaristas en dos puntos básicos. En primer lugar, es más estrictamente cristocéntrica —y en ese punto se acercaba más a Calvino que Gomaro—. Y, en segundo lugar, es una predestinación que se basa en la presciencia que Dios tiene de la fe futura de los electos. Además, Arminio insiste en que el primerísimo «decreto absoluto de Dios sobre la salvación del humano pecador, es el decreto que establece a su Hijo, Jesucristo, como mediador».[33] Los decretos segundo y tercero eran entonces que Dios salvaría a todos los que se arrepintieran y creyeran, y que Dios proveería los medios para hacer disponibles ese arrepentimiento y fe. Sigue entonces lo que Arminio llama el cuarto decreto, que muestra claramente el modo en que él entiende la predestinación: «Después de

---

[32] Nichols and Bagnall, *The Writings of James Arminius*, 1:216-17.
[33] *Ibid.* 1:247.

estos viene el cuarto decreto, mediante el cual Dios decretó salvar a ciertas personas y condenar a otras. Este decreto tiene su fundamento en la presciencia divina, mediante la cual sabía Dios desde toda la eternidad quiénes, mediante su gracia previniente, llegarían a creer, y mediante su gracia subsiguiente perseverarían».[34] Por tanto, tenían razón los calvinistas estrictos al afirmar que el modo en que Arminio entendía la predestinación destruía el propósito mismo de esa doctrina, que consistía en asegurarse de que nadie pudiera jactarse de su propia salvación. Ciertamente, si la causa de nuestra elección no es otra que la presciencia que Dios tiene de nuestro arrepentimiento y fe, se deduce que lo que determina la salvación es nuestra propia respuesta al llamado del evangelio, es decir, nuestra propia fe, y no la gracia de Dios.

A fin de evitar esa consecuencia, Arminio apelaba a lo que llamaba la «gracia previniente», a que hace referencia la cita que acabamos de dar. Según él, esa gracia previniente le ha sido dada por Dios a todos, y es suficiente para poder creer, a pesar de nuestra pecaminosidad; y, por tanto, basta para la salvación. Luego la diferencia entre los electos y los réprobos se encuentra en que unos creen y otros no, al mismo tiempo que Dios siempre ha sabido cuál ha de ser la decisión de cada cual. Por tanto, «la gracia suficiente para la salvación les es dada tanto a los electos como a los que no lo son, de tal modo que, si así lo desean, puedan creer o no creer, puedan ser salvos o no».[35] La gracia, entonces, no es irresistible, como sostenían los gomaristas.

Esto, a su vez, implica que Cristo murió por toda la raza humana, y que la doctrina de la expiación limitada debe rechazarse.

> El punto en discusión es [...] si se puede decir correctamente que, cuando Dios decidió que su propio Hijo se hiciera hombre y muriera por los pecados, lo decidió haciendo la distinción de que asumiría solamente por unos pocos la naturaleza humana que tenía en común con todos; que sufriría solamente por unos pocos la muerte que podía ser el precio por el pecado de todos, y por el primer pecado que todos cometimos juntamente en Adán. [...] Ustedes responden afirmativamente a esa pregunta, y por tanto es con razón que su doctrina ha de ser rechazada.[36]

Por último, Arminio sostenía que, precisamente porque la gracia es resistible, es posible abandonarla y caer de ella o, como él diría, que «es cierto

[34] *Ibid.* 1:248.
[35] *Ibid.* 1:367.
[36] *Ibid.* 3:452-53.

que a veces los que han sido regenerados pierden la gracia del Espíritu Santo».[37] Tal opinión les parecía particularmente ofensiva a los calvinistas que pensaban que el más alto valor de la doctrina de la predestinación estaba en la seguridad de la propia salvación que se derivaba de ella, y que ahora la posición de Arminio ponía en dudas.

Cuando la *Remonstrancia* fue publicada, la controversia se vio envuelta también en una multitud de cuestiones políticas y sociales. La mayoría de las provincias marítimas, y especialmente la burguesía, clase particularmente numerosa y poderosa en esas provincias, tomaron la posición arminiana. Las bajas clases rurales, al igual que los pescadores que habitaban en las islas, apoyaban el calvinismo estricto de Gomaro, y contaban con el apoyo de los numerosos exiliados que habían venido a los Países Bajos por razones de su fe, y para quienes la pureza de esa fe era fundamental. Puesto que las provincias marítimas apoyaban a Juan Barneveldt en su oposición al poder creciente de Mauricio de Nasau, los arminianos contaban con el apoyo de Barneveldt, mientras Mauricio estaba a favor de los gomaristas. Cuando Rotterdam tomó la posición de los remonstrantes, Amsterdam, que por largo tiempo había sido su rival, tomó la posición opuesta. En todo caso, para el año 1618 Mauricio de Nasau y sus seguidores se habían consolidado en el poder, y, por lo tanto, cuando se convocó al Sínodo de Dort resultaba claro que rechazaría la posición de los *remonstrantes*.[38]

A fin de ver cómo Dort respondió a las diversas tesis de los *remonstrantes*, tomaremos estas por turno, las expondremos, y luego mostraremos lo que Dort decidió al respecto.

El primer artículo de la *Remonstrancia* trata sobre la predestinación. No la niega, sino que, por el contrario, la afirma. Ni siquiera ataca la posición supralapsaria, aunque el modo en que se expresa es tal que una interpretación infralapsaria parece ser la más natural, puesto que el texto dice que mediante un decreto eterno e inmutable Dios «determinó salvar, de entre la raza humana que había pecado» a aquellos que serían salvos, y dejar que permanecieran bajo el pecado «los contumaces e incrédulos». Así pues, lo que la *Remonstrancia* hace en este punto es sencillamente explicar la predestinación de tal modo que pudiera entenderse en términos infralapsarios, y que también pudiera interpretarse como el resultado, no de la iniciativa divina, sino de la presciencia divina respecto a quiénes creerían y quiénes no.[39]

---

[37] *Ibid.* 3:505.

[38] Sobre la discusión teológica que tuvo lugar en este contexto respecto a la relación entre la iglesia y el estado, véase: E. Conring, *Kirche und Staat nach der Lehre der niederländischen Calvinisten in der ersten Hälfte des 17. Jahrhunderts* (Neunkirchen, 1965).

[39] En toda esta sección, las referencias tanto a la *Remonstrancia* como a los Cánones de Dort pueden verse en la traducción inglesa que se encuentra en R. L. Ferm, ed., *Readings*

La respuesta de Dort a este modo de entender la predestinación no deja lugar a duda. La elección es completamente incondicional y, por lo tanto, no se basa en la presciencia, sino solamente en la decisión soberana de Dios. «El beneplácito de Dios es la única causa de esta elección por gracia; y esto no consiste en que Dios, previendo todas las cualidades posibles de las acciones humanas, haya elegido algunas de ellas como condición de la salvación, sino en que le plugo a Dios de entre la masa común de los pecadores adoptar a ciertas personas como pueblo propio suyo, como está escrito».[40]

El segundo punto de la *Remonstrancia*, siguiendo también las enseñanzas de Arminio, afirma que Jesús «murió por todos los humanos y por cada uno, de tal modo que ha obtenido para todos ellos, mediante su muerte en la cruz, la redención y el perdón de pecados».[41] Esto no quiere decir que los *remonstrantes* fuesen universalistas en el sentido de que creyeran que todos se salvarían a la postre. Al contrario, afirmaban claramente que «nadie sino el creyente goza de tal perdón».[42] Lo que se discutía no era cuántos se salvarían, sino más bien si la muerte de Cristo fue para toda la humanidad o no.

Frente a esa opinión, el Sínodo de Dort reafirmó la distinción que habían hecho anteriormente Gomaro y otros calvinistas entre la suficiencia de los méritos de Cristo en sí mismos y su eficacia en la voluntad divina. De este modo se afirma que la muerte de Cristo «es de valor y poder infinitos, abundantemente suficiente para expiar por los pecados de todo el mundo».[43] Pero, a pesar de ello, «fue la voluntad de Dios que Cristo mediante la sangre de la cruz... efectivamente redimiese» a todos aquellos, y solamente a aquellos, que habían sido elegidos desde la eternidad».[44] Esta es la doctrina de la expiación limitada, que vendría a ser una de las marcas distintivas de la ortodoxia calvinista a partir de entonces.

En lo que se refiere a la depravación total, tanto los *remonstrantes* como el Sínodo de Dort han sido frecuentemente mal interpretados. La noción común, que los *remostrantes* la negaban mientras Dort la afirmó, no es del todo exacta. De hecho, los *remostrantes* afirmaban «que el ser humano... en el estado de apostasía y pecado no puede por sí mismo ni pensar ni desear ni hacer cosa alguna que sea verdaderamente buena».[45]

---

in the History of Christian Thought (Nueva York, 1964), pp. 397-406.
[40] Ferm, *Readings*, p. 401.
[41] *Ibid*. p. 397.
[42] *Ibid*. p. 397-98.
[43] *Ibid*. p. 402.
[44] *Ibid*.
[45] *Ibid*. p. 398.

El Sínodo de Dort, por su parte, afirmó que «permanecen, no obstante, en el ser humano después de la caída los destellos de la luz natural que le permiten retener cierto conocimiento de Dios, de las cosas naturales y de la diferencia entre el bien y el mal, así como descubrir cierto aprecio hacia la verdad, el buen orden de la sociedad, y la buena conducta externa».[46]

Esto no quiere decir que estuvieran completamente de acuerdo en este punto. Pero la divergencia es mucho más sutil que la mera cuestión de si los seres humanos están totalmente depravados o no. La diferencia consiste más bien en que, mientras la *Remonstrancia* se negaba a unir esa depravación con la gracia irresistible, Dort sí establecía una relación entre ambas, porque solamente una gracia que sea irresistible puede mover el corazón de un pecador totalmente depravado.

En lo que se refiere a la gracia irresistible los dos grupos sí divergían diametralmente. La *Remonstrancia* afirmaba que «en cuanto al modo en que esta gracia opera, no es irresistible».[47] Frente a ello el Sínodo de Dort declaró que la depravación de la raza humana es tal que Dios tiene que mover la voluntad a fin de que alguien pueda llegar a la fe.

> Por tanto, la fe ha de considerarse don de Dios, no porque sea ofrecida por Dios al ser humano, para que este la acepte o rechace según su beneplácito, sino porque es realmente concedida, vertida e infusa en el humano; ni se trata tampoco de que Dios le dé al humano la capacidad o el poder de creer y luego espere que el humano, mediante el ejercicio de su propio libre albedrío, consienta a los términos de la salvación y de hecho crea en Cristo; se trata, más bien, de que quien obra en el humano tanto el querer como el hacer, y ciertamente todo en todos, produce tanto la voluntad como el hecho mismo de creer.[48]

Por último, en cuanto a la perseverancia de los santos los *remonstrantes* también han sido mal interpretados. No decían que tal doctrina fuese incorrecta. Ni siquiera la atacaban. Lo que sí se negaban era a enseñar la doctrina contraria —es decir, la posibilidad de caer de la gracia— sin que se les ofreciera mayor prueba escrituraria. Naturalmente, tal posición implica que no estaban completamente convencidos de la teoría de la perseverancia de los santos. Pero también resulta claro que no hacían de la posición contraria uno de los pilares de su teología. Fue el Sínodo de Dort el que hizo de la doctrina de la perseverancia de los santos una marca necesaria

---

[46] *Ibid.* p. 403.
[47] *Ibid.* p. 398.
[48] *Ibid.* p. 404.

de la verdadera fe cristiana, y, en consecuencia, llevó a los arminianos a argumentar en pro de la posibilidad de caer de la gracia. Las palabras de Dort no dejan duda alguna en cuanto a la importancia de la doctrina de la perseverancia:

> La mente carnal es incapaz de comprender esta doctrina de la perseverancia de los santos y de su seguridad, que Dios ha revelado tan abundantemente en su palabra, para la gloria de su nombre y la consolación de las almas pías, y que Dios imprime en los corazones de los fieles. Satanás la aborrece; el mundo se burla de ella; los ignorantes y los hipócritas la atacan y los herejes se le oponen. Pero la esposa de Cristo siempre ha amado tiernamente y constantemente defendido esa doctrina, como tesoro inestimable; y Dios, contra quien no prevalece consejo ni fuerza, la ayudará a continuar en esa conducta hasta el fin.[49]

En resumen: la controversia arminiana y el Sínodo de Dort —que fue su resultado— constituyen otro episodio en el proceso mediante el cual la teología de la reforma se sistematizó hasta llegar a formar una ortodoxia estricta. Según las medidas del siglo XVI, Arminio y los *remonstrantes* hubieran sido considerados calvinistas tanto por los católicos como por los luteranos. Su doctrina eucarística, así como su modo de entender la naturaleza de la iglesia, eran típicamente calvinistas. Y, sin embargo, en menos de un siglo la doctrina de la predestinación —que Lutero había defendido al menos con tanto ardor como Calvino— se había vuelto la marca principal del calvinismo ortodoxo. Este cambio resulta tanto más notable si se tiene en cuenta que la principal contribución de Calvino a la teología protestante fue precisamente el no centrar la atención primeramente sobre las cuestiones soteriológicas, como lo había hecho Lutero.

Antes de abandonar los Países Bajos, hay otros dos teólogos holandeses que merecen mención especial debido al impacto que tuvieron fuera de los límites de su propio país. Se trata de Hugo Grocio y Juan Cocceius. Grocio (1583-1645)[50] fue arminiano y, en términos generales, defendió la tolerancia y la moderación. Por esa razón, y porque su propio país estaba dividido por amargas contiendas políticas y religiosas, pasó buena parte de su vida en el exilio. Sus dos obras más importantes son: *De la verdad de la fe cristiana* (1622) y *De la ley de la guerra y la paz* (1625). La primera es una exposición de las principales doctrinas cristianas, basándolas en la medida de lo posible en la teología natural, y siempre subrayando la

---

[49] *Ibid.* p. 406.
[50] W. S. M. Knight, *The Life and Works of Hugo Grotius* (Londres, 1925).

tradición cristiana común más que las diversas posiciones confesionales. Por esa razón gozó de gran popularidad, especialmente entre quienes se dedicaban a la labor misionera. El tratado sobre la guerra y la paz trata de fundamentar la ley de las naciones sobre la teología natural, y, por lo tanto, constituye un eslabón importante en la cadena que lleva desde Vitoria hasta el derecho internacional moderno.[51] Por último, Grocio también propuso una interesante teoría de la expiación según la cual la razón por la que Cristo tuvo que sufrir no fue para pagar los pecados de la humanidad ni para servirnos de ejemplo, sino más bien para mostrarnos que, aunque desea perdonarnos, Dios sigue considerando que la transgresión de la ley divina es una ofensa seria que no puede quedar sin consecuencias.

Juan Cocceius (1603-1669)[52] desarrolló en su *Summa doctrinae de foedere et testamento dei* la forma clásica de lo que se ha llamado posteriormente la teología «federal» o del «pacto». Según él, el principio hermenéutico que ha de servir como regla principal en la interpretación de las Escrituras es que Dios establece pacto con la humanidad. Esta relación se basa en un pacto preexistente entre el Padre y el Hijo. En la creación, Dios estableció con Adán un pacto de obras. Después de la caída, estableció un nuevo pacto de la gracia, que tiene dos fases: el viejo y el nuevo testamento. Esta opinión, que era un desarrollo posterior de posiciones sostenidas anteriormente por Ursino, más tarde fue bastante común entre los puritanos.

El calvinismo en Francia

La sobrevivencia del protestantismo en Francia estuvo en duda por largo tiempo, y ese hecho ha dominado su historia. Fue en 1559 cuando los protestantes franceses, quienes para ese entonces eran mayormente reformados, organizaron un Sínodo nacional francés. Dos años más tarde estaban ya en guerra con la corona. La *Confesión de La Rochelle* (1571), de inspiración calvinista, no siempre se exigió de todos los que deseaban unirse a las filas de los hugonotes, pues se necesitaba aumentar esas filas. No fue sino hasta 1598, con el Edicto de Nantes, que se les garantizó a los hugonotes el derecho de adorar y creer según les pareciera —y aun entonces solamente en ciertas ciudades y territorios especialmente designados—. A fin de garantizarles esa libertad, Enrique IV —un exprotestante que había cambiado de religión por lo menos siete veces— les dio a los hugonotes

---

[51] Véase J. D. Tooke, *The Just War in Aquinas and Grotius* (Londres, 1925).

[52] C. S. McCoy, «Johannes Cocceius: Federal Theologian», *SJT*, 16 (1963):352-70; G. Schrenk *Gottesreich und Bund im älteren Protestantismus, vornchmlich bei Johannes Coccejus* (Gütersloh, 1923).

doscientas plazas fuertes y el derecho a sostener un ejército. Pero el resultado de esto fue que la Iglesia reformada se volvió un estado dentro del estado, y que, por tanto, fue vista con suspicacia por quienes deseaban ver una monarquía poderosa y centralizada —el cardenal Richelieu entre ellos—. Como resultado de ello, en el siglo XVII estallaron de nuevo las guerras religiosas, y cuando concluyeron en 1629 el poderío político y militar de los hugonotes había sido destruido. En 1659 la corona abolió el Sínodo nacional, al parecer en un intento de dividir a la Iglesia reformada. Por último, en 1685 Luis XIV revocó el Edicto de Nantes, creyendo que los hugonotes no eran sino era insignificante minoría, y se sorprendió al ver que casi medio millón de sus súbditos abandonaron sus territorios. Para esa época los hugonotes se habían vuelto una clase mercantil acaudalada, y su partida fue una seria pérdida económica para Francia.

El protestantismo francés nunca aceptó la ortodoxia calvinista estricta del siglo XVII. Frecuentemente se piensa que esto se debió, al principio, a la inseguridad causada por las guerras religiosas, y, después, a la posición económica cómoda de que gozaban los hugonotes.[53] Esto puede ser parcialmente cierto. Pero también es cierto que en muchos aspectos el protestantismo francés siguió la teología e inspiración de Calvino mucho más de cerca que la ortodoxia calvinista de Ginebra y de Dort, y que, por tanto, la principal razón por la que se negó a seguir el camino de la ortodoxia del siglo XVII fue su mejor comprensión de la teología de Calvino.

Tal fue ciertamente el caso de Moisés Amyraut (1596-1664), el más notable teólogo protestante francés del siglo XVII, cuya teología difería tanto del calvinismo tradicional que se le llamó «el azote de Beza». Pero sus opiniones no fueron universalmente aceptadas en la Iglesia reformada francesa, cuyo Sínodo reunido en Alençon en 1637 tuvo que emitir juicio sobre las acusaciones de herejía que se elevaban contra Amyraut. Sin embargo, el hecho de que el Sínodo le absolvió muestra que en general la Iglesia reformada francesa veía sus posiciones con simpatía.

Lo más interesante en el caso de Amyraut es que era probablemente el más asiduo y profundo estudioso de las obras de Calvino en su época, y que, según él, lo que hacía era insistir en las enseñanzas de Calvino frente a los énfasis e interpretaciones erradas de quienes se consideraban a sí mismos calvinistas estrictos. Así, por ejemplo, Amyraut rechazó la doctrina ortodoxa de la expiación limitada, y mostró con abundantes citas que Calvino nunca sostuvo tal doctrina, sino todo lo contrario. Puesto que bebió de las mismas fuentes humanistas que antes le habían servido a Calvino, Amyraut también preservó el espíritu de Calvino en lo que a esto se

---

[53] Véase, por ejemplo, C. Miller en J. H. Bratt, *The Rise and Development of Calvinism* (Grand Rapids, Michigan, 1959), pp. 51-55.

refiere, que había sido totalmente abandonado por el escolasticismo calvinista. Y, en lo que se refiere a la doctrina de la predestinación, insistió correctamente en que la tradición ortodoxa supuestamente calvinista había torcido lo que Calvino había dicho, puesto que trataba de probar la predestinación derivándola de la doctrina de Dios, y sacándola del contexto soteriológico en que Calvino la había colocado.[54] En todos estos puntos, así como en otros de menor importancia, Amyraut, a quien los calvinistas ortodoxos frecuentemente han visto como opositor de la teología de Calvino, dio muestras de tener una comprensión de esa teología mucho más clara y profunda que la de quienes le acusaban.

Resulta claro entonces que, al menos en algunos puntos, el calvinismo francés, que frecuentemente ha sido interpretado como una desviación de las doctrinas originales de su fundador, se acercaba más a esas doctrinas que muchos de los más ardientes defensores del calvinismo.

El calvinismo en Escocia

Durante los primeros años de la Reforma protestante en Europa, la situación política de Escocia fue sumamente inestable. Esa situación se complicaba porque Escocia, un reino relativamente pequeño, vacilaba en su política externa entre las esferas de influencia de Francia y de Inglaterra. La política interna frecuentemente quedaba eclipsada, o al menos se complicaba, debido a los conflictos de intereses entre los francófilos y los anglófilos. Puesto que pronto Inglaterra se hizo protestante, mientras en Francia el partido católico ganó la partida, los intereses anglófilos en Escocia tendían a unirse a inclinaciones protestantes, mientras que los católicos más ardientes eran miembros del partido francófilo. Pero por encima de todo otro sentimiento, dominaba en Escocia un fuerte deseo de defender la independencia nacional, amenazada unas veces por Francia y otras por Inglaterra. Luego, cuando parecía que Inglaterra iba logrando la hegemonía muchos se inclinaban hacia el catolicismo y el partido francés; y lo

---

[54] B. G. Armstrong, *Calvinism and the Amyraut Heresy: Protestant Scholasticism and Humanism in Seventeenth-Century France* (Madison, Wisconsin, 1969), p. 266: «Especialmente Amyraut afirmaba que la predestinación había recibido en la estructura de la teología una importancia que no debía tener. Por lo tanto, siguiendo a Calvino, argumentaba fuerte y enfáticamente para que se separara la doctrina de la predestinación de la doctrina de Dios. Insistía en que tal doctrina es legítima en la teología solamente como una explicación *ex post facto* de la obra de Dios en la salvación, que discutir la teología a la luz de esa doctrina es violentar las Escrituras, la teología de Calvino, y hasta los cánones de Dort». Este estudio de la teología de Amyraut es fascinante, no solo por su comprensión de esa teología, sino también —y sobre todo— por lo que implica en cuanto a la interpretación tradicional de la relación entre Calvino y el calvinismo ortodoxo. Cf. J. Moltmann, «Prädestination und Heilsgeschichte bei M. Amyraut» *Zschvkgesch*, 65 (1953-54):270-303.

contrario sucedía cuando eran los franceses quienes parecían tener demasiado poder sobre Escocia.

No es necesario relatar aquí la larga serie de vicisitudes políticas que a la postre llevaron al triunfo del protestantismo en Escocia —e irónicamente, a la sucesión de un rey escocés a los tronos unidos de Inglaterra y Escocia—. Baste decir que en 1557 un grupo de nobles protestantes y antifranceses se unieron en un pacto que les valió el título —al principio peyorativo— de «lores de la congregación». Fue gracias a la influencia de estos lores, las veleidades políticas y maritales de María Estuardo, la ayuda inglesa, la rebelión popular y la dirección firme y ardiente de Juan Knox, que por fin la Reforma logró triunfar en Escocia.

Juan Knox (*ca.* 1513-1572) fue quien le dio forma al calvinismo escocés, y, a través de él, a la tradición presbiteriana en diversas partes del mundo. Su vida fascinante y llena de aventuras ha sido tema de varias excelentes biografías,[55] especialmente por cuanto son tantos quienes le cuentan entre sus antepasados espirituales. Pero lo que nos interesa aquí es su lugar en la historia del pensamiento cristiano, y más específicamente del calvinismo.

Frecuentemente se piensa que Knox fue el intérprete de Calvino para Escocia y a través de ella para buena parte del mundo de habla inglesa. Hay cierta medida de verdad en esto, puesto que Knox pasó algún tiempo en Ginebra, donde recibió un impacto profundo de la teología de Calvino. Además, no cabe duda de que él mismo estaba convencido de que Calvino había influido profundamente en su vida, y, por tanto, siempre insistió en que en Escocia se estudiara la teología de Calvino. Sin embargo, la interpretación tradicional de la relación entre Calvino y Knox ha de corregirse de manera paralela a lo que hemos tratado de hacer al corregir la interpretación tradicional de la relación entre Calvino y otras formas del calvinismo.

Como en el caso de otros calvinistas, el estudio de la doctrina de Knox sobre la predestinación nos ayudará a entender la relación entre Knox y Calvino, puesto que ese estudio nos mostrará que, en cierto sentido, Knox recibió mayor influencia de Zwinglio —a través de Bullinger, con quien pasó algún tiempo en Zúrich— que de Calvino.[56] Fue sobre este tema que

---

[55] Véase, J. Ridley, *John Knox* (Nueva York, 1968); W. S. Reid, *Trumpeter of God: A Biography of John Knox* (Nueva York, 1974); Jane Dawson, *John Knox* (New Haven, 2015).

[56] Esto ha sido demostrado, entre otros, por B. Hall en G. E. Duffield, ed., *John Calvin*, pp. 33-34: «El propio Juan Knox, al contrario de lo que normalmente se piensa de él, se inclinaba más hacia Zúrich que hacia Ginebra en su teología y en parte de su práctica, y había sido discípulo de Jorge Wishart, cuyos intereses teológicos se relacionaban con los suizos alemanes». Sobre este tema, véase también Ridley, *John Knox*, pp. 291-98. Un magnífico estudio que trata de entender el puritanismo a través de su teología sacramental es el de E. B. Holifield *The Covenant Sealed: The Development of Puritan Sacramental Theology*

Knox escribió su única obra teológica extensa, y en ella encontramos, una vez más, aunque no tan señaladamente, lo que ya hemos visto en Beza, Zanchi, Vermigli y otros, es decir, una defensa de la doctrina de la predestinación basada la naturaleza divina más que en la experiencia de la gracia.

La influencia de Zwinglio y de la teología de Zúrich sobre Knox puede verse también en su actitud hacia la autoridad civil. Sobre este punto, Calvino había sido más conservador que Zwinglio. La actitud de Calvino, particularmente hacia las casas reales, siempre había sido respetuosa. Dadas las circunstancias en Escocia, y la oposición de María Estuardo a la causa de la reforma, Knox encontró apoyo en la posición más radical de Zwinglio.

A pesar de todo ello, Knox es probablemente el reformador más genuinamente calvinista de toda la segunda mitad del siglo XVI, y la *Confesión escocesa* de 1560, que parece haber sido compuesta principalmente por él, sin lugar a duda, se acerca mucho más al pensamiento original de Calvino que la mucho más famosa *Confesión de Westminster.*

El movimiento puritano

El arreglo al que había llegado la reina Isabel no satisfizo a un amplio número de personas pías y celosas de su fe, que pensaban que la tarea de la reforma en Inglaterra no se había llevado a una conclusión adecuada. Puesto que tales personas deseaban purificar a la iglesia de todas las creencias y prácticas no bíblicas, se les llamó «puritanos». El desacuerdo fundamental entre los primeros puritanos y los anglicanos puede verse en una carta que el obispo Grindal le escribió a Bullinger en 1576, en la que declara que «es difícil de creer cuánto ha perturbado a nuestras iglesias, y todavía continúa perturbándolas en gran medida, esta controversia sobre cuestiones que no tienen importancia».[57] Lo que no tenía importancia para el obispo era parte de la esencia misma del evangelio para quienes insistían en una reforma absoluta y creían que tal reforma requería una adhesión estricta a las prácticas del Nuevo Testamento en todo aspecto. En cierto modo, no hacían sino seguir las enseñanzas de los reformistas ingleses anteriores, y llevarlas hasta sus últimas consecuencias. No hay duda de que en algunos puntos podían también reclamar entre sus antecesores a teólogos tales como el obispo Hooper, y en menor grado a Cranmer y otros. Pero también es cierto que su espíritu era muy distinto del de los

---

in Old and New England, 1570-1720 (New Haven, 1974). Hay referencias bibliográficas abundantes a todo este período en las páginas 28-138.

[57] Citado en C. Burrage, *The Early English Dissenters in the Light of Recent Research* (Cambridge, 1912), 1:79.

primeros reformadores ingleses. Los puritanos pensaban que una reforma que tratase de reconciliar la tradición de la iglesia con el testimonio bíblico sería siempre infiel a este último. Por tanto, sus dificultades con la reina surgieron de un conflicto de intereses: mientras Isabel I buscaba un punto intermedio que fuese aceptable a la mayoría de sus súbditos, lo que los puritanos buscaban era una obediencia absoluta a la Palabra de Dios tal como ellos la entendían, sin hacer concesiones.

El propósito de los puritanos no era destruir la Iglesia anglicana. Al contrario, estaban de acuerdo en que debía haber una iglesia nacional. Su meta original no era separar la iglesia del estado, ni tampoco crear otra iglesia. Lo que se proponían al principio era promover un cambio radical en la Iglesia de Inglaterra. Al pesar de ello, tales propulsores de una reforma más extrema subvertían el arreglo a que Isabel había llegado. Muchos de ellos sostenían una teología del pacto según la cual en las Escrituras Dios establece pactos con su pueblo, y este tiene que obedecer esos pactos para que Dios cumpla su parte. Tal teología del pacto también tenía sus defensores en el continente, tales como Ursino y Juan Cocceius. Pero lo que le daba un carácter particularmente subversivo en Inglaterra era que muchos puritanos llegaban a la conclusión de que el estado también constituye un pacto. Sobre esa base, era dado intentar modificar, o hasta cambiar radicalmente, la estructura misma del gobierno. Aunque esta tendencia revolucionaria difícilmente se veía —aun en los casos en que existía— en los primeros puritanos, a la postre, le costaría la cabeza al rey Carlos I. Otros entre los primeros puritanos sostenían que el verdadero gobierno de la iglesia debería ser de carácter presbiteriano y que el episcopado debía abolirse. Otros tomaban una posición intermedia, aceptando la ordenación por los obispos, pero se negaban a hacerse cargo de una congregación a menos que esta les llamase. Y un tercer grupo llegó a la conclusión de que, puesto que la iglesia del estado nunca llegaría a reformarse según Dios lo requería, era necesario formar una iglesia aparte. Tal fue la posición de Robert Browne (*ca.* 1550-1633), quien había sido expulsado del clero anglicano debido a sus ideas puritanas. En 1581, Browne fundó en Norwich la primera iglesia congregacional de Inglaterra, de la cual fue pastor. Este y otros casos semejantes marcaron los comienzos del movimiento separatista, que en el siglo siguiente llegaría a ser una de las fuerzas religiosas más importantes en Inglaterra. Pero ya en el siglo XVI estos diversos intentos de cambiar el gobierno de la iglesia no eran vistos con simpatía por el gobierno de Isabel, puesto que perturbaban a los más conservadores y, al mismo tiempo, minaban la estrecha colaboración entre la iglesia y el estado que era una de las metas de la política de Isabel.

Aunque el puritanismo tenía profundas raíces en el movimiento de los lolardos y en varias de las tradiciones reformadoras de principios del siglo XVI, pronto se le asoció con el calvinismo. Esto se debió en parte al

regreso del exilio, después de la muerte de María Tudor, de muchos que
habían encontrado refugio en Ginebra, Frankfurt y otras ciudades donde
la influencia de Calvino era grande. A ello contribuyeron también los
muchos discípulos que había tenido Martín Bucero en Cambridge, donde
enseñó durante el reinado de Eduardo VI. Por tanto, los puritanos tendían
a ver el arreglo al que Isabel había llegado como un punto intermedio
entre Roma y Ginebra, o lo que para ellos era lo mismo: entre Roma y el
cristianismo bíblico. Además, en parte debido al éxito de la reforma en
Escocia y a la forma presbiteriana de gobierno que la iglesia había adoptado en ese país vecino, los puritanos se convencieron cada vez más de
que el cristianismo bíblico exigía que las iglesias se gobernaran según el
sistema presbiteriano.

Como calvinistas que eran, los puritanos sostenían la doctrina de la
predestinación. Sin embargo, para ellos, al menos en los períodos posteriores del movimiento, la doctrina de la predestinación no era algo que
se deducía de la naturaleza de Dios, sino que era más bien una expresión
de la experiencia de la gracia. Por tal razón la predestinación no era comprensible igualmente para los creyentes y los incrédulos, sino que era más
bien una doctrina de la que solamente podía hablarse dentro del contexto
de la fe.

Esta doctrina de la elección no produjo en modo alguno el quietismo
que según muchos de sus críticos se deduce necesariamente de ella. Al
contrario: los puritanos estaban convencidos de que Dios los había elegido, no solamente para la salvación eterna, sino también para colaborar
en el plan divino para la humanidad. Por esa razón el activismo —y a
veces el buen éxito en ese activismo— vino a ser señal de la elección.
No debía malgastarse el tiempo, el dinero o la energía en asuntos frívolos
que no parecían relacionarse estrechamente con la seriedad del propósito
divino. Puesto que muchos de estos puritanos eran miembros de la clase
media que iba surgiendo, tales opiniones pronto se unieron y le prestaron
su apoyo a las crecientes economías capitalistas de Inglaterra y sus colonias americanas.

Aunque todos los puritanos estaban de acuerdo sobre la necesidad de que
el gobierno de la iglesia se ajustara a las normas bíblicas, pronto surgieron
entre ellos diferencias en cuanto al contenido mismo de esas normas. La
mayoría continuó fiel a la posición presbiteriana. Pero otros —entre ellos
Browne— pensaban que la organización de la iglesia en el Nuevo Testamento era congregacional, y que, por tanto, el presbiterianismo no era sino
otra componenda. Otros iban más lejos y decían que tanto Calvino como
los principales reformadores habían cedido demasiado ante el poder de la
tradición. Según ellos, la iglesia del Nuevo Testamento era estrictamente
una comunidad de creyentes unida por un pacto o alianza entre sí y con
Dios. Tal iglesia tiene que mantenerse libre de toda relación con el estado,

que no es una comunidad voluntaria como ella. Sus miembros tienen que serlo por decisión personal, y, por tanto, solamente pueden unirse a ella siendo adultos. En consecuencia, el bautismo infantil debía ser rechazado. Dada la necesidad de ajustarse a las prácticas bíblicas en todo detalle, a la postre tales grupos solo aceptaron el bautismo por inmersión, y se les comenzó a llamar «bautistas». Mientras los llamados «bautistas generales» rechazaban la doctrina de la predestinación de los calvinistas estrictos, otros, los «bautistas particulares» sí aceptaban esa doctrina.

Cuando resultó claro que el sucesor de la reina Isabel sería Jaime (o Jacobo) VI de Escocia, los puritanos se llenaron de esperanzas. Pero esas esperanzas cayeron por tierra cuando Jaime se negó a acceder a lo que le pedían algunos puritanos moderados. Lo único que les concedió fue la autorización de una nueva versión de la Biblia, que fue publicada en 1611 y se conoce como la Versión del Rey Jacobo (King James Version). Pronto resultó claro que Jaime no tenía intención alguna de estimular un movimiento cuya consecuencia sería llevar a la Iglesia de Inglaterra por los caminos más rígidos de la Iglesia de Escocia. Cuando a Jaime le sucedió su hijo Carlos I, el descontento entre los puritanos había llegado a su punto crítico.

Las políticas religiosas de Carlos no fueron sabias. En Escocia, su padre se las había arreglado para limitar el poder del presbiterianismo haciéndoles concesiones a los nobles, y contraponiéndolos a los líderes puritanos. Carlos siguió una política contraria, tratando de limitar el poder de los nobles, y pronto el presbiterianismo se abrió paso entre la aristocracia. En Inglaterra, hizo de Guillermo Laud su principal consejero en asuntos religiosos, y más tarde le elevó al arzobispado de Canterbury. Laud era un hombre honesto y pío que estaba convencido de la necesidad de detener el puritanismo, y también de que la Iglesia de Inglaterra debía hacer las paces con Roma. Aunque no era católico romano, su apertura hacia esa iglesia fue tal que Roma llego a ofrecerle el puesto de cardenal. Además, Laud se oponía fuertemente al calvinismo, y constantemente favorecía a quienes los calvinistas acusaban de ser arminianos. Por todas esas razones no gozaba de simpatía alguna entre los puritanos. Puesto que el Parlamento se inclinaba hacia el puritanismo, Carlos lo disolvió en 1629. Pero en 1638 Escocia se rebeló en respuesta a los edictos reales que pretendían limitar su libertad religiosa. Para el año 1640, el rey se vio obligado a convocar al Parlamento para solicitar su apoyo en la guerra contra Escocia. El Parlamento aprovechó esa oportunidad para favorecer la causa puritana. Entre las muchas acciones de este «Parlamento Largo», la más importante para la historia del pensamiento cristiano fue que convocó la Asamblea de Westminster, un grupo de ciento cincuenta y una personas cuya tarea sería aconsejar al Parlamento en asuntos religiosos. Esta asamblea produjo, entre otros documentos, la famosa *Confesión de Westminster* y dos catecismos, el «breve» y el «largo». Estos documentos —particularmente la *Confesión*— han venido a ser parte esencial del calvinismo presbiteriano.

Dada su importancia y el hecho de que frecuentemente se le ha tomado como una exposición fiel de la teología de Calvino, la *Confesión de Westminster* merece cierta consideración detallada, así como una comparación con la teología del propio Calvino.

La *Confesión de Westminster* comienza con un capítulo sobre la Sagrada Escritura. En él se afirma que los textos griego y hebreo del Antiguo y el Nuevo Testamentos, que han sido mantenidos puros a través de las edades, son «inmediatamente inspirados» por Dios (es decir, inspiración no mediada por hombres). La regla infalible para interpretar la Escritura no es sino la Escritura misma, donde se encuentran claramente expuestos todos los elementos necesarios para la salvación —aun cuando otros temas menores pueden ser de más difícil interpretación para los iletrados. Aunque Calvino hubiera estado de acuerdo en la importancia que la *Confesión* le da a la Biblia, hay dos puntos en los que este documento difiere de él. El primero es el lugar mismo que la doctrina de la inspiración ocupa en la estructura de la teología. Para Calvino los puntos de partida de la teología eran la condición humana y la meta de la existencia humana. La Biblia era, entonces, importante como medio para ayudarnos a alcanzar la meta para la que fuimos creados. En la *Confesión*, por otra parte, la Biblia se vuelve casi un libro de jurisprudencia en el que se encuentran textos que sirven para probar y para apoyar diversos puntos —inclusive lo que significa ser humano—. En este punto, es interesante notar que los dos catecismos producidos por la Asamblea de Westminster, que fueron escritos por personas diferentes, concuerdan más con Calvino que con la *Confesión*. El otro punto en que la *Confesión* difiere de Calvino es en su énfasis sobre la inerrancia de la Biblia. Aunque Calvino creía en la inspiración divina de las Escrituras, nunca la explicó de modo detallado ni mecanicista. Lo que Calvino subrayaba era que el Espíritu Santo hace uso de la Escritura dentro de la comunidad de fe, especialmente en el acto de la predicación. La *Confesión* coloca el texto sagrado dentro de un contexto más individualista, haciendo de él la guía para la fe de cada cristiano particular.

La *Confesión de Westminster* concuerda con la mayoría de los calvinistas posteriores al colocar la doctrina de la predestinación en tal lugar en la estructura de la teología que parece derivarse de la naturaleza de Dios más que de la experiencia de la gracia dentro de la comunidad de fe. Así, inmediatamente tras afirmar la autoridad de las Escrituras, la *Confesión* pasa a discutir la deidad en el segundo capítulo, y los decretos eternos de Dios en el tercero.

Dos ejemplos claros de la diferencia entre el puritanismo y la teología de Calvino pueden verse en el modo en que la *Confesión* trata sobre la oración y sobre el día de reposo. Sobre la oración, Calvino dice que es el momento en que más nos aproximamos a nuestra propia meta. En la oración glorificamos a Dios y nos relacionamos con la deidad de tal modo que verdaderamente llegamos a esperar que Dios sea la fuente de todo lo que somos y necesitamos. La *Confesión* discute la oración de manera bastante legalista, afirmando que «se requiere de todos los humanos», que ha de ser en el nombre del Hijo, en lengua conocida, y que no se ha de orar por los muertos. En cuanto al día de reposo, el mismo capítulo de la *Confesión* toma una postura diametralmente opuesta a la de Calvino. El reformador de Ginebra había dicho que el día de reposo era figura de cosas por venir, y que, por tanto, había sido abolido por Cristo, cuya resurrección es el principio del reposo final. Para él, la celebración del domingo no debía ser, entonces, una nueva «observancia supersticiosa de los días», sino que era más bien un modo práctico para que la iglesia pudiera adorar junta, y para dar descanso a los que trabajan. En cierto modo, todos los cristianos vivimos ya en el día de reposo, porque ya no dependemos de nuestras obras.[58] En contraste con esto, la *Confesión* afirma que Dios:

> [...] en su Palabra, mediante un mandamiento positivo moral y perpetuo que obliga a todos los hombres y en todas las edades, ha señalado particularmente un día de cada siete como día de reposo, para serle guardado santo ante Dios. Este día, desde el principio del mundo hasta la resurrección de Cristo, fue el último día de la semana; y desde la resurrección de Cristo fue cambiado al primer día, que en las Escrituras se llama el Día del Señor, y ha de ser continuado hasta el fin del mundo, como el día de reposo cristiano.

> Este día se mantiene santo ante Dios cuando los humanos, tras preparar adecuadamente sus corazones y habiéndose ocupado de antemano de los asuntos de su comunidad, no solamente observan un reposo santo todo el día de todas sus obras, palabras y pensamientos sobre sus empleos y recreaciones del mundo, sino que también dedican todo el tiempo a los ejercicios públicos y privados de adoración, y a las tareas necesarias y de misericordia.[59]

Todas estas diferencias entre Calvino y la *Confesión* se relacionan con la diferencia entre los modos en que ambos se acercan a las Escrituras, y que ya han sido discutidos más arriba.[60] La influencia positiva de Calvino puede verse en la *Confesión* cuando señala que tanto la ley como el

---

[58] *Inst.* 2.8.28-34.

[59] *West. Conf.* 21.7-8.

[60] Otras diferencias paralelas se pueden ver en temas tales como la perseverancia de los santos, la seguridad de la salvación, la unión con Cristo y la doctrina eucarística. Pero los temas que hemos tratado bastan para mostrar que la *Confesión*, aunque sigue muy de cerca a Calvino en muchos puntos, difiere notablemente de él en otros.

evangelio son parte del pacto de la gracia. Al afirmar tal cosa, la *Confesión* evita el contraste marcado entre la ley y el evangelio que fue característico de Lutero y que Calvino trató de evitar. Pero, entonces, la *Confesión* continúa diciendo que Adán, en su creación original, estaba bajo «un pacto de obras» y que fue solamente después, tras la caída, que se estableció el «pacto de la gracia». Calvino nunca hubiera dicho tal cosa, que hace de la fe un substituto para las obras que ya no podemos llevar a cabo. Si la fe pertenece únicamente al nuevo pacto, es de suponerse que no se requería de Adán y de Eva como es ahora requerida de nosotros y de todas las generaciones desde entonces.

Por tanto, la *Confesión de Westminster*, como la mayor parte del calvinismo del siglo XVII, hasta tal punto esquematizó y sistematizó la teología de Calvino que se perdió mucho de su espíritu original.

En resumen: lo que acabamos de decir sobre la *Confesión de Westminster* también puede decirse de la mayoría de los calvinistas del siglo XVII —con la notable excepción de Amyraut y de su círculo dentro de la Iglesia reformada de Francia—. Es por esta razón que los historiadores frecuentemente se refieren a este período como la «ortodoxia calvinista». Esa ortodoxia giraba normalmente alrededor de la cuestión de la predestinación, que vino a ser ahora la característica principal del calvinismo. Esto resulta tanto más notable puesto que durante el siglo XVI el principal punto de divergencia entre los calvinistas y los luteranos no había sido la predestinación —sobre la que ambos grupos estaban de acuerdo— sino más bien el modo en que Cristo está presente en la Cena del Señor.

La ortodoxia calvinista le hizo mal al verdadero calvinismo por cuanto las generaciones posteriores creyeron que ella era expresión correcta de las opiniones de Calvino, y, por tanto, vieron en él una rigidez que no fue suya. La consecuencia ha sido que el reformador de Ginebra no ha recibido fuera de la tradición calvinista el estudio y atención que su teología merece.

46

El despertar de la piedad personal

La ortodoxia protestante prestó servicio al desarrollo de la teología protestante, puesto que sirvió para aclarar algunas de las implicaciones de los grandes descubrimientos del siglo XVI. Al principio, fue un movimiento profundamente religioso, ya que pretendía exponer con tanto detalle y claridad como fuera posible lo que eran temas de profunda importancia religiosa para quienes participaban en el movimiento. Pero, según las generaciones posteriores fueron heredando la obra teológica de sus predecesores, esa obra se volvió cada vez más rígida, como si la importancia de la teología se encontrase, ante todo, en una serie de verdades que puedan ser expuestas formalmente en proposiciones que luego se transmiten de una generación a la otra. Hubo dos reacciones muy diferentes que se opusieron a esa ortodoxia estéril. Una de ellas, el racionalismo, puso en duda buena parte del fundamento intelectual de la ortodoxia. Tal racionalismo no era un movimiento nuevo, sino más bien una continuación y florecimiento de las ideas del Renacimiento, cuya relación con la Reforma protestante del siglo XVI siempre fue ambivalente. En los siglos XVII y XVIII, la principal fuerza del racionalismo estaba en Francia e Inglaterra. Como veremos en el próximo capítulo, no fue sino hasta bien avanzado el sigo XVIII que tuvo su principal impacto en Alemania. En contraste, el pietismo, la otra reacción importante contra la ortodoxia estricta, comenzó en Alemania en el siglo XVII, y fue solo en el siglo siguiente cuando se produjo su contraparte británica, el metodismo. Así pues, el racionalismo y el pietismo fueron movimientos contemporáneos, aunque su relación cronológica varía de país en país. En Inglaterra, el racionalismo precedió al pietismo, mientras que en Alemania sucedió todo lo contrario. Por esa razón es difícil decidir cuál de los dos movimientos ha de estudiarse primero. Pero, puesto que buena parte de la teología protestante del siglo XIX se entiende mejor inmediatamente después de una discusión del curso del racionalismo y su culminación en la filosofía de Kant, nos ha parecido sabio posponer el estudio de las nuevas corrientes filosóficas, y ocuparnos primero del énfasis redoblado sobre la religiosidad personal que surgió como una de las dos principales reacciones a la ortodoxia protestante.

Como reacción a la ortodoxia en Alemania, y posteriormente al racionalismo frío en Inglaterra, aparecieron varios movimientos paralelos. Aunque la forma específica que estos movimientos tomaron fue diferente en cada país, resulta claro que les une la convicción de que la fe cristiana es mucho más vital que las disquisiciones de los teólogos escolásticos o las especulaciones de los filósofos, y que es necesario recuperar esa vitalidad.

Estos movimientos reclamaban no cuestionar la ortodoxia generalmente aceptada en su tiempo. Lo que procuraban hacer era redescubrir las implicaciones personales más profundas de la fe cristiana. De haberse limitado a ello, no les correspondería un lugar en un estudio como este, que necesariamente se ocupa del desarrollo de las ideas teológicas. Pero no es posible hacer una distinción tan tajante entre la teología y la práctica de la vida cristiana. Al principio, algunos de los teólogos ortodoxos reaccionaron favorablemente ante los nuevos movimientos, pero luego descubrieron que, aunque se pretendiera que no se trataba de una teología distinta, el nuevo énfasis en la vida cristiana práctica ponía bajo tela de juicio buena parte de la perspectiva de la teología ortodoxa. Es por esa razón que estos movimientos merecen un lugar en la historia del pensamiento cristiano. Además, aun cuando no se lo propusieran, los movimientos que ahora pasamos a estudiar tuvieron fuerte impacto tanto sobre la teología como sobre la filosofía, especialmente a través del gran número de protestantes que hasta el día de hoy son sus herederos espirituales.

Los movimientos que hemos de estudiar aquí son el pietismo, los moravos, el metodismo y el gran despertar en las colonias británicas de Norteamérica.

El pietismo

El fundador del pietismo alemán fue Philipp Jacob Spener (1635-1705),[1] quien se había criado en una familia luterana devota, pero no veía mucha

---

[1] P. Grünberg, *Philipp Jacob Spener*, 3 vols. (Gotinga, 1893-1906); H. Bruns, *Ein*

relación entre la fe que había recibido en su hogar, que era de gran importancia para él, y la teología que se enseñaba en las universidades. En un viaje a Suiza estableció contacto con las enseñanzas de Jean de Labadie, un exjesuita que insistía en que la inspiración inmediata del Espíritu Santo era necesaria para poder entender las Escrituras.[2] Aunque Spener nunca aceptó todas las doctrinas de Labadie —especialmente en lo que se refería al matrimonio entre cristianos y no-creyentes, que según el antiguo jesuita no era válido— sí fue muy impactado por la vitalidad de la fe que vio en el movimiento labadista, y decidió que trataría de despertar un fervor semejante en la iglesia luterana. Tras regresar a Alemania, sirvió como pastor, primero en Estrasburgo y luego en Frankfurt. Fue en Frankfurt donde comenzó a experimentar con pequeños grupos que se reunían en su hogar para sus devocionales. También en Frankfurt publicó (1675) su breve pero importantísimo libro *Pia Desideria*,[3] que marca el principio del movimiento pietista. Más tarde fue predicador de la corte de Dresden, donde convenció a August Hermann Francke, quien más tarde sería su más famoso discípulo. La oposición de la ortodoxia luterana al pietismo no se hizo esperar.[4] Pronto Spener y Francke se vieron involucrados en controversias con los teólogos de Leipzig, Wittenberg y otras universidades. J. Deutschmann, uno de los teólogos de Wittenberg, les acusó de sostener doscientas ochenta y tres doctrinas heréticas, y la mayoría de los teólogos ortodoxos estaba de acuerdo con muchas de esas acusaciones.[5] Como resultado de ello, los pietistas se vieron obligados a fundar su propia universidad en Halle (1694), que pronto vino a ser un centro de expansión de sus ideas a través de toda Alemania y, gracias al interés de los pietistas en las misiones, por todo el mundo.

Los seis «deseos píos» que inspiraron el título de *Pia desideria* constituían el programa de todo el movimiento. El primero era que los cristianos se sintieran movidos a buscar una comprensión de las Escrituras más clara y profunda a través del estudio devoto en pequeños grupos o reuniones en los hogares. Spener llamaba a esos grupos *Collegia pietatis*, y de ahí

Reformator nach der Reformation: Leben und Wirken Philipp Jacob Speners (Marburgo del Lahn,, 1937); J. Wallmann, *Philipp Jacob Spener und die Anfänge des Pietismus* (Tubinga, 1970); D. Blaufuss, *Spener-Arbeiten: Quellenstudien und Untersuchungen zu Philipp Jakob Spener und zur frühen Wirkung des lutherisches Pietismus* (Berna, 1980).

[2] Aunque muy antiguo, el mejor estudio de Labadie que conozco sigue siendo el de H. Heppe, *Ges-chichte des Pietismus und der Mystik in der reformierten Kirche* (Leiden, 1879), pp. 240-374.

[3] No conozco traducción castellana. Hay una versión inglesa: *Pia desideria* (Filadelfia, 1964).

[4] Al principio, sin embargo, algunos teólogos ortodoxos respondieron favorablemente al libro de Spener. B. Hägglund, *History of Theology* (St. Louis, 1966), p. 325.

[5] K. Depperman, *Der hallesche Pietismus und der preussische Staat unter Friedrich III* (Gotinga, 1961), pp. 69-87.

se deriva el nombre «pietistas» que les dieron sus opositores. En segundo lugar, Spener deseaba que el laicado redescubriese el sacerdocio universal de los creyentes, y con ese propósito en mente les daba a los laicos posiciones de responsabilidad en los grupos que fundaba. En tercer lugar, llamaba a todos a reconocer que la naturaleza del cristianismo es tal que no puede limitarse a las fórmulas doctrinales, sino que es más bien toda una experiencia de la fe, y una actitud que abarca toda la vida. Las doctrinas son importantes —y Spener afirmó repetidamente que aceptaba todas las doctrinas ortodoxas— pero mucho más importante es la experiencia y la práctica de la vida cristiana. En cuarto lugar, y como consecuencia de su tercer deseo, Spener abrigaba la esperanza de que todas las controversias —porque nunca dudó que hay momentos en los que la controversia es inevitable— tuvieran lugar en un espíritu de caridad, puesto que negar tal espíritu es pecado al menos tan grave como el error doctrinal. En quinto lugar, Spener deseaba que el adiestramiento de los pastores fuera más allá de la fría lógica y la teología ortodoxa, e incluyera una inmersión profunda en la literatura y la práctica devocional, así como adiestramiento y experiencia en el trabajo actual de servir como pastores del rebaño. Por último, como resultado de este clero así adiestrado, Spener deseaba que el púlpito recuperara su propósito original de instruir, inspirar y alimentar a los creyentes, en lugar de ser utilizado para disquisiciones doctas sobre puntos de doctrina recónditos o irrelevantes. Luego en *Pia desideria* ya se veía lo que serían las características principales del pietismo: un énfasis en la piedad personal; la práctica de formar pequeños grupos para fomentar esa piedad, con lo cual se implicaba que la iglesia no era capaz de llevar a cabo esa tarea; el énfasis en la lectura personal de las Escrituras; la convicción de que el meollo de la doctrina cristiana es sencillo, y que son los teólogos quienes lo complican; y el énfasis sobre el ministerio del laicado. Todo esto se colocaba dentro de un contexto epistemológico en el que la experiencia personal era más importante que la fe comunitaria, y hasta a veces más importante que la revelación histórica.

El amigo y seguidor de Spener, August Hermann Francke (1633-1727),[6] dio al movimiento continuidad institucional al fundar centros de obra caritativa tales como una escuela para niños pobres y un orfanato. Cuando se unió a la recién formada Universidad de Halle, hizo de ella un centro para el adiestramiento de líderes pietistas que pronto se encontraron en toda Alemania y aun en ultramar. Llevó el énfasis de Spener sobre la experiencia personal más allá que su maestro, afirmando que los

---

[6] F. Ernest Stoeffler, *German Pietism during the Eighteenth Century* (Leiden, 1973), pp.1-3; E. Peschke, *Studien zur Theologie August Hermann Franckes*, 2 vols. (Berlín, 1964-66). Una biografía introductoria: E. Beyreuther, *August Hermann Francke (1633-1727) Zeuge des lebendigen Gottes* (Marburgo del Lahn, 1956).

verdaderos creyentes pasan por una «lucha del arrepentimiento» en la que, confrontados por la ley y por su propia pecaminosidad, han llegado a tener una experiencia de conversión tal que pueden decir el lugar y fecha en que tuvo lugar. También subrayó la importancia de leer las Escrituras con sencillez de mente, hasta tal punto que a veces pareció oponerse al conocimiento excesivo. «Podemos asegurarles a quienes lean la Palabra con devoción y simplicidad que sacarán más luz y provecho de tal práctica, y de relacionarla con la meditación [...] que todo lo que pueda adquirirse con gran esfuerzo mediante el estudio de una variedad infinita de detalles sin importancia».[7]

Aunque sea difícil negar la veracidad esencial de tal aseveración, provocó la oposición de los teólogos ortodoxos y líderes eclesiásticos, aunque no tanto por lo que decía como por lo que no decía. El énfasis sobre los creyentes individuales y su relación con Dios parecía prestarle poca atención a la iglesia. Aunque Lutero había afirmado que un cristiano con la Biblia tenía más autoridad que todo un concilio o un papa sin ella, así y todo, siempre le había prestado gran atención a la iglesia y los sacramentos, que para él estaban indisolublemente unidos al evangelio. La tendencia del pietismo de prestar poca atención a la iglesia fue una de las principales razones por la que los teólogos luteranos ortodoxos atacaron al movimiento.

Otra diferencia importante entre el pietismo y el protestantismo ortodoxo estaba en su actitud hacia las misiones. Por varias razones, que tenían que ver principalmente con las circunstancias históricas y políticas, ninguno de los principales líderes protestantes del siglo XVI se había mostrado favorable al trabajo misionero, y algunos hasta se habían opuesto a él. En este punto, como en tantos otros, los protestantes ortodoxos les seguían al pie de la letra. Gerhard, por ejemplo, declaró que la diferencia entre los apóstoles y los cristianos del día de hoy consistía entre otras cosas, en que a los apóstoles se les había mandado ir de un lugar a otro, mientras que los cristianos de hoy deben permanecer donde Dios les ha colocado.[8] Frente a tal opinión, tanto Spener como Francke afirmaban que la Gran Comisión les había sido dada por Cristo a todos los cristianos, y que, por tanto, todos eran responsables de la conversión de los no creyentes. Así, la Universidad de Halle vino a ser un centro para el adiestramiento de misioneros. Cuando Federico IV de Dinamarca decidió fundar una misión en la India, no pudo encontrar entre todos los luteranos ortodoxos de su país una sola persona capacitada y dispuesta a encabezar la misión, y tuvo que pedirle a

---

[7] *A Guide to the Reading and Study of the Holy Scriptures* (Filadelfia, 1823), p. 83.

[8] *Loci theol.*, 24:5.221-25.

la Universidad de Halle que le mandara a los misioneros que él, a su vez, enviaría a la India.[9] Este interés del pietismo y sus varios movimientos afines en las misiones es una de las razones por las que su influencia ha sido tan grande aun hasta el tiempo presente en las iglesias más jóvenes en diversas partes del mundo, que son el resultado de la obra de misioneros pietistas.

Zinzendorf y los moravos

El conde Nicolaus Ludwig von Zinzendorf (1700-1760) fue persona de profunda convicción religiosa y había estudiado en la Universidad de Halle.[10] Había recibido la influencia del pietismo, y fue siempre a partir de esa perspectiva que interpretó la naturaleza del cristianismo.[11] En 1722 un grupo de hermanos bohemios que huían de la persecución aceptó su invitación a establecerse en los territorios del conde en Sajonia. Al principio, Zinzendorf ni siquiera era miembro de la comunidad, pero poco a poco su propia sinceridad religiosa, unida a sus dotes personales, le hicieron el jefe de la comunidad. Debido a su lugar de origen, estos hermanos bohemios fueron conocidos como «moravos» y también por «herrnhuterianos», porque la aldea que fundaron en tierras de Zinzendorf se llamaba Herrnhut.

Como casi todos los pietistas, Zinzendorf era verdadero luterano y ortodoxo en sus creencias, aunque al mismo tiempo reaccionaba contra el espíritu rígido de la ortodoxia luterana. Siguiendo su dirección, los moravos aceptaron la *Confesión de Augsburgo* como declaración de su propia fe, pero siempre siguieron insistiendo en la prioridad de la vida devocional y moral por encima de las fórmulas teológicas. Esta vida devocional se centraba en la contemplación de Cristo y de sus sufrimientos en la cruz. En Cristo veían ellos la *suma* de su teología, porque Dios no puede conocerse por medio natural o filosófico alguno, sino únicamente a través de su revelación en Cristo. Esta asidua contemplación de Cristo llevaba al creyente a confiar absolutamente en el Señor para el perdón de sus pecados, así como para todo otro aspecto de su vida. Es por esa razón por la

---

[9] Pedersen, *Pietismes Tid:1699-1746*, Vol. 5 de H. Koch y Bjorn Kornerup, *Den Danske Kirkes Historie* (Copenhague 1951), pp. 36-40.

[10] F. Ernest Stoeffler, *German Pietism during the Eighteenth Century* (Leiden, 1973), pp. 131-67; J. R. Weinlick, *Count Zinzendorf* (Nashville, 1956); E. Beyruether, *Der junge Zinzendorf* (Marburgo del Lahn1957); S. Hirzel, *Der Graf und die Brüder: Die Geschichte einer Gemeinschaft* (Gotha, 1935); H. Plitt, *Zinzendorfs Theologie*, 3 vols. (Gotha, 1869-74); L. Allen, *Die Theologie des jungen Zinzendorf* (Berlín, 1966); H. C. Hahn, *Quellenzur Geschichte der Brüder-Unitat von 1722 bis 1760* (Hamburgo, 1977).

[11] Bergmann, *Grev Zinzendorf og hans Indsats i Kirkens og Missionens Historie* (Copenhague, 1953), pp. 19-24.

que los moravos, a quienes Wesley conoció durante una difícil travesía del Atlántico, le impresionaron tan profundamente por su confianza en Dios.

Debido a su escaso número, los moravos pudieron haber tenido escasa importancia en la historia del cristianismo. Pero su importancia no guarda proporción alguna con esos números. Su interés en las misiones tuvo por resultado que propagaron la fe a diversas partes del mundo,[12] donde su influencia se ha hecho sentir no solamente entre sus descendientes espirituales directos, sino también entre los otros protestantes que han convivido con ellos. Su impacto sobre Wesley puede verse no solamente en Wesley mismo, sino también, aunque más indirectamente, sobre toda la tradición metodista. A través de su influencia sobre Friedrich Schleiermacher, los moravos hicieron una contribución importante a la teología de los siglos XIX y XX.

Wesley y el metodismo

Mientras en el continente europeo los pietistas y los moravos trataban de ofrecer una alternativa a la ortodoxia fría, había también en Inglaterra muchos a quienes la forma tradicional en que habían escuchado el cristianismo no parecía decirles gran cosa, ni a ellos mismos ni a las masas. Eran días de importantes cambios que llevaban a la población a abandonar las áreas rurales y establecerse en las ciudades, donde aparentes oportunidades económicas atraían a muchos de entre la población pobre de los campos. Las ciudades se llenaron de grandes masas de población con escaso contacto con la vida de la Iglesia anglicana. Entre los que pertenecían a la iglesia, tanto los anglicanos como los de las iglesias disidentes parecían contentarse con un cristianismo inocuo que consistía en observancias externas, pero que no cultivaba la fe del creyente. La predicación frecuentemente era poco más que una mera exhortación moral. A esto se añadía la influencia del racionalismo —que hemos de estudiar en el próximo capítulo— cuya consecuencia era una «teología natural» que tenía poco que decir sobre Jesucristo, excepto quizá como ejemplo moral.

Por tanto, aunque por distintas razones, la cuestión que se planteaba en Inglaterra era en su esencia la misma que se planteaba en el continente: ¿cómo puede hablarle a las masas, a quienes parece decirle tan poco, este cristianismo tradicional y al parecer frío? ¿Cómo podrá presentarse el

---

[12] Al concluir el siglo XVIII tenían sesenta y siete misioneros en las Indias occidentales, diez entre los indios de Norteamérica, veinticinco en Sudamérica, dieciocho en Groenlandia, veintiséis en El Labrador, diez en el Cabo de Buena Esperanza y cinco en la India. *Periodical Accounts of the Missions of the Church of the United Brethren Established among the Heathen (1797-1800)*, 2:502.

evangelio de una manera sencilla pero al mismo tiempo conmovedora y teológicamente correcta? Hubo muchas respuestas. Sin embargo, lo que resulta particularmente interesante es que la mayoría de ellas sugería medios semejantes a los *Collegia pietatis* de Spener. Por ejemplo: en 1678 se fundó en Londres la primera de una larga serie de sociedades religiosas. El propósito de tales sociedades no era substituir a la iglesia, sino más bien complementar el culto de la iglesia con el estudio, la devoción y la experiencia que solo podían tener lugar en grupos más pequeños. Como sucedió con los pietistas en Alemania, pronto estos grupos se involucraron en obras de misericordia mediante las que trataban de aliviar los sufrimientos producidos por los males sociales de la época: la pobreza, el encarcelamiento, la falta de raíces, etc. Entre los presbiterianos de Escocia se dio un fenómeno parecido, pues desde principios del siglo XVIII las sociedades de oración se hicieron muy populares.

El nombre mismo del metodismo se deriva de unos de esos pequeños grupos de cristianos. Ya en 1702 Samuel Wesley, el padre de Juan Wesley, había organizado una sociedad religiosa en su parroquia en Epworth. Años después, cuando Juan Wesley (1703-1791) y su hermano Carlos (1707-1788) estudiaban en Oxford, fueron miembros de una sociedad parecida, organizada por Carlos y otros para ayudarse mutuamente en los estudios.[13] Pero ese club pronto se volvió semejante a los *Collegia pietatis* que Spener había sugerido —con la diferencia notable de que el club metodista original también siguió siendo un centro de actividad académica y de estudios—. Fueron algunos compañeros, probablemente con espíritu de burla, quienes le dieron a este grupo el nombre de «club santo» y más tarde de «metodistas».

Juan Wesley, quien pronto descolló como jefe del club metodista, era un estudiante capaz cuyo trabajo académico le había ganado honores en el Lincoln College de Oxford. También era persona de espíritu ardiente, que había recibido de su padre Samuel un profundo compromiso con el anglicanismo más tradicional y de su madre Susana un compromiso semejante al mismo tiempo que una aguda sensibilidad y devoción profunda. Juan Wesley era también hombre de increíble energía, activista por naturaleza, quien compartía con los puritanos el impulso incesante de estar involucrado en alguna obra en servicio de Dios. Fue ordenado diácono anglicano en 1725, y sacerdote en 1728. Siete años más tarde fue como misionero a la colonia de Georgia, y fue en esa travesía del Atlántico,

---

[13] La bibliografía sobre los Wesley y su movimiento es demasiado extensa para mencionarla aquí. Véanse F. Baker, «Wesley and Methodism», *The Duke Divinity School Review*, 37 (1972): 82-83; R. J. Rogal, «The Wesleys: A Checklist of Critical Commentary», *Bulletin of Bibliography*, 28 (1971): 22-35. Los materiales más antiguos pueden encontrarse en G. Osborn, *Outlines of Wesleyan Bibliography* (Londres, 1869).

cuando una tormenta amenazaba el navío, que tuvo oportunidad de ver la tranquila confianza en Dios de un grupo de moravos que iban en el barco. En Georgia pronto resultó claro que no tenía los dones necesarios para la tarea que había emprendido. Era extremadamente meticuloso en el culto anglicano y en la aplicación de la disciplina —a veces mucho más de lo que se hubiera esperado de él en Inglaterra— y por ello pronto tuvo numerosos enemigos. Estaba a punto de comprometerse en matrimonio cuando decidió echar suertes sobre el asunto (siempre hubo en él algo de superstición) y a base del resultado rompió las relaciones con la que iba a ser su prometida. Cuando esta se casó con otro y dejó de asistir a las reuniones del pequeño círculo que Wesley había fundado imitando al de su padre en Oxford y al «club santo» de Oxford, Wesley se negó a darle la comunión, argumentando que no estaba lista para recibirla. Este incidente y muchos otros de índole semejante hicieron que varios de sus enemigos le plantearan pleito. Ante tales circunstancias, y convencido de que había fracasado como ministro, Wesley decidió regresar a Inglaterra. De vuelta en su patria, volvió a establecer contacto con los moravos, quienes le ayudaron en su búsqueda de la fe y de su propio sentido de dignidad. Por fin, el 24 de mayo de 1738, tuvo lugar la famosa experiencia de Aldersgate:

> En la noche fui de muy mala gana a una sociedad en la calle de Aldersgate, donde alguien estaba dando lectura al prefacio de la Epístola a los romanos de Lutero. Cerca de un cuarto para las nueve de la noche, mientras él describía el cambio que Dios obra en el corazón a través de la fe en Cristo, yo sentí un extraño ardor en mi corazón. Sentí que confiaba en Cristo, solo en Cristo para la salvación, y recibí una seguridad de que él me había quitado todos mis pecados, aun los míos, y me había librado de la ley del pecado y de la muerte.[14]

Puesto que los moravos le habían impresionado repetidamente, Wesley decidió viajar a Alemania, donde se reunió con Zinzendorf y visitó Herrnhut. Como anteriormente, se conmovió por la profunda convicción de los moravos y por su vida moral y religiosa. Pero no estaba completamente convencido de que debía seguirles en todo, especialmente en lo que a su temperamento activo parecía ser un quietismo exagerado, y en las inclinaciones místicas de los moravos. Por algún tiempo tras su regreso a Inglaterra, mantuvo relaciones amistosas con los moravos. Pero, a la postre, tuvo que entrar en controversia con ellos y distinguir entre su movimiento y el de ellos. Desde el principio había objetado al quietismo y al misticismo de

---

[14] *OdW*, 11:64.

los moravos. En la ruptura final con ellos publicó porciones de su diario en el que había escrito algunas de sus objeciones a los moravos —especialmente tal como los conocía en Inglaterra—. Resulta claro que lo que Wesley presenta aquí es una caricatura de la creencia y la práctica morava. Pero, en todo caso, será útil citar sus palabras para comprender la razón de sus objeciones.

En cuanto a la fe, ustedes creen,

1. Que no hay grados de fe, y que nadie tiene grado alguno de ella antes de que todas las cosas sean hechas nuevas, antes de tener la completa seguridad de la fe, el testimonio interno del Espíritu, o la clara percepción de que Cristo mora en uno.

2. De igual modo, ustedes creen que no hay fe justificadora ni estado de justificación que no incluya todo esto...

Yo por mi parte creo,

1. Que hay grados de fe, y que es posible tener cierto grado de ella antes que todas las cosas sean hechas nuevas, antes de tener la completa seguridad de la fe, el testimonio interno del Espíritu, o la clara percepción de que Cristo mora en uno.

2. En consecuencia, creo que hay un grado de fe justificadora (y por tanto un estado de justificación) que es menos, y que normalmente antecede, a todo esto...

En cuanto al camino hacia la fe, ustedes creen:

que el modo de lograrla es esperar por Cristo y permanecer quietos; es decir,

no usar (lo que nosotros llamamos) los medios de gracia;

no ir a la iglesia;

no comulgar;

no ayunar;

no usar tanto de la oración privada;

no leer las Escrituras;

(porque ustedes creen que tales cosas no son medios de gracia, es decir, que normalmente no les llevan la gracia de Dios a los no creyentes, y que es imposible usar de tales medios sin antes confiar en ellos);

no hacer bien temporal;

no tratar de hacer bien espiritual.

(porque ustedes creen que no les es dado fruto del Espíritu alguno a quienes no lo tienen en sí mismos;

y que los que no tienen la fe están completamente ciegos, y por tanto no pueden guiar otras almas).

Yo por mi parte creo:

que el modo de lograrla es esperar en Cristo y estar quietos; al mismo tiempo usando todos los medios de gracia.

Por tanto, creo que es correcto, para quien sabe que carece de la fe,
(es decir, la fe conquistadora),
ir a la iglesia;
comulgar;
ayunar;
hacer tanto uso de la oración privada como pueda, y leer las Escrituras;
(porque creo que estos son «medios de gracia», es decir, que normalmente les llevan la gracia de Dios a los no creyentes; y es posible
usar de ellos, aun sin confiar en ellos);
Hacer todo el bien temporal que podamos;
y esforzarnos en hacer el bien espiritual.
(Porque sé que muchos frutos del Espíritu les son dados a quienes
no los tienen en sí mismos;
y que quienes no tienen la fe, o la tienen solamente en mínimo
grado, pueden recibir más luz de Dios, más sabiduría para guiar otras
almas, que muchos que sí son fuertes en la fe).[15]

En estas objeciones puede verse mucho del carácter y la teología de
Wesley. Su propósito no era fundar «sociedades metodistas» en oposición o en competencia con la Iglesia de Inglaterra. Al contrario: siempre
continuó creyendo que los sacramentos administrados en esa iglesia eran
medios de gracia válidos y efectivos, y que quienes eran miembros de ella,
y no del movimiento metodista, eran verdaderos cristianos que tenían la fe
que justifica, aunque les faltara el grado de fe y de seguridad que él mismo
había encontrado en la experiencia de Aldersgate y que esperaba que su
predicación y sus sociedades fomentaran. Wesley no consideraba que estuviera predicando el evangelio en territorio de paganos, sino más bien que
estaba trabajando entre otros cristianos para renovar y fortalecer su fe.

Aún más: aunque Wesley era hombre de profunda y sincera devoción,
tenía serias objeciones contra cualquier forma de misticismo que tratara
de dejar a un lado los medios de gracia históricos —los sacramentos y los
servicios de la iglesia, así como la revelación bíblica y la encarnación de
Dios en Jesucristo—.

Esta era la principal objeción de Wesley al misticismo. De joven,
estando todavía en Georgia, le impresionó tanto el misticismo quietista
del español Miguel de Molinos que tradujo uno de sus poemas al inglés.
Pero poco después le escribía a su hermano Samuel: «Creo que la roca
en la cual estuve en mayor peligro de naufragar fueron los escritos de los

---

[15] *The Works of John Wesley* (ed. Jackson) 1:256-58.

místicos. Con ese término me refiero, no solamente a los que desprecian los medios de gracia, sino a todos ellos».[16]

Dadas tales consideraciones, era de esperar que la teología de Wesley concordara en términos generales con la de la iglesia de Inglaterra. Y ciertamente tal fue el caso, puesto que Wesley siempre afirmó las doctrinas de los *Treinta y nueve artículos* y les recomendó a sus seguidores el uso del *Libro de oración común*. Hubo, sin embargo, dos puntos en los que su teología merece atención especial: su doctrina de la vida cristiana y su eclesiología.

Wesley tuvo que aclarar el modo en que entendía la vida cristiana y el proceso de la salvación cuando se le acusó de ser arminiano. Fue una acusación que aceptó gustoso, aunque no le gustaba la controversia infructuosa entre arminianos y calvinistas y dejó bien claro que en su opinión los defensores del Sínodo de Dort habían tergiversado las opiniones de los arminianos. Sobre los calvinistas ortodoxos declaró, con cierto sarcasmo, que el Sínodo de Dort «menos numeroso y erudito que el Concilio de Trento, pero tan imparcial como él».[17] A pesar de todas las acusaciones en sentido contrario, siempre insistió en que ni él ni los arminianos negaban el pecado original ni la justificación por la fe. Los tres puntos que se discutían, según Wesley, eran si la predestinación es absoluta o es condicional, si la gracia es irresistible, y la perseverancia de los santos. En último análisis, según Wesley, todo radica en la cuestión de la predestinación, de la cual los otros dos puntos no son sino corolarios. El único sentido en el que Wesley aceptaba una predestinación absoluta e incondicional era en el sentido de que, a veces, Dios escoge a ciertos individuos para tareas particulares, y entonces es imposible evadir tales tareas. Pero en lo que se refiere a la salvación eterna, la predestinación siempre es condicional, y depende de la fe de la persona.

> Se lo diré con toda sencillez y claridad. Creo que, comúnmente, significa una de estas dos cosas: primero, un llamado divino a ciertas personas en particular para que cumplan una misión particular en el mundo. Creo que esta elección no solo es personal, sino también absoluta e incondicional. Así fue elegido Ciro para reconstruir el templo…
>
> En segundo lugar, creo que la elección es un llamado divino que reciben algunas personas para alcanzar la felicidad eterna. Pero considero que esta elección es condicional, al igual que su

[16] *Ibid.*, 12:27.
[17] *OdW*, 8:426.

contrapartida, la reprobación. Creo que la voluntad eterna respecto
a ambas se pone de manifiesto en las siguientes palabras: «El que
crea será salvo; pero el que no crea, será condenado». No hay duda
de que Dios no cambiará su voluntad, y los humanos no pueden
oponerse a ella.[18]

Wesley se negaba a aceptar la doctrina de la elección incondicional porque
le parecía que tal doctrina implicaba también una reprobación incondicional, y estaba convencido de que esto contradecía el testimonio de las
Escrituras en cuanto al carácter de Dios. En cuanto a los pasajes bíblicos
que se refieren a una elección «antes de la fundación del mundo», Wesley
sostenía que, puesto que Dios es eterno, desde la perspectiva eterna todo
se ve como si sucediera antes de que tenga lugar, como cuando Dios llama
a Abraham «padre de muchas naciones».

    Esto naturalmente quiere decir que, aunque en algunos casos raros la
gracia pueda haber sido irresistible, tal cosa es la excepción más que la
norma,[19] y nadie tiene derecho a decir que no ha creído porque no le ha
sido ofrecida la gracia irresistible. Precisamente, la razón por la que algunos no creen es que se resisten a la gracia.[20]

    ¿Cómo, entonces, se las arreglaba Wesley para evitar llegar a la con-
clusión de que el primer movimiento en la fe, el *initium fidei*, es iniciativa
humana? Le era necesario evitar tal consecuencia para que no se le acusara
de ser pelagiano, y de hacer la gracia de Dios algo innecesario o algo que
es el resultado del mérito humano. Su respuesta a esta cuestión era sencillamente que hay una gracia previniente universal. Puesto que esta gracia
les es dada a todos, todos son capaces —no por sí mismos, sino por obra de
la gracia en Dios— de aceptar la gracia mayor de la fe, que les lleva entonces a la fe justificadora y a la postre a la seguridad de su propia salvación.

    Aun cuando afirmamos que toda alma está muerta en pecado por
    naturaleza, esto no es excusa para nadie. Ninguna persona se en-
    cuentra en estado de naturaleza pura; ningún ser humano, a menos
    que haya aniquilado el Espíritu, está completamente destituido de
    la gracia de Dios. Ninguna persona carece completamente de lo
    que comúnmente llamamos «conciencia natural». En realidad, no
    se trata de algo natural, y el término más apropiado es «gracia an-
    ticipante». Esta gracia no depende de la iniciativa humana, y toda
    persona la posee en menor o mayor grado. […] De modo que el ser

---

[18] *OdW*, 8:284.
[19] *Ibid*., 6:280.
[20] *Ibid*., 10:254-55.

humano peca no porque esté excluido de la gracia, sino porque no sabe hacer uso de la gracia que posee.[21]

Otro elemento en la doctrina de Wesley sobre la vida cristiana que fue motivo de controversia entre sus contemporáneos —y que desde entonces ha sido debatido entre los metodistas— es la doctrina de la santificación. Wesley no entendía por santificación algo que tiene lugar después de la justificación, ni tampoco algo que se relacione con las obras, sino que la justificación tiene que ver con la fe. En palabras del propioWesley:

> Exactamente como somos justificados por la fe, así también somos santificados por la fe. La fe es la condición, y la única condición de la santificación, tal como lo es de la justificación. Es la condición: nadie es santificado, excepto quien cree; sin fe ninguna persona es santificada. Y es la única condición: ella sola es suficiente para la santificación. Todo el que cree es santificado, así tenga cualquier otra cosa o no la tenga. En otras palabras: ninguna persona es santificada hasta que cree; toda persona cuando cree es santificada.[22]

En sentido estricto, la santificación es el resultado en nosotros de haber sido declarados justos, pues es por una sola acción que Dios tanto justifica como comienza a santificar al pecador. Pero no se trata de una santificación instantánea. Al contrario: la santificación es un proceso, un peregrinaje que todo creyente ha de emprender. Su meta es la santificación total, también llamada perfección cristiana. Esa perfección no quiere decir que el cristiano que la ha alcanzado ya no yerre, o ya no necesite de la gracia y sostén que vienen de Dios. Lo que en realidad significa es que, quien la ha logrado, ya no rompe voluntariamente la ley de Dios, sino que más bien actúa a base del amor. Wesley no creía que todo cristiano llega a tal condición durante el curso de la vida presente. En todos sus escritos, no menciona sino a unos pocos a quienes toma por ejemplo de perfección cristiana (entre ellos el católico español Gregorio López, quien sirvió en México, y de quien Wesley dice que era un hombre muy santo, pero también muy errado). Pero sí creía que la perfección cristiana debía predicarse, a la vez como una preparación para el reino venidero, y como un modo de mantenerla constantemente ante todos los creyentes como meta de su fe, de modo que puedan avanzar firmemente hacia ella. Su preocupación constante era que cuando la salvación y la vida cristiana dejan de avanzar, comienzan a retroceder.

---

[21] *OdW*, 4:124-125.
[22] *OdW*, 3:98.

Esto nos lleva al último punto sobre la vida cristiana que hemos de discutir aquí: el modo en que Wesley entiende la seguridad cristiana. Puesto que había rechazado la doctrina de la predestinación incondicional, tenía que rechazar igualmente la teoría de la perseverancia de los santos, que para él no era más que un corolario de la predestinación. Pero esta doctrina ocupaba un papel importante en el calvinismo, y especialmente en el puritanismo, puesto que aseguraba a los fieles que, si se contaban entre los electos, no tenían que temer por su salvación. La doctrina de la seguridad cristiana, o del testimonio interno del Espíritu, ocupaba un lugar semejante en la teología de Wesley. Lo que esa doctrina quiere decir es que el Espíritu de Dios da testimonio a nuestro espíritu de que somos perdonados y adoptados como hijos de Dios. No cabe duda de que, al desarrollar esta doctrina, Wesley estaba en parte expresando el resultado de su experiencia de Aldersgate, que consistió precisamente en recibir súbitamente la convicción de que sus pecados le habían sido perdonados. Pero, a pesar de ello, no insistía en que todos los cristianos debían tener una experiencia semejante. «No niego que Dios obre en algunos de manera imperceptible, paulatinamente aumentando la seguridad de su amor; pero estoy igualmente seguro de que obra en otros una completa e instantánea seguridad de ese mismo amor».[23]

Sin embargo, esta seguridad difiere de la doctrina calvinista de la perseverancia de los santos por cuanto Wesley no cree que garantice a quien la tiene que permanecerá firme. La doctrina calvinista de la perseverancia, puesto que se basa en la predestinación, garantiza tanto la condición presente de redención como la permanencia futura en tal condición. La doctrina de Wesley sobre la seguridad sencillamente nos asegura que todos nuestros pecados nos son perdonados; pero nada nos dice sobre la constante posibilidad de caer de la gracia.

Si Wesley se hubiera contentado con predicar estas doctrinas, probablemente el movimiento metodista nunca se habría vuelto una denominación aparte dentro de la iglesia cristiana. Ciertamente, Wesley nunca deseó que tal separación tuviera lugar, y siempre insistió en que era miembro fiel de la Iglesia de Inglaterra. Incluso su propia predicación entusiasta, aunque vista con suspicacia por las autoridades anglicanas, no hubiera bastado para darle origen a un grupo separado. Las razones que llevaron al metodismo a volverse una denominación separada fueron la decisión de Wesley de ordenar ministros para sus seguidores y su propia habilidad como organizador. Al principio, Wesley utilizaba clérigos anglicanos para administrarles los sacramentos a sus seguidores; y siempre insistió en que sus sociedades no eran en modo alguno un sustituto que pudiera o debiera

---

[23] *Works*, XII:60.

ocupar el lugar de la iglesia del estado, sino que más bien le servían de complemento. Pero en vista de que muy pocos clérigos participaban del movimiento, y que se necesitaban líderes que enviar al nuevo mundo para supervisar el metodismo en las colonias, él y unos pocos otros ordenaron a tales líderes. Su justificación histórica y teológica al dar tal paso consistía en que en la iglesia antigua no había distinción entre presbíteros y obispos y que, por lo tanto, puesto que él era presbítero, podía ordenar a otros para ejercer el mismo ministerio. Probablemente tenía razón en el sentido histórico, pero en términos prácticos esto llevó a una ruptura con la Iglesia anglicana que no sería fácil de sanar. Así, al mismo tiempo que insistía en que no había fundado una nueva iglesia, Wesley dio pasos decisivos que en términos prácticos consistieron precisamente en una fundación tal.

Esta ambigüedad se reflejó más tarde en la eclesiología de la Iglesia metodista. Según Wesley, las sociedades metodistas no eran iglesias, y, por tanto, él podía retener su alta eclesiología sin que esta les diese forma a las sociedades. Los metodistas eran anglicanos, y su iglesia era la Iglesia de Inglaterra. Pero cuando los dos cuerpos se separaron el metodismo vino a ser una organización que se asemejaba en mucho a las iglesias libres, que no tenían un alto concepto de los sacramentos ni de la liturgia; pero, al mismo tiempo, había heredado en la teología de su fundador una eclesiología que era muy distinta de la que en práctica vivía. Los diferentes modos en que se ha tratado de resolver esa ambigüedad son una de las razones por las que el metodismo británico difiere del norteamericano.

Antes de terminar con el movimiento metodista, debemos mencionar la contribución de Jorge Whitefield (1714-1770), quien era también miembro del «club santo» de Oxford, y cuya obra fue en buena medida paralela a la de Wesley, aunque ambos diferían en su teología. La importancia de Whitefield para la historia del pensamiento cristiano radica en que, aunque en todo otro aspecto era metodista, su teología era calvinista más que arminiana —aunque él mismo decía que nunca había leído a Calvino—.[24] Sus contemporáneos afirman que como predicador era más persuasivo que Juan Wesley, y el resultado de su obra fue la Iglesia metodista calvinista de Gales. Su éxito como predicador muestra que se equivocan quienes dan por sentado que la doctrina de la predestinación de algún modo estorba la predicación evangelizadora.

El impacto de los Wesley y de su movimiento fue y sigue siendo enorme. En la Iglesia anglicana a que pertenecían, ese impacto se ha hecho sentir principalmente en lo que comúnmente se llama el «ala evangélica». Aunque Juan Wesley nunca quiso que los metodistas dejaran esa iglesia, a la postre el movimiento wesleyano resultó en las iglesias que hasta el día

---

[24] S. C. Henry, *George Whitefield: Wayfaring Witness* (Nashville, 1957), p. 96.

de hoy se llaman «metodistas». Ya en vida de Wesley hubo discusiones dentro del metodismo acerca de la santidad. Finalmente, el movimiento wesleyano se dividió, dándoles origen a varias iglesias y movimientos frecuentemente llamados «de santidad» —Iglesia wesleyana, Iglesia del nazareno, etc. Fue entre esas iglesias que el gran avivamiento pentecostal tuvo buena parte de sus inicios. Todo esto quiere decir que, aun sin saberlo, la inmensa mayoría de la población evangélica en América Latina —y en varias otras partes del mundo— es heredera de Juan Wesley y del «Club Santo» de Oxford.

El gran despertar

Durante el siglo XVIII las colonias británicas en Norteamérica vieron una serie de movimientos semejantes al despertar en la piedad personal que acabamos de ver en Europa. Hubo cierta conexión entre ambos, puesto que Jorge Whitefield fue uno de los predicadores más influyentes en el nuevo mundo,[25] y Francis Asbury y otros también trajeron el metodismo wesleyano a través del Atlántico. Pero había también ciertas condiciones en las colonias que requerían soluciones semejantes a las que ofrecían los pietistas, moravos y metodistas. También allí la religión se había estancado dentro de las iglesias y sus propias ortodoxias, mientras había una vasta población que todavía conservaba la fe cristiana pero tenía muy poca relación con iglesia alguna. La respuesta a tal situación fue un movimiento semejante a sus contrapartes europeas en su insistencia en la piedad personal y la salvación, pero diferente por cuanto cruzó todas las líneas denominacionales y contribuyó así a darle forma al cristianismo protestante en lo que después sería Estados Unidos.

La teología de los diversos movimientos que se incluyen bajo el nombre general de «Gran despertar» variaba de grupo en grupo. En la práctica, sin embargo, todos estos movimientos eran semejantes en su énfasis sobre la conversión, la experiencia personal, la lectura privada de la Escritura, y en su tendencia hacia la adoración entusiasta.

El teólogo más importante del Gran despertar fue Jonathan Edwards (1703-1758).[26] Cuando era estudiante en Yale en 1717, Edwards había estudiado la filosofía de Locke —que discutiremos en el próximo capítulo— y aun después que su interés se volcó hacia la teología, el impacto de ese filósofo inglés pudo verse en su metodología. Años después, tuvo

[25] Véase J. C. Pollock, *George Whitefield and the Great Awakening* (Garden City, Nueva York, 1972).

[26] D. Levin, ed., *Jonathan Edwards: A Profile* (Nueva York, 1969); P. Miller, *Jonathan Edwards* (Toronto, 1949); A. C. McGiffert, *Jonathan Edwards* (Nueva York, 1932).

una experiencia de conversión semejante a la de Wesley, aunque se centraba más en la gloria sobrecogedora de Dios. Esta experiencia, así como su propio trasfondo, hicieron de él un calvinista convencido, especialmente en lo que se refiere a la doctrina de la elección, puesto que creía que la doctrina de la predestinación incondicional según la enseñaba el calvinismo era consecuencia necesaria de la soberanía divina. Como ministro congregacional en Northampton —Massachusetts— y como uno de los oradores más elocuentes del Gran despertar, predicaba la doctrina de la elección divina como base para entender la vida cristiana. Pero su calvinismo puritano le llevaba a aplicar la disciplina de la iglesia tan rígidamente que su congregación le despidió. Durante sus últimos años como pastor, había escrito su *Tratado sobre las afecciones religiosas* (1746),[27] en el que trataba de lograr un equilibrio entre quienes condenaban las manifestaciones emotivas del despertar y quienes trataban de fomentar y explotar esas mismas manifestaciones. A fin de dirigir a sus lectores en esta cuestión, sugería varios criterios mediante los cuales esas «afecciones» o emociones que resultaban del Espíritu Santo podían distinguirse de las que tenían otro origen. Tras ser despedido de su congregación, escribió *Una investigación cuidadosa y estricta sobre las ideas modernas que prevalecen sobre ese libre albedrío que se supone es esencial para la acción moral, la virtud* y *el vicio, la recompensa* y *el castigo, el elogio y la culpa* (1754).[28] En esta obra defendía la elección incondicional, que ya entonces era la marca característica del calvinismo. Según él, tal elección no destruye la libertad, que consiste en poder hacer lo que uno desee, porque lo que la gracia irresistible hace es precisamente llevar la voluntad a desear lo que debe. Por tanto, aunque la voluntad desea a base de la acción de la gracia, la voluntad sigue siendo libre porque no se le hace violencia.

Con el correr del tiempo, el Gran despertar fue volviéndose cada vez más emotivo. Aunque surgió primero entre los presbiterianos y los congregacionalistas, pronto echó raíces entre los metodistas y los bautistas, para quienes vino a ser una experiencia formativa. Durante muchos años a partir de entonces, particularmente entre algunos bautistas y metodistas, las experiencias de aquel Gran despertar dieron forma a buena parte de la vida de las iglesias y al modo en que entendían su misión.

---

[27] Ed. J. E. Smith (New Haven, 1959).
[28] Ed. P. Ramsey (New Haven, 1957).

47

El nuevo marco filosófico

En capítulos anteriores hemos ofrecido un breve resumen del fermento que bullía en Europa a principios del siglo XVI. Por razones obvias, nuestra atención se ha centrado en las reformas protestante y católica y en las varias corrientes teológicas que aparecieron dentro de ellas. Pero el gran fermento del siglo XVI no se circunscribía a los confines de la teología eclesiástica, ya fuera protestante o católica. Cuando apareció en escena la Reforma, había muchos intereses aparte de los religiosos que cautivaban la imaginación de Europa. Estos se dirigían en dos sentidos: el descubrimiento del mundo natural y el descubrimiento de los poderes de la mente. El mundo natural atraía cada vez más la atención del siglo XVI. Colón había abierto los ojos de Europa a todo un nuevo mundo. En el antiguo, nuevos descubrimientos e inventos tales como la imprenta de tipo movible, la brújula y la pólvora mostraban que había en el universo amplios y hasta entonces insospechados recursos. Luego el siglo XVI vio un interés creciente en la tecnología. Leonardo da Vinci fue símbolo de la nueva era por cuanto fue no solo pintor y matemático, sino también físico e ingeniero. Al mismo tiempo, otros descubrían los poderes de la mente. Algunas veces tales descubrimientos se relacionaban con nuevas tecnologías. Otras veces se relacionaban con la abundancia de materiales filosóficos que invadían el mundo latino gracias a la obra de los exiliados bizantinos y de los humanistas occidentales. Así pues, ya en el siglo XVI la filosofía comenzaba a abrirse nuevos caminos, prestando poca atención a los debates y dictámenes de los teólogos.

El interés en la mente, por una parte, y en el mundo, por otra, produjo dos corrientes de pensamiento que durante las generaciones posteriores se encontrarían, mezclarían y separarían repetidamente. Estas dos corrientes pueden verse claramente en el siglo XVII —la primera en Galileo y Bacon, y la segunda en Descartes. Puesto que ejercieron fuerte influjo sobre el desarrollo posterior de la teología, debemos detenernos a discutirlas.

Galileo Galilei (1564-1642) se dedicó a la observación del universo. Pero esa observación no era sencillamente la del naturalista curioso que observa y toma notas. Galileo era matemático, y había enseñado esa disciplina primero en Pisa y luego en Padua. Estaba convencido de que «el libro de la naturaleza está escrito en lenguaje matemático». Según él, no hay otra fuente de conocimiento que no sea la experiencia, la cual es una verdadera revelación del mundo a la humanidad. Si la experiencia parece equivocarse —como por ejemplo cuando una vara sumergida en agua parece quebrarse— el error no está en el dato empírico mismo, sino en el modo en que la mente lo interpreta. La experiencia ha de ser, entonces, la fuente de la verdadera filosofía. Galileo no sentía respeto alguno hacia los «filósofos» que pretendían estudiar el universo leyendo las obras de Aristóteles. Su «mundo de papel» nunca podría revelarles el verdadero mundo, y cualquier necio, mediante la mera observación, puede mostrar que los escritores antiguos se equivocaron. Pero para que la experiencia sea verdadero conocimiento ha de reducirse a la matemática. El lenguaje cualitativo no describe el mundo adecuadamente. Solo lo que puede expresarse en términos cuantitativos se comprende verdaderamente. Tal fue la base del episodio en la catedral de Pisa —que bien puede ser pura leyenda— cuando al observar una lámpara que se mecía Galileo llegó a la conclusión de que el movimiento de un péndulo es siempre isocrónico. Lo mismo es cierto de la observación que hizo desde lo alto de la torre de Pisa sobre la velocidad de la caída de diversos objetos. Pero una vez que uno posee tal conocimiento cuantitativo, puede aplicarlo al descubrimiento de nuevo conocimiento; y fue así como Galileo inventó el telescopio, que a su vez le ayudó a hacer observaciones cuya conclusión fue que Copérnico tenía razón, y que la Tierra giraba alrededor del Sol. En resumen: lo que Galileo proponía era un método estrictamente empírico y matemático para la observación del universo. Esta fue probablemente su principal contribución al desarrollo de la ciencia moderna.

Francis Bacon (1561-1626) fue más allá de Galileo por cuanto pensaba que la ciencia no era únicamente un modo de entender el universo, sino también —y sobre todo— un modo de dominar la naturaleza. Quien entienda los principios que gobiernan los fenómenos naturales, podrá manejar esos fenómenos obedeciendo y aplicando esos principios. En oposición y contraste con el *Organum* de Aristóteles, Bacon escribió *Novum organum*, en el que exponía el método mediante el cual se logra el verdadero conocimiento. Este libro era parte de una gran obra que proyectó, pero nunca completó, cuyo propósito era servir de enciclopedia científica. El método que allí se propone es la experimentación. La mera experiencia no basta, puesto que es necesario observar los fenómenos en cierto orden. Mediante la experimentación, que ha de seguir una serie de pasos cuidadosamente elaborados, es posible descubrir las «formas» o principios que se encuentran tras los fenómenos naturales.

Los principales obstáculos en tal búsqueda son los que Bacon llama «ídolos». Hay cuatro clases de ídolos: de la tribu, de la cueva, del mercado y del teatro. Los ídolos de la tribu son aquellos de los que participa toda la raza humana, como, por ejemplo, la tendencia de precipitarnos a conclusiones generales a base de unos pocos casos particulares. Los ídolos de la cueva son los que vienen del temperamento particular de cada persona, puesto que cada uno de nosotros se inclina a ver las cosas de su propio modo. Los ídolos del mercado surgen porque el lenguaje que se utiliza para la comunicación se impone sobre la mente y usurpa el lugar de la realidad. Por último, los ídolos del teatro proceden de sistemas filosóficos anteriores y de sus argumentos erróneos y falaces. De todos estos, los que Bacon ataca más vigorosamente son los que vienen de las opiniones recibidas de la tradición. ¿Por qué ha de pensarse que las opiniones más antiguas son necesariamente mejores? De hecho, si uno se detiene a considerar la cuestión resulta claro que las opiniones supuestamente más antiguas son en realidad más jóvenes, porque son el producto de un mundo más joven. Según el mundo se va haciendo más antiguo, las opiniones nuevas muestran mayor madurez y experiencia y, por tanto, han de preferirse a las antiguas. Esto puede verse en el modo en que los ídolos del teatro se aceptan todavía aun cuando envuelven errores. Si no fuese por tales ídolos, todos concordarían en que Aristóteles fue poco más que un sofista que estaba más interesado en ofrecer definiciones verbales de las cosas que en buscar la verdad, y que Platón no es más que una mezcla supersticiosa de filosofía con teología. Si dejásemos detrás todo ese falso conocimiento de la Antigüedad, la humanidad podría marchar con confianza hacia la *Nueva Atlántida:* una isla mitológica que Bacon utilizaba para describir la sociedad ideal, totalmente dedicada al descubrimiento de los principios que rigen la naturaleza y profundamente beneficiada por tales conocimientos.

Aunque la metodología que Bacon sugería nunca fue completamente aplicada en la investigación científica, su obra, junto a la de Galileo, sirve para mostrar que hacia finales del siglo XVI y principios del XVII se iban echando los cimientos de la tecnología moderna. Todavía faltaban pasos importantes para desarrollar los métodos y los medios necesarios, pero las metas y los valores implícitos ya estaban presentes. Es más: la crítica de Bacon al conocimiento tradicional, de la que participaban muchos de los intelectuales de su tiempo, necesariamente llevaba a la búsqueda de nuevos métodos de investigación —métodos que no fuesen vulnerables a las críticas que se les hacían a los antiguos filósofos—. Lo que Bacon intentó en el campo de los fenómenos naturales, lo intentó Descartes en el campo de la metafísica, desarrollando así un idealismo racionalista que debía servir de base para entender toda la realidad.

Descartes y la tradición racionalista

René Descartes (1596-1650)[1] fue, como Galileo, hombre de profunda curiosidad. Tras recibir su educación tradicional bajo los jesuitas, Descartes sintió la necesidad de conocer mejor el mundo, y con ese propósito se unió a los ejércitos de Mauricio de Nassau y, más tarde, de Maximiliano de Baviera. Mientras estaba en los Países Bajos conoció a un médico cuyos estudios y experimentos tanto en las ciencias naturales como en las matemáticas le fascinaron, y, a partir de entonces, Descartes dedicó buena parte de su tiempo al estudio de las matemáticas y de los fenómenos físicos. Fue, sin embargo, el 10 de noviembre de 1619, en una pequeña aldea alemana, cuando hizo su gran descubrimiento filosófico. El propio Descartes describe esa experiencia en términos que nos recuerdan los que emplea Agustín para contar su experiencia en el jardín de Milán, y los de Wesley respecto a Aldersgate.[2] Aunque no hay un documento contemporáneo que describa el contenido del descubrimiento mismo, resulta casi seguro que consistió en el método que más tarde bosquejó y aplicó en su *Discurso sobre el método* (1637) y sus *Meditaciones filosóficas* (1641). Resulta claro que Descartes no pensaba que su descubrimiento se oponía en modo alguno a la doctrina cristiana, pues en señal de gratitud hizo votos de visitar el santuario de la virgen de Loreto. Aunque sabía bien que su filosofía era muy diferente de la que había aprendido en la escuela jesuita de La Flèche, estaba convencido de que era perfectamente compatible con la fe católica, y esperaba que tanto los filósofos como los teólogos, personas de buena voluntad como eran, recibirían su descubrimiento con brazos abiertos. Grande fue su sorpresa cuando las opiniones de Galileo fueron condenadas por la Inquisición, porque esas opiniones formaban parte del

---

[1] Además de las historias generales de la filosofía y de las obras del propio Descartes, las siguientes son particularmente útiles: D. Cochin, *Descartes* (París, 1913); O. Hamelin, *Le système de Descartes* (Félix Alcan,París, 1911); J. Laporte, *Le rationalisme de Descartes* (París, 1950); J. Cottingham, *The Cambridge Companion to Descartes* (Cambridge, Nueva York, 1992); A. Gombay, *Descartes* (Malden, Massachusetts2007).

[2] *Oeuvres de Descartes*, ed. Ch. Adam y P. Tannery (París, 1913), 10:179.

trasfondo de su propio *Tratado sobre el mundo*, que preparaba entonces para la publicación —y que prudentemente conservó en secreto—. Grande fue también su desaliento cuando la oposición a sus opiniones por parte de los teólogos de Utrecht fue tal que en 1642 se prohibió enseñarlas. En años posteriores, otras universidades y centros de estudio tomaron pasos semejantes, mientras Descartes protestaba y en balde explicaba sus opiniones.

El método que Descartes proponía consistía en cuatro puntos. Primero: no aceptar como cierta cosa alguna que no haya sido claramente comprobada. Segundo: analizar y dividir cada dificultad, para poder resolverla en sus diversas partes. Tercero: ordenar sus propios pensamientos yendo de los más simples a los más complejos. Cuarto: asegurarse de que todo se enumerase por orden de tal modo que nada quedase fuera. El mejor modo de entender lo que estos cuatro puntos querían decir consiste en recordar que, para Descartes, no hay conocimiento más cierto que el de las matemáticas, porque no se deriva de la observación empírica, que puede equivocarse, sino de la naturaleza misma de la razón. El conocimiento matemático es cierto aun aparte de los objetos físicos a que pueda aplicarse. El conocimiento empírico, por otra parte, nunca es absolutamente cierto, puesto que todos recordamos ocasiones en que nuestros sentidos nos engañaron; y si nos engañaron una vez, ¿cómo podemos saber que no nos engañan el resto de las veces?

Por tanto, el punto de partida del método cartesiano (el nombre latino de Descartes era Cartesius, y por ello su filosofía se llama «cartesianismo») es la duda de todo conocimiento que se derive de los sentidos, unida a la certeza absoluta del conocimiento puramente racional. Esto se ve en el primer principio de su método, es decir, no creer cosa alguna que no haya sido comprobada más allá de toda duda. Es por la misma razón que, al tratar de construir su propio sistema filosófico, Descartes comenzó con una actitud de duda universal.

Esta duda cartesiana fue mal interpretada por muchos de sus contemporáneos, que pensaban que no era más que un escepticismo craso. Pero en realidad difiere mucho del escepticismo. Su duda no surge, como en el caso de los escépticos, de la idea de que todo conocimiento es dudoso y que, por tanto, no puede haber certeza alguna. Al contrario: Descartes decide dudar porque cree que es posible alcanzar una absoluta certeza, pero que tal certeza solamente puede lograrse distinguiendo entre lo indudable y lo probable. Tal es precisamente la función de la duda cartesiana, que sirve de tamiz a través del cual solamente puede pasar lo que es absolutamente indudable.

Dada esa actitud de duda universal, la búsqueda del filósofo en pos de la verdad ha de comenzar por la mente misma. Es por esto por lo que Descartes comienza su sistema a partir de su famoso dicho *cogito, ergo sum*

— pienso, luego existo—. Cuando la mente decide ponerlo todo en duda, hay algo que no puede dudar: su propio acto de dudar. Resulta entonces obvio que para dudar la mente tiene que existir.

Siguiendo un proceso que es característico de su modo de comprender la realidad, Descartes no pasa entonces a tratar de probar la existencia de la realidad empírica. Antes de probar tal existencia le es necesario asegurarse de que Dios existe. Naturalmente, no puede hacer esto siguiendo ninguna de las famosas «cinco vías» de Santo Tomás, puesto que todas ellas parten de la existencia de los seres contingentes, y Descartes todavía no ha comprobado que tales seres verdaderamente existan. Por tanto, se ve obligado a seguir un camino semejante al de San Anselmo, tratando de probar la existencia de Dios únicamente a base de ideas indubitables. Pero el argumento que Descartes ofrece difiere del de Anselmo, puesto que no trata de probar que la idea de Dios incluye lógicamente la idea de la existencia. Lo que hace es más bien estudiar la idea de Dios en su propia mente y entonces tratar de descubrir cuál puede ser el origen de esa idea. Así pues, el argumento de Descartes, en cierto modo, parte de lo contingente —su propia idea de Dios— y en ese sentido se parece al de Santo Tomás. Se trata, entonces, de un argumento que se encuentra en un punto intermedio entre Tomás y Anselmo. El argumento es sencillo, aunque Descartes lo repite de varias maneras en distintos pasajes.[3] Lo que él dice es, en esencia, que descubre en su propia mente la idea de un ser perfecto e infinito. Trata de dudar de esa idea, pero descubre que no puede hacerlo, puesto que tiene que explicar su existencia de algún modo, y la única manera posible en que tal idea de un ser perfecto puede haber sido colocada en su mente es precisamente por un ser así. Su mente finita no puede por sí misma concebir tal idea, que claramente es mayor que ella misma. ¿No podría sin embargo pensarse que la mente sencillamente ha unido diversos elementos para producir una idea que no corresponde a la realidad, como cuando la mente une las ideas de «hombre» y de «caballo» para producir la de «centauro»? Ciertamente no, porque la idea de Dios es absolutamente simple y no puede explicarse como un conglomerado de nociones separadas. Es más: la existencia de Dios también puede probarse porque la mente es capaz de ordenar sus diversas ideas según el grado de perfección de cada una, y si hay grados debe haber una medida absoluta, es decir, Dios (y aquí Descartes se acerca mucho al argumento tradicional *ex gradibus*, aunque aplicándolo no a la perfección de las cosas, sino a la de las ideas).

El *cogito, ergo sum* le ha servido a Descartes para probar su propia existencia como «cosa pensante» —*res cogitans*—. Pero ¿puede acaso

---

[3] *Oeuvres*, 3:297; 7:34-52; 9:209-11.

tener la misma certeza sobre la existencia de su propio cuerpo? Resulta
claro que la existencia del cuerpo —y del mundo físico en general— no es
una verdad puramente racional que la mente conozca de manera directa e
indubitable. ¿Estamos entonces condenados a permanecer en duda sobre
la existencia de nuestros propios cuerpos y del mundo? Ciertamente no,
porque ahora estamos seguros de la existencia de Dios, y no es concebible
que Dios nos llevase a creer tamaña falsedad. Luego lo que Descartes hace
es probar la existencia del cuerpo y del mundo partiendo de la existencia
del alma y de Dios.

La idea más clara que tenemos de nuestro propio cuerpo es su extensión, es decir, que ocupa espacio y tiene dimensiones tales como las que
la geometría estudia. Por ello Descartes se refiere al cuerpo humano como
«cosa con extensión» —res extensa— en contraste con la «cosa pensante»
que es el alma. Lo que nunca aclara es cómo estas dos realidades o substancias se relacionan entre sí. ¿Cómo puede el pensamiento actuar sobre el
cuerpo, y viceversa? Cuando mi mente produce un pensamiento, ¿cómo se
lo comunica a mi cuerpo? Cuando algo le sucede a mi cuerpo, ¿cómo sabe
de ello mi mente? Esta es la cuestión de la «comunicación de las substancias», que ocuparía la atención de los cartesianos posteriores.

Descartes siempre tuvo cuidado de evitar la enemistad de las autoridades eclesiásticas. Como ya hemos dicho, cuando supo que las opiniones
de Galileo habían sido condenadas decidió no publicar una obra suya en
la que se exponían ideas semejantes (más tarde publicó algunas secciones de ella que según él pensaba no ofenderían a los ortodoxos). Esto
no era pura cuestión de prudencia, sino también de profunda convicción.
A través de toda su vida siguió siendo un hombre devoto que —excepto
en cuanto tuvo relaciones con algunos grupos teosóficos— permaneció
estrictamente fiel a las doctrinas de la Iglesia. Sin embargo, tanto él como
sus seguidores frecuentemente eran vistos con suspicacia por las autoridades eclesiásticas y académicas, y sus obras fueron prohibidas en más de
una universidad. La razón es que Descartes proponía un sistema en el que
la autoridad final no era la revelación, sino la razón. Dentro del marco de
referencias cartesiano, si uno cree en el valor de la revelación histórica, tal
creencia solamente es posible tras un proceso racional que prueba que las
cosas y los acontecimientos en el mundo físico son fidedignos. Así pues,
aunque el propio Descartes creía que estaba mostrando el carácter racional de la fe cristiana, muchos vieron en esa misma prueba la implicación
de que la revelación no era ya absolutamente digna de crédito. Más tarde
hubo filósofos que trataron de construir todo su sistema sobre la sola base
de la razón, y teólogos que se vieron en la difícil alternativa entre construir
sobre los cimientos de las filosofías racionalistas o afirmar que la razón
misma no es instrumento válido para el conocimiento de las realidades
eternas y que, por tanto, los filósofos racionalistas se equivocaban.

El cartesianismo pronto tuvo numerosos seguidores por toda Europa. Aunque muchos cartesianos estaban más interesados en la física, matemática y fisiología de Descartes que en su sistema metafísico, hubo varios teólogos que tomaron su filosofía como instrumento en su propia disciplina. Adriaan Heerebord y Jacques du Roure trataron de presentar las tesis cartesianas siguiendo el formato escolástico. Entre los católicos romanos, y especialmente entre los oratorianos franceses, hubo numerosos intentos de mostrar la concordancia entre Descartes y Agustín —frecuentemente comparando textos de ambos autores—. En los Países Bajos varios teólogos protestantes vieron en el cartesianismo un instrumento para mostrar el carácter racional del calvinismo ortodoxo, especialmente por cuanto su uso del método matemático parecía corroborar el determinismo que sostenían muchos de los calvinistas ortodoxos. El más notable entre éstos fue Christoph Wittich, quien en 1659 publicó un tratado en el que intentaba demostrar la concordancia entre la verdad bíblica y «la verdad filosófica descubierta por Descartes».

Pero la forma característica que el cartesianismo tomó en el campo de la teología puede verse en la obra del francés Nicolás de Malebranche (1638-1715),[4] quien no fue cartesiano en el sentido estricto, puesto que combinó la filosofía con una fuerte tendencia mística de inspiración agustiniana. Sin embargo, puesto que fue él quien mayor impacto tuvo —tanto en el sentido positivo como en el negativo— sobre teólogos franceses tales como Bossuet y Fénelon, fue su tipo de cartesianismo el que logró mayor circulación en Francia, y le daría a la Iglesia católica francesa buena parte del carácter particular que tuvo en siglos posteriores.

El misticismo de Malebranche le llevó a centrar toda su filosofía en Dios. Sus contribuciones más importantes fueron dos: su doctrina según la cual todas las ideas se conocen en Dios, y su afirmación de que Dios es la única causa eficiente de todas las cosas. En ambos puntos llevó el cartesianismo en direcciones que Descartes no había seguido. El primero quiere decir que Dios no es solamente la garantía, como Descartes había afirmado, sino también el objeto de todo conocimiento. Cuando pensamos que dos y dos son cuatro, es en Dios en quien vemos esa verdad, porque es en la luz divina que vemos toda otra verdad, y también es bajo esa misma luz que Dios ve todo cuanto hacemos.[5] En esto Malebranche se

---

[4] A. Cuvillier, *Essai sur la mystique Malebranche* (París, 1954); L. Labbas, *L' idée de science dans Malebranche et son originalité* (París, 1931); B. K. Rome, *The Philosophy of Malebranche: A Study of His Integration of Faith, Reason, and Experimental Observation* (Chicago, 1963); M. E. Hobart, *Science and Religion in the Thought of Nicolas Malebranche* (Chapel Hill, Carolina del Norte, 1982).

[5] *Recherche de la vérité* (éclaircissement 10) *Oeuvres*, 21 vols. (París, 1962-1970), 3:127-43.

basaba en su propia interpretación de la teoría agustiniana de la iluminación. Aunque esa interpretación era históricamente incorrecta, sirvió para marcar la pauta de buena parte del misticismo francés del siglo XVIII.

La afirmación de Malebranche, que Dios es la causa eficiente de todas las cosas, era su modo de responder a la cuestión de la comunicación de las substancias, que ya hemos señalado como uno de los problemas a que tuvo que enfrentarse el cartesianismo posterior. Descartes había dado por sentado que el alma —*res cogitans*— se comunica con el cuerpo —*res extensa*—. Pero el contraste que había establecido entre estas dos realidades hacía difícil ver cómo tal comunicación podía tener lugar. Malebranche resolvió este problema afirmando que el alma y el cuerpo no se comunican directamente entre sí, sino solo a través de Dios. Cuando mi alma parece ordenarle a mi cuerpo que realice una acción, lo que en realidad sucede es que Dios, conociendo lo que mi alma desea, hace que mi cuerpo realice la acción correspondiente. Lo mismo sucede en dirección inversa cuando el cuerpo parece comunicarse con mi alma, y aun cuando un cuerpo parece comunicarse con otro —como en el caso de una bola de billar que parece mover a otra—. En todos estos casos, y en todo caso concebible, Dios es la causa eficiente de todo efecto. Aquí vemos una vez más el interés de Malebranche de centrarlo todo en Dios, puesto que, según él, atribuirle eficacia a una causa secundaria cualquiera sería lo mismo que atribuirle cierta medida de divinidad.

¿Cómo evitar entonces la conclusión de que no hay orden en el universo? ¿Cómo explicar el hecho de que hay leyes naturales, de tal modo que cuerpos semejantes bajo circunstancias semejantes parecen reaccionar de manera semejante, como si tales circunstancias fuesen la causa de su acción? La respuesta es sencilla: Dios no es caprichoso. Al contrario: Dios ha establecido un orden tal que en casos normales la acción divina sobre una criatura *en ocasión* de la acción de otra criatura será la misma. Así, por ejemplo, Dios ha determinado que en la ocasión en que un cuerpo llegue al lugar antes ocupado por otro, Dios hará que el segundo cuerpo se mueva de cierto modo. Por esa razón, la bola de billar que golpea a otra no es sino la *causa ocasional* del movimiento de la segunda; pero la causa eficiente siempre sigue siendo Dios, y solamente Dios.

Contemporáneo de Descartes, aunque algo mayor que él, fue el inglés Thomas Hobbes (1588-1679),[6] quien desarrolló un sistema raciona-

---

[6] F. Brandt, *Thomas Hobbes' Mechanical Conception of Nature* (Copenhague, 1928); T. E. Jessop, *Thomas Hobbes* (Londres, 1960); J. Laird, *Hobbes* (Londres, 1934); B. Landry, *Hobbes* (París, 1930); Z. Lubienski, *Die Grundlagen des ethisch-politischen Systems von Hobbes* (Múnich, 1932); R. Polin, *Politique et philosophie chez Thomas Hobbes* (París, 1953); T. A. Spragens, *The Politics of Motion: The World of Thomas Hobbes* (Lexington, 1973).

lista completamente distinto del de Descartes. También Hobbes deseaba construir su filosofía sobre bases puramente racionales, pero su punto de partida era la percepción de los sentidos más que las ideas que la mente descubre dentro de sí misma. En esto fue precursor del empirismo inglés, del que trataremos más adelante en el presente capítulo. Pero su énfasis en el pensamiento deductivo como la meta de toda ciencia le acerca mucho a Descartes. En todo caso, el punto de partida de la filosofía de Hobbes es que los sentidos no pueden percibir cosa alguna a menos que haya un «cambio de moción». Lo que sigue siendo exactamente igual que antes no puede afectar nuestros sentidos, y por lo tanto estos no pueden conocerlo. Las leyes de la moción son la inercia, la causalidad y la conservación de la materia. Sobre estas leyes Hobbes construye todo un sistema de la naturaleza que incluye no solamente la física, sino también la ética, la sicología y la teoría política. Por ello, frecuentemente se le ha dado crédito como precursor de las ciencias modernas de la psicología, la sociología y la ciencia política. Pero su importancia para la historia de la teología está en su esfuerzo de fundamentar toda ciencia sobre el conocimiento natural. Por ejemplo: toda su ética y su teoría política se basan en el impulso universal de la autopreservación. Según él, Dios se encuentra fuera de todo verdadero conocimiento, porque si lo que los teólogos dicen es verdad, y no hay en Dios cambio de moción alguno, se deduce que no hay modo alguno en que podamos conocerle. Aunque con otros contenidos distintos, esta actitud naturalista y racionalista sería común entre muchos filósofos a través de todo el siglo XVIII, y constituiría un serio reto para la teología.

Aunque no era cartesiano, Baruch Spinoza (1632-1677),[7] conocido también en castellano como Benedicto Espinoza, fue profundamente influido por las obras de Descartes y, en menor grado, de Hobbes. Judío nacido en Amsterdam de padres portugueses criptojudíos que habían ido a los Países Bajos huyendo de la Inquisición, Spinoza fue hombre de profundas inclinaciones místicas. La idea del Dios único y supremo, que había aprendido tanto en su hogar como en la sinagoga desde temprana edad, continuó dándole forma a su filosofía largo tiempo después de ser expulsado de la sinagoga —por heterodoxo— en 1656. Spinoza pensaba que el cartesianismo era una buena disciplina introductoria a su propia filosofía, porque concordaba con Descartes en que el mejor método de lograr el

---

[7] D. Bidney, *The Psychology and Ethics of Spinoza: A Study in the History and Logic of Ideas* (Nueva York, 1962); L. Browne, *Blessed Spinoza: A Biography of the Philosopher* (Nueva York, 1932); V. Del-bos, *Le spinozisme* (París, 1926); J. Martineau, *A Study of Spinoza* (Londres, 1883); L. Roth, *Spinoza, Descartes, and Maimonides* (Russell & Russell, 1963); H. H. Joachim, *A Study of the Ethics of Spinoza* (Russell & Russell, 1964); J. A. Picton, *Spinoza: A Handbook to the Ethics* (Londres, 1907); R. Kennington, *The Philosophy of Baruch Spinoza* (Washington, 1980); A. van der Linde, *Benedictus Spinoza: Bibliographie* (Nieuwkoop, 1961).

verdadero conocimiento es el matemático. Pero llevó esta metodología matemática mucho más allá de lo que había hecho Descartes. De hecho, su principal obra, *La ética demostrada según el orden geométrico* (publicada póstumamente en 1677), se compone de una serie de teoremas en estricta conexión lógica cuya demostración sigue los principios de la geometría.

Pero su desacuerdo con Descartes iba mucho más allá. Según Spinoza, Descartes había establecido una distinción incorrecta entre la *res cogitans* y la *res extensa*. Estas no son verdaderamente dos substancias diferentes, sino dos atributos de la misma substancia. Toda la realidad no es más que una sola substancia divina. Por esa razón, la filosofía de Spinoza ha sido interpretada correctamente como la expresión racionalista del panteísmo. Esa substancia divina tiene atributos infinitos. El pensamiento y la materia son dos de esos atributos, y la única razón por la que nos hacemos la idea de que constituyen toda la realidad es que son los únicos dos atributos que somos capaces de conocer. Dios es la única substancia de toda la realidad, la única naturaleza de todas las cosas, que se manifiesta como naturaleza creadora en lo que normalmente llamamos «Dios» y como naturaleza creada en lo que llamamos «mundo». En cuanto al filósofo, o a cualquier otro ser humano, la meta de la vida no ha de ser otra sino llegar de tal modo a entender esta realidad que todo lo incluye, y de tal modo ajustarnos a ella, que todas las pasiones se calmen y uno acepte su propia condición y destino. Esta condición no es la de seres libres, puesto que todo está predeterminado, y la libertad no es más que una ilusión debida a nuestra perspectiva parcial sobre la realidad. Nuestro destino consiste, sencillamente, en regresar al Uno, como la gota de agua que regresa al océano.

Gottfried Wilhelm Leibniz (1646-1716)[8] fue hombre de vasta erudición, quien descubrió —independientemente de Newton— los principios matemáticos del cálculo integral. Su obra teológica, aunque mucho menos importante que su filosofía, tenía el propósito de lograr la reunión entre los católicos y los protestantes a base de esa «teología del sentido común» que es típica del racionalismo. Su filosofía, por otra parte, trata de evitar algunos de los problemas de Spinoza, y especialmente del cartesianismo. Leibniz no podía aceptar el predeterminismo ni el panteísmo de Spinoza, contra quien propuso la distinción entre «verdades de razón» y «verdades de hecho». Una verdad de razón es necesaria en sí misma, porque el predicado se contiene dentro del sujeto. Así, por ejemplo, cuando afirmo

---

[8] R. W. Meyer, *Leibnitz and the Seventeenth-century Revolution* (Cambridge, 1952); C. A. Thilo, *Leibnitz's Religionsphilosophie* (Bad Langensalza, 1906). De especial interés son Bertrand R. Russell, *A Critical Exposition of the Philosophy of Leibniz with an Appendix of Leading Passages* (Londres, 1937); H. G. Frankfurt, ed., *Leibniz: A Collection of Critical Essays* (Garden City, Nueva York, 1972); R. McRae, *Leibniz: Perception, Apperception and Throught* (Toronto, 1976); J. Jalabaert, *La théorie leibnizienne de la substance* (Nueva York, 1985).

que los tres ángulos de un triángulo suman 180 grados, no hago más que hacer explícito lo que ya se contenía en la idea misma del triángulo, y, por lo tanto, se trata de una verdad necesaria, pues lo contrario es imposible. Pero cuando digo que «esta cosa particular existe de tal y tal manera», se trata de una verdad de hecho. Es una verdad contingente, puesto se puede pensar lo contrario. Es más: en el mundo actual de las realidades jamás nos topamos con la necesidad absoluta que es característica de las verdades de razón. Tales verdades pertenecen al campo de la lógica, mientras que las verdades de hecho se encuentran en el campo de la realidad. Por tanto, el orden del mundo no es un orden necesario. La razón por la que el mundo existe —y específicamente la razón de este mundo particular— no es una razón necesaria. Con igual lógica pudo Dios haber hecho otro mundo, o no haber hecho ninguno. Pero sí hay una *razón suficiente* para la existencia del mundo, es decir, el hecho mismo de que Dios quiso hacer el mejor de todos los mundos posibles, y tal es el mundo presente. En consecuencia, la relación entre Dios y el mundo, aunque es racional, no es necesaria —y con esto Leibniz cree haber refutado el panteísmo de Spinoza—.

Leibniz pasa entonces a explorar el problema cartesiano de la comunicación de las substancias. Su solución a este problema se basa en negar, en primer lugar, que haya dos clases diferentes de substancia, y en negar, además, que haya comunicación entre el cuerpo y el alma. No hay dos clases de substancia porque todo lo que existe es espiritual. La materia no es sino un conglomerado de substancias, y cada una de ellas es espiritual. Cada una de estas substancias, que Leibniz llama *mónadas*, es completa en sí misma. Con el decir de Leibniz, las mónadas no tienen ventanas; no se comunican entre sí. Pero cada una de ellas contiene una representación, desde su propia perspectiva, de todo el universo —es decir, de todas las otras mónadas—. Dios es también una mónada que difiere de las demás, primero, por cuanto es la única cuya existencia es una verdad necesaria —y en este punto Leibniz ofrece su propia versión del argumento ontológico— y, en segundo lugar, por cuanto Dios tiene una perspectiva universal sobre todo el universo.

Si es cierto que estas mónadas «no tienen ventanas» y, por lo tanto, no se comunican entre sí ni pueden recibir impulsos o influjos desde fuera, se deduce que lo que llamamos «comunicación de las substancias» no es sino una armonía preestablecida.

> Hemos de indagar cómo es que el alma es consciente de las mociones de su propio cuerpo, puesto que vemos que no hay modo alguno de explicar por qué medios la actividad de una masa extensa puede alcanzar a un ser indivisible. Los cartesianos corrientes declaran que no es posible explicar esta unión [...]. Yo la explico de manera natural. A partir de la idea misma de la substancia o del

ser concreto en general, que afirma que su estado presente siempre es consecuencia natural de su estado anterior, sigue la consecuencia de que la naturaleza de cada sustancia individual, y, por tanto, de cada alma, consiste precisamente en expresar el universo. Fue hecha desde su propia creación de tal modo que, en virtud de las leyes de su propia naturaleza, permanezca en armonía con lo que sucede en los cuerpos, y especialmente en su propio cuerpo. No hemos de sorprendernos al ver que tiene el poder de representarse a sí misma el pinchazo de un alfiler cuando este tiene lugar en su propio cuerpo.[9]

En otro pasaje, Leibniz argumenta que el alma y el cuerpo han de verse como dos relojes que mantienen el mismo tiempo. La teoría de la comunicación directa de las sustancias sería como imaginarse que es necesario que los dos relojes estén conectados entre sí para marcar la misma hora. La teoría de las causas ocasionales sería como decir que el relojero tiene que estar interviniendo constantemente en los dos relojes, moviéndolos simultáneamente. La teoría de la armonía preestablecida sencillamente afirma que Dios es como un relojero perfecto, cuya creación es tal que cada mónada marcha al ritmo del resto, aun cuando no hay conexión real entre ellas.[10] Por tanto, «según este sistema los cuerpos actúan como si (suponiendo lo imposible) no hubiera almas, y las almas como si no hubiera cuerpos, y ambos actúan como si se influyeran mutuamente».[11]

A base de esta teoría de las mónadas, según la cual el alma humana no tiene ventanas mediante las cuales comunicarse con el mundo externo, todas las ideas son innatas. Esto incluye no solamente las «verdades de razón» —que según Descartes y toda la tradición cartesiana son innatas—, sino también las «verdades de hecho». La mente no aprende cosa alguna mediante la experiencia, puesto que no puede experimentar cosa alguna fuera de sí misma. Lo que parece ser una percepción del mundo externo no es más que el desdoblamiento de la propia naturaleza de la mente, según fue creada por Dios.

En cierto sentido, la filosofía de Leibniz —quien no se consideraba a sí mismo seguidor de Descartes— es la conclusión natural de la metodología propuesta por Descartes. Este comenzó dudando de la existencia de toda realidad, y luego pasó a probar que no podía negar la realidad de su propio ser pensante. La característica típica de la tradición del idealismo

---

[9] De una carta a Arnauld (l687), citada en R. Latta, ed., *The Monadology and other Philosophical Writings* (Londres, 1951), p. 200.

[10] «Third explanation», en *Monadology* (ed. Latta, pp. 333-34).

[11] *Monadology*, 81 (ed. Latta, p. 264).

filosófico que Descartes fundó es que la realidad primaria son la mente y sus ideas. Descartes pasó entonces a mostrar, a base de la idea de Dios en nuestra mente, que el cuerpo y el mundo que los sentidos nos dan a conocer existen verdaderamente. Pero quienes siguieron su inspiración siempre tuvieron dificultades en explicar cómo es posible que estas dos realidades, la mente y el cuerpo, se comuniquen entre sí. Malebranche propuso la teoría de Dios como la causa eficiente de toda moción. Spinoza sugirió que en realidad la mente y el cuerpo no son sino dos atributos de un solo ser que lo incluye todo. Ahora Leibniz cortó el nudo gordiano declarando sencillamente que no hay tal comunicación. Las mónadas no tienen ventanas. Lo que nos parece ser una impresión del mundo externo, en nuestras mentes no es más que el desdoblamiento de lo que ya estaba en ellas. Por tanto, en el sentido estricto, no hay conocimiento, porque el conocimiento implica una relación entre quien conoce y lo conocido. Tal fue el callejón sin salida en el que el idealismo se encontró con Leibniz, y del cual no pudo salir hasta que no encontrara nuevas direcciones en la obra de Kant y sus sucesores. Pero antes de tornar nuestra atención a estos filósofos posteriores debemos retomar la obra de los empiristas, quienes intentaron ofrecer una alternativa al idealismo, y quienes, con Hume, se encontraron también en un callejón sin salida semejante al que hemos visto en Leibniz.

La tradición empirista británica

Al principio del capítulo señalamos que uno de los factores que dieron origen al racionalismo fue la multitud de descubrimientos que tuvieron lugar durante el período moderno. Tales descubrimientos mostraban que las estructuras de la realidad correspondían a las estructuras de la mente, y, por tanto, sirvieron de inspiración para el método cartesiano, que pretendía fundamentar el conocimiento del mundo sobre el conocimiento de la mente. Pero los mismos descubrimientos también mostraban que la observación cuidadosa de los fenómenos naturales sirve para corregir muchos de los errores que de otro modo la mente tiene por ciertos. Tal fue el sentido fundamental de la obra de Bacon, que ya hemos discutido. También mostramos cómo Hobbes trató de construir un sistema racionalista a base de la percepción de los sentidos. Tanto Bacon como Hobbes son ejemplos de las primeras etapas del empirismo, que pronto sería la alternativa británica frente al idealismo del continente. Tal empirismo ejercería gran influencia sobre la teología británica, que una y otra vez trataría de construir sistemas racionales a base del modo en que los empiristas entendían la razón. Después, como también veremos, el mismo empirismo tuvo igualmente impacto sobre la teología del continente, aunque esto fue mayormente de modo indirecto a través de Kant y sus intentos de proveer una alternativa al callejón sin salida en que se encontró el empirismo con la obra de David Hume.

Aunque el empirismo británico tuvo sus precursores en Bacon y Hobbes, fue John Locke (1632-1704)[12] quien le dio al sistema su mejor expresión. Esto lo hizo en 1690, en su *Ensayo sobre el entendimiento humano*, en el que afirmaba que, aparte de la percepción de los sentidos, la mente es como una tabla rasa, pues no hay en ella ideas innatas. La noción de las ideas innatas, que había sido importante en la obra de Descartes y de sus seguidores, también había encontrado una nueva y fuerte expresión en la obra de los platonistas de Cambridge. Por ejemplo: Ralph Cudworth (1617-1688) había publicado en 1678 *El verdadero sistema intelectual del universo*,[13] donde trataba de mostrar que la idea de Dios, los principios morales fundamentales, y las ideas de la libertad y de la responsabilidad son todos innatos, y que el cristianismo es, por tanto, la religión más racional de todas. Locke también creía que el cristianismo era racional; pero su idea de la razón era distinta, porque creía que la idea misma de la razón y de su función debe clarificarse antes de tratar de aplicarla. Según Locke, todo intento de construir sistemas sobre las supuestas ideas innatas está condenado al fracaso, porque acepta como necesariamente válidos principios carentes de prueba. Al contrario: es necesario comenzar rechazando todas las ideas preconcebidas o no demostradas —que es lo que las ideas «innatas» en realidad son— y reconocer que todo el conocimiento parte de la experiencia. Esto no quiere decir, sin embargo, que todo conocimiento provenga de la información externa que los sentidos proveen, pues hay también una experiencia interna de nosotros mismos y del modo en que nuestras mentes funcionan.

Supongamos que nuestra mente es, como decimos, papel en blanco, sin escritura alguna, sin ideas. ¿Cómo es entonces que las recibe? [...] A esto respondo con una sola palabra: de la experiencia, puesto que todo nuestro conocimiento se basa, y en última instancia se deriva, de ella. Nuestra observación, aplicada tanto a los objetos de los sentidos externos como al funcionamiento interno de nuestras mentes, que percibimos y sobre el cual reflexionamos, es lo que suple nuestro entendimiento de todos los materiales necesarios para pensar. Estas dos son las fuentes del conocimiento,

---

[12] R. I. Aaron, *John Locke* (3ª ed., Oxford, 1971); K. MacLean, *John Locke and English Literature of the Eighteenth Century* (Nueva York, 1936). Sus obras han sido publicadas en cuatro volúmenes (Londres, 1777). El *Ensayo* ha sido publicado repetidamente.

[13] Reimpresión (Londres, 1820).

de donde surgen todas las ideas que tenemos, o que por naturaleza podemos tener.[14]

Esto no quiere decir que Locke haya sido escéptico en asuntos religiosos. Al contrario: estaba convencido de que, aun deshaciéndose de las ideas innatas y de los primeros principios, podía todavía sostener las doctrinas fundamentales del cristianismo tradicional. Aún más: el deshacerse de las ideas supuestamente innatas en la teología, y mostrar que todo el conocimiento tiene que basarse en la experiencia, ayudaría a llevar al cristianismo de nuevo a su sencillez original y a deshacerse de las especulaciones interminables y fútiles de toda suerte de escolasticismo teológico. Por tanto, intentó mostrar que la doctrina de la existencia de Dios, por ejemplo, no sufriría si se dejara de pensar en términos de ideas innatas. Naturalmente, su argumento para demostrar la existencia de Dios tomó la forma de las tradicionales pruebas cosmológicas, es decir, Locke partía de las cosas que se perciben y de ellas se movía hacia su causa original. Es más: Locke tampoco negaba la existencia de la revelación como fuente del conocimiento. Lo que él quería decir al hablar de la «experiencia» no era únicamente la que proveen los sentidos. La revelación es también una realidad empírica, no en el sentido de que pueda ser controlada y examinada en el laboratorio—que en todo caso no es lo que «empírico» quería decir para Locke— sino en el sentido de que ella también se llega a nosotros como una experiencia.

Desde esta perspectiva se puede demostrar que el cristianismo, una vez que se ha deshecho de todo su lastre escolástico, es la religión más razonable. El cristianismo consiste, esencialmente, en la creencia en Dios y en Cristo como el Mesías, que ha sido enviado para revelarnos a Dios y su voluntad. La misión divina de Cristo se prueba por sus muchos milagros, y Locke no negaba la existencia de los milagros, aunque sí afirmaba que la percepción del milagro como ocasión reveladora requiere ciertas condiciones en quien lo observa.

El intento por parte de Locke de simplificar el cristianismo, al mismo tiempo que retenía lo que le parecía ser esencial, tenía un propósito muy práctico. Su nación estaba dividida por controversias teológicas acerca de lo que le parecía eran cuestiones insignificantes y a menudo inescrutables. Por lo tanto, mostrar la futilidad de la investigación teológica más allá de ciertos límites, y definir la esencia del cristianismo, le parecía que era una tarea importante en el proceso de reconciliar al país, y a los cristianos dentro de él. Esto se puede ver particularmente en sus *Cartas sobre*

---

[14] *Ensayo*, 2. 1. 2.

la tolerancia, donde defendió la libertad religiosa para todos excepto los católicos y los ateos —a quienes consideraba subversivos—.

El empirismo que Hobbes y Locke proponían en la filosofía encontró su expresión teológica en el deísmo.[15] En este contexto, el término no significa, como más tarde vino a significar, la opinión que sostiene que hay un Dios, pero que este Dios no se ocupa de los asuntos humanos. Significa, más bien, el intento de reducir la religión a sus elementos fundamentales, universales y razonables. En este sentido, el principal precursor del deísmo fue Lord Herbert of Cherbury (1538-1648), quien rechazó la idea de una revelación especial y trató de mostrar que todas las religiones tienen cinco puntos en común: la existencia de Dios, la obligación de adorarle, el carácter moral de esa adoración, la necesidad de arrepentirse por el pecado, y una vida tras la muerte de recompensas y castigo. Estas eran las doctrinas básicas de los deístas ingleses del siglo XVIII, cuya posición se fortaleció por la crítica que Locke hizo a la teología dogmática, así como por su insistencia en lo razonable del cristianismo.

Sin embargo, los deístas iban mucho más allá de tratar de mostrar que el cristianismo es razonable. Su tema era la religión natural, con la que toda religión debe concordar. Por cuanto el cristianismo concuerda con la religión natural, es verdadero y razonable; pero cuando trata de añadir un elemento de revelación especial o positiva cae en la superstición. Tal fue la posición expuesta por John Toland (1670-1722) en su libro *El cristianismo no es misterioso*, en el que trataba de mostrar que todo lo que hay de valor en el cristianismo puede ser comprendido por la mente humana, que la revelación no es necesaria, y que todos los elementos de misterio que se encuentran en el cristianismo tradicional o bien son tomados del paganismo o bien son invenciones del clero. De manera semejante, Matthew Tindal (1655-1733) escribió otro libro, *El cristianismo es tan antiguo como la creación*, en el que sostenía que el propósito del evangelio no era traer una redención objetiva —ni tampoco una nueva revelación— sino, sencillamente, mostrar que hay una ley natural que es la base y contenido de toda la religión y, de ese modo, librar a la humanidad de la superstición.

La supuesta religión universal de los deístas no era sino una selección de aquellas doctrinas tradicionales cristianas que les resultaban más afines y que, según ellos, podían sostenerse a base del uso correcto de la razón. Así, por ejemplo, frecuentemente trataban de probar la existencia de Dios a base del orden de las causas —lo mismo que los teólogos tradicionales habían hecho por largo tiempo— y el Dios cuya existencia así se probaba resultaba ser muy semejante al de la ortodoxia cristiana. De igual modo,

---

[15] J. Orr, *English Deism: Its Roots and Its Fruits* (Grand Rapids, Michigan, 1934); P. Gay, *Deism: An Anthology* (Princeton, 1968); W. L. Craig, *The Historical Argument for the Resurrection of Jesus During the Deist Controversy* (Lewiston, Nueva York, 1985).

creían que podían probar que el alma es inmortal, y también que existen retribuciones después de la muerte para el pecado y la virtud. Su ética le debía mucho al estoicismo, en el que la ley natural había jugado también un papel importante; y los requerimientos éticos del Nuevo Testamento se interpretaban entonces en términos de la teoría estoica de la ley natural —para lo cual había amplios precedentes en la doctrina cristiana—.

Aunque fue en la Gran Bretaña que el deísmo encontró mayor acogida, pronto se hizo sentir en otras partes del mundo. Tuvo una influencia importante en los primeros días de Estados Unidos a través de personajes tales como Benjamín Franklin, Thomas Jefferson y Thomas Paine —quien declaró «creo en un Dios y no más».[16] En Francia, tomó un tono particular en la persona de Voltaire, quien se burlaba de los deístas ingleses porque, según él, decían saber más de lo que es humanamente posible.

El deísmo atrajo numerosos ataques por parte de quienes veían en él una amenaza a la fe cristiana. La mayoría de tales ataques no trataba de los argumentos y objeciones de los deístas, sino que más bien usaba de la revelación bíblica para intentar refutarlos. Fue Joseph Butler (1692-1752) quien, en su *Analogía de la religión*, ofreció la respuesta más racional desde el punto de vista de la ortodoxia.[17] En la primera parte de esta obra Butler trataba sobre la religión natural. En este punto concordaba con los deístas, y hasta repetía sus argumentos a favor de la existencia de Dios, la inmortalidad del alma, la recompensa y el castigo tras la muerte, etc. Era en la segunda parte de su libro, que trataba sobre la religión revelada, que Butler intentó mostrar que los deístas se equivocaban al rechazar los datos de la revelación. Aquí no trataba ya de mostrar que el contenido de la revelación es básicamente razonable. Al contrario: aceptaba el hecho de que la idea misma de una revelación especial presenta dificultades; pero, entonces, añadía que también hay dificultades en la opinión que sostiene que el universo es un sistema coherente y ordenado. En ambos casos hay que dejarse guiar por las probabilidades. Toda la vida se guía por esa suerte de probabilidad, y, de igual modo, nuestra confianza en la revelación ha de seguir el mismo camino. Tras haber restablecido la revelación, Butler pasaba a mostrar que el cristianismo incluía varios elementos que los deístas rechazaban o desconocían, pero que eran parte fundamental de la verdadera religión. La obra de Butler pronto se hizo popular como instrumento para refutar a los deístas. Los intentos de refutación del mismo estilo pronto tomaron la forma de un «sobrenaturalismo racional» en el

[16] G. A. Koch, *The Religion of the American Enlightment* (Nueva York, 1968); H. M. Morais, *Deism in Eighteenth Century America* (Nueva York, 1960).

[17] W. E. Gladston, *Studies Subsidiary to the Works of Bishop Butler* (Oxford, 1896); E. C.Mossner, *Bishop Butler and the Age of Reason: A Study in the History of Thought* (Nueva York, 1936); W. J. Norton, *Bishop Butler: Moralist and Divine* (New Brunswick, Nueva Jersey, 1940).

que se intentaba probar mediante argumentos racionales que los deístas se equivocaban, y que la razón misma nos obliga a creer en lo sobrenatural, y, en particular, en las doctrinas de la creación y la revelación, así como en los milagros del Nuevo Testamento. El principal exponente de esta posición fue William Paley (1743-1805), quien hizo muy popular el argumento según el cual la complejidad de la creación señala hacia un creador, de igual modo que la existencia de un reloj requiere que haya un relojero.[18] Aunque tales argumentos pronto se hicieron populares, y se les siguió utilizando durante todo el siglo XIX y hasta el XX, pronto fueron abandonados por quienes comprendieron el impacto de la obra de Kant, de la que trataremos en la próxima sección.

Pero el más rudo golpe al deísmo no vino de los teólogos que se le oponían, sino del filósofo David Hume (1711-1776).[19] Tomando el empirismo de Locke como punto de partida, Hume lo llevó hasta sus últimas consecuencias, y con ello mostró los puntos débiles del empirismo mismo. En su *Investigación acerca del entendimiento humano*, Hume concordaba con la tradición empirista en que lo único que puede ser conocido es lo que se ha experimentado. La mente es una tabla rasa en la que no hay ideas innatas. Pero esto significa, entonces, que en realidad no conocemos muchas cosas cuya existencia damos por sentada. En particular, no conocemos ni la causalidad ni la sustancia. Nuestra experiencia nunca nos ha mostrado que un hecho cause otro. Lo que hemos experimentado es que, al menos en el pasado, cierto acontecimiento siempre ha sido seguido por otro acontecimiento particular. Entonces nos decimos que, puesto que el acontecimiento A es la causa de B, otro acontecimiento semejante al primero resultará en algo semejante al segundo. Al llegar a tal conclusión nos equivocamos por dos razones. En primer lugar, en realidad no hemos visto que el acontecimiento A sea la causa de B. Todo lo que hemos experimentado es la coincidencia de ambos acontecimientos, y nunca la conexión misma. En segundo lugar, afirmamos la continuación futura de cierto orden —y obviamente eso tampoco lo hemos experimentado—. En consecuencia, la causalidad puede ser una categoría útil en la vida cotidiana —ciertamente, sin ella no podríamos ordenar nuestras propias vidas— pero no es ni una realidad empírica ni una certeza racional.

De manera semejante, también la sustancia es algo que nunca hemos experimentado, pero que, a pesar de ello, damos por sentado. Todo lo que percibimos es una serie de impresiones —tamaño, color, olor, etc.— y luego

---

[18] Véase D. L. LeMahieu, *The Mind of William Paley: A Philosopher and His Age* (Lincoln, Nebraska, 1976).

[19] E. C. Mossner, *The Life of David Hume* (Londres, 1955); H. H. Pierce, *Hume's Theory of the External World* (Oxford, 1940); V. C. Chappell, *Hume* (Garden City, Nueva York, 1966); J. H. Noxon, *Hume's Philosophical Development: A Study of His Methods* (Oxford, 1973); B. Stroud, *Hume* (Londres, 1977).

las atribuimos a una «cosa» o sustancia que nunca hemos experimentado. Bien puedo percibir cualidades tales como el tamaño, el color, etc.; o bien puedo percibir cierta coincidencia tanto en el tiempo como en el espacio entre todos ellos; es entonces que planteo la existencia de la sustancia X, sobre la cual digo que tiene tal olor, tal tamaño, etc. Una vez más, bien puede ser absolutamente necesario para nuestras vidas cotidianas creer en la existencia de tales sustancias. Pero esto no ha de llevarnos a pretender que conocemos la sustancia, porque el conocimiento procede de la experiencia, y nadie ha experimentado jamás ni puede tampoco experimentar la sustancia. Es más: esto es cierto no solamente de las sustancias que supuestamente se basan en las percepciones externas, sino también de la mente. Nunca hemos percibido nuestras propias mentes. Lo que hemos percibido son varias operaciones que le atribuimos a una supuesta sustancia que llamamos «mente».

La importancia de Hume es doble, pues al mismo tiempo que mostró las dificultades racionales del deísmo mostró también la imposibilidad de una epistemología puramente empirista.

Hume le dio el golpe mortal al deísmo al señalar que los argumentos mediante los cuales pretendía probar que la religión natural es eminentemente razonable no eran en sí mismos tan racionales como al principio parecieron. El argumento cosmológico para probar la existencia de Dios, por ejemplo, se basaba en la idea de la causalidad, que Hume ahora había mostrado ser poco más que un invento conveniente. Y los argumentos en pro de la inmortalidad del alma, que se fundamentaban en la noción del alma como sustancia inmaterial, también perdieron buena parte de su poder convincente cuando se puso en duda la noción misma de la sustancia.

En cuanto al empirismo, Hume ocupa respecto a él un lugar semejante al que ocupa Leibniz respecto a las primeras etapas del idealismo: lo llevó a un callejón sin salida. Si es cierto que no podemos experimentar ni la sustancia ni la causalidad, y que el pensamiento es imposible sin tales categorías, resulta claro que una epistemología estrictamente empirista es incapaz de explicar el conocimiento humano. La tarea de sacar la filosofía de las dificultades en que se encontraba tras el empirismo de Hume y el idealismo de Leibniz le tocó a Immanuel Kant.

Kant y su importancia para la teología moderna

Immanuel Kant (1724-1804)[20] pasó toda su vida en Prusia oriental, mayormente en la ciudad de Königsberg. El provincialismo de su propia

---

[20] E. Caird, *The Critical Philosophy of Immanuel Kant* (Glasgow, 1909); R. Kroner, *Kant's Weltanshauung* (Chicago, 1956); W. Schultz, *Kant als Philosoph des Protestantismus* (Hamburgo, 1960); H. J. de Vleeschauwer, *The Development of Kantian Thought: The*

vida hace aún más sorprendente el alcance universal de su obra. Bebió de fuentes muy diversas procedentes de toda Europa, inclusive las obras filosóficas de Hume y Leibniz, la física de Newton y la religiosidad de los pietistas. Entonces unió todo esto en una epistemología y crítica de la filosofía anterior que, a su vez, cambiaría buena parte de las estructuras del pensamiento de las generaciones posteriores en un número de contextos igualmente variados.

Al igual que muchos de sus contemporáneos, Kant recibió inicialmente el influjo del racionalismo de Descartes y Leibniz. Pero, como él mismo diría más tarde, fue Hume quien le despertó de su «sueño dogmático».[21] No podía aceptar el escepticismo a que había llegado Hume. Por otra parte, concordaba con Hume en que la experiencia nunca puede conocer la causalidad ni la substancia. Es más: pronto descubrió que estos dos no eran los únicos elementos del conocimiento de los que la experiencia no podía rendir cuentas. Procedió entonces a hacer una lista de todos esos elementos y a buscar una explicación de su existencia. Los resultados los publicó en su obra monumental *Crítica de la razón pura* (1781)[22] y en los *Prolegómenos a cualquier metafísica futura* (1783).

Kant aceptaba la afirmación de los empiristas: que todos los datos del conocimiento se derivan de la experiencia. También concordaba con Hume en que nos es imposible experimentar el ser mismo de un objeto —lo que él llamaba «noumenon» en contraste con los «fenómenos»—. Todo lo que la percepción de los sentidos nos da es una serie de fenómenos. Pero estos no nos llegan de manera organizada, puesto que pretender que ese orden existe en el universo sería caer en la misma ingenuidad que Hume había criticado tan hábilmente. ¿Cómo entonces será posible explicar el paso de los datos caóticos que nos dan los sentidos a la idea ordenada y con significado que llamamos conocimiento?

Esa explicación no ha de encontrarse en las ideas innatas propuestas por Descartes ni por otras formas del idealismo tradicional. Tampoco ha de encontrarse en la noción empirista de la mente como *tabula rasa*. La importancia de la filosofía de Kant se encuentra precisamente en que prestó atención a los puntos válidos de ambas tradiciones, y luego ofreció su propia solución. Esa solución consistía en afirmar que, aunque todos los datos del conocimiento tienen un origen empírico, hay también estructuras

---

History of a Doctrine (Londres, 1962); R. M. Wenley, *Kant and His Philosophical Revolution* (Edimburgo, 1910); C. D. Broad, *Kant: An Introduction* (Cambridge, 1978); E. Cassirer, *Kant's Life and Thought* (New Haven, 1981); H. E. Allison, *Kant's Transcendental Idealism: An Interpretation and Defense* (New Haven, 1983). De especial interés es Martin Heidegger, *Kant and the Problem of Metaphysics* (Bloomington, Indiana, 1962).

[21] *Prolegomena to Any Future Metaphysics* (Indianápolis, 1950), p. 8.

[22] Publicó una edición revisada en 1787.

en la mente misma que nos es necesario emplear al recibir y organizar tales datos. La mente puede conocer los fenómenos solamente cuando los coloca en sus propias estructuras fundamentales, el tiempo y el espacio. El tiempo y el espacio no se encuentran «allá afuera» como objetos del conocimiento. Se encuentran más bien dentro de nosotros, como patrones innatos en los que se organizan los datos caóticos que nos dan los sentidos. Si hay fenómenos que no se ajustan a esos patrones, la mente no puede conocerlos, puesto que se encuentran allende el alcance de la cognición y experiencia humanas —como el silbato de alta frecuencia que se emplea para llamar a los perros, y que el oído humano no puede escuchar—. Es más: aparte del tiempo y del espacio hay otras estructuras del conocimiento, que Kant llama «categorías». Las categorías son doce, distribuidas en cuatro grupos: de cantidad (unidad, pluralidad y totalidad), de cualidad (realidad, negación y limitación), de relación (sustancia, causa y comunidad), y de modalidad (posibilidad, existencia y necesidad). Estas son las estructuras básicas que se encuentran en toda mente humana. Son universales e inalterables.

Lo que la percepción de los sentidos le ofrece a la mente no debe, en realidad, llamarse «experiencia». Los sentidos no proveen sino una mezcla amorfa de percepciones, sin relación alguna entre ellas. «La experiencia consiste en la conexión sintética de los fenómenos (percepciones) dentro de la conciencia, en la medida en que esa conexión es necesaria».[23] La experiencia es el resultado del proceso mediante el cual la mente ordena los datos de la percepción. Si Kant hubiera vivido dos siglos más tarde, probablemente habría utilizado la ilustración de una computadora que ha sido programada según ciertas estructuras. La computadora en cuestión es capaz de recibir, organizar y emplear varias clases de datos que le son administrados, pero solamente en la medida en que esos datos son compatibles con su programa. Hay, por tanto, limitaciones muy importantes a que la mente humana tiene que sujetarse —limitaciones que son producto de su propia estructura—. Pero hay también un sentido en el que la mente, tal como Kant la entiende, tiene en el conocimiento un papel mucho más positivo y creador que el que le daban los empiristas.

La filosofía de Kant tuvo enormes repercusiones en el desarrollo posterior tanto de la teología como de la filosofía. En lo que a la filosofía se refiere, su obra ha sido comparada con la revolución copernicana en la astronomía. Las consecuencias de su filosofía para la teología fueron mucho más allá de lo que él mismo previó. A esto volveremos en breve. Pero primero debemos señalar lo que el propio Kant escribió en el campo de la teología, porque en lo que a esto se refiere su obra, más bien que el

---

[23] *Prolegomena to Any Future Metaphysics*, p. 52.

comienzo de una nueva era, es la culminación del racionalismo del siglo XVIII. Puesto que Kant emprendió su trabajo en el campo de la teología con el mismo rigor sistemático con que abordó la cuestión epistemológica, su pensamiento teológico merece atención como expresión coherente del racionalismo teológico, aun cuando fuera el propio Kant gracias a su labor filosófica, quien hizo imposible la continuación de ese mismo racionalismo teológico.

De un modo típicamente racionalista, Kant piensa que la única función de la religión es apoyar la vida moral. Esto no significa que la religión sea la fuente de nuestro conocimiento de la responsabilidad moral. Afirmar tal cosa sería decir que quienes no son religiosos tienen excusa si su vida moral no es lo que debería ser. El principio fundamental de la moralidad, lo que Kant llama «el imperativo categórico», es universalmente conocido. Ese imperativo nos dice sencillamente que el principio motor de nuestras acciones debe ser tal que estemos dispuestos a verlo elevado al nivel de regla universal para toda la humanidad. La razón, y no la religión, es la fuente de nuestro conocimiento de ese imperativo. La función de la verdadera religión consiste en ayudarnos a cumplir con esa obligación. Cualquier cosa en la religión que no vaya dirigida hacia ese propósito, o que no contribuya a él, es pura superstición. Aún más: la verdadera religión es universal y natural. No se basa en una revelación particular o histórica, sino más bien en la naturaleza misma de la vida humana.

En cierto sentido, esta verdadera religión es racional. Esto no quiere decir que sus doctrinas puedan demostrarse mediante la razón. Cuando se trata de asuntos religiosos, tales como la existencia de Dios, la inmortalidad del alma y la libertad individual, la razón pura no puede sobreponerse a una serie de antinomias, es decir, situaciones en las que tanto la respuesta afirmativa como la negativa parecen ser igualmente razonables. Esto se debe a que se trata de cuestiones sobre las que no hay datos empíricos, y que, por tanto, no pueden ser conocidas en el sentido estricto. Y, sin embargo, hay razones válidas para afirmar la existencia de Dios, la inmortalidad del alma y la libertad individual.

La base para tales afirmaciones se encuentra allende los límites de la razón pura, en lo que Kant llama «la razón práctica». En su *Crítica de la razón práctica* (1788); Kant sostiene que hay ciertas afirmaciones que han de ser tenidas por verdaderas porque son la base de la vida moral. Por lo tanto, en el sentido práctico, es racional afirmar la existencia de Dios como fuente de las acciones morales, la vida del alma tras la muerte como ocasión para la retribución, y la libertad del individuo como agente responsable. Estos tres puntos constituyen el meollo de la religión verdadera y natural, de la cual el cristianismo es expresión.

Aunque el cristianismo es una expresión de la religión natural, también es una religión histórica y particular. Tiene ciertas características que ninguna otra religión posee. Jesús de Nazaret no fundó una religión. La verdadera religión, por ser natural y universal, no puede ser fundada por persona alguna. Jesús sencillamente enseñó esta verdadera religión. Sí fundó una iglesia. El cristianismo es la verdadera religión combinada con elementos eclesiásticos e históricos cuyo propósito era únicamente llevar al cumplimiento de la vocación ética universal. Estos elementos eclesiásticos incluyen «medios de gracia» tales como la oración privada, la asistencia a la iglesia, el bautismo y la comunión. La oración privada apropiada nos ayuda a considerar nuestro deber, y fortalece nuestra decisión de cumplirlo. La asistencia a la iglesia nos coloca dentro del contexto de una comunidad dedicada a la verdadera religión, y, además, da testimonio público de la necesidad de un compromiso moral serio. El bautismo es el acto de iniciación por el cual nos unimos a esa comunidad. Y la comunión sostiene y fortalece los vínculos dentro de la iglesia. Todos estos, cuando se usa de ellos propiamente, son muy útiles para la vida moral; pero no se les ha de permitir volverse fines en sí mismos.

Hasta qué punto sus intereses morales determinaban el modo en que Kant entiende la religión puede verse en el modo en que trata sobre el tema de la gracia. Kant tiene un concepto de la gracia tal que la cree necesaria, puesto que, de otro modo, quienes han pecado llegarían a la conclusión de que todo intento de corregir y cambiar sus vidas carecería de valor. La gracia, entonces, asegura al creyente que todas las acciones malas llevadas a cabo antes de la decisión de seguir la vida moral pueden darse por perdonadas. Además, aun después de tomar tal decisión, ninguna vida es perfecta y, por lo tanto, la gracia tiene el papel de asegurarnos que si hacemos todo lo que podamos Dios suplirá nuestras deficiencias y no perderemos nuestra recompensa. Este modo moralista de entender la gracia, tan semejante al que provocó la protesta de Lutero, lleva a la afirmación de que «es necesario inculcar repetida y cuidadosamente que la religión no consiste en conocer o pensar sobre lo que Dios hace o ha hecho para nuestra salvación, sino en lo que nosotros podemos hacer para ser dignos de ella».[24]

El impacto de la obra de Kant en el desarrollo posterior de la filosofía y la teología fue enorme. Hasta en el campo de la física teórica, Albert Einstein ha rendido tributo al impacto de Kant sobre su pensamiento.[25]

Lo primero que ha de decirse acerca de la importancia de Kant para la teología es que su obra marcó el fin del racionalismo fácil y superficial que había sido tan popular durante las generaciones anteriores. Al afirmar

---

[24] *Religion within the Limits of Reason Alone*, 3.2. Traducción al inglés por T. M. Greene y H. H. Hudson (Nueva York, 1960), p. 123. Véase R. M. Green, *Religious Reason: The Rational and Moral Basis of Religious Belief* (Nueva York, 1978).

[25] «Remarks concerning the Essays Brought Together in This Co-operative Volume», en P. A. Schilpp, ed., *Albert Einstein: Philosopher-Scientist* (Evanston, Illinois, 1949), p. 674.

que la mente no puede penetrar más allá de los fenómenos hasta la realidad misma, Kant cuestionó todo lo que se pueda decir sobre la substancia, Dios, el alma, la libertad, etc. Aún más: en lo relativo a cuestiones tales como la existencia de Dios, la inmortalidad del alma y la libertad para tomar decisiones éticas, Kant mostró que la mente puede llegar a dos conclusiones contradictorias e igualmente razonables, y que la causa de esto es que, en tales casos, la mente pretende penetrar cuestiones que se encuentran más allá de su alcance. Todos los argumentos tradicionales que pretenden probar la existencia de Dios parecen así haber perdido su valor. Por tanto, aquel deísmo que vimos florecer en el siglo XVIII resultaba ser ahora tan dudoso desde el punto de vista estrictamente racional como cualquier intento de basar la religión en la verdad revelada. Esto a su vez quería decir que los teólogos que a partir de Kant se ocuparan de estos temas tendrían ciertas opciones.

La primera opción, y también la más obvia, era tratar de basar la religión en alguna facultad de la mente que no fuera la razón pura. El propio Kant, en su *Crítica de la razón práctica* y en *La religión dentro de los límites de la sola razón*, siguió esta dirección. Para él, el lugar propio de la religión no es lo puramente racional, sino lo ético. Los seres humanos son, por naturaleza, seres morales, y esa moralidad es un argumento a favor de la existencia de Dios, la inmortalidad del alma y la libertad individual. Por tanto, lo que Kant ha hecho en este campo es, sencillamente, tratar de salvar algo de la tradición racionalista en la religión, y de hacerlo apelando, no a la razón pura, sino a la razón práctica o moral.

Durante el siglo XIX habría también algunos —especialmente Ritschl y su escuela— que seguirían esa pauta, intentando fundamentar la religión sobre los valores morales. Otros, al tiempo que rechazaban tal intento de fundamentar la religión sobre la ética, tratarían de buscar otro sitio o aspecto de la mente humana diferente tanto de la razón especulativa como de la moral. En ese sentido, Schleiermacher puede interpretarse como una respuesta a Kant.

La segunda opción era regresar a la revelación. Si se ha mostrado que la razón pura es incapaz de penetrar las cuestiones religiosas más importantes, esa razón ya no puede creerse superior a quienes se atrevan a fundamentar su fe en la revelación divina. La razón no es ya el juez supremo. A fin de cuentas, se trata de una decisión de la voluntad: si alguien decide creer en la revelación, la razón no puede ya declarar que tal fe es insostenible. Si, por otra parte, alguien decide no creer, no hay cosa alguna que la razón pueda hacer para probar la validez de la revelación. Tal fue la opción que tomaron Søren Kierkegaard en el siglo XIX, y Karl Barth en el XX. Y, sin embargo, tras la obra de Kant esto no podía consistir ya en un regreso simplista a las formulaciones teológicas anteriores. Si, como Kant había mostrado, la mente ocupa un papel activo en el pensamiento de tal modo que le da forma y determina lo que sabemos, se deduce que ocupa también un papel en el modo en que la mente recibe la revelación. Así pues, no es ya solamente Dios quien determina la naturaleza de la revelación. Nosotros, quienes la recibimos, también le damos forma a la revelación, no en el sentido de que la creemos, sino en el sentido de que la revelación siempre tendrá que ser Dios hablándonos en términos humanos. La deidad misma —como cualquier realidad en sí misma— no puede ser conocida. Dios solamente puede ser conocido en la revelación. Resulta claro que hay una gran afinidad entre esta posición y la teología de la cruz propuesta por Lutero, y, por lo tanto, el gran despertar de los estudios sobre Lutero durante los últimos cien años no ha de sorprendernos.[26]

La tercera opción consistía en aceptar lo que Kant dice respecto al papel que la mente ocupa en el conocimiento, pero luego amplía esa conclusión afirmando que la racionalidad es la naturaleza misma de las cosas —que el universo y su historia se comportan como una vasta mente cósmica—. Tal fue el camino que siguieron Hegel y el idealismo alemán.

Llegamos así al fin de nuestra rápida ojeada a los cambios que estaban teniendo lugar en el campo de la filosofía, y que servirían de trasfondo a la teología durante el siglo XIX. Naturalmente, nuestra ojeada ha sido limitada. Y, sin embargo, debe bastar para mostrar el origen e importancia de la gran cuestión a que tendría que enfrentarse la teología moderna. La evolución filosófica que hemos descrito puso en duda, en nombre de la razón, la visión tradicional del cristianismo como revelación divina. Pero, hacia finales del siglo XVIII esa misma razón comenzaba a poner en duda sus propias presuposiciones. El racionalismo, como la Revolución francesa, devoraba a sus propios hijos. ¿Cómo hemos de entender, entonces, la situación humana, y cuál es el lugar del cristianismo en medio de ella? ¿Hemos dejado atrás la etapa religiosa de la humanidad, de tal modo que toda religión se ha vuelto obsoleta? ¿O hay todavía dimensiones en el hecho de ser humano que requieren la religión, a pesar de todo nuestro progreso y de todas nuestras dudas sobre el dogma y la revelación? Tal era el debate fundamental que dio forma a la teología del siglo XIX.

---

[26] Es interesante señalar el paralelo entre la crítica que Kant le hizo a la filosofía anterior y la crítica de los nominalistas al escolasticismo que les precedió. Dado ese paralelismo, es posible ver a Lutero y Barth como respuestas semejantes a situaciones paralelas.

48

La teología protestante en el siglo XIX

El siglo XIX fue un período de contrastes difíciles de resumir. Fue un tiempo en el que las circunstancias políticas, económicas y culturales parecían anunciar la desaparición de la fe cristiana, al menos en sus formas tradicionales. Las revoluciones francesa y americana, con las que el siglo comenzó, fueron el principio de un proceso en el cual un número cada vez mayor de estados se declararon exentos de toda obligación de apoyar a la iglesia. La revolución industrial produjo tal descalabro en los patrones sociológicos tradicionales que había sobrada razón para dudar de la pertinencia futura de las antiguas estructuras de la iglesia. Ese desarrollo industrial, a su vez, se apoyaba en toda una serie de descubrimientos científicos que pusieron en duda mucho de la cosmovisión cristiana: la creación en seis días, el cielo por encima y el infierno por debajo de la tierra, etc. La era de abundancia que la nueva tecnología parecía prometer produjo también cambios radicales en las metas de la vida humana —cambios que muchos de los dirigentes eclesiásticos veían con poco entusiasmo—. Pero el siglo XIX fue también una época de gran despertar dentro de las iglesias protestantes (precisamente las mismas iglesias donde las nuevas condiciones tenían mayor impacto). Este fue el gran siglo de las misiones protestantes, que en unas pocas décadas dieron la vuelta al globo. Fue la época en que la conciencia cristiana se despertó frente a la trata de esclavos y se propuso ponerle fin. Y fue también el tiempo de mayor y más original actividad teológica dentro del protestantismo desde el siglo XVI.

Esa labor teológica fue tan vasta y variada que es imposible resumirla aquí. Cubrió todo el espectro, desde el intento por parte de Feuerbach de mostrar que la doctrina cristiana no es sino el resultado de la proyección humana, hasta los más oscurantistas conatos de suprimir y ridiculizar la teoría de la evolución. Es más: esta actividad teológica recibió el apoyo de disciplinas auxiliares tales como la historiografía, la arqueología, la filología y otras. La teología no quedó fuera de la gran explosión del conocimiento que tuvo lugar durante los siglos XIX y XX.

Pero en medio de toda esta complejidad hay unos pocos teólogos que parecen haber sido los más importantes para el desarrollo del pensamiento cristiano, y que también son ejemplo de los varios modos en que era posible hacer teología después de Kant. De entre ellos, hemos escogido cuatro, de los que trataremos por turno en las secciones que siguen en el presente capítulo: Friedrich Schleiermacher (1768-1834), G. W. F. Hegel (1770-1831), Søren Kierkegaard (1813-1855) y Albrecht Ritschl (1822-1889). Por último, estudiaremos algunos otros temas y movimientos que merecen consideración aparte.

La teología de Schleiermacher

Friedrich Daniel Ernst Schleiermacher[1] era hijo de un capellán reformado del ejército, quien se había convertido a los moravos y quien pensaba que la extremada confianza en sí mismo que el joven Freidrich demostraba debía domarse enviándole a una escuela morava. En el ambiente de esa escuela, Schleiermacher llegó a tener un profundo sentido del pecado y de la necesidad y la disponibilidad de la gracia. Entonces fue al seminario, donde llegó a la conclusión de que los argumentos que los ortodoxos utilizaban contra el escepticismo religioso eran débiles, y llegó a perder su fe en la divinidad de Cristo y en la redención mediante su sangre. Luego fue a la Universidad de Halle, donde, bajo la profunda influencia de la filosofía de Kant, comenzó a desarrollar su propio modo de entender la fe cristiana.

---

[1] No conozco introducción mejor que la de M. Redeker, *Schleiermacher: Life and Thought* (Filadelfia, 1973). Esta obra incluye una buena bibliografía. Véase también: C. Welch, *Protestant Thought in the Nineteenth Century* (New Haven, 1972), I:92-93; B. A. Gerrish, *A Prince of the Church: Schleiermacher and the Beginnings of Modern Theology* (Filadelfia, 1981); A. B. Blackwell, *Schleiermacher's Early Philosophy of Life: Determinism, Freedom, and Phantasy* (Chico, California, 1982); K. Barth, *The Theology of Schleiermacher* (Grand Rapids, Michigan, 1982); J. M. Brandt, *All Things New: Reform of Church and Society in Schleiermacher's Christian Ethics* (Louisville, 2001); T. Rice, *Schleiermacher* (Nashville, 2006); G. Hansen, et al., *Friedrich Daniel Ernst Schleiermacher: Reseñas desde América Latina* (Buenos Aires, 2002).

En 1794 fue ordenado pastor reformado, y como tal sirvió en Berlín, donde recibió el influjo del movimiento romántico. En 1799 publicó *Sobre la religión: Discursos a las personas cultas que la desprecian*, donde ya pueden verse los rasgos generales de su sistema teológico, aunque todavía el sello del romanticismo es mucho más marcado de lo que sería después. Finalmente, en 1821 y 1822 publicó *La doctrina de la fe* (y una edición revisada en 1830), donde exponía su pensamiento teológico maduro.

Los *Discursos* de 1799 fueron muy bien recibidos en toda Europa. Lo que Schleiermacher pretendía hacer en ellos era encontrar un lugar para la religión al mostrar que no se trata de un conocimiento ni de una moral. A las «personas cultas que la desprecian» les dice acerca de la religión que: «A fin de mostrarles claramente cuál es la posesión original y característica de la religión, de una vez por todas renuncia a toda pretensión de ser algo que pertenece ya sea a la ciencia ya a la moral. Desde este momento se devuelve cualquier cosa que haya sido tomada prestada o recibida de esos otros campos».[2] El campo propio de la religión es, entonces, el sentimiento —y vemos aquí al Schleiermacher moravo que hace uso de la tradición pietista para apelar a sus lectores románticos—. La religión es el sentimiento de unidad con el Todo, y el sentido de integridad que ese sentimiento conlleva. Es una conciencia inmediata, y no una serie de doctrinas que el intelecto sostiene ni tampoco un sistema de moral. Por tanto, en sus *Discursos*, Schleiermacher no se muestra muy interesado en la teología como disciplina intelectual, ni en la tradición de la iglesia o en los principios éticos religiosos.

Sin embargo, el éxito mismo de los *Discursos* le obligó a su autor a tomar en cuenta elementos de la fe cristiana que no había incluido en esa obra, que ya se había vuelto famosa. Según fue madurando su teología llegó a tomar una posición en la que, mientras sostenía todavía que el sentimiento es el lugar propio para la religión, trataba de mostrar lo que ese sentimiento quería decir y el modo en que se relacionaba con las dos otras esferas de la vida: el conocimiento y la moral. El resultado fue *La doctrina de la fe*, que llegó a ser probablemente la obra teológica de mayor impacto en todo el siglo XIX.

Hay dos elementos importantes nuevos que se destacan desde las primeras páginas de *La doctrina de la fe*. El primero es la mayor claridad y precisión con que se describe el sentimiento religioso. El segundo es la importancia que ahora reciben la iglesia y las expresiones intelectuales de su fe.

---

[2] *On Religion: Speeches to Its Cultured Despisers*, traducido por J. Oman (Nueva York, 1958), p. 35.

En los *Discursos*, el sentimiento religioso se describe de modo impreciso. Era un sentido de unidad con el Todo. Ahora, en *La doctrina de la fe*, se nos dice claramente que el sentimiento religioso, que también se llama piedad, es «la conciencia de ser completamente dependiente o, lo que es lo mismo, de estar en relación con Dios».[3] Esta conciencia de dependencia absoluta constituye el carácter mismo de la piedad en todas las religiones —hasta en las que no están organizadas—. Schleiermacher, además, afirma que la piedad es «una autoconciencia inmediata»,[4] lo cual quiere decir que no se basa en la reflexión intelectual, sino que pertenece a la categoría del «sentimiento» —*Gefühl*—. No se trata, como en el caso de nuestro uso cotidiano del término «sentimiento», de una emoción pasajera. Se trata más bien de nuestra conciencia constante y profunda de Otro cuya presencia es la fuente y fundamento de todo cuanto existe —incluso nosotros mismos—.

Pero ya en esta obra Schleiermacher no se muestra interesado en la religión como fenómeno general. Lo que pretende es describir la fe cristiana —más precisamente, la fe protestante—. En el cuarto de sus *Discursos* había señalado la importancia de comunidades específicas para el crecimiento y desarrollo del sentir religioso. En esta percepción subyace toda *La doctrina de la fe*, donde Schleiermacher se propone describir en términos intelectuales precisos las doctrinas mediante las cuales la iglesia protestante expresa su experiencia particular de la dependencia absoluta de Dios. Las doctrinas de la iglesia son importantes porque ayudan a mantener la pureza de la experiencia original de la cual surgió la comunidad. Para los protestantes, hay dos momentos cruciales, y la tarea de la doctrina es expresar su importancia. El primero de ellos es el impacto de Jesús de Nazaret sobre sus seguidores inmediatos. El Nuevo Testamento es el testigo directo de ese impacto. El segundo momento crucial para la iglesia protestante es la Reforma del siglo XVI, de la cual surgieron varias declaraciones doctrinales que expresan la esencia distintiva del protestantismo. Sobre esta base, resulta claro que el Antiguo Testamento no puede tener una autoridad fundamental para la comunidad cristiana.[5] También resulta claro que la fuente primaria para la teología sistemática protestante son las declaraciones confesionales del protestantismo, y que solamente cuando ellas resultan inadecuadas es necesario referirse al Nuevo Testamento.[6] Esto muestra un aprecio hacia la tradición que no existía entre los racionalistas ni en la teología pietista.

---

[3] *The Christian Faith*, traducción de la segunda edición (Edimburgo, 1928), p. 12.

[4] *Ibid.*, p. 5.

[5] *Ibid.*, p. 115.

[6] *Ibid.*, p. 112.

Schleiermacher define el cristianismo como «una fe monoteísta, perteneciente al tipo de las religiones teleológicas, que se distingue esencialmente de otras religiones por el hecho de que en ella todo se relaciona con la redención alcanzada mediante Jesús de Nazaret».[7] Se trata aquí de una definición cuidadosamente escrita. El cristianismo es monoteísta porque en él nuestros sentimientos de dependencia se dirigen hacia una sola fuente. Es teleológico porque su resultado es la actividad en el mundo con el propósito de establecer el reino de Dios. Esa actividad con propósito es el contenido de la ética cristiana; y aquí vemos una relación más estrecha entre la piedad y la ética que la que encontramos en los *Discursos*. Finalmente, todo en el cristianismo se relaciona con Jesús de Nazaret porque él es la fuente de la nueva conciencia religiosa, es decir, de la piedad específica que es característica de la fe cristiana. Esa fe se basa en la experiencia de la redención, que no es un elemento común a todas las religiones. Más que maestro, Jesús es nuestro redentor, porque, a través de su persona y su interacción con nosotros, nos lleva a un nuevo nivel de existencia que es la vida cristiana. Al subrayar de ese modo la persona de Cristo y hacer de él más que un mero maestro, Schleiermacher contradecía toda la tradición racionalista del siglo XVIII, para la cual Jesús era, ante todo, el maestro de una avanzada ética natural.

La estructura de *La doctrina de la fe* se debe al modo en que Schleiermacher entiende la conciencia humana en general, y la conciencia cristiana en particular. Hay tres niveles de autoconciencia humana. Schleiermacher llama al primero «el nivel animal». Todos comenzamos ahí. En ese nivel no hay distinción entre el yo y el mundo. Pero, según se va desarrollando la criatura humana, tienen lugar dos procesos distintos. En primer lugar, va aumentando la distinción entre el yo y el mundo. Esa distinción no es, sin embargo, una simple oposición, puesto que lo que tiene lugar es que nuestro sentido del mundo se desarrolla en la misma medida en que crece nuestro sentido del yo, y viceversa.

Aquí vemos la influencia de Kant sobre Schleiermacher, puesto que el «mundo» no es sencillamente una realidad que se encuentra «allá afuera», sino que se determina por nuestra capacidad de organizar nuestras percepciones sensoriales de tal modo que formen un todo con sentido. Este modo de entender el «mundo» es muy importante para Schleiermacher, puesto que el monoteísmo puede surgir solamente dentro de un contexto cultural donde se ve el mundo como una unidad integral, que resulta, por tanto, de la obra de un solo Dios. En segundo lugar, según va aumentando la distinción entre el yo y el mundo, también crece nuestro sentido de libertad frente al mundo —es decir, nuestra capacidad de afectarlo—. Lo mismo es

---

[7] *Ibid.*, p. 52.

cierto, por otra parte, de nuestro sentido de dependencia del mundo. Tal es el carácter de la libertad finita. El mundo nos es dado, y eso es algo que no podemos cambiar. Pero, al mismo tiempo, ese mismo mundo es el campo de acción para nuestra libertad. Como seres finitos, no podemos experimentar ni siquiera imaginar la libertad absoluta —es decir, una libertad cuyo contexto haya sido creado completamente por nosotros—. Puesto que este segundo nivel de conciencia se relaciona estrechamente con la percepción de los sentidos, los juicios de valor que se hacen en ese nivel se determinan mediante la antítesis entre el placer y el dolor. Al llegar a este segundo nivel —lo cual tiene lugar en el curso natural del desarrollo humano— el nivel animal anterior va quedando atrás. El segundo nivel, empero, permanece constante a través de toda la vida presente.[8]

El tercer nivel de la conciencia humana, que es el de la «conciencia de Dios» es el específicamente religioso. No se trata ahora de libertad, sino de dependencia. Mientras no era posible —en el segundo nivel— hablar de una libertad absoluta, sí es posible y hasta necesario en este tercer nivel hablar de una dependencia absoluta. En este nivel nos percatamos de que tanto el yo como el mundo dependen absolutamente de Otro al cual ni nosotros ni el mundo podemos afectar. Ese Otro sí tiene libertad absoluta. Ante ese Otro somos completamente pasivos. Pero frente al mundo se nos sigue llamando a la actividad.

De este modo, la autoconciencia religiosa determina el hecho de que la teología sistemática tratará de tres temas principales: el yo, el mundo y Dios. Puesto que el segundo nivel de conciencia nunca queda detrás, y en ese nivel todo se basa sobre la antítesis entre el placer y el dolor, el tercer nivel dentro de la fe cristiana ahora juzga la existencia anterior y todo lo que es continuación de ese segundo nivel como pecado. Pero, puesto que la fe cristiana se basa en la experiencia de la redención, desde la perspectiva de este tercer nivel, el pecado mismo ha de verse dentro del contexto de la gracia.

La doctrina de la fe de Schleiermacher trata, entonces, de tres temas principales: el yo, el mundo y Dios. Cada uno de estos se toma en cuenta primero en términos generales en una breve sección introductoria. Luego se le considera desde la doble perspectiva del pecado y la gracia, que es el contenido específico de la conciencia religiosa cristiana.

En la sección introductoria, Schleiermacher discute primero las doctrinas de la creación y preservación; en segundo lugar, los atributos de Dios que se relacionan con la creación y la preservación; y, en tercer lugar, la perfección original del mundo y de la humanidad. La doctrina de la creación afirma que Dios es la fuente de todo cuanto existe, y que, por tanto,

---

[8] *Ibid.*, pp. 20-25.

nuestra dependencia de Dios es absoluta. La creación no trata sobre la prehistoria o sobre el origen cronológico del mundo, puesto que tal cosa no se incluye en nuestra presente experiencia religiosa. Esa doctrina sí afirma la creación de la nada, que es necesaria para salvaguardar nuestra dependencia absoluta. La doctrina de la preservación no tiene sentido aparte de la creación. La preservación se refiere al apoyo continuo de Dios hacia todo lo que existe y la interrelación de todo. Las relaciones de causa y efecto que existen en el mundo —el hecho de que todo se relaciona con todo lo demás, por muy distante que sea esa relación— ha de verse como la obra continua de Dios en la creación. Por tanto, no hay diferencia alguna entre lo natural y lo sobrenatural. Dios se relaciona de igual modo con todas las cosas en todo momento. La religión y la ciencia coinciden en su interés en las relaciones de causa y efecto que existen en el mundo. «En todas y cada una de las situaciones, deberíamos ser conscientes y experimentar con simpatía nuestra dependencia absoluta de Dios, de igual modo que vemos toda otra cosa como completamente condicionada por la interdependencia de la naturaleza».[9] Con estas palabras, Schleiermacher se opone a quienes defienden un «Dios de los intersticios», y nos fuerzan así a escoger entre causas naturales y sobrenaturales para cada acontecimiento. En esto Schleiermacher, al mismo tiempo que se opone a los racionalistas, muestra el impacto de Kant.

Los atributos de Dios que tienen que ver con la creación y la preservación son la eternidad, la omnipresencia, la omnipotencia y la omnisciencia. Resulta claro que estos atributos se relacionan directamente con nuestro sentido de depender de Dios en todo tiempo y lugar.

Una de las secciones más interesantes de *La doctrina de la fe* es la que trata sobre la doctrina de la perfección original del mundo y de la criatura humana. Como hemos visto, la autoconciencia en su segundo nivel se basa en una relación entre el yo y el mundo que es a la vez pasiva y activa, dependiente y libre. La doctrina de la perfección original señala que el mundo siempre nos ha provisto —y sigue proveyéndonos a cada momento— suficientes estímulos para que se desarrolle la conciencia de Dios. Es en ese sentido que el mundo es perfecto: es capaz de llevarnos a la conciencia de Dios. Al mismo tiempo, ante el mundo, somos seres activos, puesto que el mundo tiene suficiente flexibilidad para que podamos moldearlo a base de nuestra conciencia de Dios. El mundo es esfera apropiada para toda la acción que resulta de esa conciencia. Por tanto, la autoconciencia cristiana nos dice dos cosas: en primer lugar, que nuestra incapacidad de desarrollar la conciencia de Dios antes fue pecado de nuestra parte, puesto que teníamos ante nosotros todo lo que necesitábamos

9 *Ibid.*, pp. 170-71.

para llegar a esa conciencia; en segundo lugar, que nuestra incapacidad de darle forma al mundo de tal manera que llegue a ser el reino de Dios —o al menos comenzar ese proceso— también es pecado de nuestra parte, puesto que el mundo siempre ha estado dispuesto a recibir nuestra acción como familia humana. De igual modo, la doctrina de la perfección original de la criatura humana quiere decir que siempre hemos sido capaces de tener conciencia de Dios, y que nuestra falta de ella es pecado. Por tanto, las historias del Edén no han de interpretarse como históricamente verdaderas, pero sí se deben ver como expresiones válidas de la conciencia de Dios que no han de desecharse.

Schleiermacher se ocupa entonces del yo, del mundo y de Dios desde la perspectiva de la conciencia del pecado, para luego pasar a considerarlos desde la perspectiva de la conciencia de la gracia. La razón para esto es que «la característica distintiva de la religión cristiana se encuentra en el hecho de que, no importa cuánta enajenación de Dios exista en las fases de nuestra experiencia, somos conscientes de ella como acción que surge de nosotros, a la cual propiamente llamamos pecado; pero, al mismo tiempo, somos conscientes de que cualquier compañerismo que haya con Dios se basa en la comunicación recibida del redentor, que llamamos gracia».[10]

En cuanto al yo, ya hemos visto que, desde el punto de vista de la conciencia de Dios, toda la vida anterior a su desarrollo ha de ser llamada pecado. También es cierto que la resistencia continuada al desarrollo de la conciencia de Dios una vez que ha comenzado también es pecado desde el punto de vista de esa misma conciencia. Pero el más alto grado de la conciencia del pecado nos lleva a ver a Jesús como redentor. Él nos muestra lo que la vida pudo haber sido si desde el principio hubiéramos llevado a la realidad las posibilidades de la perfección. Es al mirar a Jesús, más que a algún huerto prehistórico, que nos damos cuenta del verdadero carácter de la perfección original. La doctrina del pecado original expresa el hecho de que sabemos que nos resistimos a la conciencia de Dios, y que esto es la base de nuestros pecados actuales. También señala la solidaridad pecaminosa que existe en el mundo, puesto que todas las acciones se relacionan entre sí. En última instancia, mi pecado afectará al mundo entero, de igual modo que todos los pecados del mundo me afectan a mí.

Desde la perspectiva del pecado, el mundo se ve como opuesto a la conciencia de Dios. Los elementos negativos del mundo, los mismos que al segundo nivel de la conciencia producen dolor, se ven ahora como castigo de Dios por razón de nuestra culpa. Esto no quiere decir que tales cosas no existirían sin el pecado, sino, sencillamente, que su existencia se interpretaría de otro modo. También podrían ser vistas como estímulos

---

[10] *Ibid.*, p. 262.

para el crecimiento de nuestra conciencia de Dios. «Por tanto, los males naturales, si se les considera objetivamente, no surgen del pecado; pero, puesto que el ser humano, de no tener pecado, no vería como maldades lo que no son sino obstáculos a las funciones de los sentidos, el hecho mismo de que ve tales cosas de ese modo se debe al pecado, y, por lo tanto, desde un punto de vista subjetivo tal clase de mal es el resultado y la pena del pecado». [11]

Hay dos atributos divinos que se basan directamente en la conciencia del pecado: la santidad y la justicia. La santidad de Dios se relaciona con nuestro sentido de incapacidad ante la bondad de los mandatos de Dios. La justicia divina se basa en nuestra conciencia de que no nos conformamos a la voluntad divina y en nuestro sentido de que la maldad que existe en el mundo es castigo por nuestro pecado. En este punto Schleiermacher añade que la «misericordia» no es un término que sea útil en la teología, puesto que parece implicar que Dios actúa de acuerdo con segundo nivel de la conciencia, para aumentar nuestro placer y limitar nuestro dolor.

Por último, Schleiermacher se ocupa del yo, del mundo y de Dios desde la perspectiva de la conciencia de la gracia.

Al ver el yo bajo la conciencia de la gracia, hay que discutir dos temas: la persona y obra de Cristo como causa de la gracia, y la transformación del yo mediante la gracia. La actividad redentora de Jesús se debe a su perfección sin pecado, es decir, a su conciencia absoluta de Dios, que nunca estuvo en conflicto con su segundo nivel de conciencia. Tal perfección no puede explicarse a base de sus antecedentes en la historia humana, puesto que lo que había allí era pecado. Solo puede explicarse mediante la existencia de Dios en él. Jesucristo es tanto divino como humano. «En esta unión de la naturaleza divina con la humana, solamente la divina era activa o se impartía a sí misma, mientras que solamente la humana era pasiva o se dejaba asumir; pero, durante el estado de la unión, cada actividad era común a ambas naturalezas». [12] En tal aseveración vemos, una vez más, cómo lo humano se define en términos de pasividad total ante Dios, y Dios como totalmente activo frente a lo humano. El hecho de que Jesús como humano es totalmente pasivo y, por lo tanto, absolutamente dependiente, es su perfección sin pecado. Esa pasividad de la humanidad en Jesús es también el medio que permite que se vea a Dios como totalmente activo, y que la unión tenga lugar. Si se le interpreta de ese modo, la doctrina tradicional de la unión de dos naturalezas en Jesús resulta aceptable para Schleiermacher. [13] Esa unión, sin embargo, no depende de la doctrina

---

[11] *Ibid.*, p. 319.

[12] *Ibid.*, p. 398.

[13] La doctrina de la *communicatio idiomatum*, sin embargo, no es aceptable, puesto que

del nacimiento virginal, que no ha de ser tomada literalmente. Lo mismo es cierto de las doctrinas de la resurrección, la ascensión y el regreso en juicio, que no son expresiones necesarias de la conciencia cristiana. Los discípulos sabían que Jesús era el redentor sin esas doctrinas. Resulta claro que aquí vemos en Schleiermacher algunos elementos comunes del racionalismo anterior, que persistirían en buena parte del siglo XIX.

La obra del redentor se basa sobre esta definición de su persona. Esa obra consiste en comunicarles su conciencia absoluta de Dios a otros seres humanos, partícipes de su propia conciencia de Dios. El redentor está activo en nosotros, de igual modo que Dios está activo en él; nosotros somos pasivos frente a él, de igual modo que él, en su humanidad, es pasivo ante Dios. Su acción redentora es obra de Dios a través de él en nosotros. Por paradójico que parezca, nuestra acción en la redención consiste en ser pasivos, de igual modo que Jesús fue unido a Dios mediante su propia acción humana de pasividad. Al perder conciencia de nuestra propia vida, cobramos conciencia de la de él. En esto consiste el paso del pecado a la perfección. Es una acción de la libertad tanto para nosotros como para el redentor. Somos formados como nuevas personas en él, y así venimos a ser parte de la nueva creación que expresa la perfección original. Tal es nuestra condición como creyentes desde la perspectiva de la consecuencia de la gracia, pero debemos recordar que la antítesis entre la gracia y el pecado todavía permanece en la vida cristiana. Aun así, tenemos ahora una nueva perspectiva sobre el mal mismo, puesto que ya no parece ser castigo por el pecado, sino más bien ocasión para nuestra actividad dentro del mundo. Nuestra conciencia de ser perdonados nos lleva a ver los estímulos negativos —que antes nos parecían castigo— como llamados a la actividad ética en el mundo.[14] De manera típicamente reformada, Schleiermacher discute la obra de Cristo bajo el encabezado de los tres oficios de Cristo como profeta, sacerdote y rey. Como profeta, Cristo anuncia el reino de Dios. Pero hemos de recordar que también introduce ese reino que anuncia, y que, por lo tanto, él es también el fin de la profecía. No hemos de separar sus enseñanzas de su persona y obra (y aquí Schleiermacher reacciona contra la tradición racionalista, que hacía de Jesús un mero maestro y, por lo tanto, distinguía radicalmente entre las enseñanzas de Jesús y las enseñanzas acerca de él).[15] Como sacerdote, el redentor llevó sobre sí la carga de los pecados de todo el mundo. Esto no quiere decir, en sentido literal, que muriera en lugar nuestro. Lo que quiere

---

implica una naturaleza divina cuyos atributos pueden ser descritos aparte de la conciencia humana de Dios. *Ibid.*, pp. 411-13.

[14] *Ibid.*, p. 432.

[15] *Ibid.*

decir es que, puesto que su perfección sin pecado constituía un juicio en contra nuestra, sufrió la hostilidad de todo el mundo, y murió por ella. Puesto que respondió a tal situación a base de una conciencia total de Dios, y no del pecado, abrió en nuestro mundo y en nuestra historia una nueva posibilidad: la posibilidad del amor, el perdón y la reconciliación.[16] Por tanto, su sufrimiento es la culminación necesaria de su obra como redentor, y le pone punto final a todo sacerdocio, excepto a aquel que continúa su obra redentora.[17] Con tales aseveraciones, Schleiermacher se opone a toda interpretación de la redención que lleve a centrar la obra de Cristo en un momento particular de su vida. Como rey, el redentor crea un pueblo al cual sigue gobernando mediante los mandamientos que nos dio.[18] Es el gobernante sabio que nos da todo lo que nos es necesario para nuestra vida como pueblo suyo.[19] La conclusión que se sigue de todo esto es que no puede haber una religión política, ni una teocracia, ni unión alguna entre iglesia y estado.[20]

Schleiermacher se ocupa, entonces, del modo en que el yo es transformado mediante la gracia. Ciertamente, mucho de lo que acabamos de decir sobre la persona y obra de Cristo se refiere a este tema. Esta nueva sección de *La doctrina de la fe* consiste en definiciones de las doctrinas tradicionales desde el punto de vista de nuestra conciencia de Dios. La discusión incluye términos tales como regeneración, justificación, conversión, arrepentimiento, fe, perdón, adopción, santificación y perseverancia. Mediante la transformación del yo a que estos términos se refieren, nos volvemos instrumentos activos en el mundo para traer a otros al ámbito de la actividad redentora de Cristo. De igual modo que en el segundo nivel de conciencia no podía haber sentido del yo sin sentido del «mundo», así también desde la perspectiva de la gracia no puede haber un nuevo yo sin una transformación del contexto en que ese yo existe. Aún más: puesto que la definición misma del cristianismo establece una relación entre la conciencia de Dios y la persona y obra de Jesús de Nazaret, es necesario que haya una comunidad relacionada históricamente con el redentor de modo que esa comunidad provea el contexto presente para la vida del cristiano. Esa comunidad es la iglesia. Por tanto, la sección en *La doctrina de la fe* que trata sobre el mundo desde la perspectiva de la gracia incluye también la doctrina de la iglesia. Resumiendo el contenido de esta larga sección de su libro, Schleiermacher afirma que «en un resumen de lo que

---

[16] *Ibid.*, pp. 452-53.
[17] *Ibid.*, pp. 465-66.
[18] *Ibid.*, p. 468.
[19] *Ibid.*, p. 466.
[20] *Ibid.*, p. 473.

nuestra conciencia cristiana del yo dice sobre la comunidad de los creyentes, debemos tratar primero sobre el origen de la iglesia, el modo en que toma forma y se distingue del mundo; luego del modo en que la iglesia se mantiene en antítesis con el mundo; y, por último, la abrogación de esa antítesis, la esperanza de la consumación de la iglesia».[21]

Lo que ya Schleiermacher había afirmado en los *Discursos*, que no puede haber tal cosa como una fe solitaria, se continúa y desarrolla aquí. Aunque Jesús fundó una comunidad, la iglesia no se volvió una entidad organizada sino después que terminó la actividad personal del redentor. Es al comienzo de esta nueva entidad cuando se produce la dádiva del Espíritu. El Espíritu fue dado únicamente después de la partida de Cristo, porque durante la presencia del redentor los discípulos tenían que ser pasivos, y la tarea del Espíritu es despertar una actividad espontánea que se basa sobre nuestra conciencia de Dios.[22] Es en este momento cuando surge una verdadera comunidad, precisamente porque nadie depende directamente de otra persona, sino que todos se relacionan con todos, y el todo se relaciona con el redentor. Toda la iglesia es imagen de Cristo, y cada persona es parte necesaria de ella.[23]

En la iglesia hay elementos mutables e inmutables. La razón para ello es que la iglesia es, al mismo tiempo, una comunidad que existe dentro de la historia y una comunidad que, a través de toda esa historia, ha mantenido la misma conciencia de Dios como redentor. Los elementos mutables son los efectos del mundo y de nuestra naturaleza humana. Los elementos inmutables son el resultado de la actividad constante de Cristo.[24] Los elementos constantes son seis. Los primeros dos —la Escritura y el ministerio de la Palabra de Dios— son a la vez el testimonio a Cristo dentro de la comunidad y la continua actividad profética del redentor dentro de su iglesia. Los dos siguientes —el bautismo y la Santa Cena— son medios por los cuales la comunidad tiene comunión con Cristo y también medios por los que la actividad sacerdotal de Cristo continúa dentro de la comunidad. Debido a su énfasis en la comunión con Cristo que tiene lugar en la Cena del Señor, Schleiermacher rechaza tanto la doctrina católica de la transubstanciación como la posición protestante extrema que niega la presencia real. Los últimos dos elementos inmutables de la vida de la iglesia —el poder de las llaves y la oración en el nombre de Jesús— son medios

---

[21] *Ibid.*, p. 528.
[22] *Ibid.*, pp. 565-69.
[23] *Ibid.*, p. 578. Resulta interesante señalar que es en este punto donde Schleiermacher introduce la doctrina de la predestinación. Aunque el contenido que da a esa doctrina es muy distinto del de Calvino, la ha vuelto a colocar en el lugar que tenía originalmente dentro de la teología de Calvino, es decir, bajo el tema de la redención.
[24] *Ibid.*, pp. 582-84.

por los que tanto el individuo como la comunidad se relacionan entre sí, y tienen también la función de continuar la actividad de Cristo como rey en la iglesia. El poder de las llaves —lo que tradicionalmente se ha llamado la autoridad de excomunión— es el modo en que la comunidad distingue entre los que pertenecen a ella y los que no pertenecen. «El poder de las llaves es ese poder en virtud del cual la iglesia decide lo que pertenece a la vida cristiana, y trata entonces con cada individuo en la medida de su conformidad con esas decisiones».[25] Tal aseveración —que puede parecer sorprendente saliendo de la pluma del «padre de la teología liberal»— quiere decir que la comunidad, y no el individuo, es quien determina y juzga la naturaleza de la vida cristiana. La oración ha de entenderse, no como un modo en que el creyente afecta la mente de Dios, sino más bien como un proceso mediante el cual nos ponemos a la disponibilidad de la actividad transformadora del redentor. Por esa razón, la verdadera oración cristiana es oración en el nombre de Jesús, es decir, oración que está de acuerdo con la conciencia de Dios que tiene la iglesia como comunidad. La oración sí afecta al mundo por cuanto altera nuestra percepción de la realidad, y el mundo es precisamente lo que construimos a base de tal percepción.[26]

Los elementos mutables de la iglesia son las divisiones, el error y el pecado. Todos estos elementos existen en la iglesia en su estado presente. Pero no tienen lugar en la verdadera naturaleza de la iglesia, y, por lo tanto, la comunidad cristiana constantemente luchará por vencer las divisiones mediante la unidad, el error mediante la verdad, y el pecado mediante la gracia. Schleiermacher emplea la distinción tradicional entre la iglesia visible y la invisible, aunque también advierte que los cristianos más verdaderos normalmente son aquellos que se muestran más visibles en su acción en el mundo.[27]

Las doctrinas que se relacionan con la consumación de la iglesia son cuatro: el regreso de Cristo, la resurrección de la carne, el juicio final y la bienaventuranza eterna. Estos cuatro elementos apuntan hacia una meta más allá de la historia, cuando todos los elementos mutables de la iglesia desaparecerán, y su conciencia de Dios llegará a su culminación. Quienes entienden estas doctrinas de manera literal hacen un uso poco crítico de la tradición.

Por último, los atributos de Dios cuando se le mira desde la perspectiva de la conciencia de la gracia son dos: el amor, que consiste en el deseo por

---

[25] *Ibid.*, p. 662.

[26] *Ibid.*, pp. 671-75. Una vez más vemos aquí el impacto de Kant sobre Schleiermacher.

[27] *Ibid.*, p. 677.

parte de Dios de unirse a nosotros, y la sabiduría, mediante la cual todas las cosas llevan el propósito de que esa unión tenga lugar.

En el siglo XX, tras la obra de Kart Barth y de la neoortodoxia, resulta sencillo —y hasta de moda— criticar a Schleiermacher. Se le ha acusado de ser el punto de partida para «una apoteosis oculta del ser humano»,[28] que era el propósito de la teología liberal. El punto en que se le ha criticado más severamente es su concentración sobre la conciencia de Dios que tienen los seres humanos más que sobre la revelación, y el modo en que esto le lleva a dejar a un lado la «otredad» radical del evangelio cristiano. Sobre esa base, uno de sus críticos ha dicho que «sería aproximadamente cierto afirmar que [Schleiermacher] ha colocado el descubrimiento en lugar de la revelación, la conciencia religiosa en el sitio de la Palabra de Dios; y la mera imperfección de un "todavía no" en el puesto del pecado».[29] El mismo crítico afirma también que es «solo en un sentido relativo que podemos hablar de la *Dogmática* de Schleiermacher como un libro auténticamente cristiano».[30]

Pero tales críticas no colocan a Schleiermacher dentro de su propia situación, ni tienen en cuenta el grado en que la teología del siglo XX es deudora de su obra. El propio Barth le rindió tributo colocando un retrato de Schleiermacher en su estudio en Basilea. Visto dentro del contexto de la teología de principios del siglo XIX, Schleiermacher hizo una contribución enorme a la teología protestante, y esa contribución se siente todavía. A pesar de provenir de un trasfondo pietista, se sobrepuso al individualismo del pietismo gracias a su énfasis en la importancia de la iglesia. Aunque comenzó su obra como apologeta del cristianismo en medio de los románticos, evitó caer en el subjetivismo de estos mediante ese mismo énfasis en la experiencia comunitaria y en la reflexión sobre la tradición que esa comunidad ha de hacer. Aunque estuvo fuertemente impactado por los racionalistas y por Kant, corrigió la posición de aquellos al insistir en el carácter central de la persona de Jesús para la fe cristiana y al insistir también en que la fe no es un mero apoyo a la moral común.

Aunque es cierto que la teología liberal partió de Schleiermacher, no es menos cierto que en el siglo XX, aun después de pasado el liberalismo clásico, su impacto siguió haciéndose sentir en muchos modos positivos. El cristocentrismo de buena parte de la teología del siglo XX, así como su énfasis en la iglesia, son el legado de Schleiermacher. Lo mismo es cierto de la importancia que se le da ahora a la categoría de la redención.

---

[28] K. Barth en «An Introductory Essay» en L. Feuerbach, *The Essence of Christianity* (Nueva York, 1957), p. xxii.

[29] H. R. Mackintosh, *Corrientes teológicas contemporáneas* (Buenos Aires, 1964), p. 96.

[30] *Ibid*., pp. 95-6.

El modo positivo en que Schleiermacher veía la tradición —que fue la razón por la que algunos le acusaron de «romanismo»— ha sido una contribución valiosa al movimiento ecuménico. Su insistencia sobre la naturaleza solidaria del pecado y sobre la necesidad de que los cristianos estén activos en el mundo se encuentra tras el interés teológico moderno en las dimensiones sociales del evangelio. En muchas maneras, seguimos haciendo teología bajo la sombra de Schleiermacher.

La filosofía de Hegel

Georg Wilhelm Friedrich Hegel (1770-1831)[31] comenzó su carrera académica como estudiante de teología en Tubinga. Allí se interesó en dos temas que más tarde resultarían centrales para su sistema teológico.[32] El primero era el carácter histórico del cristianismo, y cómo una religión que se relaciona con acontecimientos históricos particulares puede pretender tener validez universal. El segundo tema —en el que veía una respuesta parcial al primero— era el papel del amor tal como lo enseñaba Jesús. Aquí veía una reconciliación de términos opuestos, de tal modo que, en el amor de Dios, la oposición legalista entre el pecado y la virtud queda detrás y comienza una nueva vida de libertad.

Hegel siempre se consideró a sí mismo teólogo, pero la teología que buscaba no era una mera exposición de la doctrina cristiana tal como se expresa en las fórmulas tradicionales, sino más bien una comprensión abarcadora de la naturaleza de la realidad que incluía el lugar del cristianismo dentro de esa totalidad.

En cierto sentido, lo que Hegel hizo fue llevar la visión de Kant del papel activo de la mente hasta sus últimas consecuencias, al mismo tiempo que abandonaba otros elementos del sistema de Kant. Por tanto, Hegel no veía la realidad como algo que la mente tuviera que comprender, sino más bien como la manifestación del principio mismo de la racionalidad en el universo —lo que él llamaba el Espíritu—. No es solo que la realidad sea lógica, sino también que la lógica es la realidad. Pero esa lógica no es la lógica estática de Parménides o de los racionalistas de la Ilustración. Es

---

[31] E. Caird, *Hegel* (Edimburgo, 1901); W. A. Kaufmann, *Hegel: Reinterpretation, Texts and Commentary* (Londres, 1966); H. Küng, *Menschwerdung Gottes: Eine Einführung in Hegel's theolog. Denken* (Friburgo,Breisgau, 1970); W. Wallace, *Prolegomena to the Study of Hegel's Philosophy and Especially of His Logic* (Oxford, 1894); E. L. Fackenheim, *The Religious Dimension in Hegel's Thought* (Bloomington, Indiana, 1967); W. Lauer, *Hegel's Concept of God* (Albany, Nueva York, 1982); J. N. Findlay, *Hegel: A Re-examination* (Nueva York, 1976); J. W. Burbidge, *Historical Dictionary of Hegelian Philosophy* (Lanham, MD, 2008).

[32] C. Welch, *Protestant Thought*, I:92-93.

más bien una lógica dinámica, que se mueve mediante un proceso dialéctico y que siempre busca una verdad nueva y más completa. Es dentro de ese contexto que debe entenderse la famosa tríada hegeliana de tesis, antítesis y síntesis. No se trata de un patrón rígido que todo pensamiento debe seguir —de hecho, Hegel no siempre fue consistente en cuanto a lo que quería decir con estos tres términos—. La dialéctica es más bien la afirmación fundamental de que la realidad —y la razón junto a ella— es dinámica.

Fue esta intuición de la naturaleza dinámica de la razón y de la realidad lo que le permitió a Hegel desarrollar su impresionante filosofía de la historia. Toda la historia es el desdoblamiento del Espíritu mediante un proceso lógico en el que primero se plantea una tesis, solo para encontrar entonces una antítesis dentro de ella misma, y luego resolver el conflicto en una síntesis. Pero la nueva síntesis nunca es final, puesto que ella también es una tesis con su propia antítesis implícita. Y así continúa el proceso. Hegel ha sido fuertemente criticado por falsificar la historia en su intento de incluirlo todo dentro de su marco intelectual. No cabe duda de que su sistema tendía a simplificar demasiado las realidades complejas de la historia. Pero también ha de decirse a su favor que su modo de ver la relación entre la historia y la realidad le dio gran impulso al estudio histórico. Para Hegel, la historia no revelaba una verdad escondida detrás o más allá de ella. Al contrario, la historia misma era la verdad —verdad dinámica, verdad dialéctica—. Por tanto, el estudio de la historia vino a ser el estudio de la realidad última y puramente lógica. No se trataba ya de encontrar esencias puras tras las particularidades históricas. Los historiadores podían ahora dedicarse a estudiar los acontecimientos históricos en la confianza de que lo que estudiaban era la naturaleza misma del universo. No es por coincidencia que la investigación histórica moderna —especialmente en cuestiones teológicas— comenzó en Tubinga bajo el liderato de hegelianos tales como F. C. Baur (1792-1860) y D. F. Strauss (1808-1874). Aunque buena parte de esa investigación histórica llegaría a poner en duda mucho de lo que la ortodoxia cristiana tradicional había aceptado, a la postre forzaría a la teología cristiana a regresar a sus fuentes históricas.

Dentro del marco de esta filosofía de la historia, Hegel se dedicó entonces a interpretar el cristianismo de tal modo que se le veía como la culminación del desdoblamiento del Espíritu —y por lo tanto como la religión absoluta—. Rechazaba la teoría racionalista de una religión natural universal que se encontraba bajo todas las religiones históricas y que se ocultaba tras ellas. Todas las religiones revelan la naturaleza última de la realidad, aunque deben ser vistas dentro del proceso histórico del desdoblamiento del Espíritu. Este proceso culmina en la religión cristiana, cuyos dogmas —a veces tan despreciados— son, en realidad, representaciones profundas de la naturaleza misma de la realidad. Así, por ejemplo, la doctrina de la encarnación es la expresión religiosa de la unión final entre Dios y la humanidad, que ya no han de verse como términos antitéticos. Y la doctrina de la Trinidad es la afirmación del carácter dialéctico de la realidad última.

La importancia de Hegel para el desarrollo posterior de la teología cristiana fue mucho más allá que el mero hecho de haber producido un sistema tan impresionante. De hecho, el sistema pronto se derrumbó, puesto que su misma amplitud le hacía vulnerable a ataques desde varias direcciones. Pero diversos elementos del pensamiento de Hegel luego fueron retomados por otros que, a su vez, tuvieron gran influencia sobre la teología cristiana. Dos ejemplos de ello son la teoría de la evolución de Charles Darwin (1809-1882) y el materialismo dialéctico de Karl Marx (1818-1883). La doctrina de Hegel sobre el desdoblamiento progresivo del Espíritu fue parte del trasfondo de la teoría de la evolución de Darwin —y el impacto de esa teoría sobre la teología popular es bien conocido—. La dialéctica de Marx es una transposición de la dialéctica idealista de Hegel a un marco materialista.[33] Aunque durante el siglo XIX la mayor parte de los teólogos le hizo poco caso a Marx, su impacto sobre la teología del siglo XX resulta claro al menos en dos sentidos. El primero fue el constante diálogo entre el cristianismo y el marxismo, que se hizo necesario por el poder político e ideológico de este último en el mundo moderno. El segundo es nuestra conciencia creciente de que, según Marx lo indicó, nuestras ideas e ideales son afectados por circunstancias económicas, sociales y políticas (de igual modo que Freud nos ha hecho conscientes de las insondables profundidades psicológicas de tales ideas e ideales).[34]

La teología de Kierkegaard

Søren Aabye Kierkegaard (1813-1855)[35] es a la vez el teólogo más atrayente y el más repulsivo del siglo XIX. En cierto modo, esto ha sucedido

---

[33] R. Cooper, *The Logical Influence of Hegel on Marx* (Seattle, 1925); S. Hook, *From Hegel to Marx: Studies in the Intellectual Development of Karl Marx* (Nueva York, 1958).

[34] Mientras buena parte de la teología y filosofía del siglo XIX se ocupaba principalmente de la conciencia, y especialmente de la autoconciencia, Sigmund Freud (1856-1939) llamó la atención a las fuerzas subconscientes que moldean la vida humana. Señaló la raíz irracional de buena parte de la actividad que los humanos pensamos es puramente «racional». Aunque sus escritos incluían varias obras sobre la religión, lo que tuvo mayor impacto sobre la teología, especialmente en el siglo XX, fue la tendencia general de su pensamiento, más que alguna posición teológica específica —como sucedió también en los casos de Kant, Hegel y Marx—.

[35] Introducciones generales: W. Lowrie, *Kierkegaard*, 2 vols. (Nueva York, 1962), y R. Jolivet, *Introduction à Kierkegaard* (París, 1946). Hay una excelente bibliografía en Lowrie, II:619-25. Véase también F. E. Wilde, *Kierkegaard and Speculative Idealism*

en cumplimiento de sus propios deseos. Su vida fue el drama de un hombre altamente dotado y consciente de su genio, pero que también sentía una profunda antipatía hacia sí mismo e hizo grandes esfuerzos para que otros sintieran igual antipatía hacia él. Sus comentarios negativos sobre sí mismo iluminan su personalidad. Dijo que el año en que nació el gobierno cayó en bancarrota, y que él era como uno de aquellos billetes que circulaban entonces, con cierto vestigio de grandeza, pero en realidad carentes de todo valor. Según decía él, su voz era como el grito agudo de una grulla. Su cuerpo estaba mal formado, y él lo sabía. Siempre pensó morir antes que su padre, puesto que varios de sus hermanos y hermanas ya habían muerto y su padre le había dicho que la familia llevaba una maldición y que todos sus hijos morirían antes que él. Cuando la profecía no se cumplió, Kierkegaard comenzó a pensar de sí mismo como un sobreviviente indigno. Por otra parte, también era bien consciente de su capacidad intelectual, y frecuentemente se declaraba genio. Estaba convencido de que su gran capacidad intelectual le había sido dada para llevar a cabo una gran misión, y a la postre llegó a la conclusión de que esa misión consistía en mostrar la enorme dificultad de ser cristiano. Estuvo comprometido en matrimonio con Regina Olsen, una joven de la que siempre dijo estar muy enamorado, pero a quien renunció por razones tan confusas y complejas como su propia personalidad (que no debía cargar sobre ella su propia melancolía enferma; que ella no era capaz de vivir la intensa pasión religiosa a la que él estaba dedicado; que la había sacrificado de igual modo que Abraham se ofreció a sacrificar a su bienamado Isaac, a base de un mandamiento no ético venido desde lo alto, etc.).[36] Al tiempo que se comportaba como si no le importase la opinión que los demás tuvieran de él, tomaba medidas ridículas para dar la impresión de ser un genio casi milagroso. Así, por ejemplo, se presentaba en la ópera, se dejaba ver, y luego regresaba a su casa tan pronto como las luces se apagaban. Luego regresaba poco antes de que terminara la ópera, a fin de sorprender a todos con

---

(Copenhague, 1979); J. D. Colling, *The Mind of Kierkegaard* (Princeton, 1983); E. Pérez Álvarez, *Introducción a Søren Kierkegaard, o la teología patas arriba* (Nashville, 2009).

[36] Resulta interesante comparar a Schleiermacher con Kierkegaard en este punto. Schleiermacher estaba convencido de la importancia de la vida familiar para el desarrollo total de la personalidad humana en comunidad. Estaba enamorado de Eleonore Grunow, mujer casada, quien tras largas deliberaciones decidió no divorciarse. Schleiermacher después se casó con otra. Sus escritos sobre el matrimonio subrayan la necesidad del desarrollo de los individuos dentro de él. Su opinión de que la familia es un medio por el cual la piedad se les comunica a los hijos se encuentra tanto en los *Discursos* como en su breve escrito, *Nochebuena: diálogo sobre la encarnación* (traducción inglesa, *Christmas Eve: Dialogue on the Incarnation*, Richmond, Virginia, 1967). En contraste con esto, para Kierkegaard el matrimonio y la familia son una tentación mediante la cual evitamos la difícil tarea de llegar a ser individuos plenos. Por tanto, su rechazo de Regina Olsen se relaciona también con su sentido de vocación como «el individuo solitario».

su producción literaria, aparentemente hecha sin esfuerzo alguno. Aunque Kierkegaard ha sido alabado como un gran filósofo y fundador del existencialismo moderno, él siempre se vio a sí mismo, no como filósofo, sino más bien como un caballero andante de la fe a quien le había sido dada la tarea de hacer el cristianismo difícil.[37] Lo que esto quiere decir no es que se proponga evitar que otros lleguen a ser cristianos, sino, al contrario, que quiere mostrar que el cristianismo es algo difícil y que consume toda la vida, a fin de retar a las almas grandes a abrazarlo. El «cristianismo de la cristiandad» no es verdadero cristianismo.

En su Dinamarca luterana, donde todos se daban el nombre de cristianos por el solo hecho de haber nacido, y donde el hegelianismo y el racionalismo se habían vuelto modos populares de mostrar que después de todo el cristianismo no era sino la forma de religión más razonable, Kierkegaard se sintió llamado a utilizar el poder de su pluma para destruir la idea de que la vida cristiana es lo mismo que la vida buena, decente y fructífera de un ciudadano ejemplar. En un breve artículo publicado en 1854, atacó a los ministros populares y exitosos de su época diciendo que: «Hablar de un hombre que mediante la predicación del cristianismo ha logrado y disfrutado en la mayor medida posible de todos los bienes y goces del mundo, hablar de tal persona como testigo de la verdad es tan ridículo como hablar de una virgen rodeada de su numerosa tropa de hijos».[38] Y en otro lugar muestra el impacto radical que el verdadero cristianismo ha de tener para quien lo acepte:

La fórmula para ser cristiano es relacionarse personalmente con Dios de manera individual, literalmente individual... Una vez que esto tiene lugar, se trata de un acontecimiento incomparablemente más importante que una guerra europea o que una guerra que involucre hasta los últimos rincones del mundo; es un acontecimiento catastrófico que conmueve el universo hasta sus más profundos abismos... Aquel cuya vida no tenga catástrofes relativas de esta suerte nunca, ni de la manera más remota, se ha aproximado a Dios como individuo —ello sería tan imposible como tocar una máquina eléctrica sin recibir el impacto de la electricidad—.[39]

---

[37] *The Point of View for My Work as an Author*, trad. W. Lowrie (Londres, 1939), p. 95. Aquí comenta irónicamente, tras explicar la razón de toda su producción literaria: «Y ahora —ahora ya no soy interesante—. Que el problema de cómo llegar a ser cristiano —que esto *verdaderamente* haya sido el pensamiento fundamental de toda mi actividad como autor— ¡qué aburrido!».

[38] *Attack upon «Christendom»*, trad. W. Lowrie (Boston, 1956), pp. 10-11.

[39] *Ibid.*, p. 274.

El modo en que uno, entonces, hace que el cristianismo sea difícil consiste en mostrar que hay un enorme abismo entre el nivel más elevado de la decencia humana y la vida cristiana. Hay tres «etapas en la vida humana»; la estética, la ética y la religiosa. Estas tres no son continuas, de modo que el paso de una a otra no tiene lugar sencillamente cuando se llega a la culminación de una etapa inferior. Al contrario, tal paso requiere un «salto» —categoría importantísima en el pensamiento de Kierkegaard. No se trata aquí de la «mediación» hegeliana, en la que se alcanza un nivel más elevado mediante la resolución lógica de un conflicto anterior. La mediación de Hegel —y de hecho todo el sistema hegeliano— coloca la razón abstracta en el lugar de la existencia humana genuina. El «Sistema» —como Kierkegaard lo llama con ironía— da la impresión de que todo tiene sentido, que cada cosa ocupa su lugar. Todos los problemas parecen resolverse «ahora que el Sistema está casi terminado, o al menos bajo construcción, y estará completo para el próximo domingo».[40] Pero el problema fundamental que el Sistema no resuelve —el problema que ni siquiera puede ver— es el problema de la existencia. La impresionante construcción de Hegel es como un hermoso palacio que alguien edifica para luego pasar el resto de la vida mirándolo desde el establo.

Hegel y sus seguidores no pueden ver la discontinuidad de las etapas en el camino de la vida, porque para ellos el Sistema tiene prioridad. Kierkegaard argumenta que lo que es primario es la existencia, y que todo intento de sistematizar la realidad necesariamente se desentenderá de la existencia. Es posible crear un sistema lógico, como lo ha hecho Hegel. Pero «en tal caso nada ha de incorporarse dentro del sistema lógico que tenga relación alguna con la existencia, que no sea indiferente a la existencia».[41] Por otra parte, «es imposible formular un sistema existencial. ¿Quiere esto decir que tal sistema no exista? Ciertamente no; ni se implica tal cosa en nuestra aseveración. La realidad misma es un sistema —para Dios—; pero no puede ser sistema para un espíritu que exista».[42] La existencia humana actual siempre está envuelta en paradoja y *pathos*, y estas son dos categorías que la lógica abstracta no puede comprender.

Así pues, las tres etapas en el camino de la vida no se relacionan lógicamente entre sí. No hay modo alguno en que lo ético pueda surgir de lo estético. De igual modo, es imposible que lo religioso resulte de la exageración de lo ético. Esto, a su vez, quiere decir que un llamado directo de una persona que vive en la etapa religiosa a otra que vive en la estética o

---

[40] *Concluding Unscientific Postscript*, trad. D. F. Swenson y W. Lowrie (Princeton, 1941), p. 97.
[41] *Ibid.*, p. 100.
[42] *Ibid.*, p. 107.

la ética no será escuchado. Es muy posible que quien vive en una de estas otras dos etapas piense que ya es cristiano. En tal caso, la tarea de «hacer el cristianismo difícil» ha de ser realizada indirectamente. «No, es imposible destruir una ilusión directamente, y solo se le puede destruir radicalmente por medios indirectos. Si el que todos seamos cristianos es una ilusión, y si se ha de hacer algo contra ella, esto ha de ser hecho indirectamente, no por quien se proclame a sí mismo a gritos como cristiano extraordinario, sino por quien, con mayor comprensión, esté dispuesto a declarar que no es cristiano. Es decir, es necesario tomar desprevenida a la persona que vive bajo una ilusión».[43]

Esta necesidad de tomar a sus lectores desprevenidos fue una de las razones por las que buena parte de la producción literaria de Kierkegaard es de carácter seudónimo. Los muchos libros que escribió bajo diversos pseudónimos son escritos desde la perspectiva de las etapas estética y ética, y tratan de invitar a los lectores en esas etapas a dar el salto que, a la postre, les llevará a la etapa religiosa. La otra razón para el uso de seudónimos fue la necesidad de no llamar la atención hacia sí mismo, de tal modo que sus lectores no pudieran decir «tal es la opinión de Kierkegaard», sino que tuviesen que enfrentarse directamente a la verdad por sí mismos. Con su estilo típicamente irónico, Kierkegaard afirma que «si alguien tuviese la extrema decencia de pensar que tengo una opinión, y si llevara su cortesía hasta el punto de aceptar esa opinión por el solo hecho de que es mía, tendría yo que declararme molesto por su cortesía».[44] Por tal razón, la producción literaria de Kierkegaard es como un «teatro de marionetas» en el que Víctor Eremita, Juan el Seductor, Johannes de Silentio, Johannes Climacus, Anticlimacus y otros expresan diversos puntos de vista que no siempre son el de Kierkegaard —aunque se sabía generalmente que él era el autor— sino que muestran diversas perspectivas sobre la vida.[45] Al mismo tiempo que publicaba estas obras seudónimas, publicaba bajo su propio nombre una serie de *Discursos de edificación* desde la perspectiva religiosa.

Si volvemos entonces a las etapas en el camino de la vida, veremos que toda la obra de Kierkegaard consiste precisamente en un vasto intento de llamar a sus lectores a dar los saltos sucesivos que les llevarán a la verdadera vida cristiana. Fue así como describió su producción literaria en *El punto de vista de mi obra como autor*. Allí, declaraba que, aunque el lugar exacto de algunos de los elementos de su vasto plan no le resultaban claros a él mismo cuando los escribió, que fue la Providencia la que le guio en

---

[43] *The Point of View*, pp. 24-25.
[44] *Philosophical Fragments*, trad. D. F. Swenson (Princeton, 1936), p. 3.
[45] T. H. Croxall, *Kierkegaard Commentary* (Nueva York, 1956), pp. 254-55.

el camino.[46] Esto era especialmente cierto de los libros que escribió «por ella» —Regina Olsen.

La primera de estas tres etapas es la estética. Quienes viven en este nivel no tienen otra meta que la búsqueda del placer. Viven para el momento, puesto que es en él que se goza del placer. Pero este placer no se limita a la crasa experiencia sensual. Incluye también al artista refinado que busca la belleza, y hasta al filósofo que gusta de jugar con las ideas. Por tanto, es posible pensar estéticamente de la ética y de la religión sin ser ni ético ni religioso. El filósofo y el artista quizá no deban clasificarse junto al epicúreo, pero los tres viven al mismo nivel por cuanto viven para el placer que el momento puede darles. Precisamente a fin de mostrar que los estetas a quienes se refiere no son quienes llevan vidas de libertinaje, Kierkegaard centra su atención en este punto sobre las formas más elevadas de la vida estética. El resultado final de tal vida es la desesperación. El vivir para el momento, a la postre, quiere decir que el momento mismo no tiene sentido. La vida entonces se vuelve no más que una serie de sensaciones, y hasta tales sensaciones pierden su atractivo por cuanto el esteta constantemente está pensando sobre sensaciones futuras o recordando otras pasadas. La desesperación es, entonces, la consecuencia inevitable de la vida estética. Pero esa desesperación no siempre es consciente. Algunos estetas están todavía en el punto en que ni siquiera se percatan de su propia desesperación. Estos son los casos más tristes, porque es imposible salvarse de una desesperación que uno mismo no reconoce. Otros —la mayoría— esconden la desesperación en lo íntimo de su ser, al tiempo que presentan una fachada de gozo. La desesperación, empero, no es completamente negativa, puesto que es precisamente al cuestionar la vida estética que se prepara uno para el salto a la etapa ética.

Kierkegaard ve muchos elementos positivos en la vida ética. Quien vive en tal nivel sigue principios que son universalmente ciertos, y al adaptarse a tales principios encuentra cierta medida de autenticidad. El esteta se pierde en la atomización de los momentos sucesivos de placer. La vida ética lleva a descubrirse a sí mismo en la aplicación individual que uno hace de los principios generales. «Desde el punto de vista ético, la forma más elevada del *pathos* es el *pathos* interesado, que se expresa en la transformación activa de todo el modo de existencia del individuo de tal modo que se conforme al objeto de su interés; desde el punto de vista estético el más alto nivel del *pathos* es el que no tiene interés alguno. Cuando un individuo se abandona a sí mismo para asir algo grande fuera de sí, su

---

[46] *The Point of View*, p. 92.

entusiasmo es estético. Cuando se abandona a sí mismo para salvarse, su entusiasmo es ético».[47]

En la vida ética uno sigue los patrones normales de lo que la comunidad considera bueno y decente. Se trata de la vida del deber y de la responsabilidad. Se es buen padre o madre, y buen cónyuge, ciudadano honesto y empleado responsable. Esta etapa, en contraste con la estética, requiere que se reconozca que otras vidas tienen cierto reclamo sobre la vida propia. La vida ética no ha de despreciarse, puesto que es a base de ella que la mayoría vive, y la única base sobre la cual la sociedad puede funcionar.

Pero también lo ético lleva a la desesperación. No puede enfrentarse al pecado y al arrepentimiento. ¿Qué puede hacer uno cuando ha dejado de aplicar los principios éticos en una situación concreta? ¿Qué hace uno cuando se percata de que no se trata solamente de un error, sino de la propia constitución personal? Esta es la fuente de la desesperación que puede empujar al salto de la fe que lleva a la etapa religiosa. En este punto, Kierkegaard se opone a toda la tradición racionalista —incluyendo a Kant— que no veía en la religión sino una ayuda o guía para la vida moral.

El salto de fe que abandona lo ético es una experiencia sobrecogedora. Tiene lugar cuando ya uno no ve lo ético como guía para la acción, sino como tentación de confiar en la propia rectitud moral más que en Dios —o en los principios universales más que en la vocación individual—. La confianza absoluta en Dios, que es el sello del «caballero de la fe», quiere decir que, mientras uno todavía ve el valor universal de los principios éticos, uno ve también la posibilidad de que, en una situación particular, puedan ser sobrepasados por un mandamiento más alto. No cabe duda de que Kierkegaard pensaba del modo poco ético en que se había comportado en su compromiso con Regina al escribir en *Temor y temblor* que «la expresión ética de lo que hizo Abraham es que estaba dispuesto a asesinar a Isaac; la expresión religiosa es que estaba dispuesto a sacrificarle; pero precisamente en esta contradicción consiste la angustia que bien puede quitarnos el sueño, a pesar de que Abraham sin esa angustia no es lo que es».[48] Lo que hace esa angustia mucho peor es que no hay señal externa alguna que muestre al mundo que uno actúa a base de una divina «suspensión teleológica de lo ético». Así, lo que puede parecernos altamente religioso bien puede no pasar de ser horriblemente poco ético. Abraham bien pudo haber estado a punto de asesinar a su hijo. Es posible que Kierkegaard haya sido sencillamente irresponsable ante Regina. No hay modo alguno en que el caballero de la fe pueda evitar esa angustia —ciertamente, es justo esa angustia lo que muestra que no se trata de una simple acción

---

[47] *Concluding Unscientific Postscript*, p. 350.
[48] *Fear and Trembling* (Garden City, Nueva York, 1954), p. 41.

al nivel estético—. El único recurso es la fe, que por su propia naturaleza siempre tiene una dimensión problemática. Es por ello por lo que resulta tan difícil ser verdaderamente cristiano.

La etapa religiosa solamente puede alcanzarse a partir de la conciencia del pecado que es el resultado de la etapa ética. Pero la vida religiosa no es consecuencia necesaria de la desesperación a que lleva la vida ética. Entre lo ético y lo religioso no hay continuidad alguna, no hay mediación hegeliana, sino únicamente el horrible abismo que solamente puede salvarse mediante un salto de fe. La diferencia crucial entre la etapa ética y la religiosa es que en la primera la vida se guía por principios universales, mientras que en la segunda quien gobierna es el Absoluto. Lo universal no es lo mismo que el Absoluto, porque el Absoluto se presenta ante el individuo en una situación concreta y particular, y es allí donde hace sus demandas únicas. Quien vive en el nivel religioso sabe que las leyes de Dios no son lo mismo que Dios. Es cierto que las leyes vienen de Dios, y que, por tanto, los principios universales tienen valor general. Pero, al saber que Dios se encuentra por encima de las leyes, sabemos también que el contenido teológico de esta tercera etapa en la vida es el perdón de los pecados. La fe se relaciona directamente con Dios, y no con la ley. Por ello, la persona ética conoce los mandamientos de Dios, pero no su perdón. La persona religiosa, por otra parte, conoce tanto los mandamientos como el perdón de Dios. Mientras la persona ética vive en la desesperación y no conoce sino el bien y el mal, la religiosa se basa en la fe, que sobrepasa a la desesperación. La fe es ciertamente lo contrario de la desesperación, y, por lo tanto, el único pecado verdadero es la desesperación. Lo que en última instancia vence al pecado no es la virtud, porque tanto la virtud como el pecado son elementos de la etapa ética. Lo que vence al pecado —lo que es estrictamente opuesto al pecado— es la fe. La virtud no salva. Únicamente la fe —la relación directa del individuo con el Absoluto— puede salvar.[49] Luego resulta claro que Kierkegaard se opone a toda la tradición racionalista —incluyendo a Kant— que veía en la fe poco más que una ayuda a la virtud. También resulta claro que Kierkegaard ha recibido un fuerte impacto en este punto de Lutero, cuyo modo de entender la fe, la ley y la salvación se reafirman fuertemente por Kierkegaard después de haber sido abandonados por mucho tiempo en buena parte de la tradición luterana.

Pero Kierkegaard no está hablando de cualquier tipo de religiosidad general. Se considera a sí mismo cristiano, y lo que hace es llamar a otros a aceptar los requerimientos del Absoluto tal como han sido

---

[49] *The Sickness unto Death* (Princeton, 1941), p. 204.

revelados en Cristo. El problema entonces es: ¿cómo puede quien vive en el siglo XIX relacionarse con alguien que vivió hace tanto tiempo? ¿Únicamente a través de la sucesión de seguidores de Jesús que han existido a través de las edades, y han mantenido su mensaje vivo? En tal caso, ¿no se deduce que la fuerza del mensaje original debe haberse ido debilitando a través de las generaciones y que, por tanto, ahora nos encontramos en desventaja en comparación con los contemporáneos de Jesús? Esta es la pregunta que Kierkegaard se plantea en los *Fragmentos filosóficos*. Su respuesta es que, hasta para los que vieron a Jesús en la carne, esa visión física no les condujo necesariamente a la fe. El ver a Jesús únicamente les abrió la posibilidad de hacerse discípulos; pero la actualización de esa posibilidad solamente tuvo lugar cuando dieron el salto de fe. De igual modo, nosotros quienes vivimos siglos después de aquellos acontecimientos, necesitamos el testimonio de los que vieron a Jesús, porque sin esa percepción de los hechos sería obviamente imposible llegar a ser sus discípulos. Pero es todavía el salto de fe, y no el poder convincente del testimonio, lo que nos hace creyentes. En ambos casos la revelación es necesaria «de igual modo que para el contemporáneo el hecho histórico le provee la ocasión de hacerse discípulo, pero esto únicamente puede tener lugar si se recibe de Dios mismo... Así también el testimonio de los contemporáneos da ocasión para que cada sucesor se haga discípulo, pero esto ha de tener lugar únicamente si se recibe de Dios mismo».[50]

Una vez más, el ser discípulo nunca es fácil. En el siglo I no bastó con ser pescador galileo, y en el XIX tampoco basta con ser luterano danés.

El tiempo de Kierkegaard no estaba listo a escuchar su mensaje. Los elementos en la vida de la iglesia y en el «Sistema» que Kierkegaard atacaba parecían ser problemas para la mayor parte de sus contemporáneos. Por ello su influencia en el siglo XIX fue mínima. Pero al ser redescubierto en el siglo XX, cuando se derrumbaban muchas de las antiguas certidumbres de otras generaciones, su impacto fue grande y extenso.

En el campo general de la filosofía, aun aparte de su vocación cristiana, Kierkegaard vino a ser una de las principales fuentes del existencialismo moderno. Su insistencia en la categoría de la existencia humana, que ni el sistema hegeliano ni cualquier otro sistema podía contener, fue la visión original tras las diversas formas del existencialismo del siglo XX. En la teología, la más importante contribución de Kierkegaard estuvo en llamar la atención a la descontinuidad entre la historia y la fe, y entre el orden de lo ético y el orden de lo religioso. El cristianismo no es la culminación

---

[50] *Philosophical Fragments*, p. 84.

natural de lo mejor que hay en la criatura humana. El influjo de esa visión puede verse en el modo en que el joven Barth entendía la relación entre la naturaleza y la gracia. Aún más: Kierkegaard sirvió para mostrar que la visión de Lutero de la «otredad» radical de la gracia había sido inconscientemente abandonada. De este modo contribuyó al despertar de los estudios sobre Lutero que fueron contribuyendo notablemente al curso de la teología protestante del siglo XX, especialmente en Escandinavia.

Al mostrar que lo contrario del pecado es la fe, y no la virtud, Kierkegaard le ha llamado la atención a la teología del siglo XX al moralismo que se involucra en el modo racionalista de acercarse a la fe y la ética y, por tanto, ha obligado a las generaciones posteriores a enfrentarse a la necesidad de desarrollar la ética cristiana dentro de los parámetros de la doctrina de la justificación por la fe. Kierkegaard también ha sido una fuerte voz anunciando que no basta con la ortodoxia. La fe no es cuestión de fórmulas doctrinales, sino que es más bien una relación con Dios. Por último, la teoría de Kierkegaard de la comunicación indirecta, y la base teológica y psicológica sobre la que fundó esa comunicación, han servido para provocar intentos de expresar la fe cristiana mediante el drama, la novela y otros medios indirectos.

Por otra parte, hay ciertos elementos en el pensamiento de Kierkegaard que han de ser juzgados negativamente. El más importante de ellos es su individualismo exagerado. No solo era él una figura solitaria, sino que proyectó su soledad a todo el resto de su teología. Es necesario enfrentarse a Dios solo. La fe es una decisión individual. En la etapa religiosa, resulta imposible comunicarles a otros las razones de nuestras acciones. Tal modo de entender la vida de la fe tiene dos graves defectos: en primer lugar, deja poco lugar a la doctrina de la iglesia; en segundo, se desentiende del carácter estructural y comunitario del pecado y la injusticia, y, por tanto, no llama al creyente a la acción en el campo de la sociedad. Puesto que el siglo XX se ha visto forzado a plantearse de nuevo las cuestiones de la eclesiología y de la justicia y acción sociales, Kierkegaard no ha sido útil en estos puntos.

Por último, aunque hay algo admirable en la descripción lírica que Kierkegaard hace de la vida religiosa, su descripción del «caballero de la fe» es tal que la doctrina de la gracia queda eclipsada. Según él, lo importante es atreverse, dar el salto, aceptar la angustia que viene con la fe. Es difícil ver cómo todo esto se relaciona con la gracia.

En resumen: mucho de lo que Kierkegaard dice sería difícil de aplicar en los siglos subsiguientes. Y, sin embargo, quizá en ello esté su mayor éxito, puesto que él no se lanzó a buscarse seguidores, sino a hacer discípulos para otro. Probablemente le agradaría saber que su «voz de grulla» ha despertado pocos seguidores, pero muchos oídos atentos.

La teología de Ritschl

Albrecht Ritschl (1822-1889)[51] es el cuarto teólogo característico a quien estudiaremos en este capítulo. Durante sus años mozos estuvo bajo la influencia de la escuela de Tubinga —de la que diremos más en la próxima sección de este capítulo—, pero pronto se vio forzado a abandonar el hegelianismo que se encontraba en la base misma de la interpretación que esa escuela hacía del cristianismo primitivo. La convicción de que el hegelianismo, así como toda otra forma de especulación metafísica, ha de expulsarse de la teología, es el punto de partida de la teología de Ritschl. Estaba convencido de que la especulación intelectual nunca podría llevar a la doctrina cristiana. El lugar propio de la religión no es el conocimiento metafísico, sino el valor moral. La religión es esencialmente práctica, y el conocimiento religioso ha de distinguirse del conocimiento teórico. Mientras el último expresa ser, el primero expresa valor. Este énfasis en el carácter práctico de la religión está obviamente tomado de Kant. Lo mismo es cierto de su rechazo de la metafísica. Por ello, en cierto sentido, lo que Ritschl hizo fue regresar más allá de Hegel hasta Kant, y tomar el reto y la oportunidad que Kant le ofrecía con mayor seriedad que quienes sencillamente se habían conformado con ver en el idealismo posterior al estilo de Hegel la culminación de la filosofía.

Por otra parte, Ritschl quería distinguir su posición de la de Schleier-macher. Para él, lo que Schleiermacher había hecho no era sino un intento romántico de dejar a un lado el reto de Kant. Ritschl le prestaba poca importancia a todo lo que Schleiermacher había dicho sobre el significado del Jesús histórico y de la comunidad y, por tanto, le parecía que la teolo-gía de Schleiermacher estaba llena de un subjetivismo que corría el riesgo de dar en misticismo. Para Ritschl, el misticismo era una de las peores perversiones del cristianismo, puesto que lleva al individuo a alejarse del mundo y de la responsabilidad moral, y destruye el sentido de comunidad entre los creyentes. Por estas razones, los escritos de Ritschl están llenos de ataques contra Schleiermacher. Y, sin embargo, cuando ahora leemos aquellos escritos desde la perspectiva de una edad posterior, resulta claro que su deuda y su acuerdo con aquel teólogo a quien tanto criticó eran mayores que las que él mismo reconocía.

El método y tono general de la teología de Ritschl se ven claramente en sus tres amplios volúmenes sobre *La doctrina cristiana sobre la*

---

[51] P. J. Hefner, *Faith and the Vitalities of History: A Theological Study Based on the Work of Albrecht Ritschl* (Nueva York, 1966); D. L. Mueller, *An Introduction to the Theology of Albrecht Ritschl* (Filadelfia, 1969).

justificación y la reconciliación, que comenzó a publicar en 1870. Allí afirma que el cristianismo no es como un círculo que pueda describirse a partir de un solo centro, sino más bien como una elipse con dos focos: la redención y el reino de Dios.[52] La relación entre estos dos focos es tan estrecha que nunca pueden separarse. Con demasiada frecuencia los teólogos han pretendido hablar como si el primero de estos dos focos fuera el campo propio de la teología; y el segundo fuera la base para la ética. Esto es un error, puesto que cada uno de los dos solamente puede entenderse «bajo la influencia constructiva del otro».[53]

El perdón de los pecados quiere decir que la pena de la separación de Dios ha sido eliminada.[54] Esto no implica, sin embargo, que Cristo haya llevado a cabo un acto objetivo de expiar por nuestros pecados. Lo que realmente sucede es que la conciencia de culpa por no cumplir el destino moral que Dios nos ha puesto pierde su poder de apartarnos de Dios.[55] Dios no necesita ser reconciliado con nosotros. Somos nosotros quienes estamos en necesidad de reconciliación. Aquí, Ritschl rechaza la teoría de la expiación «objetiva» o «jurídica», que generalmente se relaciona con el nombre de Anselmo, a favor de una versión modernizada de la teoría «subjetiva» de Abelardo. La principal diferencia entre Ritschl y Abelardo en este punto es que no se encuentra en Ritschl el énfasis en lo sobrenatural y en la divinidad esencial de Cristo que resulta tan claro en Abelardo. Dicho de otro modo: la teoría de la expiación que Ritschl ofrece es una versión exagerada de la «justicia imputada» de Lutero, que se ha vuelto unilateral porque Ritschl está convencido de que cualquier referencia a la «justicia» o «ira» de Dios contradiría el atributo divino central, que es al amor.

La reconciliación quiere decir mucho más que la mera justificación, porque mientras esta última se refiere solo al perdón de los pecados, la primera se refiere a la nueva vida a base de ese perdón.

> La idea de la justificación determina a los pecadores únicamente de manera pasiva, y nada nos dice sobre el estímulo producido por esa acción divina. Por otra parte, la idea de la reconciliación expresa el hecho de que quienes antes estaban envueltos en una contradicción activa de Dios ahora, gracias al perdón, han sido llevados a una dirección armónica hacia Dios, y ante todo han sido llevados a concordar con la intención deseada por Dios al actuar de este modo. Desde este punto de vista, podemos dar por sentado

---

[52] *The Christian Doctrine of Justification and Reconciliation* (Nueva York, 1900), III: 11-13.

[53] *Ibid.*, p. 14.

[54] *Ibid.*, p. 53.

[55] *Ibid.*, p. 79.

que la justificación que Dios ofrece con éxito se manifiesta y recibe en funciones definidas por parte de las personas reconciliadas.[56]

Es aquí donde el reino de Dios ocupa un lugar importante, puesto que la nueva relación con Dios que tiene lugar mediante la reconciliación no es cuestión puramente individual. Es una cuestión comunitaria tanto porque se origina en la comunidad de fe como porque va dirigida hacia el reino de Dios. Ese reino no es un orden sobrenatural que tendrá lugar mediante una intervención de lo alto en una fecha futura. Es más bien el nuevo orden que fue comenzado por Jesús, cuya vocación personal fue precisamente fundar el reino. En cuanto a su contenido, el reino es una vida común en la que el espíritu rige sobre la naturaleza, y donde hay un servicio mutuo libre y amoroso entre los seres humanos. En este reino, cada persona tiene una vocación particular y, por lo tanto, la responsabilidad moral —que es la esencia de la vida religiosa— consiste en cumplir esa vocación.

La importancia de Ritschl —en contraste con Schleiermacher y Kierkegaard— no se encuentra tanto en lo que es estrictamente su teología como en el modo en que señala la dirección que la teología tomaría hacia finales del siglo XIX. Esto puede verse al menos en cuatro puntos. Primero, su énfasis sobre el amor de Dios, hasta el punto de llegar a rechazar la justicia e ira divinas, es característico de ese período. La trascendencia de un Dios que juzga y cuestiona toda actividad humana quedó generalmente olvidada en la teología liberal de todo el período que precedió a la Primera Guerra Mundial. Segundo, como consecuencia del primer punto, tanto el pecado como la gracia perdieron mucha de su importancia. El pecado surge de la ignorancia, y consiste en acciones malas más que en una forma de ser. La gracia, entonces, viene a ser poco más que nuestra conciencia del amor de Dios. En tercer lugar, el mejor modo de estudiar la naturaleza esencial del cristianismo es a través del estudio histórico. Este énfasis se relacionaba directamente con los estudios históricos que mencionaremos en la próxima sección, y en cierto sentido era el resultado del énfasis de Schleiermacher sobre la centralidad de Jesús y sobre la fe de la comunidad como el tema que la teología sistemática ha de estudiar. Por último, el énfasis de Ritschl sobre la moral como el lugar propio de la religión, que tomó de Kant, se hizo cada vez más importante durante este período. El propio Ritschl a tal punto identificó la moral cristiana con la moral típica de su tiempo que se ha dicho que su ideal de la vida cristiana no era sino «el epítome del burgués nacionalista y liberal alemán de la era de Bismarck».[57] Por tanto, su teología llevaba fácilmente a esa identificación entre la cultura alemana

---

[56] *Ibid.*, p. 78.
[57] K. Barth, *From Rousseau to Ritschl* (Londres, 1959), p. 392.

y el cristianismo que tuvo tan trágicas consecuencias en el siglo XX. Por otra parte, su énfasis sobre los juicios de valor moral y sobre la aplicación de tales juicios al reino de Dios, llevó al *evangelio social* de Walter Rauschenbusch, así como a las aplicaciones más recientes de la fe cristiana a la difícil tarea de buscar un nuevo orden social. En todo caso, para más de una generación Ritschl fue el principal exponente de la teología alemana, y es a sus seguidores a quienes mejor se les aplica el nombre de «teólogos liberales», usado hoy con tan poca exactitud.

La cuestión de la historia

Un tema que permeó toda la investigación teológica del siglo XIX fue la historia. Esto se debió, en parte, al intento de Hegel de colocar la historia en el centro mismo de la realidad; en parte, fue reflejo del optimismo de la época y de su confianza en el progreso; y, en parte, resultó de los estudios críticos en el campo de la historia misma. Ya en el siglo XVIII los deístas y otros habían planteado cuestiones sobre la historicidad de las narraciones bíblicas, especialmente las que se referían a los milagros. Alemania se había visto sacudida por la publicación póstuma de parte de la obra de Hermann Samuel Reimarus (1694-1767), *Defensa para los adoradores racionales de Dios*. Esta obra había incitado a los eruditos bíblicos a tomar en serio el reto del estudio crítico de las Escrituras. Un personaje notable en los primeros días de aquella empresa fue Johann Salomo Semler (1725-1791), profesor de teología en Halle, que vino a ser uno de los pioneros del método crítico e histórico para estudiar la Biblia. Además, cabe mencionar en este contexto a Johann August Ernesti (1707-1781), cuya obra se centró en los estudios de gramática y filología. También en el siglo XVIII, Gotthold Ephraim Lessing (1729-1781) publicó *La educación de la raza humana*, donde afirmaba que todo el proceso histórico es tal que la raza humana va avanzando hacia un entendimiento religioso cada vez más elevado y refinado, y que, por lo tanto, ya se iba acercando el momento en que las enseñanzas tradicionales de las Escrituras y de los credos no serían necesarias. Esas enseñanzas habían sido muy importantes como una etapa en el proceso educativo de la humanidad. Pero esa etapa no ha de absolutizarse. Lo único que es absoluto es el principio que se encuentra tras las enseñanzas de las Escrituras y de los credos, y al cual debemos ahora seguir acercándonos mediante la razón.

El siglo XIX tomó todas estas tendencias, que señalaban hacia el carácter central de la historia, y las tejió de diversos modos. Ya hemos visto a Kierkegaard planteándose la cuestión de cómo es posible ser discípulo tras diecinueve siglos, a Schleiermacher subrayando la continuidad de la comunidad de fe, y a Hegel desarrollando toda una filosofía de la historia.

En Tubinga, F. C. Baur, a quien ya hemos mencionado como seguidor de Hegel, intentó aplicar los métodos hegelianos al estudio del Nuevo Testamento. Esta «escuela de Tubinga» estudió las diversas tendencias teológicas que aparecen en el Nuevo Testamento, donde creía encontrar la síntesis de otras opiniones teológicas anteriores. En particular, la escuela de Tubinga subrayaba el contraste entre la «teología petrina» y una «teología paulina» posterior. En el Nuevo Testamento se encuentran ecos de aquel conflicto, aunque la formulación del canon mismo fue parte de la síntesis que unió estas dos teologías para darle forma al cristianismo antiguo. Más tarde en los estados Unidos, Philip Schaff (1819-1893) y la «escuela de Mercersburg» aplicarían estos mismos principios a la historia eclesiástica, al proponer que el catolicismo romano encarnaba el principio petrino y el protestantismo el paulino, y buscar entonces una nueva síntesis.

En 1835, D. F. Strauss publicó su *Vida de Jesús*, en la que afirmaba que quienes tomaban literalmente los milagros y cualquier otra referencia a lo sobrenatural se equivocaban, y que lo mismo era cierto de quienes sencillamente los rechazaban como ficticios. El Nuevo Testamento no es una simple crónica; es un testimonio de la fe de quienes creyeron en Jesús. Por lo tanto, sus narraciones no han de ser leídas como aseveraciones de hechos históricos. Son en verdad «mitos». Un «mito», en el sentido en el que Strauss usa el término, no es pura falsedad. Al contrario: el mito expresa una verdad de un orden supremo. Por tanto, lo que es importante en el Nuevo Testamento no es el propio Jesús, ni sus milagros, ni sus enseñanzas, sino la verdad fundamental y excelsa que asoma tras todo esto: la unidad última entre Dios y la humanidad.

Fue en tal contexto que tuvo lugar el largo proceso que Alberto Schweitzer repasó en 1906 en su famoso libro *La búsqueda del Jesús histórico*, cuyo título original completo era *Desde Reimarus hasta Wrede: Una historia de la investigación de la vida de Jesús*. En esa obra Schweitzer señalaba que las opiniones sobre Jesús y el modo en que se llevaba a cabo la investigación de su vida habían evolucionado durante el siglo XIX. Al principio, el debate se centraba en la cuestión de los milagros y lo sobrenatural. Después hubo intentos de descubrir el funcionamiento interno de la mente de Jesús, y de presentarle como un ejemplo de lo que hay de heroico en todo ser humano. El principal exponente de esa metodología fue Ernst Renan en su *Vida de Jesús*, que durante muchos años gozó de gran popularidad y fue la fuente a través de la cual muchos de los europeos educados supieron algo acerca de Jesús. La obra de Baur y de sus colegas planteó cuestiones sobre la credibilidad de los datos mismos que los autores anteriores habían tomado del Nuevo Testamento como base para sus vidas de Jesús —en particular todos los datos tomados del Cuarto Evangelio—. Por último, en 1892 Johannes Weiss publicó *La predicación de Jesús sobre el reino de Dios*, donde mostraba que todos esos estudios de Jesús habían hecho caso omiso del elemento apocalíptico que es fundamental para entender la predicación y vida de Jesús. Las «vidas» anteriores de Jesús habían hecho de él un ideal del siglo XIX, olvidándose de que su propio contexto era la expectación escatológica y de su ambiente judío. El Jesús pulido y amistoso de las «vidas» nunca existió; no era más que una proyección de los deseos de sus biógrafos.

El propio Schweitzer estaba convencido de que tenía razón Weiss al subrayar el aspecto escatológico de las enseñanzas de Jesús. También estaba convencido de que lo importante no era redescubrir al Jesús histórico, sino más bien lo que él llamaba «el espíritu de Jesús». Por ello terminó su libro con unos párrafos que se han hecho famosos, y que luego selló con toda una vida de servicio en África:

Pero el hecho es que quien es importante para nuestro tiempo y puede ayudarle no es el Jesús que se conoce históricamente, sino el Jesús que se levanta espiritualmente entre los humanos. No el Jesús histórico, sino el espíritu que surge de él y que busca influir y gobernar en los espíritus humanos, eso es lo que vence el mundo.

La historia no tiene la capacidad de distinguir lo que hay de eterno y permanente en el ser de Jesús y las formas históricas que su espíritu ha tomado, y de introducirlo entonces en nuestro mundo como una influencia viva... Jesús viene a nosotros como un Desconocido, sin nombre, como vino antaño junto al lago a aquellos que no le conocían. Nos dirige la misma palabra: «¡Sígueme!» y nos lanza a la tarea que tiene para nosotros en nuestros días. Él ordena. Y a quienes le obedecen, sean sabios o no, se les revelará en sus tareas, en sus conflictos, en los sufrimientos por los que tendrán que pasar por razón de su comunión. Y, como un misterio inefable, aprenderán por su propia experiencia Quién él es.[58]

Tales palabras muestran claramente que hay una relación entre el fracaso de todos aquellos intentos de describir a Jesús en términos de la edad moderna, y la proclamación vibrante de Barth, solo unos pocos años después, del Otro siempre soberano que pronuncia palabra de gracia y de juicio. También resulta claro que Schleiermacher tenía razón, y que el intento de separar la persona de Jesús de sus enseñanzas, o de ir más allá de la fe de la comunidad cristiana, estaba condenado al fracaso. En tiempos más recientes se ha emprendido una nueva búsqueda del Jesús histórico; pero, a pesar de tener mejores instrumentos, esta nueva búsqueda

---

[58] *The Quest for the Historical Jesus* (Nueva York, 1922), pp. 399, 401.

ha aprendido de las lecciones del siglo anterior, y emprende su tarea con mayor humildad.

Al mismo tiempo que el interés en la historia lanzaba al siglo XIX a la búsqueda del Jesús histórico, ese mismo interés también se manifestaba en múltiples investigaciones sobre la historia del cristianismo. El personaje más notable en tales investigaciones fue Adolf von Harnack (1851-1930), cuya *Historia de los dogmas* es un monumento a la investigación histórica. Harnack era un entusiasta seguidor de Ritschl, a quien llamó «el último de los Padres de la Iglesia». Por lo tanto, pensaba que las enseñanzas de Jesús se podían resumir en tres puntos:

Primero, el Reino de Dios y su venida.
Segundo, Dios el Padre y el valor infinito del alma humana.
Tercero, la justicia superior y el mandamiento del amor.[59]

Al aplicar este modo de entender la fe cristiana a la historia del pensamiento cristiano, toda esa historia parecía ser un proceso de helenización progresiva mediante el cual el centro de la atención pasó de las enseñanzas de Jesús a su persona. Esto llevó a Harnack a llamar a los protestantes a abandonar los resultados doctrinales, litúrgicos y eclesiásticos de tal proceso, y a regresar a las enseñanzas originales de Jesús. También le llevó a criticar fuertemente tanto la ortodoxia oriental[60] como el catolicismo romano.[61]

Otro movimiento que se relacionaba con este interés en la historia fue la *Religionsgeschichtliche Schule* (o Escuela de la Historia de las Religiones), que intentaba colocar al cristianismo dentro del contexto de la historia de las religiones, y en particular de las religiones entre las cuales surgió. Fue en esta escuela donde aparecieron las teorías más radicales sobre la influencia de los mitos gnósticos y de las religiones de misterio sobre el cristianismo. La obra de J. F. W. Bousset, *Kyrios Christos*, publicada en 1913, es un ejemplo típico de la metodología de esta escuela, puesto que en ella Bousset trataba de descubrir el proceso mediante el cual el título de «Kyrios» (Señor) pasó de otras religiones al cristianismo, y cómo fue que Jesús llegó a recibir el alto título de Señor.

---

[59] *What is Christianity?* (Nueva York, 1957), p. 51.

[60] «No hay espectáculo más triste que esta transformación de la religión cristiana que ha dejado de ser la adoración de Dios en espíritu y en verdad y se ha vuelto la adoración de Dios en signos, fórmulas e ídolos». *Ibid.*, p. 238.

[61] «... como iglesia y estado externo y visible fundado sobre la ley y la fuerza, el catolicismo no tiene nada que ver con el evangelio; es más: lo contradice fundamentalmente». *Ibid.*, p. 264.

Pero el más influyente autor procedente de esta escuela fue Ernst Troeltsch (1865-1923).[62] Troeltsch se interesaba sobre todo en la relación entre la religión y la cultura, o en el lugar que la religión ocupa dentro de la totalidad de la vida. En este punto se oponía a Marx, insistiendo en que hay un «a priori religioso» que influye sobre la sociedad, y que no es meramente el resultado de intereses sociales y económicos. Al mismo tiempo, pensaba que era necesario estudiar más la relación entre las religiones y la sociedad, y se lanzó a esa tarea dentro del contexto de la religión cristiana. Aunque tenía una cátedra en teología, pensaba que los libros de teología sistemática, precisamente por no tomar en cuenta los factores culturales e históricos, eran de carácter devocional, aunque se hicieran pasar por eruditos. Estaba convencido de que buena parte de la dificultad que los alemanes tenían en relacionar su fe con los problemas sociales y políticos venía de la influencia del luteranismo con su aguda distinción entre ley y evangelio, y, por tanto, se dedicó a estudiar a Calvino, el calvinismo y su relación con la sociedad moderna. Su obra más famosa, empero, fue *Las enseñanzas sociales de las iglesias cristianas*.[63] En esta obra clasificaba los diversos grupos cristianos según el modo en que se relacionan con la sociedad circundante. Según esa clasificación, que ha alcanzado alta popularidad entre los sociólogos de la religión, hay iglesias, sectas y grupos místicos.

El *evangelio social* y Walter Rauschenbusch

Una de las contribuciones más importantes de Estados Unidos al desarrollo del pensamiento cristiano fue el *evangelio social*. Este surgió a finales del siglo XIX y principios del XX, cuando el capitalismo corría desbocado y había pocas leyes que limitaran sus excesos. Fue precisamente la época en que los problemas sociales resultantes de semejante desarrollo industrial y económico se hacían sentir con mayor gravedad, y, sin embargo, se hacía poco por parte de la sociedad para responder a la nueva situación. La joven nación, nacida poco más de un siglo antes con la esperanza de «libertad y justicia para todos», comenzaba a llenarse de barrios pobres que eran claramente el resultado de la injusticia económica y social. Al tiempo que esto tenía lugar, las iglesias parecían contentarse con continuar la tarea de llamar a los individuos al arrepentimiento y la conversión,

---

[62] Hay una excelente introducción a Troeltsch en W. Pauck *From Luther to Tillich: The Reformers and Their Heirs* (Nueva York, 1984), pp. 106-38.

[63] Publicado originalmente en 1912. Hay una traducción inglesa en dos volúmenes: *The Social Teachings of the Christian Church* (Nueva York, 1931).

diciendo a menudo que la conversión de los individuos bastaría para crear una nueva estructura social.

Fue contra ese modo de ver la tarea cristiana que el movimiento del *evangelio social* protestó. Aunque el movimiento había comenzado unos pocos años antes, encontró su expresión más clara y racional en la obra de Walter Rauschenbusch (1861-1918),[64] y especialmente en sus dos libros: *El cristianismo y la crisis social* y *Una teología para el evangelio social.* El hecho de que Rauschenbusch era hijo de un profesor bautista alemán significó que pudo beber de las fuentes de la teología liberal alemana para su formulación de las dimensiones sociales del evangelio. Su experiencia de once años como pastor en una de las peores zonas de la ciudad de Nueva York le dio una profunda comprensión de los males que afligían a la nación. Lo que le hizo el exponente principal del movimiento fue su habilidad de combinar estos dos elementos.

En parte debido a la influencia de Ritschl, Rauschenbusch sabía que el pecado tiene dimensiones que van más allá de lo individual, y se percataba de la importancia que tiene el reino de Dios en el Nuevo Testamento. Uniendo todo esto al uso de instrumentos científicos para el análisis de la sociedad, llegó a la conclusión de que los problemas que resultaban tan claros en los barrios bajos de Nueva York no podrían resolverse por la mera filantropía o mediante la conversión de un individuo tras otro. Era necesario afectar el orden mismo de la sociedad, sus leyes e instituciones a fin de proveer un ambiente más justo para la vida humana.

> La religión social también requiere arrepentimiento y fe: arrepentimiento por nuestros pecados sociales; fe en la posibilidad de un nuevo orden social. Mientras alguien vea en nuestra sociedad presente solamente unos pocos abusos inevitables y no vea el pecado y la maldad profunda que existen en la constitución misma del orden presente, seguirá en un estado de ceguera moral y no tendrá convicción de pecados. Quienes creen en un orden social mejor oyen decir frecuentemente que no conocen la pecaminosidad del corazón humano. Con toda justicia podrían volver la misma acusación contra quienes pertenecen a la escuela evangélica.[65]

Es precisamente esta pecaminosidad profunda del orden social lo que los cristianos han de atacar. Lo han de hacer mediante la predicación del

---

[64] D. R. Sharpe, *Walter Rauschenbush* (Nueva York, 1942); R. Müller, *Walter Rauschenbush: Ein Beitrag zur Begegnung des deutschen und des amerikanischen Protestantismus* (Leiden, 1957). Véase también: C. H. Hopkins, *The Rise of the Social Gospel in American Protestantism 1865-1915* (New Haven, 1940).

[65] *Christianity and the Social Crisis* (Nueva York, 1919), p. 349.

evangelio. Pero no del evangelio que termina en la salvación personal y la moral individual. El verdadero evangelio de Jesucristo llama a todos los que creen en él a trabajar en pro del reino de Dios, que es reino de justicia.

Rauschenbusch entendía este reino —como muchos otros aspectos de la fe cristiana— en términos esencialmente liberales. Aunque había mucho en su teología que se sobreponía al liberalismo, esto no fue visto por muchos de sus contemporáneos, y, por lo tanto, su pensamiento también sufrió con el eclipse del liberalismo que tuvo lugar después de la Primera Guerra Mundial. Pero en tiempos más recientes, según las cuestiones sociales han surgido otra vez a la superficie y sus libros han sido leídos desde una perspectiva distinta, se ha comenzado a ver que Rauschenbusch fue precursor de buena parte de la teología de finales del siglo XX y principios del XXI, y que fue un teólogo mucho más profundo de lo que se pensó anteriormente.

El avance del neoconfesionalismo

En respuesta a las muchas formas de teología que parecían retar las presuposiciones tradicionales, y también al individualismo del pietismo, hubo en diversos círculos y en varios momentos del siglo XIX un nuevo énfasis sobre el confesionalismo.[66] En Alemania, esto tomó la forma del movimiento neoluterano, cuyos líderes se preocupaban por los embates del racionalismo contra la ortodoxia, del pietismo contra los elementos comunitarios del cristianismo, y del liberalismo y el nacionalismo contra la sociedad misma.

En los Estados Unidos, el nuevo confesionalismo respondió a retos similares: el racionalismo —en particular la teoría de la evolución de Darwin—, el individualismo de los movimientos de avivamiento, y el crecimiento del liberalismo político y de las ideas igualitarias. Pero, en este caso, dado el pluralismo confesional de la nación, la reacción tomó dos caminos diversos que en ocasiones se juntaron. Uno de ellos fue el movimiento entre algunas tradiciones —especialmente la luterana, la reformada y la anglicana— de reforzar su posición confesional, a menudo estableciendo vínculos más estrechos con los países de origen [de estas confesiones] en Europa. Otro camino fue el movimiento «fundamentalista», que recibía ese nombre por haber proclamado cinco puntos «fundamentales» en una conferencia que tuvo lugar junto a las cataratas del Niágara en 1895. Estos puntos fundamentales eran la inerrancia de las

---

[66] Hay un excelente estudio general de este movimiento: W. H. Conser, *Church and Confession: Conservative Theologians in Germany, England and America, 1815-1866* (Atlanta, 1984).

Escrituras y otros cuatro que se referían a Jesús: su nacimiento virginal, su muerte en sustitución por los pecadores, su resurrección física y su pronto retorno. Aunque el fundamentalismo no surgió del neoconfesionalismo y recibió la mayor parte de su ímpetu de los movimientos de avivamiento, en alguna ocasión sí se unió al confesionalismo, como por ejemplo cuando la Asamblea general de la Iglesia presbiteriana adoptó una versión ligeramente revisada de los «fundamentales».

Por último, es necesario decir una palabra sobre el movimiento de Oxford.[67] Este fue un esfuerzo, principalmente por parte de un grupo de estudiosos hábiles y devotos centrados alrededor de Oxford, de contrarrestar el influjo de las tendencias liberales y evangélicas en la Iglesia de Inglaterra. Aunque los liberales y los evangélicos se oponían de muchos modos, coincidían en su falta de sentido de la tradición, y en su énfasis sobre la autoridad del individuo por encima de la comunidad. A los miembros del movimiento de Oxford se les dio también el nombre de «*Tractarians*», porque produjeron una serie de tratados (*tracts*). Estos *Tractarians* estaban convencidos de que el protestantismo había ido demasiado lejos en su rechazo de la tradición y su énfasis sobre el juicio individual, pero para ellos esto no era meramente cuestión de teología abstracta, sino de devoción concreta. Por el hecho mismo de dejar a un lado la tradición, tanto los liberales como los evangélicos habían perdido buena parte de la riqueza del culto cristiano. Su énfasis sobre la autoridad de la Biblia, carente de todo sentido de tradición, les había llevado —aun sin saberlo— a colocar la autoridad del intérprete individual por encima de la autoridad de las Escrituras. La tradición serviría para corregir tal defecto, puesto que entonces los cristianos individuales no estarían tan prontos a ofrecer sus propias interpretaciones particulares. Una liturgia que manifestara y participara de la tradición patrística serviría para contrarrestar tales tendencias individualistas, volviendo a colocar los elementos comunitarios en su debido lugar. Si hubiera contactos más frecuentes entre la Iglesia de Inglaterra y las iglesias orientales, esos contactos contribuirían a tal fin. Aún más: la iglesia tiene un propósito y autoridad que le han sido dados por Dios y, por lo tanto, el estado no ha de intervenir en los asuntos eclesiásticos.

El movimiento de Oxford surgió a la luz en 1833, cuando el famoso erudito y escritor John Keble predicó en Oxford contra la acción del parlamento reduciendo el número de episcopados anglicanos en Irlanda. Ese mismo año comenzaron a publicarse los *Tratados para los tiempos* (*Tracts for the Times*). Se trataba de una serie de publicaciones por varios eruditos

---

[67] O. Chadwick, ed., *The Mind of the Oxford Movement* (Stanford, 1960); C. H. Dawson, *The Spirit of the Oxford Movement* (Londres, 1945); E. R. Fairweather, ed., *The Oxford Movement* (Nueva York, 1964).

que trataban de mostrar el valor de la tradición católica genuina para la Iglesia de Inglaterra, oponiéndose a la vez al «papismo» y a la «disensión». El primero y el último (que fue el número diecinueve) fueron escritos por John Henry Newman, quien pronto vino a ser el principal portavoz del movimiento. Con el correr de los años, resultó claro que los *Tratados* se volvían cada vez más favorables al catolicismo romano. El último, publicado en 1841, hacía tantas concesiones a favor de Roma que el Obispo de Oxford ordenó que la serie no continuara publicándose. Cuatro años más tarde, Newman se declaró católico romano, y a la postre llegó a ser cardenal. Otros siguieron el mismo camino, aumentando así las sospechas de quienes se oponían al movimiento.

Pero la inmensa mayoría de los miembros del movimiento permaneció dentro de la Iglesia de Inglaterra, donde ejerció gran influencia. Gracias a ello hubo un profundo despertar litúrgico, se volvieron a crear órdenes monásticas, y se promovió una religiosidad que se relacionaba más estrechamente con la tradición antigua de la iglesia. A la postre, su impacto se hizo sentir más allá de los límites de la comunión anglicana, y alcanzó a varias iglesias protestantes. Ese impacto se pudo ver también años más tarde en la contribución que la Iglesia de Inglaterra pudo hacer al movimiento ecuménico. En cuanto a Newman, le volveremos a encontrar al discutir la teología católica romana.

Lo que antecede no es sino un breve recuento de algunos de los principales teólogos y movimientos dentro del protestantismo en el siglo XIX. En los dos capítulos que siguen, al estudiar la teología católica y la ortodoxa oriental durante el mismo período, se verá con mayor claridad la vitalidad y originalidad de la teología protestante. Mientras las dos otras ramas principales de la iglesia cristiana luchaban por mantener la ortodoxia tradicional libre de toda contaminación con los tiempos modernos, un buen número de teólogos protestantes buscaba el modo de relacionar la teología con las nuevas corrientes del pensamiento. Una de las características más notables del período fue el ansia de desarrollar sistemas teológicos que abarcaran toda la doctrina cristiana. Tales ansias llevaron a varias reformulaciones radicales de la fe cristiana. Los teólogos protestantes trataron de tomar en cuenta no solamente la filosofía y la lógica, sino también las condiciones sociales, políticas y económicas de su tiempo. Al mismo tiempo que la influencia política directa de la iglesia iba disminuyendo debido al crecimiento del estado secular, el impacto del protestantismo aumentaba debido a su mayor participación en las luchas y debates del mundo circundante.

Por tanto, aunque los teólogos posteriores han criticado fuertemente al siglo XIX, y aunque mucho de lo que se dijo entonces difícilmente sería útil en nuestros días, ese siglo sigue siendo, juntamente con el XVI, una de las dos grandes centurias de la teología protestante.

49

La teología católica romana hasta la Primera Guerra Mundial

Como hemos visto, durante el siglo XVI la Iglesia católica romana atravesó por un período de intensa actividad teológica y profunda reforma. Al terminar ese período se había vuelto, al menos en teoría, un cuerpo fuertemente centralizado, porque, tras algunas vacilaciones, Roma había tomado la dirección del movimiento reformador. Esa centralización tuvo lugar precisamente al tiempo en que las nuevas naciones europeas afirmaban su propia autonomía, frecuentemente bajo el gobierno de monarcas autócratas. Tales gobernantes no veían con simpatía la existencia dentro de sus propios territorios de una iglesia cuya lealtad parecía deberse a otro monarca, el papa. Por tanto, alentaron a aquellos dentro de la Iglesia católica que por diversas razones deseaban limitar el poder del papado. El resultado fue que, durante todo el período que va del siglo XVII al XIX, una de las principales cuestiones teológicas que se debatieron fue precisamente el carácter y alcance de la autoridad del papa. Como veremos, el galicanismo, el febronianismo y el josefismo fueron intentos de limitar esa autoridad, mientras el ultramontanismo fue todo lo contrario. En cierto sentido, el Concilio Vaticano I fue el resultado de esa controversia, y los ultramontanos ganaron la partida —aunque ya para entonces el papado había perdido mucho de su poder político—.

El segundo tema de que se ocuparon los teólogos católicos durante este período fue el modo en que la iglesia debería responder a las nuevas corrientes del mundo. El punto en que esta cuestión se volvía más aguda era la amenaza que las nuevas ideas científicas, filosóficas y políticas parecían presentarle a la ortodoxia católica. Desde este punto de vista, la historia del catolicismo en todo este período consiste en una serie casi ininterrumpida de intentos de afirmar el valor de las opiniones tradicionales contra las nuevas —proceso que culminó en la condenación del modernismo en 1907—. Por otra parte, en lo que se refiere a la relación entre el cristianismo y la justicia social, la iglesia romana sí tomó una actitud positiva bajo la dirección de León XIII.

Los dos párrafos que anteceden servirán de bosquejo para el presente capítulo. Primero trataremos sobre la autoridad del papa, hasta llegar a la «solución» del Concilio Vaticano I. Luego discutiremos el modo en que la iglesia respondió a los retos del mundo moderno.

Pero, antes de pasar a estudiar estos dos temas, debemos decir una palabra sobre el jansenismo. Esta cuestión seguía debatiéndose durante la primera parte del período que ahora estudiamos. Puesto que ya hemos discutido el desarrollo de esa controversia, no volveremos sobre ello en este capítulo. No obstante, el lector debe ser consciente de que se trataba todavía de una cuestión de suma importancia para los teólogos católicos de los siglos XVII y XVIII.

La autoridad del papa

Al mismo tiempo que el protestantismo atacaba la autoridad del papado, había dentro de la Iglesia católica romana quienes dudaban también de esa autoridad y buscaban determinar sus límites. Las ideas conciliaristas del siglo XV nunca habían desaparecido del todo —especialmente en Francia, donde se continuó enseñándolas por algún tiempo en la Sorbona—. Los sentimientos nacionalistas que contribuyeron a la Reforma protestante en Inglaterra, Escocia, Alemania y los Países Bajos existían también en países católicos tales como España, Portugal y Francia. Los gobernantes católicos se preocupaban por la creciente centralización de la autoridad eclesiástica. Muchos prelados participaban de la misma preocupación, puesto que su poder y autoridad también parecían irse perdiendo mientras que los del papa crecían. Sus opiniones e intereses a este respecto recibían el apoyo de la investigación histórica, que mostraba que en tiempos antiguos la iglesia nunca tuvo la estructura centralizada que ahora Roma promulgaba.

Aunque tal oposición a la centralización eclesiástica excesiva estaba bastante generalizada por toda la Europa católica, era particularmente fuerte en Francia, y, por lo tanto, recibió el nombre de «galicanismo».

Quienes se oponían a los galicanos y defendían la autoridad del papa recibieron el nombre de «ultramontanos» porque su autoridad estaba «más allá de los montes», es decir, de los Alpes.

Francia tenía abundantes razones históricas para volverse el centro de la oposición al poder de Roma. Durante su residencia en Aviñón, el papado había hecho varias concesiones a la corona francesa, y ahora los reyes de Francia tenían interés en retener esas concesiones. Muchos de los más destacados propulsores del movimiento conciliar habían sido franceses, y sus ideas todavía circulaban en su país nativo. En 1516, debido a razones políticas complejas, el papa León X había firmado con el rey Francisco I de Francia un concordato que les daba al rey y a sus sucesores amplios poderes sobre la iglesia en sus dominios. Por lo tanto, cuando los franceses se referían a las «libertades galicanas», no se referían a metas futuras, sino a prácticas tradicionales que ahora parecían estar amenazadas.

Todos estos factores pueden verse en el modo en que los franceses reaccionaron al Concilio de Trento.[1] Cuando se preparaba el concilio, y hasta cuando estaba teniendo lugar, hubo muchos en Francia que objetaron el modo en que se conducía. Para ellos, Trento no era sino un concilio italiano. Por esa razón, la cuestión de la promulgación de los edictos del concilio en territorios franceses vino a ser el problema central en las primeras etapas de la lucha entre galicanos y ultramontanos.

La oposición francesa a la promulgación de los edictos de Trento venía de varias fuentes. Quienes todavía sostenían ideas conciliaristas pensaban que este concilio específico había hecho demasiadas concesiones a la autoridad papal. Muchos de los más ardientes propulsores de la reforma entre el clero creían que sus metas se lograrían mejor mediante el apoyo de la corona, y que la intervención de Roma mediante su concilio y después mediante sus decretos papales sería un obstáculo en sus esfuerzos de lograr el apoyo político necesario para la reforma que esperaban. Los reyes y sus consejeros más cercanos temían que la promulgación de las decisiones de Trento en Francia afirmaría la supremacía de Roma sobre la corona, al menos en cuestiones eclesiásticas. Pero la más fuerte oposición venía del parlamento, constituido en su inmensa mayoría por nobles que nunca concordarían con la promulgación de leyes extranjeras sobre el suelo francés.

En 1580, Enrique III, siguiendo el consejo de quienes querían verle tomar la dirección de la reforma de la iglesia, publicó en Blois una serie de sesenta y seis ordenanzas sobre la disciplina eclesiástica. Buena parte de ellas era tomada de los decretos de Trento. Pero el papa Gregorio XIII

---

[1] L. Willaert, *Après le concile de Trente: La restauration catholique* (Vol. 18 de Fliche y Martin, *Historie de l'église* (París, 1960), pp. 375-83.

vio en esa acción una usurpación del poder eclesiástico por parte de las autoridades civiles. Según él y los que le apoyaban, lo que el rey debía hacer no era decretar la reforma de la iglesia, sino sencillamente firmar y aprobar las decisiones de Trento. El debate que resultó le creó a Roma más enemigos en Francia.

Cuando el asesinato de Enrique III dejó el trono vacante y la sucesión en dudas, el papa trató de intervenir declarando quién era y quién no era elegible para ocupar el trono. Esto despertó la furia de muchos y dio más fuerza a la posición galicana. Cuando el exprotestante Enrique de Navarra recibió la corona como Enrique IV, ya hacía tiempo que Roma le había excomulgado como hereje empedernido. Puesto que el papado le había excomulgado, se suponía que únicamente el papa podía levantar la sentencia de excomunión. Esto colocó a la iglesia francesa en una posición difícil, puesto que se veía obligada o bien a aceptar a un hereje como rey, o a pedirle a la Santa Sede que levantara la excomunión —lo cual querría decir que la iglesia francesa aceptaba la jurisdicción del papa en tales asuntos—. Lo que el clero francés hizo fue sencillamente volver a ofrecerle la comunión al rey a base de su propia autoridad, sin consultar con la Santa Sede. Roma protestó tanto las acciones del clero francés como las del rey, y la presión por parte del papado fue tal que dos años más tarde Enrique IV se vio obligado a pedirle perdón al papa y a someterse de manera simbólica a la disciplina de la Santa Sede. A cambio de esta restauración a la comunión con Roma, el rey accedió a firmar y promulgar los decretos de Trento. Repetidamente trató de cumplir su promesa, pero la firme oposición del parlamento francés se lo impidió. Cuando Enrique fue asesinado en 1610 por el fanático François Ravaillac, cuyos motivos se relacionaban con algunos de los argumentos de los ultramontanos a favor del tiranicidio, surgió una fuerte reacción galicana. El resultado fue que el Concilio de Trento nunca fue promulgado dentro del reino francés.

En 1615, la mayoría del clero francés —que para entonces se había convencido de la necesidad de que la autoridad del concilio fuese aceptada en Francia— dio un paso sin precedentes. El clero decidió que, puesto que la corona y el parlamento no se mostraban dispuestos a promulgar los edictos del concilio, y puesto que en todo caso esos edictos se referían a asuntos espirituales más que temporales, sencillamente el clero declararía a base de su propia autoridad, como directores espirituales de los cristianos en el reino, que a partir de entonces los decretos del concilio serían válidos y obligatorios para todos los cristianos. Aunque esto quería decir que la cuestión de la autoridad del concilio quedaba resuelta —no sin oposición civil— también quería decir que la solución había venido del clero francés. Por tanto, el paso dado en 1615 era ambiguo. Mientras la mayoría de los que lo apoyaban eran ultramontanos que trataban de fortalecer la autoridad del papado en Francia, el hecho mismo de que fue una acción de la «iglesia galicana» a la postre serviría como precedente a favor del galicanismo.

Durante estos primeros años del debate entre galicanos y ultramontanos, cuatro nombres se destacan como los principales en la oposición al poder de Roma: Guy Coquille, Pierre Pithou, Edmond Richer, y Jean Duvergier de Hauranne —mejor conocido como Saint-Cyran—.

Guy Coquille (1525-1603)[2] publicó un *Tratado sobre las libertades de la iglesia de Francia* y un *Discurso sobre las libertades de la iglesia de Francia*. Humanista y abogado de origen noble, Coquille basaba sus argumentos sobre una visión aristocrática de la iglesia. Son los obispos quienes tienen la autoridad, y la primacía del papa es únicamente cuestión de honor y no de autoridad. Por tanto, los papas no tienen autoridad para deponer a los reyes. Pero estos últimos sí tienen autoridad sobre el clero, especialmente en cuestiones jurídicas y de finanzas.

Pierre Pithou (1539-1596)[3] escribió *Las libertades de la iglesia galicana*, un tratado que fue impreso cinco veces durante el curso de la controversia. Su trabajo tenía más fundamento histórico que el de Coquille, y también hacía uso más preciso de la jurisprudencia —puesto que Pithou también era abogado—. Su tesis era sencillamente que el papa no tiene autoridad temporal alguna en los territorios del «cristianísimo rey», y que su autoridad espiritual está estrictamente limitada por los cánones de los antiguos concilios. Las «libertades galicanas» son ochenta y tres, y se refieren principalmente a la autoridad de los obispos y sínodos franceses, y a la autoridad eclesiástica del rey. Pithou fue uno de los espíritus propulsores tras las ordenanzas de Blois, así como tras la decisión por parte del clero francés de absolver a Enrique IV sin consultar con el papa.

Edmond Richer (1559-1631)[4] cambió el tono del galicanismo. Puesto que Coquille y Pithou eran abogados, su discusión había tenido lugar desde una perspectiva jurídica. Richer tenía un doctorado de la Sorbona, y era síndico de la Facultad de Teología. Por tanto, mientras que el galicanismo de Coquille y de Pithou era principalmente político, el de Richer era claramente teológico. Su brevísimo libro de 30 páginas, *Sobre el poder eclesiástico y el político* (1611), se volvió la pieza de literatura más influyente en toda la controversia. En cierto sentido, no es sino una negación radical de los argumentos tradicionales en pro de la supremacía romana, tal como

---

[2] *Ibid.*, p. 385.

[3] *Ibíd.*, J. Carreyre, «Pierre Pithou», *DTC*, 12:2235-38; H. R. Guggisberg, «Pithou, Pierre», *RGG*, V:389.

[4] Willaert, *Après le Concile de Trente*, pp. 387-89; H. R. Guggisberg, «Richer, Edmond», *RGG*, 5:1093; J. Carreyre, «Richer, Edmond», *DTC*, 13:2698-2702; R. Golden, *The Godly Rebellion: Parisian Curés and the Religious Fronde, 1652-1662* (Chapel Hill, Carolina del Norte, 1981), pp. 72-74.

Belarmino los había expuesto. Richer rechaza la idea de que la iglesia es una entidad jerárquica. Tomando prestado de los argumentos anteriores de los conciliaristas, afirma que la única cabeza de la iglesia es Cristo, quien ha delegado su autoridad a los creyentes como un todo. Estos, a su vez, han confiado su autoridad a los sacerdotes y obispos. Los sacerdotes tienen autoridad sacerdotal, cada cual en su propia parroquia —y por esto más tarde se acusó a Richer de haberse acercado al presbiterianismo—. Los obispos han recibido autoridad de jurisdicción, que han de ejercer cada uno en su propia diócesis. Unidos en un concilio, los obispos son la sede de la suprema autoridad en la iglesia. El papa, entonces, resulta ser ministro del concilio, cuyas políticas y órdenes ejecuta, y al cual ha de rendir informe periódicamente.

El principal opositor de Richer fue André Duval (1564-1638),[5] quien argumentaba a favor de la visión jerárquica de la iglesia que se encontraba en las obras de Belarmino, y también a favor de los decretos de Trento. Resulta significativo, sin embargo, que a pesar de su posición básicamente conservadora Duval defendía las «libertades galicanas», aunque no como derechos que la iglesia francesa tenía en y por sí misma, sino más bien como privilegios que esperaba que la Santa Sede le concediera a esa iglesia respeto a sus viejas costumbres.

Saint-Cyran (1581-1643)[6] era amigo de Jansenio, y fue uno de los medios por los cuales el jansenismo logró arraigo en Francia. Pero su interés en el galicanismo venía de otra fuente. Algunas de las órdenes monásticas, especialmente los jesuitas, eran vistas como armas del papado en diversos países. Debido a su conexión directa con Roma, se las veía con suspicacia, no solo por parte de los príncipes seculares, sino también por muchos prelados. Saint-Cyran se involucró en esta cuestión en ocasión de un debate entre los jesuitas y la jerarquía acerca de quién tendría jurisdicción sobre el trabajo que se hacía en Inglaterra. En un tratado publicado seudónimamente bajo el nombre de Petrus Aurelius, Saint-Cyran defendió la autoridad del episcopado frente al papa y al clero regular. Según él, los obispos reciben su autoridad directamente de lo alto, y a ellos pertenece toda potestad. La comparten con los párrocos, cuya autoridad refleja la de los obispos. En este sentido, puede decirse que los sacerdotes son «prelados menores». Esa autoridad se deriva de su ordenación y no de sus votos. Los votos y reglas de las diversas órdenes son meras instituciones humanas, y nada le añaden a la autoridad sacerdotal. Por tanto, la base de la autoridad en la iglesia se encuentra en el episcopado y su clero, y no

---

[5] A. Ingold, «Duval, André», *DTC*, 4:1967.
[6] C. Constantin, «Du Vergier ou Du Verger de Hauranne, Jean», *DTC*, 4:1967-75.

en el obispo de Roma ni en las órdenes religiosas que dicen haber sido comisionadas por él.

El próximo paso en el desarrollo de la teoría galicana tuvo lugar en la obra de Pierre de Marca,[7] arzobispo de Toulouse durante el régimen de Richelieu. No es fácil determinar las metas precisas de las políticas de Richelieu. Pero, en todo caso, sí es seguro que le convenía —en sus maniobras con Urbano VIII, parecidas a las de un gato con un ratón— hacer uso de una posición galicana moderada que al mismo tiempo le ofreciese al papa alguna esperanza de reconciliación. Pierre de Marca (1594-1662) fue quien proveyó tal posición en su tratado *De la concordia entre el sacerdocio y el imperio*, escrito a petición del rey —o, lo que es lo mismo, de Richelieu—. Los detalles de sus teorías no nos importan aquí. En resumen: defendía la autoridad del papa rechazando las viejas teorías conciliaristas, al mismo tiempo que insistía en la autoridad soberana del rey y en la obligación del monarca de defender los cánones particulares de la iglesia francesa —que el papa no tenía poder de abolir—. Luego, en de Marca vemos un ejemplo de lo que siempre sería una de las principales tentaciones del galicanismo: volverse sumiso a los intereses del estado y hacer de su defensa de la autonomía de la iglesia nacional un medio para que esa iglesia se volviera instrumento de las políticas del estado.

Tras la muerte de Richelieu, precisamente cuando Francia se acercaba a la cumbre de su poder bajo Luis XIV, la controversia se volvió más aguda. La cuestión de si el papa tenía o no derecho de abolir los cánones particulares de la iglesia galicana llevó a algunos ultramontanos a afirmar la infalibilidad del papa en términos mucho más radicales que hasta entonces. En respuesta, las autoridades sencillamente acudieron a la fuerza para suprimir tales ideas, que se oponían a las políticas de Luis XIV. Aunque se seguía debatiendo la cuestión de la autoridad del papa, el uso de la fuerza no contribuyó al diálogo creador. El documento teológico más importante de esa época —importante no por su originalidad, que era escasa, sino por su uso posterior— fueron los *Seis artículos* publicados por la Sorbona en 1663. Estos artículos afirmaban que, en cuestiones temporales, el rey era completamente independiente del papa, y que este último no tenía autoridad para deponer a los obispos franceses, pues se lo prohibían los antiguos cánones galicanos. De manera más ambigua, los artículos también declaraban que la facultad de la Sorbona no afirmaba la superioridad del papa sobre el concilio, y tampoco creía que la infalibilidad del papa debiera ser creída por todos como dogma de la iglesia.[8] En el tono tímido y ambiguo

---

[7] J. Carreyre, «Marca, Pierre de», *DTC*, 9:1987-91; Willaert, *Après le concile de Trente*, pp. 402-3.

[8] E. Préclin, *Les luttes politiques et doctrinales aux XVIIe et XVIIIe siècles* (Vol. 19 de Fliche y Martin, *Histoire de l'église* (París, 1955), p. 152; A. Sedwick, *Jansenism in*

de tales aseveraciones se ve que los teólogos de la Sorbona sentían que el poder del estado era demasiado grande, y querían evitar conflictos con él. Así pues, la defensa de las «libertades galicanas» había tenido por resultado una gran pérdida de libertad por parte de la iglesia frente al estado. Para 1682, resultaba claro que Luis XIV estaba usando el galicanismo para obligar a la iglesia a cumplir su voluntad, especialmente en lo que se refería a las cuestiones económicas y de nombramientos. Fue entonces cuando una asamblea extraordinaria del clero, convocada por el rey, le otorgó todos sus deseos y entonces procedió a justificar sus acciones a base de la teoría galicana. El resultado fueron los *Cuatro artículos* de 1682, escritos por el famoso predicador de la corte Jacques Bossuet.[9] Estos artículos afirmaban el poder temporal del rey, limitaban la autoridad del papa al afirmar que tenía que actuar de acuerdo con las antiguas libertades galicanas, y declaraban que, aunque el papa era la cabeza de la iglesia en cuestiones de fe, sus juicios podían ser corregidos —en otras palabras: negaban la infalibilidad del papa, al menos en su interpretación más extrema—. El papa se negó a aceptar estas decisiones, la Inquisición las condenó, y varios teólogos de otras regiones escribieron contra ellas. En Francia, quienes todavía seguían las directrices de Roma se vieron en dificultades. Y, sin embargo, hubo siempre una corriente de oposición a esta nueva forma de galicanismo, que no era sino un cesaropapismo velado —aunque esa oposición no se inclinaba tampoco hacia el ultramontanismo—.

El siglo XVIII señaló el apogeo del galicanismo, pero ya para entonces resultaba claro que había al menos dos formas de galicanismo. Una de ellas era el intento genuino por parte de los obispos y algunos del clero de defender la autoridad y autonomía de la iglesia nacional. La otra era el deseo por parte del rey y su corte de extender su autoridad sobre la iglesia. Ninguna de estas dos formas del galicanismo era esencialmente democrática —como lo han pretendido más tarde algunos historiadores liberales—. En todo caso, la creciente convicción por parte de quienes deseaban una genuina reforma de la iglesia de que tal reforma no sería producto de la actividad de la corona, fue uno de los principales factores que contribuyeron a la decadencia del galicanismo. El otro factor fue la Revolución francesa.

Pero antes de tratar sobre el impacto de la Revolución francesa sobre la cuestión de la autoridad papal, es necesario decir una palabra sobre dos movimientos íntimamente relacionados con el galicanismo:

Seventeenth-Century France: Voices from the Wilderness (Charlottesvillle, 1977), pp. 20-46.

[9] Texto inglés en H. Bettenson, ed., *Documents of the Christian Church* (Londres, 1982), p. 270.

el febronianismo y el josefismo.[10] El febronianismo derivaba su nombre
de Justino Febronio, cuyo verdadero nombre era Johann Nikolaus von
Hontheim (1701-1790).[11] Febronio publicó en 1763 un tratado sobre la
autoridad legítima del pontífice romano que decía que los soberanos no
están sujetos al papa, cuya autoridad se deriva directamente de toda la
iglesia. Esto quiere decir que el papa está sujeto a toda la iglesia, la cual
puede juzgarle y deponerle en una reunión conciliar. Es más, el papa no
es superior a los demás obispos, y no tiene autoridad directa sobre otra
diócesis que no sea la de Roma. La autoridad que tiene en el resto de la
iglesia se deriva únicamente de su función como guardián de los cánones
y ejecutor de los dictámenes de toda la iglesia. Como se ve, el febronianismo era poco más que la contraparte alemana del galicanismo. También
en Alemania los monarcas veían en tal doctrina un instrumento útil para
su política. Por ello el febronianismo dio en el josefismo cuando el emperador José II decidió aplicar sus teorías dentro de su imperio.[12] A esto se
unió una serie de medidas sobre las órdenes religiosas, en las que José
veía —con cierta justificación— brazos del papado dentro de su territorio.
Cuando Leopoldo, el hermano de José, aplicó los mismos principios en
sus territorios de Toscana, parecía que el josefismo se extendía. Pero de
hecho desapareció casi inmediatamente después de la muerte de José en
1790. El febronianismo fue condenado por la Inquisición en 1764, y el
josefismo por Pío VI en 1794.

Fue la Revolución francesa la que dio el golpe de gracia tanto al galicanismo como al febronianismo y al josefismo. La caída de los borbones, el
baño de sangre de la revolución, y la tendencia general hacia la separación
entre la iglesia y el estado, contribuyeron a la desaparición del galicanismo. De igual modo que el siglo XVIII vio el apogeo del galicanismo,
así también el XIX fue testigo del rápido proceso a través del cual el ultramontanismo ganó la partida. Ese proceso comenzó con las obras de Joseph
de Maistre y F. R. de Lamennais, y culminó en el Concilio Vaticano I, que
promulgó la infalibilidad papal.

El conde Joseph Marie de Maistre (1753-1821)[13] encarnaba la reacción de la nobleza francesa ante la revolución. Para él, el orden era el más
alto valor en la sociedad, y estaba convencido de que ese orden había sido
establecido de una vez por todas, y de manera inmutable, por Dios. Puesto
que la realidad es tanto física como espiritual, Dios ha establecido dos

---

[10] Préclin, *Les luttes*, pp. 769-801.

[11] T. Ortolan, «Febronius, Justin (ou Jean-Chrysostome-Nicholas de Hontheim)», *DTC*,
5:2115-24; E. Wolf, «Febronianismus», *RGG*, 2:890-91.

[12] G. Mollat, «Josephisme», *DTC*, 8:1543-47.

[13] S. Rocheblare, *Étude sur Joseph de Maistre* (Strasbourg, 1922); C. S. Phillips, *The
Church in France, 1789-1848: A Study in Revival* (Nueva York, 1966), pp. 207-13.

jerarquías diferentes para gobernar el mundo. Ambas son monárquicas, puesto que el rey es la cabeza del poder temporal, y el papa es la autoridad suprema en asuntos espirituales. Tanto el uno como el otro gobiernan por autoridad divina. Sin embargo, puesto que en el orden natural lo espiritual se encuentra siempre por encima de lo material, en última instancia el papa tiene autoridad sobre el rey. El papa puede disciplinar y hasta deponer reyes, porque es el representante de Jesucristo en la tierra, y no tiene que responderle a nadie sino a Dios. Si el rey parece no actuar con justicia, sus súbditos no tienen derecho a oponérsele ni a derrocarle. Todo lo que pueden hacer es apelar a un tribunal superior: el papa. Pero frente al papa no hay resistencia legítima alguna, ni tribunal a que apelar.

Félicité Robert de Lamennais (1782-1854)[14] tuvo una de las carreras teológicas más interesantes de todo el siglo XIX. Sus primeros esfuerzos literarios de importancia iban dirigidos contra los intentos por parte de Napoleón de gobernar la iglesia. Luego se volvió defensor del partido realista en Francia, aunque su interés al hacerlo no estaba tanto en la defensa de la corona misma como en la contribución que esa institución podía hacer a lo que creía era la verdadera religión. Para Lamennais, la autoridad era el principio necesario sin el cual ningún orden y ninguna fe pueden subsistir, y, por tanto, establecía una relación entre el protestantismo, el galicanismo, la indiferencia religiosa y el ateísmo. También atacaba al cartesianismo por su confianza en la mente individual. Según él, el galicanismo era «un sistema que consiste en creer lo menos posible sin ser hereje, a fin de obedecer lo menos posible sin ser rebelde».[15] En sus años mozos, sostuvo que no podía haber alianza alguna entre el catolicismo y la democracia, porque sus principios propulsores son contrarios, y porque a la larga la democracia es un poder destructor de la sociedad misma. Es más: es necesario afirmar que el papa es infalible, y que en él debe residir todo poder, puesto que sin él la fe cristiana se derrumba, y sin esa fe la sociedad no puede subsistir. El mejor orden social sería una teocracia encabezada por el papa.

Pero entonces Lamennais llevó esas doctrinas todavía más lejos. Era precisamente la autoridad civil establecida la que se oponía al poder del papa. ¿Por qué entonces no romper la alianza tradicional entre la corona y la tiara, y unirse a las fuerzas del liberalismo político? Lamennais había

---

[14] Phillips, *The Church in France, 1789-1848*, pp. 216-58; A. Dansette, *Religious History of Modern France*, Vol. I: *From the Revolution to the Third Republic* (Friburgo, 1961), pp. 207-26; A. R. Vidler, *Prophecy and Papacy: A Study of Lamennais, the Church and Revolution* (Nueva York, 1954); P. N. Stearns, *Priest and Revolutionary: Lamennais and the Dilemma of French Catholicism* (Nueva York, 1967); J. J. Oldfield, *The Problem of Tolerance and Social Existence in the Writings of Félicité Lamennais* (Leiden, 1973); L. Le Guillou, *La condamnation de Lamennais* (París, 1982).

[15] Phillips, *The Church in France, 1789-1884*, p. 224.

afirmado antes que los súbditos debían desobedecer a aquellos gobernantes que no actuaran según principios cristianos. Ahora añadió que la mejor política que los cristianos debían seguir era lanzarse en una gran cruzada a favor de la libertad política, encabezada por el papa. Después de todo, el cristianismo debe garantizar la libertad política, y las garantías de esa libertad son precisamente el poder y la autoridad del papa. Antes, en su carrera teológica, Lamennais había recibido el apoyo de León XIII, quien al parecer hasta se proponía hacerle cardenal. Ahora partió hacia Roma con el fin de lograr el apoyo de Gregorio XVI para sus opiniones y su cruzada. Pero, en lugar de ello, el papa condenó sus doctrinas en la encíclica *Mirari vos* (1832). En esa encíclica Gregorio decía que tales ideas promovían la sedición, y que la libertad de prensa que Lamennais propugnaba se oponía a las máximas de la iglesia. Lamennais aceptó su condenación y se retiró a sus propiedades en La Chesnai, donde escribió en respuesta al papa sus *Palabras de un creyente*. Cuando sus opiniones fueron condenadas de nuevo en la encíclica *Singulari nos* (1834), muchos de sus amigos se sometieron al papa, pero el propio Lamennais abandonó la iglesia.

A partir de entonces, Lamennais centró sus esfuerzos en la política, y a la postre llegó a ser miembro del parlamento revolucionario en 1848. En el campo de la teología, abandonó la ortodoxia, llegando a negar la existencia de lo sobrenatural e inclinándose hacia el panteísmo. Debido a su obra durante este último período de su vida, Lamennais es, en cierto sentido, un precursor del modernismo —que discutiremos más adelante en el presente capítulo—.

Aunque Lamennais fue condenado por el papa, sus opiniones muestran una profunda comprensión de lo que a la postre llevaría al triunfo del ultramontanismo en la Iglesia católica. Ciertamente, mientras permaneciera el orden tradicional, con su relación estrecha entre la iglesia y el estado, los poderes civiles se esforzarían por dominar la vida de la iglesia dentro de sus territorios. Esto se había visto claramente en el movimiento galicano, especialmente en sus últimas etapas. Pero, cuando la iglesia comenzó a perder su poder político en las diversas naciones, la oposición de los gobernantes a la centralización eclesiástica disminuyó. Así pues, durante el siglo XIX estaban teniendo lugar dos procesos al parecer opuestos pero en realidad complementarios: mientras el papa aumentaba su autoridad sobre toda la Iglesia católica, el poder político del papa y de esa iglesia iban disminuyendo.

Uno de los hitos más importantes en el desarrollo de la autoridad pontificia fue la bula *Ineffabilis Deus* (1854), de Pío IX. Durante siglos, la cuestión de la inmaculada concepción de María se había debatido entre los teólogos católicos. No se trataba de si Jesús había sido concebido por María sin pecado —tal cosa había sido el consenso de la iglesia por muchos siglos— sino más bien de si María misma en su propia concepción

había sido preservada de toda mancha de pecado. Algunos teólogos anteriores —entre ellos Anselmo— se habían opuesto a la creciente tendencia
a exaltar a la Virgen de este modo, y habían afirmado que María había
sido concebida y nacida en pecado. Tomás de Aquino, y la mayoría de los
dominicos tras él, sostenían que la Virgen había sido concebida en pecado
original, pero santificada antes de su nacimiento. Frente a ellos, los franciscanos insistían en la inmaculada concepción. Hacia finales del siglo XV
el debate se había vuelto tan amargo que Sixto IV tuvo que intervenir, prohibiendo que se acusara a otros de herejía en cuestiones sobre las cuales
la iglesia no había hecho una declaración dogmática formal. Luego los
jesuitas concordaron con los franciscanos en la inmaculada concepción de
María, y a través de la influencia de estas dos poderosas órdenes esa teoría
había seguido ganando seguidores entre los católicos conservadores. Tal
era el estado de la cuestión cuando Pío IX llegó al papado. Un proceso
semejante, aunque más reciente, había estado teniendo lugar respecto a la
teoría de la infalibilidad papal. En el conflicto con el galicanismo, muchos
ultramontanos habían afirmado que el papa era infalible. Algunos iban
más allá de la infalibilidad en cuestiones dogmáticas y decían que el papa
era también infalible en cuestiones de moral y de política. Pío IX decidió
entonces que la promulgación de la doctrina de la inmaculada concepción
le prestaba una buena oportunidad para afirmar su autoridad en cuestiones dogmáticas. En esto tenía razón, puesto que la cuestión de si María
había sido concebida sin pecado original no despertaría mucho interés por
parte de gobernantes que normalmente verían con suspicacia cualquier
intento de fortalecer la autoridad del papa. Por tanto, la bula *Ineffabilis*
fue generalmente aceptada sin mayor debate. En ella, Pío afirmaba que
«mediante una gracia y privilegio singulares de Dios omnipotente», María
había sido preservada inmune de toda culpa original, que esta doctrina ha
sido revelada por Dios, y que, por tanto, ha de ser creída por todos. Pero
la importancia de esta declaración iba mucho más allá de las cuestiones de
mariología. Ahora, por primera vez en la historia de la iglesia, un papa se
había atrevido a definir un dogma en base a su propia autoridad. El hecho
de que hubo poca oposición o reacción a esta declaración llevó al partido
ultramontano al convencimiento de que se acercaba el momento propicio
para la declaración dogmática formal de la infalibilidad papal. Esto sería
el principal propósito del Concilio Vaticano I.

El Concilio Vaticano I [16] fue convocado formalmente por el papa Pío
IX en 1868, y comenzó sus sesiones el año siguiente el día de la Fiesta de

---

[16] R. Aubert, *Vatican I* (París, 1964); E. C. Butler, *The Vatican Council* (Londres, 1930);
E. Cecconi, *Storia del concilio ecumenico vaticano scritta sui documenti originali*; 4 vols.
(Roma, 1873-79); *Actes et histoire du concile oecuménique de Rome MDCCCLXIX*, 7 vols.
(París, 1870-71).

la Inmaculada Concepción (8 de diciembre). Fue suspendido hacia finales de 1870, cuando la guerra entre Prusia y Francia le impidió continuar reuniéndose. Aunque el concilio trató de varios temas, el más importante fue el de la infalibilidad papal. Sobre esta cuestión las opiniones estaban divididas, aunque la mayoría estaba a favor de declarar que esa infalibilidad era dogma de la iglesia. Algunos de quienes favorecían esa definición no querían que se colocara límite alguno sobre la infalibilidad papal, y algunos de los más extremistas llegaban al punto de afirmar que *quando egli medita, è Dio che pensa in lui* —«cuando él medita, es Dios quien piensa en él». Otros —probablemente la mayoría— pensaban que se debía promulgar la infalibilidad papal como dogma de la iglesia, pero que esa declaración debía hacerse de tal modo que el hecho de que algunos papas en la antigüedad habían caído en la herejía —particularmente Liberio y Honorio— no fuera un obstáculo para la aceptación de la definición conciliar. Un número importante de obispos procedentes de países donde los católicos eran la minoría —especialmente en Europa oriental— favorecían la doctrina, pero no creían que el momento fuese oportuno para su promulgación. Otros, como el obispo de Baltimore, sugerían definiciones dogmáticas en las que no se usara la palabra «infalible». La minoría, dirigidos por los arzobispos de Viena y Praga, sencillamente se oponía a la doctrina. Puesto que la oposición a la doctrina misma era mínima, y puesto que el concilio había aceptado reglas estrictas limitando el debate, pronto resultó claro que el concilio promulgaría la infalibilidad papal. Esto se hizo el 18 de julio de 1870 con 522 votos a favor, dos en contra y más de cien abstenciones. La definición decía en parte:

Así pues, siguiendo fielmente la tradición que viene desde el principio de la fe cristiana, y para la gloria de Dios nuestro Salvador, la exaltación de la religión católica y la salvación de los pueblos cristianos, con la aprobación del Concilio, enseñamos y definimos como dogma revelado, que el Pontífice Romano, cuando habla *ex cathedra*, es decir, cuando en cumplimiento de su oficio de doctor y pastor de todos los cristianos, y en virtud de su suprema autoridad apostólica, define una enseñanza de fe o de moral que ha de ser sostenida por toda la iglesia, gracias a la asistencia divina prometida en el bienaventurado Pedro, recibe aquella infalibilidad con que el divino Redentor quiso instruir a su iglesia cuando definiese enseñanzas de fe o de moral; y, por lo tanto, tales definiciones son irreformables en su propia esencia, y no a base del consenso de la iglesia.[17]

___

[17] Denzinger, 1839.

Así, quienes deseaban que se proclamara la infalibilidad del papa lograron sus propósitos. Aunque la definición decía claramente que el papa no era siempre infalible —y por tanto daba la oportunidad de explicar los casos de Liberio y Honorio— sí le daba autoridad final en cuestiones de fe y moral. En otra parte del mismo decreto, se afirmaba que el papa tiene jurisdicción sobre toda la iglesia, no solo en cuestiones de fe y moral, sino también de disciplina y administración. El movimiento conciliarista había muerto, por fin, y fue precisamente un concilio el que le dio el golpe de gracia.

La nueva doctrina encontró poca resistencia. El historiador eclesiástico de Baviera, Juan José I. Döllinger, quien había dirigido la oposición, se negó a aceptar la definición y fue excomulgado. En Holanda, Alemania y Austria algunos abandonaron la Iglesia católica romana, tomaron el nombre de «viejos católicos», y formaron pequeñas iglesias nacionales. Los ortodoxos rusos y griegos, así como muchos protestantes, sencillamente vieron en la promulgación de la infalibilidad papal una prueba más del carácter herético de Roma. Pero entre los católicos romanos hubo poco debate.

El galicanismo y sus movimientos afines habían terminado. Y, sin embargo, era una victoria de escaso valor para el papado, puesto que la principal razón por la cual la doctrina de la infalibilidad papal encontró tan poca resistencia era que la iglesia había perdido mucha de su influencia en el mundo. Dos meses después de esta declaración el papa perdió el gobierno de la ciudad de Roma, que fue tomada por el Reino de Italia. El que el papa se declarara infalible o no resultaba ser ahora para muchas personas —aun en los países tradicionalmente católicos— cuestión de poca importancia. Esto se debía, en parte, al modo en que el catolicismo romano había respondido a los retos del mundo moderno.

La iglesia y el mundo moderno

Aunque fue en el siglo XIX —con sus nuevas perspectivas filosóficas y políticas— que más agudamente se planteó la cuestión de la relación entre la iglesia y el mundo, esa cuestión había surgido antes en dos controversias que frecuentemente reciben poca atención pero que son ejemplos de las cuestiones delicadas a que la Iglesia católica romana tenía que enfrentarse. Estas dos controversias se referían al quietismo en Francia y a las prácticas misioneras jesuitas en China e India.

El quietismo fue una forma de misticismo que apareció en Francia en el siglo XVII.[18] Sus orígenes se encuentran en formas de religiosidad mís-

---

[18] Préclin, *Les luttes*, pp. 165-73.

tica de tendencias heterodoxas que habían aparecido en España en siglos anteriores, en parte debido a la influencia del misticismo musulmán. En todo caso, quien lo introdujo en Francia fue el español Miguel de Molinos, una de cuyos discípulos, Madame Jeanne-Marie de Guyon, pronto lo popularizó. La doctrina central de esta clase de misticismo era que la perfección cristiana consiste en un estado de contemplación continua en el que el creyente se vuelve indiferente hacia todo lo que no es Dios. En tal estado, el creyente no se ocupa ya de la salvación, no necesita obras de caridad y se olvida del mundo entero. Madame de Guyon convirtió a esta forma de misticismo a su consejero espiritual, François Fénelon. Fénelon era uno de los más distinguidos líderes eclesiásticos de Francia, quien poco después llegó a ser arzobispo de Cambrai. Cuando Bossuet, a quien ya hemos mencionado en relación con el galicanismo, atacó el quietismo, Fénelon salió en su defensa, y así dos de los más respetados prelados del país se vieron involucrados en una amarga controversia. El asunto terminó cuando Roma condenó a Fénelon (1699), pero la influencia del quietismo persistió en Francia. En todo caso, la importancia de la controversia está en que muestra que la Iglesia católica no estaba dispuesta a aceptar las teorías de quienes sostenían que se debía tener hacia el mundo una actitud de total indiferencia.

La controversia sobre las prácticas misioneras de los jesuitas en China tenía sus raíces en las políticas seguidas por Mateo Ricci, quien, en 1601, tras grandes dificultades, había logrado establecer una misión católica en Pekín.[19] Logró hacer esto gracias al profundo aprecio que sentía hacia la cultura china, que le valió la confianza del emperador. Aunque el propio Ricci nunca tomó una posición decidida en el asunto,[20] sus sucesores estaban convencidos de que la mayoría de los ritos confucionistas practicados por los chinos eran de carácter civil y cultural, y que, por lo tanto, los conversos cristianos podían continuar participando en ellos sin caer en la idolatría o en la superstición. Los dominicos y franciscanos que llegaron después no entendían el equilibrio precario necesario para la subsistencia de la misión en China, y se mostraron sorprendidos y hasta escandalizados por las concesiones que los jesuitas habían hecho. En 1645 un dominico logró que Roma decidiera en contra de los ritos que se practicaban en China. Los jesuitas habían obtenido del emperador chino una declaración solemne en el sentido de que tales ritos no eran religiosos, sino civiles, y esa declaración había sido proclamada en todo el país. Por tanto, el emperador se sintió personalmente ofendido cuando un «bárbaro» en Roma se

[19] *Ibid.*, pp. 173-92; G. H. Dunne, *Generation of Giants: The Story of the Jesuits in China in the Last Decades of the Ming Dynasty* (Londres, 1962).
[20] *Della entrata della Compagnia di Giesù e Christianitá nell Cina,* en *Fonti Ricciane* (Roma, 1942-49), párrafos 55, 129-30, 178, 181 y 609.

atrevió a contradecirle e insistió en ello. El resultado final no llegó sino en 1742, cuando la Iglesia católica formalmente condenó los ritos chinos.[21] El resultado neto fue la casi completa desaparición de lo que había sido una misión floreciente. Aquí vemos ilustrada, aunque en un contexto poco usual, la variedad de opiniones que existía en la Iglesia católica romana sobre el modo y el grado en que la iglesia debía ajustarse a la cultura.

Pero fue el siglo XIX el que planteó esta pregunta con grave urgencia. Las nuevas ideas en la ciencia y en la filosofía que hemos discutido en capítulos anteriores le planteaban a la Iglesia católica serias amenazas. El creciente racionalismo retaba las ideas tradicionales sobre lo sobrenatural y la revelación. Los estudios históricos cuestionaban tanto la credibilidad de la Biblia como la autoridad de una tradición cuyo lado oscuro era cada vez más conocido. Los más tristes episodios —como el de Galileo— en que la ortodoxia había servido de obstáculo al progreso científico se citaban repetidamente. Pero, por encima de todo, donde la iglesia se sentía más amenazada era en la idea cada vez más generalizada del estado secular. Los líderes católicos romanos veían tras todas estas corrientes una amenaza al principio fundamental de la autoridad, y, por tanto, para ellos la idea de un estado secular con libertad de prensa y pluralismo religioso era el epítome de todo lo que amenazaba y negaba la fe.

La iglesia tenía razones para temer. Aunque la Revolución francesa le había puesto fin al galicanismo, su ideal del estado secular persistía y se expandía por toda Europa. La mayor parte de América Latina se hizo independiente en el siglo XIX, y el apoyo que Roma prestó a España durante la lucha por la independencia —y después— produjo fuertes sentimientos anticlericales en muchas de las clases gobernantes de los nuevos países. En la propia España, todo el siglo XIX se caracterizó por la pugna constante —que en algunos casos llevó a violentos conflictos— entre quienes defendían las tendencias secularizantes de la Revolución francesa y quienes las rechazaban en pro del orden tradicional.

En 1848 fue publicado el *Manifiesto comunista* y en 1864 se fundó la Primera asociación internacional de obreros. También en 1848 se proclamó la Segunda república francesa. Ese mismo año Italia comenzó sus guerras de unificación. En Roma el pueblo se rebeló, forzó al papa a nombrar un ministro democrático, y proclamó la República romana. En 1860, mediante un plebiscito, la mayoría de los estados pontificios pasaron a la

---

[21] Pero casi doscientos años más tarde, la Sagrada Congregación de Propaganda Fide declaró: «Se ha vuelto cada vez más claro que en el lejano Oriente ciertas ceremonias, que originalmente se relacionaban con el culto religioso pagano, ahora no son más que actos civiles de reverencia hacia los antepasados o una demostración de amor hacia la patria o de cortesía hacia los vecinos». Citado en Barry, *Readings in Church History*, III:406. La razón de tal declaración era el problema planteado por el sintoísmo en Japón, y su relación con el creciente nacionalismo japonés.

autoridad de la corona italiana. Diez años más tarde, el papa perdió Roma y su poder temporal quedó reducido al Vaticano.

La reacción de la Iglesia católica a estas pérdidas y amenazas fue sencillamente defender sus posiciones y privilegios tradicionales. Donde todavía se reconocía la autoridad del papa y de la iglesia, esa autoridad fue fortalecida. Por ejemplo: en España se firmó un concordato entre el papado y la corona mediante el cual la religión católica era la única legal, y se le otorgaba a la iglesia una autoridad casi total sobre la educación y la censura de la prensa. La vieja política de colocar libros en el *Índice* de los libros prohibidos, y de condenar a quienes sostenían opiniones contrarias a las de la iglesia, se usaba ahora en toda Europa contra los elementos liberales y democráticos. Ya hemos mencionado el caso de Lamennais, uno de los más entusiastas defensores del papado, quien fue condenado por adoptar ideas políticas liberales y por sugerir que le convenía a la iglesia apoyar tales ideas.

La oposición de la iglesia a las nuevas ideas encontró su expresión más fuerte y abarcadora en el *Sílabo de errores* publicado por Pío IX en 1864. Se trata de una lista de errores sostenidos —o supuestamente sostenidos— por personas de toda clase de persuasión, pero opuestos todos a la autoridad de la iglesia. El último error de la lista bien pudo haber sido el primero, puesto que expresa el tono de la lista entera. Ese error es sostener que «el pontífice romano puede y debería reconciliarse y estar de acuerdo con el progreso, el liberalismo y la civilización moderna».[22] También se considera error afirmar que «el método y los principios mediante los cuales los antiguos doctores escolásticos cultivaron la teología no se ajustan a las necesidades de nuestro tiempo y al progreso de las ciencias»,[23] o aun que «la conducta demasiado arbitraria de los pontífices romanos contribuyó a la división de la iglesia entre Oriente y Occidente».[24] Pero el énfasis de la lista recaía sobre las cuestiones que se relacionaban con la existencia de un estado secular y pluralista. Esto puede verse en la siguiente selección de algunos de los errores condenados:

> 45) Todo el gobierno de las escuelas públicas donde se educa la juventud de cualquier estado cristiano [...] puede y debe entregarse al poder civil; y darse de tal modo, que no se reconozca el derecho de cualquier otra autoridad de inmiscuirse en la administración de las escuelas, la dirección de los estudios, la otorgación de grados, la selección o aprobación de maestros.

---

[22] Error 80.

[23] Error 13.

[24] Error 30.

47) La mejor constitución de la sociedad civil requiere que haya escuelas abiertas a niños de toda clase, y que las instituciones públicas que en general se dedican a enseñar la literatura y la ciencia y a proveer la educación de la juventud queden fuera de toda autoridad por parte de la iglesia...

55) La iglesia debe estar separada del estado, y el estado de la iglesia.

57) La ciencia de la filosofía y la moral, así como las leyes del estado, pueden y deben apartarse de la jurisdicción de la autoridad divina y eclesiástica...

57) En nuestro tiempo ya no resulta apropiado que la religión católica sea tratada como la única del estado, de tal modo que se excluya toda otra forma de adoración.

Pero el *Sílabo* no reflejaba la opinión de todos los católicos. En varias partes de Europa, pero especialmente en Francia y Gran Bretaña, había líderes católicos que se mostraban más abiertos hacia el mundo moderno y más dispuestos a trabajar dentro del contexto cada vez más pluralista de los tiempos modernos. El mejor conocido de ellos cuando se promulgó el *Sílabo* era John Henry Newman (1801-1890),[25] a quien ya hemos encontrado en nuestra discusión del movimiento de Oxford. Después de convertirse al catolicismo romano en 1845, Newman llegó a ser uno de los líderes católicos más respetados en Inglaterra —así como en Irlanda, donde sirvió como rector de la Universidad de Dublín por cuatro años—. Pero en 1858 surgió un conflicto entre él y Henry Edward Manning, otro miembro del movimiento de Oxford que se había convertido al catolicismo y que se había vuelto portavoz de la autoridad e infalibilidad del papa. Por tanto, las relaciones entre Newman y Roma eran ya tensas cuando el *Sílabo* fue publicado. Es muy probable que, de no haber sido porque vivía en un país protestante donde llevaba a cabo una importante labor apologética a favor del catolicismo romano, se le hubiera condenado. Dadas las condiciones del momento, Newman prácticamente hizo caso omiso del *Sílabo*, mientras

---

[25] L. Bouyer, *Newman: His Life and Spirituality* (Nueva York, 1958); C. F. Harrold, *John Henry Newman: An Expository and Critical Study of His Mind, Thought, and Art* (Hamden, Connecticut, 1966); M. Trevor, *Newman* (Garden City, Nueva York, 1962); J. H. Walgrave, *Newman the Theologian: The Nature of Belief and Doctrine as Exemplified in His Life and Works* (Nueva York, 1960); M. Misner, *Papacy and Development: Newman and the Primacy of the Pope* (Leiden, 1976); B. W. Martin, *John Henry Newman: His Life and Work* (Nueva York, 1982). Más referencias en: J. R. Griffin, *Newman: A Bibliography of Secondary Studies* (Front Royal, Virginia, 1980).

que Roma hizo la vista gorda sobre sus tendencias liberales. Sus obras más importantes fueron: *Ensayo sobre el desarrollo de la doctrina, Apología pro vita sua* y *Gramática del asentimiento*. En la primera de estas obras trataba de mostrar que el dogma sí evoluciona —contrariamente a lo que decía la mayoría de los teólogos católicos romanos— pero que esa evolución tiene lugar bajo la dirección del Espíritu y es resultado apropiado de la fe cristiana original —como un árbol que crece de una semilla—. Tales opiniones, así como su oposición a la definición de la infalibilidad papal —doctrina que aceptó una vez que había sido definida— le ganó muchos enemigos entre los católicos romanos más tradicionales, pero fue reivindicado en 1879, cuando León XIII le hizo cardenal.

Hacia finales del siglo XIX y principios del XX, surgió una joven generación de eruditos católicos que también trataban de relacionar la fe católica con los tiempos modernos. Puesto que en ese momento la crítica bíblica e histórica en Alemania había evolucionado hasta llegar al escepticismo, las opiniones de estos jóvenes eruditos eran mucho más radicales que las de Newman, a veces cuestionando los orígenes históricos del cristianismo y atreviéndose a criticar el «medievalismo» que les parecía que prevalecía en la iglesia. Los católicos más tradicionales les dieron el nombre de «modernistas», y a principios del siglo XX sus opiniones, por fin, fueron condenadas.[26] En Italia, Antonio Fogazzaro expresó las ideas modernistas en obras de ficción; pero su novela más famosa, *El santo*, fue colocada en el índice de libros prohibidos en 1905. En Gran Bretaña, el barón Friedrich von Hügel (1852-1925) propugnaba el estudio crítico de las Escrituras y trató de reconciliar el catolicismo con la cultura moderna. Aunque nunca se le condenó, su influencia en los círculos católicos romanos fue limitada debido a la actitud negativa de los jefes de su iglesia, y, por tanto, tuvo mayor influencia entre los protestantes que entre sus correligionarios católicos. El jesuita George Tyrrell (1861-1909), amigo de von Hügel, no tuvo tan buena suerte. Tyrrell, un converso del anglicanismo con un aprecio profundo de la piedad y devoción católicas, estaba convencido de que el escolasticismo seco y dogmático de su tiempo no presentaba al catolicismo bajo su mejor aspecto. Pero sus intentos repetidos de darle un nuevo tono a la teología tuvieron por resultado que se le expulsara de

---

[26] R. Rivière, «Modernisme», *DTC*, X:2009-47; L. da Veiga Coutinho, *Tradition et histoire dans la controverse moderniste (1898-1910)* (Roma, 1954); A. J. Loeppert, *Modernism and the Vatican* (Cincinnati, 1912); M. Ranchetti, *The Catholic Modernists: A Study of the Religious Reform Movement, 1864-1907* (Londres, 1969); A. R. Vidler, *The Modernist Movement in the Roman Church: Its Origins and Outcome* (Cambridge, 1934). Una selección de textos: B. M. G. Reardon, ed., *Roman Catholic Modernism* (Londres, 1970); G. Daly, *Transcendence and Immanence: A Study in Catholic Modernism and Integralism* (Oxford, 1980); L. B. Gilkey, *Catholicism Confronts Modernity: A Protestant View* (Nueva York, 1975).

la orden de los jesuitas y, a la postre, se le excomulgara. En 1908, su libro *Medievalismo* mostraba ya su profunda amargura hacia una iglesia a la que tanto había amado pero que no estaba dispuesta a aceptar ese amor sin una rendición incondicional.

Sin embargo, fue en Francia donde el modernismo logró más adeptos. Su líder más importante en ese país fue Alfred Firmin Loisy (1857-1940).[27] Loisy fue un erudito bíblico e historiador que recibió la influencia de los estudios críticos alemanes. Desde el principio de su carrera fue visto con suspicacia por los elementos más conservadores en la Iglesia católica, que sospechaban que sus opiniones eran semejantes a las que Renan había expuesto en su obra racionalista *Vida de Jesús* (1863). Pero Loisy no era un racionalista en el sentido tradicional; creía que la constitución de la iglesia en su tiempo, y especialmente la misa, eran valiosas y debían conservarse. No andaba en pos de una religión universal o de un cristianismo natural al estilo de los racionalistas, sino que más bien trataba de librar a la fe católica de su tiempo de su vulnerabilidad a los estudios históricos. Esto puede verse en su respuesta al libro de Adolf Harnack, *La esencia del cristianismo*. En esa respuesta, bajo el título de *El evangelio y la iglesia* (1902), Loisy afirmaba que la cuestión de si Jesús quiso o no fundar una iglesia o instituir sacramentos no venía al caso. La esencia del cristianismo no se encuentra regresando a sus orígenes, sino examinando y viendo lo que ha venido a ser gracias a la dirección del Espíritu Santo. Aunque se oponía al historicismo radical de Harnack, este libro provocó la condenación inmediata de las autoridades eclesiásticas. Un año después varios de los escritos de Loisy aparecieron en el *Índice* de libros prohibidos. En 1908 fue excomulgado, pero ya para entonces se había vuelto uno de los escritores religiosos más leídos en Francia. Los treinta y un años que le quedaban de vida los pasó en la enseñanza, la escritura y la investigación de los orígenes del cristianismo, de los cultos de misterio, y de la historia del movimiento modernista. A pesar de su condenación, Loisy fue uno de los principales factores que le dieron a la Iglesia católica de Francia su carácter particularmente liberal.

En Loisy vemos encarnadas las principales características del movimiento modernista. La primera y más importante de ellas era el uso de los métodos críticos que los eruditos bíblicos y los historiadores protestantes habían desarrollado en Alemania. En este punto, es importante notar que

---

[27] La mejor introducción es la autobiografía de Loisy, *My Duel with the Vatican* (Nueva York, 1924). Véase también F. Heiler, *Der Vater des katholischen Modernismus: Alfred Loisy, 1857-1940* (Múnich1947); M. D. M. Petry, *Alfred Loisy: His Religious Significance* (Cambridge, 1944); A. H. Jones, *Independence and Exegesis: The Study of Early Christianity in the Work of Alfred Loisy (1857-1960), Charles Guignebert (1867-1939) and Maurice Goguel (1880-1955)* (Tubinga, 1983).

Loisy no trató de refutar el modo en que Harnack entendía los orígenes cristianos, sino únicamente de negar sus implicaciones para el catolicismo. Sus estudios posteriores sobre los evangelios y sobre las religiones mistéricas bebieron profundamente en la erudición alemana de su tiempo. En segundo lugar, Loisy y los modernistas —en contraste con la erudición liberal protestante— no creían que sus estudios históricos deberían llevarles a rechazar la forma presente de la fe cristiana, porque insistían en la obra del Espíritu que había dirigido la historia de la iglesia según el propósito y las metas de Dios. Por último, los modernistas concordaban con el liberalismo protestante al afirmar que hacía falta una nueva clase de teología, distinta de la ortodoxia tradicional —y ciertamente distinta del escolasticismo—. Esta nueva teología debía dirigirse a la práctica actual de la vida cristiana.

Los modernistas se llenaron de esperanzas cuando León XIII fue electo papa, puesto que se le conocía como hombre de estudios y respetuoso de la sólida erudición.[28] En 1893 León promulgó la encíclica *Providentissimus Deus*, que se declaraba a favor del uso de los descubrimientos modernos en los estudios de la Biblia, pero, al mismo tiempo, advertía contra los peligros del uso equivocado de tales descubrimientos.[29] Los modernistas vieron en esta encíclica cierta medida de apoyo por parte de la Santa Sede, mientras que los tradicionalistas la veían como una advertencia contra el modernismo. En años posteriores, según los tradicionalistas iban aumentando en poder, aumentó también la tendencia a interpretar *Providentissimus Deus* del modo más conservador posible. Pío X, quien sucedió a León, regresó a las posiciones abiertamente conservadoras de Pío IX. Siguiendo las directrices del papa, el Santo Oficio publicó en 1907 el decreto *Lamentabili*,[30] en el que se condenaban sesenta y siete proposiciones modernistas. Más tarde en el mismo año, Pío X confirmó esa condenación con su encíclica *Pascendi*.[31]

La ambigüedad de *Providentissimus Deus* acerca de la erudición crítica moderna refleja la actitud de León XIII hacia toda la gama de retos a que la iglesia tenía que enfrentarse. Luego, aunque no era en modo alguno un papa liberal, sí se le puede ver como un papa moderado e ilustrado, que trataba de encontrar modos en que la fe tradicional pudiese hablarles a los tiempos modernos, y, como un paréntesis entre los pontificados de Pío IX y Pío X, ya esto de por sí era un gran alivio. Su encíclica *Aeterni Patris* (1879) recomendaba el estudio de Tomás de Aquino, pero

---

[28] E. T. Gargan, ed., *Leo XIII and the Modern World* (Nueva York, 1961). En este volumen se incluyen varios estudios breves sobre diversos aspectos de la obra de León.

[29] *Denzinger*, 1941-53.

[30] *Ibid.*, 2001-65.

[31] *Ibid.*, 2071-109.

no recomendaba esto sencillamente como un intento simplista de regresar al pasado, sino más bien porque le parecía que la filosofía tomista brindaba la oportunidad de establecer relaciones entre la doctrina cristiana y la ciencia humana. Esto produjo un nuevo despertar en los estudios tomistas. Al abrir los archivos del Vaticano a la investigación histórica, León XIII también estimuló los estudios críticos de la historia cristiana. Su encíclica *Rerum Novarum* (1891)[32] marca un hito en la historia de las declaraciones eclesiásticas sobre la justicia social. En esa encíclica se defendía el derecho de los obreros —y los patronos— a organizarse, y se declaraba que un salario justo debería ser lo suficiente para permitirles a un obrero y su familia vivir con cierta comodidad. Practicando el ahorro, tal obrero debería ser capaz de comprar propiedad con su salario. La encíclica también afirmaba que el lugar propio de la mujer era el hogar, aunque esto no debe verse únicamente como un intento de limitar la actividad de las mujeres, sino también como un intento de estimular una legislación que las protegiese contra la explotación. La encíclica también afirmaba el derecho a la propiedad privada y a la herencia, con lo cual se oponía al socialismo que iba en aumento. Esta encíclica fue tan importante que 40 años más tarde el papa Pío XI, en *Quadragesimo anno*,[33] la aplicó a las nuevas condiciones de su tiempo, y Juan XXIII hizo lo mismo en el septuagésimo aniversario de su proclamación en su encíclica *Mater et magistra*.[34] Había, sin embargo, un aspecto del mundo moderno que León rechazaba tajantemente, al igual que los otros papas del siglo XIX. Este aspecto inaceptable era la idea del estado secular y pluralista. En su encíclica *Immortale Dei* (1885),[35] León afirmaba que el estado ideal era católico, declarando que el error y la verdad no tienen iguales derechos, y, por lo tanto, la tolerancia religiosa debía apoyarse únicamente en los países no católicos —y aun entonces como una necesidad para proteger a la iglesia, y no como algo bueno en sí mismo—. La libertad de conciencia debería existir únicamente para la verdad, y no para el error. Tal aseveración tuvo profundas repercusiones en Estados Unidos, donde aumentaba la inmigración católica, y donde muchos comenzaron a temer que si algún día los católicos llegaban a ocupar el poder tratarían de implementar el ideal del papa León de un estado católico. Pero, a la larga, el resultado fue todo lo contrario, puesto que la declaración sobre la libertad religiosa del Concilio Vaticano II (1965) se debió, en parte, a la influencia de los católicos de Estados

---

[32] *Denzinger*, 1938 a-d.

[33] *Ibid.*, 2253. Texto en *BAC*, 178:622-699.

[34] Texto en *BAC*, 178:1139-1251.

[35] *Denzinger*, 1866-88. Texto en *BAC*, 174:189-220.

Unidos, que habían experimentado personalmente la reacción negativa que las opiniones de León habían provocado.

Este breve resumen de la teología católica romana bastará para mostrar que el siglo XIX fue —aún más que el XVI— el más conservador de toda la historia del catolicismo romano. Frente a un mundo que cambiaba rápidamente, la Iglesia católica escogió, al menos oficialmente, formular un modo de entenderse a sí misma que reflejaba condiciones que ya no existían. En tiempos en que el escepticismo aumentaba y toda autoridad se cuestionaba, el papa fue declarado infalible. En tiempos en que se dudaba del nacimiento virginal de Jesús, el papa proclamó la inmaculada concepción de María. Europa se encontraba inundada de ideas nuevas y radicales, y la iglesia seguía contando con el *Índice* de libros prohibidos y con el Santo Oficio para combatir esas ideas. Cuando aparecieron las formas modernas de la investigación crítica, Roma condenó a quienes trataron de relacionarlas con las cuestiones religiosas. Todo esto justifica, en cierta medida, la opinión común entre los protestantes de que la Iglesia católica era una de las fuerzas más reaccionarias en todo el mundo.

Y, sin embargo, las mismas condenaciones oficiales son testimonio de que el conservadurismo oficial de la iglesia no era universal, y que había todavía en ella mucho vigor intelectual. Condenaciones tan fuertes e insistentes se hacen necesarias únicamente cuando se dirigen a opiniones que ya existen dentro de la iglesia. Como hemos visto, tales opiniones estaban ciertamente presentes en diversos círculos católicos. Es sobre ese trasfondo que debemos entender los cambios dramáticos producidos por Juan XXIII y el Concilio Vaticano II.

50

La teología oriental tras la caída de Constantinopla

Las circunstancias en que la mayor parte del cristianismo oriental se encontró tras la caída de Constantinopla (1453) no eran aptas para producir gran originalidad teológica. La expansión turca no cesó con la caída de la antigua sede patriarcal, sino que siguió hasta conquistar Grecia e invadir Europa hasta las puertas mismas de Viena. Esa expansión iba unida a un gran celo por el islam, y, como resultado, se les plantearon serias dificultades a las iglesias en los territorios conquistados. Aunque los cristianos estaban exentos de toda política de conversión forzada por ser un «pueblo del Libro», los turcos les colocaron bajo tal presión que muchos abandonaron su fe para seguir al Profeta.[1] Frecuentemente el patriarca de Constantinopla se volvió poco más que un oficial cuya principal función era servir de vínculo entre el sultán y sus súbditos cristianos. La única iglesia oriental que pudo continuar existiendo bajo un poder político favorable fue la Iglesia ortodoxa rusa.

Las demás iglesias orientales, ahora separadas todavía más de la iglesia occidental, continuaron el proceso de lenta decadencia que ya había comenzado en la Edad Media.

---

[1] Ciertamente la medida más dolorosa y humillante que tomaron los turcos contra los cristianos fue la práctica de escoger a los niños cristianos más prometedores, arrancarlos de sus hogares y criarlos de tal modo que vinieran a ser miembros del cuerpo selecto y fanático de soldados musulmanes conocido como jenízaros.

La teología en la Iglesia ortodoxa griega

De igual modo que antes, el factor dominante en la teología griega fue la cuestión de las relaciones con Occidente. Dada la decadencia general de la mayor parte de las escuelas teológicas en Asia Menor y Grecia tras las conquistas turcas, muchos teólogos griegos estudiaban en Occidente. Puesto que Occidente estuvo profundamente dividido durante los siglos XVI y XVII por el conflicto entre protestantes y católicos, esa controversia y todos los temas que se relacionaban con ella fueron trasplantados a la iglesia griega. Más tarde, cuando los retos del racionalismo y de la relación entre la ciencia y la teología vinieron a ocupar la atención en el oeste, una vez más, esas cuestiones fueron introducidas en Oriente. Por lo tanto, aunque hubo otras cuestiones que se discutieron en la Iglesia griega, las dos que cobraron mayor importancia fueron, en primer lugar, el debate sobre la actitud que debía tomarse ante la Reforma protestante, y, después, las cuestiones planteadas por la nueva ciencia.[2] Puesto que el primero de esos dos temas se hizo crítico durante el patriarcado de Cirilo Lucaris, lo discutiremos centrando nuestra atención en la teología y carrera de ese patriarca, añadiéndole luego algo sobre el resultado final de la controversia. Después, nos ocuparemos de la influencia de la filosofía y la ciencia modernas sobre la teología griega y de la respuesta de quienes se oponían a esa influencia.

Es posible que Cirilo Lucaris (1572-1638)[3] haya aprendido su oposición a todo lo que pudiera parecer católico romano de su amigo y maestro Melecio Pegas (*ca.* 1537-1601), patriarca de Alejandría, quien escribió contra los católicos romanos un tratado *Sobre la verdadera iglesia católica y su verdadera cabeza.* Mientras estudiaba en Italia, y especialmente cuando más tarde fue enviado en una misión a Polonia, Cirilo tuvo sus primeros contactos con el catolicismo romano. En Polonia el catolicismo romano se abría paso entre los ortodoxos orientales, y el príncipe Constantino de Ostrog trataba de detener esa corriente favoreciendo tanto a la ortodoxia oriental como al protestantismo. Lucaris apoyó la política del príncipe hasta tal punto que se le acusó de ser calvinista, y en 1601 produjo

---

[2] También hubo discusiones sobre otros temas más tradicionales, pero en tales discusiones no se reflejó el mismo nivel de originalidad. Así, por ejemplo, Dositeo de Jerusalén (+1707) y Melecio de Atenas (+1714) escribieron tratados históricos, mientras Nicodemo Hagioreites produjo un despertar del hesicasmo. A principios del siglo XIX, la cuestión de la independencia eclesiástica de Grecia de la sede de Constantinopla fue debatida por Constantino Economos y Teocleto Farmaquides, a quienes estudiaremos en otro contexto. B. K. Stephanides, *Ekklesiastike Historia* (Atenas, 1959), pp. 769-70.

[3] G. A. Chatzeantoniou, *Protestant Patriarch: The Life of Cyril Lucaris* (Richmond, Virginia, 1961); Germanos de Thyateira, *Kyrillos Lucaris, 1572-1638: A Struggle for Preponderance between Protestant and Catholic Powers in the Orthodox East* (Londres, 1951).

una confesión de fe en la que rechazaba tales acusaciones —acusaciones que, como los acontecimientos posteriores mostrarían, probablemente no carecían de fundamento—.[4] En 1602, tras regresar a Egipto, Lucaris vino a ser patriarca de Alejandría, y en 1620 fue ascendido a la sede de Constantinopla. Mientras estaba en Alejandría, su política consistió en tratar de fortalecer la influencia protestante dentro de la iglesia oriental a fin de promover cierta medida de reforma y, al mismo tiempo, limitar la influencia católica. Por lo tanto, su elevación a la sede de Constantinopla tenía el apoyo de los embajadores británico y holandés ante la corte del sultán y la oposición de los franceses, venecianos y austríacos. Las intrigas que resultaron de todo esto le costaron a Lucaris tanto su sede como su libertad, pues fue depuesto y enviado encadenado a Rodas —según el embajador francés, a fin de que allí tuviera tiempo suficiente de estudiar la *Institución* de Calvino—. Pero pronto fue restaurado a su sede, gracias al apoyo leal de buena parte del clero, a su propia habilidad política y a la intervención del embajador holandés.

Fue durante este segundo período como patriarca de Constantinopla que Lucaris publicó su famosa *Confesión de fe* (1629), que causó gran furor tanto en Oriente como en Occidente. Ciertamente, no era cosa de todos los días el que un patriarca de Constantinopla publicase una confesión de fe calvinista, y esto era precisamente lo que muchos decían que Lucaris había hecho. En esa confesión, Lucaris afirmaba que la autoridad de las Escrituras se encuentra por encima de la tradición, puesto que esta puede errar mientras que la palabra del Espíritu Santo a través de las Escrituras es infalible. Según las Escrituras, Dios ha predestinado a algunos a salvación y a otros a condenación eterna, y esto lo ha hecho no a base de la presciencia divina de las acciones futuras, sino a base de un decreto totalmente soberano de la gracia inmerecida de Dios. Aunque Lucaris no rechaza explícitamente la intercesión de los santos, sí afirma que Jesucristo es «nuestro único mediador», y la única cabeza de la iglesia. La justificación tiene lugar mediante la sola fe, puesto que la única base de la salvación es la justicia de Cristo, que se les atribuye a quienes se arrepienten. Pero aun este arrepentimiento no es el resultado de la libre voluntad humana —que ya no existe en quienes no han sido regenerados— sino de la predestinación. Hay solamente dos sacramentos: el bautismo y la comunión. En esta última, Cristo se encuentra verdaderamente presente, pero de tal modo que los fieles le comen «no con los dientes, sino con las facultades de sus almas». Por último, aunque el arte de quienes producen

---

[4] Algunos autores afirman que durante esta época Lucaris visitó Wittenberg y Ginebra, pero la investigación moderna no parece apoyar tal suposición.

imágenes religiosas es digno de encomio, el culto que se les rinde a tales imágenes debe rechazarse como superstición.

Tras la publicación de la *Confesión*, las intrigas alrededor del trono patriarcal se acrecentaron. Cirilo fue depuesto y vuelto a colocar en la sede varias veces —en total subió al trono patriarcal siete veces— hasta que fue asesinado en 1638. Su sucesor —quien, juntamente con las autoridades turcas, algunos embajadores occidentales, y quizá hasta algunos jesuitas, había sido responsable de su muerte— inmediatamente convocó un sínodo que condenó a Lucaris y sus enseñanzas. El nuevo patriarca, entonces, firmó una confesión de fe que la iglesia romana le presentó. Sin embargo, con esto no terminó toda la cuestión, puesto que el nuevo patriarca pronto fue asesinado y hubo quien comenzó a venerar a Lucaris como mártir (aunque también se comenzaba a decir que su famosa *Confesión* era espuria, y que él nunca había sostenido tales opiniones). Por último, un sínodo que se reunió en Jerusalén en 1672 condenó a Lucaris, aunque aclarando que esa condenación era válida solamente «si Lucaris fue verdaderamente un hereje calvinista».

El otro punto en que resultaba claro que Occidente tenía enorme impacto sobre el cristianismo oriental fue la cuestión de la relación entre la teología por una parte y la nueva filosofía y la nueva ciencia por otra. Hacia fines del siglo XVIII, Eugenio Bulgaris (1717-1806) introdujo la nueva filosofía dentro del ámbito de la iglesia griega al exponer las opiniones de Descartes, Locke y Leibniz.[5] Sin embargo, se vio obligado a abandonar su cátedra en el Monte Atos, porque los conservadores que entonces dominaban la vida de su iglesia no veían sus doctrinas con simpatía. Fue entonces a Rusia, invitado por Catalina la Grande. Allí llegó a ser arzobispo y miembro de la Academia imperial. Nicéforo Theotokis (1736-1800)[6] tuvo ideas semejantes y una carrera paralela a la de Bulgaris, puesto que él también pasó los últimos años de su vida en Rusia —que en esa época se mostraba más abierta hacia las nuevas ideas que venían Occidente—.

El debate llegó a su culminación en el siglo XIX, en el encuentro entre Constantino Economos y Teocleto Farmaquides.[7] Economos estaba convencido de que toda la enseñanza tradicional ha de ser sostenida, de modo que el error no penetre en la iglesia y subvierta todo el edificio de la fe. En su obra en cuatro volúmenes, *Sobre los setenta traductores del Antiguo Testamento*, defendía las leyendas sobre el origen de la Septuaginta, con lo cual se probaba su inspiración. Poner en dudas tales leyendas sería lo

[5] A. Palmieri, «Bulgaris, Eugène», *DTC*, 2:1236-44.
[6] V. Grumel, «Nicéphore Theotokis», *DTC*, 11:467-70.
[7] Stephanides, *Ekklesiastike*, pp. 772-73.

mismo que dudar de la inspiración de la Escritura misma, puesto que la Septuaginta, que la iglesia griega ha usado a través de los siglos, ha de ser tenida por inspirada por Dios. Como corolario de ello, también se opuso a la traducción de la Septuaginta al griego moderno. Igualmente, rechazó todo intento de abreviar la liturgia y la opinión de quienes sostenían que, ahora que Grecia se había independizado de Turquía, la iglesia en el nuevo país debía ser independiente del patriarcado de Constantinopla —que, después de todo, era ahora una ciudad turca—.

Farmaquides, quien había estudiado teología en Göttingen, se oponía a Economos en todos estos puntos. Estableció una distinción entre la tradición auténtica y la que no es más que adiciones posteriores carentes de todo fundamento. El modo en que se ha de determinar si una opinión o práctica cualquiera es parte de la tradición auténtica es la investigación histórica científica. Tal investigación no ha de ser obstaculizada *a priori* por los dictados de la opinión común, porque en tal caso se corre el riesgo de sostener una falsa tradición. La Septuaginta no fue inspirada divinamente, aunque Dios sí la ha usado para hablarle a la iglesia. Por ello, la iglesia moderna está tan justificada al traducir la Escritura al griego moderno como lo estuvo la antigua al usar la Septuaginta. Dadas las circunstancias presentes y la presión del tiempo en el mundo moderno, la liturgia debería abreviarse. Por último, puesto que Grecia era ahora un país independiente de Turquía, la iglesia en la nueva nación debería reflejar esas circunstancias independizándose del patriarcado de Constantinopla.

No todos los puntos que se debatían entre Economos y Farmaquides se resolvieron inmediatamente. La nueva situación política de Grecia, y sus contactos crecientes con Occidente, tendían a favorecer el programa de renovación propuesto por Farmaquides. Pero la iglesia era lo suficientemente conservadora como para hacer que Farmaquides fuese transferido de la facultad de teología a la de filosofía. A la larga, aunque lentamente, la nueva cosmovisión científica y las corrientes filosóficas occidentales de los siglos XIX y XX fueron generalmente aceptadas por la teología griega.

La teología rusa[8]

Como ya hemos dicho anteriormente,[9] la iglesia rusa había quedado técnicamente unida con Roma en el Concilio de Florencia. El modo en que

---

[8] En toda esta sección, seguimos el excelente artículo de J. Ledity M. Gordillo, «Russie (Pensée religieuse)», *DTC*, XIV:207-371. También han sido útiles F. C. Conybeare, *Russian Dissenters* (Nueva York, 1962), y S. Bolshakoff, *Russian Nonconformity* (Filadelfia, 1950).

[9] Puesto que en aquel tiempo la iglesia rusa estaba bajo el patriarcado de Constantinopla, técnicamente la unión con Roma tuvo lugar cuando Constantinopla accedió a ella. Sin

esto tuvo lugar, sin embargo, fue sencillamente que en esa época el metropolitano de Moscú era un griego nombrado por las autoridades constanti-
nopolitanas precisamente para que favoreciera la unión que se propondría
en Florencia —una unión que era de suma importancia política para los
griegos ante la amenaza turca a Constantinopla—. Pero cuando el nuevo
metropolitano y su corte llegaron a Moscú los rusos rechazaron lo que se
había hecho en Florencia. El hecho de que el patriarca de Constantinopla
había firmado un documento de unión con Roma hizo a los griegos pensar
que la iglesia griega había caído y que ahora Rusia era la guardiana de la
ortodoxia. Tales sentimientos aumentaron tras la caída de Constantinopla
en 1453. La segunda Roma, al igual que la primera, había caído en el
error y por lo tanto había sido entregada al infiel. La antorcha de la ortodoxia pasaba ahora a la tercera Roma, Moscú. A principios del siglo XVI
el monje Filoteo de Pskov desarrolló esta teoría colocándola dentro del
amplio marco de la historia universal con el propósito de mostrar, entre
otras cosas, que Constantino había transferido la autoridad de Roma a
Constantinopla antes de que la vieja ciudad cayera en manos de los bárbaros y ahora era la tarea de Rusia transferirla a Moscú. En 1547, Iván tomó
el título de «Zar», la forma rusa de la palabra «César», con lo cual afirmaba
ser el sucesor de los viejos césares de Roma y Constantinopla. Por último,
en 1596 el metropolitano de Moscú tomó el título de patriarca. Este modo
de ver su propio destino histórico fue uno de los factores más importantes
en la vida de la Iglesia ortodoxa rusa por siglos. Pero, es importante señalar que en los argumentos que se aducían en apoyo de tal teoría el Imperio
ocupaba un lugar más importante que la iglesia. Moscú es la tercera Roma
en virtud de su emperador. La ortodoxia ciertamente es importante, puesto
que la tarea de esta tercera Roma consiste en defenderla. Pero el baluarte
de la ortodoxia es el emperador y se dice poco del patriarca. Como resultado de esta teoría, así como también debido a circunstancias políticas y al
precedente de Constantinopla, las relaciones entre la iglesia y el estado en
Rusia pronto conllevarían un alto grado de cesaropapismo.

En nuestro breve resumen del curso de la teología rusa durante la Edad
Moderna, comenzaremos examinando la cuestión de las relaciones con
otros cristianos, que parece haber dominado los siglos XVI y XVII. Después, con el establecimiento de nuevas escuelas teológicas en el siglo
XVIII, veremos a la teología rusa tomar un rumbo más independiente.

Aunque la iglesia rusa siempre había producido buen número de escritos polémicos anticatólicos, el tema de las relaciones con el catolicismo
romano se volvió crucial durante el interregno entre el fin de la dinastía

---

embargo, dada la importancia de la iglesia rusa, tanto los griegos como los latinos tenían
interés en que el metropolitano de Moscú aceptara la unión.

Ruriquida y el advenimiento de los Romanovs (1598-1613). Durante ese período los polacos se involucraron en las guerras de sucesión, tratando de colocar a sus propias criaturas en el trono moscovita. Por último, tomaron Moscú y nombraron zar al hijo del rey Segismundo de Polonia. Con los polacos vinieron los católicos romanos, y especialmente los jesuitas, cuyos intentos de unir a la iglesia rusa con Occidente y de imponer las prácticas occidentales en el país fueron fuertemente resistidos por la población. El pretendiente polaco a la corona de los zares nunca tomó posesión, puesto que una insurrección dirigida por monjes rusos expulsó a los polacos de Moscú y colocó a Miguel Romanov en el trono de los zares (1613), con lo cual terminó el período de anarquía que había dejado a Rusia a la merced de sus vecinos.

La reacción contra el catolicismo no se hizo esperar. Un sínodo reunido en 1620 declaró que los romanos eran herejes cuyo bautismo no era válido. También se dijo que los romanos subvertían la Trinidad al incluir el *filioque* en el Credo. Con tal inclusión, afirmaban que había dos principios independientes en la Trinidad. Tal cosa es ciertamente el pecado contra el Espíritu Santo, que Jesús dijo que no se perdonaría. Los romanos eran además judaizantes, puesto que ayunaban los sábados; y montanistas porque rechazaban el matrimonio y tomaban concubinas. Habían cambiado la fecha de la celebración de la Pascua, y a la manera de los maniqueos determinaban esa fecha mediante la observación de los astros —y a veces hasta llegaban al extremo de celebrarla el mismo día de la pascua judía [!]—. Bautizaban por infusión en lugar de inmersión, no requerían que se hiciera penitencia antes de la absolución, y celebraban la comunión con pan sin levadura, al estilo judío. Por tanto, quien quisiera unirse a la verdadera iglesia ortodoxa y hubiera sido bautizado en tales herejías occidentales debía volver a bautizarse y rechazar todos esos errores mediante una serie de maldiciones contra el emperador de Occidente, contra una larga lista de papas, contra el *filioque*, contra el pan sin levadura, contra la autorización para que los sacerdotes tuvieran siete concubinas [!], etc.

Rusia se había vuelto ahora la guardiana de la verdadera fe, y en su nuevo papel sencillamente dio por sentado que todos los demás eran herejes de la peor clase, y estaba dispuesta a creer cualquier acusación que se hiciera contra otros cristianos sin siquiera ocuparse de indagar si era cierta o no. Tal aislamiento fue el precio que tuvo que pagar al pretender ser la tercera Roma. Durante los primeros años de la Reforma protestante, el protestantismo penetró en algunas de las provincias occidentales de Rusia, pero no fue tema ampliamente discutido en esa iglesia. A pesar de ello, ya durante la primera mitad del siglo XVI Máximo el Griego —cuyo origen puede haber sido una de las razones por las que se interesaba por asuntos fuera de Rusia— escribió un *Discurso contra Lutero el iconoclasta*, y otra obra *Contra quienes blasfeman contra la purísima madre de Dios*.

En la segunda mitad del siglo, ya había una iglesia protestante en Moscú, aunque sus miembros eran mayormente mercaderes alemanes residentes en la ciudad. Es interesante notar que la obra más importante de polémica contra el protestantismo durante esta época fue escrita por Iván el Terrible. Iván había seguido una política relativamente tolerante hacia los protestantes, lo cual había llevado al moravo Juan Rokita a tratar de convertirle. Con ese propósito pidió una entrevista con Iván, quien se la concedió al mismo tiempo que le garantizó que no le castigaría por expresar sus opiniones. En esa entrevista, las opiniones de Rokita despertaron la ira de Iván, quien produjo entonces una violenta *Respuesta del rey* en la que defendía el cristianismo ortodoxo con una combinación de ataques al protestantismo y de citas bíblicas. Pero, a pesar de su fama y de su ira, Iván no tomó venganza contra Rokita, sino que sencillamente le prohibió enseñar tales herejías dentro de su territorio.

En 1620, el mismo sínodo que estableció los principios para el bautismo de los católicos romanos convertidos a la ortodoxia también estableció principios semejantes para los protestantes. Esto fue parte de una reacción contra los intentos de Suecia de llevar su fe y su influencia a varias provincias rusas durante los desórdenes que tuvieron lugar entre 1598 y 1613. También en este caso se afirmó que el bautismo protestante carecía de valor, y se dieron instrucciones para que los protestantes convertidos a la ortodoxia repudiaran sus errores. Como en el caso de los católicos romanos, el sínodo parece haber tenido información muy poco exacta en cuanto a lo que en verdad creían y practicaban los protestantes.

En ese mismo siglo, Simeón de Polock, un monje de Kiev que había abierto una escuela en Moscú, escribió una serie de obras contra el protestantismo. Simeón había estudiado en Polonia, donde había recibido tal influencia del escolasticismo católico que más tarde se le acusó de ser seguidor secreto del papa. Aunque tales acusaciones eran falsas y siempre fue fiel miembro de la ortodoxia rusa, sí es cierto que sintió gran estima por el catolicismo romano, contra el cual nunca escribió. Dada su fuerte tendencia hacia el escolasticismo católico, la mayor parte de sus argumentos contra los protestantes eran tomados de los latinos, y, por lo tanto, no deben considerarse como verdaderos representantes de la teología rusa de su época.

La próxima etapa en la polémica antiprotestante tuvo lugar cuando el príncipe Valdemar de Dinamarca fue a Moscú para casarse con la princesa Irene Mikhailov-na. Aunque se le había prometido al príncipe Danés que se le permitiría guardar su fe protestante, tan pronto como llegó a Moscú se le pidió que se hiciera ortodoxo. Se negó, diciéndole al zar que estaba dispuesto a verter su sangre por él, pero que no abandonaría su fe protestante. El príncipe recibió entonces una carta del patriarca —en realidad escrita por el sacerdote Iván Nasedka— en la que trataba de mostrarle las varias razones por las que la ortodoxia rusa era el cristianismo verdadero. Valdemar le pidió a su pastor, Mateo Velhaber, que contestara, y con ello comenzó una serie de debates y negociaciones teológicas que a la postre llevaron al regreso de Valdemar a su país natal. Pero lo que es significativo en toda esta controversia es el punto hasta el cual un teólogo como Nasedka —y el patriarca junto a él— estaba dispuesto a llegar para refutar las opiniones protestantes. En una de sus cartas, Nasedka llega a afirmar que los «Padres» de la iglesia habían sido tan inspirados como los apóstoles al escribir el Nuevo Testamento y que, por lo tanto, sus enseñanzas deberían ser recibidas con la misma autoridad con que se reciben las de la Biblia. Más adelante le añade a lo dicho sobre las enseñanzas de los «Padres» las tradiciones orales de la iglesia. Aunque no llega al punto de decir que toda la tradición oral tiene una autoridad igual a la de la Escritura, tal parece ser lo que sus argumentos implican.

Una vez más, como verdadera guardiana de la fe, la teología rusa se había colocado en una posición tal que se le hacía difícil —y hasta imposible— servir para la renovación de la iglesia. La opinión según la cual las Escrituras, los «Padres» y la tradición oral tienen todos una autoridad igualmente infalible, dificultaría mucho el que la Iglesia ortodoxa rusa reconociera sus errores, ni siquiera en las cuestiones más nimias. Tal fue el caso cuando, dentro de un contexto distinto, el patriarca Nikon trató de reformar la liturgia.

Cuando Nikon (1605-1681) fue hecho patriarca de Moscú en 1652, Rusia pasaba por un período floreciente en el que aumentaba su poder político. Esto parecía confirmar la tesis según la cual Moscú era la tercera Roma, que debería guiar a la ortodoxia oriental. Pero había una contradicción implícita en tal idea, puesto que la noción misma de la tercera Roma se basaba en la teoría de que Constantinopla había errado y caído; y mientras Moscú insistiera en tal opinión negativa sobre la Iglesia griega, esta no aceptaría la nueva posición de autoridad de los rusos. El zar Alexis llegó a soñar con reconquistar Constantinopla para la cristiandad y así celebrar una vez más la eucaristía en Santa Sofía, en una gran acción de gracias en la que se unirían los cinco patriarcas. Uno de los primeros pasos hacia esa meta tendría que ser ganarse la confianza de otros cristianos orientales. Tal cosa no podría lograrse mientras la Iglesia rusa continuase actuando como si todo el resto de la cristiandad se hubiese vuelto hereje. Por tanto, había consideraciones políticas tras la orden dictada por el patriarca Nikon: que se modificara la liturgia rusa de tal modo que concordara con las prácticas de los griegos.

También la oposición que surgió frente a las órdenes de Nikon tenía fuertes motivaciones políticas y sociales. La recia ortodoxia de los monjes y de las clases bajas había ayudado a Rusia a salir del período de anarquía y de invasiones extranjeras. Como resultado, la ortodoxia se había vuelto el centro de cristalización para las clases bajas y para su patriotismo ruso. Tales clases sospechaban que la aristocracia estaba a favor de la misma influencia foránea contra la que habían luchado y vencido. El hecho de que Nikon, hijo de un herrero, hubiera llegado a ser patriarca, era símbolo de la nueva Rusia que nacía. Pero ahora, el mismo Nikon parecía haberse dejado corromper por el poder y abandonaba la fe que le había ganado a Rusia su libertad. Moscú, la tercera Roma, no debía estar buscando el modo de congraciarse con la caída de Constantinopla y con sus dignatarios materialmente ricos, pero moralmente en bancarrota. Que sea Constantinopla la que ajuste su liturgia a la de Moscú, y de ese modo se acerque a la verdad.[10]

Quienes se oponían a las reformas de Nikon pronto llegaron a ser un partido fuerte y numeroso que tomó el nombre de «viejos creyentes» —o también Staroveri y Raskolniks—. Su jefe era el monje Avvacum, quien tenía a su favor el hecho de que había sido exiliado a Siberia y llevaba, por tanto, la aureola del martirio.[11] Una sesión del Gran Consejo de Moscú que tuvo lugar en 1666-67 los condenó, y le pidió a Simeón de Polock—el mismo a quien ya hemos discutido debido a su oposición al protestantismo— que escribiera la refutación oficial de la iglesia contra los *viejos creyentes*. Puesto que la influencia del catolicismo romano sobre Simeón era marcada, su obra no tuvo otro resultado que exacerbar la oposición. Se recurrió entonces a la fuerza armada. Un monasterio resistió varios meses de sitio y, cuando finalmente cayó, los monjes fueron asesinados. Muchos de los *viejos creyentes* se volvieron entonces hacia una expectación escatológica férvida. Estos eran los últimos tiempos de la gran apostasía, puesto que hasta la tercera Roma había sucumbido a la herejía. En tales tiempos postreros era mejor morir que someterse al Anticristo. Por tanto, millares se suicidaron. Otros dentro del movimiento condenaban tales prácticas. Desde su exilio, Avvacum comenzó a enseñar extrañas doctrinas trinitarias, lo cual produjo mayor confusión. Sin embargo, todo esto se fue olvidando poco a poco, según fueron desapareciendo los grupos más extremistas. Fue entonces la cuestión del sacerdocio la que produjo división entre los *viejos creyentes*. Algunos de ellos aceptaban a los sacerdotes que les llegaban de la iglesia del patriarca, mientras los otros sencillamente decidieron que no era necesario tener sacerdotes. Los

---

[10] Al menos en este punto, la resistencia contra Nikon era correcta, puesto que la influencia romana sobre Bizancio había llevado a los griegos a introducir una serie de cambios litúrgicos, y, por tanto, en el siglo XVII la liturgia rusa se acercaba más que la griega al antiguo ritual bizantino del siglo XI. N. Zernov, *Cristianismo oriental: Orígenes y desarrollo de la Iglesia Ortodoxa Oriental* (Madrid, 1962), p. 171.

[11] J. Harrison y H. Mirrlees, trads., *The Life of the Archpriest Avvakum, by Himself* (Hamden, Connecticut, 1963).

primeros se llamaban Popovtsy y los segundos, Bezpopovtsy, es decir, sin sacerdotes. Puesto que los Bezpopovtsy continuaron dividiéndose por diversas razones, los *viejos creyentes*que han perdurado hasta el día de hoy pertenecen a la rama de los Popovtsy.

La influencia occidental sobre la iglesia rusa aumentó con el advenimiento al trono de Pedro el Grande (1682), quien pensaba que Rusia era tierra bárbara que necesitaba mayores contactos con lo que él creía era el mundo más civilizado de Occidente. Puesto que Pedro abolió el patriarcado y colocó en su lugar un «Santo Sínodo» creado por él, el impacto de sus políticas sobre la iglesia fue decisivo. Pedro mismo favorecía mayores contactos con los católicos romanos, y, por lo, tanto buena parte de la teología rusa durante su reinado e inmediatamente después fue dominada por quienes, al mismo tiempo que seguían siendo ortodoxos rusos, derivaban buena parte de su inspiración de la teología católica romana. Esta orientación teológica se relacionaba estrechamente con los nombres de Pedro Mogila y de la Escuela de Kiev. Frente a ellos, Teófanes Prokopovic y sus seguidores trataban de acercar la teología rusa al protestantismo. La escuela de Prokopovic llegó a su cenit a principios del siglo XIX. Fue entonces cuando surgió una reacción cuyo propósito era volver a las fuentes tradicionales rusas y ortodoxas.

Consideremos por un momento cada uno de estos movimientos por separado. Aunque había existido una escuela teológica en Kiev desde antes, fue Pedro Mogila (1596-1646)[12] quien le dio su orientación característica. Mogila era un hombre de fina erudición, quien había estudiado y admiraba a los escolásticos latinos, pero que, sin embargo, se oponía a los esfuerzos que hacían entonces los católicos romanos por colocar Ucrania bajo la obediencia al papa. En 1633 llegó a ser metropolitano de Kiev, y entonces tomó medidas para asegurarse de que su clero tuviese la mejor educación posible. Puesto que a la sazón la reacción anticatólica en Rusia llegaba a su clímax, Mogila no tuvo gran impacto inmediato sobre la teología de Moscú. Su *Confesión ortodoxa de la iglesia oriental católica y apostólica* fue aceptada por los patriarcas de Constantinopla, Jerusalén, Alejandría y Antioquía, y fue una de las principales fuentes de la influencia latina sobre Oriente. Su impacto sobre la teología rusa aumentó en tiempos de Pedro el Grande, y se extendió a través de todo el siglo XVIII.

Mogila y la escuela de Kiev se adherían estrictamente a las posiciones tradicionales de la ortodoxia rusa, pero en todo lo que todavía podía discutirse tomaban la posición del catolicismo romano. Su estilo y su método teológico eran tomados de los escolásticos latinos del Medioevo. Sostenían

---

[12] M. Jugie, «Moghila, Pierre», *DTC*, 10:2063-81.

la inmaculada concepción de María, la cual, aunque todavía no había sido declarada dogma de la iglesia, gozaba cada vez de mayor popularidad en Occidente. Sobre la cuestión de cuándo tiene lugar la transubstanciación, rechazaban la opinión griega según la cual tiene lugar al momento de la epiclesis —es decir, la oración en la que se invoca la presencia del Espíritu Santo— y concordaban con los romanos en que tiene lugar con las palabras de institución. Por último, afirmaban la existencia del purgatorio —teoría que no era común entre los ortodoxos orientales de la época—. Por tanto, los únicos dos puntos fundamentales en los que la escuela de Kiev no estaba dispuesta a aceptar las posiciones romanas eran la supremacía del papa y la procesión del Espíritu —el *filioque*—.

Durante el reinado de Pedro el Grande, cuando la teología de Kiev estaba en su apogeo, comenzaba a surgir otra escuela teológica que pronto se enfrentaría a la de Kiev. Esta otra escuela, bajo la dirección de Teófanes Prokopovic y predominante en Kiev, también buscaba su inspiración teológica en Occidente, pero la encontraba entre los teólogos protestantes más que entre los católicos. Prokopovic creía que el peso de la tradición sobre la Iglesia rusa era demasiado oneroso, y que esa tradición incluía muchos elementos de origen dudoso. Por tanto, era necesario volver a las Escrituras a fin de encontrar en ellas la doctrina cristiana más pura. Aunque citaba frecuentemente a los antiguos escritores cristianos y sus enseñanzas, lo hacía de modo semejante al de Lutero o Calvino, sin afirmar nunca —ni siquiera implicar— que su autoridad se comparaba a la de las Escrituras. Puesto que era fiel ortodoxo ruso, rechazaba las opiniones protestantes sobre la eucaristía, e insistía sobre la veneración a las imágenes y la procesión del Espíritu únicamente del Padre (en otras palabras: rechazaba el *filioque*). Pero en cuestiones tales como la justificación, la naturaleza de las buenas obras, el canon del Antiguo Testamento, la predestinación y el libre albedrío sus opiniones claramente se acercaban a las de los protestantes. Para el año 1715, sus doctrinas habían logrado tal penetración en la teología rusa que se hacían sentir hasta en la escuela de Kiev donde Mogila había enseñado. Veinticinco años más tarde, el prokopoviciano Platón Lefsin fue hecho metropolitano de Moscú. Por ese entonces, Catalina II ocupaba el trono de los zares —que se encontraba entonces en San Petersburgo— y sus esfuerzos de promover los contactos entre Rusia y el resto del mundo tendían a fortalecer la posición de los prokopovicianos.

El principio del siglo XIX vio el apogeo de la influencia prokopoviciana sobre la Iglesia rusa. Juntamente con las ideas protestantes, entraban en Rusia la filosofía de la Ilustración y el Romanticismo. Al principio, todas estas nuevas ideas sobrecogieron a los rusos, quienes parecían pensar que su país debía «modernizarse» al estilo occidental. Pero ya a mediados de siglo había surgido una fuerte reacción. Esta reacción tomó dos formas distintas: el regreso a las viejas fuentes del cristianismo ruso y el intento de descubrir —dentro del marco del idealismo filosófico— lo que quería decir ser ruso.

El regreso a las fuentes del cristianismo ruso tomó la forma de la investigación histórica, la publicación de documentos e historias de la iglesia, e intentos de desarrollar una teología que se acercara más a la que había existido en Rusia antes del tiempo de Pedro el Grande y de la gran influencia occidental. Este movimiento produjo muchos manuales de teología y de historia eclesiástica, pero ningún teólogo distinguido.

El intento de aplicarle las categorías del idealismo a la cuestión de la identidad rusa dio origen al movimiento eslavófilo. Su principal portavoz fue Alexis Khomyakov,[13] quien había recibido una profunda influencia de Hegel y Schelling. Khomyakov se dedicó a desarrollar un modo de ver la eclesiología rusa tradicional que mostrara que en ella se encontraba la síntesis entre la tesis católica romana y la antítesis protestante. Los católicos romanos y la escuela de Kiev subrayan la unidad de la iglesia, mientras los protestantes y prokopovicianos subrayan la libertad que el evangelio requiere. La verdadera visión ortodoxa de la *sobornost* (catolicidad) incluye ambos elementos en una síntesis perfecta. Los protestantes tienen libertad, pero no unidad. Los católicos tienen unidad, pero carecen de libertad. La ortodoxia tiene ambas, puesto que la unidad de que sus miembros disfrutan es tal que todavía se permite la libertad del evangelio, y la unidad misma se basa en el amor más que en la ley —lo cual la hace una unidad libre—. Por tanto, la iglesia rusa no tiene que decidir entre las dos ramas occidentales del cristianismo. Ya incluye lo mejor de ambas. Las teorías de Khomyakov no fueron bien recibidas por las autoridades eclesiásticas dentro de Rusia, porque parecían darle demasiado valor a un espíritu de libertad que no se ajustaba muy bien a las estructuras reales de la ortodoxia rusa. Por ello, los eslavófilos se volvieron críticos de las actitudes opresivas de la jerarquía, que para ellos era contraria al espíritu genuino de la ortodoxia rusa. En este punto, su portavoz más conocido e influyente fue Fëdor Dostoevski (1821-1881), el famoso novelista ruso. Entre los teólogos que siguieron esta tendencia, se destacó Nikolai Berdyiaev, quien hizo sentir su impacto también entre los teólogos y pensadores occidentales.

La Revolución rusa de 1917 creó nuevas condiciones para la teología en ese país. Baste decir que durante las primeras décadas después de la revolución la más notable labor teológica de los ortodoxos rusos tuvo lugar en el exilio —particularmente en París—. Más avanzado el siglo XX, sin embargo, la Iglesia rusa, una vez más, comenzó a producir sus

---

[13] S. Bolshakoff, *The Doctrine of the Unity of the Church in the Works of Khomyakov and Moehler* (Londres, 1946); A. Gratieux, *A. S. Khomiakov et le mouvement slavophile* (París, 1939); A. Gratieux, *Le movement slavophile à la veille de la Révolution* (París, 1953).

propios teólogos, muchos de los cuales trataban sobre la cuestión del papel del cristianismo dentro de un estado marxista.

Todo esto cambió radicalmente con el desmembramiento de la Unión Soviética a finales del siglo XX. Tras un período de grandes esperanzas, estas se frustraron con el advenimiento al poder de una nueva élite plutócrata (algunos de sus miembros eran antiguos agentes del régimen soviético) que una vez más se posesionaron del poder, intentando hacer de la Iglesia ortodoxa rusa un instrumento para sus políticas gubernamentales.

La teología nestoriana y monofisita

En 1258 los mongoles tomaron Bagdad, y la comunidad nestoriana nunca volvió a ser la misma. Como resultado de ello, su actividad teológica siguió decayendo. Los escritos nestorianos de los siglos XV y XVI que se han preservado consisten mayormente de versificaciones de hagiografías más antiguas, de cronologías y otros materiales semejantes. La única actividad teológica relativamente importante tuvo lugar entre quienes se sometieron al papa —los «católicos caldeos»—. El más importante teólogo entre ellos fue José II, patriarca católico caldeo de Diyarbakir, quien compuso una defensa del catolicismo romano bajo el título de *El espejo puro*.[14] En tiempos más recientes, las persecuciones que los nestorianos han sufrido en el cercano Oriente han reducido sus números a unos pocos millares.

De todas las iglesias monofisitas, la única que mostró una medida de actividad teológica fue la de Armenia. La Iglesia copta, debilitada ya por el régimen árabe, perdió aún más fuerza bajo los turcos (1517-1798). Pasado el régimen turco, mostró que, en medio de todas las dificultades de aquellos tiempos, había logrado subsistir, al punto que hoy sigue siendo una fuerte presencia en Egipto. La Iglesia de Etiopía, que siempre había estado estrechamente unida a la copta, se debilitó debido a su falta de contacto con otros cristianos. Cuando los musulmanes invadieron Etiopía en 1520, la fe cristiana vino a ser el eje alrededor del cual se cristalizó el sentimiento nacionalista, y, por lo tanto, la iglesia surgió de ese conflicto con más poder que el que había tenido anteriormente. Pero en el campo de la literatura teológica las circunstancias mismas del conflicto promovieron poca cosa que no fuera material hagiográfico cuyo propósito era fortalecer a los fieles en medio de su lucha. Tras el avance turco, los jacobitas sirios produjeron poco digno de mención. Ni siquiera la Iglesia de Armenia estuvo exenta de dificultades, pues en el siglo XVI el país fue conquistado por Persia, y desde entonces no volvió a tener su independencia

---

[14] E. Tisserant, «Nestorienne (L'église)», *DTC*, 11:284-85.

hasta la disolución de la Unión Soviética. No obstante, esto resultó en un despertar de la teología, puesto que muchos de los que partieron al exilio establecieron contacto con nuevas ideas y produjeron obras que después fueron llevadas a Armenia. Pronto hubo centros armenios de estudio en Viena, Venecia, Moscú, Estambul, Calcuta y Jerusalén. Probablemente, el punto culminante de esta renovación armenia tuvo lugar en el siglo XVII cuando Juan Agop —u Holov— escribió importantes obras apologéticas, exegéticas y sistemáticas, mientras que en su *Libro de historia* Aracel de Tauriz contaba los sufrimientos y las glorias de la Iglesia de Armenia. En el siglo XIX, los armenios de Venecia lograron fama debido a sus valiosas publicaciones de textos antiguos y, por tanto, sus estudios patrísticos hicieron una contribución modesta pero importante a la erudición teológica. Sin embargo, en términos generales, puede decirse que la teología en toda la tradición monofisita continuó en declive tras la caída de Constantinopla.

Llegamos así al fin de nuestro breve repaso de la teología oriental a partir del siglo XVI. Esperamos que este resumen haya mostrado cuánto de interés hay en la actividad teológica oriental. La historia de Cirilo Lucaris, por ejemplo, debería interesarles a todos los que se ocupan de la historia del impacto protestante en diversas partes del mundo, y también debería servir para mostrar que en la Iglesia griega había quienes buscaban la renovación de la misma. El conflicto entre las escuelas de Mogila y Prokopovic muestra que en Rusia se discutían temas semejantes. El sufrimiento de los *viejos creyentes* —y su historia posterior— son de interés para quienes estudian la relación entre la teología y las luchas sociales. Pero, aún más, todo este capítulo debería servir para recordarnos a los cristianos occidentales que no somos sino una parte del cuerpo total de creyentes cristianos a través de todo el globo; recordatorio este que debería serles de ayuda en sus relaciones con las iglesias que han surgido en los últimos dos siglos en otras regiones de la tierra. Y, sin embargo, aun al decir esto debemos ser conscientes de que se trata de una perspectiva típicamente occidental, que considera que la vitalidad de una iglesia se puede medir a base de su actividad teológica. Bien puede ser que tiempos de pruebas futuras le muestren al cristianismo occidental la importancia de la perspectiva oriental, con su énfasis en la devoción litúrgica como centro de la verdadera vitalidad eclesiástica. Ciertamente, según se escriben estas palabras se va viendo más claramente que estas iglesias han podido subsistir —aun en medio de las situaciones más difíciles— gracias al poder de sus tradiciones y de su liturgia. Y también se va viendo cada vez más claramente que, según las consecuencias del «fin de la cristiandad» se van haciendo cada vez más manifiestas en las iglesias occidentales, estas tendrán que aprender mucho de sus hermanas orientales.

51

Del siglo XX al XXI

En Europa, el siglo XIX había sido un período de paz y prosperidad sin precedentes. A pesar de algunas guerras relativamente locales y de intentos revolucionarios, fue un siglo de progreso y expansión. En Estados Unidos, con la excepción altamente dramática de la Guerra Civil, fue una época de paz dentro de las fronteras de la nueva nación, y de expansión continua de la frontera occidental. A ambos lados del Atlántico, la ciencia y la tecnología habían comenzado a resolver muchos de los problemas que habían pesado sobre la humanidad desde tiempos inmemoriales. Por fin parecía que el mundo natural se sujetaba al dominio humano, y se mostraba moldeable a los deseos y designios del hombre. El uso del vapor y de otras formas de energía acortó las distancias, y facilitó el ocio a ciertos segmentos de la sociedad —precisamente aquellos segmentos que más se dedicaban a la reflexión teológica—.

De uno y otro lado del Atlántico, se creía que la civilización occidental tenía la misión específica de comenzar una nueva etapa histórica, no solamente en las regiones en las que tradicionalmente había dominado, sino también a través de todo el mundo. Las tendencias expansionistas de la época recibieron justificación ideológica en Estados Unidos con la teoría del «destino manifiesto», y en Europa con la idea falsamente altruista de la «carga del hombre blanco» —*white man's burden*—. Ambas querían decir que la civilización occidental había recibido de Dios la misión de ser una luz que alumbrara el camino hacia el futuro para el resto de la humanidad. Fue sobre esa base que Estados Unidos tomó las tierras de los habitantes originales del continente, así como de México, y todo esto con poca protesta u oposición por parte de los dirigentes cristianos dentro del país. Igualmente, la expansión europea fue alentada por quienes vieron en ella una oportunidad para las misiones cristianas.[1]

Tal fue el trasfondo de la teología del siglo XIX. Como hemos visto, en términos generales, el catolicismo romano y la ortodoxia oriental no juzgaron esta nueva situación y sus promesas con el mismo optimismo de los protestantes. Los países en los que los católicos y ortodoxos eran más fuertes no se beneficiaban con las nuevas condiciones tanto como los territorios tradicionalmente protestantes. En contraste con la reserva, y hasta hostilidad, de la teología católica y ortodoxa, los teólogos protestantes tendían a ver las nuevas circunstancias con un optimismo casi ilimitado. Schleiermacher, Hegel, Ritschl y Troeltsch, todos concordaban en que el cristianismo era la forma más elevada de la religión, hacia la que todas las demás apuntaban (naturalmente, al hablar así se referían a un cristianismo protestante «purificado» de todas las supersticiones que todavía traía como carga de tiempos pasados). La voz solitaria de Kierkegaard, quien no estaba de acuerdo con todo esto, difícilmente se escuchaba en medio de todo el ruido y el entusiasmo por el progreso. Eran tiempos de confianza en la capacidad humana, en el progreso tecnológico y en el proceso evolucionario, todo lo cual iba llevando a la humanidad hacia su excelso destino. Y la civilización occidental era heraldo de la nueva edad.

Entonces estalló la guerra. Aquel fue el conflicto bélico más costoso que la humanidad había visto hasta entonces, puesto que involucró a todo el globo. Fue una guerra en la que precisamente aquellas potencias cuya tarea se suponía era la de civilizar a la humanidad, de hecho, arrastraron a todo el mundo, involucrándole en sus conflictos. Fue una guerra en la que el progreso y la tecnología mostraron su cara oscura, multiplicando el poder destructor del odio humano. Y fue una guerra que resolvió poco, puesto que unos años tras su conclusión la tierra se vio otra vez envuelta en otro conflicto armado que solo se distinguió del primero por cuanto su alcance geográfico fue aún mayor, y el poder destructor que se desató eclipsó al del conflicto anterior. El racismo inherente en la civilización occidental —y en el cristianismo tal como lo entendía buena parte de la teología del siglo XIX— se manifestó en la muerte de millones de judíos y en la decisión de utilizar armas nucleares contra ciudades japonesas. Poco después del fin de la Segunda Guerra Mundial, resultaba claro que, por primera vez, la humanidad tenía el poder de destruirse a sí misma —y a buena parte de la tierra consigo—.

Las dos guerras y su secuela cambiaron el modo en que el resto del mundo veía la civilización occidental. Al momento cumbre de la expansión

---

[1] Véase S. Neill, *Colonialism and Christian Missions* (Londres, 1966).

occidental, muchos en el resto del mundo habían aceptado esa expansión, no solo como el resultado de una fuerza física superior, sino también como el resultado de una civilización superior. Multitudes en Asia, África y el Pacífico aceptaron las costumbres y la religión occidental, mientras en América Latina muchos miraban hacia Gran Bretaña y Estados Unidos como modelos para su futuro político. Ahora, tras dos guerras y varias décadas de una carrera armamentista desbocada, resultaba claro que había serias faltas en la supuesta superioridad de la civilización occidental. Las naciones y los individuos comenzaron a distinguir entre varios aspectos de esa civilización, y a tratar de decidir por sí mismos qué aspectos aceptar y cuáles rechazar. El «tercer mundo» se lanzó en pos de la independencia política y económica. En África, donde solamente había habido dos naciones independientes en 1914, todo el sistema colonial se vino abajo. En Asia, África y América Latina, las superpotencias, que tenían buenas razones para temer una confrontación directa entre ellas mismas, no vacilaban en promover guerras entre sus clientes —guerras cuyo resultado fue el terror y el hambre en vastas regiones del globo—. Como consecuencia de ello, hubo un sentimiento cada vez más fuerte en el resto del mundo de que la civilización occidental, lejos de ser heraldo de una nueva era de felicidad, estaba arrastrando a toda la humanidad obligándola a participar en sus conflictos internos, y que esos conflictos amenazaban con destruir a toda la raza humana. Por ello se planteó cada vez con más frecuencia y mayor urgencia la pregunta de si es posible aceptar algunos de los adelantos tecnológicos de Occidente, al mismo tiempo que se les humanice con la riqueza de otras antiguas culturas.

Mientras todo esto estaba teniendo lugar en el mundo, otros cambios parecidos estaban teniendo lugar en la iglesia. El más notable era que el cristianismo, que a principios del siglo XIX había estado estrechamente asociado a la civilización occidental, vino a ser verdaderamente un movimiento mundial. Más adelante veremos que esta fue una de las razones tras las nuevas iniciativas del Concilio Vaticano II. Durante la segunda mitad del siglo XX, la fuerza numérica del cristianismo dejó de estar en el Atlántico del Norte y pasó al hemisferio sur, y no estuvo ya entre los pueblos de raza blanca. Miembros de estas distintas ramas de la iglesia comenzaron a insistir en su derecho y obligación de hacer teología a partir de sus propias perspectivas y enfrentándose a sus propios problemas y situaciones. Fue así como surgió una teología verdaderamente ecuménica; una teología que se caracterizaba por un diálogo mundial en el que todos, si bien no estaban de acuerdo, sí se enriquecían mutuamente.

Mientras tanto, también estaban teniendo lugar cambios radicales en los centros tradicionales de la actividad teológica y eclesiástica en el Atlántico del Norte. Ciertamente, el más importante de esos cambios fue el «fin de la cristiandad». Desde tiempos de Constantino, el cristianismo había contado con el apoyo del estado y de la cultura circundante. Aquella porción del mundo cuyos gobernantes y poblaciones se llamaban cristianos recibía el nombre global de «cristiandad». Era en esas zonas que la iglesia era poderosa, que se construían monasterios y centros de estudio, y que tenía lugar la mayor parte de la actividad teológica. Ahora, mediante un proceso que había comenzado siglos antes, todo eso tocaba a su fin. Desde algún tiempo antes, la separación entre la iglesia y el estado se había establecido en Estados Unidos, en Francia, y en otros países que seguían alguna forma de gobierno constitucional. En Gran Bretaña, aunque tal separación no era oficial, el apoyo que la iglesia recibía del estado era cada vez menor. Hacia finales del siglo XIX, cuando el Reino de Italia tomó la ciudad de Roma, el papado perdió los últimos vestigios de su poder temporal —excepto en el Vaticano mismo—. A principios del siglo XX, según terminaba la Gran Guerra, la Revolución rusa le puso fin al régimen de los zares y a su colaboración con la Iglesia ortodoxa rusa. Pronto quedaron pocos países en los que el estado oficialmente apoyara a la iglesia.

Lo que era cierto al nivel del apoyo político también lo era al nivel de lo personal. En los centros tradicionales del cristianismo, números cada vez mayores se apartaban de la vieja fe. En la Europa occidental, la participación en la vida de la iglesia y la asistencia al culto decayó notablemente. En Estados Unidos hubo una caída semejante, aunque no tan marcada ni tan constante. A ambos lados del Atlántico, a muchos le parecía que la cosmovisión moderna no dejaba lugar al cristianismo —o a cualquier religión—. Luego, la secularización progresiva de sus sociedades sería uno de los muchos temas que preocuparían a los teólogos occidentales durante el siglo XX.

Es sobre ese trasfondo que se desarrolló la teología cristiana durante el siglo XX. Por esto no ha de sorprendernos que la teología de este siglo se caracterice tanto por su vitalidad como por su variedad, y que sea difícil —o hasta imposible— organizar las distintas corrientes del pensamiento teológico según un bosquejo coherente. Sin embargo, sí parece ser posible distinguir entre la primera parte del siglo XX, cuando todavía los centros tradicionales de la actividad teológica dominaban, y un período posterior, que comenzó después de la Segunda Guerra Mundial.

Todo esto quiere decir que, en cierto modo, el siglo XX —y el cuarto de siglo que ya hemos visto del XXI— parece marcar una enorme y doble transición en el mapa global de la iglesia y, por tanto, en su teología. Decimos que la transición es «doble», porque —desde nuestra perspectiva, limitado por razón de la proximidad de lo que contemplamos— parece ser que la primera mitad del siglo XX la tarea que ocupó el centro de la atención teológica fue reinterpretar y deshacerse del optimismo racionalista y humanista que caracterizó a la teología del siglo XIX. Después, particularmente en las últimas décadas del XX y las primeras del XXI, comenzó un proceso de revitalización de la teología. Esa revitalización se debió a varios factores. Entre ellos cabe mencionar la secularización progresiva de la antigua cristiandad, el desarrollo de teologías que reflejan diversas perspectivas sociales, económicas y culturales, el crecimiento inaudito del movimiento pentecostal, los nuevos caminos que el catolicismo romano tomó tras el Concilio Vaticano II, la crisis ecológica, el resurgimiento del nacionalismo cristiano, y muchos otros.

Puesto que todos esos factores se entremezclan, y unos tuvieron mayor y más temprano impacto que otros en diversas regiones del globo, es imposible organizar todo esto en un sencillo esquema cronológico. Por ejemplo: la desilusión con las promesas de progreso del siglo XIX tuvo lugar en Europa medio siglo antes que en Estados Unidos; y los cambios en el catolicismo romano, aunque surgieron a la superficie en el Concilio Vaticano II, llevaban ya varias décadas de gestación.

Ante tales circunstancias, el presente capítulo comenzará discutiendo algo de lo que tuvo lugar en los antiguos centros teológicos durante la primera mitad del siglo XX, cuando la atención se enfocaba sobre lo que se había recibido del XIX, para luego pasar a los grandes cambios que tuvieron lugar según avanzaba el siglo XX y se iniciaba el XXI.

Un nuevo comienzo en Europa: la teología de Karl Barth

No cabe duda de que la figura cimera en la teología cristiana entre las dos guerras fue Karl Barth (1886-1968). Su padre fue un teólogo reformado de tendencias conservadoras —aunque no en lo político—, quien guio sus primeros estudios y para quien tuvo siempre el más alto respeto y gratitud. Tras estudiar en Berna, Tubinga y Marburgo, Karl Barth vino a ser pastor en su Suiza nativa, primero en Ginebra (de la parroquia de habla alemana en esa ciudad), y luego en la aldea de Safenwil (1911). Como resultado de su educación teológica, llegó al pastorado convencido de mucho de lo que sostenía la teología liberal. Pero pronto llegó a la conclusión de que había otros temas de mayor pertinencia para su trabajo que la teología. Aunque durante los primeros años de su pastorado continuó leyendo obras de teología, más tarde declaró que en Safenwil llegó a involucrarse tanto en el movimiento social demócrata que solamente leía teología en cuanto le era necesario para su predicación y la enseñanza, y que pasó la mayor parte de su tiempo estudiando legislación industrial, cómo organizar sindicatos laborales y otros temas parecidos. Estaba convencido de que Dios estaba trayendo su reino, no tanto a través de la iglesia sumida en profundo letargo, como a través de la democracia social. En 1915 se hizo oficialmente miembro del Partido Demócrata Social.

Mientras el joven Barth se preocupaba por los derechos de su grey campesina y obrera, el mundo en derredor se lanzaba al desastre. La Primera Guerra Mundial fue para él un gran desengaño. Sus antiguos maestros y sus propios contemporáneos a quienes admiraba, se dejaron llevar por el espíritu militarista. Lo mismo era cierto de muchos de sus compañeros socialistas. Aún más: las noticias continuas de las atrocidades que se cometían en la guerra le dificultaban cada vez más la tarea de establecer una relación entre la teología que se le había enseñado y las crudas realidades de su tiempo. Algunas nuevas lecturas, particularmente las obras de J. C. Blumhardt, le convencieron de la necesidad de recuperar la dimensión escatológica de la fe cristiana. Conversando con su íntimo amigo Eduard Thurneysen llegó a la convicción de que era necesario revisar buena parte de la teología que había aprendido. A la postre, le prometió a Thurneysen trabajar sobre un *Comentario a Romanos*, no para que fuese publicado, sino para circularlo entre algunos amigos de ideas semejantes. Sin embargo, la obra que resultó de aquella promesa fue publicada en 1919, poco después de terminada la guerra, y pronto hizo famoso a su autor.

Barth trabajaba en una revisión radical de su *Comentario a Romanos* cuando se le invitó a enseñar teología reformada en Gotinga. Tomó esa posición en 1921, y así comenzó una carrera docente que le llevó de Gotinga a Münster, luego a Bonn y finalmente —tras verse forzado a abandonar Alemania debido a Hitler— a Basilea, donde pasó el resto de sus días.

Lo que Barth proponía en su *Comentario*, y especialmente en su edición revisada, era una teología que no se basara en la continuidad entre lo humano y lo divino, sino en su discontinuidad —en lo que se percibía el impacto de Kierkegaard—. El cristianismo no es, como buena parte del siglo XIX pensó, el mayor logro humano. Según él mismo diría más tarde, «hablar de Dios no es lo mismo que gritar acerca de los humanos». Frente al énfasis de sus predecesores en la inmanencia de Dios, Barth llegó a subrayar la divina trascendencia hasta tal punto que llegó a hablar de Dios como «el totalmente Otro» —lo que llevó a Harnack, ya anciano, a declarar: «¡Otra vez Marción!»—.

Existe también una discontinuidad entre el pecado y la gracia, entre el logro humano y la acción divina, entre lo que somos bajo la gracia y nuestros esfuerzos de expresarlo en nuestros sistemas de teología o de ética.

> Luego el pecado y la gracia no pueden ser colocados uno al lado del otro, ni organizados como una serie, ni discutidos como si fuesen de igual importancia, de igual modo que tampoco se puede tratar así sobre la vida y la muerte. No hay fuente que atraviese el abismo que los separa. No hay bordes indefinidos entre los dos. El abismo infranqueable abruptamente separa el bien del mal, lo que

tiene valor de lo que no lo tiene, lo santo de lo que no lo es... El conocimiento de Dios que constituye la base misma de nuestra discusión nos lleva a distinguir claramente entre los pecadores y los justos; pero el conocimiento humano que surge de esto inmediatamente se disuelve por el criterio mismo que lo ha creado. Únicamente gracias al poder de la obediencia sobre la que nos basamos podemos comprender y asir la posibilidad de la imposibilidad.[2]

Por esta razón, se le ha dado a la corriente teológica que Barth fundó el nombre de «teología dialéctica» (aunque al usar este término debemos ser conscientes de que se refiere a una dialéctica que se parece más a la de Kierkegaard que a la de Hegel). Especialmente en sus primeros años, la teología de Barth y la de sus compañeros también recibió el nombre de «teología de la crisis», en el sentido de que subrayaba la crisis de la humanidad cuando se enfrenta a Dios. Por último, y especialmente después de que rompiera con el existencialismo, muchos le han dado a esta nueva tendencia el nombre de «neo-ortodoxia», porque trataba de recobrar buena parte de las enseñanzas cristianas tradicionales que los principales teólogos del siglo XIX habían abandonado.

Pronto Barth descubrió que había otros que concordaban con buena parte de su crítica a la teología liberal. Su amigo Thurneysen, el teólogo luterano Friedrich Gogarten (1887-1967) y otros más se unieron para fundar en 1922 la revista teológica *Zwischen den Zeiten* —*Entre los tiempos*— que pronto vino a ser una de las publicaciones teológicas más influyentes de su tiempo. Uno de los frecuentes colaboradores de esa revista —aunque no se contaba entre sus fundadores— era el teólogo reformado Emil Brunner (1889-1966), profesor en Zúrich. En aquellos primeros años, también se consideraba al erudito bíblico Rudolf Bultmann (1884-1976) como uno de los líderes de la nueva «teología dialéctica».

Pero el propio Barth estaba sacando consecuencias de sus primeras aseveraciones que pronto le llevarían a romper con la mayoría de estos primeros colaboradores —con la notable excepción de Thurneysen, quien siempre siguió siendo su compañero e íntimo amigo—.

La primera ruptura tuvo lugar en la década de 1920 y resultó de la insistencia por parte de Gogarten y de Bultmann, por una parte, sobre la dialéctica existencial que también Barth había empleado al principio, y de Barth y Brunner, por otra, sobre la necesidad de abandonar la antropología para dedicarse más a la teología propiamente dicha. Si todo lo que tenemos es «el momento ante Dios», y no se puede hablar de otra cosa —como tiende a suceder en la teología existencialista— la tarea de la teología se limita a

---

[2] *Der Römerbrief*, 15ª ed. (Zúrich, 1954), p. 210.

estudiar y a explicar la experiencia y la comprensión de la fe. Tanto Barth como Brunner pensaban que esto reducía la teología al estudio de una experiencia humana, y, por lo tanto, se movían hacia una teología que se basara más firmemente en la Palabra de Dios y que se centrara especialmente en la cristología.

En el caso de Barth, esto se relacionaba estrechamente con su creciente convicción de que la Palabra de Dios tiene un contenido. No se trata únicamente de un encuentro. Hay también un «Logos», una racionalidad, de tal modo que la Palabra nos lleva a su propia comprensión. Esto quería decir, por una parte, que la filosofía existencialista, con su énfasis sobre el momento, tenía que ser abandonada; y, por otra parte, que la teología podía y debía buscar el modo de entender la Palabra de Dios y de elucidar su significado, no a base del existencialismo o de cualquier otra filosofía, sino a base de la «lógica de la fe». En 1927, Barth publicó el primer volumen de la que pensó sería su gran obra sistemática: la *Dogmática cristiana*. Pero antes de publicar el segundo volumen, su estudio del *Proslogion* de Anselmo, publicado en 1931,[3] le convenció de que debía moverse más en la dirección de la «lógica de la fe», y que el existencialismo no era instrumento adecuado para esa tarea. Por lo tanto, para 1932 había ya abandonado su primer intento de producir una teología sistemática y publicado el primer volumen de su nuevo intento: la *Dogmática eclesiástica*.

Este nuevo punto de partida era una clara indicación de un cambio importante en el pensamiento de Barth. Tal cambio había tenido lugar esencialmente en dos direcciones. Como hemos dicho, su estudio de Anselmo y su propia reflexión sobre la pertinencia de la Palabra de Dios, le habían llevado a rechazar el uso de cualquier filosofía como instrumento para la teología. La segunda dirección nueva en su pensamiento era un énfasis mayor sobre el papel de la iglesia en la tarea teológica. Más tarde, Barth explicaría este nuevo título con palabras que subrayaban el lugar de la teología como parte de la labor de la iglesia:

> Cuando en el título de este libro la palabra «eclesiástica» ocupa el lugar de «cristiana», lo que esto quiere decir [...] es que la teología no es una ciencia «libre», sino que se encuentra sujeta a la esfera de la iglesia, que es el único lugar en que es posible y razonable.[4]

Al rechazar el existencialismo, Barth había roto con Gogarten y con Bultmann. La próxima ruptura tendría lugar con Brunner, y en cierta medida

---

[3] *Anselm: Fides Quarens Intellectum: Anselms Beweis der Existenz Gottes im Zusammenhang seines Theologisches Programms* (Zúrich, 1931).

[4] *Die kirchliche Dogmatik*, I/1, p. viii.

no sería sino el resultado de la misma dirección en que Barth se movía. Con el correr del tiempo, Barth llegó a la convicción de que la «teología natural» debía ser rechazada. De otro modo, temía que de nuevo se opacara la distancia entre lo divino y lo humano, entre la razón y la revelación.

Aunque es posible ver la distancia creciente en algunos artículos anteriores aparecidos en *Zwischen den Zeiten*, la ruptura, de hecho, tuvo lugar en 1933, cuando Barth publicó un artículo sobre «El primer mandamiento como axioma teológico». El debate pronto llevaría a la desaparición de la revista, y a una discusión continua entre Barth y Brunner. En su artículo, Barth lanzó una campaña contra los «dioses ajenos» que pervierten la teología. Un punto común entre todos estos dioses es que se infiltran en la teología mediante la breve pero importantísima conjunción «y». La palabra «y» implica que hay alguna otra cosa que puede colocarse junto a Dios. «Y» es la primera señal de la idolatría. «Y» es el error que ha descarriado a la teología.

> Así dijo la teología del siglo XVIII: la revelación *y* la razón. Así dijo Schleiermacher: la revelación *y* la conciencia religiosa. Así dijeron Ritschl y sus seguidores: la revelación *y* la historia de las religiones. Y así se dice hoy por todas partes: la revelación *y* la creación, la revelación *y* la protorevelación, el Nuevo Testamento *y* la existencia humana, el mandamiento *y* los órdenes de la creación.[5]

Mientras que la referencia a «el Nuevo Testamento y la existencia humana» tenía que ver con su rechazo de Gogarten y del programa Bultmaniano (al cual regresaremos), el último par en esta lista, «el mandamiento y los órdenes de la creación», era un ataque directo a Brunner, quien unos pocos meses antes había publicado un libro bajo ese título.[6] Unos pocos meses más tarde, en su artículo «Abschied» —«Despedida»— Barth insistió en su posición y rompió definitivamente con *Zwischen den Zeiten*, que a partir de entonces dejó de publicarse.

En 1934, Brunner respondió con su pequeño libro *La naturaleza y la gracia*. El tono de esta obra era bastante conciliador, aunque Brunner insistía en que Barth había sacado una serie de falsas conclusiones de las doctrinas de la Palabra de Dios y la *sola gratia:* (1) Barth cree que la imagen de Dios en la criatura humana ha sido destruida por el pecado, mientras Brunner preferiría decir que ha sido *materialmente* destruida, pero todavía continúa existiendo *formalmente*; (2) Barth se equivoca al

---

[5] «Das erste Gebot als theologisches Axiom», *Zwischen den Zeiten*, 12 (1933), p. 308.
[6] *Das Gebot und die Ordnungen: Entwurf einer protestantisch-theologischen Ethik*. Trad. al inglés: *The Divine Imperative* (Filadelfia, 1947).

limitar la revelación a la que tuvo lugar en Cristo, porque es necesario dejarle sitio a la revelación de Dios a los paganos; (3) Barth se equivoca también al rechazar lo que Brunner llama una «gracia de preservación» y, por lo tanto, parece poder hablar solamente en términos de instantes; (4) de igual modo, al rechazar los «órdenes de la creación» u «órdenes de preservación», Barth rechaza una de las bases fundamentales de la ética cristiana; (5) Barth se equivoca al negar la existencia de un «punto de contacto» —*Anknüpfungspunkt*— para la gracia y la acción de Dios en los seres humanos y en la sociedad; (6) por último, Barth interpreta mal la relación entre la antigua creación y la nueva. Según Brunner, este último punto es la cuestión fundamental que se debate. Barth parece estar convencido de que cualquier continuidad entre el viejo orden y el nuevo le resta importancia al pecado y, aún más, resta a la gracia de Dios. Brunner, por otra parte, desea presentar el evangelio de tal modo que sea la respuesta de Dios a las necesidades humanas. Para ello, aduce que, como había dicho Tomás de Aquino, *gratia non tollit naturam sed perficit* —la gracia no destruye la naturaleza, sino que la perfecciona—. Aún más, argumenta Brunner, Barth ha malentendido el título de su obra reciente, puesto que el «y» que aparece allí no es como los otros en su lista. «Es el "y" del problema, de una relación que se cuestiona, no el "y" de la coordinación».[7] En todo caso, concluye Brunner, puede que haya lugar tanto para su opinión como para la de Barth, y sus diferencias bien pueden ser cuestión de temperamento más que de propósito, puesto que «Dios usa tanto el genio de la parcialidad... como el espíritu de moderación».[8]

Sin embargo, Barth no estaba dispuesto a dejarse convencer. Escribió una breve obra bajo el intransigente título de *Nein! Antwort an Emil Bunner* —*¡No! Respuesta a Emil Brunner*—. No; Brunner se equivoca al creer que el hecho de plantear el «y» como problema no es en sí lo mismo que plantear otra cosa junto a la revelación. No; Brunner se equivoca al buscar un término medio entre el camino de Dios y los caminos humanos. No; Brunner se equivoca al pensar que es posible discutir la teología natural sin inmediatamente caer en ella. La teología natural no es en realidad un problema teológico, puesto que la verdadera teología sabe que su tema no es sino la Palabra de Dios. «La verdadera negación de la teología natural tiene lugar cuando no llega a la categoría de problema teológico independiente».[9] Por tanto, tal como Barth ve este tema, la discusión no es acerca de una cuestión teológica particular, sino más bien acerca de algo que es anterior a todo trabajo teológico y que ha de excluirse por definición.

---

[7] *Natur und Gnade* (Tubinga, 1934), p. 6.

[8] *Ibid.*

[9] *Nein! Antwort an Emil Brunner, Theologische Existenz heute*, 14 (1934), p. 12.

La teología natural no puede ser parte de la teología; no puede ser una empresa paralela; no puede ser una cuestión teológica; tiene que verse como algo diametralmente opuesto a la teología de la Palabra de Dios.

Aunque este debate puede dar la impresión de que Barth no hacía sino insistir en su extremismo, se le verá de manera muy diferente si se recuerda que era la época en que surgía el Tercer Reich. Barth estaba profundamente preocupado por la posibilidad de que la facilidad con que los liberales confundían el evangelio con los más altos logros humanos les haría víctimas fáciles de una ideología que pretendía emplear a la iglesia para lograr sus propias metas de supremacía mundial. Estaba convencido de que, a fin de resistir a las tentaciones del nazismo, los cristianos debían tener bien claro que su única fuente de autoridad era la Palabra de Dios, y que todo lo que él llamaba teologías del «y» podía ser empleado para los fines del Reich. Ciertamente, cuando en 1934 un grupo de líderes eclesiásticos alemanes —luteranos tanto como reformados— proclamaron la «Declaración de Barmen», que vino a ser el centro de cristalización de la «Iglesia confesante», no había duda alguna de que esa declaración derivaba buena parte de su fuerza e inspiración del propio Barth, como puede verse en las siguientes palabras:

> Jesucristo, tal como se nos muestra en la Sagrada Escritura, es la única Palabra de Dios, a quien podemos oír, en quien debemos confiar y a quien debemos obedecer en la vida y en la muerte.

> Repudiamos la enseñanza falsa de que la iglesia puede y debe reconocer otros acontecimientos y poderes, imágenes y verdades como revelación divina junto a esta única Palabra de Dios, como fuente de su predicación.[10]

Esta declaración y los acontecimientos que siguieron obligaron a Barth a abandonar Alemania y regresar a su Suiza natal, donde pasó el resto de su carrera en Basilea. Como consecuencia de tales cataclismos, el segundo volumen (mejor dicho, la segunda parte del primer volumen) de su *Dogmática eclesiástica* apareció seis años después del primero. A partir de entonces, continuó la publicación regular de esa magna obra, hasta que murió cuando trabajaba en la cuarta parte del volumen cuatro.

Aunque es imposible ofrecer aquí siquiera el bosquejo general del contenido de la *Dogmática* (sus «cuatro» volúmenes son en realidad

---

[10] J. H. Leith, ed., *Creeds of the Churches*, 3ª edición (Atlanta, 1982), p. 520.

divisiones que consisten en trece gruesos volúmenes)[11] sí debemos ofrecer aquí, al menos, algunas de sus características generales.

La primera y más obvia es la vastedad y alcance de la empresa. En una época en que se pensaba que había pasado la edad de las «sumas», Barth produjo un monumento digno de comparación con las mejores obras de la Edad Media o de los escolásticos protestantes. Al mismo tiempo que permanecía fiel a su propio método y a su visión fundamental, Barth trató no solamente de la doctrina de la Trinidad y de la creación, sino también de los ángeles y de otros temas semejantes.

En segundo lugar, la obra tiene una coherencia notable. Ciertamente, de un volumen a otro hay cambios de énfasis y cierto desarrollo en el pensamiento. En particular, Barth poco a poco suavizó algo de su énfasis en la «otredad» radical de Dios.[12] A pesar de ello, la impresión fundamental que el lector recibe es de continuidad. Una vez que Barth hubo empezado su *Dogmática* por segunda vez, las líneas fundamentales de su teología estaban lo suficientemente fijas como para que pudiera continuar escribiendo por espacio de más de tres décadas permaneciendo fiel a lo que había dicho al principio.

Por último, la obra es notable por su «concentración cristológica». Aunque cada uno de sus volúmenes trata sobre un tema diferente, en último análisis todos tratan de la revelación de Dios en Jesucristo. Más que peldaños sucesivos en una escalera, son como una serie de estudios detallados del mismo tema desde ángulos diversos. Se ha dicho, refiriéndose al tema de sus cuatro volúmenes, que:

> [...] no se les presenta como si trataran de temas separados, de tal modo que pasando de un volumen a otro hubiera un cambio de tema, sino más bien como cuatro dimensiones igualmente importantes y entrelazadas del mismo tema central que aparece a través de toda la obra: que Jesucristo es la actualización y realización en el tiempo y en la historia de la decisión eterna por parte de Dios de ser Dios con y para el ser humano; Jesucristo mismo es el pacto eterno de Dios con nosotros, y en ese pacto se contiene el sentido y propósito del universo creado; y en él también se vence y sobrepasa la enajenación del humano hacia Dios, gracias al divino «¡No!» de la cruz que lleva al «¡Sí!» de la resurrección.

---

[11] H. Gollwitzer ha publicado una selección de algunas secciones de los primeros tres volúmenes: Karl Barth, *Church Dogmatics: A Selection* (Nueva York, 1961).

[12] Punto este que él mismo explicó en 1956. Véase K. Barth, *The Humanity of God* (Richmond, Virginia, 1960), pp. 37-38.

Esta concentración cristológica es parte de la esencia misma del método de Barth, pero la grandeza de su logro teológico yace no sencillamente en el método y en la forma del todo, sino también en el modo en que logró reintegrar y arrojar nueva luz sobre todos los grandes temas principales de la ortodoxia clásica. No es sin razón que su impacto sobre la teología se ha comparado al de Einstein sobre la física.[13]

Este impacto es tal que resulta difícil exagerarlo. Su teología le dio ímpetu, no solo a la Iglesia confesante en Alemania, sino también al movimiento ecuménico que tomaba forma por ese entonces. Cuando, poco después de la guerra, se organizó el Consejo Mundial de Iglesias (1948), muchos de sus dirigentes habían sido profundamente influidos por la teología de Barth. Lo mismo era cierto de la Federación Mundial de Estudiantes Cristianos, que produjo buena parte de los dirigentes de la siguiente generación, tanto para el movimiento ecuménico como para las iglesias a través de todo el mundo. Entre los dirigentes protestantes del tercer mundo, no hubo teología de mayor influencia que la de Karl Barth, influencia que todavía puede verse en buena parte de la teología protestante del tercer mundo.

Barth desarrolló una teología que iba más allá de las estrecheces de la ortodoxia sin por ello abandonar ninguno de sus temas tradicionales. De igual modo, su teología evitaba la flexibilidad extrema del liberalismo sin por ello rechazar los logros de los estudios históricos, de la crítica bíblica y otros movimientos modernos. Esto llevó a la recuperación de buena parte de la herencia del período patrístico y de la Reforma, y también tuvo por resultado que Barth fuese ampliamente leído y respetado por los teólogos católicos contemporáneos, y que su impacto pudiera verse en buena parte del pensamiento católico moderno.

Remilgos del racionalismo europeo: Rudolf Bultmann y la desmitologización

Temprano en el siglo XX, Rudolf Bultmann se hizo famoso por sus estudios bíblicos, especialmente en lo que los eruditos bíblicos llaman «crítica de las formas». Sin embargo, también se contaba entre los proponentes de la «teología dialéctica», término que continuó usando largo tiempo después de su ruptura con Barth y Brunner. Aunque era ante todo un erudito del Nuevo Testamento, estaba particularmente interesado en interpretar el

---

[13] A. I. C. Heron, *A Century of Protestant Theology* (Filadelfia, 1980), p. 91.

mensaje de este de tal modo que pudiese ser comprendido y recibido por sus contemporáneos.

A fin de lograr tal interpretación del Nuevo Testamento, Bultmann proponía que la primera tarea era «desmitologizarlo». El Nuevo Testamento según Bultmann había sido escrito dentro de un marco mitológico, y es necesario, por ello, distinguir entre lo que en él hay de mítico y lo que es de la esencia del *kerygma* cristiano. Este proceso es lo que Bultmann llama *Entmythologisierung* —desmitologización—. Una vez que esto haya sido hecho, descubriremos que el mensaje del Nuevo Testamento se dirige directamente a nosotros, aun en medio de nuestra modernidad. Si, por otra parte, nos negamos a seguir este proceso, tornamos el Nuevo Testamento en una colección de ideas, imágenes y acontecimientos que nuestros contemporáneos tendrán razón para rechazar. Es cierto que el evangelio es un escándalo y piedra de tropiezo. Pero si sencillamente decidimos que debemos tomar literalmente todo lo que el Nuevo Testamento dice, estaremos colocando una serie de piedras de tropiezo espurias en el camino de la fe —tales como los milagros, los demonios, el nacimiento virginal, etc.— y esto ocultará el verdadero escándalo del evangelio.

Es importante, empero, aclarar lo que quiere decir la palabra «mito», sobre todo por cuanto en este punto los críticos han señalado cierta ambigüedad en el uso que Bultmann hace del término. Por una parte, al proponer su programa, Bultmann describió el carácter mitológico del Nuevo Testamento como sigue:

> La cosmología del Nuevo Testamento es de naturaleza esencialmente mítica. El mundo se ve como una estructura de tres pisos, con la tierra en el centro, el cielo por encima y el infierno por debajo. El cielo es la residencia de Dios y de los seres celestiales —los ángeles—. El lugar inferior es el infierno, el lugar de tormento. Hasta la misma tierra es más que la escena donde tienen lugar acontecimientos naturales y cotidianos, de lo rutinario y de la tarea ordinaria. Es el escenario en que tienen lugar, por una parte, la actividad sobrenatural de Dios y los ángeles y, por otra, la de Satanás y sus demonios. Estos poderes sobrenaturales intervienen en el curso de la naturaleza y en todo lo que los humanos piensan, desean y hacen. Los milagros no escasean. El ser humano no controla su propia vida...[14]

En este pasaje, la preocupación de Bultmann es el carácter milagroso —y al parecer anticuado— del Nuevo Testamento. Sin embargo, en otros

---

[14] H. W. Bartsch, ed., *Kerygma und Mythos* (Hamburgo, 1948), 1:15.

pasajes Bultmann ofrece un modo distinto de entender lo mítico que tiene una relación estrecha con su propia filosofía existencialista. En tales pasajes, sigue la filosofía existencialista de Martin Heidegger (1889-1976) al afirmar que Dios es ante todo existencia. Lo que Bultmann hace entonces es distinguir, como Heidegger, entre dos formas de «ser»: *Dasein* —el estar allí en una situación, existir en el sentido kierkegaardiano del término— y *Vorhandendeit* —el ser en el sentido tradicional y estático del término—. Una vez que esta distinción ha sido establecida, resulta claro que debe hablarse del ser de Dios en términos de *Dasein*. El Dios de la Biblia es un Dios personal. El sujeto de la acción y revelación de Dios no es otro que Dios mismo. Hacer de Dios un objeto, aun en lo más mínimo, es mito. En este contexto, la esencia del mito consiste en tornar la acción y el ser de Dios en realidades objetivamente verificables. Por lo tanto, la tarea de la desmitologización consiste en elucidar la verdadera naturaleza de la acción humana, que se esconde tras mitos que hacen de Dios y de su acción meros objetos de observación.[15]

En todo caso, el programa que Bultmann proponía era un esfuerzo de hacer que el Nuevo Testamento fuese creíble para sus contemporáneos. Según Bultmann, los modernos no pueden aceptar el marco mitológico del Nuevo Testamento. Ya no vivimos en un universo en tres pisos, habitado por espíritus. Ya no creemos en los milagros, sino que estamos convencidos de que todos los acontecimientos pueden explicarse mediante causas naturales. El Nuevo Testamento se refiere a un «Espíritu» y a sacramentos que no tienen sentido alguno para nosotros. La teoría de que la muerte es castigo por el pecado se opone a todo el pensamiento moderno. La idea de que somos salvos a través de la muerte de Jesús se opone a nuestro más alto sentido moral. Y también la idea de la resurrección física de Jesús está llena de dificultades.

Todo esto hace que el *kerygma* no sea creíble por parte de los modernos, quienes están convencidos de que la visión mitológica del mundo es obsoleta. Para ellos, el mundo no es una realidad «abierta», sujeta a misteriosas intervenciones sobrenaturales, sino que es —por el contrario— una entidad «cerrada» en la que todo tiene lugar a base de una serie ininterrumpida de causas y efectos. Naturalmente, la fuerza de la voluntad por encima de la mente puede llevar a algunos a aceptar y creer lo que racionalmente no es aceptable. Pero tal aceptación forzada de lo increíble aparta la atención de la verdadera fe existencial y la torna hacia la fe como asentimiento a una serie de proposiciones irracionales. Cuando esto sucede, el creyente se esconde tras ese asentimiento y, por lo tanto, evita el encuentro existencial

---

[15] Véase H. P. Owen, *Revelation and Existence: A Study in the Theology of Rudolf Bultmann* (Cardiff, 1957), pp. 20-24.

con el verdadero mensaje del Nuevo Testamento. Al desproveernos de tal subterfugio, Bultmann esperaba forzarnos a un encuentro directo con el Señor del Nuevo Testamento.

Puesto que tal es su propósito, no debemos confundir el programa de Bultmann con los que en el siglo XIX trataron de deshacerse de todo lo que en el Nuevo Testamento se relacionara de algún modo con el mito. Según Bultmann, el modo en que tales programas se llevaron a cabo necesariamente llevaría a rechazar, no solo los mitos, sino también el mensaje mismo del Nuevo Testamento. La escuela de la historia de las religiones —*Religionsgeschichtliche Schule*—, por ejemplo, hacía de la acción de Dios en Jesucristo un mero símbolo de las realidades eternas. Tales procedimientos se equivocaban al despojar al cristianismo de su historicidad y hacer de los acontecimientos del Nuevo Testamento un nuevo ejemplo o demostración de verdades eternas. Pero al hacer tal cosa rechazaban y destruían el mensaje mismo del Nuevo Testamento, que Dios estaba actuando en Jesús para redimir a la humanidad.

Bultmann estaba convencido de que el error de esas empresas anteriores se relacionaba en última instancia con sus presuposiciones filosóficas, que les llevaban a rechazar la posibilidad de un acontecimiento salvífico. Frente a tales intentos anteriores, Bultmann creía que mediante el uso de la filosofía existencialista era posible reinterpretar la mitología del Nuevo Testamento sin perder el carácter esencial del *kerygma*, puesto que el existencialismo no anda en pos de «verdades eternas», sino que busca la verdad más bien en lo concreto, en lo histórico, en la existencia.

Bultmann no pretendía estar llevando a cabo la tarea total de la desmitologización del Nuevo Testamento. Esa tarea era tal que —según él pensaba— tomaría toda una generación de eruditos y teólogos. Lo que sí buscaba era ofrecer un bosquejo de lo que tal desmitologización debería incluir. En resumen: hay tres temas centrales en el *kerygma* desmitologizado: la vida sin fe, la vida de fe y el acontecimiento que hace posible pasar de la una a la otra: Jesús.

La vida aparte de la fe es lo que el Nuevo Testamento llama «según la carne». Esto no se refiere a la carne física, es decir, al cuerpo y sus sentidos. Se refiere más bien a la vida que se basa en la confianza en las cosas que nos rodean, en lo perecedero y en nosotros mismos. Quienes viven «según la carne» se preocupan por sí mismos, por su propia seguridad, y son presa de la ansiedad. A veces nos engañamos a nosotros mismos y llegamos a creer que de algún modo hemos alcanzado la seguridad propia. Es entonces cuando «nos gloriamos» en nosotros mismos, como diría Pablo. Pero el resultado es una vida torcida —o, como diría Heidegger, una vida no auténtica—. Para tales personas, toda la creación se vuelve lo que el Nuevo Testamento llama «este mundo», es decir, una realidad habitada y hasta dominada por poderes maléficos que nos roban la libertad y autenticidad. Por otra parte, está la vida «auténtica», la vida «que se basa en las realidades invisibles». Esto requiere abandonar toda seguridad que se base en nosotros mismos. Esto es lo que el Nuevo Testamento llama vida «en el Espíritu» o «en la fe». En tal vida auténtica, uno confía plenamente en la gracia de Dios, que significa el perdón de los pecados. Ya no tenemos que buscar nuestra propia seguridad. Ya no tenemos que confiar en el mundo de la realidad «objetiva». Ya no somos presa de la angustia y la ansiedad. Es a esto a lo que Pablo se refiere cuando habla de «morir al mundo» o de ser «nuevas criaturas en Cristo». Y es también esto lo que el existencialista llama una vida «auténtica».

En tercer lugar, es necesario desmitologizar el modo en que podemos pasar de la vida no auténtica a la vida auténtica: Jesús. Esto es fundamental, ya que no debemos negar el carácter histórico del mensaje del Nuevo Testamento. El Nuevo Testamento «afirma que la fe vino a ser posible únicamente en un punto definido en la historia y como consecuencia de un acontecimiento, es decir, el acontecimiento de Cristo. La fe en el sentido de compromiso obediente y de desapego interno del mundo solo es posible cuando es fe en Jesucristo».[16] Una vez más, debemos recordar que «el Nuevo Testamento presenta el acontecimiento de Jesucristo en términos míticos», y que «junto al acontecimiento histórico de la crucifixión se encuentra el acontecimiento definitivamente no histórico de la resurrección».[17] La muerte de Jesús fue en sí misma la victoria que se expresa en términos míticos cuando el Nuevo Testamento habla de la resurrección. Mediante su muerte, Jesús venció el poder de la muerte, que es lo mismo que el poder de la vida no auténtica. Por tanto, la importancia de esta muerte para nosotros no ha de entenderse en términos mitológicos como la paga de nuestros pecados, o la victoria sobre Satanás, sino más bien en términos existenciales como «una realidad siempre presente», cuya importancia radica en el hecho de que nosotros también podemos ser crucificados con él, y así participar de su vida auténtica y de su victoria.

Hasta qué punto los esfuerzos desmitologizadores de Bultmann hayan tenido buen éxito, depende del modo en que se valore su existencialismo. Frecuentemente se le ha criticado por depender en demasía, no ya del existencialismo, sino de una forma particular del mismo —la de Heidegger—. Pero no cabe duda de que, al plantear la cuestión de las dificultades involucradas en el proceso de trasladar las imágenes y la cosmovisión del Nuevo Testamento a nuestros días, Bultmann ha planteado una cuestión crucial para la teología moderna.

---

[16] *Kerygma and Myth*, p. 22.
[17] *Ibid.*, p. 34.

Otras corrientes en la teología protestante europea

Por las mismas décadas en que Barth y sus compañeros en la revista *Zwischen den Zeiten* trataban de aclarar la naturaleza de la tarea teológica, tenían lugar en Suecia otros acontecimientos importantes, relativamente independientes de la obra de Barth. La teología que allí surgió, llamada comúnmente «escuela lundense» —por estar basada en la Universidad de Lund— tenía profundas raíces en el estudio de la historia de los dogmas, tal como se había delineado y realizado en el siglo XIX. La primera publicación importante de Gustav Aulén, en 1917, fue precisamente una historia de los dogmas. A partir de esa base, y en parte gracias a sus estudios históricos, los lundenses tomaron la vanguardia en la tarea de reinterpretar a Lutero y de redescubrir a Ireneo. En esa tarea, siguieron un método característico de la escuela lundense, la *Motivforschung* o «investigación de los temas». Lo que este método buscaba era descubrir los temas centrales o ideas características que se esconden tras varias formulaciones teológicas. En la historia de las religiones, así como en la historia del cristianismo, tales temas chocan entre sí, se mezclan y confunden. Pero el historiador y el teólogo deben distinguir entre ellos, a fin de separar los que son esencialmente cristianos de los que no lo son, y así aclarar la naturaleza de la fe cristiana.

Dos obras famosas pueden servirnos de ejemplo del trabajo de la escuela lundense: *Ágape y Eros*, publicada por Anders Nygren en 1930 y en 1936,[18] y *Christus Victor*, publicada por Gustaf Aulén en 1930.[19]

En *Ágape y Eros*, Nygren compara estos dos términos griegos —ambos normalmente traducidos como «amor»— y sostiene que representan dos modos distintos de entender la vida y la salvación, que a través de la historia cristiana se les ha confundido, y que la Reforma —y particularmente la teología de Lutero— era un intento de redescubrir el carácter único del ágape.

El *Christus Victor* de Aulén es otra obra de *Motivforschung* — de investigación de temas fundamentales—, aunque refiriéndose en este caso a la obra de Cristo. Desde algún tiempo antes, a partir de la obra de Ritschl sobre ese tema, se había vuelto común establecer un contraste entre dos modos de ver la obra de Cristo: la teoría «objetiva» de Anselmo, y la «subjetiva» de Abelardo. Pero frente a ese modo de entender la historia de las doctrinas, Aulén objetaba que había en la iglesia antigua un tercer modo de interpretar la obra de Cristo. Este tercer modo es la teoría «dramática» o «clásica», que surge de un «tema» distinto de las otras dos. Mientras la

[18] *Den kristna kärlekstanken genom tiderna: Eros och Agape* (Estocolmo, 1930, 1936).
[19] *Den kristna försoningstanken* (Estocolmo, 1930).

teoría de Anselmo sostiene que Cristo ofrece un pago en sustitución por nuestros pecados, y Abelardo ve en él un ejemplo para nosotros, la teoría clásica o dramática subraya el elemento de conflicto y victoria en la obra de Cristo. Cristo es el vencedor de los poderes del mal que nos tenían subyugados. Aulén rechaza la tendencia de los eruditos a interpretar los textos antiguos que se refieren a Cristo como vencedor de Satanás como meras metáforas. Por el contrario, es necesario tomar tales textos en serio, puesto que dan testimonio del modo en que los primeros cristianos entendían la obra de Cristo.

Es más: esto no es una cuestión de mero interés histórico. Se refiere al corazón mismo de la fe, porque estas diversas teorías responden a modos distintos de entender la situación humana y el proceso global de la salvación. Tanto en la teoría «objetiva» como en la «subjetiva» se limita el poder del pecado dejando a un lado la oposición radical del mal a la voluntad de Dios. En la teoría «clásica», por el contrario, hay un verdadero «drama de la redención», puesto que allí vemos fuerzas opuestas que luchan entre sí. Por lo tanto, el pecado humano no es sencillamente algo que pueda deshacerse mediante un mero ejemplo o un simple pago. Es la esclavitud humana sometida a los poderes del mal, y solamente puede ser destruido derrotando tales poderes.

Esto nos lleva a otra característica de la escuela lundense: su «dualismo limitado». Sin caer por ello en el dualismo maniqueo, los lundenses insisten en que el mensaje del Nuevo Testamento no puede entenderse sin tomar muy en serio la verdadera oposición y conflicto que existen entre Dios y los poderes del mal.[20]

La teología lundense es importante por varias razones. Al redescubrir la importancia del tema del mal para entender el mensaje cristiano, esta teología ofrece una respuesta al liberalismo que en muchos modos es paralela y complementa a la de Barth. Con su énfasis en el carácter comunitario, no solo del pecado, sino también de la redención, ha vuelto a subrayar la importancia de la iglesia y, de ese modo, ha abierto el camino a importantes discusiones eclesiológicas. Por último, al descubrir ciertos elementos olvidados tanto en el cristianismo antiguo como en la Reforma, y también gracias a su estrecha relación con la Iglesia de Suecia —hasta tal punto que varios de los principales teólogos lundenses han llegado a ser obispos de esa iglesia— la teología lundense ha contribuido significativamente al movimiento ecuménico.

---

[20] Esta es la principal crítica de Barth y Bultmann en Gustaf Wingren, *Theology in Conflict* (Filadelfia, 1958).

Dietrich Bonhoeffer (1906-1945) fue probablemente el teólogo alemán más importante de la generación que siguió a la de Barth. Parte de su importancia radica en que —aunque no tuvo oportunidad de desarrollar su teología antes de morir como mártir— Bonhoeffer ofrece vislumbres de las que serían algunas de las principales preocupaciones de los teólogos en décadas futuras. Tras una carrera brillante y prometedora como pastor, erudito, maestro y dirigente de la Iglesia confesante, fue ejecutado por la *Gestapo* unos pocos días antes de que el lugar en que estaba encarcelado fuese liberado por las fuerzas aliadas.

Los primeros escritos de Bonhoeffer le dieron a conocer como teólogo distinguido y también como persona profundamente interesada en la práctica de la vida cristiana. En 1937, en su obra *El costo del discipulado*, acuñó la famosa frase «gracia barata», con el que se quejaba del modo en que el principio de Lutero de la *sola gratia* —que para el Reformador era la respuesta a una lucha interior intensa— se ha vuelto una doctrina que nos sirve precisamente para evitar esa lucha. Aunque es cierto que solamente quien cree puede ser obediente, también es cierto que solamente quien es obediente cree.

> La gracia barata se refiere a la gracia cuando se vuelve doctrina, principio, sistema. Se refiere al perdón de los pecados cuando se le proclama como una verdad general, y al amor de Dios cuando se afirma que ese amor es la «idea» cristiana de Dios.[21]

En *Sanctorum Communio*,[22] Bonhoeffer subrayaba el carácter comunitario de la fe cristiana, y acuñaba la frase famosa que «la iglesia es Cristo existiendo como comunidad». En *La acción y el ser*,[23] Bonhoeffer iba más allá de su bartianismo anterior al insistir que, aunque Barth tenía razón al afirmar que Dios es totalmente soberano, y que su revelación es siempre «acción», también es necesario recordar que al penetrar en la historia y en la iglesia en la persona de Jesús, Dios se ha puesto a nuestra disposición (tema este que luego sería llevado mucho más lejos por algunos de los teólogos de la «muerte de Dios»). En *Vida en comunidad*,[24] basándose en la experiencia de una escuela de teología clandestina y de carácter semi-monástico que había dirigido, Bonhoeffer reflexionaba sobre los dolores y la práctica de tal vida en común.

---

[21] *The Cost of Discipleship* (Nueva York, 1948), p. 35.

[22] Traducción al inglés: *The Communion of Saints: A Dogmatic Inquiry into the Sociology of the Church* (Nueva York, 1963).

[23] Nueva York, 1961.

[24] Nueva York, 1954.

Pero el mayor impacto lo hizo Bonhoeffer gracias a su énfasis en el valor positivo de un cristianismo «del mundo». En los apuntes que había hecho para una ética, publicados póstumamente, ya había afirmado que:

En Cristo se nos ofrece la posibilidad de participar en la realidad de Dios y en la realidad del mundo, pero no en la una sin la otra. La realidad de Dios se me manifiesta únicamente colocándome de pleno en la realidad del mundo, y cuando encuentro la realidad del mundo esta se halla siempre sostenida, aceptada y reconciliada en la realidad de Dios. Este es el sentido interno de la revelación de Dios a la humanidad en Jesucristo.[25]

Fue en sus *Cartas y papeles desde la prisión*,[26] publicados después que ya había sellado con la muerte su vida de obediencia al evangelio, donde Bonhoeffer ofreció sus comentarios más fascinantes sobre este tema; tanto más fascinantes por cuanto son, como es el caso en cualquier correspondencia, fragmentarios, exploratorios y sugestivos más que sistemáticos y completos. En esos apuntes se refería a «un mundo llegado a la mayoría de edad», donde ya no se podría dar por sentado que los seres humanos son religiosos por naturaleza. Se preguntaba entonces Bonhoeffer qué sucedería cuando ya no pudiera sostenerse ese «*a priori* religioso» que había sido la presuposición de toda la predicación cristiana. La respuesta de Bonhoeffer —que según él concordaba perfectamente con su propia perspectiva teológica— era que se haría necesario un «cristianismo sin religión».

Aunque Bonhoeffer nunca tuvo la oportunidad de explicar ampliamente lo que entendía por tal «cristianismo sin religión», resulta claro que se trataba de mucho más que un instrumento apologético dentro de un «mundo llegado a la mayoría de edad». Desde mucho antes, Barth había subrayado el contraste entre la religión y el cristianismo. Bonhoeffer concordaba con Barth en este punto, pero lo llevaba mucho más lejos. Mientras que Barth hablaba del contraste entre el cristianismo y la religión mayormente en términos del contraste entre los esfuerzos humanos y la gracia divina, Bonhoeffer también se refería a un «cristianismo sin religión» en términos de un cristianismo «secularizado», es decir, un cristianismo que ya no pensaría y actuaría en términos de la esfera de lo «religioso» o de la esfera de la «fe» como algo aparte de la esfera en que tiene lugar toda la vida. Bonhoeffer insistía en que la Biblia no es un libro religioso, porque la religión se ocupa de lo individual, de lo interno y del más allá, mientras que los intereses de la Escritura son todo lo contrario.

---

[25] *Ethics* (Nueva York, 1955), p. 61.
[26] Londres, 1953 (edición aumentada, 1973).

Como era de esperar, los comentarios de Bonhoeffer sobre un «mundo llegado a la mayoría de edad» y sobre un «cristianismo sin religión» se han interpretado de modos diversos, y escuelas teológicas ampliamente divergentes entre sí ven en Bonhoeffer a uno de sus precursores. Pero, en todo caso, no es posible poner en duda el valor positivo que Bonhoeffer veía en el proceso de la secularización. En esto concordaba con Gogarten, quien varios años antes ya había empezado a explorar el mismo tema, pero cuyo trabajo más importante sobre el mismo tuvo lugar después de la guerra y de la muerte de Bonhoeffer.

Ese tema también fue explorado por Wolhart Pannenberg, quien en 1961 publicó el volumen *La revelación como historia*,[27] donde rechazaba la distinción corriente entre la «historia del mundo» y la «historia de la salvación» —*Weltgeschichte y Heilsgeschichte*—. No existe dimensión alguna con la que la teología pueda trabajar que se encuentre más allá de la historia. La historia misma es el campo de la revelación de Dios, pero de tal modo que no es posible sencillamente separar algunos elementos o momentos de esa historia y entonces trasponerlos a una «historia de la salvación» supuestamente superior a la historia del mundo. Si hemos de tomar la historia seriamente, ha de tener unidad, y toda la historia ha de ser de interés para el teólogo y para el cristiano. De igual modo, tal historia, si ha de tener sentido, ha de tener fin. En esto radica la importancia de la resurrección de Jesús, que es el acontecimiento escatológico mediante el cual es posible discernir el fin, de tal modo que ahora los cristianos podemos afirmar que hay sentido en la historia, y también podemos decir que tenemos una clave acerca de cuál es ese sentido.

El diálogo entre cristianos y marxistas

Mientras tanto, se iba desarrollando otro campo de investigación teológica que después se uniría a lo anterior para darle forma a buena parte de la teología de la segunda mitad del siglo XX. Nos referimos al diálogo entre marxistas y cristianos. Una figura destacada en las primeras etapas de ese diálogo fue Josef L. Hromádka, quien fue profesor de teología en Praga desde 1920 hasta su jubilación en 1964 —con un interludio entre 1939 y 1947, durante el cual salió de Checoslovaquia debido a la ocupación nazi, y enseñó en el Seminario Teológico de Princeton—.[28] Después de su

---

[27] Salamanca, España, 1977.

[28] Sus obras más conocidas son *Theology between Yesterday and Tomorrow* (Filadelfia, 1957). Véase también su *Impact of History on Theology: Thoughts of a Czech Pastor* (Notre Dame, Indiana, 1970), y H. Ruh, *Geschichte und Theologie: Grundlinien der Theologie Hromadkas* (Zúrich, 1963).

regreso a Praga, en parte a través de la revista *Communio Viatorum*, de la cual era editor, y en parte mediante su docencia y sus libros, Hromádka investigó en qué consiste la obediencia cristiana dentro de una sociedad dominada por marxistas.

La perspectiva teológica de Hromádka concordaba con la de Barth en muchos puntos. Al igual que Barth, Hromádka estaba convencido de que la principal tarea del teólogo cristiano es criticar y corregir la proclamación y la vida de la iglesia a la luz de la Palabra de Dios. Al igual que Barth, creía que la teología es tarea de la Iglesia, y que los teólogos individuales han de llevar a cabo su labor dentro del contexto y para provecho de la iglesia. Por último, al igual que Barth, su atención se centraba sobre la cristología. Aunque no cabe duda de que Barth influyó sobre Hromádka —de lo cual el propio Hromádka siempre fue testigo agradecido— tales semejanzas no han de interpretarse exclusivamente en términos de la influencia directa del teólogo suizo sobre el checo, sino que hubo también otras experiencias y corrientes de pensamiento que guiaron la teología de Hromádka por caminos paralelos a los de Barth. Gracias a la tradición husita del protestantismo checo, la teología de Hromádka siempre vio un contraste entre la Palabra de Dios y la palabra de la sociedad. Como europeo oriental, veía la cara oscura de la civilización occidental con mucha mayor claridad que la mayoría de los teólogos occidentales. En general, concordaba con la tesis de Spengler —que se acercaba la decadencia de Occidente— y creía que la iglesia no solamente debía ser consciente de tal decadencia, sino que también debía ver en ella una oportunidad para ser más obediente. Luego, cuando Hromádka comenzó a leer las obras de Barth, pudo reconocer en él un espíritu afín y aprovechar lo que Barth tenía que decir.

A base de la encarnación, Hromádka estaba convencido de que el mejor modo de entender lo que es ser verdaderamente humano es mirar hacia la Palabra de Dios en Cristo. Esto no quiere decir, sin embargo, que los cristianos deban interesarse únicamente por lo «religioso» en el sentido tradicional, puesto que en Cristo se nos dice que Dios viene al mundo. Por tanto, creer en Jesucristo involucra inmediatamente al creyente en el mundo al cual Dios vino. Es más: no se trata de algo optativo, porque la iglesia y los cristianos existen en el mundo, y cualquier juicio que pronunciemos sobre el mundo es *ipso facto* un juicio sobre nosotros mismos y sobre la Iglesia.

El propósito o meta de este mundo que Dios ha creado es el Reino. Los escritos de Hromádka vuelven una y otra vez a esta expectación escatológica, que indica que todo orden humano no puede ser sino una aproximación al propósito divino, y que, en cada orden existente, los cristianos han de trabajar para que haya tal aproximación. Por tanto, la tarea de los cristianos, sea en Oriente o en Occidente, es colaborar con aquellas fuerzas e individuos en la sociedad que buscan los propósitos de la paz y la justicia. En particular, esto requiere que se trabaje en pro de los oprimidos, los hambrientos o aquellos a quienes se les niega su dignidad humana de cualquier otro modo. E implica trabajar también para la reconciliación doquiera el mundo o la sociedad humana se encuentren divididos. Cristo vino a reconciliar a la humanidad con Dios, pero también a la humanidad consigo misma. Por tanto, la misión de la iglesia ha de ser, sobre todo, misión de reconciliación.

Esta era una de las razones por las que Hromádka afirmaba que los cristianos debían rechazar el anticomunismo. El anticomunismo es una actitud que busca la victoria de unos y la derrota de otros, más que la reconciliación. Aún más: a menudo el anticomunismo fomenta una actitud de justicia propia en la que solamente se atacan y se condenan los males del comunismo, al mismo tiempo que se desconocen o se ocultan los males de la sociedad donde vive el anticomunista. Aunque es cierto que el comunismo necesita correcciones radicales, los cristianos han de cuidar de no confundir su fe con la democracia liberal de Occidente.

Hromádka está convencido de que hay mucho en el comunismo que los cristianos han de rechazar. Especialmente, los cristianos deben condenar las medidas opresivas y brutales que frecuentemente los comunistas han empleado para alcanzar el poder y para retenerlo. En cuanto al marxismo mismo, Hromádka lo criticó por su modo superficial de entender el pecado humano, que lleva a la pretensión de que en una sociedad sin clases nacerá una nueva humanidad, y se resolverán los problemas de la avaricia y el odio. Además, el marxismo clásico deshumaniza a la criatura humana mediante una visión de la historia que no deja mucho campo para la libertad y la responsabilidad.

En cuanto al ateísmo marxista, Hromádka afirma que se ha de ver en él algo negativo a la vez que algo positivo. Del lado negativo, tal ateísmo lleva a una interpretación del mundo, de la humanidad y de la historia que es harto superficial y que a la postre no tiene sentido. Pero, del lado positivo, los cristianos han de recordar que el Dios cuya existencia los marxistas niegan no es el Dios cristiano. Se trata más bien de un dios como los ídolos a quienes los profetas de la Biblia ya atacaron. Aunque es cierto que la teología y la práctica cristianas frecuentemente se han mostrado incapaces de ver tal distinción, y por tanto han caído en la idolatría, la destrucción de tal ídolo debe verse como una contribución positiva por parte del marxismo.

En aquellas situaciones en que los marxistas trabajan en pro del mejoramiento de la sociedad humana, los cristianos deben colaborar con ellos. Al decidir a quién apoyar en situaciones políticas concretas, no basta con apoyar a quienes se llaman a sí mismos cristianos. Lo que hay que hacer es más bien, respecto a cualquier tema o situación que se debata, apoyar a aquellos cuyas metas están más acordes con el reino. Naturalmente, en diversas circunstancias esto tomará distintas formas concretas. Pero en toda circunstancia lo que los cristianos han de hacer es buscar, no la victoria o la derrota de una ideología o de un partido en particular, sino más bien la paz y la reconciliación.

En todo caso, lo que sí es necesario recordar en toda esta discusión es que la teología cristiana no está en competencia con el marxismo o con cualquier otra ideología. La base sobre la cual la teología cristiana habla es la Palabra de Dios, que no puede ser contenida por ideología alguna, sino que se pronuncia sobre toda empresa humana y sobre toda ideología humana como juicio y como gracia.

En la obra de Jan M. Lochman (1922-2004), se conjugaron las teologías de Barth y de Hromádka. Lochman fue primeramente discípulo de Hromádka, y después profesor de teología en la Facultad de Teología Comenius en Praga —donde Hromádka había sido maestro— y más tarde en la Universidad de Basilea —donde transcurrió la mayor parte de la carrera docente de Barth—. Al igual que Hromádka, Lochman continuó explorando el encuentro entre el cristianismo y el marxismo. Como Barth, trató de desarrollar una teología sistemática basada en la Palabra de Dios —aunque le prestaba mayor atención que Barth al reto y las oportunidades de la secularización—.[29]

Probablemente el teólogo alemán de mayor impacto a finales del siglo XX y principios del XXI sea Jürgen Moltmann (1926-). No solamente a través de sus libros, sino también gracias a visitas y conferencias frecuentes, ha tenido un fuerte impacto en Estados Unidos —donde sirvió como profesor visitante en la Universidad de Emory—. También ha mantenido un vivo diálogo con los teólogos latinoamericanos de la liberación. Durante la Segunda Guerra Mundial, fue capturado por los ingleses y comenzó a estudiar teología mientras era prisionero de guerra. Más tarde recibió el impacto de la mayor parte de los teólogos que acabamos de mencionar —en particular, de Barth—. Pero fue su lectura del filósofo marxista Ernst Bloch lo que le lanzó en una nueva dirección teológica. Acerca de Bloch, dice Moltmann que:

Recuerdo muy bien haberme pasado toda una vacación en Tessin con su libro *Das Prinzip Hoffnung* (*El principio de la esperanza*)[30] sin percatarme de la belleza de las montañas suizas. Me pregunté: «¿Por qué es que la teología cristiana ha evadido este tema que en

---

[29] Jan M. Lochman, *The Church in a Marxist Society: A Czecholosvak View* (Nueva York, 1970); *Encountering Marx: Bonds and Barriers between Christians and Marxists* (Filadelfia, 1977); *The Faith We Confess: An Ecumenical Dogmatics* (Filadelfia, 1984).

[30] 3 vols. (Cambridge, 1982).

realidad debió haber sido suyo? ¿Cuál es el lugar en el cristianismo contemporáneo del espíritu de esperanza del cristianismo primitivo?». Fue entonces cuando empecé a trabajar sobre la *Teología de la esperanza*.[31]

Este importantísimo libro, publicado originalmente en 1965, trataba de recobrar el carácter central de la escatología para la fe cristiana, y, al mismo tiempo, demostrar que la escatología era más que «la doctrina de las últimas cosas». Al contrario: la escatología es tanto lo que la iglesia espera como la esperanza por la que la iglesia vive. Por lo tanto, «el cristianismo es escatología, es esperanza, desde el principio hasta el fin, y no solo en su epílogo».[32] Y, tras explicar cómo esa esperanza se relaciona con la resurrección de Jesucristo, y lo que implica para la relación entre la revelación y la historia, Moltmann concluye:

> Como resultado de tal esperanza en el futuro de Dios, el mundo actual se presenta a los ojos del creyente como libre de todo intento de autorredención o de autoproducción mediante el trabajo, y queda abierto para la entrega de sí mismo en amor y en servicio para humanizar las condiciones existentes y para realizar la justicia en el mundo a la luz de la justicia venidera de Dios. Esto quiere decir, empero, que la esperanza de la resurrección debe traer consigo un nuevo modo de entender el mundo. Este mundo no es el cielo de la realización del yo, como se pensaba en el idealismo. Este mundo tampoco es el infierno de la enajenación del yo, como se le describe en los escritos románticos y existencialistas. El mundo todavía no está completo, sino que está involucrado en una historia. Es, por lo tanto, el mundo de las posibilidades; el mundo donde podemos servir la verdad, justicia y paz prometidas para el futuro. La presente era es de diáspora, de sembrar en esperanza, de la entrega de sí mismo y del sacrificio, porque es una era que se encuentra bajo el horizonte de un nuevo futuro. Este darse a sí mismo en el mundo, este amor cotidiano esperanzado, se vuelve posible y humano a partir del horizonte de una expectativa que trasciende este mundo.[33]

---

[31] En T. Cabestrero, *Conversations with Contemporary Theologians* (Maryknoll, Nueva York, 1980), p. 123.

[32] *Theology of Hope: On the Grounds and Implications of Christian Eschatology* (Nueva York, 1967), p. 16.

[33] *Ibid.*, p. 338.

Puesto que en el corazón mismo de la escatología cristiana se encuentra la esperanza y promesa del reino, una fe escatológica ha de ser necesariamente política. Hablar de un evangelio no político es necedad y contradicción. En contraste con todas las otras religiones, el cristianismo «ha sido político desde el comienzo. La fe cristiana era política porque Cristo fue crucificado por razones políticas, como traidor. La memoria de esa muerte política de Cristo obliga a la fe a seguir a Cristo en su tarea mesiánica de librar a la humanidad también en un sentido político».[34]

Lo que Moltmann propone, entonces, es un modo de entender la fe cristiana que encuentra a Dios en la historia —concretamente, en aquellos aspectos de la historia que llevan la señal de la cruz, es decir, en los desposeídos, los oprimidos y los afligidos—. Es también una fe que nos llama a unirnos con Cristo en la cruz. Sin embargo, no se trata de la cruz mística del pietismo o del sentimiento religioso, sino de la cruz de una historia en la que Dios es crucificado. Tal es el título de otra de las más importantes obras de Moltmann, *El Dios Crucificado*,[35] donde el énfasis es algo distinto del de su obra anterior, aunque la dirección teológica es la misma. Moltmann ha confesado que al escribir *Teología de la esperanza* se mostraba demasiado entusiasta acerca de las posibilidades del cambio político inmediato. El Concilio Vaticano II le abría nuevos horizontes a la Iglesia católica. El Consejo Mundial de Iglesias, y la mayoría de las comuniones que forman parte de él, se mostraban optimistas acerca de las posibilidades futuras de salvar muchas de las distancias que dividían a la humanidad. Más allá de la cortina de hierro, en Checoslovaquia, parecía que el socialismo marxista comenzaba a tomar un rostro más humano. Pero entonces vino la reacción, y en todas estas esferas la esperanza inmediata no pareció tan prometedora como antes. Por lo tanto, Moltmann escribió un segundo libro en el que relacionaba la esperanza cristiana, no solo con la resurrección, sino también con la crucifixión, pero los dos son una sola pieza, y no debe exagerarse el contraste entre ambos. Como Moltmann mismo ha dicho: «solamente hay esperanza para un nuevo futuro cuando se acepta el pasado con toda la culpa que conlleva y con todas las experiencias crucificadoras que incluye. Es por ello por lo que creo que *El Dios crucificado* muestra más esperanza que *Teología de la esperanza*. Las señales de la destrucción se multiplican y es necesario que nuestra esperanza deje de ser puerilmente optimista».[36]

---

[34] En Cabestrero, *Conversations*, p. 135.
[35] *The Crucified God* (Nuev York, 1974).
[36] En Cabestrero, *Conversations*, p. 124.

La teología protestante en Estados Unidos

Al repasar el curso de la teología en Estados Unidos, y más particularmente la vida misma de las iglesias, de inmediato se nota hasta qué punto
Estados Unidos ha permanecido aislado de muchos de los cambios drásti-
cos del siglo XX. Aunque en ningún lugar influyen tanto los cambios tecnológicos como en dicho país, hasta la segunda década del siglo XXI los
grandes cataclismos políticos, económicos y sociales del siglo XX escasamente habían turbado la superficie de las aguas en Estados Unidos. Así,
por ejemplo, aunque participaron en ambas guerras mundiales, la consecuencia inmediata en ambos casos fue un sentido de victoria y de euforia,
un optimismo que contrastaba señaladamente con el ambiente que reinaba
en Europa —aun entre aquellas naciones europeas que podían llamarse
«vencedoras»—. De igual modo, el impacto del fin de la era colonial fue
mucho más sutil en Estados Unidos, cuyo imperio sobre amplias regiones
del tercer mundo era económico más que abiertamente político. Mientras
antiguas potencias coloniales europeas como Gran Bretaña, Francia, Alemania, Holanda e Italia perdían sus colonias físicas, Estados Unidos continuaba expandiendo su poderío económico en diversas regiones del mundo.

Por esas razones, Barth y su escuela no tuvieron sobre Estados Unidos
el mismo impacto inmediato que sobre Europa, o aun entre los teólogos
y dirigentes eclesiásticos del «tercer mundo». Fue solamente tras sufrir
los efectos devastadores de la depresión económica cuando los círculos
eclesiásticos norteamericanos comenzaron a mostrarse dispuestos a escuchar lo que Barth decía en su obra *Palabra de Dios y palabra humana*,
que había sido recientemente traducida al inglés.[37] Aparte de la traducción
directa de las obras de Barth y Brunner —quien en Estados Unidos tuvo
mejor acogida que Barth— la nueva teología se manifestó especialmente
en las obras de los dos hermanos Niebuhr: Reinhold (1892-1971) y H.
Richard (1894-1962).

Reinhold Niebuhr había sido pastor en Detroit, donde su experiencia fue semejante a la de Barth en Safenwil. Ante el sufrimiento de las
clases obreras y su deshumanización —tanto por la mecanización como
por las estructuras sociales y económicas— Reinhold Niebuhr se tornó
hacia la crítica marxista del capitalismo. Aunque no se hizo marxista, sí
se convenció de que Marx tenía razón en mucho de lo que decía sobre el
funcionamiento interno del capitalismo, y que, por tanto, los cristianos
debían rechazar la fácil ecuación entre el capitalismo liberal demócrata
y un orden económico justo. También se convenció de que las sociedades actúan de modos que contrastan con los principios y acciones de sus

---

[37] Nueva York, 1928.

miembros individuales. Tal fue la tesis de su libro *El individuo moral y la sociedad inmoral*,[38] que —según él mismo dijo más tarde— en realidad debió haberse llamado «El individuo inmoral y la sociedad todavía más inmoral». Lo que quería decir con esto era que había descubierto algo de la profundidad del pecado humano y cómo funciona, no solamente en los individuos, sino también de modo exacerbado en las sociedades. Más tarde, en *La naturaleza y el destino humanos*,[39] continuó trabajando sobre este tema, y fue a través de ese libro que toda una generación de estudiantes norteamericanos de teología vino a comprender la profundidad del pecado y la necesidad de la gracia.

Mientras tanto, su hermano H. Richard Niebuhr trabajaba sobre un análisis sociológico y teológico de la vida religiosa norteamericana. En *Las fuentes sociales del denominacionalismo*, acusaba a las iglesias de haberse rendido ante los dioses de la clase social y del interés propio.

> El dominio de la ética de clase y de la propia preservación sobre la ética del evangelio es la causa de buena parte de la infectividad moral del cristianismo en el Occidente. El denominacionalismo es la fuente de la debilidad moral de la cristiandad, no primeramente porque divide o dispersa sus energías, sino sobre todo porque señala la derrota de la ética cristiana de la fraternidad por la ética de la casta. La efectividad ética del individuo depende de la integración de su carácter, de la síntesis de sus valores y deseos para formar un sistema en el que predomine el bien supremo; la efectividad ética de un grupo no depende menos de ser guiado por una moral en la que todos los propósitos secundarios se organicen alrededor de un ideal central. Las iglesias son inefectivas porque les falta tal moral común.[40]

Según decía Niebuhr, lo que había sucedido en el denominacionalismo era que el cristianismo había capitulado, no llevando ya la vanguardia, sino dejándose amoldar por «las fuerzas sociales de la vida nacional y económica». Cuando tal sucede, la iglesia tiene muy poca esperanza que ofrecer al mundo, porque pierde su carácter profético.[41] Tal acusación la repitió en 1937 en un dramático resumen de la teología blanda que —según él— se

---

[38] Nueva York, 1932.

[39] Publicado originalmente en dos volúmenes (Nueva York, 1941, 1943) y luego como uno solo (Nueva York, 1949).

[40] Reimpresión de 1959 (Nueva York), pp. 21-22.

[41] *Ibid.*, p. 275.

había apropiado de la nación: «Un Dios sin ira lleva a gentes sin pecado, a un reino sin juicio, mediante la obra de un Cristo sin cruz».[42]

A partir de entonces, H. Richard Niehbur pasó el resto de su carrera como profesor de ética cristiana tratando de destruir los ídolos de la cultura y de la sociedad que les impiden a los cristianos y a la iglesia ser verdaderamente responsables ante Dios. Tal fue el tema de su obra más madura, *El monoteísmo radical y la cultura occidental*,[43] donde exploraba el sentido y el alcance de una ética fundamentada en el carácter relativo de toda autoridad humana y cultural, bajo la soberanía de Dios.

Cuando el nazismo comenzó a avanzar en Alemania, Reinhold Niebuhr dio los pasos necesarios para llevar a Paul Tillich (1886-1965) a Estados Unidos, donde pasó el resto de su carrera como profesor en el Seminario Teológico Union, en Nueva York. Tillich se había granjeado la enemistad del régimen nazi, y por ello se vio obligado a abandonar Alemania. Es probable que Niebuhr tuviera la esperanza de que su nuevo colega en Union, bien conocido en Alemania por su posición socialista, le ayudara en la tarea de criticar las estructuras económicas y sociales norteamericanas. Pero tal no fue el caso, porque Tillich siempre se había visto a sí mismo como «teólogo de la cultura» y, por tanto, su interés en la psicología moderna, así como en el existencialismo y las religiones orientales, pronto eclipsaron su interés en la economía y en el orden social.

A diferencia de Barth, Tillich pensaba que la tarea de la teología era, ante todo, apologética, y que a fin de llevarla a cabo debía basarse en la filosofía. Por esa razón proponía el «método de correlación», que esencialmente consistía en analizar las preguntas existenciales que la vida lleva a las gentes a plantearse, y luego contestarlas en términos del evangelio.

La teología sistemática utiliza el método de la correlación. Siempre lo ha hecho, unas veces más conscientemente y otras veces menos, y debe hacerlo consciente y explícitamente, sobre todo si el punto de vista apologético ha de prevalecer. El método de correlación explica el contenido de la fe cristiana mediante preguntas existenciales y respuestas teológicas en mutua interdependencia.[44]

Según Tillich, al analizar nuestra existencia humana, descubrimos que es una existencia incompleta, que allende todos nuestros efímeros esfuerzos en busca de la seguridad y de la afirmación de nuestro propio ser, hay un

[42] *The Kingdom of God in America* (Nueva York, 1937), p. 193.
[43] Nueva York, 1960.
[44] *Systematic Theology*, Vol. 1 (Chicago, 1951), p. 60.

«interés último». Por mucho que los modernos traten de ocultar tal interés, o de huir de él, siempre está presente porque nuestro ser no puede sostenerse por sí solo, sino que descansa en «la base de todo ser». Esa base no es sino Dios. Dios no es un ser. Dios no existe como los seres existen. Dios es la base y fundamento de todo ser y toda existencia.

En medio de nuestra ansiedad, y en nuestra afanosa búsqueda de dirección, podemos tratar de afirmar nuestra propia suficiencia. Esto es lo que Tillich llama «autonomía», y siempre resulta ser superficial y engañosa, porque en realidad no somos ni podemos ser el fundamento de nuestro propio ser. La opción de la «heteronomía», que fundamenta nuestro ser en otro y nuestra vida en la autoridad de otro, sí afirma nuestro carácter incompleto, pero luego trata de fundamentar nuestro ser sobre una base falsa, y por ello produce una vida inauténtica. La única opción que nos queda es la «teonomía», que fundamenta nuestro ser sobre su verdadera base, y, por lo tanto, nos permite relacionarnos correctamente con los otros seres, es decir, relacionarnos no «autónomamente» ni «heterónomamente».

Dentro de este contexto, el centro del mensaje cristiano es el «Nuevo Ser». Este es «el ser esencial bajo las condiciones de la existencia, que salva la distancia entre la esencia y la existencia».[45] Tal Nuevo Ser es Jesucristo, quien lo encarna completamente. Es de esa certeza de que «quien trae el nuevo eón no puede haber sucumbido a los poderes del viejo» de donde surge la fe en la resurrección.[46] «Lo que crea la certeza de la resurrección de Cristo como acontecimiento y como símbolo es la seguridad de nuestra propia victoria sobre la muerte de la distancia existencial».[47] Así pues, lo que tenemos aquí es un extraño giro en el cual la resurrección de Jesús no es el sello de su vida, sino que es más bien nuestra fe en él y en nuestra propia victoria lo que garantiza su resurrección.

Mientras Tillich vivió, su teología fue muy influyente, especialmente en Estados Unidos. Pero en años recientes esa influencia ha decaído hasta tal punto que parece tener razón un autor británico al afirmar que «su obra, de carácter altamente personal, parece haber perdido su actualidad».[48]

Aunque tal afirmación bien puede ser cierta, también es cierto que no ha aparecido en el horizonte teológico de Estados Unidos otro sistema comparable que pretenda tomar el lugar del de Tillich. Ciertamente, la teología norteamericana en los últimos cincuenta años no puede describirse sino en términos de una gran variedad de esfuerzos en direcciones

---

[45] *Ibid.*, Vol. 3 (Chicago, 1957), pp. 118-19.

[46] *Ibid.*, p. 154.

[47] *Ibid.*, p. 153.

[48] Heron, *A Century*, p. 143.

divergentes.[49] Ha habido intentos de desarrollar una teología apelando la filosofía del proceso, siguiendo la pauta trazada antes por Charles Hartshorne. Tal es la obra de John B. Cobb, quien afirma que, a base de la filosofía del proceso, es posible desarrollar una nueva teología natural, y que tal teología es necesaria si la fe ha de relacionarse activamente con la vida contemporánea. El tema de la secularización y su valor positivo ha sido tomado por varios teólogos, quienes, sin embargo, siguen direcciones diversas. Los teólogos negros, latinos y feministas también han hecho una contribución señalada a la vida de la iglesia (aunque en realidad tales teologías se pueden entender mejor dentro del contexto de las nuevas teologías que van surgiendo en el tercer mundo).

Por último, hay que señalar que, posiblemente, el acontecimiento teológico de más importancia en Estados Unidos en años recientes haya sido el abismo creciente, aun entre conservadores, entre una nueva teología conservadora que es radicalmente anticomunista y antisocialista —a veces hasta el punto que se aproxima al fascismo— y que cree que la principal tarea de la iglesia es fortalecer la posición de Estados Unidos entre las naciones del mundo, y otra teología que, haciéndose eco de algunas de las afirmaciones de la Declaración de Barmen, y siguiendo frecuentemente la pauta de otras teologías conservadoras en el resto del mundo, afirma la absoluta autoridad de Cristo sobre toda la vida, y trata de colocar la vida y las políticas norteamericanas bajo el juicio de ese señorío. El movimiento de los «Evangélicos en pro de la acción social» —*Evangelicals for Social Action*— es característico de esta última clase de teología conservadora, que es muy consciente de las injusticias sociales y económicas en el mundo, y de la complicidad norteamericana en esas injusticias. Su posición se puede ver claramente en la «Declaración de Chicago» de 1973.[50]

Nuevas direcciones en la teología católica

Cuando por última vez discutimos la teología católico romana, en el capítulo 49, vimos que, durante el siglo XIX, frente a los diversos retos del mundo moderno, la tendencia general de esa teología católica fue la de una reacción conservadora (con las excepciones parcial de la encíclica *Rerum novarum* de León XIII y de los «modernistas», quienes fueron condenados por las autoridades eclesiásticas). Durante la primera mitad del siglo

---

[49] Por ello el título de la obra de L. D. Kliever, *The Shattered Spectrum: A Survey of Contemporaty Theology* (Atlanta, 1981), aunque incluye la teología europea y latinoamericana, en realidad se aplica con más propiedad a la teología norteamericana de las últimas décadas.

[50] R. J. Sider, ed., *The Chicago Declaration* (Carol Stream, Illinois, 1974).

XX, el papado siguió la misma política —aunque ahora, sabiendo lo que sucedió después, es posible ver algunas tendencias que ya en aquel tiempo iban abriendo el camino hacia la mayor apertura del Concilio Vaticano II. El conservadurismo teológico de los papas se manifestó, como antes, en el modo en que respondían al mundo moderno. Tres de los cuatro papas entre 1903 y 1958 tomaron el nombre de Pío, con lo cual indicaban su deseo de continuar las políticas de Pío IX: Pío X (1903-1914), Pío XI (1922-1939), Pío XII (1939-1958). El cuarto, Benedicto XV (1914-1922), había sido elevado al arzobispado por Pío X, y claramente se dedicó a continuar las políticas de su predecesor. Durante los primeros años del siglo, una de las principales preocupaciones del papado fue la cuestión de su poder temporal sobre la ciudad de Roma, cuya pérdida los papas no parecían poder aceptar. Por último, en 1929, se llegó a un acuerdo con Mussolini. El hecho de que fue Mussolini quien por fin pudo llegar a tal acuerdo es importante, porque Pío XI, quien a la sazón ocupaba el papado, apoyó el fascismo en sus primeras etapas. Aunque a la postre chocó con Mussolini, su sucesor, Pío XII, también se mostró ambivalente en su oposición al fascismo, que, al parecer, consideraba menos peligroso que el comunismo —especialmente mientras no atacara a la iglesia directamente.

En asuntos estrictamente teológicos, el conservadurismo de estos papas puede verse en sus esfuerzos de aplastar las nuevas corrientes de pensamiento que iban surgiendo dentro de la Iglesia católica. Pierre Teilhard de Chardin (1881-1955), quien fue posiblemente el pensador católico más original de todo el siglo, recibió orden de no publicar sus escritos. Sus obras fueron publicadas póstumamente en 1951, y fueron recibidas con entusiasmo por los círculos intelectuales en todo el mundo. Pero en 1962, cuando el teólogo jesuita Henri de Lubac (1896-1991) publicó el primer volumen de un estudio sobre Teilhard, se le prohibió publicar el segundo, y también se prohibió que el primer tomo, que había aparecido originalmente en francés, se tradujera a otras lenguas. Yves Congar (1904-1995), otro teólogo católico importante, también fue silenciado por Roma.

Por otra parte, había señales que apuntaban hacia un nuevo día en la teología católica. Una de esas señales era precisamente el hecho de que Teilhard, Lubac, Congar y muchos otros en torno a ellos, estaban abriendo caminos teológicos que le parecían peligrosos a la jerarquía. Otra señal era el grado en que la Iglesia católica se iba volviendo una comunión verdaderamente internacional. Los papas conservadores de la primera mitad del siglo ya se percataban de la importancia creciente del «tercer mundo». Pío XI consagró a los primeros obispos chinos. Pío XII siguió su pauta tratando de colocar a las iglesias en el tercer mundo bajo la dirección de obispos nativos. También se percató de que había tocado a su fin la era del colonialismo, y que en el futuro sería necesario tratar con naciones independientes en todo el mundo, y no sencillamente con los poderes coloniales, como se

1126 HISTORIA DEL PENSAMIENTO CRISTIANO HASTA EL SIGLO XXI

había hecho hasta entonces. Por ello fortaleció las iglesias nacionales y, sin menoscabo de su propia supremacía, les dio cierta medida de autonomía para responder a sus propios problemas. Por último, una tercera señal del nuevo día fue el movimiento de reforma litúrgica que, siempre dentro de límites muy estrictos, recibió el apoyo de los papas. Aunque parte de la convicción de que era necesario reformar la liturgia surgía de consideraciones teológicas internas, parte también reflejaba el sentimiento de que la Iglesia debía comenzar a tomar en cuenta el mundo moderno. Tales promesas de cambio llegarían a su fruición en el Concilio Vaticano II.

La corriente dominante durante la primera parte del siglo fue el neotomismo de teólogos filosóficos tales como Jacques Maritain (1882-1973) y Étienne Gilson (1884-1978), quienes criticaban al tomismo anterior por haber interpretado a Tomás en términos «esencialistas» más bien que «existencialistas». Esta nueva generación de tomistas veía en la prioridad de la existencia sobre la esencia, tal como la postulaba Santo Tomás, la oportunidad para un diálogo con el existencialismo.

Pero ya para la década de 1930 había otras señales de desasosiego y de renovación teológica. La ciencias históricas y exegéticas, que por entonces avanzaban rápidamente entre los protestantes, también se abrieron camino entre los teólogos católicos. En 1942 comenzó un nuevo esfuerzo de publicar los escritos antiguos del cristianismo. Bajo la dirección de Henri de Lubac y Jean Daniélou, esta serie, *Sources chrétiennes*, pronto contó con más de cien volúmenes. Las cuestiones de la relación entre la ciencia y la teología fueron abordadas por varios teólogos, entre los que se destacó el teólogo jesuita Pierre Teilhard de Chardin, cuyos artículos sobre el origen de la especie humana y sobre la evolución fueron ampliamente respetados entre sus colegas paleontólogos.[51] En 1933, Yves Congar publicó su primera obra importante sobre teología del laicado.[52]

Ya para 1946, la «nueva teología» era tema de controversia. El teólogo dominico M. M. Labourdette (1908-1990) acusó a los editores de *Sources chrétiennes* de seleccionar para publicar aquellos textos que parecían cuestionar la validez de la teología escolástica, o que apoyaban diversos elementos del pensamiento moderno. R. Garrigou-Lagrange (1877-1964) acusó a la «nueva teología» de capitular ante las ideas del progreso y de la evolución, tomadas del mundo moderno. Por algún tiempo, el debate tomó la forma de un conflicto entre los jesuitas y los dominicos, que eran más conservadores. El resultado fue que varios de los «nuevos teólogos» fueron silenciados. Otra acción contra ellos fue la promulgación de la encíclica *Humani generis* en 1950, en la que se reiteraba la condenación del

---

[51] Sus artículos aparecieron a partir de 1916 en *Annales de paléontologie, Revue de philosophie*, y otras revistas.

[52] *Jalons pour une théologie du laïcat* (París, 1953).

modernismo y se advertía contra toda innovación en teología. Ese mismo año, el papa Pío XII promulgó el dogma de la asunción de María, con lo cual aumentó la distancia entre católicos y protestantes.

Entre los teólogos silenciados durante ese período, el más original fue el ya mencionado Pierre Teilhard de Chardin. Su teología era apologética en el sentido amplio de que trataba de mostrar la validez del cristianismo al mundo científico. Pero iba más allá de la apologética tradicional por cuanto también buscaba un nuevo modo de entender el cristianismo, y Teilhard estaba convencido de que la ciencia moderna tenía una contribución importante que hacer en este sentido. Según Teilhard, en la base misma del pensamiento moderno se encuentra el principio de la evolución, con el cual él concordaba entusiastamente. Difería, sin embargo, del modo en que el darwinismo entendía ese principio: como la supervivencia de los más aptos. Frente a esto, Teilhard proponía que la evolución cósmica sigue «la ley de la complejidad y la conciencia». Toda la realidad va evolucionando hacia una complejidad cada vez mayor, que es lo mismo que un mayor grado de conciencia. La materia y la conciencia no son dos «cosas» diferentes, como diría Descartes. Por el contrario, en la materia misma del universo, aun en su más minúscula partícula, hay una fuerza que llama a la conciencia. Siguiendo esta ley, la «geosfera» original evoluciona para dar lugar a la «biosfera» donde aparece y se desarrolla la vida, hasta que esta, a su vez, le cede el paso a la «noosfera», que es el reino de la vida inteligente.

Este proceso no es recto ni directo. Hay experimentos en los que diversas entidades evolucionan siguiendo direcciones que no han de continuar, porque son callejones sin salida, pero, a la postre, tales experimentos producen una entidad más elevada, y esto, a su vez, da lugar a nuevos experimentos. Es por ello por lo que, si se le considera únicamente en sus partes, todo el proceso no parece tener sentido, mientras que si se le ve como un todo se puede ver su movimiento y dirección.

La meta de este movimiento es el «punto omega», que no es otro que Jesucristo. Jesucristo es el *Homo futurus*, la meta misma de la evolución, porque el fin de todo es la comunión con Dios, y en Jesús esa comunión ha llegado a su grado más excelso. Es en Jesús que se da, a la vez, la unión perfecta con Dios y la identidad perfecta del ser humano. Luego, mientras que desde una perspectiva el proceso evolutivo es una «cosmogénesis» —la materia que va evolucionando para formar un universo y moviéndose hacia Dios— en otro sentido se trata de una «cristogénesis» —Dios que viene a la materia, el Verbo hecho carne—.

Este proceso puede verse también en la historia. Es posible estudiar el ascenso de la humanidad y de sus diversas civilizaciones como una evolución que va tanteando hacia el *Homo futurus*. En tales tanteos, fueron las civilizaciones del Mediterráneo y la occidental las que llegaron al punto en que Jesús pudo aparecer y trabajar en ellas. Pero ahora estamos en una era de «planetización», tanteando hacia una nueva civilización que será una nueva etapa en el proceso evolutivo. La Iglesia, como cuerpo de Cristo, la comunidad gobernada por la mente de Cristo, está llamada a un papel central en este proceso.

El hecho de que no se le permitiera a Teilhard publicar sus obras mientras vivió, y que en los primeros años tras su muerte fuera visto con suspicacia por las autoridades eclesiásticas, demoró su impacto, de modo que vino a ser un contemporáneo y una luz conductora para muchos teólogos y filósofos que comenzaban a descubrir su pensamiento diez años después de su muerte. Ese impacto puede verse en los muchos teólogos contemporáneos que rechazan los dualismos anteriores, así como en quienes insisten en que el «fin» es el mejor punto de partida para la teología.

Aunque el impacto y la visión de Teilhard de Chardin se han hecho sentir en estos puntos, así como en otros, el gran maestro y sistematizador de la teología católica en el siglo XX fue Karl Rahner (1904-1984). Aunque había comenzado como seguidor de Heidegger, y a través de toda su vida retuvo algunos de los énfasis del existencialismo, Rahner pronto dejó atrás la preocupación existencialista con el «momento» y el «encuentro», que le parecían demasiado atomistas en su comprensión de la existencia humana. Al mismo tiempo que fue estrictamente ortodoxo, insistía sobre la necesidad de que cada generación comprendiera de nuevo la verdad que se encuentra tras las fórmulas de la ortodoxia. Fue así como logró combinar una ortodoxia impecable con un espíritu creador sorprendente. Sería difícil encontrar un tema teológico tradicional que Rahner no examinara, discutiera, reinterpretara y revitalizara. Sus voluminosos escritos y las muchas obras enciclopédicas y revistas que editó[53] tratan sobre todos los encabezados principales de la doctrina cristiana, así como varios otros temas frecuentemente olvidados por los teólogos modernos. Un tema determinante que se encuentra en todos sus escritos es el misterio. El misterio hace que el teólogo se encuentre sobrecogido ante el tema de que trata. Pero el misterio, lejos de ser una excusa para la pereza intelectual o para un oscurantismo fideísta, es un llamado al entusiasmo y a la reflexión. Así, al empezar uno de sus libros, Rahner escribió:

La vieja teología de la fe siempre supo que para los rudos o incultos no es posible ni necesario llegar a la fe mediante una reflexión adecuada de todas las razones intelectuales que la hacen creíble.

---

[53] Entre las cuales se encuentra la segunda edición del *Lexicon für Theologie und Kirche* y, juntamente con E. Schillebeeckx, la importante revista *Concilium*. Sus ensayos han sido coleccionados y traducidos al inglés: *Theological Investigations* (Nueva York, 1961-1983).

Luego yo quisiera formular ahora que, en la situación presente, todos nosotros, a pesar de nuestro estudio teológico, somos y seguimos siendo inevitablemente rudos e incultos en cierto sentido, y que tenemos que confesárnoslo a nosotros mismos y también al mundo con franqueza y valentía.[54]

Puesto que la obra de Rahner es demasiado vasta para resumirla aquí, centraremos nuestra atención en dos temas que son de importancia singular. El primero es la cristología de Rahner, y, el segundo, es la antropología y la doctrina de la gracia que surgen de ella. Al tiempo que concuerda con la *Definición* de Calcedonia, Rahner afirma que esa definición frecuentemente se ha interpretado de una manera monofisita o casi docética, como si de algún modo la encarnación disminuyera o redujera la verdadera humanidad de Jesús. Frente a tal interpretación, Rahner encuentra en el Nuevo Testamento el testimonio de un Jesús verdaderamente humano. Esto es importante para Rahner, porque la antropología cristiana debe basarse en lo que vemos en Jesús, quien manifiesta lo que es ser verdadera y completamente humano. La encarnación no es solamente la respuesta de Dios al pecado humano, sino que es la meta misma de la creación, la razón de la existencia humana. Tal existencia solamente es posible porque Dios ha querido ser humano. Todo esto implica que, en lugar de pensar o afirmar que somos nada, debemos afirmar lo contrario, puesto que —gracias a la encarnación— hablar mal de la humanidad sería también hablar mal de Dios. Lo que la encarnación sí implica es que nuestra misma existencia es resultado de la gracia. No existe un ser humano «natural» sin gracia. Por tanto, aunque no ha de olvidarse ni ocultarse la función de la Iglesia y de sus sacramentos como medios de gracia, también es cierto que toda buena acción humana, no importa quién la realice ni dónde, es una acción de la gracia divina.

Otro tema de gran importancia en la teología de Rahner es el modo en que entiende la catolicidad de la Iglesia. Mientras la mayoría de los teólogos en su derredor entendían esa catolicidad en términos de uniformidad, Rahner la entendía en términos de encarnación en las diversas situaciones que se dan en el mundo. Era también muy consciente del sufrimiento de las nuevas naciones y de su insistencia sobre el valor de sus propias culturas y tradiciones. Así pues, mientras otros veían en el uso del latín una señal de la catolicidad, Rahner apoyaba el uso del vernáculo como señal de esa forma de catolicidad que se manifiesta en el hecho de que la Iglesia está verdaderamente presente —es decir, encarnacionalmente presente— en todas partes

---

[54] *Foundations of Christian Faith: An Introduction to the Idea of Christianity* (Nueva York, 1978), p. 9.

del mundo. También, todavía sobre el tema de la catolicidad, mientras otros insistían sobre el poder y la autoridad centralizada del papa como garantía de esa catolicidad, Rahner desarrollaba el tema de la colegialidad de todo el episcopado, no como límite a la autoridad papal, sino más bien como otra marca de la verdadera catolicidad de la iglesia. Como es bien sabido, ambos temas fueron tomados y apoyados por el Concilio Vaticano II, y han tenido un fuerte impacto en la vida de los católicos en todo el mundo.

Por tanto, mientras la jerarquía de la iglesia continuaba tratando de aplastar prácticamente todo esfuerzo que trataba de relacionar el cristianismo de manera positiva con el mundo moderno, iba surgiendo toda una gama de teólogos cuya obra llegaría a su fruición en el acontecimiento más importante de toda la vida católica en el siglo XX: el Concilio Vaticano II.

Cuando Juan XXIII fue electo papa en 1958, se esperaba que este anciano no fuera sino un personaje de transición, con poco impacto en la vida de la iglesia. Pero los planes del papa Juan eran otros, como mostró claramente cuando, apenas tres meses tras su elección, anunció su proyecto de convocar un concilio general de la iglesia. La oposición de la curia y de los elementos más conservadores en la iglesia no se hizo esperar; pero la autoridad del papa prevaleció, y el concilio por fin comenzó sus sesiones el día once de octubre de 1962.

Desde sus mismos inicios, resultó claro que lo que estaba en juego en el concilio era la dirección que tomaría toda la vida de la iglesia, por lo menos durante el resto del siglo, especialmente en lo que se refiere a su relación con el mundo moderno. La Comisión Teológica Internacional que preparó los documentos que el concilio debería discutir estaba bajo el dominio de los elementos conservadores. En un discurso pronunciado un año antes de que el concilio comenzara, el secretario de esa comisión declaró que el propósito de la asamblea sería preservar el depósito de la fe contra todas las amenazas de los errores modernos, y reforzar la disciplina dentro de la iglesia, frente a la «crisis de la autoridad».

Pero el papa veía las cosas de otro modo. Ya antes había hablado de la necesidad de un *aggiornamento* —es decir, de poner la iglesia al día—. En su discurso de apertura ante la asamblea, el día once de octubre de 1962, invitó a los presentes a perseguir dos propósitos: primero, sin abandonar la tradición, buscar el modo de adaptar el depósito de la revelación a las necesidades contemporáneas; y, segundo, responder a quienes no son fieles hijos de la iglesia, no tanto con las armas de la autoridad como con la «medicina de la misericordia».[55]

---

[55] J. Comblin compara estos dos discursos en «La teología católica desde el final del pontificado de Pío XII», en H. Vorgrimler y R. vander Gucht, *La teología en el siglo XX*, Vol. 2 (Madrid, 1973), p. 61.

El carácter mismo del concilio era tal que se inclinaba a recibir la invitación pontificia con mayor entusiasmo que los documentos al parecer recalentados ofrecidos por las comisiones preparatorias. Esto se debió en parte a que, gracias a los esfuerzos de los papas anteriores de hacer de la iglesia una institución más internacional, la mayoría de los obispos presentes en el concilio procedían del tercer mundo —lo que contrastaba marcadamente con el Concilio Vaticano I, casi cien años antes. También había varios obispos europeos que creían que la «nueva teología» tenía algo importante que contribuir a la vida de la iglesia, y, por ello, los peritos teólogos invitados al concilio incluían a Rahner, Congar y de Lubac. Por tanto, las primeras sesiones del concilio dieron muestra de una lucha constante entre la curia y las comisiones preparatorias por una parte y el concilio mismo por otra. Gracias a la insistencia de la asamblea, los documentos se escribieron de nuevo, y el resultado fue un nuevo amanecer para la teología católica.

El concilio promulgó documentos importantes: sobre la reforma litúrgica —lo cual incluía la autorización para que se celebrase la misa en el idioma vernáculo, y la invitación a que las conferencias episcopales de diversas regiones del mundo adaptaran la liturgia según las necesidades de cada cultura; sobre la libertad religiosa y la tolerancia —con lo cual el concilio completamente revocó el *Syllabus de errores* de Pío IX—; sobre el ecumenismo; sobre las iglesias orientales; sobre las órdenes religiosas; sobre las religiones no cristianas; y sobre una multitud de otros temas. Pero el documento que más claramente expresa el nuevo tono de la iglesia es la «Constitución pastoral sobre la Iglesia en el mundo moderno», conocida también por sus palabras iniciales, *Gaudium et spes*. Este documento, que ni siquiera se encontraba en la lista de temas presentados originalmente por las comisiones preparatorias, trata sobre los cambios que han tenido lugar en generaciones recientes, y ve en ellos mucho que merece el apoyo de los cristianos:

> Los gozos y las esperanzas, las tristezas y las angustias de los hombres de nuestro tiempo, sobre todo de los pobres y de cuantos sufren, son a la vez gozos y esperanzas, tristezas y angustias de los discípulos de Cristo. Nada hay verdaderamente humano que no encuentre eco en su corazón... La iglesia, por ello, se siente íntima y realmente solidaria del género humano y de su historia.[56]

> Entretanto, se afianza la convicción de que el género humano puede y debe no solo perfeccionar su dominio sobre las cosas creadas,

---

[56] *Gaudium et spes*, proemio, 1 (*BAC*, 247:197).

sino que le corresponde, además, establecer un orden político, económico y social que esté más al servicio del hombre y permita a cada uno y a cada grupo afirmar y cultivar su propia dignidad.

De aquí las insistentes reivindicaciones económicas de muchísimos, que tienen viva conciencia de que la carencia de bienes que sufren se debe a la injusticia o a una no equitativa distribución. Las naciones en vía de desarrollo, como son las independizadas recientemente, desean participar en los bienes de la civilización moderna, no solo en el plano político, sino también en el orden económico, y desempeñar libremente su función en el mundo. Sin embargo, está aumentando a diario la distancia que las separa de las naciones más ricas y la dependencia incluso económica que respecto de estas padecen. Los pueblos hambrientos interpelan a los pueblos opulentos. La mujer, allí donde todavía no lo ha logrado, reclama la igualdad de derecho y de hecho con el hombre. Los trabajadores y los agricultores no solo quieren ganarse lo necesario para la vida, sino que quieren también desarrollar por medio del trabajo sus dotes personales y participar activamente en la ordenación de la vida económica, social, política y cultural. Por primera vez en la historia, todos los pueblos están convencidos de que los beneficios de la cultura pueden y deben extenderse realmente a todas las naciones.[57]

Estas palabras son fiel reflejo de mucho de lo que ha sucedido en el catolicismo en las postrimerías del siglo XX. El espíritu del concilio no siempre prevaleció, y en repetidos casos la autoridad papal ha tratado de detener a quienes se han mostrado dispuestos a llevar las directrices del concilio más allá de lo que los papas desean. Ya cuando el concilio estaba todavía en sesión, Paulo VI le añadió sus propias interpolaciones cautelosas al decreto sobre el ecumenismo, aun después que la asamblea lo había aprobado. En tiempos más recientes, durante el papado de Juan Pablo II, se tomaron medidas disciplinarias contra teólogos en Europa, América Latina y Estados Unidos. Pero las acciones del concilio al abrir la Iglesia al mundo moderno, y en particular a los temas candentes del tercer mundo, han dejado su sello en toda la Iglesia católica, y le han dado a la teología católica nueva frescura y variedad, así como una nueva apertura a la exploración ecuménica.

---

[57] Ibid., 9 (BAC, 247:203-4).

Las teologías desde los márgenes

Quizá el acontecimiento más importante en el movimiento teológico del siglo XX sea el desarrollo de las teologías del tercer mundo, junto a otras teologías que expresan las perspectivas de minorías marginadas dentro de los territorios de la antigua cristiandad (mujeres, castas despreciadas, minorías étnicas y culturales, etc.). Nos referimos al trabajo teológico —tanto católico como protestante, y frecuentemente ecuménico— de quienes, debido a su tradicional carencia de poder, normalmente no se han encontrado en el centro mismo del diálogo teológico. Por tanto, esto incluye tanto las teologías del tercer mundo como otras teologías que han aparecido dentro del mundo «desarrollado» pero que expresan las experiencias, aspiraciones y perspectivas de las mujeres y de las minorías oprimidas.

Una de las primeras expresiones de este tipo de teología surgió en Estados Unidos en el seno del movimiento negro en pro de los derechos civiles, y, particularmente, en los sermones y escritos de Martín Luther King, Jr. Aunque los dones de King como orador y adalid, así como su valor personal, han sido frecuentemente reconocidos, también debe vérsele como un teólogo importante.[58] Puesto que había recibido su doctorado en teología de la Universidad de Boston, era conocedor de lo que se estaba diciendo en su época dentro del ámbito de la teología blanca, y frecuentemente lo utilizó. Pero su propia teología tenía raíces profundas en la tradición de la iglesia negra, con su énfasis sobre el Éxodo y su esperanza escatológica radical. Por tanto, en los escritos de King puede ya encontrarse buena parte de lo que después recibió el nombre de «teología negra».[59]

Por la misma época, el movimiento feminista iba ganando nuevo impulso, en parte como resultado de la Segunda Guerra Mundial. Primero en el Atlántico Norte, y luego a través de todo el mundo, las mujeres comenzaron a insistir en su derecho de ser vistas y tratadas como partícipes plenos en la aventura humana. En el campo de la teología, al tiempo que algunas llegaron a la conclusión de que el cristianismo estaba tan dominado por los varones que era necesario rechazarlo,[60] otras hicieron

---

[58] Véase J. J. Ansbro, *Martin Luther King, Jr.: The Making of a Mind* (Maryknoll, Nueva York, 1982); E. Smith, *The Ethics of Martin Luther King, Jr.* (Nueva York, 1981).

[59] Sobre esta teología, véanse J. H. Cone, *A Black Theology of Liberation* (Filadelfia, 1970); *God of the Oppressed* (Nueva York, 1975); *For My People: Black Theology and the Black Church* (Maryknoll, Nueva York, 1984); J. D. Roberts, *Black Theology Today: Liberation and Contextualization* (Nueva York, 1983).

[60] M. Daly, *Beyond God the Father: Toward a Theology of Women's Liberation* (Boston, 1973).

contribuciones importantes hacia un nuevo entendimiento de la fe cristiana que incluía la experiencia y los intereses de las mujeres.[61]

Por último, en los países que reciben comúnmente el título de «tercer mundo», también surgían nuevas teologías. En diferentes áreas, tales teologías tomaron diversas direcciones. En Asia, aunque la justicia social es siempre tema importante, el central ha sido la relación entre el cristianismo y las tradiciones culturales de cada nación.[62] En el África negra el tema ha sido semejante,[63] mientras que en Sudáfrica la teología trató principalmente sobre el tema de la *apartheid* y el modo en que los cristianos negros o «de color» debían responder a ella; y, una vez abolida la *apartheid*, sobre la reconciliación, el camino hacia la verdadera justicia, y otros temas semejantes.[64] En América Latina, el tema más urgente ha sido la justicia social y económica, y varios teólogos han tratado de entender el carácter de la opresión existente a base de métodos de análisis desarrollados inicialmente por Marx y sus seguidores.[65] Además, tanto en las

---

[61] Véase, por ejemplo, L. M. Russell, *Human Liberation in a Feminist Perspective: A Theology* (Filadelfia, 1974); *The Future of Partnership* (Filadelfia, 1979); *Becoming Human* (Filadelfia, 1982); R. R. Reuther, *The Church Against Itself: An Inquiry into the Conditions of Historical Existence for the Eschatological Community* (Nueva York, 1967); *Liberation Theology: Human Hope Confronts Christian History and American Power* (Nueva York, 1972); *To Change the World: Christology and Cultural Criticism* (Nueva York, 1981); *Disputed Questions: On Being a Christian* (Nashville, 1982); E. Támez, *La Biblia de los oprimidos: La opresión en la teología bíblica* (San José, 1979); ed., *El rostro femenino de la teología* (San José, 1986).

[62] Véase K. Kitamori, *Theology of the Pain of God* (Richmond, 1965); K. Koyama, *Waterbuffalo Theology* (Maryknoll, Nueva York, 1974); C. S. Song, *Third-eye Theology: Theology in Formation in Asian Settings* (Maryknoll, Nueva York, 1979); *Mission in Reconstruction: An Asian Analysis* (Maryknoll, Nueva York, 1977); Christian Conference of Asia, *Minjung Theology: People as the Subjects of History* (Maryknoll, Nueva York, 1983).

[63] J. S. Mbiti, *New Testament Eschatology in an African Background: A Study of the Encounter between New Testament Theology and African Traditional Concepts* (Londres, 1971); G. H. Muzorewa, *The Origins and Development of African Theology* (Maryknoll, Nueva York, 1985).

[64] A. A. Boesak, *Black and Reformed: Apartheid, Liberation, and the Calvinist Tradition* (Maryknoll, Nueva York, 1984).

[65] Aunque la bibliografía sobre la teología de la liberación latinoamericana es demasiado amplia para incluirse aquí, pueden consultarse los siguientes libros básicos: G. Gutiérrez, *Teología de la liberación: Perspectivas* (Salamanca, 1972); *El Dios de la vida* (Lima, 1982); *Beber en su propio pozo: En el itinerario espiritual de un pueblo* (Salamanca, 1984); *Dios o el oro en las Indias: Siglo XVI* (Salamanca, 1989); J. L. Segundo, *Teología abierta para el laico adulto*, 5 vols. (Madrid, 1983); *Liberación de la teología* (Buenos Aires, 1975); *El hombre de hoy ante Jesús de Nazaret*, 3 vols. (Madrid, 1982); *El Dogma que libera: Fe, revelación y magisterio dogmático* (Santander, 1989); L. Boff, *Jesucristo liberado: Ensayo de cristología crítica para nuestro tiempo* (Buenos Aires, 1974); *Eclesiogénesis: Las comunidades de base reinventan la iglesia* (Santander, 1979); *Iglesia: carisma y poder: Ensayos de eclesiología militante* (Santander, 1982); *La Trinidad, la sociedad y la liberación* (Madrid, 1987); E. Dussel, *Historia general de la iglesia en América Latina* I/1 *Introducción* (Salamanca, 1983); *Ética comunitaria* (Madrid, 1986); J. Sobrino, *Cristología desde América Latina: Esbozo a partir del seguimiento de Jesús* (México, 1976); *Jesús*

Américas como en Australia, Nueva Zelanda y otros lugares en que hay poblaciones cuyas culturas han sido suprimidas o postergadas, la teología se ha ocupado de expresar las experiencias de tales poblaciones, y su contribución al cuadro total de la teología cristiana.

Aunque estas teologías difieren grandemente entre sí, tienen varias características en común. La mayoría de ellas rechaza el liberalismo clásico, que no les parece ser sino el reflejo de un momento particular dentro de un contexto cultural y social muy limitado. En contraste con el liberalismo, muchas de estas teologías tratan de basarse en la Palabra de Dios. Entre los protestantes, la influencia de Barth puede verse claramente en este punto. También hay en varias de las teologías del tercer mundo un fuerte elemento escatológico —y en este punto los trabajos de Teilhard de Chardin y de Jürgen Moltmann han sido de especial importancia—. En tercer lugar, la mayoría de estas teologías toman la encarnación en su sentido más radical. Esto quiere decir, no solo que ven en Jesucristo el corazón de la fe cristiana, sino también que, a partir de la doctrina de la encarnación, tratan de desarrollar su interpretación del modo en que Dios actúa en el mundo, de la unidad de la historia humana —es decir, que no hay dicotomía entre la «historia mundial» y la «historia de la salvación»— y de la colaboración en el campo de la política y en otras actividades sociales entre los cristianos y los que no lo son. En cuarto lugar, hay un fuerte énfasis ecuménico en estas teologías. La mayoría de ellas o bien trata de sobreponerse o bien sencillamente se desentiende de los temas que tradicionalmente han dividido al cristianismo occidental. Por último, mientras cada una de estas teologías trabaja de manera muy específica sobre sus intereses concretos —la justicia social, el cristianismo y la cultura, los derechos de la mujer, etc.— normalmente van más allá del mero intento de relacionar la teología tradicional con esos intereses. Lo que tratan de hacer es más bien reconstruir toda la teología de tal modo que esos intereses se reflejen a cada paso. En esto difieren de los intentos anteriores de «aplicar» la teología a los diversos problemas humanos, y ven esos problemas más bien como retos y llamados a una nueva investigación teológica.

Aunque frecuentemente se les critica por ser limitadas en sus perspectivas, estas teologías responden señalando que la teología supuestamente

---

en *América Latina: Su significado para la fe y la cristología* (Santander, 1982); *Liberación con espíritu: Apuntes para una nueva espiritualidad* (Santander, 1985). Algunas perspectivas protestantes sobre este tema pueden verse en: R. Alves, *Cristianismo, ¿opio o liberación?* (Salamanca, 1973); *Hijos del mañana: Imaginación, creatividad y renacimiento cultural* (Salamanca, 1976); *La teología como juego* (Buenos Aires, 1982); J. M. Bonino, *Espacio para ser hombres* (Buenos Aires, 1975); *Christians and Marxists: The mutual challenge to revolution* (Grand Rapids, Michigan, 1976); *La fe en busca de eficacia: Una interpretación de la reflexión teológica latinoamericana de liberación* (Salamanca, 1977); *Toward a Christian Political Ethics* (Filadelfia, 1983).

tradicional es igualmente limitada, por cuanto en ella lo que se refleja no son sino las condiciones y las perspectivas del Atlántico Norte, y que la razón por la que tal limitación no se ve es precisamente el modo en que el Atlántico Norte tradicionalmente ha dominado la actividad teológica. Así, afirma que toda teología refleja y debe reflejar su contexto, y que, al mismo tiempo, debe reconocer que es una teología contextual, pues toda teología es contextual. No existe una teología general a la que se juxtaponen varias teologías contextuales, pues toda teología es contextual. Lo que generalmente se llama «teología tradicional» es en realidad la teología de los varones blancos del Atlántico Norte. En todo caso, mientras se escriben estas líneas va aumentado el diálogo entre estas diversas teologías llamadas contextuales, así como entre ellas y su contraparte más tradicional del Atlántico Norte.

Estas corrientes teológicas, diversas, pero en cierto modo convergentes, tienen tanto mayor impacto por cuanto representan también una creciente parte de toda la iglesia cristiana. A pesar de que frecuentemente se les ha negado autoridad, a través de los siglos las mujeres constantemente han sido la mayor parte de quienes participan activamente en la vida de la iglesia. Debido en buena medida a la extensa labor misionera de los siglos XIX y XX, y a los cambios demográficos y culturales en el Atlántico Norte, los centros de crecimiento de la iglesia, así como en buena medida los centros de actividad teológica, se van desplazando hacia el sur. Y es precisamente de esas regiones de nueva vitalidad de donde procede buena parte de las teologías contextuales. En medio de sus diferencias, todas esas trilogías concuerdan en que toda labor teológica es siempre contextual y refleja la cultura, la estructura social y económica y la vida toda en que se forja la teología.

Todo esto quiere decir que lo que hasta mediados del siglo XX llamábamos "teología" sin otros adjetivos tales como "negra", "femenina", o "latinoamericana" es tan contextual como cualquier otra teología —solamente no nos damos cuenta de ello porque era la teología del grupo dominante dentro de la iglesia misma—.

Al mismo tiempo que tales teologías contextuales afirman la realidad universal de la contextualidad, afirman también la unidad de la fe cristiana. Se plantea, entonces, la difícil y urgente cuestión de cómo afirmar una fe universal al tiempo que firmamos que toda reflexión sobre esa fe es contextual. A principios del siglo XX podíamos pensar en términos de una teología universal que supuestamente existía aparte de todo contexto o interés cultural, social, político o económico. Hoy las teologías contextuales nos hacen ver que lo que le permite a cualquier teología reclamar el título de "universal" es, en realidad, que su propio contexto es dominante cultural, social, política y económicamente. Todo esto hace urgente la reflexión acerca del carácter universal de una Iglesia que no existe sido encarnada en la particularidad. Me atrevo a afirmar que este será uno de los principales temas de las teologías del siglo XXI.

Teología y ecología

Si el tema de la relación entre la contextualidad de toda teología y la unidad de la iglesia será urgente para la vida de la iglesia durante todo el siglo XXI, el tema de la ecología será aún de mayor urgencia, pues no se trata ya solamente de la vida de la iglesia sino de la vida misma en este planeta en que Dios nos ha colocado.

Desde mediados del siglo XX empezamos a percatarnos de que la actividad humana, posiblemente unida a otras causas, estaba resultando en cambios importantes en el medio ambiente. Repetidamente, los científicos nos hicieron ver que existía un proceso de calentamiento global. Cada vez más, vemos desaparecer los glaciares cerca de los polos, así como en las más altas montañas. El nivel de los mares va ascendiendo, y ya algunas islas se van volviendo prácticamente inhabitables. Las selvas van desapareciendo. Las aguas están contaminadas. Ya no es solamente el Mar Muerto el que está muerto. Grandes lagos van desapareciendo y convirtiéndose en desiertos de sal. La contaminación del aire afecta la salud de casi toda la humanidad. Centenares de especies animales y vegetales han desaparecido en las últimas décadas, y millares de ellas están en peligro de extinción. Y toda la cuestión se complica porque buena parte de lo que está aconteciendo se relaciona con intereses económicos y políticos que no están dispuestos a ceder por el bien de la humanidad y del planeta.

Todo esto se relaciona también con lo que acabamos de decir acerca de las teologías contextuales. Buena parte de esas teologías reflejan condiciones en las que la gravedad de la crisis ecológica es particularmente patente: los países en proceso de desertificación, las regiones empobrecidas donde se vuelcan los desechos industriales, los barrios congestionados donde el aire está particularmente contaminado, etcétera. Y cabe notar que buena parte del provecho económico del proceso de contaminación va a dar en manos de los mismos elementos. Por esa razón, ya bien avanzado el siglo XXI, cuando vemos que la crisis ambiental es seria y crítica, todavía hay políticos que la niegan. Por la misma razón, todavía hay quienes apelan a lo que antiguamente se consideró una teología universal para justificar la indebida explotación del medio ambiente.

No debería sorprendernos el que la crisis ambiental haya encontrado su justificación en buena parte de lo que hoy llamamos teología tradicional. Esa teología se forjó en el contexto de los logros de la civilización occidental —civilización que se ha caracterizado por su habilidad de dominar, manejar y explotar los recursos de la naturaleza—. Con cierta medida de razón, esa civilización se ufana por sus logros médicos. Gracias a ella podemos hoy tratar enfermedades antes incurables. Gracias a ella podemos alimentar a millones de personas que de otro modo perecerían de hambre. Gracias a ella tenemos sistemas de comunicación que entrelazan a toda la humanidad.

Dado tal contexto y los logros positivos de la civilización occidental, la teología que en ella se formó tomó por lema las palabras de Dios a la primera pareja: "llenad la tierra y sometedla" (Gn 1.28). Puesto que este parece ser el propósito con el cual Dios creó a la humanidad, se justifica el que esta se dedique a ejercer sobre la Tierra un dominio cada vez más profundo y extenso. Pero, a finales del siglo XX y principios del XXI, comenzaron a alzarse otras voces que señalaban que lo que todo el pasaje en Génesis dice, empezando en el versículo 26, es que la humanidad ha sido creada a imagen de Dios, y que su dominio sobre la Tierra ha de ser semejante al dominio de Dios. Pero el dominio de Dios no es tiránico ni explorador, sino que es más bien un dominio basado en el amor. Esto se ve claramente a través de toda la Biblia; pero se ve también ya en la narración de Génesis 2.15, donde Dios coloca a su criatura humana en el huerto "para que lo labrara y lo cuidara". En otras palabras: el ser humano ciertamente ha sido llamado a labrar la Tierra como a hacer de la creación lo que Dios desea que sea; pero parte de esa labor incluye cuidar de la Tierra.

En las primeras décadas del siglo XXI, vemos una creciente preocupación por el medio ambiente que se manifiesta en todas las esferas de la vida. En el campo de la teología, se están produciendo numerosísimas reinterpretaciones que muestran los errores a que nos llevó nuestro contexto en medio de la civilización occidental y de su sueño de dominar el mundo y explotarlo para bien de quienes ejercían ese dominio. Muchas de esas reinterpretaciones reflejan los contextos alternos a que ya nos hemos referido —contextos de pobreza y marginación—. Pero a esto se van uniendo también voces de teólogos y teólogas que se han formado dentro del contexto de la teología tradicional que floreció dentro de la cultura occidental particularmente en los siglos XIX y XX. Ciertamente, el tema del medio ambiente y su protección dominará buena parte de la conversación y la acción durante las décadas venideras, no solo dentro del ámbito de la teología, sino también en el diálogo político, intercultural, económico y social. Esperemos que en ese diálogo nuestras futuras voces teológicas sabrán mostrar y comprobar la importancia de la teología no solamente para la vida de la iglesia, sino también para la del mundo entero.

Un atisbo a nuestro presente desde un posible futuro

El siglo XXI le plantea al historiador del pensamiento cristiano problemas muy distintos de los planteados por los siglos anteriores. Esto no se debe tanto a la complejidad de la actividad teológica en nuestro siglo —que es ciertamente grande— como al hecho de que este momento histórico ha sido el punto desde el cual hemos ido viendo todo otro período en la historia de la iglesia cristiana. (Quien escribe estas páginas fue discípulo directo, y en algunos casos amigo, de algunos de los teólogos y teólogas que se discuten en el presente capítulo; y obviamente no lo fue de quienes aparecen en capítulos anteriores). Por tanto, al acercarnos a este período nuestra metodología tiene que ser necesariamente diferente. Es por ello por lo que en la mayoría de los currículos teológicos el estudio de la teología contemporánea normalmente requiere una disciplina distinta de la teología histórica. Como ejercicio hipotético, empero, tratemos de imaginar el modo en que algún historiador o historiadora en el siglo XXII verá nuestros días. Es necesario subrayar, sin embargo, que se trata de un ejercicio puramente hipotético, puesto que no tenemos modo de saber cuáles serán los temas centrales del siglo XXII, y esos temas determinarán la perspectiva desde la cual ese siglo nos verá. Es más: no sabemos cuáles serán las condiciones, los retos y las crisis que servirán de contexto para la teología en los siglos por venir. Ciertamente, así como nuestra perspectiva desde el siglo XXI ha marcado nuestra lectura de todos los siglos precedentes, así también nuestros sucesores nos verán desde su propia perspectiva.

Lo primero que nuestro observador hipotético notará en nuestro siglo será la continuación de la reducción en la base del poder político de la iglesia que empezó antes de nuestros días, pero que hoy continúa, particularmente en lo que antes se llamó la cristiandad. La Revolución rusa y sus repercusiones en Europa oriental, el lejano Oriente, América Latina y otros lugares han tenido por consecuencia que ahora, mucho más que en cualquier otro momento a partir del siglo IV, la teología ha de hacerse desde una postura de debilidad política. Todo parece indicar que ese proceso continuará en el futuro, y que, por tanto, todas las cuestiones relacionadas con él serán de interés para ese futuro historiador que imaginamos. Lo mismo puede decirse acerca del surgimiento y crecimiento del estado secular liberal, cuyos orígenes vimos ya en el siglo XIX. En Francia, Polonia y América Latina se ve cada vez con mayor claridad que buena parte de la mejor teología católica romana se escribe precisamente como respuesta a este reto, y aceptando la nueva situación. Lo mismo es cierto de los protestantes, como puede verse en las respuestas teológicas a la Alemania de los nazis, a la Checoslovaquia socialista y al secularismo en América del Norte. No es posible entender la teología contemporánea sin tomar en cuenta esas circunstancias.

En segundo lugar, imagino que ese futuro historiador notará que, en nuestro siglo, entre muchas otras respuestas a ese proceso de secularización, hubo dos que pusieron en peligro la identidad misma de la fe cristiana.

La primera de ellas es el intento de restaurar lo que se pueda del antiguo orden creado en tiempos de Constantino, y que hoy va desapareciendo.

Muchos de quienes se duelen de que la iglesia no tiene hoy el prestigio
o el poder que antes tuvo parecen creer que si la iglesia carece del poder
persuasivo del estado y de la sociedad no podrá ser fiel a su misión. Se
esfuerzan, entonces, por ganarse el apoyo de los poderosos, frecuentemente llegando a componendas en las que la iglesia se vuelve instrumento
y sostén de alguna posición política o de algún candidato. Esto se vuelve
un peligro más real cuanto más se pierde el poder político y social de
la iglesia. Hoy vemos indicios de ello en varios países tradicionalmente
«cristianos» en los que el fervor por la defensa de la iglesia llega al punto
de resultar en un nacionalismo supuestamente cristiano —contra lo que
debía advertirnos lo que sucedió en Alemania en el siglo XX, y resultó
en tantas muertes y tantos crímenes—. A fin de cuentas, como la teología
debería saber sobradamente y la historia ha comprobado, cualquier nacionalismo supuestamente cristiano no es sino una nueva forma de idolatría.

La segunda respuesta a la pérdida de poder y de prestigio que hace
peligrar la fe —y que posiblemente le interesará a nuestro supuesto observador en el siglo XXII— es el intento de darle a la fe más atractivo popular
haciendo de ella un producto de consumo. En el peor de los casos, verá
que hacia fines del siglo XX y principios del XXI hubo fuertes corrientes
que proponían y hasta comercializaban una versión del cristianismo cuyo
principal interés estaba en una especie de trueque con Dios en el que el
creyente le daba a Dios alabanza y ofrendas y, a cambio, recibía la prosperidad que deseaba —por lo cual se le dio a ese supuesto cristianismo el
nombre de «evangelio de la prosperidad»—, aunque en realidad quienes
prosperaban no eran tanto los fieles mismos como los predicadores de tal
supuesto evangelio.

En tercer lugar, nuestro observador notará que en los siglos XX y XXI
hubo un cambio radical en el mapa social y geográfico del cristianismo.
En cuanto a lo social, ciertamente señalará que en las últimas décadas
del siglo XX y las primeras del XXI el centro del cristianismo —que por
siglos había estado en las tierras del Atlántico Norte— se desplazó hacia
el sur, de modo que pronto las iglesias del sur superaron a las del norte
no solamente en cuanto el número de feligreses, sino también en cuanto
a vitalidad y creatividad teológica. Y en cuanto a lo social sucedió algo
parecido, pues —incluso en los antiguos centros del cristianismo— apareció una nueva vitalidad entre personas hasta entonces marginadas en
la vida de la iglesia —mujeres y minorías étnicas y culturales—. Ciertamente, indicará que buena parte de este cambio se debió al movimiento
carismático que rápidamente se expandió por todo el mundo, de modo que
en muchos países los pentecostales sobrepasaron en número a las iglesias
más tradicionales.

Nuestro presunto observador en el siglo XXII también verá que ese
movimiento carismático, que originalmente tenía fuertes tendencias contra

los estudios y la intelectualidad, hacia finales del siglo XX comenzó a interesarse cada vez más en los estudios teológicos, en parte porque se veía en la necesidad de responder a los retos del mundo moderno y posmoderno, y en parte porque veía el evangelio de la prosperidad como una seria amenaza y necesitaba arraigar más profundamente la fe de los creyentes.

Y, por último, en cuarto lugar, bien podemos imaginar que nuestro supuesto observador en el siglo XXII podrá hacer un listado de cuestiones que vinieron a ocupar en el pensamiento teológico un lugar importante que antes no habían tenido. Entre ellas hay algunas que ya hemos mencionado (la creciente secularización, el nacionalismo cristiano, el atractivo y los peligros del evangelio de la prosperidad). Otras serán temas que hemos visto salir a la superficie en los siglos XX y XXI, y cuya urgencia es innegable; por ejemplo, el tema de nuestras responsabilidad respecto al medio ambiente y el tema de la necesidad de una definición y práctica de una unidad que reconozca que la teología masculina y occidental es una entre muchas, y afirme la diversidad de perspectivas como elemento necesario en la verdadera unidad cristiana.

Naturalmente, todo esto que acabamos de decir no son sino vuelos de la imaginación. Es muy posible que acontecimientos y retos inesperados traigan a la superficie otros temas con mayor urgencia. Nuestro supuesto observador del siglo XXII no es más que eso, una suposición. Quizás suceda lo que aquí sugerimos. Quizás no. Tal es la historia, y tal es la vida: una siempre abierta y sorprendente panoplia de posibilidades y de incertidumbres.

Pero, aun en medio de tales incertidumbres, y de cualquier reto o dificultad que el futuro pueda traer, sí hay algo que podemos afirmar tajantemente: que el Dios de la historia, el Dios de la Iglesia, el Dios que nos ha sido refugio a esta generación, seguirá siendo refugio, guía y fortaleza de generación en generación, hasta el fin de los tiempos y de las generaciones.